行政区划图

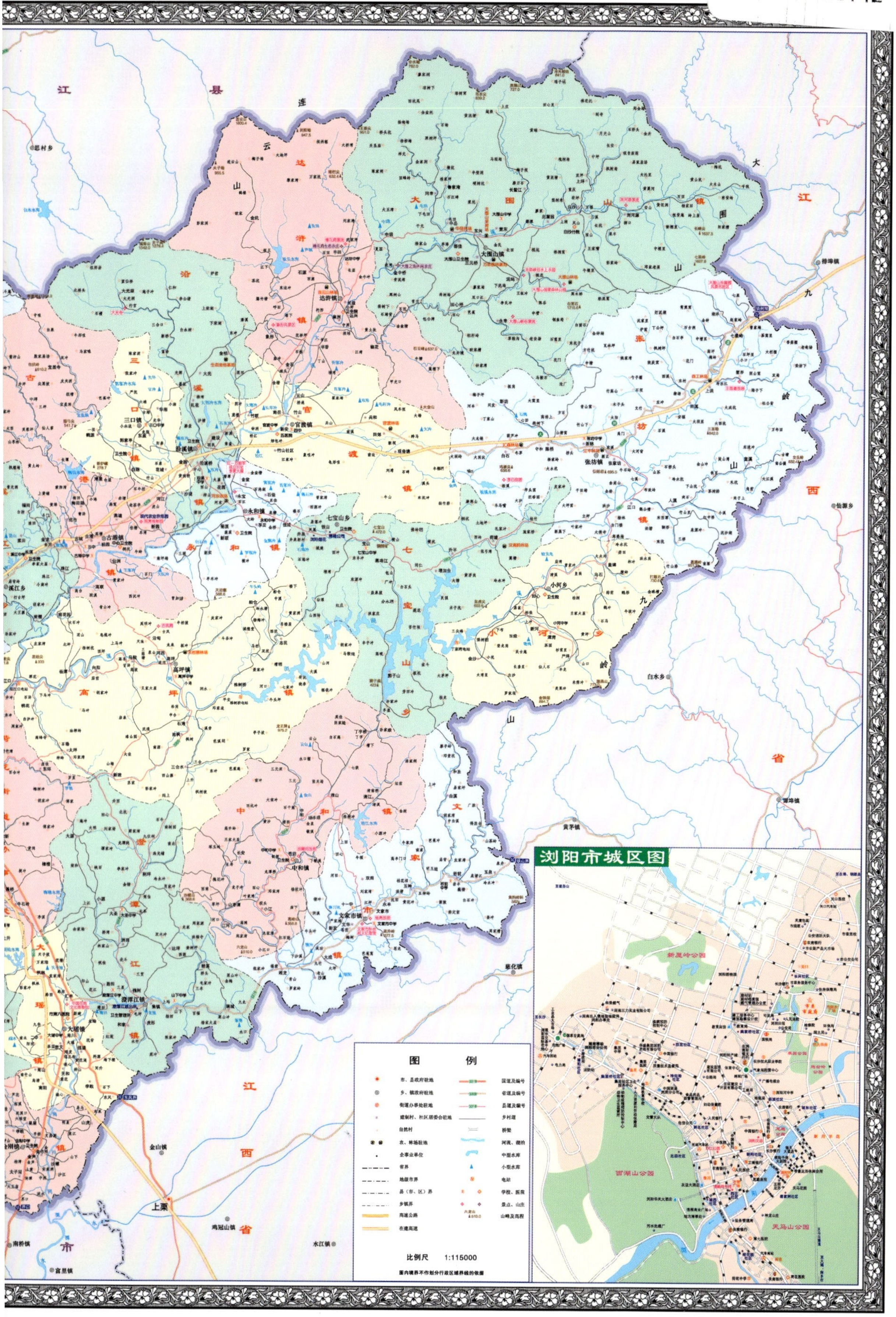

中纬测绘有限公司制作　二○一二年十一月

湖南省浏阳市森林资源分布图

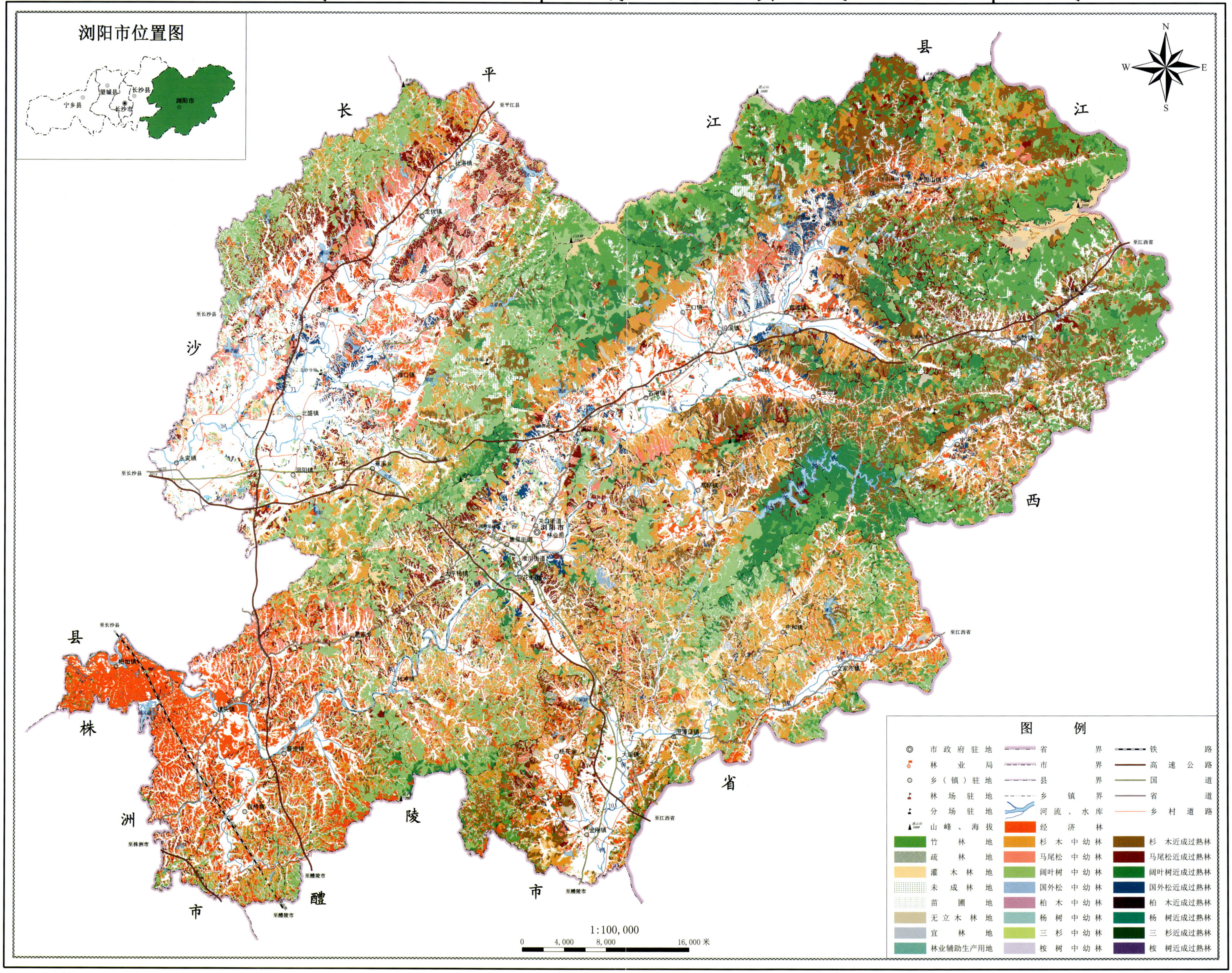

1:100,000

0 4,000 8,000 16,000 米

调查单位：浏阳市林业调查规划设计院
调查时间：2012年12月

制图单位：浏阳市林业调查规划设计院
制图时间：2013年3月

中共浏阳市委
浏阳市人民政府 主办

浏阳年鉴

（2015）

方志出版社
Publishing House of Local Records

《浏阳年鉴(2015)》编纂委员会

顾　　问	曹立军				
主　　任	余勋伟				
副 主 任	吴　震	谭　果	张作林	刘　旭	胡金文
	周文舜	刘仙娥	邓雪琴	廖伟平	
委　　员	唐林军	许百经	张之俭	冯早成	陈　清
	李兆佳	周森源	唐学雷	张鲜明	张平平

《浏阳年鉴(2015)》审查领导小组

主　　审	胡金文		
副 主 审	邓雪琴	王星辉	肖赛男

《浏阳年鉴(2015)》编辑部

主　　编	李兆佳		
副 主 编	唐学雷	张鲜明	张平平
编　　辑	唐继武	王运松	李晓冬

《浏阳年鉴(2015)》组稿人员

(按编目顺序排列)

唐继武	王运松	刘　聪	张　葵	李治军	陈　辉	付秋民	罗业永
龙卫平	陈　珍	陈　英	李　银	杨顺芳	彭要政	李晓军	罗腊英
王　钧	李　明	陈双球	杨　辉	罗晓晖	朱石良	周建国	胡立军
唐显望	邱双喜	汤　军	吴海宁	黄谷城	罗永昌	于伊漪	罗　莎
戴四辉	兰词贵	喻　锽	王真伟	罗　炼	杨　柳	李翼运	张忠新
邵　雷	何平良	谢洪亮	黎　岸	付晨辉	徐艳艳	冷小曲	何光俊
杨　波	梁　宁	林　薇	朱松连	李　芸	朱宏伟	邓年祥	钟　弦
周宏伟	黄　情	童金花	李菊英	何伶芳	刘　丹	刘宗庆	曾　智
吴凤芝	林宝艳	陈静芳	潘艳纯	彭万伟	吴　尚	何升福	兰　娟
周志刚	李　力	黄　露	方　钊	胡晓江	李艳玲	李　叶	高　志
王美英	刘　锋	周宇锋	危　恒	杨宇琴	蔡立武	刘智华	肖优珍
陆朝霞	冷正祺	万　练	陈统根	熊　璐	黎小玲	张彩平	张　玮
李葵玉	喻　青	张　青	黄鸿霖	陈　果	杨　璐	彭志敏	陈文韬
黎　涛	丁凯慧	周静忠	李　勇	袁　甜	彭　阳	张欣尧	张　晋
刘　辉	张金莲	肖吉贤	黄银凤	邱　然	袁英杰	孙　淼	周　道
周　艳	曾　娟	朱志宏	刘　任	朱良柏	郑　娇	熊飞平	黄艳君
陶　意	邱　妍	胡荣华	谢乃辰	彭江华	寻　慧	刘慧平	陈　玲
刘宇文	张良军	龙雅丽	谭润秋	潘志强	石自行	喻中祥	黄玉峰
焦元甫	邓　芳	罗兴美	刘正初	吉　喆	吴　慧	付　苹	陈　娟
王金红	李　宇	汤晓青	王冷洋	汤剑仁	黎　亮	邓日桃	陈建伟
李先义	刘　学	张会芝	李　伟	陈　科	龚加强	黎　敏	张雪君
刘　川	谭倩云	陈雪完	谢宗达	袁　维	李　澳	詹继强	曾秀文
肖永荣	高文滔	杨德芳	古　旭	蒋剑宏	汤晓丽	杨春香	万　翔
周亚婷	王佑衡	张开文	袁卓琳	戴高奇	陈怀奇	温婷桢	罗子忠
戴巧玲	潘　敏	胡友佳	刘　琼	谭　娟	周　亮	沈赛群	陈馨伊
易　茜	傅江涛	任继勇	王芳艳	鲁双利	喻华会	张海峰	

编辑说明

一、《浏阳年鉴》是由中共浏阳市委、浏阳市人民政府主办，浏阳市市志档案局承编出版的系统记述浏阳自然、政治、经济、文化、社会等方面情况的年度资料性文献。《浏阳年鉴》2015卷主要记载2014年浏阳市行政区域内各部门、各行业和各乡、镇、街道的主要工作、重要事件，收录若干文献和统计资料，集中反映浏阳改革开放的新进程和经济建设、社会发展的新成绩、新经验以及存在的问题，所载资料全面、系统、详实、准确，是社会各界了解浏阳的权威性工具书。

二、本卷年鉴设部目、分目、子目、条目等层次，条目为记述基本层次，全书共设30个部目，194个分目和子目，636个条目，正文体例有概况、条目、附录、图表等，以条目为主体，书中插排彩色专版。

三、鉴于有关工作的特殊性，本鉴中部分内容适当上溯至2013年或下延至2015年。

四、与往鉴对照，本鉴“经济综合管理”部目中“劳动与社会保障”分目调整至“社会生活”部目中，“人物”部目中增设“往鉴人物补遗”是对往鉴未收录人物的补充，值此庆祝中国人民抗日战争胜利70周年，刊登浏阳籍著名抗日烈士，以示纪念。为避免与单位“概况”重复，本鉴取消了“榜上有名”部目。

五、本卷年鉴所列各机构负责人包括党政机关、事业单位副科级以上（含副科级）实职领导干部、部分单位内设（二级）机构负责人、民主党派、学会、行业协会负责人，凡未注明任免时间均以2014年12月31日在职者为准。

六、本卷年鉴所载资料均由全市各单位、各部门专人撰写，领导审核，年鉴编辑人员加工整理，年鉴审查领导小组和方志出版社审核定稿。统计资料由市统计局提供，有些数据由于统计口径和统计时间不同等原因，与统计局公布的数据不完全一致，请读者在查阅和利用时注意。

七、本卷年鉴的编辑出版得到中共浏阳市委、浏阳市人民政府的高度重视和支持，以及各撰稿单位的积极配合，在此一并表示感谢，希望广大读者和各界人士提出宝贵意见，使《浏阳年鉴》日臻完善。

回 眸

浏阳河城区段　　（浏阳电视台航拍图片）

暮色浏阳　　（摄影：邓霞林）

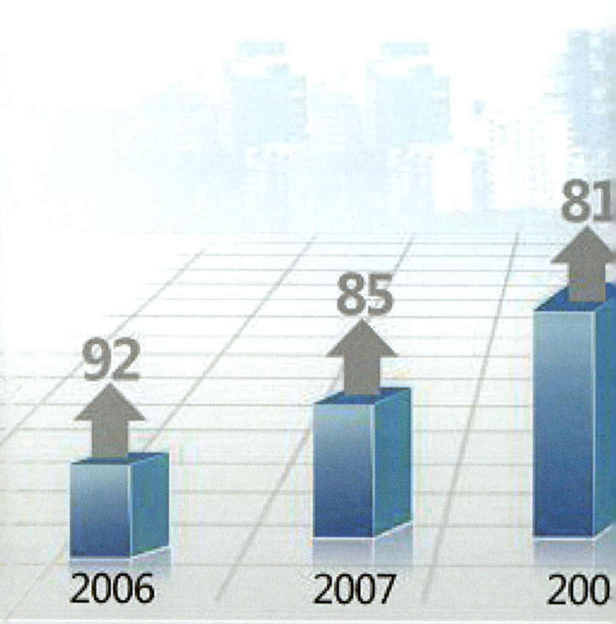

2014

花炮之乡　　（摄影：陈伏明）

● 浏阳挺进百强县第36位，上榜2014福布斯中国大陆最佳县级城市三十强，排名第28位，浏阳首进全国地方公共财政预算收入百强。

全年实现地区生产总值1037亿元，增长13%；完成长沙考核财政收入75.9亿元，增长18.3%，其中公共财政预算收入42.7亿元，增长16.3%。地区生产总值、财政总收入、规模工业增加值等主要经济指标增速持续领跑长沙九区县（市），公共财政预算收入排名全国百强第76位。县域经济与县域基本竞争力跃居全国百强第36位，比上年提升11位；首次入选中国全面小康十大示范县（市）；成功跻身福布斯中国大陆最佳县级城市榜第28位，成为中部地区唯一上榜县（市）。

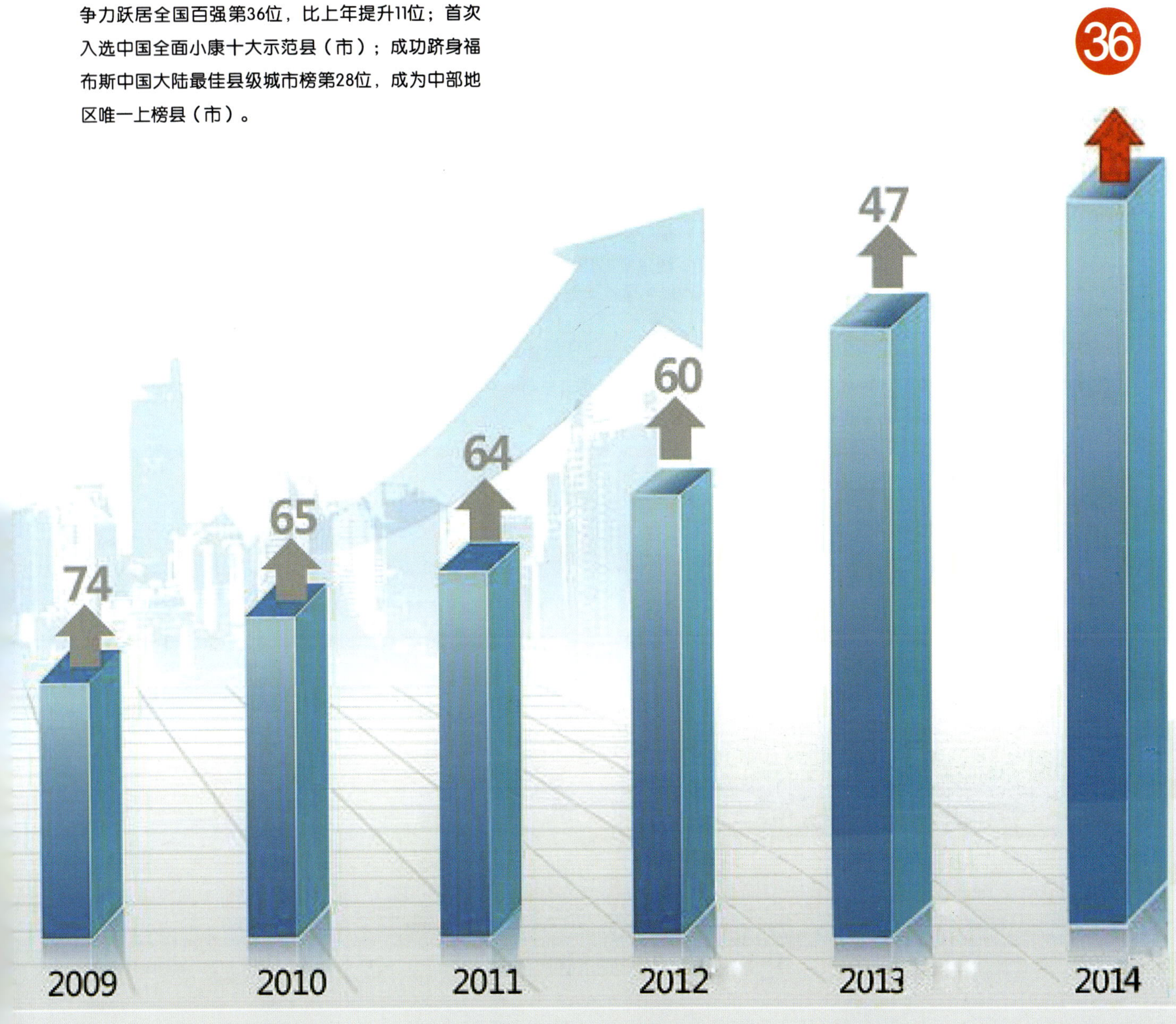

回 眸

浏阳城区航拍图片　　（图片来源 浏阳电视台）

● 浏阳推出立行立改"五个十项行动"，群众满意率居长沙第一位、"浏阳现象"被省委推介

党的群众路线教育实践活动开展以来，浏阳全面开展十项"四风"问题整治行动。针对群众反映集中的热点、难点和焦点问题，陆续推出"五个十项行动"工作，即：整治十项"四风"问题行动、解决十项关系群众切身利益突出问题行动、推行十项"零距离"便民服务行动、深化十项特色工作行动和倡导十项文明新风行动，得到群众的高度评价。12月17日，在全省机关干部作风民调和教育实践活动整改落实情况民调中，群众满意率均居长沙市九区县（市）第1位。

浏阳近年来发展所取得的成绩已受到越来越多的关注，8月份省委政研室到浏阳专题调研"浏阳现象"，10月份《省委通报》刊发《浏阳经济社会发展持续向好的调研与启示》专题调研报告。浏阳实现县域经济发展活力涌动的实践探索，为全省提供有益的启示和借鉴。

浏阳城区航拍图片　　（图片来源 浏阳电视台）

2014

①
②
③

浏阳年鉴 LIUYANGNIANJIAN 2015

① 3月27日，市委书记曹立军带领市委常委会组成人员，开展党的群众路线教育实践活动集中学习暨湘赣边交通通道调研活动 （图片来源 市委办公室）

② 3月25日，市委书记曹立军到镇头镇调研 （图片来源 市委办公室）

③ 5月8日，市委副书记、市长余勋伟率队检查古港镇梅田湖村防汛准备工作情况 （图片来源 市政府办公室）

回 眸

● 首届湘赣边区域开放合作交流会在浏阳召开，湘赣边十县(市)合作正式启动

12月18日、19日，井冈山市、莲花县、醴陵市、平江县、上栗县、铜鼓县、万载县、修水县、永新县等10个县（市）的主要领导和部门负责人齐聚浏阳河畔，参加首届湘赣边区域开放合作交流会。与会的十县市签署发布《湘赣边区域开放合作浏阳共识》，签订交通运输、环保、安监、旅游、综治维稳5个专项战略合作框架协议。10个县（市）将进一步携手合作，探索湘赣边区域经济社会联动发展之路。

2014

浏阳文庙祭孔古乐传承人传授古乐舞　（摄影：刘建国）

● 浏阳获批千年古县，“浏阳文庙祭孔古乐”入选国家级非物质文化遗产

10月，在北京召开的中国地名文化遗产保护专家委员会第十八次“千年古县”专家会议上，浏阳以高分通过专家审定，成功申报为“千年古县”。12月3日，国务院正式批准文化部确定的第四批《国家级非物质文化遗产代表性项目名录》，“浏阳文庙祭孔古乐”列入其中，成为继浏阳花炮制作工艺、浏阳菊花石雕刻工艺之后的又一国家级非物质文化遗产。

浏阳文庙

回眸

●浏阳烟花精彩亮相仁川亚运会、南京青奥会、北京APEC会议、澳门回归15年等大型活动

元旦期间，浏阳烟花在迪拜、纽约时代广场、悉尼歌剧院、吉隆坡KLCC公园、伦敦泰晤士河边、台北101大楼、香港维多利亚港、澳门旅游塔等世界多个地标性建筑上空大放异彩。此后，巴西世界杯、南京青奥会、韩国仁川亚运会、北京APEC会议、澳门庆回归15周年等活动期间，浏阳烟花再次以“环保安全”的新形象频频亮相国际舞台，令全世界为之瞩目。

① 北京APEC会议烟花燃放图片（图片来源 市花炮局）

② 北京APEC会议烟花燃放图片（图片来源 市花炮局）

③ 浏阳东信烟花获批北京APEC焰火燃放单位（图片来源 市花炮局）

④ 南京青奥会烟花燃放图片 （图片来源 市花炮局）

①|②
③
④

2014

尔康制药全球首创木薯淀粉胶囊

传统的动物源明胶胶囊在运输、储藏过程中容易产生有害物质，导致“毒胶囊”事件频发。湖南尔康制药股份有限公司历经9年的研发，成功研制出木薯淀粉胶囊，成为我国第一个具有国际专利的原创性重磅产品。11月，尔康制药木薯淀粉胶囊生产基地一期工程正式投产，64条生产线全面启动，年产能可达300亿粒，实现产值10亿元。

① 浏阳经开区上市企业——湖南尔康制药有限公司
② 尔康制药生产车间
③ 尔康制药全淀粉植物胶囊项目生产流程展示
④ 联合国友好协会亚太区主席畷涛静等一行考察尔康制药全淀粉植物胶囊项目

① | ②
③ | ④

回眸

● 浏阳市启动农田水利畅通工程三年行动

10月11日，浏阳召开农田水利畅通工程三年行动动员会议，决定从2014年至2016年，疏浚整治灌排渠道3000公里，清淤疏浚田间渠道3万公里，除险加固病险骨干大山塘275处，清淤整治一般山（平）塘1万处，修复小型河坝500座，更新改造抗旱机埠300处。

浏阳年鉴
LIUYANGNIANJIAN 2015

① 11月27日-28日，全省水利建设（山丘片）现场会在浏阳召开，相关经验和做法在全省推介

② 党小组服务农田水利畅通工程专项竞赛活动（图片来源：浏阳市水务局）

③ 村（社区）群众参加农田水利畅通工程 （图片来源：浏阳市水务局）

①
②③

2014

● 浏阳启动“教育三年行动计划”，三年统筹十亿元推进教育建设

9月10日，浏阳召开教育工作大会，启动“教育三年行动计划”，决定从2014年起用三年时间，统筹不少于10亿元资金推动全市教育设施建设，全面改善浏阳教育的基础条件。“教育三年行动计划”涉及薄弱学校改造工程、小城镇和城区学校建设工程、幼儿园建设工程、安全隐患排查工程、山区教师公共租赁房建设工程、义务教育阶段学位扩容工程、义务教育阶段学生食堂和寄宿条件改善工程、高中学校办学条件改善工程、学校装备工程、塑胶跑道建设工程十大工程。2014年已建成大瑶李畋学校、文家市里仁学校、荷花罗直小学、小河乡乌石小学等学校并投入使用，全市累计新增学位约1200个，其中城区新增小学学位近700个。

① 荷花罗直小学 （图片来源 市教育局）
② 大瑶李畋学校 （图片来源 市教育局）
③ 文家市里仁学校 （图片来源 市教育局）

回眸

乡村教师公租房（图片来源 市住保局）

改造后的黄泥湾小区（左上角 黄泥湾小区原貌 图片来源 市住保局）

改造后的严家冲小区（左上角 严家冲小区原貌 图片来源 市住保局）

● 浏阳不断完善住房供应体系 住房保障工作水平全面提高

2014年，浏阳按省市要求共开工建设和基本建成公共租赁住房3193套（含乡村教师公租房428套），实施并完成棚户区改造1635户；于9月份启动对城区严家冲、黄泥湾、指背冲和城东新村四个旧住宅小区1952套直管公房的自主改造；新增廉租住房实物配租244户、住房租赁补贴发放32户，发放补贴总户数达436户，进一步完善住房供应体系，有效缓解城镇低收入家庭住房困难，切实推进“住有所居”，使全市住房保障工作水平全面提高。

2014

① 天马花园航拍图片　（浏阳电视台）

② 新月半岛航拍图片　（浏阳电视台）

③ 《家园》（朱志云摄于浏阳亚大新城）

浏阳年鉴 LIUYANGNIANJIAN 2015

回眸

● 浏阳“新八景”、浏阳河（浏阳段）“最美九道湾”评选活动揭晓

2014年4月份开始，浏阳市委宣传部、浏阳市旅游局组织进行浏阳“新八景”、浏阳“最美九道湾”(浏阳段)评选活动。经过乡镇推荐、实地考察、网上投票、专家评审和公示，大围山镇的“围山花海”、城区“彩虹卧波”等被评为浏阳“新八景”；小河乡鳄鱼嘴湾、张坊镇几字湾等被评为浏阳河“最美九道湾”。

①
②③

浏阳“新八景”

① 围山花海（大围山）

② 彩虹卧波（城区）

③ 象形汲水（达浒镇）

2014

①/②

浏阳“新八景”

① 文华旗展（文家市镇）

② 苍坊清莲（中和镇胡耀邦故居）

浏阳年鉴 LIUYANGNIANJIAN 2015

回 眸

浏阳年鉴

LIUYANGNIANJIAN 2015

浏阳“新八景”

① 石霜听梵（金刚镇）

② 奎文书香（浏阳文庙）

③ 周洛飞瀑（社港镇）

2014

浏阳年鉴
LIUYANGNIANJIAN 2015

浏阳河“最美九道湾”（浏阳河段）

① 鱼嘴白鹭——小河乡鱼嘴湾

② 几字湾远——张坊镇江口湾

③ 上水河栈——官渡镇上水湾

回　眸

樟潭遗风—— 淮川樟树湾

浏阳河“最美九道湾”（浏阳河段）

① 荚洲芳草—— 普迹镇荚洲湾

② 毛湾揽秀—— 高坪镇毛家湾

③ 曲尺花香—— 枨冲镇曲尺湾

④ 百步听涛—— 镇头镇百步湾

①
② | ③ | ④

2014

龙潭情深—— 葛家乡龙潭湾

目　录

特　载

大 事 记

浏阳概况

中共浏阳市委

中共浏阳市纪律检查委员会

浏阳市人民代表大会常委会

浏阳市人民政府

政协浏阳市委员会

民主党派·工商联

社 会 团 体

法　　治

武　　装

经济综合管理

工 业

园区经济

交通·邮电

城建·环保

财政·税务

金融·保险

文体·新闻

卫　生

社会生活

街道·镇·乡

人　物

文件选登

附　录

Main Contents

CPC (Central Committee of the Communist Party of China)Commission for Discipline Inspection of Liuyang

People's Congress Standing Committee of Liuyang

Liuyang Municipal People's Government

Liuyang Municipal Committee of CPPCC

Democrative Parties& Association of Industry and Commerce

Social Organization

Legal System

Military Affairs

Economic Management

Agriculture

Industry

Park Economy

Transportation&Post Telecommunication

Urban Construction·Environmental protection

Commerce

Tourism

Finance·Taxes

Finance·Insurance

Technology and Education

Culture and News

Health

Social life

Streets, Town and Township

特　　载

顺应新常态　推动新跨越　为建设省会副中心和湘赣边区域性中心城市而努力奋斗

——在市委十一届十一次全体（扩大）暨经济工作会议上的讲话

中共长沙市委常委、浏阳市委书记　曹立军

（2015年1月15日）

（图片来源：市委办公室）

同志们：

这次会议的主要任务是，全面贯彻落实中央、省、市经济工作会议精神，总结2014年、部署2015年经济工作。下面，我根据市委常委会议研究的意见，讲四个方面的问题。

一、客观估价成绩，在深刻认识新常态中坚定信心

过去一年，面对复杂的宏观经济环境、持续的经济下行压力、繁重的改革发展稳定任务，全市上下紧紧围绕"挺进三十强、再创新辉煌"目标，团结一心，真抓实干，开创了科学跨越、赶超奋进的崭新局面。

——综合实力跃上新台阶。全年实现地区生产总值1037亿元，增长13%（预计数）；完成长沙考核财政收入75.9亿元，增长18.3%，其中公共财政预算收入42.7亿元，增长16.3%。地区生产总值、财政总收入、规模工业增加值等主要经济指标增速持续领跑长沙九区县（市），公共财政预算收入排名全国百强第76位。县域经济与县域基本竞争力跃居全国百强第36位，比上年提升11位；首次入选中国全面小康十大示范县（市）；成功跻身福布斯中国大陆最佳县级城市榜第28位，成为中部地区唯一上榜县（市），经济社会发展呈现出蓬勃向上、逆势而上的良好势头。

——改革创新实现新突破。稳步推进9大类43项改革，商事登记、行政审批、投融资等重点领域改革取得突破，成功获批发行城投公司债券15亿元、经开区公司债券13亿元，全年新登记企业和注册资本分别增长79.5%和105.5%，有效激发了发展活力。扎实开展大瑶扩权强镇、农房抵押担保转让等省级改革试点工作。深入实施"5358"工程，引进党政事业、教育卫生类专业人才590余名。成功举办首届湘赣边开放合作交流会，探索建设湘赣边区域开放合作试验区，为县域发展开辟了新路径、注入了新动力。

——项目建设迈出新步伐。紧扣"项目攻坚年"

主题，实施重点项目162个，累计完成投资285.7亿元；新引进亿元以上项目40个、10亿元以上项目10个、50亿元以上项目2个。完成征地1.27万亩，实现项目征拆“清零”81个，为项目建设提供了有力保障。全面完成张小公路、荷石公路、浏跃公路二期提质改造，加快推进金阳大道、荷文公路、大围山旅游干线等重大交通项目建设，一批电力、通信、燃气等基础设施建成投入使用，蓝思三期及新总部基地、尔康制药淀粉胶囊等战略性项目顺利推进，为经济社会发展夯实了基础、积蓄了能量。

——民生改善取得新成效。全年共投入53.6亿元用于民生领域，占财政总支出的74.5%。结合群众路线教育实践活动的开展，重点实施教育扩容提质、卫生均衡发展、农田水利畅通等“八大民生工程”，加快发展社会保障、人口计生、环境保护、文化体育等各项事业，集中力量办成了一批惠民利民的好事实事，在省委活动办组织的两次民意调查中，我市群众满意率均居长沙九区县（市）第一。

——城乡面貌呈现新气象。全力推进西北环线、浏阳河六桥、长兴湖片区建设，全面提质改造城区干道、老旧街区，推行最严格、最精细、最到位的城市管理，城市品质不断提升。加快建设大瑶、永安、镇头、沿溪、大围山等重点城镇，精心打造了一批“美丽屋场”。扎实推进城乡环境综合整治，大力实施“三年造绿大行动”，城乡面貌焕然一新，在长沙“清洁城市”“乡村整洁”行动考评中均排名第一。认真抓好文明创建，获得全国文明城市提名。积极挖掘地域历史文化资源，荣获“千年古县”称号。坚持落实“三个一律”“阳光政务”，全面推行领导公开接访、干部开门办公，发展环境进一步优化。

成绩来之不易，奋斗充满艰辛。这是上级党委、政府坚强领导、关心支持的结果，是全市广大党员干部忘我付出、辛勤工作的结晶，是全体浏阳人民团结进取、共同创造的业绩！一年来，全市上下所彰显的自强不息、敢为人先的奋斗豪情，所展示的咬定目标、奋勇争先的拼搏精神，所锤炼的一线作为、踏实肯干的工作作风，必将激励我们在新的征程中开拓奋进、砥砺前行！

2015年是全面深化改革的关键之年，是全面推进依法治市的开局之年，是全面完成“十二五”规划的收官之年。中央作出了经济发展进入新常态的重大战略判断，经济正从高速增长转向中高速增长，发展方式正从规模速度型粗放增长转向质量效率型集约增长，经济结构正从增量扩能为主转向调整存量、做优增量并存的深度调整，发展动力正从传统增长点转向新的增长点。新常态的基本特征告诉我们，现在不是要不要发展的问题，而是怎样发展、发展什么的问题。我们务必紧密结合浏阳实际，深刻领会，统一认识，在保持经济平稳较快发展的同时，更加注重提高经济发展的质量和效益，努力做到调速不减势、量增质更优，牢牢把握发展主动权。

第一，错综复杂的挑战不可忽视。从宏观经济来看，全球经济处于深度调整期，增速可能略有回升，但总体复苏疲弱态势难有明显改观。我国经济下行压力加大，结构调整阵痛显现，企业生产经营困难增多，部分经济风险显现。从区域竞争来看，随着形势的发展，浏阳已经进入由与周边区县的比拼转向更广区域、更高层次角逐的新阶段，争先进位的难度更大，面临的资金、土地、项目、人才等竞争更加激烈。从自身发展来看，经济结构不够优、创新动力不够强、城乡发展不够协调等问题较为突出，稳增长、促转型的任务十分繁重；影响社会和谐稳定与安全生产的隐患依然较多；一些党员干部能力素质、工作作风与新形势还不相适应。对此，我们必须保持清醒认识，引起高度重视。

第二，大有可为的机遇不能错过。国家重点实施长江经济带等战略，湖南提出将长株潭打造成中部地区核心增长极，最新修订的长沙城市总体规划明确浏阳为省会副中心，湘赣边区域合作经济带、浏阳河经济带、东部开放型经济走廊已进入长沙重大决策部署。浏阳作为湖南“东大门”和长株潭两型改革试验区重要组团，战略地位大幅提升，发展格局极大优化，发展空间更加广阔，迎来了加快建设省会副中心和湘赣边区域性中心城市的历史机遇！特别是浏阳拥有较强的综合实力、广阔的发展腹地、良好的自然生态、深厚的人文底蕴和响亮的城市品牌，在新一轮区域大开放、大建设、大发展格局中，必将在基础设施建设、重大项目布局、产业分工协作以及招商引资等方面获得重大利好。

第三，加快发展的责任不容懈怠。经过这些年的发展，电子信息、生物医药、机械制造等主导产业在长沙乃至全省都占据了重要位置，浏阳花炮产业素质和品牌影响力不断提升，健康食品、文化旅游等产业发展来势良好、潜力巨大，为县域经济发展提供了强大支撑。随着金阳大道、西北环线等重大交通项目加快推进，蒙华铁路开工在即，浏阳交通区位将得到根本性提升。面对浏阳发展的良好态势，全市上下干事创业、争先进位的士气更加高涨，人民群众追求美好生活的愿望更加强烈。我们一定要按照在长沙“六个走在前列”中打头阵、当表率、创一流的要求，牢记历史使命，顺应人民期待，进一步坚定信心，振奋精神，立足新起点，争创新优势，力推新跨越，努力谱写更加辉煌的“浏阳篇章”！

二、明确目标任务，在主动顺应新常态中精准发力

2015年经济工作的总体要求是：全面落实党的十八大和十八届三中、四中全会及中央、省、市经济工作会议精神，牢牢把握稳中求进总基调，积极顺应经济发展新常态，紧紧围绕“挺进三十强、再创新辉煌”目标，更加突出“交通融城、产业兴城、人才活城、生态美城”四大战略，始终坚持改革推动、创新驱动、区域带动、项目拉动、城乡联动，凝心聚力，攻坚克难，为建设省会副中心和湘赣边区域性中心城市而努力奋斗。

今年我市经济社会发展的预期目标是：地区生产总值增长10.5%；长沙考核财政收入增长12%—13%；公共财政预算收入增长12%；城乡居民人均可支配收入增长11%；固定资产投资增长18%；社会消费品零售总额增长12%；城镇登记失业率控制在4%以内。

（一）坚持改革推动，进一步激活县域经济的发展动力

改革攻坚是顺应新常态、谋求新发展的开路先锋。要坚持问题导向，聚焦浏阳实际，科学制定改革方案，强力推进改革举措，充分激发经济社会发展的动力、活力和创造力。

敢破敢立激活市场。加快政府职能转变，完善并公布权力清单、负面清单、责任清单，按照“法无授权不可为、法无禁止皆可为、法定职责必须为”的原则，把该管的管好，把该放的放够，真正使市场在资源配置中起决定性作用。加大简政放权力度，深化行政审批制度改革，进一步取消一批审批事项和行政事业性收费项目，实行并联审批，推动政务服务中心真正实现“一窗式”受理、“一站式”办结、“一条龙”服务，努力将浏阳打造成为全省审批事项最少、时限最短、成本最低的县（市）。

求新求变激活要素。做好融资文章，推进投融资体制改革，创新国有投融资平台公司发展模式，进一步拓宽融资渠道。积极推动PPP投融资新模式，设立PPP中心，引导和鼓励民间资本进入基础建设、城镇开发、公共服务等领域，充分释放民间资本的创富活力。规范金融秩序，促进金融行业健康发展。加强债务管理，严格债务风险控制。做好土地文章，全面推进农村土地承包经营权确权登记颁证、农房抵押担保转让等改革，创新土地经营权流转方式，实现土地适度规模经营和集约经营。做好人才文章，继续实施“5358”工程，创新人才引进方式，注重通过项目入股、技术合作等方式引才引智，做到不求所有、但求所用。

先行先试激活园镇。切实贯彻长沙市“工业园区转型提质发展三年行动计划”，赋予园区更多的发展自主权，全面激发园区内生动力。稳步推进大瑶扩权强镇改革试点工作，扩大经济社会管理权限，着力提高社会治理和公共服务能力，并在条件成熟的乡镇逐步推广，充分发挥经济发达镇在区域发展中的辐射带动作用。进一步完善“园镇合一”“镇馆合一”“一园带四镇”等园镇管理体制，促进园镇深度融合、协调发展。

（二）坚持创新驱动，进一步壮大县域经济的发展支撑

加快推进新兴产业崛起壮大和传统产业转型升级，致力打造浏阳经济升级版。

构建现代产业体系。以浏阳经开区、制造产业基地、两型产业示范园、浏阳河文化产业园、花炮产业集中区、浏阳河生态经济示范区、大围山国家级生态旅游示范区七大板块园区为依托，进一步做大做强电子信息、生物医药、机械制造、鞭炮烟花、健康食品、生态旅游、现代服务、文化创意等八大产业集群，努力迈出转型创新发展的坚实步伐。坚持项目向园区集中、要素向园区集聚、政策向园区倾斜，推动浏阳经开区向千亿级园区迈进，制造产业基地向500亿元规模努力，其他板块园区力争取得突破性进展，更好发挥园区经济对县域发展的支撑作用。在新技术、新产品、新业态、新模式上重点发力，着力培育电子商务、物联网、互联网金融等新兴业态，加快发展生态环保、现代物流、健康养老等新兴产业，努力构建多元化、集群化、高端化、两型化的现代产业体系。

加速产业转型升级。着力壮大新型工业，依托蓝思科技、介面光电、基伍通讯等骨干企业，吸引配套企业进驻浏阳，加快完善电子信息产业链条，致力打造世界一流的移动智能终端产业集群。发挥尔康制药、华纳大等企业的引领作用，研制一批具有自主知识产权和市场竞争力的新药，不断提升生物医药产业的核心竞争力。推动装备制造、汽车零部件产业升级发展，以中烟项目引进为契机，做强烟草加工业、仓储业，进一步增强制造产业基地发展后劲。着力升级花炮产业，深入实施整合提升、科技攻关、品牌营销“三大工程”，推动花炮产业在“四化两型”发展之路上大步迈进。着力繁荣旅游商贸，充分发挥大围山旅游的龙头带动作用，整合南区红色文化、北区运动体验、西区生态休闲等优质旅游资源，全面打响“湖湘宝地、美丽浏阳”旅游品牌。注重以旅游发展带动商贸繁荣，促进核心商圈高端化、特色街区品牌化，致力打造湘赣边商贸物流中心。着力发展现代农业，充分发挥两型产业示范园的平台作用，大力引进和培育一批健康食品重点企业，推进农产品精深加工，提高农业产业化、标准化、市场化水平，努力建设浏阳现代农业综合配套改革试验区。

掀起创新创业热潮。围绕主导产业，推进企业孵化平台、技术研发平台、资源共享平台、技术创新联盟等建设，加快科技成果孵化、转化、产业化，力争在重点领域和核心技术上取得新突破。积极引导企业主攻高端产品、终端产品，打造一批浏阳自己的明星企业和著名品牌。大力支持实体经济发展，推动园区企业“二次创业”，加大在要素保障、人才引进、技术改造等方面的扶持力度。深入推进创业富民，启动建设创新创意中心，吸纳各类人才向平台集聚，形成万众创新、大众创业的新浪潮。

（三）坚持区域带动，进一步拓展县域经济的发展空间

在经济全球化和区域经济一体化的新常态下，加强区域经济合作、推动区域整体崛起已成共识。深度融入长株潭，主动融合湘赣边，是浏阳拓展发展空间的战略选择。

加快融城借力步伐。坚持“交通融城”战略，推进金阳大道浏阳经开区至主城区段建设，尽快实现金阳大道全线拉通；力争及早启动南横线、北横线项目建设，推动浏阳全面融入长沙“半小时经济圈”。发挥金阳新区作为浏阳融入长沙东部开放型经济走廊的

“桥头堡”作用，整合浏阳经开区、制造产业基地及周边乡镇的优势资源，坚持统筹规划设计、统筹产业布局、统筹基础设施建设，努力将金阳新区打造成为长沙“东中心”。扎实推进以柏加、镇头为核心的浏阳河生态经济示范区建设，集中发展花卉园林、休闲旅游、高档居住等产业，使之成为深度对接浏阳河经济带、带动浏西区域发展的强大引擎。

深化区域交流合作。着力推进湘赣边区域开放合作试验区建设，进一步完善区域交流合作机制，在基础设施相连相通、产业发展互促互进、资源要素对接对流、安全稳定联动联防、重大政策共争共享等方面广泛开展务实合作，推动湘赣边区域协同发展迈向更高层次、取得更大成果。要实现区域合作项目化，合力争取国家、湘赣两省重大项目和政策，力争年内启动一到两个有实质意义的建设项目。特别是要加快出省通道的提质改造和联通对接，努力打造湘赣边区域性交通枢纽城市。要促进区域合作常态化，周密组织打非治违、生态治理、平安巡查等联合执法，优化区域发展环境；精心策划湘赣边区域交流会、旅游节、商贸展等大型活动，全面提升区域开放型经济发展水平。

㈣ 坚持项目拉动，进一步夯实县域经济的发展基础

牢固树立抓项目就是抓发展的理念，全力引进和建设一批投资规模大、质量效益高、带动能力强的项目。

精准招商引项目。抢抓经济结构深度调整和沿海产业加快转移的发展机遇，充分发挥浏阳交通区位、产业基础、生态资源等比较优势，注重择商选资，努力引进一批符合两型要求、改变发展格局的战略性项目。科学做好项目策划包装，实施产业链招商、专业型招商、常态化招商、精准化招商，重点围绕电子信息、生物医药、机械制造、健康食品、文化旅游等产业，精心策划大型专场招商活动，确保经开区至少引进一个投资过 50 亿元的项目，制造产业基地至少引进一个投资过 10 亿元的项目，其他园区力争引进一批具有较大体量的好项目。深入研究中央、省、市出台的各项政策措施，加强向上汇报和衔接，争取更多的项目和资金投向浏阳。

一线攻坚帮项目。切实强化项目建设领导联点制，联点领导要全程参与，一线调度，带动广大干部深入征地拆迁、建设施工、招商引资第一线真抓实干，确保项目建设高效率、快节奏推进。认真落实项目法人责任制，帮促项目法人认真履约，努力提升项目建设的质量和水平。切实优化项目建设环境，对强揽工程、强装强卸、阻工闹事等行为重拳出击，旗帜鲜明的为项目建设保驾护航，让项目业主在浏阳放心投资、放手发展。

认真较真促项目。推动项目建设督查常态化，落实“转办、交办、批办、督办”等工作措施，及时发现问题、通报情况、督促整改。用好用活绩效考核指挥棒，强化项目建设季度讲评、现场观摩等机制，进一步浓厚全市上下争分夺秒抓项目、认真较真促进度的工作氛围。

㈤ 坚持城乡联动，进一步优化县域经济的发展格局

大力推进新型城镇化，坚持以城带乡、以镇带村、以点带面，构筑统筹城乡、融合发展的新格局。

加强一体规划。坚持以科学理念、全局思维做好浏阳城市总体规划（2001—2020）修改，将金阳新区纳入城市规划，推动主城区与金阳新区融合发展。将历史人文、自然生态和地方特色更好地融入城乡规划，努力凸显浏阳山水之美、人文之美、城市之美。全面推进城市总体规划、经济社会发展规划、土地利用规划、产业发展规划“多规合一”，强化规划刚性，确保规划落地。坚持实施基本生态控制线制度，严格控制线内开发建设。注重沿河、沿路、沿线的规划设计，为未来发展留足空间。

打造特色城镇。着力优化“一轴三带”的城镇格局，加快建设荷文公路、大围山旅游干线公路，提质改造永社公路、大文公路等城镇之间的连接通道，不断推动“轴”的壮大和“带”的延伸。全力推进西北环线建设，进一步拉开城市骨架，加快长兴湖片区、浏阳河六桥等建设，打造“浏阳河—天马山—西湖山—道吾山”城市景观带，努力彰显“山更绿、水更清、天更蓝、城更美”的城市形象。高品位推进大瑶、永安、镇头、沿溪、大围山等重点城镇建设，加快建设一批工业重镇、旅游新镇、文化名镇、边贸强镇等特色乡镇。科学谋划主城区产业布局，统筹推进城镇产业升级壮大，着力增强“造血”功能，促进城镇健康发展。以打造“美丽村庄”“幸福屋场”为抓手，扎实开展新农村建设，不断提升农村生产生活水平。

实施精细管理。积极创新城市管理模式，探索运用大数据等现代手段管理市容环境、治安防控和交通秩序，实现城市管理信息化、精细化、长效化。推动城市管理向乡镇覆盖，构建全时段、全地域管理网络，推进城乡管理一体化。按照“生态美城”要求，扎实推进城乡统筹环境同治新三年行动，精心实施“三年造绿大行动”，充分展现城乡宜居品质和全新形象。深入开展文明创建，努力实现居民文明习惯的逐步养成和整体素质的全面提升。

三、突出民生优先，在准确把握新常态中增进和谐

围绕率先建成全面小康目标，坚持以平安浏阳建设、农田水利畅通、教育扩容提质、卫生均衡发展、食品安全整治、畅通浏阳建设、民风淳化和暖心救助等“八大民生工程”为统揽，进一步加大民生投入，强化民生保障，全面提升人民群众的安全感、认同感、幸福感。

㈠ 以人本情怀增进民生福祉

牢固树立“改善民生是最大政绩”理念，多干惠民利民的实事，多做雪中送炭的好事，更加注重基本民生，更加关注低收入群体生活。继续实施教育三年行动计划，下大气力解决城区入学难、农村师资紧、

山区学校条件差等难题，促进教育均衡发展，努力实现“教育强市”目标。进一步优化市、乡、村三级公共卫生服务体系，大力推动服务重心下移，让群众享受优质便捷的医疗服务，着力解决人民群众看病难、看病贵的问题。全面落实更加积极的就业政策，突出抓好高校毕业生、城镇困难群众就业工作。着力加强社会保障，努力提高城乡低保补助标准，高度重视因病致贫、因灾返贫问题，着力构建城乡一体化、多层次、全覆盖的社会保障和社会救助体系。

（二）以务实举措推进社会治理

倾力打造“法治浏阳”，全面推进依法治市，坚持严格执法、公正司法、全民守法，努力将浏阳建设成为最具公平感、正义感的城市。倾力打造“平安浏阳”，突出严防与严打、治理与服务、专业队伍与群防群治相结合，把社会治理的触角延伸到社区、楼栋等社会末梢，确保社会大局稳定。切实强化安全生产红线意识，认真贯彻新《安全生产法》，坚持严查严管、严处严罚，扎实抓好花炮、矿山、消防、交通、食品药品等行业和领域的安全监管，始终保持“打非治违”高压态势，坚决杜绝较大以上事故发生。倾力打造“和谐浏阳”，刚性落实领导公开接访、依法处访、妥善息访等举措，依法解决一批信访积案，及时有效化解社会矛盾。发挥群众工作站离群众近、懂群众多的优势，突出重点，创新举措，把群众工作做到田间地头、屋场楼栋、群众身边，努力建立高效畅通的干群沟通渠道。

（三）以强烈责任保护青山绿水

坚持严审批、严监管、严查处，以最强执行力推动史上最严《环境保护法》坚实落地。严格落实部门监管责任、乡镇属地责任和企业主体责任，广泛开展环保知识的培训宣传，充分发挥人民群众、社会组织、媒体舆论的监督作用，将环境保护的责任与要求渗透到浏阳的每一个角落。严肃查处、公开曝光一批污染环境的典型案例，让违法者无处安身、无法遁形。坚持两型发展，严格执行环境保护目标责任制、考核评价制和项目建设环评制，加大生态主体功能区规划控制、生态保护、环境补偿等工作力度，加快建立基于环境承载能力的绿色发展模式。

四、强化发展保障，在科学驾驭新常态中彰显作为

经济发展进入新常态，对党领导经济工作提出了更高要求。要全面提高党的建设科学化水平，为经济社会又好又快发展提供坚强保障。

（一）提升引领发展的领导能力

要强化法治思维。始终践行办事依法、遇事找法、解决问题用法、化解矛盾靠法的理念，注重在法治框架内解决经济社会发展中的问题，不断提高以法治思维和法治方式深化改革、推动发展、维护稳定的能力。要增强专业素养。要时刻保持“本领恐慌”和“能力不足”的危机意识，加强理论学习，完善知识结构，增长实践才干，坚持干什么学什么，缺什么补什么，努力成为抓经济工作的行家里手。要整合全市干部教育培训资源，着力建立以需求为导向的“菜单式”教育培训模式。要善于引导舆论。坚持善待善用善管媒体，充分发挥媒体凝聚共识、推动工作的积极作用，奏响浏阳发展主旋律。高度重视突发事件和负面舆情的研判，做到事件处置和舆论引导同步联动，营造良好舆论环境。

（二）凝聚推动发展的强大力量

要汇集发展合力。更好发挥党委总揽全局、协调各方的领导核心作用，大力支持人大、政府、政协行权履职、开展工作，进一步巩固精诚团结、和衷共济的良好局面。做好人民武装和统一战线工作，充分发挥群团组织联系群众的桥梁纽带作用，动员一切积极力量共谋发展、共促跨越。要树立鲜明导向。坚持“有为才会有位”的用人导向，论实才、凭实干、比实绩选用干部，更加注重考核结果的运用，对有错无为、不在状态的班子和干部进行调整，着力建立能者上、平者让、庸者下的干部进出机制。要夯实基层基础。坚持工作重心向基层下移、工作资源向基层配置、工作力量向基层充实，加大村级组织运转经费投入，提高基层干部政治和经济待遇，营造重视基层、关心基层、倾斜基层的浓厚氛围。创新基层党建工作，加强基层带头人队伍建设，更好发挥基层党组织的战斗堡垒作用和党员先锋作用。从严教育管理监督干部，及时处置不合格党员，保持党员队伍纯洁性。

（三）锤炼保障发展的优良作风

大事难事看担当。为官避事平生耻。能担当、敢负责，是领导干部的时代责任，是衡量好干部的重要标尺。各级领导干部要切实增强敏锐性、主动性和责任心，在深入研究上级决策部署和自身工作实际的基础上，明确责任，扛起重任。要坚决清除工作中回避矛盾、上交问题、推脱责任的懒政思想，真正做到面对矛盾问题敢于迎难而上，面对急难险重任务敢于挺身而出，面对工作失误敢于直面正视，面对歪风邪气敢于动真碰硬，以勇往直前、无所畏惧的气魄履责担责、推动发展。谋事做事重实干。重实干、抓落实的关键，就是要大力践行“一线工作法”，坚持领导带头，靠前指挥，带动工作力量下移，着力解决经济社会发展中的突出问题。要坚决摒弃漂浮作风，坚决杜绝散漫习气，只要是切合发展实际、符合群众愿望的事，就要咬定青山不放松，一以贯之抓落实，久久为功，善始善终。为事成事须廉洁。清廉干事是领导干部立身之本、成事之基。广大党员干部要自觉将作风建设的要求落实到工作与生活的方方面面，慎独慎微、慎始慎终，守住底线、不踩红线，始终保持清正清廉的政治本色。坚持铁纪管干部、铁腕抓作风，严格落实党风廉政建设主体责任和监督责任，严肃责任追究。加大案件查处力度，坚决做到违规必查、违纪必究。深化党的纪律检查体制改革，强化上级纪委对下级党委和纪委的监督。继续推行“阳光政务”和“三个一律”，将项目安排、资金拨付、土地招拍挂、工程招投标等敏感工作置于全社会的监督之下，全面提升党委政府的公信力。

同志们，新常态蕴含新机遇，新使命期待新作为。让我们紧扣改革创新主题，强化科学发展理念，以更加饱满的热情，更加昂扬的斗志，更加务实的作风，团结带领全市人民凝心聚力，攻坚克难，为建设省会副中心和湘赣边区域性中心城市而努力奋斗！

（图片来源：市委办公室）

人大常委会工作报告

——在浏阳市第十六届人民代表大会第四次会议上

市人大常委会主任　鲁建文

（2015年2月4日）

（图片来源：市人大办公室）

各位代表：

我受浏阳市第十六届人民代表大会常务委员会的委托，向大会报告工作，请予审议。

2014年工作简要回顾

2014年，在中共浏阳市委的正确领导下，我们认真贯彻落实党的十八大、十八届三中、四中全会精神，以党的群众路线教育实践活动为动力，围绕“挺进三十强、再创新辉煌”的全市工作大局，按照把方向把准、把中心突出、把载体拓宽、把队伍建好的总体要求，紧扣规范、创新、做实、提高的工作主题，扭住助推发展、关注民生、保护环境、公正司法四大工作重点，认真履行了宪法、法律赋予的职责，为推进全市经济社会又好又快发展和民主法治建设做出了新的贡献。

一、服务全市大局，全力助推科学发展

始终把助推发展作为第一要务，听取审议了2014年国民经济与社会发展计划和财政预算方案、2014年上半年财政预算执行情况、2013年财政“同级审”工作情况报告，审查批准了2013年财政决算和8个单位的融资议案，抓住经济运行中的重大问题积极作为。一是开展生态经济示范区建设调研献策。建设浏阳河生态经济示范区，既是市委推进浏阳双向融城的重大决策，也是常委会连续两年督办的代表重点议案。我们组织20多名代表开展为期一个多月的调研，在四月份的常委会议上就此进行了专题审议，向市人民政府提出了配实管理机构、完善定位规划、加快项目启动、实行整体推进四个方面的建议。会后市政府对此进行多次专题调度，促进了生态经济示范区建设的实质性推进。二是组织重点建设项目推进代表城乡行。围绕市委项目攻坚年的工作部署，我们启动了项目推进代表城乡行活动。组织60多名代表分为六个小组，到乡镇入项目进行调研视察，帮助攻坚克难。针对收集到的46个难点问题，适时向市人民政府职能部门进行了专题交办。通过狠抓跟踪落实，有效地促进了全市重点项目的建设进程。三是在全市广大代表中开展创业帮带活动。“三联”主题活动是代表履职的重要平台，我们坚持一年一个重点地持续推进。2014年着力在创业帮带活动上下功夫，鼓励代表在做大做强自身企业的同时，通过帮资金、传技术、教管理、助营销的形式，带动周边群众和企业创业。为了推进活动卓有成效地开展，在全市410对帮扶对子中遴选了10个典型，举行了经验报告会。引导广大代表积极投身于这一活动，浓厚创业富民氛围，助推全市经济又好又快地发展。

二、关注民生保障，切实顺应群众期盼

切实把握以人为本的根本要求，先后就蔬菜生产、水源保护、粮食储备、保障性住房和城区教育布局等问题进行重点审议，加大对民生问题监督的力度，力求在人民群众普遍关注的热点难点问题上实现突破。一是举行城区交通秩序管理专题询问。着眼于城区交通拥堵、群众出行困难的问题，我们把城区交通秩序管理纳入监督视野。在充分调研的基础上，筛选了停车场地规划不足、公交优先推进不力、安全标识设置不全等18个方面的问题，组织对市交通局、市公安局等8个政府职能部门负责人进行了专题询问，提出建议批评意见。针对存在的问题，狠抓了整改跟踪，十月份常委会组织视察测评，整改满意和基本满意率均在92.5%以上。二是开展《中华人民共和国义务教育法》贯彻情况执法检查。为了推进我市义务教育的普及提高和均衡发展，我们开展了对《义务教育法》的执法检查，采取听汇报、看现场、查资料、访群众的方式，全面深入了解该法的贯彻实施情况。10月份就此进行了专题审议，提出了优化资源配置、加强师资建设、完善基础设施、改善校园环境、加大教育投入的审议意见。引起市人民政府对城区学校入学难、山区学校设施差等问题的高度重视，将其列入2015年重点解决的课题。三是组织环境同治代表“随手拍”活动。围绕生存环境这一重大民生问题，我们在全市代表中开展了环境同治代表监督“随手拍”活动，通过视频图像的形式反映群众呼声，加大对环境整治的监督力度。活动共收到代表随手拍照片480幅，除转作社情民意反映外，通过活动简报、媒体专栏等形式向政府职能部门重点交办35件，已整改到位34件，整改到位率为97.1%，有效地助推了环境同治三年行动的深入开展。

三、回应社会关切，适时把握监督重点

自觉把社会的关切作为人大监督的着力点，抓住社会禁毒工作、政府融资工作、动物防疫工作、厉行节约工作等关键性的问题，探索创新监督方式，积极回应社会的关切。一是进行以优化发展环境为重点的专项工作评议。在坚持对副市长分管工作进行测评的同时，继续以优化发展环境这一社会普遍关注的问题为重点，对市司法局、水务局、规划局、烟草局、工商局、人口计生局六个单位进行了专项工作评议。通过深入基层，走访群众，广泛调查，共收集到300多条具体意见，按照问题揭露有辣度、原因分析有深度、整改建议有力度的要求，分别针对社区矫正工作、水库除险保安、城乡规划管理、烤烟生产收购、商标使用监管、计生优质服务六个方面的工作进行了集中评议。经过认真抓整改，年终视察测评均获满意等次。二是开展以推进司法公正为主题的庭审旁听评议。充分履行人大法律监督的职责，对26件规范性文件进行了备案审查，受理来信来访486人次，促进了27起涉法涉诉问题的妥善解决。深入开展“司法公正行”活动，以司法庭审这一窗口为抓手，组织代表对一起刑事案件和一起民商案件进行了庭审旁听评议。按照监督不干扰的原则，抓住程序适用、事实把握、判决依据、言行规范四个方面的内容，对四个单位提出了12条具体的批评建议意见。通过集中评议反馈，进一步加大了司法公正的监督力度。三是组织以企业代表带头为要求的安全监管跟踪。从我市的产业特色出发，围绕花炮安全生产经营这一热点难点问题，开展了以代表视察、代表暗访、代表倡议为主要形式的安全监管跟踪活动。先后发现反馈隐患问题31个，推动停产整改企业3个，组织行业自律座谈2次，发出带头使用优质原辅材料的倡议1个。代表的积极参与、身体力行，为进一步加强花炮安全生产经营的监管营造了良好的社会氛围。

四、抓好代表工作，充分发挥主体作用

牢固树立代表出活力、出潜力、出实力的理念，突出抓好“三联”主题活动、活动阵地建设、履职活动公开以及代表履职考核等基础性工作，为代表作用的发挥创造良好的条件。一是切实加强代表联系工作。我们把加强同代表的沟通联系作为基础环节来抓，适时组织了半年政府工作通报会和部门专项工作汇报会，按期寄发了《人大公报》和《浏阳人大》工作期刊，同时新建了代表微信平台，为代表履职提供信息服务。坚持邀请代表列席常委会议和参加执法检查、工作评议、专题调研、工作视察以及“司法公正行”、“农产品质量安全行”、“环保世纪行”、“三湘农民健康行”、“民族团结进步行”等活动，增进了代表对常委会工作的了解和参与。认真落实了主任接待代表日和常委会组成人员联系走访代表的制度，畅通了闭会期间代表建议意见的反馈渠道。二是认真抓好代表建议办理。我们以增进代表满意为原则，向市人民政府及相关部门认真交办了417件代表建议。建立了重点建议市长领办、主任联办、常委会督办的工作机制，南横线二期、保障性住房、农村危桥改造、城市公共设施维修等13件重点建议，在市政府和有关部门的高度重视下，办理工作取得明显成效。坚持了办理结果公开测评制度，对不满意的23件建议责成有关部门进行了重新办理。促进了办理质量的提高，代表满意率达到94.1%。三是积极进行代表述职探索。我们把代表述职作为促进代表履职的有效措施来抓，以乡镇街道为单位组织83位代表开展了向选民述职活动。重点把参加“三联”活动情况、为民帮办实事情况以及模范遵纪守法情况向选民汇报，接受选民监督。在推行代表述职的同时，在《浏阳日报》和《长沙人大》宣传推介先进典型14人。广大代表的履职热情不断激发，先后为选区解决各类具体问题380多起，代表为民履职的形象进一步树立。

五、加强自身建设，努力做实人大工作

围绕“为民、务实、清廉”的主题，深入开展群众路线教育实践活动。认真组织学习贯彻了中央“八项规定”和省委“九项规定”，查摆整改了“四风”方面存在的突出问题，健全出台了《浏阳市人大常委会履职管理若干规定》。从思想上制度上筑牢反对“四风”的有效防线，常委会的自身建设得到进一步加强。一是推行调研先行的履职机制。坚持把调研作为履职的必经程序，先后完成了19项常委会议题的议前调研任务，组织召开常委会7次，主任会议14次，听取和审议“一府两院”的工作情况报告21项，作出决定决议5项，提出审议意见12项，依法任免国家机关工作人员32人，任命人民陪审员234人。继续开展了调研报告评优竞赛活动，评出优秀调研文章7篇，促进了深入实际调查研究的良好风气的进一步形成。二是建立审议意见跟踪机制。针对以往审议多实效少，办理流于形式的问题，我们从健全机制入手，完善了专题交办、全程跟踪、适时反馈、效果测评的工作制度。四月份，听取审议了市政府商贸旅游交通线2013年人大审议意见办理情况的报告，分别对城区农贸市场管理、农村公路建设养护和加快旅游发展三项审议意见办理情况进行满意度测评，为常委会审议成果的有效转化运用探索了保障机制。三是完善委办归口督办机制。按照委办归口，分片联系基层人大工作，完成相关议题的调研任务，负责审议决定意见的督办。通过落实常委会主任和相关委办的联系制度，邀请基层人大主席参与专题调研、代表视察、执法检查和工作评议，以及业务培训和工作论坛的形式，着力推进基层人大工作的制度化、规范化建设。推行一事一归口、一事一台账、一事一跟踪的管理办法，确保常委会20多项审议有落实，见成效，全市人大工作的整体水平得到了进一步提升。

各位代表，过去一年常委会取得的各项工作成绩，是中共浏阳市委正确领导的结果，是全体人大代表和人大工作者共同努力的结果，是“一府两院”及所属部门和单位密切配合的结果，也是各级党委、社会各界和全市人民关心支持的结果。在此，我代表市人大常委会表示衷心的感谢！

我们也清楚地认识到工作中仍存在一些问题和不足，主要表现在监督工作的实效还有待进一步提高；代表建议的办理还有待进一步抓实；队伍建设的力度还有待进一步加强等等。这些都需要我们在新的一年认真加以改进。

2015年主要工作安排

2015年，是全面深化改革的关键之年，是全面推进依法治市的开局之年，也是全面完成“十二五”规划的收官之年。我们要认真贯彻落实党的十八大和十八届三中、四中全会精神，坚持以邓小平理论、“三个代表”重要思想和科学发展观为指导，深入贯彻习近平总书记系列讲话精神，在中共浏阳市委的坚强领导下，按照把方向把准、把中心突出、把载体拓宽、把队伍建好的总体要求，紧扣“挺进三十强、再创新辉煌”的全市工作大局，围绕助推发展、关注民生、保护环境、公正司法四大工作重点，忠实履行宪法和法律赋予的各项职责，努力推进我市的民主法治进程，为建设省会副中心和湘赣边区域性中心城市不断做出新的贡献。

一、以服务大局为己任，着力促进经济社会发展

坚持党的领导是做好人大工作必须始终坚持的基本原则。我们要自觉维护市委总揽全局、协调各方的核心地位，把握好人大围绕中心、服务大局的履职方向，动员和组织广大代表在顺应新常态、推动新跨越的进程中积极作为、建功立业。一是开展稳增长、促转型的调研献策。搞好调查研究、积极献计出策，是人大助推发展的重要途径。我们要紧扣市委提出的“交通融城、产业兴城、人才活城、生态美城”的发展战略，围绕“改革推动、创新驱动、区域带动、项目拉动、城乡联动”的五大举措，瞄准经济社会发展中带根本性、全局性、长远性的重大问题开展调查研究。针对当前经济增长下行压力仍然较大的复杂形势，今年拟通过发动代表全员参与，重点就深化改革、转变方式、调优结构、稳定增长这个问题进行集思广益，形成综合材料，为市委科学决策提供参考。二是组织督难点、破难题的项目视察。我们要深化抓项目就是抓发展的认识，通过人大的履职方式，继续开展以督难点、破难题为内容的项目建设推进代表城乡行活动。坚持深入基层、深入企业、深入项目，发现影响项目建设的主要问题，提出克服困难的建设意见，实行全程跟踪监督落实。努力营造一种上下一心、攻坚克难的强大合力，促进项目建设的快速有效推进。三是深化结对子、助发展的创业帮带。创业帮带活动是代表主动对接、积极融入、竭诚服务经济建设的重要途径。我们要在深入推进助推发展联企业、强化监督联部门、履职为民联群众的“三联”主题活动中，扎实开展创业帮带活动。组织有实力的代表，发挥自身优势，联系一家企业或一户家庭，结成帮扶对子，落实帮扶措施。通过评选帮扶先进典型、组织观摩帮扶项目，掀起人大代表带领群众共同致富的创业兴业新热潮。

二、以创新探索为重点，切实加大依法监督力度

人大监督要有活力与生机，就必须不断创新。我们要进一步大胆探索，不断完善监督载体，加大监督力度，充分发挥地方国家权力机关的职能作用。一是以推行审计跟踪为主线，完善财政预算的监督机制。我们要切实把握经济监督的重点，进一步加强财政预算方案和财政预算执行情况的监督，完善全口径预算执行的监督体系。以新《预算法》的实施为契机，通过充实专业力量、健全审查程序、完善报告制度，突出加大对国有资产、专项资金、政府债务和“三公”经费的监督力度。坚持问题导向的原则，切实用好审计成果，今年拟对去年财政“同级审”的整改工作进行跟踪落实，着力促进预算编制和执行过程中的问题的有效解决。二是以开展公信测评为突破，健全庭审旁听评议体系。我们要认真落实全面推进依法治国的新要求，深入开展“司法公正行”活动。针对法院执行积案多、群众合法权益难以有效维护的问题，组织代表开展见证执行的跟踪监督活动，进一步提高民商案件的执行水平。在认真总结成功经验的基础上，通过增加代表旁听人数、组织公信力的测评，着力完善司法庭审旁听评议工作机制。今年拟按照听前调查、到庭旁听、公开测评、小组碰头、集中反馈的程序，重点旁听评议2—3个案件。通过更具针对性、更有操作性的监督，促进司法机关进一步改进工作、公正司法。三是以扩大自由询问为手段，增进专题询问的影响力度。从抓党的方针政策的贯彻、国家法律法规的执行和人大决议决定的实施入手，切实加强对政府及职能部门依法行政的监督。今年拟围绕绿化培育、森林管理、植被修复、生物呵护、水土保持等方面存在的问题，对政府有关职能部门进行“爱护植被，保护生态”的专题询问。同时，针对城区物业管理散乱、矛盾较多的现状，组织开展《物业管理条例》专项执法检查，并对2014年《义务教育法》执法检查审议意见进行跟踪落实。

三、以提高实效为中心，不断完善监督工作方式

人大监督要真正取得实效，就必须建立科学的监督体系。我们要进一步改进监督方式、健全监督机制，使我们监督的重点与代表和群众关注的热点相呼应。一是推行代表荐题，完善专项工作评议。以改进工作、促进发展、探索机制为目标，今年拟对市发改局、林业局、卫生局、文体广电局、畜牧水产局以及供电公司等六个单位进行专项工作评议。着力改进评议办法，采取代表全员荐题、常委会议票决的方式，把科学发展需要、人民群众期盼、社会反映集中的重大问题纳入评议内容。通过跟踪整改落实，促进依法行政的理念、求真务实的作风和服务发展的意识进一步强化。二是拓展监督视野，深化代表“随手拍”。代表“随手拍”是我们丰富代表履职平台的一项创新。我们要充分发挥这一形式方便快捷、形象直观、便于办理的优势，把监督的范围由环境整治向生态保护、农田水利、安全生产、民生保障等方面拓展。进一步发动代表参与，形成全方位、多角度、广覆盖的监督网络，充分发挥其作用。三是试行群众点题，探索委办监督途径。顺应人民期盼是人大工作的本质要求。今年我们将采取向社会征集、请群众点题的方式，把人民群众最关心、最直接、最现实的利益问题纳入人大常委会各工作委员会监督的重点，开展部门工作对口监督。每个委办确定1—2个课题，通过听取汇报、开展调研、组织视察、实施询问等形式，为群众解难事、办实事，丰富各工作委员会的履职活动。

四、以强化服务为保障，充分发挥代表主体作用

代表工作是人大工作的基础。我们要不断健全服务保障机制，为代表依法履职创造必要条件。一是切实加强代表联系工作。代表是做好人大工作的力量源泉。我们要认真落实“两个接待”、“两个联系”、“两个走访”的制度，切实增强与代表的沟通联系。进一步做好代表培训工作，分片开展学习专题讲座，着力增强代表的法规意识、自律意识和责任意识。坚持分类邀请代表列席常委会议，参加专项调研、工作视察、专题询问和执法检查，充分发挥他们业务专长的作用。通过人大公报、内部刊物、互联网站、微信平台以及会议通报等形式，适时为代表提供履职信息服务，使代表的履职活动更加有的放矢、富有成效。二是认真抓好建议意见办理。做好代表建议批评意见督办工作是我们的一项重要职责。今年要在听取测评花炮安全生产监管审议意见办理情况的同时，进一步完善重点建议政府正副市长领办、人大正副主任联办、人大常委会集中督办的工作机制，把重点领办和面上督办有机地结合起来。着力在我要办、实际办、当面办、力求办四个方面狠下功夫，踏踏实实为代表和群众办实事、解难题，不断提高建议意见办理的实际满意率。三是努力提供小组活动服务。代表小组活动是闭会期间代表履职的主要形式。我们要通过强化服务指导，推动小组活动的广泛开展，提高代表的参与广度，更好地发挥代表在人大履职过程中的主体作用。今年拟组织开展一次小组活动经验交流座谈，从活动选题、经费保障和形式创新三个方面进行探讨，着力

2月5日，浏阳市第十六届人民代表大会第四次会议在城区开幕。来自全市各条战线的人大代表肩负人民的重托，共聚一堂，共商浏阳经济社会发展大计

（图片来源：市人大办）

提高小组活动的履职效果。同时继续开展代表述职探索，激发履职热情，形成积极作为的履职氛围。

五、以履职为民为目标，全面提升自身建设水平

事业发展，关键在人。人大工作要不断适应新形势，完成新任务，就必须抓好队伍建设，努力造就一支政治坚定、作风优良、学识丰富、业务熟悉的人大工作队伍。一是认真践行常委会履职若干规定。着力巩固党的群众路线教育实践活动成果，坚决防止“四风”问题的反弹。按照《人大常委会履职管理若干规定》的要求，进一步改进我们的履职工作。重点在把准履职方向、规范履职形式、强化组织工作、抓好跟踪落实、坚持厉行节约、密切联系群众几个方面狠下功夫，努力树立为民务实清廉的良好形象。二是切实加强基层人大工作指导。按照联系不干预、尊重不放任的原则，指导和支持基层人大依法履行职责。在进一步强化基层人大干部培训、落实常委会领导和委办联系基层人大工作、邀请人大主席列席常委会议和参与各项履职活动的同时，今年拟重点建立基层人大例会制度。定期组织基层人大主席或副主席召开联席会议，分别就如何提高基层人大会议质量、组织闭会期间代表活动、发挥代表活动室作用等问题开展交流。通过这一形式，互相学习、共同提高，推进基层人大工作进一步做实。三是努力提升常委会自身的履职能力。我们要进一步加强理论学习，采取专题讲座、考察观摩、体会交流、调查研究等方式，坚持向书本学、向实践学、向群众学。今年拟重点学习十八届四中全会精神和新《预算法》、新《环保法》等法律法规，不断提高依法履职的水平。大兴调查研究之风，认真做好会前调查研究工作，按照言之有理、言之有据、言之有用的要求，努力提高常委会的审议质量。强化大局意识，把加强自身建设与服务发展中心结合起来，科学处理好监督与支持、监督与保护、监督与发展的关系，不断提高为民履职、促进发展的实际能力。

各位代表，中央全面推进依法治国的号角已经吹响，新的形势和任务对人大工作提出了更高的要求。让我们在中共浏阳市委的坚强领导下，同心同德，锐意进取，扎实工作，努力加快我市的民主法治进程，为把浏阳建成省会副中心和湘赣边区域性中心城市而努力奋斗！

政府工作报告

——在浏阳市第十六届人民代表大会第四次会议上

浏阳市人民政府市长　余勋伟

(2015年2月4日)

(图片来源：市政府办)

各位代表：

现在，我代表市人民政府，向大会报告工作，请予审议，并请各位政协委员和列席人员提出意见。

2014年工作回顾

过去一年，在市委的正确领导下，在市人大、市政协的监督支持下，市人民政府紧紧围绕“挺进三十强、再创新辉煌”目标，着力抓项目、促转型、推改革、转作风、惠民生，团结一心，奋力拼搏，扎实工作，实现了经济社会健康蓬勃发展，较好地完成了市第十六届人大三次会议确定的各项目标任务。

——综合实力迈上新台阶。全年实现地区生产总值1037亿元，增长13%（预计数），工业总产值2039.5亿元，增长22.4%；完成财政总收入100.9亿元，增长33%，长沙考核财政收入75.9亿元，增长18.3%；完成固定资产投资725.8亿元，增长23.4%；城乡居民人均可支配收入分别为33816元、23180元，增长9%和10.2%。地区生产总值、规模工业增加值、固定资产投资等主要经济指标增速居长沙九区县市第1位，财政总收入、工业总产值等指标均提前一年实现“十二五”目标。县域经济与县域基本竞争力跃升至全国百强第36位，比上年提升11位。首次入选中国全面小康十大示范县市，成功跻身福布斯中国大陆最佳县级城市榜第28位，是中部地区唯一上榜县市。

——项目攻坚实现新突破。紧扣“项目攻坚年”主题，举办“美丽浏阳”系列招商活动，新引进项目185个，其中亿元以上项目40个，10亿元以上项目10个。深入开展“两帮两促”活动，坚持“月调度、季讲评、半年观摩、年终总结”的工作机制，实施重点项目162个，累计完成投资285.7亿元，增长44.8%，其中十大基础设施项目完成投资71.8亿元，十大民生项目完成投资19亿元，十大产业项目完成投资44.3亿元，经济社会发展后劲持续增强。

——改革创新激发新活力。大力推进行政审批、商事登记、农房抵押、大瑶扩权强镇和县级公立医院改革等9大类43项改革，增强了市域经济发展动力。成功举办首届湘赣边区域开放合作交流会，区域性中心城市地位逐步显现。推进实施“5358”工程，引进党政机关、教育卫生类专业人才590名，招聘企业中高层管理人才1100名、企业专业技术人才16000名。获批发行城投公司债券15亿元、经开区公司债券13亿元，引导158.9亿元民间资本进入市政公用事业等领域，进一步拓宽了融资渠道，集聚了转型创新发展的正能量。

一年来，我们主要做了以下几个方面的工作：

一、坚持提质增效，三次产业实力进一步增强

工业结构持续调优。全市规模工业企业达798家，其中年产值过亿元企业272家，过10亿元企业14家，实现规模工业总产值1668.6亿元，增长23.1%。园区经济保持强劲增长，经开区、制造产业基地、两型产业园分别实现规模工业总产值700.3亿元、232.7亿元、41.4亿元，分别增长32.3%、30.4%、37.4%，完成财政收入24.1亿元、8.2亿元、0.96亿元，分别增长37.9%、34.4%、36.8%，两型产业园成功获批湖南首家特色食品产业园。乡镇特色工业集中区稳步发展，实现规模工业总产值130.2亿元，增长29%。电子信息、生物医药、机械制造、健康食品等优势产业持续壮大，产值分别增长32.3%、37.5%、26.8%、27%。一批龙头企业保持快速发展，蓝思科技实现产值316亿元，创税 11.8 亿元，尔康制药荣获年度制药行业十佳辅料品牌，湖南一朵电子商务销售过亿元。着力淘汰落后产能，关闭煤矿 8 家。积极应对安全环保和政策调整双重压力，大力实施“四化两型”战略，花炮产业集群实现产值202 亿元，增长 7.6%，其中出口 28.4 亿元，增长 15.8%。浏阳花炮在南京青奥会、北京 APEC 会议等国际重大节会上成功燃放，展示了环保、安全、艺术的新形象。

农业生产稳步发展。实现农业总产值 129.8 亿元，增长 5.5%。粮食播种面积 126.3 万亩，冬种油菜 46 万亩，新增油茶 6200 亩，蔬菜、花木、生猪等优势产业稳量提质，水果、油茶、黑山羊等特色产业效益提升。创建长沙市级标准化农业生产示范基地 46 个，建成东盈、北盛、永安 3 个粮食仓储基地。投入 10.6 亿元，铺排农业重点项目 26 个，金盆种养平衡项目通过农业部标准化养殖示范基地验收。沿溪、古港蔬菜产业结构调整示范片和大围山水果特色产业园入围省“百片千园万民”工程。新培育农民合作社 686 家，全市达 3500 家，居全省县市之首。发放农机购置补贴 2486 万元，主要农作物农机化率达 70.9%。整治农村土地6.9 万亩，新建沼气池 1126 口，完成 123 个行政村电网升级改造。扎实抓好防汛、防火、防疫和抗旱工作，成功抵御“5•24”强降雨侵袭，实现全年无大灾。

第三产业活力迸发。大围山国家生态旅游示范区启动建设项目 36 个，胡耀邦故里旅游区建成文保中心、游客服务中心等项目，秋收起义纪念园工程顺利推进。举办赏花季、清凉季等系列旅游主题活动，全年接待游客 1268.7 万人次，实现旅游收入 124 亿元，分别增长 22.8%和 24%，获评湖南省旅游产业发展十佳县市。新改建标准化农贸市场 10 家，华润万家、鼎丰建材城等大型消费平台相继开业，苏宁电器全国首家乡镇店落户大瑶。成功举办首届中国烟花爆竹安全环保博览会、全国登山节、第九届湘菜美食文化节、第十届房交会等重大节会活动，浏阳蒸菜创 2项基尼斯纪录。实现社会消费品零售总额 203 亿元，增长 14%。销售商品房 122.3 万平方米，增长 24.7%。文化创意、金融保险、仓储物流、电子商务等现代服务业加快发展。

二、狠抓基础建设，市域承载功能进一步完善

基础设施不断夯实。投入 18.6 亿元，实施 28 个重大交通项目。金阳大道启动建设，浏中文公路、大围山旅游干线、园永公路、社大公路、G354 浏阳至官渡公路二期、大瑶绕城公路建设顺利推进，完成张小公路、荷石公路、浏跃公路二期、官渡至东门公路提质改造，城乡道路联网成环步伐加快。启动西北环线和浏阳河六桥建设，新建集里路、学府路等 6 条城市道路，提质改造金沙南路等 10 条城市道路，城市交通路网优化升级。依法查处超限超载车辆 2307 台次，确保了道路安全畅通。投资 3.6 亿元，新建 22万伏高压输电线 3 条，供电能力和可靠性显著提升。启动农田水利畅通工程三年行动，统筹各类涉水资金 6 亿元，完成农村饮水安全工程 6 处，清淤山塘 870 口、疏浚沟渠 24900 公里、除险加固水库 13 座、修复河坝 213 处、更新机埠 86 处，开创了改革开放以来投入资金最大、发动群众最广、建设效果最好的水利建设新局面。

城镇建设取得实效。完成城市总体规划修改，实现城区控制性规划全覆盖。长兴湖、新屋岭、黄泥湾等片区开发顺利推进，修建街心花园 10 个，实施城中村、老旧小区改造项目 58 个，完成济川河环境综合整治工程。亮化锦程大道等城市道路 10 公里，建成停车位 314 个，新建改造公交站亭 63 个，新投放公共自行车 1000 辆。在全省率先启动建筑节能改造工程，白沙、城东、禧和等新型保障性住房顺利竣工。启动“气化浏阳”建设，永安至经开区天然气传输管道建成投用，实现与长沙同网同价。强力推进征拆工作，完成征地 12735 亩，征收房屋 1481 户，实现 81 个项目清零，确保了“项目攻坚”活动有序推进。投资 27亿元，建设乡镇城建项目 96 个，创建国家重点镇 3 个，全市城镇化率达 55.4%，新型城镇化建设迈上新台阶。

人居环境日益优化。全力推进文明创建工作，荣获全国文明城市提名，“淳风美德润浏阳”活动入选全国培育和践行社会主义核心价值观“一百招”。深入实施城乡统筹环境同治，创建长沙市卫生乡镇 1 个、湖南省卫生村（社区）4 个、美丽屋场（社区）40 个。推进 40 个新农村示范村建设，打造了梅田湖村、南山村等一批美丽乡村。大力推进“三年造绿大行动”，完成“4511”绿化工程，植树 900 万株，创建国家级生态乡镇 5 个，湖南省两型村庄（社区）5 个。全面开展“清霾、碧水、静音”行动，停产整治造纸企业 58 家，治理生猪养殖污染 7 万平方米。建成城区污水处理厂二期工程、垃圾渗漏液处理厂、粪便无害化处理厂和 12 个乡镇污水处理厂。推进最严格、最精细、最到位的城市管理，出台并实施渣土扬尘治理“九条新规”，拆违拆旧 10 万平方米。大力开展违章停车等专项整治，推广城区保洁市场化运作，促进环境卫生提质提标，在长沙“清洁城市”、“城乡环境卫生整洁行动”考评中均排名第一。

三、致力民生改善，社会保障水平进一步提高

公共事业加快发展。启动教育三年行动，教师进修学校及其附属小学主体竣工，里仁学校、李畋学校等投入使用，改造义务教育薄弱学校 71 所，建设教师公共租赁房427 套。新增课改实验校 8 所，高考一本、二本上线率和学科平均分连续 7 年排名长沙四区县市第一。新改建乡镇卫生院 3所、村卫生室 39 个，公共卫生中心、骨伤科医院住院大楼主体竣工。县级公立医院改革深入推进，门诊、住院次均费用和药占比继续下降，医保实际补偿率增长 3%，改革成果受到刘延东副总理的充分肯定。启动实施“单独两孩”政策，人口自然增长率控制在 7.5‰，获评全省人口和计划生育工作模范单位。启动与中南大学市校合作，推进科技创新，实施科技项目 230 个，申请专利 919 件，成功创建湖南省可持续发展示范区。成立湘鄂赣城市广播联盟体，建成广播电视“户户通”工程 2 万户，成功举办首届欧阳予倩戏剧艺术节、第二届全民健身运动会、浏阳河音乐节等文体活动。建成烈士陵园，修缮金刚镇桃树湾等历史民居3处，新增长沙市级文物保护单位33处，文庙祭孔古乐被列入国家非物质文化遗产，荣获全国“千年古县”称号。

民生保障更加有力。大力实施“八大民生工程”，民生领域支出53.6亿元，占财政总支出的74.6%。加大创业就业扶持力度，实现农村劳动力转移就业16110人、失业人员再就业4120人，新增城镇就业1.9万人，城镇登记失业率控制在2.8%以内。支出社保基金15.2亿元，发放城乡低保金1.5亿元、医疗救助金2164万元。新改建敬老院7所，建设公共租赁房3394套，实施棚户区改造1635户，改建农村危房1400户，切实保障和改善了基本民生。

社会大局和谐稳定。坚持用群众工作理念和方法推动信访工作，市领导公开接访192场2310人次，群工队员结对认亲8578户，调处矛盾纠纷6086起，实现各特护期进京赴省到市“零非访”目标。坚持严查严管、严处严罚，加强交通、消防、矿山、烟花爆竹、建筑施工、危险化学品等领域安全监管，安全形势总体平稳，获评全省安全生产工作先进县市。加大食品药品市场日常监管和“一月一整治”行动力度，有效遏制了食品药品领域违法犯罪行为。依法打击各类经济违法犯罪，开展“除民患、保民安”严打整治等系列平安创建活动，社会大局保持和谐稳定。

四、加强作风转变，政府服务效能进一步提升

开展群众路线教育实践活动，干部作风有效转变。办理人大代表建议417件，政协委员提案166件，办结率均为100%。深化行政审批制度改革，承接省市权力下放事项99项，取消行政审批事项125项，审批项目精简51.2%。制定政府“权力清单”，行政职权由1万多项精减规范为3529项。完成15个乡镇政务中心标准化建设，开通“12345”市民服务热线。加快数字政府建设，建成税收保障、无纸化办公等信息平台，积极探索网络问政，组织开展“民声e线谈”活动。清理办公用房2.4万平方米，严控因公出国（境）、公务接待、公务用车等经费支出，“三公”经费同比下降24.1%。严格实行开门办公和公开接访、限时办结、资金公示等“三个一律”制度，行政效能明显提升。在全省机关干部作风和教育实践活动整改落实情况民意调查中，浏阳群众满意率均居长沙九区县市第1位。

围绕经济建设和社会发展，人民武装、司法、审计、统计、招投标、市志档案、新闻出版、人防、外事、对台侨务、民族宗教等工作得到加强，工商、质监、武警、消防、烟草、气象、移民、水文、盐务、邮政、电信、移动、联通、石化、检验检疫、海事等部门做出积极贡献，工会、共青团、妇联、残联、工商联、文联、科协、关工委、老龄委等群团组织及其他社会团体均取得新的成绩。

各位代表，过去一年，面对错综复杂的国际国内形势，我们因情施策，精准发力，顺势而为，市域经济在新常态下继续保持较快增长，综合实力成功实现“三级跳”，再次书写了浏阳改革发展史上的绚丽篇章。成绩的取得，是市委正确领导的结果，是市人大、市政协监督支持的结果，是全市广大干部群众顽强拼搏的结果。在此，我代表市人民政府，向各位人大代表、政协委员，向全市广大干部群众，向各位老领导、离退休老同志和社会各界人士，向驻浏部队、武警官兵和政法干警，向所有关心支持浏阳发展的朋友们，表示衷心的感谢和崇高的敬意！

在总结成绩的同时，我们也清醒地认识到，发展中还存在不少困难和问题：经济结构不优、创新动力不强，资金、土地、环境等要素制约日益突出，稳增长、促转型的任务十分繁重；农村基础设施还不完善，城乡融合发展步伐有待加快；群众对环境越来越关注，保护和治理任务艰巨；影响社会和谐稳定的隐患依然较多，安全生产形势严峻；少数干部创新精神、担当意识不强，政府服务与群众期望还有差距等。对此，我们将高度重视，认真予以解决。

2015年政府工作的总体目标和主要措施

2015年是全面建成小康社会、全面深化改革、全面推进依法治国的关键之年，也是浏阳圆梦“三十强”的攻坚之年。新的一年，机遇与挑战并存，但机遇大于挑战。浏阳作为湖南“东大门”和长株潭两型改革试验区重要组团，随着湘赣边区域合作经济带、浏阳河经济带、长沙东部开放型经济走廊的加快建设，迎来了打造省会副中心和湘赣边区域性中心城市的历史机遇。域内三条高速、蒙华铁路、金阳大道和南北横线建设带来的交通优势，将使浏阳全面融入长株潭城市群，发展空间更加广阔。城乡建设日新月异，七大板块园区增势强劲，八大优势产业竞相发展，一批投资过十亿元、产值过百亿元的大项目落地生根，发展基础更加坚实。深化改革稳步推进，创新创业氛围浓厚，资金资源等发展要素充分涌流，人民群众追求美好生活的愿望更加强烈。站在新的历史起点，我们一定要坚定信心，振奋精神，顺应新常态，争创新优势，力推新跨越，努力谱写更加辉煌的“浏阳篇章”！

2015年政府工作的指导思想是：全面落实党的十八大和十八届三中、四中全会及中央、省、市经济工作会议精神，牢牢把握稳中求进总基调，积极顺应经济发展新常态，紧紧围绕“挺进三十强、再创新辉煌”目标，更加突出“交通融城、产业兴城、人才活城、生态美城”四大战略，始终坚持改革推动、创新驱动、区域带动、项目拉动、城乡联动，凝心聚力，攻坚克难，为建设省会副中心和湘赣边区域性中心城市而努力奋斗。

2015年，我市经济社会发展的预期目标是：地区生产总值增长10.5%；长沙考核财政收入增长12—13%；公共财政预算收入增长12%；城乡居民人均可支配收入增长9.5%左右；固定资产投资增长18%；社会消费品零售总额增长12%；城镇登记失业率控制在4%以内；单位地区生产总值综合能耗下降2.5%；主要污染物排放总量减少2%；人口自然增长率控制在长沙市下达的责任目标以内。

为确保上述目标任务实现，我们将重点抓好以下七个方面的工作：

一、突出创新发展，促进产业转型升级

推动工业提质增效。着力壮大新型工业，实现蓝思科技浏阳新总部及三期建成投产，发挥蓝思科技、介面光电、基伍通讯等重点企业带动作用，致力打造移动智能终端产业基地。依托尔康制药、华纳大等龙头企业，加快国家级新药科技研发，提高核心竞争力，打造更多百亿级药企。以引进波特尼等优质汽车零部件企业为契机，加快汽车零部件产业向高端品牌乘用车、新能源汽车配套转型，推进“浏阳制造”全面融入长沙制造产业体系。加快中烟仓储和“芙蓉王”全配方烟叶输出复烤项目建设，做强浏阳烟草加工和仓储物流产业。扶持盐津铺子、绝艺、湘嘴巴等食品龙头企业发展，加快引进上下游配套产业，打造特色食品产业集群。深入实施“四化两型”战略，加快花炮行业资源整合，支持连锁经营，推进七大技术难题攻关和重点实验室建设，提高产业竞争力，促进花炮产业转型升级发展。围绕主导产业，深化产学研合作，促进科技创新和成果转化，力争在重点领域和核心技术上取得新突破。大力发展民营经济，推动优质企业“二次创业”，积极培育创新型、成长性好的中小微企业，在融资担保、劳动用工等方面提供优质服务，扶持中小微企业加速成长。

提高农业发展水平。遏制耕地抛荒，稳定粮食播种面积110万亩，建设3大粮食仓储基地。适度扩大蔬菜、水果、花木等种植业生产规模，提升生猪、黑山羊、水产品等养殖业经济效益。着力发展现代农业，以两型产业园为平台，引进和培育一批健康食品重点企业，推进农产品精深加工，提高农业产业化、市场化水平。加快农业生产标准化步伐，建好2个万亩示范片和2个标准化生产千亩示范园，打造长株潭城市群绿色农产品供应基地，建设浏阳现代农业综合配套改革示范区。加快发展现代农庄，建设10个高标准生态休闲农庄。提高农机装备水平，继续推进水稻、油菜生产全程机械化。加强农产品质量安全监管，建立健全农业投入品溯源体系，提高农产品质量安全水平。加强农业企业家和管理人才培训，提高农民职业素质。

加快现代服务业发展。围绕“一带两圈五大组团”总体布局，加快推进大围山国家生态旅游示范区“一园四镇”开发。完善胡耀邦故里旅游区、秋收起义纪念园等旅游景区配套设施，争创全国“红色边城”综合旅游经典景区。发展生态休闲旅游和乡村旅游，积极创建全国休闲农业与乡村旅游示范县。精心策划赏花季、漂流节、滑雪节等旅游节会，全面打响“湖湘宝地、美丽浏阳”旅游品牌。加快发展新城区大型商贸平台，精心建设集里家居建材、平水汽车贸易、大瑶鞭炮烟花、柏加花卉苗木等专业市场，致力打造湘赣边商贸物流中心。大力发展会展经济，精心组织花炮节、商务节、农博会、房交会等节会活动。实施“网优浏阳”信息工程，加快4G通信建设和应用推广。促进移动互联网与文化创意、金融保险、生态环保、仓储物流、健康养老、电子商务等现代服务业融合发展，加快经济发展方式转变。

二、突出项目建设，增强经济发展后劲

挖掘优势引项目。主动承接产业转移，重点围绕电子信息、生物医药、机械制造、健康食品等战略性新兴产业和经开区、制造产业基地等七大板块园区产业布局，大力引进产业链前端、价值链高端的优质项目、龙头企业，发挥产业集聚效应。科学策划包装一批优质招商项目，突出浏阳交通区位、产业基础、生态资源等比较优势，精心筹办2015“美丽浏阳”系列招商活动和专场招商推介会，积极参加厦交会、湘商大会等大型商洽会展。加强政策梳理和研究，做好项目储备工作，及时对上衔接申报，争取更多项目和资金投向浏阳。力争全年引进项目190个，实现市外到位资金140亿元。

加大帮扶促项目。加快推进项目建设，全年铺排重点建设项目163个，年度计划投资293.4亿元，增长11.5%。继续开展“两帮两促”活动，突出项目管理精细化、督查调度常态化、建设帮扶深入化等工作重点，强化领导联点制、部门帮扶制、法人责任制等工作机制，确保项目顺利落地开工、投产达效。优化项目审批流程，做好“转办、交办、批办、督办”工作，加强协调服务，着力破解用地、资金、人才等要素瓶颈，营造“零障碍、低成本、高效率、优服务”的项目发展环境。依法打击强揽工程、阻工闹事等违法行为，为项目建设保驾护航。强化项目建设季度讲评、半年观摩等机制，进一步浓厚全市上下争分夺秒抓项目、认真较真促建设的工作氛围。

三、突出城乡融合，加快宜居浏阳建设

推进新型城镇建设。高标准编制“十三五”规划，深入实施“精建新城，提质老城，推进新型城镇化”战略，全面提升城乡品质。以精品理念规划建设长兴湖、新屋岭等片区，高品位开发北正南路、黄泥湾、浦梓港等片区，树立城市发展新标杆。高标准建成西北环线，打造优美的生态景观轴、便捷的城市主干道。建成浏阳河六桥，新改建城市道路13条，新增公交站亭44个、新能源公交车20台。改造背街小巷10处，推进管道天然气入浏工程，完善公厕、停车场、街头直饮水、公共自行车等便民配套设施。亮化升级浏阳河两岸风光带和城市主干道，打造“浏阳河—天马山—西湖山—道吾山”城市景观带。优化“一轴三带”城镇格局，加快大瑶、永安、镇头、沿溪、大围山等重点镇建设，推进城乡融合发展。

夯实农村发展基础。扎实开展新农村建设，打造一批“美丽村庄”、“幸福屋场”。继续推进农田水利畅通工程三年行动，除险加固水库43座，清淤山塘882口，疏浚沟渠1万公里。做好三大河流和株树桥库区水源综合保护工作，建设农村饮水安全工程24处，解决18.1万人饮水安全问题。建设沼气池300口，修建农村公路300公里。深入开展农村土地综合整治，建设高标准基本农田。加大贫困村帮扶力度，实施33个省级贫困村扶贫开发。加强地质灾害防治，做好防汛、防火、防疫和抗旱等工作。

打造生态宜居环境。开展城乡统筹环境同治新三年行动，推进全国文明城市创建。深化“两清一保两维护”市场化改革，继续开展“清洁城市”行动，着力抓好环境卫生、扬尘污染等专项整治，拆违拆旧12万平方米，全面规范集镇管理，打造更加整洁靓丽的城乡环境。坚持严审批、严监管、严查处，强力落实新《环境保护法》。完善淮川河污水管网，推进三大河流、大气污染和畜禽养殖污染治理。实施“生态美城”战略，保护好浏阳山水资源。继续开展“三年造绿大行动”，绿化造林4.7万亩，建成浏永、浏东、浏跃、浏文4条绿色景观大道，全面提升城乡绿化景观带品质，建设宜居宜业的绿色生态之城。

四、突出区域带动，拓展市域发展空间

深化湘赣边合作。做好湘赣边县市发展规划对接，建立全方位长效合作机制，推进湘赣边区域开放合作试验区建设。整合区域要素资源，发挥互补优势，力争在基础设施相连相通、产业发展互促互进、资源要素对接对流、安全稳定联动联防、重大政策共争共享等方面取得实质性进展。推动区域合作项目化，合力争取国家、湘赣两省重大项目落地和相关政策支持。促进区域合作常态化，周密组织打非治违、生态治理、平安巡查等联合执法，优化区域发展环境。精心策划湘赣边区域交流会、旅游节、商贸展等系列活动，加快推进湘赣边区域合作经济带建设，努力打造湘赣边区域性中心城市。

加快片区发展。依托金阳大道，促进经开区、制造产业基地与长沙市区、浏阳主城的融合发展，高标准建设金阳新区，全力打造长沙“东中心”。加快经开区长沙智慧港、22万伏变电站和公共自行车系统等基础设施建设，确保长郡实验学校如期投用。推进制造产业基地新河南路、捞刀河风光带和创新创业园等项目建设，为争创“500亿元园区”奠定坚实基础。加快两型产业园食品干道、老浏东公路、广宇路等基础设施建设，争创省级工业园区。推进以柏加、镇头为中心的浏阳河生态经济示范区建设，着力发展花卉园林、休闲旅游、高档居住等产业。优化乡镇工业集中区资源配置，完善基础设施，实现集中区特色化、规模化、差异化发展。

优化区域路网。坚持“交通融城”战略，加快推进重大交通项目建设，不断优化“对外大开放、对内大循环”的区域路网格局。加快出省通道提质改造和联通对接，建设湘赣边区域性交通枢纽城市。全力配合蒙华铁路浏阳段建设，推进金阳大道全线开工，力争启动南横线、北横线建设，加快融入长沙步伐。推进农村公路提质、危桥改造和交通安保工程，启动建设沙赤公路、蕉溪互通至G319连接线、七宝山至官渡公路，推进建设G354浏阳至官渡公路二期，提质改造永社公路、大文公路和天马山隧道，确保浏中文公路、园永公路、社大公路竣工通车，促进各乡镇全面融入浏阳主城半小时经济圈。

五、突出改革引领，激活发展内生动力

切实转变政府职能。完成政府机构改革，推进事业单位分类改革，积极开展政府向社会购买服务试点工作，加大机构和职责整合力度，明晰权责关系，形成精干高效的政府组织体系。深化商事登记制度改革，精简后置审批事项，完善商事主体信息平台，强化审批效能监察和后续监管，探索工商营业执照、组织机构代码证、税务登记证“三证合一”，充分释放社会资本潜能。加快行政审批制度改革，进一步取消一批审批事项和行政事业性收费项目，实行并联审批，推动政务服务中心真正实现“一窗式”受理、“一站式”办结、“一条龙”服务，努力将浏阳打造成为全省审批事项最少、时限最短、成本最低的县市。

改革要素保障机制。推进投融资体制改革，推广公私合营（PPP）模式，设立PPP中心，引导社会资本进入更广领域。推进农村土地承包经营权确权登记颁证、农房抵押担保转让等改革，创新土地经营权流转方式，实现土地适度规模经营和集约经营。推进财税体制改革，全面实施“营改增”，建立全口径预算管理制度，健全预算稳定调节基金制度。加强政府债务管理，建立“借、用、还”相统一的举债融资机制；规范民间借贷、担保服务，打击非法集资放贷，强化动态监控和风险提示，防范化解债务与金融风险。继续实施“5358”工程，创新人才引进方式，注重通过项目入股、技术合作等方式引才引智。

创新园镇管理体制。贯彻落实长沙市“工业园区转型提质发展三年行动计划”，赋予园区更多的发展自主权，全面激发园区发展内生动力。稳步推进大瑶扩权强镇改革工作，扩大经济社会管理权限，着力提高社会治理和公共服务能力，并在条件成熟的乡镇逐步推广，充分发挥经济发达镇在区域发展中的辐射带动作用。进一步完善“园镇合一”、“镇馆合一”、“一园带四镇”等园镇管理体制，促进园镇深度融合、协调发展。

六、突出民生改善，提升公共服务水平

以全面小康社会建设为统揽，加快推进平安浏阳建设、农田水利畅通、教育扩容提质、卫生均衡发展、食品安全整治、畅通浏阳建设、民风淳化和暖心救助等“八大民生工程”，提升人民群众幸福感。

加大民生保障力度。多措并举增加就业，新增城镇就业1.5万人、农村劳动力转移就业1.2万人、失业人员再就业3000人。加强社会救助，加大城乡低保、大病救助和残疾人、失独困难家庭帮扶力度。推进养老服务业发展，新改建敬老院6所，鼓励和引导社会资本兴办养老机构。强化保障性住房建设管理，建设公共租赁房4522套，改造棚户区2885户、农村危房1400户。更加重视基层工作，坚持工作重心向基层下移、工作资源向基层配置、工作力量向基层充实，加大村（社区）建设和运转保障力度，提高基层干部政治和经济待遇，各村（社区）年运转经费提高至18万元，差额拨款人员人均财政补贴增加6000元，营造重视基层、关心基层、倾斜基层的浓厚氛围。

积极发展社会事业。深入开展创业富民，启动建设创新创意中心，吸纳各类人才向平台集聚，形成万众创新、大众创业的新局面。优化配置城乡教育资源，继续实施教育三年行动，启动新屋岭中学、长兴湖小学等重点项目建设，改造农村薄弱学校 71 所，新建公办幼儿园 8 所，确保通过省“教育强市”验收。推进县级公立医院改革，重点完善管理体制、运行机制、医保支付等改革措施，健全完善分级诊疗制度。新改建乡镇卫生院 3 所、村卫生室 41个。顺应国家计生政策新变化，提高计生管理服务水平。鼓励自主创新，投入科技扶持资金 2500 万元，申请专利1000 件。启动数字档案馆建设，推进楚东传统村落修缮和保护工程，完成谭嗣同故居和浏阳文庙提质改造。办好胡耀邦诞辰 100 周年、谭嗣同诞辰 150 周年等纪念活动，继续开展“欢乐浏阳河”系列文体活动，丰富人民群众精神文化生活。

全力维护和谐稳定。深化平安浏阳建设，完善治安防控网络，持续开展严打整治专项行动，坚决遏制暴恐犯罪活动渗透，严厉打击黑恶势力、黄赌毒、传销等各类违法犯罪行为。加快完善应急救援体系，预防和妥善处置突发公共事件。严格落实新《安全生产法》，坚持铁腕治超，重拳打非，强化交通、消防、矿山、建筑施工、烟花爆竹、危险化学品等安全监管，杜绝较大以上安全生产事故。完善统一权威的食品药品监管机制，大力开展食品药品安全专项整治，确保群众饮食用药安全。创新社会管理，强化源头治理，落实领导公开接访、依法处访、妥善息访等举措，发挥群众工作站优势，将矛盾化解在基层、消除在萌芽状态，促进社会和谐稳定。

七、突出依法行政，推进政府自身建设

增强法治意识。完善领导干部及政府工作人员学法用法守法制度，不断提高以法治思维和法治方式深化改革、推动发展、维护稳定的能力。全面落实行政执法责任制，切实做到科学执法、严格执法、文明执法。坚持“法定职责必须为、法无授权不可为”，遏制不作为、慢作为、乱作为。推进依法民主决策，严格落实公众参与、专家论证、风险评估、合法性审查、集体研究等规定，提高决策科学化水平。

强化权力监督。继续推行“阳光政务”，完善“权力清单”，将项目安排、资金拨付、土地招拍挂、工程招投标等敏感工作置于全社会的监督之下，全面提升政府公信力。自觉接受市人大法律监督、工作监督和市政协民主监督，支持监察、审计部门依法监督，推动互联网监督走上法制化、规范化轨道，重视发挥新闻媒体和社会公众监督作用，让权力在阳光下运行。

加强廉政建设。巩固党的群众路线教育实践活动成果，坚决反对“四风”，严格执行“三个一律”，深化治庸问责，克服庸政、懒政、怠政倾向，促进政风行风进一步好转。严控“三公”经费，把更多财力用于保障和改善民生。深入践行“一线工作法”，切实解决联系服务群众“最后一公里”的问题。推进源头治理、制度反腐，健全惩治和预防腐败体系，以反腐倡廉的实际成效取信于民。

各位代表，新常态赋予新使命，新使命激发新作为。让我们在市委的正确领导下，在市人大、市政协的监督支持下，紧紧依靠全市人民，求真务实，改革创新，攻坚克难，锐意进取，为建设省会副中心和湘赣边区域性中心城市而努力奋斗！

（图片来源：市政府办）

政协浏阳市第九届委员会常务委员会工作报告

——在政协浏阳市第九届委员会第四次会议上

市政协主席　李家喜

（2015年2月3日）

（图片来源：市政协办）

各位委员，同志们：

我受政协浏阳市第九届委员会常务委员会的委托，向大会报告工作，请予审议，并请列席会议的同志提出意见。

2014年工作回顾

一年来，在中共浏阳市委的坚强领导下，团结带领全体政协委员，深入学习贯彻中共十八大、十八届三中、四中全会精神和习近平总书记系列重要讲话精神，高举中国特色社会主义伟大旗帜，牢牢把握团结、民主两大主题，紧紧围绕“挺进三十强、再创新辉煌”目标，坚持围绕发展、服务中心、务实创新、增强活力、提升素质、树立形象的工作思路，认真履行政协工作职能，为促进我市经济社会跨越发展做出了积极贡献。

一、围绕中心，推动科学发展做出新成绩

1. 认真组织例会协商。精心组织了1次全体会议、4次常委会议、9次主席会议、各类专题会议30余次，增加了协商密度，提高了协商成效。九届三次全会期间，重点就政府工作报告、法院工作报告、检察院工作报告、财政预决算报告开展了政治协商，并首次组织委员观摩重点项目，首次邀请部门负责人参加小组讨论，委员在小组讨论时向市委、市政府及相关部门提出意见建议480条，市政协以委员进言形式呈报给有关领导，许多意见建议得到重视和采纳。坚持常委会议听取全市重点（大）项目计划及政府投资项目计划执行情况通报、财政预算执行情况通报，促进了委员知情明政。

2. 重点开展专题协商。开展推进新型城镇化专题协商活动，根据新型城镇化涉及的主要方面，选择城镇布局、产业支撑、生态宜居、土地利用、公共服务、基础配套、投资融资等7个课题，深入开展调研，组织各种形式的调研活动30余次，收集各联络处、工作组和相关单位形成的调研报告45篇，形成了2.6万字的专题协商材料，并召开专题协商会议，邀请了市委、市政府主要领导、24个相关部门负责人以及部分乡镇党委书记参加。这次活动得到了市委、市政府的高度认可，立军书记在会上表示，新型城镇化专题协商活动选题好、分析透、建议准，发言内容丰富，信息量大，要求各职能部门在推进新型城镇化过程中，认真吸收采纳委员们提出的意见建议，并就一些具体问题进行了交办。

3. 主动进行对口协商。为促进大会发言协商成果转化，我们从发言课题中选择“推进城区公交事业发展”、“扶持农民合作社发展”、“推进智慧浏阳建设”、“加强垃圾分类处理”等议题，主动与相关部门开展对口协商。委员们提出的许多协商意见和建议，得到了市政府分管领导和职能部门的高度认可和积极采纳，推动了部门工作的改进与落实。

二、突出实效，加强民主监督开辟新路径

1. 开展民主问政监督。将开展委员民主问政与深化委派民主监督员工作相结合，委派83名委员到15个市直部门担任民主监督员，并集中开展以优化经济发展环境为主要目标的民主问政活动。民主问政活动采取“小组问政与集中问政相结合，媒体报道与政协跟踪问效相结合”的方式进行。通过分片召开委员座谈会和企业、群众代表座谈会，以及各民主监督小组有针对性的走访了解情况，共收集整理出意见建议313条，从这些意见建议中遴选出20个问题进行问政。问政后又组织委员进行视察，促进了问题整改。同时，我们对收集的意见建议，以小组问政的方式反馈给相关部门，要求部门对每一条意见建议都要明确措施，抓好落实。同时，组织民主监督小组对意见建议落实情况进行跟踪督查，通过这种“较真”的方式，确保委员民主问政取得实效。

2. 加强提案办理监督。从立案的166件委员提案中，筛选出7件重点提案进行督办。重点提案办理过程中，我们组织委员视察，办理后又召开政协常委会集中听取办理情况汇报，并进行效果测评，测评结果在媒体公布，提升了重点提案的办理质量。在加强重点提案办理的同时，市政协提案法制委与市委办、市政府办、市人大联工委以及新闻媒体协调配合，分线督办提案，提高了提案办理实效。

3. 进行工作视察监督。高度关注我市经济社会发展中的热点难点问题，选择花炮产业发展、烤烟生产、森林资源保护、村级卫生网络建设、农村水利冬修、职业教育、数字电视事业发展等工作，开展主席会议视察，提出了促进工作落实的意见建议，寓民主监督于支持服务之中。

三、关注民生，促进社会和谐取得新进步

1. 健全反映民意机制。制定了《反映社情民意信息工作考核奖励办法》和《社情民意特约信息员聘请管理办法》，建立了特约信息员队伍。全年共收到反映社情民意信息295条，向上级政协整理编报23条，其中，《关于支持烟花爆竹产业持续健康发展》的信息被省政协采用，并报省委、省政府领导；《关于“要求长沙市集中式餐（饮）具消毒服务机构审查权限下放区（县）”的建议》《加强对村级卫生网络的监督与管理》的信息被长沙市政协采用，并报长沙市委、市政府领导。报送市委、市政府社情民意专报21期，得到市领导批示10期，促使一些群众普遍关注、社会反映强烈的问题得到重视和解决。

2. 搭建履职为民平台。全市37个乡镇、街道均建立了政协委员活动室（工作室），并以此为平台，开展联系群众、服务群众、学习交流、互动联谊等活动，着力打造“委员之家”。同时，在浏阳网开设“政协委员网络工作室”，在创新委员履职平台上进行了有益探索。深化“三为”主题活动，进一步丰富活动内容，各政协联络处、工作组分片区开展委员项目观摩和片区交流活动，为广大政协委员搭建起学习、交流、履职“三位一体”的新平台，使联络处引领作用和委员主体作用进一步发挥。通过“三为”活动激励委员主动投入经济建设主战场，委员企业和项目发展迅速，为我市经济社会发展做出了积极贡献。

3. 倾力帮办民生实事。全面完成15所山区学校的帮扶工程项目建设，有效改善了山区学校教育条件。同时，市政协还出资扶助了43名困难家庭大学生。广大政协委员关爱弱势群体，倾心回报社会，广泛开展医疗义诊、捐资助学、扶贫帮困、抗洪救灾等活动，据不完全统计，全年委员们共捐出490万元善款用于公益事业，展示了政协委员的良好形象。

四、改进作风，加强自身建设再上新台阶

1. 提升机关效能。以开展党的群众路线教育实践活动为抓手，着力增强机关党员干部服务意识、为民意识和履职能力。聚焦查找和解决“四风”问题，从促进联系服务群众、加强委员履职保障、改进文风会风、严格经费管理等多个方面，切实加强整改，建立健全了21项制度，提升了工作制度化、规范化和程序化水平。

2. 激发委员活力。举办了一期政协委员培训班，重点学习了十八届三中全会精神、当前经济形势与发展走向以及撰写政协提案等知识。加强绩效考核，对联络处、工作组和委员实行目标管理考核，共评出19个先进单位和80名优秀委员，规范了工作，激发了热情，增强了活力。积极推介先进典型，陶长彪委员荣获省“最美政协人”称号。

3. 加强文史宣传。编辑出版了《浏阳乡村教师》文史专辑，向省政协报送湖南农业文化遗产、“文化大革命”和“知青”题材的文史资料近30万字。加大政协工作宣传力度，《人民政协报》《湘声报》等省级以上媒体刊发新闻稿件和经验交流文章10余篇，其中《人民政协报》刊发3篇。改版并刊发《浏阳政协》4期，开通政协委员手机报，有效扩大了政协工作的影响力。

各位委员，同志们，回顾过去的一年，市政协工作取得了一定的成绩。这是中共浏阳市委正确领导的结果，是市政府以及市直各部门、各单位大力支持的结果，是各民主党派、工商联和人民团体通力合作的结果，是市政协各参加单位、广大政协委员和机关全体同志团结奋斗的结果。在此，我谨代表市政协常委会，向所有为政协工作做出辛勤努力、所有关心支持政协事业的同志们、朋友们致以崇高的敬意和衷心的感谢！

在总结工作成绩的同时，我们也清楚地认识到，工作中还存在一些差距和不足。主要是重大事项协商有待进一步规范，协商成果转化机制有待进一步健全，界别参政议政有待进一步探索，委员主体作用有待进一步发挥，联系和服务委员有待进一步加强等等。对于这些问题和不足，常委会将在今后工作中认真研究，不断改进。

2015年工作部署

2015年，政协浏阳市委员会工作的指导思想是：认真贯彻落实中共十八大、十八届三中、四中全会精神和习近平总书记系列重要讲话精神，在中共浏阳市委的坚强领导下，高举中国特色社会主义和爱国主义伟大旗帜，把握团结、民主两大主题，紧扣全面深化改革、推进依法治市的战略，围绕中心，服务大局，发挥人民政协在协商民主中的重要渠道作用，用心履职，积极作为，为建设省会副中心和湘赣边区域性中心城市做出新的更大贡献。

一、坚持学习引领，着力增进思想共识

人民政协要把学习中共十八届三中、四中全会精神和习近平总书记在庆祝人民政协成立65周年大会上的重要讲话精神，作为当前和今后一个时期的重大政治任务，认真组织全体委员和机关干部学习会议精神，着力提高政治把握能力，始终与中共中央在政治上、思想上和行动上保持高度一致。要将学习贯彻中央会议精神与学习贯彻市委十一届十一次全会精神紧密结合起来，充分发挥政协联系广泛、人才荟萃的优势，凝聚人心、汇聚力量，团结带领广大政协委员和社会各界人士心往一处想、智往一处聚、劲往一处使，为推动我市转型发展、跨越发展，增加动力、减少阻力、形成合力。

二、坚持主动作为，着力推进协商民主实践

开展广泛、深入、多层的政治协商，通过民主协商增进各方共识，为市委、市政府科学决策提供民意和智力支持。

1. 规范协商程序。一要制定好协商计划，明确协商主题，提前与市政府和有关部门进行沟通。二要开展精心调研，对每一个协商课题都成立专题调研组，由政协领导牵头、组织相关委员开展扎实调研和广泛征求意见，形成高质量的协商材料。三要开好协商会议，邀请政府有关部门领导和委员一起参加，进行深入协商，注重汇聚众智，鼓励委员建言。四要建立协商成果采纳和反馈机制，促进协商成果转化。每次协商会都要形成协商意见，并报有关领导。

2. 把握协商重点。突出专题协商，以常委会议为主要平台，围绕财政预算、重点项目、重大工程等事关全局的大事要事，在市委、市政府决策之前进行协商。加强对口协商，以专委会牵头，选择城市排水管网建设与维护、加强商事登记制度改革后续市场监管、加快电子商务建设、推进职业教育、加强传统村落的保护与发展等议题，组织委员与相关部门开展对口协商。活跃界别协商，发挥界别专业优势，重点围绕株树桥水资源保护与利用、优化西北环线两厢产业布局、优化青年创业环境、促进广播电视事业发展、推动解决城区停车难等议题开展界别协商。加强提案办理协商，从市政协九届四次全会上提交的提案中遴选重点提案开展提案办理协商。

3. 提高协商实效。对市委、市政府的重大决策事项，坚持协商于决策之前和决策实施之中；对协商意见要呈报市委、市政府主要领导，供领导决策参考；对协商意见办理情况要进行跟踪督查；对提案办理要加大力度，确保实效，重点提案继续实行市级分管领导领衔办理、政协联系领导具体督办、新闻媒体跟踪专题报道、政协常委会议效果测评的办理机制，对其他提案由各委办牵头，组织委员分线进行带案视察督办，确保每一件提案市政协都有督办，促进提案办理落实。

三、坚持贴近中心，着力增强发展动力活力

紧扣市委、市政府工作中心，围绕全面深化改革、增强经济社会发展动力和活力，履职尽责，献计出力。

1. 围绕"十三五"建言谋策。2015年是"十三五"规划编制之年，要精心组织开展"献计'十三五'、助推新发展"委员建言献策活动，把这项活动作为全年履职的重点，精心选取市委、市政府强力推进、人民群众普遍关注、政协有条件做好的课题，组织广大政协委员深入调研，提出真知灼见，为市委、市政府科学谋划"十三五"发展提供重要参考和依据。

2. 围绕热点难点参政出力。选择委员关注、群众关心的热点难点问题开展视察，重点就经开区建设、招商引资、大围山生态旅游示范区建设、设施农业发展、花木交易大市场建设、农村污水处理等工作开展主席会议视察，努力提出有价值、有分量的议政建言成果，提高委员视察质量。同时，丰富视察的组织形式，开展专委会视察、界别视察、联络处视察、片区联组视察等，扩大委员的参与面，调动委员的履职热情。

3. 围绕优化发展环境监督议政。继续深化集中委派民主监督员工作，重新明确15家派驻单位，扩大监督面。围绕派驻部门依法行政、维护人民群众合法权益等方面，每个民主监督小组明确一个重点议题开展协商和监督，以达到改进部门工作作风、优化经济发展环境的目的。要组织和引导委员加强调查研究，及时反映群众意愿诉求，加强与派驻单位协商沟通，实现在参与中监督、在监督中支持。

四、坚持团结民主，着力促进社会和谐稳定

充分发挥人民政协的制度优势、组织优势和平台优势，积极反映民众诉求，凝聚各方力量，促进社会和谐。

1. 广泛集中民智。要改进作风，在深入调研上下功夫。主席会议成员要带头深入基层单位，采取蹲点调研、问卷调查、群众访谈等有效方式，掌握翔实的第一手资料，提出有实践应用价值的意见建议。要主动沟通，在促进协调上想办法。加强与政府及有关部门的沟通联系，及时提供情况、交流材料、反馈信息、提出建议，帮助政府部门做好协调关系、维护稳定、促进发展的工作。要着眼民生，在惠民利民上出主意。关注教育、医疗卫生、文化发展、环境保护等重点领域，大力开展调查研究，积极建言献策，促进民生改善。要完善制度，在团结合作上搭平台。建立"主席接待日"制度和主席会议成员联系走访民主党派、工商联、无党派人士制度，主动听取意见、通报情况、交心谈心，进一步提高合作共事能力。

2. 积极反映民意。进一步健全反映社情民意信息工作机制，加强社情民意特约信息员队伍建设，及时将收集到的社情民意信息直送市委、市政府主要领导和相关部门，促使所反映的问题能够得到重视和解决，提出的意见和建议能够提供决策参考。进一步加强文史通讯员队伍建设，提高委员撰写文史资料积极性，加强浏阳文史资料征集工作，出版《浏阳文史集粹》专辑，不断推进文史工作发展。

3. 主动服务民生。以委员活动室（工作室）为平台，结合“三联”工作制度要求，深入开展“委员进社区”活动，委员除参加所属界别工作组、联络处的活动外，还需主动与居住地政协联络处建立联系，积极参与居住地委员活动室（工作室）的各项联系服务群众活动。通过“委员进社区”活动，组织广大委员深入基层、走进社区、听取民意、化解民忧，广泛开展扶危济困、支教助学、医疗义诊、文化下乡、技术服务等活动，切实为群众办好事、做实事。

五、坚持固本强基，着力打造群众满意政协

坚持政协自身建设长抓不懈，不断夯实履职基础，充分发挥政协组织整体作用。

1. 进一步发挥委员主体作用。在全体委员中开展“学法律、讲诚信、促发展”的主题实践活动，通过活动增强委员法治观念和法律素质，引导委员用法律的手段推进事业发展，为法治浏阳建设做贡献。探索更为有效的学习形式，通过举办委员培训班、组织政协联络处主任、工作组长和专委会主任外出学习培训等形式，着力提升委员履职能力。开展“三个一”活动，要求每位委员每年至少提出一件有质量的提案、反映一条有价值的社情民意信息、帮办一件民生实事，促进委员履职尽责。深化“三为”主题活动，评选表彰一批“三为”活动中的先进典型，并召开经验交流会，激励委员以强烈的事业心和责任感，在政协的舞台上施本领、展才华，创佳绩、立新功。

2. 进一步增强政协工作合力。专委会要围绕政协常委会的年度工作要点，抓好工作落实，充分发挥履行职能的基础性作用。联络处要围绕市政协协商计划和安排，结合乡镇街道工作重点开展活动，使政协工作始终保持与党委政府同心同向、共谋发展。界别工作组要根据行业特点和委员特长，组织开展界别特色活动，增强工作活力和成效。同时，探索完善“区域+界别”履职模式，打破条块界限，继续开展片区经验交流和委员项目观摩活动，推动片区和界别工作组之间联合履职，促进基层政协组织协作联动，彰显政协工作合力。

3. 进一步提升机关服务保障水平。强化委员服务、管理与考核，严格落实《委员履职工作规定》、《关于保障市政协委员履职的有关规定》、《关于建立政协委员退出机制的有关规定》。严格落实机关各项工作制度，推进政协工作的规范化和制度化建设。重视和加强政协宣传工作，办好《浏阳政协》刊物和政协委员手机报，及时向委员和社会宣传党的方针政策以及政协的重要活动、履职成果和委员风采。要巩固党的群众路线教育实践活动成果，结合整改方案要求，着力解决政协履行职能、服务基层、开展工作中的一些问题。建立完善有利于政协机关建设和政协事业发展的长效机制，使机关党员干部作风明显转变，参政议政能力明显增强，以作风建设的新成效推动政协工作的新发展。

各位委员，同志们，新起点开启新征程，新目标赋予新使命。让我们高举中国特色社会主义伟大旗帜，在中共浏阳市委的坚强领导下，倍加珍惜时代机遇，倍加珍惜组织重托，倍加珍惜人民期盼，以更加高昂的激情、更加科学的方法、更加务实的作风，为建设省会副中心和湘赣边区域性中心城市，开创政协工作新局面而努力奋斗！

2月3日，市政协九届四次会议在欧阳予倩大剧院开幕。来自全市各条战线的政协委员齐聚一堂，积极履行政治协商、民主监督、参政议政职能，为经济新常态下的浏阳改革发展献计出力 （图片来源：市政协办）

大 事 记

浏阳河城区段（航拍图片）

2014年浏阳大事记

1月

1日　长沙市2014年“三下乡”（科技、文化、卫生）启动仪式在金刚镇举行。

2日　浏阳启动商事登记制度改革（公司注册资本不设最低限额）。

▲　浏阳市安监局和市工商局在市政务服务中心开设行政许可受理窗口。

2—3日　浏阳市农业局在沙市镇大源村、北盛镇窑金村、达浒镇达兴村和大围山镇中岳村举办油菜高产栽培关键技术观摩会，为近100位油菜种植大户传授油菜高产栽培技术。

3日　浏阳召开城乡统筹环境同治2013年第四季度工作点评暨年度工作总结表彰会。

6日　浏阳市委十一届九次全体（扩大）暨经济工作会议召开。会议确定2014年经济工作总体要求：围绕“挺进三十强、再创新辉煌”目标，把握“项目攻坚年”主题，实施“交通融城、产业兴城、人才活城、生态美城”发展战略，继续突出交通建设、产业繁荣、城镇提质、人才选用、改革创新、作风转变六个重点，打造湘赣边区域性中心城市。再次对浏阳县域经济优化，划出“七大板块园区”（国家级浏阳经济技术开发区、制造产业基地、两型产业示范园、浏阳河文化产业园、花炮产业集中区、浏阳河生态经济示范区和大围山国家级生态旅游示范区），支撑“一轴三带”（“一轴”：以浏永公路—浏大公路—大文公路为主轴，以工业新城、浏阳主城、大瑶新城为支点的贯穿南北的经济动脉和城镇链条；“三带”即以浏东公路为轴线的浏东城镇经济带，以浏跃公路为轴线的浏西城镇经济带，以永社公路为轴线的浏北城镇经济带）的发展，从而实现浏阳城乡全区域共同发展。

7日　《长沙市文化产业加快转型创新发展实施产业倍增五年计划》公布，浏阳河文化产业园、浏阳花炮文化创意产业园作为重点园区（基地）战略性新兴产业项目建设，被列入《长沙市文化产业加快转型创新发展实施产业倍增五年计划》。

8日　金阳大道建设列入长沙市2014年重点工作。

9日　浏阳市作风办联合市委督查室、政府督查室、机关事务管理局和新闻媒体组成督查组，对行政中心各单位落实带头禁烟规定开展专项督查。

10日　全省烟花爆竹安全生产隐患整改交办会在浏阳召开，《浏阳市烟花爆竹企业安全生产管理计分暂行办法》正式出台。

11日　由民革中央团结出版社出版的《焦达峰传》面向全国公开发行。

12—13日　浏阳市政协九届三次会议在城区召开。

13日　“智慧浏阳河”文化创意孵化基地揭幕开园。

13—14日　浏阳市十六届人大三次会议在城区召开。

14日　湖南省长株潭两型社会实验区管委会、湖南省发改委与世界自然基金会在长沙举行“生态文明与转型发展”湖南与世界自然基金会项目对接会，共同启动可口可乐—WWF全球水资源保护项目“长江美丽家园计划”—浏阳河示范项目。

▲　国家卫计委计划生育家庭发展司巡视员施春景带队调研考察浏阳市计划生育优质服务工作。

▲　公安部消防局副局长单于广到浏阳，调研多种形式消防队伍建设和督导今冬明春“清剿火患”战役开展情况。

▲　湖南省委常委、长沙市委书记易炼红，长沙市委常委、市委秘书长陈献春及省民政厅、人社厅负责人到官渡镇走访慰问老村干部、特困户、优抚对象和敬老院五保户。

14—15日　中央电视台英语新闻频道栏目组到浏阳采访报道浏阳花炮转型情况。

16日　浏阳获评“2013年度湖南省社会主义新农村建设先进县市区”称号。同时，永安镇永新村和达浒镇书香村获评“湖南省社会主义新农村建设示范村”称号。

19—20日　四辆爱心大巴车从浏阳出发，往返1400公里，于20日从广东省佛山市接回在外务工人员

200 名。

20 日 大围山东麓园山顶突发山火，张坊镇政府组织 400 余人，市防火办调集 8 支森林消防大队扑火，次日晚上 10 时大伙彻底扑灭，过火面积逾千亩。

21 日 招商银行长沙浏阳支行正式营业，为进驻浏阳的第 13 家银行。

22 日 浏阳市人大常委会召开第十七次主任会议，研究新形势下如何稳步推进新六大粮食仓储基地建设等粮食储备工作，提出要多元投入，推动解决仓储建设。

23 日 浏阳市委宣传部、浏阳广播电视台主办 2014 年浏阳广播电视台春节联欢晚会，浏阳电视台、浏阳新闻网和 959 交通广播进行全媒体直播。

25 日 央视四套中文国际频道《走遍中国》栏目以《今年过节你还会燃放烟花爆竹吗？》为主题，通过科学论证、PM2.5 监测等方式，用事实和数据充分展示浏阳花炮创新发展新成果和安全环保新形象。

是月 浏阳财政收入实现“开门红”，全市完成财政总收入 9.97 亿元，同比增长 38.93%；地方公共财政收入 3.81 亿元，同比增长 47.76%。

▲ 浏阳选送的少儿歌舞节目《说唱花炮》在 CCTV 新科动漫频道的“公益之星”栏目播出。

2 月

8 日 浏阳市工信局和浏阳河劳务服务有限公司组织浏阳 41 家企业赴靖州举办湖南浏阳——靖州工业发展与战略发展暨浏阳市“揽万名英才，助浏阳腾飞”规模企业人才招聘会。

▲ 浏阳市人民政府下发《关于加强市域高速公路、国省干线公路两厢及重要河流两岸建设管理的通知》，明确划分禁止建设区和控制建设区。

9 日 安邦制药获“湖南名牌产品”称号。

10 日 浏阳市公安部门开展“解民患、保民安”百日攻坚战专项行动启动。

12 日 浏阳市召开造纸行业专项整治工作动员会，要求开展为期四个月的专项整治行动，实现造纸企业手续齐全，污染防治设施齐备，运行正常，排污达标。

14 日 全市村党组织和第九次村民委员会换届选举工作启动。

▲ 文家市镇第五届党代会四次会议暨经济工作会议召开，中组部及省委组织部相关负责人全程观摩指导，对该镇党代会年会制工作表示肯定。

▲ 湖南省国防教育办公室带领国教传媒的从业人员一行到秋收起义文家市会师纪念馆进行全省国防教育基地巡礼报道。

17 日 浏阳市政府出台首个文化产业政策性文件《关于鼓励和支持文化文化产业发展的若干意见》（浏政发〔2014〕4 号）。

2 月 18 日至 5 月 31 日 浏阳全面开展烟花爆竹企业春季复工百日安全生产大检查专项行动。

23 日 浏阳市政园林管理局开展“鲜花盆景送市民活动”，做到“领花回家、义务装盆、赠树植树”。

24 日 浏阳市委书记曹立军率相关部门对市教育工作开展调研，了解当前浏阳各学校发展中存在的困难、问题，现场提出解决意见和建议。

25 日 浏阳市地税局与市国税局签订窗口代开发票委托代征协议，从 3 月 1 日起，市国税局正式代征地方税费。

26 日 长沙纪检监察系统集中到浏阳调研考察市党风廉政建设和纪检监察工作的先进做法和经验。

▲ 浏阳市政府办组织环保、质监等 18 部门组成联合执法检查组兵分 5 路，对浏阳河、捞刀河、南川河流域各地段 30 余家排污企业进行联合检查。

27 日 湖南省、长沙市委督导组到浏阳指导党的群众路线教育实践活动。

▲ 浏阳市花炮产业及安全生产工作会议召开，提出“四大工程”（整合提质、品牌塑造、科技攻关、素质提升）实现花炮突围。

▲ 黄泥湾片区旧城改造一期土地使用权挂牌出让成功，成交价为 12678 万元。

▲ 中国工程院浏阳籍院士何继善获得湖南省科学技术杰出贡献奖。

27—28 日 腾讯“智慧旅游城市名片”发布会暨“智慧浏阳河”高峰论坛在浏阳举行。

28 日 浏阳移动 4G 正式开通商用。

是月 浏阳市整合花炮、质监、工商等部门资源，联合成立烟花爆竹行业秩序监管办公室。

3 月

1 日 《浏阳市食品安全违法行为举报奖励办法》正式施行。

3 日 长沙市召开 2013 年度“六个走在前列”大竞赛暨绩效考核通报讲评会，通报考核结果，浏阳在长望浏宁四县市（区）中排名第一，浏阳市连续两年获得长沙市绩效考核县（市、区）组第一名。

5 日 浏阳市举行庆“三八”总结表彰暨“欢乐浏阳河·巾帼展风采”广场文艺晚会，对 10 名第五届“巾帼创业十杰”和 2013 年度妇联系统先进集体和先进个人进行表彰。

8 日 国家级浏阳经开区医药科技文化馆获“长沙市三八红旗集体”称号。

12 日 中共浏阳市委下发《关于深入开展党的群众路线教育实践活动的实施方案》。

13 日 在第四届湖南省工艺美术大师表彰大会上，浏阳市大瑶棠花出口花炮厂危成焰、湖南明义烟花集团有限公司颜颂华被授予湖南省工艺美术大师荣誉称号。

14 日 民政部部长李立国到浏阳调研社会救助工作，了解基层养老体系建设。

15 日 中央党史研究室副主任高永中到浏阳调研并召开党史工作座谈会。

17 日　西北环线项目奠基在集里平水村老鸭冲举行，市委书记曹立军、市长余勋伟等市级领导一行到实地进行观摩和踏勘。该项目东起浏东公路，西至浏跃公路，全线长 9.26 公里，双向六车道，包括 5 座高架桥和 1 座匝道桥，总投资约 9.4 亿元，施工工期为 18 个月。

22 日　省局网上办税服务厅在市地税局正式上线运行。

22—23 日　由浏阳市义工联合会承办的“大围山赏花季•为爱行走”百公里毅行活动举行。

24 日　《人民日报》发文探讨浏阳花炮转型：烟花爆竹不能再追求更大更响，大趋势是更加安全、环保、有艺术含量。

27 日　浏阳市委常委会开展党的群众路线教育实践活动集中学习暨湘赣边交通通道调研。

▲　下午 16—17 时，暴雨突袭浏阳，最大风速为 17.2 米每小时，达八级风标准，降雨量达 39.2 毫米。

28 日　浏阳市人大启动安全监管代表监督行动。

▲　自 1 月 27 日起至 3 月 28 日止，浏阳市举办“春风行动”大型招聘活动 11 场。

30 日　武警湖南总队按纲建队试点现场观摩会在浏阳举行。

31 日　浏阳市城市管理和行政执法局发布关于加强城市市容和环境卫生整治的通告，4 月 1 日起施行。

是月　浏阳市公安局危爆大队在全国范围内率先通过全国烟花爆竹流向管理信息系统，进行黑火药、引火线市内道路运输许可审批。

4 月

1 日　浏阳举行民兵应急连成立仪式，直属浏阳市人民武装部领导，下辖一排、二排、三排和勤务排，分别在四个街道组建。

▲　位于集里街道长青村、投资 3500 万元新建的（康益）生猪定点屠宰场正式启用。

3 日　浏阳市召开 2014 年校园及周边治安治理工作会议，要求城区坚持每月组织一次由综治、派出所、城管、工商、卫生、文体、教育等职能部门共同参与的全面集中整治活动，各乡镇每季度组织一次各部门共同参与的集中整治活动，确保学校及周边安全。

4 日　国务院批复《长沙市城市总体规划（2003-2020 年）（2014 年修订）》，浏阳永安、洞阳、北盛、蕉溪四乡镇被纳入规划区。

8 日　浏阳市文化产业园管委会与湖南华盛烟花有限公司签约，搭建浏阳市文化产业股权融资交易平台，为发展中的文化企业提供金融服务。

10 日　浏阳市中小企业服务中心成立。

▲　浏阳市委全体常委会班子成员到胡耀邦故居开展党性教育集中学习活动。

11 日　中共中央前总书记胡锦涛参观胡耀邦故居。

14 日　大瑶镇以农历三月十五日传统财神庙会为契机，启动“融通湘赣边界、建设美丽大瑶”活动，来自湘赣边区域的湖南浏阳大瑶镇、澄潭江镇、中和镇、文家市镇、杨花乡、金刚镇，醴陵市南桥镇、富里镇、白兔潭镇，江西上栗县金山镇、桐木镇、上栗镇、鸡冠山乡，万载县黄茅镇、慈化镇共 15 个乡镇负责人相聚大瑶，共谋区域合作发展。

16 日　荷（花）石（湾）公路路面改造工程启动建设。

17 日　由市供销社农业生产资料有限公司建设的浏阳首家农资超市建成开业。

22 日　省计生主任詹鸣一行到浏阳调研考察计生手术并发症人员扶助工作。

23 日　浏阳市教育局组织主办浏阳市首届“爱阅读善表达”学生大赛，全市各中小学校 66 名学生参赛。

▲　浏阳市花炮局举办 2014 现代企业管理培训班，以“如何做好花炮包装设计”为专题，100 多名花炮生产企业营销人员和专业包装设计人员参加。

25 日　大围山第六届杜鹃花节启动，以“最美乡村行，赏花大围山”为主题，举行杜鹃花节推介会、2014 大围山年度摄影、万人同赏杜鹃花、大围山千人自驾露营大会、一家老小赏杜鹃、“相约大围山”婚纱摄影活动、客家山歌表演、花海乐翻天八大主题活动，持续到 5 月 20 日。

26 日　以“英才助发展、劳动最光荣”为主题的浏阳市庆“五一”文艺晚会举行，市总工会邀请 1100 多名在浏阳外地务工者观看。

27 日　中国工程院院士、中南大学教授何继善到浏阳一中演讲，与学生交流科学分享成长。

29 日　中共中央文献研究室主任冷溶到浏阳考察谭嗣同故居、秋收起义文家市会师纪念馆和胡耀邦同志故居。

▲　全市召开庆“五一”劳模表彰大会，10 名劳动模范和 5 个模范集体受表彰。

5 月

1 日　浏阳河周末音乐焰火暨 2014 浏阳创意音乐焰火大赛开幕，并上演主题为“焰遇浏阳”的首场焰火，该活动持续到 11 月 28 日。

9 日　浏阳市委宣传部指导、浏阳日报社主办的湘赣边区域合作座谈会召开，湖南浏阳、醴陵、平江，江西上栗、铜鼓、万载六县市有关部门负责人、湘赣边媒体代表、边界乡镇负责人及企业家等 40 余名代表参加。

11—12 日　浏阳举行 2014 年上半年重点项目观摩活动。

12 日　首届中国烟花博览会安全环保新产品评选在浏阳举行，全国 60 多家厂商参赛，80 个新产品入围。

▲　湖南省委常委、宣传部部长许又声到浏阳调

研考察文化产业、文物保护和文明创建工作。

▲ 浏阳市委公布《浏阳市委常委教育实践活动立行立改“八个带头”》，就坚决反对“四风”、加强作风建设，接受广大群众监督。

▲ 致工党中央副主席闫小培到浏阳调研考察社会服务工作，当日致公党长沙市委捐款12万元给浏阳特殊学校“致公浏阳特校班”。

16日 S202、S319大浏高速茶林互通至白沙公路一期工程开工。

▲ 浏阳花炮有限公司入选《湖南文化品牌》40强。

▲ 香港华兴矿业有限公司与高坪镇政府签约3.8亿元，开发浏阳河山水世界项目。

16-18日 国家级浏阳经济技术开发区第三届房•车展举行。

18日 浏阳市黑火药行业协会挂牌成立。

19日 由市委、市政府主办，市委宣传部、市旅游局和文化体育广播电视局联合承办的5•19“中国旅游日”欢乐浏阳河广场文艺晚会上演。

21日 浏阳蒸菜集体商标使用规范公布实施。

▲ 永安制造产业基地获评第二批省新型工业化产业示范基地。

▲ 经开区下发《关于加快园区总部经济发展的若干意见》，鼓励企业在园区发展总部经济。

24-25日 24日晚上20时至25日上午8时，浏阳市普降暴雨，最大降雨量达204毫米，平均降雨量达85毫米。

27日 国家民政部救灾司到浏阳就5月24日至25日降雨造成的洪灾进行查灾核灾。

28-30日 首届中国烟花爆竹安全环保博览会在浏阳举行，共包括烟花爆竹科技、安全、环保主题论坛、烟花爆竹机械化生产设备和安全环保产品展览、烟花爆竹安全环保新产品燃放效果演示、中国烟花爆竹协会第一届理事会第二次全体会议四项主体活动。国家安全监管总局副局长孙华山、湖南省副省长盛茂林出席开幕式并致辞。

29日 公安部批准在湖南平江县搜救跳江妇女时牺牲的浏阳籍武警消防战士鲁松旭为革命烈士。

▲ 中华全国总工会副主席、书记处书记陈荣书，湖南省总工会党组书记、副主席刘革安一行到浏阳经开区蓝思科技股份有限公司调研工会工作、职工队伍稳定情况。

▲ 荷文公路开工建设。

30日 即日起，浏阳全面启动解决十项（打击地下六合彩、打击传销活动、打击黄赌毒行为、清查城乡散装食用油、严查校园周边“三无”食品、整治医疗机构乱收费、治理城区积水堵点、治理城区试放花炮扰民的问题、整治小区麻将馆扰民、优化公交线路和城区站点配置）关系群众切身利益问题。

▲ 国家级浏阳经济技术开发区征地拆迁所成立。

6月

5日 湖南省委督导组组长、全国人大内务司法委员会委员李江到浏阳调研党的群众路线实践教育活动开展情况。

▲ 湖南省副省长张硕辅到浏阳调研浏阳粮食安全生产。

6日 国家级浏阳经开区管道天然气正式拉通。

▲ 浏阳市首创花炮环保模压外筒生产线，废气收集率达到90%以上。

10日 省国土资源厅到浏阳调研不动产登记试点工作。

11日 来自人民日报社、中新社、湖南日报社等10家中央省市媒体记者到浏阳柏加镇采访夯实基层党建基础，加强党组织与群众的联系，零距离服务产业发展。

16日 省委常委、长沙市委书记易炼红到浏阳调研园区发展和项目建设。

18日 全省干线公路养护现场交流会暨养护技术培训会在浏阳召开。

20日-9月30日 浏阳启动烟花爆竹企业高温季节百日安全专项检查。

21日 民革浏阳工委举办纪念抗战胜利69周年暨“回顾抗战历史，弘扬爱国精神”活动。

25日 浏阳市举行竞争性选拔乡镇长提名人选公开答辩和集中推荐会议，竞争性选拔4名乡镇长提名人选。

▲ 湖南省教育考试公布2014年高考录取分数线，浏阳市一本、二本上线率达47.64%，居长沙四县（市、区）之首。

26日 湖南省科技厅正式下文《关于批准浏阳市等11个县市区创建湖南省可持续发展实验区的通知》，正式批准浏阳市为湖南省级可持续发展实验区，建设期限为2014-2018年。

27日 浏阳五乡镇（柏加、达浒、大瑶、中和、三口镇）获评2012-2013年国家级生态乡镇。

29日 文化部副部长、国家文物局局长励小捷到浏阳调研考察传统村落及文物保护工作。

是月 浏阳市启动深化礼花弹专项整治工作。

7月

1日 省委副书记孙金龙，省委常委、长沙市委书记易炼红，省委常委、长株潭“两型社会”试验区工委书记张文雄到浏调研全面建成小康社会工作。孙金龙赞扬浏阳经济社会发展成就，希望在全省县域小康建设中走在前列。

▲ 北起秋收路、跨越浏阳河路和将军路、南接天马路，总投资约1.2亿元的浏阳河六桥开工建设。

2日 浏阳市委召开十一届六次全体会议，全会同意7名市委候补委员替补为市委委员。会议同时票决产生4名乡镇长提名人选。

▲ 长沙市第六届浏阳河漂流节暨2014美丽浏阳“夏•清凉季”开幕式在长沙举行。

3日 即日起，城管局在城区启动市容市貌集中整治“雷霆行动”。

6日 浏阳市纪委联合市委组织部、市人社局下发通知，全面调整规范纪委书记职责分工。要求全市所有基层纪委书记（纪检组长）的分工全部调整到位。

8日 浏阳市启动公安、武警常态化联勤武装巡逻机制。

▲ 浏阳市以总分第五的成绩获2013年度省旅游产业发展“十佳县（市、区）”。

9日 长沙市政协主席范小新到浏阳调研沿溪中心镇建设。

▲ 省环保厅下发《关于国家级浏阳经济技术开发区调整区位与扩区环境影响报告书的批复的函》，批复同意浏阳经开区由原规划用地面积13.4平方公里调扩区至34.57平方公里，开发区规划向北向东拓展，规划范围包括中心区和北区两部分。

10日 “欢乐潇湘——长沙篇•舞动星城 歌涌湘江”浏阳市2014年“中信杯”全民广场舞大赛（决赛）举行，全市16支队伍参赛，永和镇代表队获一等奖。

▲ 社（港）大（洛）公路动工建设。

12日 蒙西到华中煤运铁路可研报告获批，途经浏阳设站。

16日 浏阳市科学技术协会第十一次代表大会召开，袁隆平、周其凤、何继善、李大剑、潘功配、刘伟、帅放文7名科学家和行业专家成为市科协第十一届委员会名誉主席，其中袁隆平、周其凤、何继善为“两院”院士。

▲ 浏阳文庙祭孔音乐（亦称浏阳古乐）入选第四批国家级非物质文化遗产代表性项目。

17日 浏阳市“打击非法集资、维护金融安全”现场宣传活动在浏阳河广场举行，全市37个乡镇、60余家市直单位及21家金融机构、小额贷款及担保公司代表参加活动。

18日 浏阳市公路局杨家超限检测站投入运行。

24日 浏阳公开拍卖超标超编公车115辆。

30日 全国工商联商会建设调研县级工商联座谈会在浏阳召开。

▲ 经开区商标品牌指导中心挂牌成立。

是月 古巴宏观经济高级官员访华团到浏阳经开区考察。

▲ 经开区筹建湖南省首家“市民之家”（“一站式”便民服务大厅）。

8月

1日 中共浏阳市委书记曹立军指导永安镇党政领导班子专题民主生活会。

5日 长沙市城乡规划局公布《长沙市城市总体规划（2003-2020）（2014年修订）》，其中浏阳被定位为大城市，并冠名为“长沙副中心”。

5日 《浏阳市创业富民专项资金项目评审制度》出台。

6日 省委常委、常务副省长陈肇雄到浏阳督查安全生产工作。

▲ 省旅游局局长张值恒到浏阳调研大围山国家生态旅游示范区建设。

▲ 两型产业园获评湖南首个“特色食品产业园”称号。

8日 浏阳市第二届全民健身运动会开幕。

▲ 商业零售500强巨头大润发、湖南星鑫国际影城与创意实业签约，以联建模式打造浏阳商业。

12日 国家体育总局到浏阳调研全民健身工程。

13日 长沙市农办、工信委等12个部门、单位主要负责人到大围山镇，调研该镇的城乡一体化建设。

14日 团中央书记处书记汪鸿雁到浏阳，开展团中央“走进青年、转变作风、改进工作”大调研活动。

14日 浏阳市召开湖南浏阳江淮村镇银行发起人大会，筹建首家村镇银行（江淮村镇银行）。由主发起人安徽桐城农村商业银行持股，浏阳市银杏烟花制造有限公司、浏阳市牛石出口礼花厂、浏阳特产城等12家浏阳本地企业法人成为发起人的组成部分，持有一定比例股份。

15日 浏阳市召开车辆超限超载专项整治工作动员大会，决定从8月至12月开展治超专项行动。

16日 浏阳市象形精品烟花厂研制的“舞台之光”“金陵红遍”烟花分别在第二届夏季青年奥林匹克运动会闪耀开幕式和点燃青奥会主火炬。

▲ 陈昌烈士生平事迹陈列室开展。

16—17日 中国地方文化遗产保护促进会会长刘保全等组成的中国“千年古县”评审专家组一行到浏阳，实地调研浏阳市“千年古县”申报工作。

17日 土库曼斯坦国防部官员考察东信烟花。

19日 浏阳河智慧低碳产城融合示范区规划通过评审。

20日 省森林防火东部片区培训班在浏开班。

21日 长沙市政协来浏调研“三服务”活动开展情况。

▲ 城区淮川河截污干管初步设计方案原则性通过评审。

27日 浏阳市十六届人大常委会召开第十二次会议，审查批准浏阳市2013年财政决算，并听取和审议市政府关于2013年财政“同级审”工作的报告，审议通过浏常人〔2014〕6号《关于周静等同志任职的通知》，任命234名新一届人民陪审员。

28日 金阳大道（浏阳蕉溪岭至黄花机场公路）一、二期工程开工建设。

29日 浏阳市制造产业基地成立大学生创业就业基地。

▲ 全省信息进村入户试点工作现场会在浏召开。永安、镇头镇被确定为村级信息服务站建设示范乡镇。

30日 大瑶新城第三届房•车展开展。

是月　浏阳烈士陵园主体工程竣工，676位烈士迁入安葬。

▲　当月起，浏阳市陆续对行政审批之外的市级行政职权进行分类清理、精简和规范，在年内形成本市级政府“权力清单”并对外公布，最终确定市本级42家单位保留的行政审批项目为138项。

9月

1日　即日起浏阳市开展为期三个月的社区戒毒人员集中清查活动。

3日　省妇联主席杜亚玲到浏阳调研妇女儿童工作。

4日　浏阳市召开“服务群众支三农，推进城乡一体化”活动动员大会，促成农村商业银行加大“三农”力度，用活金融杠杆，服务“三农”发展。

5日　长沙市委决定：曹立军兼任中共浏阳经济技术开发区工作委员会第一书记，周岳云任中共浏阳经济技术开发区工作委员会书记，郭立夫任中共浏阳经济技术开发区工作委员会副书记、管委会主任。

5—7日　浏阳市委教育实践活动办、市作风办联合纪委、组织、公安、财政、工商、税务等部门，对浏阳市国家公职人员“落实八项规定，纠正四风问题”进行密集查访。

10日　全市教育工作会议召开，决定从2014年起用三年时间，统筹不少于10亿元资金推动全市教育设施建设。会议还下发《关于加快建设教育强市全面实现教育现代化的决定》。

▲　长沙市人大常委会主任会议成员到浏阳调研工作。

10—11日　国家安监总局派出官员到浏阳，与150位浏阳烟花爆竹生产企业主要负责人就行业的安全生产问题开展谈心活动。

15—17日　第十二届全国种子“双交会”在淳口镇黄荆坪村设立品种展示区。

17日　大围山生态旅游入选《2014全国优选旅游项目名录》。

19日　张（坊）小（河）公路改建工程竣工通车。

▲　湖南省委常委、组织部长郭开朗到浏阳调研高层次人才创新创业体制机制建设。

20—22日　浏阳市以“雅韵三湘·欢乐浏阳”为主题举办首届欧阳予倩戏剧艺术节。

22日　浏阳开展“无车日”活动。

23日　浏阳市启动2014年“全国科普日”系列活动，持续至年底。

▲　浏阳市首部《湿地保护管理办法》出台。

24日　浏阳组团参加由湖南省国资委、长沙市政府举办的“2014·湖南长沙国资项目合作洽谈周”，签约多个重点项目。

25日　大围山生态旅游整体开发项目入选2014全国优选旅游项目。

27—28日　人民网湖南频道、新华网湖南频道、中新网湖南频道、腾讯湖南、新浪湖南、红网、华声在线、芒果TV网、星辰在线9家网络媒体负责人到浏阳，参加“知名网络媒体走进美丽浏阳活动”。

28日　2014年浏阳市人民政府投资项目，长浏高速入口处，中国优秀旅游城市标志“马踏飞燕”雕塑竣工。

30日　大围山花卉景观入选“2014年中国美丽田园”。

是月　财政部国库司发布《2014年财政统计摘要》，2013年浏阳首次进入地方公共财政预算收入全国县（市、旗）前100名，位列第76位。

10月

10日　省发改委专题调研经开区经济发展情况。

11日　浏阳召开农田水利畅通工程三年行动动员会议，决定从2014年至2016年，疏浚整治灌排渠道3000千米，清淤疏浚田间渠道3万千米除险加固病险骨干大山塘275处，清淤整治一般山（平）塘1万处，修复小型河坝500座。

▲　国家新闻出版广电总局副局长田进带队到浏阳考察基层广播电视事业并就浏阳电影市场发展及文化事业进行考察。

▲　省人大常委会联工委专题调研浏阳花炮产业。

13日　省水利厅督导组到浏阳检查水利建设工作。

14日　浏阳市首个粮食烘干中心建成运行。

16日　2014“美丽浏阳”（深圳）文化旅游产业招商会在深圳举办，12个文化旅游项目正式签约落户浏阳。

17日　浏阳市举行创建国家级出口烟花爆竹质量安全示范区动员大会，正式启动该项创建工作。

18日　2014年全国群众登山健身大会（浏阳站）暨中国大围山全国登山比赛在大围山国家森林公园举行。

▲　苏宁云商集团入驻大瑶镇汇丰社区阳光至尊·湘赣商贸批发城。

20日　浏阳获“千年古县”称号。

21日　浏阳市医药卫生学会成立。

22日　“中国梦·湘吐情”两地职工文化交流暨“送文化进企业”专场演出在浏阳河广场举行，新疆维吾尔自治区总工会副主席桑晓勇、浏阳市委副书记吴震参加活动。

23日　省政府副秘书长、省安监局局长邓立佳到浏阳督导浏阳安全生产工作。

24日　浏阳市党的群众路线教育实践活动总结会议召开。

24—25日　浏阳市人民政府与中南大学开展“深化校企合作·推动科技创新”市校合作。

31日　浏阳市总工会驻金阳新区职工服务（帮扶）站成立。

10月31日—11月3日　第二届浏阳河音乐节举

行。

11月

1日 中郡研究所发布《2014年度县域经济发展报告》，揭晓2014年第十四届全国县域经济与县域基本竞争力百强县名单，浏阳在2013年的基础上前进11位，跃升至全国第36强。

▲ 由浏阳市委宣传部、浏阳市文化产业园、浏阳市旅游局主办，浏阳市花炮总会、浏阳市旅游协会、长沙市焰遇浏阳河文化创意有限公司、中国微旅平台联合承办的“焰遇浏阳河”焰火情景剧暨“百城联展浏阳河”活动在浏阳市花炮观礼台举行。

5日 省纪委督查组到浏阳对落实省委省政府重大决策部署情况开展专项督查。

7日 浏阳市2014年全民终身学习活动周在大瑶举行。

7—12日 以“湖湘宝地，宜居浏阳”为主题的浏阳市第十届房地产交易展示会举行。

9日 在2014全国建筑物资租赁承包行业年会暨第三届中国国际建筑施工支撑体系及安全防护产业发展论坛上，浏阳获评“中国建筑物资租赁之乡”。

10日 副省长张硕辅率省政府、农委、商务、供销等部门到浏阳，专题调研农村电子商务及“三农”工作。

▲ 浏阳花炮在《亚太经合组织》第二十二次领导人非正式会议举办焰火表演。

12日 浏阳市校车北斗卫星动态监控平台正式运行。

14日 湘鄂赣城市广播电视联盟体成立仪式暨好声音(焰火)演唱会在浏阳举行。

14—16日 湖南省第二届武术大赛散打王争霸赛在浏阳体育馆举行，浏阳代表队获成年组团体总分第一名。

18日 浏阳花炮连锁湘潭旗舰店开业。经营模式走向零售市场。

20日 “三湘农民健康（长沙）行”集中采访活动到浏阳，对浏阳农村卫生室标准化建设、农村景区周边农户改厕情况进行集中报道。

▲ 中和镇在耀邦广场联合主办《美丽中和等你来》大型文艺晚会，纪念胡耀邦同志诞辰99周年。

26日 浏阳经济技术开发投资有限公司在中央国债登记结算有限责任公司成功发行13亿元公司债券，发行年利率为5.7%。

▲ 浏阳展开2014年下半年重点项目观摩活动。

27日 财政部农业司司长王建国一行到浏阳调研农民合作组织建设情况。

28日 全省水利建设（山丘片）现场会在浏阳召开。

▲ 由湖南省商务厅、湖南日报报业集团联合主办，浏阳市人民政府承办的第九届湘菜美食文化节在浏阳河广场举行。

▲ 湖南省水利建设（山丘区）现场会在浏阳召开。

是月 尔康制药木薯淀粉胶囊生产基地一期工程正式投产，64条生产线全面启动。

12月

1日 荷（花）石（湾）公路提质改造工程竣工通车。

3日 “浏阳文庙祭孔古乐”入选第四批《国家级非物质文化遗产代表性项目名录》。

6日 浏阳市心理学研究会召开成立大会，市职工心理健康咨询中心正式挂牌。

7日 国家林业局党校党员领导干部到浏阳调研林业工作。

8日 由浏阳市文明办牵头组织的“淳风美德润浏阳”活动被中宣部选入全国培育和践行社会主义核心价值观“一百招”。

10日 省委常委、长沙市委书记易炼红，长沙市委副书记、市长胡衡华带队观摩位于浏阳经开区的蓝思科技三期暨新总部基地项目、尔康制药全淀粉植物胶囊研发及产业化项目。

16日 省纪委到浏阳检查党风廉政建设工作。

17日 福布斯中文榜发布2014中国大陆最佳县级城市榜，浏阳排名第28位。

18—19日 首届湘赣边区域开放合作交流会在浏阳召开。会上，井冈山、莲花、醴陵、浏阳、平江、上栗、铜鼓、万载、修水、永新两省十县市签署《浏阳宣言》。

24日 镇头镇钟佛寺景区“中华孝道文化园”建设启动。

25日 国务院安委会副主任、国家安监总局局长杨栋梁到浏阳调研鞭炮烟花安全生产工作。

27日 浏阳市文明办、浏阳市义工联合会在市体育中心联合主办“大爱浏阳•携手公益”第一季活动。

26—28日 浏阳市第二届汽车文化节在市行政中心政东广场举行，现场展示100余品牌，400多款车型，三天时间内签约购车638台，订单及交易额上亿元。

31日 浏阳获批省级出口工业产品质量安全示范区。

是年 全市完成财政总收入100.9亿元，同比增长32.9%。其中国税完成35.1亿元，同比增长21.5%；地税完成26./8亿元，同比增长27%；财政完成39亿元，同比增长50.6%。完成长沙考核口径财政总收入75.9亿元，增长18.2%。

▲ 浏阳市在金刚、北盛等8个乡镇（街道）开展农村治安保险试点工作，通过治安保险有效规避群众的治安风险。

（王运松）

浏阳概况

浏阳河城区段（图片来源：浏阳电视台航拍图片）

自 然 地 理

【区域位置】浏阳市位于湘赣边境，湖南东部偏北，省会长沙市的正东方。市境内浏阳河、捞刀河、南川河分别汇入湘江，浏阳河为湘江源头之一。浏阳东南西北分别与江西省宜春市袁州区、铜鼓县、万载县、萍乡市上栗县，湖南株洲市的石峰区、醴陵市、株洲县，长沙市长沙县，岳阳市平江县交界。境内东西长105.8公里，南北长80.9公里，全市居北纬27°51′—28°34′东经113°10′—114°15′，境内总面积5007.75平方公里，占全省总面积21.18万平方公里的2.36%。

【地质地貌】浏阳整个地势东北高峻，向西南倾斜递降。最高峰七星岭海拔1607.9米，最低柏加镇杉湾里的一级阶地，海拔仅37.5米高差1570.4米。地势高低起伏大。主要山林脉络清楚，皆呈北东至南西走向的雁行背斜山地。岭谷平行相向，形成官渡、大瑶、北盛三个较大盆地和一个浏阳河谷地市内水系发育，地表切割强烈。河曲发育，堆积盛行，出现河漫滩和多级阶地，沿水系形成现代狭长的河谷，溪谷冲积平原。山地丘陵隆起长期处于剥蚀状态，山势陡峭，坡度较大。全县30°以上的占47.1%，25°—30°占12.1%，20°—25°的占10.0%，15°—20°的占7.9%，10°—15°的占5.3%，5°—10°的占2.4%，小于5°的占14.4%。在外引力作用下，现代地貌继续沿着削高填低的趋势发展。市内地质构造与岩性比较复杂，前震旦系的变质岩面积占58.67%，第四纪冲击物占15.48%，红岩占9.01%，花岗岩占8.45%，砂页岩占4.91%石灰岩占2%，砂砾岩占1.48%，在内外营力长期交互作用影响下，形成多样地貌类型。各类地貌组合分布，基本上由东北向西南依次为山、丘、岗平呈阶梯状，并大致沿着浏阳河谷地北、东、南三面呈断续性环带状分层排列递降。同时沿捞刀河、浏阳河、南川河谷地两侧逐级抬升，具有高低分层，逐步过渡的分步规律。

【自然资源】市内已知有各类矿藏、矿点和矿化点共190多处，其中大型矿床6处中型矿床12处，小型矿床12处。已知矿种有金、银、铜、铁、铅、锌、钨、锡、钼、汞、锑、钴、锰、锂等45种。境内土壤种类多样共有9个土类，18个亚类，63个土属，181个土种。耕型土壤以水稻土和红壤为主，水稻土面积90.60万亩，占全市总面积的14.15%，占耕地面积86.87%，红壤土面积13.64万亩，占旱土面积93.73%，占耕地面积12.97%。浏阳野生动植物资源十分丰富，根据1999年野生动植物资源普查，境内列入保护的野生动物有49种，其中国家一级保护动物有云豹、白獾、黄腹角雉、白颈长尾雉、山鹧鸪、黑麂6种，国家二级保护动物有穿山甲等14种，省级保护果子狸等29种。植物47种。其中一级保护植物有伯乐树、银杏、南方红豆杉3种，二级保护植物有香果树等22种，三级保护植物有穗花杉等22种。主要林业资源有松、杉、楠竹、茶、油茶等。

【水文气候】浏阳属中亚热带季风湿润气候。东北部以中低山为主，夏凉冬冻，光热偏少，降水偏多；中、南部地区，冬少严寒，夏少酷热，光热充足，雨水适中；西北部捞刀河流域属湘中丘陵盆地气候类型。从东部最高点七星岭至西部最低点浏阳河出境处高差1570.4米。气候受地势影响，由湘赣边界山区气候向湘中丘陵盆地气候过渡。且因河谷平原向两侧逐级抬升，平、岗、丘、山依次排列，具有高低分层，逐步过渡的分布规律，从而导致全市水热状况复杂的垂直差异。大围山、连云山两山东北至西南横亘，特别是连云山脉斜劈全市，使北方冷气受阻，因此全市形成了亚热带夏长炎热盆地谷地气候区、亚热带夏凉多雨山区台地气候区、夏凉冬冻高山气候区三大块较明显气候区。市内历年平均降水量为1400—1800毫米，山区较多，平原较少，多雨中心在宝盖一带山区及大围山、连云山地区，年雨量为1700—1800毫米，原宝盖乡寒婆坳高山记录曾达2200毫米。少雨地带在西部盆地和大瑶以南的平原地，年平均雨量在1500毫米以下。2014年年平均气温为18.0℃，比历年同期平均偏高0.5℃，其中冬季、春季偏高，夏季正常略偏低，秋季显著偏高；春季偏长，夏季异常偏长，秋、冬季偏短，入春、入夏提前，入秋、入冬偏迟；年极端最低气温为-3.9℃，出现在12月22日，年极端最高气温为38.1℃，出现在7月23日。年降水量为1765.3毫米，比历年同期平均偏多214.0毫米；年降水日数为147天，暴雨日数为5天，日最大降水量为88.7毫米，出现在5月25日，降水空间分布较均匀，但时间分布不均；5月17-26日、6月17-26日分别出现雨水相对集中期，累计降水量达190.6毫米、180.0毫米。全年日照时数为1601.4小时，比历年平均值偏多6.6小时，属于正常年份。无霜期日数为294天。

【人口】2014年，全市年末户籍户数419377户，总人口为1453246人，增长0.94%。其中，农业人口1292302人，非农业人口160944人。年内出生人口19970人，出生率为13.8‰，比上年降低0.2个千分点。年内死亡人口10965人，人口死亡率为7.6‰，比上年降低2.3个千分点；人口自然增长率6.2‰，比上年提高2.5个千分点。

建置

【置县】《三国志·吴志·周瑜传》载东汉建安十四年(209)，孙权拜周瑜为偏将军领南郡太守，以浏阳为其四俸邑之一。清光绪三十三年(1907)黄徵所纂《浏阳乡土志》断言置县"必始于是时"。建安十五年(210)，鲁肃继周瑜，置汉昌郡，为太守，浏阳属汉昌郡。建安二十二年(217)吕蒙继鲁肃，夺得荆州，长沙郡为吴所有，于是废汉昌郡，浏阳属长沙郡。隋开皇九年(589)，改临湘县为长沙县。大业三年(607)废浏阳，并入该县。唐景龙二年(708)复置浏阳县。元元贞元年(1295)升为州。明洪武二年(1369)复降为县。民国元年(1912)，浏阳属长宝道。民国3年(1914)更道名为湘江道。民国7年(1918)更道名为湘东道。民国15年(1926)起浏阳属第一行政督察区，民国26年(1937)成为督察专员公署治所。1949年7月19日浏阳解放。8月浏阳属长沙专区。1952年9月长沙专区更名湘潭专区，1968年又更名湘潭地区，浏阳隶属关系均未变。1983年2月，国务院批准撤销湘潭地区，浏阳县划归长沙市管辖，是年7月正式接管。1993年2月经国务院批准浏阳撤县设市(县级)。

1993年2月11日，浏阳撤县设市暨第三届国际花炮艺术节开幕式，图为游行队伍经过长南路(现金沙路)时的情景

(摄影　李锦荣)

【治所】《湖南通志·古城考》说："浏阳故城在今浏阳县东……隋大业初，省入长沙县而故城废，唐景龙初复置，即今治理元初迁居仁镇；明初复唐旧治。"清同治县志说："唐景龙二年(708)复析置浏阳于故城。"但以《古城考》所说为近，即最初在"县东"，也就是民间传说的今治东街口以外旧城隍庙一带地方；从隋大业三年(607)至唐景龙二年(708)的整整百年间，因废县而故城不存；到复置浏阳县时，在故城西面重建县城，宋末，元兵进入浏阳，县城被破坏，元代遂迁治所于居陵镇(又名居仁镇，即今官渡镇)；终因偏于东隅，交通不便，时隔百年之后，明初又迁回今址。

行政区划

【明、清区划】明嘉靖长沙府志载浏阳"乡四：东南西乡……"其境域即今之东南西北乡。宋元时，全县有75个都。明代，110户为一里，里一级，城区叫坊，郊区叫厢。全县原编75里3坊。明嘉靖十一年(1532)48里2坊。清康熙十九年(1680)县志载，全县原编都44，外加坊厢都6，共50个都，每都10甲，共500甲。清同治县志载，康熙三十年(1691)增加7个都，雍正十一年(1733)又增6个都，并原都共63个。至民国11年(1922年)，新选的议会召开一届一次常会作出决议，逐渐废除都甲。清咸丰年间，为防御太平军，推行团练制。10户为一牌，若干牌为一社(或称境)，设社长；若干社为一小团，若干小团为一大团，同治元年(1862)，全县共设21个大团，294个小团。

【民国时期区划】民国前期，主要沿用清代团的区划。民国元年(1912)就21个大团的范围设立城、镇、乡，计城1(中立)、镇7(古港、永和、张坊、枫林、振西、普安、冲和)、乡13(其余大团其下仍称小团)。次年又撤城、镇、乡，恢复大团。民国5年(1916)，大团全部改为镇，小团全部改为乡，以镇辖乡。民国14年(1925)又于乡下设保甲，保甲以下设闾、邻。民国19年(1930)划全县为东、南、西、北、中5区。次年改为10个区，其具体隶属为：一区辖中立镇，二区辖古港、高坪两镇，三区辖大瑶、枫林两镇，四区辖冲和镇，五区辖蕉溪、永安、北盛三镇，六区辖沙市、全吉、莲溪、绥和四镇，七区辖永和、达浒两镇，八区辖上东、张坊两镇，九区辖文市(里仁)、金刚两镇，十区辖振西镇。此时，小乡已增至300多

浏阳河城区段（1973年摄） （摄影　李锦荣）

个。区以下，按“百户以上之村庄地方为乡，百户以上之街市地方为镇”的原则，划为24镇，134乡，镇、乡由领属关系变为平行关系。民国24年（1935），改设5个区镇，即中立镇和东、南、西、北4个区。区以下并为89个乡镇。民国25年（1936），改为9个区，27年，废区，划16镇、24乡，下设390保、6871甲。民国30年（1941），合庆康、福仁两乡为一乡，又增设新安镇，全县共辖17镇、23乡。

【中华人民共和国成立后】 1949年8月1日，浏阳县人民政府成立。县下设东区、西区、南区、北区4个办事处，城关区1个区。1950年4月，进行民主建政，废除旧乡保，划全县为14个区，辖6个居委会和201个乡，乡下设村，村下设组。1951年7月，改为27个区，189个乡，6个镇，6个居民委员会。1952年7月，城关改区为镇。其余各区依旧，全县析为570个乡，14个乡级镇，6个居民委员会。1953年2月调整为22个区（镇），318个乡，12个乡级镇，4个居民委员会。1954年改为21个区，区名由序数改为驻地名称，其中原一区与城关镇合并，改称集里区，驻地迁城关；原四区改称古港区，驻地由三口迁古港；原二十一区改称社港区，驻地由泮春迁社港；其余驻地依旧。1956年下半年，撤销区，将小乡并为大乡，全县共划为61个乡、3个镇。乡以下辖高级社，社以下辖生产队。1958年冬，实现人民公社化，撤销乡镇，成立政社合一的人民公社17个。下辖211个大队和3060个生产队，均为生产与行政合一的基层单位。

1988年，辖11个区，设城关（区级）、永和（区级）、古港、文家市、永安5个镇、62个乡、1008个村，21个居民委员会。1995年6月28日，经省政府同意，长沙市政府办公厅下达《关于浏阳市行政区划调整的通知》，对浏阳市行政区划作以下调整：（一）撤销城郊、古港、官渡、张坊、大围山、大瑶、文家市、镇头、北盛、沙市、社港11个区。（二）保留太平桥乡、葛家乡、溪江乡、官渡镇、达浒乡、白沙乡、大瑶镇、金刚镇、杨花乡、柏加乡、官桥乡、蕉溪乡、赤马乡、山田乡、三口乡、永和镇、淮川街道、集里街道的行政区划不变。（三）将其余49个乡镇调整为22个乡、镇、街道。至2002年年末，全市辖4个街道，11个乡，25个镇。2005年，白沙乡与大围山镇合并，山田乡与淳口镇合并，赤马镇与沙市镇合并。1992年浏阳大围山经林业部批准开发建设为国家森林公园，1996年8月1日正式开园。2007年6月8日被评为国家AAAA级景区。2012年6月大围山通过了国家地质公园评审。2013年12月被国家旅游局、环境保护部授予“国家生态旅游示范区”。1997年浏阳开发建设浏阳市工业园，先后发展成为联合国工业发展组织在中国唯一的合作园区、浏阳生物医药园、国家医药出口基地等。2006年，与北京、上海、广州共同获批国家级生物产业基地并更名，成为中西部地区第一个国家级生物产业基地。2010年，获批中部地区第一个国家创新药物孵化基地。2012年3月，被国务院批准为国家级浏阳经济技术开发区，并于同年获批湖南第四家科技兴贸创新基地（生物类）。2013年，园区已开发14平方公里，总投资190亿元，有人口8万；共注册各类企业449家，其中外资企业21家，工业企业230家。园区以生物医药和电子信息为主导，形成了生物医药、电子信息和健康食品三大产业集群。2000年启动浏阳现代农业园建设，2012年更名为浏阳市两型产业园。2003年3月浏阳设立浏阳制造产业基地，控规面积为30平方公里，至2013年，已建成面积7平方公里，拥有规模企业95家，产值过亿元企业20家，高新企业20家。2013年浏阳市辖4个园区：长沙国家生物产业基地、制造产业基地、两型产业园、大围山国家森林公园，4个街道：淮川、集里、荷花、关口，27个镇，6个乡，共401个村（社区）。 （唐继武）

浏阳河晚唱 （摄影　熊　剑）

国民经济与社会发展

【综述】 全年实现地区生产总值1012.83亿元，工业总产值2039.5亿元，增长22.4%；第一产业增加值85.89亿元，第二产业增加值720.73亿元，第三产业增加值206.21亿元，分别增长5.5%、13.8%和11%。三次产业对经济增长的贡献率依次为3.1%、79.3%和

17.6%，分别拉动经济增长0.4个百分点、10个百分点和2.2个百分点；三次产业结构为8.5∶71.1∶20.4。完成财政总收入100.9亿元，增长33%，长沙考核财政收入75.9亿元，增长18.3%；完成固定资产投资725.8亿元，增长23.4%；地区生产总值、规模工业增加值、固定资产投资等主要经济指标增速居长沙九区县市第1位，财政总收入、工业总产值等指标均提前一年实现“十二五”目标。县域经济与县域基本竞争力跃升至全国百强第36位，比上年提升11位。首次入选中国全面小康十大示范县市，成功跻身“福布斯中国大陆最佳县级城市”榜第28位，是中部地区唯一上榜县市。（唐继武）

【农业】 实现农林牧渔业总产值129.8亿元，增长5.5%，其中农业产值73.75亿元，增长7.2%；林业产值14.21亿元，增长6.3%；牧业产值34.97亿元，增长1.9%；渔业产值3.89亿元，增长6.5%；农林牧渔服务业产值2.98亿元，增长5.8%。粮食总产量56.19万吨，增长3.0%；蔬菜总产量130.4万吨，增长7.8%。完成造林面积7200公顷，中、幼林抚育面积5333公顷，年末实有封山育林面积80890公顷，年度活立木总蓄积量1298.96万立方米，增长1.84%。

表1 主要农产品产量

	计量单位	2014年	增长(±%)
粮　食	吨	561949	3.0
其中：稻谷	吨	523101	3.0
蔬　菜	吨	1304035	7.8
烤　烟	吨	8794	-22.4
油菜籽	吨	48274	2.1
茶　叶	吨	1588	0.7
药　材	吨	20706	31.0
水　果	吨	206038	8.9

全市生猪出栏196.94万头，降低0.9%；山羊出栏73.56万只，增长5.0%；家禽出笼1177万羽，增长1.7%；肉类总产量17.6万吨，增长0.5%。全市水产品总产量2.52万吨，增长5.9%，其中鲜鱼产量2.46万吨，增长5.6%。

表2 主要牲畜年末存栏量

	计量单位	2014年	增长 %
牛	万　头	4.4	2.3
生　猪	万　头	93.02	-0.7
山　羊	万　只	48.22	1.4

创建长沙市级标准化农业生产示范基地46个，建成东盈、北盛、永安3个粮食仓储基地。投入10.6亿元，铺排农业重点项目26个，金盆种养平衡项目通过农业部标准化养殖示范基地验收。沿溪、古港蔬菜产业结构调整示范片和大围山水果特色产业园入围省“百片千园万民”工程。新培育农民合作社686家，全市达3500家，居全省县市之首。发放农机购置补贴2486万元，主要农作物农机化率达70.9%。整治农村土地6.9万亩，新建沼气池1126口，完成123个行政村电网升级改造。扎实抓好防汛、防火、防疫和抗旱工作，成功抵御“5•24”强降雨侵袭，实现全年无大灾。（唐继武）

【工业】 花炮产业集群实现销售总额202亿元，创税10.9亿元，分别增长7.6%和38.1%；38家生物医药企业实现产值222.7亿元，增长37.5%；90家机械制造企业实现产值186.6亿元，增长26.8%；9家电子信息企业实现产值391.4亿元，增长32.3%。经开区实现工业总产值710.5亿元，财税收入24.3亿元（含土地出让金，下同），分别增长31.3%和38.3%。制造产业基地实现工业总产值241亿元，财税收入8.2亿元，分别增长28.8%和34.4%。两型产业园实现总产值68.8亿元，财税收入9620万元，分别增长18.1%和36.8%。两型产业园成功获批湖南首家特色食品产业园。乡镇特色工业集中区稳步发展，实现规模工业总产值130.2亿元，增长29%。电子信息、生物医药、机械制造、健康食品等优势产业持续壮大，产值分别增长32.3%、37.5%、26.8%、27%。一批龙头企业保持快速发展，蓝思科技实现产值316亿元，创税11.8亿元，尔康制药获年度制药行业十佳辅料品牌，湖南一朵电子商务销售过亿元。着力淘汰落后产能，关闭煤矿8家。积极应对安全环保和政策调整双重压力，大力实施“四化两型”战略，花炮产业集群实现产值202亿元，增长7.6%，其中出口28.4亿元，增长15.8%。浏阳花炮在南京青奥会、北京APEC会议等国际重大节会上成功燃放，展示了环保、安全、艺术的新形象。（唐继武）

【内外贸易】 实现社会消费品零售总额202.98亿元，增长14.0%。按消费形态统计，批发零售业商品零售额179.5亿元，增长14.0%；住宿餐饮业收入23.48亿元，增长13.7%。实现自营进出口总额13亿美元，增长5.4%。自营进口额3.84亿美元，增长8%。自营出口额9.16亿美元，增长4.4%，其中鞭炮烟花2.99亿美元、机电产品5.76亿美元、纺织品0.12亿美元、其他0.29亿美元。全年居民消费价格总指数(CPI)为102.7，商品零售价格指数为101.7，服务项目价格指数为102.7，工业品出厂价格指数为98.4。（唐继武）

【建筑业、房地产业和固定资产投资】 建筑行业实现增加值66.18亿元，增长10.1%。拥有四级以上建筑企业33家，实现建筑业产值41.7亿元，增长33.7%。房地产业实现增加值22.66亿元，增长4.9%。拥有房地产企业72家，实现房地产投资额51.5亿元，增长8.38%；商品房销售面积110.98万平方米，增长4.2%。实现固定资产投资725.8亿元，增长23.4%。其中工业投资481.2亿元，增长33.7%。（唐继武）

【旅游和招商引资】 大围山国家生态旅游示范区启动建设项目36个，胡耀邦故里旅游区建成文保中心、游客服务中心等项目，秋收起义纪念园工程顺利推进。

举办赏花季、清凉季等系列旅游主题活动，全年接待游客1268.7万人次，实现旅游收入124亿元，分别增长22.8%和24%，获评湖南省旅游产业发展十佳县市。新改建标准化农贸市场10家，华润万家、鼎丰建材城等大型消费平台相继开业，苏宁电器全国首家乡镇店落户大瑶。成功举办首届中国烟花爆竹安全环保博览会、全国登山节、第九届湘菜美食文化节、第十届房交会等重大节会活动，浏阳蒸菜创2项基尼斯纪录。引进项目180个，其中亿元以上项目40个，10亿元以上项目7个。外商直接投资实际到位资金1.92亿美元，增长25.9%，实际到位省外境内资金51.06亿元，增长19.1%。（唐继武）

【交通、电力和水利】 投入18.6亿元，实施28个重大交通项目。金阳大道启动建设，浏中文公路、大围山旅游干线、园永公路、社大公路、G354浏阳至官渡公路二期、大瑶绕城公路建设顺利推进，完成张小公路、荷石公路、浏跃公路二期、官渡至东门公路提质改造，城乡道路联网成环步伐加快。启动西北环线和浏阳河六桥建设，新建集里路、学府路等6条城市道路，提质改造金沙南路等10条城市道路，城市交通路网优化升级。依法查处超限超载车辆2307台次，确保了道路安全畅通。投资3.6亿元，新建22万伏高压输电线3条，供电能力和可靠性显著提升。启动农田水利畅通工程三年行动，统筹各类涉水资金6亿元，完成农村饮水安全工程6处，清淤山塘870口，疏浚沟渠24900公里，除险加固水库13座，修复河坝213处，更新机埠86处，开创了改革开放以来投入资金最大、发动群众最广、建设效果最好的水利建设新局面。

【城乡建设和环境保护】 完成城市总体规划修改，实现城区控制性规划全覆盖。长兴湖、新屋岭、黄泥湾等片区开发顺利推进，修建街心花园10个，实施城中村、老旧小区改造项目58个，完成济川河环境综合整治工程。亮化锦程大道等城市道路10公里，建成停车位314个，新建改造公交站亭63个，新投放公共自行车1000辆。在全省率先启动建筑节能改造工程，白沙、城东、禧和等新型保障性住房顺利竣工。启动“气化浏阳”建设，永安至经开区天然气传输管道建成投用，实现与长沙同网同价。强力推进征拆工作，完成征地12735亩，征收房屋1481户，实现81个项目清零，确保了“项目攻坚”活动有序推进。投资27亿元，建设乡镇城建项目96个，创建国家重点镇3个，全市城镇化率达55.4%，新型城镇化建设迈上新台阶。人居环境日益优化。全力推进文明创建工作，获全国文明城市提名，“淳风美德润浏阳”活动入选全国培育和践行社会主义核心价值观“一百招”。深入实施城乡统筹环境同治，创建长沙市卫生乡镇1个、湖南省卫生村（社区）4个、美丽屋场（社区）40个。推进40个新农村示范村建设，打造了梅田湖村、南山村等一批美丽乡村。大力推进“三年造绿大行动”，完成“4511”绿化工程，植树900万株，创建国家级生态乡镇5个，湖南省两型村庄（社区）5个。全面开展“清霾、碧水、静音”行动，停产整治造纸企业58家，治理生猪养殖污染7万平方米。建成城区污水处理厂二期工程、垃圾渗漏液处理厂、粪便无害化处理厂和12个乡镇污水处理厂。推进最严格、最精细、最到位的城市管理，出台并实施渣土扬尘治理“九条新规”，拆违拆旧10万平方米。大力开展违章停车等专项整治，推广城区保洁市场化运作，促进环境卫生提质提标，在长沙“清洁城市”、“城乡环境卫生整洁行动”考评中均排名第一。（唐继武）

【教育、文化、卫生和体育】 全市拥有学前教育幼儿园326所，教职员工3320人，本年入园34234人，在园45149人，离园15728人；普通小学187所，教职员工4141人，本年招生17180人，在校学生95712人，毕业14148人；普通中学63所，教职员工4788人，本年招生21059人，在校学生62661人，毕业18496人；特殊教育学校1所，教职员工60人，本年招生59人，在校学生329人，毕业14人；中等职业学校3所，教职员工256人，本年招生1978人，在校学生4345人，毕业972人。全市拥有文化馆站38个、艺术表演团体1个，艺术表演观众人次26.8万人次。《浏阳日报》每期发行量4.5万份。全市广播综合人口覆盖率98.5%，电视综合人口覆盖率98.1%，有线、无线数字电视用户26万户，增长5.9%。年末图书馆藏书18.25万册。全市拥有卫生机构50个，其中医院42所。卫生机构床位数6882张，卫生技术人员7084人。年内诊疗312万人次，年内治愈率为55%，年内病死率0.04%。全市共组织县级以上运动会5次（含各类协会组织），参加活动人数1.2万人次。运动员在省市比赛中获得金牌77枚、银牌73枚、铜牌75枚。启动教育三年行动，教师进修学校及其附属小学主体竣工，里仁学校、李畋学校等投入使用，改造义务教育薄弱学校71所，建设教师公共租赁房427套。新增课改实验校8所，高考一二本上线率和学科平均分连续7年排名长沙四区县市第一。新改建乡镇卫生院3所、村卫生室39个，公共卫生中心、骨伤科医院住院大楼主体竣工。县级公立医院改革深入推进，门诊、住院次均费用和药占比继续下降，医保实际补偿率增长3%，改革成果受到副总理刘延东的充分肯定。启动实施“单独两孩”政策，人口自然增长率控制在7.5‰，获评全省人口和计划生育工作模范单位。启动与中南大学市校合作，推进科技创新，实施科技项目230个，申请专利919件，成功创建湖南省可持续发展示范区。成立湘鄂赣城市广播联盟体，建成广播电视“户户通”工程2万户，成功举办首届欧阳予倩戏剧艺术节、第二届全民健身运动会、浏阳河音乐节等文体活动。建成烈士陵园，修缮金刚镇桃树湾等历史民居3处，新增长沙市级文物保护单位33处，文庙祭孔古乐被列入国家非物质文化遗产，获全国“千年古县”称号。

（唐继武）

【人民生活和社会保障】 民生领域支出53.6亿元，占财政总支出的74.6%。加大创业就业扶持力度，新增城镇就业1.9万人，实现农村劳动力转移就业16110人、失业人员再就业4120人，城镇登记失业率控制在2.8%以内。支出社保基金15.2亿元，发放城乡低保金1.5亿元、全市参加城镇基本养老保险人数71500人，比上年末增加4480人。参加失业保险人数80232人，增加16339人。参加新型农村社会养老保险人数816800人，增加75330人。全年发放城乡居民最低生活保障经费14856万元，保障城乡困难居民6万人，城乡低保对象人均月补助标准为400元和260元。城乡基本医疗保险的参保人数1294275人。医疗救助金2164万元。新改建敬老院7所，建设公共租赁房3394套，实施棚户区改造1635户，改建农村危房1400户，切实保障和改善了基本民生。 （唐继武）

【社会管理和安全生产】 市领导公开接访群众192场2310人次，群工队员结对认亲8578户，调处矛盾纠纷6086起，实现各特护期进京赴省到市"零非访"目标。坚持严查严管、严处严罚，加强交通、消防、矿山、烟花爆竹、建筑施工、危险化学品等领域安全监管，安全形势总体平稳，获评全省安全生产工作先进县市。加大食品药品市场日常监管和"一月一整治"行动力度，有效遏制了食品药品领域违法犯罪行为。依法打击各类经济违法犯罪，开展"除民患、保民安"严打整治等系列平安创建活动，社会大局保持和谐稳定。

（唐继武）

【机关作风建设】 办理人大代表建议417件，政协委员提案166件，办结率均为100%。深化行政审批制度改革，承接省市权力下放事项99项，取消行政审批事项125项，审批项目精简51.2%。制定政府"权力清单"，行政职权由1万多项精减规范为3529项。完成15个乡镇政务中心标准化建设，开通"12345"市民服务热线。加快数字政府建设，建成税收保障、无纸化办公等信息平台，积极探索网络问政，组织开展"民声e线谈"活动。清理办公用房2.4万平方米，严控因公出国（境）、公务接待、公务用车等经费支出，"三公"经费同比下降24.1%。严格实行开门办公和公开接访、限时办结、资金公示"三个一律"制度，行政效能明显提升。在全省机关干部作风和教育实践活动整改落实情况民意调查中，浏阳群众满意率均居长沙九区县市第1位。 （唐继武）

九曲浏阳河 （图片来源 浏阳电视台航拍图片）

中共浏阳市委

中共浏阳市委员会

书　　记　曹立军
副 书 记　余勋伟　吴　震
　　　　　付旭明
常　　委　谭　果　张作林
　　　　　刘　旭　熊清溪
　　　　　胡金文　邱山东
　　　　　陈荣华　周文舜
　　　　　潘美山
市委顾问　张若林
副调研员　周高梓（2014.08 退休）
　　　　　杨国民

市委办公室

主　任　邱山东
副主任　钟伟明　肖炎强
　　　　熊　文　张之俭
　　　　胡厚坤（兼）
　　　　周瑞明（兼）
　　　　温　浩（兼）

市委政研室

副主任　唐万明（2014.10 免）

市委督查室

主　任　谢　庆（女）

市委绩效办

主　任　张　旭
副主任　陈治国（2014.09 任）

市委党史办

主　任　周如冰

市委改革办

副主任：付秋民（2014.10 任）

市委接待办

主　任　熊　东
副主任（聘）　张　荡（女）
副主任　段云鹏

机要、保密局

局　长　杨新跃
副局长　胡白云（女）

【市委常委会议】 全年共召开常委会 17 次。

1 月 2 日，市委常委会第十一届三十九次会议，讨论市委经济工作报告；讨论政府工作报告；讨论人大常委会、政协、法院、检察院、计划、财政工作报告。

1 月 20 日，市委常委会第十一届四十次会议，研究有关人事任免；学习讨论习近平总书记在党的群众路线教育实践活动第一批总结暨第二批部署会议上的讲话。

2 月 11 日，市委常委会第十一届四十一次会议，听取未纳入长沙市绩效考核的县处级干部考核划等情况汇报；研究 2014—2015 年建设扶贫布点工作；听取全市支村两委换届选举和离任村干部待遇有关情况汇报。

2 月 25 日，市委常委会第十一届四十二次会议，听取信访和群众工作有关情况汇报；听取长沙市劳动模范推荐情况汇报；听取挂职及跟班学习人员安排情况汇报；听取深入开展党的群众路线教育实践活动有关情况汇报；研究 2014 年三十大项目、重点建设项目和政府投资项目计划（草案）。

3 月 20 日，市委常委会第十一届四十三次会议，听取 2013 年绩效考核有关情况汇报；听取 2013

2 月 24 日，市委书记曹立军（左二）市委副书记吴震（左一）率领相关部门在人民路小学调研，查看学校规划图　（图片来源　市委办）

3月14日，民政部部长李立国（中）调研文家市镇百福光荣敬老院

（图片来源 市委办）

年浏阳市管领导班子和领导干部年度考核情况汇报；听取领导班子和领导干部考核划等情况汇报。

3月26日，市委常委会第十一届四十四次会议，研究2014年部门预算编制（草案）；听取党务部门工作情况汇报；研究有关违纪案件。

4月28日，市委常委会第十一届四十五次会议，听取一季度重点工作调度讲评有关情况汇报；听取浏阳市劳动模范、模范集体评选情况汇报；听取政法工作汇报。

4月29日，市委常委会第十一届四十六次会议，研究有关人事任免；研究竞争性选拔乡镇长方案；研究《浏阳市重点工作调度讲评实施办法》。

6月17日，市委常委会第十一届四十七次会议，审议市委常委会民主生活会方案和班子对照检查材料。

7月2日，市委常委会第十一届四十八次会议，讨论增补市委委员；讨论审议申报长沙市艰苦边远乡镇建议名单；研究竞争性选拔乡镇长提名人选工作；听取全面深化改革工作有关情况汇报。

7月25日，市委常委会第十一届四十九次会议，研究有关人事任免；听取二季度重点工作调度讲评有关情况汇报；传达学习习近平同志在中央政治局第十六次集体学习时重要讲话精神。

8月25日，市委常委会第十一届五十次会议，研究《市委常委会党的群众路线教育实践活动整改方案》。

9月12日，市委常委会第十一届五十一次会议，研究有关人事任免。

9月26日，市委常委会第十一届五十二次会议，研究有关人事任免。

10月16日，市委常委会第十一届五十三次会议，研究《市管领导班子和领导干部年度综合考核暂行办法》；研究转发《长沙市关于公务接待、会议费、培训费、差旅费、外宾接待经费管理办法》。

10月27日，市委常委会第十一届五十四次会议，听取三季度重点工作调度讲评有关情况汇报；传达学习上级有关文件、会议精神。

11月18日，市委常委会第十一届五十五次会议，听取议事协调机构清理调整情况汇报；听取人武部、消防大队、武警中队工作汇报；传达学习上级有关文件精神。

【综合服务】 市委办按照“服务大局、统筹兼顾、突出重点”的原则，围绕全市中心工作、服务社会发展大局，积极做好综合协调、办文办会、信息报送、公务接待等工作。一是周密做好综合协调。加强与上级和本市各单位的联络协调，切实做好重大活动、重要会议、重点工作的对接，特别是做好项目观摩、湘赣边区域开放合作交流会等重大活动的协调组织工作。通过编排周工作安排表，统筹服务四大家领导主要活动，协助市委统揽全局、协调各方。做好总值班室日常值班工作，热情接待群众来电来访，努力化解信访矛盾，编发《值班快报》72期，及时传达落实领导指示，妥善协调处置突发事故，确保全市上下有序运转。二是精简高效办文办会。坚持从源头上、制度上从严控制会议数量、会期和规模，简化会议程序，减少出席会议领导人数。全面规范和精减简报内刊，市直部门和乡镇简报全部停办。牵头清理调整议事协调机构，撤销130个议事协调机构，精简80%。全面推行党政系统协同办公，实行“一个口子进、一个口子出”的公文办理机制。全年发文同比减少22.5%，会议同比减少20.5%。三是致力拓展信息服务。充分运用微信、微博等新媒体技术手段，建立全方位、广覆盖的信息工作网络，注重挖掘信息资政功能。向省市上报信息300多条，被省委办公厅单条选报中央办公厅4条，被长沙市委办公厅单条采用40多条。其中关于“浏阳连续两年在全国百强县中进位最快”的信息被中办编报中央领导，实现浏阳市信息工作历史性突破。编发《浏阳通讯》6期、《浏阳要情》250期，其中《浏阳要情》被市党政主要领导批示70余件次。四是严格规范公务接待。坚决执行中央、省市关于作风建设精神的要求，完善细化接待制度及操作规程，从严控制接待标准，有效节减开支。加强接待工作人员业务素质建设，创新接待工作方式方法，不断提高接待服务工作水平。

（刘 聪）

【政研工作】 2014年，政研室围绕“当发展高参、出精品文章、建书香科室”目标，锐意创新，真抓实干，较好完成各项工作。一是文稿服务实现新突破。始终坚持文稿思想、内容和形式的有机统一，着力提高以文辅政水平。全年完成领导讲话、会议报告和工作汇报等各类文稿300余篇，文稿采用率达到98%，无一例差错或延误，文稿质量和领导满意度进一步提升。二是工作调研展现新作为。紧扣发展大局、紧贴领导思路、紧跟热点问题，深入基层一线开展调研，全年撰写调研报告10余篇，其中1篇发表于国家级刊物《学习与研究》，1篇被《省委通报》专文刊发。先后在人民网、《湖南日报》等重要媒体上发表多篇推介浏阳经验做法、发展成就的文章，有效提升浏阳发展的美誉度和影响力。三是内刊编发取得新成绩。精心办好《浏阳通讯》，力争做到思想厚重、内容新颖、形式活泼，全年出刊6期，刊物影响力进一步提升。认真编发《市委通报》5期，致力宣传党委政策、传递领导声音。积极做好领导讲话录音和调研图片的整理归档工作，定期制订成册。四是服务基层打造新亮点。充分发挥自身职能作用，进一步加大服务基层工作力度，全力协助发改局、安监局、水务局等多个单位总结典型经验、推介成功做法，获得基层单位的肯定和好评。 （张 葵）

【督查工作】 2014年，督查室开展督查活动430次，刊发督查公文92份，较好地完成各项督促检查任务，被省委办公厅授予2014年度“党委督查系统先进基层单位”荣誉。一是决策督查成效显著。狠抓经济工作督查。紧扣“项目攻坚年”主题，开展一系列专项督查活动。4—5月份，多次开展重点项目征拆督查；6月份开展市委经济工作落实情况专项督查，督促各单位实现“时间过半，任务过半”；9月份开展纳入长沙市重大计划项目进展情况督查。狠抓市委重要会议落实情况督查。对月常委碰头会部署的工作，坚持月初分解、月中跟进、月底总结、季度回头看的方式，全程督促；对书记碰头会部署的工作，会后一小时内传达到位，并一周内报告落实情况。全年形成督查专报12期、周汇报35期，有效提升全市上下抓落实的执行力。狠抓中心工作督查。围绕项目建设、环境整治、信访维稳、作风建设等中心工作，扎实开展教育实践活动专项整治、“六个走在前列”大竞赛活动、办公用房清理等专项督查，进一步强化党委督查的工作权威和效能效率。二是专项查办件件办结。始终坚持批示件“批必查、查必果、果必报”的工作原则，采取逐件登记、迅速转办、限期办理、定期催办、跟踪督办等方式，进一步明确批示件办理程序、时限和要求，确保领导批示事事有结果、件件有回音。全年自办、转办、督办、催办立军书记批示件287件，形成市委书记批示件落实情况报告18期，办理省市领导批示件21件和红网“问政湖南”板块专栏网络信访件26件，办结率100%。三是竞赛活动推进有力。完善工作机制。通过调整和充实竞赛活动领导小组、健全工作机制，逐步在全市形成了相互配合、上下联动、齐抓共管、协同推进的工作格局。强化宣传推介。在《浏阳日报》开设六个走在前列大竞赛活动专栏。坚持以特色工作树立品牌，每月按时向长沙报送信息材料，在长沙市竞赛活动工作简报头版专题刊发2期经验材料，编印下发市本级工作简报15期。抓实督促检查。6月份，派出五个督查组，对全市“六个走在前列”大竞赛活动开展情况进行一次全面督查，浓厚活动氛围，确保竞赛活动不走形式、不走过场。 （李治军）

【绩效考核】 2014年，绩效考核工作再创佳绩，蝉联长望浏宁四县市（区）组第一，获长沙对浏绩效考核“三连冠”。一是由“结果考核”向“过程考核”的转变。下发《浏阳市重点工作调度讲评实施办法（试行）》，围绕经济工作、社会稳定、环境整治、作风转变四个方面的重点工作实施季度调度讲评。把重点工作季度调度讲评作为推进日常考核的重要工作平台和品牌抓手，讲评制度进一步规范，讲评效果进一步凸显。二是由“共性考核”向“个性考核”的转变。针对考核对象的差异性，紧扣市委关于“理顺园镇体制，形成发展合力”要求，在以往分类考核的基础上深入园镇调研，探索启动北盛、洞阳等涉园乡镇考核指标的个性化、差异化设计，涉园乡镇重点考核配合园区征地拆迁，减少财税、经济增长等指标考核比重，促进园镇经济全面协调发展。三是由“单维考核”向“多维考核”转变。研究出台《浏阳市党政机关绩效考核管理办法补充规定》，围绕评分定等、创优加分、差异化评价、长沙考核加减分运用等多维度进一步细化完善，对领导班子主要负责人受到党纪政纪处分以及被追究刑事责任的考核评定界定时间等难点问题作出新规，对印证资料中的奖励性文件认定等作规范，进一步增强差距式计分操作的灵活性。加大与长沙考核单项指标情况对接，突出科学公平、注重统筹兼顾、强调灵活性与原则性结合，充分调动全市上下创

3月27日，市委“党的群众路线教育实践活动”集中学习暨湘赣边交通通道调研活动 （图片来源 市委办）

5 月 15 日，省委常委、长沙市委书记易炼红（中）调研浏阳市经济社会发展和全面建成小康社会工作　　（图片来源　市委办）

先争优的工作积极性。强化考核风向标功能，提升制度红利。

（陈　辉）

【改革工作】 2014 年，浏阳市按照中央、省委、长沙市委部署，启动和实施 43项改革任务，其中 4 项省级试点项目取得较大进展，实现全面深化改革良好开局。一是着力机制建设，形成改革合力。成立全面深化改革领导小组，设置 9 个专项小组，制定出台“两规则一细则”等文件，建立全面深化改革微信群，明确相关各方全面深化改革工作职责。二是着力科学谋划，明确改革任务。紧扣上级要求，结合浏阳实际，制定《中共浏阳市委全面深化改革领导小组 2014 年工作要点及责任分工》，各专项小组形成具体实施方案，明确 2014 年全面深化改革目标任务。三是着力统筹推进，落实改革项目。领导小组针对改革事项进行研究部署，明确改革要求、目标和责任，确保改革有序有效推进。改革办按照领导小组的部署要求，实行改革事项动态管理，通过“任务清单”呈报领导小组和专项小组，供领导决策参考。专项小组对照改革任务的时间表和路线图，积极稳妥推进，有效完成各项改革任务。四是着力重点突破，凸显改革成效。在关键领域和重点环节推进一批改革项目，商事制度、行政审批、投融资体制、民营经济等改革率先推进，效果明显；湘赣边区域合作、园镇融合、人才引进等改革富有特色，亮点纷呈；大瑶镇扩权强镇、农房抵押融资、县级公立医院等改革先行先试，取得突破；农村、文化体制、生态文明体制、民主法制、司法和社会体制、纪检体制、党的建设制度等改革扎实有序，稳步推进。五是着力宣传引导，浓厚改革氛围。紧密结合上级改革导向，积极推介浏阳经验，在省委、长沙市委《改革简报》刊发改革信息和经验文章 5 篇；通过《湖南日报》、湖南卫视、《长沙晚报》等省市媒体积极推介浏阳市改革典型 10 余次，并在本级媒体开辟改革报道专栏。

（付秋民）

【党史工作】 一是加强征研，存史成果更丰富。党史研究进一步深化。积极督促相关单位上报《浏阳 10 年党史专题资料汇编》（2002—2012）提纲，《试述浏阳党组织和人民对中央苏区的重要贡献》和《浅论浏阳苏区的民主政权建设》两篇论文入选湘鄂赣苏区第三届论坛文选。党史资料征集、编纂、出版工作取得新成果。10 月纪念胡耀邦诞辰 100 周年的《胡耀邦与家乡》一书送至中共党史出版社审查。罗章龙所著《中国国民经济史》列入湖南大学千年学府文库出版计划。第六个口述史专题片“乡镇企业异军突起”的采访、录制工作接近尾声。二是主动作为，服务发展做贡献。在整理报送《浏阳市苏区历史简介》《浏阳市贫困现状简介》《浏阳开国将军名录》等资料的同时，配合发改部门做好项目申报工作。会同有关部门加大对革命遗址遗迹等的查漏补缺工作力度，加强普查成果的转化利用，促推红色旅游。三是拓展阵地，党史育人重实效。高度重视“以史铸魂”的平台建设，运用《湘潮》《湖南日报》《浏阳通讯》《浏阳河》等媒介实现红色精神鼓舞人、激励人的作用。结合群众路线教育实践活动，将摄制完成的《浏阳上世纪七十年代实行干部“四定一评”岗位责任制启示录》等五个口述史专题片上传浏阳远教网，方便党员干部点击学习。　（罗业永）

【机要、保密工作】 机要、保密局

7 月 31 日，浏阳市“六个走在前列”大竞赛活动二季度重点工作调度讲评会在欧阳予倩大剧院召开　　（图片来源　政府办）

围绕中心，服务大局，在文电办理、内网建设、宣传教育等方面取得新的进展，较好的完成既定的工作任务。2014年被省委办公厅评为机要工作先进单位。一是确保密码工作绝对安全。细化工作流程，严格执行紧急重要电报、密码电报办理和交接班工作等制度，确保密码电报办理迅速，上级文件分发及时，密码设备维护到位。二是夯实保密工作技术支撑。采购保密安全防护设备，指定专人负责设备的运行，维护“门户网站”监控系统以及互联网检查系统。对浏阳市各政府门户网站涉密信息违规上传实行24小时实时监控，有效预防涉密信息上网传播。组织技术人员进行涉密文件处理、涉密电脑及客户端的维护和保养。三是提升党政干部保密意识。围绕《保密法》加大宣传教育力度，向各单位负责保密工作的主管领导和涉密人员宣教责任与义务，请专家领导为全市办公室系统文秘人员进行保密培训，增强全市文秘人员保密意识。四是强化保密工作检查效果。结合保密普查工作，对重要涉密部位、重点涉密人员以及党政机关附近的打印室进行地毯式排查，将发现的问题当场反馈相关单位领导和个人，并责成立即整改。（龙卫平）

【自身建设】 群众路线教育开展。按照党的群众路线教育实践活动总要求，抓好各个环节活动的开展，坚持学深悟透、广泛征求意见、开展批评、立行立改整改问题。组织全办干部职工到文家市纪念馆、胡耀邦故居、安源工人运动纪念馆开展集中学习。班子核心作用发挥。坚持民主决策，完善《主任办公会议制度》。注重班子能力建设，积极参加市委中心组学习。干部队伍素质提升。围绕“素质提升年”主题，坚持每月一次集体学习，组织机关辩论赛，深入开展增强“主动性、敏锐性和责任心”教育，着力打造复合型干部。组织全市办公室系统新进文秘人员业务培训，继续实行办公室工作人员跟班学习制度，党风廉政建设切实加强。切实履行管党责任，扎实推进党风廉政建设。积极贯彻落实中央八项规定、规范公务用车、清理办公用房等各项作风建设要求，做到厉行节约，勤廉干事，模范带头，一线作为。（刘　聪）

组织工作

市委组织部（市直机关工委）

部　长、工委书记　周文舜

副部长、工委委员　肖赛男（女）

副部长、工委委员、基层办主任　胡国平

副部长　黎　莉（女）（兼）

非公有制经济组织和社会组织党工委副书记、工委委员　李　斌

工委委员　张安文　张文初　卜　洋（女）

【概况】 2014年，市委组织部（市直机关工委）内设办公室、研究室（政策法规科）、组织一科、组织二科（机关工委办公室）、干部科、人才工作科（干部教育监督科）6个科室，下设1个二级事业机构：党员教育中心（党员干部现代远程教育管理中心），基层党建工作领导小组办公室归口市委组织部管理，非公有制经济组织和社会组织党工委设在组织部。市委组织部有在职干部30人，离退休人员12人。全市组织工作以深入开展党的群众路线教育实践活动为主线，以全面加强班子和干部人才队伍建设为重点，着力推进党的制度建设改革，为“挺进三十强，再创新辉煌”提供坚强的组织保证和人才支持。（陈　珍）

【基层组织建设】 夯实基层基础。圆满完成2014年村“两委”换届选举工作，《湘组研究》作专题推介。集中整顿软弱涣散基层党组织，37个软弱涣散村（社区）全部完成整改转化任务。优化党组织设置，探索依托商会、企业家俱乐部建立党组织，打造蓝思科技、绿之韵、百宜饲料等非公党建典型。强化基础保障，市委持续加大村级运转经费保障，村平均运转经费达到16万元。新建、改造村级活动场所25个。全年整合资金6000多万元，推动14个布点村的建设扶贫工作，加大党员激励关怀帮扶力度，发放党小组活动补助、离任村干部补贴、困难党员慰问帮扶资金1200万元。鼓励发展新型村级集体经济，打造新农村示范点。成立“大学生村官之家”，深化大学生村干部培养工程。办好《先锋行》电视专栏、建好党建手机信息平台，试点“云端”农村远教商务平台建设，新建远教户外广播系统22个，拓宽党员教育平台。党员队伍管理。举办基层党组织书记、党小组长、党务干部培训班，提升基层党务工作者能力素质。实行入党积极分子“积分制”考评、党员分类“百分制”考核，处置不合格党员187名，浏阳市连续两年被中组部确定为发展党员和党员管理工作试点县（市）。加强乡镇党代会常任制工作，《中国组织人事报》以《年会制下，湖南浏阳市力促乡镇党代表常态化履职》为题作专题推介。开展党小组大竞赛活动，全市2133个党小组带领农民群众掀起冬修水利热潮，广大党员带领群众义务投劳89.52万个工日，清淤疏浚田间沟渠1.93万公里、主干渠1153.6公里。深入推进在职党员进社区活动，3878名机关党员结合个人特长，在社区认领公益岗位。落实管党责任。深入推进落实管党责任“四个一”工作，全市各级党组织书记共开展述职评议2378人次、联系党建工作点438个、讲党课825堂次。在市委教育实践活动整改落实情况通报暨基层党建工作述职评议会上，随机抽取8名乡镇街道党（工）委书记作党建述职，56名乡镇街道和市直单位的党（工）委书记接受市委书记逐一点评和市委委员的现场测评打分，“书记抓、抓书记”氛围浓厚。（陈　珍）

【干部工作】 干部选拔任用。坚持好干部标准和重基层、重实绩、重能力的用人导向，全年完成6批次领导干部调整工作，扩大干部交流力度，优化领导班子结构。面向全市竞争性选拔4名乡镇长提名人

党小组服务农田水利畅通工程专项竞赛活动　　（图片来源　市委组织部）

选，通过笔试、公开答辩、集中推荐、常委会差额票决，市委全会投票表决等多轮遴选，确定4名乡镇长拟任建议人选，牢固树立"有为有位"的工作导向。严格追责问责，对"不在状态""有错无为"的班子和干部进行调整，全年问责科级干部19名。干部考核管理。落实《领导干部德的考核评价办法（试行）》，完善《市管领导班子和领导干部综合考核暂行办法》，实行干部综合量化考核，开展干部甄别考察，加大考核结果运用力度。建立拟提拔干部个人有关事项报告制度及抽查核实制度。全面开展"三超两乱"专项治理工作，进一步规范干部选任工作。清理规范领导干部到企业和社会组织兼职（任职）工作。完善公务员管理信息系统，实行干部档案信息化管理。牵头制定《机关事业单位中层岗位干部轮岗交流办法》，全面落实偏远落后乡镇干部补助发放政策，激发干部活力。干部教育工作。分批次对市管干部进行集中轮训，组织开展领导干部网络在线学习，切实提高党员干部理论政策水平。加强与高校合作，与北京大学、浙江大学和深圳综合开发研究院，举办新闻宣传和舆情引导、企业经营管理与转型创新、新型城镇化等专题研修班。实施外培锻炼，选送50名初任领导干部赴井冈山开展党性锻炼活动，选派10名干部到省、长沙市挂职跟班锻炼，选派10名领导干部到广东省顺德市挂职，安排市直单位18名初任副科级领导干部到信访局跟班锻炼。　（陈　珍）

【人才工作】　加大引才力度。围绕市委的发展战略目标，引进一批教育卫生、电子信息、生物技术、现代制造、财会金融、文化创意等方面的专业人才。组织开展"浏阳企事业单位院校行""高校院所人才浏阳行"等活动，举办事业单位和教育、卫生类紧缺型人才引进活动9次，举办"春风行动""揽万名英才·促两地发展"专场招聘会13场。全年引进党政事业单位、教育卫生类人才521名，企业中高层管理人才1077名，企业专业技能人才13000名。盘活人才资源。激活本土人才资源，组织开展社会工作人才、农村实用人才、退伍军人等技术职称培训。加大科技特派员选派力度，为基层培养培育一大批实用技术人才。落实《浏阳市优秀人才评选表彰办法》，开展"人才工作先进单位"和"优秀人才"表彰活动。在《浏阳日报》、浏阳电视台开辟"创新创业在浏阳"人才专栏，上级媒体多次报道浏阳市人才工作。扶持创办"大学生创业就业基地"，指导留学人员创业园、企业研发中心、产学研联合体申报科技成果，充分激发人才干事创业活力。优化人才服务。完善财税激励、住房补贴、编制管理等有关政策措施。市统筹安排专项经费用于人才住房补贴、科研经费及人才奖励。集中所有编制引进高层次党政人才，对具备公务员或参照管理身份人员实行对等调入，为引进人才提供3年的免费住房或享受住房补贴，符合条件的高层次管理人才和高级专业技术人才，市财政给予专项补助。启动实施人才公寓项目，指导成立青年人才、企业人才、海归人才协会，多次组织文化沙龙、相亲联谊会等活动，增强人才归属感。　（陈　珍）

【开展党的群众路线教育实践活动】　浏阳市教育实践活动于2013年11月开始筹备，2014年3月正式启动，全市125个市直单位、2191个基层党组织、61899名党员参加活动，严格按照"照镜子、正衣冠、洗洗澡、治治病"的总要求，坚持"为民务实清廉"主题，突出作风建设，贯彻整风精神，从严从实推进各项工作。注重及早谋划，广泛开展专题调研座谈，精心制定市委《实施方案》，浏阳市全市教育实践活动实施方案和市委常委会活动方案，被省委活动办作为样板下发全省区县（市）学习参考；注重深入学习，市委常委会精心制定学习计划，统一安排学习日程，市委书记曹立军为全市1100名基层干部公开讲党课，全体党员市级领导、市管领导班子主要负责均严格做到了上1次党课、谈1次体会、做1次调研。全市参与活动各单位均开展"责任心、主动性、敏锐性"服务群众大讨论。"我身边的共产党员宣讲团""五老四教金牌讲师团"到各单位巡讲820次。耀邦故居、文家市秋收起义纪念馆累计接待浏阳市集中学习团体1200多批次10.5万人；注重问题查摆，要求各级党组织和党员领导干部结合群众提、自己找、上级点、相互帮、集体议等方式，全方位、多层次征求意见，做到剖析深刻、查摆到位。始终贯彻整风精神，高标准、高质量开好专题民主生活会和组织生活会；注重务实整改，坚持问题导向，以准狠韧的劲头打好整改落实攻坚战，切实转变干部作风。市委常委会带头在《浏阳日报》等媒体上作立行立改“八个带头”公开承诺，对接部署39项专项整治任务。市委全面部署落实“1358”工程，即“一线工作法”“三个一律”制度、“五个十项”行动和“八大民生工程”，深化党小组大竞赛、在职党员进社区报到工作，做到规定动作不走样、自选动作有特色。在省委教育实践活动办公室组织的民意调查中，浏阳市群众满意率位居长沙市九区县(市)第一。 (陈　珍)

【村、支“两委”换届选举工作】2—4月，浏阳市全面完成村“两委”换届选举工作，此次换届涉及36个乡镇（街道）368个村（社区），整个换届工作风清气正、平稳有序，省委组织部对浏阳市换届工作做法在全省进行宣传推介。为把握换届选举工作的主动权，浏阳市坚持后备力量先育、调查摸底先行、疑难问题先排、财务审计先核。市委常委会议专题研究换届工作，周碰头会、月安排会均对换届工作进行调度研究。市换届办成立9个督查指导组，督导组长由纪委常委、副书记和组织部副部长担任。在报社、电台开设专版专栏，将选举资料张贴到每家每户，定期发送换届信息。实行选情日报制度，市换届办每天随机抽取60名基层党员进行电话调查，对收集到的信访举报问题，第一时间交由督导组和相关单位办理，限时办结、及时回访。每周召开部门联席会议，做好选情舆情的分析研判，通报典型案例，对换届选举中的违法违纪问题，加大惩处力度。2014年浏阳市换届信访量比上届下降24.7%，没有发生一起较大的网络舆情和群众上访事件。全市选举产生新任村主职289人，265名后备力量当选为村干部。“两委”班子中，平均年龄43.8岁，比上届下降1.8岁；女性482名，占26.8%，比上届提高3.2%；大专以上文化的437名，占24.3%，比上届提高5.1%。 (陈　珍)

【开展党小组服务农田水利畅通工程专项竞赛活动】为深化拓展基层服务型党组织建设，解决农田水利建设“最后一公里”问题，发挥党小组带领党员服务群众的作用，浏阳市全面开展党小组服务农田水利畅通工程专项竞赛活动，活动的主要内容是组织发动党员群众，通过整合资源、群策群力，全面推进我市农田水利建设，切实解决群众反映强烈的农田灌溉难、排水难、抗灾效益衰减等问题。竞赛活动中，广大党员带领群众义务投劳89.52万个工日，清淤疏浚田间沟渠1.93万公里、主干渠1153.6公里。全省水利冬修现场会在浏阳市召开，党员带头、发动群众参与的经验在全省推广。全市组织评选100个农田水利畅通工程的示范党小组，每个党小组奖励工作经费4000元，并通报表彰。

(陈　珍)

5月8日上午，市委副书记、市长余勋伟为全市科局级领导干部第一期轮训班学员上党课现场 (图片来源　政府办)

【竞争性选拔4名乡镇长提名人选】6—7月，浏阳市面向全市竞争性选拔4名乡镇长提名人选，通过笔试、公开答辩和集中推荐、市委常委会差额票决，市委全会投票表决等多轮遴选，确定4名乡镇长拟任建议人选。为确保选拔公正公开，在公开答辩和集中推荐会议上，全体市级领导和市委委员、候补委员担任评委，针对入围人选的答辩表现进行集中推荐投票。此次竞争性选拔产生的4名乡镇长提名人选全部具有多年乡镇基层工作经历，进一步树立了重基层、重公认、重实绩的选人用人导向，激发了乡镇基层干部干事创业活力。

(陈　珍)

宣传工作

市委宣传部

部　　长　刘　旭（女）
常务副部长　李　安
副 部 长　刘旭辉（女）
　　　　　黄家声
　　　　　刘家川（兼）
　　　　　王桃文（兼）
　　　　　余海波（兼）

【理论教育】市委中心组学习。紧扣形势要求和工作需要，四个季度分别邀请国家行政学院兼职教授闻闻、中国人民大学国际关系学院教授任剑涛、中央党校政法部宪法与行政法教研室主任傅思明、清华大学经济管理学院潘建新四名教授为市委中心组（扩大）学习报告会授课。组织市委中心组成员开展习近平同志重要讲话精神和党的十八届四中全会精神专题学习。学用结合见实效，有10余篇市领导调研文章在《求是》《新湘评论》等中

浏阳市四季度市委中心组（扩大）学习报告会　　（图片来源　市委宣传部）

央、省级刊物上发表。主题宣传教育。广泛开展“干部讲坛”“企业家论坛”“屋场课堂”等活动，组织宣讲团成员入机关、入村（社区）、入企业开展十八届三中、四中全会和习近平同志重要讲话精神专题宣讲。举行“中国梦”主题征文和演讲赛，开展“微理论•微宣讲”活动200余场次，收集征文120余篇，撰写学习心得1000篇，邹芳获长沙市微宣讲比赛一等奖。学习型党组织建设。广泛开展学习型党组织建设“五创四评”和“书香浏阳”活动，选树长沙市级示范项目13个，省级示范项目1个。组织第五届“机关读书月”活动，为全市各单位免费提供理论学习书籍3万余册。出刊《浏阳宣传专报》8期，发放至全市各级党组织张贴。（陈　英）

【新闻宣传】 对外宣传。中央、省市30余家新闻媒体300多人次到浏阳采访报道，发稿820余篇，其中中央级82篇，省级310篇。《人民日报》《新华每日电讯》头版、新华社《国内动态清样》《半月谈》各刊发新闻1条，《新华社湖南领导参考》刊发3条，《湖南日报》刊发专版17个、头版头条3篇，《长沙晚报》刊发专版26个、头版头条7篇，各主流网站转载正面稿件7000多篇。首次建立新闻宣传奖励制度，上级媒体上稿的数量和质量创历史新高。组织第八批省直新闻单位编辑记者实践锻炼集中采访活动，成立湘鄂赣城市广播电视联盟体，做好首届湘赣边区域开放合作交流会等主题宣传。对内宣传。发挥“一报一台两网”宣传主阵地作用，报社推出《30强方略》“行走湘赣边”等系列报道和“在一线•浏阳实践”“与浏阳同成长的企业”等栏目，浏阳电视台推出年度策划《大城之路》，分为《湘赣边界行》《项目生长记》《融城启示录》《板块经济学》四个子篇章，均收到良好的社会反响。着手启动新媒体融合发展，浏阳新闻网作为全省唯一县级网络媒体在湖南省新媒体发展高峰论坛作主题发言。网络宣传。深入推进网络问政，组织14个市直单位和乡镇的主要负责人参加“民声e线谈”活动12次，相关贴文点击量超过32万次。注重扩大网络宣传影响力，成立“浏阳名家微信联盟”，“浏阳发布”微信、微博粉丝近4万，日均阅读量1.5万次。组织“名博名微浏阳行”“知名网络媒体走进美丽浏阳”等活动，相关话题和新闻阅读量上百万次。加强网络监控，编印《每日网络舆情》184期，《网络舆情专报》25期，及时处置较大、重大舆情130多件次，全年没有发生重大舆情炒作事件。（陈　英）

【文明创建】 培育和践行社会主义核心价值观。通过漫画图说、先进楷模、晒传家书、宗氏祠堂、幸福屋场等形式，广泛开展“淳风美德润浏阳”市民素质提升工程，成为全省唯一入选中宣部培育和践行核心价值观“一百招”，《光明日报》、中央电视台、中央文明网首页、中国日报网、中国青年网等10余家中央级媒体聚焦浏阳。推进学雷锋活动常态化，广泛开展“爱心涌动浏阳河”学雷锋志愿服务活动，认真组织“第四届道德模范”、雷锋“双十佳”评选活动，精心打造“爱心驿站、爱心储蓄银行”等系列爱心品牌。义工联获评长沙市学雷锋“十佳”先进集体；1人入选感动湖南人物候选人，11人入选“长沙•我身边的雷锋”，1人被评为长沙“十大孝星”。精神文明建设。开展“健康文明新生活”“发现身边美•传递正能量”“晒家书•传家风”“文明办酒倡新风”“六比六看大竞赛”“幸福屋场、文明小区、文明楼栋”创建等特色活动，幸福屋场创建工作经验在全省农村精神文明建设会议上予以推介，全面推进文明信用户创评工作，成为全国诚信建设典型；扎实开展“文明单位、文明村镇、文明景区”等评选活动，永安镇被评为全国文明村镇，4家单位获评省级文明荣誉，全年创建各级文明荣誉先进单位80余家。继续保持湖南省文明城市荣誉称号，10月份获得全国文明城市提名。未成年人思想道德建设。继续推进“蒲公英——乡村青少年成长计划”，建成“乡村少年宫”39所，“班班图书角”375个，开展母亲夜话沙龙活动120余场次。广泛开展“美德少年”“童谣润我心•快乐伴我行”优秀童谣征集等评选活动，“母亲夜话沙龙”“家长义工”“星级档案”6个案例入选长沙市未成年人思想道德建设创新案例。组织“大爱浏阳•天使不流泪”关爱50名贫困儿童大型公益活动，得到社会各界的积极参与和省市10余家媒体的关注。（陈　英）

【文化建设】 群文活动。组织“欢乐浏阳河”广场文艺晚会25场、“雅韵三湘 美丽浏阳”经典剧目免费月月看17场，举办全民广场舞大赛、首届欧阳予倩戏剧艺术节、第二届浏阳河音乐节、“湘鄂赣好声音”明星焰火演唱会等活动。大瑶强盛龙狮艺术团参加全国舞龙展演获得金奖，正申报民间文艺山花奖。在长沙市“欢乐潇湘——舞动星城 歌涌湘江”大型群众文艺会演活动中，获一等奖2个、二等奖1个、三等奖3个。公共文化建设。不断完善公共文化服务体系，新建3家、提质3家示范性综合文化站，新建10家村文化活动室，完成送戏下乡110余场，发放体育器材124套。注重文化品牌打造，组织“寻找最美村镇及老手艺”“浏阳新八景•最美九道湾”评选活动。成立浏阳市非物质文化遗产保护中心，完成桃树湾民居第一期抢救性维修工作，启动谭嗣同故居周边环境改造工程。大围山镇楚东村入选国保省保单位集中成片传统村落，浏阳古乐成功申报为国家级非物质文化遗产，浏阳小曲古法酿造技艺及浏阳花鼓戏申报为长沙市非物质文化遗产，新增33处长沙市级文物保护单位。胡耀邦故居扩改建工程和秋收起义纪念园建设顺利推进。文化产业。加强文化园区基地的建设和培育，成立浏阳市移动互联网创业中心，“智慧浏阳河”文化创意孵化基地积极申报国家级文化产业示范园区，欧阳予倩大剧院申报国家文化产业示范基地，高坪镇夏布文化、永和菊花石小镇等特色基地建设初见成效。增强文化产业发展的影响力和吸引力，举办第二届“智慧浏阳河”高峰论坛、文化产业主题沙龙、绘声绘色绘浏阳、腾讯微视发布会等活动。全年引进文化企业26家，产业项目4个，完成招商引资8600万元。17个项目获得长沙市文化产业引导资金340万元，45个项目获得本级引导资金300万元。整合重点乡镇的文化资源，建立乡镇文化产业平台7个。 （陈 英）

【文联工作】 文艺创作。《璀璨浏阳》丛书入选长沙市“五个一工程”奖。创作发表文学、诗词、楹联作品3000多件、作品集40多部。8件作品入选全国书法展，1件作品入选全国美术展，在全国摄影大赛中获得1个铜奖、11个优秀奖，在全国农民画展中获得1个银奖，在“中国梦”全国原创歌曲大赛中获得1个优秀奖。沿溪镇文联被评为湖南省先进基层文联。文艺活动。全年开展各种文艺活动120多次，参与的文艺工作者5000多人次。持续开展“我们的节日”系列活动，春节前夕组织“万副春联送万家”活动，元宵节开展民间文艺展演，悬挂灯谜1500条，端午节举办赛龙舟、诵诗歌活动，中秋节举办戏曲演唱活动，重阳节开展送文艺到敬老院的慰问演出活动。在浏阳籍著名文艺家欧阳予倩诞辰125周年，欧阳山尊、王人美诞辰100周年之际，市文联分别组织了简朴、隆重的纪念座谈会，参与组织首届欧阳予倩戏剧艺术节，开展王人美电影观摩活动。指导浏阳一中成立神脑谜社，出版《神脑谜刊》，代表湖南省先后参加中央电视台“中国谜语大会”获得优秀奖，常熟国际中学生灯谜大赛获得第三名。3件作品在“美丽中国梦”首届全国校园剪纸邀请赛中获奖。 （陈 英）

【获得全国文明城市提名奖】 浏阳市认真贯彻“人本创建、常态创建、全民创建”理念，真抓实干，全力推进文明创建工作，文明城市创建成效显著，10月份获得全国文明城市提名奖，2014年湖南省文明城市测评及长沙市文明指数测评中，均获得第一名。该市在文明创建中打造特色品牌：“幸福屋场”探索农村精神文明建设新路径；“文明办酒”，减少人情债淳化民风；“晒家书•传家风”书信读写活动，推进公民思想道德建设；“淳风美德润浏阳”活动入选全国培育和践行社会主义核心价值观“一百招”等，其中“幸福屋场”获得省委常委、宣传部部长许又声重要批示：“浏阳建设‘幸福屋场’的做法，是推进农村精神文明建设的重要举措，值得推广。”加强未成年人思想道德建设，突出抓好“我的中国梦”主题教育，精心组织“网上祭英烈”“牵手成长•圆梦六一”“大爱浏阳 天使不流泪”“童心向党”等节日活动。深入推进“蒲公英乡村青少年成长计划”，新增中央级“乡村学校少年宫”2所，建“班班图书角”375个。 （陈 英）

2014年11月5日 沙市镇“金叶飘香活力沙市”专场文艺晚会在浏阳河广场演出 （图片来源 市委宣传部）

浏阳市五四青年节专场文艺晚会 （图片来源 市委办公室）

5月12日，省委常委、宣传部部长许又声（中）调研浏阳文化产业

（图片来源 市委办公室）

【“淳风美德润浏阳”入选全国培育和践行社会主义核心价值观“一百招”】 2014年，浏阳以“淳风美德润浏阳”为主题，以“漫画图说”“先进楷模”“晒传家书”“宗祠文化”“文明办酒”等具体举措深入开展“淳风美德润浏阳”系列活动，让良好民风淳化每个市民，让崇高道德浸润整个浏阳。12月8日，“淳风美德润浏阳”活动被中宣部选入全国培育和践行社会主义核心价值观“一百招”。12月30日，《光明日报》在第四版以《湖南浏阳：淳风美德落地生根》为题，大篇幅介绍了浏阳在培育和践行社会主义核心价值观方面的百家经验。1月5日，中央电视台《朝闻天下》栏目以《宗祠屋场文化建设，传承淳风美德》报道淳风美德润浏阳活动。（陈 英）

【《璀璨浏阳》丛书获得长沙市“五个一工程奖”】 《璀璨浏阳》丛书由中共浏阳市委宣传部、浏阳市文联组织编纂，由湖南人民出版社于2013年10月正式出版。全套丛书一共收录有关浏阳的文艺作品集10册，作品题材涉及历史文化、民俗风情、主导产业等方面，作品体裁包含诗歌、散文、诗词、楹联、民间故事、摄影和剪纸等，作品数量达到5000多件。《璀璨浏阳》丛书讲述浏阳故事，传播浏阳声音，讴歌浏阳的精神和人民，2014年12月获长沙市第十一届“五个一工程奖”。（陈 英）

统 战 工 作

市委统战部

部　　长　周文舜
常务副部长　赖才腾
副 部 长　刘付华　傅丹阳
　　　　　蔡细毛
工商联党组书记、第一副主席
　　傅丹阳
台办主任　蔡细毛
台办副主任
　　周　斌（女，2014.07任）

【概况】 2014年，统战部机关内设办公室（加挂研究室牌子）、党派知工干部科、经济科3个科室，归口管理市委台湾工作办公室（市人民政府台湾事务办公室）、民族宗教事务局、侨联、侨务办公室。2014年集里街道办事处集里桥社区被国务院侨务办公室评为“全国社区侨务工作示范单位”。（李 银）

【多党合作工作】 支持民主党派加强自身建设。指导各民主党派开展坚持和发展中国特色社会主义学习实践活动；支持各民主党派加强基层组织建设，争取市委、市政府重视，民革浏阳工委和致公党浏阳工委各安排工作经费10万元，民革发展党员2名，致公党发展党员3名；协助民主党派建立健全《党内人大代表、政协委员考核办法》等制度，提升民主党派成员的履职能力。支持民主党派履行参政党职能。民革浏阳工委、致公党浏阳工委组成专题调研组，先后就教育、花炮产业发展等课题进行深入调研。民主党派成员中29人担任长沙市、浏阳市级人大代表、政协委员，向各级“两会”提交建议和提案43件，均被相关部门采纳；做好新任政协委员和人大代表的跟踪管理工作。民革浏阳工委组织开展帮扶小溪学校、关爱弱势群体、关爱抗战老兵系列活动；致公党组织开展“六个一”社会服务工程，推进佳源油茶林基地建设、联城社区“同心社区”服务基地建设。知识分子联谊会和无党派人士联谊会组织会员到三口镇开展“同心乡村•情系群众献爱心”主题实践活动。加强党外干部队伍建设。建立健全党外干部工作制度，如党外干部工作两部联席会议制度、部长谈心日制度等。动态管理党外后备干部人才库，召开党外领导干部履职情况交流汇报会。提拔党外领导干部4名，交流党外干部4名，选派2名党外领导干部赴广东挂职锻炼，推荐3名党外干部参加上级调训，提升党外干部素质，优化党外干部队伍结构。（李 银）

【服务非公经济】 推动创新创业。完善扶持创新创业的优惠政策，全年上报长沙市创业扶持项目164个，本级扶持创业项目139个，发放专项扶持资金250万元；组织开展浏阳市第二届青年创新创业大赛，创新创业氛围更加浓厚。加快打造全国首家“数字工商联”信息平台，帮助企业实现全新化推广、自动化办公、信息化管理、电商化营销。发展环境优化。9月下旬，由统战部、工商联牵头组织市纪委等5家单位组成联合督查组，对全市32个市直单位和37个乡镇街道落实市政府《关于鼓励和支持民营经济发展的若干意见》情况开展督查和测评，把环境优化工作落到实处。同时，协助举办银企对接会，

3家商业银行现场为12家中小企业授信4亿元。加强非公经济队伍建设。推进“企业家素质提升工程”，先后组织近600名企业家参加省、市、乡镇三级培训；组织50名非公企业家赴浙江大学研修学习；组织40名青年企业家代表赴外地学习青年企业家商会管理经验。非公有制经济人士绿之韵集团董事长胡国安被评为第四届“全国优秀中国特色社会主义事业建设者”。

（李 银）

【民族宗教工作】 推进民族团结进步创建活动。注重阵地建设，协助和指导蓝思科技创建省级民族团结进步示范点，配合有关部门，做好新疆少数民族流动摊贩管理服务工作；组织民族联谊会成员赴湘西永顺开展第五次民族同胞“感恩之旅——故乡行活动”；成立民族联谊会教育分会，为少数民族教师搭建交流学习的平台；提拔1名民族干部担任中和镇镇长。推进民间信仰活动场所试点工作。出台《关于对民间信仰活动场所实行动态管理的暂行规定》和《关于加强未登记发证民间信仰活动场所管理的暂行规定》；完成民间信仰活动场所民主管理小组换届选举工作；加强场所文化建设，举办各类传统文化论坛活动10余场。推进宗教教风创建活动，建立教职人员考评等制度，指导佛、道教结合加强团体自身建设开展各项活动。组织举办第三届“宗教慈善周”暨“同心•关爱自闭症儿童项目”捐赠仪式，为自闭症儿童募集后期康复资金20余万元。加大维护民族宗教领域和谐稳定力度。注重维护宗教界合法权益，主动承接省民宗委下放2项、长沙市下放6项管理权限，帮助协调解决宝盖寺修路占用水库，石霜寺、问津寺、钟佛寺旅游开发建设等问题；推进解决红莲寺景区建设遗留问题，督促完成工程和财务审计等工作。同时，会同有关部门严厉查处3起非法宗教活动，确保宗教界风清气正。 （李 银）

【港澳台侨工作与海外资源联络】 加强与海外重要社团、重点人士的联络沟通，拓宽“以侨引资、以侨引智、以侨引商”渠道。接待泰中友好协会、爱尔兰中国和平统一促进会会长鲍绍钧、香港雷威集团控股有限公司董事长尹英达等海外社团和知名人士到浏阳考察、投资、捐赠活动10余批次，赠送浏阳宣传资料60余份，成功引进博莱科技发展有限公司与丰日集团激光技术合作项目。创建浏阳市海归人士联谊网站、服务中心和创业孵化基地。在《浏阳日报》上专题宣传海外统战工作知识，将涉侨涉港澳政策法规编印成册，发放到各单位和侨界人士手中。市侨联被评为“全省侨联绩效考核优秀单位”。整合台胞资源，搭建国内台务平台。成立长沙台协浏阳分会，新发展台商企业会员9个，搭建联络感情、共享信息、合作发展的平台。推进售台烟花产地检，继续开展“台湾名品进浏阳”与“浏阳名品进台湾”活动，普罗集团、大润发、台湾美食名品等5个台资品牌确定进入浏阳市场。长祺木业、美美食品、浏阳河樱花园等6个项目正在洽谈。加强动态管理，分类完善港澳台海外代表人士档案，建立动态管理数据库。加强宣传推介，组织引导侨界人大代表、政协委员为浏阳科学发展献计献策，共撰写个人议案、提案5件，集体提案1个。加强服务提质，积极利用传统节日走访慰问重点人士、海外人士50人次，发放慰问金2万元，赠送介绍浏阳发展的光碟和书籍46份，组织发放“第五届黄彰任科技奖励基金”和“第二十届黄彰任奖学金”。积极协调处理明光烟花反映集体土地使用权属问题等多起涉台投诉事项。

（李 银）

【“四同创建”活动】 成立创建工作领导小组，安排“四同创建”（创建同心园区、同心项目、同心社区、同心乡村）专项经费。在长株潭片区同心工程推进会议后，组织召开市本级推进会议，下发《2014年全市统一战线开展“四同创建”活动实施方案》，建立部门协调机制、工作推进机制，确保组织保障、经费保障、机制保障三个到位。点面结合，推动三口镇、北盛镇燕舞洲村、龙伏镇石江村、淮川街道联城社区、集里街道集里桥社区等创建“同心乡村”“同心社区”；推动“数字工商联”信息化平台建设、淳口镇佳源公司万亩油茶基地建设、蓝思科技创建省级民族团结示范点、宗教界捐建“爱萌自闭症儿童康复中心”等创建“同心项目”，并将其打造成为“四同创建”典型，带动全市形成“争创争建、共建共享”的工作热潮。将创建工作与“六个走在前列”大竞赛活动、党的群众路线教育实践活动、项目攻坚年活动相结合，有效推动经济社会发展，促进社会和谐。“数字工商联”同心项目的实施，促使一批传统企业率先应用信息技术，不断提升企业管理水平和

5月27日，长沙台资企业协会浏阳分会正式成立 （图片来源 市委统战部）

8 月 14 日，浏阳市民族联谊会召开第二次会员代表大会，选举产生新一届理事会

（图片来源 市委统战部）

核心竞争力。引导宗教界人士开展公益慈善活动，2012—2014 年，累计捐资 70 余万元建设“自闭症儿童康复中心”，帮助 53 名自闭症儿童康复培训。三口镇、淮川街道联城社区分别获得长沙市“同心乡村”“同心社区”称号，“数字工商联”项目被长沙市委统战部推荐到省委统战部参加全省统战工作实践创新奖评选，同时获评全国工商联系统优秀奖。“数字工商联”项目在省委统战部内刊《统战工作》第 73 期上予以推荐，《湖南日报》《中华工商时报》相继进行专题报道，被长沙市委统战部推荐到省委统战部参加全省统战工作实践创新奖评选，同时获评全国工商联系统优秀奖。 （李 银）

【召开民族联谊会第二次会员代表会议】 8 月 14 日，浏阳市民族联谊会召开第二次会员代表大会，71 名少数民族同胞参加会议。长沙市民宗局副局长彭晓军，民族处处长赵萍，长沙市民族联谊会会长姚子珩，浏阳市委常委、组织部长、统战部长周文舜出席会议并讲话。会议听取并审议通过浏阳市民族联谊会第一届理事会五年来的工作报告，选举产生新一届理事会理事 24 名，其中会长 1 名，副会长 4 名，正、副秘书长各 1 名，常务理事 5 名，罗道英当选为新一届理事会会长。 （李 银）

【长沙市台商协会浏阳分会成立大会】 5 月 27 日，召开长沙台资企业协会浏阳分会成立大会，长沙台协浏阳分会正式成立。会议选举湖南昇利烟花集团董事长石景中为浏阳分会首任会长，台商杜俊毅、范成一、吕学贤为副会长，聘请介面光电湖南有限公司董事长叶裕洲为荣誉会长，新发展台商企业会员 9 个。

（李 银）

市委直属机关事业单位其他工作

·机构编制工作·

浏阳市机构编制委员会办公室

主 任 于逸平

副主任 余 洁（女）

李远标

【概况】 浏阳市机构编制委员会办公室（以下简称市编委办）负责全市机构编制管理和事业单位登记管理工作，内设综合科、编制管理科、改革研究室（加挂监督检查科牌子）、行政审批制度改革科，下设浏阳市工资统发审核中心，归口管理浏阳市事业单位登记管理局，现有在编人员 16 人。2014 年，市编委办紧紧抓住“深化改革和强化管理”主线，按照“抓改革、转职能，控总量、调结构，增动力、促发展”的工作思路，以开展党的群众路线教育实践活动为契机，着力推进四大改革，加强机构编制管理，提高干部队伍素质，为市委、市政府各项重大决策部署的有效落实提供强有力的机构编制保障。 （杨顺芳）

【四大改革工作】 政府职能转变和机构改革：组织专门班子分赴市直部门调查研究、发放调查问卷、召开座谈会，广泛征求意见建议，拟定《浏阳市政府机构改革方案》。行政审批制度改革：组织相关部门积极接住管好长沙市下放的行政审批和其他经济社会管理事项。全面清理精简后，确定市本级保留的行政审批项目 138 项，行政职权 3529 项，形成“政府权力清单”，并在市政府门户网站向社会公布。大瑶镇行政管理体制改革试点：借鉴外省工作经验，结合大瑶镇实际情况，开展广泛座谈和深入调研，形成《浏阳市大瑶镇行政管理体制改革试点工作方案》。事业单位分类改革：在全面清理规范的基础上，有序完成对全市 900 多家事业单位的定类分析，其中承担行政职能类事业的单位已上报省、长沙市备案批复。 （杨顺芳）

【机构编制管理】 从严从紧分批次下达全市机关事业单位人才引进计划 781 名。拟订《浏阳市编外合同制人员管理办法（试行）》，严格控制临聘人员数量，切实加强临聘人员管理，促进全市行政成本降低。 （杨顺芳）

【事业单位登记管理】 对 2013 年度全市 982 家事业单位进行年审，申报率和年审合格率均达 100%。全年办理事业单位设立登记 7 件，变更登记 117 件，注销登记 7 件。 （杨顺芳）

【编制工作监督检查】 联合纪检监察、组织、财政、人社等部门开展干部人事和机构编制领域突出问题专项治理工作，对在编不在岗和“三超两乱”现象及时进行督查和专项整治，全年有 1149 人返岗或作出处理。

（杨顺芳）

2013年9月11日，浏阳市召开全市专项治理动员大会。 （浏阳机构编制网截图）

【长沙市政协到浏阳开展“加快政府职能转变”课题调研】 5月6日，长沙市政协副主席钟新莲一行到浏阳市，对“加快政府职能转变”课题进行专题调研，浏阳市政府、市政协领导和市审改办等30多个部门负责人参加调研会。会上，浏阳市审改办就长沙市下放的部分市级经济社会管理权限承接情况和请求省市进一步简政放权、下放管理权限作中心发言，24家有承接任务的市直单位负责人对承接和申请继续下放审批事项情况进行汇报。钟新莲对浏阳市积极推进行政审批制度改革工作给予了高度评价，要求课题调研组对座谈会上各部门提出的问题和建议全部带回，进行整理后形成调研报告，为长沙市政府下一步推进行政审批制度改革工作提供参考依据。 （彭要政）

· 党校工作 ·

中共浏阳市委党校（市行政学院）

校长、院长
吴　震（2014.07任）
常务副校长、副院长　刘　丹
副校长、副院长
张　清（女）　林湘国

【概况】 中共浏阳市委党校属于浏阳市委直属事业单位。主要承担全市干部教育培训、科学研究、决策咨询等工作，是全市干部教育培训的主渠道。内设办公室、教研室、培训部、后勤科4个职能科室。现有在职教职工24人，专兼职教师13人，其中研究生学历6人，90%以上具有中高级职称。2014年，坚持以党的十八大和十八届三中、四中全会精神统领党校各项工作，认真学习贯彻习近平总书记系列重要讲话精神，按照“科学发展、提质增效、规范严谨、争创示范”的总体要求，解放思想，务实创新，取得较好的成绩，党校被评为全省党校系统“先进单位”。 （李晓军）

【干部教育培训】 落实规划完成干训任务。完成“党的十八届三中全会精神集中轮训暨党的群众路线集中教育培训班”“村（社区）主职‘党的群众路线教育实践’专题培训班”“中青年后备干部培训班”“引进党政人才培训班”“大学生村官培训班”“群众工作研修班”“中小企业领导人才培训班”“北京大学网络舆情培训班”“井冈山干部学院初任领导干部党性锻炼培训班”“深圳市委党校城乡一体化发展研修班”“浙江大学产业优化升级专题培训班”12个主体班合计15期2580人的干训任务。全年承接部门办班、社会培训、异地培训班99个，培训近2万人次，其中承接广西壮族自治区玉林市、贵州省贵阳市和湖南省桃江县、临湘市、茶陵县、临澧县等异地培训班10期580人次。湖南省委党校2011级浏阳研究生班顺利毕业，45名学员获得研究生毕业证书。把握要求开发系列专题。按照全市主体班和市委群众路线教育实践活动总体部署，全体专兼职教师全年开发新专题22个，包括“十八届三中、四中全会精神解读”“群众路线教育实践活动”系列专题、“习近平总书记系列重要讲话精神”“社会主义核心价值观”等。组织编印《中共浏阳市委党校党的群众路线教育实践活动课件集》1册。围绕中心组织理论宣讲。学校主动对接全市群众路线教育实践活动，做好十八届三中、四中全会精神、习近平总书记系列讲话精神宣讲工作。围绕市委理论宣讲要求精心准备10个专题，选派10位教师参与理论宣讲。按照“进单位、进社区、进村组”要求开展下基层送课活动，完成理论宣讲近140多场，听课对象2万人次。选派骨干教师参加长沙市“微理论·微宣讲”活动，获二等奖1个、三等奖1个。紧贴实际突出党性教育。在中青班、引进党政人才班组织开展“重点项目现场观摩”“重走秋收路”等体验式党性历练活动；组织观看《历史转折时期的邓小平》、讲读经典《五百年来谁著史》等形式，开阔学员思维，历练学员心性，提升学员党性理论辨识能力。以新建的“新闻情景模拟实训室”为平台，在中青班、引进党政人才班开设“新闻情景模拟实训教学”专题课，提升党政干部掌控基层意识形态的主动性和新闻媒体应对能力。 （李晓军）

【科研咨政服务】 全年完成科研成果14个，其中“浏阳城镇化发展现状与农民生活状态”和“浏阳河流域农业现代化调研”2个课题在长沙市情研究会立项；省委党校社科规划课题“浏阳市落实‘八项规定’常态化机制探索”已结项；省民委立项课题“浏阳市少数民族发展情况”已结项，并获一等奖；公开发表论文4篇；获奖科研成果6项（篇），其中湖南省委党校系统

中共浏阳市委党校校园一角　　（浏阳市委党校网截图）

理论研讨会二等奖论文2篇，湖南省法学会理论年会二等奖论文1篇，三等奖论文1篇，长沙市委统战部课题一等奖1项。　（李晓军）

【人才队伍建设】　选派12名教师到北京大学、浙江大学、井冈山干部学院、湖南省委党校、深圳市委党校等高校、党校或干部学院参加师资培训。组织全体教师到张坊镇七星岭村参加“大走访、听民意”活动，和主体班学员一起参加“重点项目现场教学体验”、“重走秋收路”党性锻炼活动。积极引进品牌教师、品牌课程，充实师资队伍和专业课程，全年邀请市级领导、专家学者、优秀基层领导等42人次来校讲学。教研室教师黄勇被评为2014年度全省党校行政学院系统“优秀教师”。　（李晓军）

【制度建设】　学员管理。落实中组部《关于在干部教育培训中进一步加强学员管理的规定》，完善规章制度，严格校规校纪，从紧安排教学，严格考勤通报制度，教育引导教师、班主任做好学员的服务和管理。综合协调。完善教职工绩效管理评价方案，提高绩效管理实效；出台学员自助餐制度、情景模拟实训室管理制度、作风建设长效机制，提高制度刚性约束。全年承接湖南省委党校中层以上正职年度务虚会、长沙市委组织部长沙市委党校联合组织的“办学水平评估选先评优”、长沙市委党校校委班子成员到浏阳开展党性教育等活动，接待省内外兄弟党校参观学习10多批次。对外宣传。《湖南党校》第59期以《浏阳市委党校多角度推介浏阳新形象》为题，对校打开“课堂讲座、交流互动、实地考察、视频传播”4个宣传窗口，多角度推介浏阳形象的做法在全省予以推介；浏阳党建网以《市委党校以“新常态”推动干部教育培训》为题对党校干部教育培训工作在全市予以推介；调研报告《浏阳经济发展的几个色度》在《浏阳通讯》全文刊出。后勤服务。细化管理举措，合理配备人员，注重人文关怀，确保教室、报告厅、会议室的正常使用和水电、蔬菜、餐饮等正常供给。基础建设。投入10多万元修缮学员宿舍，完成办公楼、报告厅屋顶“平改坡”；投资7万多元建成学员自助餐系统，在主体班试运行反映良好；投资40多万元新建情景模拟实训室，为教学创新提供平台。综合治理。建设校园网络监控系统和110报警系统，落实“红袖章”执勤制度，加强内卫安保，确保节假日和特护期间校园平安。　（李晓军）

· 市志档案 ·

浏阳市市志档案局

局　长　李兆佳
副局长　唐学雷　张鲜明
　　　　张平平（女）

【概况】　浏阳市市志档案局是浏阳市委直属事业单位，主要职能是负责在浏阳市域内贯彻执行国家有关档案工作的法律、法规和方针政策，对全市档案事业进行宏观管理；制定本市的档案事业发展计划和档案工作规章制度，并组织实施；指导、监督全市档案工作，依法查处档案违法行为；组织、指导档案理论与科学技术研究、档案宣传、教育和业务培训，负责全市市志档案的对外宣传、交流；编纂出版发行《浏阳年鉴》，负责地方志编纂出版发行的组织协调工作和全市各分志、专业志、部门志续修的指导、审定；负责定期接收科局级行政事业单位的档案资料以及对国家和社会有保存价值的档案，对所保存的档案严格按规定整理和保管，为社会利用档案资源提供服务。局内设办公室、地方志编纂科、法规宣教科、业务指导科、建设工程项目档案管理科5个科室，在编在岗干部职工25人。浏阳市国家综合档案馆是档案局局属二级事业单位，现藏172个全宗，328487卷档案、92660件现行文件35000余件。2014年浏阳市市志档案局获得湖南省年度“档案宣传工作先进集体”。浏阳市国家综合档案馆建设项目通过省档案局功能验收，并获得专项奖励。　（罗腊英）

【地方志工作】　编纂《浏阳年鉴》2014年卷，将“政治”“政法”“军事”“花炮”“工业”“先进人物”等部类进行调整，编目编排更加合理，实现全彩印刷和随文图版，由方志出版社正式出版，免费向单位和社会各界发行。《浏阳年鉴》2014年卷全书分为30个部目、191个分目和子目、1236个条目，共计文字422版，彩页16版，共123余万字，全面真实地反映2013年度浏阳经济社会发展的现状，为领导决策工作提供资料依据。承编《长沙市志》浏阳部分。影印出版清同治版《浏阳县志》，参与《政区大典》浏阳卷编纂出版、参与浏阳申报千年古县、“浏阳文庙祭孔古乐”成功申报《国家级非物质文化遗产代表性项目名录》以及《浏阳史话》编撰工作。

（罗腊英）

【档案管理服务和业务指导】 指导26个乡镇、55个市直单位及12个二级机构完成2013年度档案整理工作；对2013年度文件材料整理归档工作进行全面检查，全市单位材料归档完成率90%、合格率95%以上。民生档案管理工作：贯彻落实《浏阳市民生档案建设实施方案》，在七宝山乡、关口街道、淮川街道、人社局、民政局继续推进民生档案建设，以其为样板，推动全市民生档案工作的开展，荷花街道完成民生档案归档整理3639卷，葛家乡将8个行政村5000住户的家庭信息、住户房屋片、民情登记居民个人信息等建立纸质档案和电子版档案，实行"一户一档案"。组织开展档案工作规范化管理省一级验收复查工作，淮川街道、浏阳一中等五个单位均通过复查。创新民生档案工作方法，10月份，参与组织市农村土地经营权确权颁证工作试点工作，档案直接服务农村一线，了解村级建档情况，研究村级档案管理办法并予以实施，以荷花街道杨家弄村为村级档案工作示范点，组织开展村级建档用档工作，村（社区）级档案管理工作稳步推进，10月份迎接长沙市委副秘书长何季麟对浏阳村级档案工作开展情况的调研，受到好评。开展档案工作服务企业活动，博隆矿业档案管理进行指导，组织各单位、各部门专（兼）职档案工作人员到电力局、烟草局参观学习，为企业生产经营与科学管理提供档案服务。 （罗腊英）

【档案法规教育宣传】 2014年，举办2期档案人员业务培训班，参训人员110人。贯彻落实长沙市村级档案管理办法，组织2期村级档案员培训，116人参加。浏阳市监察局、人力资源和社会保障局、市志档案局联合下发《关于学习宣传贯彻落实＜档案管理违法违纪作为处分规定＞（第30号令）的通知》（浏监发〔2014〕2号）。组织"6•9"国际档案日宣传活动，下发《关于开展全市"6•9"国际档案日宣传活动的通知》，在行政中心东广场组织开展"走近档案"主题宣传活动，现场发放宣传资料，展示浏阳市档案工作的发展历程和发展成果，接受干部群众对档案有关知识的咨询。9月、10月走访调研部分市直机关、乡镇街道档案工作，掌握工作开展情况，提出工作指导意见，纠正4个单位的档案工作不合法行为。 （罗腊英）

【档案保管保护与信息化建设】 完善档案馆功能。2014年，按照国家档案局把综合档案馆建成档案保管保护基地、爱国主义教育基地、档案利用中心、政府信息查阅中心、电子文件中心"五位一体"的功能要求，完善档案馆内设施设备，购置1000多个立方米的档案密集架和空调设施，库房全面实现温湿度自控和防火、防盗自动报警；对二楼档案查阅接待中心布置进行再设计，添置电子显示屏、叫号机，全宗介绍和档案查阅利用等各项规章制度上墙公布。下发《关于做好2014年档案业务工作的通知》，对全市各单位做好档案年度立卷工作提出明确要求。年度内对163个单位开展归档工作指导，完成立卷6000卷（盒）。档案接收、利用、编研。全年，新接收档案4745卷、现行文件756件，常年收集知名作家、文艺家作品，印制新版《收藏证》，征集进馆革命烈士彭道良参加新民学会照片、新中国成立后第一任县长赵超山南下用过的马背搭、《潘氏族谱》《汤氏族谱》等珍贵档案。继续落实利用档案免费政策，截至11月底，全年接待查档8758人次，调卷26900余卷（册），复印、摘抄、摄像25630页。档案信息化建设。重新建设"浏阳档案信息网"网，在2006年所建网站基础上，新建浏阳市档案局档案信息网站，进一步充实和完善内容，发挥网络平台的作用。构建档案查询内网，安装世纪科怡网络版档案客户端软件，不断改善查阅利用手段，档案查阅利用效率明显提高。有步骤地组织对市直和乡镇各单位的档案信息化录入，为实现数字档案馆，数字档案室以及全市档案数据联网运行打基础。《浏阳记忆——历史发展档案陈列》项目建设。该项目在2013年内容方案和形式设计的基础上，分阶段组织施工，征集视频资料、文稿撰写、上墙文字审核校对、档案复制件选择等工作，布展工程顺利推进。 （罗腊英）

2015年1月21日，国家发改委到浏阳进行中西部县级综合档案馆建设项目稽查

（图片来源：市志档案局办公室）

【浏阳市国家综合档案馆通过验收】 4月15日，湖南省档案局对浏阳市国家综合档案馆新馆进行功能验收。省档案局局长胡振荣、副厅级巡视员白明标，长沙市档案局局长谭利平等现场查看新档案馆，肯定新馆建设工作，并就档案流程优化、技术用房安排等方面提出指导性意见，这是湖南省档案局组织对全省中西部县（市）级国家综合

档案馆的第一家验收单位。新馆属国家中西部县级综合档案馆建设项目，总投资2066万元，其中中央投资532万元，本地配套资金1534万元，用地面积7630.22平方米，总建筑面积7081平方米（含档案库房3000平方米）。浏阳市档案馆新馆在2012年底投入使用，实现全省第一批建设，第一家搬进新馆，正在建设全省第一个展出的历史文化档案陈列展览厅。市长余勋伟、副市长邓雪琴出席验收会议。

（罗腊英）

· 信访工作 ·

浏阳市信访局

局　长　周瑞明

副局长　龙章平　陈树松

汤　涛　宋跃新

胡汉民(2014年12月任)

【概况】 2014年，浏阳市信访局有在职干部职工18人，自主用工4人，临聘人员3人，退休干部5人，内设办公室、接访办信科、协调督办科、信访复查科4个职能科室，以及信访信息中心、群众工作办公室2个全额拨款二级事业单位。市处理信访突出问题及群体性事件联席会议办公室和市政府信访事项复查工作委员会办公室、市人民来访接待中心和市矛盾纠纷调处中心设在市信访局，抽调法院、司法局、人社局、国土局、林业局各1人进驻"中心"工作，抽调司法局1人派驻长沙驻京办负责接访劝返工作。全年共受理群众来信来访1500余件，初信回复率达100%；接待群众来访794批4166人次；协调处理各类矛盾纠纷386起，救助困难信访群众200余人；完成中央及省市交办件42件，办结率达100%；接待劝返进京上访75批129人次，赴省上访227批579人次，到长上访158批324人次。特护期进京非访"零"登记。2014年4月，《求是》杂志刊发市委书记曹立军《离群众更近，服务群众才更有效》的群众工作经验署名文章，10月《长沙市群众工作》第33期专门刊发浏阳市治理进京非访的做法与经验。2014年，市信访局获得年度绩效考核"红旗单位"，局领导班子被市委评为"优秀领导班子"，浏阳市信访工作被长沙市授予2014年度信访工作"红旗单位"。（王　钧）

【公开接访工作】 巩固落实领导公开接访制度，继续实行市、乡科领导接访公开公示制度，年初将市领导的姓名、职务、分工及接访时间在市人民来访接待中心接访大厅公开，并在浏阳日报、浏阳网、浏阳信访网等媒体公开公示。同时，乡科级单位同步落实领导公开接访制度，领导接访实现制度化、常态化。全年市领导公开接访192场876批2310人次，依法解决各类信访问题780个。（王　钧）

【案件化解工作】 积极推行阳光信访，继续开通人民来信绿色通道，全年办理群众来信386件，网上信访172件。精心部署化解信访积案"百日专项行动"，认真开展信访积案排查工作，梳理交办信访积案64起，全部到期予以办结。继续推行市领导包案处理信访突出问题，解决疑难复杂信访问题115起；科学合理使用信访救助资金，发放信访救助资金100万元，解决信访疑难个案200余个；认真开展信访复查工作，受理复查信访事项12起，组织听证案件3起；组织指导乡镇（街道）排查调处矛盾纠纷4500余起，调处"三跨三分离"重大特殊疑难复杂矛盾纠纷86起，为群众挽回经济损失800余万元。

（王　钧）

【依法治访工作】 制订发放《湖南省人民群众逐级走访事项办理手册》，出台《关于进一步规范行政中心信访秩序的办法》。落实依法治访有关规定，对合理合法的信访诉求，严格依法依规受理；对已受理或正在办理且在规定期限内的信访诉求，以及"三级终结"和涉法涉诉信访问题坚决不予受理；对答复不到位的诉求，引导信访人依法依规申请复查复核。市委政法委继续在信访局设立涉法涉诉接待窗口，引导涉法涉诉信访事项从信访体制中剥离出去，导入政法机关依法受理。依法处置违法信访行为，全年教育训诫涉访违法人员36人，治安拘留涉访违法人员6人次。

（王　钧）

【群众工作】 继续推行信访问题双线交办机制，对全市信访问题通过信访渠道交办到责任单位的同时，以群众工作任务交办单的形式交办到村（社区）群工站协助处理。全年下发任务交办单23次9223份，交办信访问题575个，协调处理516个。扎实开展一个群工组包案化解一个突出信访问题、一个队员联系一个重点信访对象，一个集中接待日（每月10日）接待信访群众的"三个一"活动。全年各群工站处理信访突出问题1203个，队员联系重点信访对象4122人，接待来访群众7914批29658人次。

2014年6月21日，国家信访局副局长范小毛（左二）一行到浏阳开展《信访条例》执法检查工作

（图片来源　市信访局）

市委书记曹立军（右二）在市人民来访接待中心接待来访群众　（图片来源　市信访局）

深入开展“结对认亲、排忧解难”活动。全年与群众结对 8578 对，带资慰问 29483 户，送去慰问金 827.9 万元。积极开展承诺办事活动。全年共作出承诺待办事项 2356 件，召开群众恳谈会 5717 场次，清理垃圾 32754 吨，绿化植树 528 万棵，开展群众文体活动 5363 场次，硬化道路 238.21 公里，兴修水利 6917 处 10742 公里，帮扶企业项目 815 个，解决企业难题 1246 个。全年组织联合督查 23 次，发现问题 53 个，季度考核排类 4 次，印发《群工通讯》3 期，《群工简报》17 期。（王　钧）

【浏阳市被授予长沙市信访工作季度讲评“特殊贡献奖”】 2014 年，全市信访系统认真贯彻落实长沙市委、市政府信访工作决策部署，紧紧围绕信访积案化解、进京非正常上访治理工作重点，坚持公开接访不松懈，正视问题不回避，讲究方法不激化，做实群工不敷衍，狠抓各项工作落实，切实发挥信访部门在化解信访问题中的组织协调和牵头抓总职能，创造性地开展工作，取得明显成效，全市社会大局保持和谐稳定。在长沙市第三季度信访工作考评中，浏阳市综合排名位列九区县第一名，并被长沙市授予“特殊贡献奖”。

（王　钧）

【国家信访局到浏阳开展《信访条例》执法检查工作】 6 月 21 日，以国家信访局副局长范小毛任组长的中央信访工作检查组一行 5 人在省信访局副巡视员胡正龙、长沙市政府副秘书长、信访局局长周春晖等领导的陪同下，到浏阳开展《信访条例》执法检查工作。听取浏阳市《信访条例》执行情况汇报，视察市人民来访接待中心、城管局、集里街道和集里街道集里桥社区群工站，对浏阳市《信访条例》执行情况及信访工作成绩给予充分肯定。（王　钧）

·老干部工作·

中共浏阳市委老干部工作局

局　长　黎　莉（女）
副局长　黎玉立　许运良

【概况】 中共浏阳市委老干部工作局是市委负责全市老干部工作的部门管理机构，其主要职能是：贯彻落实党中央、国务院和市委、市政府关于老干部工作的方针、政策；向市委、市政府报告全市老干部工作情况，提出意见建议；协助市委、市政府制定、完善本市老干部工作的政策、规定。调查研究落实老干部政治待遇和生活待遇工作中的问题，协调有关部门提出解决办法；指导全市各单位落实老干部工作方针、政策，对具体执行情况进行督促检查。做好老红军、抗战、地师级和南下老干部的管理服务工作，做好企业改制后收回统一管理的离休干部及其无固定收入配偶、遗孀的服务工作。指导全市离退休干部党支部建设，引导老干部在五个文明建设中发挥作用。负责老干部（老年）大学的教学管理工作。搞好老干部活动中心管理；指导老干部开展科学健康的文化健身活动。负责市关心下一代工作委员会的日常工作。2014 年，中共浏阳市委老干部工作局在职干部职工 15 人，退休老同志 13 人。内设办公室、保健科2 个科室。下设老干部活动中心和老干部大学两个二级事业机构（管理科）。浏阳市关心下一代工作委员会挂靠老干局。2014 年，市老干局向长沙市局及本级部办委报送信息 150 余条，《浏阳日报》、浏阳电视台报道近 20 次。《老年人》杂志第 12 期和《中国火炬》第 7 期专版报道浏阳市七宝山乡“五老”特色志愿活动和太平桥镇村级关协工作经验做法。前往江西省铜鼓县参加湘鄂赣三省十县市老干部工作经验交流会，浏阳市“创建村级老干部小组”工作得到各兄弟省市老干部门的高度肯定。2014 年老干部工作目标管理考核在长沙九区县中蝉联红旗单位，并获省老干部宣传工作先进单位。

（李　明）

【老干部工作地位提升】 2014 年市委、市政府高度重视，坚持把老干部工作列入重要议事日程，做到“三优先”（人员、经费、政策）。全市重要会议、重大活动均邀请老干部参加，重大事项主动征求老干部意见。3 月 26 日，市委常委会议专题听取老干工作情况汇报，认真研究解决老干部工作相关问题。召开经济形势报告会、重阳节期间组织老干部视察工农业生产，市委书记曹立军、市长余勋伟向老干部通报浏阳发展情况。全年邀请老干部 100 余人次参加经济工作会、人代会、群众路线教育实践活动等 5次重大会议活动。（李　明）

【老干部服务管理】 结合党的群众路线教育实践活动，坚持每月 15 日集中学习、阅读文件等制度，全年共举行老干部理论学习大讲堂6场次，确保老干部思想常新。继续实施“331”工程，开展三年三十个离退休干部“五好”党支部和百名“四好”老干部创建评选活动，宣传表彰先进。坚持离休干部“三个机制”，离休干部“两费”得到全面均衡保障。组织副县级以上退休干部及离休干部300余人进行健康体检，组织原四大家老领导外出学习考察。开展“访老、知老、为老”大走访活动，走访慰问离退休干部320余人次，扩大特殊困难离退休干部帮扶面，帮扶资金由2013年的5万元增加到10万元。全年参加离休干部生日祝寿、住院探望、逝世悼念150余人次，接待老干部来信来访60余人次。5月初在古港镇召开村级老干部小组建设现场会，在全市推广以行政村为单位建立老干部小组，全市已创建的老干部小组为单位的村（社区）148个，创建率达到54.4%。同时，在2013年认定的9个“四就近”工作示范社区的基础上，2014年新增城西、联城等8个社区为创建点，并继续采取现场观摩的形式，交流经验，相互督促，促进工作平衡开展。（李　明）

2014年12月4日，浏阳市老年大学迎新年学员个人才艺展示活动在老年大学二楼大厅隆重举行，整个活动从九时持续到十二时，全校34个班级参加节目演出，充分展示了新时代老年人健康向上的精神面貌　（组图浏阳市老干局网站截图）

【老干部作用发挥】联合市委群众路线教育实践活动领导小组办公室制定并下发了《关于积极发挥“五老四教”作用服务党的群众路线教育实践活动全面开展的实施方案》，通过“五个一”活动，积极引导离退休干部争当“三员”。全年通过“五老”金牌讲师团“精品套餐”和基层“五老”骨干宣讲员“科学配餐”，进机关、进社区、进学校、进村（社区）、进企业宣讲860余堂，听众近10万人。在全市乡镇（街道）、村（社区）等基层单位开展“发挥五老作用”示范阵地创建工作，采取自主申报、定期交流、检查验收等方式，对创建合格的示范阵地给予每个5000元奖励。各乡镇街道积极响应，以“我为美丽浏阳献余热”系列活动为载体，在平安巡防、交通劝导、卫生清扫、植树护绿、民情联络、公益服务、征地拆迁、维护稳定、调解纠纷等方面开展活动上万次，形成浓厚的争创氛围。如北盛镇马战村利用伟人王震故里的红色资源，发动“五老”志愿者调解纠纷成为社会融合“黏合剂”；永安镇大安村“五老”牵头成立组内互助基金增强组民归属感；文家市镇岩前村“五老”成为党群关系的“催化剂”、维护稳定的“防火墙”。三口镇东盈村、金刚镇等10个创建点被评为浏阳市“发挥五老作用”示范阵地。永安镇大安村等4个创建点被评为长沙市“发挥五老作用”示范阵地。通过联席会议形式，充分整合涉老组织资源，市维稳协会全年化解矛盾纠纷5000多件；五保基金会、教育基金会、慈善会在安老救孤、扶贫帮困、助学助医等方面发挥作用；老科协开展建言献策，收集文稿53篇，其中42篇汇编入册；市老龄委、关工委在敬老尊老、关爱青少年方面有实效；老年体协活动丰富多彩；党史联络组以史鉴今、宣教育人；计生协会为浏阳市计划生育工作创优服务发挥重要作用。（李　明）

【老干部学习教育与文体活动】2014年浏阳市老干部大学该开设13个专业、67个班，在校学员1611人次。老干部活动中心全年参加活动人数达11000多人次。加强老干部大学、老干部活动中心文化走廊建设，通过《学习园地》、校刊《晚晴》和书法、绘画、摄影等作品展览浓厚校园文化氛围。在坚持示范引领的基础上，着力抓好老干部大学分校建设，永安、古港等6所分校累计开班19个，招收学员约800人次。充分利用远程教育站点资源在四个街道以及有条件的乡镇社区开办老年教育网络课堂教学点，并重点挑选10个社区为网络课堂教学示范点，让分散居住在各乡镇街道、村（社区）的基层离退休干部在家门口就能参加学习。重阳节期间，与宣传部、民政局等单位联合举办“淳风美德•孝润浏阳”老年节暨敬老月活动。联合老年体协举办老年门球赛、乒乓球比赛等活动，组队参与长沙市第二届老干部运动会，获象棋比赛冠军。举办原四大家老干部“献余热•走前列”文体竞技活动，市老干部诗联书画协会组织会员到江西省孽龙洞采风，以老干局金枫艺术团为代表的老干部团体通过重阳、国庆等重大节日开展群众性广场文艺活动，有效满足老干部精神文化需求。（李　明）

【召开半年度浏阳发展情况通报会】8月1日，市委副书记、市长余勋伟代表市委、市政府向全市离休干部、副处级以上退休干部和各离退休干部党（总）支部书记专场通报浏阳市上半年经济社会发展情况。市委常委、市委办主任邱山东主持会议。余勋伟围绕产业发展、城乡建设、社会事业三个方面分析当前面临的机遇和挑战，并介绍下半年全市工作重点和发展举措。

（李　明）

【“访老、知老、为老”大走访活动】 8月18日，市委老干局正式启动“访老、知老、为老”大走访活动，由市委老干局班子成员带队到37个乡镇（街道）及离退休干部中进行调研走访。调研走访活动为期一周，以村级老干部小组建设和“五老”作用发挥为重点，采取座谈交流与实地查看相结合的方式，通过面对面交流，与老干部零距离沟通。通过点对点查看对老干部小组创建、“发挥五老优势”阵地建设进行督促指导。（李　明）

【举行“五老”宣讲员赛课活动】 为落实习近平总书记在接见离退休干部先进代表时提出的“要发挥老同志的政治优势、经验优势、威望优势，组织引导老同志讲好中国故事、弘扬中国精神、传播中国好声音，推动全党全社会更好培育和践行社会主义核心价值观”的讲话精神，充分展示和交流浏阳市“五老”宣讲员的宣讲成果，11月28日，浏阳市委老干局在教育局八楼会议室举行“五老”宣讲员赛课活动。8月份，浏阳市老干局围绕社会主义核心价值观、党的十八届三中全会精神、群众路线教育、淳化民风四大主题面向全市“五老”宣讲员，征集优秀讲稿43篇，角逐出6位选手进入“五老”宣讲员赛课活动。活动邀请全市37个乡镇街道、54个市直单位120名“五老”宣讲员现场观摩，并担任大众评委，采取现场评分、计分的方式进行。当场决出一等奖1名、二等奖2名、三等奖3名。（李　明）

【关心下一代工作】 2014年，浏阳市有关心下一代组织1300多个，会员44000多人，法制副校长和校外辅导员500多人，家长学校356所，帮教小组近900个，参加帮教的“五老”有3500多人。加强队伍建设，激发工作活力。一是调整领导班子结构。吸收一名副处级领导加入关工委班子。将教育系统关工委主任和民营经济关工委主任纳入市关工委工作班子。对联系乡镇（街道）的责任片区人员分工并进行适当调整。二是调整人员配备。全年协调基层调整乡镇（街道）关工委主任（专干）6名；村级关协会长45名，基层组织建设得到进一步加强。三是提升业务素质。5月14日，联合市“五老四教”办公室，组织全市乡镇（街道）关工委主任、市直单位关协会长以及部分“五老”宣讲员进行一次业务培训。邀请市关工委副主任、市“五老四教”金牌讲师团团长柳念国与原市政协主席、金牌讲师团成员李中琪分别作《培养核心价值观 立德树人促发展》与《进一步深化群众路线认识观》的辅导报告，提升基层关工委工作人员的理论素养和业务水平。注重总结推介，强化典型示范。积极参与由长沙市委宣传部、长沙市委老干局、长沙市关工委与长沙晚报社联合举办的“十佳五老”和“十佳载体”评选活动。浏阳市推荐北盛镇马战村关协会长张湘成与葛家乡西宏村关协会长易树斌为“十佳五老”候选人；推荐溪江乡“评星建档”工作等为“十佳载体”候选案例。张湘成获评“十佳五老”，易树斌获“十佳五老”提名奖，溪江乡“评星建档”工作获评“十佳载体”奖，受到长沙市关工委的表彰奖励。常抓主题教育，筑劳思想防线。一是书画比赛、凝心聚力。积极对接由长沙市关工委、长沙市老干部书画协会、长沙市湖湘文化协会联合开展的“美丽中国、幸福生活、文明长沙”书画比赛活动，市关工委下发文件与浏阳市教育局、浏阳市老干部书画协会联合举办“美丽中国、幸福生活、文明浏阳”书画竞赛活动。大赛分少年组、青年组、中老年组，分设书法、绘画比赛一、二、三等奖。历时3个月，收到参赛作品300余篇。经专家评选，浏阳一中戴哲、住建局谢娟、教育局叶年洲；浏阳一中李亚妮、古港完小邱晓琳、市老年大学罗佑成等选手分获书法、绘画类少年组、青年组、中老年组一等奖。市关工委选送各组一、二等奖获奖作品24幅报送长沙市参赛，4幅作品获一等奖，7幅作品获二等奖，5幅作品获三等奖，其余获优胜奖。二是核心教育、常抓不懈。杨花乡山斗村张贤霖自编自演《禁赌三字经》，利用快板形式传唱，群众喜闻乐见；金刚镇刘守美等老人利用农村赶集、庙会之机组织宣讲20多场次；大围山镇关工委以评选“十佳小公民”为载体开展宣讲活动。严格“五好”创建，夯实工作基础。市关工委秉承关心下一代重点在基层、重心在基层的工作理念，按照中国关工委关于在基层创建“五好”关工委的工作要求，结合浏阳市推广“两联”“评星建档”工作，研究制定《浏阳市“五好”关工委，“五好”关协创建实施细则》。37个乡镇（街道）有17个申报创建“五好”关工委，401个村（社区）有60个申报创建“五好”关协，市直单位中有21个单位申报创建“五好”关协，有28个单位被评为“五好”关工委（关协），54个村（社区）被评为“五好”关协。定期工作督查，促进平衡发展。9-11月，联片老干部再次到乡镇调研督查。市关工委与民营经济关工委深入民营企业进行指导，12家民营企业建立关协组织；市直机关关工委通过集中汇报、实地调研等方式，抓先进，带后进，市直机关关心下一代工作有新的发展；教育系统关工委分别在东、西、南、北四区组织召开学校系统关心下一代工作会议，促进学校关心下一代工作质量的提高。坚持扶贫帮困，关爱弱势群体。一是关爱困境儿童。配合长沙市关工委做好困境儿童调研工作，市关工委在全市范围组织开展一次困境儿童调研活动。全市有留守儿童10002人，流动儿童4004人，流浪儿童18人，失学孩子216人，失足孩子29人，失亲孩子1589人（其中单亲孩子1408人，孤儿181人）残疾孩子

974 人，服刑人员子女182 人，贫困孩子 3153 人，精神困惑孩子 209 人。5 月份，长沙市关工委到浏阳市淳口镇开展调研活动，听取市、镇两级关工委工作汇报，并实地查看“山田中学”关爱困境儿童工作开展情况。调研组对浏阳市关爱困境儿童工作开展情况和“山田模式”给予充分肯定。市关工委还积极协助长沙市关工委、湖南东方红建设集团、长沙电视台政法频道开展东方红集团百万公益行动——筑梦红基金关爱困境少儿行动。对大围山镇黎贤德、黎贤友兄弟、叶东川、黄围、吴娜等四户困境少儿家庭进行上户走访调查，录制专题节目，东方红集团给予每户困难家庭一万元资助；沙市镇周某军因贩毒服刑，社港镇吴某平因被他人故意伤害致死导致家庭贫困，其未成年子女分别获得 1 万元资助。二是开展扶贫助学。市关工委利用长沙市关工委的关爱基金，对全市 2014 年考取大学二本以上的贫困学子进行调查摸底，选取三口镇卢海玲、淳口镇张亮、小河乡田娜、镇头镇唐瑾瑞作为资助对象，每人帮扶资金 4000 元。对淳口镇暨霜霜、荷花街道谭希哲等 6 名贫困学子每人资助 1000 元，2014 年市教育基金会资助贫困学生 6900 多名，金额达 580 多万元 。 (陈双球)

中共浏阳市纪律检查委员会

（资料来源：浏阳廉政网2014.09.10）

中共浏阳市纪律检查委员会

中共浏阳市纪律检查委员会

书　记　谭　果
副书记　杨厚波　孙　龙
　　　　戴伟平
常　委　潘礼寿　卢　林
　　　　李远为　肖敏利（女）
　　　　许　智

浏阳市监察局

局　长　杨厚波
副局长　潘礼寿　唐学锋

浏阳市预防腐败局

局　长（兼）　杨厚波
副局长（兼）　潘礼寿
副局长　陈艳梅（女）

【概况】 2014年，市纪委、监察局、预防腐败局在职干部职工44人，退休干部19人。内设办公室、党风廉政室、执法监察室、财务监察室、纪检监察室、案件审理室、信访室、宣教室、行政效能监察室、纠风室、干部室11个科室。另设一个全额拨款二级事业单位行政效能投诉中心。在长沙市纪委监察局和浏阳市委、市政府的正确领导下，浏阳市纪委监察局坚决维护党纪国法权威，有力惩治腐败，持续纠正"四风"，强化权力监督，推进纪检体制改革，全市党风廉政建设和反腐败工作取得新进展新成效。长沙市党风廉政建设责任制检查考核中浏阳以综合得分第一的成绩获评优秀单位，并作为唯一区县（市）代表长沙市接受全省党风廉政建设责任制检查考核，得到省考核组高度肯定。　（杨　辉）

【机关作风建设】 实行作风建设"一周一暗访、一月一主题、一季一讲评"，推进作风建设常态化。出台《作风建设监督检查办法》，每周组织暗访不少于1次，查访单位不少于26个。在《浏阳日报》刊载作风查访实录26期，对52个单位64名工作人员进行公开通报，对一名上班时间打牌的乡党委书记作出免职处理，并给予行政记大过处分。每月推出一项整治任务，围绕"慵懒散"、"违规使用公车"等问题开展专项整治，共查处违反工作纪律和"慵懒散"问题20余起，点名通报曝光10个单位12起典型案例；查处违规使用公车行为4起，给予党纪处分1人。每个季度进行作风建设集中讲评，全年共对53个单位、47名工作人员进行点名通报，责成作风建设被评为较差的6个单位进行整改。

（杨　辉）

【违纪案件查办】 2014年共受理纪检监察信访举报531件，信访谈话5人，函询21人，立案查处违纪违法案件216件，其中市纪委机关66件、乡镇（街道）132件、市直单位18件，涉及党员196人，副科级以上干部26人；党纪政纪处分216人，其中开除党籍93人，双规8人，移送司法机关10人；收缴违纪资金600余万元。重点查办市人社局原副局长姚海华、江冬梅受贿案等一批大要案，案件查办工作在长沙各区县（市）中排名第一。检察机关立案侦查涉嫌职务犯罪案件9件15人，人民法院审理职务犯罪案件7件9人。围绕群众关心的环境保护、安全生产、拆违控违等重点领域查办问责案件38件。积极推动案件审理工作的科学化；案件质量合格率100%，优质率达到90%以上，《中国纪检监察报》以《浏阳执纪8年零申诉》为题进行推介。　（杨　辉）

【纪检监督制约】 发挥媒体对干部作风的监督作用，日常暗访中邀请浏阳日报社和浏阳电视台参与监督，及时在媒体公开曝光干部违规行为，以媒体曝光倒逼干部作风转变。搭建浏阳廉政网、民声通道等平台，让群众呼声通过网络得以表达，让群众诉求通过网络得到解决。扩大社会监督力量，聘请40名特邀纪检监察员参与监督。着力加强对"三个一律"制度落实情况的监督，让权力在阳光下运行。督促有关部门将财政切块资金和项目资金在报纸和网络上公开公示，全市共公示专项资金593批次、20.27亿元。加强对行政审批制度改革的效能监督，推动形成政府"权力清单"，完成审批提速50%的目标。　（杨　辉）

【教育预防工作】 围绕主业，开展教育预防工作，对2013年市纪委查处的案件开展"回头看"，对11名受处分人员进行教育回访，指导发案单位完善内控制度23项，充分发挥案件查办的治本职能。联合文明委在全市开展"淳风美德润浏阳，文明办酒倡新风"活动，中和、三口等乡镇纪委采取村规民约、群众签名等形式倡导不办或简办酒席，有力推动农村移风易俗。指导大围山森林公园建设景区廉政文化教育基地——"清风竹苑"，使廉政文化与自然景观融为一体。

（杨　辉）

【"三转"[①]工作】 对市纪委牵头、参与的66个议事协调机构进行全面清理，保留或继续参与的议事协调机构4个，退出62个。针对基层纪委书记兼职过多、监督职责缺失的问题，出台相关文件，规范全市基层纪委书记的职责分工，要求乡镇纪委书记和31家纪检监察业务量大的市直单位的专职纪委书记，不得分管纪检监察业务以外的工作，使基层纪委书记真正回归"主业"，得到省纪委、长沙市纪委的充分肯定。制定《浏阳市纪检监察干部行为规范》，对全市纪检监察干部提出"五要五不准"[②]的要求；组织全市200多名纪检监察干部开展"三转"主题培训，有效提升队伍的业务素质。（杨　辉）

【全面规范纪委书记分工】 为认真贯彻落实中央、省市纪委全会精神，进一步转职能、转方式、转作风，2014年7月2日，市纪委、联合市委组织部、市人社局下发通知，规范全市各乡镇街道、市直各单位纪委书记（纪检组长）的职责分工，让他们真正回归"主业"，把主要精力用在作风建设、监督检查、执纪问责、查处腐败上。通知要求，乡镇、街道纪（工）委书记属专职的，不得分管纪检监察业务以外的工作，不得担任除纪检监察工作以外的工作领导小组组长、副组长；党（工）委副书记或政协联络处主任兼纪（工）委书记的，不得分管可能影响正确履行纪检监察职责的工作，并要求乡镇街道纪（工）委副书记专司其职，不再兼任其他职务。市直单位纪委书记（纪检组长）原则上不得分管管钱管物管项目的工作。发改局、工信局、教育局、公安局等31家纪检监察业务量大的市直单位的专职纪委书记（纪检组长），不得分管纪检监察业务以外的工作；由副书记或副局长兼任纪委书记（纪检组长）的，可分管不影响开展纪检监察业务的工作。纪委书记（纪检组长）职责分工明确后，改变过去浏阳各单位纪委书记（纪检组长）既当"运动员"，又当"裁判员"的现象，解决工作上的"错位"和"归位"问题。（杨　辉）

【构建纪检监察工作新模式】 2014年，市纪委以北区蕉溪乡、淳口镇、沙市镇等八个乡镇为试点，建立"资源共享、纪律互查、案件互助"的互联互助工作机制，采取"一月一会商、一月一主题"的形式开展工作，即8个乡镇每月召开一次碰头会，交流反腐倡廉工作经验、探讨存在的问题，并商议确定一项互联互助工作；分组对片区内8乡镇交叉开展作风建设明察暗访活动，并将互检情况通报所在单位党委；由联片领导统一调度，从片区内毗邻乡镇纪委抽调力量帮助查办案件，实现片区内办案资源共享。推行片区联动有效克服了乡镇纪委力量不足、同级监督"人情关"、"面子关"等难题，助推了片区内纪委案件查办、作风建设、信访件办理等工作提升。

（杨　辉）

【建立对发案单位专项督查常态机制】 2014年8月下旬至9月中旬，市纪委组成3个督查组赴市水务局、教育局、洞阳镇等10多个单位开展第一轮专项督查。被督查的10多个单位均为浏阳市纪委2013年查办的有关案件的发案单位。该次专项督查是为全面掌握各发案单位在处分执行、制度建设与执行、内部监督机制建设、"以案说法"、"以案说纪"教育、任职交流等方面的整改落实情况，对各发案单位存在的问题进一步提出有针对性的整改建议和意见，并跟踪督促落实。该次督查共对11名受处分人员进行教育回访，指导发案单位完善内控制度23项，充分发挥案件查办的治本职能，达到"查处一起

1月19日，长沙市委常委、纪委书记李军（前左），在长沙市副市长、浏阳市委书记曹立军（前右）的陪同下瞻仰了胡耀邦故居和事迹陈列馆，视察了廉政文化园和耀邦纪念广场建设

（资料来源：浏阳廉政网 2014.01.20）

注 ①转职能、转方式、转作风。

②一要坚定信念、忠诚尽责，不准弄虚作假、我行我素；二要坚持原则、公道正派，不准徇私枉法、以权谋利；三要执纪为民、谦虚谨慎，不准漠视群众、盛气凌人；四要率先垂范、廉洁自律，不准庸懒散奢、索拿卡要；五要团结协作、勤学敏行，不准各自为政、卸责诿过。

案件，教育一批干部，完善一套制度，规范一类行为”的目的。

（杨 辉）

【创新涉纪信访处理模式】 2014年，浏阳市纪委创新推行信访案件交叉办理、办结听证和轮流接访“三大”举措，充分发挥信访举报工作密切联系群众、挖掘案源线索的重要作用，取得良好的成效。一是交叉办理。在近年来信访案件办理的过程中，市纪委信访工作人员发现部分乡镇的上访群众对所在地党委、政府及其工作人员缺乏信任，给信访案件的办理造成了很大的阻碍，产生一些反复信访、疑难复杂的信访问题。针对这一实际，浏阳市纪委创新开展信访案件交叉办理，即乡镇（街道）的信访举报问题由市直单位办理，市直单位的信访举报问题由乡镇（街道）办理。案件办结后，办理单位按程序向市纪委汇报，市纪委信访室再按程序结案或移交相关单位立案调查。2014年，共实施交叉办理信访问题5起，对其中2人立案，信访人对办理结果均表示满意。二是办结听证。对于已调查终结而群众对调查结果不满意的信访问题实行信访听证，由调查组与信访群众面对面进行交流和答疑，当面做好解释工作，促使信访问题得到解决，力争息访息诉。三是轮流接访。制定《浏阳市纪委监察局机关干部轮流接访的实施方案》，从委局领导到机关普通工作人员，每天安排一个干部职工到信访举报接待中心接待群众来信、来电、来访。2014年，参与接访的委局领导或工作人员112人次。（杨 辉）

【长沙纪委调研浏阳党风廉政建设及纪检监察工作工作】 近年来，浏阳市创新廉政工作举措，在全省范围内率先建立防止利益冲突工作制度和廉政风险防控制度，推进权力运行程序化和公开透明化；对新提拔任职和交流的102名领导干部进行廉政谈话；联合新闻媒体组织高密度广覆盖的作风建设明察暗访共37次，在媒体刊录干部作风查访实录9期。将干部作风建设工作纳入全市中心工作，对各级各部门的作风建设工作情况进行季度考核排名，集中进行讲评。此外，市纪委实施“一线工作法”，向35个重大建设项目和27个重点帮扶企业派驻纪检监察特派员，56个市直单位领导班子深入487个企业和项目一线办公，解决实际问题568个，有效服务经济发展。市纪委在浏阳日报、浏阳论坛、浏阳廉政网开辟专栏，对群众和企业实名反映、线索清晰、事实确凿的举报投诉情况定期公开，并要求当事单位公开回复、接受监督。目前已公布3期7起投诉，8个当事单位均公开回复并及时解决问题。1月19日，专题到浏阳调研党风廉政建设及纪检监察工作的长沙市委常委、纪委书记李军李军对浏阳的纪检监察工作表示高度肯定，希望下阶段深入贯彻落实十八届三中全会精神，大力推进改革创新，以党风廉政建设、反腐败工作的新成效促推浏阳经济社会发展的新跨越。重点要进一步积极探索职能、方式、作风的“三个转变”，进一步深入推进惩治和预防腐败工作；进一步狠抓作风建设，严格落实中央有关规定；进一步优化经济发展环境；进一步切实加强干部队伍建设。并表示“长沙市纪委要组织全体常委到浏阳开展集中调研，深挖浏阳先进做法和经验。”

（杨 辉）

【纪检监察干部集中培训学“三转”】 7月14—16日，浏阳市举办纪检监察干部“三转”培训班，全市近200名纪检监察干部参加3天的集中培训学“三转”。本次培训采取了授课、比赛、讨论等相结合，以“三转”为主题，组织学习《纪检监察创新工作要求》、《党风廉政建设理论》，以及信访、案件审理查办、作风建设等业务知识，编印并下发了《“转职能、转方式、转作风”资料汇编》200套。7月16日上午举行了全市党纪条规知识抢答赛，全市共有8支代表队24名选手参加。通过紧张激烈的角逐，西区代表队以熟练知识和出色临场应变能力脱颖而出，夺得第一名。下午全体参训人员分成十组就规范纪委书记分工后“转职能、转方式、转作风”工作及纪检监察创新工作等课题展开了专题讨论，收集有关意见和建议56条。通过抢答赛、分组讨论等培训形式，使纪检监察干部熟知党纪条规，提升反腐败的能力和素质，浏阳市委常委、市纪委书记谭果要求全体纪检监察干部把握当前形势，深入认识“三转”，落实自身责任，重点抓好党纪把关、作风建设、制度完善和案件查办等主要任务，推动全市党风廉政建设和反腐败工作深入开展。（杨 辉）

【中秋节期间明察暗访纠“四风”】 为了加强节日期间的干部作风督

浏阳市春节期间作风建设工作部署会议 （资料来源：浏阳廉政网 2014.09.10）

查，中秋节期间，市委教育实践活动办、市作风办联合纪委、组织、公安、财政、工商、税务等部门，对我市国家公职人员“落实八项规定，纠正四风问题”进行了密集的查访，重点对公车私用、公款送礼、公款吃喝及机关单位工作作风等“四风”问题分别于9月5-7日开展了多轮明察暗访：9月5日晚7时开始，市公安交警大队在思邈路进行了酒后驾车突击检查。9月6日，市工商局、国税局、地税局通过实地查看、调阅发票等方式，对城区部分商场、超市、烟酒专卖店进行了专项检查，9月5日至9月7日，市公车办、市机关事务管理局组织对33个单位的公车停放情况进行了检查，除5台车辆经核实在修理厂维修外，其余公车均实行了封存停驶。与此同时，长沙市督查组也到浏阳，市地税局、国税局、气象局、公安局查看，暗访有无送礼、送红包的行为和人员，对浏阳市城区部分洗浴中心、大型酒店进行了查访，查看停在这些服务场所附近的车辆是否属于公务用车。对城区部分餐馆、农家乐及古港、沿溪等乡镇进行了暗访，未发现违反工作纪律和公车私用等问题。通过多轮明察暗访，结合长沙市督查组督查情况反馈节日期间浏阳市未发现机关干部作风违规行为。（杨　辉）

浏阳市人民代表大会常务委员会

浏阳市人民代表大会常务委员会

浏阳市第十六届人大常委会

党组书记、主任　鲁建文
副书记、副主任　孙建科
副主任　刘仙娥（女）　张友根
　　　　刘一江　杨　智
顾　问　寻爱国（2014.02 退休）
　　　　卜继炘（2014.08 退休）
委　员（按姓氏笔画排列）
邓　翔　邓立波　龙花明（女）
刘良成　刘雨文　刘学文
孙　龙　孙立武　李　安
李学荣　李建军　连志明
肖凤伟　肖赛男（女）
张　竞（女）　张雪云（女）
陈小玲（女）易怀泉　徐飞跃
唐林军　黄才胜　黄蔚德
焦爱国　鲁忠良　赖才腾
廖春华（女）黎善其

市人大常委会工作部门

办公室
主　任　唐林军
副主任　刘赋辉
副主任、常委秘书　邓　君

内务司法工作委员会
主　任　肖凤伟
副主任　王承水

财政经济工作委员会
主　任　孙立武
副主任　罗建中

选举任免联络工作委员会
主　任　邓立波
副主任　张　竞（女）

农业与农村工作委员会
主　任　连志明
副主任　朱保朝

教科文卫工作委员会
主　任　徐飞跃
副主任　蔡晨波

城乡建设资源与环境保护工作委员会
主　任　鲁忠良
副主任　邱元雄

【人大常委会会议】 全年召开人大常委会会议 7 次。

3 月 4 日召开市十六届人大常委会第九次会议，听取和审议市人民政府《关于禁毒工作情况的报告》；听取和审议市人民政府《浏阳市蔬菜产业现状与发展情况报告》；听取市人民政府关于提请审议市工业新城建设开发有限公司融资 3 亿元的议案说明，审议通过《关于批准工业新城建设开发有限公司融资 3 亿元的决议》；听取学习贯彻十八届三中全会精神专题讲座；听取和审议市人民政府《关于厉行节约反对浪费工作情况的报告》；审议通过有关人事任免事项。

4 月 24 日召开市十六届人大常委会第十次会议，听取市人民政府《关于浏阳河生态经济示范区建设及议案办理情况汇报》；听取和审议市人民政府关于《浏阳城区教育工作及规划布局情况汇报》；听取市人民政府关于市人大常委会审议意见办理情况的汇报；听取和审议市人民政府《关于 2014 年部门预算（草案）的报告》，审议通过《关

9 月 5 日，市人大代表“创业帮带”先进经验交流会在市政务中心会议室举行
（图片来源　市人大办）

市人大常委会主任鲁建文（左四）淳口走访人大代表并考察指导环境整治、烤烟收购、农林产业发展、农村基础设施建设及代表在小组联络活动室建设　（图片来源　市人大办）

于同意浏阳市2014年部门预算（草案）的决议》；听取和审议市人民政府《关于2013年市人大常委会审批的政府融资使用管理情况的报告》；听取市人民政府关于提请审议市城建集团等6家单位2014年度计划融资的议案，审议通过《关于批准市人民政府2014年融资的决议》；审议通过有关人事任免事项。

6月26日召开市十六届人大常委会第十一次会议，听取和审议市人民政府《关于全市保障性住房建设和管理情况汇报》；听取环境保护和水资源保护有关知识的专家讲座；审议通过有关人事任免事项。

8月27日召开市十六届人大常委会第十二次会议，听取和审议市人民政府《关于浏阳市2013年财政决算（草案）的报告》，审议通过《关于批准浏阳市2013年财政决算（草案）的决议》；听取和审议市人民政府《关于2013年度市本级财政预算执行和其他财政收支的审计工作报告》；听取和审议市人民政府《关于2014年上半年财政预算执行情况的报告》；听取和审议市人民政府关于提请审议将浏阳市干线公路项目国家开发银行贷款还本付息资金列入市级财政预算议案说明，审议通过《关于批准将浏阳市干线公路项目国家开发银行贷款还本付息资金列入财政预算的决议（草案）》。听取市人民政府市长余勋伟关于提请审议郑杰任职的议案说明，审议通过有关人事任免事项。

11月21日，市人大常委会在行政中心友谊宾馆二楼会议室召开2014年市十六届人大代表评议市司法局等六个单位专项工作整改测评大会　（图片来源　市人大办）

10月28日召开市十六届人大常委会第十三次会议，听取和审议市人民政府《关于贯彻执行〈中华人民共和国义务教育法〉的情况报告》，听取和审议市人大常委会执法检查组《关于〈中华人民共和国义务教育法〉执法检查情况的报告》；听取市人大常委会《“环境同治”代表随手拍活动反馈意见办理情况的报告》；听取和审议市人民政府《关于“项目推进代表城乡行”活动交办问题落实情况的报告》；听取和审议市人民政府《关于市十六届人大三次会议代表建议、批评和意见办理情况的报告》；审议通过有关人事任免事项。

11月6日召开市十六届人大常委会第十四次会议，听取关于提请审议罗博士免职的议案说明和关于提请接受罗博士辞去浏阳市第十六届人民代表大会代表请求的议案说明，审议通过有关人事任免事项。

12月26日召开市十六届人大常委会第十五次会议，听取和审议市人民政府《关于浏阳市2014年预算执行情况与2015年财政预算方案（草案）的报告》；听取和审议市人民政府《关于迅速启动浏阳河生态经济示范区建设》议案办理工作的情况汇报；听取和审议关于浏阳市第十六届人民代表大会第四次会议筹备情况的报告，通过《浏阳市人民代表大会常务委员会关于召开浏阳市第十六届人民代表大会第四次会议的决定》；审查通过浏阳市人民代表大会常务委员会2015年工作要点；听取2014年市人大常委会工作报告起草情况说明；审议通过有关人事任免事项。

（罗晓晖）

【人民代表大会】 全年召开人民代表大会1次。1月13—14日，浏阳市第十六届人民代表大会第三次会议在浏阳城区召开。会议听取和审议市人民政府市长余勋伟关于《浏阳市人民政府工作报告》；书面审查市发展和改革局局长王坤球关于《浏阳市2013年国民经济和社会发展计划执行情况与2014年国民经济和社会发展计划（草案）的报告》；审查和批准《浏阳市2013年国民经济和社会发展计划执行情况的报告》与《2014年国民经济和社会发展计划》；书面审查市财政局局长陈清关于《浏阳市2013年财政预算执行情况和2014年财政预算（草案）的报告》；审查和批准《浏阳市2013年财政预算执行情况的报告和2014年财政预算》；听取和审议市人大常委会主任鲁建文关于《浏阳市人大常委会工作报告》；听取和审议市人民法院院长戴智明关于《浏阳市人民法院工作报告》；听取和审议市人民检察院检察长喻湘川关于《浏阳市人民检察院工作报告》。会议就这六个工作报告作出相应的决议。（罗晓晖）

【人大评议、执法检查与调研考察】1月11日，市人大常委会组织全体市十六届人大代表到大瑶、永安、柏加、长浏高速、大浏高速等地现场观摩市重点项目建设情况。

2月19日，市人大常委会召开第十八次主任会议，审议通过市十六届人大常委会第九次会议议程并听取《关于厉行节约反对浪费工作情况报告》《关于全市蔬菜产业建设与发展情况报告》《关于禁毒工作情况报告》。

3月4日，市人大机关组织学习十八届三中全会精神专题讲座，邀请市委党校校长刘丹为机关干部解读十八届三中全会精神。

3月21日，市人大常委会召开第十九次主任会议，听取市政府关于全市重大动物疫病防控工作情况的报告、讨论市人大常委会党组深入开展党的群众路线教育实践活动实施方案。

3月28日，市人大常委会启动“安全监管代表监督行动”，组织常委会组成人员和部分市人大代表对四家花炮生产企业进行视察，并召开代表意见反馈会议。

4月1日，市人大常委会党组和机关支部召开党的群众路线教育实践活动动员大会。

4月3日，市人大举行人民陪审员换届选任工作会议。要求新增174名人民陪审员，总数达到231名，同时进一步提高人民陪审员的业务培训和工作待遇。

4月8日，市人大召开党的群众路线教育实践活动专题讲座暨老干支部学教活动动员会议。

4月10日，市人大市组织全体机关党员干部参观秋收起义纪念馆、胡耀邦故居等红色爱国主义教育基地。

4月11日，市人大常委会召开“司法公正长沙行”2014年度工作部署会。

4月15日，市人大深入开展党的群众路线教育实践活动，邀请离退休老干部、常委组成人员、全市乡镇人大主席街道工委主任、市代表、群众代表在人大主任会议室召开党组及成员、机关及成员征求意见座谈会。同时，向各乡镇（街道）、市直单位发出书面党组及成员、机关及成员征求意见函。

4月17-18日，市人大常委会党组和机关支部召开为期两天的专题讨论会，就“入党为什么、为党干什么”党性专题、“做群众的贴心人”践行宗旨、“五项反思”专题三大主题，积极开展思想大讨论。

4月24日，市十六届人大常委会召开第十次会议，听取和审议市政府关于2013年商贸旅游线人大审议意见办理工作情况的报告，报告测评满意率为60.6%。

4月25日，市人大常委会召开2014年市人大代表评议司法局等六个单位专项评议工作动员会议。

4月29日，市人大常委会就城区交通秩序管理工作组织专题询问，市公安局、交通局、规划局等8个单位的负责人接受市人大常委会组成人员、部分市人大代表及市民代表询问。

5月16日，市人大常委会召开《中华人民共和国义务教育法》执法检查动员会议，启动《义务教育法》的执法检查工作。

5月27日，市人大常委会组织部分常委会组成人员、乡镇（街道）人大主席（主任）、市人大代表和内司委委员在市人民法院庭审现场旁听了两起公开审理案件。

6月13日，市人大召开旁听庭审情况评议反馈会，就人大代表在5月27日参加旁听的两起案件审理情况进行情况反馈。

7月15日，市人大代表对市司法局、水务局、人口和计划生育局、城乡规划局、工商行政管理局、烟草专卖局六单位专项工作开展集中评议，要求7月至10月整改落实评议意见。中国人大制度研究会办公室正局级干部刘红越、省人大常委会联工委副主任符乔荫出席指导。

8月15日，市人大常委会主任会议成员同住建、城管、规划等部门主要负责人，对淮川街道联城社区冯家冲城中村改造情况进行实地调研。

9月26日，部分在长沙全国人大代表视察浏阳发展，市人民政府市长余勋伟为代表们介绍浏阳大瑶城镇建设情况　　（图片来源　市人大办）

9月10日，长沙市人大常委会主任袁观清（右一）率主任会议成员到浏阳调研浏阳经济社会发展各项工作（图片来源 市人大办）

8月22日，市人大常委会主任鲁建文、副主任刘一江率全体内司工委委员赴株洲市考察学习人大制度建设和内务司法等方面工作。

9月4日上午，市人大常委会党组在人大常委会议室召开党的群众路线教育实践活动整改方案通报会，长沙市委督导组副组长程跃云、成员王雨果到会指导，市人大常委会部分组成人员、机关全体干部职工、乡镇（街道）人大（副）主席、部分市人大代表参加会议。

9月5日，市人大常委会在市政务中心三楼会议室举行浏阳市人大代表“创业帮带”先进经验交流会。

9月10日，长沙市人大常委会主任袁观清率主任会议成员到浏阳调研浏阳经济社会发展的各项工作。

9月25日，2014年浏阳联组长沙市第十四届人大代表述职会议召开，9名被推选出来的长沙市人大代表向浏阳市人大常委会以及浏阳的选民代表进行述职，选民代表对代表履职情况进行测评。

9月26日，部分在长沙全国人大代表到浏阳市大瑶镇实地调研大瑶中心城镇建设，了解“三湘产业集聚第一镇”的发展情况。

10月11日，市人大常委会联工委组织省十二届人大代表浏阳小组成员，对浏阳花炮产业进行专题调研。

10月17日，长沙市人大常委会主任袁观清到浏阳市龙伏镇达峰村开展扶贫慰问活动，并实地察看了该村民生工程项目建设使用等情况。

10月17日，市十六届人大常委会举行第二十三次会议，研究部署市十六届人大常委会第十三次会议有关事项。

10月21日，市人大视察组对城区交通情况进行现场视察，先后实地踏勘了浏阳河六桥建设项目、城东蔬菜批发市场周边交通堵点疏导工作、联城社区背街小巷改造工程、金沙路新建停车场规划点等。

10月28日，市十六届人大常委会举行第十三次会议，听取和审议市人大常委会执法检查组关于《义务教育法》执法检查情况的报告，听取和审议市人民政府关于十六届人大三次会议代表建议、批评和意见办理情况的报告等多项议程。

10月28日，市十六届人大常委会第十三次会议听取执法检查组关于《义务教育法》执法检查情况的汇报。

11月5日，贵州省贵定县人大常委会到浏阳考察学习。

11月6日，市第十六届人大常委会举行第十四次会议，审议通过有关人事任免事项。

11月21日，市人大常委会组织常委会组成人员和部分市人大代表对市司法局等六家单位的整改工作进行视察。

11月21日，市人大常委会在行政中心友谊宾馆二楼会议室召开2014年市十六届人大代表评议市司法局等六个单位专项工作整改测评大会，全国人大常委会法工委国家法室正局级巡视员王世瑚、全国人大常委会办公厅郑文阳出席会议。

12月2日，长沙市人大常委会主任袁观清率队到浏阳市大瑶镇调研城乡一体化建设情况。

12月12日，2014年浏阳市基层人大工作论坛在市政务中心三楼会议室召开，6员乡镇人大（副）主席作典型发言。

12月17日，省人大常委会副主任谢勇率省人大内司委和省民政厅负责人到浏阳市沙市镇调研民生工作。

12月26日，市第十六届人大常委会举行第十五次会议，审查市人大常委会2015年工作要点和在市十六届人大四次会议上的工作报告，讨论决定市十六届人大四次会议有关事项。（罗晓晖）

【市人大代表“创业帮带”先进经验交流会】 9月5日，市人大代表“创业帮带”先进经验交流会在市政务中心会议室举行，市人大代表刘学文等6名“创业帮带”的先进典型在会上介绍创业经历与帮带感受。市人大代表“创业帮带”是“三联”活动的重要体现形式，“三联”要求代表“助推发展联企业、强化监督联部门、履职为民联群众”。“助推发展联企业”指代表在努力办好自己企业的同时，积极帮扶他人的企业做大做强。每位代表要帮扶或者联系1至2个企业，通过融资金、教管理、传技术、帮营销等方式，帮助解决生产经营中的困难和问题。“创业帮带”活动开展后，全市人大代表奋发作为，涌现出一大批先进人物和典型事迹，在地方经济发展中打头阵、作表率，带领群众致富，浓厚创业氛围。（罗晓晖）

【人大代表监督“随手拍“活动】 人大代表监督“随手拍”活动是丰

富人大代表履职平台的一项创新实践，通过2014年的探索，取得成功经验。全年收到图片480幅，刊出《环境同治人大代表监督随手拍活动简报3期》《环境同治人大代表监督随手拍图片交办件》7期、《浏阳日报》环境同治人大代表监督随手拍专刊11期；交办任务35件，整改到位34件，正在办理中1件。代表提出的图片批评意见紧贴民情民生，政府及相关部门强力办理，群众广泛关注，社会反响好。

（罗晓晖）

【浏阳联组长沙市代表述职】 9月25日，2014年浏阳联组长沙市第十四届人大代表述职会议召开，周开明、刘彩云等9名被推选出来的长沙市人大代表向浏阳市人大常委会以及浏阳的选民代表进行述职，并接受代表的述职报告与平时实际工作是一致的，是客观实在的。在充分肯定成绩的同时，浏阳市人大常委会组成人员还就如何做好下一步工作，提出更高的要求，随后还对代表履职情况进行了测评。

（罗晓晖）

浏阳市人民政府

(资料来源 市政府办)

浏阳市人民政府

浏阳市人民政府

市　　长　余励伟
常务副市长　张作林
副　市　长　熊清溪
　　　　　　邓雪琴（女）
　　　　　　莫小佳　邓阳锋
　　　　　　赵丁山　戴武明
　　　　　　郑　杰
　　　　　　（2014.07 挂职）
副调研员　宋福生　李玉奇
　　　　　　肖　云　文建军
　　　　　　屈强跃（2014.12 任）

市人民政府办公室

党组书记、主任　王星辉
党组成员、副主任
　　孙建中　陈大友
　　周孟德（兼）　郭　曦（兼）
　　韩　昶　李在跃　冯早成
　　黎　安（兼）
常务秘书、副主任
　　李　峰（兼）
党组成员、副主任
　　李志勇（兼）
党组成员　黎和平（女）
党组成员　蒋东霞
党组成员、副主任　黎　靖
党组成员　纪检组长　黎茂章

【政府常务会议】 全年召开市政府常务会议5次，主要研究事项如下：

2月20日　审议《浏阳市2014年部门预算》；审议《浏阳市2014年“三十大”重点项目计划》《浏阳市2014年重点建设项目计划》《浏阳市2014年政府投资项目计划》；听取有关人员行政处分的情况汇报。

4月2日　审议《关于2013年度财政性资金奖励政策兑现的通知》；听取2014年度浏阳经开区开发投资有限公司公开发行12亿元企业债券的情况汇报；听取大瑶灌区管理所收购大瑶宇泰自来水有限公司股份情况汇报；审议《关于贯彻落实〈湖南省党政领导干部安全生产“一岗双责”暂行规定〉的实施意见》；市政府党组讨论审议《中共浏阳市人民政府党组深入开展党的群众路线教育实践活动实施方案》。

4月16日　研究胡耀邦故居游客服务配套建设项目工程变更事宜；研究荷文公路建设有关问题；研究金阳大道建设有关问题；研究溪江乡长溪渡槽拆除重建事宜；研究荷石公路路面改造工程建设有关问题；研究危桥改造工程事宜。

6月27日　研究为民办实事工作；研究两型产业园办理66.67公顷融资项目抵押用地手续事宜；研究浏阳市教师进修学校土方建设项目工程变更事宜；研究浏阳市高坪镇双江大桥维修加固项目工程变更事宜；审议《浏阳市预拌商品混凝土（砂浆）生产企业申办联审制度（草案）》和《浏阳市预拌混凝土行业发展规划（草案）》。

8月6日　审议《浏阳市落后小煤矿关闭退出工作方案》；审议《浏阳河智慧低碳产城融合示范区投资协议之补充协议》；听取浏阳市2013年财政决算（草案）情况汇报和2014年上半年财政预算执

4月24日上午，市委副书记、市长余励伟（前右一）到荷花街道开展工作调研
（资料来源　市政府办）

行情况汇报；听取浏阳市市本级行政审批事项清理工作情况汇报。

（朱石良）

【法制办工作】 充分发挥政府法制工作在实施科学民主决策、加强制度建设、转变政府职能、化解社会矛盾等方面的参谋助手和顾问作用，为保障浏阳市经济社会发展奠定基础。2014年法制办审查各类文件417件，办理行政复议案件35起，代理行政、民事诉讼案件14起，审核国家赔偿案件6起，完成领导交办事项80余起，协调执法矛盾10余起，指导部门应诉19起；直接参加招商引资洽谈12起，审查各类合同300余份，其中作较大修改80余份。

（政府法制办）

【督查工作】 2014年组织开展各类督查活动46次，编发《政府督查》13期，督查专报15期，完成市委督查室组织的督查8次。围绕工作目标开展综合督查。年初根据浏阳市《政府工作报告》和长沙市对浏阳绩效考核的各项工作目标和任务，结合浏阳市实际情况，对市委、市政府部署的重点工作进行任务分解及量化，明确目标任务、工作内容、完成时限、执行单位和责任人，编制下达全市年度工作目标任务及责任分解表。2月份，政府办对全市各项工作开展情况，特别是就2014年工作计划和各单位落实长沙市、浏阳市《政府工作报告》相关目标任务的工作措施，重点项目和所辖企业开工情况，以及财源建设等相关工作，对全市37个乡镇、街道，3个园区以及24个市直单位进行全面督查，确保政府工作任务落到实处。6月份，市委督查室、市政府督查室就全市各乡镇（街道）、市直单位和园区贯彻落实2014年市委经济工作会议精神和《政府工作报告》的要求及半年工作开展情况进行一次综合督查，有力推进各项指标的顺利“过半”。12月初，政府督查室根据年初向各单位分解的各项工作目标和任务开展验收督查，做到任务分解、年中督办、年终验收三结合，有效促进全年目标任务的顺利实现。围绕中心工作开展精准督查。在全面了解各乡镇各部门贯彻执行市委市政府重大决策部署情况的基础上，督查室准确把握全年抓落实的重点领域和关键环节，将督查内容具体化、项目化。全年督查室按照市委、市政府统一部署，围绕商事登记制度改革、春节期间火灾防控、超载超限治理、消防工作迎检、防汛抗旱工作、行政审批制度改革工作、房屋安全隐患排查治理工作、环境保护工作、卫片执法检查重点图斑复耕复绿、烟花爆竹安全监管工作、治理超限超载、城乡环境同治、财税工作会议落实、应急演练等工作开展精准的专项督查，通过以点带面、以督查促发展，相关重点工作顺利推进。坚持以明查为主，暗访为辅，对安全生产、作风建设、优化环境等方面，联合或配合市作风办、市委督查室开展暗访暗查，促进政务环境的优化。为有效推进治超工作开展，督查室组织市治超办就治超工作会议参加情况、重点乡镇治超工作会议落实情况、重点乡镇治超工作开展情况、治超执法点的日常工作、治超集中整治行动、治超整治后的整改落实情况分别进行督查，全年治超工作成效明显。围绕民生工作开展督查督办。2014年督查室围绕市长批示件和市长信箱办理、食品安全、为民办实事、城乡居民基本养老保险和医疗保险、水利冬修、村（居）务公开和民主管理等百姓关切的民生工作开展督查。同时，督查室加大民生批示件的督办落实力度，全年承办涉及征地补偿、环境保护、交通秩序、城市建设、市容管理、社会治安等方面的领导批示件120余件，办结率100%，共受理本级“市长信箱”有效信件388件，已办结388件，办结率100%。长沙市“市长信箱”信件102件（含“省长信箱”信件2件），已办结102件，办结率100%。围绕对浏督查抓好衔接落实。2014年长沙市政府相继到浏阳开展一季度政府工作、商事登记制度改革工作、季节性抛荒情况、上半年政府工作、粮食生产工作、打击传销工作、1—9月份政府工作完成情况、环境保护工作、依法行政工作、为民办实事工作、秋季秸秆和垃圾禁烧工作、社区矫正和刑满释放人员安置帮教、2014年生态绿心保护工作目标落实情况等工作督查。在迎接2014年国务院关于落实稳增长、促改革、调结构、惠民生政策措施情况和省委省政府关于贯彻落实重大决策部署情况的督查中，督查室主动对接，精心组织或积极衔接承办单位，认真对照长沙市交办的目标任务及督查要求，全面客观地汇报督查内容，实事求是地反映困难和问题。围绕督促检查发挥参谋助手作用。以督查督促进度、通过检查发

8月26日浏阳市行政审批制度改革工作推进会议召开。从8月开始，浏阳陆续对行政审批之外的市级行政职权进行分类清理、精简和规范，在年内形成市本级政府“权力清单”并对外公布。今后，市直单位凡是没有纳入“权力清单”的行政职权一律不得再实施

（资料来源　市政府办）

2月27日，浏阳市项目攻坚年动员大会召开。2014年是浏阳的“项目攻坚年”，全市铺排重点建设项目共计155个，预计年度投资264.32亿元，同比增长36.84%。155个重点建设项目中，选取了规模和影响较大的十大基础设施项目、十大产业项目、十大民生项目列入年度“三十大”重点项目计划。“三十大”项目预计年度投资134.57亿元，占全市重点建设项目年度预算投资额的50.9%　　（资料来源　市政府办）

现问题，2014年，督查室坚持督促检查与调查研究相结合，对工作落实中的难点问题和督查发现的普遍性、苗头性问题，运用“开放式督查”，借鉴总结成功经验，充分吸纳基层和群众的意见，研究提出诸多针对性、操作性强的对策建议。在重点项目建设、治超工作、村务公开工作等方面，通过掌握第一手材料和数据，准确把握基本情况和发展形势，通过听汇报、看现场、进村部，深入解基层乡镇在贯彻落实相关会议精神、执行上级政策、推动中心工作开展过程中存在的困难和问题，及时为市委、市政府解决难题、调度工作、修正决策等提供重要参考。

（政府督查室）

【政府研究室工作】 起草市人民政府2015年《政府工作报告》，完成“政府工作部署会”“上半年经济社会发展情况通报”“季度重点工作调度讲评会”“湘赣边区域合作交流会”等综合性大型会议主题报告以及各类汇报材料、典型材料的写作。撰写或审核财政金融、环境整治、安全生产、教育卫生、招商引资、项目建设等专项工作会议材料共计400余篇。完成长沙市理论文稿写作3篇，其中《做活做大做强旅游产业，助推县域经济转型升级》《浏阳市全面建成小康社会进程的评价研究及对策建议》等被2014年《观点长沙》收录。整理领导讲话录音10万余字，编辑《政府常务会议纪要》10期，编辑并刊发《政府工作》4期、《调研与参考》2期。向上报送信息380条，信息报送工作居长沙九区县（市）第一位。

（周建国）

【电子政务信息工作】 政府门户网站建设管理工作：抓好升级开发。组织完成政府门户网站的升级开发工作。一是对整个网站风格进行认真研究，对版面布局和色彩等进行优化，升级后的网站页面更加简洁、美观。二是对网站栏目进行仔细、全面的梳理，力求栏目设置更加科学合理。政务公开、网上办事、政民互动等栏目尤其是重点信息公开、重点办事服务等更加完善，分类更加准确，并新增微博、微信、WAP门户、智能知识库、政策解读、12345市民热线等互动栏目。三是网站功能更加强大，通过新技术的广泛运用，信息的共享和发布更加便捷，信息检索查阅功能进一步增强。栏目信息内容保障。一是保障长沙市政府网站有关浏阳的栏目信息内容，着力提高信息质量，在内容、格式、表述等各方面严格把关送审，确保高效高质完成长沙市电政办下达的目标任务。二是明确本级目标任务。年初，浏阳市政府办出台《关于进一步做好政府网站内容保障和日常维护管理工作的通知》（浏政办函〔2014〕28号）。同时，市政府与各乡镇街道、市直单位签订目标责任书，将目标任务、责任要求等予以明确。三是抓好督查落实。强化资源保障过程管理，市政府办每季度将信息公开情况向全市通报。10月份，信息中心会同政府督查室对全市网站建设管理情况进行一次全面督查，督促相关单位进行整改。先后7次召开政府网站信息保障的调度和座谈会议，落实市委书记曹立军、市长余勋伟和常务副市长张作林的指示精神。通过努力，浏阳市政府门户网站各栏目信息更新及时，数量丰富，质量提高，真正成为各界解浏阳的权威资讯窗口。网站阅评。根据长沙市电政办的有关阅评工作要求，浏阳市电子政务中心抓好网站值班工作，切实开展好网站阅评。安排专人每天进行检查，每月对阅评工作进行总结会商，认真撰写阅评报告，并将阅评报告上报长沙电政办。督促部门网站管理人员开展阅评工作，对发现的问题要求立即整改。网络和网站信息安全管理工作：一是继续建设好安全监控中心，依托长沙市的安全监控平台，继续与华中测评公司密切合作，对全市政务网络和政府网站开展全天候的监测，一有预警，立即响应并妥善处置。二是做好日常巡查工作，每天定期对设备进行巡查，不留空当，不留盲角，确保早发现、早应对。三是对网控中心机房进行适当改造，将机房面积扩大到90平方米，增加一台60千瓦的精密空调，整理机房强、弱电线路，完善机房防雷措施，对原有布局进行功能分区，网络设备运行环境有较大的改善。四是落实长沙市电政办的网站漏洞整改要求。每次接到长沙市电政办的网站安全隐患整改通知后，浏阳市电子政务中心及时汇报请示，通知单位的主要负责人和网站管理人员按要求立即组织整改，并跟踪督查，完成整改任务。五是强化数据备份工作，每天对门户网站以及业务应用系统的数据进行存储备份，增强容灾抗灾能力。全年没有发生网络、网站安全和泄密事件，各项链接正常。项目和业务系统开发管理工作：依法依规按程序组织完成全市党政协同办公系统的招投标等前期工作，并会同文电科督促科创公司抓紧开发。该系统于8月15日试运行，9月15日正式运行。截至12月30日，已建立账号2411个，每天在线使用人数1500人以上。项目建设。先后完成政务外网、政务内网、精密空调、安全监控等项目，完成外网延伸到村（社区）的招标工作，组织中标单位有序施工。正在组织全市视频会议系统项目的招投标工作。所有项目建设均依法依规办理相关手续，主动接受政府办、纪检和政府采购部门的监督，做到公平、公开、公正，确保项目取得实效。

11月11日，市委副书记、市长余勋伟率队，对浏阳市8月份以来开展的治理超限超载专项行动进行工作督查，先后到集里治超站、李家湾治超站、杨家治超站进行查看。查阅工作台账及处理结果，要求工作人员对超限超载行为进行严格处理。副市长莫小佳、赵丁山参加督查　　　　（资料来源　市政府办）

“市长信箱”回复办理工作：2014年共收到长沙市政府门户网站转来有效信件102封，全部办理完结，办结率达100%；本级市长信箱收到有效信件388封，办结率达100%。

（胡立军）

2014年度政府文件目录

表3

浏政发

序号	文　号	文　件　名　称
1	浏政发〔2014〕1号	关于对长沙市、浏阳市2014年《政府工作报告》主要目标任务实施责任管理的通知
2	浏政发〔2014〕2号	关于加强市域高速公路、国省干线公路两厢及重要河流两岸建设管理的通知
3	浏政发〔2014〕3号	关于开征城区生活垃圾处理费的通知
4	浏政发〔2014〕4号	关于鼓励和支持文化产业发展的若干意见（试行）
5	浏政发〔2014〕5号	关于印发《浏阳市行政负责人出庭应诉工作办法》的通知
6	浏政发〔2014〕6号	关于表彰2013年度全市见义勇为先进个人的决定
7	浏政发〔2014〕7号	关于二〇一三年机关事业单位工作人员年度考核划等结果的通报
8	浏政发〔2014〕8号	关于印发《浏阳市征地补偿安置实施办法》的通知
9	浏政发〔2014〕9号	关于表彰劳动模范和模范集体的决定
11	浏政发〔2014〕11号	关于公布第四批行政执法指导案例的决定
12	浏政发〔2014〕12号	关于做好2014年夏秋季征兵工作的通知
13	浏政发〔2014〕13号	关于公布市本级行政审批项目目录的决定
14	浏政发〔2014〕14号	关于金阳大道项目房屋征收决定
15	浏政发〔2014〕15号	关于加强人民防空工程建设与管理的若干意见
16	浏政发〔2014〕16号	关于公布规范性文件清理结果的决定
17	浏政发〔2014〕17号	关于关闭浏阳市澄潭江镇集镇煤矿等8家煤矿的决定

续表3

序号	文　号	文　件　名　称
18	浏政发〔2014〕18号	关于镇头镇原镇头粮站片区旧城改造及市政道路建设项目房屋征收决定
19	浏政发〔2014〕19号	关于西正路建设及城西片区周边旧城改造项目二期房屋征收决定
20	浏政发〔2014〕20号	关于加强道路交通安全工作的实施意见
21	浏政发〔2014〕21号	关于规范地下文物调查勘探及考古发掘管理工作的通知
22	浏政发〔2014〕22号	关于加强房地产税收一体化管理的通知

机关事务管理

浏阳市机关事务管理局

局　长　温　浩

副局长　彭金玲　李　异

【机构与人员编制】 2014年，浏阳市机关事务管理局内设办公室、安全保卫科、物业管理科、后勤事务科、公共机构节能办5个职能科室，在编在岗职工18人，临聘人员4人。（唐显望）

【机关服务】 优化理念，夯实服务基础。围绕服务机关、服务干部职工、服务基层群众工作重点，机关事务管理局坚持把优质服务作为机关事务工作的“生命线”，把“精细服务零差错”作为机关事务工作首要理念和行动指南。加强检查考核力度，推进规范管理。广泛征集服务对象对服务工作建议、意见，健全保密制度，满足个性化需求，保证服务满意率达到98%。健全制度，规范服务流程。组织召开入驻单位负责人座谈会、发放调查问卷、专家评议等形式，研究机关事务集中管理工作运行规律，修订《行政中心管理制度汇编》，建立统一的服务标准，精细的操作流程，构建“事先有目标、过程有监控、结果有考核、责任有追究”的机关事务管理工作流程。创新机制，提升服务质量。积极探索机关食堂服务新途径，做到品种多样化、搭配科学化、监管规范化，2014年蔬菜检测和食品抽检合格率100%；总结会务服务新经验，与“四大家”办公室建立整体联动机制，及时准确掌握市委市政府重大活动、重要会务的安排情况，做到提前规划、提早部署，组织安排会务服务630场次，会务服务满意率保持在98%以上；着力推进环境优化新措施，参照“五星级”标准实施常态化保洁，以优雅办公环境营造为重点，推进“绿化、亮化、美化、净化”四化工程，为广大机关工作人员营造一个舒适、健康的工作环境。（唐显望）

【机关安全】 创新统筹联防安全机制。贯彻《信访工作条例》，与市维稳办、信访局、涉军办、610办、公安局等职能部门协作，信息互通，坚持“一察二检三询问”和“人防、物防、技防”相结合，充分履行告知引导、维护现场、跟踪察看等工作职责，做好群体性上访处置等应急处突工作，成功调解上访矛盾纠纷31起，处置跳楼未遂、服毒自杀未遂、涉军群体上访等事件4起，依法刑拘3人，维护行政中心安全稳定。强化安全巡查防控机制。完善行政中心电子签到系统、外来访客系统、车库门禁系统、治安监控、红外线报警、自动登记管理等安保系统；建立24小时人工巡逻和全天候视频监控制度，加强对重点地段、重点部位、重点人员巡查、盯防力度，2014年接待来访96批次，登记来访人员6230人；建立工作人员“一人一卡”出入制度，大楼入口安排人员轮流值守，对进出人员全面实行检查登记，确保行政中心安全有序。开展安全整治专项行动。一是开展违规行为巡查。对晚间不关水电门窗、违规使用大功率电器等违规行为进行清查，定期通报。二是开展交通秩序整治。加强公、私车主教育，利用政务公文、网络、标识标牌、隔离墩、电子显示屏和短信平台等进行温馨提示，完善行政中心内外环线标线标识，严禁在行政中心违规停车、超速行驶和乱鸣喇叭，主楼月台和消防通道，严禁泊车。三是加强消防管道改造维修。针对行政中心地下消防管道存在严重安全隐患和资源浪费的现象，经过现场勘察论证，采取隔断主楼至附楼消防管道，附楼消防用水采用另接自来水的办法进行改造，有效解决漏水问题，消除安全隐患，为打造“平安型”机关提供消防保证。（唐显望）

【机关保障】 完善公共设施运转机制。建立电梯、空调、给排水系统、强弱电井、消防系统、监控系统等设施设备台账，加强对中央空调、电梯、公共部位照明、室外景观灯、路灯等重要耗电设备的日常管理和调度使用。通过市场化服务模式，建立完善行政中心邮件收发、银行ATM柜员机、电信、移动、电力、自来水、网络收费等便民服务体系。争取市委、市政府每年安排10万元作为行政中心日常维修应急处置费用，按年度审计汇总报账，提升行政中心小型工程维修的时效性。推进标准化设施维保工程。进一步完善定点采购、项目申报、现场监管、工程验收等各项制度，通过科学规划、综合论证，分步实施，先后完成市级领导住房和办公室局部维修、中央空调二次供油箱更新安装、地下设备层消防系统改造、化粪池清理、环府路提质改造等工程项目20多个，进一步完善行政中心设施功能，保障各项设备设施的正常运转。利用节假日完成机关食堂排烟系统和操作间改造、打菜间和洗菜间改造，就餐大厅吊顶、消防、电路改造，改善干部职工就餐环境。对一、二会议室音响系统进行维修更换，保障音响系统的安全可靠。将原2407会议室改造装修成为市委视频会议室，经过长沙市验收合格，投入正常运转。（唐显望）

【公共机构节能】 创新节能减排考评机制。进一步理顺公共机构节能管理体制，把各乡镇（街道）、园区和市直单位公共机构节能纳入全市绩效考核体系，按照机构健全、制度完善、宣传到位、报表及时、资料齐全、节能技改、示范创建的总体要求，推进公共机构节能工作。抓好厉行节约重点工作。一是办公用房清查工作取得实效。按照中央、省、市的统一部署，认真落实党政机关办公用房清理腾退调剂工作。年底，人力资源与社会保障局整体搬迁至行政中心附一栋，办公用房清理工作基本完成，共计盘活处置原有资产6757.72平方米，每年可节约租金50万元。二是“三公”经费管理工作落实到位。严格执行《关于严控“三公”经费预算管理的通知》（湘财预〔2013〕46号），严肃执行预算，严格控制会议费、培训费、办公设备购置费、差旅费等行政经费开支。严格执行公务接待制度，对各类公务接待进行严格审批、审计，从严控制公务接待开支，全年公务接待费用大幅度下降。三是公车管理制度进一步加强。相继完善出台《公务车辆及驾驶员管理办法》《驾驶员须知》系列制度，公务用车一律先审批后派车，未出现公车私用现象。同时，按照规定清理3台超编车辆，交公车办集中拍卖。四是加大对行政中心节能项目的投入。相继完成行政中心室外太阳能路灯建设、地下车库绿色照明系统建设、南广场高杆灯改造等项目，投入经费约68万元。凸显节能减排工作成效。一是落实上级部门三级报表工作要求，进一步规范能耗统计和报表范围，调整统计口径，新增人民银行、武警浏阳中队、消防大队、工业新城、耀邦故居、文家市秋收起义纪念馆6家单位，与市委绩效考核体系相匹配，教科文卫、水务、林业、建设、规划、公安、国土、法院等部门全部报送到二级单位能耗情况，其中教育局共统计364所学校能耗情况，卫生部门统计41个医院能耗情况，统计对象更加明确，统计范围更广泛，能耗报表更加精准。二是围绕节能低碳、和谐发展工作主题，积极倡导绿色办公、绿色出行、绿色采购和资源循环利用。三是健全完善节能联络员、节水节电节油、公车管理、财务等管理制度。四是切实抓好公共机构节能的日常管理，对晚间不关水电门窗、浪费粮食、节能目标提出要求，定期督查通报。2013年10月至2014年9月，在新增6个公共机构能耗统计情况下，浏阳市公共机构能源资源消耗呈下降趋势，其中水耗为591.60万立方米、电耗为6263.88万千瓦时、油耗为368.37万升，同比电耗下降2.06%、油耗下降16.95%、水耗下降3.45%，人均综合能耗为61.5千克标准煤/人，下降7.518%，单位建筑面积能耗为2.062千克标准煤/平方米，下降3.1%，车均油耗为3206.02升/车，下降18.4%。顺利实现全年节能目标任务。（唐显望）

政务服务

浏阳市政务服务中心

党组书记、主　任　黎　安
党组成员、副主任
　熊满初　李平生
副 主 任　刘卉芳（女）
党组成员、纪检组长　刘帅成

【概况】 浏阳市政务服务中心是负责全市服务管理的市人民政府直属事业单位。主要职责是拟订全市政务公开工作和政务服务机构内部建设规划，并组织实施；负责提供全市政务咨询服务，协调督办中心政务窗口各类行政许可事项的受理、审批和反馈，负责全市行政审批项目的联合踏勘和联合审批的组织和协调工作；负责全市政务公开、公共企事业单位办事公开的指导、协调、服务、监督和考核等工作；负责中心政务窗口工作人员的管理，受理、交办、督办中心政务窗口行政效能投诉；承办市委、市人民政府交办的其他事项。政务服务中心管委会有干部职工23人，内设办公室、督查科、业务科，2014年6月增设热线管理科。大厅拥有35个部门单位的220项审批服务事项入驻，有窗口工作人员160人，全年办理各类审批服务事项11.2万件。（邱双喜）

7月3日，市政务服务中心公安局交警大队分中心挂牌成立　（图片来源　市政务中心）

【行政审批】 试点“一站式”办结。召开专题会议，解决政务服务“体外循环”问题，新增安监、计生、教育3个窗口，增加审批服务事项27项。工商、国土、规划、住建、住房保障、城管6个窗口实行“一站式”办结试点，做到审批人员、公章、值班领导、所有手续“四进中心”，审批效能整体提速50%。优化流程。对照年度公布的市本级行政审批项目，梳理、优化审批流程，编制并向社会公布审批流程清单；对市重大、重点和招商引资项目建立审批服务绿色通道，落实项目手续办理“绿色通道”制度和相关优惠政策，对前期工作进行指导；全年为206个项目实施绿色通道服务，全程跟踪，限时办结。网上审批。完成全市网上政务服务和电子监察系统升级验收，实现与省、长沙市数据的无缝对接。出台《浏阳市行政审批电子监察绩效测评办法》，协同市监察局加强对各单位的电子监察，每季度通报情况。督促各窗口单位规范使用市网上政务服务和电子监察系统，完成国土局、规划局等单位审批系统与全市系统的数据对接。

（邱双喜）

窗口工作人员接待办事群众　　（图片来源　市政务中心）

【平台建设】 建设标准化乡镇政务服务中心：将第二批15个乡镇、街道（集里、洞阳、北盛、龙伏、蕉溪、中和、杨花、沿溪、七宝山、小河、社港、葛家、枨冲、官桥、柏加）政务服务中心标准化建设纳入市政府投资项目计划，制定工作方案，现场指导，督促建设进度和质量，11月份全部顺利通过长沙市达标验收。标准化建设的乡镇（街道）政务服务中心办公面积均达到100平方米以上，设有党政、社会保障、民政、计生、农林水等便民服务窗口，面向辖区内企业和村民提供一站式服务。浏阳市乡镇（街道）政务服务中心年内共办理审批服务事项88.92万件。设立村（社区）政务服务站：通过市委、市政府督查室每半年一次的政务公开、村务公开督查，推动全市村（社区）政务服务站建设，实行“一站式”服务模式，配备代办员，实行基层代办。启动政务服务中心分中心管理：7月，在人社局、公安局、国税局、地税局、民政局、住房保障局等7个大厅设立市政务服务中心分中心，与市政务服务中心实施统一“机构设置、办件标准、工作制度、管理考核”。各分中心将该部门的所有审批业务集中对外办理，按照“一门受理、集中审批、统一收费、限时办结”的运作模式，为企业和群众提供审批服务。

（邱双喜）

【信息公开】 贯彻落实《长沙市政府信息公开实施办法》。建立行政审批事项公开公示制。在市政府门户网站、市政务服务中心网站、浏阳网、浏阳廉政网及部门网站，公开政府信息，重点公开行政审批、财政预决算和“三公”经费、环境保护、食品药品安全、安全生产、征地和房屋征收、保障性住房等九大重点领域信息。利用信息公开栏、电子显示屏、报纸、电视等传统媒介和浏阳发布微博、微信等新型媒体，扩大信息发布范围。发挥市档案馆、市图书馆和市政务服务中心政府信息查阅点的查阅功能，实现资源共享。做好依申请公开工作，回应群众关切。2014年受理依申请公开事项30件，并以书面形式予以回复。（邱双喜）

【启动“12345”工作】 按照长沙市“12345”市民服务热线的统一安排，2014年6月，启动浏阳市“12345”市民服务热线工作，成立热线管理科。制定《实施意见》和

1月28日，走访慰问杨花乡困难群众和留守儿童　　（图片来源　市政务中心）

1 月 28 日，市委书记曹立军（中）到政务中心看望慰问窗口一线工作人员

（图片来源 市政务中心）

《考核办法》。将“12345”市民服务热线工作纳入全市绩效考核。采集各成员单位知识库信息，建立热线工作机制。组织召开专题培训会议，提升工单办理水平。开展集中宣传，提高公众认知度和知晓率。提请市纪委进行效能监察，提高工单办理效率。每季度公布工单办理情况，汇总群众集中反映的诉求编辑《民情专递》，供领导参阅。全年受理办结热线工单 2199 件。

（邱双喜）

【便民服务】 编印《浏阳市便民服务办事公开指南》，收集审批服务事项 240 余条，编辑文字 13 万余字，免费发放并公布，供群众和企业查阅。梳理窗口行政审批项目，对窗口 220 项审批服务事项《一次性告知单》重新编印，要求窗口规范使用并将申请人资料进行留存备查。为方便群众，推出夏季免费凉茶、备用药箱、婴儿椅、手机充电站、公共免费 WiFi 等系列服务措施，细化便民服务。

（邱双喜）

政协浏阳市委员会

政协浏阳市委员会

政协浏阳市第九届委员会

党组书记、主席：李家喜
副书记　周文舜（兼）
　　　　张葵红（女）
副主席　张葵红（女）
　　　　谢建国　郭荣华（兼）
　　　　廖伟平　谢鹤林
顾　问　易利文　陈　涛
秘书长　许百经

浏阳市第九届委员会常委（按姓氏笔画排序）

王　持　王　斌　王星辉
王朝晖　卢秋成　卢炳辉
叶长江　叶昌新　刘旭辉（女）
刘守俊　刘运龙　汤显华
李　雄　李晓明　李　珊（女）
杨　郁　何　勇　宋怀智
张　强　张　震　张海滨
陈　文　陈　奎　陈　静（女）
陈小英（女）　陈爱斌
易　群（女）　易成建
罗世贤　罗冬生　罗家兴
金先林　周汝红　周利和
赵　炜　施　斌　贺建武
徐尔央（女）郭　辉　陶长彪
黄伟成　黄焕华（女）　黄兢雄
章　林　彭　勇　释照性
蔡细毛　熊南京　黎　伟
戴建文（女）

政协浏阳市第九届委员会委员名单

1. 中国共产党（13人）
王星辉　王　斌　许百经
张葵红（女）　李珊（女）
李家喜　陈　刚　陈　涛
陈国强　陈爱斌　易利文
周春晖　谢鹤林　傅丹阳

2. 民革、致公党、民主党派人士（12人）
王国清　叶昌新　刘　勇
张　晓（女）　李亚清
陈　静（女）　屈天志　金先林
夏育林　袁　波　黄焕华（女）

3. 无党派民主人士（12人）
叶长江　余学寨　张　晔
陈志刚　陈　浩　周雄伟
贺建武　袁红武　黄庆春（女）
谭建新　黎迎宾　刘建芝（女）

4. 中国共产主义青年团浏阳市委员会（13人）
邓英葵　刘金龙　孙　博（女）
江道源　阳　芳（女）　何　勇
余培胜　张　伟　邱兰芳（女）
陈　诚　陈　萍（女）
钟　乐（女）　黄　虎

5. 浏阳市总工会（15人）
孔凡友　刘文富　刘　阳
刘芳友　孙国华（女）　李　舟
李繁枝　周丽霞（女）　欧阳维
施　斌　胡海珍（女）　曹银汉
黄承亮　黄金生　谢润娟（女）

6. 浏阳市妇女联合会（12人）
王桂香（女）　肖　娟（女）
汤华凤（女）　刘卉芳（女）
陈　洁（女）　罗　艳（女）
易　群（女）　邵国玲（女）
罗慧玲（女）　徐尔央（女）
章　如（女）　廖湘萍（女）

7. 浏阳市工商联合会（55人）
邓更加　卢炳辉　刘双全
刘　勇　孙立桂　师艳林
江洪波　江晓红（女）　张运江
张春生　张海滨　李江龙

8月21日，长沙市政协副主席钟新莲（右二），长沙市政协副主席、交通局局长刘明理（左一）到浏调研“三服务”主题活动开展情况　（资料来源　市政协办）

李益和　李　雄　杨广泉
杨　郁　杨小波　杨深根
肖世红　苏　波　邱正寿
邱红亮　陈小英（女）
陈　炼（女）　陈耀柏　周汝红
周伯青　周　奇　易成建
罗冬生　罗　科　罗彩平（女）
罗道英（土家族）　柯建兴
贺乐乐　钟辰生　钟　琳（女）
唐忠发　徐建国　郭荣华
郭　辉　陶又成　陶长彪
陶贤力　黄伟成　黄萍（女）
黄隆枧　黄兢雄　彭　欣
童浩希　廖洪书　熊传义
潘定国　黎　伟　周泰来

8. 浏阳市科学技术协会（12人）
付银辉（女）　张慧中（女）
李凡池　李玉新　李成林
陈喜山　周利和　欧阳存琯
罗剑彪　郑义根　黄海波
蔺万森

9. 浏阳市归侨侨眷联合会（6人）
王　敏（女）　江育梅
劳　嘉（女）、郭达峰　蔡细毛
吴娟娟（女）

10. 文化体育艺术界（12人）
孔小芬（女）　刘正初
刘旭辉（女）　刘擒虎　陈　宇
欧阳继勇　徐可卫　彭　勇
楚海华　熊　剑　谭晓琴（女）
翦正红（女，维吾尔族）

11. 科学技术界（7人）
孙梦侬　朱玉平　朱树明
陈文斌　罗世贤　郑启富
聂永华

12. 经济界（46人）
毛艳平（女）　王林科　王　勇
王宇林　邓　勇　冯升旗
刘守俊　刘运龙　刘琳（女）
寻佳杰　汤代荣　汤英伟
汤显华　吴利群（女）　吴　尚
李　云　李庆锋　李明葵
李　凌（女）　李晓明　李谟平
杨培兵　邹建国　陈海娜（女）
陈智勇　周　龙　周建保
罗志珍（女）　罗　娟（女）
姜丹青（女）　柳易林　胡昌芝
胡绍文　赵平国　赵光荣
徐强国　陶庆富　黄玉明
黄　科　黄　海　黄检法
游流芳　谢　敏　何建平
暨爱平（女）　谭　晓（女）

13. 农林界（39人）
卜茂成　卜继光　马伏兰（女）
王承祥　邓海洋　付奇志
刘光红　刘国周　刘　辉（女）
寻雄光　朱丰平　汤华伟
宋怀智　宋远菊　宋湘宏
张佑华　张　强　李友辉
李杏义　李青梅（女）　李秋成
肖伟志　肖庆元（女）　苏　铁
陈午生　陈宇新　林湘泉
罗荣兴　罗家兴　郑明生
宣桔仁（女）　胡德资　钟自福
唐柏林　徐晓丽（女）
熊宇玉（女）　曾春明　熊建平
熊席亮

14. 教育界（25人）
卜芳艳（女）　甘艳平（女）
任　萍（女）　伍艳辉（女）
刘定初　何宗武　余建湘
苏启平　邱秋如（女）　陈　文
陈利莎（女）　陈　奎
陈菊珍（女）　陈　媛（女）
周晓波　周桂月（女）　罗传良
罗菊平（女）　钟瑞香（女）
唐赛丹（女）　袁　明
袁　琳（女）　黄艳丽（女）
曾祥圣、赖章武

15. 新闻界（4人）
朱树明（女）　何娟（女）
董怀国　戴建文（女）

16. 医药卫生界（20人）
卜继普　王好平（女）
贝明芳（女）　卢秋成
刘　红（女）　刘景艳　刘潜璜
江　涛　汤　伟　何维贵
李　红（女）　杨凌云（女）
邹先智　易　征　罗其美
高　洁（女）　高　翔　章　林
熊佑平　戴检明

17. 民族宗教界（7人）
石自行（苗族）　李泽桉
陈翠珍（女）　赵　炜　释圣清
释果成、释照性

18. 社会福利团体（6人）
王朝晖　李　斌　杜国平（女）
陈　锋　陈新为　潘传鸿

19. 特别邀请人士（51人）
尹桂云　王　持　贝　倩（女）
冯　旻　卢长发　甘本洪
刘守成　刘良平　刘佳富
刘宗斌　刘柏平　刘家汉
刘家智　江　涵（女）
汤美珍（女）　吴芝超　吴　兵
宋国辉　张志诚　张高峰
张新平　张　震　李　双（女）
李贤美　李　健　李湘民
杨品正　杨　辉　肖永林
肖生祝　肖建平（女）　陈武明
周长林　周秀星　周熊晏
罗金卫　胡　舟　钟楚武
唐润东　郭　彦（女）　高让波
彭卫新（女）　彭乐平
彭晓琳（女）　曾北平　谢建国
鲁承保　廖伟平（女）　熊南京
谭日红　黎正标

9月24日，浏阳市政协主席李家喜（中）等一行到市职业中专调研
（资料来源　浏阳教育网）

市政协工作机构
办公室主任　许百经

副主任　李贤美　甘本洪
文教卫体委员会主任　王　斌
副主任　彭晓琳（女）
提案法制委员会主任　王　持
副主任　孔　原
经济科技委员会主任　陈爱斌
群团联络委员会主任
　　李　珊(女)
人口环境资源委员会主任
　　熊南京

【政协浏阳市第九届委员会第三次会议】 2014年1月11日至13日，政协浏阳市第九届委员会第三次会议在浏阳城区召开。该次大会应到委员365人，因事因病请假6人，实到委员359人，符合法定人数。非人大代表的乡镇街道党（工）委书记、统战委员，市直单位党委（党组）书记和相关负责人等列席会议。会议听取并审议通过政协浏阳市第九届委员会主席李家喜代表政协浏阳市第九届委员会常务委员会所作的工作报告，副主席张葵红代表政协浏阳市第九届委员会常务委员会所作的关于提案工作情况的报告；与会人员列席浏阳市第十六届人民代表大会第三次会议，听取并协商浏阳市人民政府市长余勋伟代表市人民政府所作的政府工作报告，分组讨论协商计划、财政报告，市人民法院、市人民检察院工作报告。会议进一步完善协商后的反馈机制，市文化产业园汇报政协浏阳市第九届第二次会议关于促进文化产业发展大会发言的办理情况，同时，就推进公交事业发展、推进智慧浏阳建设、大力扶持农民合作社、促进青年自主创业等进行大会发言，受到与会领导和委员们的高度认同。大会讨论通过该次会议政治决议。会议期间，长沙市政府副市长、浏阳市委书记曹立军，长沙市政协副主席刘明理等领导和浏阳市历届政协主席、副主席参加会议。（汤　军）

【政协浏阳市第九届委员会第6-8次常委会议】 2014年，政协浏阳市第九届委员会召开政协常委会议3次。第六次常委会议。4月2日，市政协九届常委会第六次会议召开。会议听取市发改局“2014年全市重点（重大）项目计划及政府投资项目计划编制情况”、市财政局“2014年部门预算（草案）编制情况”和市花炮局“全市花炮产业整合提升情况”等三项工作情况汇报。

第七次常委会议。7月29日，市政协九届常委会第七次会议召开。会议听取并讨论上半年全市经济社会发展情况，就引导花炮产业持续健康发展，稳定外来务工人员建立留住机制、加大对农产品精深加工扶持力度、加强城区小学建设等社会事业投入等事项，提出建议和意见；会议通报2013年政协开展的“关心山区教育，关爱山区孩子”倡议活动中，政协委员捐赠的347.6万元善款的使用情况，并协商政协有关人事安排。

第八次常委会议。9月26日，市政协九届常委会第八次会议召开。会议对督办的七件重点提案办理工作进行测评。经过政协常委投票测评，七件重点提案的满意度分别为：财政局82%、公安局68%、林业局72%、交通局72%、卫生局86%、城管局76%、花炮局与商务局74%。（汤　军）

【政协提案工作】 2014年，市政协收到以提案形式提交的意见建议189件，经提案委员会审查，立案166件，其中集体提案5件，联名提案5件，委员提案156件，立案率为88%，所立提案送交39个单位办理；未予立案的23件，有8件作为来信转相关单位按信访程序给予回复，其他15件由提案法制委去函向委员作说明。加大对7件重点提案的督办力度，通过建立市级分管领导领衔办理、政协联系领导具体督办、新闻媒体跟踪专题报道、政协常委会议效果测评的办理机制，实现重点提案的重点办理。（汤　军）

【参政议政】 2014年市政协第九届委员会组织全体会议1次、常委会议3次、主席会议9次、各类专题会议30余次。九届三次全会期间，重点就政府工作报告、法院工作报告、检察院工作报告、财政预决算报告开展政治协商，并首次组织委员观摩重点项目，首次邀请部门负责人参加小组讨论，委员在小组讨论时向市委、市政府及相关部门提出意见建议480条，市政协以委员进言形式呈报给有关领导，大部分意见建议得到重视和采纳。坚持常委会议听取全市重点（大）项目计划及政府投资项目计划执行情况通报、财政预算执行情况通报，促进委员知情明政。开展推进新型城镇化专题协商活动，根据新型城镇化涉及的主要方面，选择城镇布局、产业支撑、生态宜居、土地利用、公共服务、基础配套、投资融资7个课题，深入开展调研，组织各种形式调研活动30余次，收集各联

（资料来源　市政协办）

络处、工作组和相关单位形成的调研报告45篇，形成2.6万字的专题协商材料，并召开专题协商会议，邀请市委、市政府主要领导、24个相关部门负责人及部分乡镇党委书记参加。活动得到市委、市政府高度认可，市委书记曹立军在会上表示，新型城镇化专题协商活动选题好、分析透、建议准，发言内容丰富，信息量大，要求各职能部门在推进新型城镇化过程中，认真吸收采纳委员们提出的意见建议，并就一些具体问题进行交办。为促进大会发言协商成果转化，从发言课题中选择“推进城区公交事业发展”“扶持农民合作社发展”“推进智慧浏阳建设”“加强垃圾分类处理”等议题，主动与相关部门开展对口协商。充分发挥政协社情民意“直通车”和“快车道”作用，全年收到反映社情民意信息295条，向上级政协整理编报23条，其中《关于支持烟花爆竹产业持续健康发展》的信息被省政协采用，并报省委、省政府；《关于“要求长沙市集中式餐（饮）具消毒服务机构审查权限下放区（县）”的建议》《加强对村级卫生网络的监督与管理》的信息被长沙市政协采用，并报长沙市委、市政府。报送市委、市政府社情民意专报21期，得到市领导批示10期，促使一些群众普遍关注、社会反映强烈的问题得到重视和解决。（汤　军）

5月6日，长沙市政协就“加快政府职能转变”的落实情况，到浏阳进行专题调研

（资料来源　市政协办）

【民主监督】 开展委员民主问政与深化委派民主监督员工作相结合，委派83名委员到15个市直部门担任民主监督员，并集中开展以优化经济发展环境为主要目标的民主问政活动。民主问政活动采取“小组问政与集中问政相结合，媒体报道与政协跟踪问效相结合”的方式进行。通过分片召开委员座谈会和企业、群众代表座谈会，以及各民主监督小组有针对性的走访了解情况，收集整理意见、建议313条，遴选出20个问题进行问政并反馈相关部门。问政后组织委员进行考察，促进问题整改，确保委员民主问政取得实效。（汤　军）

【帮办民生实事】 2014年，市政协完成15所山区学校的帮扶工程项目建设，改善山区学校教育条件。出资扶助43名困难家庭大学生。政协委员关爱弱势群体，倾心回报社会，广泛开展医疗义诊、捐资助学、扶贫帮困、抗洪救灾等活动，全年委员们捐出490万元用于公益事业。（汤　军）

民主党派•工商联

9月22日，民革中央秘书长李惠东（前排左四）到浏阳参观耀邦故居、文家市纪念馆、抗日老兵肖像展并与工委党员座谈合影

（资料来源 民革浏阳市工委）

中国国民党革命委员会浏阳市工作委员会

中国国民党革命委员会浏阳市工作委员会

主　委　刘仙娥

副主委　谢建国　吴海宁　全先林

【组织建设】 2014年，民革浏阳工委新增3人加入组织，共有党员65名。坚持每两月召开一次班子会，结合形势开展学习，总结前段工作，安排部署下阶段工作。2014年组织全体党员学习中共十八届三中全会精神和四中全会精神；组织部分党员参加民革长沙市委举行的全国人大、政协会议精神报告会；连续12年为每名党员订购《团结报》。选派4名党员参加民革长沙市委组织的撰写统战和社情民意信息培训学习。4名新党员参加为期4天的集中培训。4月份，一支部组织党员到张坊镇王首道、李白故居参观学习。6月份，二支部组织党员到中和镇耀邦故居、文家市镇秋收起义纪念馆参观学习。组织老年党员参观金科•山水洲项目。工委负责人和党员政协委员参加市委统战部与其他市直单位开展的群众路线教育活动。6月21日，在浏阳市行政中心友谊宾馆举行“纪念抗战胜利69周年暨‘回顾抗战历史•弘扬爱国精神’”活动。8月15日和9月3日，工委先后在才常广场和梅花小区开展湖南抗战概况、浏阳抗战老兵肖像展览活动。在民革省委开展的“关爱抗战老兵摄影作品竞赛”活动中，周利和、刘琳分获一、二等奖。周利和、王好平、张卫、张飞腾、胡磊、李瑶瑶、罗冬连、黄彦如、刘勇、卢光正、谭晓琴、张晓被评为2014年度优秀党员。

【参政议政】 参加各级“两会”，撰写提案。2014年浏阳市民革党员中人大代表、政协委员提交提案25件。袁波代表工委撰写的《关于我市空调室外机架隐患调查和应对建议》被列为市政协重点督办提案；谢建国在长沙市召开的民主建言献策大会上的发言受到好评；刘仙娥向省政协提交的《建议停止四大名校在全省招收优秀初中毕业生生》提案被省报《湘声报》《今日女报》报道，引起社会强烈反响。在浏阳市政协评选的20件优秀提案中，袁波提交的《关于我市空调室外机架隐患调查和应对建议》、黄焕华《关于加强农村水利设施建设维护的建议》、王国清《关于在公共自行车停放点增设停放点示意图的建议》、王好平《关于建立我市0—6岁儿童残疾筛查工作机制的建议》4件提案被市政协评为优秀提案，2014年民革党员周利和、王国清、刘琳被评为优秀政协委员。主动关注“热点、难点”，积极报送社情民意和统战信息，14名党员共报送社情民意和统战信息64篇。袁波关于《鸿宇城增加公交线路的建议》被浏阳市政协采用；唐文波的《长沙市统一战线召开专题会议迅速传达学习党的十八届三中全会精神》（合撰）被省委统战部采用；李瑶瑶的《民革浏阳市工委举办抗战老兵肖像展庆祝抗战胜利纪念日》、何桂海的《对完善依法独立公正行使审判权制度的意见与建议》被长沙市委统战部采用；王好平与吴海宁合写的《关于建立儿童残疾筛查干预工作机制的建议》和吴海宁的《应对准公职人员学历、学位、荣誉信息进行严格核查》等6件信息被长沙市委统战部采用，吴海宁的《通报批评应当披露当事人姓名、单位、职务》被省委统战部采用，《关于在农村征租地过程中防止侵犯农民权益的建议》的信息被中央统战部采用。吴海宁被民革长沙市委评为社情民意、统战信息优秀撰稿人。开展“城市居民到乡村田园养老”课题调研、“优化政务服务，助力园区发展”课题调研，提高提案质量。召开年度提案工作研讨会。

【社会服务】 走访慰问民革抗战老兵。春节前，以支部为单位，走访和慰问全市28名抗日老兵，9月份，对新确认的5位国民党抗日老兵进行走访慰问。开展帮助抗日老兵解困、为每位抗日老兵拍摄照片活动。为抗日老兵张家仁争取安居工程项目资金4万元。9月29日，

抗日老兵参加民革浏阳市工委举办的“集结号”活动合影留念

（资料来源　民革浏阳市工委）

部分党员参加抗日老兵古光全的98岁生日宴会。6月21日，在浏阳市行政中心友谊宾馆举行“纪念抗战胜利69周年暨‘回顾抗战历史•弘扬爱国精神’抗战老兵集结号”活动，为老兵进行体检和健康咨询，向老兵赠送纯银纪念章、英雄相框照、生活照和全家福照片以及其他纪念品。组织抗战老兵参观湖南抗战史展览、浏阳国民党抗日老兵肖像展和民革历史展，重温抗战历史。活动当日，民革浏阳工委向全社会发出“关爱抗日老兵”的倡议书。全国政协委员、民革湖南省委副主委、长沙市委主委朱建军出席活动并讲话。7月24日，北京著名策划师、油画大师川山先生和青年书法家子凡先生专程到浏阳，慰问抗战老兵王正相，并以王正相为模特进行油画创作。9月5日，民革省委秘书长黄自荣率省委文教科卫会、祖统会的党员先后到浏阳市慰问抗日老兵潘善美、王福。9月22日，民革中央秘书长李惠东到浏阳视察。12月9日，省第二测绘院志愿者到浏阳，慰问抗日老兵朱洪斌和张家仁。继续实施“同心工程”项目——关爱山区教育行动。联合民革长沙市委科教文卫委员会、浏阳市黄泥湾完小、民革长沙市财贸支部、浏阳市妇幼保健院等单位和长沙民革的爱心人士到小溪学校为学生授课，为学生体检，捐资帮扶家境贫困孩子上学。9月10日，民革浏阳工委对小溪学校2名教师进行慰问。关爱弱势群体，3月份，民革浏阳工委协调联系浏阳市蒙特梭利幼儿园，接收父亲因车祸去世、母亲改嫁，与年迈的爷爷奶奶相依为命的古港镇燕塘村5岁小朋友张杰免费入园学习生活；5月，一支部组织党员参加“淳风美德润三口、情系群众献爱心”的“同心乡村”主题活动，罗其美参与义诊服务，张卫、曹湘黔参与“兴智富农行动”。同时，一支部组织医卫系统的党员到普迹镇开展义诊，到敬老院慰问、开展义工活动。六一儿童节前，联系市妇幼儿童保健院与蒙特梭利幼儿园共同举办以残障儿童为主体的“关爱特殊儿童，放飞家庭梦想”的特殊儿童“六一”节亲子活动，五名残障儿童免费参加蒙特梭利幼儿园举办的“六一亲子美食节”。党员陈钟厚继2013年撰写《台湾政坛名人传记丛书》第一本《蒋经国的大小秘书——宋楚瑜和马英九》，2014年完成第二本《李登辉与陈水扁》书稿，工委组织党员帮助对书稿校对、编辑，11月由炎黄春秋出版社出版。

【民主监督】 民革党员政协委员分别担任林业局、住建局、国土局、城管局等市直单位的民主监督员或特邀监督员，主动联系被监督单位服务的群众，向其指出存在的问题与不足，并且提出改进的建议。

积极推荐人民陪审员人选。卢光正等2名党员连任2届人民陪审员，2014年卢光正参与审理527个案子，多次被评为浏阳和长沙市优秀人民陪审员，刘湘平、张飞腾、刘若平、苏仕波、唐文波、周利和成为新一届人民陪审员，新任人民陪审员上任后，共参加64件案件的审理。

【党员自身建设】 6月14日，罗丹在长沙湖南省图书馆举办书法展。2014年黄彦如联系上海儿童医学中心为浏阳人民医院儿科培训新进医生，选派湘雅医院血液内科博士远赴美国斯坦福医学培训中心进修，联系湘雅医院为浏阳人民医院培训医生6名。金先林协助编制《金阳大道选址论证报告》，促进项目顺利实施。胡磊主持为制造产业基地

9月25日，市人大常委会副主任、民革浏阳工委主委刘仙娥（右一）等走访看望慰问抗日老兵

（资料来源　民革浏阳市工委）

征地66.67公顷，拆迁房屋140栋，项目清零11个，得到市委书记表扬。赵闽组织完成项目招标46个，审核结算项目147个。袁波牵头申报成立“浏阳市家用电器销售服务行业协会”；何桂海为民商事审判法官培训，编撰3期《指导与交流》；汤学文汇编整理浏阳一中2008—2014年各科试题，在《高考资源网》上发表，教学论文《联系地球的结算问题》在省级刊物《中学学习报》上发表，课件《提高学习物理的兴趣》获国家一等奖。曹湘黔分管三口的冬修冬种工作成为湖南省冬修、冬种现场会的参观点，获得副省长张硕辅及与会领导好评。王好平连续5年承担湖南省为民办实事0—6岁贫困残疾儿童抢救性康复项目工作，主持的儿童保健学科体系建设处于全国领先水平，外出新疆、内蒙古、广东讲课4次，全年接受来自新疆等12个省级行政区的28个市县同行到科室进修学习，接待全国近300家医院和妇幼保健机构同行到科室参观。陈贤旭受聘教育部教师工作司，在张坊镇守河小学建立资文助学金，投资12万元扶助贫困学生。张松柏参与的湖南省畜牧兽医研究所为主的研究《商品牛肉生产综合配套技术推广项目》，获得湖南农业丰收奖一等奖。朱树昌完成手术200多台，发表论文2篇，其中1篇获长沙市科技进步二等奖。刘勇创建的金利烟花公司2014年创造产值2亿元；谭晓琴散文《寂寥的渡船》获得全国第二届情感散文大赛三等奖，散文《大山深处飘荡的客家山歌》发表在《中国文化报》，诗朗诵《大美张坊》在“欢乐浏阳河”活动中演出。 (吴海宁)

参加过抗日战争目前健在的浏阳老兵统计表（35人）

表4

序号	姓　名	住　址	简　历
1	钟恒寿(男)	浏阳大围山镇都佳村上冲组179号	1920年3月5日出生，1940年被抓壮丁到部队，编入58军第10师7团，1940年3月到1942年5月在江西参加奉新、上高、高安战役，因送信与连队失散，1942年返回浏阳
2	钟华初(男)	浏阳大围山镇金钟桥村孔家组牛尾塅	1924年8月5日出生,民国32年(1943)入伍,新三军12师,无线电台摇线员
3	向心桂（男）	浏阳市高坪镇高坪社区方兴路4号	1912年12月23日出生，参军之前当裁缝，被抽丁到99军，在常德、益阳一带。后随部队在桂林3年，在益阳5年，军长梁汉民，99军有3个师：92师、99师、197师。刚入伍分配在通讯营，营长尹志民，连长尹志华，和军长都是广东人。部队在益阳时，他设法保护了被日本飞机经常轰炸部队的通信设施，立过一次战功。1943年下半年随99军到浏阳高坪。1944年上半年部队离开高坪。老人脱离部队在浏阳高坪定居
4	黄平章(男)	高坪乡船舱村冷水塘片中沅组53号	1919年10月5日出生，58军11师33团
5	古光全(男)	浏阳市三口镇东盈村黄金组	1917年9月2日出生，先在浏阳南市分所当警察；后在岳浏司管局（长沙河西）教新兵；1943年参加抗日挺进军（游击队）；在浏阳三口打游击抗日
6	王子基(男)	浏阳市古港镇新园村牛岭片唐家组	1927年11月14日出生，15岁在衡阳参加湖南省保安14大队，在永州南山任连部通讯员，受第10军指挥。1944年参加衡阳保卫战，获得过抗战胜利60年纪念章
7	周绍耿(男)	浏阳市古港镇古城村片屋组519号	1923年9月27日出生，长沙燕山中学毕业，1942年入陆军99军99师，曾在徐州太兴部队，1942—1943黄埔军校江西瑞安分校学习，1943年任中尉文书。战争受伤，后方医院治疗6年，新中国成立后回家务农
8	罗昭尤(男)	浏阳溪江乡浆田村建新组	1924年12月29日出生，1940年11月参加中国国民革命军岳浏师管局任战士。1941年1月赴江西上高新编第三军12师。1943年6月调萍乡58军参加抗日。1944年参加吉安和江西大江口战役
9	张宜方(男)	澄潭江镇荆坪村荆坪片螺堰组134号	1924年5月8日出生，58军11师30团

续表

序号	姓　名	住　址	简　　历
10	陈香岑(男)	浏阳市镇头镇土桥村浏阳山组 37 号	1923 年 12 月 8 日出生，1941 年被抓壮丁到衡阳，编入第十军第十团三营八连高射炮部队，衡阳会战失守后，退到广西桂林、柳州、贵阳，调任卫生大队担架兵，1945 年日本投降，1946 年参加别动队，后改为交通警察总队，部队开到河南商丘，后投奔到其弟弟陈国栋所在的南京空军训练司令部，随部队到台湾，1949 年 3 月坐飞机到广州，后回家务农
11	陈少明(男)	浏阳镇头镇㙦口村凤鸣片更新组 316 号	1924 年 1 月 5 日出生，1941 年在浏阳被抓丁后编入第九战区第 4 军 59 师，，同年参加常德保卫战，同年农历 4 月 28 日参加长沙保卫战，战败后退到邵阳宝庆。在郴州休整后与日本军队宜章县白石渡血战负伤，由下士升为中士，随后到广西、江西开展游击战，在福建接受日本投降后回家
12	万付全(男)	浏阳市镇头镇连山村石子片万新组 182 号	1925 年 2 月 11 日出生，1941 年入 79 军 194 师 581 团通讯员，1941 年——1945 年参加湖北合口、长沙、常德等所有战役。在常德战役中负伤
13	陈　奇(男)	浏阳葛家乡玉潭村梅塘组 171 号	1927 年 12 月 29 日出生， 1943 年 8 月被抽丁。加入 99 军 99 师 297 团 1 营 3 连。1944 年夏天在汨罗火车站对面山头被日军围困，突围后随军至浏阳北区杨谷滩。1945 年 5 月至江西万载，后转回浏阳城郊水家村。抗战胜利后往江西九江德安县
14	高汉洲(男)	浏阳葛家乡马家村小冲片梓金组	1924 年 6 月 11 日出生， 1940 年 2 月被抽丁到衡阳常宁柏坊第四补训处学兵第五队任上等兵。1941 年迁移至常宁县城、邵阳县城。1942 年编入第三队任副班长。1943 年 5 月请假回家。9 月再被抓壮丁往江西新余县政府当政警。同年冬为县长宋伯贡卫士。1944 年随宋伯贡至安徽浙苏皖边区挺进军总司令部。1946 年任下士班长。同年冬至南京中训团财务训练九中队上等兵。1949 年元月随部队迁广州经株洲时脱离部队回家
15	刘光德(男)	浏阳普迹街新府社区普青路月形组	1924 年 7 月 5 日出生，1943 年加入 100 军 19 师输送连，上等兵，军长施中诚 1944 年到 1945 年参加长沙会战、湘西会战，后驻芷江
16	谭子成(男)	浏阳市普迹镇大鸡头村白露小区 054 号	1923 年 10 月 11 日出生，1942 年 2 月自愿入第六战区 26 集团军 75 军预备 4 师司令部参谋室任上士文书。驻扎在宜昌雾渡河。同年 6 月调师直属战炮连任准尉事务长。 1944 年初为配合长沙会战，在长江湖北沿岸多次阻击日军。1944 年 7 月，调军部军需处总务科任少尉军需。 1945 年部队调往四川省綦江县，巩固陪都防务，7 月返防湖北兴山县。日军投降时，部队派往湖北应城受降，被派驻应城古城台看守仓库，1949 年回家务农
17	黎霞林(男)	浏阳普迹镇书院村黎家组	1920 年 12 月 17 日出生， 1942 年参加宪兵 18 团特务连，绕道四川、贵州进入山西作战，1943 年被宪兵 18 团派驻中央银行守金库。1945 年抗战胜利后调入陆军 83 旅。1948 年下半年起义投诚，因负伤回家
18	邹长清(男)	浏阳普迹镇书院村周家组	1925 年 12 月 24 日出生， 1942 年入陆军野战炮兵团第十团，学习测量通讯。1944 年调入第九战区 21 军团 4 军炮兵团，参加了滇西大反攻和保山战役
19	刘光尧(男)	浏阳普迹镇五丰村桃花组 282 号	1926 年 8 月 2 日出生， 1944 年入陆军 100 军 19 师司令部，二等列兵，1944 年至 1945 年参加长沙会战、湘西会战等战役
20	周开兴(男)	住浏阳市普迹镇团结村老屋组 347 号	1926 年 4 月 3 日出生，1941 年被抽丁参加第七十三军七十七师二三一团情报办学习一年后，在石门县与日军作战，右脚被机枪打伤。在军部医疗队治疗三个月回到部队。之后在津市、慈利等地参加对日作战。由于伤情严重，经团长批准回家养伤，落下终身残疾。时任军长汪质彬、师长韩俊、团长李正亚、排长陈建忠

续表

序号	姓 名	住 址	简 历
21	郭志高(男)	浏阳市普迹镇古寺村谭家小区青山组	1925年5月7日出生，1941年抽丁入第七十四军五十八师一七三团三营八连第一排第二班。入伍时时任军长王耀武、师长张灵甫、团长何南、营长吴乐文、连长林汉奇、排长尹长友。在湖北公安首次参战，之后在常德、桃源、澧县、石门等地参加抗击日军，所在部队曾在常德被围困半月之久，在100军援助下才得以解困，部队在慈利被打散，转入44军
22	黄导平(男)	普迹镇普花村社塘片青桥组247号	1923年1月11日出生，入伍后先后在宪兵21团，中央军事委员会外事局任交际翻译副官等
23	朱洪斌(男)	湖南浏阳永安镇坪头山村高中片沙边组253号	1921年2月15日出生，1939年冬就读黄埔军校第十八期特种兵化学兵科。1942年分配到军政部学兵总队重炮二团担任排长。同年，在昆明乘飞机到印度（纳木嘉）美国战术学校印度分校军训一月，后参加密支那、那莫、芒坎战役
24	罗传兴(男)	浏阳市永安镇丰裕社区周家组	1922年12月27日出生。家有三兄弟，排第三。当时政府规定三子要征二子当兵。二兄罗传薪已在国民党军政部荣誉军人第十四临时教养院任上尉军需。1940年下半年由二兄介绍他去该院当兵。教养院负责收养由抗日前线下来的残废军人。院部设郴州。院长陈显瑞上校，总务主任赵文彬中校。被分配到该院第二大队任准尉司书，后升为少尉。大队长是张廷玺上尉。在部队参加了国民党，党证号为军官字04800
25	王正相(男)	浏阳沙市镇长兴社区洛沙二组86号	1920年1月1日出生，曾在长沙弘道专科学校学习一年，经人介绍，在江西修水漫江参加挺进军（李默庵部），任总指挥部军需处文书，在祁阳参加西南游击队干部训练班学习2-3个月后，因病请假回家
26	邓杏生(男)	浏阳洞阳镇西原社区毛里片邓家组	1927年8月19日出生，1942年8月，参加抗日游击司令部第一纵队，在本地同日本人打了三仗，1945年5月改编进入73军15师到南京。1949年4月21日参加解放军，1956年回湘，1958年到广州铁路局株洲站工作，1962年下放回家
27	张家仁(男)	淳口镇山田村喻家片安全组	1924年五月出生，1939年11月考入中央陆军军官学校二分校七总队步兵科，毕业编入远征100军，1942年在洪江陆军机械化学校学坦克驾驶。1944—1945年由昆明转飞机至印度纳木嘉，加入中国远征军驻印度总部战车第七营，抗战胜利后，由纳木嘉回国
28	唐尧凤(男)	社港镇合盛村南山片下屋组370号	1926年10月4日出生，37军140师419团少尉副官
29	黄术林(男)	浏阳市柏加镇仙湖村	1923年7月8日出生，1944年5月去桂林第6军修械所当学徒， 1944年6月随第6军到昆明。9月参加军政部军械保养干部培训班学习重兵器、修炮和开车， 1945年6月分配到湖南沅陵第十八军第二游修队， 1945年10月到贵阳联总勤务总司令部(简称联勤)军械保养团。1946年后到南京、苏州、高雄仍在军队从事军械管理。1949年从高雄经广州回家
30	钟诗田(男)	浏阳市关口办事处金口村金钩组	1925年1月10日出生，1944年，在浏阳被抓丁入伍，在大瑶训练一年，其间没有参加战斗，1947年又被抓丁入伍，到河南开封打仗负伤， 1949年回家
31	潘善美(男)	浏阳关口街道长兴社区长乐片巴山组238号	1926年4月3日生，1942年10月在常德澧县任 100军辎重兵团团部文书，1943年2月驻常德津市。1943年4月到广西桂林东南干部训练团参加培训。1943年6月在邵阳佘田桥归队，编入整编75师591团3营7连。1944年4月在湘西63师189团游击抗日。1945年11月抗战胜利后回乡。1947因内战被抓壮丁。1950年在海南被俘虏，被遣散回乡

续表

序号	姓 名	住 址	简 历
32	王 福（男）	浏阳市城区方竹路153号	1922年11月23日生，1941年自愿参军，入99军99师295团3营任文书。1944年5月驻扎在浏阳官桥乡。后调往江西南昌、九江一带。1946年在江苏镇江、如皋金界乡界溪村起义加入解放军。1952年回乡。
33	易兰生（男）	淮川街道办事处金沙中路26号1栋1号	1916年6月8日出生，预备第7师 90军53师158团3营迫击炮排、机枪连
34	寻民治（男，离休）	浏阳市文化馆职工宿舍2栋2楼右	1944年在浏阳九战区担架团参战。1945年进入58军30团当步兵。1945年在江西莲花追击日军

说明：民革浏阳市工委按照民革湖南省委部署，从2012年8月开始寻访生存的国民党抗日老兵，至2015共确认39名。其中黎桃生、何维圣、朱仲舜、张启招、陈晏题5人在寻访期间逝世。截至2015年3月，确认参加过抗日战争目前依然健在的浏阳国民党老兵共34人

中国致公党浏阳市工作委员会

致公党浏阳市工作委员会领导人员

主　委　邓雪琴（女）
副主委　易修平　彭晓玲（女）
　　　　陈　静（女）

【概述】 2014年，致公党浏阳工委认真履行参政党的各项职能，在参政议政、社会服务、海内外联谊、自身建设等方面取得显著成绩，为浏阳的经济社会发展做出积极的贡献。工委及二支部被致公党长沙市委授予“优秀基层组织”称号。
（黄谷成）

致公党中央副主席闫小培（右一）调研浏阳工委社会服务和佳源油茶林基地建设
（资料来源 致公党浏阳工委办公室）

【专题调研】 工委根据致公党长沙市委关于调研课题招标制度，申报《加快职业教育与产业发展对接构建长沙现代职业教育体系》的课题并成功中标。随后，工委组成专题调研组深入调查研究，如期完成调研任务，获长沙市委1.5万元奖励。工委代表致公党长沙市委撰写的调研论文《推进人民政协履职能力现代化建设的思考》获长沙市政协好评。黄谷成撰写的调研论文《浅谈对法轮功转化对象的接茬帮教》获省反邪教协会优秀论文一等奖。
（黄谷成）

【建言献策】 2014年，党员中人大代表、政协委员向长沙市、浏阳市“两会”提交建议和提案20件，均被相关部门采纳。长沙市人大代表邓雪琴撰写的《关于落实足额从土地出让收益中计提教育资金的建议》《加大大围山生态旅游示范区建设的建议》，均得到具体落实，大围山成功晋升为国家级生态旅游示范区。市人大代表刘丽萍提交的《关于切实加强城市公共设施维修维护的建议》《关于提高浏阳医保报销额度与拓宽药品报销项目的建议》提交市人民政府后，副市长戴武明组织相关局负责人召开座谈会，建议所反映问题得到解决。工委集体提案《关于加快长沙地区养老服务业发展的建议》由致公党长沙市委在长沙市政协建言献策会上作专题发言。在市水务局召开的城区基础设施改造问计于民座谈会和在浏阳市检察院、法院群众路线教育实践活动座谈会上，彭晓玲、李明、黄谷成等党员代表都提出改进工作的多项意见和建议，得到相关单位的重视。彭晓玲担任科技局民主监督小组组长，带领全组成员开展调研走访，在科技成果转化、科技项目扶持资金使用、加强知识产权保护等五个方面提出30多条建设性意见，在此基础上，就加强知识产权保护问题进行重点调研，在政协集中问政会上当面问政科技局，并督促其采取有效措施，进行整改落实。
（黄谷成）

【了解和反映社情民意】 2014年，工委向各级各部门报送反映社情民

闫小培副主席调研浏阳佳源油茶服务基地座谈会　　（资料来源　致公党浏阳工委办公室）

意信息25条，采用17条。工委报送的信息《“谭氏家庙”拆迁潜伏极大的不稳定因素》被长沙市政协《社情民意》采用。《长沙市信息安全存在的问题及对策》被中共浏阳市委、长沙市等多家机关采用。4月，黄谷成被长沙市政协聘为社情民意信息员。　　（黄谷成）

【社会服务】　推进经济建设。推进佳源油茶林基地建设。2014年，致公党湖南省委主委胡旭晟、长沙市委主委王国海到佳源油茶林基地调研，5月10日，全国人大常委、致公党中央副主席闫小培到佳源油茶林基地视察，9月，浏阳工委的社会服务工作在致公党湖南省委社会服务工作成果展示会上被作典型经验介绍。帮扶市特殊教育学校发展。年初，工委组织全体党员去该校慰问师生们，致公党长沙市委主委王国海当场捐款10000元，为该校购置钢琴一台，工委还帮助该校列入2014年教学楼设备资金140万元的项目。5月10日，“致公•浏阳特校班”正式开班，致公党长沙市委、浏阳工委与特校签订协议，2014至2016年三年内为特校筹集扶助资金12万元，并当场为该校20名贫困学生发放捐助金4万元。

开展“同心社区”服务基地建设。年初，工委组织党员为社区清扫街道，慰问贫困居民，争取扶持资金。3月15日，组织全体党员在该社区植树，建设“同心林”基地。扶持大围山镇水果产业。工委成员多次赴大围山镇调研水果基地发展情况，7月19日工委在该镇“大围之珠”水果基地召开社会服务工作会议，决定尽力帮助该基地解决当前存在的困难，引导该基地着力打造成为绿色生态旅游休闲基地，支持该基地获得长沙市科技农业特色产业项目支持经费连续三年每年20万元。（五）支持盐津铺子企业发展。工委成员深入到盐津铺子食品有限公司走访调研，组织相关部门帮助其解决困难，使其企业规模不断发展壮大。（六）帮助大源村“两型社会示范村”建设。在葛家乡大源村大力倡导环境保护，协助该村实施环境整治，争取环境整治经费，不断完善垃圾处理、污水处理设施，使该村环境面貌焕然一新。　　（黄谷成）

【自身建设】　思想教育。3月15日邀请浏阳市委党校校长刘丹给党员作党的十八届三中全会精神及党的群众路线教育实践活动专题讲座。8月，工委组织22名党员赴革命圣地延安参观学习，进行革命传统教育，黄谷成撰写的《延安精神，光照千秋》学习感想发表在长沙致公网上，并荣获湖南省“坚持和发展中国特色社会主义学习实践活动”征文三等奖。组织发展。2014年，市商务局副局长李凌、市通用现代办公用品有限公司总经理彭劲松2人被列入入党发展对象。基础设施建设宣传工作。根据机关事务管理局安排，致公党浏阳工委办公地点搬至行政中心附二栋4132、4133室，工委建立浏阳致公QQ群。年内，《湖南致公》《长沙致公》《长沙统一战线》《和网》《浏阳日报》《浏阳论坛》等网刊采用党员文章69篇次。《浏阳致公》编发4期，刊发文章23篇计2万余字。　　（黄谷成）

【党员建功】　2014年，24名党员被评为各级先进个人。刘世杰荣获由中国书法家协会、中国美术家协会、中华人民美术网举办的“中国金马艺术家奖”。周正国被评为长沙市教育学会先进工作者、长沙市教研先进工作者，主编的《聚焦课堂》由四川大学出版社出版发行。李亚辉国画作品《家园　江边》入选中国文联、中国美协、中国文学艺术基金会主办的“中国梦——塑造中国新形象美术作品展”。彭晓玲散文集《苍茫潇湘》由上海文汇出版社出版发行，其长篇纪实文学《人去巢空》列入省作协及中国作协2014年重点扶持项目。柳孟兰勇于钻研业务，其论文《我的教师实践知识》获湖南省一等奖。范礼英因工作业绩突出荣调省妇幼保健院。甘艳平自筹资金6万余元赞助社会公益事业及资助贫困学生，荣获“湖南省教育活动杰出人物奖”，晋升为湖南省艺术教育专业委员会秘书长。邱六安将自家380多件衣服送到致公党长沙市委转交贫困群体。张学文捐资2万元给市特殊教育学校，被评为致公党湖南省委社会服务先进个人，张艳春与援藏家属一起去西藏贡嘎县江塘镇开展扶贫助学活动。12月，有黄谷诚、廖爱芳、彭晓玲被评为致公党长沙市委优秀党务工作者；李亚清、罗靖华、李红、陈辉光、叶昌新、甘艳平被评为致公党长沙市委优秀党员；刘勇、李明被评为致公党长沙市委社会服务先进个人；寻益人、陈静评为致公党长沙市委参政议政先进个人。　　（黄谷成）

【内外联谊】　5月，全国政协常委、副秘书长，致公党中央常务副主席蒋作君率致公党中央医药卫生委员会，联合发改委、民政部、卫计委、中国社区卫生协会组成联合调研组到浏阳调研。4 月，由张家界市人民政府副市长、致公党张家界市委主委向佐谊带领的考察团一行 13 人到浏阳工委考察调研。工委坚持主动向中共浏阳市委统战部汇报工作，邀请市委统战部领导出席指导年初的党员大会，工委的重要活动、新党员考察等都请统战部的领导指导。5 月，党员黄谷成赴泰国考察，他撰写的《泰国之旅的感悟》，全文刊发在湖南致公、长沙致公网上，并在《浏阳通讯》摘要发表。很多党员自费出国考察，开展海外联谊活动，积极宣传和推介浏阳。与此同时，工委多次参加市侨务工作会议，并围绕《中华人民共和国归侨、侨眷权益保护法》的贯彻落实情况，与市侨联一同调查研究，反映侨胞的呼声，使侨胞的困难得以及时解决。（黄谷成）

浏阳市工商业联合会

浏阳市工商业联合会

主　席　郭荣华

党组书记、第一副主席

　傅丹阳

党组成员、副主席　易怀泉

　黄　萍（女）

党组成员、纪检组长　姜怡明

党组成员　刘　凯　唐效湖

兼职副主席（副会长）

　卢炳辉　叶长江　庄桂森

　李杏义　宋怀智　罗业清

　罗博士　陈小英（女）

　陈平轩　陈学明　钟自奇

　陶长彪　黄兢雄　熊　然

　黎洪武　李　雄　黎　伟

　王藏兵　刘常青　周汝红

　彭玉良　黄光明　杨　郁

　黎西林　劳　嘉（女）

　罗冬生　黄　平（女）

　郭　辉　彭　佳

秘书长　唐效湖

【概况】 2014 年，工商联在编干部 10 名，自主用工 4 名。第十四届工商联共有执委 181 人，其中常委 63 人，兼职副主席 22 人，兼职副会长 7 人。截至 2014 年 12 月，全市新增个体工商户 7490 家、农民专业合作社（不含农场）686 家、私营企业 2994 家、工商联会员 126 名，同比增长率分别为 24.25%、24.6%、38.05% 和 8.2%。

（罗永昌）

6 月 11 日至 22 日，浏阳企业家浙大素质提升研修班共 50 名学员在浙江大学进行为期 11 天的集中学习　（图片来源　市工商联办公室）

【服务非公经济发展】 环境优化。2014 年，市委、市政府将民营经济工作纳入全市年度绩效考核范畴，由工商联具体实施。市委、市政府进一步调整充实非公经济领导小组。工商联以非公经济领导小组办公室和市推进创业富民办公室为抓手，加强对全市非公经济发展的指导以及对全市各职能单位服务非公经济发展情况进行督查，促进全市非公经济的创新创业。编印《浏阳市民营经济服务指南》，免费发放至各乡镇街道和民营企业。加大奖扶力度，19 家非公企业获得 44.4 万元的财政专项奖扶资金。小微企业培育工程。优化服务，注重质量，做好创业富民推进工作。扶持大学生、返乡农民工、退伍军人等群体创业项目，报送 2015 年长沙市创业富民项目 164 个，本级财政扶持创业项目 139 个，扶持资金 250 万元。同时，按时足额拨付 76 个项目 2014 年度长沙市级创业富民专项资金 374 万元，并组织对 2013 年度长沙市重点扶持的 25 个扶持金额为 5 万元以上的项目进行绩效考评。开展创业活动，浓厚创业氛围。以“创业富民在基层”等活动为载体，结成 40 对帮扶对子。组织民营企业家参加长沙“民间投资项目对接会”，3 家商业银行现场为 12 家中小企业授信 4 亿元，由工商联牵头设立的恒丰小额贷款公司也正式营业，给创业者以资金上的帮扶。数字工商联信息化建设。2014 年，主要是推进以千家信息化企业、百家信息化示范企业、十家信息化龙头企业为主要内容的“千、百、十”工程建设。数字工商联门户网和 50 多家企业门户网已全面投入使用，百家示范企业的生产、销售、管理信息化系统已安装试运行，共有 43 家企业上线使用会员手机 APP 系统。“数字工商联”的建设丰富了工商联服务非公经济的时代内涵，提升了非公企业的核心竞争力，推动了区域经济的转型升级，符合中央、省市政策要求、具有独特的创新性、针对性、示范性和实效性，被评为全国工商联十大创新工作。《中国工商时报》《湖南日报》《长沙晚报》等党报党刊和 20 多家网站进行了宣传报道。企业家素质工程继续推进。6 月 11 日 -22 日，选送 50 名优秀的非公经济领军人物在浙大进行为期 12 天的学习培训。开展创业培训和“解放思想，创业富民”大讲坛系列知识讲座，培训初创人员 6000 多人次。组织民营企业赴长沙参加“解放思想 创业富民”大讲坛——《中国企业未来发展之路》讲座。联合长沙银行、人民银行举办“金融大讲堂”和参加“湖南（长沙）首届财博会”等活动，引导企业家健康投资，合法理财。

（罗永昌）

7月29日，省委政研室副主任曾剑光率队到浏阳，调研非公经济发展情况。并于8月20日至22日，省委政研室和长沙市委政研室联合调研组再次深入浏阳，走乡镇、进园区、看项目、访企业，专门进行3天的调研，实地感受浏阳的发展变化，重点探寻浏阳发展的活力所在，最终形成《浏阳经济社会发展持续向好的调研与启示》专题调研报告

（图片来源　市工商联办公室）

【基层组织建设】 一是健全机构，夯实基层基础。主动对接行业商会改革需要，在市委、市政府高度重视和支持下，增设一个二级机构——基层商会管理办公室，主要职能是加强对基层商会和行业商（协）会的管理和指导，为进一步加强基层商会建设，发挥基层商会作用提供了保障。新成立小河乡商会和浏阳青年企业家商会，电子商务协会正在筹建中。在实现乡镇、街道商会全覆盖的基础上，加快推进行业商协会的建设，基层基础进一步夯实。二是规范管理，促进行业自律。按照全联要求对全市乡镇街道商会的称谓进行规范，统一制作印章、统一制作标牌。组织行业商（协）会做好了市民间组织管理局年检登记工作。各行业商会进一步规范行业行为，协调同行利益关系，实行自我约束，维护行业间的公平竞争和正当利益，促进行业发展。三是创新服务，开展学习交流。为进一步整合资源，发展壮大建筑器材租赁行业，在北盛镇党委、政府的全力支持下，市工商联合会直属北盛建筑器材租赁商会牵头，工商联和总商会积极创建“中国建筑物资租赁之乡”。年底，中国基建物资租赁承包协会正式授牌浏阳市为“中国建筑物资租赁之乡”。澄潭江镇商会为推进企业转型发展，组织会员前往长沙开福区、高新区等地学习。青年企业商会带领会员赴宁乡等地交流，筹备中的电子商务协会组织会员企业前往浙江等地考察。四是加强基层商会建设目前北盛镇和大瑶镇商会的商会办公场所已投入使用。办公场所的建设，树立商会良好的对外形象，提升商会的服务质量，增强基层商会的凝聚力。

（罗永昌）

7月30日，全国工商联商会建设调研县级工商联座谈会在浏阳召开。全国工商联党组成员、副主席庄聪生和湖南省工商联副主席陈宏忠等中央、省市工商联领导出席会议。长沙县、平江县、湘潭县、衡东县、醴陵市等县市工商联负责人和部分基层商会代表参加会议

（图片来源　市工商联办公室）

【参政议政】 一是积极开展服务非公经济工作督查。在非公经济领导小组的指导下，9月22日至26日，由纪委、市委督查室、市绩效办、市政府财源办、市政府督查室、市政务中心、市工商联组成2个联合督查组，对32个市直单位各乡镇街道落实《关于鼓励和支持民营经济发展的若干意见》文件精神情况和2014年度服务民营经济工作情况进行督查，并由企业家代表对35个市直单位的收费、行政审批、涉企检查、涉企培训等四个方面进行工作测评，征求企业家代表对浏阳市民营经济发展的意见和建议共计28条，并对意见和建议进行交办。市委书记曹立军充分肯定该项工作，批示“此项工作开展很好，望能坚持”。二是充分履行政协委员职责。在政协九届三次会议期间，委员撰写提案24件。其中李雄委员撰写的《关于加强投资公司管理，规范民间借贷行为的建议》被列为政协主席会议重点督办提案。在政协民主问政领导小组指导下，以“规范民间借贷行为，巩固金融安全区创建成果”为题，进行现场问政。工商联界别委员撰写社情民意16条，其中被省政协采用的1条，市政协采用的2条，市领导批示的1条。 （罗永昌）

【浏阳市“同心工程”建设有成效】 7月8日，湖南省工商联系统“同心工程”（长株潭片区）现场推进会在长沙召开。浏阳市“同心工程”建设得到了省市的一致好评，在长沙市第一批同心创业园区、同心创业项目、同心创业乡村、同心创业社区创建中，浏阳市“智慧浏阳和文化创意孵化创业基地”被授予“长沙市同心创业园区”荣誉称

号，永和“菊花石小镇”被授予“长沙市同心创业乡村”荣誉称号。（罗永昌）

【获全国工商联（商会）系统优秀案例奖】 12月29日，由全国工商联宣教部指导、中华工商时报主办的“2014年度工商联（商会）工作十大亮点和十大创新”推介评选揭晓，“2014年度工商联（商会）工作优秀案例”也同时产生。浏阳市工商联的《建设数字工商联 增添服务新活力》获全国工商联（商会）系统优秀案例奖，是全国县级工商联唯一获奖单位。（罗永昌）

市政协副主席、工商联主席郭荣华带领浏阳市澄潭江镇商会一行50人考察学习开福区新亚声光电（图片来源 市工商联办公室）

【浏阳市被授予“中国建筑物资租赁之乡”称号】 浏阳市北盛镇、淳口镇、沙市镇、永安镇、洞阳镇等十几个乡镇从事建筑物资租赁行业的人员有上十万人，市场达到全国18个省（包括中南六省、西南各省，最远延伸到新疆）、100多个城市，整个行业年租赁经营收入上20亿元。为促进浏阳市建筑物资租赁行业持续、健康发展，力求资源、环境、市场全面整合，浏阳市工商业联合会、浏阳市总商会积极引导该行业成立行业商协会。2014年11月9日在江西南昌举办的2014年中国建筑物资租赁承包行业年会暨第三届中国国际建筑施工支撑体系及安全防护产业发展论坛上，浏阳市获得“中国建筑物资租赁之乡”荣誉称号。（罗永昌）

【湖南省委政研室、长沙市委政研室到浏阳调研非公经济发展】 7月29日，湖南省委政研室副主任曾剑光率队到浏阳调研非公经济发展情况。截至2013年12月，浏阳非公企业达42348户，从业人员为88.95万人，创造的地区生产总值、产生的财政税收、安排的就业人数，在整个市域经济中所占的比重均超过九成。调研组对浏阳非公经济在推进“工业强市”战略、吸引民间投资与促进市场繁荣方面的重要促进作用，给予充分肯定。调研组同时指出，浏阳市非公经济还存在中小企业结构性矛盾、非公经济体融资瓶颈问题仍未解决、劳动力用工问题日益显著等问题。因此，要进一步优化发展环境，汇聚各种发展要素，加强人才培养、建立健全现代企业制度，进而推动浏阳的非公经济发展。（罗永昌）

【全国工商联商会建设调研县级工商联座谈会在浏召开】 7月30日，全国工商联商会建设调研县级工商联座谈会在浏召开。全国工商联党组成员、副主席庄聪生和湖南省工商联副主席陈宏忠等中央、省市工商联领导到会指导工作。长沙县、平江县、湘潭县、衡东县、醴陵市等县市工商联负责人和部分基层商会代表参加会议。座谈会由湖南省工商联副主席陈宏忠主持。浏阳市委副书记、市长余勋伟出席座谈会。浏阳市委常委、组织部长、统战部长周文舜致欢迎辞。座谈会上，各县市工商联和基层商会代表就商会建设提出一些意见和建议。庄聪生副主席指出，此次主要是调研新形势下商会建设工作，了解基层商会的基本情况以及听取基层对新形势下工商联加强商会建设的建议。他指出：县级工商联要理直气壮、坚持不懈的将商会抓在手中。要认真领会中央社会组织制度改革的精神，要认真比对协会与商会的区别，要充分认识工商联与商会之间密切联系，要下功夫努力抓好商会建设，要切实发挥作用。在新形势下，行业商会、镇街商会会越来越多，会员的期盼也会越来越高越多，基层商会要有责任感、使命感、紧迫感，要将商会组织真正做成“会员之家”、非公经济人士的“娘家”。要十分重视非公经济人士的“理想信念教育”和“四信教育”。注重“理想信念教育”和“四信教育”的广泛性和实效性，绝不能只流于形式。（罗永昌）

【浏阳市小河乡商会召开第一届会员代表大会】 9月18日，浏阳市小河乡商会第一届会员代表大会暨成立大会在小河乡举行。会议举行浏阳市小河乡商会成立仪式。并根据相关规定，选举产生小河乡商会第一届执委会，文光辉当选为小河乡商会会长。（罗永昌）

社会团体

4 月 11 日，湖南省总工会党组书记、副主席刘革安（右二）到浏调研基层工会建设工作 （图片来源 市总工会）

浏阳市总工会

浏阳市总工会

党组书记、主　席　李建军

党组成员、副主席　李繁枝

李　翠（女）

党组成员、纪检组长　刘旭建

经审委主任　罗孝松（2014.6 任）

【概况】 2014 年，市总工会机关内设办公室、组织科、劳保宣教科、民管法保科等 4 个科室，下辖工人文化宫和职工服务（帮扶）中心，共有在职职工 14 名。浏阳市共有工会联合会 60 家，其中市直工会联合会 23 家，乡镇工会联合会 33 家，街道工会联合会 4 家。浏阳市已建基层工会 2992 家，其中行政事业单位、国有企业工会共 356 家，非公企业工会 2636 家，全市现有工会会员 23 万，已建工会职工入会率达 93%。（于伊漪）

【职工文体活动】 4 月 26 日，在欧阳予倩大剧院举办“英才助发展、劳动最光荣”为主题的浏阳市庆“五一”外来务工人员专场文艺晚会。5 月 6 日，在市体育中心举办欢乐潇湘庆“五一”广场舞展示活动。10 月 22 日，在浏阳河广场举办“中国梦•湘吐情”两地职工文化交流暨“送文化进企业”专场演出。先后开展职工乒乓球比赛、老年职工门球赛、首届职工气排球比赛，协助市委、市政府举办第二届全民运动会。（于伊漪）

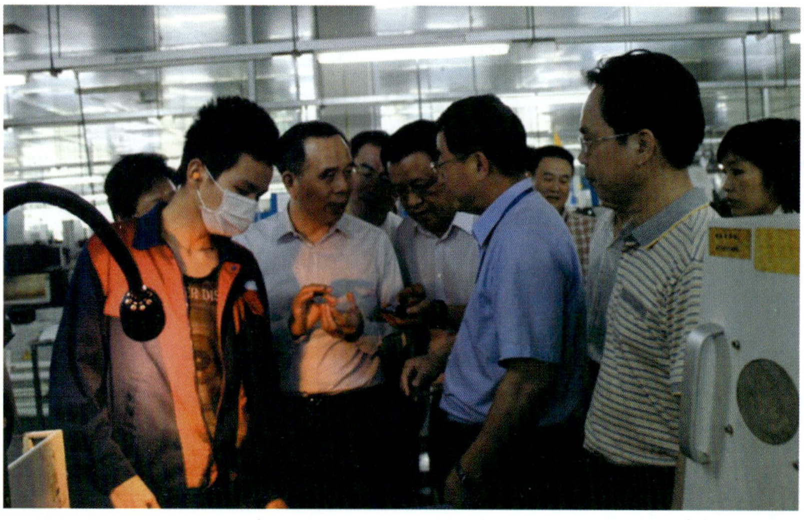

5 月 29 日，全国总工会副主席、书记处书记陈荣书（左二）到浏阳调研工会工作 （图片来源 市总工会）

【职工素质提升】 在全市开展“创建学习型组织，争做知识型职工”主题活动，开办浏阳职工道德讲堂，聘请省总工会副主席黄新民担任主讲嘉宾。举办“中国梦•浏阳梦•劳动美”文学创作大赛，开展“中国梦•国网情”——多读好书、多做贡献演讲比赛，举行浏阳最美劳动者笑脸摄影比赛和“点赞，浏阳最美职工”征文比赛。推动各级“职工书屋”建设，2014 年，蓝思科技职工书屋荣获全总职工书屋称号。5 月 11 日，在制造产业基地举办焊（钳）工技能比赛。6 月份，在湖南丰日电源电气股份有限公司举办 2014 年岗位技能比武。7 月份，在官渡烟草站举办全市第二届烟叶分级职业技能竞赛。9 月份，联合公路局组织开展公路养护技能比武。11 月份，联合市旅游局举办第二届旅游服务技能大赛。通过这些活动的开展。（于伊漪）

【帮扶维权工作】 关爱环卫工人。4 月份，免费为全市女环卫职工办理职工特殊疾病保险、发放购药卡，对 8 个特困女环卫职工每人发放 1000 元救助金。10 月 26 日环卫工人节，组织环卫工人看免费电影，吃免费午餐，并在全市发出“为环卫工人减点压”的倡议，号召广大市民自觉爱护环境卫生。12 月 18 日，为全市 624 位一线环卫工发放“保暖套餐”，每人一顶帽子、一条围巾、一双手套。积极帮扶困难职工。在春节前夕、“五一”前夕、

“七一”前夕、国庆期间、元旦前夕，均开展慰问困难职工或困难党员活动，共发放困难救助金近百万元。及时救助受灾职工。5月24日，浏阳市部分乡镇遭遇近50年最严重洪灾，市总工会筹集20余万元专项资金，救助“5.24”洪灾受灾困难职工和农民工220户。扎实开展职工医疗互助活动。2014年，216个单位17966人参加医疗互助，共有1136人次申请医疗互助补助，补助金额达102万元，占总缴费额的114%，其中最高补助达5万元。慰问城管电力、交警、西北环线建筑工人、自来水维修队、园区企业等高温作业一线劳动者，发放价值15余万元的防暑解暑物资。开展金秋助学活动。8月份金秋助学活动扶助84名考入高校的困难职工子女，发放助学资金24.2万元。 （于伊漪）

【劳模服务工作】 4月29日，召开庆“五一”劳模表彰大会，评选表彰李一兵等10名劳动模范和市广播电视台等5个模范集体。4月份，向长沙市政府推荐的孔凡友、黄光辉、刘伟、汤华章、范荣国等5名同志被评为长沙市职工劳动模范，向省总工会推荐的孔标获得省五一劳动奖章荣誉，并享受长沙市劳模待遇。9月份，向省总工会推荐的蓝思科技职工欧海石被评为“湖南省最美班组长”，并授予省五一劳动奖章荣誉，享受长沙市劳模待遇。11月下旬，分3批组织职工劳模赴北京、厦门、重庆等地进行疗休养活动。走访慰问陈传运、赵银华、易群、焦图强等国家、省、市级劳模，为劳模们争取上级各类补助资金30余万元。 （于伊漪）

【基层工会建设】 按照湖南省总工会要求，组织乡镇、园区工会联合会对照非公企业数据库对全市非公经济组织开展“拉网式”排查，摸清全市工会底数。2014年，全市共组建工会396家，涵盖法人单位632家，吸纳新会员10700人，其中农民工10497人。加强乡镇工会联合会规范化建设，为每个乡镇园区派送4组资料柜，改善乡镇工会工作条件。投资20万元着力打造了镇头镇工会联合会的规范化示范点，加强模范职工之家建设，有神力公司等12家单位评为市级模范职工之（小）家。 （于伊漪）

【劳动关系协调】 健全工资集体协商工作考核标准，对考核指标进一步进行细化和量化。召开工资集体协商动员会，对工资集体协商工作进行部署，重点推动工资集体协商工作向非公企业延伸，向劳动密集型企业拓展，不断扩大工资集体协商覆盖面。2014年，浏阳市共有1861家企业签订工资集体协议。 （于伊漪）

【召开“五一”劳模表彰大会】 4月29日市委、市政府召开庆“五一”劳模表彰大会。表彰会上，10名劳动模范和5个模范集体受到隆重表彰。各级劳模代表还发出倡议，呼吁全市广大劳动者、职工争做推动跨越赶超的引领者、合法生产经营的主力军、提升综合素质的带头人、促进社会和谐的领头雁，为浏阳“挺进三十强、再创新辉煌”贡献智慧和力量。市委副书记、市长余勋伟出席表彰会并讲话。市领导吴震、孙建科、邓雪琴、张葵红出席会议。 （于伊漪）

【中华全国总工会副主席陈荣书到浏阳调研】 5月29日下午，中华全国总工会副主席、书记处书记陈荣书，湖南省总工会党组书记、副主席刘革安等一行来到位于浏阳经开区的蓝思科技股份有限公司，就工会工作、职工队伍稳定情况进行调研。陈荣书充分肯定浏阳市总工会、园区工会和蓝思工会的工作。他表示，厂务公开是广大员工参与民主决策、民主管理、民主监督的一个有效方法，是加强公司经营管理、增强公司凝聚力和战斗力的重要保证，蓝思科技要配合改革发展的新形势，继续加强厂务公开工作，共同努力将蓝思工会培育成为全国工会的样板，成为职工信赖的工会组织和娘家人。 （于伊漪）

【举办“众里寻你”相亲联谊会】 6月27日，浏阳市总工会、浏阳市人民医院联合主办“众里寻你”联谊晚会，众多素不相识的俊男靓女面对面走到一起寻找心中的伴侣。来自医护、公安、司法、城管、教育、银行等系统126名适龄单身男女职工，兴致勃勃地参加此次交友联谊活动。活动主要分三个环节，分别是走秀亮相、才艺展示、游戏互助。活动高潮为游戏互动环节，通过抛绣球、心有灵犀、爱的抱抱等爱情初体验游戏，增加青年男女之间的情感交流。 （于伊漪）

8月2日，举办“浏河之恋”首档同城相亲会

（图片来源 市总工会）

【开展高温“送清凉”活动】 8月7日到8日，市总工会举行了高温“送清凉”活动，为坚守在工作一线的职工送上一份“清凉”的问候。两天时间，市总工会高温慰问组先后到园区企业、西北环线工地、交警大队、公安局、电力局、自来水公司、城管局和环卫局开展慰问活动，把总计15万余元的西瓜、矿泉水、避暑药品等解暑物资送到奋战在高温一线的职工手中。慰问组提醒企业单位和职工要注意防暑降温，尽量避开高温时段，保障职工健康和安全。

（于伊漪）

青 年 工 作

共青团浏阳市委员会

党组书记、团市委书记
何　勇
党组成员、纪检组长
李丽莎
党组成员、副书记
石思敏（2014.09 任）

7 月 10 日，浏阳市乡镇、街道团组织集中换届工作启动　　（团市委网站截图）

【思想道德建设】 以“我的中国梦”“五求”宣教实践活动为统领，切实发挥共青团的育人作用，带领青少年坚定社会主义核心价值观。结合“3•5 志愿服务日”“5•4 青年节”“10•13 建队节”等重要时点，组织青少年开展“爱心涌动浏阳河”“青春在一线闪光”五四文艺晚会、“保护母亲河、清洁新家园”“亲子交通劝导”等主题团队日活动 1300 余场次。举办青少年美文诵读大赛，全市中小学生广泛参与，为作品累计点赞达 2875 人次。开展“我为社会主义核心价值观代言”活动，共收到“代言体”作品 100 余件。运用网站、微博、微信等新媒体服务青少年，开通“浏阳共青团”官方微信公众平台，平台用户达 982 人，2014 年共发布信息 120 条，图文阅读 65879 次，分享转发 2983 次。公安局、张坊、小河、古港、社港、中和等团属新媒体平台内容丰富，发挥引导青年、服务青年的作用。

（罗　莎）

【青年人才工作】 在 20 家企业建立“大学生就业创业基地”，接纳大学生学习和实践。举办浏阳市第二届青年创新创业大赛，总奖金 10 万元，共有 73 个项目报名，依托浏阳市青年创业者协会，建立“百人创业论坛”、“创业沙龙”等平台，开展创业故事分享、项目资金众筹等活动。青创协会员汤家豪的太一养生会馆项目获得省青年创新创业大赛二等奖。举办“美丽浏阳，遇见你”青年交友联谊活动，其中免费组织青年人才到柏加仙人湖、社港石牛寨、浏阳观礼台等四个景点开展专场活动，总人数达 8000 余人。在恒大华府、高峰天马花园、959 车友俱乐部等企业建立“青年汇”活动阵地，集中社会资源为青年开展活动创造条件。

（罗　莎）

【青年志愿者服务】 不断完善志愿者队伍建设，在全市文明创建和第二届浏阳音乐节、“湖湘宝地、千年浏阳”焰火晚会等大型活动中提供周到的志愿服务。带领团员青年积极开展“学雷锋”、义务植树、关爱留守儿童和孤寡老人等活动。植树节期间，组织 2000 余名党团员志愿者到蕉溪、官渡等地植树，共植树 2000 余棵；各乡镇开展“同植共青林”活动，植树 10 万余棵。教育局组织教师志愿者到偏远山区开展志愿支教活动。集里街道集里桥社区成功创建省级“雷锋号”志愿者工作站；龚家桥社区成功创建长沙市级“雷锋号”志愿者工作站。以纪念“青年文明号”开展 20 周年观摩活动为契机，以全市 100 余家“青年文明号”单位为窗口，提升青年职业文明素养，展示浏阳青年良好形象。　（罗　莎）

【青少年权益维护】 加强对青少年违法犯罪工作的指导，畅通青少年维权渠道，预防工作有序开展，浏阳市人民法院青少年法庭获评国家级“青少年维权岗”。组织心理咨询专家成立志愿服务队，到全市 37 个乡镇街道开展心理、自护教育课，畅通优质教育进农村的最后一公里，1200 余名青少年获得心理自

5 月 20 日，由团市委、市旅游局共同主办的首届万人相亲大会在全国花木之乡柏加镇仙人湖开幕　　（浏阳网截图）

8月14日上午，共青团中央书记处书记汪鸿雁率调研组一行9人在共青团湖南省委副书记、党组副书记汤立斌，共青团省委副书记冯海燕，共青团长沙市委书记喻志军以及浏阳市委副书记吴震等领导的陪同下，到浏阳法院调研青少年维权工作

（资料来源　浏阳长安网）

护教育普及。“圆梦行动”顺利完成，共收到各界青年捐款281000元，所有善款以每人不少于3000元的标准资助了75名大学新生。“送爱心”活动持续开展，在永和、社港、文家市、关口、大瑶等地为贫困学生捐资捐物20余万元。

（罗　莎）

【组织建设】 6月-8月，乡镇、街道团组织进行了集中换届，新上任团委书记24人，新进团委班子152人，太平桥、溪江、淳口、北盛等乡镇建成省级规范化团委建设示范点，在27家“两新”组织建立团支部，团组织影响力不断扩大。分别在共青城、浏阳市委党校举办团干培训班；对全市少队辅导员、中学团委书记进行为期2天的专业培训；组织学校团干部参加全国中学中职团干培训；选派基层团干部到省委党校、长沙市委党校参加青年文明号、示范性团组织建设、志愿服务等项目集训，累计培训300余人次，团干部素质明显提升。

（罗　莎）

【举办浏阳市第二届青年创新创业大赛】 浏阳市第二届青年创新创业大赛从11月4日开始，历经4场分区初赛和1场晋级赛后，10个项目进入总决赛。总决赛分“VCR项目展示＋选手ppt风采展示＋答辩”三个环节进行，专家评审团为创业项目把脉出招，精彩点评，重点考察创业项目的产品、商业模式等方面。最终奥地瑞草农业开发有限公司获得一等奖。新图教育、太一养生会所、长沙普济生物科技有限公司获得二等奖。好爸爸家庭文化、金岳烟农专业合作社、归农金银花种植专业合作社、好美花炮制造有限公司、大毛传媒有限公司、蓝依礼服造型获得三等奖。

（罗　莎）

【团中央书记处书记汪鸿雁一行到浏阳调研团青工作】 8月14日，团中央书记处书记汪鸿雁一行到浏阳，开展团中央“走进青年、转变作风、改进工作”的大调研活动，先后走进蓝思科技股份有限公司、浏阳市义工联、浏阳市人民法院，对我市团青工作展开实地调查研究。汪鸿雁对浏阳共青团的工作表示肯定，她希望能进一步加强和完善团的自身组织体系建设，扩大团组织在非公企业、两新组织、群团组织的覆盖面，提高共青团的影响力和引导力。

（罗　莎）

妇　女　工　作

浏阳市妇女联合会

党组书记、主席　龙花明（女）
党组成员、副主席
刘玉丰（女）
党组成员、纪检组长
肖　娟（女）
副主席　刘　艳（女）

【概况】 浏阳市妇女联合会是全市各族各界妇女在市委领导下，为实现男女平等、促进妇女发展而联合起来的社会群众团体，具有广泛的代表性、群众性和社会性，是党和政府联系妇女群众的桥梁纽带，是国家政权的重要社会支柱之一。浏阳市妇女联合会成立于1950年3月。1993年2月10日，浏阳撤县设市，更名为市妇联，为正科级单位。基本职能是：团结、动员广大妇女参与经济建设和社会发展，代表和维护妇女利益，促进男女平等。浏阳市妇联内设6个部室：办公室、组织联络部、宣传部、城乡工作部、权益部、儿童工作部。妇女儿童工作委员会办公室设在妇联。浏阳市妇女联合会共有9名在编在岗工作人员。市妇联的基层组织：村、城市社区妇代会（妇联）、党政群机关和教科文卫等事业单位妇委会（妇工委）、新经济组织中的妇代会（妇联、妇委会）。目前，全市有乡镇、街道妇联37个，村妇代会401个，市直各机关单位共成立妇委会82个。2014年，浏阳市妇联被评为省、市妇联系统宣传工作先进集体，年度绩效考核中市妇联被评为一类单位，党风廉政建设工作优秀单位。联合国人口基金、全国妇联和省市妇联领导多次到浏阳市调研指导，浏阳市妇联工作均获得较高评价。

（戴四辉）

【妇女创业、就业工作】 召开“庆三八·话发展”种养加工创业女性座谈会，70多位种养加工行业创业妇女代表参加座谈。继续开展“十佳种烟女状元”和“种烟女能手”评选表彰活动。50位女企业家与创业女性结成帮扶对子，带动女性创业发展。积极推进妇女创业就业小额担保贷款工作，受理申请32笔，发放贷款259万元。联合市人社局、市总工会等单位在市人力资源市场举办为期一周的妇女专场招聘会，3500多名妇女找到了适合自己的岗位。联合市创业富民办在全市范围内启动“巾帼创业示范基地”和“优秀创业女性”评选活动，评选“巾帼创业示范基地”10个和“优秀创业女性”10名。开展“巾帼文明岗”年检督查，推动工作的晋档升级。选送浏阳家庭服务业协会代表队参加长沙市家政服务职业技能竞赛获得金牌团队奖。与浏阳交通频道联合举办“浏阳交通频道下午茶—女性创业电台访谈”节目，推介女企业家典型，鼓励全市女性创业发展。（戴四辉）

【妇女儿童权益维护】 依托全国妇联/联合国人口基金反家暴项目，每季度组织召开项目工作联席会议，对典型家庭暴力案件以多机构参与的模式进行讨论分析。举办司法所长反对家庭暴力知识培训班和反家暴心理咨询员参与式培训班，就反对家庭暴力相关知识、理念及服务技能进行授课。组织“巾帼法律顾问团”成员宣讲妇女维权法律知识，组织女性志愿者自编自演反家暴舞蹈，邀请市反家暴讲师团成员作专题培训，组织男性志愿者开展集体宣誓并进行现场签名承诺。推进平安家庭创建工作，指导各级妇联组织与全市30多万户家庭签订平安家庭创建承诺书，开展禁毒妈妈联盟活动。完善和健全信访工作机制，在处理妇女儿童信访问题中积极作为，确保各类矛盾、问题的及时化解。全年共接待来访176例，接处率达100%。推进妇女儿童协调发展。将妇女儿童工作纳入全市绩效考核工作内容。举办妇女儿童专题业务培训班，提高贯彻实施规划的能力素质。召开“两纲”监测统计工作会议，市人大、政协等14个单位的负责人参加并接受业务培训。组织召开妇儿工委全会，评选表彰实施妇女儿童发展规划先进集体和个人。完善市妇女儿童活动中心建设，先后依托中心组织开展女干部能力素质培训、亲子教育、协会交流联谊等系列活动。

（戴四辉）

【主题特色活动】 组织主题庆祝活动。组织庆“三八”总结表彰暨“欢乐浏阳河.巾帼展风采”广场文艺晚会，表彰第五届“巾帼创业十杰”和2013年度妇女儿童工作先进集体和先进个人。在市老年门球场举行“三八”杯门球赛，21支队伍共260多名妇女参加；在市体育馆举行庆“三八”太极拳展示赛，推动全民健身运动深入开展。开展巾帼志愿者服务月活动，组织各乡镇、街道妇联和市直机关妇委会，重点围绕关爱妇女儿童弱势群体、农村两癌妇女，维权知识宣传、家庭教育等方面开展活动，以不同形式庆“三八”，活跃节日气氛，展示了妇女新风采。助推和谐浏阳建设。按照培育和践行社会主义核心价值观要求，结合“淳风美德润浏阳”活动，妇联利用家庭创建传统工作阵地，在全市开展寻找“最美家庭”系列活动。在浏阳日报、浏阳电视台《直击十分》开辟活动专栏40期，宣传身边最美家庭典型50户，指导各单位组织举办“最美家庭”表彰暨故事分享会30余场。全年从各行各业中寻找到市级最美家庭80多户，各乡镇街道找出最美家庭3560多户。推进五好文明家庭、“两型家庭”、“清廉家庭”创建工作。携手爱心企业举办太阳能惠民帮扶活动，发放太阳能热水器100多套。坚定争创一流意识。2014年接受联合国、全国妇联、省市妇联和兄弟单位现场调研指导11次，多机构合作反对家庭暴力浏阳模式在全省作经验推广。全年各新闻媒体刊发报道浏阳妇联工作507件，其中潇湘女性网75条、长沙妇女网236条，中国新闻网、网易新闻、中国妇联新闻网、新华每日电讯、《中国妇女外文期刊》《湖南省政府工作简报》《湖南省妇女儿童工作通讯》《今日女报》《长沙晚报》等媒体共21条，《浏阳日报》79条，浏阳电视台96条，浏阳妇女儿童工作的知名度美誉度进一步提高。（戴四辉）

【妇女儿童民生实事办理】 2014年多部门开展关爱妇女行动。市妇女儿童互助会出资30万元，为1000余名贫困妇女儿童送去关爱。完成年度两癌检查项目任务，发放贫困两癌妇女救助金10万元，为尿毒症妇女患者争取援助金8万元。组织开展“关爱女村官健康”活动，开展全市各村（社区）女性“两委”成员、市种烟女能手近800人免费体检活动。邀请北京协和医院专家开展“健康与美丽同行”女性健康义诊义讲活动10场次，参与妇女群众7500余人。关爱特殊儿童群体。开展留守儿童信息摸底工作，为9058名留守儿童健全管理档案。坚持开展“春蕾助学活动”，多方争取资金17.68万元惠及186名女童。联合市文明办、浏阳日报社共同发起“牵手成长 圆梦六一”活动，帮助206个贫困儿童、孤儿等孩子实现心愿。争取长沙市同升街道50名爱心妈妈与社港大洛完

6月12日，全国妇联“推动中国妇女参政”项目到浏阳举行女村官交流活动

（图片来源 市妇联办公室）

9月3日，省妇联党组书记、主席杜亚玲带领省、长沙市妇联领导一行到浏阳调研，走访察看永和镇孚田村村级妇女工作和妇女儿童现状　　(图片来源　市妇联办公室)

小50名留守儿童结成长期帮扶对子，共筹到2万元爱心款和50辆自行车及学习文具。联合市妇幼保健院举办第三届儿童艺术节、运动会，360多名适龄儿童在丰富多彩的活动中展示天赋和风采，活动得到中央电视台的支持和报道。

推动家庭教育创新发展。组织开展“幸福浏阳，我的家”家风家教公益巡讲活动，深入机关、乡镇街道授课60余场次，受益家长12000余人。组织家风家教座谈会，在电台开设家风家教系列访谈节目。开展“好家规好家训家长教子故事”征集工作，39篇入选长沙市百篇家长教子故事集。商南花作为长沙唯一代表荣获全国百名“传承好家风的好爸好妈”称号。10月份起将“母亲夜话沙龙”活动搬进社区楼栋，每个月定期举办家庭教育讲座，4期来参与家长5000余人次，被誉为送到家门口的精神食粮。携手浏阳市心理学会成功举办“同心绘未来”大型公益亲子互动系列活动，推进家庭教育工作创新开展。

(戴四辉)

【妇女参政议政】 召开市委组织部长、分管副市长和相关职能单位负责人参加的换届选举决策者座谈会，研究推动农村妇女参政的政策建议，争取市政府发文提出四点明确要求保障女性当选，联合市民政局对保障女性当选进行重点强调。换届后共选出女性“两委”成员609人，占比28.5%；其中女村(社区)主职56人，占比14%，女村民组长769人。承接全国妇联“推动中国妇女参政”项目女村干部交流活动现场观摩会，介绍浏阳推进农村妇女参政议政工作情况。组织女村主职“话成长、促发展”座谈会，交流治村经验和体会。同时邀请全国知名专家为全市女村正职办治村能力提升培训班，从言行举止到治村管理等方面作全面培训。举办“推动中国妇女参政”项目——浏阳市人大代表、政协委员起草性别平等提议案专题培训班，运用从男女平等和性别意识的角度提出提议案。组织实施妇联组织配备兼职副主席试点工作，选举兼职副主席43名(市妇联2名)，进一步扩大妇联影响力和号召力。

(戴四辉)

【妇女组织建设】 加强基层妇女组织建设。选调35名妇女干部参加全国和省市妇联组织的培训班，组织6名女村干部参加第五届全国百名女村干部论坛。永和镇孚田村和柏加镇柏铃社区等5个单位分别获评省市“示范妇女儿童之家”。以团体会员单位管理为平台，加强各行业女性统战联谊工作，组织召开女领导干部、女能人协会的理事会年会。举办“幸福女性课堂”，2014年授课13堂，参与人数达到8000余人，内容涉及女性修养、婚姻家庭等内容。组织《女企业家压力管理和心理调适》的专题知识讲座。开展廉政文化进家庭演讲比赛和廉政征文活动；组织党政领导一把手配偶80多人开展廉政教育实践活动，看望慰问中和镇贫困留守儿童。加强妇联组织自身建设。严格按照上级要求，扎实开展以为民务实清廉为主要内容的党的群众路线教育实践活动。深入37个乡镇街道开展“下基层、访妇情、办实事”活动，倾听基层妇女群众代表心声，了解基层妇联工作发展现状，总结撰写调研文章7篇报省市妇联。组织机关党员进社区报到、红袖章治安巡防活动；选派干部驻村开展“一推行四公开”群众工作，协调爱心企业筹集3万元善款到联系点。

(戴四辉)

【浏阳市妇联“智慧母亲公益大讲坛”获长沙市妇联工作创新奖】 在长沙市妇联2013年度妇女工作创新奖申报评比汇报会上，浏阳市妇联“智慧母亲公益大讲坛”活动荣获长沙市妇联工作创新奖第一名。“智慧母亲公益大讲坛”活动自2013年5月启动以来，市妇联组建了家庭教育讲师团，根据不同群体的不同需求，科学设置“菜单式”培训课程，组织开展家庭教育“五进”活动。

(戴四辉)

【举办“推动中国妇女参政”项目决策者座谈会】 1月9日下午，浏阳市组织召开了确保村级换届选举妇女比例决策者座谈会，旨在抓住村级换届选举的有利契机，搭建一个跨部门、跨领域的交流平台，促进农村妇女参政比例提升，市委组织部、市委宣传部、市民政局、市农村工作部、市财政局、市人大、市妇联等部门单位的负责人参加会议。市委常委、副市长熊清溪，市委常委、组织部部长、统战部部长周文舜参加会议并作重要讲话。

(戴四辉)

【20万元互助金救助贫困妇女儿童】 1月15日，根据《浏阳市妇女儿童互助会章程》和《妇女儿童互助会互助金管理实施办法》规定，浏阳市妇女儿童互助会拿出20万元互助金对贫困妇女儿童进行救助。浏阳市妇女儿童互助会自成立以来，现已近5000名贫困妇女儿童得到救助。

（戴四辉）

【浏阳市“牵手成长·圆梦六一”活动圆满成功】 2014年4月，浏阳市妇联联合市文明办、浏阳日报社共同发起了“牵手成长·圆梦六一”活动，面向全市儿童，特别是贫困儿童、留守流动儿童、幼保户、孤儿等，公开征集“六一”心愿，110个孩子心愿通过在浏阳日报上公布，不到五天时间，全部被爱心人士认领。5月29日上午，浏阳市妇联在浏阳恒大影城组织举行“牵手成长·圆梦六一”爱心见面仪式，市委常委、宣传部长刘旭，市人民政府副市长、妇儿工委主任邓雪琴出席活动。

（戴四辉）

【全国妇联“推动中国妇女参政”项目到浏阳举办女村干部交流活动】 6月12日，全国妇联“推动中国妇女参政”项目到浏阳举行女村干部交流活动，项目官员，全国妇联，黑龙江省、山西省、湖南省三省妇联及女村干部代表70人参加。交流活动人员分别到项目试点单位枨冲镇村张家店村了解女村干部治村情况，与枨冲镇女村干部代表进行了面对面的交流，考察村级企业梁嘉食品厂。交流活动人员还到永和镇孚田村进行现场观摩。

（戴四辉）

【举办村（社区）女性正职能力建设培训班】 9月24日至26日，为期三天的由浏阳市委组织部、浏阳市妇联共同组织筹备的浏阳市村（社区）女性正职能力建设培训班胜利举行。本次培训班邀请了陕西专家教授李爱玲和王国红通过采取头脑风暴、游戏、讨论、案例分析、角色扮演、经验分享、专家讲授相结合等参与式培训方法，为女性正职讲授社会性别与女性领导成长、女村干部领导力、法律法规与权益维护、婚姻经营、公务礼仪等课程，进一步提升浏阳市村（社区）女主职的理论素养、管理和处置村级事务的能力。湖南省妇联副巡视员胡新民、浏阳市委副书记吴震等领导出席会议并作重要讲话。

（戴四辉）

【首次举办浏阳人大代表、政协委员起草性别平等提议案培训班】 10月30日与31日，由市人大办、市政协办和市妇联联合举办的“推动中国妇女参政”项目—浏阳市人大代表、政协委员起草性别平等提议案专题培训班圆满举行。53名人大代表和政协委员参加此次为期两天的参与式培训。来自全国妇研所与中华女子学院的三位专家教授通过头脑风暴、游戏、讨论、案例分析等方法令学员对男女平等性别意识有了全新的认识，收获了如何倡导性别敏感的立法和政策的技能。

（戴四辉）

【浏阳市组织召开妇联配备兼职副主席工作总结暨培训会】 2014年11月5日上午浏阳市组织召开妇联组织配备兼职副主席试点工作总结暨培训会。长沙市妇联党组书记、主席谭慧慧出席会议并作重要讲话。长沙市妇联党组副书记周小春对43名兼职副主席进行了《新时期基层妇联工作实务》的专项业务培训。

（戴四辉）

【反家暴项目湖南省经验交流推广会在浏阳召开】 2014年12月25日，联合国人口基金和全国妇联、国家卫生计生委共同合作的“反对针对妇女暴力／针对妇女暴力医疗干预”项目湖南省经验交流推广会在浏阳市召开。参加此次会议的有来自全国妇联、国家妇幼保健中心、省高院、省公安厅、省司法厅、省卫生厅、省妇联以及河北省承德县、长沙市、株洲市、湘潭市、益阳市、常德市的领导、专家和与会代表共100余人。

（戴四辉）

残　联

市残疾人联合会

党组书记、理事长　周卫东
党组副书记、副理事长　孔祥全
副理事长　罗人歌
纪检组长　李小艳（女）

【概况】 2014年，市残联内设办公室、教就部、康复部和组联、维权部4个部室，下设残疾人就业服务中心加挂残疾人辅助器具服务站牌子，有在编在岗职工13人，临聘人员4人。市残联第三届主席团委员25人、各专门协会主席5人，理事会成员15人，截至2014年12月，全市共有持证残疾人28380人。残疾人联合会负责指导全市开展残疾人工作，发展残疾人事业；听取残疾人意见，反映残疾人需求，代表残疾人利益，维护残疾人权益，为残疾人服务；开展残疾人康复、教育、就业、托养、扶贫、文体活动和辅具供应。（兰词贵）

【残疾人康复项目实施】 实施“0—14岁贫困残疾儿童抢救性康复”项目，免费为135名贫困残疾儿童提供康复训练服务，所有受助对象康复训练成效明显，得到家属和社会的一致好评。实施“义肢助残”工程，免费为53名残疾人装配假肢，其中34名就近我市中医院假肢矫形中心进行装配。实施“光明·关爱”工程，对各乡镇低、弱视力患者进行摸底筛查，共为360余名符合条件的对象实施手术。实施辅具适配进家庭项目，投入10万余元，为荷花、集里街道共50户贫困残疾人家庭免费提供一对一、面对面的辅具适配，适配辅具180余件。

（兰词贵）

【残疾人教育就业】 着力加强残疾人就业服务，年初进行残疾人求职登记、企业用工需求登记，免费推荐介绍施慧敏、郭婷等人到天鹰包装等企业就业，全年新增城镇残疾人就业102人。完成全市用人单位按比例安排残疾人就业情况年审，全年共征收残疾人就业保障金800多万元。切实做好残疾人职业技能和实用技术培训，推荐30多名残疾人到长沙参加电脑、盲人按摩等职业技能培训班，并于9月份在我市仁爱残疾人服务中心免费为30名残疾人举办了电子商务培训班；同时，依托达浒、大围山、沿溪、古港4个乡镇分别举办残疾人水果种植、油菜栽培技术等培训班，共培训残疾人160名，使残疾人朋友掌握了基本技术，为就业创业打下基础。积极争取省康复扶贫项目贷款贴息，为天鹰包装、沙市秧田织布厂、永泰饲料有限公司3家企业争取到项目贷款贴息21万元。大力扶持残疾人自主创业，为周小辉、王朋根等100多名残疾人争取到残疾人创业小额贷款贴息40万元，解决残疾人就业创业、发展生产过程中的资金瓶颈问题，带动残疾人增收致富。（兰词贵）

【残疾人权益维护】 全年共接待来信来访200多人次，对2件领导交办信访件及时进行回复。设立法律救助工作站，落实律师值班制度，全年接待残疾人法律咨询150多人次，为32名残疾人免费提供法律救助。维权和信访均做到热情受理，限时答复。同时加强矛盾排查和化解，及时化解纠纷，2014年没有发生越级群访和涉残事件。认真组织长沙市残疾人工作明星乡镇、星级社区的创建工作，有9个乡镇和19个社区在长沙市残联的验收评估中成功保星和创星。开展无障碍社区和家庭改造，投入20余万元对集里街道龚家桥社区和30户贫困残疾人家庭进行无障碍改造，并顺利通过长沙市残联验收。

（兰词贵）

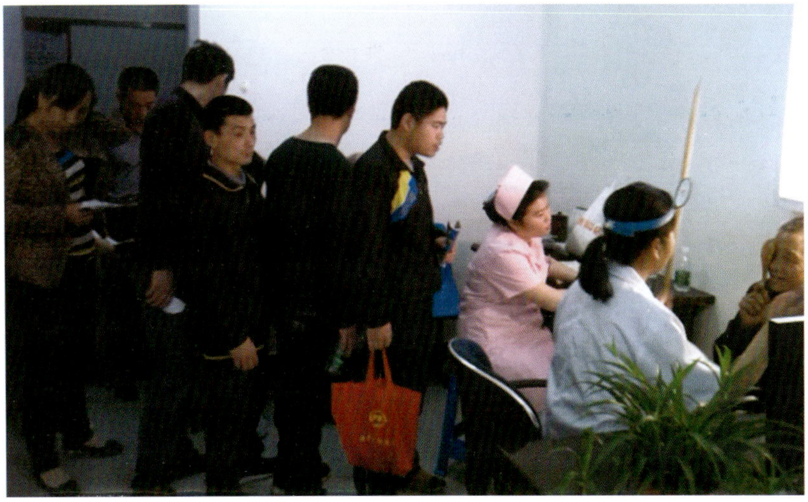

第二十四次全国助残日期间为千名残疾人进行免费健康体检　（图片来源　市残联办公室）

【惠残政策落实】 对全市一、二级无固定收入的持证残疾人，按照农业户口60元/月、非农户口80元/月的标准实施补助，全年共发放重残补助487.31万元，受益对象7052人。全面落实省重度残疾人护理补贴政策，全市有7788名残疾人享受补贴，首次发放补贴299.365万元。开展扶残助学活动，为205名残疾人高中生、大学生及残疾人家庭子女高中生、大学生发放助学金共24.95万元。依托康馨家园、仁爱残疾人服务中心两家托养机构，为82名智力残疾人、重度肢体残疾人和少量稳定期精神残疾人免费提供日间照料。严格按照项目要求，全面完成居家托养任务160人，共发放补助12.8万元。为262户实施了危房改造的残疾人家庭，按照每户补助2000元的标准，发放补助金52.4万元。（兰词贵）

【助残环境优化】 在第二十四次“全国助残日”活动期间，市残疾人联合会联合市人民医院残疾鉴定医师开展“送办证下乡”活动，为2200多人免费鉴定，其中有1746名残疾人成功办理残疾人证；同时，耗资32万元开展为千名残疾人进行免费健康体检活动，让1000多名残疾人进一步感受到党和政府的关爱。11月，在第三届“宗教慈善周”活动中，市民宗局组织宗教界人士，为爱萌特殊儿童康复中心自闭症儿童现场共募捐20多万元，为51个自闭症儿童家庭解决了实际困难。12月，长沙市人大代表浏阳联组第二小组到爱萌特殊儿童康复中心开展会前视察活动，10多位代表实地查看了解中心的基本情况，并现场捐赠善款11.7万元。加强残疾人服务机构建设。爱萌特殊儿童康复中心投入经费20多万元，在原场地面积400多平方米基础上增至现在的2000多平方米，业务拓展为自闭症、智障、聋儿语训三个康复项目，在训儿童63人，专职康复教师22人。在市残疾人联合会的精心指导下，社会爱心人士出资50余万元在城区淮川街道新建集残疾人日间照料、技能培训、康复训练、就业指导、法律援助、婚姻介绍、文化娱乐、心理咨询等服务于一体的仁爱残疾人服务中心。该中心现已接纳会员80多人，日间托养残疾人40余名。

（兰词贵）

法　　治

(图片来源 市委政法委办公室)

政法及综治工作

浏阳市委政法委员会

书　　记　付旭明
常务副书记　高志仕
副 书 记　孙仕定　卢俊英
陈　局　赵丁山（兼）
戴智明（兼）　喻湘川（兼）
彭世明（兼）　苏柏松（兼）
屈湘水（兼）

社会治安综合治理委员会办公室

主　任　高志仕
副主任　张伟华（2014.12任）
黄　朴（2014.01~09任）
李　国（2014.01~09任）

维护社会稳定工作领导小组办公室

主　任　孙仕定
副主任　张伟华（2014.01~12任）
凌　剑　陈向前
廖文晖（2014.12任）

2014年，全市政法工作在市委、市政府的正确领导下，在上级部门的科学指导下，牢牢把握“保稳定、促和谐”的工作主题，深入推进“平安浏阳”“法治浏阳”“和谐浏阳”建设，确保了全市人民安居乐业，为“挺进三十强，再创新辉煌”营造了安全稳定的社会环境、公平正义的法治环境和优质高效的服务环境。

一、抓落实强责任，政法工作格局逐步完善。当前，国际形势错综复杂，国内改革发展任务极为繁重，社会管理任务日趋艰巨。为此，市委政法委切实发挥政法综治的统筹协调作用，科学运用考核这一指挥棒，各级各部门的责任得到有效落实。1.加强组织领导。市委、市政府将维护社会稳定工作作为“六个走在前列”活动的重要内容，每季度召开市委常委会、政府常务会专题研究政法工作。各单位也将政法综治工作纳入重要议事日程，对于政法综治方面的重点、难点问题，主要领导都是亲自研究、亲自部署、亲自参与，确保政法工作纵深推进。2.强化工作责任。年初，市委、市政府与乡镇街道、市直单位和园区，乡镇街道与村（社区）、镇属企事业单位层层签订社会管理综合治理目标管理责任书，层层分解落实了领导责任、部门责任。建立综治维稳实绩档案，将各单位党政正职和分管领导纳入评定范围，并作为任用、晋职晋级、奖惩的重要依据，从而有效促进责任落实。3.健全考评机制。结合群众路线教育实践活动，完善季度讲评细则和年度考评办法，减少对方案、总结等资料的检查，让基层政法综治干部的精力与活力，从烦琐的文件资料中解放出来，促进部署的各项工作得到更好的落实。强化日常考核，每月及时收集各项考核指标数据，每季度将情况进行通报讲评，形成“月收集、季通报、年考评”的考核体系。

二、抓源头化矛盾，维护稳定能力有效提升。2014年是浏阳市委、市政府确定的项目攻坚年，各类矛盾交织叠加，特别是在经济下行压力下出现的民间借贷纠纷不断增多，维稳形势空前加剧。为此，市委政法委坚持源头防范，突出矛盾化解，确保全市社会大局和谐稳定。1.突出抓好源头治理。对涉及群众切身利益的重大决策和重大工程项目，严格按照“谁决策、谁评估、谁负责”的原则组织实施社会稳定风险评估，共评估项目61个，建议暂缓实施6个，提出化解风险建议283条，“风险评估先行、防范化解联动、发展与稳定统筹”的工作思路逐步建立。进一步做实群众工作，全市4122名群工队员按照“下得去、呆得住、融得进、干得好”的要求，认真开展“三个一”活动，共走访群众35万户，解决群众诉求9005件次，群众满意率大幅提升。2.着力化解矛盾纠纷。坚持和落实市、乡、村三级矛盾纠纷排查调处工作协调会议及月报告制度，推行首席人民调解员制度，创新“人民调解前期研讨会”机制，建立矛盾调解以奖代补制度，出台《浏阳市人民调解案件“以奖代补”经费使用暂行管理办法》，开展“三调联动化矛盾、息诉息访促平安”专项活动，全市各级矛调组织调处矛盾纠纷5097起，防止群体性事件67起，防止民转刑45起。3.有效治理进京非访。各级各部门严格按照“开门办公不敷衍、公开接访不松懈、正视问题不回避、讲究方法不激化”的要求，认真落实领导干部接访机制，共接访462批1136人次，化解突出信访问题957个。健全重大进京非访案（事）件处理机制和责任追究机制，将进京非正常上访治理工作实行“四个纳入”，即纳入季度讲评、纳入年度考评、纳入领导干部综治稳维实绩档案、纳入综治追责范围。2014年，浏阳市进京非访登记9人次，是长沙地区进京非访人数最少的区县（市）。4、扎实做好应急处置。突出预防预警，完善情报信息员和网络评论员队伍建设，收集各类情报信息1956条，赢得维稳主动权。强化应急处突，加强网络舆情监管和处置，有效疏导稳控各类重点对象，及时稳妥处置各类突发性、群体性事件，确保全国、省市两会、“八一”、国庆等重要时间节点的社会大局稳定。

三、抓打击重防控，社会治安形势持续向好。2014年，市委政法委坚持打防结合，注重标本兼治，有力打击侵害群众利益的违法犯罪活动，有效整治群众反映强烈的治安突出问题，全市社会治安形势持续向好。1、开展严打行动。始终保持对“两抢一盗”、“黄赌毒”、黑恶势力、非法传销、制假贩假等违法犯罪的高压态势，以公安部门为主力、以工商、质监、食药监部门为协助，组织开展“除民患、保民安”、打击传销、打击制假贩假等专项行动，有力震慑犯罪分子的嚣张气焰。全年共破获刑事案件2628起，逮捕直诉1829人，行政拘留4426人，打掉侵财犯罪团伙47个，捣毁传销窝点82个，遣散传销人员234人。2、推进重点整治。继续深化综治“双联”工作，在2013年开展“双联”的基础上，保持重点地区不变、联系领导不变、工作措施不变，进一步巩固整治成效，确保问题不反复、情况不反弹。针对全市麻将馆泛滥、群众意见较大的问题，市综治办专题调研、制定下发《关于进一步加强麻将馆治理的通知》和《关于开展小区麻将馆集中整治行动的通知》，并将麻将馆治理工作纳入群众路线教育实践活动十项行动之一，对小区麻将馆扰民、赌博问题进行集中整治。2014年全市共摸排麻将馆4518家，整改375家，关停217家，销毁赌博麻将机42台。3、抓实治安防控。深入推进“红袖章”工程，定期开展城区集中大巡防行动，安排103个市直单位的干部职工到19个城区社区开展“红袖章”巡防，整合机关职工、村组干部、网格员、保洁员、平安志愿者等人员组成“红袖章”义务巡防队伍开展巡村护院。市综治办每月对巡防情况进行暗访抽查，编发巡防情况工作通报4期，对6个社区存在的突出问题进行通报批评。通过督查暗访、通报讲评，全市“红袖章”巡防已形成常态。推进“天网工程”建设，在13个乡镇街道（园区）新建监控点位510个，新建视频摄像头850个，基本实现“城区街道全覆盖、农村集镇无盲区”的建设目标。开展农村治安保险试点工作，在金刚、集里、淳口、沙市、沿溪、镇头、文家市7个乡镇（街道）进行试点，参保群众15885户，已赔付80户，有效弥补发案群众的损失。

四、抓管理促服务，社会治理水平不断提高。坚持专项组工作为抓手，加强管理、优化服务，一大批难点、热点问题得到有效解决。1、推进综合平台建设。加强市、乡、村三级综合管理服务平台建设，推进网格化信息化建设，全市2316个网格均配备了1名管理员，组建专兼职网格管理服务团队，各乡镇街道根据实际建立了综治信息系统，淮川、澄潭江等地网格化管理模式、七宝山乡民情系统建设、葛家乡“一档户户联”模式得到全面推广，社会治理信息化水平得到提高。2、加强重点人群管控。加强流动人口服务管理，登记流动人口18630人，办理居住证6237张；深入开展出租屋“三治三防”专项行动，清查出租屋8248户，在出租屋发现查处案件67起，抓获网上逃犯2人。加强特殊人群服务管理，切实做好衔接接收、服务管理、教育帮扶等工作，全市727名社区矫正对象和3941名刑释解教人员无一脱管漏管。做好预防青少年违法犯罪工作，组织开展“中国梦，我的梦——我为核心价值观代言”、“一乡一课”等活动，有效预防和减少青少年违法犯罪。加强校园及周边社会治安治理，共开展全市性集中整治行动12次，查处违法违规校车28起，整改安全隐患320处，确保师生安全。3、深化护路护线联防。继续深化“1356”护路护线联防模式，加强沪昆高铁沿线的护铁联防工作，按照一公里配备一名志愿者的标准，组建29人的高铁志愿者护路队伍。在柏加、镇头、官桥3个涉铁乡镇开展宣传教育，组织到各中、小学校开展铁路安全防护宣传活动，进村入户发放宣传资料，积极动员群众参与护铁联防。开展高铁不安定因素大排查活动，共排查出隐患、矛盾191起，确保了沪昆高铁浏阳

2014年8月8日，全市政法综治信访群众工作推进会议在欧阳予倩大剧院召开

（资料来源 浏阳长安网）

段的安全运行。

五、抓基层夯基础，综治工作根基更加牢固。在获得“平安县市区”的历史新起点上，市委政法委进一步加强综治组织、队伍建设，深入开展平安创建活动，全面推进村（社区）综治工作述职，综治基层基础进一步夯实，群众安全感和满意度有效提升。1、基层组织机构不断夯实。着力构建“335”基层基础模式，便民服务中心（站）、综治维稳中心（站）和网格管理中心（站）等3个中心（站），社区专职工作者队伍、网格信息员队伍、志愿者队伍、流动人口协管员队伍、治安巡防队伍等五支队伍进一步完善，基层综治力量不断充实。加强综治队伍建设，先后组织举办全市综治工作研修班、综治办主任培训班、综治专干轮训班，组织开展“百日大走访”“大走访、听民意”等活动，共培训综治干部840余人次，走访群众12550多户，综治队伍的业务水平和群众工作能力得到进一步提升。2、综治工作述职全面实施。在全市401个村（社区）全面开展综治工作集中述职，对述职内容、述职流程、组织形式进行统一规范，要求各乡镇（街道）分管政法综治工作的领导及派出所所长深入各村（社区）亲自主持、亲自把关，组织村（社区）召开村民大会或分片区召开村民会议，对全市、全镇及全村政法综治工作取得的成绩进行宣传，对辖区内的综治工作情况进行通报。同时要求对未参加综治述职的群众上门走访，对外出打工或不在家的群众以打电话、发短信的形式进行述职，确保综治述职覆盖到每一个家庭、影响到每一个群众。为确保述职取得实效，市综治办抽调人员成立20个督查指导组，每组在所联系的乡镇街道办一个综治述职的示范点，并督促、指导乡镇街道全面推进村（社区）综治工作述职。到9月底，全市所有的村（社区）均开展了综治述职工作，共召开述职报告会1210多场，发送述职短信16万多条，综治述职覆盖群众65万人。3、平安浏阳建设深入推进。继续抓好平安创建工作，深入开展了平安乡镇（街道）、平安村（社区）、平安小区、“十百千万”（即十个平安行业、百个平安单位、千个平安企业、万个平安家庭）、“四个十佳”、军地平安创建等一系列平安创建活动，重点培育一批防控更到位、治安更良好、基础更扎实、群众更满意的平安建设先进村（社区），涌现出了荷花碧景湾物业小区、集里禧园单位小区、淮川严家冲开放式小区、关口长兴农民安置小区等一大批特色突出、成效明显的平安小区创建示范点。4、政法综治宣传广泛开展。为确保政法综治工作家喻户晓、深入人心，通过印传单、送资料、出展板、发短信、上户走访等方式广泛开展宣传活动，营造良好的宣传氛围。精心编印以平安浏阳建设为主题的《浏阳宣传》画报2万份，《市民安全防范指南》50万册，并组织各乡镇街道、村（社区）将平安浏阳宣传画报张贴到组，将市民安全防范指南发放到户。建立浏阳长安网，利用村村通广播、短信平台、微博、微信、网络等媒体进行多方位的宣传报道。结合“大走访、听民意”活动，组织镇、村干部、群工队员在走访群众时开展上户宣传。

六、抓执法严监督，公正廉洁理念巩固深化。一年来，浏阳市政法系统立足自身职能，规范执法行为、健全监督机制、化解涉法涉诉信访，促进了公正廉洁执法的进一步发展。1.规范执法，提升业务素质能力。1月—7月在法、检、公、司、森林公安五家开展坚决纠正涉法涉诉中损害群众利益行为和坚决反对司法不公司法腐败专项整治工作，通过各单位自查自纠、集中检查和专项检查，共查处整改涉法涉诉方面侵害群众利益行为9起，进一步规范了执法行为，提升了司法公信力。启动“轻刑快办”试点工作，运行轻刑快办机制，办理一批样板案件，共完成审结30起，既缩短了公检法的办案周期，节约了司法成本，又提高了办案效率，保障了被告人的合法权利。2.强化监督，促进廉洁公正执法。继续健全和完善执法监督机构和执法监督专员制度，强化内部监督和重点个案督查，加快执法公开化、规范化和信息化建设。弱化具体案件协调，组织疑难复杂案件研讨，对陶伟危害公共安全案，全飞军非法行医案等15起案件召开了案件研讨会，明晰了事实，找准了依据。完善执法质量考核评查机制，组织案件评查活动2次，共评查案件100起，评选出优秀案件10起，整改瑕疵案件39起。3.多措并举，强化涉法涉诉信访工作。设立涉法涉诉窗口，实行政法系统领导班子轮流带班接访，全年共受理信访案件98件。组织政法各单位在才常广场、北盛镇、大瑶镇进行了“践行群众路线，排解基层忧难”巡回大接访活动，共计接待群众1405人次，受理信访案件101件，发放宣传资料5500余份，得到群众点赞。提供50多万元进行司法救助，帮助解决了一批“情理之中，法度之外”的问题。2014年，共计接待来访群众278人次，来信15件次，受理信访问题124件，办理率和回复率为100%，其中11件到省进京信访案件已全部化解终结。

七、抓学习转作风，政法队伍建设全面加强。2014年，全市政法各单位以党的群众路线教育实践活动为契机，全面加强思想政治工作和教育培训工作，强化班子建设，进一步改进工作作风，教育和引导广大政法干警牢固树立执法为民思想，努力开创政法工作新局面。1.加强思想教育，提高政法队伍整体素质。一是加强理论学习，提升工作水平。将学习作为提高干部职工素质的重要手段，坚持班子成员带头学习，采取集中学习、个人自学、组织讨论、组织专业知识培训等形式，将理论与实践相结合，不断提高工作管理水平。二是深化经常性思想政治工作，激发队伍活力。政法系统各单位领导班子成员以身示范，带头参加党支部的学习活动，带头谈思想认识和学习体会，带头抓典型示范工作。三是推行主题教育，增强内生动力。开展党的群众路线教育实践活动，政法干部共联系村（社区）82个，联系企业（项目、工程）42家；推行政法系统机关党员进社区党小组活动、“与群众结对认亲，为群众排忧解难”等主题活动，认真组织以“为贫困户送一份爱心、为残疾人送一份报纸、为社区送一份清洁”为内容的“三个一”活动。2.完善组织机构，有效提升工作效能。健全党内民主生活制度，定期召开专题民主生活会，加强班子成员的工作沟通和配合协调。加强中层领导班子建设，盘活人力资源，优化警力配置。坚持任人唯贤，注重岗位定期交流，在全系统形成了风清气正的良好氛围。严格落实政工例会制度，政法委和市直各单位每季度召开一次政治工作例会，基层政法各单位每月召开一次政治工作例会；健全隔级谈心制度，重点落实“五必谈”；完善走访慰问制度，重点落实“五必访”。3.狠抓作风建设，强化政法队伍廉洁勤政信念。严格落实中央八项规定，与政法系统每位政法干警签订党风廉政建设责任书；成立作风纪律督查组，对全市政法系统进行督查落实，从严查处“四风”问题，并将督查情况纳入各单位的年度政法系统领导班子绩效考核；制订下发《中共浏阳市委政法委员会关于加强政法系统警车管理和使用工作的通知》，切实加强公车的管理；设立24小时投诉举报电话，受理群众和服务对象投诉举报；制作干部职工去向栏，方便群众办事。及时制订并下发《市委政法委（市综治办、市维稳办）班子成员带头改进工作作风的七项规定》，要求全体政法干警严明工作纪律，严守职业道德。严格要求各单位深入贯彻落实党风廉政建设和作风纪律建设的各项规定，认真履行岗位职责，切实改进工作作风，确保热情接待来访群众、按章办事，严格要求、服从安排。4.加强文化建设，构筑政法系统文化育警平台。开展“学习党章、遵守党章”主题教育活动和“加强和改进新形势下党员教育工作”网络征文活动，大力加强警营文化建设，积极营造“快乐工作、幸福生活”的警营文化氛围。建好图书阅览室、文化活动室、健身房等文化活动场所，精心组织篮球赛、书画展、摄影展等，开展“法治文化提升年”活动，举办法治文化建设论坛，设立机关“文化长廊”，以文化凝聚人心，提升工作品质。（喻 鍠）

【浏阳市政法综治信访群众工作推进会议召开】 2014年8月8日上午9:30，全市政法综治信访群众工作推进会议在欧阳予倩大剧院召开。各乡镇（街道）党政正职、分管政法工作副职、综治办主任、司法所所长、维稳协会会长，平安村（社区）代表；市直各单位党政正职、分管综治维稳工作副职；政法委机关全体干部；法院、检察院、公安局、司法局、森林公安局中层以上干部；消防大队、武警中队主官；市维稳协会正、副会长；“见义勇为”先进个人；执法监督专员；巡防队员代表等600多人参加会议。会议对2013年综治信访群众工作进行了总结表彰，并对2013年下阶段工作进行了安排部署。市领导曹立军、付旭明、刘一江、赵丁山、谢鹤林、梁惠德、戴智明、喻湘川出席会议。（喻 鍠）

公 安 工 作

浏阳市公安局

市人民政府副市长、公安局党委书记、局长　赵丁山

党委副书记、政委、副局长　刘　广

党委副书记、副局长　陈沧海

党委委员、副局长　李汉能

党委委员、副政委、政工室主任　郭　彦（女）

党委委员、纪委书记　彭树红

党委委员、副局长　彭扩军　孙　泉　谭建辉

【概况】 市公安局设指挥中心、政工室、纪检监察督察大队、后勤保障科、法制科、刑侦大队、治安大队、交警大队、巡警大队、警卫科、国保大队、禁毒大队、经侦大队、入境大队、网安大队、内保大队、危爆大队、拘留所、看守所、经开区分局；设淮川、集里、荷花、关口、高坪、溪江、枨冲、太平桥、古港、永和、七宝山、沿溪、三口、官渡、张坊、小河、达浒、大围山、镇头、普迹、官桥、柏加、葛家、大瑶、文家市、中和、澄潭江、金刚、杨花、永安、沙市、社港、洞阳、蕉溪、北盛、淳口、龙伏37个基层派出所。2014年，在长沙市局和浏阳市委、市政府的坚强领导下，浏阳市公安局认真贯彻落实党的十八大、十八届三中、四中全会和习近平总书记系列重要讲话精神，紧紧咬住“长沙率先、全省优秀”目标，牢牢把握维护稳定基本任务，始终坚持打防并举保平安，不断提升人民群众安全感、满意度，始终坚持铁腕治警树形象，切实提升全警的整体素质和形象，着力打造“五过硬”队伍，取得了较好的成绩，公安队伍呈现出良好的发展态势。连续五年，浏阳市公安局在公安部、省公安厅、长沙市局组织的专项行动中名列前茅，危爆、禁毒、后保、法制、监所等多项工作多次受到公安部、省厅、市局奖励和表彰；连续四年，综合考评、综治考评排名长沙第一；连续三年，被浏阳市委评为绩效考核“红旗单位”。

（王真伟）

【社会稳定工作】 完善情报网络。以“大国保”工作格局为基础，建立健全情报来源社会化、信息研判专业化工作机制，坚持数质并重、交叉建设、复线发展，有效地提高秘密力量钻深爬高的能力和水平。通过公秘结合、多警联动，及时收集战略性、内幕性、行动性、预警性境内外情报信息800余条，有效防范群体性事件的发生。持续强化对敌斗争。从“全面澄清重点人员底数、深入调查重点人员背景、甄选打击高风险对象、有效掌控重点人员活动、适时开展依法打击”五个环节入手，深入开展维护国家安全和社会政治稳定“大摸排、大行动、大管控”工作。严厉打击各类危害社会政治稳定的违法犯罪活动，保持对敌斗争的高压态势。主动化解社会矛盾。围绕征地拆迁、企业改制、劳资纠纷、环境污染、安全事故、医患纠纷、涉法涉诉等重点领域，涉军群体、下岗职工、

上访老户等重点群体，主动落实社会稳定风险评估机制，继续深化领导接访工作制度，扎实做好重点人员教育转化和稳定工作，实现“矛盾纠纷化解在基层、重点人员对象稳控在当地”的工作目标。四是抓好应急处突。针对重要日期、重大事件、矛盾复杂地区制定和修订专门工作预案，提高预警等级，建立健全应急指挥、联动处置、舆论引导一体化的应急处突机制，努力加强了维稳、处突、反恐专业化队伍建设，组织开展重大突发性事件特别是群体性案（事）件现场处置战术战法研究和应急预案合成演练，有效提升证据收集和依法打击处理能力和效能。五是加强改进警保卫工作。积极探索新时期警保卫工作新模式，警保卫活动100余场次，实现大型群众性活动和警保卫工作“零”差错。（王真伟）

【破大案打黑恶势力】 2014年，全市公安机关始终以命案侦破为龙头，加大侦破有广泛社会影响案件和打击严重暴力犯罪的力度，现行命案发17起破17起，破案率100%，侦破十年前命案积案2起，破获“八类”恶性案件118起，破案率达96%。始终保持对黑恶犯罪的高压态势，将打击锋芒直指强揽工程项目、干扰征地拆迁、放“高利贷”、赌场“放典”、欺行霸市、强买强卖、垄断市场、非法讨债等严重影响经济发展环境的黑恶犯罪，坚持露头就打、除恶务尽。成功打掉以汤邦达为首、以刘明为首、以邱立为首、以黄文露为首的恶势力团伙13个。（王真伟）

【打防多发性侵财犯罪】 贯彻落实长沙市公安局“打防多发性侵财犯罪年”工作要求，将打防多发性侵财犯罪工作作为侦破打击的重中之重。2014年通过专案攻坚成功侦破利用网络QQ冒充公司经理骗取一朵公司90万元诈骗案；通过视频侦查摧毁一个专门盗窃汽车犯罪团伙，抓获团伙成员16名，破案30余起，追回被盗车辆11台，为人民群众挽回经济损失50余万元；通过调查访问破获南区、西区、北区盗窃家禽（畜）案件100余起，刑事拘留21人，逮捕直诉16人。将退赃工作作为回应民生关切的重要举措，最大限度地提高案件的追赃挽损率，及时组织召开退赃大会，全面退回赃款赃物。重点整治成效显著。组织开展重点地区和重点问题专项整治，组织对容留卖淫嫖娼、聚众赌博、电游赌博、地下“六合彩”、吸贩毒违法犯罪等“黄赌毒”违法犯罪开展的集中整治和严厉打击。2014年，涉黄逮捕直诉62人，行政拘留404人；涉赌逮捕直诉187人，行政拘留1451人；涉毒逮捕直诉302人，行政拘留1928人，社区戒毒609人，强制戒毒410人，成功侦破省部督毒品目标案件各2起。（王真伟）

【食品安全管理】 加强与食安工作各成员单位的联系，深入酒店、集贸市场等进行大规模排查整治行动，成功侦办系列“毒豆芽”案件，抓获犯罪嫌疑人16名。（王真伟）

【打击非法集资和传销犯罪活动】 组织专门力量对非法集资、传销等涉众型经济犯罪，涉及破坏金融秩序、危害金融安全的犯罪和侵犯企业合法权益的犯罪进行重点打击，切实履行为浏阳市经济发展保驾护航的职责。2014年共侦破经济犯罪案件79起，刑事拘留91人，逮捕58人，直诉39人；破获湖南宇翔木业、鹏和商贸、沙市建工等非法集资类案件8起，刑事拘留19人，逮捕16人，挽回经济损失7.2亿元。严厉打击传销违法犯罪，捣毁传销窝点82个，教育遣散传销人员560余人，成功摘掉“传销重点地区”帽子。（王真伟）

【治安防控工作】 进一步完善“网格化巡逻、立体化防控”和武装巡逻等防范工作机制，加强主要街面和社区巡逻防控，街面见警率和管控率明显提升，有效地防范各类刑事案件的发生。全市刑事案件、侵财类案件、“两抢一盗”、扒窃案件发案同比分别下降9.47%、11.28%、17.32%、16.04%。加强内部单位治安防控，检查走访内保重点单位422家次，制作检查笔录236份，对安防工作不到位的单位下发限期整改通知书83份并督促整改到位。对整改不到位的51家单位作出行政警告并下达处罚决定书，有效地维护单位内保的安全。积极开展安全防范教育，组织编印了50万册《市民安全防范指南》，600余名民警采取上门入户的方式，将手册发放到了全市每家每户，提高了市民的防范意识和能力。坚持依法管网、以人管网、技术管网，虚拟社会的管控能力进一步增强。（王真伟）

【户政服务】 提升人口服务管理效能。牢固树立便民、快捷、高效的服务理念，围绕出入境证件和户口

5月8日，市委书记曹立军调研公安系统工作 （图片来源 市委办公室）

5月23日，公安系统开展全市大接访活动　　(图片来源　市公安局)

身份证办理、派出所窗口工作等业务，在全市范围内推行一次性告知、基层一站式、“三表合一”、自助、预约、异地办理、延时“弹性”、特种人员上门等便民利民服务制度，赢得群众满意。全年办理居民身份证52511张，临时身份证4557张，新登记流动人口22104人、出租房屋5005户，办理居住证9248张；列管工作对象23836人。组织开展“一人多户”、相同图片的清理核查以及涉农户口清理整顿等多项行动，着力整治户口登记管理中存在的“错、重、假”等突出问题，坚决堵塞管理漏洞。　(王真伟)

【交通安全工作】　推进道路交通疏堵保畅。切实履行疏堵保畅第一要务，在城区新增7处电子监控，对城区8条主干道标志标线进行完善，对城东新村路口、将军路青草路口、国税局路口、风光桥浏河广场端进行优化、渠化。在城区道路施工期间推行“十大措施”，确保道路施工进度，保障市民正常出行。在重大活动期间推行全警上路、延长工作时间，确保重大活动顺利进行。在车辆、人员大幅增加的情况下，全年未发生严重交通拥堵事故，金沙路、劳动路、北正路等主要干道通行效率较高，隧道基本畅通，得到各级领导和广大群众的高度肯定。坚持铁腕治乱，组织开展专项行动23次，查处各类交通违法行为11万余起，查扣无牌无证摩托车5033台，其他车辆844台，查处酒驾252起，刑事拘留56人，行政拘留120人，侦破交通肇事逃逸案件36起。切实加强对全市校车、客车、危化品运输车的源头监管、隐患治理和路面整治等工作，狠抓交通安全主体责任落实，确保全市交通安全态势平稳。全年发生道路交通死人事故239起，死亡252人，与去年相比交通死人事故减少29起，下降12.13%，死亡人数减少28人，下降11.11%，未发生死亡3人以上的重特大交通事故。　(王真伟)

【消防安全管理】　深入开展重大火灾隐患集中整治和消防安全整治等专项行动。通过提请市政府挂牌督办，联合规划、国土、住建、工商、城管、教育等相关部门进行综合治理，对全市37个物流仓储场所，274所学校，132家网吧，498栋高层建筑，246家消防安全重点单位及其他部分社会单位反复开展“地毯”式的火灾隐患排查和消防安全大检查，共检查单位11585家，发现火灾隐患20686处，督促整改火灾隐患20785处，下发责令改正通知书7938份，下发行政处罚决定书74份，当场处罚决定书901份，下发临时查封决定书18份，责令“三停”单位23家，行政拘留121人。2014年发生火灾441起，死亡1人，直接财产损失786万元，未发生群死群伤的火灾事故。森林防火工作有力推进，未发生重特大森林火灾。　(王真伟)

【危爆物品安全管理】　积极推进危爆物品管理改革创新，制订下发《浏阳市危爆物品管理意见》，简化许可流程、实行网上许可，实行统一运输包装，建立烟花爆竹流向管理信息登记、粘贴流向信息码，运用流向信息系统出入库，全面推行市内涉爆运输许可网上审批。全年审批烟花爆竹市内道路运输行政许可6747起，市外运输81起；审批雷管、炸药、剧毒化学品行政许可1104起，其中审批炸药1773696公斤、雷管1022400发、导爆索98800米、导爆管3000米；全市烟花爆竹生产企业运输证办证率由过去50%提升到90%以上，提高办事效率，降低了企业生产成本，大幅提升管理效能。“无使用价值烟花爆竹销毁安全技术”创新项目获全国公安基层技术革新三等奖。持续深入开展“打非治违”专项行动，严厉打击烟花爆竹非法生产、运输违法犯罪活动。　(王真伟)

【监所安全管理】　认真贯彻落实公安部、省厅和长沙市局全面开展看守所“五化建设”和拘留所“三项重点工作”部署要求，建立健全监所安全四项工作体系，坚持严管严控，确保6427名被监管人员的安全。推动监管工作规范化建设，监所建设全面升级，市看守所获评全国“五化建设”示范单位，市拘留所获评全国公安机关一级拘留所。武警中队全面加强了监区安全警卫工作，确保了监所安全。　(王真伟)

【基层基础工作】　按照“基础工作信息化、信息工作基础化”要求，始终将信息化建设应用和基层基础工作置于战略性、先导性位置来抓，提升实战核心能力，增强发展后劲。以情报平台应用为基础，警综平台基础信息采集和警用地理信息应用平台（PGIS）空间地理信息服务为支撑，天网视频侦查为抓手，全面开展信息化综合应用，实战能力不断提升。全年共录现勘2089起，提取指纹372案，足迹920案，生物检材145案，串并案件78串468案，破获17串163案。刑侦大队情报中队协助所队研判案件160余起，准确研判出犯罪嫌疑人300余人，破案400多起。在全年的后装和基础设施建设中，制定《浏阳市公安局小件物品采购办法》和《浏阳市公安局基础建设管理规定》，对公安经费管理、票据管理、政府采购、小件办公物品采购、国有资产管理、涉案财物管理、驾驶员安全管理等制定工作流程，建立分组式的岗位工作方法，提高后勤工作效能。完善办公场所装备、设施，投入5000余万元建设大瑶派出所、大瑶消防站和集里消防站等单位业务用房，对荷花、淳口、张坊、中和等派出所进行全面改造。投入1800万元建设“天网工程”视频监控点850个。

（王真伟）

【执法规范化建设】 紧紧围绕“执法无懈怠、办案无过错”目标，以执法突出问题整治为重点，全面加强执法规范化、信息化、正规化和实战化建设，执法公信力不断提升，在全面执行《湖南省公安机关执法执勤规范》的基础上，进一步建立和完善受立案管理制度、涉案财物管理制度等规章制度，编印《民警行政执法工具书》，使全市公安机关从接警、受理、立案、调查取证，到审批、案件终结的全过程，都做到有法可依、有章可循。以执法规范化、信息化、正规化和实战化为支撑，进一步加强全市公安法制队伍履职能力建设，全面推进执法规范化建设，全局法制工作取得新的明显成效，逐步构建了执法观念民本化、执法主体专业化、执法装备信息化、执法流程标准化、执法场所功能化、执法行为规范化、执法效果公正化的执法规范化建设“七化”体系。完善案件主办警官制度、案件三级审核审批制度和涉案财物规范化管理制度，编发执法办案指导10期，发布《执法监督通报》84期。 （王真伟）

【公安队伍建设】 开展党的群众路线教育实践活动。坚持把学习教育、理论武装摆在首位，通过学习教育、批评与自我批评，使全局民警的思想受到洗礼。坚持把改进作风作为教育实践活动的根本出发点和落脚点，紧紧抓住活动契机，以剖析“班子问题”开局亮相、以查摆“班子问题”示范带动、以严治“共性问题”狠抓整改，对公安队伍的作风之弊、行为之垢进行一次全面、细致、彻底的大排查、大检修、大扫除，“四风”等突出问题得到了有效整改。全局会议数量同比下降15%，发文数量同比下降18%，清理评比表彰项目5项，清理办公用房56间、压减办公用房面积1100余平方米，公车私用、公款消费等问题全面杜绝，民警工作“慵懒散”和“冷硬横推”等问题得到明显改善。扎实做好经常性思想政治工作。坚持政工例会制度和民警思想定期研判制度，认真落实三级谈心谈话和民警家庭走访制度，积极开展队伍现状调研活动，统一规范和下发《思想政治工作活动台账》，研究制定了《浏阳市公安局经常性思想政治工作规范》。切实加强党组织的思想建设、组织建设和作风建设。专门开设了内部网“党建工作”专栏，认真落实“三会一课”制度，扎实开展党员评议活动，坚持党课制度，严格抓好党建工作的要求和规范，坚持党建工作季度提示和通报制度。严格把关，认真抓好入党积极分子培训、预备党员转正工作，新发展党员6名，预备党员转正9名，为党组织输送了新鲜血液。通过扎实的党建工作，全局党员民警的党性意识进一步加强，党员先锋模范作用得到了充分体现。切实加强纪检监察和督察工作。认真贯彻落实中央、省、市纪委全会精神，全面落实党风廉政建设两个责任，坚持铁腕治警方针，扎实推进队伍纪律作风建设。坚持把党风廉政建设纳入党委中心组学习重要议事日程，形成“一把手亲自抓，班子成员分工抓，局属部门结合业务抓，纪检监察部门具体抓，基层领导主动抓”的党风廉政建设工作格局。层层签订了《党风建设责任书》和《严守法纪党纪警纪承诺书》，逐级落实了廉政管控责任和监督措施。扎实开展警务督察，全年共开展各类督察行动180次，出动督察警力380余人次，检查基层单位186个次，发现和督促整改各类问题隐患245处，编发督察通报25期，受理、核查检举控告52件，办结检举控告51件（其中上级交办、领导批办16件），禁闭2人。全面落实从优待警措施。牢固树立以警为本理念，积极探索落实各项从优待警措施，着力构建和谐警营，激发队伍活力。积极开展走访慰问活动，走访慰问因公牺牲民警家属、因病、因公受伤、特困民警和老同志260人次，送去慰问金13万余元。加强优抚慰问工作，向省厅基金会和长沙市局互助会以及我市总工会申

11月4日，省交通总队领导到浏阳督导交通安全监管工作 （图片来源 市公安局）

领资助慰问金31万元、90多人次。积极倡导"快乐工作、幸福生活"理念，认真落实民警年休假制度，注重民警劳逸结合，建立民警心理健康咨询室，选派民警参加上级组织的心理咨询师培训，认真组织各单位开展心理行为训练活动，在局域网开通民警心理健康服务专栏，适时开展民警心理危机干预。

（王真伟）

【破获公安部"2014-472"毒品目标案件】 在省公安厅、长沙市公安局的高度重视下，在省厅禁毒总队、长沙市公安局网技支队、禁毒支队的具体指导和大力支持下，浏阳市公安局专案民警历经三个多月的专案侦查，转战湖南、江西、福建、浙江、山东五省，成功侦破公安部"2014-472"毒品目标案件，摧毁了一个跨省的制毒团伙，抓获犯罪嫌疑人林木良、董国灿、芦其福、童天鹏、朱明忠等10余人。收缴生产的麻黄碱共计492.76公斤，收缴一批溴代苯丙酮、盐酸甲苯、氢氧化钠、乙酯乙酸、甲醇、甲胺丸等制毒原材料和反应釜、静音无油润滑压缩机、甩干机、发电机、液化气炉、塑料桶等制毒用的机械工具，扣押涉案车辆两台。

（王真伟）

【破获公安部"2014-166"毒品目标案件】 2014年8月21日，浏阳市公安局历经五个多月的专案侦查，转战湖南、广东、云南三省，成功侦破公安部"2014-166"毒品目标案件，彻底摧毁一个出境跨省的贩毒团伙，切断一条由缅甸至长沙、一条由广东揭阳至长沙的贩毒渠道。共刑事拘留贩毒犯罪嫌疑人24人，行政拘留吸毒人员25人，缴获毒品冰毒17953.69克、麻古2522.35克、仿六四手枪2支、子弹14发，收缴毒资50余万元，依法扣押涉案车辆6台。（王真伟）

【"5·31"抢劫杀人案】 2014年5月31日，浏阳市永安镇发生一起抢劫杀人案，案发现场死亡一人。接警后，市公安局立即启动命案侦破工作预案，成立专案组，并要求专案组全力以赴迅速破案。专案指挥部针对案件特征，以现场为中心向四周扩散的摸排面，以死者王克雄生前的生活轨迹为摸排线，从反映的重点可疑人员为摸排点，采取点、线、面相结合的原则，通过对案发现场进行认真细致的勘查，死者王克章生平调查，现场走访调查，重点对象开展调查，现场视频调取研判，成功锁定犯罪嫌疑人喻高明。6月10日，在长沙市公安局刑侦支队、长沙县公安局的支持与配合下，历时十天，破获"5·31"抢劫杀人案，抓获犯罪嫌疑人喻高明。

（王真伟）

【特大QQ诈骗案】 2014年3月24日9时30分，浏阳市"一朵天下"公司财务部出纳陶亮接到公司董事长刘祥富QQ发来让其接收邮件的消息。陶亮查看邮箱后发现邮箱里面有一封刘祥富发的新邮件，内容是让陶亮向其提供的户名为张建宇的账户上转账90万元人民币。陶亮通过QQ与董事长刘祥富的QQ进行了简短沟通后便向指定的张建宇账户汇款90万元，汇款后陶亮通过QQ告知刘祥富的妻子张益民已转账，张益民核实情况后发现刘祥富本人正在睡觉，意识被诈骗后随即报警。市公安局接警后，迅速抽调刑侦、情报等部门的骨干精英成立专案组展开案件调查，2014年4月17日晚在长沙市公安局的大力支持下，通过网技、视频、侦查等办案手段迅速确定犯罪嫌疑人杨高新、廖荣华、廖彬良三名嫌疑人员的身份，并在广西宾阳将3名犯罪嫌疑人抓获归案，经过20余天的连续作战，成功侦破浏阳市首例盗取QQ号码实施诈骗的特大案件。

（王真伟）

【生产、销售"毒豆芽"系列案件】 2014年春节期间，依据公安部部督案件的核查线索：浏阳市有近十个乡镇的豆芽经销商涉嫌购买国家禁用的非法添加剂AB粉水生产销售有毒豆芽。获悉线索后，浏阳市公安局党委高度重视，要求治安大队牵头成立专案组，组织各涉案乡镇派出所全力办好案件。1月3日专案组民警通过周密部署、缜密侦查、多警联动成功侦破生产销售"毒豆芽"系列案件，逮捕直诉16人，收缴有毒豆芽4000余公斤及大量非法添加剂。（王真伟）

检察工作

浏阳市人民检察院

党组书记、检察长　喻湘川
党组成员、副检察长　潘利国
王全振　杨志雄　钟　斌
党组成员、纪检组长　李文锋
党组成员、政工室主任
陈再光
党组成员、反渎职侵权局局长
杨辉平
党组成员、反贪污贿赂局局长
陈文明

【概况】 检察机关是国家法律监督机关，主要职能是：对叛国案件、分裂国家案件以及严重破坏国家的政策、法律、政令统一实施的重大犯罪案件，行使检察权；对刑事案件，进行侦查；对公安机关和国家机关、监狱侦查的案件进行审查，决定是否逮捕、起诉或者不起诉，对公安机关的侦查活动是否合法实行监督；对刑事案件提起公诉，支持公诉，对人民法院的审判活动是否合法实行监督；对刑事案件判决、裁定的执行和监狱、看守所、劳动改造机关的活动是否合法实行监督；对人民法院民事诉讼、行政诉讼活动是否合法实行监督，以确保国家法律的正确统一实施。浏阳市人民检察院现内设反贪污贿赂局、反渎职侵权局、公诉科、侦查监督科、民事行政检察科、监所检察科、控告申诉科、林业检察科、职务犯罪预防科、案件管理科、法警队、办公室、政工室、纪检监察室等14个局、科、队、室，现有编制106个，在职干警102人。

（罗　炼）

【优化发展环境】 主动有效服务经济建设。把握检察机关的职能定位，依法打击敲诈勒索、强行阻工、强揽工程等影响重点工程建设的犯罪，以及侵占挪用资金、合同诈骗、盗窃设备、破坏生产经营等损害企业利益的犯罪，批捕10件15人，起诉11件17人；依法惩治损害和影响项目建设的贪贿犯罪，以及花炮安全生产监管过程中的失职、渎职犯罪，立案2件2人；依法查办金融服务行业职务犯罪，立案1件2人。同时，注意办案的方式方法，切实保护企业正常生产经营。开展为企业排忧解难活动，走访三力实业、龙塑管业等10余家企业，召开座谈会3次，提供法律服务4次，有针对性提出意见和建议6条。主动有效服务综合整治。认真落实市委要求，积极参与联系点柏加镇、三口镇的社会主义新农村建设，组织10名中层干部进驻高坪镇、官桥镇的10个群众工作站，扎实开展群众工作。发挥检察职能优势，依托检察联络室，认真开展“禁毒宣传进校园”“举报宣传进社区”等活动。进一步加强社区矫正工作，对现有749名监外执行罪犯逐一建档，共约谈保外就医、职务犯罪社区矫正对象37人；扎实开展针对“有钱人”“有权人”的减刑、假释、暂予监外执行专项检察活动，对暂予监外执行条件消失、刑期未满的，建议启动收监程序，全年监督收监7人，维护法律威严。开展羁押必要性审查4件4人，均变更强制措施。市人民检察院驻看守所检察室被最高人民检察院评为一级规范化检察室。主动有效服务安全稳定。突出打击重点，对群众反映强烈的严重暴力犯罪、多发性侵财犯罪、黑恶势力犯罪、黄赌毒犯罪，坚持快捕快诉，在检察环节一般不取保候审，提高群众的安全感和满意度，共批准逮捕876人，起诉963人。其中，批准逮捕涉黄案件26人，起诉46人；批准逮捕涉赌案件81人，起诉155人；批准逮捕涉毒案件273人，起诉238人。审查批捕的杨四明等10人涉嫌贩卖、运输、窝藏毒品案，提前介入，引导侦查，仅用3天时间就办结案件，依法批捕10人，打击犯罪分子的嚣张气焰。

（罗　炼）

【民生事件查处与生态环境保护】 保护食品、生态安全。以群众最关心、最直接、最现实的利益问题作为检察工作的重点。对涉及生产销售有毒有害食品、危害身体健康的毒豆芽案件，与相关部门密切配合，从重从严惩处，批捕8件10人，起诉8件13人。保护浏阳青山绿水，依法打击非法采伐国家重点保护植物野生香樟、失火、非法占有农用地等危害生态环境和资源保护的犯罪，共批准逮捕16人，起诉50人。（罗　炼）

【信访处置工作】 畅通便民、利民渠道。实行检察长固定日接待、点名接待和预约接待，共接待群众12批次，接待来访5件，受理涉法信访案件5件，全部办结；坚持下访巡访制度，共到12个乡镇现场接待群众来访和法律咨询600余人次，发放宣传资料2000多份。畅通24小时举报电话，兑现举报奖励，为举报人保密；完善设施设备，规范接待流程，信访接待室连续四届获评“全国文明接待示范窗口”。结合群众路线教育实践活动，全院干警上门走访608户1027人，受理诉求和化解社会矛盾7个，收集对检察工作的意见和建议14条，受理涉法涉诉信访案件5件。关注民生民本拉近了检民距离，激发了群众举报的积极性，全年共收到群众举报线索18条，经查实反贪立案5人，反渎立案5人。（罗　炼）

【弱势群体妇女儿童权益保护】 关心、关注弱势群体。积极开展公益诉讼，在农民工讨薪方面办理支持起诉案件3件，为农民工追索劳动报酬近20万元。维护妇女儿童合法权益，成立专门办案组，实行强制法律援助制度和合适成年人到场制度，共批捕强奸、猥亵、容留卖淫等案件46件48人，起诉66件72人；办理支持家暴弱势方起诉案件3件。积极开展“检察官进校园”活动，到案发地召开释法说理现场会，留守少年打架斗殴、寻衅滋事等案件明显减少，犯罪率与去年同比下降32%。（罗　炼）

【社会矛盾处置化解】 全年共受理审查批捕案件1222件1628人，与2013年同期相比上升35.8%，批准逮捕955件1250人；受理移送审查起诉案件1345件1868人，与2013年同期相比上升12.4%，提起公诉1223件1686人。建立案件讨论制度，解析典型案例，引导干警严格审查和综合运用证据，确保案件质量。把握宽严尺度，对主观恶性小、犯罪情节轻微的初犯、偶犯、过失犯和未成年人、老年人犯罪，积极稳妥适用刑事和解，共相对不捕283人，相对不诉49人。

（罗　炼）

【反腐败与反渎职侵权工作】 惩防并举促进反腐倡廉。紧紧依靠市委领导和人大支持，立案查处职务犯罪案件9件15人，全部为浏阳本地案件，所办案件中贪污贿赂案件4件10人，渎职侵权案件5件5人，案件的查处产生良好的社会效果。根据上级的统一部署，对近年立案侦查的6名在逃人员重新侦查，2名犯罪嫌疑人主动投案自首。科学评估案件线索，深挖窝案串案，对市人社局渎职犯罪系列案立案4人。坚持惩防并举，多形式开展预防职务犯罪工作，为工程项目招投标提供行贿犯罪档案查询276次，对职务犯罪案件全部实行“一案一分析一建议”，从源头上遏制和减少职务犯罪的发生。（罗　炼）

【执法监督工作】 强化监督维护公平正义。加强对侦查活动的监督，办理刑事立案监督案件11件12人；强化证据审查，无罪不捕11人、不诉1人，存疑不捕76人、不诉8人，追捕追诉漏犯16人，追诉漏罪7条。加强审判监督，向法院发出量刑建议1131份，针对1件民事审判程序违法发出检察建议，均被采纳；提出民事再审检察建议2份，法院已采纳裁定再审；之前提请抗诉的4份生效判决今年全部改判。在全省率先建立以支持起诉和督促起诉为主要方式的公益诉讼工作机制，办理的香槟现代城物业服务合同纠纷案，选择典型案件支持起诉32案，在法律的威慑下，200余业主主动缴纳了欠缴的物业费。加强刑罚执行监督，审查呈报减刑35人，依法降低减刑幅度1人，建议不予呈报4人，监督履行罚金刑15人。在食品药品、卫生、文化等领域开展两法衔接工作，监督行政执法部门移送涉嫌犯罪案件4件，批准逮捕7人。

（罗 炼）

【检察司法规范化建设】 坚持以司法公正为基准，健全机制，规范办案行为。实施网上办公办案。进一步更新办公办案设备，完善保密管理平台系统、检察专线加密系统建设；进一步调优调强案件管理和技术部门力量，强化技能培训，全院干警均能准确、熟练操作办公办案软件。全年办案系统共录入提请逮捕案件1180件1582人、移送起诉案件1253件1741人、职务犯罪案件12件16人（含积案），全面推进了网上办公办案，实现所有案件网上流转、网上审批、网上监督。推进执法信息公开。贯彻落实司法改革要求，健全工作机制，扎实推进检务公开。开通浏阳检察官方微博、微信；在互联网公开重要案件信息8条、案件程序性信息929条，公开案件终结性法律文书28份，在案件信息公开系统运行情况通报上，市人民检察院程序性信息公开名列全省第一。适应刑诉法的修改变化，创新律师接待服务模式，充分保障律师阅卷和当事人查询的权利，全年共接待律师阅卷276人次，接待当事人查询418人次。强化内部执法监督。坚持每案必查原则，建立系统内案件天天查、普通案件月抽查、专项案件集中查的工作机制。对流程管理案件，及时发出办案期限预警，对办案程序、办案质量存在的问题和违规情形，及时督促纠正，2014年在案件数居全省第一的情况下，实现全部案件零超期目标。加强内部执法监督，对改变强制措施的重点案件，检察院纪检监察部门同步审查监督，并报检察长批准，共监督48件48人。对“不捕、不诉、撤诉、无罪、撤案”等“五类案件”，开展专项督察，共评查286案。 （罗 炼）

【检察队伍建设】 主动接受外部监督。坚决服从党的领导，及时向市委请示报告重大案件和重要事项。牢固树立人大意识，主动向人大汇报“司法公正长沙行”等重大检察工作情况。组织“侦查监督开放日”和“监所检察开放日”活动，结合典型案例，组织听庭评庭活动，邀请人民监督员、人大代表、政协委员、媒体记者，以及教师、学生、农民等各界人士，到现场参观、了解和咨询检察工作，主动接受监督，增强了检察工作透明度。

着力激发队伍活力。积极应对案件基数大、增长幅度快、案多人少等情况，坚持内部挖潜，激发队伍活力，保证案件质量。一方面加强对年轻干警的培养，建立传帮带机制；另一方面优化办案结构，分类成立未成年办案组、轻刑快办专案组和重案组，对案件进行繁简分流，分类专人专办，高效审结；三是积极开展“办案标兵”、“保障能手”等评先评优活动，树立工作标杆，营造良好氛围，激发干警的热情与活力；四是坚持抓好群团建设，充分发挥党支部、工会、妇委会、青工委作用，组织开展形式多样的活动，活跃机关氛围，增强凝聚力。全年没有出现瑕疵案件，没有发生办案安全事故。扎实推进作风建设。扎实开展党的群众路线教育实践活动，深入查找和认真整改“四风”问题。认真开展“增强党性、严守纪律、廉洁从政”专题教育活动，提高干警的职业涵养和道德修养。强化日常监督，对苗头性、隐患性的问题及时发现、及时处理解决。厉行勤俭节约，规范各项开支，不搞利益驱动办案，不断提高干警拒腐防变意识和抵御风险能力。实现了干警零违纪、零投诉的目标。 （罗 炼）

【驻看守所检察室被最高人民检察院评为一级规范化检察室】 2014年，市人民检察院驻所检察室被最高人民检察院评为一级规范化检察室。一是注重抓日常驻所检察制度落实，促安全稳定。共检察通信593次，会见841人次，提讯4262次，检察收押2039人，出所1856人，进行安全防范检察48次。二是注重抓留所服刑犯的监督管理，促执法规范。认真执行已决犯留所服刑检察监督工作，按规定将余刑三个月以上的罪犯都依法交付执行。三是注重维护在押人员合法权益。共出所就医112人次，出所住院治疗3人。对不适宜关押的人员，通过羁押必要性审查建议办案单位按程序变更了强制措施4人，监督纠正未及时换押14人，确保本辖区无超期羁押。四是严格审查把关，确保刑罚正确统一实施。全年共审查呈报减刑30人，纠正减刑不当1人，建议不予呈报4人，加强对罪犯罚金刑执行的监督，对确有履行能力的，监督其履行罚金刑再呈报减刑，共监督履行罚金刑56人。 （罗 炼）

法院工作

浏阳市人民法院

党组书记、院长 戴智明

党组副书记、副院长 刘题红

党组成员、副院长 周 超

高德懋 陈花梅（女）

副院长 肖永林

党组成员、纪检组长 邱德才

党组成员、政工室主任

李宏伟

党组成员、执行局局长

李守荣

【概况】 2014年，市人民法院有在编干警161人，其中有本科学历110人，有法学（法律）硕士学历36人。全年受理各类案件13289件（含旧存案件），审限内结案率为100%，收、结案数及人均结案数均位居全省基层法院第一名，获“全国青少年维权岗”、“全省法院人民法庭工作先进集体”、“长沙市优秀法院”等荣誉称号。 （杨 柳）

【刑事审判】 全年受理刑事案件1216件1452人，审结1169件1348人，结案率为96%。严厉打击“两抢一盗”、故意伤害、寻衅滋事、贩卖毒品等严重危害社会稳定及群众安全的刑事犯罪，共判处三年以上有期徒刑 255 人；加大危害食品安全犯罪打击力度，共审结生产、销售假烟、死猪肉、毒豆芽等社会关注的案件 10 件，有 18 名被告人被判处有期徒刑，危害食品安全的犯罪得到了依法惩处；严惩国家工作人员职务犯罪，有 15 名公职人员被依法追究刑事责任，推动了反腐败斗争的深入开展；加强与侦查、检察机关的协同，推进轻微刑事案件快速办理机制建设，该类案件平均审理期限压缩到 10 天左右，同比缩短 30.5%；强化生态文明建设的司法保护，严厉打击破坏林业资源、矿产资源、生物资源等违法犯罪行为，积极与森林公安、检察机关等部门搭建生态信息共享平台，通过建立生态环境保护的联动机制，妥善化解各类涉生态矛盾纠纷；积极参与“司法公正长沙行”活动，坚持把判处缓刑、管制等人员统一纳入社区矫正范围，共发出社区矫正委托调查函 493 份，移送矫正人员 370 人，实现了非监禁刑与社区矫正的无缝对接。

（杨　柳）

12 月 3 日上午，浏阳法院大审判庭，一起七宝山乡升平村村民廖伟兴不服人民政府林业行政确认案正式开庭审理。浏阳市委常委、副市长熊清溪（左一）作为市政府代理人出庭应诉

（资料来源　浏阳长安网）

【民事审判】　全年受理各类民事案件 6523 件，审结 5861 件，结案率 89.9%。妥善审理婚姻家庭、人身损害赔偿、医疗纠纷、消费者权益保护等与群众利益密切相关的民事案件 3372 件，有效保护人民群众的合法权益；发挥商事审判的规制指引作用，审慎处理因资金链断裂而引发的企业破产、强制清算、民间借贷、劳动争议、房地产等商事案件 2489 件，维护市场经济秩序；准确把握判决和调解两种结案方式的作用，充分发挥各自优势，做到能调则调、当判即判，取得较好的法律效果和社会效果；通过建立立案警示和证据存疑报告制度，对于仅有单一证据或有可能涉及虚假诉讼的案件，加大证据审查力度，强化依职权调查，避免当事人利用诉讼途径实现“非法目的合法化”。

（杨　柳）

【行政审判】　全年受理行政诉讼案件 59 件，审结 54 件，结案率为 93%。正确把握合法性审查原则，全年判决撤销、确认违法、限期履行法定职责等结案 16 件，行政相对人合法诉求得到充分保障；积极推动行政机关负责人出庭应诉制度落实，协助市政府出台《行政负责人出庭应诉工作办法》，行政负责人出庭率达到 80.3%；强化释法说理，注重协调互动，一批矛盾突出的山林、土地权属争议得到实质性化解；完善行政非诉案件快速审查机制，共审查案件 535 件，裁定准予执行530 件；创新非诉执行方法，穷尽执行措施，受理非诉行政执行案件 801 件，执结 775 件，受理房屋土地征拆案件 38 件，审结 34 件，协助政府依法征收土地 30.67 公顷、拆迁房屋 1.6 万平方米，树立了行政机关的执法权威。

（杨　柳）

【执行工作】　全年受理民商事执行案件 3654 件，执结 2624 件，执结标的额 1.6 亿元。通过开展“小额民生案件集中执行”和“执行百日攻坚”等专项行动，采取分片包块、凌晨出击、巡回执行等方式，持续保持执行高压态势，有效督促被执行人自觉履行义务；依法准确适用罚款、拘留等强制措施及拒不执行判决裁定罪、妨害公务罪等刑罚措施，对有能力而拒不履行生效判决的被执行人罚款 102 万元，对 228 名被执行人实施司法拘留，有 152 名被执行人列入社会征信黑名单，1 人涉嫌妨害公务罪被执行逮捕；充分利用网络、电视、报纸等媒体，采取新闻曝光、悬赏执行、集中查控等手段，发布悬赏公告 3 期 272 人次，利用网络司法查控系统查询被执行人银行存款信息 30353 条、车辆信息 1862 条、房产信息 1931 条；建立执行实施权与执行裁判权分离机制，做到既分工协作又相互制约，共受理执行异议案件 46 件，审结 45 件，促进了执行工作的阳光规范。

（杨　柳）

【司法为民服务活动】　紧扣人民群众关心、关注的现实问题，着力打通服务群众“最后一公里”。全年组织到企业、社区、学校、村组开展巡回审判 76 场次，上门立案 12 案次，巡回法律服务 52 场次，使司法服务延伸到最基层；推行案件繁简分流，全年适用特别程序结案 376 件，适用诉前保全 35 件，利用诉前调解化解纠纷 112 起，快速化解矛盾纠纷；开通未成年人及妇女维权“绿色通道”，发挥未成年人综合审判庭及“反家庭暴力合议庭”专业维权平台优势，强化未成年人及妇女合法权益的保护，得到最高人民法院、共青团中央及联合国项目官员的高度认同；注重司法救助，全年共对 53 名经济困难当事人减、免交诉讼费 23 万元，对 69 名执行申请人发放执行救助金 56.2 万元。

（杨　柳）

【人民陪审工作】　在人大的领导下，完成人民陪审员倍增计划，数

5月16日，市法院党组书记、院长戴智明（中）到北盛镇开展送法下乡，做好服务群众“最后一公里”

（图片来源 市法院办公室）

量从原来的68名增加到234名，每个乡镇、街道都有不少于2名陪审员，保证参审面上的广泛性；在市委、市政府的支持下，逐年增加人民陪审工作经费，强化了履职保障；修订了人民陪审工作管理办法，明确陪审权限，把所有具有裁判性质的司法活动都纳入陪审范围，有效提高司法民主深度；加大专业培训力度，全年共组织300余人次参加岗前培训、庭审观摩、庭审评议等活动，有效提升陪审能力。全年人民陪审员共参审案件2574件，参审率达95.3%，司法民主效果得到进一步彰显。

（杨 柳）

【司法公开工作】 自觉接受人大监督，及时办结人大代表、政协委员的提案、议案和交督办案件，积极开展“法院开放日”、“宪法宣传日”等活动，全年共邀请人大代表、政协委员及社区民众276人次到法院观摩、评议庭审，强化人大意识；通过法院网站、电子显示屏、公告栏等载体，将审判、执行工作流程图及各节点的工作要求向社会公开，主动接受外部监督；利用中国裁判文书网，公布各类裁判文书4725份，实现了依法可公开的100%公开；在《人民法院报》、新华网、光明网等媒体刊发宣传稿件150余篇，组织庭审直播4场次，利用央视“道德与法治”、湖南经视“钟山说法”、湖南都市“执行在线”、长沙政法频道“1号法庭”等栏目录播庭审13期。

（杨 柳）

【司法能力建设】 全年组织80余人次参加上级法院的业务研修，并分线对民事、刑事、执行法官进行3次集中培训；完善以“老”带“新”的年轻干警培养制度，明确“导师法官”的指导责任，促进年轻干部的快速成长；开展“季度之星”、“办案标兵”评选及“十佳法官”宣传活动，通过效果彰显实现行动共鸣；加大理论研究，注重成果转化，着力壮大专家型、研究型法官队伍。全年有34名法官进入全省法院“办案百强”，有7篇调研论文在国家级论坛或征文活动中获奖。

（杨 柳）

【反腐倡廉工作】 针对违法违纪易发、多发的重点岗位、重点部门和重点环节进行明察暗访，以“零容忍”的态度杜绝司法腐败；注重疏通投诉、监督渠道，随案发放廉政监督卡11000余份，回访案件527人件次，办结审查监督案件6件，确保法院审执活动处于当事人监督之下；认真落实干警及其配偶、子女、近亲属的利益回避制度，共对6名干警16案适用依法回避及登记备案，确保敏感案件得到公平、公正审理；开展“规范化建设年”活动，努力在治本上下功夫，通过完善规章制度，细化审判、执行流程，明确各个节点工作要求，较好实现分权制衡，构建科学的内部监督体系。

（杨 柳）

司法行政工作

浏阳市司法局

党组书记、局长　苏柏松
党组副书记、副局长　孙家栋
党组成员、副局长　曾铁生
邱先棠　胡金玲
党组成员、纪检组长　郑小平

【人民调解工作】 建立市人民调解委员会、工业园区调委会和医疗纠纷调解中心等27个专业性、行业性调解委员会，基层建立了以37个司法所为主的乡镇(街道)人民调解委员会和401个村（社区）人民调解委员会。2014年，各调解组织共调解矛盾纠纷6351件，其中市人民调解委员会调处矛盾纠纷186件，司法所调解矛盾纠纷2249件，机关干部驻工业园调处涉企矛盾119件。建立科学的矛盾纠纷分析评估机制，鼓励法律服务人员积极参与到矛盾纠纷调解工作中，探索建立重大疑难案件分析研讨制度，组织律师、法律工作者进行听证和研究，商定可行性方案，提升案件办理的质量与水平，共组织研究分析会议19次。通过建立矛盾纠纷排查化解预警机制，全年共排查矛盾纠纷1108件，预防纠纷激化918件。推行人民调解“以奖代补”制度，出台《浏阳市人民调解案件“以奖代补”专项经费使用管理办法》，2014年根据案件的难易程度、影响大小分类奖励各类人民调解案件3325个。

（李翼运）

【普法与依法治理工作】 继续推行“文化普法”“联动普法”“案例普法”，提升法制宣传的针对性和实效性。先后到24个乡镇进行宣传，共发放法律书籍5000多本，法制宣传资料10万余份。联合部门单位开展“12•4”首个国家宪法日等大型宣传活动13场次。在三口、关口开展两场“法制文艺进广场”活动。组建法律服务义务骑行队，深入基层开展“传播法治正能量、法律服务村居行”活动，并在全市每个村（社区）设置了普法宣传窗，不定期更换宣传资料，供群众免费取阅。此项举措在《长沙晚报》、长沙文明网报道刊登。邀请中央党校傅思明教授在市委中心组学习报告会上开展题为“学习习总书记重要讲话精神 建设法治中国”的专题法制讲座。在全市190个部门单位推行了无纸化学法考试，近2万人参加考试，参考率100%，合格率99%。到全市48所学校开展了“幸福人生，与法同行”青少年专题法制讲座。组织120名法制副校长、辅导员进行业务培训。

（李翼运）

浏阳市9月份社区矫正人员集中教育培训　　（资料来源　市司法局网站）

【社区矫正工作】 2014年，市司法局社区矫正工作列入市人大专项评议内容，针对市人大代表评议意见，局领导班子研究提出八项整改措施，扎实推进整改方案落实，取得明显成效。编印《浏阳市社区矫正工作管理手册》，着力规范社区矫正工作操作流程。市司法局率先在全省编印社区矫正操作手册，规范社区矫正工作从社会调查评估、入矫接收、日常监管、解除和终止等十个环节的流程和文书格式，加强对全市社区矫正工作的指导和管理，实现全市社区矫正工作的流程化、规范化操作。严格落实监管流程，确保社区矫正工作的严肃性和权威性。严把社区矫正“入口关”，共办理社会调查评估658人次，其中做出不同意社区矫正评估意见57起。组建专项督查工作组，由班子成员带队，分赴各司法所进行社区矫正操作手册执行情况专项督查93次，突击点名训诫到位率100%，社区矫正人员每月参加指纹图像考核到位率100%。严格执行入矫宣告制度，统一印制了宣告流程、训诫词发到基层，指导司法所在村（社区）召开入矫宣告会38场。推行新入矫人员每月集训制度，组织进行教育培训、公益劳动示范，并每月编印学习资料发到司法所，严格督促司法所组织社区矫正人员每月参加教育学习和社区服务“2个”八小时到位。对社区矫正人员按宽管、普管、严管三级区别对待，强化个性矫正与帮扶。建立社区矫正人员奖惩处理机制，每月对社区矫正人员进行考核评分和奖惩情况通报。2014年共提出减刑建议2人，警告处理5人，收监处理3人。坚持教育与矫正并重，增强社区矫正工作的实效性。2014年共举办社区矫正人员培训班90期，开展以“认罪服法”、社区矫正程序和制度、法律知识等为主题的专题授课，组织观看法制教育警示片，开展个性化心理测试和服从管理警示谈话，并组织社区矫正人员参加半天公益劳动。通过社区矫正工作的务实推进，教育矫治效果不断凸显。2014年社区矫正人员在册726人，接收430人，412名社区矫正人员通过教育改造，顺利解矫，无一例脱管、漏管、重新犯罪现象。2014年市司法局获年度市人大专项工作评议“满意单位”称号。

（李翼运）

【刑释解教人员安置帮教工作】 截至2014年12月30日，全市共接收刑释解教人员3941名，帮教率100%，安置率98%以上，重新犯罪率控制在2.5%以下。健全接茬衔接制度。市、乡两级安帮机构按照接茬衔接工作程序、送达时限、登记统计等要求规范运作，做好刑释解教人员离开监、所前后的衔接工作，防止出现刑释解教人员离开监、所后不回原籍，流落外地出现脱管等情况，衔接率达100%。创新帮教责任制度。在全市推行“134”帮教工作目标管理责任制度即落实“一帮一”“多帮一”工作措施强化包教育、包管理、包转化的“三包”工作责任，完成定对象、定措施、定时间、定责任的“四定”工作目标，使帮教工作由“软任务”变成“硬指标”。坚持每半年进行一次刑释解教人员集中排查，对刑释解教回归社会的人员情况进行全面梳理，做到人员底数清、活动情况明、帮教组织落实、台账资料齐全，对排查出来的重点人员一一制定管控工作方案及具体工作措施。2014年被列为重点管理的人员276人，司法所每月上户进行走访谈话，宣传法律、法规和国家政策，及时掌握重点人员的思想动态，帮助解决实际困难和问题。突出重点帮教。把工作重点放在“三无人员”（无家可归、无亲可投、无业可就）及有重新犯罪倾向刑释解教人员的帮教管理上，采取切实有效的帮教措施，努力减少重新犯罪。

（李翼运）

【法律服务工作】 设立公证、法律援助服务大厅和“12348”法律援助热线窗口，面向社会“开门服务”。服务大厅每周一至周五安排1名领导班子成员带领机关干部和专职律师在大厅坐班接访，为群众提供零距离服务。法律援助大厅接待来访群众2469批次，接待热线来电咨询786个，联动各部门化解重大疑难矛盾纠纷27件，热线使用

4 月 13 日，浏阳市司法局宣教科组织浏阳义务普法宣传队启动“美丽乡村，普法宣传行”系列活动 (资料来源 市司法局网站)

率比去年同比增长 150%，受到社会好评。开展“法援苍生、与你同行”系列活动，共办理农民工讨薪案件 113 件，讨得欠薪 78.8 万元；共接待妇女儿童、老年人法律咨询 492 人次，办理相关案件 360 件。出台《法律援助工作管理办法》，建立简易民事案件快速办理机制，扩大了受援面，法律援助案件快速增长。共办结法律援助案件 580 件，办理简易民事法律援助事项 114 件，完成为民办实事任务 138%。公证服务大厅接待群众 1.2 万余人次，共办理各类公证事项 2449 件，制止不法经济活动 8 起。公证处 20 余次为市委、政府牵头的招商引资、项目建设等中心工作提供公证服务，为浏阳经开区、产业制造园、两型产业园等园区及 30 家园区企业办理涉企公证事项 828 件，有效服务浏阳经济建设。深入开展“司法干警联社区”活动，机关干部每月到所联系社区坐班半天，提供法律咨询和开展法制宣传；开展了以“讲正气、守诚信、提素质、维民权”为主题的法律服务市场大整顿；开展“法律服务进村居、进企业”活动，在全市设立 37 家法律服务示范企业，律师、法律工作者不定期为企业开展法律体检，提供优质法律服务。全市法律服务人员积极参与村（社区）的矛盾纠纷化解，把法律服务送到群众家门口。参与部门单位依法决策和依法管理，共担任法律顾问 421 家，共办理各类法律事务 2665 件，调处矛盾纠纷 559 起，为各类市场主体避免和挽回经济损失 3 亿多元。 (李翼运)

防范处理邪教问题工作

市委防范和处理邪教问题领导小组办公室

主　任　彭世明

副主任　刘颖（女）　黄启程

【概况】 2014 年是中华人民共和国成立 65 周年、也是取缔“法轮功”邪教组织 15 周年等特殊年份，防范处理邪教工作任务艰巨，意义重大。市委防范和处理邪教问题领导小组办公室深入学习贯彻党的十八届三中、四中全会和习近平总书记重要讲话精神，认真贯彻落实中央、省、市政法工作会议及中央、省、市防范处理邪教工作会议的各项要求，以全面深化改革为主线，以“三个维护”（维护党和国家政治安全、维护社会和谐稳定、维护人民群众的根本利益）为首要，以依法治理邪教为基本方略，以主动进攻、讲究策略、创新突破为总要求，强化基层基础工作，提升防控打击效能，全面推进反邪教各项工作，削减邪教活动能量，降低邪教现实危害和潜在威胁，提高反邪教工作科学化水平，实现“三个零指标”和“五个不发生”的管理目标，为维护全市社会和谐稳定作出新的贡献。年终，市委 610 办公室被长沙市委 610 办公室评为“年度考核先进单位”、“无邪创建”先进单位、警示宣传教育先进单位、防范打击先进单位；被浏阳市评为绩效考核 2 类单位。 (张忠新)

【教育培训工作】 市委 610 办公室于 4 月 2 日上午 9：00 在公安局 9 楼会议室召开全市防范处置邪教骨干培训会议，全市乡镇街道、市直单位 610 专干 160 多人参加培训。会议总结 2013 年 610 工作成绩，对 2014 年全国、全省、全市和浏阳的邪教组织的动态进行通报和分析，传达省市领导对邪教组织和邪教活动打击处置的相关指示精神，对 2014 年的防范处置工作进行重点部署。解读目标管理考核、年度工作要点等相关工作文件，对教育转化、防范控制、创建“无邪”单位活动、警示宣传教育工作作出具体安排。 (张忠新)

【特护期安全稳定】 2014 年，市委、市政府多次召开市委常委碰头会议，认真研究反邪工作形势，听取防范和处理邪教问题领导小组办公室工作情况汇报。市委常委、市委书记曹立军同志三次对防范和处理邪教问题工作作出批示；余勋伟市长两次对防范和处理邪教问题工作作出指示。按照“打早打小，以打促防”的指导思想，防范和处理邪教问题领导小组办公室加强与公安机关的密切协作，对“法轮功”及其他邪教组织的反宣活动进行坚决有效的打击。全年共打击处理了 4 批“法轮功”反宣案件。行政拘留 12 人，1 人被判处 4 年有期徒刑。 (张忠新)

【反邪教警示宣传教育】 采取骨干培训、下乡巡回接访、送资料到村（社区）、乡村赶集、牛马会现场发放宣传资料等多种形式，多渠道加强反邪教警示宣传教育，下发反邪教资料 10.5 万余份。发挥媒体作用，运用浏阳市电视台，制作和播放反邪教电视专题片，运用广播电台 FM95.9 交通生活频道加强反邪教公益宣传。刻录防范处理邪教专题访谈节目广播碟 1000 张，下发乡镇街道、村、社区、学校、企业单位。运用《浏阳日报》刊载反邪教专题知识，为老百姓释疑解惑。充分发挥团委、广播电视台、妇联等成员单位的作用，利用新媒体如微信、微电影、微博加强对年轻一代的反邪教知识宣传。市委防范和处理邪教问题领导小组办公室将反邪教知识宣传与政法系统开展的党的群众路线教育实践活动“一包双联”和“百日大走访”活动相结合。宣讲反邪教知识，讲解中央、省市反邪教方针政策，增强村民识邪防邪能力。网络宣传工作成效显著。市委防范和处理邪教问题领导小组办公室高度重视网宣工作。2014 年在“凯风网”发表一篇视频《他们弃我而去》，被评为优秀视频。“凯风－湖南”频道上了 50 余篇稿件，其中 2 篇被评为年度好稿。“岳麓红枫”网，上稿 12 篇。发挥青少年素质教育基地的辐射作用，加强对中小学生的反邪教警示宣传教育。发挥反邪教协会的作用，加强对涉邪人员及其家庭成员的宣传教育，加强对老年人、退休工作人员、庙宇里信教人员的警示教育，筑牢特殊人群的反邪防线。

（张忠新）

【创建“无邪教活动单位”工作】 下发浏陆办发〔2014〕7 号文件：《关于继续深入开展“无邪教活动”创建工作的通知》，并在 4 月 2 日组织的骨干培训会上进行了安排，在全市各单位全面铺开。6 月 30 日再次召开各乡镇街道防范和处理邪教问题专干会议，重点督促落实“创无”工作的各项要求：乡镇（街道）、村（社区）落实“四有”（有人干事、有权管事、有钱办事、有章理事）、“八个一”（有办公场所、有牌子、有经费、有专（兼）干、有台账档案、有电话、有电脑、有办公桌）及相关制度应该上墙的上墙，资金、人员该到位的到位。7 月份，长沙市委防范和处理邪教问题领导小组办公室副主任蒋志飞一行来浏阳进行专项工作督查时，对浏阳市创建“无邪教活动单位”工作给予充分肯定。

（张忠新）

【开展邪教摸底排查及百日会战专项整治】 中央省、市开展邪教底数摸排工作以来，全市积极开展工作，制定“法轮功”“全能神”摸底排查 2 个工作方案，成立以政法委书记付旭明为组长的领导小组。自 7 月份始，将近两个月的时间里，市委防范和处理邪教问题领导小组办公室严格按照省市的“四个查清、一个到位”的工作要求，组织市公安国保大队、各派出所、乡镇街道及村（社区）对全市的邪教组织及人员进行了多次全面排查。通过各级的努力共排查出 480 名“法轮功”人员和 53 名“全能神”邪教成员。对排查出的邪教成员，对其姓名、性别、年龄、文化程度、职业、参与邪教过程、在邪教组织中的地位等基本情况以及其家庭成员和背景情况登记造册，建立“法轮功”和“全能神”邪教组织数据库。并对其重点对象实施“六包一”管理措施，加强动态管理。

（张忠新）

森林公安工作

浏阳市森林公安局

局　长　欧　雷
政　委　陈明霞
副局长　朱　力　黎有顺
　　　　沈华裕

【概况】 森林公安机关是公安机关的组成部分，是公安机关派驻林区保卫森林资源安全，维护林区社会治安的武装性质的治安行政力量，原则上行使同级地方公安机关的职责和权限。浏阳市森林公安局担负着全市森林刑事案件侦查、林区治安管理和行政执法职能；同时市防火办承担了本级人民政府森林防火工作职能，负责全市森林防火日常工作和森林火灾预防、组织指挥扑救和灾后处置工作。市森林公安局有在编民警 69 人，警务辅助人员 14 人，其中女民警 7 人；内设办公室、政治工作室、法制科、森林消防科、装备计财科 5 个职能科室；下设刑事侦查大队、治安管理大队 2 个直属大队和张坊、大围山、官渡、古港、南区、西区、北区、城区 8 个基层派出所，其中张坊、官渡派出所为公安一级派出所。2014 年浏阳森林公安局获得湖南省年度执法质量综合考评优秀单位、2010-2013 年度全省森林防火工作先进单位。

（邵　雷）

【队伍建设】 科学配置警力资源。进一步推动警力下沉，将新招录警察、军转干部全部充实到了派出所等一线单位。2014 年公开招录 14 名辅警，全部安排到实战单位，在一定程度上缓解了警力的不足。组织集中轮训。按照“三个必训”的要求，采取“轮训轮值、战训合一”模式，安排 2 名新警参加了为期 3 个月的全省森林公安机关新录民警初任培训；向省局申报了 5 名民警的警衔晋升培训；分期分批组织民警参加上级组织举办的培训和调训。法制科到有关单位进行 7 次执法工作指导，组织对全局各单位法制员进行 6 次集中法制业务指导培训。另外，组织对新招录的 14 名辅警进行 15 天的封闭式岗前培训，组织民警参加各类培训班 20 次，受训人员 158 人次。加强学习型队伍建设。以落实党总支理论学习和党支部“三会一课”制度为抓手，在全局开展创建“学习型党组织”和“学习型民警”活动。开展了“读书月”活动，提高了民警的文化品位，丰富了民警的文化底蕴。丰富活动载体。引导、鼓励民警根据兴趣爱好进行登山、跑步、骑行、球类、游泳、摄像、象棋、书法、字画等日常文体锻炼。结合全市相关部门组织的活动，组织主题征文和书法和绘画秀作品评选等活动。同时，开展了警体达标等“全警健身活动”，8 月份组队参加了市直机关运动会 5 个项目的比赛。加强和谐警民关系建设。不断巩固“一推行四公开”“百日大走访”“帮扶新农村建设”等系列亲民利民活动成果，继续开展“一包双联三访四促”“结对认亲、排忧

国家森林公安局督察组到浏阳检查指导取保候审专项工作　　(图片来源　市森林公安局)

解难”活动，2014年森林公安局共走访群众3000余户，向贫困群众、退伍军人与慈善机构捐款、捐物，共计16000余元；年初开展“为困难群众送温暖、解难题”活动共走访慰问困难人员615人，发放慰问金145600元。增进人民群众对森林公安机关的支持与信任，扩大社会影响力和辐射力。强化森林公安、森林防火工作以及保护森林资源法律法规等方面的宣传。10月20日，在湖南省森林防火工作会议上浏阳森林防火宣传工作被作为典型推介并报道；2014年森林防火宣传工作相关报道在浏阳日报刊发26篇、浏阳电视台报道24篇，湖南省森林公安局采用编发15篇。维护民警合法权益。进一步加大保护民警正当执法权益的力度，建立长效机制，针对发生侵害民警正当权益的情况，实行部门联动，治安、法制、督察部门及时做好证据固定等相关工作，确保了将违法犯罪人员绳之以法；2014年依法严肃查处3起阻碍民警正当执法和侵害民警合法权益的案件，有效维护民警合法权益和执法权威。进一步加大与机构编制、组织、人事、财政部门的沟通协调力度，积极做好了警衔晋升和工资异动工作，完善警衔系统和工资系统的信息。(邵　雷)

【森林执法工作】 完善规范执法工作制度。制定《现场执法记录仪使用管理规定》《执法办案区域使用管理规定》《讯问犯罪嫌疑人同步录音录像规定》等制度，进一步规范执法行为；建立“日清、周查、月评、季总结”执法工作制度，强化基层执法单位自我监督机制，提高人民群众满意度和执法公信力。开展专项检查整治。开展损害群众利益行为专项整治、反对司法不公和司法腐败专项整治、执法检查“回头看”活动，进一步提高森林公安机关的执法公信力。加强案件审核考评力度。审核、呈报、考评刑事案件97起，治安案件80起，林业行政案件357起，所有审核呈报的案件均做到了事实清楚，定性准确，证据确凿，确保了案件的质量。提升素质创建示范单位。全局在职民警均通过了基本级执法资格考试，58名民警通过了中级执法资格考试，6名民警通过了高级执法资格考试；积极创建浏阳市依法行政示范单位。开展执法回访活动。全体民警对刑事案件和公安行政案件当事人和部分林业行政案件的当事人进行回访，全年共回访案件当事人160余人次。实施轻微刑事案件快速办理机制。落实并制订轻微刑事案件快速办理机制规定，切实提高轻刑快办案件质量和工作效率，节约办案成本，全年共办理此类案件4起。(邵　雷)

【资源保护】 2014年，接、处警644起。查处各类森林案件535起；其中刑事案件97起，比2013年(59起)上升64%。公安行政案件80起，比2013年(82起)下降2%。林业行政案件359起。刑事拘留75人，逮捕33人，取保候审76人，侦查终结移送起诉93起，125人，比2013年(44起66人)分别上升111%和89%，抓获网上逃犯员8人。公安行政拘留81人，比2013年(86人)下降5%，罚款0.07万元，警告3人次。林业行政处罚547人次，共收缴木材522.82M3，共为国家、集体、个人挽回经济损失226余万元。开展查处森林火灾案件专项行动。春节和清明期间，立案查处森林火灾刑事案件31起，刑事拘留18人，逮捕6人；查处过失引起火灾的公安行政案件29起，行政拘留29人。1月21日，犯罪嫌疑人王某在本组龙井坡擅自用火烧荒田中的冬茅蔸子引发森林火灾，烧毁森林面积49.27公顷。其岳母童某为王某顶

8月20日，省林业厅副厅长吴彦承，省森林公安局局长姜汉辉，浏阳市领导熊清溪、陈荣华、伍继延检阅市森林消防总队特勤大队　　(图片来源　市森林公安局)

浏阳市政法机关“五长”集中巡回法律咨活动中欧雷局长接待群众咨询

（图片来源　市森林公安局）

替，主动到森林公安机关投案，经过细致侦查和宣传法律政策，童某终于交代顶罪的事实，犯罪嫌疑人王某因失火罪被判处有期徒刑三年六个月。开展打击破坏国家重点保护植物专项行动。年初，官渡、沿溪、古港等地发生多起国家重点保护植物被盗伐的案件，群众反映强烈。森林公安局成立专案组，进行重点整治，共查处破坏国家重点保护植物的刑事案件13起，涉案的国家重点保护植物楠木22株香樟17株，刑事拘留12人，逮捕6人，已移送起诉8案12人。在侦查黄某等人采伐国家重点保护植物系列案时，通过调查取证，不断深挖，攻破了6起案件，抓获犯罪嫌疑人11人。开展打击破坏野生动物资源专项行动。全年，配合林业局在城区及相关乡镇农贸市场、野生动物经营单位进行5次检查，出动人员20人次，车辆8台次，检查野生动物经营加工单位（场所）11处，查处非法狩猎野生动物案件2起，非法经营野生动物案件2起，收缴放生蛇、青蛙等野生动物50余公斤。向广大市民发放保护野生动物的宣传资料1000余份。（邵　雷）

【森林防火】规范管理制度。市森林防火指挥部制订并下发《2014年全市森林防火工作思路》《森林防火目标管理办法》《关于进一步加强森林消防队伍建设的通知》《关于加强森林消防队员考核管理工作的通知》及《关于规范森林消防队伍扑火补助标准的通知》，进一步健全森林防火工作制度。推进“三化”管理。召开森林防火工作部署会，推进我市森林防火工作规范化、网格化、标准化管理，加快全市森林防火防控体系建设，提升积极预防、依法治火、快速处置和基础保障能力建设水平，形成领导带动、管理联动、积极主动、干群互动的森林防火工作氛围。加强值班备勤，实行森林防火24小时值班和领导带班制度，确保了政令和信息畅通。加强消防队伍建设。13支森林消防大队总人数607人，多次进行了集训演练，对文家市大队、澄潭江大队、大围山大队进行消防装备检查、队伍集结点验与森林防火安全知识培训。9月30日，参加长沙市森林防火指挥部组织的集中考核演练。2014年共出动队员1872人次，扑火24场次。10月31日，召开市森林消防总队第一次代表大会，大会审议并通过《浏阳市森林消防总队章程》。加强宣传培训。投入30多万元在城乡结合位置矗立6块大型立柱式森林防火宣传广告牌，制作防火专刊1万份进社区进家庭，禁火令入户率100%；全市共制作38块永久性立柱式大型宣传牌，2050块小型宣传牌，防火宣传栏1203块；森林防火期间，共发短信85次，计3000余条；创造性地开展“森林防火天天工程”：一把手天天抓、主管领导天天督、宣传车天天游、喇叭天天叫、铜锣天天响、短信天天发，挨家挨户进行了森林防火提醒。科学处置火情。2014年，共接火警110起，森林火灾36起，火场总面积232.157公顷，同比分别下降52.6%和22.3%。实现打早、打小、打了的工作目标，将火灾损失降到了最低程度。强化用火审批。全年共计审批生产性用火73起，面积579.77公顷，确保了林区用火安全。

（邵　雷）

武 装

人民武装

中国人民解放军
湖南省浏阳市人民武装部

党委第一书记　曹立军
党委书记、政委　陈荣华
副书记、部长　伍继延
纪委书记、副部长　梁惠德
党委委员　何平良　张小清

2014年，市人武部按照“坚持根本、保障打赢、夯实基础、确保稳定”的总体思路，贯彻上级党委决策部署，围绕服从和服务于全市经济发展大局，以提高民兵遂行多样化军事任务能力为目标，推进和开展武装工作，圆满完成上级军事机关和市委、市政府赋予的各项工作任务，人武部和民兵预备役建设呈稳步发展的良好态势。被警备区评为“全面建设先进单位”“军事训练先进单位”和“后勤工作先进单位”，部长伍继延被警备区评为“优秀团级单位主官”。

一、扭住红线铸军魂，大力加强思想政治建设。围绕听党指挥、能打胜仗、作风优良的强军目标，大力加强思想政治建设。突出以部党委为重点，组织干部职工、专武干部，以及民兵预备役骨干深入学习习近平主席关于“强军实践”的一系列重要讲话精神，组织开展“牢记强军目标，献身强军实践”“第二批党的群众路线教育实践活动”和“讲党性、严整改、正作风”等系列教育活动。采取召开座谈会、征求意见、个别交谈等方式，把教育活动的内容具体化，通过收看上级辅导授课要、单位专题讲座、座谈体会、个人自学，以及参观红色教育阵地、查找薄弱环节、撰写心得体会等方式，引导官兵在红色文化熏陶中汲取政治营养。积极探索新时期开展国防教育的方法路子，依托《浏阳日报》、电视台《国防时空》栏目、秋收起义纪念馆、名人故居等市属主流媒体和红色教育阵地，广泛开展国防教育。通过系列学习教育，激发干部职工全身心投入工作的热情，干工作的劲头更足，履职尽责的信心更强。

二、坚持团结谋发展，不断提高班子和干部队伍能力素质。部党委严格贯彻民主集中制原则，能够正确对待“用心、用人、用钱、用时”问题，通过加强学习、增强素质、改进作风，不断提高科学决策能力和工作执行力，较好地发挥了核心领导作用。在人员少，任务重的情况下，“一班人”心往一处想，劲往一处使，主动作为和分忧解难的意识比较强。工作中分工不分家，不为家事私事分心走神，一心扑在工作岗位上。能够团结协作，严格按程序办事，重大问题集体研究，不搞个人说了算，始终坚持集体把关指导全面建设，分工负责抓好工作落实。班子成员能够带头

4月28日，株树桥水库管理局防空高炮分队在株树桥水库库区正式成立。这支队伍是由来自株树桥水库管理局各科室、单位退伍军人中的优秀青年组成，共30人。这支队伍的成立将进一步提升株树桥水库管理局应急反恐和突发事件的处置能力

（资料来源　浏阳市政府门户网站）

2015年4月8日，市交通运输局召开民兵点验大会，局支援浏阳市本级使用分队42名基干民兵参加了点验活动，点到率百分之百。省军区、市武装领导点验和讲评了交通运输局基干民兵分队 （资料来源 浏阳市政府门户网站）

执行上级规定，以上率下，以实际行动引领和培育新风正气。“一班人”廉洁自律意识强，在敏感问题上自觉接受群众监督，赢得了干部职工的信任。党员干部能自觉做到不打牌赌博，不涉足不健康场所，不做违反政策规定的事。部班子成员奋发进取，团结协作精神进一步加强，全体干部职工政治意识、大局观念得到进一步提高，党委的核心战斗堡垒作用更加坚强。

三、聚焦主线抓备战，不断深化多样化军事斗争准备。着眼人武部担负的使命任务，狠抓战备训练工作落实。一是修订完善战备方案。年初将本部应急预案纳入全市整体应急方案体系，对应急作战保障、维稳处突、国防动员、抢险救灾等方案进行修订完善；将2013年基层抓建试点成果制成《工作范例》下发各基层武装部，起到示范引领，全面提高的作用；根据市民兵应急连的建制标准，购置30万元的物资器材，为民兵队伍遂行多样化军事任务奠定基础。二是扎实开展民兵整组工作。3月初召开全市民兵整组工作会议，部署工作任务，成立组织机构，制定整组方案，合理调整组建规模，优化组建布局。基干民兵区分应急、支援、储备三支队伍共为3429人。2014年市人武部突破单一在乡镇街道属地编兵的传统思路，首次依托行业系统编兵，“纸上编兵”“交叉编兵”等问题有根本好转。三是突出抓干部在职训练和民兵演训活动。认真抓干部的军事理论学习和体能训练，体能素质和理论素养有明显提高。4月中旬组织新任职专武干部参加省军区集训；5月份选派舟桥分队骨干参加警备区集训；分期分批组织专武干部、森林防火分队、舟桥分队骨干和民兵应急连，共680人集训，民兵遂行多样化军事任务的能力进一步提高；6月份在省军区组织的“湘江-2014”非战争军事行动演习中，组织市民兵应急连配合公安、武警、消防，在大瑶花炮广场开展反恐维稳演习；10月份参加了警备区组织的干部业务培训，人武部干部专业技能和体能素质有明显提高。四是圆满完成兵役征集任务。针对2014年征兵网上报名改革和浏阳地区当兵普遍“降温”的实际，4月份落实兵役登记工作，6月中旬召开了全市征兵工作会议，学习新的政策标准，分析当前形势，明确职责任务。先后印制征兵宣传手册3000余份，利用短信平台、市属报纸、电台、电视台，以及出租车、公交车电子广告牌等媒介，深入广泛发动。同时，会同政府督查室到基层逐一进行督导。把住宣传发动、网上报名、严格审检、集体定兵等环节，圆满完成了506名新兵的征集任务。

四、搞好保障增效能，全面提升综合保障能力。坚持以应急应战准备为牵引，大力改作风、强管理，不断提高综合保障效能。一是完善财务管理规定。按照作风建设要求，进一步规范理财机制，大力倡导勤俭节约，加大年度预算执行力度，坚持大项经费开支党委集体研究，日常开支坚持军政主官双管双控制度，强力推行公务卡结算，确保各项经费开支合理，“三公”经费和接待开支较往年明显减少。二是加大基础设施建设力度。市人武部营院建设时间已有12年，部分设施设备陈旧老化。2014年共投入经费近150万元，对营区渗水屋顶和墙体脱落房间进行检漏补修，对公寓楼、综合楼进行维修改造，对营区绿化进行修剪和维护，新建了车炮库。通过营院综合整治，营造了良好的工作、生活环境。三是营造良好军营文化氛围。针对营院军营文化氛围不浓的问题，投入经费近30万元制作了6块灯箱式宣传栏，1块军营特色主题宣传牌，1组浮雕式国防教育宣传长廊等，营造出集国防教育、兵役登记、征兵宣传、民兵整组为一体的军营文化氛围，体现了军事机关的特色。

五、深度融合促发展，切实浓厚党管武装氛围。市委、市政府坚持富民强市与拥军兴武有机统一，不断强化党委管武、强武、用武意识，确保经济建设和国防后备力量建设同频共振。一是领导高度重视。市人武部凡有征兵、整组、检查、出动等大项活动，市领导都亲自参与并指导，凡是涉及人武部和民兵预备役工作，都优先审批、优先保障，在人员、物资、经费上给予重点倾斜和大力支持，为圆满完成任务奠定了坚实的基础。二是基本制度落实。市委、市政府坚持将武装工作纳入全市年度工作绩效考评、专武干部纳入全市党政干部一并考察、民兵基层正规化建设纳入乡镇规范化建设内容统筹安排。三是应急作用发挥明显。着重在用兵中练兵。2014年先后出动民兵800多人次，车辆近100台次，参加森林扑火、抗洪抢险、维稳处突、环境整治等任务，在执勤活动中锻炼了队伍。特别是年初，森林火灾频发，市人武部组织应急民兵10批600多人次参与山火扑灭，发挥了民兵突击队作用；5月下旬，多个乡镇暴雨成灾，又组织民兵舟桥分桥参与抗洪抢险，解救被困群众，受到群众好评。四是“双带双促”活动扎实推进。8月份参加在警备区召开的长沙市“双带双促”活动动员部署会后，积极协调本市民政局，按要求组建领导小组，制定活动实施计划，成立100万元的专项基金，在庆典烟花集体、“中澳”素质教育基地成立“退役军人创业基地”，扎实抓好荷花街道、长兴社区“退役军人之家”的试点建设。

六、深入终端抓落实，提高正规化管理水平。市人武部始终把安全稳定工作作为事关全局的基础性、经常性的工作来抓。一是安排教育经常。坚持每天交班会一次提醒，每周对重点目标进行一次清查，每月办公会一次安全形势分析，每次党委会一次研究部署，经常开展谈心交心，切实加强安全防范，干部职工安全意识明显增强。二是安全制度落实。始终把人、车、枪、弹、密和营院作为安全管理的重点，进一步完善各类规章制度，注重在落实上下功夫。规范请示报告制度，对干部职工实行跟踪管理；严格派车手续，加强预防车辆事故工作；对武器库、器材库、保密室等重点部位定期进行安全检查，及时消除安全隐患。三是安全整治到位。从4月1日开始，扎实开展“百日安全无事故”活动，对营区水、电线路进行全面维修整治；对聘用司机和全体干部职工进行集中教育整顿，邀请交警进行安全行车授课辅导；按要求改建文印室，增添了相关设备器材。同时，进一步完善库房安防设施，开展安全隐患排查，增强了安全意识，确保了安全稳定。四是涉军问题得到有效控制。针对浏阳涉军群体大、诉求多的特点，健全完善人武部、部队和地方“三位一体”的联防联控机制，为有效控制和解决涉军敏感问题做大量政策宣传和矛盾化解工作。2014年，共受理涉军维权事件50多起，接待退伍军人上访20余批82人次，为协助地方解决涉军敏感问题发挥了积极作用。

（何平良）

武装警察

中国人民武装警察部队浏阳市中队

中队长

邓鹏程 上尉（2011.04任）

政治指导员

谢洪亮 上尉

副中队长

王 厚 中尉（2014.06任）

2014年，武警浏阳市中队在支队党委的正确领导下，在各级领导和支队业务科室的全力帮扶和精心指导下，中队党支部认真贯彻落实三级党委扩大会议精神，紧紧围绕中队“强军实践铸忠魂，强基固本护中心，提升能力促安全，狠抓落实转作风，全力以赴创标兵”的工作思路，按照科学发展、安全发展、和谐发展、创新发展的理念，努力提升干部骨干能力素质、提升经常性工作落实质量，坚持把抓经常、打基础的工作做实做牢，全面推动部队建设科学发展、安全发展，内涵发展，高标准实现了“两个确保”。

支部班子建设　支部“一班人”坚持把抓学习作为提升思维层次和工作能力的重要途径。严格制定学习计划，充分利用党日活动和周二的政治教育时间加强党的创新理论和业务知识的学习，制定“日有交流、周有学习、月有体会”的学习措施；“一班人”始终用“共事一回，友谊一生”的理念浓厚共事氛围，注重强化团结共事的民主意识，襟怀坦荡的克己意识。始终把团结放在第一位，自觉做到思想上相互融合，工作上相互补台，能力上取长补短。正副书记表率作用发挥明显，有事情互相通气，有工作互相配合，有纰漏互相补台，有困难互相照顾，不争功诿过、不计较个人得失，各支委之间也能做到互相尊重、互相谅解、互相谦让、互相学习。中队长邓鹏程不因家庭困难分心走神，一心扑在工作上；副中队长王厚到中队不久，进入情况较快、工作积极主动；代理排长谭忠武工作大胆负责、表率作用好。各个支委大胆谏言献策，中队营造了一条心、一盘棋的干事氛围，增强了支部的凝聚力战斗力，上下一心、齐心协力，特别是中队支部一班人在总队按纲建队试点现场会任务期间，克服各种困难，相互支持，相互配合，相互理解，连续11个双休日不休息，高标准完成了试点任务；“一班人”始终以群众路线活动为契机，以成武中队先进事迹为榜样，大力开展“五同三带头”活动，营造健康向上的良好风气，2014年以来，共确定入党积极分子3人、参加各类集训人员12人，始终坚持“三公”原则，做到阳光透明，群众满意度高，营造了愉快的工作氛围。

思想政治工作　1.强化理论学习。着眼强化官兵高举旗帜、听党指挥的政治信念，中队以主题教育为主线，扎实搞好强军目标教育，采取看新闻、读报刊、大讨论等形式，引导官兵认真学习十八大、十八届四中全会、中央民族工作会议全军政治工作会议、以及习主席一系列重要讲话精神，强化引导，真正融入思想、融入工作、指导实践，确保了官兵思想坚定纯洁。2.开展好教育活动。一是在贯彻教育实践活动上，以支队上好大课的基础上注重抓好补课、讨论等环节，以巩固和提高大课教育的效果，把深化教育成果与做好各项工作结合起来，通过板报、警营广播等载体搞好宣传教育，提升教育效果。二是针对主题教育，结合“六四”、“七五”两个敏感期，开展了战斗精神、职能使命教育，增强官兵的奉献意识，提高部队遂行任务的政治保证。三是注重思想工作。做好一人一事思想工作，针对中队官兵思想呈现多样化现象，如考学落榜、入党无名额等，中队党支部积极主动，实施干部包班到位、骨干定人帮扶，共解决满服役官兵思想问题

6 次。四是开展文化活动。中队围绕中心工作，本着讲求实效、俭朴节约、自娱自乐，有组织、有计划地开展多项文体活动，经常组织官兵开展球类、卡拉 OK 演唱活动，坚持“三个半小时”。加大对图书阅览室的管理，搞好歌咏比赛、读书演讲等活动，不间断组织官兵集体烧烤晚会。五是密切警政警民关系。紧贴维稳群众工作，主动打扫街道，向帮扶对象赠送物资，20 人次积极参与献血事业，大力宣讲国防知识，2 次与驻地学生开展“走进警营，献身国防”活动。

执勤处突工作 支部“中心居中”意识强，落实制度严格，与目标单位的关系融洽，中队至 1994 年以来，没有发生一起执勤事故。2014 年，暴力恐怖事件时有发生，不仅给武警敲响警钟，更是对武警的考验，浏阳市武警中队全体官兵树立“暴恐就在身边，战斗随时打响”的思想，以零事故、零差错的标准完成执勤工作，一是中心常议。中队支部始终把执勤工作放在第一要位来抓，纳入议事日程，摆到重要位置，切实做到居安思危，每日召开早交班会收集执勤情况，每日晚上进行执勤讲评，每月开展执勤隐患排查解决问题，二是中心常练。2014 年，个别省、市发生暴恐事件及犯人逃跑事件，中队干部坚持跟班作业，亲自担任教员，成立示范班，统一教学路子，主要突出抓好专勤专训、情况处置及哨兵反袭击等科目训练，及时联系目标单位对执勤设施、外围监控、途中路灯进行了维护更新，积极联系目标单位抓好 AB 门建设、岗楼哨增加 2 面凸透镜，对新配发的武器进行针对性训练，提高哨兵操作使用能力。进一步完善预案方案，根据每个哨位可能出现的情况，研究哨位增援方案，制定一种情况或多种处置方法。并针对防袭击、防爆炸、防冲闯等情况每周组织方案演练，极大的提高官兵快速反应和情况处置能力。中队积极抓住隐患排查这个推手，每月月底前集中组织开展隐患排查活动，共排查整改各类隐患 24 项。三是中心常评。结合支队的执勤通报，中队积极开展

“6•26”“焚烧毒品”公开处理大会现场安保工作　　(图片来源武警浏阳市中队)

评比活动，每周班排讲评、每月军人大会评先，并做到奖惩分明，2014 年，黄世敏、覃广才、张权、杨京豪等一批履职认真的哨兵获评优秀哨兵，全体官兵的思想意识得到了有效地增强。2014 年，中队共出动兵力 170 人次，完成了 24 次临时性勤务，其中有 12 次是携枪带弹，确保了安全，受到了用兵单位领导的肯定。

军事训练工作 中队始终按照“能打仗、打胜仗”的要求，不断提高保中心能力。一是严格制度抓备战。针对钓鱼岛、香港占中、恐怖袭击等国际国内形势，能充分利用“三个半小时”、随机教育和理论学习等时机进行教育引导，强化官兵政治立场，增强官兵忧患意识、使命意识；针对“3•1”“7•5”“十一”等敏感期，及时开展战备教育，结合目标和哨位实际加强勤务部署和管控，完善各类预案。开展哨反、设卡堵截、防爆弹投掷等专勤专训。针对黑龙江省延寿县看守所 3 名犯人杀警脱逃事件，中队及时完善执勤方案，定期组织与目标单位进行联演，提升共保安全的系数。二是营造氛围抓训练。中队着力在解决“好的吃不饱，差的吃不消”问题上下功夫，建立军事训练档案，落实一帮一结对训练，坚持“日有比赛、周有会操、月有考核”制度，评选“周训练尖子”“月训练标兵”等先进典型，给予一定的物质奖励并在中队公示栏上公布，通过“考、比、拉”，大力营造了官兵“训练有功，训练有为”的氛围。中队的整体训练水平有较大幅度提升，特别是中队目前有 6 名战士五公里成绩突破 18 分 20 秒，2 名战士进入 17 分行列。三是强化组织领导。通过抓好警官、士官示范教学的研究训练，不定时组织“四会”教学考核，进一步提高干部骨干指挥技能；严格落实“五同三带头”坚持干部骨干带头训，带头练，调动官兵参训的积极性和主动性，强力推进干部训练水平的提升。

部队安全管理 中队始终坚持以人为本的理念，牢固树立科学管理理念，始终做到“三个坚持”，一是坚持按条令法规管理。把条令融入官兵血液中，做到内化于心，外化于形。以开展“条令学习月”活动为契机，每天利用集合站队、警营小广播、三个半小时、宣传橱窗等时机和载体，强化条令知识的学习和贯彻。平时严格落实早检查、晚点名和周会操、警容风纪检查和查铺查哨等制度，重点解决官兵“不挺、不端、不威”等问题，使官兵自觉用条令来约束规范自己，在点滴培养中强化军人气质，培养官兵良好的精神面貌。二是坚持推进内涵式发展。中队以“总队全面按纲建队试点现场会”为契机，紧紧扭住“四个基本”和“四项经常”，按照“三精”要求，扎实抓基层打基础，注重规范战士的

日常养成和文明举止，提高自我管控和自我约束能力。用精神鼓励和物质奖励等方法来提高全中队争做贯彻条令条例的先行者，有意识地培养同志们的精、气、神，特别是在迎接总部张瑞清副政委、杨士武部长以及各级首长的检查中，部队作风和精神面貌明显增强，得到各级首长的肯定和认可。三是坚持筑牢安全防线。抓住人员管理这个重点，突出后勤人员、公勤人员、在外人员的跟踪督导，严格请销假制度，加强午间夜间、休息日人员管控，落实查铺查哨制度。严格信件、包裹检查验收制度，规范公用电话、免费电话使用管理，健全手机管理登记，严控“三手”问题。

后勤综合保障　一是严格落实财务管理制度，坚持“一支笔”签字，做到支部当家，集体理财。二是建好一支业务水平高，责任事业心强、服务态度好的后勤骨干队伍，主要是指“一长三员”（司务长、炊事员、给养员、种养殖员），教育培养其牢固树立服务保障，厉行节约，合理开支的后勤工作意识。三是在伙食管理上，认真抓好“五项制度”的落实，坚持“三人采购”，实物验收等制度，杜绝了“跑、冒、滴、漏”等不良现象的发生，在有限的经费内搞好调剂，让官兵吃得满意。四是在固定资产的管理上，落实计价挂账、一垫三不靠制度，并实行标签化、架子化。五是抓好以生猪养殖和蔬菜种植为主的农副业生产。中队现有12块菜地，主要种植时令季节菜，每年能保证出栏生猪6头。2014年中队选送2名战士参加初级厨师培训，一名战士参加总队、支队四小工集训，且表现优异。　（谢洪亮）

公安消防

中国人民武装警察部队
浏阳市公安消防大队

党委书记、政治教导员　王宾国
党委副书记、大队长　张　颂
党委成员、副教导员　罗　战
党委成员、副大队长　王凤文
党委成员、参谋　朱　剑
党委成员、集里中队指导员　夏　彦
党委成员、关口中队指导员　陈　磊

【概况】 2014年，浏阳市公安消防大队贯彻落实党的十八大、十八届三中、四中全会精神和习近平总书记系列重要讲话精神，以“长沙消防品牌战略规划”理念为先导，以“建官兵满意班子，带人民满意队伍”为目标，深化“法纪消防、科技消防、人文消防”发展理念，全面实施长沙消防品牌战略，强力推进动态化、信息化、现代化条件下的基层基础建设，努力创新社会消防管理模式，依法开展消防监督执法和灭火救援工作，确保部队管理和社会面火灾形势“双稳定”和各项消防工作任务的圆满完成。大队被长沙支队评为“后勤工作先进大队”，集里中队被长沙支队评为“全面建设先进单位”“灭火救援先进单位”，关口中队被长沙支队评为“雷锋式消防警队”“装备管理先进中队”。夏彦、杨宏伟、徐永利等同志荣立三等功，张颂、王思卓、郑启鸿等同志被评为优秀共产党员，邱劲柏、罗威、王甜丽等28名同志获得支队各类表彰。2014年，市消防大队全年累计接警841起，出动消防车辆1146辆次，出动警力7926人次。其中，扑救火灾445起，抢险救援634起，抢救被困人员161人，疏散人员1995人，挽救财产损失5951.70余万元，死亡人数1人，全年未发生财产重大损失火灾事故。　（黎　岸）

【部队规范化管理】 加强领导班子建设。按照“政治坚定、开拓创新、团结协作、廉政勤政”的要求，充分发挥党委的集体领导作用，进一步完善和落实了党委中心组学习制度，建立和规范大队党委工作职责和制度，严格执行党委议事规则和决策程序，大队管理正规化、消防监督执法规范化水平不断提高。通过开展党的群众路线教育学习活动，深入学习党的十八、十八届三中、四中全会和习总书记重要讲话精神，促进党委班子思想政治建设扎实有效推进，基层党组织建设和廉政文化建设稳步推进，党风廉政建设深入扎实，为民服务意识显著提升，班子凝聚力、执行力明显增强。加强思想政治建设。将思想教育放在部队各项工作的首位，是市消防大队近年来保持部队旺盛战斗力的一条经验。2014年，市消防大队认真开展专项教育整顿，“厉行节约、反对浪费”，“讲党性、守党规、严党纪”等主题教育活动，扎实开展弹性执法、选择性执法等执法不公突出问题专项整治，“门难进、脸难看、事难办”突出问题专项整治，消防执法腐败集中整治，执法检查“回头看”和清房清车清人“回头看”等专项行动，不断强化学习“八荣八耻”“八个严禁”“五条禁令”“三项纪律”“八项规定”，严格落实执法过错责任追究、民主生活会、信访处理、舆论监督等制度，切实端正作风，强化思想保障作用。通过召开专题会议、墙报宣传、警示教育，深入开展安全警示教育活动，加强人、酒、车的管理不断强化部队正规化管理。大队全体官兵未发生违反禁令的事件，无车辆事故，且官兵思想稳定，部队正规有序。　（黎　岸）

【灭火救援能力建设】 消防铁军建设深入推进，日常训练实战化程度显著增强，定期组织官兵学习业务理论知识，从本质上提高官兵整体理论素质，打牢官兵理论知识根基，使官兵熟练掌握相关安全防护基本常识，结合“消防铁军”建设目标，科学制定官兵体能训练表，加强体能训练力度，进一步提高官兵的综合体能素质，为各类执勤灭火救援提供有力的体能保障。市消防大队立足实际，注重科学组训，坚持以战斗力为标准，按照“仗怎么打，兵就怎么练”的要求，紧密结合部队人员、装备、处置对象特点，以单兵专业实战化训练、班组技能实战化训练、中队日常实战化训练为着力点，树立“练为战”的理念，创新实战化训练的内容和方法，确保实战化练兵工作有计划、有步骤地扎实推进。成建制中队比武竞赛活动位列全支队第五名，部队战斗力提升较快。管理有序、保障有力。严格按照《士兵目标管理考评办法》的要求，从内务、警容、一日生活秩序、作风纪律、训练、执勤备战等方面狠抓落实，对发现的问题进行曝光，对制度的落实情况每周进行一次讲评，对训练每月进行一次考核，最后将每月考评结果开会通报，并和当月执勤补助挂钩，通过各项管理制度的正规化，确保管理秩序始终处于良好状态。市消防大队坚持以条令条例严格管理部队，立足实战需要，通过扎实开展大练兵、消防业务技能大比武、建制中队实战化比武竞赛集训、部队安全管理“五防五无”活动、官兵目标管理考评考核、辖区情况“六熟悉”、灭火预案大演练、城市公共消火栓大普查、加强内攻和紧急避险等一系列活动，有效提高了部队的执勤战斗能力。2014年，大队官兵圆满完成各大节假日和重大活动的安全保卫工作，有效保证了全市安全，特别是大队官兵在“5•25”抗洪抢险中的英勇表现，赢得市委、市政府和人民群众的一致评价。强化值班备勤制度，加强火灾处置调度指挥。按照接到报警后第一时间调集足够的警力和有效装备、第一时间到场开展、第一时间实施救人、第一时间进行排烟降毒、第一时间控制灾情发展最大限度地减少损失和危害的要求，做好各类火灾扑救和抢险救援工作。大队官兵一次次用实际行动诠释消防官兵“忠诚可靠、服务人民、竭诚奉献”的铮铮誓言。

（黎　岸）

3月19日，市委副书记、市长余勋伟（前中），副市长、市公安局局长赵丁山（前左），市消防大队党委书记、政治教导员王宾国（前右）带队对浏阳市工业品大市场、花炮大市场等市场进行消防安全专项督查　（资料来源：政府办）

【基层基础工作与后勤保障工作】2014年，市政府明确部队正常运行经费470万元，6月，追加人员经费150万元，并投入关口消防站维修改造工程148万元，安排集里消防站执勤训练设施、办公生活用品及警营文化建设项目经费321万元，通过政府采购平台统一进行招标采购。11月，拨付南区消防站车辆器材295万元，办公生活用品、及警营文化建设项目88万元。推进队站建设，完善基础设施。加快集里、南区消防站建设。2014年年末集里消防站和南区消防站均已建成，集里消防站已驻兵执勤，南区消防站正在进行设施设备招标采购，年底将投入使用。购置消防装备器材。2014年，市消防大队投入38万元为关口、淮川中队添置一批执勤备战器材。完善市政消火栓建设。大队联合自来水公司对全市市政消火栓开展了专项摸排统计，并报请市政府召开专项协调会议，研究解决消火栓缺配的办法，确定全市消火栓建设方案。加强消防装备建设。组织开展装备器材库规范达标创建活动，并于11月协调各相关部门开展消防装备建设评估论证工作，为科学规划浏阳市消防装备建设提供重要依据。

（黎　岸）

【消防安全环境监管】严格依法监管，净化消防安全环境。大队始终坚持严格依法实施消防行政许可和备案抽查，将建筑火灾隐患消除在萌芽状态。2014年，市消防大队共受理办结建筑工程审核项目47个、建筑工程验收项目24个、设计备案48个，验收备案52个，公众聚集场所投入使用营业前消防安全检查项目75个，未出现技术失误和投诉现象。深化责任管理，完善“网格化”和“户籍化”。

继续推进消防安全“网格化”管理，通过上门指导，督促街道、乡镇落实责任，按照37个“大网格”，401个“中网格”和8675个“小网格”开展消防安全治理；强化“户籍化”管理制度，在日常监督检查中指导单位开展消防安全自查自纠。强化消防宣传，提升全民消防安全意识。举办“5•12”防灾减灾日、“110”活动日、“119”消防宣传周等大规模宣传活动；9月，联合市安委办、市委宣传部、文体广电局举办“消防情•平安梦”消防公益大讲堂，共计800余人参加；11月，组织召开今冬明春消防工作会议暨乡镇、村支两委消防安全培训会议，共计1100余人参加。2014年，市消防大队联合浏阳电视台、浏阳广播电台和浏阳日报开展消防安全宣传活动10余次，安排消防监督人员到街道乡镇开展消防业务培训3次，到社会单位开展义务消防培训20余次，检查现场培训100余次，组织各消防重点单位法人代表和消防控制室人员参加消防专业分类培训200余人次，有效地提高了全市群众的消防安全基本素质；开展各类行动，筑牢消防安全“防火墙”。开展重大火灾隐患集中整治专项行动。通过提请市政府挂牌督办，联合规划、国土、住建、工商、城管等相关部门综合治理，协同工商、文化、卫生、住建等部门一齐整治，利用浏阳电视台、浏阳日报等媒体进行隐患曝光，集中整治一大批火灾隐患和4家重大火灾隐患，其中提请政府挂牌督办3家。行动期间，同时展开了重大火灾隐患集中整治专项行动宣传工作，在市主流媒体上对“重大火灾隐患专项行动”开展情况进行跟踪报道，协调市委宣传部、市广播电视台在浏阳电视台、浏阳新闻频道等主流电视媒体及浏阳交通广播电台FM95.9的黄金时间段滚动播放消防公益宣传片和消防常识提示，发动市民参与“火灾隐患随手拍”活动，部署开展暑假消防宣传实践活动，形成全社会重视与监督火灾隐患整治的舆论氛围。开展全市消防安全专项整治。大队强力推动政府责任落实，加强部门联动，实行定点、定人、定责进行地毯式排查。行动期间，市政府先后3次召开大规模动员部署及部署推进会，各市直部门和乡、镇、街道召开动员部署会议、排查整治推进大小会议共200余次，督促指导各部门、各乡镇共检查单位5000余家，发现、整改火灾隐患3000余处。市消防大队对全市37个各类物流仓储场所，274所学校，132家网吧，498栋高层建筑，246家消防安全重点单位及其他部分社会单位开展“地毯式”的消防安全大检查，检查单位6881家，发现火灾隐患8763处，督促整改火灾隐患7028处，下发责令改正通知书3762份，行政处罚决定书24份，当场处罚决定书273份，下临时查封决定书7份，责令“三停”单位9家，罚款375000元，拘留12人。 （黎 岸）

【余勋伟带队督查消防安全】 3月19日，市委副书记、市长余勋伟带队浏阳市工业品大市场、花炮大市场等市场进行消防安全专项督查，排查隐患并现场交办。进入浏阳市工业品大市场，督查组发现车辆无序停放造成消防通道堵塞，由于开发商遗留问题未解决，从2007年起工业品大市场的消防管道就无水可用；花炮大市场消防栓数量少且水压不足，门店灭火器等消防设施配备不齐；集里建材市场也存在门店灭火器过期等问题。针对这些安全隐患，余勋伟要求尽快明确管理责任，认真研究管理办法，严格依法办事，加强示范管理，发挥业主委员会作用，确保整个市场消防通道畅通，各个门店配齐消防器材，加强消防培训，提高市场消防安全管理水平。随后，督查组一行又来到豪庭大酒店、浏河大市场等地进行检查，检查显示酒店火灾报警系统运行正常，浏河大市场通过整改，消防安全比以前有所改善，针对本次督查中发现的问题余勋伟一一进行现场交办，并要求接下来对全市消防安全重点部位进行全面排查，逐条列出问题、责任单位及整改方向，确保隐患排查到位、消防安全措施到位，副市长赵丁山参加督查。 （黎 岸）

人民防空

浏阳市人防办

主　任　何昌全

【一令一文件顺利实施】 2014年2月和3月，《湖南省人民防空工程建设与维护管理规定》（省政府第270号令）和《湖南省物价局湖南省财政厅关于核定人防系统行政事业性收费标准的通知》（湘价费60号）（以下简称“一令一文件”）相继颁布实施。为尽可能依法依规和全面规范，确保与上级政策同步衔接，浏阳市迅速办理收费许可变更手续和政务公开等审批手续。3月31，组织开展较大规模的集中宣传，在城区组织设立了3个集中宣传点，发放配套资料并现场接受市民咨询，并在《浏阳日报》、浏阳电视台开设专栏、专题进行解读。9月，我市对原有规费征收、工程建设管理的有关文件进行修订完善，以市政府、市人武部名义联合印发了《关于进一步规范人民防空工程建设与管理的若干意见》（浏政发〔2014〕15号），文件除明确规定防空地下室易地建设费按照湘价费〔2014〕60号规定标准执行外，对廉租住房、经济适用住房和公共租赁住房审核认定作出明确要求，确保逐步杜绝商品房屋建设享受减免防空地下室易地建设费政策的同时，规范廉租、经济适用、公租房等特种对象的监管。文件对工业园区及重点镇征收工作进行了规范和明确。2014年度，浏阳市累计下达“结建”工程设计要点项目9个、审图项目9个，办理建设批复项目10个；全年共征收易地建设费573万元，竣工验收项目2个（财智广场和鸿宇公馆）。截至2014年12月30日，全市共有结合民用建筑修建防空地下室项目通过综合验收合格工程4。

（市人防办供稿）

【通信警报系统实现上下互联互通】 为全面提高人防应急指挥通信能力，充分发挥海事卫星通信系统在人防应急救援和战备训练中的作用，2014年，浏阳市新增海事卫星3G无线应急视频通信系统终端设备，并办理海事卫星BGAN终端入网手续，实现移动通信指挥车与上级音频视频（短波通信和海事卫星系统）互联互通。新安装防空警报器3台，全市总数已达27台，有效确保覆盖率、鸣响率“双百”达标。10月，对已安装的防空警报器进行全面检测维护维修，对防空警报器单位的责任人进行集中业务培训。11月1日，全省防空警报试鸣日期间，全市27台警报器顺利鸣响。 （市人防办供稿）

【《居安思危备战人防》电影科教片在全市普及播放】 为纪念新中国成立64周年，由国家人防办、国家广播电影电视总局总监制，河南省人防办与河南影视集团摄制的全国首部人民防空电影科教片《居安思危 备战人防》在全国公映。为认真落实上级文件精神，宣传防空防灾知识，10月27日晚，浏阳市在浏阳河广场成功举行了《居安思危 备战人防》电影科教片展播暨公映启动仪式，仪式采取知识抢答、文艺演出相结合方式，广泛宣传防空防灾知识技能。市人武部部长伍继延出席活动并致辞，城区各社区、各中小学校负责人及市民1000余人参加和观摩了启动仪式。为做好电影科教片展播公映及配套宣传，浏阳市组织该片在浏阳电视台和城区各广场进行连续集中播映，市人防办制作400本DVD影碟发放至全市中小学校和社区，联合浏阳日报、市教育局分别在社会各界和教育系统开展观后影评和征文活动，共征集文章200余篇。2014年，浏阳市人防宣传教育工作紧紧围绕“五进”“四化”总体要求，狠抓工作落实，各学校、社区工作亮点纷呈。朝阳社区举办了人防主题谜语竞猜活动，数百名市民参与；新北社区举办暑期城乡中小学生联谊活动，将人防知识技能宣教普及融贯始终；龚家桥社区举办“关注人防、童心同乐”亲子联谊活动，并率先成立了浏阳市第一支人防小志愿者队伍，将人防宣传与童心同乐活动进行有机结合。年内，市人防办联合教育局及各街道办事处制定出台了进学校和进社区考评办法，对学校、社区人防宣教工作首次进行量化考核评价，并评出一类学校5个、一类社区4个。

(市人防办供稿)

经济综合管理

发展改革

浏阳市发展和改革局（物价局）

党组书记、局长　王坤球
党组副书记、副局长　龙春湘
党组副书记、副局长
邓子铭（挂职）
党组副书记、纪检组长
李赣文（女）
党组成员、副局长　游流芳
周　晖　陈飞雁（2014.08 任）
党组成员、政府投资局局长
刘忠良（2014.08 任）
党组成员、总经济师
刘林志（2014.08 任）

【概况】 市发展和改革局（物价局）主要承担宏观经济管理、全面小康社会建设、两型社会改革建设、能源管理、重点建设项目管理和服务、投资管理、融资管理和物价管理等职能。内设办公室、财务科、综合计划科（宏观经济研究室、第三产业办公室）、项目初审科、项目融资科、价格收费管理科6个科室；下辖价格监督检查局、价格认证监测中心、政府投资项目管理局、两型社会建设综合配套改革办公室、能源局、重点工程建设办公室（铁路建设管理办公室）6个二级机构。全局现有人员74人，其中编制人员58人，临聘人员11人，借调4人，挂职1人。2014年，全市固定资产投资、重大项目管理、节能减排、两型社会建设综合配套改革等工作在长沙市绩效考核中排名第一，长沙市发改部门综合考核排名第一。　（付晨辉　徐艳艳）

【宏观经济研究与管理】 加强宏观管理：科学提出年度《国民经济和社会发展计划》建议，加强节能等预测、预警、调度和年度、季度形势分析，努力提升第三产业发展水平，致力优化固定资产投资，促进全市经济平稳较快发展，固定资产投资、第三产业增加值等多项指标排名长沙九区县前列。突出规划引领：启动“十三五”规划编制工作，研究提出“十三五”规划编制工作方案及15个重大研究课题、33个专项规划安排。编制申报省“十三五”重大项目9个、重大工程11个、重大政策6项，纳入项目数量居长沙地区第一名。编制《新型城镇化试点方案》《投融资机制改革试点实施方案》《浏东两型综合示范片区创建规划》等，相继开展移动互联网产业发展、城区都市工业集中区建设等课题调研。准确研判政策动态：提前谋划，积极对接，把握利好政策。2014年，浏阳市成功纳入国家新型城镇化试点范围，投融资机制改革、“多规合一”、资产证券化、大瑶镇体制改革、金阳新区建设等成功纳入国家试点方案。　（付晨辉　徐艳艳）

【改革与发展工作】 制定《浏阳市经济体制改革和生态文明体制改革2014年工作要点》，不动产统一登记、激活民间投资、“全口径”预算投融资机制、园镇融合发展、清洁低碳技术推广等一批浏阳特色的改革加快推进。努力扩大民间投资，向社会公布19个民间资本投入公共领域项目。全面优化项目审批、备案流程，创新采用联勘联审等方式，实现审批提速50%的目标。强化区域合作，成功举办首届湘赣边区域开放合作交流会，湘赣边10个县市共同签署战略合作框架协

11月28日，召开浏阳市城市出租车运营价格调整听证会　（资料来源：市发改局）

议，发布《湘赣区域开放合作共识》。（付晨辉　徐艳艳）

【两型社会改革建设】 深化示范创建。组织开展13个类别的示范创建活动，评审认定两型示范单位2家、两型创建单位（家庭）23家，成功获评长沙市两型创建单位22家，省级创建单位5家。推荐淮川街道北正社区纳入省低碳社区试点。编制《浏东两型综合示范片区创建实施方案》，重点打造浏东两型综合示范片区。指导三口镇成功获批长沙市基层两型社会建设改革试点。争取在《长株潭城市群区域规划》修编时将浏阳河生态经济示范区纳入省两型社会示范区，并将此区域作为长沙东部开放型经济走廊的重要支点。加强生态绿心保护。组织开展生态绿心区集中清理整治行动，清理违法违规行为4起，绿心保护工作作为长沙地区唯一正面典型代表，接受省人大组织的视察。推广清洁低碳技术。编制《浏阳市畜禽养殖污染治理技术推广试点实施方案》，成功获批湖南省清洁低碳技术推广试点县（市）。（付晨辉　徐艳艳）

【项目建设管理和服务】 聚力攻坚项目。严考核、勤调度、定制度、优服务、抓管理。编制2014年“三十大”、重点项目和政府投资项目计划，提前启动2015年重点项目和政府投资项目计划编制，开展3个季度项目讲评、6次项目观摩、8次市主要领导项目调度。2014年全市安排重点建设项目162个，年度完成投资285.7亿元，占年度计划的108.6%，开工率达到100%，同比增长22.75%。管道天然气入浏工程获省批复并启动建设，蒙西铁路浏阳段于2014年7月获国家发改委可研批复，金阳大道省级批复时间为全省同类项目最快，开创省级审批“金阳速度”，西北环线、蓝思科技三期等重点项目进展顺利，尔康制药淀粉项目当年签约建成投产。规范管理投资。创新政府投资项目管理，探索形成“一个本子（政府投资项目计划本）、三个关口（立项、概算、变更）、四个一致（政府投资项目计划、财政预算计划、支出计划、融资计划一致）”管理模式，得到省市重点推介。2014年审批、变更、概算审查政府投资项目412个，概算审查核减节约资金1.06亿元，安排政府投资项目425个，完成投资113亿元；共核准、备案社会投资项目149个、投资63.5亿元，带动社会投资100余亿元。

（付晨辉　徐艳艳）

【争资融资管理】 2014年，全市争取项目资金29.7亿元，占年度任务的141%。市发改局直接争取项目资金2.9亿元，占全年任务的207%。其中争取长沙国家节能减排财政政策综合示范城市奖励资金1.4亿元，总额居长沙九区县第一，超长、望、宁三县总和。在债券发行方面，突破现有非财政百强县不能单独发行企业债券的瓶颈，相继成功获批发行城投和经开区企业债券28亿元，引导浏阳城建资金融资成本下降近3.5个百分点，每年可为浏阳市节约财务成本近亿元，开创浏阳市债券发行历史上的先河。（付晨辉　徐艳艳）

【价费管理】 积极推进水、电、气等资源价格改革；认真做好公立医院改革价格服务跟踪评估。通过舆评、稳评、民调、听证等环节，依法依规调整出租车运营价格，被省市列为依法行政典型案例；投入价调基金500万元扶持“菜篮子”项目。规范收费行为，取消收费13项，降低收费5项，市场化收费14项。对12个重点单位开展“优化发展环境年”收费检查，成为长沙九区县检查最认真、处罚最规范的县市。处理信访举报咨询76件。查处价格违法案件9件，没收违法所得及罚款86.5万元。办理涉案、涉纪、涉税财物价格认定1026件，标的金额10003万元、开展公务用车定点维修价格审核2260台次，厂家送审额510万元，核减30余万元。（付晨辉　徐艳艳）

【能源工作】 2014年，浏阳市单位地区生产总值能耗下降5.93%，排名长沙区县第一名。节能备案登记固定资产投资项目287个，节能审查重点用能项目10个，安排节能专项资金350万元。全面推进为民办实事工程，完成农村户用沼气池建设1126口，占年度任务的112.6%，新增服务网点2处，获批大型沼气工程项目3个，推广太阳能热水器2350台，太阳能路灯1270盏。（付晨辉　徐艳艳）

【全面建设小康社会工作】 出台《浏阳市全面小康社会建设考评办法》，召开2次全市性调度会，分解落实目标责任。对照《湖南县（市区）全面建成小康社会监测评价指标体系（一类）》目标，就经济发展、人民生活、社会发展、民主法治、生态文明等5个方面、22项指标、32项明细指标进行初步测算，2014年浏阳市全面小康综合实现程度达82.9%，较2013年76.5%提高6.4个百分点。先后迎接省委副书记孙金龙、省委常委、长沙市委书记易炼红等省市领导到浏阳调研小康工作，得到省市领导充分肯定，首次入选中国全面小康论坛组委会、求是杂志社评选的“中国全面小康十大示范县（市）”，成功跻身福布斯中国大陆最佳县级城市榜第28位，成为中部地区唯一上榜县（市）。在湖南省全面建成小康社会推进工作2014年度考评结果中，浏阳市被评为全面小康推进工作十快进县。

（付晨辉　徐艳艳）

【成功举办首届湘赣边区域开放合作交流会】 2014年12月18-19日，首届湘赣边区域开放合作交流会在浏阳市成功举办。中央、省市和湘赣边10县市领导齐聚浏阳，发布《浏阳共识》，签订《县域城市战略合作框架协议》和综治维稳、旅游、安监、交通、环保等5个部门战略合作框架协议，成功搭建了一个制度化、常态化的交流合作平台，并纳入省委、长沙市委经济工作报告，为打造湘赣边区域合作经济带、将浏阳建设成区域性中心城市打下良好基础。

（付晨辉　徐艳艳）

12 月 18-19 日，首届湘赣边区域开放合作交流会在浏阳市成功举办。湘赣边区 10 县市领导签订《县域城市战略合作框架协议》 （资料来源：市发改局）

【成功获批发行城投和经开区企业债券 28 亿元】 突破现有非财政百强县不能单独发行企业债券的瓶颈，争取浏阳市单独发行企业债券指标，相继成功获批发行年利率为 6.98%的城建集团企业债券 15 亿元、年利率为 5.7%经开区投资公司企业债券 13 亿元，总规模占整个长沙市债券融资规模（65 亿元）的 43.1%，居长沙九区县首位，成为县级平台发行最快、规模最大、利率最低的县市，可撬动社会投资近 50 亿元，引导浏阳城建资金融资成本下降近 3.5 个百分点，每年可为浏阳市节约财务成本近亿元，开创了浏阳市债券发行历史上的先河。

（付晨辉　徐艳艳）

【成功争取国家节能减排综合示范奖励资金 1.4 亿元】 2014 年，浏阳市成功争取将绿色出行示范项目、绿色小城镇示范项目、浏阳河流域污染综合治理示范项目等 13 个项目纳入国家节能减排财政政策综合示范城市奖励资金支持项目计划（财建〔2013〕926 号、湘财建〔2013〕371 号、长财建〔2014〕23 号），获得奖励支持资金 1.397 亿元，总额居长沙九区县第一，超长、望、宁三县总和。

（付晨辉　徐艳艳）

【蒙华铁路浏阳段获国家发改委可研批复】 2014 年 7 月，蒙华铁路浏阳段获国家发改委可研批复（《国家发改委关于新建蒙西至华中地区铁路煤运通道可行性研究报告的批复》发改基础〔2014〕1642 号），改变浏阳没有进入国家铁路网的历史。浏阳段作为岳阳至吉安段线路的组成部分，全长约 96.7 公里（至省界），初步估算投资约 67.6 亿元。项目途经市域内社港、龙伏、淳口、溪江、古港、三口、沿溪、官渡、达浒、张坊共 10 个乡镇，设置车站 8 座，分别是社港站、洋春站、浏阳站、三口站、官渡站、跨马站、张坊站、上洪站，其中浏阳站为办理客货运作业的中间站。浏阳站位于溪江乡境内，距市政府 13.2 公里。

（付晨辉　徐艳艳）

【长沙-浏阳支线管道天然气入浏工程获批并启动建设】 历经三年调查、测算、勘察和可行性研究，通过相关单位积极协调争取，全力配合省天然气公司开展前期工作，经过环评、能评、稳评、安评等十大评价，长沙－浏阳支线管道天然气入浏工程项目于 2014 年 12 月正式获省发改委核准批复（湘发改能源〔2014〕1203 号），并于 2014 年 12 月 25 日在长沙县东九路（长浏高速交叉口北侧）启动建设。

（付晨辉　徐艳艳）

【成功纳入国家新型城镇化试点范畴】 通过提早半年谋划，主动对接，编制《新型城镇化投融资机制改革试点研究课题》，提出通过市场化融资方式解决浏阳新型城镇化建设项目资金需求的实施路径和政策性融资方式支持新型城镇化建设的可行方案，浏阳市于 2014 年 12 月成功纳入国家新型城镇化综合试点长沙地区的试点范围（发改规划〔2014〕2960 号），为浏阳市进一步推进新型城镇建设争取到了试点区先行先试的政策及资金扶持。

（付晨辉　徐艳艳）

【入选湖南省清洁低碳技术推广试点县市】 通过探索，浏阳市已初步形成“大型养殖场的工业化治理模式”、“中型养殖场的综合治理模式”和散养户的“清洁生产种养平衡模式”三种养殖污染治理模式，并与湖南海尚环境生物科技有限公司合作首创形成“技术集成与自给付费的合同环境服务模式”，成功入选省长株潭两型试验区管委会公布的湖南省清洁低碳技术首批推广试点县市。（付晨辉　徐艳艳）

【获评“湖南省社会扶贫先进集体”】 2014 年，市发改局驻沙市镇黄花村扶贫工作组围绕“高标准规划、高起点建设，打造新农村示范村”的目标，坚持“到位不越位，帮扶不包办”理念，切实开展一系列建设扶贫工作，全力协助村级发展，被评为 2014 年“湖南省社会扶贫先进集体”。

（付晨辉　徐艳艳）

【出租车运价调整被省市列为依法行政典型案例】 浏阳市出租车价格 8 年未调整，根据出租车行业协会申请及出租车运营成本上升等情况，扎实开展调研、成本监审、民意调查、召开听证会等出租车运营价格调整前期工作，在征求群众意见基础上，引入重大决策事项进行社会稳定性风险评估、舆情评估机制，形成《浏阳市发展和改革局关于城市出租车运营价格调整决策社会稳定风险评估》和《浏阳市发展和改革局关于城市出租车运营价格调整决策事件舆情风险评估报告及应对预案》等文件，经专家论证，制定实施了城市出租车运营价格调整方案，其做法被省市列为依法行政的典型案例。（付晨辉 徐艳艳）

审　计

浏阳市审计局

党组书记、局长　邓映先
党组副书记、副局长
　吕正红（2014.06 任）
党组成员、副局长
　阙一飞（女）　张昌隆
党组成员、纪检组长　杨　旭
党组成员、总审计师　傅鹏飞

【概况】 浏阳市审计局主要职能是 1. 贯彻执行国家审计方针、政策，制定审计工作规章制度和工作规划并组织实施。2. 负责对全市财政收支和法律法规规定属于审计监督范围的财务收支的真实、合法和效益进行审计监督。3. 向市人民政府提出年度市本级预算执行和其他财政收支情况的审计结果报告。受市人民政府委托向市人大常委会提交市本级预算执行情况和其他财政收支情况的审计工作报告、审计发现问题的纠正和处理结果报告。4. 根据《中华人民共和国审计法》的规定，进行下列审计，出具审计报告，在法定职权范围内做出审计决定或向有关主管机关提出处理处罚的建议。⑴ 市本级财政预算执行情况和决算以及其他财政收支。⑵ 乡镇人民政府、街道办事处预算执行情况、决算和其他财政收支。⑶ 市直各部门及其下属单位预算执行情况、决算和其他财政收支。⑷ 市属国有企业和市属资本占控股或主导地位的企业的资产、负债和损益情况。⑸ 市人民政府部门管理的和其他单位受市人民政府委托管理的社会保障基金、社会捐赠资金以及其他有关基金、资本的财务收支。⑹ 市政府投（融）资和以市政府投（融）资为主的建设项目的预算执行情况和决算；与政府投资项目直接相关单位的财务收支；政府投资项目工程结算和其他费用的结算。⑺ 市政府接收的国际组织和外国政府援助、贷款项目以及赠款项目的财务收支。⑻ 其他法律、法规规定应由审计局审计的其他事项。5. 负责市领导干部经济责任审计领导小组办公室日常工作，按规定对市管党政领导干部及依法属于市审计局审计监督对象的其他单位主要负责人实施经济责任审计。6. 负责对与国家财政收支有关的特定事项进行专项审计调查。7. 负责上级审计机关授权的审计项目和专项审计调查项目的组织实施。8. 指导和监督内部审计工作，核查社会审计机构对依法属于审计监督对象的单位出具的相关审计报告。9. 承办市委、市人民政府交办的其他事项。市审计局内设办公室、法制内审科、审计一科、审计二科、审计三科、审计四科 6 个内设机构，下设浏阳市领导干部经济责任审计局和浏阳市审计局政府投资审计专业中心 2 个副科级事业单位。市审计局实有在编人员 38 名，其中行政编制 15 人，工勤编制 2 人，事业编制 21 人。2014 年，市审计局完成审计项目 714 个，其中政府投资结算审计项目 653 个，查处管理不规范资金 89422.88 万元，违规资金 8022.19 万元，收缴资金 416.02 万元，处罚 36 万元，移送案件 4 起，提出审计建议 93 条，编发审计要情 5 篇，各级刊发采用信息 48 篇，在长沙市审计系统绩效考核中获得一等奖，被评为长沙市审计系统先进集体。

（冷小曲）

【同级预算执行情况审计】 对市本级预算执行情况、市司法局等 8 个市直部门预算执行情况以及地税纳税征管、城市公用事业附加费等 5 个专项开展了审计和审计调查，提出了加强财政结余结转资金管理、加大基本支出保障力度、严格国有资本经营预算编制等审计建议，完善政府财政预算体系。

（冷小曲）

【领导干部经济责任审计】 完成 15 个单位、23 名党政领导干部的任期经济责任审计，查出管理不规范资金 1574.46 万元、违规资金 2845.11 万元，提出审计建议 31 条，收缴资金 114.34 万元，强化对权力运行的制约。出台《浏阳市领导干部离任经济事项交接办法》，对领导干部调任、转任、免职、辞职等事项实行离任交接监督，省政府门户网站、长沙晚报、浏阳市电视台对此进行了报道。（冷小曲）

【政府投资审计】 政府投资项目送审金额 11.08 亿元，审定金额 9.25 亿元，总核减金额 1.83 亿元，总核减率 16.52%，节约政府投资。其中，柏加集镇街道提质改造工程总核减 501 万元，总核减率达

8 月 19 日 -21 日，在市委党校举办为期三天的内部审计后续教育培训班

（资料来源：市审计局）

3月11日，召开浏阳市领导干部任期经济责任审计工作领导小组会议

（资料来源：市审计局）

28.99%；七宝山废渣质量工程总核减746万元，总核减率达23.16%。提请市政府印发《浏阳市政府投资建设项目结算初审管理办法》，强化结算初审管理。（冷小曲）

【专项资金审计】 对生猪生产、环境保护、教育基金等专项资金进行了审计，做到逢专项资金必审；对社会抚养费征收、电费附加征收使用等重点领域进行专项审计调查，发现社会抚养费征收到位率偏低等问题，提出改变电力设施维护费用和电费包干支付模式等建议，为财政节约资金374万元。（冷小曲）

【上级交办项目审计】 完成新世纪环境发展有限公司资产负债情况、长兴湖片区土地储备整理项目资金审计等27个上级交办审计项目，协助纪检监察和财政等部门办理审计事项73人次，助推社会经济发展，完成全市债务清理甄别任务。（冷小曲）

【内部审计】 全市共有内审机构55个，内审人员250人。各内审机构共完成审计项目350个，审计总金额14.8亿元，增收节支1620万元，提出建议意见被采纳124条，建议给予行政处分3人。组织全市内审人员进行了为期3天的业务培训，全力提升内审人员素质，《中国审计报》、《省内部审计》等刊物对此进行了宣传报道。（冷小曲）

【自身建设】 班子建设。全年组织集中学习12次，开展“弘扬职业道德、自觉抵制四风、努力践行审计核心价值观”为主题的书记讲党课活动，组织开展增强“敏锐性、主动性、责任心”大讨论活动2次。以打造能力型、专家型审计队伍为目标，注重干部能力提升。采用“派出去、请进来”的方式，派出40余人次参加省市审计机关举办的“提升审计报告质量”、“培育优秀审计项目”等业务培训，2人考取由省审计厅颁发的“中级计算机审计证”，派出6人参加异地交叉联合审计；邀请审计、计价、内审等专家来浏举办审计项目推优、工程造价等方面的主题培训4次，积极推动干部队伍由“知识型”向“能力型”、由“经验型”向“专家型”的转变。效能建设。始终坚持“依法审计、文明审计”。一抓制度建设。修订完善《财经管理制度》等机关制度，规范干部职工行为，激励干部职工创先争优。二抓审计服务。创新推行审计服务和审计廉政回访制度，向被审计单位发放《意见单》46份，收回40份，受到被审计单位一致好评。三抓考核奖惩。每季度以不记名投票形式进行绩效测评，对考核优秀者给予公开表扬，干部职工创先争优意识增强，机关效能稳步提升。作风建设。以“少开会、开短会”为方针，减少会议6次，同比减少16.67%；规范公务接待，严格按新制定的《浏阳市审计局公务接待暂行办法》规定执行，全年公务接待开支同比减少8.97万元，同比下降30.18%；机关用车实行集中入库管理，无违规使用公车行为；清退办公用房132平方米，并将政府投资审计专业中心整合搬迁至局机关同一栋办公楼，方便群众办事；制发《机关考勤制度》《审计工作人员去向牌管理制度》，开展不定期作风督查5次，未发现违规行为。廉政建设。严格落实党风廉政建设责任制，开展以审计“八不准”纪律等为主要内容的廉洁从审公开承诺活动。制发《审计组执行廉政纪律情况回复意见单》，廉政回访的成功经验由国家审计署在网站上进行推介。组织观看了《代价》等廉政电教片6次。全局干部职工全年拒收被审计单位礼金、礼物84人次，拒绝请吃、请钓、请唱40余人次，未发生违纪违法问题。（冷小曲）

【出台《浏阳市领导干部离任经济事项交接办法》】 浏阳市领导干部经济责任审计工作领导小组下发《浏阳市领导干部离任经济事项交接办法》（以下简称《办法》）。《办法》明确浏阳市委组织部为牵头单位、市领导干部经济责任审计工作领导小组办公室负责监交，强调交接时间应当在领导干部调任、转任、免职、辞职等之前，保证领导干部经济事项交接的时效性。规定的主要经济事项包括：离任时单位资产、负债情况、未完成的经济事项、工程项目情况、已发生但尚未处理或尚未处理完毕的经济纠纷、诉讼事项；离任时领导干部个人使用、借用或保管的公车、公款、公物及其他应当移交的贵重物品和重要资料；执行机构改革方案和部门“三定”规定的情况；单位人事任免和处分事项等其他需要说明和交接的经济事项。此外，《办法》规定领导干部离任交接程序，明确责任追究制度以及不安排经济责任审计的三种情况。（冷小曲）

【建立审计回访制度】 浏阳市审计局创新审计回访制度，审计回访双

管齐下，特邀审计监察员组成的回访一组，主要监督审计人员在审计期间遵守廉政纪律情况和依法审计等情况。制定《审计组执行廉政纪律情况回复意见单》，采取座谈会和个别谈话的形式，调查了解审计组和审计人员在实施审计期间履行审计职责、依法审计、实事求是等方面的情况；遵守党风廉政建设责任制、审计职业道德和工作纪律情况。回访二组由纪检组长带队，监督审计整改落实情况，重点了解被审计单位落实审计报告、审计决定和审计建议的情况。对未按规定落实审计意见的单位，责令其限期整改，并进行通报批评。同时，听取被审计单位对加强和改进审计工作的意见和建议，增强服务意识。该举措实行以来，被审计单位满意率大幅提升，民调综合满意率86.9%，在执法服务部门中排名第2。同时，审计建议采用率大幅提高，被审计单位整改落实情况也有了好转。

（冷小曲）

【举办内部审计后续教育培训班】浏阳市审计局于8月19日—21日，在市委党校举办了为期三天的内部审计后续教育培训班。该培训班由浏阳市审计局、长沙市审计局、长沙市内部审计师协会联合主办，浏阳市各市直单位和乡镇、街道内审工作的分管领导及专、兼职人员90人参加了培训。培训班邀请了湖南省审计厅内审指导中心、长沙理工大学等专家围绕内部审计准则、宏观经济形势、经济责任审计、审计案例、风险导向审计方面进行了专题讲座。（冷小曲）

国土资源管理

浏阳市国土资源局

党组书记、局　长　王英定

党组成员、副局长　袁绪国

邓忠社　王艺辉（女）

党组成员、纪检组长　黎　飞

党组成员、经开区国土资源分局局长　寻　文（2014.04任）

党组成员、总工程师　黎成红

党组成员、工会联合会主席

周　瑛（女）

党组成员、执法监察大队队长

戴仲和

【概况】1987年浏阳县设立县国土局，1993年2月，经国务院批准浏阳撤县设市（县级），浏阳县国土局更名为浏阳市国土局，2001年12月，浏阳市国土局与市矿管办合并组建成市国土资源局。浏阳市国土局主要职能是负责全市用地报批、耕地保护、土地综合整治、国土资源市场建设、征地拆迁、矿产资源管理、地质灾害防治、执法监察、地籍测绘、城乡环境综合整治。局下设1个分局（经开区国土资源分局）、10个二级机构，36个乡镇、街道国土资源所，内设10个科室，市编委核定浏阳市国土资源局人员编制306人，现有实际工作人员295人。2014年，浏阳市国土资源局获“2013—2015年全省依法办事示范窗口单位”，长沙市文明单位、长沙市国土资源局“行政处罚案件质量评查先进单位”，浏阳市“政务公开政务服务工作先进单位”“12345市民服务热线工作先进单位”“内部审计先进单位”“党政服务工作优秀单位”“服务‘三农’优秀单位”“城乡统筹环境同治工作先进单位”“招商引资工作优秀单位”“单位内部安全保卫工作先进单位”等荣誉称号。

（何光俊　杨　波）

【土地规划与保护工作】全面完成《浏阳市土地整治规划（2011-2015）》数据库建库工作，协调上级解决金阳大道、金鸡水库、荷花生态文化城等重点民生工程和基础设施、公益事业两帮两促等项目的土地规划调整问题。继续做好永久性基本农田保护划定工作，并通过省国土资源厅的外业验收。截至2014年12月30日，全市耕地保有量为77622.76公顷，实际划定基本农田面积67329.32公顷，分别超过长沙市下达浏阳市目标任务的4.84%和1.17%，完成数量和比例均领先长沙地区。

（何光俊　杨　波）

【土地执法监察工作】开展动态巡查7961次，发现、制止土地违法行为954起，矿产违法行为116起，组织专项打击非法开采行动18次，在长沙市国土资源局组织的行政处罚案件质量评查中，浏阳市国土资源局被评为先进单位。

（何光俊　杨　波）

【土地综合整治】实施土地整治项目12个，建设规模4626.6公顷，总投资1.28亿元；推进土地开发和城乡建设用地增减挂钩，新增耕地266.6公顷。相比2013年，建

6月10日下午，省国土资源厅副书记、副厅长颜学毛，党组成员、副厅长厉坤，长沙市委常委、组织部部长程水泉，省国土资源厅综合研究处、地籍处、人事处，长沙市国土资源编办以及长沙市局办公室、人事处、地籍处、研究室主要负责人一行到浏阳，就浏阳不动产统一登记试点工作召开座谈会。　浏阳市是湖南省实行不动产统一登记三个试点县（市）（浏阳、澧县、芷江）之一

（资料来源：浏阳市国土资源局）

7 月至 10 月，国家审计署专项审计浏阳市土地出让收支和耕地保护工作

（资料来源：浏阳市国土资源局）

设总规模增加 513.3 公顷，总投资增加 0.07 亿元。（何光俊 杨 波）

【不动产登记工作】 启动不动产统一登记试点工作，完成全市地籍区和地籍子区划分工作。办理土地使用证 17885 本、历史土地确权 32 宗，年检土地证书 532 本。

（何光俊 杨 波）

【国土资源市场建设】 土地出让：完成国有建设用地网上招拍挂 203 宗，成交面积 499.23 公顷，总价款 30.97 亿元，完成浏阳市政府下达的 30 亿元土地出让收入目标任务。相比 2013 年，成交面积增加 263.01 公顷，总成交价款增加 9.88 亿元。土地收购储备：完成土地实物储备332.86 公顷，收回国有建设用地项目 23 个，面积 45.26公顷。相比 2013 年，土地实物储备面积减少185.4 公顷，收回土地面积减少了28.14 公顷。土地报批：通过省政府审批的国有建设用地为 610.9 公顷，保障了项目攻坚年的项目用地需求，相比 2013 年增加了 1389 亩，增长率为 17.87%。节约集约用地：加大供地率考核力度，浏阳市 2010 年—2014 年的供地率均达标，且超出长沙市绩效考核的指标任务。通过黄泥湾片区、原教师进修学校等旧城改造项目，整合存量土地6 公顷；加大闲置土地清理力度，核查、处理闲置土地 8 宗，面积45.9公顷。完成各项财政收入 25.04 亿元，相比 2013 年增加 6.74 亿元，增长率为 36.83%。

（何光俊 杨 波）

【征地拆迁】 发布各类征地公告 337 份，启动征拆项目 59 个，征拆面积611 公顷，拆除房屋 791 栋，“点对点”拨付征拆补偿费 4.7 亿元，启动保障性安居建设项目 6 个，收缴社保资金 1.5324 亿元，全面清理侵害群众利益的排查线索 29 条，解决一大批遗留问题。相比 2013 年，征地面积增加 7.62 公顷，支付征地补偿款增加 2.1 亿元。配合参与拆违拆旧行动 30 余次，各重点整治区域拆违拆旧 380 多处，拆除面积 9 万多平方米。相比 2013 年，拆除面积增加 0.04 万平方米。

（何光俊 杨 波）

【矿产资源管理】 开展采矿权年检工作，对 62 家年检不合格的企业予以公告，并依法查处和限期整改。推进高坪松岗山矿区、古港白云岩矿和澄潭江石灰岩矿等矿业权的整合和兼并重组，做好关闭煤矿后续处置工作。推进矿山环境保护，拨付专项治理资金 645.6 万元，组织实施澄潭江矿区安全饮水工程等 3 个矿山环境治理项目。

（何光俊 杨 波）

【地质灾害防治】 成立局地质灾害应急分队，机关和基层所落实汛期 24 小时值班值守，加强防灾指导，协助做好应急处置。争取地质灾害专项资金 650 万元，在全市开展 1:50000 地质灾害详细调查，实施了张坊镇赵家岭山体滑坡等 3 个地质灾害治理和勘查项目。

（何光俊 杨 波）

【地籍测绘】 全年完成测绘项目 4970 个，面积2800 公顷，出具勘界和地籍图件 4500 余宗，为金阳大道、蒙华铁路等重点项目的用地报批等提供勘测定界成果。

（何光俊 杨 波）

【内务管理】 一是优化政务服务。政务窗口落实领导坐班制度，各类审批事项在法定时限基础上提速 50%。二是强化信息建设。积极推进流程再造，55 项业务全部纳入电子审批流程，提高行政效能。落实政务公开，发布动态信息、公告、审批结果等 4.47 万条，回复门户网站公众互动留言 92 条次。三是加强党政服务。全年收发文 3100 余件，办理人大建议、政协提案 27 件，上传下达准确无误，各级交办任务落实到位，确保了政令畅通。加强政务信息报送，全年被国土资源部门户网站和《中国国土资源

开展矿山打非专项行动

（资料来源：浏阳市国土资源局）

报》《湖南日报》《长沙晚报》《浏阳要情》《政府工作》《浏阳日报》等媒体采用信息110余篇。四是深化社会服务。全年提供档案查询服务1932宗、1896人次，整理装订业务档案9840卷。接待群众来信来访570起、791人次，办结567件；办理“12345”市民服务热线交办单38件。建设扶贫工作。派驻1名青年干部担任文家市镇玉泉村第一书记，拨付该村建设扶贫资金21.5万元，争取相关单位帮扶资金80余万元。同时，拨付沙市镇黄花村等其他13个建设扶贫布点村扶助资金105万元。二是深入开展群众工作。选派24名工作人员联点社港镇12个村，努力为民办实事。三是积极支持新农村建设。对沿溪镇沙龙村等在新农村建设、土地整治、地灾防治等方面给予了较大支持。

（何光俊　杨　波）

【存在的困难与问题】 建设用地供需矛盾依然突出，土地粗放、低效利用现象还不同程度存在，来年供地率达标的压力仍然较大。维稳任务相当繁重，国土资源信访总量仍在高位运行，行政复议、诉讼案件也呈逐年上升趋势。执法监察任务艰巨，非法开采打而不绝，土地执法监察长效机制有待进一步完善。受征地拆迁补偿标准、安置情况、劳动就业和养老保险等因素影响，征地拆迁推进缓慢，遗留问题解决难度较大。（何光俊　杨　波）

【土地使用权抵押登记】 在推进创业富民中，浏阳市国土资源局为中小企业和个体户办理土地使用权抵押登记214宗，面积284.86公顷，方便中小企业和个体户融资20.05亿元，该项工作在《湖南日报》上进行了专题报道。（何光俊　杨　波）

【电话回访工作】 为倾听服务对象意见，了解办事人员工作作风情况，浏阳市国土资源局与浏阳市电信部门签订委托协议书，由浏阳市电信部门对市国土资源局的服务对象进行全覆盖、全方位的电话回访，并在每个月月末组织召开月工作点评会议，对电话回访情况进行通报，督促落实整改。2014年有效回访5891户，收集有效反馈意见100余条。该项工作被浏阳市纪委评为2014年纪检监察优秀创新工作，并在《湖南日报》进行专题报道。（何光俊　杨　波）

【城乡建设用地增减挂钩】 2014年浏阳市完成城乡建设用地增减挂钩项目验收10个，验收新增农用地指标40.82公顷，其中验收确认耕地34.09公顷；正在实施的龙伏镇石江村（全部实施自动化喷灌）等5个新批准增减挂钩项目即将竣工验收，涉及规模61.93公顷。浏阳市城乡建设用地增减挂钩项目的实施和验收规模位居长沙地区前列。

（何光俊　杨　波）

【获“2013—2015年全省依法办事示范窗口单位”】 2014年审核行政处罚、公告、合同、协议等各类法律文书1110余份，召开听证会6次；对收到的21起行政复议、37起行政诉讼和27起政府信息公开申请，认真做好应诉与回复工作，顺利通过“2013—2015年全省依法办事示范窗口单位”考核验收。

（何光俊　杨　波）

【行政审批提速提质】 积极推进流程再造，所有业务流程在法定时限上缩减了50%，本级审批权限内实际办结时间只有法定时限的1/3，申请加急办理的业务1—2个工作日即可办结，行政审批不断提速提质。该做法在国土资源部门户网站、《湖南日报》等媒体上进行了专题报道。（何光俊　杨　波）

统　计

浏阳市统计局

党组书记、局长　周森源
党组成员、纪检组长　彭隆华
副局长　郑　榕
党组成员、副局长　陈志刚
党组成员、总统计师（聘）　黎　义
统计普查中心主任　罗　娟

【概况】 浏阳市统计局是浏阳市人民政府部门单位，其主要职责是贯彻执行国家、省、长沙市统计工作的方针、政策和统计法律、法规，完成国家和地方统计调查任务；指导和协调全市统计业务工作，组织实施各项统计专项调查，指导统计基层业务与基础建设，推进统计现代化建设；建立健全统计数据质量审核、监控和评估制度，开展对重要统计数据的审核、监控和评估，依法审批或备案统计调查项目、部门统计调查方案；检查监督统计法规的实施情况，查处各类统计违法行为，组织实施全市统计人员从业资格培训考试和继续教育工作；组织实施全市人口普查、经济普查、农业普查等重大国情国力普查，汇总、整理和提供有关市情市力方面的基础统计数据；对全市国民经济和社会发展等情况进行统计分析和预测，统一核定、管理和定期发布统计公报以及有关普查和专项调查公报，为市委、市政府提供统计信息和咨询建议；组织实施各项社情民意调查，汇总整理、分析研究调查资料，提供有关社会动态和社情民意信息；承办市委、市人民政府和上级主管部门交办的其他事项。根据上述职责，市统计局内设办公室、综合研究室、业务一科、业务二科、业务三科、综合分析科、财务科7个科室和统计普查中心、经济调查队、民意调查中心3个二级事业单位，有在职干部职工29人、退休干部10人。2014年市统计局获得“长沙市区县统计工作先进单位”、浏阳市“四好”领导班子、浏阳市绩效考核红旗单位等荣誉称号。（梁　宁）

【统计数据规范管理】 联合发改、工信、财政、农业、商务、地税、房产等部门对经济管理的职能，构建大统计格局。从事后报告转向事前监管，以GDP核算为龙头，全面梳理13种日常报表、10余种专项调查、搭建企业联网直报、乡镇平台管理、市级后台监测的三级全程实时管理体系。从关注显性指标转向关注隐性指标并重，以经济发展引擎基础指标为支点，深度解析用地、用电、信贷等非统计口指标对经济社会发展的影响，建立要素驱动、投资驱动、创新驱动对经济发展的关联度、影响度分析监管体系。运用现代信息手段，联合工商、质监、税务等部门，对4万多家法人单位和产业活动单位进行核查比对，动态更新基本单位名录库，实现大数据一库共建；将统计广域网络延伸到乡街一级，对重点企业、税源信息实现信息一网共享；首次使用PDA手持终端、电子地图、GPS定位等现代信息化系统，实现云管理一线共连。构建新型统计关系。建立和实施重点企业联系服务制度、统计巡回办公制度、机关青年干部导师培养制度，紧扣“抓人抓事”这个关键，凝聚企业统计员、乡镇指导员、机关干部三级统计力量，力求人数合一、会统一致，构建了政府和企业相互理解、相互支持、合作共赢的新型统计关系。夯实统计基层基础。全面落实市委“依法统计、科学统计、充分统计”和市政府《关于进一步加强统计工作的意见》的指示精神，实施统计工作乡镇、街道行政一把手负责制，完善乡街目标管理考核细则，编印乡镇《日常统计工作指南》；指导集里、大瑶等创建省级示范站，朝阳、丰裕等村（社区）创建优秀社区平台。全年累计投入基层建设经费100余万元。推进依法治统，开展“统计开放日”等多种形式的统计法律法规宣传；组织统计从业资格和继续再教育培训共416人次；统计执法检查单位40家，立案查处9起；推进第三次全国经济普查工作，创新开展“四上”企业新增突击周、工业集中审核月、普查工作百日攻坚、年报工作春节大会战等统计业务大竞赛活动，截至普查标准时点（2013年12月31日），全市共有法人单位8595个，产业活动单位1384个，个体户104721家，经济总量2081亿元（不含个体户），市情市力家底更清。首创GDP月度测算，找准域内经济发展的支撑要素、产业亮点、增长新极，用排名数据倒逼经济发展。2014年，实现GDP1012.83亿元，同比增长12.6%，农业总产值完成129.8亿元，同比增长5.5%，工业总产值实现2039.5亿元，同比增长22.4%，固定资产投资完成725.8亿元，同比增长23.4%，社会消费品零售总额完成202.98亿元，同比增长14%，全面小康实现程度达到83.7%，同比提高7.2个百分点，诠释发展成果更准。二是争先进位目标。在“六个走在前列”、长沙对浏绩效考核、全面小康、全国百强以及群众路线教育实践活动、综治工作省民调等方面，及时分析研究预测，向上对接汇报，为推介浏阳形象、提升美誉度贡献统计力量。开展民意调查，全年共开展10项20次调查，电话访问17.8万人次，调查有效样本7.1万个，占浏阳总户数的17%。收集意见和建议1万多条，提交调查报告21篇，参与季度点评，协助绩效办做好经济工作讲评和调度，进一步增强统计与其他市直部门、乡镇街道的工作合力。

（梁　宁）

【监测预警参谋资政工作】 以《浏阳经济运行快报》《决策参考》《数据浏阳2014》《手机短信快报》为载体，创新信息发送方式，以一张图替代一篇文、一张表替代一本书，精准回应领导关切。紧扣“关注”准方向。统计部门首次列席每月常委碰头会，第一时间掌握市域内情。为更好发挥决策参谋作用，围绕全市热点难点，相继开展工业企业开工率、“四上”企业、固定资产投资情况等多项调研，撰写《从数据看浏阳经济科学发展》《2014年百强预测》等分析文章30多篇，其中市委办采用5篇。按照“六个走在前列”目标，协助理顺绩效考核等各个指标体系，跟踪监测区县横向、自身纵向、指标结构等动态变化，并拿出参考意见。引导乡、镇参评长沙市“十强十快”乡、镇，协助工信、住建等部门应对省市的新型工业化、新型城镇化等工作。围绕“挺进三十强”目标，解剖百强指标体系，搜集排位30—50名的百强县数据，撰写调研报告《挺进三十强，再创新辉煌》系列文章，连续三年较准确的预测百强排名。围绕“加快建成全面小康”目标，年初年底分别向部门征集意见和收集数据，实施小康一套表预测。综合分析全国、省、市的经济发展趋势及对浏阳的影响、参考周边区县（市）目标设定、结合浏阳自身发展情况，科学合理提出2015年全市经济发展目标。11月份，市统计局受邀在浏阳中青班和人才培训期间，就浏阳经济发展形势做专题报告。

（梁　宁）

【统计从业资格考试培训及继续教育工作】 为提高统计从业人员的业务素质和专业技能，市统计局早部署、早动员，提出“三要求”抓好2014年统计从业资格考试培训及继续教育工作。一是要求思想认识到位、组织落实到位、宣传动员到位，真正做到“有质、有量、有效”地开展好全年的统计从业资格考试培训工作及继续教育工作。二是要求严格执行统计从业资格考试和培训制度，在国家机关、社会团体、企业事业单位和其他组织等统计调查对象中承担经常性政府统计调查任务的人员，必须取得统计从业资格，持有统计从业资格证书。任何单位聘请、任用未取得统计从业资格证书的人员从事统计工作的，由县级以上人民政府统计机构责令限期改正，予以警告或者通报批评。拒不改正的，处一千元以下的罚款。三是要求适应新形势，开设具有针对性、实用性的教育培训课程，不断更新统计知识，努力提高统计从业人员的综合素质和业务水平。（梁　宁）

【开展“四个三和1+1”活动】 为扎实推进党的群众路线教育实践活动，切实解决好统计联系服务群众最后一公里的问题，不断提升统计服务群众、服务基层的水平，打造现代化服务型统计，市统计局组织实施“四个三和1+1”活动。“四个三”，即：对口联系长沙市局联系的三个乡镇、创建三个规范化统计工作乡镇统计站、创建三个规范化统计工作社区平台、统计巡查三个乡镇。“1+1”，即：为全市37

个乡镇（街道）和3个园区（基地）配备统计专用笔记本电脑和台式电脑各1台，完善基层统计设备。活动的开展进一步提高了乡镇、村(社区)统计工作信息化、规范化建设水平，进一步夯实统计基层基础，进一步了提升统计工作保障能力。（梁 宁）

【清理、废止存在问题的文件】 一是健全机构、专题部署。成立专项清理工作领导小组，由党组书记、局长周森源任组长，分管办公室的纪检组长彭隆华任副组长，各科室负责人为成员，负责具体实施专项清理工作。组织全体干部职工召开专题会议，统一思想，深刻理解在当前形势下开展清理工作的重大意义，由法规科牵头，办公室、普查办配合，按《通知》精神办理，并将此次清理工作作为“群众路线教育实践活动”立行立改的重要内容，确保专项清理行动形成统一的思想基础。二是主动协调，争取支持。积极与市委办、政府办以及有关部门沟通协调，解释集中清理工作的重要性和必要性，说明根据统计法律法规，要彻底清理、废止有关文件，取消违背统计法精神、影响统计工作独立性的有关做法。三是排查清理，全面纠正。以自查为主，认真排查，把本年度涉及统计局作为招商引资、经济增长、民生改善和节能减排等主要经济指标责任单位的有关文件，进行全面清理，并予以修订或废止。截至8月13日，所有存在问题的文件都通过发文进行调整、清理到位。

（梁 宁）

质量技术监督

浏阳市质量技术监督局

党组书记、局长 方 波

党组副书记、纪检组长

易嫦娥（女）

副局长 邹 晖 戴 宁

余湘怀（2014.06任）

沈雪岭

陈细江（2014.06任）

杨 辉

【概况】 浏阳市质量技术监督局是政府主管产品质量、计量、认证认可、标准化、特种设备安全、生产加工环节食品安全监管等工作的机构，具有产品质量综合管理、检验检测、行政执法与安全监察四大职能。浏阳市质量技术监督局内设办公室、人事科、稽查大队（产品质量监督科）、食安科、特设科、计量科（计量所）、标准质量科、产检所，下设东、南、西、北四个质监中心所。全局现有在职干部职工79人，2014年，浏阳市质量技术监督局先后获得“湖南省质量技术监督系统先进集体”、浏阳市“支持园区发展奖”、浏阳市“公共机构节能先进单位”等荣誉。

（林 薇）

【食品监管工作】 按照机构改革要求，继续完善食品生产企业的质量档案和《食品安全监督管理工作程序规定》。先后开展元旦、春节期间食品质量专项检查、校园周边食品安全专项整治、熟食行业生产企业、食品标签专项整治、食品生产加工环节损害群众利益行为、白酒和散装白酒质量安全、地沟油和散装油、桶装饮用水等专项整治行动。共完成食品定期监督检验621批次，其中不合格26批次，合格率95.81%。对省市级监督抽查不合格的企业组织两次集体约谈。参加各类食品安全知识宣传，发放宣传资料1000余份。共指导帮助76家企业办理（换证、新办）102张食品生产许可证；56家企业提交了年度审查报告。截至2014年12月30日，浏阳市取得食品生产许可证的生产企业301家（其中食品添加剂生产企业3家），获证单元513个；食品生产相关产品企业35家；制售分离的办证食品小作坊26家。

（林 薇）

【烟花爆竹监管】 市质监局与市花炮局联合成立烟花爆竹行业秩序监管办公室，对全市170多家生产企业进行日常监督检查，对60多家企业使用的94个批次的原材料进行抽检，并协助多家企业赴海南、江西、福建等地开展外域打假行动。同时，为保证青奥会、APEC峰会等重大活动专用焰火产品的质量安全，根据上级要求，质监局制定详细的监管方案，对象形烟花、新年烟花、棠花烟花、熊猫烟花、东信烟花等专供产品的生产企业，采取驻厂监管、定期巡查、抽样检验等措施全过程监管。（林 薇）

【特种设备安全监管】 根据上级安全生产“打非治违”“特种设备大排查、大整治”等工作的部署要求，为切实做好特种设备安全监察工作，与200余家特种设备使用单位签订特种设备安全目标责任书。建立领导干部带队检查安全生产工作制度，检查走访企业80余家。2014年共检查各类特种设备使用单位200余家，排查安全隐患70处，下发安全监察指令书17份，现场检查记录40余份。配合省特检中心开展定期检验和安装监检工作，检验各类特种设备3000余台。举办2场特种设备作业人员培训班，培训70余人次，参与“安全生产月”“质量月”等宣传活动，宣传特种设备的安全知识，示范操作要领，共计派发特种设备安全法规300余本，安全宣传画册200余套。

（林 薇）

【质量强市工作】 2014年，共处理投诉140起，受理行政复议2起，立案80起，查处多家食品生产企业生产销售不合格食品案。全年共完成企业标准备案92家；组织15家企业参加中小微企业标准化战略推进工程活动。组织14家企业申报“湖南名牌”、2家企业申报长沙市名牌，截至2014年12月30日，全市已有省名牌54家、长沙市名牌161家；19家企业获准使用“浏阳花炮”地理标志保护，全市获准企业已达141家；完成代码办证6055家、年检5514家。共开展样品检验4544批次：其中食品定期监检计划完成703批次、不合格25批次，合格率96.4%；非食品定期监检计划完成1180批次、不合格113批次，合格率89.8%；非食品委托检验135批次、不合格1批次，合格率99.3%；食品委托检验

2598批次、不合格65批次，合格率97.5%。开展计量强制检定服务工作，检定各类计量器具4356台件（其中加油枪631把）、定量包装160批次。对全市7家集贸市场在用的451台件计量器具实施免费检定，有力的保障浏阳市量值传递的准确可靠。2014年新增安捷伦高效全自动气象色谱仪、黄曲霉毒素测定仪等检测设备，有多参监护仪、B超、电导率仪、温湿度计、定量灌装机、煤气表、大衡检定车等7个社会公用标准的检定装置项目通过省质监局立项，家具和化工产品纳入技改计划并制定技改投入计划书。检验检测项目大幅增加，服务地方经济发展能力大幅提升。

（林　薇）

【浏阳市7个社会公用标准的检定装置项目省局立项】 经过市质监局多次申报争取，2014年有多参监护仪、B超、电导率仪、温湿度计、定量灌装机、煤气表、大衡检定车7个社会公用标准的检定装置项目通过省局立项，项目工作室正在建设中。（林　薇）

【APEC焰火产品质量监管检验暨验收工作会】 10月17日，国家质检总局、北京市质监局、湖南省质监局、长沙市质监局、浏阳市人民政府、北京市烟花质检站、国家花检中心、浏阳市质监局等单位的领导和相关检验监管工作人员，以及新年烟花制造有限公司、棠花烟花制造有限公司、熊猫烟花制造有限公司、东信烟花集团有限公司、牛石出口礼花厂5家APEC焰火产品生产企业的负责人、质量负责人，在浏阳市质监局召开APEC焰火产品质量监管检验暨验收工作会。会议总结前期工作，对APEC焰火产品的验收工作提出严格要求。5家专供产品生产企业递交质量安全承诺书。北京市烟花质检站在会上宣讲《2014北京APEC焰火产品技术要求》。浏阳质监局作为产地产品质量监管单位在会上表态，将通过驻厂监管、巡查、抽样检验等综合监管措施，确保APEC峰会焰火燃放专供产品生产过程受控制。国家花检中心作为专供产品检验机构作表态：将全力组织好专供产品质量把关的各项检验工作和技术服务工作，做到批批检验、不漏一批。国家质检总局领导、省市局领导和浏阳市政府领导分别就如何做好监管和检验工作作重要讲话。

10月17日上午，APEC焰火产品质量监管检验暨验收工作会在浏阳市质监局召开

（资料来源：长沙市质监局网站）

安全生产监督管理

浏阳市安全生产监督管理局

党组书记、局　长　屈湘水

党组成员、副局长

蔺传球　黄东风

陈奇志　熊本路（兼）

党组成员、纪检组长　卢利平

【概况】 2014年，浏阳市无较大及以上安全生产事故，各类安全生产事故死亡16人，占长沙市下达考核控制指标（25人）的64%。其中，工矿商贸领域事故死亡10人、生产经营性道路交通事故死亡6人；工矿商贸领域中，烟花爆竹行业发生事故7起，死亡9人，工矿商贸其他领域发生事故1起，死亡1人。矿山、非煤矿山、危险化学品、建筑施工、消防、水上交通、农机、特种设备等行业领域未发生死亡事故。浏阳市被评为湖南省“安全生产工作先进县（市）”、长沙市“安全生产目标管理考核优秀单位”，屈湘水被国家安全监管总局评为“安全生产监管监察先进个人”等国家和省、长沙市级集体和个人荣誉称号。（朱松连）

【安全监管】 开展烟花爆竹安全生产“春季复工、夏季高温、秋冬生产旺季”三个“百日攻坚”专项行动，共抽查检查烟花爆竹生产经营单位1786家（次），责令停产整顿403家（次），限期整改713家（次）。推进“打非治违”，建立湘赣边烟花爆竹“打非”联动机制，坚持每季度开展一次拉网式排查和联合执法行动。坚持“打非治违”常态化，累计排查重点场所32596处，打击取缔非法生产窝点105处，查获、收缴非法制品11403件。开通110“打非治违”举报平台，重奖群众举报，受理群众举报108起，经调查核实，严肃查处企业82家。开展非煤矿山露天采石场边坡、尾矿库、外包工程和基建矿山、地下矿山采空区等专项整治，共检查企业252家（次），排查、整改隐患415处，责令限期改正26家，责令停止生产10家，行政处罚7家。推进非煤矿山整顿关闭工作，依法关闭取缔6家非煤矿山。开展危险化学品行业化工经营市场、金属粉末生产企业提质改造、油气管线安全排查、涉氨涉氯企业安全等专项治理，检查企业665家（次），立案查处立案19起，整改隐患1120条。开展工贸等八大行业“两检一报”（员工职业健康体检、作业场所职业危害检测、职业危害申报）工作，组织2.2万名员工进行职业健康体检，完成职

8月5日，湖南省委常委、常务副省长陈肇雄（前左四）在浏阳督查安全生产工作

（资料来源：市安监局）

业危害因素检测25家（次），职业危害申报1536家，开展粉尘危害、烟花和防潮剂生产企业全面禁止使用甲醇专项整治，排查、整改隐患159条。（朱松连）

【企业安全主体责任落实】 实行烟花爆竹企业安全生产末位排名、公开曝光、集中约谈公示制度，每月由乡镇（街道）将本辖区烟花企业安全生产情况进行综合排名，将划定为较差等次的企业列为重点监管对象，对各乡镇排名末两位的企业进行约谈和重点整顿，通过媒体公开曝光企业的违章违规行为，并要求全面整改到位。2014年在《浏阳日报》公开曝光企业199家（次），共约谈企业负责人199人次。

（朱松连）

【执法体系完善与处置】 为及时、有效消除烟花爆竹重大安全隐患，规范安全生产行政执法，树立执法权威，并从根本上解决监管执法中“查什么、怎么查，查出来后怎么办”这个难题。以强化安全监管执法为切入点，通过广泛调研，认真分析近10年来烟花爆竹生产安全事故案例，归纳总结出12类重大事故隐患，出台《烟花爆竹行业重大事故隐患行政处罚基准》，并根据新《安全生产法》及时进行完善修改。《烟花爆竹行业重大事故隐患行政处罚基准》对处罚的具体情形、处罚标准、再次发现隐患处罚的措施一一进行明确，对凡是涉及刚性执法内容的生产企业，一律进行立案查处，严格实施经济处罚、停产整顿、限期整改、违法人员移送公安机关处理等严厉措施，并在《浏阳日报》设立安全生产违法违规行为曝光台，每周定期公开曝光被立案查处的企业。全年共立案查处各类安全生产违法案件310起，行政、刑事拘留违法人员共455人。（朱松连）

【烟花爆竹企业违法违规实施记分管理制度】 率先在全国烟花爆竹行业出台《浏阳市烟花爆竹企业安全生产管理记分办法》，对烟花爆竹企业全面实施记分管理。根据违法违规的不同情形和危害程度，设置记2分、3分、5分、6分、9分、12分等相应分值，在刚性执法依法查处的同时严格予以记分。企业在一个周期（12个月）内累计记分达12分以上（含12分）的，由相关职能部门依法申请办理暂扣或吊销该企业安全生产许可证等相关证照；累计记分达6分以上（含6分）的，要求企业主要负责人及安全管理人员参加安全培训和考试，所有企业的记分管理情况在报纸和网站上及时公布、接受监督。全年对200家存在违法违规行为的企业实施记分，对其中记分超过6分的21家企业主要负责人和安全管理人员全部进行培训和考试，对1家记分达13分的企业，依法提请吊销安全生产许可证。（朱松连）

【科技兴安工作】 按照国家和行业标准要求，升级改造烟花爆竹“三库”（中转库、药物总库、成品总库）和“四防”（防爆、防火、防雷、防静电）设施，提升花炮企业安全硬件设施条件。推进烟花爆竹视频监控系统建设，启动市级视频总控中心、乡镇（街道）视频分控平台和生产企业视频监测点建设，发挥视频监控系统在超员违章智能报警、超高温、高静电智能报警、视频会议、语音调度、应急指挥、门禁控制等方面的作用，实现对烟花爆竹生产企业危险源远程实时监控预警，提高监管效能。全市烟花爆竹企业均安装门禁系统，达浒镇、太平桥镇完成视频监控系统分控平台试点建设。（朱松连）

【安全生产基层基础工作】 推进企业内部检查机制，督促企业落实隐患排查治理的主体责任。在《浏阳日报》开设“平安365”专栏，每周四定期刊出。开通浏阳安全生产信息网，采取政策宣传、常识教育、案例剖析、事件追踪一体化宣教模式，普及依法治安、安全发展意识。开展新《安全生产法》宣讲培训，培训各级负责人、安全监管员、企业负责人及员工1.5万人次。开展“安全生产月”活动，组织开展安全生产文艺巡演、宣传展览、公益宣传、书法和摄影展等系列活动，组织全市1000多家高危行业企业开展应急救援演练，发放事故案例警示教育光碟6000余张。开展安全生产教育培训，重点加强烟花爆竹从业人员安全技能培训，共培训“三项岗位人员”近9000人。在烟花爆竹、危险化学品、非煤矿山三大高危行业和工贸行业推进隐患排查“三自”（自查、自报、自改）系统，促进企业主动开展隐患排查治理。开展安全生产示范乡镇（街道）创建活动，古港镇成功创建省级安全生产示范乡镇，大瑶镇、枨冲镇、沿溪镇创建长沙市级安全生产示范乡镇。深化企业安全生产标准化创建活动，严格验收把关，实行动态管理，确保创建质量，新创建标准化企业179家，全市所有烟花爆竹企业均已完成三

级安全标准化创建，10家企业创建为二级标准化企业。（朱松连）

【推动烟花爆竹产业整合提升】推进花炮产业走“集约化、专业化、机械化、信息化”和“安全型、环保型”的“四化两型”发展之路，推进新材料、新产品、新机械的研发应用，重点推广应用烟火药自动混合机、内筒装药机、全自动组合烟花机等新型设备。建立“严进宽出、限小汰劣”的准入、退出机制，严格控制新建、异地重建烟花爆竹生产企业，对安全生产条件差、无力改造或逾期整改不到位的企业一律依法关闭。立足产业发展实际，支持有条件的企业做优做专、做大做强，完成100家烟花爆竹企业整合提升和退出目标任务。（朱松连）

【统筹协调综合安全监管】发挥安委办督促指导、综合协调职能，组织召开安全生产紧急会议、安委会例会、安全生产专题会议等50余次，切实督促各乡镇、街道、部门齐抓共管安全生产。推进建筑施工、危险化学品、道路交通（水上交通）、矿山（煤矿、非煤矿山、尾矿库）、人员密集场所（消防）、城市工业灾害（管道燃气）等六个专项安全生产大检查行动，共组织集中执法行动3721次，出动执法人员24520人（次），检查生产经营单位14562家，排查隐患31075处。（朱松连）

【安全生产事故查处和目标管理考核】加大事故查处和安全生产行政问责力度，对8起事故限期内全部批复结案。严格目标管理考核和责任追究，对1个乡镇实施“一票否决”，1个乡镇予以“黄牌警告”，2个乡镇纳入重点监管。（朱松连）

【孙华山到浏阳与烟花爆竹企业负责人谈心对话】5月29日至30日，国家安全监管总局副局长孙华山到浏阳与部分烟花爆竹生产企业主要负责人进行谈心对话。国家安全监管总局总工程师王浩水、湖南省副省长盛茂林参加谈心对话活动。谈心对话期间，先后开展送一本书、转送一封信、观看一个安全生产警示教育片、填写一张安全知识问卷活动。与会企业主要负责人谈各自对安全生产的认识与体会，并对行业安全发展、政府安全监管改进提出有关意见建议。孙华山在谈心对话活动中指出，在各方面的努力下，全国烟花爆竹安全生产形势持续稳定好转，这与企业主要负责人的辛勤努力密不可分。孙华山强调，每个企业主要负责人都要牢固树立安全生产红线意识，坚守“以人为本、安全第一”理念和“安全第一、预防为主、综合治理”方针，始终把安全生产放在首位，这不仅是对自身和家人负责，也是对员工和社会负责。企业应认清行业生存发展面临的形势和挑战，着眼长远、找准定位，调整确定好企业发展方向和思路规划；要以机械化为核心，进一步加快机械设备的升级换代，全力推进烟花爆竹“五化”（工厂化、标准化、机械化、科技化、集团化）进程，改变行业人员密集的特点，大力提升本质安全水平。孙华山要求，各级安全监管部门要严格规范监管执法，统一安全监管执法标准要求，严格执行有关法律标准，积极深化安全生产领域改革，深入开展“打非治违”行动，不断提高安全监管执法效能与水平，更好地为企业安全发展服务。同时要认真总结经验，巩固好谈心对话活动，积极固化沟通交流机制，坚持并不断完善信息沟通渠道，解决信息不对称的问题，形成工作合力，积极推动烟花爆竹行业安全发展、科学发展。（朱松连）

【烟花爆竹企业高温停产湘赣联动】6月20日至9月30日，浏阳开展烟花爆竹企业夏季高温百日安全生产大检查专项行动，要求企业严格执行夏季高温期间停产和值班巡查制度，1.1级工房（药物线工房）室温超过32℃、一般工房室温超过35℃必须停产。夏季高温停产从7月20日起至8月30日止，如8月30日之后仍出现35℃以上的持续高温天气，停产时间则往后顺延。夏季高温期间停产实行湘赣联动，江西的上栗、万载和湖南的浏阳、醴陵等四个主产县（市）同时、同步、同力度进行，执行相同停产标准。（朱松连）

【陈肇雄到浏阳督查安全生产工作】8月5日，湖南省委常委、常务副省长陈肇雄率省直有关部门来到浏阳，开展安全生产工作督查，重点检查危险化学品生产和花炮运输安全。陈肇雄一行先后到枨冲镇的众兴源有色金属粉末公司和华洋仓储运输公司现场督查，并听取浏阳市安全生产工作情况的汇报。陈肇雄对浏阳市在烟花爆竹行业创造性地实施记分管理的办法表示肯定，并要求各级安监部门认真总结研究，以期在其他地区和行业进行

5月29日至30日，国家安全监管总局副局长孙华山到浏阳与部分烟花爆竹生产企业主要负责人进行谈心对话（资料来源：市安监局）

12月25日，国务院安委会副主任、国家安全监管总局局长杨栋梁（右三）到浏阳调研烟花爆竹安全生产工作（资料来源：市安监局）

推广。陈肇雄强调，要按照“全覆盖、零容忍、严执法、重实效”的总体要求，坚决遏制重特大事故发生，为经济社会发展营造安全稳定环境。要坚决守住“发展绝不能以牺牲人的生命为代价”这条红线。在下一步的工作中，要突出重点，扎实开展校车安全管理、危险化学品安全隐患排查、交通安全专项检查，突出抓好建筑工地、生产车间、仓库、消防等领域的安全检查，并对全市所有地区和行业领域进行“地毯式”大检查。要狠抓工作落实，坚决“打非治违”，抓好隐患整治，落实责任主体，严格责任追究，做好应急管理。要创新方式方法，健全长效机制，推动安全生产治理体系和能力现代化，确保安全生产形势持续稳定好转。

（朱松连）

【烟花爆竹安全生产交叉大检查】9月21日至30日，由市安监局全体班子成员及烟花爆竹主产区乡镇（街道）安全生产分管领导带队，并抽调市烟花爆竹安全监察大队和18个乡镇安监站共69人参加，组成16个检查组，对全市37个乡镇（街道）共320家烟花爆竹生产企业开展交叉检查和随机抽查。本次专项行动明确了执法检查和重点查处的十项行为，如药物总库、中转库、成品仓库等超量储存；在1.3级车间从事裸露药物操作和严重改变工房用途；危险工序作业人员无证上岗、其他员工未参加教育培训擅自上岗；跨厂区运输药物及含药半成品；安全生产许可证到期继续组织生产；违法转包、分包和多股东各自独立组织生产的；未使用专用危货车辆运输黑火药、引火线和烟花爆竹制品等。

（朱松连）

【杨栋梁到浏阳调研烟花爆竹安全生产工作】12月25日，国务院安委会副主任、国家安全监管总局局长杨栋梁一行到浏阳，对烟花爆竹安全生产工作进行调研。湖南省副省长张硕辅，长沙市委副书记、市长胡衡华，长沙市副市长何寄华陪同调研。杨栋梁先后到浏阳市颐和隆烟花公司和名鑫出口花炮公司调研考察安全生产工作。杨栋梁强调指出，要培养、引进更多年轻的、高学历的人才充实花炮行业队伍，因为他们既易于接受新事物、新理念，也是创新、推新的主力。杨栋梁对随行的国家安监总局负责人要求，要进一步提高花炮生产的机械化程度，制定出台花炮机械的制造标准和规划，提高花炮机械的安全性和精美度。杨栋梁强调，一定要树立安全生产红线意识，继续加大安全生产投入，加强员工安全生产培训，严格落实各级安全生产责任，将安全生产制度不折不扣地落实到每一处、每一人，确保人民生命财产安全。

（朱松连）

食品药品监督管理

浏阳市食品药品监督管理局
浏阳市食品安全管理办公室

党组书记、局长、主任　黎和平（女）

党组副书记、副局长、副主任　张良发

副局长、副主任　周学群

副局长、副主任　杨凌云（女）

副局长、副主任　陈水清

纪检组长　黎　青

【概况】浏阳市食品药品监督管理局主要职能是承担全市食品安全综合协调和组织查处食品安全重大事故，负责全市药品、医疗器械、保健食品、化妆品、药品包装材料和容器的监督管理工作。局内设办公室、法规（医疗器械）科、食品安全管理科、药品市场监督科4个职能科室，下设药品检验所和食品药品安全稽查大队2个二级机构，全局共有在职干部职工28人。2014年，围绕“杜绝食品药械安全事故，确保人民群众饮食用药（械）安全，推动食品医药经济发展”这一总体目标，强化工作措施，确保浏阳人民的饮食用药（械）安全，推动浏阳食品医药经济的健康发展。

（李　芸）

【食品安全管理】夯实基层基础。在巩固原有的市、乡、村三级食品安全监管网络的同时，制定下发《浏阳市食品安全违法行为举报奖励办法》，在公共场所和媒体公布举报投诉电话，鼓励市民积极参与食品安全工作。市农业局建立“浏阳市农产品质量安全溯源信息网”和“浏阳市农产品质量安全追溯管理系统”。市教育局投入300多万元，全市中小学校、幼儿园均按要求统一配备学生餐具，配齐消毒保洁柜。打造“天马路美食休闲特色街和浏阳大道餐饮服务食品安全示范街”，通过树立餐饮食品安全示范街的典型，带动、促进全市食品安全整体水平的提高。强化市场监管。加强食品经营单位日常巡查。

出动执法人员6169人次，巡查食品经营户18657户次，下发责令整改通知书1407份。加强餐饮单位的规范管理。餐饮单位巡查到位率100%，信用档案建档率100%，对持证餐饮单位进行动态等级评定，查处无证餐饮单位328家，制定出台《浏阳市“门前灶”改造工作方案》，完成餐饮行业门前灶改造300余家。加强对食品生产企业巡查。对在巡查中存在食品安全违法行为的源茂调味食品厂、镇头镇明辉食品厂等16家食品生产企业法人代表进行约谈，通报企业质量状况，分析产品不合格原因，责令企业限期整改。同时认真抓好举报投诉的办理，组织相关部门联合处理，全年共办理投诉举报60起。开展专项整治。牵头组织食品安全监管职能部门继续实行“一月一行动”计划，共开展节假日期间、校园及校园周边、散装油和地沟油、肉类及制品、农村食品安全、桶装水、农村食品市场“四打击四规范”、学生托管机构等10余次专项整治，立案189件。如针对校园及周边食品安全在春、秋两季和暑假组织三次专项整治行动，共检查学校332所，学校周边餐饮单位259家，学校及周边食品经营户425户次，取缔、关停学校周边餐饮店8家，整改30家，下达责令整改通知书53份，有效地整治了食品安全违法行为，净化学校校园及周边食品消费环境。严查违法案件。先后牵头组织工商、质监、公安等单位，破获10起生产销售有毒有害豆芽案件，取缔2家制发毒豆芽生产作坊，查获“无根豆芽素”水剂161支、粉剂122包，有毒豆芽2000余公斤，刑拘及直诉共17人。同时，加大对城郊接合部食品生产加工小作坊的治理，取缔4家严重违规小作坊。加强检验检测。加大食品安全检测工作力度，共抽样23920批次，其中定性20655批次，合格率99.78%，定量3265批次，合格率97.67%，超额完成上级下达的目标任务。市畜牧局加大“瘦肉精”的监测力度，连续10年检测无阳性结果。加强食品安全评价性抽检，在长沙市食安办组织的对浏“两节”“集中食堂、生活饮用水”食品安全评价性抽检中浏阳样品合格率分别为100%、91.67%。推进基地建设。按照长沙市政府的安排部署，加大豆制品集中生产加工基地建设力度，多次召开部门联席会议研究豆制品集中生产加工基地建设工作，制定切合实际的实施方案，与加盛农业投资有限公司签订豆制品生产加工基地建设协议，对城区的豆制品生产加工经营户逐一进行走访检查，引导豆制品生产加工小作坊进入园区集中生产。

（李　芸）

【药品监管】 加大日常监管工作力度。将零售药店不凭处方销售处方药作为日常监管的重点，实行领导管线、科室包片、小组包乡、责任到人的网格化稽查工作机制，在人力、物力上向监管一线倾斜，确保执法人员有80%的时间在一线基层执法，检查涉药（械）企业1800余家次，确保日常监管覆盖面达100%。针对药店不凭处方销售处方药的行为，执法人员耐心向企业负责人讲解有关法律法规，责令其整改，在零售药店张贴“为了您的身体健康和生命安全，请凭医师处方购买和使用处方药”的温馨提示，对屡犯者，严格按照法律法规对其进行处罚，2014年共立案查处不凭处方销售处方药的案件170起，通过加强日常监管，全市零售药店凭处方销售处方药的意识得到较大的提高，不凭处方销售处方药的现象大为减少。同时，加强药品和医疗器械不良反应（事件）的监测，全年共上报药品不良反应843例，医疗器械不良事件305例，超额完成上级下达的目标任务。加大打假治劣工作力度。非药品冒充药品严重损害老百姓的切身利益，危及老百姓的身体健康和生命安全。该局把稽查重点放在非药品冒充药品的问题上，时刻绷紧打假治劣这根弦，建立举报制度，开设投诉热线，对以非药品冒充药品这一侵害老百姓利益的行为进行严厉查处，确保打假工作始终处于高压态势，全年共查处此类案件32起，有效杜绝了假劣药品流入市场。加大专项整治工作力度。从非正规渠道购进药品是假劣药品流入市场的主要途径，该局精心组织开展药品市场专项整治，加大对药店的检查力度和频次，对发现的线索，追根溯源，一查到底，2014年查处非正规渠道购进药品案件23起。针对市场上保健食品较混乱的现象，加大对保健食品市场的检查力度，查处36起不符合法定要求的保健食品案件。在医疗器械“五整治”专项行动中，加强对“角膜接触镜”“助听器”等验配类产品的检查，对5家存在问题的经营企业下达限期整改

8月5日，市人民政府副市长邓雪琴带队，市政府办、食药监局（食安办）、卫生局、住建局等单位参与，对水岸山城三期建筑工地食堂、蓝思科技食堂的食品安全管理工作进行现场督查　（资料来源：市食药监局网站）

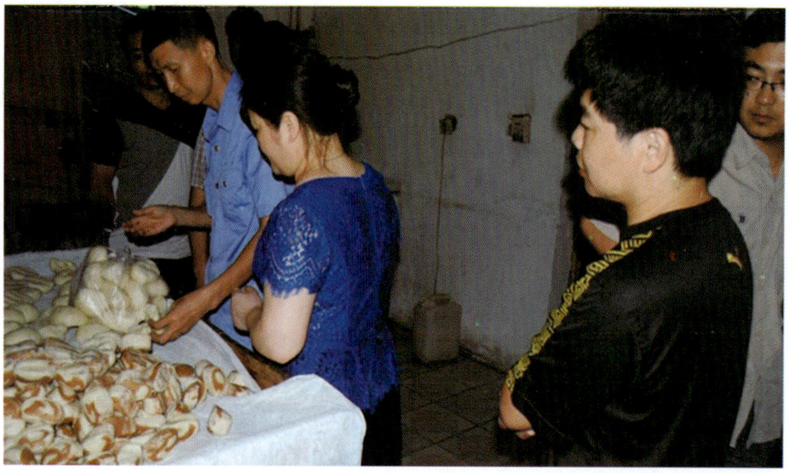

6月25—26日，浏阳市食安办牵头组织市工商局、质监局、公安局、城管局和淮川街道、关口街道、集里街道、荷花街道等单位对城区食品生产加工小作坊进行了联合整治。在这次整治行动中，共检查食品生产加工小作坊21家，下达责令整改通知书17份，取缔4家严重违规小作坊，并对2家发现有违禁添加剂的小作坊产品进行抽检

（资料来源：市食药监局网站）

通知。在药品使用单位专项检查中，对全市1126家医疗机构药品使用情况进行检查摸底。同时，加强对市场上中药材、中药饮片、终止妊娠药品、特殊药品、违法药品广告的整治，通过专项整治，浏阳市场从非正规渠道购进药品、假冒保健食品以及虚假广告的较之以前明显减少，药品市场秩序得到有效净化。（李 芸）

【宣传培训】 在《浏阳日报》的"关注食品药品安全，构筑健康浏阳"专栏刊登食品药品安全科普知识14期；在局网站及时公开工作动态、食品药品安全专项整治、典型案例等各类动态信息，每月定期公布食品安全检验检测"红黑榜"；借助浏阳新闻网、每家每户论坛和浏阳发布微信平台向网民公开稽查打假信息和食品药品安全科普知识；通过建立的3个管理相对人工作QQ群，在线宣传食品药品相关法律法规和科普知识。邀请社会各界人士共同参与药品、医疗器械、保健食品"我执法，你参与"活动，监督执法过程，营造公众参与、全民监督的良好氛围；开展食品药品安全知识"四进"活动；编印通俗易懂、图文并茂的《食品药品安全知识宣传手册》2万本，发放至全市各乡镇（街道）、村（社区）、学校；与道卡斯自行车俱乐部联合开展骑行宣传食品药品安全知识活动，将食品药品安全宣传资料发放到骑行沿途的群众手中；派出宣传车在各乡镇巡回宣传食品药品安全知识，提高老百姓的辨假知识和自我保护意识。分区组织乡镇食品安全监管人员、食品从业人员、药品从业人员参加培训，向从业人员讲解有关法律法规、专业知识，使从业人员的质量意识和依法管理水平得到提高。特别是针对老年人对保健食品的热衷与对保健食品知识了解不相匹配的现状，制作专题课件在全市老协会长会议上进行宣讲。（李 芸）

【服务经济】 加强GSP认证指导。由于新版GSP的实施，对药店在人员资质、软硬件方面的要求更高，该局组织开办了2期GSP业务培训，向企业讲解认证标准，建立信息交流服务平台，加强与企业交流，及时将政策法规等信息发送给企业，派出工作人员深入到企业，现场指导企业，使企业在认证中的薄弱环节得到了巩固加强，为企业通过GSP认证创造良好的条件，全年共认证企业50家。促进药品零售连锁化经营。药品零售连锁企业相对于以往的传统销售方式，其管理水平、药品质量较好，价格方面也使老百姓得到实惠。在巩固原有的老百姓、益丰、养天和等连锁企业基础上，引进了楚济堂、楚仁堂、德邦3家连锁企业进入浏阳药品市场，同时，鼓励本地的单体药店加盟连锁，积极为企业牵线搭桥，促成17家单体药店加盟连锁，既为企业谋求持续发展的空间，又提高全市药品企业的整体水平。努力服务医药经济发展。在换证工作中，对企业执业药师储量不够、营业面积不足等问题，向省、市局反映，邀请省、市局领导到浏、浏阳考察，提出切实可行的换证工作方案、意见，争取到上级在换证工作中给予政策支持，为企业解决了换证中的难题。同时，按要求将药品经营许可证的办证审查和GSP认证的审查合二为一，将办事时限从120个工作日压缩到40个工作日，缩减办事流程，提高工作效率。（李 芸）

工商行政管理

浏阳市工商行政管理局

党组书记、局长

雷满飞（2014.08免）

何建平（2014.08任）

党组副书记、副局长　王足明

党组成员、副局长

郭启安　武耀华　喻斌辉

党组成员、纪检组长　陈湘涛

【概况】 浏阳市工商行政管理局主要负责全市市场主体的准入和监管、市场经济秩序的整顿和规范、保护消费者合法权益、服务地方经济发展等工作。依据上述职能职责市工商局内设18个职能科室，下设16个工商所、1个分局（工业园分局），2014年全局共有在职干部职工214人。

（朱宏伟）

【商标品牌服务】 商标品牌战略取得突破性发展。建立重点企业联系制度；全面强化商标知识宣传，编印宣传手册4000余本，开展集中培训、开辟媒体专栏，有效提升全社会商标品牌意识。全市新增中国驰名商标1件、省著名商标47件，是全省一次性获评省著名商标最多的县市；新增注册商标1158件，有效商标拥有量继续保持全省县市第一，商标监管工作获市人大专项

评议满意单位。（朱宏伟）

【企业登记与融资工作】充分利用企业登记、巡查监管、实地走访等有利时机宣传相关政策，提高企业对股权出质、动产抵押、商标专用权质押的认知度和参与热情，力促银企对接，共为企业办理动产抵押61件、股权出质登记72件，融资12.5亿元。（朱宏伟）

【市场主体综合监管】回访新设商事主体9852户，网上回访10074户，电子地理标注10836户，录入监管信息11676条；依托商事服务登记管理平台，完善部门间的工作衔接，持续深化“清无”工作，查处无照经营案件91起，向有关部门抄送无证经营户1087户次；信用监管体系初步形成，核准通过年报900户，累计公开市场主体违法信息398条。（朱宏伟）

【监管执法工作】扎实抓好食品安全监管，抽检各类食品195批次，开展食品快速检测3175批次，查处食品经营违法案件121起；深入开展红盾护农行动，查处各类农资案件15起，查扣不合格化肥21吨；加大知识产权保护力度，查处商标侵权和假冒伪劣商品案件128起；全力加强广告市场监管，对新闻媒介广告实施全程动态监测，查处违法广告案件27起；有效提升合同监管工作效能，规范合同格式条款21条，查处合同违法案件30起；创新网络交易监管方法，录入网络经济户口6800余户，为149家企业办理电子链接标识，查处网络市场违法案件14起；重拳打击传销违法犯罪活动，共取缔传销窝点82个，驱散遣送涉传人员234人，解救受困群众3人，深入开展“无传销乡镇、社区”创建活动，实现了全市基本无传销的目标。市场监管机制取得创新。逐步完善政企协作打假机制，联合16家企业开展打假行动，帮助5家花炮企业跨省维权；逐渐形成部门协作执法的长效机制，通过联合检查、案件移送、信息抄送等手段，强化监管合力，其中联合花炮、质监等部门开展花炮原材料市场专项整治2次，抽检各类商品58批次，查获案件28起，案值300多万元。（朱宏伟）

【消费者权益保护】新设立11处在线调解点和1处重点交易场所监控点，新建维权服务站31个，扩大消费维权网络的辐射范围；在全市各广场电子显示屏每日滚动播出12315宣传片，组织开展消费宣传、消费体验等多种活动，提高12315品牌认知度，全年受理消费咨询、申诉、举报共计2588件，同比增长82.4%。消费维权水平进一步提高。认真落实商品质量检测，抽检装饰装修材料、服装、黄金珠宝等各类商品98批次；全面提升消费维权服务，结合消费热点发布消费警示16篇，受理投诉728件、举报151件，有效申诉处结率达95%，为消费者挽回经济损失198万元。社会管理工作进一步创新。积极参与社会管理综合治理，配合有关部门开展安全生产、环境保护等专项工作；狠抓农贸市场管理，实行局所联动、干部驻场工作机制，促进农贸市场管理规范化，为浏阳创建文明城市、卫生城市发挥了积极作用。（朱宏伟）

1月16日，召开全市商事登记制度改革工作联席会（资料来源：市工商局）

【商事登记制度改革】浏阳市于2014年1月1日起全面实施商事登记制度改革。在改革过程中，市工商局充分发挥牵头单位作用，起草《浏阳市商事登记制度改革实施方案》，并报请市政府以浏政函〔2014〕31号文件下发，方案中明确了注册资本认缴登记、商事主体年报备案等8个改革事项。同时，建立改革工作联席会议制度，明确44家单位、部门为成员单位，构建由工商部门牵头，各成员单位共同参与的分工协作机制。改革实施以来，商事主体进入市场的门槛进一步放宽、公司注册资本最低限额、首期出资比例等一系列限制性规定被取消；手续进一步简化，市工商局将235项前置审批条件缩减至20项，减少规范性登记材料37个、文书23个，最大限度地压缩办理时限，使企业申领营业执照时间缩短至3个工作日。2014年，改革降门槛、添活力、促发展、释红利的作用得到充分体现，得到了市委、市政府和政协主要领导的充分肯定。（朱宏伟）

【跨省商标打假与维权】7月2日，浏阳市工商局接湖南明义烟花集团有限公司投诉举报，反映海南省万宁市有不法经营者销售假冒其厂名、厂址及注册商标“云竹”牌烟花，情节恶劣，且经多次打击查处，但又死灰复燃，已严重影响其在海南市场的销售和声誉。接举报后，浏阳市工商局高度重视，市局党组书记、局长雷满飞当即与浏阳市花炮行业秩序监管办、市花炮局协商，决定派出联合打假奔赴海南跨省维权。当日下午，由工商、公安、质检、花炮局等9人组成的联合打假组飞赴万宁市，通过协调磋商，得到当地政府与相关部门的大力配合，共同开展联合执法行动，一举捣毁一个假冒“云竹”牌商标和非法生产烟花窝点。当场查获假冒“云竹”牌烟花货值近50万元，商标标识、包装1万多套，引线、火药等花炮原材料2卡车，抓获当事人钟某及非法生产人员10余人。此案引起湖南、海南两地执法部门的高度重视，万宁市政府于7月3日召开公安局、安监局、乡镇街道及安委会成员单位会议，对负有责任的非法生产窝点所在地派出所所长予以免职处分，对乡镇负责人通报批评。此案已成为海南省打击非法生产和商标侵权第一案，该案的成功告破，极大地维护浏阳花炮企业的合法权益，保护商标专用权，也为浏阳工商跨省打假、商标维权提供了一个成功的案例。（朱宏伟）

商品检验检疫

湖南出入境检验检疫局浏阳办事处

主　任、书　记　谭爱喜
副主任、纪检监察员　钟建军
副　主　任　张　毅
办公室主任　邓年祥
检验监管科科长　谭小华
检验监管科副科长　黄　健
综合业务科副科长
肖静怡（女　2014.11月免）

【概况】 湖南出入境检验检疫局浏阳办事处是国家质量监督检验检疫总局批准，直属湖南出入境检验检疫局的正处级办事机构。负责浏阳辖区出口烟花爆竹检验及监装、出口包装性能鉴定及使用鉴定、出口打火机检验、进口机动车登检及原产地证书签发等工作。局内设办公室，综合业务科，检验监管科三个科室，在编人员10名，聘用人员19名，2014年湖南出入境检验检疫局浏阳办事处积极开展“质量月”“普法”“3•15”“打假”等活动，提升辖区质量意识，树立质量观念，深入推进法治质检建设，开展依法行政示范单位创建活动，获批全国质检系统首批依法行政示范单位。（邓年祥）

【业务统计数据】 2014年，浏阳办事处受理出境货物报检28540批，受理出境包装报检28823批，同比分别增长2.6%、3.7%；检验出口烟花爆竹15719批，1411.8万箱，货值45230.4万美元，同比分别增长9.0%、5.7%和13.6%；其中检出不合格烟花爆竹212批，17.6万箱；出境核查货证12183批，1835.0万箱，金额58911.4万美元；完成危包性能检验12522批，2206万件；完成危包使用鉴定16272批1419.9万件，其中23批28272件不合格；完成进口机动车登检377批次；检验出口打火机151批，17.0万件，货值1136.0万美元，同比分别增长-4.4%、5.8%、12.4%。全年签发换证凭单、通关单、不合格通知单、危包使用鉴定结果单和危包性能单等单证54135份；签发原产地证1631份，签证金额8691万美元。为企业减免各项检验检疫费用400.2万元。（邓年祥）

【加强诚信管理】 将日常检验中发现的企业失信行为及时录入诚信管理系统，并且将诚信扣分作为分类管理、示范区示范企业等工作的重要依据。本年度内采集诚信信息记录企业138家，采集率达51.3%；发布《关于对浏阳市汇源出口花炮厂严重失信行为处理的公告》《关于对浏河出口烟花制造有限公司严重失信行为处理的公告》《关于对浏阳市荣琳花炮制造有限公司严重失信行为处理的公告》。在行业内通报企业失信行为，起到很好的警示作用。通过加强诚信管理，进一步提升辖区企业的诚信意识，为检验监管模式改革提供数据支撑，努力打造辖区企业诚信经营氛围。（邓年祥）

【浏阳烟花爆竹及其包装生产企业全面实施分类管理】 制定《湖南出入境检验检疫局浏阳办事处分类管理工作规范》，明确分类管理企业的准入资质、检验监管要求、退出机制、现场查验抽批率等，结合风险分析、企业的质量管理体系运行情况及诚信状况，对烟花爆竹及其包装生产企业全面实施分类管理。2014年，出口烟花爆竹生产企业共有二类企业42家，三类企业198家；危包生产企业共有二类企业8家（包括1家打火机生产企业），三类企业18家。辖区出口烟花生产企业及危包生产企业100%获得了ISO9000质量管理体系认证证书。通过综合运用风险分析、诚信管理、质量分析的结果，结合电子监管系统，对分类企业动态调整监管抽批送检检验监管模式，进一步提高检验效率，加快通关速度。（邓年祥）

【浏阳出口烟花质量安全示范区通过省级验收】 浏阳办事处推动地方政府将示范区的建设纳入重点项目，组建示范区组织机构，完善示范区制度建设，建立示范区质量安全信息服务平台和公共检测服务平台，在培育区内企业自主品牌、引导区内企业积极应对国外技术性贸易措施、促进烟花爆竹产业多元化发展和优化升级等方面取得明显成效，出口烟花爆竹保持稳中有升的良好态势。示范区通过省级验收后，将努力建成国家级质量安全示范区。（邓年祥）

【产品质量分析工作】 贯彻落实质量分析工作管理规定，开展质量统计与分析工作。浏阳办事处负责全国出口烟花爆竹质量分析报告的汇总工作，并且按季度向质检总局提交《湖南浏阳烟花爆竹专项统计分析报告》，按月向湖南省局上报《浏阳办事处出境危险化学品及其包装检验监管情况统计表》，向浏阳市政府提交《浏阳出口烟花爆竹质量分析报告》《浏阳出口危险品包装质量分析报告》。通过质量统计与分析工作，掌握辖区进出口产品的质量变化趋势，推动检验监管模式的探索创新。定期向地方政府报送出口产品质量状况，为政府决策提供有效依据。（邓年祥）

【企业监管工作】 加强日常监管，2014年，共开展日常监管212次，其中开出不符合项94项，连续2次向市政府通报出口烟花爆竹生产企业超级别生产情况，建议安监部

颐和隆工厂车间现场指导检验　　（资料来源：湖南出入境检验检疫局浏阳办事处）

门进行全面的风险排查。日常监管发现部分企业质量体系运行不畅，源头保障体系失效，集中体现在成品仓库无标识卡、成品检验记录不全、不合格品记录不全、合格供方资料不全等问题，办事处对企业存在的问题进行一对一指导，督促企业按时进行整改，依据日常监管的结论，对4家二类企业动态调整其检验监管模式。通过日常监管及整改工作，有效地提高企业的质量管理水平。严格规范年审，对辖区内的231家出口烟花爆竹登记企业、16家出口危险品包装生产企业、1家出口打火机生产企业实施年审。针对重点企业、重点问题进行专项督察，指导企业完成整改，有效地提升企业质量体系的运行效率。年审工作结束后，及时向市政府通报《浏阳辖区出口烟花生产企业年度年审情况》。加强烟火药物安全性监控工作，2014年，浏阳办事处继续加强对出口烟花爆竹烟火药剂药物安全性监控监管力度，保证出口烟花爆竹产品质量安全。全年共对235家出口企业进行药量、禁限药物检测824份，药物安全性检测405份，共检出26家出口企业中的27份样品存在有禁限用药物或药量超标现象。　（邓年祥）

【国外技术性贸易应对工作】 2014年，欧盟RAPEX-CHINA通报涉及浏阳办事处监管企业有6例，针对欧盟通报中的燃放效果和产品结构问题，浏阳办事处密切关注国外技术性贸易措施并加以研究，及时向企业通报信息；加大宣传力度，促使出口烟花爆竹生产企业、经营公司高度重视，指导企业有效应对、采取针对措施，提高产品质量的稳定性，严格履行合同相关要求；强化日常监管，加强引导企业完善质量管理体系，提高自检自控和质量追溯能力保证出口烟花爆竹产品质量安全。　（邓年祥）

【基础工作】 2014年受理各类登记、备案申请251份，原产地企业年审58家，完成原产地退证查询6份；组织浏阳辖区报检员考试，共有35人通过。2014年共申领空白单证58400份，CIQ标签56箱，CIQ卡扣49箱，按要求将单证申领单进行存档，同时建立相应电子档案，并及时CIQ系统中进行入库、领用等操作，保证空白单证和卡扣、标签的可追溯性。以出口工业品企业备案登记表为具体格式，规范并完善了辖区234家生产型企业和118家经营型企业的企业档案；完成过期检务档案清理销毁工作，专人全程监督，通过粉碎打浆的方式，销毁各类过期档案77792份。　（邓年祥）

农 业

农 村 工 作

浏阳市委农村工作部
(市政府农村工作办公室)

部　长（主　任）　唐小红
副部长（副主任）　罗家兴
廖上鉴　罗　旭（兼）
熊　伟　赵永红（兼）

【概况】 2014年，浏阳市委农村工作部有在职干部职工22人，内设综合科、政工人事科、信息调研科、基层党风廉政建设科4个职能科室，管理市人民政府农科教办公室、市人民政府扶贫工作办公室、市农村经营管理办公室。全市完成农业总产值129.8亿元，同比增长5.5%，实现农民人均可支配收入23180元，增长10.2%。（钟　弦）

【城乡一体化和新农村建设】 推进永安、大瑶、镇头、沿溪、大围山镇5个城乡一体化示范镇建设，安排项目174个，完成投入86.68亿元。推进美丽乡村建设，梅田湖村全年实现投入2461万元，打造松山、杉山2个示范屋场，完成5.5千米梅田大道油沙化改造、27千米三纵五横村次干道硬化，完成道路两旁绿化及主干道路亮化。40个新农村示范村全年投入3.6亿元，新修村级公路122.5千米，硬化98.7千米，修缮水渠889.2千米。（钟　弦）

【农业现代化建设】 2014年，铺排现代农业产业项目26个，完成投入10.56亿元。参加2014年长沙市城乡融合发展和现代农业发展重大招商活动，现场签约项目7个，投资总额53亿元。引进农业项目48个，到位资金28亿元。争融资到位资金1795.5万元。（钟　弦）

【农村土地承包管理工作】 全市土地流转面积12.16万公顷，完成大围山长鳌江村和上坪村2个村的土地确权登记工作。规范发展农民合作社，全市农民合作社达3429家，新增710家。家旺养殖、民胜蔬菜等2家合作社获准列为省委、省政府为民办实事农民合作社省级示范社。实施农民合作社分类管理指导，评定市本级一类合作社232家，申报长沙市A、AA、AAA三类合作社151家。开展合作社账务代管，500家农民合作社由账务代管中心代管账务。实施197个村级一事一议财政奖补项目，验收拨付资金2232.8万元。开展“坚决纠正损害涉农利益行为”专项行动，全年没有发生加重农民负担的事例。（钟　弦）

【科教兴农】 全年举办农业实用技术培训632期，培训农民4.35万人次。举办农村实用人才培训36期，培训农村实用人才2100人。启动省新型职业农民培训工程，完成新型职业农民培训500人。组织5批97人（次）现代农业领军人才学员到中国农业大学参加专题培训和综合培训。开展农业科技下乡和科普集市活动9期，现场向农民发放农业科技资料1.56万份。（钟　弦）

【扶贫工作】 实施村级道路、产业建设、环境整治等扶贫项目104个，投入省级财政扶贫资金678万元。识别新一轮省级贫困村33个，贫困户24395户50712人。接受国务院扶贫办和省委、省政府督查组的专项督查，被认为是全省脱贫致富的唯一典型。（钟　弦）

【农村基层党风廉政建设】 加强浏阳市阳光三农网建设，推进党务、政务、村务、事务“四公开”。全年市级网站公开涉农项目35类，涉及资金31.8亿元，乡、村两级网站公开惠农补贴项目40类，涉及资金62.7亿元，公开农村集体“三资”交易160笔，涉及资金8000多万元。创建农民来信服务平台，收集群众建议意见。组织开展村集体“三资”清查工作，建立健全工作台账。指导建立以乡镇分管领导牵头、村务监督委员会参加、乡镇会计核算中心具体管理的乡镇集体资产资源交易服务站，负责指导和监督村级集体投资项目和资产、资源处置的公开竞价、招标活动。（钟　弦）

【农村改革工作】 牵头开展全市5项农村改革工作：着力构建以工促农、以城带乡、工农互惠、产业共融、城乡一体化的现代农业新区和经营创新平台，加快推进浏阳现代农业综合配套改革试验区建设。启动浏阳现代农业综合配套改革试验区建设规划设计，实施“3510”工程，即建设现代农业科技园、中国·浏阳沿溪沙龙蔬菜主题公园、围山水果精品园3个园区，打造5个星级现代休闲农庄，建设10个美丽乡村示范点；选择部分乡镇开展试点，推进农民住房财产权抵押、担保、转让，拓宽农民财产性收入渠道。共采集农户信息29.13万户，评级授信23.91万户，累计发放贷款证21.05万本，凭证贷款53612户，金额39.64亿元；在有条件的地方开展按实际粮食播种面积或产量对生产者补贴试点，提高补贴精准性、指向性；全面放开中心镇、小城市落户限制，有序放开中心城区落户限制，实行以具有稳定就业或生活来源、固定住所和居住期限为基本条件的户口迁移准入制度。稳步推进城镇基本公共服务常住人口全覆盖；开展城乡一体化投融资改革试点，鼓励金融行业及社会资金投入城乡一体化建设。开展新一轮农户评级授信活动，依托小额农贷评级授信机制，进一步完善信贷档案，推进“农户信用库”建设。推广三大“拳头产品”，即农户小额信用贷款、农屋抵押贷款和商、住房抵押贷款，扩大抵押担保范围。支持发展100家家庭农场、100家农民专业合作社、1000家专业种养大户、10家村级集体经济，重点扶持100家花炮企业、100个花木基地、1000户生猪养殖户、100家农产品加工企业。

（钟　弦）

【国务院参事室调研浏阳农村工作】 11月30日，国务院参事室副主任王为民一行到浏阳调研释放农村内需潜力等工作，视察柏加镇花木种植、大瑶镇城乡一体化建设和古港镇梅田湖美丽乡村建设等，对浏阳城乡一体化和新农村建设的成效表示充分肯定。（钟　弦）

【省纪委检查浏阳预防腐败体系建设工作】 12月16日，省纪委副书记李政科率省第一检查考核组成员到浏阳，对浏阳市2014年落实党风廉政建设责任制推进惩治和预防腐败体系建设考核工作进行检查。检查组观看浏阳市阳光三农网的演示，了解到通过阳光三农网畅通农民诉求渠道，推进农村集体“三资”公开，堵住“三资”管理漏洞，晒出一本阳光村账。

（钟　弦）

农科教工作

浏阳市人民政府农科教办公室

主　任　赵永红

【概况】 浏阳市人民政府农科教办公室为归口市委农村工作部管理的副科级全额拨款事业单位，2014年，有在编干部6人，内设综合科和培训科两个科室。主要职责：贯彻宣传国家科教兴农和农科教工作的方针、政策和法律法规；制订全市科教兴农工作、农科教结合工作和农民教育培训工作发展规划，协调农业、科技、教育等部门农科教结合工作，指导乡镇农科教中心工作；负责农科教结合项目的申报与管理以及科教兴农计划的配套实施；负责农民职业技术教育、农业广播电视教育、农村实用人才培养、农业科技成果的示范推广；承办上级交办的其他工作。2014年，浏阳市人民政府农科教办公室工作坚持以“确保粮食生产、培育壮大新型农业经营主体，推进现代农业发展”为目标，以新型职业农民培养为重点，着力于“建基地、抓培训、搞服务”，工作成效明显。农科教和农民教育培训工作获长沙市先进。（周宏伟）

【农民培训】 全年完成冬春农业科技培训和农业实用技术培训632期，培训农民4.35万人次。完成长沙市和浏阳市新型职业农民培训500人，完成5期省新型职业农民培训，350名家庭农场主、养蜂大户、养猪大户、水果种植大户和农民专业合作社主要成员参加培训。新增长沙市领军人才培养对象24名，培养浏阳市级现代农业领军人才201人。组织浏阳市现代农业领军人才学员到中国农业大学参加3期专题培训和2期综合培训，5批次共97人（次）参加培训。举办农村实用人才培训36期，培训农村实用人才2100人。（周宏伟）

【体系建设】 2014年，市农科教中心（农广校）成功创建湖南省新型职业农民培育示范学校，成为全省首批十所示范校之一，赵永红被湖南省农民教育培训工作领导小组办公室评为全省优秀校长。湘天科技种植专业合作社、海昌生态农业科技开发有限公司、大围山水果合作社联社、邹家湾种植专业合作社、朝阳养殖专业合作社5个基地成为市农科教农民培训校外实习实训基地。2014年，依托长沙市农科教结合项目实施，建成洞阳镇和镇头镇2个长沙市示范乡镇农科教中心，新建七宝山乡中药材种植、荷花街道无公害蔬菜种植和蕉溪乡小水果种植3个农科教结合示范基地。在农民教育培训体系建设方面，新建大围山蜂业专业合作社养蜂技术培训基地和淳口镇鸭头村农民教育培训示范村。（周宏伟）

【农业科技推广和服务】 主动为乡镇培训安排师资和争取培训资金，全年安排教师支持乡镇培训257人次。抽调1名干部到中和镇中和村驻点扶贫，3名群工队员进驻古港镇古城社区开展群众工作。全年组织农科教专家服务团开展农业科技下乡和科普集市活动9期，现场向农民发放农业科技资料1.56万份，为3400多名农民提供科技咨询服务，通过专家将科技知识送到乡镇村组和田间地头，为农村科普工作做出突出贡献，农科教办公室被评为全市科普工作先进单位。在农业技术推广方面，依托省、长沙市和浏阳市新建的11个农科教结合示范基地推广农业新技术、新品种29项（个）。（周宏伟）

种　植　业

浏阳市农业局

党委书记、局长　欧阳武
副书记、副局长　王　建
副局长　李应忠　肖荷沼

汤水成　邵　桉　廖义和
纪委书记、工会联合会主席
许寒恩
党委委员、总农艺师
何正义（聘）

【概况】 2014年，农业局系统有干部职工555人，其中在编289人，离退休266人。局内设办公室、政工人事科、计财审计科（加挂农业项目办）、生产科教科、政策法规科、农产品质量安全监管科（加挂市场信息科）、乡镇企业科7个科室。下设农业技术推广中心、现代农机技术推广服务中心、农机安全监理站、农产品质量监测中心、蔬菜管理和技术推广中心、农业执法大队、农业环境保护站、农业科学研究所、农机学校、农业机械科学研究所、果药花茶开发中心、原种场、蚕种场、园艺示范场14个二级机构。主要职责是贯彻上级农业政策法规、拟定全市农业发展计划并组织实施、组织指导农业农机技术推广与服务、农产品质量安全监督管理、农业职业技能培训与开发、乡镇企业管理、农业机械使用管理与示范推广、农机安全监管、农业农机行政执法、农业环境保护等职能。（黄　情）

【农业生产】 2014年，继续加大《浏阳市防止耕地抛荒暂行办法》执行力度，围绕粮油稳面增产主线，抓工作落实，成立4个督查组，深入乡镇村组、田间丘块开展遏制耕地抛荒专项督查。全年完成粮食播种面积8.42万公顷，总产56.19万吨。完成46万亩冬种油菜任务。全市蔬菜种植面积达3.04万公顷（复种面积），总产95万吨，产值约11.8亿元，果树种植面积达到11333.33公顷，比上年增加400公顷；茶园面积2666.67公顷，比上年增加66.67公顷，经济效益创历年新高。（黄　情）

【两园建设】 2014年，浏阳沿溪现代农业示范园和大围山万亩精品水果示范园建设已初具规模。沿溪万亩蔬菜示范园新引进龙博、长丰等8家合作社，截至2014年12月30日，共有18家企业进驻蔬菜示范园。新增标准化专业蔬菜基地面积265.07公顷，新增普通钢架大棚1800个，双层钢架大棚20个，联栋大棚1.5万平方米。大围山精品水果园新增精品时鲜瓜果基地63.33公顷，完成水果品种改造40公顷，引进秋红桃、东魁杨梅、蓝莓等高端水果新品种10余个，实施梨树网架式栽培技术试验1.33公顷，推广绿色防控新技术600余公顷。（黄　情）

【农业科技服务】 农技推广：重点推广早稻集中育秧、测土配方施肥、农作物病虫害绿色防控、粮食丰产工程等新技术，双季稻全程机械化增产模式“四双”超高产攻关早晚稻平均亩产1087.6公斤，位列全省10个县第3名，“种三产四”早、晚稻平均亩产达1113.7公斤。组织落实早稻集中育秧点590个，秧田面积219.58公顷，完成大田集中育秧面积6024公顷；油菜高产创建示范片平均亩产突破160.4公斤，比2013年平均亩增产36.9公斤；组织52个水稻品种继续在张坊、沙市开展中晚稻生态适应性鉴定，9月15日至18日，第十二届全国种子“双交会”在淳口镇黄荆坪村设立户外展区，展示水稻、玉米、西瓜、蔬菜等品种717个；推广高效低毒新农药12.6吨，新农药推广面积达300多万亩次，推广背负式机动喷雾器943台、担架式机动喷雾器366台。农业宣传：推广病虫害绿色防控等实用技术30余项，开展新品种筛选、农药药效、肥料等试验65个，展示推广水稻、油菜等粮油高产优质新品种816个，组织推广桃、梨、葡萄、茶叶等果茶优良新品种26个；组织编印《浏阳市耕地修复与土壤酸化改良技术指导手册》，及时发布农事指导，编印《病虫情报》14期和《农业信息简报》13期，免费发送病虫防控短信1.2万条次，接听市民来电300多个，利用手机短信平台发送技术短信2万多条次。浏阳农业信息网访问量达8万余次，发布新闻867条，5月份开通微信平台，推送图片新闻资讯158条。农技培训：开展农村劳动力阳光工程培训及各类业务培训近27800人，开展育秧过程、栽种季节、新机具操作技术要领等培训应用技术人员650余人，发放技术资料64万份。（黄　情）

【项目争资】 项目申报：全年组织项目申报7批次，申报项目90个，开展新增产能规划田间工程、生猪清洁养殖示范、基层农技推广体系建设项目、巩固退耕还林成果保护基本口粮田建设项目、优质稻产业开发项目5大项目，完成投资2000余万元。建设灌、排水渠41053.2米，机耕道8992米，山塘2口，新建机耕桥13座、闸门27处、涵洞832.5米、人行桥板124处。争资融资：全年招商引资任务为6810万元，实际完成8000万元，超额完成任务。（黄　情）

【农业执法】 加强管理：出台《浏阳市农业行政处罚自由裁量权适用暂行规定》，开发农资监管电子执法系统，实现远程审核，开展农资监管和可溯源管理及网上交易信息化平台建设；从全市村支部书记、农资批发商、政协委员等群体中聘请30人担任农业综合执法行风监督员，监督农业执法依法行政，并及时反馈农资市场信息；与工商、质监等部门联合执法，破解农资市场和农产品市场上的突出法律空白或力度不足的问题；开展“放心农资示范店”创建活动，2014年全市有22家放心农资示范店被授牌，并将放心农资示范店名单在浏阳电视台、《浏阳日报》公布；进一步规范高毒农药定点经营和实名制购买；查处案件：通过严格执法，有效打击制假售假坑农害农现象，维护农民权益。全年出动农业执法人员412人次，检查各类生产、经营单位642家，查处各类违法案件65起，进入一般程序案件21起，查获假劣肥料4500公斤，假劣农药4232.5公斤，查获未经审定杂交水稻种子225公斤，罚款13.5万元，为农民挽回经济损失582.3万元，送交省农业厅集中

销毁的假劣农药1.8吨，调解各类农资纠纷12起。（黄 情）

【农产品质量安全监管】 基层监管：全面督促落实基层监管工作，在37个乡镇（街道）建立农产品质量安全监管站，在29家基地、城区部分超市建立农残监测点，各检测室达到“四有”（有站房、有设备、有人员、有经费）标准，所有数据都与农产品质量安全监管网联网，实行实时上传，实现农残监测自动化管理；明确乡镇年检测任务，将检测任务分解到月，并将检测任务与乡镇年度目标考核和项目资金拨付挂钩。标准化生产：强化示范引领，着力推进标准化建设，以沿溪万亩蔬菜示范片、大围山万亩生态精品水果示范区为建设重点，全市有28家基地被长沙市定为创建农产品质量安全生产标准化基地；开展“三品一标”认证工作，2014年完成6家企业无公害证书复查换证，3家企业绿色食品续展，新增1家绿色食品企业，17家企业通过无公害产地认定，新增无公害产地认定面积391.81公顷，全市共有24家基地、108个产品通过无公害农产品认证，其中“大围山梨”获得农业部农产品地理标志登记。溯源监管：与上海复讯农业科技有限公司合作开发浏阳市农产品质量安全监测与溯源管理信息系统，33家企业完成二维码溯源工作。实时监测：对农产品流通量较大的生鲜超市、农贸市场等进行随机抽样检测，全年共抽取样品8606批次，合格样品8567批次，不合格样品39批次，合格率为99.55%，通过部、省、市的例行检测。

（黄 情）

【农机管理】 农机推广：全年争取中央农机购置补贴资金2775万元，补贴机具10287台（套），全市农机总动力达到148.67万千瓦，农机总量达到13.7万台（套）。重点推广插秧机和油菜机械，全年推广25厘米行距8行高速插秧机21台，居全省首位，推广25厘米行距4行手扶插秧机36台。实现全年机插面积13800公顷，全市水稻生产机插率达到18.82%，油菜生产机械化收割水平达到80%，机械耕播水平接近50%；新增加油菜收获机49台，油菜浅耕播种覆土联合机8台，开沟覆土机36台。加强农机技术培训，举办各类培训5期，培训人员达650人，积极推进机农合一，引导和鼓励农机合作社、农机作业大户向农机作业与种粮并重发展，全年发展农机兼种粮合作社20家，收到良好的经济效益和社会效益。10月，永安镇举行稻草剪切还田现场演示会，湖南新闻联播等多家媒体进行集中报道，得到省农委主任刘宗林的充分肯定。安全监管：严抓农机年审年检，全年检验运输型拖拉机1982台，纯农田作业拖拉机604台，联合收割机275台；开展农机安全生产大检查和安全隐患排查治理，全年开展农机安全检查117次，出动农机监理人员520人次。联合其他部门开展检查5次，出动执法车125台次，查处违章206起，查处违法改装改制拖拉机7台，查处非法驾驶（操作）人员29人，整改安全隐患32处；查处醉驾行为1起。开展“平安农机”创建活动，通过部、省、市各级验收，落实农机安全生产责任制，完善农机安全监管网络，强化农机安全生产措施，夯实农机安全生产基础。（黄 情）

【农产品加工】 全市农产品加工企业发展到1860家，其中省级龙头企业14家，2000万元规模以上的企业658家，全年完成农产品加工总产值226亿元，增长23%，规模以上农产品加工企业总产值182亿元，增长25%，完成龙头企业销售收入47.4亿元，增长15.2%；新增省级龙头企业3家，长沙市级龙头企业10家，获中国驰名商标1件；纳入省“百千万”工程企业2家，获得中国驰名商标1件。获中国地理标志1个、绿色产品认证企业1家（美津园）、无公害产地认定17家，新增无公害产地认定面积391.81公顷，全市有24家企业108个产品通过无公害产品认证。紧扣休闲农业发展规划，主攻产业农庄建设，启动“全国休闲农业与乡村旅游示范县”创建工作，全市休闲农业企业发展到244家，农家乐、家庭农场391家，资产总额4.91亿元；新增省五星级农庄1家、四星级农庄5家、标准农庄3家。惠丰农业公司、六福养殖专业合作社分别被全国绿色产业促进会授予“全国绿色产业示范基地”“全国循环农业示范基地”。积极争取和落实项目申报，全年落实省级项目17个，长沙市级项目单位34个，争取资金620万元。鼓励企业与科研单位、大专院校合作，盐津铺子等4家企业分别与湖南农大等4家科研单位建立合作关系。组织编辑农产品加工企业基本信息录，做好“一村一品”申报工作。

（黄 情）

【被评为“2014年度全省农业政府网站工作先进单位”】 2014年，浏阳市农业技术推广中心信息站利用农业信息服务平台，及时将农业信息传播到千家万户，全年接听市民来电300多个，手机短信平台发送技术短信2万多条次。《浏阳农业信息网》访问量达8万余次，发布新闻867条，公文150条，农事指导120条，5月份开通“浏阳农业12316”微信平台，推送图片新闻资讯158条。12月，浏阳市农业技术推广中心信息站被湖南省农业厅评为“2014年度全省农业政府网站工作先进单位”。（黄 情）

【浏阳市现代农机技术推广工作走在全省前列】 2013-2014年，浏阳市农业局以转变农机化发展方式为主线，以加强农机农艺融合、落实补贴政策、培育发展主体、提高服务水平为突破口，全力推动农机化工作科学发展，农机化水平大幅提升。2014年，浏阳市争取农机购置补贴2775万元，补贴机具10287台（套），全市农机总动力达到148.67万千瓦，农机总量达到13.7万台（套）。10月13日，由长沙市农业局主办、浏阳市农业局承办的长沙市油菜直播综合高产技术展示会在该市北盛镇举行。展示会上展出中、小型油菜直播机7台，其省时省力、高效作业的特点受到观摩人员好评，《农民日报》、湖南卫视、湖南经视等媒体对该次现场展示会进行报道。浏阳市农业局被评为“2014年度全省农机购置补贴工作先进单位”“2014年度全省油菜机械化工作先进单位”“2014年度全省水稻育插秧机械化技术推广先进单位”“2014年度全省农机行风建设先进单位”“2014年度全省农业机械化技术先进推广站”。

（黄　情）

【设立全国种子“双交会”品种展示区】 位于浏阳市淳口镇黄荆坪村的长沙市农作物品种展示基地建成于2013年，面积20多公顷，是国内种植品种丰富的农作物品种展示基地，种植着目前国内最新的水稻品种及玉米等其他作物。9月15日至18日，第十二届全国种子信息交流暨产品交易会（简称“双交会”）在长沙举行，并同期在浏阳市淳口镇黄荆坪村设立品种展示区，全国31个省、直辖市、自治区的万名经销商与种粮大户到现场观摩。展示区共展出全国138家企业和科研院所的717个新品种（杂交水稻556个、玉米103个，蔬菜、西瓜等58个），其中，556个杂交水稻品种（组合）来自86个送选单位，品种适宜区域分别覆盖国内所有杂交水稻种植区域，包括“杂交水稻之父”袁隆平研究的最新超级稻品种。全国人大农业与农村委员会及国家、省、市农业部门的相关领导及专家莅临观摩，并给予高度评价。（黄　情）

【浏阳市被纳入农业部信息进村入户试点县】 2014年，浏阳市严格按照农业部和省农委的统一部署，高标准严要求，扎实推进信息进村入户工程建设。全市已完成319个信息站点建设，创建“浏阳农业12316”综合服务平台，囊括政务信息、农事指导、农产品溯源、农情直通、电子商务、农业投入品监管六大板块，农业信息进村入户工作走在全国22个试点县市的前列。8月29日，省农委在该市永安镇组织召开全省信息进村入户现场会，学习永安镇在农业信息进村入户方面的成功做法。11月10日，湖南省副省长张硕辅、省农委主任刘宗林到该市调研农业信息工作，对该市信息进村入户工作给予充分肯定。（黄　情）

农业技术推广

浏阳市农业技术推广中心

主　任　焦图强（2014.07免）
副主任　喻仲生　王学明
　　　　黄汉军

【概况】 2014年，浏阳市农业技术推广中心在编干部职工73人，托管局属二级机构农业环境保护站9人，果药花茶开发中心27人。其中高级农艺师23人，农艺师22人。内设办公室、计财科、农业信息站、粮油站、经作站、植保植检站、土壤肥料工作站、种子管理站、农业环境保护站、果药花茶开发中心。主要职责是负责全市种植业技术推广；农业有害生物防治、耕地质量保护、农业环境保护；农业技术的培训和咨询；新品种、新技术、新成果的引进、试验、示范和推广；农药、肥料、种子质量的监管及植物检疫等工作。9月15—18日第十二届全国种子“双交会”室外种植展示在淳口镇黄荆坪村成功举办。达浒镇被列为2014年农业部油菜高产创建示范片。2014年，农业技术推广中心被评为“浏阳市科普工作先进单位”、植保植检站获“浏阳市学雷锋十佳集体”。

（童金花）

【发展粮食生产】 紧紧围绕粮油产业发展，以促进农民增产增收为目的，重点在永安、北盛、官桥、镇头镇开展双季稻全程机械化增产模式“四双”超高产攻关，经省农委组织专家现场测产验收，早、晚稻平均亩产520.9公斤和566.7公斤，位列全省10个县（市）第三名。共组织落实早稻集中育秧点590个，完成大田集中育秧面积6024公顷。达浒镇被列为2014年农业部油菜高产创建示范片，经省农委验收平均亩产达160.4公斤。全市双超示范面积2.45万公顷，项目核心区早晚稻平均亩产合计达1113.7公斤，比项目实施前五年平均亩产合计增产38.7%。全市早晚稻平均亩产合计达1089.5公斤，比项目实施前五年平均亩产合计增加33.5%。（童金花）

【农作物病虫防控】 2014年全市农作物病虫草鼠害总体呈中等发生，各类作物病虫草鼠害发生面积64.1万公顷次，防治面积84.84万公顷次。水稻、蔬菜病虫发生与防治情况：水稻病虫发生面积47.02万公顷次，其中病害发生13.05万公顷次，虫害发生33.97万公顷次，病虫发生总面积比上年增加1.4万公顷次。病虫危害损失比2013年重，为中等偏重发生年份（4级）。主要病虫是“三虫三病”，即稻飞虱、稻纵卷叶螟、二化螟、纹枯病、稻瘟病、南方水稻黑条矮缩病。其中稻飞虱大发生（5级），稻瘟病中等偏重发生（4级），稻纵卷叶螟偏重发生（4级），纹枯病偏重发生（4级），二化螟、南方水稻黑条矮缩病、稻曲病中等偏轻发生（2级）。黏虫、南方水稻黑条矮缩病发生程度比2013年轻；二化螟、纹枯病、稻螟蛉等发生都与去年相近；稻飞虱、稻瘟病、稻纵卷叶螟、稻曲病发生程度比2013年重；稻水象甲面积有所扩大；稻象甲、负泥虫、稻蓟马、稻叶蝉、稻苞虫、稻螟蛉、水稻细菌性褐条病、水稻菌核病、水稻细菌性基腐病、水稻细菌性条斑病等病虫轻度发生（1级），为害轻。蔬菜病虫发生面积8.53万公顷次，防治面积9.53万公顷次，发生较重的主要病虫害有莴苣霜霉病、黄瓜霜霉病、黄瓜疫病、辣椒疫病、辣椒病毒病和菜青虫、黄曲条跳甲等病虫。其次是菜蚜、烟青虫等，与2013年相似。准确病虫监测预报，抓好防治工作：安排4名专职测报人员对水稻、蔬菜、油菜、果树等病虫的发生进行监测与调查，全年编发《病虫情报》14期4.5万份，做到《病虫情报》进村率100%、防控信息入户率98%、病虫短期预报准确率98%以上。推进病虫专业化统防统治：支持引导长沙双红农业科技有限公司、浏阳市植友农作物病虫害防治专业合作社等9家服务组织在永安、沙市、北盛等乡镇开展病虫专业化统防统治工作。全年完成统防统治面积1.87万公顷，累计完成5.57万公顷次，为农民获得经济效益3696万元，减少农药用量33.6吨，有力地控制了农业面源污染，保护了农业生态环境。严控检疫性病虫害发生：普查检疫性病虫面积达1.33万余公顷，采取有效措施对稻水象甲、水稻细菌性条斑病疫情进行控制，有力的阻止疫情的扩散蔓延。全市设置实蝇监测点6个、安放诱捕器25个。全市全年签证调出种子18批19万公斤，调入种子126批35万公斤，均未发现检疫事故。 (童金花)

【测土配方施肥】 深化测土配方施肥项目实施：浏阳市连续9年被定为省测土配方项目县，2014年，普及测土配方施肥面积11万公顷，北盛镇整建制普及示范成效明显，共组织水稻、油菜、玉米、瓜果蔬菜、烤烟水果等作物市、乡、村三级示范450个，配方肥应用面积5.33万公顷，配方肥施用总量23750吨，减少化肥（折纯）施用量1290吨，完成土壤或植株采样750个、2760项次检测，实行农作物节本增收5658万元，全面提升该市科学施肥水平。 (童金花)

【种子市场监管】 引导农民科学选种，保障生产安全。元月份，印发《主要农作物种子生产、经营管理办法》，加强农作物种子生产经营管理，3—5月份对全市种子经销商经营的品种进行核查备案工作，对各种子企业抽样检查50余批次，对非法经营的经销商提出整改意见，确保农民用种安全。组织52个水稻品种继续在张坊、沙市镇开展中晚稻生态适应性鉴定。9月15—18日第十二届全国种子“双交会”室外种植展示在淳口镇黄荆坪村成功举办，共展示水稻、玉米、西瓜、蔬菜品种717个，囊括国内知名企业、一流科研机构杂交育种的最新成果，湖南新闻联播、《浏阳日报》等进行专题报道。 (童金花)

【经济作物标准化生产】 建立和完善农产品标准化生产体系，大力推进标准化示范园、示范区、示范带建设，2014年入围长沙市级标准化生产示范基地18家，居长沙市县区之首。重点抓好大围山万亩生态精品水果示范基地、浏阳现代农业园133公顷精品水果示范基地、沿溪金橘基地、淳口茶叶基地等标准化果（茶）园创建活动，创办优质高效示范点，大力推广商品意识、品牌理念和规范化栽培模式，培育大围山缘润基地、淳峰茶叶等优质高效安全示范典型。今年引进蓝莓等高端果树新品种10个，推广大枝简化修剪阳光树冠、“四挂一种”绿色防控等新技术6000公顷。 (童金花)

【农业环境保护】 外来生物防控：5月中旬澄潭江、大瑶、北盛等乡镇的部分村出现了福寿螺蚕食早、中稻以及一季稻秧苗，该中心立即派人进行现场勘查灾情，发放杀螺胺270件、生石灰69吨，收购福寿螺成螺2490公斤，卵块1534公斤，科学指导灭螺，保障农业生产。在永和镇佳城村采取撒施生石灰等六项措施开展“环保世纪行”三年行动计划，积极探索浏阳市耕地土壤生态修复途径。建设乡村清洁工程示范村：在七宝山乡升平村、北盛镇乌龙社区建设两个清洁工程示范村，派技术员驻村合理规划、科学施工。开展农田清洁生产：建设农业投入品废弃物收集池塘12个、堆沤池6个。引导农户清洁生活：改厨、改厕32套，公共垃圾池6个，物业管理站2个，建休闲场所2个，使得农民休闲有去处，安全有保障，生活水平有提高，全面改变农村人居环境。 (童金花)

【重金属污染治理】 2014年浏阳市被确定为湖南省长株潭地区重点区域污染耕地修复治理与种植结构调整试点19个县之一。按照省政府的统一部署安排，2014年共开展试点面积2029万公顷（其中达标生产区1749公顷，管控生产区90公顷，作物替代种植区190公顷），涉及浏阳河流域的七宝山、永和等10个乡镇。共组织落实施用生石灰等六项土壤改良措施，公开招标采购生石灰2800吨、商品有机肥2300吨、叶面肥56000包、绿肥紫云英种子37.6吨，全部由相关乡镇按每亩用量标准组织发放到试点农户施用到田。在七宝山乡、永和镇落实高粱、玉米、花卉苗木种植结构调整127公顷。重点区域加密、水质监测点、耕地污染普查、VIP试点取样已全部按省农委要求完成。组织编印《浏阳市耕地修复与土壤酸化改良技术指导手册》1万份分发到农户。省督查组和省土肥站、省土肥研究所、长沙市土肥站等多位领导专家多次到该市指导工作，并给予充分肯定。 (童金花)

【农业信息服务】 利用农业信息服务平台，及时将农业信息传播到千家万户，全年接听市民来电300多个，手机短信平台发送技术短信2万多条次。浏阳农业信息网访问量达8万余次，发布新闻867条，公文150条，农事指导120条，5月份开通微信平台，推送图片新闻资讯158条。2014年，获省农委信息中心“政府网站工作先进单位”称号。 (童金花)

【农业技术推广服务】 根据农时季节，及时组织技术人员认真开展农作物苗情、病情、虫情、墒情等各类农情调查60余项次，撰写各类生产技术方案、调查报告、技术总结和各类应变技术措施材料百余份。全年共开展技术知识培训27800人，发放技术资料64万份，推广病虫害绿色防控等实用技术30余项，开展农药药效、肥料等试验65个，展示推广粮油高产优质新品种816个，组织推广桃、梨、葡萄、茶叶等果茶优良新品种26个。推广高效低毒新农药12.6吨，新农药推广20万公顷次。在永安、古港、小河等乡镇创建绿色防控示范面积1000公顷。2014年农业技

术推广中心被评为“浏阳市科普工作先进单位”。（童金花）

【获“浏阳市2014年度学雷锋十佳集体”】浏阳市农业技术推广中心植保植检站坚持“预防为主、综合防治”的植保方针，牢固树立“科学植保、绿色植保、公共植保”的理念，依靠精湛的技术，优质的服务，赢得农民的信任，成为农民朋友农作物防病治虫的主心骨、贴心人，被农民形象的誉为“病虫草害的克星，庄稼的保护神”。2014年植保植检站通过准确的病虫预报，指导农户及时开展病虫防治面积84.84万公顷次，挽回稻谷损失248262吨、挽回蔬菜损失170638吨、挽回水果损失17200吨、挽回油菜损失9000吨，直接经济效益达11亿元。全年完成农作物病虫专业化统防统治面积1.87万公顷，节本增收3696万元。通过开展水稻、水果、蔬菜等绿色防控示范推广，带动全市水稻、水果、蔬菜绿色防控技术实施面积近6700公顷，确保浏阳的农业生产安全、农产品质量安全和农业生态环境安全，取得良好的经济效益、社会效益和生态效益。2015年3月5日获“浏阳市2014年度学雷锋十佳集体”。

（童金花）

【获“浏阳市科普工作先进单位”】2014年，市农业技术推广中心(农学会)科普工作以服务粮油生产和特色农业“果、药、花、茶、烟”等为重点，认真开展农业新技术、新品种引进，试验，示范，推广和技术培训、技术服务等工作，实现科技增粮，农业增效，农民增收。全年开展技术知识培训27800人，发放技术资料64万份，推广病虫害绿色防控等实用技术30余项，开展农药药效、肥料等试验65个，展示推广粮油高产优质新品种816个，组织推广桃、梨、葡萄、茶叶等果茶优良新品种26个。推广高效低毒新农药12.6吨，新农药推广20多万公顷次。2014年该中心被评为浏阳市“科普工作先进单位”。（童金花）

烤 烟 生 产

浏阳市烤烟生产指导中心

党组书记、主任　　罗　旭
党组成员、副主任　　徐万琪
党组成员、副主任、纪检组长
　张俊贤

【概况】2014年浏阳市烤烟生产工作坚持“稳定规模、提升质量、增加效益”的思路，推动烤烟产业发展。全市有20个烤烟乡镇142个种烟村3338户烟农，种植G80和K326两个烟叶品种，合同种植面积4693.33公顷，生产烟叶21.2万担。由于烟叶收购政策收紧，中下等拒收烟叶约4.6万担，实际收购16.6万担，收购均价26.32元/公斤，实现烟叶总产值2.9亿元（含补贴），烟叶税4806万元。浏阳市人民政府被评为2014年度“全省烟叶工作优秀单位”。（李菊英）

【烤烟生产管理】尊重烟叶市场需求规律、烟农种烟意愿，科学安排种植计划：一是总体规模适度。种植规模与烟草部门计划相匹配，科学调度全年计划，不盲目增量，不片面压制。二是户均规模科学。重点发展适合浏阳地区生产力水平规模，2014年全市户均规模1.4公顷。三是吸纳外来成熟烟农户。接收贵州等外地烟农135户，种植烤烟600公顷，为当地烟农带来先进生产管理经验，促进浏阳市规模稳定和生产水平的提升。四是规范管理。出台《基地乡镇烤烟生产办公室工作指南》，从日常管理、生产指导、考核奖励等五个方面规范操作，提高工作效率。在生产指导上，践行“一线工作法”，抓好“市、镇、村”三级培训，投入培训资金80万元，开展技术培训320多场次，受训对象1.2万人次，实现重点环节覆盖率、烟农受训率、政策知晓率“三个100%”。在质量建设上，严格落实田间管理、烟叶烘烤、专业化分级等环节的优化烟叶结构要求，烟叶收购均价高出全国均价0.24元/公斤，烟叶质量明显提高。（李菊英）

【烟基工程和合作社建设】积极争取官渡金鸡水库水源工程项目，总投资约1.3亿元，争融资8000多万元。该项目已获省烟草局批准，正在向国家烟草局申报。扎实推进烟田土地整理，整合国土、水利、烟草等多方力量，确保项目落到实处。全年落实2013年烟基项目资金5128万元，启动2014年336.53公顷基本烟田土地整理项目，争取项目资金1622万元。提升烟农合作社服务能力。2014年，新成立金东综合服务型合作社，获评“省级示范社”1个，申报国家级“行业示范社”1个，合作社综合服务能力有效提升。

（李菊英）

【保障烟农利益】2014年，受灾害性天气和烟叶收购政策收紧等因素影响，烟农减产减收。弥补烟农损失。一是抓好收购工作。在不违反政策的前提下，适当降低标准收购，利益尽量向基层和烟农倾斜。二是落实价格和补贴政策。在2013年基础上，提高均价8.9%；K326品种在往年补贴基础上，每亩给予300元的特色烟叶补贴。三是争取补贴资金。向湖南中烟集团争取700万元G80品种价格补贴资金，向长沙市烟草局争取救灾资金450万元，向人保财险公司争取烟叶种植理赔保险金300万元，保障烟农利益，稳定烟农队伍。（李菊英）

林　　业

浏阳市林业局

党委书记、局长　　卢从发
副书记、纪委书记
　唐天真（女）
党委委员、副局长
　欧　雷　王律旋
　王　纲　寻树人
党委委员、工会联合会主席
　池步云
党委委员、总工程师（聘）
　陈希见
党委委员　刘守斌

【概况】 2014年，全市林业系统设置各类机构41个，包括林业局机关（内设7个科室，另局办公室加挂后勤保障科、信息和宣传中心）、森林公安局（下设8个森林派出所）、11个二级机构（林业调查规划设计院、林业技术推广站、木材行业管理办公室、木材检查总站、大围山自然保护区管理所、林权管理服务中心、林木种苗管理中心、林业有害生物防治检疫所、林业基金和项目管理办公室、绿委办、浏阳市森林资源管理站），其中木材检查总站（林业行政执法大队）下设6个木材检查站；9个片资源林政管理站、8个市乡联营林场、1个国有林场、2个国营苗圃等，在职544人。另外设有36个乡镇（街道）林业站共266人。

（何伶芳）

【营造林工作】 全年完成人工造林面积4580公顷，其中面上造林1666.67公顷，“五边”造林1733.33公顷，油茶规模造林413.33公顷；完成营林补植面积866.67公顷。积极开展三年造绿大行动，完成四个路段（浏阳——大围山、浏阳——柏加、浏阳——中和、浏阳——永安）190.6公里绿化提质工作，共栽植各类树木18.9万株，投资3120万元，绿色通道建设工作被长沙市评为一类单位；创建长沙市级绿色示范集镇2个、绿色示范村庄（社区）9个和浏阳市级绿色集镇8个、绿色村庄（社区）20个、绿色屋场50个、绿色庭院1482户。共完成苗木培育1400万株，免费供苗600余万株；建立39个义务植树基地，完成绿化植树356.89万株，义务植树尽责率在96%以上；在第一个封山育林取得良好成效的基础上，继续实施第二个封山育林周期，封山面积200万亩，发放封山育林政府通告510万份，张贴横幅和宣传标语600条。

（何伶芳）

【森林资源保护】 生态公益林建设：2014年，生态公益林建设保护工作被纳入省委、省政府为民办实事项目，该局多措施加强生态公益林管护，成立公益林管理领导小组，配备专职人员，加强公益林宣传，规范资金管理，生态公益林管护到位率和补偿资金到户率实现两个100%，全年全市共发放生态公益林补偿资金1666万余元，其中到农户资金982万元。林木采伐运输管理：林木采伐证和木材运输证全面实行电子办证，全年办理林木采伐证11万立方米，楠竹采伐证150万根，办理木材运输6万立方米，楠竹运输69万根。林地管理：严格审核审批林地，全年办理征占用林地手续99起，林地面积达186.67公顷，收取植被恢复费1145万元；办理临时占用林地3起，批准占用林地1.5公顷，收缴森林植被恢复费11万余元。8月，浏阳市代表湖南省接受国家林业局对林地和林木采伐管理情况的检查，对检查中发现的问题进行全面整改，处理多起违法占用林地和无证采伐林木行为，对5名相关责任人进行刑事处理。森林防火：坚持“预防为主、积极消灭”的工作方针，创新森林防火工作管理机制和模式，实行规范化、网格化、标准化“三化”管理，坚持“疏、查、罚”相结合的方式依法治火，连续五年实现森林火灾受害面积控制在1‰以内的工作目标。野生动植物保护和林业有害生物监测防治：建立14个野生动植物监测点和4个候鸟保护站点用于长期监测和保护野生动植物；建立14个林业有害生物监测点和700个监测网点，实施监测面积34.67万公顷，监测覆盖率100%，全年未发生重大林业有害生物疫情灾害。湿地保护：2014年，全国湿地保护先进县试点项目落户浏阳，获得中央财政湿地保护奖励500万元，为申报国家湿地公园奠定基础。同时浏阳市出台《浏阳市湿地保护管理办法》和《浏阳市湿地保护先进县试点工作实施方案》，从制度和规章上规范湿地保护工作。行政执法：该局坚持“安全第一，预防为主，标本兼治，综合治理”的原则，按照安全生产的要求，层层签订责任状，主要领导每月至少1次、班子成员每月至少2次检查安全生产工作，开展事故隐患大排查、安全执法、“打非治违”和“六打六治”大检查等集中行动。开展安全检查24次，对500家木竹经营（加工）单位进行全覆盖检查。同时先后开展非法占用林地、野生动物保护“天剑行动”等5次专项整治行动，全年共查处林业行政案件460件，查处率达到98%以上，其中，罚没木材600余立方米，处理非法占用林地30公顷，销毁无证经营及劣质的油茶苗3000株和杉苗7000株，罚没国家重点保护野生植物活立木48株。

（何伶芳）

【林权配套改革】 2007年正式启动集体林权制度，截至2014年年底，全市已确权林地面积33.75万公顷，产权到户率达99 %，主体改革成效显著。2014年，该局结合农村产权制度综合改革工作，认真组织“回头看”，做好林权证登记及纠错工作，办理林权证2483本，面积0.78万公顷。依法依规调处山林纠纷29起，调处争议面积213.33余公顷。加强林权数据库建设，已全部完成数据融合入库工作，共补录数据1.4万余条，修改数据4万余条。在进一步巩固主体改革成果的基础上，林业局积极开展配套改革。2014年，办理林权抵押贷款24宗，山林面积4426.67公顷，金额5344万元；办理林权流转351宗，面积1646.67公顷，交易金额1729万元。继续落实林下经济发展重点县和林下经济示范基地建设工作，争取国家省市级项目资金扶持林下经济组织15家，到位资金约200万元。2014年，浏阳市成功申报成为全国农村改革试验区，试验项目为浏阳市深化集体林权制度改革。 （何伶芳）

【林业经济与项目建设】 林业经济稳步发展：2014年全市林业总产值完成93.6亿元，其中第一产业54.6亿元，第二产业18亿元，第三产业21亿元。争取上级到位资金1.3亿元，林业固定资产投资任务0.74亿元，实际完成2.56亿元。项目建设全力推进：一是“林程网”建设项目创新发展。截至

2014年年底，入驻企业达76家，规模以上企业占到40%，涉及花木基地、楼梯木业、木雕、凉亭工艺等多类林业产业。二是棚户区改造工程深入人心。危旧房（棚户区）改造，8月全面竣工，并根据住房分配方案，通过抽签方式分配住房，2014年年底，234户国有林场困难林场职工家庭搬迁入住。三是长沙市森林重点火险区综合治理二期项目建设全面完成。该项目涉及沿溪、达浒、澄潭江、古港、道源林场、大围山森林公园6个乡镇（单位），总投资130万余元，涉及营房和储备库建设，林火视频监控和瞭望塔维修，运兵车购置等，该项目已全面竣工并完成长沙市级验收。四是林权交易大楼投入使用。林权交易大楼从立项审批到建设完工历时2年，于2014年11月正式启用。五是浏河源森林重点火险区综合治理项目建设有序开展。该项目建设期为2013—2014年，总投资1725万元，已完成基础数据调查收集和前期规划设计。六是其他重大项目落户浏阳。全国木材战略储备项目落实8年计划，共完成实施项目面积5万余亩（3333.33公顷）；德国促进贷款森林资源可持续发展项目得到落实，项目总投资2696万元，分六年实施完成。

（何伶芳）

【政务服务】 政务公开：全年窗口累计办件953件，即时办结率，按时办结率，提前办结率，现场办结率，群众回访满意率均达到100%；处理人大建议、政协提案23件，满意率达100%，办理信访、“12345”热线和网络舆情等案件90起，回复率达100%、满意率均在95%以上；针对2014年新增的“12345”热线平台，制定方案，对“12345”热线办理流程、质量和满意率进行详细规定。宣传工作：开展生态公益林管护、森林防火、综治宣传月、爱鸟周、野生动植物保护、“六五”普法等宣传教育活动；全年向省、市主管部门及专业刊物报送宣传信息100余条，向市委、市政府信息平台报送量排在市直单位前十名。培训工作：全年开展培训技术讲座20余次，参训林农1500人次以上，发放技术培训资料7000余份，组织送科技下乡系列活动15次，深入各乡镇进行面对面授课，接收林农现场咨询，为林农解决疑难问题500余件。

（何伶芳）

【存在问题及不足】 一是项目多任务重，资金投入紧张。绿色通道建设、油茶新造和油茶低产林改造、楠竹低产改造等多项项目，时间紧、任务重、资金乏，需要上级加大支持力度。二是林业经济增长依然乏力。受全球经济影响，林产工业、花木等林产品销售增长较为缓慢，资金紧张，企业运作比较困难，林业经济增长仍显乏力。三是森林防火及资源保护形势严峻。浏阳市山林面积宽，森林覆盖率高，林业管理点多线长，从源头预防森林火灾发生的长效机制尚未形成，森林防火压力相当大，全市森林防火及森林资源保护形势严峻。

（何伶芳）

林权管理

浏阳市林权管理服务中心

党支部书记　付志刚

主　　任　龙兴中

【概况】 浏阳市林权管理服务中心成立于2007年3月，原名为浏阳市山林权属管理办公室，2012年2月更名为浏阳市林权管理服务中心，内设综合科（林改办）、林权科（林权流转中心）、纠纷调处和仲裁科、法律服务室。2014年末，共有在编干部职工16人，其中高级工程师1名，中级以上职称8人。主要职责是负责全市林木林地权属登记办证及森林资源流转和信息发布；负责山林权属纠纷调处确权；受市政府指派代理市政府参加诉讼和复议答复，承担全市林权抵押贷款和森林保险业务。

（刘　丹）

【林权登记发证】 全市共有集体林地面积33.8万公顷，涉及36个乡镇，376个行政村。2007年5月正式启动集体林权制度改革工作，通过几年的稳妥推进，集体林权制度主体改革已基本完成。2014年该中心严格按照“自主申请、依法受理、严格审核、及时出证”的工作要求，积极推行窗口式办理，确保不动产统一登记改革稳妥推进；进一步做好林权证登记及纠错工作，结合农村产权制度综合改革，认真组织开展“回头看”，针对各乡镇错登、漏登、重登、未登的林权证依法及时纠正及补登。全年办理林权证2483本，面积7833.33公顷（其中：初始办证2319本，7066宗，6186.67公顷；流转办证164本，351宗，1646.67公顷）。全市累计办证面积340900公顷。二是进一步强化林权档案管理。全年整理归纳林权档案2780卷，积极推进林权档案建设信息化工作。

（刘　丹）

【山林权属纠纷调处】 信访办理：全年共接待群众来访118件，319人次，比上年同期增加40件，其中集体上访8件、48人次，受理批办信访案29件，办结率均为100%。受理案件中，涉及林权纠纷24件、林权办证3件、效能优化2件。在信访回复调查过程中，注重强化排查和化解关系群众切身利益的矛盾纠纷，着力预防和减少新的矛盾纠纷，维护林区稳定。纠纷调处：7月，成功举办长沙市林权争议调处培训班，提升基层林权管理人员调处林权争议的能力。全年受理纠纷29起。成功调处16起，正在办理中10起，协助乡镇调解3起。调处争议面积214公顷，避免滥砍、乱伐山林面积93.33公顷，为林农挽回经济损失150多万元。集体林权制度改革开展以来累计受理山林纠纷1402起，成功调处1373起。复议应诉：全年承办行政复议案件15起，行政应诉案件12起，其中组织应议15起，结案8起，维持7起；组织出庭应诉9起，结案9起，法院审理后维持6起，撤诉2起，另在诉讼过程中成功调解1起。

（刘　丹）

【政策性森林保险】 2014年全市总投保面积282000公顷，收取保费676.64万元，理赔金额544万元。其中：商品林投保面积213333.33公顷，收取保费512万元，灾害理赔金额392万元；公益林投保面积为68666.67公顷，收取保费164.64万元，灾害理赔金额152万元。政策性森林保险自开展以来累计投保面积为918933.43公顷，总投入保费2206.64万元。5月，炎陵县林业局到浏阳就森林保险投保、定损、理赔等业务进行交流学习，交换意见。11月，组织37个乡镇、办事处及全市所有林场召开商品林工作会议，对2015年度商品林投保工作有关事项进行部署并落实。 (刘 丹)

【林下经济及林业专业合作组织】 2014年，该中心继续抓好林下经济发展重点县和林下经济示范基地建设工作，全市林下经济组织有289家，其他林业合作组织361家，认定一批具有示范带头作用的林下经济示范基地，如浏阳市湘纯油茶种植专业合作社申报为国家级林业专业合作示范社，浏阳市华霖种植专业合作社为省级林下经济扶持项目单位；二是完成2013年14家林下经济项目单位绩效评价工作；三是争取国家省市级项目资金扶持林下经济组织15家，到位资金约200万元。按要求完成2015年度长沙市林下经济发展扶持项目申报工作。 (刘 丹)

【林权抵押贷款】 积极探索金融支林机制，加强与各金融机构合作，现与浏阳市强盛林业投资咨询公司、中信银行、农村商业银行、长沙银行，邮政储蓄银行、恒丰贷款公司、湘江华融银行七家单位开展林权抵押贷款业务，为林农和林业生产经营者解决融资问题，真正实现生态与民生的共赢。2014年共办理林权抵押贷款24宗，金额5344.5万元，山林面积4426.67公顷，发放他项权证79本。自2007年开展抵押贷款业务以来，累计办理抵押贷款195宗，金额3.2亿元，面积2.63万公顷，共计发放他项权证1051本。 (刘 丹)

【林权流转及产权交易】 一是促进由管理职能向服务职能转变，鼓励林地承包经营者在依法、自愿前提下，采取多种方式流转林地经营权和林木所有权，盘活林地、林木资源，充分调动广大群众参与林业建设的积极性。二是进一步完善林业社会化服务体系，搭建林业产权交易平台。为提升林权管理人员业务素质，4月份派两名工作人员赴长沙学习集体林权流转与森林资源资产评估业务知识，6月份该中心工作人员赴炎陵县专门学习林业产权交易挂拍卖业务，取得宝贵经验。全年共办理林权流转351宗，面积1646.67公顷，林权证164本，交易金额达1729万元。 (刘 丹)

【林权数据库建设】 2014年，该中心继续做好林权数据库建设工作，完成涉及36个乡镇、集体林面积338000公顷的图纸转绘、小班矢量化，共计小班107319个，数据补录14140条，数据修改40565条。截至9月，数据融合入库工作全部完成，10月份经省厅验收合格。 (刘 丹)

养 殖 业

浏阳市畜牧兽医水产局

党委书记、局长 李良如
副书记、副局长 周鸿重
党委委员、副局长 凌 骐
陈 峰 钟爱民
党委委员、纪委书记 罗录取
党委委员、总畜牧师（聘）
鲁典于
党委委员、工会联合会主席
罗新源

【概况】 2014年末，全市畜牧水产系统有在编干部职工289人（其中局机关及二级事业单位89人，基层动物防疫检疫站200人），离退休人员236人。浏阳市畜牧兽医水产局内设办公室、政工人事科、计审财务科、质量安全办公室（兽药饲料科）、法规科技科5个科室，下辖市动物卫生监督所（加挂“浏阳市畜牧兽医综合执法大队”牌子）、市动物疫病预防控制中心（加挂“浏阳市畜禽水产品检测中心”牌子）、市基层兽医管理办公室、市畜牧工作站（加挂“市黑山羊开发服务中心”牌子）、市水产渔政管理站（加挂“浏阳市水生动物防疫检疫站”牌子）5个全额二级事业单位，其中市动物卫生监督所、市动物疫病预防控制中心为二级副科级事业单位。全市37个乡镇街道均设立基层动物防疫检疫站（加挂畜牧水产站牌子）。主要职责：（一）负责宣传、贯彻实施《动物防疫法》《畜牧法》《渔业法》及畜牧兽医水产相关法律法规，拟订全市养殖业发展规划和年度计划并组织实施。（二）负责管理动物防疫工作；负责动物疫情的监测、调查控制、扑灭等应急工作；负责动物及动物产品的检疫检验工作。（三）负责兽医医政管理；负责官方兽医、执业兽医和乡村兽医管理工作；负责兽医实验室生物安全管理。（四）负责畜牧业监督管理工作；负责种畜禽的质量监督管理工作；负责地方畜禽品种资源和草地资源的保护、开发利用工作；组织搜集、整理、发布畜禽产销信息，为生产者提供信息服务。（五）负责管理渔业和渔政工作；对渔业水域统一规划，增殖渔业资源；负责水生野生动物管理工作。（六）负责全市畜禽水产品质量安全监督管理工作；制定并组织实施畜禽水产品质量安全监测计划；推进标准化生产示范场、养殖小区和无规定疫病区的建设；加强对畜禽水产品生产的指导；加强对养殖业投入品使用的管理和指导，建立健全养殖业投入品的安全使用制度。（七）负责兽药监督管理工作；对兽药生产经营企业进行监督检查，负责组织对动物产品中兽药残留的监测，并公布检查结果。（八）负责全市饲料和饲料添加剂管理工作；组织对饲料和饲料添加剂生产经营企业进行监督检查和质量抽查，并会同质量监督管理部门公布抽查结果。（九）负责管理养殖业项目资金，组织项目申报、实施、审核、监督管理。（十）负责管理局属单位，监督管理局属单位国有资产。（十一）承办市人民政府交办的其他事项。2014年，市畜牧兽医水产局深入开展党的群众路线教育实践活动，围绕“挺进三十强、再创新辉煌”总目标，突出动物防疫、质量安全、生态养殖和队伍建设四个重点，全市重大动物疫情保持平稳，畜禽水产品质量安全水平有效提升。同时，创新可持续发展生态养殖模式，淳口金盆猪场种养平衡模式省内领先；市畜禽水产品检测中心在全省县级单位中率先获得首个“双认证”（计量标准与检测技术），可以向社会提供具有法律效力的3项27个参数的检测服务；率先开通“浏阳市畜牧兽医水产局信息管理系统”，实现无纸化、网络化办公，信息宣传工作获评全省先进；率先在浏阳河城区段铺设120平方米人工鱼巢，中央、省、市多家媒体报道推介；投资2000万元大型化制工艺病死动物无害化处理中心建设项目有序推进。全年出栏生猪196.94万头、牛4.23万头、黑山羊72.08万只，出笼家禽1478.28万羽，水产品总量2.8万吨，养殖业总产值35.5亿元（当年价）。（刘宗庆）

【标准化养殖建设】 按照“六化”（畜禽良种化、养殖设施化、生产规范化、防疫制度化、粪污无害化、监管常态化）要求建设标准化规模养殖场，2014年全市有各类规模养殖场（户）8795家（其中养猪4835家、养牛240家、养羊1940家、养禽1146家、养蜂578家、养鱼56家）；新创建2家国家级、35家长沙市级标准化畜禽水产养殖示范场。完成淳口金盆、关口绿爵、普迹大众3个种养平衡生态示范基地建设，受到省、长沙市领导肯定。（刘宗庆）

【重大动物疫病防控】 继续推广新型免疫制度，全年免疫猪瘟、高致病性猪蓝耳病各226.1万头份、猪口蹄疫351.9万头份、牛羊口蹄疫101.7万头份、高致病性禽流感1256.3万羽次，免疫率均达到100%。组织采集检测禽血清样700多份，实施19个市场休市、消毒等措施，H7N9禽流感防控取得了胜利。对2.1万余户、存栏羊48万余只进行排查；筹措资金30余万元，调运各类疫苗80万毫升，免费为养殖户提供，免疫山羊小反刍兽疫29.2万只、羊痘23.3万只，有效控制小反刍兽疫疫情。（刘宗庆）

【畜禽水产品质量安全监管】 开展“瘦肉精”非法添加物等专项整治，检查饲料兽药生产经营单位346家次、规模养殖场（户）600多家次，抽检饲料兽药样品260个、生猪“瘦肉精”尿样10484个、动物产品样品（含鱼样）173个、水质样26个，全部合格。开展动物防疫条件检查1100多次，下达整改意见书125份；新建大型无害化处理窖（池）4个，清理无害化处理窖（池）47个；新建检疫申报示范点7个，检疫生猪189.06万头、牛3.8万头、羊64.8万只、家禽1330万羽、动物产品311.2吨。（刘宗庆）

【水生生物资源养护】 从3月20日起对市辖浏阳河、捞刀河、南川河三大水系实施为期3个月的禁渔，春季人工放流鱼种320万尾，夏季在浏阳河官渡云山段等10个河段人工放流青鱼2万尾防控福寿螺，首次对总水面53.33公顷的三座水库试点水产生态修复，经济效益、生态效益、社会效益良好。（刘宗庆）

【养殖业行政执法】 规范行政许可和行政执法，实行执法办案工作程序化、审核制度化、监督全程化。全年举办法制培训7期，印发宣传资料12万份，受理行政许可102件，发证56本，办结率达100%。开展执法行动411次，立案41起，结案40起，申请法院强执4起，治安拘留3人，无害化处理病死畜禽及产品20.7吨，收缴电力捕鱼设备103台（套）。（刘宗庆）

【养殖科技推广】 创新技术指导方式，开发并应用“浏阳养殖业科技推广”微信公众服务平台，发布信息100余条，编印《浏阳畜牧水产之窗》技术手册5000份，培育养殖科技示范户100个、养殖科技试验示范基地2个，完成湘东黑山羊高效生产关键技术集成项目，推广生猪人工授精21.86万胎次、肉牛冷配1万多胎次、黄颡鱼养殖20公顷。同时，全年开展送科技下乡5次，入户指导600多人次，举办各类技术培训班38期、3543人次，接待技术咨询1220人次，印发技术资料3万多份，推广优良鱼苗鱼种3000万尾，为养殖户解决技术难题19个，引进养殖项目1个。（刘宗庆）

【宣传思想工作】 组织开展“五创四评”“理论宣讲五进”等活动，开展毅行、拔河等文体活动8次，全年新闻报道78篇次（其中省级2次，中央1次），向省市主管部门报送信息196条，在市政府门户网站、市委办发布动态信息213条，制订网络舆情应对措施，及时回复相关的网络投诉、咨询和求助40多条。（刘宗庆）

【养殖业经济发展环境】 制订《关于促进养殖业经济发展的实施办法》，完善落实开门办公、政务公开等制度，推进行政审批在线办理，养殖业经济发展环境进一步优化。编印《国家养殖业扶持政策汇编》2000本发放到乡村场（户），制订《“诚信+职责”推进完善养殖业帮扶项目阳光工程方案》，公示养殖项目建设、项目资金等23批（次），全面落实项目“阳光工程”，提高养殖项目公开度、透明度。（刘宗庆）

【农业部督查浏阳农产品质量安全专项整治工作】 11月17—18日，由农业部渔业局副局长李书民为组长的农业部督查组一行4人督查浏阳2014年农药及农药使用、“瘦肉精”、兽用抗菌药、畜禽屠宰、水产品违法添加禁用物质、农资打假专项治理工作。督查组现场检查浏阳市永安镇农产品质量安全管理站、湖南新五丰永安公司生猪养殖基地、浩博农庄蔬菜基地和饲料兽药生产经营单位，听取浏阳市人民政府的专题工作汇报，组织召开农产品质量安全专项整治工作座谈会。督查组对浏阳市农产品质量安全追溯体系和乡镇监管站的建设给予充分肯定，对浏阳病死动物无害化处理工作给予高度评价。湖南省农业委员会、湖南省畜牧水产局，长沙市农业局、长沙市畜牧兽医水产局等单位领导，浏阳市委常委、副市长熊清溪陪同。 (刘宗庆)

【市畜禽水产品检测中心获省级“双认证”】 11月6日，浏阳市畜禽水产品检测中心获得湖南省质量技术监督局、湖南省农业厅颁发的《计量认证证书》和《湖南省农产品质量安全检测机构考核合格证书》，成为湖南省首家获得“双认证”的县级畜禽水产品检测机构，获准使用“MA”和“CATL”徽标，可以向社会提供相关项目的检测服务并出具具有法律效力的检测数据和检测结果。浏阳市畜禽水产品检测中心是隶属于浏阳市畜牧兽医水产局的副科级事业单位。4月份起，浏阳市畜牧兽医水产局整合资源，建成实验室面积约1000平方米，新添置PCR仪等25套仪器设备，修缮各项质量、技术管理制度，加强人员培训，扩充检测项目，提升检测技术，已能满足申请检测项目的要求，检测报告内容格式符合要求，具备按照GB/T17480－2008等国家和行业标准进行3项27个参数的检测，参数主要包括饲料类黄曲霉素、磺胺类、莱克多巴胺、盐酸克伦特罗和菌落总数；初级农产品磺胺类、硝基呋喃类、氟喹诺酮类、四环素类、庆大霉素、氯霉素、莱克多巴胺、盐酸克伦特罗、无公害水产品感官指标和肉与肉制品感官；猪瘟、伪狂犬病、猪繁殖与呼吸综合征、O型口蹄疫、动物布鲁氏菌病、猪细小病毒病、高致病性禽流感、新城疫、猪圆环病毒病、流行性乙型脑炎、猪传染性胃肠炎和猪流行性腹泻诊断。 (刘宗庆)

【长沙市调研浏阳种养平衡项目建设】 11月4日，长沙市副市长黎石秋率长沙市农办、畜牧、财政、环保、农业、林业、水务等部门负责人来浏阳调研金盆种猪扩繁场种养平衡基地建设项目，浏阳市委、副市长熊清溪陪同。位于浏阳淳口的湖南省金盆种猪扩繁场现有标准化生猪栏舍2.5万平方米，年繁殖仔猪5万头、出栏肥猪5万头，今年9月通过农业部标准化养殖示范场验收。金盆种猪扩繁场种养平衡基地建设项目是2014年长沙市现代农业产业重点建设项目，所有养殖场粪尿等废物通过铺设的管网系统、泵站，一期已向茶园、蔬菜基地输送，并自动喷淋、滴灌。二期计划浇灌生态农林场、杉木林基地、金银花基地等共计2000公顷的农业、林业生产基地。黎石秋指出，种养平衡项目关系到生态建设，关系到农业生产开发；要坚持生态效益和经济效益并重，确保项目取得实效。 (刘宗庆)

【启动浏阳河流域养殖污染治理项目】 10月30日，浏阳市召开专题会议，调度部署浏阳河流域养殖污染治理项目建设工作，浏阳市委常委、副市长熊清溪出席并讲话。该项目是省政府“湘江一号”工程的重要组成部分，是浏阳河流域综合整治的关键环节之一，是浏阳市城乡统筹环境同治重要工作内容，计划对官渡、沿溪、古港、溪江、高坪、荷花、关口、太平桥、葛家、普迹、官桥、镇头等13个乡镇行政区域内，存栏生猪30头以上或栏舍面积50平方米以上的生猪养殖场（户）实施综合治理；建设堆粪发酵池1.29万立方米、沼气池6.4万立方米、沉淀池12.93万立方米，清拆养殖栏舍面积12.9万平方米；在古港建设养殖粪污生化处理厂1个，包括日处理粪污150吨的大型沼气池系统和日处理养殖废水200吨的污水生化处理系统；征地20亩，在养殖密集区域建设病害动物尸体无害化处理中心1个，采用高温生物发酵或应用化学物质消毒化制等方式无害化处理病害动物尸体；清理、维护畜禽尸体无害化处理窖219个、容积5600立方米，确保养殖粪污无害化处理和资源化利用率达95%、规模化畜禽养殖污染处理达标率90%以上，畜禽病害尸体无害化处理率达100%，从严打击乱丢乱弃动物尸体行为。 (刘宗庆)

【省内百家规模养殖场考察浏阳生态化养殖】 7月12日，湖南省畜牧水产局组织省内103家畜禽规模养殖场负责人考察浏阳生态化养殖。浏阳市畜牧兽医水产局带领考察团走进湖南新康畜牧养殖有限公司，重点参观该场三级人工湿地生物净化养殖污染治理模式，即通过沼气发酵、四级沉淀后的养殖污水经分段种植在水面狐尾藻、梭鱼草、水白菜等不同水生植物，逐步吸收并消减水体中的氮、磷等富营养元素，实现达标排放。考察团还踏看湖南金盆扩繁场，该场通过加强标准化、信息化、生态化建设，实现养殖废弃物变废为宝、循环利用的种养平衡模式。考察团成员对浏阳通过发展生态养殖就地消减养殖污染的做法大为赞赏，部分人员采集狐尾藻、梭鱼草、水白菜等水生植物，表示要用于养殖污染的消减。 (刘宗庆)

【浏阳河首次设置人工鱼巢增殖渔业资源】 市畜牧兽医水产局创新渔业资源增殖保护工作，2014年4月首次在浏阳河城区段金滩、风光桥、大栗坪水域设置总面积120平方米的鱼类人工产卵场，并派人日夜看护，让浏阳河鱼类亲本安稳产卵。这三处鱼类人工产卵场均设在水流相对平缓、环境安静的河面，用毛竹、棕片等材料建成，模拟出一种类似天然水草的环境，可大大提高鱼类繁殖孵化率、鱼苗成活率。据有关水产专家估算，禁渔期间，预计产卵量可达1.2亿粒，孵化鱼苗0.6亿尾，能有效改善鱼类种群结构，提高浏阳河天然渔业资源量，获得省畜牧水产局、省水产科学研究所等有关领导和专家高度评价，拟在全省推广。6月3日至5日，先后有湖南卫视、《长沙晚报》头版、长沙政法频道、《浏阳

日报》、中国新闻网等多家媒体进行采访报道。（刘宗庆）

【长兴湖禁渔】长兴湖面积80公顷，是浏阳河支流水系半开放性水域，是鱼类生长繁衍的理想场所。为保护水域生态环境和水产种质资源，12月10日，浏阳市人民政府发布通告，设立长兴湖禁渔区，禁渔范围为淯川河柏树桥至长兴湖大坝，是浏阳市首次对内陆半开放性水体实施禁渔制度。通告同时明确，该禁渔区由浏阳水利建设投资公司负责日常管理，浏阳市渔政、公安、环保、交通、城管等部门相互配合，加强管理，依法维护禁渔秩序，确保禁渔工作顺利实施，取得实效。（刘宗庆）

水务

浏阳市水务局

党委书记、局长　邓　华
副书记、副局长
李红兵（2014.07任）
许辉英（2014.07免）
副书记（兼）　卢岳仁
党委委员、副局长
邱自强　刘光红
刘良琨　欧阳成林
王正道（2014.06任）
党委委员、纪委书记　卢清红
党委委员、总工程师　王大雄
党委委员、工会联合会主席
张　毅

【概况】浏阳市水务局是负责全市水务工作的市人民政府工作部门，机关内设办公室、政工人事科、财务审计科、规划建设与工程管理科、法规安监科、给排水管理科、纪检监察室7个科室，防汛办、水利建设中心、水政监察大队、水利水电规划勘察设计院、水利建设投资管理中心、水土保持监督站、河道管理站、水利水电工程质量监督站8个事业单位。局属有官庄水库浏阳灌区管理处、大瑶灌区管理所、大栗坪电站、金钟皂电站、宏源水轮泵站、永安供水公司，有梅田水库、清江水库、关山水库、马尾皂水库、板贝水库、洞阳水库、南康水库、道源水库、万丰山水库、仙人造水库、横山头水库等水库管理所以及富岭水库工程建设项目部共18个事业单位。系统有干部职工663人，离退休人员230人。水务局职责：（一）贯彻执行国家、省、市有关水行政工作的法律、法规和方针、政策，研究拟订全市水务工作有关规范性文件并组织实施；拟订并组织实施水务工作的发展战略、中长期规划及年度计划。（二）负责全市水务一体化管理，统一管理全市水资源（含空中水、地表水、地下水、再生水）；拟订全市水资源中长期发展规划和年度水量分配方案并监督实施；发布水资源信息。参与有关国民经济总体规划、城镇规划及建设项目的水资源和防洪的论证工作；组织实施取水许可制度和水资源费征收制度。负责水能资源开发利用的统一监督管理。牵头组织编制水能资源开发利用规划，参与水能资源开发利用项目立项审查、建设指导和竣工验收。（三）负责全市防洪和抗旱工作，承担市防汛抗旱指挥部的日常工作，对市境内河流和重要水利水电工程的防汛抗旱实施统一调度。（四）依法保护水资源，拟订水资源保护规划并监督实施；宣传、贯彻计划用水、节约用水政策，编制节约用水规划，组织、指导和监督节约用水工作；对水功能区和饮水区的水质及水环境进行保护和管理，组织监测地表水和地下水的水量、水质，核准水域纳污能力；提出不同水功能区限制排污总量控制意见，审核湖库、河道排污口的设置、改建和扩建；承担组织编制全市水环境治理规划和监督实施的责任。（五）负责全市安全饮水工作，组织编制城乡供水规划，负责城乡供水资源的监管，审批供水项目；组织拟订饮用水水源保护区，建立水源、水质的日常检测制度；指导供水经营、饮水安全工作。承担城市给、排水管网的管理责任，参与编制排水管网的建设规划；核发排水许可证；负责核准、依法征收污水处理费（含自备水源）。（六）承担全市水利、供水工程建设和水务设施运行管理的责任，负责水务行业安全生产和工程安全监管。负责对城镇污水处理厂设施运营进行监督管理；负责城区污水处理厂管网工程的建设、维护工作。（七）负责全市农村水利工作。组织协调并监督实施农田水利基本建设、农村水电电气化、机电排灌工作，参与水利行业的农电制度改革、农网改造和水电扶贫工作；指导水务行业的供水、水电及多种经营工作；对财政性投入水利资金使用进行调节并监督实施；研究提出有关水的价格、信贷、财务等经济调节意见。（八）按照水利工程分级管理的有关规定，审查水利工程可行性研究报告和初步设计；对水利建设资质实行行业管理；监督实施水利行业技术质量标准和水利工程的规程、规范。（九）负责水利设施、水域及其岸线的管理与保护；组织指导全市河道、水库、堤防、蓄洪区等水域的保护及其岸线开发治理和建设管理工作。（十）负责防治水土流失工作。拟订水土保持规划并监督实施，组织实施水土流失的综合防治、监测预报并定期公告，负责对可能造成水土流失的生产建设项目的水土保持方案进行审批并监督实施；负责水土保持设施的验收工作；指导重点水土保持建设项目的实施；依法征收水土保持费。协调并仲裁部门间和乡（镇）间的水事纠纷。（十一）管理局属单位，监督局属单位国有资产保值增值。（十二）承办市委、市政府和上级主管部门交办的其他事项。全市有大、中、小型水库181座（其中大型水库1座，中型水库10座，小Ⅰ型水库24座，小Ⅱ型水库146座），山塘6.453万口，河坝9300余座，大中型灌区13处，薄壳渡槽198处，灌溉干渠6750公里，中小型水电站115处。各类蓄水工程蓄水总量5.13亿立方米，控制集雨面积全市总面积的45%左右，有效灌溉面积59460公顷，水电站装机容量9.3万千瓦，水能开发量占可开发量的75%。2014年，水务局全力推进农田水利畅通工程三年行动，创造“党政主导、村组主力、群众主体”的农田水利建设“浏阳模式”，在全省、全国推介；在全省引进手机定位视频考勤系统并自主开发工程管理软件，初步实现水利工程管理信息化；依托水利改革发展政策，水利投融资平台迸发活力，积极争资融资反哺水利；城区排水排污管理维护问计于民，堵点改造常态化，得到市民支持与肯定；纪检监察室申报的“实施科技监管，打造廉洁水务工程”创新工作，被评为市级一类；水务局在第一季度和第三季度重点工作调度讲评中有四个项目被评为优秀；《中国水利报》《湖南日报》《长沙晚报》、湖南卫视和长沙新闻频道等中央及省市主流媒体对水务局各项工作予以宣传推介。（曾　智）

【防汛抗旱工作】　截至12月25日，全市蓄水3.44亿立方米，占总量的60%，累计降雨1880.4毫米，比历年和上年同期分别偏多17%和37.7%，降雨时空分布不均，前涝后旱现象十分突出。上半年遭受四次强降雨侵袭，“5•24”强降雨达到全市十年一遇，南区五十年一遇的洪水标准。市委、市政府高度重视防汛抗旱工作，两次启动三级防汛应急响应。全体水务工作者值班值守，加强巡查，出动检查人员1154人次，排查治理隐患32起，发布山洪灾害和汛情短信45次20万余条。在各次强降雨期间，水务系统干部职工取消休假，局领导带领干部职工分组奔赴受灾严重的乡镇，与当地干部、群众一道抢险救灾，转移受困群众9400余人，及时拨付灾损资金500万元，未出现群死群伤事件。充分发挥水库、农村塘坝、提水泵站等水利基础设施作用，保证城乡生产生活用水，干旱季节未成旱灾，为全市粮食生产和经济社会稳定发展提供保障。按照防大汛、抗大旱、抢大险的标准，继续投入300万元，对山洪灾害预警系统进行升级改造，防汛会商视频系统覆盖全市37个乡镇、街道和重要水库、河坝，实现山洪灾害监测和预警的自动化。建立和完善以行政首长负总责的防汛抗旱减灾体系，成立基干民兵连，全市应急抢险队伍达到2万余人，进行应急救援技能培训，提升防汛抗旱应急抢险水平。（曾　智）

【水利工程建设】　争取项目资金，全市水利工程建设保持高强度、大投入态势。2014年争融资2.13亿元，实际下达各项水利建设资金计划4.52亿元，完成145项水利设计项目，合同金额1300万元。金鸡水库扩建等储备项目进入审批阶段。市水利建设投资有限公司投入800万元用于城区排水设施建设，初步实现以经营性收入反哺水利目标。省、市领导多次到浏阳调研总结水利投融资平台建设经验，《中国水利报》对此作专题推介。农田水利冬修：2014年，市政协围绕农田水利建设对水务局进行民主问政。水务局积极向市委、市政府争取，启动全市农田水利畅通工程三年行动，纳入全市“八大民生工程”统筹推进。制定三年目标，明确工作任务，出台“三年行动实施方案”“建设管理及技术措施指导意见”“项目验收考核办法”等措施，开展党小组、群工站服务农田水利建设大竞赛活动，采取“以奖代补”的形式，发动群众自主筹资投劳兴修水利，努力从根本上解决农田水利建设“最后一公里”问题。全市掀起农田水利建设新高潮。11月28日，全省水利建设现场会在浏阳召开，浏阳市作先进典型发言，农田水利建设“浏阳模式”在全省、全国推介。2014年，市委、市政府统筹财政资金8000万元，带动民间投入2亿多元，用于农田水利建设。截至12月20日，发动群众投劳89.5万个工日，完成灌区续建配套1处，病险渡槽除险加固61处共5173米；实施山塘清淤、骨干山塘除险加固、河坝修复、机埠更新改造等工程1282处；实施田间渠道清淤整治工程3.26万公里。病险水库治理：2013年实施的13座水库于2014年4月完成水下工程、10月完工验收。做好以往年度74座水库除险加固工程资料核备及工程移交工作，其中41座水库除险加固工程竣工结算进入初审阶段。2014年，启动43座病险水库除险加固工程。2014年，市人大对水务局水库除险加固保安工作进行专项评议。该局3次召开专题会议，部署安排“走访人大代表月”活动，班子成员带队，多次走访每位市人大代表，与代表沟通交流，收集和整理代表意见建议128条，从完善工程设计、严格发包管理、加强工程监管和加大资金投入等方面严格整改。11月21日，在市第十六届人大代表测评大会上，人大代表对水务局水库除险保安工作测评满意率达92.24%。饮水安全工程：全年投资6252.81万元，实施永安、枨冲、中和、达浒、张坊、大围山、东区水厂7处农村饮水安全工程，解决近13万人饮水问题。中小河流治理：启动阳谷河生态清洁小流域建设项目和渭川河小流域治理项目，完成小溪河小溪段治理工程的90%。市政府出台设立河道砂石可采区和禁采区的政策文件，推动河道采砂规范化管理，严厉打击非法采砂、侵占河道等违法违规行为。全年立案查处水事违法事件8起，处理水事纠纷45起，拆除非法砂场11个。征收各类水行政规费376.87万元。完善城区“三河”保洁制度，组织清除河道垃圾1000多船，较好地完成城区河道保洁、保水和保安工作。排水排污工程：一是排水审批规范化。加强房地产楼盘开发的排水审批工作，全年受理报建事项36个，发放排水许可证27本，下达整改通知书12份，排水审批工作日益规范；二是排水设施管护网格化。召开四个办事处主管领导和19个社区主要负责人参加的城区防汛工作会议，将城区每条道路排水设施的管理职责细化到网格员，做到各司其职、各负其责；三是积水堵点改造常态化。争取本级财政投入570余万元，改造城区积水堵点118处，疏通下水道14.6千米，更换和维修破损井盖943个，从根本上解决城区堵点多年来的内涝积水问题，得到市级领导的肯定；同时，加强城区排水设施管护和雨季应急值守，组建20人的应急抢险队，累计排查安全隐患20多处；四是管网改造公开化。多次召开

"问计于民"座谈会，主动向社区、媒体、网民代表等征求意见，优化管网改造设计方案，营造良好的舆论氛围。城区污水处理厂二期建设按期竣工，正式投入运行。启动淮川河、浏阳河、济川河截污干管改造工程。完成城区排水防涝设施普查，编制城区排水防涝规划和暴雨强度计算公式，为城区未来十年排水防涝建设提供依据。

（曾　智）

【水务管理工作】 推进信息化建设，探索管理新模式：一是利用GPS精准定位，健全水利冬修项目档案资料。该局成立9个督查组，每个督查组配备GPS定位仪，核定农田水利工程项目所在地的经纬度，现场测量山塘、河坝、沟渠等长度、宽度，并对工程量进行预算，在同一角度拍摄施工前、中、后三张照片，建立项目档案。通过建立的档案对已申报的项目在全市进行横向审查，对借用项目套取资金的情况，给予直接否决。二是引进手机定位视频考勤系统，强化现场监管力度。投入180万元引进手机定位视频考勤系统等工程管理软件，施工单位"五大员"驻工地带班生产期间，每天必须上传至少一张（段）有本人容貌的现场工作照片或视频录像，规范水利工程建设施工现场管理，确保水利工程建设质量和进度。三是自主开发工程管理系统，提升项目管理水平。工程管理系统主要功能包括工程开工前管理、施工中管理、验收管理（法人验收、政府验收）、辅助管理、报表统计和系统管理，涵盖工程建设全过程，满足水利工程建设公开透明、统一管理和工程建设信息化需求，提高浏阳市水务系统工程项目管理水平，提升项目管理效率，得到水利部、省政府和省水利厅肯定。严明财经纪律，加强水利资金管理：开展"水利资金管理提高年"活动，对各类水利资金管理制度进行汇编，组织站所和业务科室财务人员进行培训和学习，加强水利资金监管。一是实行内部审计制度。4月，水务局对全系统7个站所2013年的财务进行全面审计。先后两次召开审计问题通报讲评会议，对上级及内部审计中发现的问题，该局纪委先后对5个项目负责人进行诫勉谈话。二是实行资金公示制度。水务局通过现场公示、网络公示、报纸公示等多种公示方式，全面推行资金公示制度，确保水利建设补助资金专项专用。科学治水管水，提升公共服务水平：启动《浏阳市水资源"三条红线"指标体系》和《浏阳市水资源规划》的编制工作。投入25万元完成水功能区确界立碑工作，设立界碑18块，饮用水资源保护区标识牌21块，水资源宣传栏17块。全年组织水土保持现场监督检查活动10次，下发整改通知书5份。组织"2014年环保世纪行"饮用水源保护专项行动，发放宣传资料2200份。发起"保护母亲河"倡议签名活动，组织50余名志愿者沿浏阳河风光带进行水源保护的骑行宣传活动。（曾　智）

【浏阳市农田水利畅通工程建设三年行动启动】 10月11日，浏阳市召开农田水利畅通工程三年行动动员会议，决定启动农田水利畅通工程三年行动计划。会上，市委副书记、市长余勋伟对农田水利畅通工程建设三年行动进行安排部署。具体目标任务为：2014年至2016年，疏浚整治灌排渠道3000公里，清淤疏浚田间渠道3万公里，除险加固病险骨干大山塘275处，清淤整治一般山（平）塘1万处，修复小型河坝500座，更新改造抗旱机埠300处。2014年是全市农田水利畅通工程三年行动的开局之年，具体目标任务是：疏浚整治过流断面1平方米及以上灌排渠道1500公里，清淤疏浚过流断面1平方米以下灌排渠道1万公里以上；除险加固塘容5万立方米及以上病险骨干大山塘100处，清淤整治塘容5万立方米以下山（平）塘2000处，修复河坝100座，更新改造10千瓦以上抗旱机埠80处。湖南省水利厅党组成员、副厅长钟再群，长沙市水务局党委书记、局长李增加参加启动会议。（曾　智）

【湖南省水利建设（山丘区）现场会在浏阳召开】 11月28日，湖南省水利建设（山丘区）现场会在浏阳召开。会议是为深入贯彻全国冬春农田水利基本建设电视电话会议精神，认真落实省委、省政府关于加快全省水利建设的部署要求，总结交流全省山丘区水利建设工作经验，研究落实加强水利建设管理和建后管护相关措施，全面掀起湖南省冬春水利建设新高潮，切实完成年度水利建设任务，部署安排2015年山丘区水利建设工作。副省长张硕辅出席会议并作重要讲话，省人民政府副秘书长陈吉芳主持会议，省水利厅厅长詹晓安、省水利厅副厅长钟再群、副巡视员陈子年、长沙市副市长黎石秋出席会议，省发改委、省财政厅、省水利厅有关部门、单位主要负责人，14个市州水利（水务）局长及各市州选派县市区政府分管领导、水利（水务）局长参加会议。　上午，与会人员参观浏阳市浏阳河防洪提建设、古港镇梅田湖田间工程建设、三口镇骨干山塘整治、东区水厂等水利建设项目。下午举行的会议上，长沙市副市长、浏阳市委书记曹立军代表浏阳作典型发言。浏阳在水利工程建设、水利项目融资，基层水管站能力建设等方面形成一套成熟经验：以水利建设投资有限公司为平台开发建设长兴湖片区，用经营收益推进城市防洪工程长兴水库的建设和该市其他水利项目建设，从而建立以经营性收入反哺公益事业的长效机制；不断完善和健全基层水管站的软硬件设施，在古港镇水管站，值班室、防汛物资仓库等设施一应俱全，新引进的防汛视频会商系统能与各级防汛指挥部实时对接，有效防汛；三年行动计划通过以奖代补，广泛发动干群兴修水利村民积极投工投劳，将冬修水利与环境整治、农田整理、基层组织建设、新农村建设等相结合。

（曾　智）

【浏阳市水务工程管理系统投入使用】 12月11日，浏阳市完成水务工程管理系统开发建设。为切实加强工程监管，浏阳市水务局投入

180 万元，创新运用现代科技手段，完成水务工程管理系统开发建设并引进手机定位视频考勤系统，并投入使用。水务工程管理系统由湖南创博龙智信息科技股份有限公司开发，主要功能包括工程开工前管理、施工中管理、验收管理（法人验收、政府验收）、辅助管理、报表统计和系统管理，涵盖工程建设全过程。系统通过建设水利工程项目数据中心（水利工程项目数据库、水利工程资料库、水利工程图片库）和水利工程项目模板数据库，实现规范的水利工程建设档案管理、过程管理、资金管理等，从而满足水利工程建设公开透明需求、统一管理需求和工程建设信息化需求。（曾 智）

【第 22 届“世界水日”宣传】 2014 年 3 月 22 日是第 22 届“世界水日”，宣传主题是“水与能源”。为唤起公众的节水意识，加强水资源保护，满足人们日常生活、商业和农业对水资源的需求，浏阳市水务局以“世界水日”为契机，开展节水、护水系列宣传教育活动。一是在才常广场设置咨询台，向市民宣传市情水情，解答市民提问，并免费发放水法知识、应急知识宣传单 2000 份、暴雨山洪、地质灾害防御知识宣传画册 200 份，《水土保持法》《湖南省湘江保护条例》《长沙市水资源管理条例》等水法律法规 500 份。同时在才常广场开展“保护母亲河行动”倡议签名活动，过往群众积极参与，纷纷表示保护母亲河从我做起，从身边小事开始。二是由志愿者和自行车骑行爱好者共 50 人组成宣传队伍，沿浏阳河风光带开展骑行宣传活动，号召大家做关爱母亲河的积极参与者，做水环境保护的积极传播者，做水生态文明城市的积极推动者。（曾 智）

【浏阳市东区水厂正式供水】 11 月 11 日，浏阳市农村安全饮水重点项目——市东区水厂向该市永和镇正式供水。东区水厂总设计规模 3 万吨 / 天，已完成第一期工程日供水 1.5 万吨水厂及至沿溪、永和、两型产业园等区域的主管网铺设，将陆续向规划范围内的居民和企业接通供水。完成工程投资 4000 多万元，为当地经济发展和农村小康建设发挥正常工程效益。（曾 智）

【城区积水堵点改造】 2014 年，为践行群众路线，把为民办实事落到实处，市水务局进一步加强排查，基本解决浏阳市城区积水问题。针对该市排水设施运行条件差，避免暴雨造成城区渍涝，上半年市水务局对城区 53 处小堵点进行改造并通过验收。为尽快解决城区排水不畅问题，消除安全隐患，市水务局采取 3 项措施加以改善：一是对 65 处较小堵点进行全面改造。二是对城区金沙路等 10 条主要路段管网进行全面清淤。三是对城区 943 处井盖缺陷问题进行处理。（曾 智）

水利建设投资

浏阳市水利建设投资有限公司

董事长　邓　华（2014.09 免）
董事长、总经理
　王　武（2014.09 任）
副总经理　雷文浩　陈　虎
　唐　丰

【概况】 浏阳市水利建设投资有限公司成立于 2011 年 9 月，是浏阳市政府组建的具有独立法人资格、自主经营、独立核算的国有合资有限公司，是水利建设的重要投融资平台，接受浏阳市水务局的行业管理和业务指导。公司经营范围：负责水利工程建设项目投资、水资源综合利用开发、土地整理开发；负责重点水利工程的投融资建设和资金管理；负责国有资产的保值增值工作以及水利建设开发用地的运作和经营。公司登记时注册资金人民币 1 亿元，出资方分别为浏阳市财政局（控股 90%）和浏阳市五环建设开发有限公司（参股 10%），实收资本 10000 万元，出资方式为现金。后注册资金改为 1.8 亿元。公司坚持“政企分开、面向市场、财政统筹”的原则，依法经营管理范围内的全部国有资产，独立核算，依法纳税，自我发展，自我约束。公司实行企业化运作，设综合部、财务融资部、规划开发和招商经营部、工程技术部、征地拆迁安置部 5 个部室，并向社会公开招聘工作人员。公司工作人员为领导班子（4 人）、部门抽调人员（5 人）和聘用人员（26 人）。2014 年，公司各项工作成效显著：9 月 25 日长兴水库通过验收实现关闸蓄水；学府路实现通车，安置区一期一标完成铺装、绿化等附属工程，二标完成招标工作；征地 6 宗 1.67 公顷，签订征拆协议 70 份，迁坟 1000 多座，补偿青苗设施 100 余户，拆除违章建筑 2979 平方米；银天东湖广场项目正式启动建设，土地挂牌收入实现 3.7 亿元；15 亿元中期票据发行工作进展顺利；选聘市属国企优秀人才，逐步推行绩效考核。（吴凤芝）

【存在的困难和问题】 公司成立和领导班子组建时间不长，需要磨合时间，人员编制紧缺，影响公司发展；公司经营和城市建设开发等方面的知识储备不够充足，需进一步学习提高；土地市场低迷导致招商难，招商和融资工作是制约片区建设开发的瓶颈，需要进一步找准切入点寻求突破。（吴凤芝）

【长兴片区路网完善】 继片区主干道李畋路、锦程大道建成通车后，2014 年启动学府路等片区道路建设，9 月，学府路完成主体工程并实现通车，菊花石路一标、四标和道吾路全面启动建设。片区道路基础设施得到进一步完善，区位优势进一步凸显。（吴凤芝）

【举办招商推介会】 公司把招商工作列为重中之重，不等不靠，主动出击，积极开展走出去请进来、小分队外出招商等方式。成功举办“美丽浏阳 水韵长兴”生态滨水新城招商推介会，接待浙江、深圳等地投资商 43 家 200 余人，洽谈内容涵盖房地产、金融、酒店、文化创意等领域。主动积极与广州奥园集团进行沟通洽谈，合作前景乐观，项目有

望入驻长兴湖。（吴凤芝）

株树桥水库管理

浏阳市株树桥水库管理局

党委书记　张安平

党委副书记、局长　李万仕

党委委员、副局长　李幸平　周孟秋

党委委员、纪委书记　张芙蓉（女）

党委委员、工会联合会主席　韩益平（2014.06 任）

【概况】 浏阳市株树桥水库管理局成立于 1990 年 3 月，2007 年机构升格为副县级事业单位，内设办公室、水资源保护科、工程管理科、经济建设科、政工人事科（纪检监察室）、财务审计科、6 个正科级职能科室，下设（枢纽工程管理所、资源管理所、水电调度与灌溉管理所、水质环境监测监督管理站4 个正科级二级机构）。主要承担防洪、供水、发电、水源保护、灌溉等职能，有干部职工 313 人。2014 年，该局紧扣“六个积极稳妥”（积极稳妥制订全年计划、积极稳妥推进项目建设、积极稳妥推动财经体制改革、积极稳妥实施竞争上岗、积极稳妥完善职工待遇、积极稳妥落实集资偿还）的总体思路，围绕中心职能，认真抓好工作落实，全年完成总产值 6838.16 万元，比上年度增长 16%；完成争融资 1842 万元，完成目标任务 600 万元的 307%；完成发电量 5872 万度；向长沙供水 9789 万吨，取得良好的经济和社会效益。（林宝艳）

【防汛保安】 2014 年，株树桥水库最高水位 164.95 米，汛末水位 162.04 米。降雨量 2054 毫米，比上年度增加 56%。为做好防汛工作，该局一是做好备汛工作，完善《株树桥水库防汛应急预案》，编制《水淹厂房应急预案》《失电溢洪应急预案》《渗漏量突变应急预案》《信息中断应急预案》4 个专项预案，组织对枢纽工程、防汛机电设施、信息系统、管理措施等方面进行拉网式的汛前安全大检查，整改安全隐患 15 项。对防汛设施设备和大坝溢洪闸门启闭系统进行检修维护，对大坝路面沉降、坝顶路面裂缝、上游 L 墙和溢洪道进行修复；备齐防汛物资，确保水库顺利度汛。二是加强水情雨情观测与分析，科学调度水库运行。针对降雨量多，强度大，汛期形势紧张等特点，通过加强监测，密切关注和分析水雨情，优化水量调度，科学决策，确保水库安全度汛，充分发挥大型水库拦洪错峰的积极作用，为秋冬季下游灌溉和生产生活用水提供保障。（林宝艳）

【水源保护】 一是围绕“争湖南标杆，创全国示范”重要饮用水水源地目标，实施《株树桥水源地保护规划》，制定《湖南省株树桥水库饮用水水源地安全保障达标建设方案》。二是做好日常监管工作。坚持开展陆面巡查，全年例行巡查 26 次，专项巡查 6 次，重点对核心保护区内违法扩建房屋、乱砍毁林、乱扔乱弃病死畜禽、乱采矿石等情况进行专项巡查，向林业部门转交乱砍滥伐案件 5 起；积极开展水面日常巡查，查处外来舟筏下水行为 13 起，收缴、拆除违规下水水上交通工具 10 余艘；查处违规猎渔行为 88 起，移送公安机关处理 26 人。三是加强库区污染防控。实施生活垃圾无害化处理，加大垃圾净化炉运转情况的监管，改厕三格化粪池 700 户；采取统防统治等技术措施推广农田测土配方施肥，平均每亩减少 1—2 次用药，农药使用量降低 10%—20%。督促乡镇建设病害畜禽无害化处理窖 10 个，共 300 立方米，开展养殖污染治理 100 余户；对水库水面漂浮物进行定期打捞和处理，污染防控得到有效控制。四是助推保护区生态发展，在保护区内生态种植优质稻 670 多公顷，高山水果、红豆杉以及药材 530 多公顷，促进生态产业和绿色产品区域化布局，村民们逐步实现产业转移。五是做好水源保护宣传工作。以“世界水日”“中国水周”“环境保护日”等节日为契机，在保护区进行水源保护宣传，对水库周边村民发放禁止游泳宣传文化衫 230 件。借助浏阳电视台“光阴故事”栏目对株树桥水库水源保护工作进行专题报道。在核心保护区高坪镇开展“践行群众路线，保护饮用水源”慰问宣传演出，营造了良好的护水氛围。7 月份，水利部水资源管理中心深入株树桥水库拍摄制作水源地保护专题宣传片，作为全国党员干部远程教育课件在共产党员网上播出，在全国范围内推介株树桥水源保护工作。六是对水质实行 24 小时自动监测，全年水质保持《地表水环境质量标准》Ⅱ类及以上标准，实现向省会长沙供应优质饮用水的目标。（林宝艳）

【湖南株树桥物业管理责任有限公司】 该公司成立于 2001 年 2 月，主要经营物业管理服务、社区服务、城市垃圾清扫、河面垃圾清理服务、家政及其他居民服务、电梯维修。2014 年，该公司围绕“管理工作要突破，用人机制要突破、成本管理要突破、经营思路要转变、服务质量要提高”的整体要求，加强服务，强化质量和品质提升；开展专项技能培训，培养形象好、素质高、业务精的专业团队；积极参加湖南省物业行业职业技能竞赛和浏阳市物业行业技能展示，展示品牌形象。6 月份，晋升国家一级物业资质企业。全年完成产值 2793 万元，上缴税收 144.81 万元，安排社会劳动就业 800 余人，业主整体满意率 95.5%，比上年度增长 1%。主要承接市人民医院、妇幼保健院（妇女儿童医院）、集里医院、地税局、国税局、教育局、国土局、自来水公司、大瑶镇市政环卫、大瑶镇政府、文家市镇市政环卫、大瑶花炮商贸城、开心商业广场、平鼎景都、和悦嘉苑、关口儿童医院、长沙廖家祠堂净水厂、长沙新开铺污水处理厂、长沙花桥污水处理厂、永安制造产业园、介面光电（湖南）分厂和株树桥水库水面清洁项目。（林宝艳）

【浏阳市株树桥水利水电工程有限公司】 株树桥水利水电工程有限

公司成立于 1999 年 2 月，具有水利水电机电设备安装专业承包三级资质，从事水利水电工程、电力工程、机械工程、工业民用建筑工程设备的安装、维修、检测、试验等工作。2014 年，该公司注重抓好工程质量和安全管理，强化内部制度建设和员工教育培训工作，狠抓安全生产，确保各项工作高效质优。全年完成产值 612.98 万元，税收 53.08 万元，比上年度增长 122%。完成永株 110 千伏线路维护、水电站 1 号机组事故抢修、株树桥水库大坝防汛设施维护、引水公司龙潭坝管道安装、莲花寨楼梯制作安装、引水公司取水口维护、株树桥水库坝区供水管网改造、长沙引水工程接地电阻测量及线路整理、沿溪户水表工程、株树桥饮用水厂供电线路安装、电信基站配电设施安装、长沙引水工程高压试验、胡耀邦故居水电改造等项目。 (陈静芳)

灌区管理

官庄水库浏阳灌区管理处

党支部书记、主 任 周方旺

【概况】 官庄水库浏阳灌区管理处创建于 1959 年，按渠系布设和自然地形，分为高灌区和低灌区两大灌溉系统，引水水源为官庄水库。灌区工程自投入运行以来，几经扩建配套，已建成干渠 4 条，分干渠 8 条，支渠 28 条，渠线总长 396 公里，灌溉浏阳西区官桥、普迹、镇头、葛家、枨冲 5 个乡镇共 9400 公顷农田，占全市旱涝保收面积的 1/4，受益人口 13 万。主要担负着防洪、城镇供水和农业灌溉任务。2014 年，该处积极开展防汛安全检查、续建配套与节水改造、安全饮水和水价综合改革项目建设工作，取得较好的成绩。 (潘艳纯)

【防汛抗旱工作】 按照防汛工作抓早、抓严、抓实的要求，建立管理处、管理所两级防汛岗位责任制，落实重点工程、重点部位责任人。严格执行 24 小时值班和领导带班制度。在全灌区范围内开展防汛安全大检查，针对检查中发现的问题，及时提出意见，督促抓紧整改，成功抵御“5•25”“7•15”两次强降雨袭击。汛期对 6 处被损坏的附建物和普跃干渠青新、蒜州、暴水岩等 14 处渠道塌方、崩塌进行应急处险。重点完成撇洪渠栗山坪深埋、杉山深埋等 4 处水损处理、修复工作，突击完成王家坝等 12 处重点清障和度汛应急工程，确保工程的安全度汛，保障西区 5 个乡镇农业灌溉需要。 (潘艳纯)

【重点工程建设】 2014 年争取中央、省、市水利建设资金 2467 万元，其中续建配套 1367 万元，水价改革 1000 万元，危房改造 100 万元。续建配套与节水改造工程：完成牛栏冲、杨柳冲隧洞，冬竹 1#、2# 渠下涵、庙湾泄洪闸改造，完成土石方 1180 立方米，砼 290 立方米，钢筋 14.91 吨，完成资金 125.8 万元。配套完成信息化监测系统，设置监测点 7 处，对 7 处闸门和 42.5 公里渠道实现自动化监测，完成投资 925 万元。农业水价综合改革项目工程：全面完成官桥、镇头两项目区工程建设。完成土石方 2.8 万立方米，砼 0.82 万立方米，渠道改造 47 公里，进水闸改造 7 处，建设量水堰 22 处，完成投资 750 万元。农村饮水安全工程：完成镇头环保科技示范园 3.6 公里主管道一期工程改造，并实现通水；积极配合镇头镇政府新城镇化建设，对振兴街、万紫路、开源路、镇柏路、镇美路、西满街的管网全面进行更新改造；拉通镇头至柏加整个供水管网的通水；做好普迹、官桥两个镇的入户安装，拓宽供水市场。购置水费系统软件，实现水费收缴管理规范化，安全监控一体化。其他工程：完成渡槽补强工程 19 处，拆除重建 1 处，完成投资 238 万元。投资 141 万元完成官桥旧房改造与信息化项目。做好灌区渠首计量设施的调查、规划和可研等前期工作，为国家资金投入做好项目储备。 (潘艳纯)

【水利经济】 全年完成收入 425 万元，比上年增长 12%。供水公司。成立采购收费部新机构，重新调整人员，镇头水厂和普迹水厂实行两套班子管理，效果明显。2014 年新增居民和企业入户 841 户，实现供水收入 125.6 万元，比上年增长 21%，实施预交水费新模式。日平均供水量达到 1500 吨，日供水量最高时达到 3000 吨，水损率控制在 20%以内，安全、优质供水效益明显。劳务公司。全年签订合同业务 780 万元，完成伏岭坳 1500 米引流沟渠，13 处渡槽补强，镇头、官桥境内末级渠系改造 49 公里，

拆除重建后的玉屏渡槽

（图片来源：官庄水库浏阳灌区管理处办公室）

续建配套与节水改造后的普跃干渠马家湾段

（图片来源：官庄水库浏阳灌区管理处办公室）

农桥改造 10 处，进水闸 7 处，量水堰 13 处，完成投资 702 万元，利润比上年增长 16.2%。农业灌溉。继续完善农民用水户协会建设，组织召开协会工作会议，协调关系，在设置量水堰的区域部分实行按方收费，节约水量，减少农业生产成本。全年灌溉水量 765 万立方米，比 2013 年节约 34%。 (潘艳纯)

移民开发管理

12 月 24 日，省移民局副局长彭顺喜（右二）在长沙市移民局局长张水平（左一）的陪同下到七宝山乡移民避险安置幸福小区考察 （图片来源：市移民开发管理局办公室）

浏阳市移民开发管理局

党组书记、局长	王运平
副　局　长	汤小莽
纪 检 组 长	熊善良

【概况】 2014 年，浏阳市移民开发管理局有在编干部职工 10 名，内设办公室、业务管理科两个职能科室和移民后期扶持服务中心一个二级机构。全市境内有株树桥大型水库 1 座，马尾皂、南康、关山、横山头、仙人造、清江、道源、梅田、板贝、富岭 10 座中型水库，登记在册的大中型水库农村移民现状人口为 25522 人，分布在全市 37 个乡镇、街道的 372 个村（居）。市移民局机构职能：（一）贯彻执行党和国家及省、市有关移民工作方针、政策，研究探索开发性移民与管理的新机制。（二）编制大中型水库移民后期扶持规划，安排和管理移民后期扶持资金，并对实施情况进行管理和监督。（三）协同有关部门编制库区和移民安置区基础设施建设和经济发展规划，并对纳入移民开发扶持的项目实施情况进行跟踪、监督和管理。（四）负责全市移民搬迁安置工作的指导、协调和服务，依法维护移民的合法权益。（五）指导移民因地制宜调整产业结构，提高自身发展能力。（六）负责接待移民信访，协调解决工作中的重大问题。（七）承办市委、市人民政府交办的其他事项。该局按照“六个走在前列”的要求，以党的群众路线教育实践活动为契机，强班子，带队伍，转作风，履职责，扎实做好移民后期扶持工作，努力推动全市库区和移民安置区社会经济全面发展，库区和移民安置区和谐稳定，2014 年度被湖南省水库移民开发管理局评为信访维稳工作先进单位。 (彭万伟)

【移民后期扶持】 落实移民政策：加强移民后扶人口动态管理，核减因各种原因丧失扶持条件的移民人口 126 人。对 3 户违法生育且未缴清社会抚养费的移民家庭户共 6 人暂缓发放后期扶持资金。通过乡镇财税管理信息系统，以银行“一卡通”形式发放移民直补资金 1224 万元、口粮补贴款 170 万元。积极与上级移民部门协调，争取项目资金，全年争资任务 1800 万元，实际争取到位资金 3455 万元，完成任务数的 192%。完善基础设施：整合资金，加大库区和移民安置区基础设施建设力度，实施公路、水利等一大批基础设施项目，夯实库区经济发展基础。全年下拨项目扶持资金 1162 万元，扶持项目 143 个，硬化库区和移民安置区道路 44 公里；完善七宝山乡移民避险搬迁一期工程基础设施，改善移民生活品质。增加移民收入：结合市场需求和移民意愿，确定培训内容，增强移民的就业技能、创业本领，有效增加移民工资性收入。全年培训 626 人，其中实用技术培训 520 人、技能培训 106 人，完成全年任务数的 108%，培训合格率达到 100%。拓展就业途径，拓宽移民增收渠道，转移就业 100 人，就业率达到 95%。探索产业模式：在抓好油茶、水果、蔬菜、花卉苗木四大传统产业的同时，积极探索移民产业扶持新模式。将产业扶持资金投入到移民以土地入股，并参与管理，股金与效益挂钩的村级集体经济组织，壮大村级集体经济组织，增加移民收入，实现移民利益的最大化。规范资金管理：加强对移民资金和项目的监督管理，对乡镇申报的年度后扶项目严格把关。移民资金分类核算，并按规定的审批程序拨付。项目资金实行县级报账，拨付到项目所属的乡镇财政所账上。强化内部审计，对全市移民资金使用和项目实施情况进行抽查，及时督促相关乡镇整改，确保移民资金专款专用，安全有效。畅通信访渠道：落实局长接待日制度，有信必办、有访必接，积极回应移民诉求，重点解决七宝山乡井泉村老上访户巫贤佳的住房问题。完善信访维稳工作机制，有效化解矛盾纠纷，没有出现一例移民越级上访的情况，信访件与 2013 年相比，明显减少，全市库区和移民安置区和谐、稳定。关心移民疾苦：对少数因老弱、伤残、重大疾病等原因造成经济困难的移民户开展常态化帮扶，及时解决水库移民等困难群体的生产生活困难，全年走访慰问特困移民 62 户，发放慰问金 6 万元。对全市 2014 年 19 位考取全日制大学的移民独生子女和二女户家庭子女给予 2000 至 3000 元的奖励，共计发放奖学金 3.9 万元。 (彭万伟)

【被评为 2014 年度省移民信访维稳工作先进单位】 2014 年，该局进一步完善信访维稳工作机制，强化工作措施，妥善处理移民各类诉求，移民信访维稳工作取得显著成效。2014 年度被湖南省水库移民开发管理局评为信访维稳工作先进单位。一是健全信访维稳责任机制。层层落实信访工作责任制，加强政策咨询接待处理工作，全面掌握移民动态，定期排查不稳定因素。二是落实移民来访接待制度。畅通信访渠道，依据政策及时解答来访人员提出的问题；妥善处理移民上访，积极解决移民遗留问题。三是推行领导干部下访制度。针对移民来信来访的热点、难点问题开展调研，到移民群众中去访贫问苦，与移民进行交流，倾听移民的心声、呼声，拉近与移民的距离。四是维护移民群众切身利益。及时了解群众关注的热点、难点问题，尊重民意，适时确定加强库区基础设施建设、实现移民增产增收可持续发展的项目，进一步解决移民生产生活亟待解决的困难问题。 （彭万伟）

水　文

浏阳市水文局

局　长　吴佳忠

副局长　陈家福

【概况】 浏阳市水文局属垂理管理单位，下设监测科、水情水资源科和办公室三个职能科室。2014 年，浏阳水文局有在职职工 10 人，其中在编工作人员 7 人，临聘人员 3 人；退休职工 4 人。水文局主要职责：统一管理浏阳市范围内水文资料的收集、整理、汇总，并报送上级水文部门审定；为浏阳市人民政府及防汛抗旱指挥机构提供实时雨水情服务，进行洪水趋势和过程预报、预测；协助水行政主管部门管理保护水资源，在实施取水许可、水资源管理中，负责有关水质监测、分析、评价及水功能区划等基础工作；协助有关工程建设项目的水资源论证、防洪评估、水土保持监测评价等工作；负责全市范围内水文站网规划、依照有关行政法规承担水文测报设施保护工作，同时为浏阳市防汛抗旱指挥部成员单位。 （吴　尚）

【基本测站情况】 双江口站位于浏阳市高坪镇双江村，北纬 28° 12′，东经113° 41′，为浏渭河区域代表站，控制流域面积 2067 平方千米，属二类精度站。测验项目包括水位、流量、泥沙、降水、水温、水面蒸发、水质项目。基本水尺断面位于大、小溪河汇合处下游约 700 米处，流速仪测流断面在基上 6 米处，测验河段顺直长度约为 3 公里。上游约 10 公里处的大溪河上有古港坝一座；上游约 24 公里处的小溪河上有株树桥水电站；上游约 600 米处已建双江口水电站；下游约 2 公里处有石矶头水泥拦河坝。下游 500 米处长沙引水工程建有桥梁。清水站位于浏阳市古港镇宝盖寺村，北纬 28° 21′，东经 113° 43′，属三类精度小河站，集水面积为 22.1 平方公里，断面以上干流长 9.05 公里，距河口 18.9 公里，该站设站目的为易发洪涝灾害区提前预警，收集与小河流洪水相关的水文资料，用于分析、研究洪灾发生的特点和规律，为山区的洪水预报提供科学依据；测验项目包括水位、流量、降水。 （吴　尚）

【水文监测】 市水文局管辖双江口水文站、清水水文站，达浒、镇头、金刚水位站，并在浏阳乡镇设有 38 个雨量站，全面收集浏阳区域内的雨水情资料。双江口站全年测流 103 次，取单沙 168 次，输沙 12 次；实测最大流量 1270 立方米每秒，年径流量 20.16×108 立方米，平均输沙率 6.13 千克每秒，输沙量 19.3×104 吨；双江口站年降雨量 1931.4 毫米，属丰水年份，年蒸发量 587.7 毫米，全年最高水位 24.11 米，2014 年出现历年最低水位 19.28 米，年变幅 4.83 米。全年出现高水位洪水三次。全年最大洪峰出现在7 月 15 日，其峰顶水位 24.11 米，变幅为 3.34 米。清水站全年降水量为 1998.3 毫米，属丰水年份，降水时空分布不均匀，主要集中在 3 至 7 月。7 月 15 日出现年最高水位 182.88 米，1 月 30 日出现年最低水位 181.94 米，年水位变幅为 0.94 米。实测最大流量 42.8 立方米每秒，相应水位 182.79 米，实测最小流量 0.064 立方米每秒，相应水位 181.94 米。(水位均为冻结基面以上水位)。 （吴　尚）

【水情服务】 保证汛期仪器正常运行，汛前对下属 38 个雨量站设备、测流缆道进行检查和维护，确保水文资料准确性与及时性，汛前准备工作得到省市领导的肯定。汛期，及时向各级政府和省、市防办汇报雨水情，答复各级防汛单位咨询，并及时收集各报汛站雨水情况，负责向各部门提供准确水情预报，进行洪水预报 4 次，干旱预报 3 次，定期向上级水文管理部门上报水情旬月报。2014 年，新增第三水厂和达浒两个水质监测断面，管辖双江口、浏阳城区、株树桥、大坝、蒋埠江、丁家湾 6 个水质断面，每月将监测结果和形成原因及时向市政府、市农办、市水务局等单位领导汇报，提出水资源保护参考意见。 （吴　尚）

【存在的困难与问题】 行业发展方面：野外测验设施涉及范围广、保护难；水文测验河道清理，有法律依据，但无经费和职权，与当地村民产生纠纷；随着站点的增加，传统水文测验亟须向水文巡测转变，需引进先进测验设备和巡测工作中的交通问题，水文的财政投入有待增加。 （吴　尚）

【全年雨水情情况】 2014 年，该局下辖白沙、张坊、石湾、目莲渡、达浒、大光、光明、增嘉台、寒婆坳、古港、社港、新开、黄荆坪 13 个委托雨量站参与年报资料整编，其中白沙、张坊、新开为报汛站，寒婆坳为高山雨量站，年降水为 2275.2 毫米，降雨量比上年增加 534.3 毫米、最大日降水量为 129.5 毫米。

（吴　尚）

气象·地震

浏阳市气象（地震）局

党组书记、局长
李春梅（女）（2014.10 任）
凡安清（2014.10 免）
副局长　何升福
陈力强（2014.10 任）

【概况】 浏阳市气象局属垂直管理机构，内设行政办、气象台、法规科、防雷中心、气象科技服务部 5 个职能科室，有在职员工 21 人。承担浏阳市城内气象观测、气象预报和预警、气象服务、防雷安全管理、氢气球施放管理、人工影响天气等工作。2014 年，该局围绕职能职责、全市气象局长会议精神，围绕长沙市局下达的年度工作目标任务以及服务地方社会经济发展、服务防灾减灾等工作需要积极开展工作，圆满完成年度各项工作任务。

（何升福）

【业务工作】 综合观测业务：（一）顺利完成新型自动站转轨。2013 年底建成新型自动站，自 2014 年 1 月 1 日开始正式运行并运用新的观测业务软件 ISOS，新站运行基本正常，因软件而导致的数据问题能及时解决。2013 年 12 月至 2014 年 11 月共完成测报工作基数 12509.6 分，未出现明显台站错情，上传报表 13 份，全部为优，正点数据基本保持上传及时，传报率维持高水平，无缺漏现象。（二）“历史 - 实时资料一体化”实现常态化。5 月 20 日开始“历史 - 实时资料一体化”业务的试运行，对本站及省局监控的 62 个区域站实施实时监控及数据维护。业务运行基本走上正轨，问题疑误得到及时处理。（三）区域站运行正常，维护及时，数据传输率、可用率高。区域自动站布设点多面广、维护维修耗时长，该局时刻关注各站点稳定度，出现运行故障，及时派人员进行处理，确保各站点设备正常运行，确保上传上线率控制在省局规定的范围内。（四）气象探测环境得到有效保护。加大气象探测环境的监控保护力度，坚持做到时刻关注站点周边工程建设动态，区域站及观测场四周探测环境得到有效保护，全年无违反探测环境事件发生。气象服务：全年发布各类天气专题 255 期，其中《长期天气趋势预测》4 期，《重要天气消息》8 期，《天气情况汇报》7 期，《地质灾害气象风险预警消息》5 期，《森林防火专题》5 期，农业、烤烟、节假日等专题 226 期，发送天气服务短信息 160 余万条。（一）强降水预报服务。2014 年天气形势复杂，降水时空分布极不均匀。入汛后降水量达 1086.5 毫米，比历年同期偏多 124.3 毫米，年内出现五次暴雨天气过程，并多次出现局地强降水天气。在强降水的天气预报服务方面，较好地解决预报与服务的问题，确保灾害性天气预报的准确率，确保服务优质、高效和及时。7 月 12—15 日暴雨天气过程期间发布“强降水重要天气”一份、“地质灾害气象风险预警”一份，发送“强降水天气”“地质灾害气象风险预警”“降水实况及预警”等短信息 60000 余条。因前期预报准确，防范到位，处置科学，确保把灾害损失降到最低限度，赢得各级党委、政府和广大人民群众的高度赞誉。7 月 12—15 日受高空低槽及中低层切变共同影响，7 月 12 日 14 时至 13 日 14 时北区、东区张坊大围山出现暴雨，7 月 14 日 20 时至 15 日 17 时，全市普降大到暴雨，北区东区暴雨，其中淳口、三口、官渡、达浒、大围山、张坊出现大暴雨。7 月 12—15 日连续强降水天气过程致使浏阳市 13 个乡镇不同程度受灾。全市受灾人口约 4.9 万人，紧急转移人口 556 人，农作物受灾面积 4621 公顷，成灾面积 1523 公顷，绝收面积 603 公顷，倒损民房 230 户，（全倒 35 户），2560 间（严重损毁 130 间），直接经济损失 7648 万元。（二）烤烟生产直通式气象服务。2014 年，该局根据浏阳烤烟种植主体由散户转向以规模户为主的结构特点，制定以针对大户的点对点服务为主的烤烟专项服务实施方案。一是收集烤烟种植大户及乡镇、村级农业负责人的信息，每日通过手机短信为其提供五天滚动天气预报及灾害性天气预警服务，建立起与烟农的“直通式”联系。二是利用气象 QQ 群、邮箱每星期两期，定时向烤烟生产指挥机关、乡镇、村农业主管领导和各气象信息服务站发送《烤烟专题天气》91 期（其中烤烟移栽期共制作专题天气 4 期），提供详细的烤烟生产意见供用户及烤烟生产机关使用，取得良好效果。（三）房屋切坡户（地质灾害）气象风险预警服务。浏阳房屋切坡户众多，2014 年该局开展点对点的地质灾害气象风险预警服务，当预计降水将达到 25 毫米或已达到 25 毫米时，向切坡用户发送预警。全年为有关用户群发送预警 65 次。“三农”服务：2014 年，该局在市人民政府《关于进一步加强气象为农服务“两个体系”建设的通知》的基础上，围绕为农服务三年规划积极开展量身定制服务内容、短信指导农业生产、政府主导和部门联动有机结合等工作，“三农”服务各项工作任务全面完成。

（何升福）

【气候评价】 2014 年年平均气温为 18.0℃，比历年同期平均偏高 0.5℃，其中冬季、春季偏高，夏季正常略偏低，秋季显著偏高；春季偏长，夏季异常偏长，秋、冬季偏短，入春、入夏提前，入秋、入冬偏迟；年极端最低气温为 -3.9℃，出现在 12 月 22 日，年极端最高气温为 38.1℃，出现在 7 月 23 日。年降水量为 1765.3 毫米，比历年同期平均偏多 214.0 毫米；年降水日数为 147 天，暴雨日数为 5 天，日最大降水量为 88.7 毫米，出现在 5 月 25 日，降水空间分布较均匀，但时间分布不均；5 月 17—26 日、6 月 17—26 日分别出现雨水相对集中期，累计降水量达 190.6 毫米、180.0 毫米。全年日照时数为 1601.4 小时，比历年平均值偏多 6.6 小时，属于正常年份。无霜期日数为 294 天。3 月 28 日傍晚出现雷雨大风、短时强降水、局地冰雹等灾害性天气，全市 37 个乡镇不同程度受灾，累计倒房27户，其中全倒户10户，蔬菜大棚倒塌15个，因大风吹瓦和玻璃损害的有504户，直接经济损失达450万元。年内出现5次暴雨天气过程，其中5月25日及7月5日的暴雨、7月15日的大到暴雨天气过程使得全市多个乡镇受灾严重。5月24日晚至25日，受中低层切变影响，全市普降暴雨，东区、南区部分乡镇大暴雨，全市多个乡镇受灾严重，受灾人口约7.6万人，成灾人口2.4万人，紧急转移人口3200人，因灾伤病52人，因灾死亡2人，山体滑坡359处，冲毁公路7.47公里，损毁河堤129.922公里，河坝171个，山塘411口，冲毁渠圳225.981公里，农作物受灾面积2388公顷，受损企业155家，倒塌损毁民房3125间，直接经济损失达2.8亿元。7月5日受高空低槽东移及中低层切变共同影响，全市普降暴雨，部分乡镇大暴雨，最大降水葛家乡金塘村站点142.6毫米，城区93毫米。洞阳、淳口、镇头、普迹、柏加、葛家6乡镇受灾，全市受灾人口5100人，紧急转移安置6人，农作物受灾面积347公顷，倒塌损坏民房39间，冲毁河堤9处254米，河坝8座，直接经济损失达370万元。7月15日受高空槽及低层切变共同影响，全市普降大到暴雨，部分乡镇出现大暴雨，最大降水为大围山白沙社区164.0毫米。全市受灾人口约4.9万人，紧急转移人口556人，农作物受灾面积4621公顷，成灾面积1523公顷，绝收面积603公顷，倒损民房230户（全倒35户），共计2560间（严重损毁130间），直接经济损失达7648万元。2014年总的气候特点是：全年平均气温正常略偏高，降水偏多，阳光充足；出现寒潮、暴雨、雨水相对集中期、重度洪涝等天气气候事件。浏阳气候年景整体正常，农业气候年景条件整体较好。

（兰　娟）

工　业

8月16日晚，浏阳花炮亮相南京青奥会开幕式
（图片来源：市鞭炮烟花管理局办公室）

工业和信息化

浏阳市工业和信息化局

党委书记、局长　　邓科建
副书记、副局长　　张佳根
副书记、纪委书记　李耀明
党委委员、副局长
　　熊　明　林德亿
　　许庆堂　李冬长
副局长　唐小军

【概况】2014年，全市有工业企业3635家（其中规模工业企业798家，亿元企业380家，10亿元企业15家，上市企业4家，高新技术企业103家），拥有省部级企业工程（技术）中心8个；拥有专利授权561项，发明专利61项；拥有国家驰名商标4个，湖南省名牌产品55个，湖南省著名商标142件。全年实现高新技术产业产值798亿元，同比增长33.4%；完成工业总产值2039.5亿元，同比增长22.4%；工业增加值654.55亿元，同比增长14.1%；规模工业总产值1668.58亿元，同比增长23.1%；规模工业增加值521.93亿元，同比增长16.7%；实现工业税收31.97亿元，同比增长21.6%。完成工业招商76.31亿元，到位外资1.32亿美元；完成工业投资481.23亿元，工业招商到位内外资76.31亿元。全年工业增加率增长率、规模工业增加值增长率等多项主要指标均居长沙市九区县榜首。连续5年获得长沙市加速推进新型工业化工作红旗单位，连续4年获得湖南省加速推进新型工业化一等奖。

（周志刚）

【产业发展】生物医药、电子信息、机械制造、鞭炮烟花、食品饮料、材料能源、家居装饰七大支柱产业逐渐成熟，呈现加速发展的良好态势。生物医药产业发展潜力巨大。生物医药产业是该市新兴产业和国家级浏阳经开区的主导产业之一，拥有1个国内顶级医药实验检测中心，规上企业38家。2014年实现产业规模工业总产值224.64亿元，同比增长37.5%，占全市规模工业总产值的13.46%。随着尔康新项目、三清药业、开元药业等的投产，华纳大、华强、明瑞等企业新项目的开工建设，淀粉植物胶囊、琥珀酸亚铁片、开胃理脾口服液、哌拉西林钠舒巴坦钠等一批新产品投放市场，生物医药产业发展越来越快。同时，尔康制药研发的木薯淀粉胶囊，具有国际国内顶级水平，彻底改写使用动物明胶制作药品胶囊历史。总投资58亿元的木薯淀粉胶囊基地一期项目、年产300亿粒淀粉胶囊的64条生产线已经部分投产。电子信息产业发展迅猛。现有规模以上工业企业8家（其中7家在经开区）。实现规模工业总产值383.63亿元，占全市23%，同比增长32.3%，是来势最好、增长最快的产业。增长态势最强劲、龙头作用最明显的是介面光电和蓝思科技。介面光电完成年产值50.3亿元。蓝思科技是该市发展最快、经济总量最大的企业，也是湖南省出口总量最大的企业。单一企业实现年产值316.3亿元，同比增长31.1%；实现税收11.8亿元，同比增长38.5%。总投资80亿元的总部项目和二、三期基地项目已经完成主体工程建设。机械制造产业前景广阔。符合长沙“西高东制”工业发展战略布局，较好承接长沙市内的制造企业外迁。共有机械制造企业308家，其中规模以上企业74家，实现规模工业总产值154.91亿元，同比增长26.8%，占全市规模工业总产值的9.29%。鞭炮烟花支撑作用依然明显。受国际金融形势、国家产业政策及雾霾等环境问题影响，生产销售、产业发展面临一定发展危机，增速较大下滑。全年335家规模以上企业实现规模工业总产值202亿元，同比增长10.05%，占全市规模工业总产值的12.11%。

（周志刚）

【园区建设】“三园”（浏阳市国家级经济开发区、浏阳市制造产业基地、浏阳市两型产业园）“七小区”（荷花、镇头、沙市、龙伏、大瑶、沿溪、官桥）完成规模工业总产值1078.84亿元，占全市的64.63%，同比增长33.4%。浏阳国家级经开区规划面积32平方公里，建成面积为12.5平方公里，建成投产工业企业240家，其中规上企业 88 家。实现工业总产值 710.51 亿元，同比增长 32.3%，占全市的 38%；实现规模工业总产值 708.79 亿元，同比增长 32.3%，占全市的 42.48%。浏阳市制造产业基地规划面积 8.4 平方公里，建成面积 5.63 平方公里，建成投产工业企业 132 家（其中规上企业 87 家）。实现工业总产值 242.6 亿元，同比增长 29.5%；规模工业总产值 232.65 亿元，同比增长 31.7%。两型产业园规划面积 21.05 平方公里，建成面积 3 平方公里，入驻工业企业 47 家，建成投产 33 家（其中规模以上企业 23 家）。实现工业总产值，68.6 亿元，同比增长 17.9%；规模工业总产值 41.28 亿元，同比增长 37.4%。三园全年实现规模工业总产值 983.72 亿元，同比增长 32.1%，高出平均增速 9 个百分点。荷花、镇头、沙市、龙伏、大瑶、沿溪、官桥七个市重点扶持乡镇工业小区总规划面积 43.33 平方公里，建成面积 28.77 平方公里。建成投产工业企业 137 个（其中规上企业 48 家），规模以上总产值 96.12 亿元，占全市规模工业个数、规模工业总产值比重分别为 6%、7.2%。七个乡镇工业小区产业定位各具特色。荷花工业新区（荷花）产业定位为电子信息产业及新材料，市环保科技示范园（镇头镇）产业定位为绿色环保经济，湖南林业（长沙）现代家具产业园（沙市镇）产业定位为现代家具制造，市科技创业园（龙伏镇）产业定位为硬质合金等新材料制造，市花炮材料产业制造基地（大瑶镇）产业定位为花炮原辅材料、造纸及花炮机械生产，市花炮精品园（沿溪镇）产业定位为环保、安全烟花精品制造，官桥是新增市级重点扶持建设的工业小区，正在规划筹建中。

（周志刚）

【项目推进】 全年安排工业重点建设项目 162 个，计划总投资 386.7 亿元，其中投资 1000 万元以上项目有 127 个，5000 万元以上重点项目有 75 个，亿元以上重大项目有 39 个。新引进工业项目 72 个（亿元以上项目 21 个），完成外资 1.5 亿美元，同比增长 40%；招商固投 60 亿元，同比增长 18.6%；招商到位内外资总额 68.8 亿元，同比增长 21.7%。累计完成工业投入 481.23 亿元，同比增长 28.05%。75 个项目投产。

（周志刚）

【信息化建设】 浏阳移动互联网创业中心入驻企业 15 家，开辟移动互联网产业与创意产业深度融合新方向。完成 50 家企业两化融合发展水平评估工作，创建 79 家电子商务和两化融合企业，35 家企业与长沙“E 企来”平台签订合作协议，在市工商局注册登记电子商务公司 360 家，在阿里巴巴登记注册企业 3918 家，淘宝卖家 2270 余家（均含非工业企业）。全市矿山实现远程监控管理，花炮企业的生产车间、仓库基本上实现电子化远程实时动态监控和全市联网监管。企业科研、机械设备、生产管理信息化嵌入程度均得到大幅提升。

（周志刚）

【企业服务】 扩建完善中小企业服务中心，明确 27 家企业为市“项目攻坚年”帮扶企业，16 家企业为该局联系帮扶企业。全年开展 2 次重点项目观摩活动，组织召开工业项目建设调度会 2 次，提交问题 35 个，协调解决 12 个；争取省经信委支持两型产业园挂牌“湖南省特色食品园”。帮助企业申报上级财政扶持资金 5772 万元，同比翻一番。组织政银企对接会 2 次，参加企业 338 家次，企业授信 10 亿元，达成融资意向 6.4 亿元，到位融资 3.8 亿元。组织 6 次 140 余家次企业参加长沙市“管理升级大讲堂”和“与创业同行”活动，97 家企业参加“战略思维与管理创新”培训 1 次，85 家黑火药企业参加安全生产培训 1 次，90 家企业负责人和 37 家乡镇企业办主任参加信息化培训 1 次，150 多家企业 300 余人次参加清洁生产、商标专利知识培训各 1 次，煤矿安全生产培训 34 场次 1500 人次。在怀化靖州、邵阳城步组织 2 场“揽万名英才，助浏阳腾飞”工业企业人才招聘活动，为 79 家企业引进各类人才 3819 名。组织制造产业基地 10 家汽车零部件生产企业参加株洲湖南汽车学院招聘人才，招聘汽车产业专业人才 114 人，并与该学院达成按要求定点定向培养人才、开展专场人才招聘活动的战略合作意向。申报列入省、市项目库项目 230 个；完成技术改造备案审查 131 个、核准 3 个，退回不符合产业政策和有关行业准入的申请事项 6 个。争取到位长沙市花炮产业整合提升专项扶持资金 1300 万元，完成关闭花炮产业企业 100 家。开展安全生产督查和执法检查 166 批次，发现各类安全隐患和违规行为 812 条，暂扣煤矿企业安全生产许可证 3 家，关闭煤矿 8 个，对企业停电执法 4 次。全年未发生一起煤矿安全生产事故，未死亡一人。万元 GDP 能耗下降 4.6%。

（周志刚）

【关闭落后煤矿 8 家】 2014 年，依据国家、省市相关政策，该市关闭不符合产能规模和安全生产条件的煤矿企业 8 家，分别是澄潭江镇的造上煤矿、平安煤矿、罗家冲煤矿、集镇煤矿、新开煤矿、八房坡煤矿、卫星煤矿，大瑶镇的龙洞坡煤矿。保留煤矿为澄潭江煤矿、吴家冲煤矿、槐树煤矿、漆树坡煤矿、炭板冲煤矿、九龙煤矿、陶家煤矿、石灰冲煤矿、文家市煤矿。

（周志刚）

【省经信委调研浏阳工业和信息化发展情况】 12 月 11 日，湖南省经信委主任赵跃驷到浏阳市调研工业和信息化发展情况，先后对移动互联网创业中心、蓝思科技、动物实验中心进行调研并听取市政府的情况汇报，对该市移动互联网建设情况和工业经济发展情况给予高度评价。

（周志刚）

【举办“揽万名英才·助浏阳腾飞”工业企业人才招聘活动】 2 月 8 日和 2 月 28 日，市工信局组织 79 家次企业分别在湘西靖州苗族侗族自治县、城步苗族自治县举办“揽万名英才·助浏阳腾飞”工业企业人才招聘活动，为企业招揽各类人才 3819 名。活动有效缓解浏阳工业企业用工难问题，同时，也有效宣传推介浏阳，开辟区域工业发展合作的新途径。浏阳市还与靖州苗族侗族自治县签署《工业互惠共赢发展战略备忘录》。中央电视台法制频道等10家媒体参与报道活动。

（周志刚）

供　电

国网湖南省电力公司浏阳市供电公司

党委书记　唐　杰（2014.08免）
　　　　　戴坚胜（2014.08任）
总 经 理　姚震宇（2014.04免）
　　　　　唐　杰（2014.08任）
副总经理　张　诚　熊新树
　　　　　张　杰
纪委书记　赵　坚

【概况】 2014年，该公司认真贯彻落实上级决策部署，扎实开展党的群众路线教育实践活动，坚持依法从严治企，大力转变作风，真抓实干，全面完成业绩考核目标，各项工作取得新进展。全年累计完成售电量27.67亿千瓦时，同比增长2.40%；售电均价（含税）728.38元／千千瓦时，同比增加26.14元／千千瓦时；应收电费20.15亿元，电费回收率100%；城市综合电压合格率99.999%。同业对标年度综合业绩在长沙市公司四县（市）公司排名第一位，在省公司同类县级供电企业排名第七位。（李　力）

【安全生产】 认真贯彻“安全第一、预防为主、综合治理”的方针，将“精益安全管理”活动作为全年安全生产主线，严格落实“三坚持”“三到位”“三提升”工作要求。全面落实调度对电网负全责理念，加强“三种方式”“三项分析”“三个协同”安全风险管控，完成沪昆高铁牵引变投产、丛淮和沙丛III线新建等特护期间保电保网任务。精心组织完成全年计划停电检修工作424项、带电作业69次、烤烟保电等重要保电任务85次。重点开展专项监督，在春、秋安全大检查的基础上，定期组织开展输、变、配运维质量稽查等一系列专项检查活动。公司安全管理实现“五无五不发生”安全目标。截至12月31日，顺利实现连续安全生产3927天。（李　力）

【电网建设】 主网新建220千伏星丛线、丛淮线、云冲线及220千伏冲口牵引变，启动新建220千伏医药园变、110千伏澄潭江变、35千伏太平桥变，改扩建110千伏洞阳变，总投资约35779万元。农网完成新建改造24条10千伏线路，改造93个行政村，县城布点13个，投资约4592.7万元。同时，启动2014年农网增补项目建设（计划投资306万元，计划改造聂桥村等20个行政村）。2014年，公司通过全面深化规划管理，精益化推进规划工作，规划技术监督网得到有效发挥，县域规划工作在基础数据收集、项目入库准确性等方面获得省市公司高度认可，并作为典型经验在全省推广。12月3日，公司作为湖南省公司电网规划建设唯一代表，参加国网公司电网规划发展专题调研座谈会并作专题发言。

（李　力）

【营销服务】 深入开展营销服务“反违章”工作，坚持严抓严管严考核，全年共查处严重违章78起，考核362人次。扎实开展营销稽查工作，组织反窃查违集中打击行动，共追补电费、违约使用费167万元。高效开展用电信息采集系统建设工作及营配贯通数据采集工作，全面完成151条农网高压线路建模工作，营销基础管理进一步夯实。积极适应“95598”全业务集中管理模式，认真查找服务中的薄弱环节和危险点，实施“台区服务经理制”，收集11.7万户电话号码，进一步压缩服务链条。2014年共受理电话业务32430次，话务量同比上升15%，全年服务投诉量同比下降45%。积极拓宽缴费渠道，推广银行代扣、自助缴费终端，实现“村村有缴费网点”。全年累计新增银行代扣用户195166户，农村客户总签约率达58%，开通邮政代收网点18个、信用社代收点26个、自助缴费网点280个。成立配网抢修指挥班，抢修流程由“并联”转入“串联”，城区、农村抢修到达时间分别缩短至16分钟和22分钟，服务品质进一步提高。

（李　力）

【农电管理】 以标准化示范供电所创建为中心，全面推进乡镇供电所精简资料体系建设工作，大围山、大瑶供电所在省级标准化示范供电所验收检查中，得到上级高度评价。规范日常农网运行、维护、抢修工作流程，提升农网运维管理水平。完成农电与主业营销系统合并，开展农电低压集抄建设，搭建“同标准、同检查、同考核”的营销业务平台。全面取消走收模式，完成农电营销“破难题”目标。加强供电服务突出问题整治，清理完善农电客户基础信息，有效提升农电服务质量。加强员工队伍管理，规范农电人资集约管控，制定《农电新聘员工下一线工作方案》，分专业落实青年员工培训工作，全面加强农电队伍建设。主动关心农电员工，为身患重症的永和所员工家属募得款项79050元。扎实开展农电同业对标工作，枨冲供电所获评2014年度国网公司同业对标生产类标杆供电所。（李　力）

鞭炮烟花管理

浏阳市鞭炮烟花管理局

党组书记、局　长　汤显华
副书记、副局长　李定平
副　局　长　胡建军　李仕飞
纪检组长　张　恒

【概况】 2014年，浏阳市鞭炮烟花管理局实有人员编制32人。其机构职能：（一）贯彻执行国家有关鞭炮烟花生产、销售的方针、政策和法规；负责拟订本市有关花炮生产、经营管理等政策、措施和办法并组织实施；拟定并组织实施花炮产业发展的中长期规划和年度计划；组织拟订花炮专项规划和行业规范。（二）监测、分析国内外的产业发展动态，及时掌握花炮行业的经济信息，指导企业拓展国际、

5 月 29 日，首届中国烟花爆竹安全环保博览会在浏阳市开幕

（图片来源：市鞭炮烟花管理局办公室）

国内市场。（三）负责做好与销售地政府烟花管理机构的联系，协调处理企业在销售过程中出现的有关问题，做好省外花炮销售供货备案指导协调和市场战略推广工作。（四）负责花炮产业品牌整体形象的对外宣传和消费理念的引导；指导花炮企业品牌建设。（五）指导协助花炮行业的对外经济技术合作。为浏阳花炮企业引进资金、技术、人才和先进管理经验提供服务；协助做好花炮从业人员技术职称评定工作。（六）指导浏阳花炮地方标准制定、修改、完善；负责花炮原辅材料的综合监管，协助花炮产品质量安全监管。（七）参与花炮行业科技攻关，组织花炮行业新工艺、新机械、新材料、新产品、新包装的开发、鉴定、评选、推介和奖励工作，指导企业技术创新和技术进步，推进企业技术创新体系和能力建设，推动企业技术引进、新产品开发和高新技术应用。（八）监督管理全市焰火燃放市场，规范焰火燃放行为，对焰火燃放进行技术指导。（九）负责产销环节协调指导工作；负责全市花炮行业产销统计工作。（十）指导浏阳市烟花爆竹总会等行业协会工作。（十一）承办市委、市人民政府交办的其他事项。2014 年，牢牢把握产业“整合提升、转型升级”主题，大力推进集团化经营、专业化生产、机械化制作和信息化建设，全年市花炮产业集群实现总产值 202 亿元，同比增长 7.6%，其中出口销售额 28.35 亿元，同比增长 15.8%；国内销售额 126.77 亿元，同比增长 7.37%；原辅材料及相关产业实现产值 46.88 亿元，同比增长6.8%。（黄　露）

【整合提升】积极响应国家安监总局关于加快花炮企业整顿关闭和花炮产业转型升级的决定，依法有序完成 100 家企业退出目标，重点引导有品牌、有市场、有技术、善管理的企业兼并收购专业小厂，大力淘汰引火线、黑火药等落后产能。指导成立黑火药行业协会，通过内部兼并重组，组建 10 家集团公司，实行以销定产，降低安全风险。（黄　露）

【科技研发】设立 1000 万元技术攻关专项资金开展烟花爆竹重大技术难题攻关，积极破解制约产业发展的科技瓶颈。经专业评委综合评审，选出 7 个具有较强代表性的关键共性难题进行重点攻关。加大微烟、少尘、无硫、降噪等环保新材料的科研攻关，出台《浏阳市烟花爆竹新材料研发应用管理暂行办法》，举办微烟发射药比武，成功研发新型微烟无硫发射药等环保材料。加大危险工序自动化机械的研发应用，成功研发药柱自动生产机械、组合烟花全自动生产机械、烟火药自动造粒成型设备、新型无硫发射药旋转式造粒机等安全机械，提升花炮生产安全系数。筹建浏阳花炮重点实验室，打造浏阳花炮原材料检测和技术研发公共平台，大力推进浏阳花炮标准化、科技化进程。（黄　露）

【人才培养】开展多场花炮人才招聘会，引进花炮技术人才 300 多人。举办 3 期高级管理培训班，组织大型焰火操作人员培训考核和全市烟花爆竹专业技术人员培训，全年培训人员达 1000 多人，新增省级工艺美术大师 2 人，中级工艺美术师 58 人，助理工艺美术师 49 人，提升从业人员管理水平和专业技能，为产业创新发展夯实人才基础。（黄　露）

【质量监管】联合质监、工商等部门共同成立烟花爆竹行业秩序监管办公室，对生产企业使用和市场流通的原材料以及企业超规格生产情况进行常态化检查，有效确保原材料和产品质量安全。加大假冒伪劣行动打击力度，印发《浏阳花炮打假举报奖励办法》，先后赴海南、福建、临湘等地开展打假行动，捣毁假冒浏阳花炮生产窝点，维护浏阳花炮品牌声誉。创新升级电子防伪信息系统，引进手机二维码防伪技术，提升品牌保护能力。成功获批省级出口烟花爆竹质量安全示范区，建立健全以企业为主体的质量安全管理体系，积极打造浏阳花炮的品质高地。（黄　露）

【营销创新】做好省外定点订货工作，组织该市 480 多家企业参加黑龙江、山东等 15 个省市供货备案会议，稳定和拓展内销市场。探索省内直销试点模式，支持庆泰、明义等 10 家知名优质企业联合组建浏阳花炮连锁经营管理发展有限公司，在湘潭等地成功设立直销店，探索省内直销试点新模式。支持大型企业举办专场订货会，为浏阳花炮企业拓展国内市场开辟新的渠道。推动电子商务应用，组织浏阳 26 家花炮企业进入长沙市工信委推广应用的“e 企来”平台和“湘赢”

网上商城，推动浏阳花炮拓展现代化营销。举办中国烟花爆竹安全环保博览会，通过论坛、展览、焰火展示等活动全景展示烟花爆竹安全环保新形象，为拓展市场营造良好外部环境。（黄　露）

【文化宣传】 积极开展烟花文化专题宣传，争取20多家省级及以上媒体专题报道浏阳花炮转型升级之路，为产业发展营造舆论氛围。精心打造烟花特色宣传平台，组织橘子洲周末音乐焰火燃放，打造寿庆、婚庆、企业庆典等民间庆典主题焰火，弘扬烟花传统文化，推动民间焰火市场发展。创新举办浏阳河周末音乐焰火活动，加强文化创意与融合，提升浏阳花炮影响力。两大品牌活动带动浏阳、长沙相关产业的发展，催生焰火经济新业态。积极参与国际盛事焰火燃放，积极把握大型焰火燃放展示机遇，成功承担南京青奥会、韩国仁川亚运会、北京APEC会议等国际盛事的焰火燃放，提升浏阳花炮的国际知名度和美誉度，为行业发展营造更加宽松的市场氛围和更加浓厚的文化氛围。（黄　露）

【存在的困难和问题】 （一）安全环保发展任重道远。社会舆论对安全环保产品要求高，但市场接受度不高，安全环保产品的推广难度大。同时，安全环保受原材料研发落后、高级技术人才短缺、资金投入不足等因素制约进展缓慢。（二）整合提升推进难度较大。按照国家安委办文件精神，浏阳到十二五末期要力争将烟花爆竹企业控制到700家左右，由于企业关闭退出后可能面临银行追还欠款、厂房设施废弃等问题，同时淘汰退出缺乏补偿机制，导致工作难度加大，易引发社会不稳定因素。（黄　露）

【首届中国烟花爆竹安全环保博览会】 5月29日，首届中国烟花爆竹安全环保博览会在浏阳市开幕。国家安全生产监督管理总局副局长孙华山、湖南省副省长盛茂林出席开幕式并致辞，全国20多个省、直辖市、自治区的400多名花炮主管部门负责人、业内人士和专家学者参加开幕式。博览会为期2天，由中国烟花爆竹协会主办，浏阳市烟花爆竹总会承办。期间举办烟花爆竹“科技、安全、环保”主题论坛、烟花爆竹机械化生产设备和安全环保产品展览、烟花爆竹安全环保新产品燃放效果演示和中国烟花爆竹协会第一届理事会第二次全体会议四大主题活动。展览烟花爆竹新技术、新机械、新工艺、新产品，全面展示花炮产业安全环保新形象，为企业搭建产销对接经贸平台，实现经济效益和社会效益双丰收。（黄　露）

【浏阳花炮绽放南京青奥会和北京APEC会议舞台】 8月，第二届青年奥林匹克运动会在南京举行，浏阳花炮亮相开幕式和闭幕式环节。11月10日，北京APEC领导人非正式会议大型焰火燃放活动在北京奥林匹克公园举行，参与燃放的5家企业中有4家来自浏阳。青奥会焰火和APEC焰火凭借文化创意和安全环保的深度结合，受到国家领导人和与会各国元首高度好评，并吸引新闻媒体报道数万次，中央电视台对焰火燃放全程进行现场报道。焰火绽放在青奥会、APFC会议等重量级活动舞台上，宣告花炮时隔两年之后重登国家级舞台，不仅拓宽花炮产业属于文化产业的认识面，也为焰火市场复苏带来拉动效应。（黄　露）

11月10日晚，浏阳花炮绽放北京APEC会议　（图片来源：市鞭炮烟花管理局办公室）

【浏阳获批省级出口工业产品质量安全示范区】 12月31日，经湖南出入境检验检疫局批准，浏阳出口烟花爆竹质量安全示范区顺利成为湖南省省级出口工业产品质量安全示范区。8月起，浏阳启动示范区启动工作。在示范区建设上，形成“两步走”的思路，即在2014年通过省级验收、力争在2015年通过国家级出口烟花爆竹质量安全示范区的验收。截至年末，首批进入浏阳出口烟花爆竹质量安全示范区的企业达61家，其中重点示范企业15家。示范企业烟花爆竹出口量在全国、湖南省以及浏阳烟花爆竹出口中的占比分别为26%、45%、53%。示范区建设制度基本完善。省级示范区的成功创建，对于提升浏阳出口烟花爆竹总体质量水平和市场竞争力、服务区域经济又好又快发展方面具有重要意义，同时为下一步成为国家级出口烟花爆竹质量安全示范区打下良好基础。（黄　露）

【启动浏阳花炮连锁经营模式】 5月5日，湖南省安全生产监督管理局发布《关于加强和改进烟花爆竹经营安全监管工作的通知》，明确要求从2014年6月1日起，打破烟花经营垄断。以此为契机，浏阳市委、市政府提出在省内试行烟花爆竹产品连锁销售模式，支持组建浏阳花炮连锁经营管理发展（股份）有限公司，积极开展省内（县）市、区连锁销售试点工作，为全国连锁销售试点做好铺垫。浏阳花炮连锁经营管理发展有限公司由浏阳10家优质品牌企业联合组建，以“浏阳花炮”地理标志为品牌基础，通过新建、控股、兼并等方式，吸纳域内优势资源，统一门店装饰、统一网点标牌、统一品种门类、统一货物配送、统一售后服务，开展连锁销售管理服务，宣传推广“浏阳花炮”高档精品，致力打造烟花爆竹行业的标准店、示范店。11月18日，浏阳花炮连锁湘潭直销店隆重开业，标志着浏阳首创的花炮连锁经营模式正式走向零售市场。 （黄 露）

烟花爆竹产品检测

湖南烟花爆竹产品安全质量监督检测中心

党支部书记 方 波
主 任 黄茶香（女）
副 主 任 朱玉平 陈细江
张济水

【检验工作】 2014年，该中心检验各类花炮及原材料7000多批次；接受全国范围内执司法部门、生产经销企业和其他单位个人烟花爆竹产品及原辅材料委托检验3466批次。完成湖南省质量技术监督局下达的定期监检任务，抽查产品2437批次，定检批次完成率94.9%。完成国家质检总局下达的烟花爆竹国家专项抽查任务，抽查江西、贵州、山东3省70家生产企业70批次产品，完成率100%。完成省局下达的重点工业产品专项监督抽查，抽查10个地州市25个县区的840家生产企业1506批次产品，完成率100%。受浏阳花炮产业集群发展工作领导小组委托，完成浏阳市专项监督抽查132家企业217批次产品。为重大活动保驾护航，7月至8月，完成南京青奥会焰火专用产品监督抽查，共计原辅材料26批次、成品133批次；9月至11月，根据国家、省、市局相关文件要求，完成北京APEC会议焰火产品专用原材料检验27批次、烟火药检验145批次（含北京市烟花爆竹质量监督检验站委托抽样检验88批次）、产品检验83批次、跌落试验24批次，保障美丽焰火在南京、北京亮彩。拓展检验领域，更新检验合作模式，继续与上海金麒麟公司签署检验把关合作备忘录，全年完成入沪烟花爆竹产品委托检验82638箱，履行技术服务经济的社会功能，发挥技术支撑作用，体现权威性。 （方 钊）

【标准化工作】 该中心是国际标准化组织烟花爆竹技术委员会（ISO/TC264）和全国烟花爆竹标准化技术委员会（SAC/TC149）秘书处的挂靠单位，是ISO/TC264的国内技术对口单位，中心凭借专业人才与技术优势，克服困难，开拓创新，全力以赴，标准化及相关科研工作成效显著。全力制、修订国家和地方标准，加强标准化体系建设：一是向国标委提交《烟花爆竹 架子烟花》《烟花爆竹环保评价方法》和《烟花爆竹陆路运输及储存要求》三项国家标准立项申请；再次修改《烟花爆竹 抽样检查规则》《烟花爆竹 包装》《烟花爆竹 组合烟花》《烟花爆竹 礼花弹》《烟花爆竹 标志》和《烟花爆竹 黑火药》六项国家标准报批稿，向国标委提交最新报批稿；收集整理标准实施反馈意见，向国标委报送GB10631-2013《烟花爆竹 安全与质量》第1号修改单（送审稿）；组织审查《烟花爆竹 规格与命名》和《烟花爆竹发射高度、发射偏斜角、辐射半径测定方法》国家标准两项；获得《环保烟花基本技术要求》《烟花爆竹陆路运输及储存要求》和《烟花爆竹 禁限用药剂定性检测方法》国家标准立项三项；强制性国家标准《烟花爆竹 双响》和《烟花爆竹 架子烟花》通过立项评审。3月25日至28日在江苏宜兴组织召开ISO/TC264第二次全体工作组会议，来自十个国家和地区的四十多名专家参会。四个工作组分别讨论9项新标准工作项目的投票意见，工作组召集人根据现场讨论情况对每项意见进行意见处理，最终形成四个工作组会议决议，根据会议意见处理结果对9项国际标准新工作项目进行标准草案修改，对修改后的标准草案开启两个月的委员会草案（CD）投票。9月18日至21日，在山东省泰安市召开全国烟花爆竹标准化技术委员会第四届第二次全体大会，完成SAC/TC149第四届烟标委换届工作。二是对《浏阳花炮 安全与质量》《浏阳花炮 礼花类》《浏阳花炮 升空类》《浏阳花炮 吐珠类》《浏阳花炮 组合烟花类》《浏阳花炮 爆竹类》《浏阳花炮 玩具类》《浏阳花炮 喷花类》《浏阳花炮 架子烟花类》《浏阳花炮 旋转类》十项地方标准开展制修订工作。三是通过审批并出版《烟花爆竹用氧化铜》《烟花爆竹 牡丹型礼花弹》《烟花爆竹 30mm小礼花组合烟花（个人燃放类）》三项地方标准和《烟花爆竹 架子烟花》《烟花爆竹 无烟焰火产品》两项联盟标准。加强国际交流，全面开展国际标准化工作：积极开展国际标准化组织/烟花爆竹技术委员会（ISO/TC264）秘书处日常工作。10月27日至31日，在德国柏林召开ISO/TC264第三次全体会议暨工作组会议，来自法国、德国、日本、比利时、匈牙利、以色列、芬兰、瑞典、肯尼亚和中国及中国香港等十个国家和地区的四十余人参会，四个工作组会议分别讨论委员会草案（CD）投票结果和意见，对每项意见进行意见处理，修改标准草案相关内容，并形成决议提交给TC264，大会讨论本技术委员会工作计划、新提案等内容，同意对CD标准草案开启DIS投票，投票意见将在下次会议上进行讨论，并确定第四次全体会议暨工作组会议于2015年10月在南非召开。积极应对当前挑战，扎实推进科研工作：1月，向国家标准委申报“关于制定《烟花 分级分类》国际标准的研究”项目，编写《烟花 分级分类》国际标准草案，实现制定并颁布《烟花 分级分类》国际标准；5月，向国家质检总局申报“国家标准《烟花爆竹 包装》研究”科技计划项目，向湖南省质监局申报“《烟花爆竹 喷花》国家标准研究”湖南省质监局科技项目，均成功立项。

（方 钊）

【机制创新工作】 持续改进管理体系：3月，该中心认真组织实验室能力内部和外部比对、内审和管理评审，对不符合《检测与校准实验室认可准则》的不合格项进行自查自纠；4月18日至20日，该中心通过国检中心实验室“三合一”现场评审；6月23日至24日，中心再次通过国家计量认证轻工评审组和湖南省资质认定评审组的联合评审。强化制度建设：全面加强机关作风建设，规范管理，完善《车辆管理办法》《考勤制度》《培训人员管理办法》等管理制度，按照中央要求，对办公室进行改造，规范办公用房。狠抓学习：组织干部职工进行烟花爆竹国家重要标准知识、行业动态、烟花爆竹工艺、实验室认可有关规定等业务培训。

（方 钊）

【服务工作】 2月，该中心举办两期《烟花爆竹 安全与质量》标准免费培训；在全市范围内确定30家重点烟花爆竹企业实行重点质量服务；成立专家技术服务组，帮助企业解决技术难点，指导企业建立健全质量体系建设；关注地方品牌，开展烟花爆竹省名牌和市名牌申报服务工作，全年成功申报省名牌12家，市名牌4家；着力建设开展烟花爆竹产品安全质量检测服务平台，研制烟花爆竹检测用仪器设备，解决烟花爆竹生产、储运、燃放过程中的安全与环保。

（方 钊）

烟花爆竹行业管理

浏阳市烟花爆竹总会

名誉会长 宋福生
会 长 卢炳辉
副 会 长 黄文辉 李忠良 彭玉良 黄光辉 张万成 刘洪江 叶长江 胡 森 钟自敏 黄启昌 何定武 邱柏华 黄亿昌 张明福 汤英伟 李自检 刘中荣 谭应龙 喻名友 李 民 贺建武 张秋明 邓应章
秘 书 长 黄文辉（兼）
副秘书长 王水源 邱顺明 李民葵

【概况】 浏阳市烟花爆竹总会成立于1995年，是由全市花炮生产、经营企业组成的非营利性行业组织。总会以加强烟花爆竹行业管理，组织科技攻关，规范生产经营秩序，提高产品质量，促进安全生产，扩大对外交往，把握花炮产业发展动态，交流生产经营信息，拓展国内外市场，维护会员的合法权益为己任，是浏阳花炮行业唯一的服务平台，是联系政府与会员企业的重要桥梁。截至12月，总会有会员企业700余家。

（市烟花爆竹总会）

【行业活动】 2月14日，组织“迎新春、庆元宵”浏阳河畔环保创新焰火晚会，为市民上演一场精彩节目。积极为会员企业提供法律服务，充分发挥总会法律服务团的咨询与服务功能，3月8日在澄潭江镇举行第一期法律培训班，3月21日在文家市镇举行第二期法律培训班，约600人参加，普法宣传教育顺利开展，企业法制意识得到提升；5月28日至30日，与中国烟花爆竹协会携手合作成功承办“首届中国烟花爆竹安全、环保博览会”，受到花炮业界广泛关注。7月23日，在大瑶国际花炮商贸城举行花炮安全员、技术员培训，共有约400名来自各大花炮生产企业一线员工参加，合理利用花炮生产企业高温放假良机，为企业停产复工后的安全生产工作奠下基础。5—10月，在观礼台举行浏阳创意音乐焰火大赛，吸引大批媒体前来报道，有力地促进了浏阳旅游业的发展。

（市烟花爆竹总会）

【服务企业】 发挥服务功能，调整完善内设机构，明确秘书处的工作职能，采集各主产乡镇部门和全市生产经营企业的通讯资料，为开展服务工作奠定基础。（一）推动烟花爆竹余废药处理场所的建设。总会拨款30万元扶持文家市镇的余废药处理场和烟花爆竹燃放试验场建设项目，并在项目的选址、规划、设计、建设、管理上进行具体指导，为以后逐步帮助各主产乡镇建设余废药处理场所和产品试验场所积累经验，为浏阳花炮的生产安全管理创新和科研创新提供新的服务平台。（二）反映行业发展诉求。国家监管部门拟将小炮弹的类别、级别规整到礼花弹生产企业范围，严重影响到有小炮弹类别出口生产企业的生产与销售。总会收集各种数据，撰写专项请示报告，向上级反映企业的呼声与诉求，国家有关部门听取并采纳总会意见。（三）化解运输难题。公安部门同意在总会设立运输车辆车牌号码更改窗口，方便该市生产企业办理花炮运输手续，降低运输风险成本，促进花炮销售。（四）推动产业信息化建设。总会组织软件企业与花炮企业联合开展花炮行业信息化试点工作，加强花炮行业的信息化管理，通过信息化管理来加强安全管理，提高经济效益。打造花炮电子商务平台，改变以往传统的烟花销售模式，拓展烟花销售渠道，促进烟花的销售。（五）为会员企业提供法律服务。发挥总会法律服务团的咨询与服务功能，举行两次法律讲座，开展普法宣传教育两次，提升企业法制意识。积极介入会员企业的维权活动，2014年，为该市30多家会员企业维护合法权益42起，挽回经济损失400多万元。（六）为会员企业减轻运营负担。按照生产企业三年换证、经营企业两年换证的规定，针对安全设计和安全评价收费过高的情况，总会与安全设计和安全评价机构通过谈判，规范统一服务细节，统一收费标准，并向媒体发布强化公平合理，减轻企业负担。通过与原辅材料上游产业、运输行业洽谈来维护行业利益。 （市烟花爆竹总会）

【浏阳花炮品牌运营活动】 2014年，总会通过各种途径，开展一系列的浏阳花炮品牌运营活动。一是推动建立浏阳花炮连锁销售网络。浏阳花炮连锁经营是一个新的营销手段，通过连锁加盟的方式，把浏阳花炮品牌以统一店名、统一装修、统一理念、统一供货的方式进行连锁经营，是浏阳花炮适应市场开放、走向市场前台的新尝试。鼓励会员企业兼并重组外地经营公司和投资合作扩建仓储经营的新模式，提升市场份额，巩固市场地位。二是捕捉国内外各种重大活动中的焰火燃放信息，进一步参与宣传扩大浏阳花炮品牌的知名度、美誉度。8月，浏阳花炮企业积极参加南京青运会开闭幕式焰火燃放、11月11日，北京APEC会议焰火表演等活动取得圆满成功，在国内外都起到良好的正面宣传效果，为浏阳花炮增添新的光彩。三是举办浏阳河周末焰火大赛，宣传浏阳花炮品牌，带动旅游行业收入增长。为了宣传浏阳花炮，突出花炮之乡的特色，在市政府的统一组织下，总会出资260万元参与举办5月至10月份的浏阳河周末焰火大赛，把浏阳花炮的印象刻在来浏阳旅游的游客心中。在活动举办期间，各级媒体多次宣传报道浏阳河周末焰火活动，吸引更多的游客来浏阳看焰火，与焰火亲密接触，近距离实地感受浏阳花炮品牌的魅力。全年浏阳河周末焰火表演19场吸引18万外地游客，旅游行业增加收入4.5亿元。四是创办一刊一网，拓宽宣传渠道。总会编印《浏阳花炮》会刊并向全国各有关部门、地区、行业协会、生产经营企业赠阅，发出浏阳声音，突出浏阳地位。利用各种传统与现代传媒方式积极宣传浏阳花炮企业和品牌，进一步提升浏阳花炮的知名度和影响力。

（市烟花爆竹总会）

园区经济

浏阳经开区远眺 (图片来源：浏阳经济技术开发区管理委员会)

浏阳经济技术开发区

浏阳经济技术开发区管理委员会

党工委第一书记 曹立军（兼）
书 记 周岳云（2014.09 任）
郭力夫（2014.09 免）
副书记、管委会主任
郭力夫（2014.09 月任）
党工委委员、副主任
周 剀（2014.09 免）
刘良成
寻院豪（2014.09 任）
邹先瑜 罗其胜 伍建明
党工委委员、纪工委书记
杨围山
党工委委员、工会联合会主席
胡汉圣
副主任 陈志高

【概况】 2014 年，浏阳经济技术开发区按照“产城融合，宜业宜居”的目标，克服宏观经济形势下行的压力，以党的群众路线教育实践活动为突破口强作风、鼓士气，以“项目攻坚”为主线解难题、促发展，真抓实干、开拓创新，加快新型工业化与新型城市化的融合，发展局面良好。完成工业总产值 710.5 亿元，同比增长 31.3%；完成财政总收入 24.12 亿元，同比增长 37.9%；完成固定资产投资 130.7 亿元，同比增长 35.4%。规模工业产值、财政税收、工业增加值等主要经济指标的增长速度在长沙市五个国家级开发区中排名第一，固定资产投资在长沙市五个国家级开发区中排名第三。全年新增入规企业 12 家，引进尔康制药淀粉胶囊项目、兆丰精密光学仪器、豫园生物科技公司的生物菌生产基地、金岭投资的标准厂房、宝湾物流等项目 24 个，其中投资过 50 亿元项目 2 个，过 30 亿元项目 1 个，过 20 亿元项目 1 个，过 10 亿元项目 2 个，新项目投资强度达到 500 万元/亩，园区规模企业总数达 101 家。获湖南省推进新型工业化一等奖、长沙市国家级园区绩效考核第一名。在湖南省 109 个园区排名中挺进 3 个位次，进入前六强。同时，发展空间不足、要素制约严重、体制机制欠顺、政府债务较多等问题，需要引起高度重视、着力加以破解。

(胡晓江)

【引进尔康制药淀粉胶囊项目并当年投产】 2014 年 3 月，由湖南尔康制药股份有限公司投资 58 亿元建设的药用淀粉胶囊项目签约落户浏阳经济技术开发区，以木薯淀粉替代明胶生产药用辅料硬胶囊，计划建成生产基地约 20 万平方米。该项目 4 月开始建设，8 月底完成 2 栋合计 3 万平方米厂房建设，11 月完成 64 条生产线的设备安装调试并投入试生产，生产能力达到 300 亿粒 / 年。实现 3 月签约、4 月建设、8 月设备安装、11 月试生产，创造令人瞩目的“尔康速度”，成为 2014 年长沙市“六个走在前列”大竞赛活动的重点观摩项目之一和 2014 年湖南省医药工业的最大亮点之一。

(胡晓江)

【成功发行 13 亿元公司债券】 2014 年，浏阳经济技术开发区拓宽融资思路，全年融资到位资金 23.55 亿元，为建园以来融资最多的一年。其中，成功发行 13 亿元公司债券，成本为 5.7‰ / 月，为同期同类市场中发行利率最低，创

湖南尔康制药有限公司 (图片来源：浏阳经济技术开发区管理委员会)

蓝思科技三期新材料基地项目建设工地　　(图片来源：浏阳经济技术开发区管理委员会)

下湖南城投债发行利率新低。公司债券的发行创新融资模式、调整债务结构、降低融资成本，为加快园区基础设施建设打下良好基础。（胡晓江）

【蓝思科技股份有限公司新建厂房30多万平方米】 1月，由蓝思科技股份有限公司投资55亿元的蓝思科技新材料生产基地项目签约落户浏阳经济技术开发区，使该区电子信息产业集群更加完善。截至年底，该项目已完成一、二车间整体建设，完成三、四车间和物料仓库、污水处理中心等设施的主体建设，总建筑面积达30多万平方米。（胡晓江）

【基础建设】 全年平地121.07公顷，新修路基6.8公里、路面3.6公里，完成土石方410万立方米，完成道路提质改造12.57公里、污水管线1.1公里。新建绿化及铺装面积12万平方米，新安装路灯385盏（约16.6公里）。完成110千伏电力线路改造3公里，建设10千伏电力架空线路10公里、10千伏电缆1.2公里，新架10千伏高压线路11公里，新架380伏低压线路8.5公里，敷设10千伏电缆3公里。全年供水1670万吨、处理污水1006万吨、铺设供水及排污主管13公里。重点推进总建筑面积21万平方米的标准厂房——长沙e中心建设，长沙e中心标准厂房4、5、6、7栋已建至4层，1、2、3栋主体工程已竣工，共完成投资1.5亿元。（胡晓江）

【项目攻坚】 全年铺排重点项目60个，总投资267亿元。其中，2014年完成投资100.3亿元，占任务的100.3%，开工项目58个，开工率为97%。蓝思科技三期及总部、尔康制药淀粉胶囊生产基地等8个项目列入长沙市“六个走在前列”大竞赛活动的重大项目。强力推进征拆“清零”和拆违控违，全年征地335.53公顷、安置拆迁户158户、拆迁房屋220户，分别为上年的2倍、2.5倍、3倍，均创历史最好纪录。（胡晓江）

【科技创新】 完成专利申请235项，同比增长56.6%，其中发明专利118项。永清环保、华纳大制药、天地恒一制药、农大动物药业4家企业获批省级工程技术中心，实验动物中心获省食品检验检测资质。投资4000万元建设的国家航天员中心动物行为学重点实验室，填补浏阳经济技术开发区航天医学科研领域的空白。（胡晓江）

【“八大民生工程”有序推进】 启动或完成长郡浏阳实验学校、长途汽车站、金阳文化艺术中心、幸福泉公园、“市民之家”、豫园名品商业街、仲景公园、公租房建设等“八大民生工程”，总投资7亿多元。其中，总投资3.5亿元的金阳文化艺术中心主体工程全部竣工、内外装修全部完成；总投资3.5亿元的长郡浏阳实验学校教学楼主体竣工；豫园名品商业街开街并进驻品牌商家十余个；长途汽车站主体全面竣工，站场硬化已完成基础平整；仲景公园投入使用；东郡公租房第一期工程7栋4.7万平方米（共计559套）全面开工，4、5、6、7栋建至4层，1、2、3栋完成地下室施工。（胡晓江）

【召开班子民主生活会】 7月17日，在全面推动党的群众路线教育实践活动并广泛征求各方意见、建议的基础上，浏阳经济技术开发区党工委、管委会召开一次高质量的民主生活会。班子成员开展批评与自我批评，达到“红红脸、出出汗”的效果。此前，通过开展“服务企业大走访，利民便民大行动”和“非公经济组织点带面”活动，共收集群众意见、建议304条，梳理倾向性问题36个，并分别由相关委领导认领。每个问题“一位领导、一套人马、一个方案”，9月底整改到位的达到60%，12月底整改到位的达到90%。整个活动得到《人民日报》网络版和《长沙晚报》推介。（胡晓江）

制造产业基地

湖南浏阳制造产业基地管理委员会

党工委书记
寻院豪（2014.09免）
周　剀（2014.09任）
副书记、管委会主任　周耀辉
副书记、副主任　赵志武
副书记、纪工委书记　李　建
副主任（兼）　陈训武
党工委委员、副主任　黄杰伟
党工委委员、工会联合会主席
翦正红（女）

【概况】 湖南浏阳制造产业基地总规划面积36平方公里，2014年建成区面积约9.6平方公里，常住人口约10万人。辖区内有礼耕村、坪头村、水山村、永安社区和永新社区5个涉园村（社区）。全年完成工业总产值241亿元，同比增长28.8%；完成规模工业增加值59.5亿元，同比增长23.8%。完成财政

“芙蓉王”全配方烟叶输出复烤项目签约 （图片来源：湖南浏阳制造产业基地管理委员会）

总收入 8.16 亿元，同比增长 34.4%，其中税收收入 5.29 亿元，同比增长 26%。装备制造业和汽车零部件两大主导产业加快转型升级，实现较快增长，完成企业产值 180 亿元，同比增长 26.7%。新材料、烟草食品、快速消费品等行业紧跟市场发展，创新经营理念，完成企业产值 69 亿元，同比增长 25.5%。规模工业增加值增速在长沙省级园区中位居第一，整体呈现总量增大、增速加快的良好发展态势。全年引进项目 27 个，其中投资过 20 亿元的项目 1 个，过 10 亿元的项目 1 个。先进装备制造、汽车及零部件两大主导产业类企业占引进企业总数的 70%以上，8 家汽车零部件企业均为核心配套企业。实行“园镇一体”（园区管委会与永安镇政府两位主要领导实行交叉任职，即管委会主任由永安镇党委书记兼任，永安镇镇长兼任管委会副主任）体制，园区发展步入新台阶。2014 年，园区获评湖南省新型工业化产业示范基地。（李艳玲）

【社会管理】 园镇合力，联合安监、公安、消防、城管、自来水等部门对园区 112 家企业进行 2 次地毯式的安全生产综合大检查，排查整改安全隐患 308 处，全年未发生安全生产责任事故。金德意油脂在停产整改过程中，因外请施工人员操作不当发生爆炸，造成两死一伤。全年环评审批项目 26 个，完成初审意见 2 家，完成“三同时”（对新建、改建、扩建项目和技术改造项目以及区域性开发建设项目的污染治理设施与主体工程同时设计、同时施工、同时投产）验收 9 家。组织开展“向污染宣战”系列宣传活动，强化企业环境保护意识。加强对重点排污单位的监管，全年开展 2 次大范围环保隐患大排查，及时督促企业整改到位，确保园区环境保护整体良好。同时积极调处环境纠纷，有效化解乐佰、旺达、百宜、一朵等企业环境投诉事件，维护居民的环境权益和企业发展环境。（李艳玲）

【基础建设】 按照“道路成网、地块成片、绿化成带”的要求，整体推进基础设施建设。2014 年，完成金阳大道的征地拆迁，开工建设学苑路、永和南路、捞刀河路等 15 条道路，拉动永和路、永裕路、永泰路等主干道，提质改造永阳路和永裕路，园区交通路网得到完善，区位优势进一步提升。完成 15 个地块 80 公顷的平地工程，保证项目用地。完成污水主管敷设、河道清理和 1.3 万平方米绿化施工。启动永安联合水厂建设，完善电力线路，全面解决园区供水供电问题。完成 7 栋保障性住房和再制造旧件回收物流中心的建设。博大中央广场、华润新都汇、滨海新干线 3 个三产项目加快建设，滨海新干线当年封顶，博大中央广场、华润新都汇完成主体部分建设。坚持以民为本，依法依规落实征拆补偿及社保政策。全年未出现一例因征拆、社保等问题导致的越级上访。抓好安置工作，新建续建安置房 18 栋，安置拆迁户 280 户。组织 3 期失地农民就业培训，确保拆迁户安居乐业。全年发放宣传手册 130 余份，上门走访 87 次，接待来访群众 230 人次。加快社保办理，完成 24 个村民小组共 1508 人的资料上报，为 880 个对象办理社保公示手续。落实老龄补助，为 950 余名老人发放老龄补助 610 多万元。年底，园区启动政务服务中心的建设筹备工作，完成一楼大厅西侧 400 平方米政务大厅的装修工程。年内启动浏阳国际家具城项目建设。（李艳玲）

【“芙蓉王”全配方烟叶输出复烤项目】 11 月 26 日，国家烟草局 2014 年重点投资项目“芙蓉王”全配方烟叶输出复烤项目落户签约仪式在浏阳制造产业基地举行。该项目总投资 21 亿元，共有两条生产线，分别为“芙蓉王”全配方烟片打叶复烤预处理生产线和“芙蓉王”全配方烟片干燥装箱自动化物流生产线。项目共占地面积 283 亩。该项目的引进，填补园区无投资过 20 亿元项目空白。（李艳玲）

【长沙波特尼电气系统有限公司项目】 2 月 25 日，长沙波特尼电气系统有限公司（系苏州波特尼电气系统有限公司全资子公司）签约落户园区，主要为上海大众汽车长沙基地生产汽车线束。该项目实现当年签约、当年建设、当年投产。项目总投资 2.5 亿元，占地面积 5.4 公顷，一期 3.8 公顷，二期 1.6 公顷，总建筑面积 33935 平方米，其中一期厂房面积 21395 平方米，建设有生产车间、仓库、办公楼、生活配套设施及相关附属工程，年底完成一期建设。（李艳玲）

两型产业园

浏阳市两型产业园管理委员会

党组书记、副主任　魏远德
副书记、主任　黎星照
党组成员、副主任　王卫民

曾凡波　陈飞虹
张素娟（女）
纪检组组长　王卫民

【概况】 两型产业园创建于2000年，2012年更名为两型产业园，位于古港、三口、沿溪三镇交界处，是一个主攻食品产业的两型园区。园区自2012年转型以来，按照“两型发展、工业兴园”的方针，初步形成以食品产业为主体、关联配套产业齐头并进的产业格局，被列为全国农产品加工基地、湖南特色食品产业园。2014年，园区建成区面积2.4平方公里，有入园企业32家，全年完成工业总产值68.56亿元，同比增长18%，完成财政税收9629万元，同比增长36.9%。（李　叶）

【招商引资】 围绕食品产业招商，重点在招优引强上下功夫，采取小分队前往食品产业密集地上门招商、食品商会协会联盟合作、邀请知名食品企业来园考察、组织媒体及招商会推介等方式，与50多家企业进行对接洽谈，签约引进彭记轩豆制品、供销蜂业、聪厨食品、玩美食品、闲中好食品等11个项目入园，其中聪厨食品项目投资1亿元，主要进行湘菜速食系列食品的研发、生产、销售，具有很好的市场前景和发展空间。同时，协助食安中心招引小微项目，新引进德雨一族食品、绿行天下养生茶、冠沣米线、鑫洋光电等9个小项目入驻，产业集聚效应初显。（李　叶）

【项目建设】 以全市“项目攻坚年”为契机，实行一线攻坚，班子成员带领全体干部职工在一线促项目、推项目，带头落实项目建设责任，推动项目建设。全年共启动21个建设项目，促成湘嘴巴食品、光明塑业、莱米二期、食安中心一期4个产业项目投产、7个基础设施项目建成，促成邦华医疗项目重组投产，促成鑫洋光电、绿行天下养生茶2个项目在食安中心投产，另有汇大饲料、飘香二期2个项目完成建设，彭记轩、供销蜂业、聪厨食品、海一重工、湘嘴巴二期5个项目正在施工建设。（李　叶）

【企业发展】 出台《初创企业贷款贴息补助实施细则》，加大对企业的政策、资金、人才、科技等扶持力度，培育企业成长壮大。全年产值过亿元的企业达到14个，美津园的年产值突破5亿元，促成企业新增1家省龙头企业、6家长沙市龙头企业、1个省工业旅游示范点、2个长沙市工业旅游示范点，莱米、飘香、绝艺、湘嘴巴等一批新建成企业实施创新升级战略，借助电子商务，实现产销两旺，纷纷启动二期扩建项目。全年园区食品工业企业完成产值29.86亿元，占总产值的43.4%，8月份，园区被省经信委授予“湖南特色食品产业园”称号。（李　叶）

【功能配套】 配套食品产业发展，新出台园区产业发展规划，并按省级工业园区要求，启动总体规划修编。全年投入基础建设资金4200多万元，完成160套公共租赁房、紫荆东路、立新路、东线污水收集管网和提升泵站、污水处理厂提质改造、10千伏电力专线增容、富岭水库引水工程主管网铺设、道路绿化亮化提质改造等基础配套工程，完成7个新入园项目的“三通一平”和雨污管网建设等。（李　叶）

【社会管理】 积极创建两型示范园区，项目入园以环境保护、资源节约为首要门槛，实行同类项目集中布局、同类企业连片配套，土地集约利用。提质改造污水处理厂，有效监督企业初排放，实现园区污水集中处理、达标排放。不定期与镇村组进行联系沟通，接待群众来访125人次，办结各类信访案件13起，解决大小问题52个。开展社会管理综合治理，24小时对园区进行治安巡防，调处企业矛盾纠纷6次，帮助宇翔、加盛等企业解决债务纠纷等，确保园区大局稳定。狠抓安全生产、安全施工和企业的食品安全监管，扎实开展城乡统筹环境同治工作，营造安全稳定的发展环境。（李　叶）

【获批“湖南特色食品产业园”称号】 8月6日，湖南省经济和信息化委员会发文批复（湘经信消费品〔2014〕363号），授予浏阳两型产业园“湖南特色食品产业园”称号，成为湖南省首家获批的特色食品产业园。9月1日，“湖南特色食品产业园”在两型产业园挂牌，省经信委、长沙市经信委以及浏阳市委、市政府等共同为“湖南特色食品产业园”揭牌。自2012年转型以来，两型产业园主攻特色产业，吸引21家投资规模在3000万元以上的食品企业，食品产业规模日益显著，初步形成以特色食品为主题的产业格局。截至2014年，园区有美津园、莱米、湘嘴巴等食品加工企业，佳年华、聚成等食品包装配套企业。同时，建成30万平方米的现代化食品工业标准厂房和食品研发、监测等陪套设施。湖南特色食品产业园的获批，有利于把浏阳丰富的农副土特产品转化为特色食品，把特色食品产业的集聚效应转化为品牌效应，并通过特色食品产业园的引领和带动作用，推动整个食品行业转型提质。下阶段，园区将以“湖南特色食品产业园”获批为契机，重点抓基础配套和招商引资，创新思路，加快发展，努力向国家级特色食品产业园区奋进。（李　叶）

【启动新征地拆迁】 8月上旬开始，市委常委、副市长熊清溪带领一支由园区管委会、古港镇、周边村组组建的征拆队伍，深入各村、组、户一线，在古港互通口片区开展征地拆迁工作。征地拆迁工作组实行每周一次集中调度、每日报告一次进度的工作制度，并根据征拆工作特点，在时间、人员力量不足的情况下，发扬“五加二”（五个正常工作日加两个休息日）和“白加黑”（白天加晚上）的精神，工作在征拆工作一线。年内完成协议征地40公顷、企业厂房拆迁10500平方米，发放征地补偿资金4000多万元，为招商项目落户提供用地保障。（李　叶）

【开展“情暖企业、贴心服务”活动】 提升服务企业水平，深化“企业创造财富、园区创造环境”的服务意识。2014年，园区结合群众路线教育实践活动，深入开展“情暖企业、贴心服务”活动，实行干部联企一线帮扶制、企业问题处置台账管理制、问题处置协调联动制，一些企业的“老大难”、历史遗留问题得到解决。全年为企业解决问题和困难50多个，协调发改、规划、国土、住建等部门对口服务园区及企业50多次，组织飘香、美津园等20多家企业举办人才招聘会3次、参加各类展销推介会10多次，组织企业家集中培训活动4次，举办“强园杯”拔河比赛等系列活动。（李　叶）

5月12日，省委常委、宣传部部长许又声考察“智慧浏阳河”文化创意孵化基地

（图片来源：市文化产业园管理委员会）

【东线污水排污系统建成】 为解决东片区的污水排放，8月，投资600多万元的东线污水排污系统建成投入使用。排污系统关键工程技术污水提升泵站，是一个集设计、设备预制安装、调试于一体的总成体，泵池为直径2米、高6.5米玻璃钢筒体，全部地埋，有害气体自动控制，泵体自洁，实现自动监控无人值守，日排量1500吨。该提升泵站是按照“两型”发展要求，打破传统泵站建设方法，结合园区地形特点，引进青岛三丰瑞克新能源科技有限公司的专利技术，实行全自动一体式污水提升处理，泵站全部地埋，不仅节能环保，更是美观清洁，便于管理和维护。

（李　叶）

【美津园被命名为湖南省工业旅游示范点】 两型产业园秉持“两型发展、工业兴园”的方针，引导企业创新发展，发挥食品企业的龙头带动作用，将农产品加工业与旅游业紧密结合，重点打造茶油文化工业旅游项目。2010年，湖南省美津园粮油食品有限公司落户园区，经过多年的发展，公司厂区布局精巧，环境优美、绿树成荫，车间设有展厅、参观通道等，能让参观者在“花园式”的厂房里感受现代工业化生产的全部流程，从茶油文化展厅领悟到浏阳传统榨油行业的厚重文化历史，还能以出厂价带走公司产品，为带动工业旅游发展起到示范带头作用。为此，湖南省旅游局命名湖南省美津园粮油食品有限公司为湖南省工业旅游示范点（湘旅发〔2014〕10号），成为浏阳第二家获评的湖南省工业旅游示范点。（李　叶）

文化产业园

浏阳市文化产业园管理委员会

主　任　　高　志（女）

副主任　　黄国靖　罗定坤

【概况】 浏阳市文化产业园管理委员会是2012年10月经浏阳市委、市政府批准成立的全额拨款正科级事业单位，主要负责对全市文化产业发展制订规划、配套政策、宣传推介、招商引资，提供信息、人才、培训、融资等系列公共服务平台，促进全市文化企业的壮大、文化品牌的培育和产业关联的提升。2014年，管委会有在职在编人员6名，内设综合服务科、规划招商科、产业发展科3个科室。2014年市委经济工作会议，文化产业园被纳入“七大板块园区”，核心园区“浏阳河文化产业园”作为重点园区（基地）战略性新兴产业项目建设，被列入长沙市文化产业倍增五年计划，“沿浏阳河文化创意产业带”被纳入长沙市文化产业“两区两带两主线”发展格局。全年实现文化产业总产值355亿元，增长14.5%；实现文化产业增加值180亿元，增长16.3%；引进文化企业26家，引进产业项目4个，完成招商引资8600万元。文化产业增加值占长沙市25.9%。（高　志）

【园区发展】 园区无土地、无市场平台、只有隐性软质文化资源，管委会根据市委、市政府战略构想，确定“四化两型”（化无为有、化散为聚、化虚为实、化旧为新，打造资源生长型、业态增值型园区）思路，明晰“做精核心区，做大外环线，做活能量场”立体产业格局。集约利用城市建设现有街区资源，植入文化产业价值符号，科学铺排功能分区，重点打造“智慧浏阳河”文化创意孵化基地，1月13日，“智慧浏阳河”文化创意孵化中心（1100平方米）正式运营。培育“焰遇浏阳河”文化品牌和城市公众平台，为文化和旅游产业融合构建“泛旅游020”全国共享智慧旅游新平台；创新孵化“创意格子铺”，为小微创意型企业量身订制共同成长空间，7个项目创造产值1850万元，吸引天使投资基金1000万元，获评全国手机文化产业类“新锐企业奖”；挂牌成立全国首家县级移动互联网创业中心，引进 15 家移动互联网企业和一批优秀数字团队。2 月 17 日，市政府出台首个文化产业政策性文件——《关于鼓励和支持文化产业发展的若干意见》（浏政发〔2014〕4 号），为该市文化产业发展、招商引资工作提供政策支持和政策保障。建设全省首家文化产业股权融资交易平台，为 2 个小微文化项目解决融资瓶颈；引进北上广知名文化企业高层人才 30 多名；优化“智慧浏阳河”文化产业沙龙、创意人才网上招聘会、创意集市交易空间等网络，提升文化产业创造力和竞争力；开展“走基层、访项目、集资源、享创意”为主题的党的群众路线教育实践系列活动，下移重心，输出服务，对接高坪、中和、文家市、柏加、沙市等乡镇，为乡镇项目资源实现“文化增值”和“业态增量”，形成文化产业外环线。注重引概念、引团队、引模式、引资引智引信息。2 月，举办“腾讯智慧旅游城市名片发布会”；6 月，深圳文博会成功签约浏阳河山水世界文化旅游项目；9 月，完成城市印记电影《我们的十年》拍摄；10 月，深圳文化旅游产业招商会上与福闽芗文化投资有限公司成功签约文化产业大数据智能分析系统项目，包装推介项目 6 个，同时在杭州、上海、厦门等地开展“对点招商”活动。10 月 31 日至 11 月 3 日，举办第二届浏阳河音乐节；全年举办“智慧浏阳河”文化产业沙龙 12 期，形成“智汇浏阳”新优势；加快“焰遇浏阳河”城市文化产品“走出去”的步伐，放大“浏阳河”的品牌传播和产业生长效应；协助“湘赣边区域开放合作交流会”创意视觉符号系统，提升活动文化形象力和系统传播力；积极推进特色文化产业示范区创建工作，与中南大学文化产业品牌研究中心合作培育“浏阳河”地域文化品牌；推介“美丽浏阳”新形象，全年在省市级以上媒体报道 80 多篇次。（高 志）

【“智慧浏阳河”文化创意孵化中心正式运营】 1 月 13 日，由文化产业园管委会打造的“智慧浏阳河”文化创意孵化中心（1100 平方米）正式运营。孵化中心是“智慧浏阳河”文化创意孵化基地四大功能分区之一，旨在从文化视角打造一个具有完善配套服务、系统公共平台、浓厚创意氛围、立体共享网络的创意产业“孵化器”。运营首日，共有奇创传媒、猋君策划、尚浏文化、智联科技、雏鹰文化、海茗玥等 6 家文化企业入驻，聚积新媒体、创意策划、数字科技、教育培训、文化定制等文化产业业态。纽卡微信公众平台、猋域智能烟花销售系统、烟花二维码、“这礼是”高端文化礼品定制、企业成长培训等小微项目落地。市委副书记吴震，市委常委、宣传部部长刘旭，人大常委会副主任刘仙娥，副市长邓雪琴和政协副主席廖伟平等出席揭幕仪式。（王美英）

【搭建首个文化产业股权融资交易平台】 为解决小微文化企业融资困难，4 月 8 日，文化产业园与湖南华盛烟花有限公司在“智慧浏阳河”创意孵化中心签订《浏阳市文化产业股权融资交易平台战略框架协议》，搭建首家由民营资本运营的“文化产业股权融资交易平台”，为融资平台推介优秀企业和项目，让文化企业获得金融支持，探索破解文化企业融资瓶颈的“浏阳模式”，开启浏阳文化产业融资新思路。

（王美英）

【省委宣传部调研“智慧浏阳河”文化创意孵化基地】 5 月 12 日，省委常委、宣传部部长许又声率省委宣传、新闻等相关部门人员到浏阳市文化产业园，考察“智慧浏阳河”文化创意孵化基地，调研园区基层文化建设和小微文化企业发展情况。长沙市委常委、宣传部部长张湘涛，长沙市副市长、浏阳市委书记曹立军，浏阳市委常委、宣传部部长刘旭等陪同调研。基地以城区浏阳河两岸为依托，打造出创意孵化中心、文化商贸中心、天马路美食文化街、水岸风情文化街四个功能街区，有 110 多家文化企业和经营单位入驻。许又声一行充分肯定浏阳市文化产业发展和孵化基地的创意创新做法，同时希望基地再接再厉，搭建更多平台，争取吸纳更多有创业意愿和能力的投资商到基地来创业，共促文化发展。

（王美英）

【第二届浏阳河音乐节举行】 10 月 31 日至 11 月 3 日，“心中那首歌 最美浏阳河”第二届浏阳河音乐节在浏阳河畔举行，活动由中共浏阳市委宣传部主办，文化产业园承办。市委副书记吴震主持开幕晚会，市委副书记、市长余勋伟致辞，市委书记曹立军宣布音乐节开幕。第二届音乐节传承“心中那首歌，最美浏阳河”的文化理念，延续首届平民参与特色，由群众点“菜单”、本地文化企业作“主厨”的节会运作模式，调动广大群众、企业和社会组织主动参与的热情，共有“心中那首歌”开幕晚会、“青春水岸线”音乐生活周、“焰遇浏阳河”焰火音乐剧、“音乐潮人街”暨创意集市开市、“我的浏阳河”二胡专场音乐会、“起跑浏阳河”音乐彩趣跑、“青春摇滚风”民众狂欢夜、“全民 K 歌惠”8 大活动，30 多场分活动，吸引 25 万人次参与。（王美英）

【文化产业大数据智能分析系统项目签约】 10 月 17 日，2014“美丽浏阳”（深圳）文化旅游产业招商会上，文化产业园管委会与福闽芗投资管理公司成功签约文化产业大数据智能分析系统项目。11 月 27 日，签约子项目花炮产业大数据智能分析与安全管控系统项目在太平桥试点，通过移动互联网与烟花企业终端实现语音对讲、温湿监控、安全管理、数据分析等功能，成为 2014 年下半年 22 个重点项目观摩亮点，首个试点成果获推广应用。该项目借助大数据平台实现烟花产业发展智能化、信息化、数字化，推进花炮产业转型，实现花炮安全监管革命。同时通过文化、科技、信息与传统产业融合，提升产业竞争力，实现“文化产业化”与“产业文化化”，开启“智慧浏阳”和花炮产业探索“四化两型”新途径。（王美英）

交通·邮电

交通运输

浏阳市交通运输局

党委书记、局　长　李声义
党委委员、副局长
田美元（城客局局长）
刘舒展　罗　成
张小芳　唐志鹏
党委委员、纪委书记　胡雄伟
党委委员、工会联合会主席
刘　成
党委委员、总工程师　胡　浩

【概况】 2014年，交通运输局有在职干部职工246人，离退休人员63人。局机关设办公室、政工人事科、计划财务科、法规安全科、规划建设科、运输管理科、纪检监察室7个职能科室，辖城乡客运管理局、交通运输管理所、农村公路管理局、交通建设质量监督站、公共交通公司和市富民干线公路建设投资有限公司及城区、东区、南区、西区、北区、工业新城6个交通管理站12个事业单位。根据职责调整，市交通运输局的主要职能：贯彻执行国家有关交通运输方面的方针、政策、法律、法规；拟订并组织实施全市交通运输行业中长期规划和年度计划。承担综合运输体系规划的协调工作；会同有关部门组织编制全市综合交通运输体系规划；指导交通运输枢纽规划和管理。负责拟订交通运输行业的有关规范性文件；监督实施交通行业有关技术标准和道路运营规范；负责交通运输执法检查和监督；参与拟订物流业发展规划；指导全市交通行业有关体制改革工作。负责农村公路建设、养护、管理工作，承担治理公路超限超载工作职责。承担全市道路运输监管责任，维护道路运输市场秩序。负责全市城乡客运及有关设施规划和管理工作；负责出租车行业管理工作。承担公路建设监管责任；负责公路、桥梁的行业管理。协调、组织实施国家、省、市重点和大中型公路交通工程建设，负责组织本市交通项目建设和对工程的监管工作。承担全市公路、运输行业安全生产和应急管理工作；督促、指导全市船舶、渡口的安全工作。组织协调全市重点物资和紧急客货运输；负责全市重点干线路网运行监测和协调；负责全市道路、水路、铁路、航空、邮政等多种运输方式的衔接和协调；承担市国防交通战备办日常工作。负责提出全市公路固定资产投资规模和方向、市级财政性资金安排建议，按市政府规定权限审批、核准全市规划内和年度计划规模内公路固定资产投资项目。指导全市交通运输信息化建设，监测分析运行情况，开展相关统计工作，发布有关信息；指导交通运输行业环境保护和节能减排工作。指导交通运输行业开展对外交流合作和交通外经外贸工作。管理局属单位，监督局属单位国有资产保值增值。承办市委、市人民政府交办的其他事项。

（刘　锋）

【交通建设管理】 协助完成蒙西铁路浏阳段前期手续的办理；配合长沙市交通运输局做好长沙市南北横线前期规划工作。完成项目建设投资10.14亿元，张小公路改建工程竣工通车，金阳大道一期、西北环线、荷文公路、大浏高速茶林互通－白沙公路一期、浏阳荷花－沿溪公路一期、黄花洞－社港公路、G354浏阳至官渡公路（李家湾至官渡段）正在进行路基施工。S324浏阳沙市－赤马湖公路正在进行征地拆迁，G106大瑶绕镇公路完成施工招标，七宝山—官渡公路正在进行施工招投标标底编制，大浏高速蕉溪互通－G319连接线正在办理施工图批复。完成农村公路省市计划建设任务290.6公里，荷石公路路面改造工程建成通车，镇头大桥完成桥梁及接线主体工程建设，投资500余万元完成中和镇“管养示范乡镇”和100.4公里“文明示范路”创建工作，农村公路列养率达100%。完善富民干线公路建设投资有限公司融资平台，完成争融资2.47亿元，占全年度目标任务的102.8%。

（刘　锋）

【运输服务能力提升】 客运体系进一步完善：圆满完成春运等重大节假日的旅客运输任务，春运期间共发送35921班次，平安发送旅客100余万人次；开通浏阳西站至长株潭汽车站的“长浏快客”专线和浏阳南站至大瑶上升村的客运班线，全市行政村通班车率达95%。“公交先行”战略得到落实：建成西北汽车站前广场公交车调度室，完成通程广场、关口汽车站公交车首发站调度室改造；新增空调公交车20辆，优化、新增公交线路5条，改造新建公交站亭63个、站牌25个，落实65岁以上老人、残疾人、现役军人等免费乘坐公交车的优惠政策，公交服务水平得到进一步提升。货运管理初步实现现代化：一是全市所有危货运输车辆都已装载GPS定位系统，有效地预防行车事故的发生。二是引导11家危货运输企业组建鼎顺物流集团有限公司，危货运输行业逐步实现集团化、专业化经营。（刘　锋）

【依法行政工作】 新增9个行政许可项目进驻政务服务中心窗口，所有许可项目承诺办结时限提速50%，有2个道路运输审批项目做到上门服务，非行政许可项目减少80%；交通窗口全年共受理申请事项1413件，业务办结率达100%，第三季度被评为标兵窗口单位。组织开展打非治违、超限超载和城区汽车维修行业专项整治行动，全年共劝导非法营运嫌疑车辆315台次，暂扣非法营运小车132台、非法营运摩的58台、班线车牌证81块次，查处超限车辆76台次，卸载货物120余吨，城区客运秩序和汽车维修行业得到进一步规范。（刘　锋）

【安全维稳工作】 隐患排查治理。组织开展道路客运、桥梁渡口、危货运输、平安工地建设等专项整治活动，出租车、公交车安全生产标准化达标工作顺利通过上级验收，全年停运不合格渡口8处，改造渡口5处，上报更新渡船16条，排查安全隐患21处，整改率100%。实施安保工程。全年投入367.8万元实施公路安保工程35.27公里，投入4051万元改造危桥20座，参与“5·24”“7·15”抗洪抢险工作，为保障公路安全畅通提供有力支撑。综治维稳工作。办理市领导批示件28件次、群众来信10件次和“12345”投诉件108件次。

（刘　锋）

【行业形象建设】 一是组织学习贯彻党的十八大和十八大三中、四中全会精神，深入开展党的群众教育实践活动，作风建设取得阶段性成果，行政效能显著提高。二是开展以反腐倡廉为主要内容的电化教育4次，参加人员达820余人次；开展领导干部“结对认亲，排忧解难”活动，党员干部共结亲28户，走访170余次，捐款16800元。三是派出群众工作队员23人联系镇头镇10个村，为群众代办事项40余件，硬化村道10.9公里，修建桥梁2座。四是协助办理人大、政协建议提案122件，人大代表重点督办件2件，督办提案3件，处理和回复市长信箱信件7件，答复率和满意率接近100%。（刘　锋）

公路管理

浏阳市公路管理局

党委书记、局长　黄永忠
副书记　李坤星
党委委员、副局长　罗学贤　曾永昌　娄杏明　黎初文　高　峰
纪委书记、工会联合会主席　黄　峰

【概况】2014年，浏阳市公路管理局有干部职工509人，其中在职305人，退休204人。局机关设办公室、纪检监察室、政工人事科、财务审计科、路政管理科、工务科，辖公路路政执法大队（含杨家超限检测站）、公路养护服务中心2个副科级单位。负责全市辖区内2条国道、4条省道、16条县道共计585.291公里干线公路的建设、养护和管理，其中国道161.778公里，省道176.828公里，县道250.771公里。2014年，该局围绕“畅通主导、安全至上、服务为本、创新引领”的方针，以提高公路畅通能力和服务水平为目标，着力打造安全畅通绿美公路，满足经济社会发展和人民群众的出行需求，全局上下团结拼搏、克难奋进，扎实推进各项工作，圆满和超额完成公路建、管、养等各项工作任务。

（周宇锋）

【工程建设】 9月19日，X001线张小公路改建工程竣工通车；完成X002线官渡至东门段23.17公里路面大修，东门至白沙段9.4公里大修开始招投标；完成S103线浏跃公路二期12.635公里路面大修主体工程。完成普迹大桥、文竹桥、夹山口桥等7座危桥改造。

（周宇锋）

【公路养护】 实行日常养护与小修分离，全面推行小修工程费制，建立养护工程质量抽检制度，以道班为单位，配备人员进行责任路段日常保养，以中心站为主体实施小修工程、水毁抢修、应急保畅等工作，确保养护工程合格率达100%，国省干线路况优良率达到84.2%。6月18日，全省干线公路养护现场交流会在浏阳召开，全省14个市州的公路养护同行到浏阳市现场观摩，该局的养护管理模式成为全省样板。2014年，共计完成边沟清挖9392米，路面修补10.85万平方米，板底压浆6.28万平方米，裂缝处理172公里。（周宇锋）

【路政管理】 围绕路政管理“八无”的工作目标，加大路政日常巡查频率和执法查处力度，对各类违法行为做到第一时间发现第一时间制止。全年办理行政许可7起，审批建房106户，查处路产赔偿案件30起，收取赔（补）偿款100万元，拆除未经审批的非公路标牌478块，清理路边摊贩208处。路政案件查处率和结案率均达到100%。路政案件和行政许可均依法依规办理，全年没有发生一起投诉或者行政复议。（周宇锋）

【治超工作】 加强治超站点标准化、规范化建设，将原浏大公路杨家收费站按照一类检测站规范标准建设，改造成杨家超限检测站，占地面积共11322平方米、执法人员89人，实行日夜轮班制，24小时不间断治超。站内管理制度健全，配套设施完善，执法人员依法治超、文明执法，2014年，杨家超限检测站被省委法治湖南建设领导小组授予“全省依法办事示范窗口单位”。全年检测货运车辆33500台次，查处

超限车辆1220台次，拆除货箱超标围板208台，卸载12984吨。

(周宇锋)

【安全保障】 对横源桥、大治桥、杉木港桥等18座桥梁进行维修；加设天马山隧道限高架2个；清理垮方22970立方米，修砌挡土墙2764立方米；对319国道64公里路面标线进行重新施划；投入38万元完善全市中小学校干线公路出入口安全设施；拆除天马大桥西引桥70米隔离栏，扩大会车区域。5月24日晚，暴雨导致大文公路K17+400米处山体塌方1.5万立方米，造成大文公路交通中断，该局紧急启动应急预案，用45小时恢复交通畅通。(周宇锋)

地方海事

浏阳市地方海事处

党支部书记、处长　危　恒

【概况】 2014年，浏阳市地方海事处有干部职工8人，内设办公室、安全监督、船舶检验、船舶船员、航道管理和运输管理6个科室，是湖南省长沙市地方海事局内设派出机构，正科级全民事业参公管理部门。主要职责是宣传和贯彻执行国家及省市有关水路交通法律法规、规章和政策；负责辖区水路交通行政许可、行政执法和水上交通安全监督管理等工作。2014年，"水上交通安全专项综合整治行动"工作获评省先进。(危　恒)

【安全监督】 全年该处对浏阳通航水域10个乡镇、1个街道共21道渡口（其中视频渡口2道）、22艘客渡船、3艘旅游客船定期进行技术检验，"四客一危"营运船舶检验率100%，层层签订安全目标管理责任书；全年下达安全管理文件56份、安全隐患整改通知书8份、违法行为通知书3份，隐患排除率100%；发放安全宣传资料500余份，《水上安全知识读本》85册，《渡运安全注意事项》45份，进一步提高船员渡运安全意识。对乡镇船管员、签单员、船员进行安全培训，确保渡工持证上岗，提高水上从业人员的业务技能。落实乡镇客渡船"六不发航"制度、乡镇运输船舶"五不发航"制度。争取长沙市有关部门大力支持，为浏阳市争取到水上应急救助专用码头和海事监督艇建设资金200万元左右，率先建立健全辖区水上交通安全监管体系。大力支持市政府中心工作开展。全年实行水上交通安全管制28次，有力支持市政府各类水上大型活动开展。(危　恒)

【行业管理】 营运船舶整顿效果得到巩固，水上交通安全持续稳定，全年没有发生一起水上交通安全事故；积极配合有关部门开展浏阳河综合整治，成效明显。(危　恒)

【基础工作】 新建12道新型标准化示范渡口；建立健全水上交通安全管理体系和党风廉政建设长效机制；重新修订《制度汇编》《岗位责任汇编》；落实便民、利民、为民举措，强化有所为，有所不为，群众满意度进一步提高。

(危　恒)

邮　政

浏阳市邮政局

党委书记、局长　李晓敏
副局长　文拥军　胡文利

【概况】 2014年，浏阳市邮政局有职工503人，其中在职职工342人，离退休（含退养）职工161人。在职职工中，管理人员11人，营业员98人，投递员110人，其他人员123人。设综合办公室、市场经营部、邮务业务部、代理金融部。邮务业务部下设函件部、中间业务部、邮票部、报刊发行部、三农服务部5个专业部室。全市有25个农村支局所，5个城区网点，邮政综合营业网点35处，社区服务站157个。全市邮件运输干线邮路782公里，投递线路总长4986公里。该局完成业务收入6619.46万元，完成收入计划的89.52%，其中累计完成函件业务253.26万元，包件业务35.02万元，发行业务415.01万元，集邮业务246.76万元，保险业务110.54万元，通代业务59.11万元，电子邮政业务391.45万元，汇兑业务37.92万元，速递业务89.07万元，三农业务37.75万元，邮储业务4786.13万元。(杨宇琴)

【经营业务】 代理金融类业务：截至12月31日，邮储余额达288519万元，年累计净增44927万元。该局一季度开展"爱心温暖回家路"公益活动，全年开展"客户体验感恩有礼"活动，做好客户维护、到期提醒等动作，成功揽收财政代发农民失地保险项目、失地农民生活补助项目等，新增储蓄客户85841户。以网点转型为契机，开展"一季度开门红"邮储竞赛等多种劳动竞赛，局领导到网点现场督导，业务部门每天进行余额通报，管理人员与所有网点进行挂点帮扶，牢固树立"决胜在终端"理念；举办多期理财产品培训会和专题研讨会，在各个支局举办小型沙龙产说会，全局过亿网点达10个，活期比重43.13%。邮务类业务：函件。以邮资封做为函件业务发展切入点，积极推进"一校一封"工程，报印制作校园邮资封53.3万枚；以高效业务项目为支撑，号召全市中小学生参加书信比赛，创收8万余元，邮政小包创收95万元。集邮。举行邮政文化珍品鉴赏会，到会客户200余人，现场销售邮品140余万元，并做好企业形象年册宣传和新邮预定工作。电子商务。以短信业务为发展重心，开展"多说一句话"营销活动，加大对存量客户的宣传，存量加办率在湖南省邮政集团公司居前列。代办业务。加大资源整合力度，已建立180个邮政代办点，打造全新"便民工程"，累计代收话费6000多万元，代开国税发票2000余万元，与市供电公司合作开通代收电费项目，代收费用2000多万元；在杨花、七宝山、小河设置助农取款点，打造邮政综合服务平台建设乡镇。三农业务。召开酒水品尝会，到场客户100多位，现场销售酒水40余万元，“思乡月”项目营销80万元。发行业务。加强对投递员服务和技能培训，确保投递时限和投递质量，积极配合宣传部共同抓好党报党刊发行。（杨宇琴）

【企业管理】 节支增效：财务管理以规范、细化、约束、严格为原则，加强邮件运输费、通信费、办公费等相关费用管理的控制；推行用户欠费责任制，提高成本投入的有效性和回报率，实现专业欠费为零的目标和业务酬金足额及时发放。深化人力资源管控，提升员工素质：严格控制用工总量、优化人员结构，对全局人员实行竞聘上岗制度，对机关管理人员进行360度绩效考评，实行工作人员去向牌制度，促进工作作风转变；推行员工持证上岗制，该局有初级工82名、中级工177名、高级工99名、技师4名。加强安全管理：组织员工进行消防演练，对各生产场所加大夜检和巡查力度，对全局监控盲区增加探头，开展“夯基础、严管理、强服务、保安全”服务质量专项整治活动，消除安全隐患，解决服务工作中存在问题。建设和谐企业：加强企业民主政治建设，坚持工作重心下移，建立职工谈心制度，全年走访困难职工25户，慰问住院职工70次，陈淼等被评为“岗位标兵”。（杨宇琴）

电　信

中国电信股份有限公司浏阳分公司

党委书记、经理　付　虎
副经理　冯　辉　蒋　涛
张龙秋　钟　旭

【概况】 2014年，中国电信股份有限公司浏阳分公司有在职职工280人，内设综合部、网络部、销售部及20个支局。全年完成业务收入14830万元，其中固网收入完成8205万元，移动收入完成6624万元。新增宽带15902户，新增移动业务57257户，新增ITV业务8633户。（蔡立武）

【业务发展】 以实现“收入规模快速扩张，企业价值逐步改善，市场份额逐步上升”为目标，以宽带促抓发展，波次营销推进，提升效果和能力。“5•17”电信日实现移动业务发展841户、宽带业务发展201户，智能机销售602户。通过行业应用、产品融合、新业务应用等多模式实现政企客户中高端切入，以优势产品组合，逐步提高C网渗透率。在能力具备的高尚小区以小区团购买断包销营销模式对光纤宽带和ITV实行打包营销。在竞争区域存量楼盘及新建楼盘以集团签约的模式，应对其他运营商的低价营销。通过融合产品，校园行业应用挖掘农村初、高中校园市场。聘请专业扫村队伍进行扫村营销。组建村级集团，发展乡镇销售代理，全面拓宽渠道支撑建设，新建渠道网点35个（不含品牌店和代理店），其中城区专营厅7个、品牌店1个，农村专营厅28个、城区代理店2个、农村代理店2个、村级代理店116个，清理淘汰不合格网点2个。加强渠道支撑、督导、巡检；培训社会网点从业人员营销技能，提升社会网点业务营销能力，完善渠道体系。出台《终端直供中心实施办法》《移动终端售后服务实施办法》，规范终端管理，理顺终端供货流程，帮扶县乡市场小零售商解决终端供应的各类问题，终端直供成为全省的标杆。着力打造光速宽带，提升网络质量和能力。完成城区、浏阳主要集镇的FTTH建设，资源系统OBD端口总数达156000多，全年完成10个3G基站，30个4G基站建设，累计建设290个3G基站，70个4G基站，无线网络能力继续提升。扎实打造“移动、宽带”两个精品网络，实现网络运行安全化。抓宽带网优提速和维护整治，做好网络优化和下户线及电缆整治，开展接入节点端口速率达标测试，加强代维人员管理，逐步清退素质低、责任心不强、缺乏服务意识的不合格代维人员。紧盯重点区域，推进基站网络优化工作，掉话率、短信延时得到有效控制。转变服务观念。3月15日，向社会重申中国电信“用户至上、用心服务”的服务理念。开展全员服务意识提升和服务整治行动。加强日常检查督导，做好内部协调沟通工作。严格执行首问责任制，单位问责制，“一把手”责任制。客户投诉中心负责对派单执行过程进行管控，对造成服务投诉的原因进行分析和提出整改建议。针对存在重大服务隐患的难点和热点问题进行沟通、协调，跟踪督导，提升客户的感知度。（蔡立武）

移动通信

中国移动通信集团湖南有限公司长沙市浏阳市分公司

党支部书记、总经理　余明哲
副总经理　文　磊
张　慧（女）
副总经理、工会主席　黄　海
总经理助理　蔡　萍（女）

【概况】 2014年，中国移动通信集团湖南有限公司长沙市浏阳市分公司下设三部门一中心（综合部、市场部、网络部和政企客户中心），建立5个区域营销中心、9个农村营业部和2个自营服务厅，有在职员工221人。分公司主要负责中国移动通信网（包括2G、3G和4G网）在浏阳地区的建设、维护、发展与管理，经营范围包括移动话音、数据、手机终端、光宽带和多媒体业务，并具有计算机互联网国际联网单位经营权和国际出入口局业务经营权。除提供基本话音业务外，还提供传真、数据、IP电话等多种增值业务，拥有“全球通”“神州行”“动感地带”三大服务品牌，2013年推出主打商业品牌“和”；客户号码段包括“139、138、137、136、135、134（其中134号段中的1349段被分配给‘全球星’卫星手机）”“147”“159、158、157、152、151、150”“188、187、182”。（刘智华）

【业务发展】 2014年，浏阳移动以4G起航为契机，狠抓能力提升，加快转型发展，实现4G时代的良好开局。截至12月底，移动用户规模超过 90 万户，其中 4G 客户 10 余万户，市场份额达 80%以上；家庭宽带业务发展超万余户；渠道网点近 1000 家并开发上线湖南移动 CRM 系统（便民业务受理点），客户办理移动业务更加便利；在全业务拓展方面，发展政府广场无线 WIFI、安监项目、视频林火监控以及政府内网及外网等项目，积极拓展数字化服务业务，为建设“数字浏阳”做贡献，加速推进移动互联网与现代服务业的融合发展。分公司以“两节促销”、4G 正式商用、“5•17”电信日以及节假日优惠促销活动为契机，开展存话费送 4G 手机、存话费送电子券、办理宽带送礼品等一系列优惠活动，真正回馈广大用户朋友。

（刘智华）

【客户服务】 进一步完善窗口服务质量管理，继续强化首问责任制和 48 小时首次回复。一是常态化开展“百分努力 十分满意”活动，提升客户满意度；二是强化“快速响应、解决问题、检查评估”闭环管理机制，提高服务关注度，协调解决各类服务问题；三是落实“沟通从心开始”的服务理念，通过客户走访与电话回访等方式，加强与客户的联系沟通，确保分公司服务水平一直在同行业中处于领先。2014 年，浏阳移动新开通 10086 外呼热线专线，及时客户流量超标情况的关注与温馨提醒，针对宽带新装用户开展回访。同时，为 42 万客户免费提供换卡服务。

（刘智华）

【网络建设】 2014 年，浏阳分公司规模建设 4G 基站近 1000 个，实现全市 95%的行政村覆盖；积极配合各乡镇解决部分山区的 2G 弱覆盖问题；2 月 16 日至 21 日，沪昆高铁在浏阳建设变电站所造成全市农村和城区基站大面积停电（累计停电基站 887 个），分公司迅速启动基站应急保障预案，出动应急抢修人员 216 人，应急车辆 72 车次，投入油机 100 余台，确保基站正常运行。在中国移动光宽带建设方面，建成汇聚机房 8 个、光交箱 89 个，新增光缆 680 公里皮长，建成小区、乡镇光纤接入点 300 个，光宽带端口达 6 万余线。

（刘智华）

【精神文明建设】 2014 年，浏阳分公司顺利通过“湖南省文明单位”复核；积极配合浏阳市委、市政府开展各项创建活动：携手浏阳市委宣传部开展万副春联送万家活动；牵手浏阳市集里街道禧和社区开展“美丽浏阳 幸福家园”文明共建活动；自发组织结对浏阳市第七医院开展爱心帮扶公益活动；成立学雷锋志愿服务队定期开展义务献血、文明劝导、“清洁城市 泽被你我”、敬老院服务行、参与公益救援等活动；每月开设道德讲堂，按照“九个一”流程组织学习，内提素质、外树形象，积极践行“正德厚生 臻于至善”的核心价值观，塑造良好企业公民形象。

（刘智华）

联合网络通信

中国联合网络通信有限公司
浏阳市分公司

党支部书记、总经理 廖伟林
总经理助理 于 锦 王 昊
纪检组长 周景龙

【概况】 截至 2014 年 12 月，联通浏阳分公司有从业人员 136 人，产业链上从业人员 2000 多人。通信网络和服务网点遍布全市城乡；二级光缆干线和本地光缆线路达 4650 余公里（二级干线 150 公里，本地网 4500 公里）；2G、3G 及 4G 移动通信基站超过 651 个，移动网络覆盖率达 98.74%以上。用户突破 21 万户。

（肖优珍）

【网络工程建设】 2014 年，完成 4GLTE FDD 和 LTE TDD 试验网的混合组网建设工作，其中 LTE FDD 基站为 96 个，TD-LTE 基站为 8 个。LTE FDD 下行峰值速率最高达到每秒 150M，上行峰值速率达到每秒 50M，TD—LTE 下行峰值速率达到每秒 100M，上行峰值速率达到每秒 50M，实验网建设为 4G 混合组网及业务的发展积累经验。全面建设和升级浏阳的城域网，进一步提升 IP 城域网承载能力，促进城乡信息化协调发展。“村通工程”农村地区网络建设，完成省市公司的任务指标。截至年末，浏阳联通无线网络乡镇、行政村覆盖到达率实现 100%，公司推出多项为农民群众量身定做的通信产品，并制定相应的费用优惠政策，浏阳联通下一步工作重点是积极联系信息产业、农业、物价、文化药监等多个政府部门，有效整合各类涉农信息资源，通过联通网络平台，构建“多渠道、多终端、多元化、多层次”的现代农村信息综合服务网服务广大农民，通过信息化推进新农村建设。

（肖优珍）

【宽固工作】 按照“宽带中国”战略，2013 年浏阳联通加大宽带网络建设投入，有序推动已建区域“光进铜退”的改造、新建区域直接部署光纤网络的工作，2014 年内全面完成城区住宅宽带的光纤改造；乡镇方面，行政村资源将覆盖 122 个自然村，已完工投产 50 个。固网经销渠道达 30 家、直销经理 23 人，通过乡镇资源的逐步开通和营销队伍的不断扩展，带来宽固量与收入迅速增长。

（肖优珍）

【行业应用】 充分发挥 WCDMA 3G、4G 高速、高宽带优势，推进物联网的各项应用。依托 3G VPDN 虚拟数据专网的长沙联通打造各类信息传送通道，面向交通、驾考、车辆、安全监督、学校、幼儿园、环保监测点、气象 / 水文监测点、自来水 / 电 / 气等行业提供移动信息服务，打造一个高速、安全的多媒体(视频、图片、文字、声音、GPS 定位数据等)数据采集与交互的物联网网络。完成浏阳长城驾校考试远程监控智能化，为浏阳考生提供便利；配合浏阳公交公司、华湘公司实现公交车、校车智能化，公交车、校车上的视频、定位信息、车辆信息实时传送，有效提高对公交运营和校车的管理能力。积极推动教育信息化工作，推出“班班通”——基础教育信息化的综合平台。依托云服务平台将教学资源、教学应用引入教学课堂，建设校园宽带，实现“宽带网络校校通”，实现“优质教育资源班班通”，通过向学生和家长的服务延伸，推动“网络学习空间人人通”。班班通平台以优质数字教育资源建设与共享为核心，为教师、学生、家长建立实名制网络学习环境，有效提高浏阳市教育信息化水平，实现教师、学生、家长之间教育资源、教育信息等的共享及互动。（肖优珍）

城建·环保

花炮广场（航拍图片）

住房和城乡建设

浏阳市住房和城乡建设局

党委书记、局长　张益平
副书记、副局长　袁德政
副书记、纪委书记
　陈昌清（2014.06 任）
　周本湘（2014.06 免）
党委委员、副局长　潘润华
　黎　毅　寻　江
副局长、总工程师
　金先林（2014.06 任）
党委委员、工会联合会主席
　高俊杰
党委委员、总工程师
　章　颖（2014.06 免）

【概况】 浏阳市住房和城乡建设局是主管全市住房和城乡建设工作的政府工作部门，负责全市建设工程质量与安全生产监督、建筑行业管理、勘察设计行业管理、建设市场管理、燃气行业管理、村镇建设管理和指导、建筑节能、市政园林等行政管理工作。共有干部职工 263 人（其中机关 96 人）。2014 年，浏阳市住建局围绕“大建新城、提质老城，推进新型城镇化”的战略，突出项目建设，强化行业监管，推进城乡一体，增强城镇功能，创新突破，真抓实干，圆满完成全年的各项目标任务，浏阳住房和城乡建设事业实现新跨越。（陆朝霞）

【城乡建设】 城市功能：投入 6800 万元，提质改造 4 个入城口、浏阳大道等 5 条绿道、天马大桥桥头等 10 个街头花园、浏阳大道和道吾路交叉口等 10 个节点、翠园路等 5 条人行道、金沙南路三条小巷等 8 条背街小巷、城区主次干道，建成 5 座环保公厕、2 座垃圾中转站，完成济川河环境综合整治工程，加强对城区 33 座桥梁的日常检测。提质西湖山公园和思邈公园，补栽补种道路绿化行道树。启动城区绿地卫星遥感测绘和城市绿地系统规划修编工作。公用事业：建成自行车系统（三期），公共自行车总量达 3000 辆、站点 146 个，办卡达 2.7 万张，日均借车 8300 次，浏阳市城市步行和自行车交通示范项目获评全国第三批示范项目，获财政部及省厅节能减排奖励资金 2270 万元。东南片区的大瑶、沿溪天然气储配站及附属管道工程顺利推进，大瑶 3 个小区已基本完成用气工程建设，对西北片区的乡镇实行分级规划、分步推进。建成长沙到经开区的天然气长输管道，经开区管道天然气实现与长沙同网同价。燃气工程报建、竣工验收备案等工作不断规范。村镇建设：争资 4165.76 万元指导村镇建设。大瑶、永安、镇头进入国家级重点镇行列。组织镇头、官渡等 12 个乡镇完成供排水专项规划设计技术复核，协助文家市镇、社港镇争取省级供排水专项资金 400 万元，组织全市 33 个乡镇的 146 个项目进入长沙市新型城镇化建设项目库。积极组织申报湖南省推进新型城镇化示范县（市）工作。12 月 7 日，住建部村镇建设司、省委联合调研组到浏阳调研时高度评价该市新型城镇化工作。全年改造农村危房 1400 户。全市重点集镇投资 3.16 亿元，乡镇城建项目 97 个，城镇化率提高 2.92 个百分点，达到 56.38%。（陆朝霞）

【建筑市场监管】 招投标和造价管理：严格执行招投标、造价管理制度，构建较完善的招投标、造价监管体系，完成工程招标项目 41 项，造价 18.2 亿元，合同备案 132 项。组织举办《建设工程工程量清单计价规范》及 2014 版《湖南省建设工程计价办法》培训班，成立造价信息专家评议小组，发布造价信息 4 期。施工许可办理：严把市场准入审查关、施工许可审批关，优化办事流程，施工许可办理由法定时限的 15 个工作日缩短至 7 个工作日，高效办理重点项目审批事项。受理工程报建 114 项、造价 41.1 亿元、建筑面积 253.7 万平方米。推行上门服务，成立园区建管站，园区项目办理报建等手续实现不过“隧道”目标，为企业提供“零距离、保姆式”服务。严格审查核对报建收费，实现“应收尽收、一分不少”的目标。建筑业发展：大力促进建筑业发展，为企业营造良好的发展环境。2014 年，有建筑企业 40 家，其中新增 7 家，资质升级 6 家，资质增项 4 家。支持本地企业外拓业务，外拓产值 3 亿元。加大对资质的动态监管力度，办理外来企业信息登记 66 家。永安建筑公司等 5 家企业被评为“长沙市建筑业信用企业”。完成技能鉴定 702

12月7日，住建部村镇建设司到浏阳调研新型城镇化工作　(图片来源：市住建局办公室)

人次。办理10个房产项目2332万元的资金监控，并适时按要求解控，切实维护农民工的合法权益，保障行业稳定。执法监督：积极整治建设领域违法行为，开展“打非治违”专项行动，加大对监理市场、预拌砼市场以及燃气行业违法违规行为的查处力度。全年执法巡查建设工程项目500人次，下发限期整改通知书162份，停工通知书75份，约谈违法项目责任单位负责人8人次，立案查处违法建设项目26项。对10项行政审批事项制作流程清单和流程图，完成172项行政职权的清理、数据采集工作。切实加强法制审查工作，案件合格率达100%。行政执法工作全年没有受到投诉、行政复议和出庭应诉案件。　(陆朝霞)

【建设工程安全质量管理】 施工安全：安全监督严格执行监督规范化、标准化、信息化，结合实际情况及时下发相关文件强化质量安全管理，建立9项工作台账，全面推动安全质量标准化建设。新增受监工程164个、建筑面积292万平方米，受监工程监督覆盖率100%；下发隐患整改通知书256份、严重不良行为记录告知书10份，上报严重不良行为记录3起。组织开展重大危险源、质量安全执法、“打非治违”、领导带队大排查等专项检查18次。创建绿色工地、标化工地15个，未发生一般（含一般）以上安全事故。工程质量：按照监督规范化要求，注重实体质量监督，加强对参建各方责任主体质量行为督查，实行差别化管理。全面推行混凝土试件芯片植入和桩基静载荷数据上传，开展质量通病预防工作，采取观摩、样板引路等方式促质量，实行住宅工程分户验收和质量回访制度，对未受监工程坚决不入场、未办理施工许可坚决不办理竣工验收和备案手续。办理竣工验收项目83项、竣工验收备案工程155项，工程竣工验收合格率达100%。申报长沙市结构优良工程项目25个、竣工优良工程项目9个，未发生工程质量事故。认真受理质量投诉41起，确保住户的合法权益。城建档案：继续坚持“依法治档”，严格执行“一书两证”制度，主动到工地进行业务指导、检查69次，与建设单位签订报送竣工档案责任书165份，开出初验认可证64份、合格证16份，审查项目竣工验收资料80个，严格执行城建档案查询审批制度，城建档案利用工作不断规范。　(陆朝霞)

【建筑技术】 勘察设计：加强对国有投资项目工程设计招投标备案管理，优化招标书中的评委组成，提高设计评标的科学性。积极做好工程初步设计评审工作，为工程设计把好技术关，对金阳大道、淮川河截污干管改造、长兴湖景观等市政工程和恒大二期、碧桂园五号地块等建筑工程以及百宜粮库新址高边坡、移动公司深基坑等126个项目下达初步设计批复，办理施工图审查备案133项。加强与三个园区的配合，在搞好服务的同时进一步规范勘察设计管理。加强对政府投资项目设计及其变更的管理，保证设计质量，提高资金使用效率。建筑节能和建材。办理节能设计备案126项，节能设计备案率达100%。积极推广绿色建筑，已有恒大华府、浦梓港安置区等4个建筑项目通过上级绿色建筑设计评审，实现该市在绿色建筑方面历史性突破。在全省率先启动既有建筑节能改造工作，对黄泥湾、严家冲等4个小区进行建筑节能改造，改造面积达12.6万平方米。积极做好再生能源建筑应用示范项目的相关工作。强化墙材产品质量、安全生产管理，制定《浏阳市预拌商品混凝土（砂浆）生产企业申办联审制度》、出台《浏阳市新型墙体材料专项基金和散装水泥专项资金使用管理办法》。组织混凝土植入芯片项目试点现场观摩学习，该技术在商品混凝土生产企业中得以运用。组织蕉溪乡申报长沙市农村地区推广应用新型墙材示范乡（镇），组织金福旺等三家烧结页岩多孔砖企业申报省新型墙体材料产品认定。房屋安全和装饰装修。全年组织3次对全市存在安全隐患的房屋、老旧危楼、农贸市场进行排查摸底，发现3489户房屋存在安全隐患，建立房屋安全隐患管理台账，规范房屋安全管理。加强雨雪冰冻天气、汛期和雨季期间深基坑高半坡、高挡墙以及既有老旧危陋房屋安全管理，加大对市房屋安全管理和装饰装修管理的宣传力度，做好全市危险房屋鉴定、治理，办理房屋安全使用备案364宗，解决未报建的私房办理房产证的遗留问题。办理装饰装修报建12宗。　(陆朝霞)

【建设工程质量安全管理办公室】 浏阳市建设工程质量安全管理办公室为市住房和城乡建设局管理的副科级差额拨款事业单位，负责贯彻执行国家和地方有关建筑工程质量、安全生产的法律、法规、标准、方针、政策，依法依规对全市建设工程质量、安全实施监督管理，共有干部职工 37 人。2014 年，市建设工程质量安全管理办公室切实管住现场，全年累计监管工程 212 个，建筑面积约 500 万平方米，竣工验收备案工程 155 个，建筑面积 116.7 万平方米，工程竣工验收合格率 100%，创建绿色工地、标化工地项目 15 个，申报长沙市结构优良工程项目 25 个，竣工优良工程项目 13 个。集中力量开展住宅工程质量常见问题专项治理、常态化开展“打非治违”，积极探索建设工程混凝土试件植入芯片技术创新监管手段，大力抓好“三化”管理，全面开展季度大检查、安全生产大排查、大整治，有针对性开展安全生产专项治理、保障性住房专项治理、监理专项检查、消防安全专项检查，通过多种措施全面推动该市工程质量水平进一步地提升，确保安全态势地持续稳定。

（冷正祺）

【五环建设开发有限公司】 浏阳市五环建设开发有限公司成立于 1994 年 4 月，2004 年 10 月，经浏阳市人民政府批准，市五环建设发展总公司与市政建设工程公司、园林工程有限责任公司、正圆建设开发有限公司进行资产重组，改组设立五环建设开发有限公司，隶属市住房和城乡建设局管理。公司现有注册资金 2000 万元，拥有注册建造师 35 人，中级以上专业技术人员 40 人，各类建筑施工设备齐全。2005 年 7 月晋升为国家房屋建筑施工总承包二级企业，形成以房屋建筑工程施工总承包为主，地基与基础工程建筑装修装饰专业承包，集市政公用工程、园林绿化工程施工一体的多产业国有公司。公司成立以来，以“建设和谐家园”为宗旨，坚持精诚合作，稳步发展，优化管理，搞活经营，重视人才，珍惜商誉，高效务实，共建辉煌的战略方针。全力开拓市场，先后承建奥林花园商住楼、汇龙名苑、万盛房产公司商住楼、创意东方新天地、北成苑小区住宅楼、碧景湾商住楼、北岭春城、财富新世界、碧桂园、闲庭春韵、大瑶中博商业街、金富豪庭、金富国际、浙江商贸城、汽车东站、财智广场、介面光电、永龙路商业街等项目。为顺应建筑市场发展潮流，公司抓住发展机遇，发挥自身优势，坚持“管理更严、作风更实、效率更高”的宗旨，严格项目管理，把每个项目打造成精品，不断提升企业形象，壮大经济实力，全力发展成为浏阳建设行业集团化的领跑者。

（万　练）

【建设监理公司】 浏阳市建设监理公司是一家拥有房屋建筑工程甲级资质、市政公用工程乙级资质的监理单位，有职工 108 人，其中拥有全国注册监理工程师 28 人，注册造价工程师 2 人，注册一级建造师 7 人，全国公路监理工程师 6 人，省监理工程师、监理员 70 余人。公司紧紧围绕“外创品牌树形象，内抓管理增效益，稳中求胜谋发展，创新机制添活力，理顺关系创佳绩”的指导思想，积极开拓市场，全年与建设单位签订监理委托合同 53 个，完成合同收入 1054 万余元。主要对鸿宇城、水岸山城、东润万象城、金富豪庭、胡耀邦同志故居、博大雅苑、黄泥湾片区棚户区改造、金沙南路提质改造等项目进行监理，已竣工工程质量合格率达 100%。其中水岸山城三期•御峰（1-3#、13# 栋）商住楼、胡耀邦同志文物资料保护研究中心、金沙南路（天马路－南接线）提质改造工程、九华新城（5#、9# 栋）被评为 2014 年下半年湖南省建筑施工安全质量标准化示范工地。

（陈统根）

【建筑勘察设计院】 该院创立于 1978 年，是一家拥有地质勘查乙级资质、市政行业设计丙级资质、建筑设计行业丙级资质的专业单位。主营业务有：地质勘查、桩基检测、建筑设计、环境设计、市政设计、园林设计等。现有干部职工 50 余人，其中拥有全国注册岩土工程师 2 人，注册二级建筑师、结构师数名，技术力量浑厚扎实，从业 30 多年来，精益求精，从未出现任何质量安全事故。始终坚持“守职笃行、担当奋进、忠诚奉献、务实求精”的浏阳住建文化精神，以质量过硬创一流品牌，以服务贴心赢优良口碑，秉持“两升一降两加强”“两提一规两发挥”的发展战略，坚持不懈，开拓进取，建设浏阳，服务浏阳。2014 年，该院承担浏阳地区的地勘及检测工作，地质勘查及桩基检测产值突破 1000 万元。单位内部管理规范，不断出台更新相关质量管理措施，确保零事故、零问题。

（熊　璐）

【建筑业管理服务中心】 2014 年 7 月，浏阳市建筑业管理服务中心成立。该中心将浏阳市建设工程质量检测中心与市建设工程服务中心、市建设工程交易中心职责整合而设置的综合服务中心，为住房和城乡建设局管理的自收自支事业单位，核定编制 50 名，现有人员 93 人。浏阳市建筑业管理服务中心负责为建设工程、质量检测试验提供保障和相关服务。2014 年，市建筑业管理服务中心实现收入 1037 万元，超额完成既定目标 48%。其中交易中心完成交易项目 37 项，抽取评委 37 次，收取交易费 467 万元；检测中心收取检测费 570 万元，稳定 90%以上的市场份额，得到行业内和社会各界广泛好评。

（黎小玲）

市政园林管理

浏阳市政园林管理局

局　长　王志革

【概况】 浏阳市市政园林管理局是浏阳市住房和城乡建设局管理的副科级事业单位。在编干部职工 55 人，内设综合办公室、财务科、园林绿化技术科、园林绿化管理科、市政科、督查科 6 个科室。负责城市园林绿化、市政公用设施的管理与维护；“绿线”“绿章”的监督与管理；指导各单位开展绿化工作；城市绿地系统规划的编制和城市园林绿化企业资质审查以及园林绿化工程设计审查；市级“园林式单位（小区）”的评定，省级“园林式（小区）”的初审；创建园林城市具体工作；园林绿化工程审查、质量监督、验收与评定；风景名胜区和公园、动物园、游乐园行业的管理。（张彩平）

【市政园林管理】 履行“绿线”“绿章”等管理职能，参与市政园林规划方案评审及设计方案审查5次，审批建设项目附属绿化工程方案报建12个，审批、发放行政许可证16张，项目验收14起，按专业要求提出整改意见42条。执行城市道路占道挖掘审批制度，全年办理行政占用、占道挖掘审批手续111起。开展市政园林设施专项整治行动，联合城管部门进行执法查处。城区长期占用人行道现象明显减少，违章占用及损毁绿化现象得到遏制，公园、广场在10月底按照市整治办要求全面整改到位。进一步完善城区桥梁检测工作，邀请长沙理工大学桥梁检测专业机构对城区33座桥梁进行日常检测，根据检测报告，加强桥梁日常巡查工作，完善月池路桥、老浏师桥限高、限载设施。（张彩平）

【市政园林设施维护】 积极开展城市环境综合整治工作，对城区市政园林设施损坏严重的地方进行全面维修和改造，截至11月初，共投入改造资金675万元，其中市政方面390万元，绿化方面230万元，西湖山及思邈公园抢险改造55万元。加强日常巡查工作。按照每天一次例行巡查，每周一次联合检查，每月一次考核的办法，加强对玉禾田等市政园林维修单位工作检查考核，严格按照创建卫生城市、文明城市以及城乡环境综合整治要求予以落实。（张彩平）

【其他工作】 长沙市“三年造绿行动”浏阳城区片绿化建设工作：一是抓好4个互通口绿化提质改造设计、现场施工、验收移交、后期维护工作；二是指导14个单位庭院绿化进行提质改造；三是开展全城巡查，对城区6000多平方米的闲置地现场踏勘、设计并进行绿化和美化；四是对全城道路绿化行道树的缺株、死株、畸形株、病虫株进行全面摸底调查和汇总，并按要求完成补栽补种任务；五是10月15日组织召开“园林城市复查整改扫尾工作及今冬明春城市绿化工作研讨会”，提出具体工作设想。省级园林城市复查整改工作：一是向政府请示，争取资金，启动城区绿地卫星遥感测绘工作和城市绿地系统规划修编工作；二是建议市政府动员各方力量，启动城区大型综合公园建设；三是强化“绿线”“绿章”管理，重点整改道路绿地不达标、行道树种选择不当等突出问题；四是与水务局、环卫局、电力局等相关单位衔接，强化市政基础设施和城市容貌建设。队伍建设：调整职能机构，整合管理资源，建立职能科室专业评审、管理、巡查、维护一条龙管理模式，改变过去职能分散、工作推诿、执行不力等不良现象。整顿工作作风，强化服务意识，规范管理行为。6月20日，在浏阳河论坛每家每户栏目设置市政园林管理与服务专栏，积极宣传市政园林方面政策法规、及时报道行业动态、回复市民投诉、曝光问题与不足，推介行业新技术新工艺，开通后，报道、回复相关内容近70条。联系行业实际和干部职工队伍现状开展业务学习。7月底，该局邀请新月半岛项目工程技术人员，对干部职工进行园林绿化设计、施工、维护方面现场观摩、专业授课和经验交流活动。11月牵头组织举办全市城市园林绿化业务知识培训班。（张彩平）

城乡规划

浏阳市城乡规划局

书　记、局　长　屈文毅
副书记、副局长　刘贤波
副局长　周平湘（2014.06任）
　　　　孔祥礼
　　　　金先林（2014.06免）
纪检组长　黄　峰
副局长　李忠宏
　　　　刘飞舞（兼）
党组成员、总规划师　尹振国

【概况】 2014年，浏阳市城乡规划局有在职干部职工107人，退休人员15人。局机关内设办公室、政工人事科、法制科、规划编制科、建设用地科、建设工程科、市政工程科、规划执法科。下辖规划勘察测绘院、规划设计院、村庄集镇规划管理办公室、规划信息服务中心。2014年，城乡规划工作围绕“班子创优秀，业绩争一流”的工作目标，坚持以创新转型为主题，积极推进科学规划、效能规划、法制规划、和谐规划建设进程，较好地完成全年各项工作任务。（张　玮）

【规划编制工作】 全力推进浏阳市城市总体规划修改工作：与规划编制单位进行多轮方案对接和方案完善，已组织总规修改方案初步审查，基本完成总规修改方案。新版总规进一步提升城市定位，由“长株潭地区重要次中心城市”提升为“湘赣边区域性中心城市”；扩大城市发展规模，由35万人、34.92平方公里增加到70万人、75平方公里。加强宏观规划研究：开展《浏阳市主城区与金阳新区快速通道对接研究》等专项研究，启动《浏阳市社会发展规划、土地利用规划、城乡规划三规合一规划研究》。完善城市控规和专项规划：编制《荷花南接线片区控规及城市设计》等控规，实现城区控规全覆盖。组织编制《主城区停车设施专项规划》，协助编制《制造产业基地坪头片区控规》等，配合编制城区商业网点布局、主城区人防和城市防洪排涝及排水等专项规划。完善村镇规划：组织编制长株潭城市群生态绿心地区柏加组团控制性详细规划，配合完成浏阳河智慧低碳产城融合示范区概念性总体规划、官桥镇总体规划修改、大围山楚东村传统村落保护规划等，村庄规划覆盖率达75%。深化规划编制创新：借鉴沿海先进规划编制理念，结合该市实际，开展密度分区规划和四线专项规划的前期研究，全面实施单元控规管理，提升控规的刚性和弹性。围绕出精品，上水平，对规划设计成果严管理、重质量，进一步加强与科研院所合作，编制集里平水片区单元控规等一批好作品。

（张 玮）

【规划管理工作】 围绕全市重点片区、重点工程建设任务，全面开展“改进作风，服务一线”活动，采取一名班子成员牵头，一个团队专门服务到底的方法，积极配合浏阳经开区、制造产业园、两型产业园和大围山生态经济示范区发展，主动为西北外环、长兴湖片区、浦梓港片区、大瑶新城等重点项目建设提供服务。采取提前介入、主动对接的方式，积极服务民生工程。做到精心测绘、科学设计、及时审批，先后为花炮大道改造、金沙路—北正北路（原老铁路沿线）停车场、自行车三期站点等建设项目提供规划服务；组织道吾山西路、平水路等城市主干道规划方案审查，编制审批金沙南路、方竹路、翠园路、严家冲路等道路提质改造工程，配合白沙路、龚家桥路、集里路、菊花石路等新修道路规划方案的实施，进一步提高老城区路网通行能力，有效拓展新城区路网骨架。开展城区地块规划条件专题研究，规范城区国有土地出让，在核发规划条件阶段，通过模拟规划，充分论证各项技术指标的科学性和可行性。制定《城市规划区内村民建房规划管理办法》，积极稳妥解决规划区内因控而不建、征而不拆造成村民建房困难的问题。全年城区审批村民建房130户，同比增长24%。制定《乡镇规划区个人已建房屋规划手续遗留问题处理办法》，对符合相关法律法规和条件的，一律作为遗留问题按现状免费补办规划手续，并组织专人在达浒镇等地现场办理。截至年末，已为327户补办相关手续。坚持执行规划专家顾问制度、专家和部门会审制度和业务例会审批制度，增强决策的科学性。加强城市景观控制和色彩规划管理，将建筑色彩和亮化纳入建设工程规划管理内容。加强城市和地方特色研究，引导建设特色街区和标志性建筑。因地制宜，分类指导村镇建设，对大瑶等5个长沙市试点镇及柏加、文市等重点镇注重集中连片综合开发，同步配套建设基础设施、公共服务设施。以项目为突破口，对已审批建设工程进一步加强批后跟踪管理，深入现场提供技术服务。推进镇头浏阳河风光带、官渡大道等示范街、示范镇建设，增植新的建设亮点。政务公开规划窗口实行“一窗式受理，一条龙服务，一站式办结”。加大信息化建设力度，建成并启用一站式规划管理服务平台，实现网上审批，一书三证办理周期在法定时限基础上提速50%以上。全年审批建设项目选址意见书14宗，建设用地规划许可1512宗，用地面积452.2万平方米；建设工程规划许可312宗，建筑面积187.3万平方米；乡村建设规划许可90宗，用地面积3.9万平方米，市政类工程规划许可42宗，道路总长度约17.8公里米，管线总长度约42.4公里。

（张 玮）

【规划执法工作】 加大规划宣传力度，扩大《城乡规划法》影响力，开展规划法规进社区、进村庄活动，制作办事指南和宣传资料发放到各乡镇、街道及社区、村庄。注重网络宣传，完善宣传报道管理规定，第一时间回应和处理花炮大道人行天桥等媒体和社会关心的热点问题。充分发挥局网站服务平台功能，动态更新规划审批情况和工作动态。加强“阳光规划”建设，执行规划公示和听证制度，对53宗项目审批在《浏阳日报》和局网站进行公示。全年组织规划听证会2次，处理行政诉讼案件3起，全部胜诉。及时配合城管部门进行违法建设性质认定392宗，违法建设性质认定告知书72宗。强化规划巡查，突出打击新增违法建设，全年对城区96个新增建设项目进行批后监管，纠正违法建设行为28起，办理违法建设案件126起，拆除违法建设26起，建筑面积3256.62平方米。指导11个建制镇和生物医药园（经开区）、两型产业园等委托执法试点工作，构建市、镇、村三级网格化城乡规划执法体系。

（张 玮）

【规划勘察测绘院】 该院属自收自支的事业单位，拥有测绘乙级、勘察乙级资质。加强“质量是核心、信誉是基础”的质量意识教育，形成“要我保证质量”转化为“我要保证质量”的质量文化氛围。成立勘察、测绘质检办。严格质量管理，测绘质量明显提升，西北环线纵横断面测量获得湖南科技奖励委员会颁发的“湖南省优秀地理信息工程”二等奖。全年引进1名注册土木（岩土）师、4名测量本科生，人才结构逐步专业化、年轻化。加大投入，推进基础地理信息数据库建设，开拓基础地理信息应用，提升测绘技术水平和管理能力，促进测绘生产和成果应用的技术升级，拉伸测绘产业链，为城市规划、建设等部门提供数据、应用和数据服务。制定限时服务措施，由原来15个工作日提速至10个工作日进场测量，测绘效率提速30%。全年完成大小工程地质勘查项目51项，钻孔860多个，总进尺12000多米；完成金阳大道勘界133.33公顷、工业园区新征地面积勘界533.33公顷、106等国道出省通道环境综合整治项目地形图测量86.67公顷、大围山森林公园配套工程建设测量、放线等工作；完成乡镇及单位地形图测量27平方公里，私人建设户测图2840户，放验线5500点，各类管线竣工测量62公里，勘界100公顷。

（张 玮）

【规划设计院】 该院属自收自支的事业单位，拥有城乡规划设计甲级、市政公用设计乙级、建筑工程丙级资质。全年引进专业技术人员6名。注重培养内部人才，组织专业技术人员到深圳、青岛、重庆等地参加各类专业培训、学习交流20多次，开展专业知识考试11次，发表论文4篇。该院形成以规划为主体，以市政为支撑，以建筑为补充的整体格局。2014年在该市主城区停车设施规划、住房建设规划、该市出省市对外通道提质建设、浏阳制造产业基地坪头片区控制详细规划、花炮大道提质改造工程、城区排水堵点改造工程、翠园路提质改造、镇头滨河风光带等工程项目中，设计理念有创新，图文表达清晰，实施操作性强，现场服务及时到位，获得相关领导和专家的一致好评与认可。以城区、园区和乡镇三大板块为基础和重点，建立友好合作关系，成功中标两型产业园坪头山片区控规。全年签订项目合同199个，其中规划133个，市政41个，建筑25个。（张　玮）

【村庄集镇规划管理办公室】　该办属市财政全额拨款的副科级事业单位。2014年该办紧扣“项目攻坚年”主题，大力推行快捷服务、跟踪服务、主动服务、超前服务活动。进一步简化办事程序，缩短技术审查时间，完善省市重点工程、重要社会公益项目“绿色通道”，促进建设项目尽快落地。实施首问负责制，对每个项目确定专人跟踪服务，及时掌握项目进展情况，按项目前期、审批过程、批后三个阶段提供全程跟踪服务。组织编制长株潭城市群生态绿心地区柏加片区镇区组团控制性详细规划，完成官桥镇总体规划修改、浏阳河智慧低碳产城融合示范区概念性总体规划、大围山楚东村传统村落保护规划、文家市铁山界等三个省市交界商贸服务区环境综合整治规划审查。完成金刚醴浏情商贸大夏、两型产业园市政道路等124个项目审批。以项目为突破口，对已审批建设工程加强批后跟踪管理，不定期深入现场提供技术服务，推进镇头浏阳河风光带、官渡大道等示范街、示范小区、示范镇建设，保证建设效果，增植新的建设亮点。组织为期7天新型城镇化业务知识培训，加强乡镇规划管理员队伍建设。重点搞好规划建设用地范围外乡村企业选址审批管理，对“四路三河”两侧、城镇四边、风景名胜旅游区用地实行规划控制；制定集镇开发历史遗留问题管理办法，根据现状推动已建房规划手续办理，核发符合规划的证明327宗。规范村镇建设程序，严格执行“一书三证”制度，协助完成金阳大道、大瑶西北外环等市级重点项目的省级审批选址意见书，参与政务服务中心联合踏勘65次，核发地块规划条件25宗、私人建设用地规划许可877宗，私人建设工程规划许可187宗，单位建设用地规划许可101宗，单位建设工程规划许可54宗，乡村私人建设规划许可68宗，乡村单位建设规划许可22宗。（张　玮）

【规划信息服务中心】　该中心属自收自支的事业单位。2014年，该中心及时收集整理各类规划数据入库。在补充完善城区规划数据基础上，CAD成果管理系统中新增1:10000市域图，以及生物医药园（经开区）13平方千米和制造产业基地8平方千米的地形数据。立足现有条件，积极推进局信息化办公。政务中心规划窗口审批业务和执法业务基本进入内网办理，编制科、业务例会等相关功能进行改进和完善，及时完成各科室和政务中心窗口的软、硬件服务和网络调试，处理各科室意见、问题125项；同时，积极与市政务中心衔接，将内网办公系统与市政中心监察系统进行对接，以实现便捷转换。加大网站公示和公布力度，及时在网站上发布政务信息135条。全年完成建筑面积复核18项，建筑面积139.5万平方米，日照复核10项，建筑面积56.4万平方米，规划建筑总图复核5项。（张　玮）

城市建设

浏阳市基础设施建设投资管理中心
浏阳市城市建设集团有限公司

党组书记、副主任、总经理　王辉章

副书记、主　任、董事长　杨俊钦

副书记、纪检组长、副主任、副总经理　李　勇

党组成员、副主任、副总经理　邓　勇　黄建平

副主任、副总经理　凌建洲

副总经理　刘运龙
瞿　伟
于永强（2014.09任）

【概况】　2014年，城建集团有干部职工142人，内设办公室、内审部、资产经营部、发展部（法律部）、计划财务部、招商融资部、征地拆迁部、工程技术部8个部室，拥有恒远公司、天马公司、鸿达公司、花木公司4家子公司和开元发展（浏阳）投资有限责任公司1家控股公司。2014年，城建集团继续推动改革创新和经营转型，积极应对新常态，完成各项工作任务。（李葵玉）

【开发经营】　出让收入稳步增长：继续贯彻落实旧城提质改造和新城扩容提质的方针，挂牌出让黄泥湾片区、新屋岭片区、碧桂园幼儿园、平水汽车城和石霜路农贸市场等19宗地块，全年实现经营收入12亿元。土地储备力度加大：公司加强与省、市国土部门衔接，全面完成百宜粮库、西北环线安置区等项目共计67.33公顷土地报批任务，为实现可持续性发展提供有力保障。项目招商内外联动：实施“走出去”和“引进来”发展战略，主要领导带队赴北京、上海等一线城市招商，全力推介项目。以枫浦城、新屋岭项目为重点，组织大型招商推介会，邀请50余家知名企业来浏阳考察，为项目推广奠定基础。子公司做优做强：充分发挥集团公司的总揽作用和子公司的实体职能。恒远公司加快转型发展步伐，总资产同比增长25倍，全年实现销售收入5105万元；开元公司实现经营收入1.3亿元，净利润2035万元；天马公司实现租赁收入150万元。（李葵玉）

【项目建设】　征地拆迁：全年累计征地68.73公顷，签订房屋拆迁协议506户，拆迁投资总额4.7亿元。集中力量促清零。通过领导分片跟踪、部室联动配合等方式，全力实施征拆“百日攻坚战”等行动，城东保障房源、黄泥湾一期、粮食仓库新址等6个项目征拆实现清零，新屋岭片区、教师进修学校、浦梓港等10多个项目征拆进展顺利。落实安置促稳定。优先保障安置房用地需求，集中精力攻克

城东、百宜、西北环线等项目征拆，为安置房顺利建设创造条件。切实维护拆迁户的合法权益，研究制定城东、百宜等保障房分配方案，公开公平公正做好保障房分配工作。重点项目建设：围绕全市“项目攻坚年”主题，推进政府性投资项目实施，累计完成项目投资14.5亿元。一是着力抓好西北环线项目建设。2014年度路基完成95%，通涵全部完成，工程投资累计完成1.5亿元。二是抓好代建项目浏阳河六桥、人民银行综合楼、百宜粮库、集里消防站等工程建设，完成投资7000万元。做实民生保障工程。以“优质高效”为标准，投资2.91亿元全力推进城东、百宜、禧和安置区等保障性住房项目，全年建成安置保障房11.58万平方米，其中百宜保障住房已竣工验收，可安置拆迁户1000余人。大力拉通城市路网。投资3600余万元，相继拉通白沙东路、白沙西路、集里路、龚家桥路等城区主干道，全长约2600米。完成予倩路、南泥湾路、平水路、石霜路等9条道路前期工作。打造和谐人居环境。着力美化市容市貌，提升城市品位，投入1900多万元，完成金沙南路提质改造等环境整治项目44个，道吾路与碧桂园路绿化提质全面铺开，白沙路1.4公里绿化提质改造项目成为该市城市景观道路标杆。

(李葵玉)

3月17日　西北环线开工仪式　　(图片来源：市城市建设集团有限公司)

3月17日　西北环线开工现场　　(图片来源：市城市建设集团有限公司)

【融资工作】 广辟融资渠道。全年实现融资27.475亿元（含15亿元企业债）。开拓融资领域。以公司为平台，成功发行15亿元企业债券，年利率6.98%，成为该市首次成功发行，也是2014年度湖南省县级市规模最大的企业债券，为公司资本运作和直接融资积累了经验，开创全市融资工作新局面。降低融资成本。全年银行融资12.475亿元，平均成本年利率9.47%；发行债券15亿元，成本年利率6.98%，总体较2013年下降1.55个百分点，按照融资额度计算，相当于一年节约4280万元。合理调度资金。一是及时还本付息，全年还本付息共计17亿元（包括子公司、园区），确保公司信誉安全；二是按时支付工程、征拆款，确保项目顺利运转；三是优选购买银行理财产品，降低融资成本，增加收益300多万元；四是合理调度，为市财政提供4亿元融资支持；五是扎实开展政府债务清理甄别工作，为公司下一步改革转型打下基础。

(李葵玉)

【成功发行15亿元企业债券】 8月21日，城建集团在中央债券登记结算公司正式发行15亿元企业债券，票面年利率6.98%，期限7年。城建集团成为浏阳市首个、湖南省县级市第二个在公开市场成功发行债券的公司，发行规模排湖南省县级市第一。初步估计，按照债券发行规模，同期可撬动社会投资30亿元以上，为浏阳实现跨越赶超提供资金支持。

(李葵玉)

【西北环线项目开工建设】 3月17日，西北环线项目正式启动现场施工。该项目位于集里和关口两个街道境内，东起浏东公路，西至浏跃公路，线路全长9260米，采用一级公路标准，同时符合城市快速路标准。行车速度60公里/小时，设计为双向6车道，沥青混凝土路面，共设道吾山高架桥等6座大中桥梁，总投资约9.4亿元，施工工期18个月。

(李葵玉)

工　　务

浏阳市工务局

党组书记	邹述庆
副书记、局长	刘美成
党组成员、副局长	周正佳

黎河清
党组成员、纪检组长　高文海
党组成员、总工程师　陈　锋

【概况】 浏阳市工务局是市人民政府直属的负责除水利、交通、土地开发整理、地质环境治理外经市政府授权的非经营性政府投资建设项目的建设管理事业单位。内设办公室、投资管理科、前期科、工程技术科、工程管理科、财务科，现有工作人员22人。下设二级机构代建服务中心，有工作人员3人。2014年市政府下达市工务局新建和续建项目共计64个，项目总投资规模8.89亿元，年度计划完成4.18亿元，实际完成4.5亿元，占计划投资107%。41个项目在年内相继竣工，19个项目有序推进，4个项目完成前期工作。里仁学校、林权交易中心等4个项目申报优良工程，浏阳河第六大桥、教师进修学校及附属小学2个项目被评为标准化工地。公共卫生中心等4个项目接受市重点项目观摩。2014年，被评为绩效考核红旗单位及“优秀班子”。　（喻　青）

【项目建设】 2014年先后完成社港完小教学楼、关口中学生活服务楼、澄潭江老中学改造为槐树小学、大瑶李畋学校一期、里仁学校及幼儿园整体搬迁、溪江浆田小学食堂、洞阳镇工业园实验完全小学食堂、荷花街道罗直完全小学（一期）、高坪中学宿舍、小河乡乌石小学、市特殊学校教学楼维修改造、镇头镇柏树完小整体搬迁、浏阳四中运动场、浏阳河中学附属工程、三中教师周转房建设、四中教师周转房建设、田家炳中学教师周转房建设、北盛幼儿园、溪江浆田小学幼儿园、关口中学食堂附属工程、黄泥湾小学教学楼改造、一职学生宿舍维修、洞阳中学操场、农技服务体系及附属设施、农机学校整体搬迁、林业产权交易中心、长沙海关浏阳办事处海关大楼、中国优秀旅游城市“马踏飞燕”雕塑（永安点）、白沙小区廉租房、浏阳西互通口公益宣传牌及绿化、天马路美食街提质改造、停车场建设、金沙南路提质改造工程、城区主次干道提质改造工程、南区消防站、集里医院综合楼、李畋幼儿园、澄潭江幼儿园、北盛粮库、献血屋、公交站亭、百宜粮库等项目；有序推进包括浏阳河第六大桥、百宜粮库、教师进修学校及附属小学、文光中学生活服务楼、荷花中学学生宿舍、集里禧和小学综合楼、社港双狮坪周洛小学搬迁、古港中学学生宿舍、浏阳河小学综合楼、青草中学食堂、人民路小学综合楼、公共卫生中心、粪便无害化处理场、张坊人溪小学学生宿舍、谭嗣同故居周边环境改造、文家市成功小学教学楼、社港中学生活服务楼、官桥中心幼儿园、楼古中学学生宿舍等建设项目。通过规划设计、预算、招标和施工变更控制等各个环节的层层把关，节约建设资金3164万元。　（喻　青）

【提升管理水平】 前期工作：及时申报，接交并实施天马路美食街提质改造工程、浏阳西互通公益宣传牌及绿化工程、停车场建设项目、城区道路提质改造工程等新建市政项目投资计划，全年接收新建项目32个；对市政府确定的年度建设项目，开工前进行充分熟悉和调研，了解启动的基本条件是否具备，对土地手续和建设资金未落实的，通过召开现场调度会、拟定具体方案、协调发改、国土、财政及使用单位，确保开工前置条件的落实。规范报建加强沟通，提高前期效率，全年完成立项36宗，可研批复7个；协调项目周边环境，提前处理拆迁、施工环境等问题，对可能影响工程建设的因素制定预案。中期管理：确保项目质量安全。建立“1+1”小组管理模式。内部成立1个项目、1个协调小组，定期组织召开联席会议；外部邀请市纪委、重点办、两帮两促办派员组成1个督查小组，对重点项目实时监督；创新“顺排+倒推”督查模式。对还未动工的项目，以开工为节点进行进度顺排，按时进场施工；对在建项目倒排时间节点，确保项目整体推进有序。在三季度全市重点工作调度讲评中取得市直单位类项目建设第一名；实践“巡查+排查”新模式，定期组织督查小组分赴各项目工地进行督促检查；开展质量安全隐患大排查，联合质、安监对各工地进行全面“体检”，全年未发生大小安全责任事故；组织开展“百日攻坚”竞赛，将项目的质量、安全、进度、环境整治等全方位纳入到活动中，调动参建各方积极性，全力推进项目建设；组织现场观摩，开展“比学赶帮”；按照“双控+制度”模式，严格资金管理。优化项目投资效益，精心组织规划设计，因地制宜，合理利用地形改造，节约用地，节省投资；层层把关，确保设计质量，使用效果良好。2014年所有项目在设计阶段较好地把住投资。严格编制、审核招标控制价，完成教师进修学校、金沙南路提质改造等项目的各类招标控制价编制80个，审增572万元，审减1050万元。严格规范招标和合同管理工作，完成各类招标91项，招标总控制价3.8亿元，签订各类合同520份。严格工程变更。慎重处理设计变更，严格变更造价审核，全程跟踪，全年依规按程序办理变更175项，其中重大变更4项。后期监管：规范验收，不留质量隐患。严格审结，通过内审和委托中介机构审核，审减金额845万元。成立项目回访领导小组，定期到竣工项目业主单位进行回访，对反映的问题，召开专题整改会议，限时整改并建立信誉档案。整改后再回访，实时跟进并构建长效机制。　（喻　青）

【其他工作】 宣传工作：开通“浏阳工务”微信平台，利用政府门户网站、《浏阳日报》、浏阳广播电视台以及局网站等平台，宣传项目建设进度和成果，利用工地宣传环境整治和文明创建。学习培训：党组中心小组学习形式多样，干部培训全面深入。考核专项工作：按照“大竞赛”的整体部署，将“六个走在前列活动”与项目建设紧密结合；继续在党员干部中开展以“打头阵有我，当表率看我，创一流靠我”为主题的系列活动，充分发挥党员先锋模范作用；继续开展以

“建先锋服务平台，创和谐平安工地”为主题的“创先争优”系列活动，充实“流动图书室”、定期送电影下工地，开展送温暖活动及助学活动；将所有工地纳入城乡环境整治范围，开展“最差工地评选活动”，每月有针对性地对城区项目进行地毯式的环境卫生督查。在全市三季度工作考评中，工务局环境整治工作列二类单位第一名。选派6人进驻高坪镇石湾村和船舱村，帮助村级基层组织建设。党群工作：做好2014年度人大建议、政协提案办理工作，反馈满意率达到100%，及时回复网络舆情及“12345”市民热线；申报“三合水村扶贫”统战特色工作。廉政建设：首创廉政保证金制度被市纪委评为2014年度优秀创新项目。开展综合绩效考核，结合局《政府投资项目监理单位履约考核办法》《政府投资项目施工单位履约考核办法》《市工务局现场代表履职考核办法》，明确参建各方履约考核的奖罚措施；出台《2014年绩效考核实施办法》。党的群众路线教育实践活动：活动征集批评、意见、建议五类114条，其中督导组反馈的领导班子意见22条，全部认领、整改到位。（喻　青）

【教师进修学校及附属小学工程】 教师进修学校及其附属小学项目是浏阳市2014年的十大民生项目之一，对加快该市旧城改造，盘活土地资产，促进教师进修学校发展，优化城区教育布局，提升该市教育发展水平有着重要的意义，建成后将极大缓解城区就学压力。该项目规划总用地面积为约6.27公顷，总建筑面积为28534平方米，小学办学规模为36个班，可容纳在校学生为1620人。总投资约1.06亿元，本期土建工程合同价为6663.5万元。项目于2014年5月16日开工建设，2015年1月30日竣工验收。完成教师进修学校综合办公楼、教学楼、小学综合楼、教学楼、体艺楼、学员公寓和食堂等共十栋建筑物建设以及运动场、绿化和道路等其他附属工程建设。

（喻　青）

【公共卫生中心项目】 2014年12月，浏阳市公共卫生中心综合楼（含渠道）工程竣工。该项目位于浏阳市花炮大道与礼花路交叉处，总用地面积14869平方米，综合业务楼总建筑面积10318平方米，渠道长138.08米。由浏阳市镇头建筑园林有限责任公司承建，株洲星海建设监理咨询有限公司监理。项目的建成为该市公共卫生事业发展再添助力，提升公共卫生服务能力，为广大市民提供更加良好的卫生防疫等服务。（喻　青）

【城区道路提质改造】 2013年对城区四路（石霜路、环府路、邮电路、花炮大道电力局段）提质改造后，2014年市工务局再次对金沙南路、碧景湾路、予倩路、剧院路、文兴路、广场路、状元洲路、大塘冲路、翠园路及严家冲路10条道路进行提质改造。5月20日，碧景湾路、予倩路、剧院路、文兴路、广场路和状元洲路等项目开工，改造内容包括沥青砼路面、道路侧石，破损路基改造，综合管线迁移和改造、标牌、路灯、绿化带和部分路口拓宽改造、人行道改造，6月中旬竣工。8月25日，金沙南路（全长3274.9米）动工改造，包括交通组织整治、路基路面整治及沥青砼路面铺设、道路排水及综合管线工程、交通工程设施完善等，11月竣工。大塘冲路长756米，车行道宽12米，严家冲路长859米，车行道宽6米，翠园路长765米，车行道14米，于2014年10月竣工。（喻　青）

【“马踏飞燕”项目及浏阳市西互通口公益宣传牌】 浏阳市中国优秀旅游城市标志“马踏飞燕”项目是展现浏阳市形象的重点标志项目，位于永安，占地5000平方米，标志物建设高度28米，底座地下部分6米，建筑面积1000平方米，雕塑由河北翰鼎雕塑集团有限公司制作安装，基座土建及周边绿化工程由浏阳市山田建筑工程有限公司施工，2014年5月开工建设，同年8月27日主体竣工验收。浏阳市西互通口公益宣传牌是进入浏阳市城区前一道风景，是展示浏阳形象，展现浏阳魅力的重要标志物。该宣传牌位于长浏高速西互通口收费站处，为一个公益宣传牌，土建工程由浏阳市山田建筑工程有限公司施工，周边绿化由柏加园林建筑有限公司施工，2014年4月开工，同年9月30日竣工，10月13日移交市委宣传部。（喻　青）

住房保障

浏阳市住房保障局（房屋产权管理局）

党委书记　陈文波
副书记、局长　陈　旭
副书记、副局长　唐校源
党委委员、副局长　柳宪达
　欧阳维
党委委员、纪委书记
　林　湘（女）

【概况】 浏阳市住房保障局为市政府直属事业单位，成立于1990年，负责全市住房保障和房屋产权登记工作，于2012年7月加挂浏阳市房屋产权管理局牌子。2014年浏阳市住房保障局有在职干部职工251人，离退休人员76人。下设办公室、政工人事科（纪检监察室）、工会办公室、财务审计科、房地产产业科、物业监管科、政策法规科、规划项目科、保障性住房（建设）管理中心、房屋权属登记管理中心、房屋信息中心、房地产测绘中心、白蚁防治所、工业园分局、大瑶中心所、沿溪中心所、镇头中心所、房地产综合开发公司、浏阳河市场管理处、恒信房地产置换担保公司20个内设科室、二级机构和12个驻乡镇、园区房管所。7月3日，浏阳市政务服务中心住房保障局分中心在该局政务大厅挂牌成立。4月，梅花小区农贸市场被省文明委授予“文明集市”称号；8月，房屋权属登记管理中心获长沙“文明窗口示范单位”荣誉称号。2014年，浏阳市住房保障局以党的群众路线教育实践活动为契机，围绕“湖湘宝地•宜居浏阳”建设目标，坚持以项目建设为重点，以规范服务为突破口，务实进取，开拓

浏阳市第十届房地产交易展示会 （图片来源：市住房保障局办公室）

创新，促进全市住房保障和房地产管理事业持续健康平稳发展。

（张 青）

【住房保障】 全年开工建设保障性住房和棚户区改造4828套（户），其中公共租赁住房3193套，棚户区改造1635户，完成年度任务128.61%；基本建成4828套（户），完成年度任务482.8%；发放租赁补贴436户（含2014年新增对象32户），金额46.5万元，完成年度任务145.33%。继续加大乡村教师公租房建设，自2013年起，累计为35个乡镇建设教师公租房818套（2014年建设428套）。创新实施城区旧住宅（棚户区）改建工程，投资5200余万元改造城区老旧住宅小区4个1952户。支持鼓励新建园区企业参与建设定向公共租赁住房项目9个880套，有效满足园区外来务工人员、大学毕业生等“夹心层”人群住房需求。加大棚户区改造力度，试点大围山镇、中和镇等片区棚户区改造。坚持社区、办事处、住房保障局“三级审核、三次公示”制度和公开抽号分房机制，全年受理住房保障申请268宗，对24户申请对象不予受理，对244户轮候对象随机抽号选房，确保保障性住房分配公开、公平、公正。出台《浏阳市保障性住房暂行管理办法》及《操作规程》，适度降低准入门槛，保障范围进一步扩大。下发《浏阳市保障性住房行政行为纪律监督办法》，明令禁止各类违纪行为，积极构建“三点三关三严”的住房保障廉政监督体系，得到省市纪委领导一致认可。开展为期一年的专项整治行动，全面整顿保障性住房管理秩序，强制腾退私自转让租赁对象3户，取消实物配租对象8户、租赁补贴对象67户。

（张 青）

【房产市场】 房产经济增长：全年全市在建项目68个，完成房地产开发投资51.72亿元，同比增长12.7%；全年在建房屋施工面积538.83万平方米，同比增长15.89%；房屋新开工面积185.44万平方米，同比减少6.23%；实现房屋销售面积122.27万平方米，同比增长24.74%；销售金额65.16亿元，同比增长42.77%。全年商品住房均价为3835元／平方米，同比上涨5.36%，住宅价格基本运行在合理区间。市场监管加强：全年批准设立房地产开发企业5家。根据企业开发业绩和信用记录，对1家企业资质予以注销，允许14家企业资质升级。对全市56个开发项目的资本金开展全面核查。完善审批流程，为27个房地产开发项目核发商品房预售许可证164本，批准预售面积174.44万平方米。重新下发《关于房地产开发项目实行竣工验收综合备案制度的通知》，为房地产开发项目办理竣工验收综合备案22起，处理违规交房现象2起。办理商品房合同备案登记9251户，房地产评估报告备查85宗，受理期房查解封案件59起。节会活动出色：以“湖湘宝地·宜居浏阳”为主题，精心制作城市形象宣传片和宣传手册，在《长沙晚报》《湖南房地产杂志》等域外媒体进行系列报道，组织房企抱团参与长沙烈士公园购房节和长沙第36届房交会，以“浏阳城市展馆”为参展形式，“宜居浏阳”城市形象深入人心。11月7日至12日，成功举办浏阳市第十届房地产交易展示会，完成交易金额10.62亿元。

（张 青）

浏阳市第十届房交会长株潭看房团 （图片来源：市住房保障局办公室）

【房政服务】 房政服务迈上新台阶：全年完成房屋初始登记2805宗、面积185.91万平方米，抵押登记11278宗、金额411.76亿元，转移登记7511宗、金额41.97亿元（其中二手房1994宗、金额7.26亿元），变更登记371宗、面积35.30万平方米，房产测绘3184宗、面积484.39万平方米，业务办理基本实现“零差错”。房屋权属登记中心将抵押业务扫描程序后置，窗口服务时限提速达60%以上；开展“三比、三赛”活动，每月评选“优秀业务受理员”，增强典型示范带动作用；推出预约服务、上门服务、延时服务和集中服务四项特色服务，服务更显人性化。乡镇中心所投入30余万元统一开展服务窗口硬软件规范化建设，优化服务环境；利用短信投放平台向客户发送业务受理信息4200多条，服务方式更为新颖。房屋信息中心大力完善局域网站运行和业务系统使用，开通“浏阳住保局”微信公众号，加强信息更新宣传。房地产测绘中心规范城乡业务办理标准，完善商品房测绘成果公示制度，建立业主代表现场监督制度，赢得服务对象认可。白蚁防治所改变白蚁预防施工范围，从5月起，对新建房屋除进行基础部分施药外，还增加对主体1-2层范围进行施药，有效提升预防质量。该所全年完成白蚁防治191宗、施工面积237.6万平方米。物业管理实现新突破：全年引导新组建和改选业主委员会30多家，新增物管面积53万多平方米，全市小区业委会组建率达80%，物业管理覆盖率达90%。批准设立物业服务企业13家，下发企业整改落实责任书60多份，有效规范物业企业经营行为。成功组织“和谐物业小区”创建评比活动。创新设置物业维修资金一次性表决和应急维修使用模式，全年批准拨付使用物业维修资金359.26万元，为全市20000多户业主解决房屋安全隐患。全面开展追欠工作，完成追缴100多万元，全年累计实现物业维修资金归集6000多万元。完成物业维修基金2013年度派息工作，为已缴纳物业维修资金的业主派发利息540万余元，比上年增加472万余元。（张　青）

改造后的黄泥湾小区新貌　（图片来源：市住房保障局办公室）

【第十届房地产交易展示会】 11月7日至12日，以“湖湘宝地·宜居浏阳”为主题的浏阳市第十届房地产交易展示会在浏阳河广场举行。房交会汇集浏阳市23家房企参展，展位总面积1100多平方米，共提供6966套优质房源，采取现场布展+网络整合推介的形式，现场设立政务服务区、品牌楼盘展示区、银行金融服务区、企业人才招聘区和网络直播区。房交会推出八大主题活动：“相约浏阳”——第十届房交会开幕式；“创业浏阳”——商业地产全民创业计划；“置业浏阳”——湘赣边置业看房团；“活力浏阳”——品牌房企主题日活动；“‘惠’聚浏阳”——在浏安家兴业计划；“指动浏阳”——第二届网上房交会；“筑梦浏阳”——“我的浏阳梦”创业沙龙活动；“魅力浏阳”——浏阳宜居城市形象推介。活动期间，有约10万人次赴现场观展。通过六天的洽谈、签约，实现商品房成交1239套，面积16.84万平方米，完成交易金额9.45亿元；二手房成交153套，面积2.45万平方米，完成交易金额1.17亿元。达成购房金融合作意向482起，房企、物企人才招聘意向83起，达到“开放交流、合作共赢”的预期目的。第十届房交会集聚四大亮点，亮点一：全方位优惠政策比往届力度大。政府、银行、协会及企业四方合力，共同打造湘赣边区域的行业盛会。房交会期间，各参展企业推出购房置业优惠，各商业银行结合央行新政提供特色服务，市政府出台第十届房交会购房优惠政策实施细则，针对引入人才、域外及乡镇进城创业置业者、本市自主创业者等人群的购

改造后的严家冲小区　（图片来源：市住房保障局办公室）

房、创业补贴。亮点二：首设城市形象展区、银行金融服务区。本届房交会首设城市形象展区，以图文并茂的展板形式从人文魅力之城、区域中心之城、经济腾飞之城、生态宜居之城、幸福和谐之城五方面“全景式”展现浏阳新貌。亮点三：商业地产发出支持全民创业倡议。房交会开幕式上，浏阳市房地产开发协会向全市房地产开发企业发出支持全民创业三年行动计划倡议，呼吁各房地产企业要懂得感恩社会，帮助他人，积极投身全民创业、全力支持全民创业、合力助推全民创业，拿出实实在在的优惠举措，让想创业、正在创业的有志之士真正受益；要为营造浏阳“人人助创业、家家圆好梦”的积极氛围做出应有的贡献。亮点四：湘赣边置业看房团。2014年是浏阳市“挺进三十强、再创新辉煌”之年，也是该市打造湘赣边区域性中心城市的开局之年。围绕“湖湘宝地·宜居浏阳”主题，第十届房交会在前期宣传方面通过省级媒体以及萍乡、上栗、醴陵等湘赣边主流媒体、网站和户外发布广告，对浏阳“宜居之城”“中心之城”“创业之城”城市形象进行全方位、多媒体宣传推介。房交会期间，长株潭及湘赣边置业看房团约120余人乘坐组委会安排的“看房直通车”，抵达浏阳房交会现场，近距离感受浏阳城市魅力。（张　青）

【城区旧住宅（棚户区）改建改造工程】 9月，该局推进城区旧住宅（棚户区）改建工程，坚持政府组织市民参与让百姓齐心、不大拆大建就地改建让百姓安心、改善环境提升品质让百姓暖心的“三心工程”民生工程理念，投资5200余万元改造城区严家冲、黄泥湾、指背冲和城东新村四个旧住宅小区1952套直管公房。四个小区均建于20世纪八九十年代，区域内人口密集、建筑密度大，房屋破旧、管线混乱、基础设施简陋和私搭乱建现象严重，直接影响居民的生活居住质量。改建改造内容包括对屋面、立面的改造，完善房屋使用功能，整治违章建筑，规范管线设施，增加室外绿化与其他配套设施。改建改造工程于12月底完工。

（张　青）

【保障性住房专项整治行动】 10月起，该局开展为期一年的保障性住房专项整治行动，针对私自转让、转租、转借保障性住房等违法违规行为进行全面清理整顿。通过群众举报、工作人员上门核查等方式，该局组织法院、公安、办事处、社区等对3户私自转让的租赁对象进行综合执法强制腾退，取消8户实物配租对象和67户租赁补贴对象，取得良好的社会效果，公租房和廉租房的民生保障能力得以进一步提高。（张　青）

住房公积金管理

长沙住房公积金管理中心浏阳市管理部

党支部书记、主任　谭　浩
副　主　任　黎升喜

【概况】 2014年，全市新增住房公积金开户单位66个，新增缴存人数1.64万人，累计开户单位795个6.86万人；住房公积金归集金额4.17亿元，同比增长28.90%，历年累计归集金额21.69亿元，归集余额11.78亿元；全年办理公积金提取1.67亿元，同比增长23.25%，累计提取11.36亿元；发放贷款609户放贷金额1.44亿元，同比下降2.65%，累计发放贷款11254户17.33亿元，贷款余额8.73亿元。主要业务指标完成在长沙公积金系统综合排名第一。

（黄鸿霖）

【公积金归集扩面工作】 畅通“双联”工作机制：3月，市政府召开归集扩面工作领导小组会议，出台《关于做好行政机关事业单位合同制聘用人员住房公积金缴存工作的通知》（浏政办函〔2014〕46号），将行政机关事业单位编外合同制人员纳入公积金体系。经统计，全市行政机关事业单位编外合同制人员3611人，已缴存公积金1871人，占51.8%。推进非公企业建制：采取“分片”负责制的办法，对缴交养老保险10人以上的84家应建未建企业，进行全面走访，了解和掌握企业基本情况，对条件成熟的企业督促其建制。全年召开制度推进会2次，发放宣传资料200多份，下发催建通知216份，整改通知41份；上报进入“黑名单”予以曝光的单位5家。全年54家非公企业开户缴存公积金，16家企业全员建制。（黄鸿霖）

【信贷工作】 深入开发企业宣传：2014年，浏阳房地产市场持币观望情绪较重，公积金贷款政策严格，个贷规模呈现萎缩趋势。公积金工作人员不定期走访全市在建在售楼盘，宣传公积金政策，对新开楼盘销售人员进行培训，吸引开发商和客户选择公积金贷款，扩大个贷规模。加强风险防控：严格执行贷款三级审批制度，充分利用征信系统、房源系统信息，杜绝虚假证明材料；严格提取审批把关，对有疑问的或与现行政策有所冲突的提取对象，将资料提交到上级部门征得同意，办理提取手续。强化兼职稽核员职能。兼职稽核员随时对贷款和提取审批过程是否合规进行抽查和监控，及时发现和制止不合规的审批行为。强化贷后管理。由专人对逾期1个月以上的贷款进行不定期催收，最大限度降低逾期贷款，防范和控制贷款风险。全年代偿前逾期率控制在0.02%以内，代偿后逾期率基本保持为零。

（黄鸿霖）

【优质服务】 10月，服务大厅安装电子叫号系统，营造文明有序的办事环境。实行轮岗交叉工作制。窗口工作人员全面熟悉公积金业务办理程序，实现“综合窗口制”，提取、汇缴业务、贷款初审业务当即办结；以省级文明标兵单位为标准，制定《服务大厅工作手册》，规范大厅服务人员的一言一行，解决工作人员服务意识不强，标准不高，要求不严的现象；实行轮流值班引导制度。管理部主任、副主任及后台管理人员，轮流在服务大厅值班，及时引导办事群众、现场解决投诉、回复咨询、维护办事秩序和环境。党员和干部职工每人联系5家企业，向已开户的大型企业、意向建制企业、乡镇开发企业的法人代表、主要负责人奉送“便民联系卡”，针对性开展个性化服务；拓宽园区设点办公的范围，除办理日常咨询、提取业务外，拓宽到贷款初审和对园区已建制企业上门开展业务指导；畅通服务渠道，到行政中心有关单位集中办理委托划扣业务；贷款发放坚持集中预约、告知到位、当场办结。（黄鸿霖）

【存在的差距与问题】 非公企业建制力度有待强化，由于浏阳归集空间越来越小，企业主动建制和全员建制意识不强，归集扩面难实现大的突破；服务品质有待提升，贷款历史档案绝大部分未电子化，影响贷款档案查询和商贷提取速度；精细化管理有待提高，有关工作的衔接、岗位配合默契程度有差距，咨询回答口径未统一，影响群众满意度。（黄鸿霖）

城市供水

浏阳市自来水公司

党委书记　邹利明
副书记、经理　卢岳仁
副经理　张大勇
副经理、工会联合会主席　江和平
纪委书记　张孟兰（女）
副经理　陈松柏

【概况】 2014年，浏阳市自来水公司在编人员191人，内设14个科室，全年完成总产值3659万元，同比增长12%；售水量1576万吨，同比增长11%，管网漏失率控制在15%以内，水费回收率达99%以上。供水水质符合国家饮用水标准，全年无大小安全责任事故。2014年公司被评为“全国县镇供水行业先进单位”。（陈　果）

【安全供水】 坚持把安全生产放在首位，切实执行安全生产检查制度、安全生产例会制度，实行24小时轮班值守，每天对厂区尤其是取水口、工艺水池、生产车间、变压线路等重点岗位和部位进行巡检，杜绝出现任何安全隐患。投入80多万元将三水厂高压供电专线单回线路改造成双回路，进一步提高城区供水稳定性。投入70余万元进口全新水质检测设备气相色谱仪，主要用于对水中有机物的检测，填补该市用仪器检测水中有机物的空白。投入60万元购置低噪音、低震动的奥地利安德利茨品牌水泵和ABB牌电机，进一步提高制水效率。投入30多万元更换三水厂加矾泵、浊度仪、PH酸碱度仪、余氯仪等自动化设备，确保供水自动化系统高效运行。加大对供水设施的维护维修力度，完成送水1号泵、取水2、3号泵、取水真空泵、排污泵、送水取水多功能阀、增压泵的维护维修。加强安全教育和培训，组织学习和开展防雷、防洪、泄漏、水质抢险等应急预案演练，提高职工应对突发事件的警觉性和能力。（陈　果）

【水质把关】 确保城区水质安全达标，公司对三水厂的源水和出厂水实行24小时在线监控各项常规检测指标，每2小时进行一次人工检测，每日对水源水、出厂水进行不少于20项指标的抽检，每周对管网末梢水进行11项指标抽检，每月对水源水、出厂水、管网水的42项指标进行抽检，除常规检测外，每年接受长沙、株洲市自来水公司对饮用水106项指标的全面检测。针对春夏季周边县市相继出现源水富营养化，藻类物质爆发的情况，新增叶绿素检测，及时掌握城区源水变化，确保供水水质安全。高度重视人员技术培训，分批次派送检测员前往长沙、株洲市自来水公司进行技术培训。为让更多的用户和老百姓关注和了解城区水质情况，每个月定期在公司门户网公示水质检测报告。定期对城区二次供水设施进行全面巡查和水质分析，并将水质情况及时报告上级相关职能部门。供水高峰时段，集中生产业务部门力量，在晚间12时至凌晨5时分区分段进行管网冲洗，确保管网水质优良。（陈　果）

【供水建设】 主动对接全市重点工程项目，做好集里至太平桥片区、道吾片区、关口长兴片区、荷花工业小区等新城区的供水主管网拓展。完成鼎丰家居建材城、恒大华府、碧桂园、创意信息城、财智广场六期、新月半岛、彩虹谷、长兴湖安置区、关口农副产品大市场等大型房产项目供水管线建设和严家冲、黄泥湾、指背冲等背街小巷老旧管网改造。（陈　果）

【科学管理】 推行供水网格化管理。2014年公司将供水范围按地域划分为四个片区、48个网格，每个网格聘请一名社会网格管理员参与对用户信息和水表、管道、阀门、井盖等供水设施的巡查管理，提供私搭乱接、偷盗井盖、破坏供水设施等信息，加强与用户交流，实现供水服务的全覆盖，提高供水服务的及时性。截至年底，通过网格管理员及时发现管道漏水爆裂、井盖缺失、供水设施人为破坏、偷盗用水等各类问题148个，查处违章用水、破坏供水设施99起，追缴欠费45.2万元。维护供水设施确保安全运行。公司管网科牵头，部门联动，按照分片包干原则对城区管网、消防栓、阀门、井盖等供水设施实行台账管理，采取日常巡查和不定期暗查的方式发现问题，排除隐患。全年维修管道993处，检修保养各类阀门83个、二次供水设施巡查200余次、发现68处井盖遗失并恢复。根据市委、市政府对全市消防安全问题的指示和要求，公司专门对花炮大市场、工业品大市场以及各大商场、车站、学校等人口密集地段进行全面消防栓排查整改，新增消防栓18套，维护维修47套。（陈　果）

【优质服务】 完善营业网点功能：公司投资40多万元完善各营业网点硬件配套设施、全面升级报装系统，对集里、荷花供水营业网点功能进行拓展，实现由单一水费收取向水费缴纳、业务受理、服务查询、故障报修、服务投诉、供水用户信息管理等综合服务的全功能转变，为用户提供便捷、快速的供水服务。拓展缴费方式：先后与中信银行、长沙银行、工商银行、交通银行合作开通网上自助缴费、银行自主终端缴费、手机银行以及支付宝缴费业务，水费缴纳方式扩展为8种。深化服务流程：全面梳理供水业务流程，形成业务咨询、用户申请、勘察设计、安装施工、装表验收、抄表收费为一体的“一站式”服务，制作《一次性告知书》，实现供水业务办理“阳光操作”。开展用户体验活动：开展“走进三水厂，体验制水流程”用户体验活动，邀请市人大代表、政协委员、用水大户、供水网格员共72人参观三水厂供水生产与服务现场，通过流程讲解介绍、面对面交流，使更多的用户对自来水制水工艺、管理服务产生更加直观、感性的认识，体会供水人生产服务的责任感和使命感。（陈　果）

【市第三水厂三期扩建工程】 为满足城区日益增长的用水需求，2014年，公司启动市第三水厂三期扩建工程，根据浏政办函〔2014〕23号文件精神，经市政府批准，市第三水厂三期扩建工程建设项目纳入2014年全市重点建设项目。工程总投资2000万元，供水扩建规模为4万吨/日，包括三水厂三期扩建工程的土建、工艺、电气自动化等建设及一、二期工程的改造。工程竣工后三水厂供水能力由6万吨/日增至10万吨/日。为确保工程项目建设的顺利推进，公司成立工程建设指挥部，年底，完成土建主体施工。（陈　果）

城市管理

浏阳市城市管理和行政执法局

党委书记、局长　唐洪胜
副书记、副局长　唐朝晖
党委委员、副局长　汤光磊
汤继兴　王辉文
张达宗（兼）
周洪武（兼）
纪委书记　罗永昌
党委委员、工会联合会主席
胡忠敏
党委委员　刘定荣（女）

【概况】 2014年，浏阳市城管局有在编人员134人，内设办公室、政工人事科、法规宣教科、综合业务科、创卫办（基层指导科）、监察督查室、城市爱卫办7个职能科室，8个城区执法中队，辖市容环境卫生管理局、城市管理综合执法大队、拆违控违大队3个正科级二级机构，并陆续设立浏阳市经开区城管分局和24个建制镇执法中队。根据《湖南省人民政府关于在浏阳开展相对集中行政处罚权工作的批复》（湘政函〔2004〕100号），浏阳市城市管理和行政执法局在城市管理领域开展相对集中行政执法权工作，行使12个方面的行政处罚权，即在国务院明确规定的市容环境卫生管理、城市规划管理、城市绿化管理、市政管理、环境保护管理、工商管理、公安交通管理7个方面职能的基础上，增加道路运输、城市燃气、烟花爆竹燃放、城市公共客运、河道与矿产资源管理5个方面的行政处罚权。2011年机构改革，将市政基础设施、公用事业、园林绿化、出租车、公共交通管理5项管理职能移交个相关部门，同时将集中行政处罚权职能里的道路运输、城市燃气、城市公共客运3项职能移交给相关部门。（杨　璐）

【城市管理】 机制创新：完善城市管理重心下移，建立执法联动机制和拆违控违机制，街道办事处属地管理责任进一步落实。对市场化改革进行扩面提质，将新增的22万平方米城市道路、桥梁纳入市场化作业范围，并加强对中标单位的管理考评，环卫清扫保洁更精细。完善网格化管理，出台《城市网格化管理工作考评修订办法》，对纳入网格管理的27个单位实行周检查、月排名，网格化考评办公室组织考评38次，发现问题1870个，现场解决问题1480个。完善“门前三包”责任制，将“门前三包”延伸至背街小巷，“门前三包”责任书签订率、上墙率、知晓率、垃圾容器配备率均达到100%；评选“三星级门店”535家、“不合格门店”63家，对“不合格门店”组织执法行动60余次，确保“门前三包”范围更广、管理更细。市容管理：加强对流动摊担、店外经营、市场周边秩序、校园周边环境等重点部位的管理和规范。开展人行道“畅通行动”，设置隔离桩1900余个，螺旋卡口停车带1400余米，施划“三点停放”线900余米，人行道违停锁车3000余台，违停现象得到有效控制。开展户外广告集中整治，拆除大型户外广告招牌、门店招牌等1200余块，落地灯箱3900余个，主次干道墙面竖式招牌全部拆除。出台渣土管理“九条新规”，实施“最严渣土管理令”，对城区50多个在建工地强化管理和执法，硬化社会车辆进出口70余处，依法查处车辆带泥污染路面、洒漏飞扬、随意倾倒渣土等案件192件，暂扣违规车辆203台；建成一个标准化的渣土消纳场；评选季度文明施工“最差工地”4次12家企业，责令企业落实整改、加强管理，城区因工地施工和渣土扬尘造成的环境污染案件和市民投诉明显下降，渣土扬尘污染得到有效控制。环境卫生：对环卫市场化改革进行扩面提质，将新增的22万平方米城市道路、桥梁纳入市场化作业范围，并加强对中标单位的管理考评，确保环境卫生全面提质。实施路段责任制，采取定区域、定人员、定职责、定质量等管理办法，科学合理安排人员；合理调整洒水作业和道路清洗，优化作业模式，管理工作进一步精细化。增加清扫保洁人员密度和洒水次数，清除“牛皮癣”6万余处，全体干部职工参加清扫保洁和清除“牛皮癣”活动14次，城区生活垃圾日产日清，无害化处理率达98%；8个月时间对城区800例乱扔垃圾行为实行了50元的“最严处罚”，行人乱扔垃圾现象明显减少。乡镇指导：成立创建、考核领导小组，制定实施方案和检查考核办法；根据乡镇中队职能和各建制镇特点，指导建制镇中队和经开区分局健全管理制度，如金刚、大围山、大瑶等镇各自成立创建领导小组，制定工作方案，召开专门会议进行安排部署；组织队员理论学习和业务培训，狠抓队伍管理，强化日常检查，规范执法行为，严格规范各建制镇中队管理，集镇和园区管理水平进一步提高。宣传工作：开展城市管理宣传“进机关、进学校、进社区”活动，提高市民文明意识。在报纸、电视刊发城市管理新闻200余条，发放《长沙市城市管理条例》、城市管理“三字经”、拆违控违知识、“门前三包”倡议书等各类宣传资料25万余份，发布创卫、创建文明城市公益广告580余处，并通过聘请城市管理特约监察员，召开网友座谈会，开展“向不文明行为告别”万人签名、“我为环卫工人减减压”、网友体验城市管理、大学生村干部体验城市管理、免费发放车载垃圾桶等多种形式的宣传举措，密切与群众联系，塑造城管为民的良好形象。“最严城管令”被湖南经视、《长沙晚报》、长沙新闻频道、长沙政法频道分别进行报道。安排专人负责“民声通道”、浏阳论坛、每家每户论坛等网络投诉，全年共处理民声通道、浏阳论坛等网络投诉328件，做到受理率、回复率、满意率“三个100%”。依托浏阳市政府门户网站，加强局网站建设，推进电子政务建设和网上政务公开，加强信息报送和信息公开，全年在政府门户网站公开各类信息110余条，在局网站上更新信息190余条。（杨　璐）

【行政执法】　全面实施“最严城管令”，对流动摊担、店外经营、早餐夜市、人行道、市场周边、校园周边等重点部位进行集中整治，全年查处案件5380余起，纠违5万余次。拆违控违工作按照“遏制新增，减少存量”的工作目标和“第一时间发现、第一时间查处、第一时间拆除”的工作原则，在城区所有社区（村）醒目位置设置举报奖励宣传牌800余块，在居民小区宣传栏内制作拆违控违专栏100余次，拆除违法建筑8.9万余平方米，控制违法建筑3万余平方米，完成政府下达的年度任务的148%，实现违法建筑的“零增长”。在“六个走在前列”大竞赛、“清洁城市”行动、省级卫生城市复查、中央和省市领导接待、春运、高考禁噪以及集里、荷花、关口、大围山、经开区以及西北环线、金阳大道等拆违工作中，政令畅通，加班加点，积极主动，有力保障中心工作和重大活动的顺利完成。（杨　璐）

【创卫工作】　开展春秋两季“除四害”，组织开展“万人清洁浏阳城”“人人动手除‘四害’，健康快乐过端阳”宣传服务、检查督促落实创卫成员单位责任等活动。加强环卫基础设施建设，建成垃圾渗滤液处理厂、粪便无害化处理厂，垃圾无害化处理场正在扩容提质，更换垃圾桶3000个，添置垃圾收集箱290个；建成垃圾中转站2座、环保公厕5个，公厕全部免费向市民开放。投入资金220万元，在城区公共区域和无物业管理小区等处投放鼠药5.5吨；创建2个病媒生物防制示范小区，新建鼠药屋7000个，灭蚊灯30盏。高标准通过省级卫生城市复查。实行领导分片分区负责制，组织开展现场督查，对省级卫生城市复查工作中存在的市政设施破损、绿化缺失、环境卫生和“牛皮癣”等问题进行交办，责令相关单位迅速进行整改，确保创卫工作落到实处。2014年，在省级卫生城市复查中以最高分获得全省第一。（杨　璐）

【《经典讲坛》读书学习系列活动】　《经典讲坛》是浏阳市优秀学习载体，《经典讲坛》读书学习系列活动是城管局抓干部教育，进行心理疏导，提升队伍素质的一项特色工作。2014年，局党委以“责任”为主题，精选经典文章汇编《经典讲坛》一书。围绕该书，党委书记和党委班子成员带头讲课，中层以上干部轮流授课12次，全体干部职工每人完成5000字以上的读书笔记，并通过举行演讲比赛、学习心得征文和学习笔记评选等活动，使《经典讲坛》读书学习活动落到实处、取得实效。2014年，被评为“长沙市学习型党组织示范单位”。（杨　璐）

市容环境卫生

浏阳市市容环境卫生管理局

党总支书记　刘定荣（女）

局　　长　张达宗

【概况】　浏阳市市容环境卫生管理局是政府负责城区环境卫生管理和服务的职能部门，系浏阳市城市管理和行政执法局下设正科级二级机构，全局在编正式干部职工148人，临聘职工137人。内设机构包括办公室、考核办公室、乡镇业务办、财务科、政工人事科、后勤设备科，下设机构有清扫保洁队、环卫费征收办公室、渣土管理办公室、垃圾清运队、修理厂5个部门。主要职责：（一）按照国家、省、市有关法规、规章的规定，负责实施对城区环境卫生的具体管理工作；（二）按照城市总体规划和市容环境卫生管理需要，负责对城市公用环境卫生设施进行统一设置和管理；（三）负责做好城区主次干道、公园、广场的清扫保洁工作，收集、运输和处理城市生活废弃物；（四）规范城区渣土管理、运输，维护市容环境整洁；（五）负责城区生活垃圾处理费的征收和集中管理工作；（六）协助市城市管理综合执法大队搞好市容环境卫生管理执法工作；（七）指导乡镇开展环境卫生管理工作；（八）完成市城市管理和行政执法局交办的其他工作。2014年，该局严格按照国家卫生城市的标准，立足实际，改革创新，锐意进取，扎实工作；积极探索环卫工作新的管理和工作模式，加大管理与服务力度，有力推进该市市容环境卫生管理与服务工作，获得2012--2014年度市“模范集体”荣誉称号。（彭志敏）

【清扫保洁】　建立严格的考核制度，实现长效的管理办法，对管理人员、驾驶员、公厕保洁员、清扫保洁员制定严格的考核制度，加强对业务管理员的监督管理，对聘用作业人员实行奖罚制度，确保街道日常干净整洁。改进作业模式，减少经费开支，根据“二清一保”市场化作业要求，明确路段和小区清扫保洁人员，实行定区域、定人员、定职责、定质量、定工资的管理办法，科学合理安排各路段保洁人员。合理调整洒水作业和道路清洗，改进和优化作业模式，实行精细化管理，出车作业数据全程记录，成本核算更加精确，全面提升环境卫生质量，减少作业劳动强度，节约工作经费。加大环境卫生巡查力度，实施路段责任制，成立应急分队，及时消除各类有损市容环境的现象。加强一线清扫保洁人员的日常管理和教育培训，提升职业道德和工作能力。（彭志敏）

【垃圾运输处理】 加强安全教育，调整安全工作思路，认真做好安全生产工作；加强垃圾桶管理与维护，增加一名垃圾桶维修人员，全年维修更换垃圾桶 9033 只／次；全年出动车辆 1000 余台次，对城区死角垃圾和部分乱堆砌的建筑垃圾进行彻底清理；及时协调做好车辆维修与保养工作，保障车辆正常运转；科学调度车辆，严格处理监管，全年完成处理垃圾 19.71 万吨，入场生活垃圾无害化处理率达 100%。（彭志敏）

【环卫费征收】 年初对收费任务进行科学分解，并与各收费小组签订目标责任状，明确收费员的目标任务；加强作风纪律建设，完善各项规章制度，严格请、销假制度，确保环卫费征收工作正常开展；积极与办事处、社区协调，配合做好城乡接合部死角垃圾的清理工作，努力拓宽费源；坚持文明征收，开展收费宣传教育，对拒交对象依法实行强制征收。全年完成收费 1179 万元，同比 2013 年增长 79 万元。（彭志敏）

【考核管理】 全年考核办对局各项业务工作共进行 56 次检查，对 62 起市民投诉进行处理、回复，发布督查通报 16 期，处罚 4 人次，表扬通报 17 人次。对城区 4 个街道环境卫生进行不间断考核检查，共检查扣分 1729 分。（彭志敏）

【市容执法】 实行案件主办责任制，提高队员业务能力；加强对欠缴环卫公用事业费单位、商户及个人立案查处和劝交，对部分恶意欠缴环卫费的进行立案查处；加强市容环境卫生投诉案件查处，及时处理，即时回复，全年处理投诉案件 625 余件；实行堵、疏结合原则治理“牛皮癣”，遏制“牛皮癣”泛滥；积极查处基建工地污染路面，早餐店、饮食店和夜宵摊点的白色污染，职能部门擅自占道及擅自发布户外广告等案件，打击市容违法行为，维护良好市容市貌。（彭志敏）

【安全生产】 根据上级关于“党政同责、一岗双责”和“管行业必须管安全，管业务必须管安全，管生产经营必须管安全”的要求，按照城管局党委的统一部署，成立安全生产工作领导小组，明确局各主管领导为所分管部门的安全管理工作责任领导，各部门负责人为本部门安全管理工作第一责任人，并与各部门签订安全管理工作责任书，各部门根据工作实际，组织与每名干部职工签订安全管理工作责任书，做到责任明确，落实到人。对安全管理工作实行常态化监督检查，及时排查消除安全隐患，形成全局上下齐抓共管的大安全管理格局。全年未发生安全事故。（彭志敏）

【基础设施建设】 2014 年，该局加强环卫基础设施建设。投资 3500 万元，建设一座日处理能力 400 吨的垃圾渗滤液处理厂；投资 350 万元，建设一座日处理粪便 100 吨的无害化处理场；根据创卫工作的要求，投入 4.45 万元对 31 个公厕的导向牌进行统一规范的制作和安装；投入 188 万元购置 12 台新型垃圾收集车；投入 110 万元在城区设置 290 个废弃物收集箱；投入 32 万元对城区 6 座土建公厕进行提质改造。（彭志敏）

【中心工作】 创卫迎检工作：10 月 9 日，浏阳市召开创卫迎检工作部署会议。该局制定详细周密工作方案，将各项迎检工作任务落实到人。清扫保洁队、垃圾清运队、办公室、后勤设备科、市容执法中队认真履行职责，各部门密切配合，创造洁净的市容环境，为该市在各项检查评比中获得佳绩夯实基础，在长沙市“清洁城市”检查评比活动中获得年度第一名的成绩。新一轮市场化招标工作：“二清一保二维护”（城区街道的清扫、清洗、保洁和园林绿化维护、市政道路维护）项目自 2012 年 10 月 1 日实行市场化改革以来，经过两年的运行，取得良好的效果。按照双方签订的合同，该项目于 2014 年 9 月 30 日到期。为进一步提高城区环境卫生和市容市貌质量，提升城市品位，市委、市政府决定继续实行市场化运作，并将项目内容调整为“二清一保一维护”（街道清扫、清洗、保洁和园林绿化维护）。该项工作启动后，该局精心组织，制定新一轮市场化招标工作方案，并会同相关部门对城区新增区域面积和经费进行严密测算。11 月 25 日，经公开招标，深圳玉禾田环境事业发展集团有限公司取得淮川、集里辖区“二清一保一维护”项目的经营权，合同期限自 2015 年 1 月 1 日至 2017 年 12 月 31 日，为期三年。承包经费为 5590.0551 万元。城区荷花、关口辖区的“二清一保和一维护”参照市场化管理标准，分别由该局和市政园林管理局继续承担作业任务。（彭志敏）

环境保护

浏阳市环境保护局

党组书记、局长　易华堂
副书记、副局长　龚观生
党组成员、副局长
　王辉文（2014.07 免）
　陈光友（2014.07 任）
　陈　铁　刘鹏程
党组成员、纪检组长
　古红兰（女）
党组成员、副局长　赖传文

党组成员、总工程师
林琼国（女）

【概况】 2014年，浏阳市环境保护局内设办公室、纪检监察室、管理科、法制监督和政工人事科、自然生态保护科、总量控制和污染防治科、项目财务科7个科室。下辖环境监察大队、环境保护监测站、环境保护局工业园分局、制造产业基地环保办4个二级机构。环保局主要职能：(一)贯彻执行国家、省、市环境保护的方针、政策和法律、法规。拟订全市环境保护规范性文件，拟订并组织实施全市环境保护规划和年度计划及其专项规划，组织编制全市环境功能区划，参与制定全市主体功能区规划。(二)统筹协调和监督管理全市重大环境问题。调查处理全市环境污染事故和生态破坏事件；负责全市突发环境事件的应急、预警工作；负责调查处理全市环境污染纠纷和信访案件。(三)组织实施主要污染物排放总量控制和排污许可证制度。会同有关部门督查、督办、核查全市污染物减排任务落实情况。依法征收排污费。(四)负责全市环境污染防治的监督管理。组织实施水体、大气、土壤、噪声、光、热、恶臭、固体废物、化学品以及机动车等污染防治管理制度，依法进行环境监管和执法。统筹协调全市重点流域、区域污染防治工作；负责污染源限期治理工作的监督管理。负责城市环境综合整治定量考核工作，参与城乡环境综合整治工作。(五)负责全市建设项目环境保护管理工作。负责建设项目环境影响评价和环境保护“三同时”(建设项目防治污染设施必须与主体工程同时进行设计、同时施工、同时投入使用)制度执行情况的监督管理；协助上级环保部门开展清洁生产审核和上市公司环保核查工作。(六)指导、监督全市生态环境保护。监督对生态环境有影响的自然资源开发利用活动；指导、监督重要生态环境建设和生态破坏恢复工作；指导、监督全市各类自然保护区、风景名胜区、森林公园和农村生态的环境保护工作。(七)负责提出全市环境保护领域固定资产投资规模和方向、市级财政性资金安排的意见。(八)协助上级环境保护部门监督管理核安全和辐射安全，协助上级环境保护部门监督管理全市核技术应用、电磁辐射、伴有放射性矿产资源开发利用中的污染防治。(九)负责全市环境监测、统计和信息工作。组织实施环境质量监测和污染源监督性监测；组织建设和管理全市环境监测网和环境信息网；对全市环境质量状况进行调查评估、预测预警；发布全市环境综合性报告和重大环境信息。(十)组织、指导和协调全市环境保护宣传教育工作，推动社会公众和社会组织参与环境保护。(十一)参与环境科技相关工作和环境管理体系认证工作；指导和推动循环经济与环保产业发展。(十二)承办市委、市人民政府交办的其他事项。2014年，市环境保护局围绕年度目标，着力解决环境保护中损害群众利益和影响可持续发展的突出环境问题，扎实推进各项环境保护工作。

（陈文韬）

【环境监管工作】 落实三大环保行动：牵头组织住建、城管、水务、教育、公安、文化等部门，认真落实省、市关于开展“清霾、碧水、静音”三大环保治理行动。全年开展“清霾”执法行动4次，检查涉煤锅炉37台，拆除涉煤锅炉7台，改烧锅炉14台，全市4家立窑水泥厂全面停产。开展绿色工地创建活动，对城区6家项目建设实施绿色工地创建。加强宣传，严格执法，全力落实秸秆禁烧任务。强化机动车排气定期监测，累计核发机动车环保标志30925个，淘汰黄标车737台。该市全年空气质量5天为轻度污染，未出现中、重度污染情况，空气环境质量优良率达到98%以上。强化对饮用水源的监督监测，做好河流出境断面水质监测工作，辖区河流出境断面水质达标率100%，未发现环境污染事件。加大对涉水企业、作坊、养殖场的监管力度，对乡镇、两型产业园、浏阳经开区、永安产业制造基地企业污水处理监管和污水处理厂运营进行多次督查督办，重点打击私设暗管和偷排等行为，查处园区企业偷排漏排行为4起。联合城管、文化、公安、教育等单位，多次组织联合执法，加强对建设工地施工噪音、娱乐歌厅噪音、修理、加工和大的商场、饭店、宾馆所有工具器械噪音监管，在高考中考期间禁音行动中，实行日夜巡查，实现高考“静音”工作落实。做好四大专项整治：一是开展造纸行业整治。2月起，对不能正常达标排污和擅自改变工艺、机型的58家造纸企业实行停产整改。通过6个月的排查整改，有44家做到废水废气达标排放，有11家未申请复工生产，有3家申请停产。造纸行业得到有效的整治，投诉量明显减少。二是抓好食品行业整治。5月底，组织对全市123家食品行业生产企业进行环境安全整治，多次组织相关部门及乡镇开展食品行业整治联合执法行动，查处环境污染问题企业76家。对镇头食品工业园采取全园性强制措施，实行全面停产整改，在整顿过程中，立案查处3家企业，责令17家企业完善环保治污设施，责令4家企业补办环评手续。三是组织涉重企业专项整治。浏阳现有涉重金属企业11家，全部列为一类风险企业进行监控，执法监察人员按每月不少于两次对企业进行不定期检查，对不符合国家产业政策的长沙阳河有色金属有限公司、浏阳市宏鑫矿业有限公司实行关闭，对历史遗留的七宝山矿渣山、蕉溪尾矿库、镇头湘和化工厂厂区三个土壤重金属超标区域利用国家专项项目资金进行治理，治理工作完成并通过验收。四是推进畜禽养殖污染治理。组织环保、国土、畜牧、水务等17个部门组建畜禽污染治理办公室，全年组织联合执法53次，拆除栏舍87户，约计面积18000平方米，完成7万平方米栏舍治理，加大对浏阳河上游的大溪河、小溪河两岸养殖场治理力度，制定强制退出方案，2014年退出800余户，达到治理预期目标。落实环境监管责任：2014年商事登记制度改革后，环保环节不再作为工商注册的前置审批条件。环保局强化对注册单位“宽进”后的“严管”，对工商发布的登记名单进行筛选，对需要进行环保审批的项目，及时通知所在乡镇。严把项目选址关、环评关、“三同时”关和验收关，从源头上有效控制新污染源的产生。全年发放排污许可证 67 个，受理并审批建设项目 186 个。受理并办结“三同时”验收项目 87 个，全年新建项目环评执行率、三同时执行率 100%。（陈文韬）

【解决历史遗留问题】 菲达宏宇项目整改到位。大瑶造纸基地宏宇热能水务有限公司热电厂项目和污水处理厂项目通过“三同时”验收，热电联产厂外排二氧化硫达到新标准要求，污水处理厂实现达标排放。重金属治理成效明显。蕉溪岭含重金属废渣治理项目、七宝山重金属废渣治理项目全面竣工。原湘和化工厂土壤修复整改项目，环保局全程参与指导协调，安排专人现场值班，督促施工单位施工，加强施工过程的环境保护，实现整改工作平稳推进。乡镇污水处理厂进展顺利。为解决乡镇污水处理厂建成不运行的问题，一是下拨 100 万元到 10 家乡镇污水处理厂，作为试运营经费，要求有关乡镇污水处理厂试运行，并申请长沙市环保部门验收。二是强化对大瑶、永安、浏阳城区、经开区、农业园三家联建污水处理厂的服务和监管，确保了重点污水处理企业的正常运行和达标排放。三是加强与水务局协作，强化对在建污水处理厂的督促协调。截至年底，市大瑶、永安污水处理厂依托园区运行，达浒、沿溪、古港、官渡、葛家、七宝山、官桥、大围山、北盛、柏加 10 个乡镇污水处理厂试运行。太平桥、中和镇污水处理厂竣工，金刚镇污水处理厂主体工程完成。（陈文韬）

【存在的困难】 一是个别企业环保意识依然淡薄，加上近两年经济下行压力较大，部分企业面对效益不好、资金短缺困境，规避环境监管的故态萌发，以各种方式偷排、漏排等追逐利益最大化的现象偶然发生。二是污染源点多面广，执法难度大。该市市域面积大，涉水涉气与采矿、冶金、造纸、医药、食品等重点污染行业企业多，监察执法时效难以兼顾。三是环保基础设施建设有待加强。个别乡镇污水管网的建设相对滞后。（陈文韬）

【燃煤锅炉改烧工作】 2014 年，管道天然气进入永安镇，市环保局组织产业制造园企业开展燃煤锅炉改烧天然气工作，至年末，长沙大力神液压工程有限公司、长沙恒佳铝业有限公司等 9 家企业的 11 台燃煤锅炉或窑炉已拆除，改用天然气锅炉或窑炉；湖南百宜饲料科技有限公司、湖南湘晖农业有限公司等 6 家企业对原有燃煤锅炉进行改造，改烧生物质燃料；浏阳一中、湖南富丽真金家纺拆除原有燃煤锅炉，改用空气源。（陈文韬）

【浏阳河流域环保调研】 2014 年，该局组织人员，开展湘江一级支流浏阳河流域环境状况调研，对浏阳河（浏阳段）流域的环境质量进行调查分析，并对水质污染的原因进行综合研究，编制《浏阳河流域环境质量调研报告》，为保护和改善浏阳河流域生态环境，保障浏阳经济社会可持续发展，提出有效的治理措施和建议。（陈文韬）

【造纸行业专项整治】 2 月起，市环保局对不能正常达标排污和擅自改变工艺、机型的 58 家造纸企业实行停产整改。组织联合监管，采取日常检查与夜间巡查相结合，严肃查处企业偷排、漏排等违法行为，先后对文家市、星华等 7 家造纸企业进行立案查处。排查整改 6 个月，有 44 家做到废水废气达标排放，有 11 家因不能实现达标而未申请复工生产，有 3 家因整治无望已申请停产。通过督促造纸设备设施升级更新，污水处理设施运行制度更完善，程序更规范，废水达标率显著提高，相关投诉明显减少，达到整治预期目的。（陈文韬）

商　务

商务会展

浏阳市商务局

党委书记、局长　肖成新
副书记、副局长　刘天然
党委委员、副局长
陈伯清（女）张志亮
党委委员、纪委书记　陈金亮
党委委员、工会联合会主席
张开明
副局长　李　凌（女）

【概况】 2014年，浏阳市商务局有在岗人员51人。商务局职责：（一）贯彻落实中央、省、市有关国内外贸易、现代服务业、境内外经济合作和经济协作的发展战略、方针、政策；研究拟定全市相应的中长期规划并组织实施。（二）研究提出流通体制改革建议，培育发展城乡市场，负责全市商贸物流产业发展相关工作，提出促进现代物流产业发展政策；推进流通产业结构调整和电子商务等现代流通方式转变。（三）承担牵头协调整顿和规范全市市场秩序和商贸服务运行秩序的工作，监测分析市场运行和商品供求状况，及时发布商务统计信息，指导流通领域信息网络建设；推动商务领域信用建设；承担商务流通业的行业管理职责；负责拍卖、典当、租赁、旧货流通、成品油、酒类流通、生猪定点屠宰、汽车报废的监督管理工作；维护市场秩序和消费安全。（四）指导全市商品市场体系规划建设，指导批发市场规划和商业网点规划、商品市场培育。（五）研究拟订促进市内企业进出口的政策措施，指导、协调各类企业的进出口业务，会同有关部门对进出口企业出口退税工作的稽核、检查；宏观管理全市进出口商品工作；管理外经贸企业的审核呈报工作；会同有关部门呈报市内进出口经营权。（六）推广国际贸易新方式；负责高新技术产品出口，发展加工贸易；承担组织协调全市反倾销、反补贴保障措施及其他与进出口公平贸易的相关工作，组织产业损害调查。（七）负责制定再生资源回收行业发展规划，落实国家、省、市有关再生资源回收政策；引导、规范和扶持再生资源回收行业的发展。（八）负责全市对外经济技术合作；指导、协调对外承包工程、设计咨询、劳务合作、境外投资等业务；管理全市技术引进、设备进口和国际招投标工作；负责全市服务外包产业发展、促进服务出口和服务对外承包发展。（九）拟订全市药物流通行业发展规划、行业标准和有关促进政策并组织实施，配合实施国家基本药物制度，建立药品流通行业统计制度，推进行业信用体系建设，指导行业协会实行行业自律，开展行业培训，加强国际合作与交流。（十）负责重要消费品的储备与管理，组织商务会展。（十一）承办市委、市人民政府和上级主管部门交办的其他事项。全年实现社会消费品零售总额203亿元，同比增长14%；自营进出口总额13亿美元，同比增长5.43%；对外承包工程和劳务合作完成营业额3290.83万美元。（黎　涛）

【促进内需】 商贸网点建设：科学布局商业网点。9月17日，《浏阳市城市商业网点布局规划(2015—2030)》通过评审。加大商业网点建设。切实推进天马路美食特色街等特色街、鼎丰家居建材城等专业市场商贸网点建设。加大节假日促销指导力度。重大节假日前深入城区大型商场超市等重点商贸企业做好服务工作，指导企业开展购物节、购物季促销活动。会展节会经济：城市商务节、车展、房交会、家博会等本土节会的成功举办有效拉动和激活城乡消费市场。全年车展销售1941台车（第十届车展售出965台，第十一届浏阳车展售出976台车）。浏阳蒸菜发展：制发浏阳蒸菜集体商标使用管理规定、授权使用申报条件和程序。新授权10家餐饮企业使用“浏阳蒸菜”集体商标。11月28日至29日，第九届湘菜美食文化节在浏阳成功举办，浏阳蒸菜取得两项世界基尼斯纪录，湖南卫视、《湖南日报》《长沙晚报》、凤凰网等媒体进行报道。（黎　涛）

【商贸服务】 平台建设服务：做好星沙海关驻浏阳办事处建设协调工作及开关前各项准备工作。完善出国劳务报名大厅工作流程，巩固对外劳务合作服务平台建设成果。市场开拓服务：鼓励和组织企业参加巴西圣保罗环球资源展、俄罗斯国际电力电子展、第十一届东盟博览

11 月 28—29 日，第九届湘菜美食文化节在浏阳市举办，最大盘蒸菜“百菜蒸盘”创世界最大单体蒸笼、世界最多菜品同蒸两项世界纪录　　（图片来源：市商务局办公室）

会、纽伦堡玩具展、美国 NFA 烟花博览会、广交会等国内外展会，帮助企业开拓市场。业务培训服务：开展国际贸易政策与实务操作培训，提升企业业务能力。

（黎　涛）

【商贸项目建设】　突出现代服务业重点：加快电子商务发展。掌握全市电子商务底数，组织全市首次电子商务座谈会，协助成立电子商务协会，积极推荐企业参加省市项目申报。“湖南一朵生活用品有限公司”获评 2014 年度“湖南省电子商务示范企业”，“蜜蜂哥哥”电子商务建设项目获评 2014 年度“湖南省电子商务重点项目”。促进现代服务业发展。重点组织企业进行第三批、第四批现代服务业试点项目申报，跟踪和服务第一、二批试点项目。突出商贸惠民工程：继续推进农贸市场提质改造，新改建 10 家标准化农贸市场。正式启用新生猪定点屠宰场，新老生猪定点屠宰场实现无缝对接，猪肉市场供应秩序良好。完成肉菜流通追溯体系前期各项准备工作。继续深入推进“万村千乡市场工程”。突出商贸重点项目：11 月，农副产品大市场完成市场建设；康益肉类产品冷藏配送项目完成设备采购、冷库地下工程和基脚建设。　（黎　涛）

【商贸监督】　生猪定点屠宰监管：全年城区生猪定点屠场屠宰生猪 55596 头，查处案件 47 起，收缴白板肉 2736.5 公斤；无害化处理病害猪及病害猪产品共计 215 头，城区全年没有发生肉品质量安全事故。酒类流通监管：开展取缔无证照经营、打击假冒伪劣酒类产品等专项整治行动，限期整改 30 家无证经营和未认真落实酒类流通随附单的企业，收缴和封存问题酒 200 余瓶。成品油市场监管：全市全年成品油销售 22.5 万吨，其中汽油 12.2 万吨、柴油 10.3 万吨；完成全市 114 座成品油企业经营资格年检；开展加油站储油库及油罐车排污治理改造工作，共治理改造加油站 35 座。商贸安全监管：稳抓安全生产工作，商贸系统未出现安全事故。强化商贸应急管理，抓好年度本级肉食储备以及应急物资储备。其他商贸行业监管：抓好市场运行监测和分析工作。规范二手车交易、典当、寄卖、拍卖等行业管理。指导成立家电行业协会、电子商务协会，发挥商会、行业协会等中介组织作用。　（黎　涛）

【存在困难与问题】　一是商务综合执法工作在机构设置、人员配备、财力投入、软硬件设施上仍显薄弱。二是由于全市限上零售额占全社会零售总额的比重过小，限上商贸企业分布极不平衡及集团数据分解不理想等因素影响，社零增速逐渐放缓。三是由于介面光电下降幅度较大、蓝思科技增幅不明显、重点项目基伍手机尚未正式投产，进出口高位增长下增速趋于平缓。

（黎　涛）

【新建生猪定点屠宰场正式启用】　4 月 1 日，新建生猪定点屠宰场康益生猪定点屠宰场正式投产运营，城区两家老生猪定点屠宰场淮川生猪定点屠宰场和美佳乐生猪定点屠宰场同时取缔关闭。康益生猪定点屠宰场由浏阳市康益农业科技发展有限公司投资建设，位于集里街道长青村，是经长沙市人民政府批准建设的全市唯一一家年屠宰量 30 万头的大型屠宰场。　（黎　涛）

【第九届湘菜美食文化节】　11 月 28 日，由湖南省商务厅、湖南日报报业集团主办，浏阳市人民政府承办，浏阳市商务局、浏阳日报社组织举办的第九届湘菜美食文化节在浏阳河广场启动。本次文化节以“面向大众　理性消费”为主题，共包括第九届湘菜美食文化节新闻发布会（10 月 19 日），万份浏阳蒸菜送长沙市民（11 月 25 日），第九届湘菜美食文化节启动仪式（11 月 28 日），浏阳蒸菜品鉴会（11 月 28 日），最大盘蒸菜“百菜蒸盘”申报吉尼斯世界纪录（11 月 28 日），湘菜美食文化展（11 月 28 日—29 日），湘菜企业招牌菜大赛（11 月 28 日—29 日），湘菜美食文化节焰火晚会（11 月 28 日），湘菜论坛（11 月 29 日）九大主题活动。节会取得良好效果，最大盘蒸菜“百菜蒸盘”创世界最大单体蒸笼、世界最多菜品同蒸两项世界纪录。

（黎　涛）

招　商　引　资

浏阳市招商合作局

党组书记、局长　　姚　军
副书记、副局长　　宋继红
党组成员、副局长
　　宋　妮（女）　李　武
党组成员、纪检组长　彭　江
党组成员、副局长　　刘　平

【概况】 2014年，浏阳市招商合作局在编在岗工作人员24名，内设办公室、投资促进科、项目管理科和企业服务科，1个二级机构（外商投资服务中心）。该局负责全市招商引资工作指导、服务、监督和管理。全年围绕“挺进三十强，再创新辉煌”的战略部署，以“招大商、选优商、引强商”作为主攻目标，以产业招商作为主攻方向，以园区平台为主攻重点，以项目建设为主要突破口，招商工作实现新突破。（一）项目吸引力增强。邀请专业公司根据浏阳旅游产业招商规划，以“浏恋忘返”为主题，以印象浏阳河、欢乐烟花城、人文溯源地、山水总动员为主要板块，深度包装64个文化旅游产业招商项目，并制作完成招商画册和项目PPT;精心包装推介长兴湖城市新区开发项目、浏阳西北环线周边地块综合开发项目、大围山国家生态旅游示范区综合开发项目等15个重大招商引资项目进入长沙市重点招商项目库，推荐大围山国家生态旅游示范区综合开发项目等7个项目进入省级重点招商项目，在沪洽周、深洽会、厦交会等全国重要招商节会进行重点推介；与经开区协作加强对金阳新区产业招商的调查研究，与市发改局、城建投共同完成对西北环线片区产业招商的调查论证，加强对水建投长兴湖片区项目、城建投浦梓港片区项目的招商策划服务，加强对乡镇招商项目的策划指导，指导乡镇包装优质招商项目100余个，增强项目的吸引力。（二）项目影响力提升。一是组织2014“美丽浏阳”系列招商活动，扩大浏阳在全国的知名度和影响力。上半年成功举办“美丽浏阳”制造产业基地（上海）招商推介会，德国波特尼汽车线束项目、上海燎申车配龙项目、昆山华恒工业机器人项目、广州风神物流项目等6个项目现场签约，有力地助推制造产业基地新一轮发展；10月份，举办“美丽浏阳”（深圳）文化旅游产业招商会，64个重大文化旅游项目集中推介，吸引深圳华强集团、华侨城集团、长隆集团、香港铜锣湾集团、中国旅游产业联盟等150多位知名旅游产业投资商参会，得到湖南省政府驻深圳办事处、深圳旅游局等单位的支持，大围山旅游度假酒店及配套项目、红杉国际产业园等12个文化旅游项目签约，协议引资35.38亿元；同时，组织台湾大润发与浏阳创意君悦城项目洽谈签约，枫浦城项目招商推介会，长兴湖生态滨水新城招商推介会，广东江门商会、深圳商会等企业家浏阳行活动，加强项目的对接洽谈。二是积极走出去，有力请进来，加大浏阳项目对接和开放发展的步伐。由市领导带队，组织小分队30批130多人次赴深圳、顺德、上海、广州、北京等地，就电子信息、文化旅游、机械制造、家具产业、片区开发等点对点上门招商。同时牵头接待到浏阳考察的深圳华强集团、北京泛华集团、广州澳园集团等知名客商和福建商会、广东商会、湖南省异地商会等知名商协会120余批500余人次的考察，展示浏阳作为省会长沙的开放高地、投资洼地、发展宝地的商机和前景。（三）招商规范性增强。加强招商项目联审。全年组织发改、规划、国土、环保、法制办、政务中心等市相关职能部门对柏加镇风情小镇项目、文家市镇旅游新城项目、北盛镇汽车内饰项目、洞阳镇彩印包装生产项目、大瑶镇国际花炮商贸城项目等10个项目进行项目联审和招商公示，严把规划关、国土关和环保关，对投资强度、建设进度和税收贡献度等关键指标进行严格审查，确保项目的质量，把控项目风险。加强重点招商项目的调度。针对浏阳市家居建材城等9个列为长沙市重点调度的签约项目，明确专人，实行每月跟踪调度，确保项目进展，项目履约率、开工率和资金到位率分别达到88.9%，88.9%，50.1%，处于长沙区县市前列。加强对难点项目的协调。针对2012-2014全市重点项目制定《浏阳市重点招商引资签约项目调度推进机制》，定期加强项目的协调调度。对工作推进中问题较为突出的项目及时组织召开现场协调会议，5月份组织召开官渡佳海电梯、高坪山水世界等10个重点招商项目集中协调会议，邀请市领导出席，20多个部门参会，较好地推进解决项目的供地、供电、征地、拆迁、规划、环评等具体问题。下半年，重点抓好道然湖等一批项目调度，切实推进项目建设进度。（四）环境美誉度提升。一是健全完善招商引资资源库、浏阳籍在外成功人士联络库。收集优质客商信息近1000条，浏阳籍在外成功人士信息800余条，储备优质资源；二是科学制定对园区和乡镇的考核办法，分别针对主要园区、重点乡镇和水源保护区、偏远乡镇以及洞阳、北盛等特殊乡镇，在任务指标和产业导向上，实行有侧重、有倾斜，建立分类指导、务求实效的考核机制；三是有效优化投资环境，组织全市20家外来投资企业召开民主问政座谈会，邀请市政协主席、市政府主管领导等参加，与投资商面对面，听取对浏阳投资环

6月18日，2014“美丽浏阳”制造产业基地（上海）招商推介会现场

（图片来源：市招商合作局）

焊接机器人生产项目签约现场　　（图片来源：市招商合作局）

境的意见建议，进一步优化浏阳的投资环境；四是积极落实《关于鼓励外来投资的决定》《招商引资中介人奖励办法》等有关政策，重点加强项目等级认定和中介人奖励认定服务，对金霞油茶科技项目等11个项目发放招商引资中介奖励89.68万元；五是精简行政审批事项，提高审批服务效率，加强重点招商项目的代办服务，开通网上咨询和预审通道，提供定时、定点指导。全年无费审批发文22件，代办手续36项次。　（丁凯慧）

【2014“美丽浏阳”系列招商活动】 2014年，浏阳市组织举办“美丽浏阳”制造产业基地（上海）招商推介会、“美丽浏阳”枫浦城项目招商推介会、“美丽浏阳”枫浦城项目招商会、大润发和星鑫国际影城与“浏阳市创意·君悦城”签约仪式、湖南长沙国资项目合作洽谈周活动、“美丽浏阳”（深圳）文化旅游产业招商会、“美丽浏阳”长兴湖生态滨水新城招商推介会等系列招商活动，吸引苏州波特尼、艾仕得涂料、上海燎申车配龙、昆山华恒焊接、绿地控股集团、上亿企业集团、华侨城、华强集团、广州长隆、中央新影、深圳深港、澳门文化产业集团、中国旅游资源联盟、广州珠江文化娱乐制作、广东控股投资协会、维景国际、曼湾禾田居、菁英时代投资、香港国际贸易促进会等来自全国的知名商协会、地产、工业、商业、文化旅游产业巨头600余家参加。全方位推介浏阳的投资环境，加快浏阳开放崛起步伐。全年新引进项目185个，其中亿元以上项目40个，10亿元以上项目10个，协议引资380亿元，其中尔康制药药用辅料建设项目、中国交通集团投资50亿元建设金阳湖片区综合开发项目、中烟集团投资27亿元建设配方烟叶输出技术改造项目、香港雄鹰集团投资10亿元建设大围山旅游酒店及配套项目等，完成浏阳市外境内到位资金138亿元；其中完成省外境内到位资金50亿元，同比增长21.95%；引进长沙市外境内项目形成固定资产投入86亿元，同比增长25%；实际利用外资18688万美元，同比增长25%；三资企业主营业务实现销售收入110亿元，同比增长17.02%。主要指标增幅在长沙九个区县市走在前列。

（局　办）

10月16日，2014“美丽浏阳”（深圳）文化旅游产业招商会，150多位客商参会

（图片来源：市招商合作局）

【2014“美丽浏阳”制造产业基地（上海）招商推介会】 6月18日，由浏阳市委、市政府主办，湖南浏阳制造产业基地管委会、浏阳市招商合作局承办，以“产城融合，创新转型”为招商主题，旨在对接上海和长三角地区的产业转移，优化产业结构，强力推动园区创新转型的2014“美丽浏阳”制造产业基地（上海）招商推介会在上海举办。推介会上，邀请苏州波特尼电气系统、艾仕得涂料、上海燎申车配龙、昆山华恒焊接、绿地控股集团、上亿企业集团、中港国际经贸会、美国华人华侨协会、上海浦泰汽配、广州风神物流、全盛汽车配件集团、戴德梁行等60余家知名企业负责人参加，发布推介再制造产业、先进装备制造产业、现代商贸服务业、快速消费品行业及城市综合开发建设5类项目，充分体现园区的产业特色和产城融合的主导方向，获得一批投资商的青睐。当天签约昆山华恒焊接股份有限公司、法泽尔动力再制造有限公司、广州风神物流有限公司、全盛汽配集团有限公司、广州群峰物流有限公司、上海奕跞实业有限公司6家知名企业，涉及工业机器人项目、再制造、汽车零部件、现代商贸物流等行业。招商推介会由浏阳市政府副市长莫小佳主持，浏阳市委副书记、市长余勋伟发表讲话，湖南

浏阳制造产业基地及浏阳市招商局负责人参加招商推介会。

（局　办）

【2014“美丽浏阳”（深圳）文化旅游产业招商会】 10月16日，2014“美丽浏阳”（深圳）文化旅游产业招商会在深圳举办。本次招商会作为“2014湖南（长沙）深圳招商推介活动”重点特色专场招商活动之一，由浏阳市委、市政府主办，浏阳市招商合作局、浏阳市旅游局、浏阳文化产业园承办，以“产业融合，创新发展”为招商主题，旨在整合推介浏阳文化旅游资源，对接深圳和珠三角地区文化旅游战略投资者，推动文化旅游产业发展新突破。会上，邀请华侨城、华强集团、广州长隆、中央新影、深圳深港、澳门文化产业集团、中国旅游资源联盟、广州珠江文化娱乐制作、广东控股投资协会、维景国际、曼湾禾田居、菁英时代投资、香港国际贸易促进会等150余位知名文化、旅游业投资商，异地商会或联合会会长及签约代表参加。专场招商会上，浏阳以“浏恋忘返”为创意特色，以印象浏阳河、假日理想城、山水总动员、人文溯源地为四大板块，发布推介大围山国家生态旅游示范区综合开发项目等64个重大文化旅游产业招商项目，获得一批投资商青睐。当天签约仪式上，有12个项目签约，协议引资35.38亿元，其中香港雄鹰科技与大围山管委会签订合作建设度假酒店及相关配套项目，大围山管委会与厦门日懋城建园林建设股份公司合作建设景区基础设施，金凯园林景观建设公司与沿溪镇合作建设金凯园林文化产业园，中澳新蕾教育培训有限公司与市林业局合作建设中澳蓝鹰素质教育基地，香港红杉国际与张坊镇合作建设红杉国际健康产业园，安徽六安鑫宇与文家市镇合作建设秋收起义旅游新城配套建设项目（三期）等。浏阳市人民政府市长余勋伟发表讲话，市委副书记吴震主持招商会，市委常委、常务副市长张作林在会上致辞，副市长莫小佳推介重大项目，市委办、政府办、宣传部、浏阳制造产业基地管委会、大围山国家生态旅游示范区管委会（旅建投）、文化产业园管委会、旅游局、招商局、大围山镇、张坊镇、小河乡、达浒镇及有重点项目对接的单位负责人参加招商推介会。（局　办）

【2014“美丽浏阳”长兴湖生态滨水新城招商推介会】 10月17日，浏阳长兴湖生态滨水新城招商推介会在浏阳举办，对长兴湖片区进行整体推介，吸引金科、中南集团等实力投资商现场考察参观，共谋长兴湖生态滨水新城的发展路径，现场达成意向投资额2.3亿元。长兴湖生态滨水新城是浏阳实施城市“东进”战略打造的重要城市板块，是浏阳未来城市的新中心。新城总占地面积8平方公里，紧邻行政中心，无缝对接老城区，9条城市主干道穿境而过，规划有CBD建筑群、文化艺术中心、高端住宅区、科教园区、儿童欢乐世界等多种业态。经过三年的开发建设，长兴湖生态滨水新城已经完成66.67公顷蓄水工程、333.33公顷土地征收、400多户房屋征拆。片区内已有银天东湖广场项目进驻。湖南师范大学教授、区域经济研究专家朱翔，在推介会上详细分析浏阳以及长兴湖片区的发展前景：“长株潭城市群扩容背景下，浏阳的城市化进程加快推进，老城区的承载力有限，新城区的开发势在必行，而长兴湖恰恰是这样一个城市化的新阵地。”

（局　办）

供销合作

浏阳市供销合作总社

党组书记、理事会主任
　胡自钦
副主任　李晓芳
党组成员、副主任
　张　平（女）　李　亚
党组成员、纪检组长
　沈　华
党组成员、工会联合会主席
　陈　剑

【概况】 浏阳市供销合作总社系市政府直属全额拨款事业单位，机关参照公务员管理，内设综合办公室、财务审计科、经贸发展科、合作指导科、政工人事科5个职能科室，在编在岗人员25人。其主要职能：一、贯彻执行国家、省市人民政府和上级供销合作社有关农村经济工作方针、政策、法规；拟订供销合作社的发展规划，并组织实施；二、对化肥、农药等重要农业生产资料、农副产品进行组织、协调、管理和服务；做好国家商业储备、救灾物资储备工作。组织指导供销合作社组织开展农副产品收购、加工、供应和农村日用消费品经营等业务活动。三、发挥供销系统网络优势，参与烟花爆竹的经营和管理，完善购销管理机制。四、参与全市再生资源回收利用体系建设。五、依法依规对浏阳市农民专业合作社给予指导、扶持和服务。加强农村综合服务体系建设，开拓培育城乡市场，指导全市供销组织发展，建立和完善新农村现代流通服务网络，活跃城乡商品流通，促进城乡经济统筹发展。六、依法管理本级社有资产，指导和监督供销系统的资产运营，依法维护供销合作社的合法权益，确保社有资产保值增值；指导供销合作社系统的科技开发、推广和对外经济贸易、技术交流。七、指导、监督社属单位制定、完善人事、财务、资产等管理制度，建立完善现代企业制度；指导所属单位依法开展活动，推进联合合作，促进系统快速发展；指导供销合作组织建设、队伍建设、行业协会建设。八、承办市委、市人民政府交办的其他事项。

（周静忠）

【综治维稳】 供销系统改制企业职工居住分散、群体庞大、思想复杂，2014年，该社继续采取“内紧外松、责任包干”方式，落实“三注重、两强化”举措（注重信息收集、来访接待、重点稳控；强化源头预防、部门协调），健全动态维稳机制，及时掌握苗头性信息，积极主动帮助改制企业职工解决困难和问题，将不稳定因素化解在萌芽状态，确保系统大局的持续稳定。

副省长张硕辅（前左）一行视察调研浏阳湘宝地供销电子商务有限公司
（图片来源：市供销合作供销合作总社办公室）

全年累计接待改制企业职工来信来访98人次，处置不稳定因素11起，未出现一例越级访和群体性上访事件。（周静忠）

【网络建设】 农资供应网络进一步完善。充分发挥农资冬储和供应主渠道作用，在农资供应旺季，及时保质足量供应，平抑市场价格，确保农耕需求。争取上级部门支持，新建农资区域配送站4个，升级改造农资网点36个。4月份，率先创办第一家农资超市，直接面向市民提供小包装肥药。10月份，指导农资公司成功并购浏阳金牛种子公司。全年累计销售化肥7.8万吨、农药2.1万余件、种子154吨，实现销售总额1.7亿元，占同期农资市场份额的70%。市农资公司再次被评为“全省十强农资流通企业”。再生资源回收体系建设取得良好成效。按照城乡统筹环境同治要求，与蓝天公司浏阳挂牌网点签订环境整治协议，开展12次环境卫生整治行动。投入1.5万余元，采取以奖代补方式开展示范店评选活动，进一步规范店面形象。同时，研究制订《浏阳市再生资源回收和利用体系建设方案》和《再生资源回收体系建设资金使用管理办法》（代拟稿）并报送至市政府。抓好日用品网络建设。支持比一比超市拓展销售渠道，优化服务网络。采取股份合作形式，指导帮助顺天电器公司在洞阳镇开办连锁家电超市。推进农村电子商务平台建设。与梦想烟花公司、玉叠妃彩色菊花石有限公司合作，采取股份合作方式组建浏阳湘宝地供销电子商务有限公司。以公司为平台，与淘宝网特色中国·湖南馆合作启动“浏阳馆”建设，与省供销电子商务公司合作启动云端农村电子商务平台建设，利用两个为农服务公益性平台有效整合推介浏阳农特产品资源。10月份，副省长张硕辅率队专程到浏阳调研指导农村电子商务工作，并给予充分肯定和鼓励支持。

（周静忠）

【合作组织发展】 以市农民专业合作社联合社为平台，充分发挥组织协调、指导扶持职能，带动专业合作社实现快速发展。一是着力产销对接。以领航农业科技发展有限公司为依托，进一步加强产销对接，全年帮助果农销售水果1200余万元；二是加大资源整合。指导东区雄丰蔬菜等8个专业合作社，组建湘康农业开发有限公司，在城区创办4个蔬菜基地直销超市，与云端农村电子商务平台结合，引入蔬菜网上订购电商新模式，方便广大市民选购蔬菜；三是帮促项目申报。指导支持领航公司成功申报千吨气调保鲜库项目，帮助大围之珠、湘东水果两个水果专业合作社成功申报全国总社农业综合开发项目，累计申报项目资金280万元；四是积极宣传推介。与浏阳日报社、浏阳电视台建立长期合作关系，适时宣传推介专业合作社工作。积极向上级部门推介先进典型，先后有蜜蜂哥哥、雄丰蔬菜、淳峰茶叶三个专业合作社获全国总社示范专业合作社称号，大围山湘东水果、茗堇茶叶、腾飞金橘等专业合作社分别获省、市部门奖励。（周静忠）

【资产管理】 筹建社有资产管理运营公司。社有资产正处于界定阶段，各项工作有序进行，省社、长沙市社及浏阳市委市政府均表示予以支持。盘活现有闲置土地。以农村电子商务平台建设为契机，以礼花路0.85公顷留置地为依托，筹划建设浏阳电商孵化基地。市委常委、副市长熊清溪先后两次到市社调研指导电子商务项目建设。12月17日，副市长熊清溪召集财政、国土、规划、农业、商务、科技等部门在市社召开浏阳电商服务城项目专题调研座谈会，与会领导及部门负责人充分肯定项目必要性、可行性和重要性，一致表示将全力支持供销社牵头，整合各部门相关项目资源，尽快落实该项目，早日发挥其应有功能。（周静忠）

【存在问题和不足】 （一）发展载体仍比较薄弱。目前，除农资供应网络较为完善外，其他服务网络与经营规模化、连锁化、集团化发展要求还有一定距离。（二）体制机制有待进一步理顺。该社社有资产管理运营公司未能成立，其主要原因是社有资产性质界定存在问题，影响社有资产效益的最大化。同时，机关干部职工到企业兼职不能领取任何薪酬，其企业业绩与个人绩效考核不挂钩，影响兼职干部积极主动性的发挥。（三）干部队伍建设有待加强。该社机关干部平均年龄偏大，人才队伍建设与加快改革发展的要求有差距，缺乏能够熟练掌握现代经营业态、现代流通方式、现代管理手段的高素质人才等。（周静忠）

【浏阳湘宝地供销电子商务有限公司】 该公司成立于2014年7月，由浏阳市供销合作总社控股，联合湖南梦想家网络科技有限公司、湖南玉叠妃中国彩色菊花石有限公司共同投资，汇聚各类电商精英共同组建而成，注册资本500万元。公司秉承“为三农服务，为企业服务”的经营宗旨，负责“淘宝网特色中国•湖南浏阳馆”的承办和运营服务以及省供销电子商务公司“供销通”在浏阳市域的推广和运营。“淘宝特色中国•浏阳馆”于2014年11月28日结合第九届湘菜美食文化节活动正式上线运营，开馆活动期间销售浏阳蒸菜及农特产品460余万元，其中浏阳蒸菜热销4200余份，开创了浏阳蒸菜淘宝网上销售的先河，省内外50多家媒体聚焦浏阳馆进行报道，相关微博转载200余万次。在云端电子商务平台建设方面，在农产品生产企业、专业合作社、种养大户、农资网点、中心超市、蔬菜直销网点、村（社区）布点320多个，初步形成集党务、村务、商务、便民服务于一体的电子商务服务网络。

（周静忠）

粮　油　业

浏阳市粮食局

党委书记、局　长　范荣国
副 书 记、副局长　刘元生
党委委员、副局长　周扬波
党委委员、副局长、纪委书记
　曾庆图
副 局 长　戴水草
党委委员、工会联合会主席
　刘　平（女）

【概况】 2014年，浏阳市粮食局机关有在岗国家工作人员29名。局党委下设机关、老干、北盛、湖南军粮储备加工有限责任公司支部和粮食购销公司总支委员会5个基层党组织（粮食购销公司总支委员会，于2013年由原购销公司党支部、官渡粮站党支部、古港粮站党支部、大瑶粮站党支部、镇头粮站党支部合并），有党员101名（其中女性18名）。机关设办公室、调控科、监督检查科、财审科、政工科5个科室（机关办公用房改革后不再单设主任科员室）、1个粮食监督执法大队，6月份办公场所由行政中心附一栋二楼搬迁至附二栋三楼。局机关下辖浏阳市粮食购销有限责任公司和北盛等8家粮站（沙市粮站自2014年起恢复，未明确法定代表人）。粮食购销公司设总经理1名、副总经理1名；粮站设主任1名，并兼任法定代表人。湖南军粮储备加工有限责任公司属合作控股企业。该公司设立董事会、监事会机构，其中董事会由1名董事长、4名董事组成；监事会由1名监事会主席、2名监事组成。全市保留仓廒140栋（含永安新建5000吨浅圆仓4个、北盛粮站新建4000吨仓容1栋），总仓容17万吨。永安粮库新增食用油脂储罐6个、容量6000吨。处置报废仓房15栋，仓容9356吨，其中城郊粮站太平桥点2栋、仓容1352吨，葛家点3栋、仓容3224吨；官渡粮站本点3栋、仓容672吨；镇头粮站普迹点6栋、仓容3759吨；北盛粮站本点1栋、仓容349吨。

（李　勇）

【粮食种植】 协助政府抓好遏制土地抛荒和良田保护工作，从市场导向、信息需求、消费特点方面指导乡镇粮食生产，优化粮食品种结构，增加农民收入，增强种粮信心。全市稳定粮食种植面积7.8万公顷。粮食部门建立优质粮食产业可持续发展体系，加大优质稻产业基地建设，采取“公司+基地+农户”的经营模式，在全市推广优质稻品种，继续保持高档优质稻3667公顷，订单面积11000公顷。

（李　勇）

【粮油购销】 国有粮食企业按照国家统一部署，启动早稻和中、晚稻最低保护价收购政策。在粮食收购期间，组织机关工作人员到点收购，方便农民售粮。通过委托代收与行政监管相结合的方式，加强粮食购销与储粮安全管理，国有粮食企业全年（时间至12月31日止，2015年1月1日至31日中晚稻收购列入2015年度统计）收入粮食51768.434吨，其中期初库存粮食562吨，购入粮食51206.434吨（含早籼稻26840吨、中晚稻24366.434吨，其中最低保护价粮19294.434吨，包括湖南军粮储备加工有限责任公司收购的最低保护粮早稻3210吨、中晚稻781.434吨）；销售粮食49471.161吨（其中销售早籼稻7975吨、转作储备粮29427.161吨，加工12069吨）。全市本级储备粮10000吨，省级储备粮10000吨。重点非国有粮食经营企业期初库存粮食4103吨，本年收入粮食71372吨（其中年度内购入早稻870吨、中晚稻70502吨），销售粮食71097吨（其中早稻870吨、中晚稻70227吨）。重点转化用粮企业收入粮食55054吨，销售粮食47622吨；收入玉米482493吨（其中年初库存19742吨，本年购入462751吨），销售465235吨；收入大豆（豆饼和豆粕）208535吨（其中年初库存3729吨，本年购入204806吨），转化销售大豆（豆饼和豆粕）204211吨。商品油脂收入38297吨，其中年初库存食用油脂5221吨，本年购入33076吨（食用油脂33042吨、加工成品收回34吨）；食用油脂包括茶油2556吨、菜油5727吨、花生油1944吨、豆油16270吨、棕榈油685吨、调和油1482吨、其他油2377吨；本年销售油脂27955吨（其中销售食用油脂27920吨，加工成品收回35吨），食用油脂包括茶油4234吨、菜油5228吨、花生油2242吨、豆油12527吨、棕榈油815吨、调和油1473吨、其他油1401吨。军粮公司新建1000吨食用油油罐6个，当年储备食用油2000吨。在米业品牌建设中，以“浏阳河”品牌为主题，精心开发“浏阳河”香米、富硒生态米、浏阳河一季青生态米、浏阳河无公害优质大米等名牌产品。加强对11个“放心粮油”企业的产品进行长期质量跟踪，确保该市放心粮油的供应。积极组织粮油企业参评参展农博会和放心粮油的评审，贵太太茶油科技有限公司获得“国家放心粮油示范加工企业”称号，笑哈哈食品厂和镇头三环油脂大米加工厂获得“省放心粮油示范加工企业”称号。美津园、龙伏种粮专业合作社和笑哈哈食品厂产品获得2014年湖南省农博会金奖。长沙市粮食产业化龙头企业笑哈哈食品厂自主研发生产的“新发现”速冻食品“包仔兄弟”“真手工水饺”，在2014年湖南省政府主办的中国中部（湖南）国际农博会上，获得两项金奖。（李　勇）

【储粮管理】（一）投入资金，进行危仓老库改造和仓储建设，改善储粮设施。在2013年基础上，通过公开招标，对东盈粮食储备库（官渡）第3栋仓、北盛粮食储备库（北盛）第2、3栋仓进行标准化改造，北盛粮食储备库新建标准仓1栋，永安新建5000吨潜圆仓4个，全市标准仓房达到23栋（包含永安库、百宜库），仓储设施进一步完善。在最低保护价收购工作全面启动前，准备地磅8台、皮带运输机12台、清杂机8台，设立收购、结算网点8个，腾出仓10栋，为粮食收购作好充分准备。（二）严把质量关。在粮食收购中，严格将水分控制在13.5%以内、杂质1%以内。7月28日、10月28日分别启动早稻和中晚稻最低保护价收购政策，共收购最低保护价粮19294.434吨（含军粮公司收购）。在储粮过程中科学配备贮藏设施，严格督查粮食库存管理，指导企业做好清仓消毒等工作，达到国家粮食安全标准。继续推广圆桶仓储粮技术，在2013年基础上新增新型圆桶仓4000套，为农户储粮提供方便和保障，受到群众欢迎。群众安全储粮、科学储粮意识增强。

（李　勇）

【粮食监察执法和粮食统计】粮食监察执法：组织和加强《粮食流通管理条例》等相关法律法规和文件精神的学习、宣传和贯彻落实，同时在报刊等媒体上宣传最低保护价收购政策。加强粮食样品的检验检测和粮情检查。早稻收购结束后，对全市储粮进行全面检查检测。分夏、秋两季扦样130多个，及时送检，为掌握该市稻谷质量标准提供有力依据。在粮食食品安全管理中，积极组织参与市食安办2014年食品药品安全科普知识系列宣传教育培训活动。5月份在思邈公园和部分乡镇设置展板，宣传粮食条例和食品安全的法律法规，同时引导安全消费，提高市民的自我保护能力、鉴别能力、消费安全意识，自觉抵制不良食品和有害食品。10月底，该局组织举办1期50多名粮食系统食品安全监管人员（保管员）参加的业务培训班。积极参与市食安办食品安全专项整治工作、食品安全知识大型宣传活动，积极配合市食安办在春节、端午节、中秋节等重大节日期间组织食品安全检查活动，协同市食安委深入学校、机关事业单位重点查处粮油食品来源和质量合格标准。加强粮食收购许可证的监管，对已取得粮食收购许可证的61家（其中国有及国有控股企业11家，民营企业17家，个体工商户33家）粮油加工经营企业进行年度核查。通过优质服务零收费，现场察看审核合格61家，占总发证数的100%。对全市各产粮乡镇发放粮食收购行政指导告知书200份，同时在收购现场张贴公布，明确收购企业在获得县级以上粮食行政管理部门审批的收购许可证方可从事粮食收购活动，并严格遵守“五要五不准”收购守则规定。对未执行国家粮食质量标准和未及时支付售粮款等情况责令改正，予以警告，警告后仍不改正，并造成粮食生产者利益受到损害的，处以20万元以下的罚款，同时公布举报投诉电话。收购工作中，接到举报投诉电话及时回复并协调解决。采取联合执法形式，对粮食生产者、经营者、储存者重点进行执法检查监督，对粮食经营活动中的违法行为进行依法查处。与国有企业都签订食品安全目标责任书，与社会粮食经营企业签订粮食质量安全承诺书，对32家市级龙头企业和规模以上粮油企业建立质量诚信档案。同时，通过多种方式宣传粮油食品安全的法律法规，倡导经营者守法诚信经营，强化行业自律意识。加强社会粮食流通日常监管，维护正常流通秩序。对本辖区从事粮食收购的54个经营企业进行日常监管与专项整治。该局对已取得粮食收购许可证的粮油加工经营企业认真进行年度核查。审核合格54家，占总发证数的98%；不予通过审核1家，占总发证数的2%。粮食统计：落实粮食经营台账的建立和统计制度。督促粮食经营企业和转化用粮企业建立粮食经营台账，加强对粮油加工的登记管理和粮食购销统计工作，达到“一符四无”（账实相符，无鼠雀、无虫害、无霉变、无事故）和“三专四落实”（专仓储存，专人保管，专账记载；落实仓房，落实时间，落实地点，落实费用）的要求，按照粮食统计制度的要求及时准确报送统计报表和有关资料。（李　勇）

【浏阳市红旗米业有限责任公司】该公司于2007年7月12日成立，永安粮食储备库与广东客商合作控股经营。2009年被评为“长沙市农业产业化龙头企业”，被省粮食行业协会评定为2010年度“放心粮油进社区、进农村示范加工企业”称号（有效期5年）。该公司是集粮食购销、加工和产业开发于一体的股份制合资企业，位于永安储备库内，自永安储备库与湖南省军粮集团实行股份合作后，为适应粮食加工经营改革发展的需要，做强粮食军供、储备加工企业，本着互利共赢、风险共担的原则，经湖南军粮储备加工有限责任公司（简称甲方）、浏阳市粮食购销有限责任公司（简称乙方）以及原公司股东之一易志华（简称丙方）三方共同协议，2012年终止原协议，2013年实行新的股份合作方式。2014年该公司“浏阳河”品牌精米系列和富硒生态米、浏阳河一季青生态米、浏阳河无公害优质大米的产能和市场份额度达到8000吨，销售收入3000万元。（李　勇）

【湖南军粮储备加工有限责任公司】该公司属股份合作制公司，成立于2012年4月28日。2014年，公司收购早稻3300吨，早稻出库9600吨，晚稻出库3000吨，实现销售总收入6876万元。该公司共储粮27000吨，其中中央储备粮3000吨、省级储备粮6000吨、最低价收购粮12000吨、浏阳市本级储备粮6000吨。储有动态储备粮 10000 吨，新增油脂 2000 吨。全年投入项目建设资金 3100 万元，完成浅圆仓、油罐、危仓老库改造等建设工程，新增 5000 吨浅圆仓 4 个、1000 吨食用油油罐 6 个。7 月底，大门、土方、挡土墙等项目建设竣工。红旗米业公司及库区内新建钢结构棚仓 4 个计 1500 余平方米，年底全部投入使用。危仓老库改造工程建设项目已完成 10 栋旧仓房改造，改善屋面、墙面，水、电、管网、道路等改造工程全面铺开，年底完成并投入运行。 （李　勇）

【湖南美津园粮油食品有限公司】湖南省美津园粮油食品有限公司创建于 2008 年 4 月，是一家集粮油生产、加工、种植、研发和销售于一体，以“公司 + 基地 + 农户”模式运作的农产品深加工龙头企业。该公司位于浏阳市农业科技产业园，注册资金 4000 万元，生产、办公占地面积 4 万多平方米，建筑面积 1 万余平方米，总资产达 2.36 亿元。该公司主打产品纯茶籽油被列入“湖南省十大茶油品牌”之一，公司生产的“美津园”纯茶籽油（5L），获 2012 年中国中部（湖南）国际农博会金奖。2013 年 12 月，该公司“美津园”商标被国家工商总局认定为“中国驰名商标”，2014 年，该公司纯茶籽油产量 4.6 万吨、年销售额达 5.3 亿元。5 月，湖南省农业产业化办公室认定该公司为“湖南省农业产业化省级龙头企业”。 （李　勇）

【最低保护价粮食收购】 根据湖南省粮食局统一安排部署，7 月 28 日 8 时，浏阳市适时启动早稻粮托市收购。经中储粮湖南分公司长沙直属库认定湖南省军粮储备加工有限责任公司（永安国家储备库）、浏阳市粮食购销有限责任公司收储点百宜省储备库、北盛粮站为早稻托市收购点，面向全市种粮农民和种粮大户，敞开收购早稻托市粮，启动最低保护价收购农民余粮，北盛粮站收储点因腾仓推迟到 8 月开秤。严格按照国家标准，只收购 2014 年新熟早稻粮，水分控制在 13.5%以内，杂质控制在 1%以内，黄粒米控制在 1%以内，严禁新陈互混。截至 9 月 30 日 24 时止，全市收购托市粮总量 6912 吨（其中永安 3210 吨，百宜累计 3702 吨）。10 月 28 日，全市启动中晚稻最低保护价粮食收购，收购时间截至 2015 年 1 月 31 日，全市共收购最低保护价粮中晚稻 13586.384 吨，其中湖南省军粮储备加工有限责任公司 949.384 吨、百宜粮食储备库 2771 吨、官渡粮站 2535 吨、北盛粮站 2384 吨、张坊粮站 959 吨、古港粮站 1679 吨、镇头粮站 2309 吨，网银结算率 100%。以最低保护价收购的粮食粮权均属中央粮食储备库，各收购点均为委托代收点，交由当地储备库负责管理，由中央粮食储备库长沙直属库负责监管。 （李　勇）

【六大仓储基地建设和危仓老库改造】 从 2011 年开始筹划，计划用 5 年时间建成东盈、西满、南丰、北盛、百宜、永安“六大仓储基地”，并结合中央危仓老库改造工作同时进行。2014 年，永安、东盈、北盛三大基地基本建成；百宜、西满粮食储备库迁建全面启动；南丰粮食储备库完成征地工作，计划 2015 年启动。2014 年通过争取上级支持、本级财政投入和处置资产等途径，上级下拨该市资金 294 万元，本级配套 294 万元，已结算资金 588.7 万元，其中一般维修投资 27.66 万元，大修投资 186.14 万元，功能提升投资 274.91 万元，北盛新建仓预付款 100 万元。共计维修仓房 16 栋，仓容 28942 吨，其中一般维修仓容 16219 吨，大修仓容 12723 吨，维修后新增仓容 1800 吨。危仓老库的改造和提升，得到省、市领导的充分肯定，浏阳成为湖南省粮食局的视察点，国家粮食局调控司、国家发改委、省人民政府、省粮食局、长沙市人民政府和长沙市粮食局相关领导到浏阳市视察、指导、督查工作，给予高度评价。 （李　勇）

【圆桶仓推广】 继 2013 年后，该市粮食部门再次争取国家农户科学储粮项目，推广圆桶仓 4000 套。为做好农户科学储粮专项示范推广工作，改善农户储粮条件，提高农民科学储粮水平，减少粮食产后损失，保障国家粮食安全，根据国家发改委、国家粮食局《农户科学储粮专项管理办法》（国粮展〔2011〕184 号）和湖南省粮食局、湖南省财政厅《关于下达 2014 年农户科学储粮专项计划的通知》（湘粮行联〔2014〕58 号），2014 年，该局争取湖南省粮食局下达 4000 套彩钢板（JSBZ---015 型）仓（因体型为圆柱体状，俗称“圆桶仓”）。该“圆桶仓”根据国家《农户小型粮仓建设标准》（LS/T8005-2009）要求制作，着色为蓝色，具有防潮、防鼠、防虫、防雀、防腐蚀、经久耐用和环保等特点，一个仓可以盛近 2000 斤粮食，储粮损失减少 5%左右。一个“圆桶仓”，造价 400 元，配有两袋除虫剂、一份使用说明书、一份储粮技术资料。按照中央财政、地方财政和农户自筹的 3∶3∶4 比例进行投资，共投入资金 160 万元，其中中央投资 52 万元，地方财政配套 52 万元，农户自筹 56 万元。农户只需花 140 元就能购置一个“圆桶仓”，基本上可以满足储粮需求。10-12 月，粮食部门通过成立机构、配备人员、宣传发动、上户登记、数量核实、资金筹措、加工生产、集中首发、送货上门、指导安装、技术培训，在沙市镇黄花村举行集中发放式，在小河、沿溪、永和、古港、溪江、杨花、北盛、蕉溪、淳口、沙市 10 乡镇共发放“圆桶仓”4000 个，为农户储粮提供方便，提高科学储粮水平，减少储粮损失。 （李　勇）

石油经营

中国石化销售有限公司
湖南长沙浏阳石油分公司

党支部书记、副经理　苏维其
经　理　罗建平（女）
副经理　刘建光　邹　俊

【概况】 2014年4月18日，根据湖南省工商行政管理局关于转发《工商总局办公厅关于做好中国石油化工股份有限公司资产重组中分公司分支机构变更登记工作的通知》的通知（湘工商注字〔2014〕8号），由原机构名称“中国石油化工股份有限公司湖南浏阳市石油支公司”变更名称为“中国石化销售有限公司湖南长沙浏阳石油分公司”，简称浏阳市石油公司。公司有在职正式工27名、离退休31名、劳务工204名，其中领导班子4人、机关管理人员8人。2014年，浏阳石油分公司拥有36座加油站，分布在全市20个乡镇主辅干道，其中城区加油站5座、国道2座、省道4座、乡镇21座、高速服务区4座。万吨级加油站2座，分别为中心加油站、工业园加油站，5000吨级以上加油站5座，3000吨级以上加油站6座，3000吨级以下加油站23座。全自助加油站8座、半自助加油站3座、发卡网点20座。2014年在上级公司政策支持下，市公司全体员工同心协力，努力奋斗，在各项经营指标完成上取得较大的成绩，其中轻油实际完成14.02万吨，非油合计销售1018.25万元，IC卡沉淀资金2841.86万元，油品损耗1.53‰，直销批发完成1.9万吨。

（袁　甜）

【经营管理】 轻油销售：以“多卖1吨油”销售竞赛活动为主线，紧紧围绕年度零售任务，层层传递扩销增量压力，全员参与，提高加油站一线员工积极性、主动性、创造性，建立“一站一策”档案，以每日、每周、每月为点，结合实际使扩销增量工作真正在加油站做实，群策群力提高零售网络竞争力，确保完成公司下发的目标任务。直销批发：一是通过走访联系，加大对中石化品牌、油品质量的宣传来稳定老客户；二是抓住公路铁路建设的契机，积极主动走访新客户，提高客户基数，增加年销量；三是召开客户座谈会，提升服务质量，通过老客户带新客户，开拓跟进新客户等方法，提高市场占有率；四是规范管理，加强对增值税发票的管理，要求客户先款后货，公对公转账，规避内部风险。非油销售：建立专门非油销售队伍，设立非油客户经理，由经理带队、非油信息员、站长组成营销队伍，将店外销售做强做大，与多家大型企业建立良好的合作关系；加强非油宣传，提高销售技巧，主动销售、对外销售成为公司常态；逐步改善非油硬件设施，改变部分站销售滞后状态；改变观念，将工作重点由油品销售转入非油销售，并深入到站到人；贯彻“谁销售，谁收益”的指导思想，将任务的60%下发到每一个加油员，加油员店外销售每1万元奖励500元的激励机制兑现到个人，使员工切实感受到非油销售好坏与收入息息相关，真正实现“以业绩论英雄”，激发全员销售的热情。网点建设：跃兴加油站拆迁重建工作完工并进入运营阶段。加油站改造：2014年，上级公司加大浏阳地区加油站建设投入，先后对15个加油站进行油气回收改造，对22个加油站进行安全隐患整改，对8座加油站进行提质改造。

（袁　甜）

盐　业

浏阳市盐务管理局

（湖南省盐业股份有限公司浏阳市分公司）

局长、经理　邓　宁（女）

副局长、副经理　欧存龙

【概况】 年初，公司撤销运销股、盐政股、配送中心、仓储中心，整合为市场营销中心；撤销办公室、财务股、开票室，整合为综合办公室，按照精简、合理、高效工作原则和人员倾斜充实营销一线要求，将人员重新进行合理分配。2014年，盐业公司全年各项经济指标完成情况：年计划购进各类盐13580吨，实际购进14185吨，完成年调运计划的104.4%；年计划销售各类盐13580吨，实际销售13657吨（其中350g绿色小包盐587吨、400g绿色小包盐3260吨、新品盐1997吨、原包盐7813吨），完成年销售计划的100.6%。年底库存各类盐1969吨。全年实现利润总额为883万元。

（彭　阳）

【市场营销】 打造市场监管和食盐销售核心网络资源。年初，公司市场营销中心组织一次为期一个月的专项市场调查，翔实了解市场需求和客户心理、适时掌握市场动态，制定新一轮终端网络建设布点工作规划。4月，公司成立“中心工作组”，按照合理渠道管理幅度原则整合原有网点，构建完整的食盐配送、延伸、零售功能的动态食盐零售“六统一”（统一合同格式、统一店面标志、统一管理制度、统一盐种类别、统一服务标准、统一结算价格）终端网络体系。发放小包盐专用货架和塑料商品盒包装产品，让食盐彻底摆脱“地摊货”形象。构建终端网络体系的同时，将客户销售记录表、宣传画册、涉盐案件通告发放至各特许经营户，保证公司能随时对商品流向跟踪监管、增强食盐销售商守法经营意识和对食盐产品宣传推广，为配送服务、盐政稽查等工作开展奠定基石，赢得客户的满意度和忠诚度。

（彭　阳）

【盐政执法】 公司以“依法行政、执法为民”为宗旨，以打击涉盐领域的违法违规行为为重点，以超前防范、群防群治为手段，以全面消除碘缺乏危害为目标，建立健全持续性打假工作机制。在管理方式和手段上变“分散管理”为“重点管理”，变“重罚轻管”为“依法打击”。对城乡农贸市场、运输沿线、省际边界、城乡接合部、农副产品加工集中地区和行业用盐周边地区作为整治重点，突击农村市场整治，依法取缔无证经营，严肃查处非法经营，规范合法经营；对有过走私贩私不良记录的重点对象进行全面排查摸底，以“端窝挖点”为重点，全面推动盐政专项行动；配合浏阳市食安委工作部署，突出重点节日的整治。

（彭　阳）

【盐政宣传】 2014年，公司坚持

“引导在前、防范在先”理念，采取多途径、利用各种载体，宣传盐业法律法规。将农民、学生、家庭妇女、食盐经营个体、用盐企业和运输企业作为重点宣教对象；利用报纸、杂志等新闻媒介集中宣传盐业法律法规以及食用加碘盐的意义和要求。5月15日，《浏阳日报》对公司组织的防治碘缺乏病日宣传活动进行报道。在浏阳市《政务公开》上刊登文章，介绍浏阳市盐务管理局及浏阳市盐业公司基本情况、进行盐业法规宣传。利用“第九届湘菜美食文化节”展刊及《浏阳市消费指南》刊登该公司的宣传报道。11月，以“专访”形式在《浏阳日报》刊登《让144万浏阳人上健康低钠盐》专刊，宣传公司经营工作和低钠盐系列产品；盐业的传统宣传日，在市中心城区设立甄别真假盐咨询台，制作宣传板报，发放宣传资料3万余份；“3•15”消费者权益保护日、“5•15”消除碘缺乏病宣传日和11月14日糖尿病宣传日期间，集中宣传和咨询，增强民众自觉抵制私盐、加强自我保护意识。

（彭　阳）

烟草专卖

浏阳市烟草专卖局（分公司）

党组书记、局长、经理　周　勇

党组成员、副局长　姜青云

党组成员、副经理　朱开玲　邹　瑾

党组成员、纪检组长　刘光庆

副经理　曹煊昊（挂职）

【概况】 2014年，浏阳市烟草专卖局（分公司）面对烟草行业四大难题（增长速度回落、工商库存增加、结构空间变窄、需求拐点逼近）、全省烟草系统“5+1”压力（增长的压力、规范的压力、烟叶守红线的压力、两烟互动的压力、库存高位的压力以及外部压力），认真贯彻落实市委市政府和行业上级决策部署，各项工作稳步推进，主要经济指标保持稳中有进，总体呈现烟叶稳量提质、卷烟结构拉升、市场秩序向好、税利稳中有增的特征，全年主要目标任务完成。烤烟产业效益稳步提高：2014年全市落实烤烟种植面积4693.33公顷，烟农3338户，收购烟叶16.6万担，均价13.16元/斤，收购均价位居全省前三，同比增加1.08元/斤，实现烟叶税收4806万元，实现烟农收入2.9亿元，同比增加0.1亿元，户均收入近9万元。烤烟产业基础不断夯实：继续投入资金5000余万元，全面启动5000亩国土整理项目，投入800万元补贴购置农机1000余台（套），积极争取1.5亿元的官渡金鸡水库建设，截至年末已完成省局评审，正向国家局报批。大力推进合作社建设，成功创建金沙、金永合作社为行业和省局示范社，金卫合作社被评为全省优秀合作社。烟叶收购秩序持续优化：面对2014年下低等烟政策上不准收、质量上不能收、系统无法收的形势，公司采取高纯度、低眼光、不脱线收购，尽最大可能让利烟农，全年烟叶等级亏损近2000万，有效保证大灾之年烟叶产值和烟农收入稳定。以市人大对该局开展烟叶“公平、公正、廉洁、有序”收购专项评议为契机，狠抓收购秩序，实行定级员全市统一调配、异地轮换，全面推行收购公开、公示制度，聘请人大代表担任行风监督员，邀请人大、政协对烟叶收购进行巡视，建立烟叶收购全程视频监控系统，公平、公正收购得到烟农和社会各界好评，在人大评议中该局得分91.47%，被评为满意单位。企业发展质量稳中增效：全年两烟销售收入达到19.71亿元，同比增长2.19%，实现税利合计4.52亿元，同比增长13.78%。强化法治思维，坚持依法行政，查处案件324起，其中含国标假烟网络案1起，查获各类违法违规卷烟635.72万支。

（张欣尧）

【浏阳市局（公司）第五轮全员竞争上岗】 2014年，该局（分公司）进行新一轮人事制度改革工作。2月13日，长沙浏阳市局（分公司）组织召开第五轮全员竞争上岗动员大会，对全员竞争工作进行动员、安排、部署，3月1日顺利完成所有岗位的竞争上岗工作。本轮竞岗有6轮竞聘流程，坚持“公平、公开、公正”原则，突出严谨性、有序性的程序要求，严格按程序操作，邀请两位职工代表全程参与监督。通过竞争，产生部门正职10人、副职12人，标准化烟草工作站站长2人、副站长4人、助理5人，11岗人员21人、12岗21人，初中级专业技术职务7人，员工择岗成功130人。全局人力资源配置得到进一步优化，一批优秀年轻大学生竞聘上管理岗位或专业技术岗位，该局骨干团队更趋年轻，中层干部平均年龄40.1岁，比竞岗前年轻2.2岁，80后骨干人员达到21人。

（张欣尧）

竹林深处有人家　（邓立波 摄）

旅　游

旅游管理

浏阳市旅游局

党组书记、局长　谭　力
副书记、副局长　陈蓓蕾
副局长　王大发　罗荣棠
杨　菊

【概况】 2014年，浏阳市旅游局有干部职工18人，自主用工1人，临聘1人。旅游局职能：（一）贯彻执行国家旅游业发展的方针、政策和法规，编制和组织实施旅游业发展的中长期规划和年度计划。（二）组织实施全市旅游整体形象的对外宣传和重大促销活动；协助做好旅游招商引资工作；拟订全市国际国内旅游市场开发战略；拟订全市开拓旅游市场的措施，指导培育、完善和开拓国内旅游市场。（三）负责政府旅游主导资金统筹管理、使用和旅游项目申报。（四）组织全市旅游资源的普查和行业规划工作；指导协调旅游资源的保护利用和开发建设；协助有关部门对旅游建设项目进行论证、审核和管理；负责全市旅游信息化建设工作。（五）监督检查全市旅游市场秩序和服务质量，协助执法部门对旅游行业进行执法检查；协助上级旅游部门进行行业监督管理，受理旅游者的投诉，会同有关部门处理旅游违规、违法事件，维护旅游者合法权益。（六）组织实施国家确定的各类旅游景区（点）、度假区及旅游住宿、旅行社、旅游车（船）和特种旅游项目的设施标准和服务标准。（七）负责新设旅行社、星级旅游饭店的初审、申报工作；协助上级旅游部门对旅行社、星级旅游饭店等进行年检年审和复核工作；指导全市旅游景区（点）质量等级评定工作。（八）负责全市旅游统计、信息分析和假日旅游信息预测预报工作；指导全市旅游商品市场开发。（九）协助上级业务主管部门做好全市旅游从业人员培训、职业资格和等级考试认证工作；指导旅游协会工作。（十）承办市委、市人民政府交办的其他事项。2014年，全市有旅游景区点40个，A级景区9个，其中AAAA级景区2家，AAA级景区5家；星级旅游饭店6家，其中五星级1家；星级农家乐38家，其中五星级7家；旅行社（分社、网点）35家，其中4星级4家；旅游星级餐馆2家，旅游餐饮、娱乐、购物点100多处；旅游系统从业人员近10万人。大围山国家森林公园纳入湖南省旅游产业园试点单位，周洛景区成功创建为湖南省生态旅游示范区，浏阳市再度评为“湖南省旅游产业发展十佳县（市、区）”。全年接待游客1268.73万人次，实现收入123.95亿元，同比增长22.78%和23.95%，圆满完成年度工作目标和任务。（张　晋）

【项目建设】 项目进展：加快推进大浏高速茶林互通至白沙公路、泥坞西大门、红莲寺至祷泉湖路段的建设，完成栗木桥核心景区的改造建设，启动创建国家AAAAA级景区工作。完成耀邦故居广场三廊五亭胡耀邦箴言作品制作、游客服务配套项目建设等工程。完成杨勇故居维修和复原陈列项目，加快推进秋收起义纪念园建设，打造红色旅游小镇成效明显。加快石霜寺、象形风景区基础设施建设，成功创建为国家AAA级景区。浏河源旅游农业综合开发项目在军事主题漂流项目的基础上，完成绿色生态农业示范基地、帐篷酒店、野外露营、专业溯溪、真人CS野战、露天卡拉OK、篝火晚会等休闲娱乐项目。天子湾、山水世界等项目正在加速推进。公共体系：完成《浏阳市旅游产业发展总体规划（2015-2025）》编制工作，明确打造“中国知名生态文化休闲旅游目的地”的战略定位和“一带两圈五组团”战略布局，明晰旅游发展思路和行动计划。金阳大道、张小公路、浏中文公路等旅游道路建成或启动建设，直通市内各景点，提高景区（点）可进入性。旅游交通标识标牌补充项目、中国优秀旅游城市标志物—“马踏飞燕”项目竣工投入使用，城市旅游形象得到进一步推广和提升。加快推进“智慧浏阳”建设，新增文家市秋收起义会师纪念馆、中和耀邦故居、赤马湖瑞翔冰雪世界等8个无线WIFI AP点，加速推进与腾讯QQ、省旅游电商平台的合作，打造智慧旅游服务平台。招商引资：成功举办2014“美丽浏阳”（深圳）文化旅游产业招商会，发布推介64个重大文化旅游产业招商项目，其中包括香港雄鹰科技与大围山国家森林公园管委会合作建设的度假酒店及相关配套项目、香港红杉国际与张坊镇合作建设红杉国际健康产业园、安徽六安鑫宇与文家市镇合作建设秋收起义旅游新城配套建设项目（三期）等12个文化旅游项目正式落户浏阳，协议引资35.38亿元，其中大围山签约项目14亿元。（张　晋）

【宣传营销】 重大活动：依托“春赏花、夏漂流、秋品果、冬滑雪”四季生态旅游品牌，推出“春·赏花季”“夏·清凉季”系列主题活动。举办油菜花节、杜鹃花节、漂流节、水果旅游节、大围山避暑音乐季和滑雪节等特色节会，策划推出元宵节主题宣传、“5·19”中国旅游日浏阳河广场文艺晚会、“焰遇浏阳河”百城联展浏阳河活动、湖湘百公里毅行、周末焰火燃放等重大旅游活动。通过系列旅游活动的举办，吸引大量游客来浏阳观光旅游，有力拉动旅游消费，提升浏阳旅游的知名度和美誉度。品牌打造：积极参与湖南省文化旅游县域重点县申报和创建；参加湖南省旅游产业博览会，秋收起义文家市会师纪念馆选送的“秋收记忆油饼”获旅游商品大赛铜奖；“流云飞瀑”大围山、“清风湖谷”周洛入围市民最喜爱的“长沙十大乡村美景”，浏阳天马山豆豉、美津园山茶油、“大围山”水果被评为市民最喜爱的“长沙十大乡村土特产”品牌。加大宣传投入，在高铁站、长永高速星沙收费站电子显示屏、长永高速天桥广告位投放旅游广告信息；坚持主办《旅游周刊》，广泛营造氛围；完善提升《浏阳旅游服务指南》；策划制作《浏恋忘返》浏阳旅游形象画册和旅游招商手册；拍摄《回家之旅》浏阳旅游宣传片。与省市主流电视媒体、平面媒体及网络媒体广泛合作，在省市报刊上分季节进行专题宣传，实现“浏阳旅游”声音的大覆盖，打造浏阳旅游大品牌。创新宣传：举办腾讯“智慧旅游城市名片”发布会暨“智慧浏阳河”高峰论坛，开启智慧旅游城市的新篇章。加大微博、微信等新媒体宣传力度，策划组织微博大赛、微博墙互动等活动，壮大浏阳旅游官方微博影响力；配合宣传部举行“走进生态浏阳”名微名博浏阳行活动，邀请60余名“网络大V”到浏阳采风，强化微旅游宣传方式。采用营销小分队的新方式，组团到南昌、株洲、湘潭等客源市场，宣传推介浏阳旅游产品。与市委宣传部联合开展“浏阳新八景”“最美九道湾”评选活动，推陈出新，挖掘新的旅游景点，扩大浏阳景区的知名度和影响力。（张　晋）

【行业管理】 行业监管：深入贯彻落实《旅游法》，加大行业市场综合检查和打非治违力度，全年下达整改意见28份，约谈16批30人次，依法取缔旅行社1家；突出抓好旅游安全生产，召开全市旅游管理暨安全工作会议，下发《浏阳市人民政府关于加强旅游景区环境综合整治的通告》《浏阳市旅游局关于加强旅游安全生产管理工作的通知》等文件，全年没有发生重大旅游安全责任事故；下发《浏阳市旅游局关于加强旅游投诉管理暂行规定》《浏阳市旅游质量监督管理所关于做好漂流旺季旅游投诉工作有关事项的通知》，全年受理有效投诉26起，调解成功率100%。行业品质：开展“品质旅游”活动，深化“五心”服务，抓好诚信旅游建设；联合行业协会开展“诚信服务、文明服务、安全生产”倡议活动，与市文明办、团市委、旅游协会联合下发《浏阳市文明旅游倡议书》，倡导提升文明旅游素质，共创文明旅游新风；加强旅游从业人员队伍建设，组织浏阳市第二届旅游服务技能大赛，举办全市旅游高层管理人才培训班，不断提升旅游服务水平，提高旅游从业人员的素质和能力；加强景区环境综合治理，广泛宣传动员，景区环境整治工作卓有成效。标准化管理：做好文明城市创建旅游行业测评工作，推荐大鸿运旅行社、康辉旅行社、风光假日旅行社和耀邦故居创建2014年长沙“文明旅行社”和“文明旅游景区”；推荐妙蒸私厨、浏阳河旅行社、康辉旅行社、狮口战地漂流四家单位申评浏阳市文明单位；指导石霜寺、象形风景区创建AAA级景区；指导象形山农庄、清雅园农庄、捞刀河农庄、紫薇山庄创建湖南省五星级乡村旅游区（点）；推荐周洛景区、官渡古镇、大围山国家森林公园申评浏阳市两型示范景区。加强对协会指导，指导协会完成换届选举，引导协会加强行业自律和抱团发展。（张　晋）

【腾讯“智慧旅游城市名片”发布会暨“智慧浏阳河”高峰论坛】 2月27日—28日，以“腾迅游天下焰遇浏阳河”为主题的腾讯“智慧旅游城市名片”活动发布会暨“智慧浏阳河”高峰论坛在浏阳举行。北京、云南、海南、江西等全国30个地级市旅游行业主管部门领导、旅游协会会长、平台运营商、中国微旅游联盟、“湖湘天下”旅游联盟、浏阳市本土文化产业、旅游行业、流通行业、景区景点、论坛网友、移动公司等行业企业705名人士参加活动。活动由浏阳市人民政府和中国微旅游联盟协会主办，浏阳市委宣传部、旅游局、花炮局、文化产业园管委会、浏阳市旅游协会、花炮总会承办。系列内容包括腾讯“智慧旅游城市名片”发布会、“智慧浏阳河”高峰论坛、环保艺术音乐焰火秀、微旅游公众平台项目说明会、腾讯QQ公仔特权活动暨“腾讯游天下，焰遇浏阳河”文化旅游博览会五大主体活动。活动主要目的是携手“腾讯”品牌，充分释放腾讯大数据的资源能量，运用互联网和移动通信为代表的现代信息技术，向全国、全球推广浏阳形象和“智慧旅游”发展情况，同时跟全国各大城市一起，开启数据共享、资源共赢的合作新篇。（张　晋）

【《浏阳市旅游发展总体规划（2015—2025）》通过专家评审】 12月5日，《浏阳市旅游产业发展总体规划（2015—2025）》在行政中心常委会议室召开终评会，湖南师范大学旅游学院副院长许春晓、湖南师范大学教授郑群明、湖南省远景经济发展研究院院长北冰、中南大学设计院总规划师周刃荒、湖南省建筑科学院副院长田高平、湖南汇景投资有限公司董事长谭署、浏阳市城乡规划局总规划师尹振国7名专家组成的专家组对《规划》进行评审，专家组一致通过终审。规划编制组认真汲取评审会提出的意见和建议，仔细校对，最终完成规划成果稿。该规划调查深入、依据充分，对旅游开发条件、制约因素、发展潜力等作了较为准确的把握和定位，目标明确、定位准确、切合实际、可操作性强，对浏阳旅游业发展具有很强的指导作用。

（张　晋）

【美丽浏阳“春·赏花季”活动】 3月18日，由浏阳市人民政府主办，浏阳市委宣传部、浏阳市旅游局、大围山国家生态示范区管委会、达浒镇等单位、乡镇承办，浏阳市“春·赏花季”活动启动仪式在达浒镇象形景区举行，2014年浏阳春季旅游正式拉开帷幕。活动整合全市春季赏花旅游资源，收集推出覆盖全市范围的赏花景区（点），包括达浒油菜花节、大围山年度摄影大赛、大围山杜鹃花节三大主题活动，以大围山国家森林公园为龙头，推出8条赏花线路，其中包括4条油菜花赏花线路、2条樱花线路、1条桃花梨花李花线路、1条杜鹃花线路。同时，活动还策划骑行、摄影、攀岩、农家乐等活动，让游客在欣赏浏阳的油菜花、桃花、梨花、樱花、杜鹃花之余，还可开展自驾、烧烤、钓鱼等休闲活动。活动期间全市接待乡村旅游游客约10万人，实现旅游收入600多万元，带动相关产业的收入有1000多万元。（张　晋）

【2014年度创意音乐焰火大赛】 打造浏阳旅游新名片，提升浏阳旅游的世界影响力，将浏阳打造成世界焰火创意中心和喜庆焰火旅游体验中心，促进浏阳旅游休闲产业和花炮产业的共同发展，浏阳烟花爆竹总会、浏阳市焰火燃放协会、浏阳市旅游协会联袂推出2014年度创意音乐焰火大赛。在5月至11月的每月第一周和第三周星期五晚上八时（重大节日作适当调整），在浏阳河畔夜空上演一场音乐焰火。创意音乐焰火大赛分两个赛季进行，每赛季取金奖1名，银奖1名。2014年共燃放19场（表演赛1场）主题音乐比赛焰火，吸引10万多浏阳市民及外地游客到场观看，极大地丰富市民文化生活，带动旅游、餐饮、住宿等第三产业的发展，为发展浏阳花炮旅游作出积极探索。（张　晋）

【“5·19”中国旅游日浏阳河广场文艺晚会】 2014年“中国旅游日”的活动主题是“快乐旅游，公益惠民”。5月19日晚7时30分，由中共浏阳市委、浏阳市人民政府主办，市委宣传部、市旅游局和文化体育广播电视局联合承办的“5·19”中国旅游日欢乐浏阳河广场文艺晚会精彩上演，隆重庆祝“中国旅游日”。该场晚会举办以“美丽浏阳等你来”为主题，所有节目由旅游企、事业单位代表自编自演，以展示浏阳旅游发展成果、展现浏阳旅游人朝气蓬勃、积极向上的精神面貌，整台晚会全程与焰火相结合，给观众带来炫丽的视觉冲击，充分显示浏阳旅游发展创新的态度。

（张　晋）

【“焰遇浏阳河”焰火情景剧暨“百城联展浏阳河”活动】 11月1日，由浏阳市委宣传部、浏阳市文化产业园、浏阳市旅游局主办，浏阳市花炮总会、浏阳市旅游协会、长沙市焰遇浏阳河文化创意有限公司、中国微旅平台联合承办的“焰遇浏阳河”焰火情景剧暨“百城联展浏阳河”活动在浏阳市花炮观礼台隆重举行。本次活动将焰火情景剧与百城联展结合，整体打包浏阳旅游资源，整合其他城市旅游资源，搭载中国微旅平台及腾讯资源，向全国范围内推广和宣传城市名片，将“焰遇浏阳河”打造成更具吸引力的文化旅游新品牌，同时，通过百城联展活动，搭建旅游惠民服务平台，启动和激活冬季旅游市场。活动设立旅游景点展示区（分浏阳景区及外省景区）、旅游特产交易区、旅游特色餐饮区、二维码扫描区等展区，有56个城市旅游界代表携带当地旅游资源参展。晚上8时，“焰遇浏阳河”焰火情景剧晚会准时进行，将活动推向一个新的高潮。（张　晋）

【全市旅游高层管理人才培训班】 11月18日，全市旅游高层管理人才培训班在党校开讲。该次培训为期三天，由市旅游局主办，市浏阳河旅游培训学校协办，培训内容为旅游品牌塑造与营销创新、旅游接待服务与礼仪、旅游新型业态研究与产业转型升级、旅游政策与形势分析，由湖南师大旅游学院副院长、教授许春晓，湖南师大旅游学院教授汤静、中南林业科技大学旅游学院院长、教授钟永德、长沙商贸旅游职业技术学院副教授易斌等专家授课，采取专家授课、景区考察、专题讨论相结合的方式进行。全市乡镇街道主管旅游负责人、主要旅游景区（点）负责人、旅游企业负责人及市旅游局全体干部职工约200人参加培训。

（张　晋）

【第二届旅游服务技能大赛】 11月25日，由浏阳市旅游局、总工会、旅游协会联合举办的浏阳市第二届旅游服务技能大赛在银天大酒店开赛，来自全市15家旅游企业的48名选手参加比赛，30多家旅游酒店、餐饮企业的服务代表参与现场观摩学习。旅游服务技能大赛以“展风采、树形象、促提高”为宗旨，是浏阳创新培训方式，提高旅游服务质量的重要活动之一，每两年举办一次。相比首届，第二届大赛在原有项目“中餐宴会摆台”“中式铺床”的基础上，增加“西餐摆台”和“前台服务”两项。经过两天比赛，银天大酒店代表队获得四个项目的第一名。（张　晋）

大围山国家森林公园

湖南省浏阳大围山国家森林公园管理处

党组书记	徐强国
副书记、主任	涂向阳

党组成员、常务副主任　傅爱华
副主任　寻雄光
党组成员　熊　赛（女）
党组成员、副主任、纪检组长　张新平（2014.12任）

【概况】 2014年，大围山国家森林公园管理处下设办公室、计财科、地质遗迹保护科、安全保卫科、经营销售科、防火科6个科室，2个下属企业（大围山旅游投资开发有限公司、森林宾馆）；并设东麓园管理科、花门工区、中岳苗圃基地、张坊南大门建设指挥部、泥坞西大门建设指挥部5个二级机构。该处围绕“旅游新方向•中国大围山”总体定位，紧扣年初目标，求真务实，抢抓机遇，开拓创新，扎实推进各项工作。全年完成争融资2亿元，为目标任务5000万元的400%，完成招商引资到位资金1.1589亿元，完成重点项目投资3亿多元。全年接待游客突破60万人次，旅游综合收入8亿元。

（刘　辉）

【项目建设】 全年启动建设项目91个。重点项目大浏高速茶林互通至白沙公路完成投资2亿元，路基、桥梁、隧道建设全面铺开，安置区完成征地拆迁，一期路基土方工程完成70%。投资1200万元的红莲寺—祷泉湖公路建成通车。红莲寺景区改造持续进行，完成玉泉山庄路面改造；新建停车场8个，厕所6个，建立健全护栏安装、标识标牌等系统工程。完成泥坞西大门建设工程征地拆迁工作，正在进行停车场建设和桥梁、服务中心招投标。建设国家级登山步道30公里。启动张坊南大门建设规划和征地工作。完成栗木桥景区提质改造，建成叠水工程、清风竹苑、猕猴谷等一批精品景点。全面启动七星岭景区开发建设，完成电缆线路铺设，正在建设祷泉湖—七星峰游步道。

（刘　辉）

【景区管理】 森林防火：坚持摩托车日常宣传和防火期重点宣传，在景区开展夜间巡逻工作，制止野外用火18起、劝阻野外吸烟500多人次、制止非法烧烤14起；签订责任状，实行法人负责制，层层落实责任；召开“一园四镇”森林防火联席会议，建立示范区联防联治机制；加强监控，新建防火视频监控系统一套，建设鸡笼尖、五指石2条防火林带。全年实现零火警、零火灾。科学造景：完成七星岭杜鹃花基地抚育清理133.34公顷，采用原生态材料建成国家级登山步道及附属设施。建设清风竹苑，种植珍稀竹类18种，设置廉政格言牌、文化墙、石景等，创新建设廉政文化教育基地。在红莲寺景区新建梅花基地，种植多品种梅花1000余株。改善环境：做好边坡修复，全年种植常春藤20余万株，有效解决边坡黄土裸露、水土流失问题。完成核心景区和各宾馆的摆花项目，加强公共绿地管理及苗木除草、浇水管护工作。加强苗圃管理，全年培植草花60万盆，种植楠木3000余株。完成花门珍稀树种（楠树）抚育66.67公顷，林相改造抚育22公顷。门楼管理：公园外聘保安公司保安，从事门楼验票和园内安保工作。卫生管理：公开招标，公园环卫保洁工作对外承包。全年环卫经费降低50%，保洁质量有质的提升。智慧景区启动：建立电子门票系统，实行身份证登记和指纹录入式电子门票管理；建设电子商务平台，实施网上订票；安装全景区安全监控对讲系统，实现全天候安全监控。（刘　辉）

【品牌创建】 节会营销树品牌：2014年，围绕“春赏花、夏避暑、秋登高、冬滑雪”四季旅游品牌，做好“赏花踏青季、避暑季、水果节、漂流节、登山徒步大会、滑雪节”等节会主题活动，利用“五一”“十一”等节点，结合营销主题，打造踏青、赏花、漂流、避暑、摘果、登山6个单日五千人游活动。新媒体品牌宣传：加强与红网合作，实现全天候不间断的网络营销宣传，做好大围山官网、官方微信，官网全年页面总访问量达19万次，微信有效阅读量达18万次，粉丝量达2万多人。市场拓展新路子：避暑节露营音乐季、登山比赛健身大会运用市场化运作模式，引进企业合作办节，节约活动经费开支近百万元。开拓客源市场，对接湖北、江西等16个主要客源市场，组织旅行社来园踩线，确定5家区域代理商，签订旅行社合作协议200份。形象展现新面貌：2014年，大围山正式纳入省级旅游产业园试点，并稳步推进国家地质公园创建，全面启动国家AAAAA级景区创建，示范区达浒象形景区晋升国家AAA级景区；大围山生态旅游整体开发项目入选国家旅游局《2014全国优选旅游项目名录》，大围山花卉景观入选国家农业部2014年

杜鹃花海　熊剑／摄影

2014 年全国群众登山健身大会（浏阳站）暨大围山全国登山比赛开幕式　　熊剑 / 摄影

中国美丽田园，围山花海获评“浏阳新八景”之第一景。（刘　辉）

【长沙市大围山第六届杜鹃花节】4 月 25 日至 5 月 20 日，长沙市大围山第六届杜鹃花节在浏阳市大围山国家森林公园举行。节会包括杜鹃花节推介会、2014 大围山年度摄影、万人同赏杜鹃花、大围山千人自驾露营大会、一家老小赏杜鹃、“相约大围山”婚纱摄影、客家山歌表演、花海乐翻天八大主题活动。杜鹃花节期间实现门票收入 200 多万元，入园人数超过 10 万人次。（刘　辉）

【启动湖南省首个国家级登山步道一期工程建设】9 月 4 日，大围山森林公园召开大围山国家登山健身步道系统修建性详细规划讨论会，市规划局、旅游局、文体局等单位领导、专家参加会议。根据规划，大围山登山步道建设总体目标为国家级山地户外运动基地，分两期具体实施：第一期为“一百公里，三山览胜”，先行建设七星峰、鱼脊峰、五指峰三山登山步道，全长 120 公里；第二期为“中国大围山，千里走十峰”，把大围山望月峰、老虎岩、围山峰等十座主要山峰串联起来，涵盖栗木桥、船底窝、白面石、红莲寺、七星岭等核心景区。步道建设第一期工程从 2014 年 5 月下旬开始实施，现基本路线已勘定，路面建设已基本完成，各类标识标牌、安全预警、应急救援、环保及服务系统等正在紧张建设中。截至年底，步道建设已完成 60 公里。（刘　辉）

【大围山生态旅游入选《2014 全国优选旅游项目名录》】国家、省、市各级旅游主管部门高度重视旅游投资工作，为给旅游投资商和项目需求方提供信息、搭建平台，更好地引导旅游投资，进一步推动旅银合作，国家旅游局和国家开发银行于 7 月初开始组织优选项目遴选工作，综合考虑项目成熟度、市场前景和开工条件等，最终确定《2014 全国优选旅游项目名录》。9 月 17 日，国家旅游局向社会发布全国第一批 135 个市场前景好、投资回报高、符合旅游发展新趋势、能带动旅游业转型升级的全国优选旅游项目，大围山生态旅游整体开发项目入选。按照国家旅游局和国家开发银行要求，浏阳市旅游局和国开行湖南分行抓紧对接，帮助大围山国家生态旅游示范区解决投融资过程中的实际困难，促进大围山生态旅游实现跨越式发展，带动“一园四镇”旅游产业转型升级，逐步实现“旅游新方向·中国大围山”的目标。（刘　辉）

【大围山花卉景观入选 2014 年中国美丽田园】9 月 30 日，农业部公布《关于发布 2014 年中国最美休闲乡村和中国美丽田园推介结果的通知》，浏阳大围山花卉景观成功入选。中国最美休闲乡村和中国美丽田园是农业部自 2013 年开始进行的一项评选活动，经过地方推荐、专家评审和网上公示等程序，认定 100 个村为 2014 年中国最美休闲乡村，140 项农事景观为 2014 年中国美丽田园。入选的乡村和田园，具有景致独特、乡村文化浓郁、民俗风情多彩、组织管理到位等特点，既是农民生产生活的美好家园，也是市民“望得见山、看得见水、记得住乡愁”的景区和公园。大围山花卉景观主要有十万亩杜鹃花海、万亩野生樱花林、千亩珍稀植物园、百亩梅花基地。大围山国家森林公园每年 4—5 月份举办杜鹃花节，吸引数十万游客前来观赏。从春天的樱花、桃花、杜鹃花，到夏天的百合花、冬天的梅花，大围山的花卉景观形成一道道亮丽景观。（刘　辉）

【2014 年全国群众登山健身大会（浏阳站）暨大围山全国登山比赛】10 月 18 日，2014 年全国群众登山健身大会（浏阳站）暨大围山全国登山比赛在大围山国家森林公园举行。赛事由国家体育总局登山运动管理中心、中国登山协会、湖南省体育局主办，长沙市委宣传部、长沙晚报报业集团、浏阳市政府等承办。赛事设群众登山健身和专业登山比赛两大项目。来自云南、贵州、广东等地的省内外约 300 名专业运动员和 200 多名登山爱好者参加活动。专业登山比赛路线为森林宾馆——栗木桥——五指石——祷泉湖——红莲寺，全程长 18 公里，海拔高度 900 米，来自云南玉溪师范学院的大二学生明定邦夺得男子组冠军，来自贵州师范大学的大二学生杨花获得女子组冠军。群众登山健身活动以“魅力大围山，健康你我行”为主题，宣传推动全民健身活动，登山路线为森林宾馆——栗木桥——红莲寺，全程长 10 公里。

（刘　辉）

浏阳市大围山旅游投资开发有限公司

浏阳市大围山旅游投资开发有限公司

总经理　　熊　赛（女）

副总经理　赵　坤

【概况】 2014年，大围山旅游投资开发有限公司紧扣“旅游新方向•中国大围山”的战略目标，不断发展壮大，现有员工21人，设有办公室、资产管理与计财部、投资开发部、管理经营部。公司务实创新，积极融资，强力推进基础设施建设，加大项目招商和土地运营力度，助推大围山旅游快速发展。

（张金莲）

【融资工作】 对接省市对口部门，做好项目申报工作。争取到省、市公路建设、生态旅游示范区建设、精品景区建设、旅游产业发展项目等资金，缓解基础设施建设资金压力。加强银行融资力度，主动争取银信支持。大围山生态旅游整体开发项目纳入国家旅游局和国家开发银行的《2014全国优选旅游项目名录》，大浏高速茶林互通至白沙公路建设项目纳入“长沙市国省干线公路建设”融资项目。

（张金莲）

【土地调规】 确保基础设施建设供地，全面办结大浏高速茶林互通至白沙公路一期工程的土地报征及土地划拨供地手续，办理国有土地使用证。储备招商引资项目用地，积极对接国土部门，对园区内符合土地利用总体规划的土地进行全面摸底，通过现场指界、调查走访、公示公告等流程，办好国有林场原五工区4695.43平方米划拨地的国有土地使用证；申报芙蓉嘴1号及中塘1号统征开发用地共计5.7327公顷，省厅已受理审批；2个宾馆扩建项目用地手续正在报批。调整土地利用总体规划，全力调增指标，启动张坊镇土地利用总体规划调整工作，以市政府名义向省厅申请规划调整并新增建设用地指标。

（张金莲）

【招商引资】 2014年，完成招商市外到位资金11589万元，超额完成全年度招商引资目标任务。整合一园四镇旅游资源，包装南大门综合服务区等重大项目12个，静水养生山庄等精品项目19个，制作大围山招商推介PPP和大围山国家生态旅游示范区招商手册。全年接待各类投资商来园考察20余批次，参与达浒象形景区招商洽谈，探索PPP合作模式。参加2014“美丽浏阳”（深圳）文化旅游产业专场招商会，邀请客商20多户，走访企业3家，现场签约项目3个，意向引资13.8亿元。引导园内企业银天玉泉、滑雪场、湖金酒店等继续投资7000万元进行升级改造。

（张金莲）

【大围山生态旅游示范区整体开发项目】 大围山生态旅游示范区整体开发项目是湖南省“251工程”，以一园带四镇的形式，整体打造大围山国家级生态旅游示范区。2014年，完成栗木桥景区提质改造，完成祷泉湖至红莲寺公路、杜鹃花海栈道、标识标牌、旅游厕所、停车场、服务站等的建设，启动七星岭景区、西大门游客服务中心的建设。（张金莲）

【大浏高速茶林互通至白沙公路建设项目】 大浏高速茶林互通至白沙公路建设项目是浏阳市十二五规划项目。2014年完成投资1.2亿元，全面铺开路基、桥梁、隧道建设，完成征地65.33公顷，拆迁房屋24户，苗木移植0.77公顷，干线公路、安置区共计迁坟99座，完成安置区一期工程的道路路基土方工程。

（张金莲）

秋收起义文家市会师纪念馆

秋收起义文家市会师纪念馆

党支部书记　谭应启

馆　长　刘柏平（2014.07任）

副馆长　曾艳敏（女）

于承明

【概况】 秋收起义文家市会师纪念馆为正科级全额拨款事业单位，归口中共浏阳市委宣传部管理，2014年有工作人员31人，设办公室、安全保卫科、宣教科、研究室、后勤科、工程科6个科室。贯彻实施市委市政府创新提出的“镇馆融合”新机制，确立“以馆名镇、以镇助馆”发展战略，充分发挥纪念馆的品牌效应，全力建设以纪念园为核心的国家历史文化名镇。年内文家市镇借助纪念园建设平台争融资1000多万。该馆按照“信心更足、力量更强、队伍更齐、措施更优”的工作要求，真抓实干、攻坚克难，圆满完成年度目标任务。全年征集文物281件，采集录入文物信息503条，在各类杂志期刊累计发表理论文章10篇。年内接待观众98万人次，较好地发挥革命纪念地的爱国主义教育功能。

（肖吉贤）

【项目建设】 积极对接省、市各级各部门，省长杜家毫、副省长李友志对纪念馆建设作出重要批示。3月24日、4月5日，长沙市政府、省政府先后召开纪念园项目建设专题办公会议，并形成会议纪要，纪要进一步明确纪念园建设的必要性，以及项目规模、资金渠道、项目申报等重大事项。全年共投入3000余万元，编制和评审通过纪念园核心工程规划设计方案和建筑初步设计，完成建筑施工图审查；整体搬迁里仁学校，完成征拆一期工程扫尾及二期工程摸底调查，以及施工场地的三通一平工作；全面启动陈列方案设计，陈列大纲设计已经定稿，文物征集、复制、信息采集等相关工作有条不紊地推进；纪念园建设续建报批工作已由省委、省政府联合行文报送到中办。年度超额完成争资任务，争取资金1856万元。

（肖吉贤）

【宣教工作】 推出“红色文化套餐”“小小讲解员”培训、“红色文化进课堂”等特色活动，全年接待开展党的群众路线教育实践活动的党员团体3000多批次近10万人，培养“小小讲解员”30名，对全市10所学校共计3000余人次进行革命传统教育。启动宣教“八朵金花”计划，“异域郁金香”和“馥雅茉莉”两种风格的讲解词，融入展览陈列讲解中。严格落实“一人开讲”“绩效挂钩”制度，根据讲解评价卡和游客反映，每月评选宣教“岗位之星”，提高服务质量，调动职工的工作积极性，争当讲解先进模范。　　（肖吉贤）

【产业发展】 深入实施“产业助馆”战略，科学制定产业发展规划，借助2014年中国湖南旅游产业博览会的平台，推出“秋收记忆油饼”并获铜奖，成为浏阳市参选产品中唯一获奖产品；积极参加“百城联展浏阳河”“浏阳河音乐节”等活动，为传统红色文化引入新元素。

（肖吉贤）

胡耀邦同志故居管理处

胡耀邦同志故居管理处

党组书记、主　任　　胡厚坤
副书记　　陈文全
党组成员、副主任（聘）
邹周超
主任助理
徐志强（2014.07任）

【概况】 胡耀邦同志故居管理处归口中共浏阳市委办公室管理，下设五个科室：办公室、后勤财务科、文物保护科、安全保卫科、宣传教育科。共有32名工作人员，其中在编人员13人，临聘人员19名。2014年，管理处围绕“文保为先、管理创新、项目兴业、旅游富民”的工作方针，把握胡耀邦同志100周年诞辰的工作主线，圆满完成年度各项目标任务，景区各项事业得到长足发展和全面进步。

（黄银凤　邱　然）

【胡耀邦同志诞辰100周年纪念活动筹备工作】 2014年，胡耀邦长子胡德平，国家文物局局长励小捷、湖南省委宣传部部长许又声，湖南省纪委、旅游局、文物局、党史办等分别到景区考察调研，对胡耀邦同志诞辰100周年纪念活动筹备与工程建设作出重要指示和意见。6月8日，《中共湖南省委 湖南省人民政府关于在湖南省浏阳市中和镇树建胡耀邦同志塑像的请示》呈报中共中央、国务院，6月20日，《中共湖南省委办公厅关于举办胡耀邦同志诞辰100周年纪念活动的请示》上报中共中央办公厅。7月25日、26日，中宣部宣教局、中央文献研究室、中央党史研究室联合派人就塑像的建设到胡耀邦故居现场专题调研，报中共中央、国务院后批示同意建设塑像。10月23日，浏阳市委副书记、市长余勋伟组织召开胡耀邦同志诞辰100周年纪念活动配套建设工程调度会，就纪念活动筹备和工程建设进行现场指导和专项督查。浏阳市委常委、宣传部部长刘旭多次召开工程协调会、推进会，带领有关部门现场办公解决问题。全年召开工地例会和现场办公会22次。

（黄银凤　邱　然）

【工程建设】 2014年，完成胡耀邦故居系列文物保护规划和相关重点方案报批；胡耀邦故居本体修缮及消防、安防、防雷工程系列方案与规划获国家文物局、湖南省文物局批复同意；故居陈列馆改版方案《心在人民——胡耀邦生平事迹陈列》获中宣部批复同意；省水利厅组织评审通过景区阳谷河生态清洁小流域治理方案。管理处积极争取中央、省、市政府投资公共设施建设项目资金，确保各项工程建设稳步推进。胡耀邦故居游客服务配套建设工程主体和外部装饰全面完工，正在进行内部装修工程。年底，完成胡耀邦同志文物资料保护研究中心主体工程竣工验收，内部装修和外环境景观工程施工正在进行。完成故居本体修缮及消防、安防、防雷工程建设前期工作。西入口停车场、游客服务用房工程通过方案评审，完成部分土地征拆。陈列馆提质改版及文保中心展示区文物展陈大纲通过中宣部批复，正在进行形式、内容设计。完成胡耀邦同志塑像广场雕塑制作合同草签及基座施工图绘制，雕像基座土石方工程施工基本完成。景区环境整治项目已完成故居周边旧民居征拆前期工作，同时完成景区开放区域道路提质改造，实现“白改黑”。

（黄银凤　邱　然）

【社会教育】 免费开放不免责。2014年度，管理处主动做好免费开放工作，利用红色资源服务公众，奉献社会。继续推行“四服务十免费”“两制三到位”“三个一律”等惠民举措，坚持免费不免责。3月14日，民政部部长李立国一行到故居参观；4月11日，原中共中央总书记、国家主席胡锦涛到故居参观；全年完成重大、重要接待80余批次，免费讲解6800余批次，年度接待游客近120万人次，做到重大接待无差错、日常接待不松懈。年度宣传推介形式多样，湖南卫视和《中国文化报》《湖南日报》《长沙晚报》等各大媒体年度宣传报道景区26篇次；全年参加省、市旅游推介会7次，组织或参与各级文博、旅游研讨会11次，编制各类宣传光盘2000余张，画册、海报、折页80000余份，播放红色纪录片235场次。结合重大节日和景区实际，组织开展“胡耀邦生平故事大讲堂”主题讲座、“耀邦故事进校园”、怀念耀邦追思会、专场文艺演出等活动，发挥爱国主义教育基地宣传教育功能。3月至5月，联合文家市纪念馆向长株潭地区党政机关、人民团体、企事业等第二批党的群众路线教育实践活动单位发出《红色浏阳 耀邦故里行》倡议书，截至教育实践活动第一阶段结束，接待来馆参观教育实践活动团体820余批次，累计人数共计9.7万人。4月9日，党组书记胡厚坤为浏阳“四大家”（市委、市政府、人大、政协）讲述的“为民务实清廉”耀邦故事得到好评，其讲稿被《胡耀邦与家乡浏阳》纪念丛书收录；“五一”“十一”期间，组织14场“铭记先辈

歌唱祖国 ”专业演出到景区、社区；11月20日、12月1日，联合中和镇党委、政府举办“美丽中和等你来”“耀邦故里 美丽中和”大型广场文艺演出。2014年，派出3名工作人员进驻中和镇小江村开展群众工作，联点驻村工作多次获市委群众工作办通报表扬。年度走访慰问困难群众300余户，送去慰问金、物资约5万元；支持专项建设资金10万元。

（黄银凤 邱 然）

【文物保护】 强化文物安全：年度文物保护工作做到有制度、有计划、有督查。对故居、陈列馆存放文物的重点区域做好监控、巡查和记录，发现问题及时整改，全年无任何文物安全事故发生。征集文物藏品：为做好2015年胡耀邦同志诞辰100周年陈列展陈、改版的基础工作，加大文物征集工作力度。11月下旬至12月上旬，赴京征集文物达10485件（套）。启动文物普查：根据国家、省、市文物主管部门要求，启动第一次可移动文物普查工作。成立文物普查工作小组，参加普查培训，完善申报资料。现有馆藏文物（其中92.8%的为已定级文物）全部录入国家文物局的全国可移动文物信息系统。同时，完成国家二级博物馆申报材料编制并报送省文物局，待呈国家文物局批复。

（黄银凤 邱 然）

财政·税务

财　政

浏阳市财政局

党组书记、局长　陈　清
副书记、副局长
李红兵（2014.08 免）
许辉英（女，2014.08 任）
副书记、纪检组长　周世文
党组成员、副局长（兼）、市农业综合开发办公室主任　卢仕平
党组成员、副局长　彭金龙
党组成员、副局长（兼）、市金融工作办公室主任
刘毅敏（女，2014.11 免）
党组成员、副局长（兼）、长沙国家生物产业基地财政分局局长
陈　浩
党组成员、总会计师　廖亿球

【财政收支情况】 2014 年，全市完成浏阳口径总收入 1009337 万元，占调整预算的 100.2%，同比增加 250354 万元，增长 33%。长沙市考核口径收入完成 759252 万元，占调整预算的 100.3%，同比增加 117449 万元，增长 18.3%。

分征收部门完成情况：市国税局完成 351596 万元，比上年增加 62414 万元，增长 21.6%；市地税局完成 267386 万元，比上年增加 56505 万元，增长 26.8%；市财政局完成 390355 万元，比上年增加 131436 万元，增长 50.8%，其中国土收入完成 250085 万元，增长 113.4%。（一）一般公共预算执行情况：一般公共预算收入（长沙市考核口径收入）完成 759252 万元，占调整预算的 100.3%，同比增加 117449 万元，增长 18.3%；地方一般公共预算收入完成 427414 万元，占调整预算的 100.1%，同比增加 60219 万元，同口径增长 20%。一般公共预算总支出完成 718161 万元，同比增加 102532 万元，增长 16.7%。剔除上级专项追加和结转项目 242985 万元，市本级一般公共预算支出完成 475176 万元，同比增长 14.6%。（二）政府性基金预算执行情况：市本级政府性基金收入完成 274207 万元，占调整预算的 100.6%，其中国有土地使用权出让收入 250085 万元，占调整预算的 100%。政府性基金总支出完成 290738 万元，剔除上级专项追加和上年结转 16531 万元，市本级支出完成 274207 万元，占调整预算的 100.6%，其中国有土地使用权出让收入安排的支出 250085 万元，占调整预算的 100%。（三）国有资本经营预算执行情况：国有资本经营预算收入完成 924 万元，占年初预算的 102.6%，加上年结转收入 73 万元，当年收入合计 997 万元；国有资本经营预算支出完成 945 万元，占年初预算的 104.9%；收支相抵，结余 52 万元，结转下年使用。（四）社保基金预算执行情况：社保基金预算收入完成 231515 万元，占调整预算的 102.7%；社保基金预算支出完成 152272 万元，占调整预算的 95.6%。（五）政府性债务预算执行情况：全市政府性债务余额新增 217963 万元（不含城建投发行的 150000 万元债券和经开区发行的 130000 万元债券，共计 280000 万元），占年初预算的 65%，其中政府负有偿还责任的债务余额增加 439453 万元，政府负有担保责任的债务余额减少 89442 万元，政府可能承担一定救助责任的债务余额减少 132048 万元。（袁英杰）

【财政工作情况】 2014 年，该局以“挺进三十强、再创新辉煌”为目标，抓收入、稳增长、调结构、促转型、惠民生，各项工作取得新突破。总收入突破 100 亿元大关，公共财政收入首次跨入全国百强县（市）行列，位居第 76 名。县域经济与县域基本竞争力跃升至全国百强县（市）第 36 位。（一）坚持科学施策，着力推进财政持续增收。一是加大政策研究力度。围绕建立财政稳定增收机制开展调研，对比分析长沙市其他 8 区（县）财政收入，结合浏阳市实际，向市委、市政府提出促进经济增长、涵养税源、挖掘财政收入增长点的工作建议。二是加大综合治税力度。发挥财税联席会议作用，联合国税、地税、国土和财源办等部门做好经济和财政运行监测分析，针对可能出现的问题研究提出应对措施，挖掘增收潜力，确保应收尽收。三是大力争取上级支持。以打造湘赣边区域性中心城市和服务“项目攻坚年”为契机，积极向上级申请加大浏阳市争资融资规模，支持项目建设，推动经济社会发展。（二）坚持积极引导，着力推动经济转型升级。一是支持项目建设。筹措 15 亿元，推进金阳大道、浏中文公路等27个重大交通项目建设，提质改造金沙南路等10条城市道路，城乡交通路网优化升级。筹集27亿元，支持园区配套建设，完成96个乡镇城建项目，创建国家重点镇1个，新型城镇化建设成效突出。二是统筹城乡发展。统筹安排战略性主导产业发展资金10亿元，大力支持电子信息、生物医药、机械工程、烟花鞭炮、健康食品和文化旅游等优势产业，推动产业转型提质。统筹安排5000万元用于企业奖励和科技创新，积极组织园区、企业和项目申报中央、省级财政补助专项资金，大力扶持壮大民营经济。统筹安排农业资金3亿元，促进现代农业发展和新农村建设。统筹安排文化产业发展引导资金1.1亿元，支持湘菜、房地产、文化创意、仓储物流、电子商务等行业快速发展。统筹安排专项资金5.9亿元，用于节能减排、环境整治和城乡生态建设，绿色、生态、宜居浏阳建设稳步推进。三是优化经济发展环境。扎实推进"营改增"税收改革，落实国家税收优惠和结构性减税政策，取消、免征、停征部分行政事业性收费，全市共减免税约1亿元、减费约1.5亿元，大幅减轻企业负担。兑现上市企业扶持奖励资金，支持企业做大做强。（三）坚持改善民生，着力加大财政保障力度。一是提高民生保障标准。启动实施统一的城乡居民最低生活保障指导标准。城乡居民基础养老金从90元提高到105元，新农合、城镇居民医保人均补助标准由280元提高到320元，企业退休人员基本养老金按照10%的标准继续上调。安排农村义务教育免补经费、生均公用经费1.2亿元，中小学生均公用经费标准提高100元，教师绩效工资标准人均提高5236元。二是改进民生保障方式。安排创业就业扶持资金2574万元，实现农村劳动力转移就业、新增城镇就业3.2万人。安排2.3亿元，落实教育三年行动计划。安排1000万元，推进公立医院改革。投入1221万元，启动基层医疗卫生建设三年行动。支出社保基金16.5亿元，发放城乡低保1.3亿元、大病医疗救助1401万元。安排保障性住房补助资金9293万元；拨付移民资金2912万元；投资新建改造农贸市场8家。三是充实民生保障内容。发放涉农补贴43项共计3.8亿元，增加农民收入。拨付奖补资金2233万元，实施村级公益事业一事一议财政奖补项目202个。全市村级运转经费平均标准提高到村均16万，保障村级组织正常运转。启动第三步规范公务员津贴补贴工作，提高干部职工待遇。比上年增加投入政法经费2847万元，保持社会大局和谐稳定。安排配套资金6000万元，支持为民办实事项目建设。（四）坚持深化改革，着力建立现代财政体系。一是推进部门预算改革。首次实施全口径预算，将一般公共预算、政府性基金预算、国有资本经营预算、社会保险基金预算等政府性收入全部纳入预算管理，初步建立全面规范、公开透明的政府预算体系。全方位、全领域、全过程公开公示项目资金164项593批次，公开资金20.3亿元。积极盘活存量资金，加大财政性结余资金统筹力度。二是深化集中支付改革。全面扩大集中支付网审范围，将29家融资平台公司和165个政府性投资项目纳入"双控"管理。实现对政府性投资项目、政府性债务及资金的一体化管理。对财政专户资金支付全面实行网审，提高支付效率。三是创新非税征管模式。充分利用现代信息技术，扩大POS机刷卡缴费网点，完善"单位开票、银行代收、财政统管、政府统筹"的征管模式，保障非税收入及时入库，方便群众办事，节约征管成本。（五）坚持规范运行，着力提升财政管理水平。一是夯实财政管理基础。出台《浏阳市行政事业单位财政性结余资金管理实施细则》《浏阳市预算绩效管理工作规程（试行）》等文件，为规范财政运行提供制度保障。转发《长沙市国内公务接待实施办法》等五个规范"三公"经费管理的办法，落实"八项规定"等厉行节约措施，全市机关事业单位"三公"经费同比减少2083万元，下降22.7%。加强乡村财政财务管理，认真开展乡村财务精细化考核和标准化财政所创建工作。强化会计基础作用，依法履行会计管理职责。升级新中大财政综合管理系统，加快推进以应用支撑平台为核心的信息系统一体化建设。抓好财政内部监督工作，分批开展乡镇财政财务抽查巡查，覆盖率达到100%。二是创新财政管理机制。建立全过程预算绩效管理机制，加强专项资金的绩效管理。规范政府性债务举借、使用、偿还行为，做好债务清理甄别工作，防控政府债务风险。推进国有资产管理信息化建设，加强国有资产使用管理。提高投资评审效率，实行项目评审季度清零和公开公示，全年完成各类工程预（结）算评审项目701个，评审金额33.4亿元，审减1.7亿元。加强政府采购预算管理，

3月26日，全市财税金融工作会议　（图片来源：市财政局办公室）

采购代理机构由公开招标改为备案确定，协议供货由当面询价改为网上竞价。进一步健全预算国库联动机制，盘活存量资金，减少资金沉淀和固化。三是优化金融生态环境。清理整顿49家投资、担保公司，净化民间借贷市场。严厉打击非法集资，维护正常经济金融秩序。加强信用体系建设，为全市180多家中小企业提供35亿元融资服务。挖掘市级融资平台的融资职能，融资到位10亿元，协助城建集团、经开区发行债券28亿元，支持全市重大项目建设和园区发展。 (袁英杰)

【公开公示财政专项资金】 该局紧扣反“四风”要求，着力深化“阳光政务”，全领域、全过程、全方位公开公示财政专项资金，全年有28个部门公开公示专项资金138项、214批次，公开资金21亿元，从源头上预防腐败提供制度保障。一是范围全领域公开，让财政资金在阳光下运行。出台“三个一律”规定，要求财政切块资金和项目资金一律公开公示，制定《浏阳市财政专项资金公开公示暂行管理办法》，用制度将财政专项资金公开公示工作固化下来。同时不断拓宽公示范围，除上级要求公开的97项重大专项(部门预算、部门决算、“三公”经费预算和决算外)资金全部予以公示公开外，新增小型农田水利设施建设补助资金等110多项强农惠农专项资金，公开公示达210多项，公开的内容涵盖专项资金管理办法、政策依据、分配标准、资金来源、资金性质和分配结果，让群众看得清，看得明白。二是审批全过程公开，把资金分配权关进制度笼子。浏阳市上级专项资金和本级切块(专项)资金安排，必须按程序组织公开项目申报、项目评审和项目绩效评价，并在媒体公开公示，七天无异议后，再进行专项资金安排。进一步规范资金申请报告审批流程，明确集体审定原则，明确所有领导和部门不受理、不审批任何一个未经正规程序呈送的“裸体报告”。同时，出台专门制度，对村级“一事一议”财政奖补项目的审批和资金的拨付实行全程公示，项目一经公示，不得更改。三是渠道全方位公开，自觉接受群众的监督和评判。结合实际，采取多渠道公开的方式，让公开信息与群众直接“见面”。市直单位的预算公开主要通过政府门户网站、《浏阳日报》、电子显示屏、宣传栏等方式进行；乡镇街道主要通过电子显示屏、宣传栏和政府网站进行；村级资金主要利用村务公开栏进行公开。除“规定动作”外，各公示单位还推出系列“自选动作”。三口镇的各类补贴资金及村级补贴资金和财务情况在“阳光三农”网站进行公开；大瑶镇的公示栏栏目齐全，且保存影像资料；永安镇除对专项资金收入情况进行公示外，还对补贴类资金进行巡查追踪以及电话查询登记，并备有登记记录。 (袁英杰)

【非税收入征管推行电子缴费】 2012年下半年，浏阳市相继在普通高中实行POS机刷卡电子缴费。从两年的运行情况看，POS刷卡缴费运行较为成功，实现收缴分离，保障非税收入及时到账、入库，杜绝非税收入存入过渡户、挪用资金等现象，减少待查收入，避免票据确认、收款过程中出现人为误差等问题，方便学生缴费，精简征收和稽查环节，节约工作成本。在总结前期普通高中实行POS机刷卡电子缴费工作经验的基础上，该市非税收入征管全面推广实行电子缴费。总体目标是，充分依托现有的硬件设备和网络资源，在现行“单位开票、银行代收、财政统管、政府统筹”征管模式的基础上，增加电子缴费网点，切实提高全市非税收入征管信息化水平。同时，创造条件在部分执收单位试行通过网上银行、手机银行等方式收缴非税收入，努力畅通缴费渠道，方便群众办事。电子缴费由市财政局牵头，各执收单位、各代理银行和银联公司共同组织实施，按照“统一规划、先易后难，积极引导、相互协同，先行先试、分类推进”的原则，分5个批次进行建设，2014年电子收费总额达1.9亿元，电子缴款覆盖率达85%。 (袁英杰)

【政府性公司项目资金实行“双控”管理】 2014年，浏阳17家市属、园区、乡镇融资平台公司的资金相继纳入“双控”管理，即资金由融资平台公司和国库集中支付局共同管理，国库集中支付面临点多、面广、业务量大、支付项目繁杂等问题。对此，该局国库集中支付局通过与软件公司合作开发融资平台双控系统软件，设置收支计划、收入管理、债务管理、账户管理、支出管理5个模块，使融资平台单位所有业务都可以运用系统来操作。同时设置附件扫描上传及网银支付，公司财务只需将要办理的业务录入到相应模块，原始凭证、附件通过系统扫描上传，支付局在系统审核后，再审核单位网银提交的记录即可办理支付业务，做到“随到随审，随审随付”，减少面审时间，减轻单位工作量，提高支付效率。 (袁英杰)

【开展“小金库”治理】 根据财政部、审计署《深入开展贯彻执行中央八项规定严肃财经纪律和“小金库”专项治理工作方案》（财监〔2014〕19号）及省、市有关要求，浏阳市从8月初开始，在全市范围内组织开展党政机关和事业单位“小金库”专项治理工作，经过宣传发动、自查自纠、重点检查和整改纠正四个阶段，取得较好成效。8月6日，该局与市审计局联合下发《关于报送“小金库”专项治理工作报表的紧急通知》，指导单位认真开展自查自纠工作，全市128个单位对照《通知》要求，及时报送自查自纠情况，所有报表均由单位经手人和主要负责人签字，确保报表严肃性和真实性。根据各单位自查情况反映，及时审核汇总有关情况。在自查自纠基础上，该局会同市监察局、市审计局组成三个联合检查组，重点检查32个单位预算、资产、财务、政府采购等工作的薄弱环节和关键节点等。每一个检查组都有一个相关业务科室的人参加，每一项业务检查流程和重点检查环节都印成小册，发给每一个

12 月 4 日，浏阳市首个“国家宪法日”宣传活动　　（图片来源：市财政局办公室）

检查组。通过检查，查出违纪金额 213.17 万元，查处“小金库”2 个。针对自查自纠和重点检查阶段发现的问题，该局会同市监察局、市审计局召开联席会议，认真研究整改措施。一是对查出的违纪金额 213.17 万元全额上缴财政；二是对 3 个疑似“小金库”，提交市纪委（监察局），由市纪委（监察局）进一步核实处理；三是针对存在的其他问题由该局会同审计局提出整改意见，下达整改书，责令有问题单位限期整改；四是将查出问题反馈到该局各科室，由科室反思存在问题的原因，进一步加强和改进财政管理，从制度上，从操作流程上把好关，斩断“小金库”资金链。

（袁英杰）

【浏阳公开拍卖 115 台公车】 7 月 24 日，浏阳公车拍卖开槌，302 人竞拍 115 辆超标超编公车，两个半小时内全部拍出，总起拍价为 324.96 万元，成交总价 450 万元，车辆处置实现底价溢价 38.5%。竞拍收益全额上缴财政，全部用于民生支出。根据上级有关文件精神和党的群众路线教育实践活动专项整治要求，浏阳市公车办收缴应处置公车 115 台。为确保公开、公平、公正处置该批车辆，浏阳市财政局按照国有资产处置相关规定，委托专业中介机构对收缴车辆进行评估，聘请湖南赛德拍卖有限公司进行公开拍卖。该次拍卖的 115 台公车，整体车况偏旧，其中使用期限在 10 年以上的 54 台，5—10 年的 50 台，5 年以内的 11 台。根据专业评估机构的评估报告，评估价格在 15 万元以上的 4 台，5 万—15 万元的 12 台，2 万—5 万元的 30 台，2 万元以下的 69 台。　　（袁英杰）

【确保评审项目季度清零】 2014 年，浏阳市财政局财政投资评审中心加大政府投资项目预算评审力度，确保季度内评审清零数达到 100%（季度末月 20 日之后送审的项目次月评审）。制定计划：根据年度政府投资项目计划，引导各单位按轻重缓急原则制定切实可行的项目评审计划，评审中心根据各单位年度计划和优先项目分别制定年度和季度工作方案。规范收集资料：明确专人负责资料收集，规范资料收集程序，实行一次性告知制，对报送不齐的资料不予收审，避免因送审资料错漏而影响评审。落实责任：根据项目送审情况并结合重点项目进度要求，将项目逐一分配到人或者委托中介机构评审，明确具体的评审时限及工作要求。定期调度：每周一对所有项目评审人员主审项目进度和存在疑难问题情况进行调度，安排和部署本周工作，制定针对性措施。每月末对评审人员当月未审结项目进度和存在问题进行调度，根据送审项目情况安排部署下个月的重点工作。对重点项目或重大项目，即时召开专题会议，确定评审方案，保证重点项目顺利推进。每次调度均根据存在的问题，主动与建设单位和中介机构衔接沟通，主动服务主审工作。及时公示：将项目送审、分配评审、评审状态及限时办结等内容在局电子屏对外公开，自觉接受外部监督。便于建设单位随时了解工作进度的同时，提升评审人员的责任意识和时限意识，提高评审效率。加强考核：加强对评审专家的考核，将评审项目限时办结的情况和绩效工资挂钩。每季对受托评审中介机构的评审质量、评审时限等情况进行综合考核，将考核结果作为安排委托的评审依据。　　（袁英杰）

【构建民间借贷“零距离”服务体系】 2014 年，浏阳市财政局针对民间借贷问题，构建民间借贷“零距离”服务体系，有效畅通服务群众“最后一公里”，规范民间借贷秩序。畅通举报渠道：联合公安、工商、人民银行等部门，及时在《浏阳日报》、浏阳电视台、浏阳网等媒体公布非法集资、暴力催债、金融机构从业人员违规、投资担保公司超范围经营等违规行为的举报电话，先后有 20 多人次通过电话、上门、信函等方式举报放高利贷、暴力催债、超范围经营等违规行为，有效解决民间借贷资料收集难的问题。深入一线调研：联合市工商局、市公安局经侦大队、人民银行浏阳支行，多次组织域内各商业银行、小贷公司、担保公司进行座谈，全面了解投资担保行业及民间借贷现状。定期通过电话、座谈、走访等方式，向人大代表、政协委员及各科室联系的群众工作站、财政所等征求意见，先后 15 次邀请电视台和报社记者深入、企业和群众开展暗访，全面掌握和收集第一手资料。广泛开展宣传：针对当前投资公司和非融资性担保公司普遍超范围经营、民间借贷纠纷频发、投诉暴力催债行为较多、个别企业老板“跑路”等实际情况，为引导广大企业和群众树立正确的理财观念、防范投资风险，先后通过报纸、电视、网络、微信等平台，广泛开展打击和处置非法集资知识宣传，进一步提高企业和群众抵制非法集资的自觉性。及时上报信息：

根据收集到的第一手资料，先后联合相关单位和部门形成《投资担保行业高利借贷及暴力催债投诉情况统计》《花炮企业贷款风险调查情况汇总》《关于花炮企业联保风险问题相关情况的报告》等信息，及时向市级领导及相关部门汇报，为市委、市政府有针对性地制定规范民间借贷秩序方面的政策和措施提供依据。适时出台政策：在反复征求各相关单位意见的基础上，市金融办联合人民银行浏阳支行，出台《关于规范金融信贷行为，加强民间借贷管理巩固金融安全区创建成果的意见》，对各银行、小额贷款公司、融资性担保公司的信贷、担保行为予以明确，加强民间借贷管理，维护正常经济金融秩序。科学制定方案：根据掌握的第一手资料，针对存在民间借贷方面存在的问题，多次由市委常委、常务副市长组织召开相关部门和单位的工作会议，研究制定《浏阳市投资担保行业清理整顿工作实施方案》，成立清理整顿投资担保行业工作领导小组，科学安排工作任务，合理划分部门职责，提出工作要求，规范全市投资担保业务，促进民间借贷健康发展。全面清理整顿：5月中旬起，由公安局、工商局、金融办、人民银行等部门组成4个联合检查组，对照清理整顿内容，对全市范围内部分投资公司、咨询公司和非融资性担保公司进行现场检查，对检查中发现有严重问题的公司，及时移送相关职能部门进行查处。同时，以检查为契机，按照"属地管理"和"谁审批、谁监管"的原则，建立清理整顿各类投资公司的长效机制。（袁英杰）

国家税务

浏阳市国家税务局

党组书记、局长
谭小卫（2014.07免）
彭勇坚（2014.07任）
党组成员、副局长　丁洪武
郭学龙　袁辉芳　周共平
王恩柱（挂职）
党组成员、纪检组长　柳　韬

【概况】 2014年，浏阳市国家税务局内设办公室、财务科、机关党委办、收入核算科、监察室、人事教育科、征收管理科、税政法规科、工会办、税源管理一科、税源管理二科、基建科、纳税服务科、信息中心14个科室，下设稽查局和城区、古港、官渡、大瑶、镇头、工业园、沙市7个分局。该局围绕组织收入，坚持依法治税，优化纳税服务，加强队伍建设，提升内部管理，完成各项工作任务。全年组织税收收入35.35亿元（不含车购税），同比增收6.3亿元，增长21.67%，完成全年任务的106.48%，首次突破30亿元大关，实现总量、增量、质量"三量齐升"，为浏阳经济社会发展和民生改善提供可靠财力保障。（孙　淼）

【依法治税】 积极响应宏观调控政策，全年共办理政策性退税3352万元，高新技术企业减免税30689万元，小微企业减免税244万元。推进铁路运输、邮政、电信业营改增扩围试点，全市实现营改增增值税5332万元。探索完善行政裁量规则和基准制度，推行"首违不罚"，教育和引导纳税人遵从税法，构建和谐征纳关系，402户纳税人因主动整改而免于处罚。成立税收风险管理办公室，统筹安排检查工作，团队下企业需填下户单并经审批后才能进行，一般情况下对同一纳税人同一年度只开展一次综合核查，有效解决多头执法、随意执法等问题。积极开展"六五"普法，全面树立法治理念，推进依法办事，城区、古港分局获评长沙市依法办事示范窗口单位。

（孙　淼）

【征管质效】 继续深入推行税源专业化改革，根据征管业务流程，调整管理职能，实行专业分工，组建专门的风险分析、风险应对、基础管理、涉税事项调查等团队，打破地域界限，实行团队管理。充分利用电力、公安、财政等第三方信息，对系统数据进行疑点排查，由稽查、评估团队进行调查核实，督促企业补缴税款，全年共发布疑点信息21批，评估稽查150户，注销清算126户，补充申报及查补税款4550万元。进一步抓好纳税辅导工作，先后向盐津铺子、湘北威尔曼、浏阳农商行等25户规模企业提供税收辅导，帮助企业提高竞争力，规避税收风险。该局风险管理工作得到长沙市局认可，获评长沙市局"纳税评估先进单位"，王凤、娄小平分获"纳税评估能手"和"税务稽查能手"。（孙　淼）

【纳税服务】 年初，该局获2013年度长沙市"纳税服务优胜单位"，实现"纳税服务优胜单位"评比"三连冠"。2014年，该局深化纳税服务工作，推行领导大厅值班制度，由局长带头，班子成员和科室负责人全部排班轮值。简化优化办税流程122项，对38项业务实行免填单，将104项涉税事项全部归集至大厅受理，纳税人资料报送减少39%，办税环节减少62%，办税时间减少56%。在原有10个代开邮政发票代开网点的基础上，增加10个代开点，全年共开票1.7万笔，代征税款353万元，满足纳税人就近开票的需求。根据纳税人需求和税收政策变化，组织"纳税人学校"培训14期，培训纳税人2000余人次。打造"税收咨询辅导专家团队"，抽调业务骨干，为纳税人提供权威、准确、及时的咨询解答。建立电话回访制度，回访纳税户500余人次，满意度达99.8%。8月，国家税务总局制订下发《全国县级税务机关纳税服务规范（1.0版）》，10月1日起在全国试运行。市国税局组织干部学习培训，多渠道宣传规范内容，10月起正式按规范要求操作，有效地解决纳税人"最后一公里"问题，提高该市的纳税服务满意度和税法遵从度。2014年，中央电视台、《中国税务报》《湖南日报》等媒体多次报道该局纳税服务工作情况，办税服务厅获湖南省第二届"五星级办税服务厅"称号。（孙　淼）

【"阳光国税、转风换位"主题教育活动】 为使党的群众路线教育实践活动落到实处，真正达到改进工作作风，增强群众观念的效果，2014年，市国税局在全系统开展一次以“阳光国税、转风换位”为主题的纪检日活动。各支部组织干部职工开展主要内容为税干换位办税人员、领导换位基层税干、税干换位一线工人等“三个换位”体验。通过换位体验，干部职工体验群众疾苦、感恩组织关怀、珍惜现有岗位，以作风转变助推工作效能提高、思想认识升华，全力推动作风建设新常态，为国税事业发展提供坚实保障，活动得到长沙市局高度肯定。（孙　淼）

【2013年度企业所得税汇算清缴工作】 市国税局创新企业所得税汇算清缴工作机制，增强共治理念，按照“遵循征管流程，整合部门业务，汇集征管力量，集中工作时间，突出重点工作，提高征管质效”的思路，将企业所得税汇算清缴管理融入税收征管大格局之中，积极开展2013年度企业所得税汇算清缴工作。2014年3月，该局成立2013年度汇算清缴工作领导小组，培训创新形式，开展包括提供网上视频课件、幻灯片课件、自学资料以及纳税人学校面授等形式的培训，组织举办5期面授培训，培训企业875户，辅导面达到100%。针对房地产行业、园区企业采取单独和上门辅导，减少差错，提高办税效率，确保年度申报质量。截至当年6月，2013年度应申报2003户，已汇算清缴2003户，申报率达到100%，补缴入库企业所得税14287万元，如期如质完成汇缴工作。（周　道）

【设立浏阳市政务服务中心国税局分中心】 为进一步深化行政审批制度改革、规范行政行为、提升行政效能，该局在办税服务厅设立浏阳市政务服务中心国税局分中心，设立8个全职能综合服务窗口，3个车购税窗口，1个文书受理窗口，2个导税员，推行领导值班和纳税咨询服务团队，实行集中对外办公，为辖区内纳税人以及社会公众提供税收政策宣传、纳税咨询、办理税务登记、办理纳税申报等服务事项。（周　道）

【《浏阳市国家税务局规范税务行政处罚裁量权执行基准》实施】 5月1日，《浏阳市国家税务局规范税务行政处罚裁量权执行基准》在浏阳实施。该《基准》是该局贯彻落实国家税务总局“便民办税春风行动”，组织力量于2014年3月修订的。《基准》实行柔性执法，推出“首违不罚”，纳税人逾期办理税务登记、部分发票违法、违规行为，属首次发生并按税务机关要求在限期内改正的，将不予处罚，给予纳税人积极补缴税款、纠正自身违法行为的机会，避免违法者产生抵触心理，提高纳税人的税法遵从度，有利于构建和谐的征纳关系。2014年全年402户纳税人因主动整改而免于处罚。（王　剑）

【增值税优惠政策备案方式变化】 5月1日起，市国税局增值税税收优惠备案方式发生较大变化，推行以“前台即办”和“以报代备”为主的备案模式，大幅简化优惠备案流程和内容，纳税人可以更方便、更快捷、更低成本地享受到增值税优惠。经测算，新政策涉及80%以上增值税优惠备案业务，有近千户次纳税人受益。（王　剑）

【“百日千人进税户”大走访】 2月份起，市国税局开展“百日千人进税户”大走访活动，全体干部员工深入走访辖区内企业、个体工商户，全面了解纳税人所思所想，改进干部作风，提升服务效能，践行党的群众路线教育实践活动。截至6月底，国税局共实地走访纳税人4500户，收集意见建议126条，并全部落实解决。（孙　淼）

【成立税收咨询辅导团队】 4月，市国税局组建税收咨询辅导团队，团队依据不同的业务类型，分为税种管理、政策法规、日常征管三个组。为将服务落到实处，咨询辅导团队打造出咨询辅导台轮值、快速答疑、定期会商、服务小分队、周五税法大讲堂、纳税人学校6种工作模式，全年服务纳税人3000多人次。（孙　淼）

浏阳市国税局2014年各项税收计划完成对比表

编报机关：浏阳市国税局

项　目	累计入库（万元）	为年度计划（%）	比2013年同期	
			增加额（万元）	增长（%）
各项税收收入总计	373779	106.19	64757	20.96
（一）工商税收合计	353505	106.48	62970	21.67
一、增值税	216975	108.49	51958	31.49
1.酒	41		1	2.5
2.纺织品	1578		182	13.04
3.煤炭	630		-624	-49.76
4.电力	6830		1809	36.03
5、化工产品	32504		739	2.33

（续上表）

项　　目	累计入库（万元）	为年度计划（%）	比 2013 年同期	
			增加额（万元）	增长（%）
其中：鞭炮烟花	27407		878	3.31
外销	21241		1832	9.44
内销	6166		-954	-13.4
6. 建材产品	5896		511	9.49
7. 商业	19782		927	4.92
其中：烟草	8088		412	5.37
8. 造纸及纸制品	2930		-470	-13.82
9. 机械交通运输设备制造	3818		1110	40.99
10. 通用、专业设备制造	6673		16	0.24
11. 电子产品	741		223	43.05
12. 仪器仪表	79413		30461	62.23
13. 医药制造	23570		6498	38.06
14. 食品	9245		3244	54.06
15. 电信	2522		2522	100
16. 其他	20802		4809	30.07
二、消费税	49959	104.08	-76	-0.15
1. 卷烟	7386		433	6.23
2. 鞭炮烟花	42305		-443	-1.04
其中：外销	34864		2516	7.78
内销	7441		-2959	-28.45
3. 其他	268		-66	-19.76
三、个人所得税	2		-5	-71.43
四、企业所得税	86569	103.06	11093	14.7
1. 酒	1		0	0
4. 建材产品	2776		461	19.91
6. 商业	4951		-774	-13.52
7. 房地产	6411		-614	-8.74
9. 机械交通运输设备制造	308		29	10.39
10. 通用、专业设备制造	1771		-799	-31.09
11. 电子产品	225		24	11.94
12. 仪器仪表	29547		1625	5.82
13. 医药制造	6638		3103	87.78
14. 农副产品及食品	2503		955	61.69
15. 其他	31438		7083	29.08
（二）车辆购置税	20274	101.37	1787	9.67
附：代征税费	0		0	0
1. 个人所得税	484		484	100
2. 城市建设维护税	56		56	100
3. 教育费附加收入	33		33	100
4. 地方教育附加收入	22		22	100

地方税务

浏阳市地方税务局

党组书记、局长　周叙述
副局长　刘季峰（女）　黎茂美
黎元元　彭宏辉　朱立文

【概况】 2014年，浏阳市地方税务局组织税收收入266809万元，同比增收55928万元，增长26.52%，为年度计划256700万元的103.94%；入库费金10337万元。市地税局被授予“湖南省文明单位”“长沙市学习型组织示范单位”“长沙地税系统先进单位”称号，市地税局党组获评“全省创建学习型党组织先进单位”“浏阳市学习型党组织建设示范点”，三分局获“湖南省文明卫生单位”“长沙市文明卫生单位”，一分局、五分局获评“长沙市文明单位”，四分局被评为长沙市“依法办事示范窗口单位”“长沙地税系统五星级税务分局”，二分局获评“浏阳市文明单位”，办税服务中心获“长沙市青年文明号”“浏阳市学雷锋十佳集体”。刘云获全省地税系统税收业务能手称号，周再获全省地税系统第四届“优秀办税服务员”称号，蔡佳利获长沙地税系统“优秀办税服务员”称号，蒋肖丹被授予长沙地税系统“优秀文秘”称号，罗田芳被长沙市精神文明建设指导委员会授予“长沙市文明市民标兵”荣誉称号。　（周　艳）

【税收征管】 征管创新：深入推进税源专业化管理，评估补缴入库税款2500余万元；稳步推进个体及零散税收乡镇（街道）代征机制，8月起在淮川、集里、荷花、关口四个街道办事处正式试点开展地税个体及零散税收委托代征工作，代征点共征收入库税款1029万元；积极开展国税部门代开窗口发票代征地方税费工作，成功与国税部门、邮政部门签订委托代征协议，共计代征税费731万元。日常征管：改进征管质量考核，更注重问题反馈、督促整改，加强对非正常户和欠税户的管理，严格按要求对征管系统中非正常户和欠税户进行清理和核实，并三次发布欠税公告。综合治税：争取市委、市政府重视，严格落实《浏阳市税收保障实施办法》，形成从政府到企业、从税务机关到乡镇各部门的立体促收氛围。加强与各部门、乡镇、街道协作联系，充分依托浏阳市税收保障信息平台，畅通信息传递渠道，通过同期比对分析涉税数据，对366户纳税人补征税费493万余元。　（周　艳）

【依法治税】 税务稽查：严格案件查办，稽查查补入库税款2550万元，其中加收滞纳金19.7万元，罚款11.4万元。开展违法投资担保公司和非法集资的企业和个人税收情况专项整治行动，组织欠税清缴，澄清历年欠税底子，其中确认政府投资重点工程各项陈欠5729万元，制定清欠方案，加强考核督促，争取政府协调支持，并组织对重点税源行业、内销花炮行业、私有经营性房屋等开展税收结算，进一步强化地方各税结算工作，全力清理陈欠，杜绝新欠。执法监督：对内加大对贯彻落实《湖南省地方税务局税务行政处罚自由裁量权办法》的督察力度，规范行政处罚电子台账，及时通报执行情况，共进行简易程序行政处罚319起，罚款38500元，一般程序行政处罚17起，罚款7200元，无一起行政复议和行政诉讼及涉嫌犯罪案件。政务公开：实时发布税收新政、办税日历、个体工商户定税缴税等情况，发送纳税提醒短信及各类涉税信息4万余条；主动公示个体户、内销鞭炮烟花企业和私有经营性房屋税额核定、征收、欠税、审批减免等情况，接受社会监督，营造公平、公正、公开良好氛围。　（周　艳）

【纳税服务】 税收宣传：善用纳税人之家强化与园区协作，组织纳税人论坛，开展创业青年税收优惠政策辅导专题讲座，整理汇编税收优惠政策，分送到帮扶企业；建立纳税服务志愿者轮流导税机制，招募志愿者为纳税人导税，税收宣传扩面增效。办税服务：坚持实行“早十晚五”，落实大一窗式管理、加强一站式服务，稳步推进360办税服务模式；推广宣传省地税局网上办税服务厅，发放宣传资料5000份，面对面培训300人次，明确专人负责在线QQ答疑；优化纳税服务措施，简化办税流程、压缩办税时限118项，减并报表资料3种。举办纳税人学校8期，培训纳税人1600人次。在长沙市地税局2014年纳税服务指数测评中，综合指数排名位居第一。税收优惠：切实加强政策调研，积极落实残疾职工工资加计扣除、小微企业、高新技术

全省创建学习型党组织先进单位——浏阳市地方税务局党组
（图片来源：浏阳市地方税务局）

“红火炬”文化　　(图片来源：浏阳市地方税务局)

企业、购置节能节水环保安全设备、下岗再就业、资产重组、财产损失备案、房产税及土地使用税困难减免等各类税收优惠政策，为69户企业依法审批减免税费1335.8万元，为68户企业备案减免税款4124.49万元。（周　艳）

【委托代征】 8月1日起，市地税局在城区淮川、集里、荷花、关口四个街道办事处范围内实施个体及零散税收委托代征试点工作，委托四个街道办事处征收相关税收。四个办事处辖区的相关纳税人可在各自经营地点所在街道办事处代征点征收大厅办理地方税收申报缴税手续，浏阳市税收保障工作跨上新台阶。（周　艳）

【营业税“清零”行动】 为应对“营改增”政策的全面实施，2014年下半年起，市地税局按照省市局统一部署，全面开展营业税“清零”行动，共对182户建安企业、1171个建安项目、169户销售不动产企业、80个销售不动产项目进行全面清理，共计清理入库营业税9141万元。（周　艳）

【定税公示“阳光行动”】 5月20日，市地税局在《浏阳日报》、浏阳市政府门户网站和长沙市地税局网站等媒体向社会同步公布浏阳市570户鞭炮烟花内销企业和46户黑火药企业2014年地方各税定税情况，实行公开透明办税，主动接受社会监督。（周　艳）

【“360”办税服务模式】 3月起，市地税局推出“360”办税服务模式，向纳税人提供全方位、全过程、全天候的办税服务。“3”，即突出即时办、限时办、预约办3个时限要求；“6”，即重点实施直通车制度、首席服务员制度、提醒服务制度、首问责任制度、“免填单”服务制度、阳光办税制度6项服务制度；“0”，即地税机关为纳税人提供的所有办税服务均实行零收费。（周　艳）

【网上办税服务厅】 3月，市地税局大力推行科技办税，全面推广省局网上办税服务厅，旨在为纳税人提供功能丰富、沟通便捷、科学高效、成本降低的综合性办税服务平台。该局组织企业法人、财务负责人、个体工商户及办税人员300余人开展面对面培训，对外公布2个电话号码专供网上办税服务厅推广咨询，安排专人负责网厅在线QQ答疑，按日收集系统运行问题及时上报。3月22日，省局网上办税服务厅在该局实现平稳过渡，顺利上线。（周　艳）

【“红火炬”文化】 7月起，市地税局大力加强地税文化建设，立足浏阳地域特点和税收工作实际，充分挖掘革命老区的红色文化底蕴，精心打造具有浏阳地域特色的“红火炬”文化建设品牌，12月，《浏阳市地方税务局“红火炬”文化建设手册》正式刊行面世。该手册分为文化理论篇、精神文化篇、制度文化篇、行为文化篇、物质文化篇、文化兴税篇6个篇章，确立“厚德笃行、守正致公”的浏阳地税核心价值观，全方位展示浏阳地税文化建设的丰富内涵和丰硕成果。（周　艳）

浏阳市地税入库情况统计表（2014 年）

项　目	计划数（万元）	入库数（万元）	为年度计划（%）	比 2013 年同期增加额（万元）	比 2013 年同期增长（%）
一、地方税收总计	256700	266809	103.94	55928	26.52
其中：中央级		19749		3513	21.64
省　级	24600	27455	111.61	5998	27.95
浏阳市级		219605		46417	26.80
1、营业税	93000	85718	92.17	13389	18.51
2、资源税	600	545	90.83	41	8.13
3、土地使用税	7700	6465	83.96	–466	–6.72
4、企业所得税	8700	6984	80.28	557	8.67
5、个人所得税	30105	25931	86.14	5297	25.67
6、城市维护建设税	26000	24791	95.35	1359	5.80
7、印花税	7500	6218	82.91	–376	–5.70
8、土地增值税	16000	23906	149.41	9878	70.42
9、车船税	2800	3293	117.61	745	29.24
10、房产税	10445	15752	150.81	6158	64.19
11、 烟叶税	5850	5216	89.16	471	9.93
12、教育费附加收入	9600	8761	91.26	495	5.99
13、契税	27000	29141	107.93	4059	16.18
14、耕地占用税	11400	24089	211.31	14322	146.64
二、地方教育附加	5920	5537	93.53	420	8.21
三、文化事业建设费	18	7	38.89	–54	–88.52
四、工会经费	1220	1309	107.30	269	25.87
五、残疾人就业保障金收入	800	800	100.00	253	46.25
六、水利建设基金	2010	2458	122.29	449	22.35
七、价格调节基金	230	226	98.26	9	4.15

金融·保险

中国人民银行浏阳支行

中国人民银行浏阳支行
党组书记、行　长　　寻　真
党组成员、副行长　　李　旻
党组成员、纪检组长　彭亚青

【金融概况】 2014年，全市金融机构各项存款余额435.61亿元，比年初增加62.72亿元，增长16.82%；各项贷款余额368.45亿元，比年初增加74.4亿元，增长25.3%。全辖银行累计结汇为77356万美元，同比增长10.64%，银行累计售汇金额为4385万美元，同比下降.17%。全年办理发行基金投放89.3亿元，发行基金回笼70.8亿元，净投放18.5亿元。

（曾　娟）

【贯彻执行稳健的货币政策】 （一）通过金融工作联席会、信贷工作联席会议等形式，加强与政府及相关职能部门的协调配合，结合地方经济发展战略，引导银行机构加大对实体经济的信贷投入，特别是加大对小微企业和“三农”的信贷支持。继续做好农村商业银行信贷调控工作，严格执行中国人民银行长沙中心支行下达的合意贷款规模。（二）加强政策引导，认真做好货币信贷管理工作。做好农业银行浏阳支行“三农事业部”考核达标工作，下调存款准备金率2个百分点；认真落实总行定向降准的政策要求，下调农村商业银行存款准备率2个百分点；组织开展央行票据兑付后续监测考核和新增存款一定比例用于当地考核工作，及时下调农商行存款准备金率1个百分点；积极申请协调，率先向浏阳农村商业银行发放支小再贷款9000万元、支农再贷款1.5亿元。引导涉农银行加大对“三农”和小微企业的信贷支持。（三）继续开展农村金融产品和服务方式创新工作。认真总结全市农村房屋抵押贷款工作经验，做好人总行等六部委“两权”抵押贷款和新增存款的一定比例用于当地的调研接待和汇报工作；帮助建行湘江支行解决花炮企业集体土地上房屋到该市住房保障局的抵押登记问题。和市农办一起拟定《浏阳市农村土地经营权抵押贷款管理办法（试行）》，明确土地经营权抵押登记、评估、流转、处置等相关规定。2014年辖内有8家银行开展18个农村金融产品创新项目，创新贷款余额91.81亿元，同比增加12.22亿元，增长15.36%，贷款涉及农户或企业66249户。

（曾　娟）

【金融创安工作】 （一）加强金融风险监测，维护金融稳定。一是加强对花炮企业信贷风险的调查和反馈，对全市花炮企业的信贷风险进行收集和整理，撰写《对浏阳市花炮企业信贷风险的调查与分析》报送市委、市政府及相关部门主要领导；与建设银行、中信银行、民生银行、招商银行一起向市政府报送《关于请求协调解决当前花炮企业信贷风险处置过程中若干突出问题的请示》，请求市政府协调解决4个方面的突出问题，主管副市长和常务副市长作出批示，并将批示件送达相关部门。二是开展投资担保公司的清理整顿，和金融办联合印发《关于加强金融信贷行为管理，促进民间信贷规范发展，巩固金融安全区创建成果的意见》，严控银行信贷资金流向民间借贷市场，严密管控银行从业人员违规参与民间借贷。三是认真研究经济金融形势，加强对房地产、政府融资平台贷款风险监测，防范系统性金融风险；完善民间借贷监测样本点设置，加强对民间借贷风险点分析。四是积极推动农村信用体系建设。推动农村商业银行完善和巩固对辖内农户的信息采集、分类和评级授信，农商行采集或收集基本信息面、农户信用档案建档率、可评级授信农户小额信用贷款户授信面都达到辖内农户数的100%，发证发卡面达80%；根据《浏阳市信用乡（镇、街道）村评定办法》和实施细则，对27个申报信用村（社区）进行验收考核。（二）坚持管理和服务并重，做好征信工作。一是开展征信执法检查。二是做好征信系统日常管理和机构代码工作。加强企业和个人两大征信系统管理，提高数据库信息质量，扩大企业和个人查询量。2014年企业信用报告查询1076户，个人信用报告查询7902户。三是继续开展小微企业信用体系建设工作。制定《关于深化小微企业信用体系建设工作的实施方案》。在长沙国家生物产业基地开展应收账款融资服务平台和小微企业信用信息采集培训。长沙国家生物产业基地被认定为全国小微企业信用体系建设试验区。四是推广运用应收账款融资服务平台。组织辖内14家银行、2家融资性担保公司和4家小额贷款公司开展培训工作，要求辖内各银行、担保公司、小贷公司全部注册应收账款融资服务平台，并做好信贷企业的宣传，引导企业进行注册并上传应收账款信息。五是组织两类公司信用评级及接入征信系统审核。按照中国人民银行长沙中心支行征信处要求，组织辖内2家融资性担保公司和2家开业超过1年的小额贷款公司开展信用等级评定。对上述4家公司申请接入征信系统进行初审，及时完善相关资料。六是加强《征信管理条例》与征信知识宣传。（三）支持深化农村金融改革发展。由金融机构推荐，共评选出“支持经济发展工作先进单位”2个，“金融安全区建设工作先进单位”10个，“信用镇”1个，“信用村（社区）”31个，“金融安全区建设工作先进个人”10名，由政府发文进行表彰奖励。（四）积极开展金融消费者权益保护工作。对14家银行、保险机构开展金融消费权益保护工作评估，浏阳农村商业银行和中国银行浏阳支行被评为B级，其他金融机构为C级。组织辖内金融机构参加全省开通“12363”金融消费权益保护咨询投诉电话启动电视电话会议。认真处理3起金融消费者投诉案件，及时转交相关银行并督促处理，维护金融消费者权益。

（曾　娟）

【优化金融服务水平】（一）认真做好会计国库工作。加强监管。一是做好业务系统上线和升级工作。做好“中央银行会计核算数据集中系统”（ACS）上线和TCBS系统升级工作工作。二是夯实基础，确保各项资金安全。三是积极组织国债发行。2014年，浏阳支库组织辖内承销机构共发行储蓄国债5383.27万元，其中凭证式国债3196.97万元，电子式国债2186.3万元。四是加强支付结算管理。安排布置存量个人人民币相关身份信息真实性核实工作和银行账户清理自查工作。加强账户管理，强化账户核准内部管理，规范账户核准程序，先后堵住不合规开户共210多户。进一步做好助农取款业务的推动工作，2014年新增加570个布放点。五是进一步加强反洗钱管理。组织辖内银行、证券、保险等单位递交2013年反洗钱自评估相关资料，制订《浏阳市2014年金融机构洗钱风险评估方案》，组织对华融湘江银行和交通银行开展反洗钱现场评估。（二）加强发行库管理和人民币管理工作。一是确保现金供应。2014年，净投放18.5亿元，在总量和结构上保证辖内现金的合理供应。二是积极推进反假人民币工作。继续推进重点整治工作，制定《2014年浏阳市假币违法犯罪活动整治方案》，组织参加全国反假工作电视电话会议，积极推动辖内商业银行人民币现钞处理设备的更新换代，为处理反假纠纷打下坚实的基础；广泛深入开展反假货币知识宣传活动。各金融机构在落实柜台宣传的基础上，在重点地段、重要节会组织开展反假宣传，并做好反假宣传周的活动，共发放宣传资料1万余份，宣传单1万余张，现场咨询2000人次；2014年按照“城镇不放松、重点在农村”的指导思想，支行组织全市金融机构开展一系列的反假货币宣传活动。2014年，辖内各金融机构共收缴、没收假人民币12857张（枚），金额751535元。三是切实加强人民币管理工作。督导辖内各商业银行积极推进现金清分工作和人民币冠字号码查询工作。截至12月，全市各商业银行全部实现交存人民币发行库现金全额清分。190台取款机，166台存取款一体机全部完成人民币冠字号码查询贴标工作，完成比例100%；9家银行业金融机构的39个营业网点的柜台完成人民币冠字号码查询贴标工作，完成比例占32.5%。

（曾　娟）

国家外汇管理局浏阳市支局

国家外汇管理局浏阳市支局
局　长　寻　真
副局长　李　旻

【概况】 2014年该局继续简政放权，深化“五个转变”，加强外汇管理。稳步推进改革，确保新政贯彻落实：及时转发总局最新出台政策文件，传导至全辖。认真做好外汇年报宣传工作，积极跟踪企业申报情况，年报审核企业66家，通过率为93%。强化事后监管，促进监测监管联动：从“事前”转向“事后”，是资本项目管理改革的重要趋势。2014年，该局狠抓系统数据质量，利用系统监测功能，建立监测、核查、监管和信息反馈有序衔接的联动机制，提升管理效果。一是严控数据质量，确保系统数据准确。共集中处理滞留数据3批次，涉及银行11家次，累计处理各类滞留数据98条，及时与银行沟通、反馈，确保数据报送质量。二是针对筛查的异常可疑线索，积极开展现场和非现场核查。共筛查出异常可疑线索共6条，对2家银行开展现场核查，对企业开展非现场核查。做好监测调查工作，健全主体监管体系：一是进一步完善贸易信贷抽样调查工作方法，提高贸易信贷抽样调查数据质量，在样本量、工作难度双双增加的背景下，提高工作效率，保证数据质量，强化对数据的分析与利用，浏阳支局2014年度贸易信贷抽样调查工作获得省分局表扬。二是完善主体监管体系，加大对银行外汇合规性核查。加强对银行执行外汇管理规定的核查力度，借助非现场核查以及现场核查的监管手段，严格督促银行完善其外汇业务的合规性。10月份对全辖符合考核条件的10家外汇银行开展年度银行执行外汇管理规定情况现场考核，对考核对象打分评级，形成通报。三是加强培训宣传，促银行合规性提升。组织辖内银行和支局业务人员参加《跨境担保外汇管理规定》、货物贸易敏感样本企业管理制度、“外汇管理新政与主题监管”、外汇管理依法行政、国际收支统计新政策、资本项目信息系统更新、银行结售汇业务监管等10多次视频和现场业务培训；配合省局开展外汇管理改革新政宣传培训月活动。截至12月底，浏阳进出口总额22.77亿美元，同比增8.22%。全辖银行累计结汇为77356万美元，同比增长10.64%，其中经常项目项下结汇77171万美元，同比增长11.25%，资本项目下结汇185万美元，同比下降66.12%。银行累计售汇金额为4385万美元，同比下降79.17%，其中经常项目售汇4359万美元，同比下降79.10%，资本项目售汇26万美元，同比下降86.67%。国际收支笔数10470笔，国际收支申报总额43.18亿美元，比2013年同期增长9.5%。办理外商投资企业年报66家，外债展期2000万美元。办理进出口企业名录登记52家。

（曾　娟）

中国工商银行股份有限公司浏阳支行

中国工商银行股份有限公司浏阳支行

党总支书记、行长　　王仲冬

副　行　长　王自乐　邹祖国　戴朝文

纪检书记　彭冬玲

行长助理　李　宛

【概况】 中国工商银行浏阳支行隶属中国工商银行股份有限公司湖南分行营业部，内设综合办公室、公司业务部、个人金融业务部、业务管理经营部、小企业部4部1室，下辖支行本部（含现金区及非现金区），3个分理处（城北分理处、银星分理处、工业园分理处），1个二级支行（天马路支行），现有员工108人，其中合同制员工76人，柜员合同工32人。2014年，浏阳支行围绕贯彻落实总行、省分行发展战略思想和营业部党委提出的“七个三”工作思路，坚持以市场为导向，以客户为中心，以创新为动力，狠抓营销开拓，注重风险防控，各项业务快速健康发展，经营效益显著提升。全年实现拨备前利润8468万元，比上年同期增加151万元，实现净利润6284万元，比上年同期增加20万元；实现中间业务收入2071万元。

（综合办公室）

【支行业务】 负债业务：年末，各项存款余额169548万元，比年初增长25969万元，其中储蓄存款时点数为99542万元、对公存款时点数为69929万元，新增公司客户存款余额22400万元，位居营业部第一名。转型业务：全年信用卡发卡3151张（其中白金卡完成149张，完成任务173%），净增信用卡客户数2051户，消费额73997万元，比上年增长10172万；信用卡分期付款额5892万元，比年初增加1835万元；特约商户净增63户；手机银行客户净增11320户（完成全年任务109%）；个人网银证书客户净增9592户（完成全年任务105%）；工银E支付11599户；法人积存金65千克（完在全年任务154%）；发行ETC业务OBU1843台，超额完成该项指标任务。资产业务：2014年末，该行各项贷款余额达282473万元，比上年末净增14930万元，不良贷款余额510万元，不良率为0.19%，资产质量一直维持系统内和同业优良水平。实现公司贷款投放26880万元，比上年末贷款净增4625万元（其中小企业贷款比上年增长1380万元，完成任务306%）。全年累计发放个贷40597万元，比上年末净增11025万元。在控制风险的前提下开展好“购车分期付款”“家装分期付款”等新产品营销，拉动个人贷款全面发展，不断提升个人贷款占比。截至年末，支行个人消费贷款余额达145762万元。

（综合办公室）

【风险防控工作】 正确处理业务开拓与风险防控的关系，密切注重贷款管理基础工作和风险防控工作，正确判断当前宏观经济形势和行业形势，提高信贷风险识别能力，重点营销国家重点项目、大型优质生产企业、工业园区优质客户、个人住房按揭贷款等，积极拓展优质信贷市场，促进信贷业务持续稳健发展；加强客户经理队伍的建设，提高从业人员的政策水平、依法合规经营意识、风险识别能力、实际操作能力。严格《客户经理禁止性规定》等规章制度，确保安全运营；履职尽责，加强贷款“三查”，即贷前调查、贷时审查、贷后检查。加强对借款人的品性、实力、社会关系、信誉状况、借款用途、还款来源等方面的调查，提升资产质量，壮大资产规模。不良贷款额、不良贷款率都控制在上级行要求范围内。（综合办公室）

【内控案防工作】 坚持内控案防工作“一把手”负责制，两手齐抓共管。积极开展主题教育，着重抓好管理人员、客户经理、柜员队伍建设，强化业务操作风险控制，强化员工内控意识提升。全面落实总行“从严治行”和“过程控制”要求，扎实开展“一加强两遏制”（加强内部管控，遏制违规经营和违法犯罪行为）专项检查活动。严格按照银监会及总行的相关要求，结合工作实际，全面开展自查自纠，认真进行专项整治。牢固树立依法合规思想，按规章制度办事，遵守职业道德，清正廉洁，让员工懂得算好经济账、家庭账、亲情账、自由账，消除侥幸心理，避免埋下风险隐患。进一步认清当前的经济及案防形势，不断强化内控案防工作，确保经营发展成果不会被案件或风险事件吞噬。2014年，无差错事故及案件发生，保障业务发展依法合规安全运行。（综合办公室）

中国农业银行股份有限公司浏阳支行

中国农业银行股份有限公司浏阳市支行

党委书记、行　长

徐　勤（2014.08离职）

副行长　陈锴锋（2014.02调入，2014.08代理行长）

党委委员、副行长　刘勇波

陈　广

杨振威（2014.08 调入）
黄　韧（2014.08 离职）

【概况】 2014 年，中国农业银行股份有限公司浏阳市支行有正式员工 215 人，内设综合管理部、风险管理部、运营财会部、个人金融部、公司业务部 5 个部门，下辖支行营业部、城郊分理处、西郊分理处、浏阳大道分理处、集里支行、古港分理处、官渡分理处、永和分理处、大瑶支行、文家市分理处、永安支行、镇头分理处、北盛分理处 13 个网点、19 个在行/离行式自助银行。截至 12 月底，该行各项存款余额 376003 万元，各项贷款余额 417977 万元，实现中间业务收入 2489 万元，账面利润 10092 万元。（综合管理部）

【经营转型】 以价值创造为核心，树立三大理念：资本约束理念、财务约束理念、风险约束理念，以客户拓展和价值创造为核心，重点围绕客户、存款和中收调整费用资源配置。提升农村个人生产经营贷款占比 5.5 个百分点，适当控制规模，坚持退出诚信不佳、经营不善、管理不到位的低劣散户农户小额贷款。以服务客户为中心，创新三大管理：一是以客户为中心的营销体系。该行设有 5 个综合型重点网点，按照将网点打造“小银行”的要求，设立并充实重点法人客户团队、机构客户团队，制定客户经理管理和考核办法，加强客户经理队伍管理。二是以价值为核心的资源配置。以客户拓展和价值创造为核心，重点围绕客户、存款和中收调整费用资源配置。三是以战略为导向的考评激励。调整考核和资源配置不合理政策，加大对网点和客户经理客户、日平存款的比重。以集约高效为重点，提升三大能力：一是提升服务县域产业结构升级和区域重点、热点的能力。基本完成工业园支行开业准备工作，围绕区域重点、热点，按支行、网点两级建立重点营销客户目标库。二是提升差异化竞争的能力。强化客户经理主动营销，增加机构业务客户经理，提升机构客户营销能力，成功实现惠农直补一卡通上线。优化重点客户团队，加强对纳税 50 强、行业标志性客户、重点招商引资项目等的营销。加大个人电子银行、收单商户、智付通、三方存管等战略性产品的营销，增强产品黏性。三是提升精细化管理的能力。该行就绩效考核、费用管理，产品营销计价，客户基础建设工程，农户小额贷款优化工程，中间业务收入创新工程，经济资本压降，信贷、运营、内控案防基础管理，客户经理管理，网点综合转型，员工主题活动等开展专题调研，制定出相关办法。（综合管理部）

【扩户提质】 坚持长效推：客户结构不合理、客户基础薄弱是制约浏阳农行长期稳定发展的最大障碍。该行新一届领导班子高度重视客户基础建设。出台客户基础建设方案，推动在贵宾客户、市场客户、拆迁项目、代发工资、专业大户、机构客户、重点项目等方面营销和拓展。加重客户基础建设考核权重，发挥考核指挥棒作用。在年度和季度考核办法内，均设置客户基础建设考核指标，并加大其权重分，引导全行重视客户基础建设工作，主动做好客户基础建设工作。加强客户建设业务经营指标进度督导。业务管理部门每天通报存款进度、客户建设指标完成情况，营造你争我赶的氛围。每月召开由行长主持召开班子成员、网点主任和部门负责人参加的客户基础建设促进会。坚持两手抓：一手抓扩户。一是加强源头性客户的营销。重点对代理惠农补贴一卡通、物业维修基金等源头性客户的营销，9 月底，实现惠农通机具 386 个行政村组 100% 覆盖，代理惠农补贴“一卡通”项目签约上线，实现物业维修基金 4 季度全部缴存该行。二是抓好代发工资、三方存管等源头性产品营销；三是以上下联动、公私联动的方式加强综合营销。积极围绕对公客户开展交叉营销，将个人金融服务纳入对公客户综合金融服务方案当中。积极拓展企业高管、中小微企业主成为个人贵宾客户、私人银行客户。做好对公贷款业务与个人住房贷款、个人商用房贷款、消费贷款、个人经营性贷款等业务的联动。一手抓提质。在全行范围内举办以提升服务协作营销为导向的柜员转介流程与技巧、低柜、个人客户经理的存量客户开发实战技能培训、高柜、大堂经理的流量客户开发实战技能等提升网点业务推动与管理技巧的网点软转型导入集中培训，推动乡镇网点 IBM 导入工作和重点网点 6S（整理 SEIRI、整顿 SEITON、清扫 SEISO、清洁 SEIKETSU、素养 SHITSUKE、安全 SAFETY）管理导入工作。制定存量客户升等实施方案，强化对存量贵宾客户的维护。坚持主动为：对客户经理访客和客户维护予以规范，该行审定各单位每月客户营销和维护走访方案，主动营销的氛围得到提升。开展贵宾活动积分兑换、

3 月 15 日，农行浏阳市支行开展保护金融消费者合法权益宣传活动
（图片来源：农行浏阳市支行综合管理部）

"金融知识万里行""移动宣传车"进乡村、"金融 IC 卡进社区"等主题活动。（综合管理部）

【内部管理】 一是强化制度执行，推动作风转变。建立起各项基础事务管理办法，做到事事有人管，事事有章依。明确部门和网点每周工作，纳入考核。建立起绩效考核委员会，明确各岗位职责，严格考核责任，加大对弄虚作假单位一把手的责任追究，调整考核不合理政策，建立起绩效沟通和辅导机制。对全行员工实施上下班、会议考勤，对客户经理访客、客户维护、例会等予以规范。二是开展达标创建，提高运营质量。通过监管经理下网点进行现场监管检查，对网点存在问题加强跟踪辅导，切实将"三化三铁"创建活动作为推动日常经营活动的契机和突破口。对柜面业务操作进行全面梳理，优化操作流程的管理，定期总结，常抓不懈。密切防控重点时段、重点环节、重点业务等重点领域的风险管控，开展对管理薄弱网点、重点业务和关键环节进行重点监控，提高监管效率，全年未发生任何运营安全责任事故。三是强化安全履责，提高案防水平。以创建安全保卫"三化三达标"工作为主要突破口，不断强化安全教育和培训，增加安防检查频率，狠抓责任追究和整改，全行物防技防水平得到明显提高，顺利开通 110 联网报警系统。在省分行"三化三达标"验收检查中，该行金库和 13 个营业网点全部达标，其中 4 个网点达到优秀级，全年无责任性安全事故。四是加强贷后管理，严防信用风险。出台贷后管理考核方案，对贷后管理进行严格考核，开展贷后管理规定执行情况的检查，加大责任追究力度。围绕了解自己的客户，有效建立政府、行业和社会信息渠道，强化客户信誉、经营情况、参与民间借贷和现金流等管理，贷后管理水平得到提升。（综合管理部）

【合规建设】 一是统一思想，提高认识。成立支行和网点班子一把手为组长的合规文化建设领导小组，制定规划和实施意见，召开两次全行员工会议，认真分析当前内控案防的严峻形势，号召全行员工将依法合规经营和内控案防摆在最为重要和突出的位置。二是大力宣传，增强意识。开设合规微信平台、《方圆》专刊、宣传栏等，每周开设合规讲堂，进行法律、制度和案例宣讲，开展合规征文、演讲比赛，切实增强依法合规的意识。三是查摆风险，惩处违规。四是明确责任，强化管理。实行员工行为风险事件的一票否决制度，对员工行为排查或其他形式未报告的，单位发生触犯"四十个严禁"员工行为风险事件，单位负责人免职。凡是各类检查发现员工行为问题的，一律按照《员工违反规章制度处理办法》《严格禁止员工行为的若干规定》进行处罚，各业务部门和纪检监察主管部门弄虚作假、隐瞒事实的，给予严惩。对给予记过以上纪律处分的，先待岗学习，并调动工作岗位，对警告以上纪律处分的，如果再查再犯，先待岗学习，并调动工作岗位。（综合管理部）

【企业文化】 一是提升员工队伍素质。搭建网点班子，强化管理力量，明确各负责人管理职责。强化团委职能作用，加强青年员工队伍的培训与锻炼，加快青年员工的素质提升和职业成长。举行各类培训，提升各条线岗位人员的专业素质。鼓励员工参加各种国家职业认证资格考试和执业资格考试等措施，促进员工素质的提高，实现企业与员工的同发展、共成长。对先进单位和先进个人进行评选与表彰。二是构建和谐"五小"之家。年内完成八个乡镇网点"五小"职工之家建设，配备生活设备设施，全力为基层员工打造宜居环境。解决员工合理要求，对城区网点中餐、网点零星维修、岗位人员配备不足等问题迅速拿出方案并加以落实。加强与基层交流。班子成员参加网点晨夕会、例会、讨论会、谈心、家访等，增进对员工及网点了解。开展慰问困难员工和孤寡老人活动。三是活动多彩凝心聚力。该行积极履行社会职责，先后开展到古港敬老院学雷锋活动、"3·15"消费者权益日宣传活动、浏阳市反对非法集资宣传活动、反假币宣传活动等。行内开展"三基本"知识抢答赛、妇女节趣味运动会、五四青年节演讲比赛、健康知识讲座等一系列文体活动和业务比武竞赛活动。（综合管理部）

中国建设银行股份有限公司浏阳支行

中国建设银行股份有限公司浏阳支行

党支部书记、行长　张朝晖
副行长　陈琼良（女）
　　　　邹　鸣
营业主管　刘　群（女）
经开区支行行长　暨淑丰（女）

【概况】 截至 12 月底，该行全口径存款（含经开区）26.13 亿元，比年初新增 26552 万元，各项贷款余额 20.9 亿元，比年初新增 23823 万元。实现账面利润 10276 万元。3 月，国家级浏阳经济技术开发区管委会授予该行 2013 年度金融服务奖。（朱志宏）

【文明创建工作】 打造年轻团队，争创文明先锋：2014 年，该行有员工 52 人，下辖四个网点（含经开区支行），员工年龄在 40 岁以下的有 39 人（其中 30 岁以下 12 人），40—47 岁有 13 人，领导班子平均年龄 40 岁。该行着力打造一支年轻、有活力的团队，争创"一流服务质量、一流管理水平、一流人才队伍、一流工作业绩"，将文明创建融入每一项工作之中，内容涉及思想道德教育、业务营销能力、责任心建设以及提高执行力等方面。推进学习型团队建设，打造年轻团队竞争力：该行在开展文明创建活动中，坚持教育先行，着眼于勤练内功、深挖潜力，强化员工整体素质的提升，努力打造优质的青年队伍。该行以星沙支行开展的案防教育为契机，加强全员行为规范学习；通过晨会、例会等形式，对全员相关业务知识进行培训和督导；

对日常工作进行细节分析，有效增强员工责任心，提高执行力；以岗位大练兵、竞赛评比和轮岗锻炼为契机，培养专业人才，委派营业主管每周组织开展业务知识学习和考试，营造良好的学习氛围。

（朱志宏）

【构建常态化营销体系】 该行一直服务于国家级经开区长沙国家生物产业园基地、浏阳市政府、花炮行业排头企业等一系列优质客户。1994年-1996年期间为319国道浏阳至永安改造工程发放固定资产贷款6870万元，及时有效地解决当时浏阳市政府集全市之力修通浏阳至长沙的快速公路的资金困难。2009年为长沙生物产业基地东园二期发放贷款1.2亿元，使园区成功引进蓝思科技、介面光电等优势企业，2012年向园区南园二期投入贷款4亿元，支持基础建设。2013年该行加大对优质客户的营销，在审批通过浏阳南方水泥有限公司、湖南比一比贸易有限责任公司的基础上，抓住国家推行城镇化建设、新农村建设的机遇，重点营销并储备浏阳市鑫农发展有限公司的新农村建设项目、浏阳市水利建设投资有限公司的安居工程和大瑶镇瑶和城镇建设投资有限公司的小城镇建设项目，成功发放浏阳市水利建设投资有限公司2亿元贷款，礼花城9000万元贷款。在文明创建工作中注重特色，提高服务质量，促进业务的常态化营销发展。多年来，该行一直秉承特色优质服务“三项法宝”，将服务与理念融合，点点落实，经久不衰。一是情感服务：通过无微不至的服务来融洽客户的关系，成为营销的纽带。二是勤走访客户：对存量客户进行定期走访，加深联系，留住客户；对潜在客户多沟通，用细致、温情、体贴让新客户感受建行的温暖。三是信息服务：该行建立信息反馈体制，采取树立典型和突出贡献并重的激励考核体制，对提供优质信息的员工给予表扬和奖励，并纳入年度考核中，提高员工的营销意识。

（朱志宏）

【内部管理】 该行加强内部管理，不断完善内部规章制度，积极开展企业文化建设，塑造良好的企业形象。在总行、省行规章制度基础上，制定并落实岗位责任制，使操作有章可循，并积极学习模范网点的先进经验。为提高该行内控管理水平，完善内控检查工作，加强案件防控工作，进一步提高制度执行力、风险防范能力，促进各项业务持续健康发展，每年制定检查计划。通过柜员间互查，网点主任、业务主管自查，支行营业主管、行长组织检查的检查方式，发现问题，解决问题，逐步降低问题发生率，提高问题整改率，加强案件防控工作，进一步提高制度执行力、风险防范能力，全面提升该行会计基础管理和内控管理水平。加强贷款管理，对贷前、贷中、贷后管理落实到位，严把资产质量关，确保贷后管理工作扎实推进。

（朱志宏）

中国银行股份有限公司浏阳支行

中国银行股份有限公司浏阳支行

行　长　　易广志

副行长　　胡　斌　　李　清

【概况】 2014年，中国银行浏阳支行各项存款余额33.76亿元，其中人民币存款32.54亿元，比年初增长5.06亿元；人民币贷款27.6亿元，比年初增长4.14亿元。实现业务净收入18100万元，净利润9402万元。该行现有员工96人，内设综合管理部、公司金融部及个人金融部3个部门，下辖营业部、经济技术开发区支行、劳动路支行、礼花路支行及大瑶支行5个营业网点。年末，该行取得系统内绩效考核成绩排名全省第二，同组排名第一。

（综合管理部）

【业务发展】 2014年，支行紧盯核心客户，加强政府重点项目跟进，创新出口双保理、跨境人民币结算、供应链融资、出口通汇达等一系列产品黏牢客户，建立出国金融中心，拓展个人外汇市场，大力开展农村金融，拓展农村市场，加强自助银行与渠道建设，有效地促进基础客户的增长与市场份额的提升。年末，个人有效客户总数新增6523户，公司有效客户新增79户。

（综合管理部）

【推进网点转型升级】 2014年，支行积极贯彻省分行“机构达标年”工作精神，以“三个达标”为着力点，找准目标，夯实基础。截至年末，经开区支行上升为大型全功能网点，劳动路支行提前晋级为中型全功能网点，礼花路与大瑶支行晋升为潜力销售型网点。加强机制建设，引导升级达标工作：召开动员会、各层面的专题会，传达“三个达标”工作精神，强化全行员工对“三个达标”的理解。出台产品下沉方案、新产品推动方案、弱势产品达标方案，制定“一行一策”实

全行员工参加个金业务知识考试　　（图片来源：中行浏阳支行）

施办法，从存款、客户、产品等维度分析情况，确定业务发展方向与重点。以产品销售为突破口，推进业务结构达标：制定33项公司金融业务指标和36项个金重点产品计划，分板块制定网点业务结构达标实施方案、重点业务下沉“进程图”和“责任表”。同时设置专职产品经理，开展对口帮扶活动，加大对员工的业务培训力度，提高员工营销能力与技巧。提升服务树标杆，网点综合服务能力得到提高：持续推进“销售流程导入”，现场观摩省行营业部创全国百佳的先进经验，邀请省行营业部专家进行礼仪培训，突出服务主题。开展经常性的现场检查与非现场检查；运用微信及时点评。历时两个多月，成功打造经开区支行成为湖南省银行业协会“文明优质服务百佳示范网点”、湖南省分行“文明优质服务十佳示范网点”；营业部成为湖南省分行“文明优质服务百佳示范网点”。

（综合管理部）

【风险内控管理】 2014年，该行贷款不良率为0.17%，其中公司贷款不良为零，个人贷款不良为93万元。理性选择客户，严把准入关：深入研究不同行业和类型客户的运行模式和经营特点，把握客户和业务的实质风险。尽量不介入重化工业、手工制造业、家庭作坊式的传统行业，从源头控制风险。强化过程管控，严格资产质量：严格按照省行导向，结合市场分析，通过结算衡量客户，加强授信资产质量监控，做实过程监控，掌握经营状况，做到心中有数。优化结构调整，防范市场风险：加强市场拓展，将发展重心转移至经济园区新兴产业、城区民生民利行业、基础设施项目、现代交通物流业等发展潜力较好或经营稳健、持续长久的行业。压缩并退出发展潜力小、市场前景不看好、受政策因素影响面较大的行业与产业，将贷款资源向电子信息、生物制药、机械制造、医院学校、交通运输、物流配套等基础设施行业转移。

（综合管理部）

中国农业发展银行浏阳市支行

中国农业发展银行浏阳市支行

行　长　谭蜀湘

副行长　袁水清（女）

【概况】 2014年，中国农业发展银行浏阳市支行有在编正式员工19人，实际在岗18人，1人内退。该行贯彻落实年初省分行行长会议精神，坚定“一个目标”，着力“两个抓手”，力争“三个突破”，围绕工作重点，突出理性发展，努力提高该行信贷资产质量。截至11月末，有贷款客户8家，全部为正常类贷款企业，其中政府投融资类客户4家，粮油类客户3家，挂账类客户1家，另外正在营销的客户2家；各项贷款余额为113431万元，比年初减少23750万元，下降18%；各项存款余额为24136万元，比年初降低17375万元，下降42%；日均存款余额30996万元，比年初减少13561万元，下降30.4%；中间业务收入26.49万元；不良贷款连续7年余额为零；贷款收息率为94.45%，实现账面利润3064万元，比上年同期减少1069万元。

（刘　任）

【信贷管理】 约期还款按期收回。2011年发放的7.5亿两个项目贷款于2014年进入约期还贷期，截至11月底，累计按约收回项目贷款25250万元，占全年还贷任务的85%。同时，该月约期还款资金3500万元提前到位。定期存款不外流。2011年，支行协调政府部门，营销社保基金等定期存款11000万元，2014年3月存单到期，未续存定期，该行积极协调，在市政府、财政局支持下，顺利续存定期。不良贷款零余额。浏阳市政府融资平台客户（浏阳农业发展有限公司、浏阳市土地储备中心、浏阳现代制造产业建设投资开发有限公司、浏阳市城市建设集团有限公司）整体实力较强，约期还款风险可控。按商业性贷款客户管理的两家民营企业（湖南省湘晖农业技术开发有限公司、湖南浏阳河饲料有限公司），是风险防控的重点，该行认真研究客户的经营规律，一企一策制定监控方案。一是抓信贷资金使用，用途必须与客户日常经营相关，非信贷资金视同信贷资金严格审批；抓销售货款回笼，客户销售合同必须指定农发行账户为唯一结算户，除零星现金交易外的货款必须按规定全额归行。二是适度增信，在抵押充足的前提下，计划灵活运用担保方式，把优质的应收账款、股权等纳入担保，确保第二还款来源充足。通过一系列风险防控措施，力求客户风险早化解，贷款收回有保障，保住该行近7年不良贷款余额为零。

（刘　任）

【内部管理】 该行深入开展合规文化教育，强化支行基础管理；全年召开会议7次，部署打假治贪、信贷、财会基础管理自查和营业部“十查十看”工作，按照岗位自查、业务主管复查、分管行长复核和行长审查四道程序，层层落实责任，防范各类风险，累计发现信贷管理中存在的问题25个，整改15个，财务会计问题9个，整改8个。

（刘　任）

【项目营销】 一是大力宣传农发行项目贷款产品政策性强、融资成本低的优势，积极与当地政府沟通协调，争取政府将该行作为农业政策性项目融资的主要合作行；二是加强与项目客户的营销与服务，督促客户组建专门团队和农发行对接，加快项目贷款的推进力度；三是积极协调上级行相关部门，争取在贷款受理调查、审查和计划安排的大力支持。2014年，该行向浏阳市城建集团发放水利建设贷款5000万元用于该市浏阳河浦梓港段防洪工程项目。同时向上级行申报兼具小城镇开发和水利建设性质的浏阳制造产业基地桂花湖及株陵河综合治理3亿元贷款项目，获省分行正式调查。

（刘　任）

【企业文化建设】 大力弘扬“尽职、务实、创新、自强”的农发行精神；“以班子建设、执行力建设、责任心培养”为核心，开展群众路线教育活动，全面推进队伍建设和作风建设；上半年，该行申报营业办公用房更新改造项目，成立维修改造监管领导小组，按照农发行新的窗口形象建设标准，完成新营业间装修改造工程；定期开展送温暖活动，走访慰问困难职工和离退休干部，不断提升员工满意度，创造和谐工作氛围，聚集人气，形成合力。

（刘 任）

长沙银行股份有限公司浏阳支行

长沙银行股份有限公司浏阳支行

行　长　李建英（女）

副行长　彭　洁（女）

　　　　黄志斌

【概况】 2014年，长沙银行股份有限公司浏阳支行内设综合管理部、运营部、市场营销部、风险管理部、零售业务部、安全保卫部，下辖4家一级支行，3家人工社区支行，有员工116人，平均年龄28岁。截至年底，存款时点数达到61.55亿元，其中储蓄存款18.1亿元，存款时点数比年初增加9.26亿元，储蓄存款增长3.2亿元。存款时期数52.57亿元，时期数比年初增加10.33亿元，储蓄存款时期数14.34亿元，比年初增长3.12亿元。各项存款指标全面完成年度目标，表内贷款余额为30.51亿元，比年初增长5.86亿元，银票7.22亿元，比年初增加2.6亿元，委托贷款及信托授信余额9.3亿元，比年初增加1.6亿元，实现净利润1.68亿元。全年实现国际结算1.5亿美元，零售业务各项指标得到较好完成，结算业务零差率在总行规定范围内，安全保卫无事故。

（综合管理部）

【网点布局】 该行网点设置紧跟浏阳“一线三城”的城市布局，对下辖四个网点实行各有侧重的业务全功能设置，营销阵地前移到网点，实行扁平化管理，业绩与收入、发展与费用紧密挂钩，每个网点特色突出，形成互相学习、互相促进的局面。支行营业部以做好以花炮及相关产业为主体经济的老客户关系维护，开发城区信誉良好、实力雄厚、拥有优质抵押资产的高端客户为目标，截至年底，存款额达15.42亿元，其中储蓄额8.31亿元。联城支行主要为政务结算及公务员提供服务，存款额达35.76亿元，其中储蓄额4.33亿元；永安支行服务以浏阳国家级经济开发区为代表的浏阳大北区，存款额达7.0亿元，其中储蓄额3.5亿元；花炮支行以花炮为中心，辐射造纸、印刷、化工材料、花炮机械等行业。截至2014年年底，花炮支行存款时点数为3.35亿元，时期数为2.58亿元。以大瑶花炮支行作为行业专营机构，全年新增花炮专营贷款2.9亿元，占2014年新增授信的49.9%；2014年该行在银行网点缺失的城区老居民区，设立马鞍山社区银行、邮电路社区银行，派客户经理驻点营销，为即将开业的集里支行积累客户资源；在金刚镇、古港镇设立人工社区银行，在柏加镇设立柏加支行，2015年将正式营业。

（综合管理部）

【网点转型】 该行借助“网点转型”手段，实现“交易核算型”向“营销服务型”转变，服务质量得到显著改善，客户满意度明显提升，零售营销效果明显。2014年，该行加强VIP客户的维护，对支行VIP客户进行全面清理及分类，个人存款达10万元（含）以上的客户均有专人维护，并开展积分送礼等专项活动，稳定客户。零售业务营销实现月兑现制，充分调动员工积极性、开展覆盖城区及乡镇社区的大范围社区营销活动，拓展基础客户群体。（一）创新载体，全力练好“服务内功”。2014年，该行对营业部进行升级改造，为客户营造优美的服务环境，赢得客户和社会好评。积极探索打造销售型服务网点，提倡“快乐服务，主动服务”，要求网点所有人员认识客户，了解客户。（二）夯实重点，倾力创建“精品网点”。该行充分发挥网点资源优势，积极创新营销策略，最大限度地满足客户需求，守好网点主阵地；将客户分层精细化，利用现有数据平台，做到对现有存量客户和新增客户进行严格的区分和跟踪评估，确保分层工作扎实有效；杜绝“重营销、轻服务”或“只营销、不服务”的片面效益观以及“只注重产品营销、不考虑客户实际需求和实际应用”的短视做法。（三）寓教于乐，充分挖掘“服务潜能”。该行充分利用党、团、工会等组织，开展系列主题活动，把商业银行的经营理论、服务技能等融合到各项活动中去。全年先后开展“服务在我心”征文比赛、网点间技能大比拼、“干事、担当、简单”演讲比赛、大围山素质拓展、金融IC卡暨零售业务知识抢答赛等活动，观看教育影片《周恩来的四个昼夜》及《南平红荔》，增强为客户服务的意识和本领。同时，该行实行民主管理和决策，广泛听取和吸纳员工的意见和建议，最大限度地调动全体员工的积极性、主动性，为企业的经营和发展服务。

（综合管理部）

【风险管理】 该行完善机制、优化流程、强化防控，切实提升全面风险管理水平和内控防范能力，连续12年取得收贷100%的好成绩。（一）全面开展风险排查。主要针对风险度较高的房地产企业贷款和花炮行业的贷款。2014年，该行成立专门调研小组，对花炮行业客户进行多次有针对性的风险排查。客户经理作为主导逐户上门调查经营情况，对可能出现风险的客户进行全行统一管理，及时发现问题、解决问题。支行行长参加500万元以上的大额贷款风险排查；信贷主管副行长及风险管理部总经理带队进行贷后现场检查；严格执行每周主管副行长及风险管理部总经理组织召开客户经理例会对贷款风险进行风险排查及报备。（二）加强贷后管理工作。风险管理部承担贷款审批及出账的工作职责，逐步建立分、支行的风险管理制度，健全支行的贷款审批流程，重新梳理并确立支行的贷审会制度完善风险管理部内部体制，每月初对各网点即将到期的贷款进行提示，责任到人，并督促、跟进客户经理的收贷工作。（三）新增贷款的把关。落实“三查”和“一户一策”制度，加大问责力度。逐户制定名单制管理客户的处置预案，内容包括债务关联人基本情况、不良贷款情况、抵押担保情况、估值定价结论、处置预案和客户管理主体等。（四）调整贷款方式。对公贷款方面，该行有选择性地压缩非优质客户授信额度及期限，将部分客户的到期还本按月付息转换成按季还本息的形式。严格审批质押贷款，评估价值做到真实有效，降低抵押率，逐步减少存货型动产质押贷款，实现信贷结构优化转型。

（综合管理部）

【团队建设】 该行以“民主、和谐、团结、快乐”作为支行队伍建设的主旋律，不断提高支行队伍素质，保障支行各项业务持续、稳定发展。团队建设：该行大胆使用、提拔一批年轻、业务素质强的中层干部，做到“知人善用”；支行管理人员和员工之间实现“沟通无界限”；确立“传、帮、带”的工作模式，融入集体文化；形成合理的人才梯队和人才内部输送机制，满足支行日益壮大的业务需求。考核激励：该行秉承“公开、公平、透明”的原则，根据总行任务，由支行部门主管研究制定详细的考核激励办法，向员工公开，鼓励不同条线员工的联动营销，并按月兑现奖励，调动员工营销的积极性，发现营销能手。企业文化：该行本着“快乐工作”“快乐生活”的企业文化理念，为员工提供完善的休息娱乐设施，开展各种活动，拓展训练、野炊、骑行、全民运动会等，增进员工之间的默契和凝聚力，加强员工与客户之间的互动和沟通。该行各网点均配有员工休息室、专用员工食堂以及供员工休息放松的职工之家。

（综合管理部）

湖南浏阳农村商业银行股份有限公司

湖南浏阳农村商业银行股份有限公司

董事长　罗成林
行　长　李寿树
监事长　刘毅敏
副行长　胡琦文　谭继友

【概况】 2014年，湖南浏阳农村商业银行股份有限公司（简称浏阳农村商业银行）有在编员工615人，机关设人力资源部、会计财务部等12个部室，下辖1个营业部，22家支行，55个分理处，网点遍布浏阳全市各乡镇。该行贯彻质量效益核心办行理念，坚定“立足县域，服务三农”的市场定位和“小额分散、稳健经营”的经营定位；力推小额农贷、小额商贷、小微企业贷款“三大授信”，着力从机制、产品、服务创新等作为增强企业竞争发展能力的战略举措，实现业务经营稳健持续发展，促进经济金融双活双赢。截至12月末，全行各项存款173.18亿元，比年初净增22.94亿元，增幅15.27%；各项贷款130.52亿元，比年初增加18.96亿元，增幅17%；不良贷款7953.56万元，占比0.61%，比年初下降0.24个百分点；实现总收入15.20亿元，实现经营利润8.8亿元；资本充足率24.75%，拨备覆盖率424.62%，拨贷比2.59%，杠杆率14.61%，银监会监管评级达到“2B”级，综合指标达到国内“好银行”标准。（朱良柏）

【服务“三农”】 2014年，该行以“服务群众支三农，推进城乡一体化”活动为载体，扎实开展“农村新型经营主体培植、产业转型升级、信用环境建设、金融服务创新”四项工程，全力打造强农惠民长效机制，倾力服务地方经济发展。扎实推进浏阳市“服务群众支三农，推进城乡一体化”专项活动，着力支农支小，加大有效投入，推动地方经济又好又快发展。一是涉农投入力度不断加大。全年累放各项贷款200.57亿元，同比多投放41.13亿元，其中累放涉农贷款132.05亿元，小微企业贷款28.72亿元，涉农、小微企业贷款余额分别为117.01亿元和24.22亿元，同比净增投放2226.34万元和818.26万元，增量、增速均高于上年，全面实现“两个不低于”的监管要求。二是金融普惠广度不断扩张。完善“政府主导、银行联动、村组推进、农户参与”小额农贷评级授信机制，把金融服务产品、惠民金融政策传递到千家万户，共对全市29.13万户农户开展评级授信，发放贷款证21.05万本，在线贷款客户长期保持10万户以上。三是信用文化建设不断深入。扎实推进专项活动“五个一”金融宣传，全市各村均明确一名服务群众的客户经理、设立一个金融宣传栏、讲解一堂金融知识课、培育一批金融知识宣传员，全面普及金融知识，传播信用文化。全市各村（社区）布放金融知识宣传栏220个，讲授金融知识课217堂，通过乡镇村主导，农商行配合，全年全市新创建信用村（社区）27个。（朱良柏）

【支持“重点”扶持】 适应市域经济发展新常态，策应市委市政府发展布局，加大对重点产业、重点企业和重点项目扶持力度，做到因地制宜，以点带面。一是支持产业转型升级。累放贷款90多亿元，重点支持花炮、花木、生猪养殖等市域主产业转型升级，择优扶持了百宜饲料、清泉养殖、星期绿等13家农业产业化龙头企业，为20家家庭农场、354家农民专业合作社、25个“公司+农户”型产业提供资金支持，有力推动新型农村经营主体发展。二是支持项目提质增效。积极支持城市基础设施建设、市属重点工程建设，累放贷款9.23亿元，重点支持政府对工业新城、两型产业园、生物医药园、制造产业基地、再生纸产业基地、环保科技示范园及长兴湖水库项目等市属重点工程投入，进一步凸显该行“地方银行”定位。三是支持城乡一体发展。向大瑶、永安城建投资开发公司分别贷款3000万元和3500万元，累放各项贷款2.7亿元，积极支持长沙市属重点小城镇建设及大围山、文家市、金刚、澄潭江、北盛等浏阳市属特色城镇建设，努力助推城乡一体化进程。（朱良柏）

【服务创新】 以客户为中心，以市场为导向，积极推进产品创新，着力满足“三农”服务需求。一是焕发传统产品活力。做实农屋抵押贷款、规模农户、商户、中小企业联保贷款等传统业务。加强与各职能部门合作对接，推进促进就业小额担保贷款、困难党员贴息贷款、城镇开发保证担保贷款，进一步满足融资需求。探索“行业协会＋企业”联保贷款模式，破解企业抵押担保难题，发放引线协会跨支行联保贷款2000万元。二是打造福祥“三卡”品牌。全面推广福祥便民卡、福农一卡通、福农卡“三卡”品牌，满足“融资周期短、使用频率高、资金周转快”的客户便捷融资需求，实现贷款“直通车”服务。截至12月末，共发行福祥“三卡”47499张，授信余额47.22亿元，卡用信28.01亿元。三是推广现代金融服务。大力发展电话银行、网上银行、手机银行、福祥缴费通等“三行一通”业务，累计营销手机银行31640户，个人及企业网银开户16561户，全行电子银行业务替代率33.69%，全面推动现代金融产品进村入户。（朱良柏）

【服务提升】 优化贷款流程：进一步放宽基层贷款授信审批权限，基层综合授信审批最大权限由30万元上调至60万元，客户60万元以内贷款最快可一日办结，全面兑现“授信贷款、随到随贷”，有效节约客户贷款时间。推进客户让利：收费标准在全行78个网点对外公示，取消收费项目7个，降低收费标准4项，坚持“四免”（免费办理抵押物评估、免费办理咨询评定、免费办理代收代付业务、免费办理征信查询）优惠举措，每年可为客户节约融资成本600多万元。健全服务渠道：新增自助设备64台，总量已达158台，新设人民路、新月半岛等5个离行式自助银行，布放便民支付终端126台，基本实现基础金融服务“村村通”，全面创优客户体验环境。创优便民服务：主动对接，加强服务，代理新型农村合作医疗、城乡居民基本养老保险、国库集中支付、代发民政低保资金等“民生民心”业务140多项，年均业务处理360万笔以上，获准首批发行社保IC卡，力推各项政策性代理业务“一卡通”。完成总部金融服务中心建设，开办24小时自助保管箱业务，试点发行湖南高速ETC卡，金融服务功能不断完善，便民服务水平有效提升。（朱良柏）

中国邮政储蓄银行浏阳市支行

中国邮政储蓄银行浏阳市支行

党支部书记、行　长　蒋　志

副行长　李　娴（女）

梁桂钢

【概况】 中国邮政储蓄银行浏阳市支行致力地方经济发展和小企业金融服务。2014年，该行内设综合管理部、公司业务部、三农金融部，下辖4个自营营业网点和33个邮政代理网点，全行在职人员86人。员工刘振华代表邮政储蓄银行湖南省分行参加总行评比，被评为“明星大堂经理”。浏阳支行营业部成功被银监委评为“千佳网点”及被总行评为“五行网点”。加强企业文化建设，开展“开门红”“主人杯”等邮储竞赛活动，营造“比、学、赶、超”工作氛围。（郑　娇）

【业务发展】 全年该行外抓市场发展，内抓市场管理，各项任务均取得可喜的成绩。负债业务：截至12月31日，该行个人存款余额达51403万元，年累计净增3493万元，支行四个网点点均净增额为875万元；活期比重为55%，公司存款月日均余额年净增7251万元。资产业务：总贷款结存141899万元，其中个人贷款余额为120662万元，小企业法人贷款余额21237万元。2014年，信贷条线深入落实“深入市场、深挖产品”八个字，该行小贷团队走访各行业协会，成功拿下农房抵押、家具材料协会、家庭农场法人林权抵押等项目，并使每个项目开花结果，小贷贷款发放金额、贷款结余金额居全省县（市）支行第一位。坚持依法管贷，规范信贷运作机制，严把信贷风险防范关。截至12月31日，该行不良贷款余额为83.69万元，资产不良率为0.05%。金融产品：金融产品营销持续发展，银行卡、电子银行等新兴业务发展态势良好。（郑　娇）

【内控合规管理】 根据上级行制定的年度内控合规工作目标，结合“合规大行动”开展，该行从培育合规文化，提高合规意识入手，将合规文化建设融入日常的业务工作中。牢固树立“业务越是发展，内控越是要加强”的理念，围绕中心，服务大局，积极探索、大力开展内控合规管理工作，有力促进全行管理水平和风险防范能力的进一步提升。一是切实加强内控合规文化建设。2014年，该行先后组织全行员工认真学习规章制度，要求每位员工写出心得体会，进一步增强依法经营、合规操作的意识。二是严格惩处违规行为，该行对各业务条线自律监管、审计部门检查中发现的问题，除及时整改外，对相关责任人分别给予积分、经济处罚和行政处罚。三是认真组织开展反洗钱工作。全行严格按照人民银行、上级行规定，进一步完善反洗钱工作机制，认真做好反洗钱信息监测、客户身份识别、大额和可疑交易报告等工作，提高反洗钱数据的报送质量。（郑　娇）

中信银行股份有限公司长沙浏阳支行

中信银行股份有限公司浏阳支行

行　长　曾　钊（女）

行长助理　易　辉　文　峰

【概况】 2014年，中信银行浏阳支行秉承“承诺于中，至任与信”的经营理念，以创新型的服务意识为社会提供多种、全方位的金融服务支持，实现各项业务又好又快地发展。截至12月31日，该行有在编员工32人、4名实习生在行跟班学习；该行个人储蓄存款日均达56876万元；个人储蓄存款时点达51962万元；个人客户比上年度增长6000余户；全行5万元以上金卡客户数达1356户；全年发放个人贷款525笔，金额3.7亿元，个人贷款余额达6.68亿元；新增浏阳市鸿宇城、水岸山城、鼎丰建材城3个楼盘项目按揭，共授信8.8亿元。 （熊飞平）

【渠道建设】 年初，该行围绕年度经营计划，突出工作重点，制定零售业务四大渠道、公司业务三大渠道的建设目标，由各业务条线人员承担渠道建设负责人，向支行递交渠道建设目标责任书。支行按月对渠道建设进展逐项进行量化考评，确保渠道建设落实到位。零售业务方面：截至12月31日，该行通过保险销售渠道建设，完成保险期缴销售971万元；通过理财渠道建设，新增理财销售4.42亿元；在中信银行总行开展的贵金属销售竞赛活动中，该行唯一获得总行双奖。公司业务三大渠道：机构平台业务渠道。2013年，该行与浏阳市人民政府签订银政战略合作协议，与浏阳市城市建设集团有限公司签订银企战略合作协议，在对浏阳市城市建设集团有限公司提供5亿元项目授信支持的基础上，进一步加强与平台的对接和合作，取得一系列实质性成果。2014年，其中已放款的有浏阳鼎盛投资有限公司的1亿元项目贷款、浏阳大围山旅游投资开发有限公司3000万元项目贷款、浏阳经开区水务有限公司2亿元固定资产贷款、浏阳市广宇高科技农业有限公司1亿元项目贷款。积极进军现代服务业，重点对接医疗卫生机构，努力打造银医合作标杆。该行与浏阳市妇幼保健院的银医卡合作项目基本完成，银医自助机具基本到位，上门收款、工资代发成功实现，授信业务已成功放款。主动走访重点机构客户，加强与政府部门的交流和沟通，积极挖掘潜在资源和开展业务宣传，针对非税、社保、物业维修基金等机构的营销工作均在有序展开。保证金业务渠道。实现一般授信客户浏阳市凯达车友汽车销售服务有限公司、浏阳市宝升塑业有限公司的全额保证金纸质银票开立；办理浏阳市自来水公司全额保证金电子票据业务，该笔业务为支行首笔电子票据业务；对浏阳市汽车行业进行摸底调查，为来年突破汽车金融业务奠定基础。国际业务渠道。一是对在该行开户并有国际业务发生的客户湖南省荣峰进出口贸易有限公司、浏阳市海霸烟花贸易有限公司、浏阳市中宇烟花贸易有限公司、浏阳市果园美丹烟花有限公司、浏阳市千惠烟花进出口有限公司、浏阳市宏远精工机械科技有限公司每月进行走访，支行国际业务收付费量比年初增长60%；二是邀请分行国际业务部专业人士到该行授课，加强部门员工对国际业务知识的理解；三是加强与人民银行外汇股的联系，获取国际业务潜在目标客户名单。 （熊飞平）

【风险防控】 面对花炮企业风险带来的欠息逾期，该行对花炮联保业务的客户按支持、维持、退出、潜在风险明确分类，一户一策，明确对应其处置方案（正常、暂摆、压缩、代偿和退出），进行全面清理和整合；采取包括约见面谈、整组开会、上门拜访等多种方式和企业对接，主动引导客户，加强风险提示。对不配合的客户加大法律诉讼的力度。通过整合，该行全年压缩花炮企业贷款金额2959万元，户数21家；运用展期处理客户5组25户，金额8690万元；借新还旧客户6家，金额2400万元。使用小企业标准抵押贷产品成功解链1家企业。 （熊飞平）

【网点建设】 年初，该行对网点进行扩建和重新装修，新装修的网点由原来的1000平方米扩大至1400多平方米，各项功能和配套设施有显著提升。全年新建三个自助银行网点，分别为碧桂园自助行、天马路自助行和浏阳市妇幼保健院大堂自助行。 （熊飞平）

【会计核算】 2014年，该行业务量逐步增加，月均业务量在长沙分行排名前五，差错率为万分之五；每月银企对账工作达到95%以上。

（熊飞平）

【优质服务】 注重对员工服务意识的培养，建立严格的奖惩制度，在晨夕会上以情景演练的方式对员工进行培训交流。将人性化服务、亲情化服务融入服务工作中，践行银行“用心服务每一天”的理念，服务质量取得明显提升。

（熊飞平）

【企业文化建设】 2014年，该行新组建羽毛球俱乐部、健身俱乐部2个工会活动俱乐部，定期开展各种健身活动，提升员工的归属感和幸福感。 （熊飞平）

华融湘江银行股份有限公司浏阳支行

华融湘江银行股份有限公司浏阳支行

行　　长　　王宇林
行长助理　　黄艳君（女）
　　　　　　罗娟娟（女）

【概况】 2014年，华融湘江银行浏阳支行围绕年初工作目标，抢抓机遇，做好行风建设、业务发展、风险管控、员工教育等工作，较好地完成全年各项工作任务。业务指标完成情况：截至12月31日，存款余额为6.94亿元，其中公司一般性存款4.87亿元，比年初新增0.93亿元；储蓄存款2.07亿元，比年初新增1.35万元；贷款余额9.26亿元，其中公司贷款余额7.82亿元，比年初新增2.97亿元，个贷余额1.44亿元，比年初新增1.17万　元。支行华融卡9981张，比年初新增6413张，网上银行2768户，比年初新增1860户。

（黄艳君）

【传统业务发展】 巩固传统业务，持续扩大经营效益。坚持公私联动，个贷捆绑营销，带动零售客户群建设，实现该行业务快速发展。支行对每个信贷公司户派专人专岗营销代发工资户，成立代发工资激活小组，组长牵头上门营销及激活工作，通过代发工资，2014年浏阳支行华融有效卡新增3500户，客户数达12000户。开立个人网银1500户，短信通3400户，带动支行各项小指标业务发展。全行储蓄日均、储蓄时点、贵宾客户等各项主要指标完成计划任务。个贷业务带动存款、带动零售业务发展，支行加强按揭楼盘的储备，截至12月，该行储备浏阳市优质楼盘6个。利用信贷资源，对信贷客户提出要求，对所有按揭贷款客户要求必须办卡、开网银、短信通，公务员、学校职工、医院职工必须申请公务卡；对个人经营性贷款客户，要求必须办卡、开网银、短信通、开单位户，并在该行结算，月日均流水达到贷款额度30%。带动VIP客户50个，销售理财产品1200万元，增加华融卡1000户。制定完善大额走款备案制度，加强与企业客户的联系，提供业务透明度，严防他行挖转，提高工作灵活性；通过与有关企业单位领导和财务人员进行充分协商，进行“合理结算”，减少经营支出，增加存款余额，大力开展贷款营销。

（黄艳君）

【产品营销组织】 健全产品营销机制，完善营销组织体系。投入广告，对华融湘江银行进行宣传，加强社区营销，增强品牌效应，奠定基础客户群体。在长浏高速开通之前，该行在交通要道上竖起立柱广告；在浏阳10个高档社区投放闸道广告；在《浏阳日报》理财周刊发布该行理财信息，拉动理财新增客户。支行平均每月举行2次阵地营销活动，多次发起理财进社区活动，由零售主管行长带领上街发传单。通过阵地营销，支行新增理财客户30名，理财拉新3000万元。建立操作性强的零售营销方案，全员推动，天天营销，跟进度，抓落实。抓全员营销，树立全员营销理念，形成“人人有任务、个个要营销”的格局；依靠支行员工全员推动，制定方案推动存款发展，完成指标任务。制定零售五大竞赛方案，对支行全体员工分配任务，措施到位，奖罚分明。根据支行业务实际，该行将客户分为重点客户和一般客户两大类，指定营销责任人，设计营销方案和营销办法。针对不同层级的客户，由行长、分管行长、室经理和客户经理按照不同的营销方法分别负责营销，为实现营销成效提供保障。加强营销队伍建设。完善考核办法，建立公平的营销奖励机制，明确“谁营销谁受益，谁多劳谁多得”的薪酬分配原则，激励全员参与营销，充激员工营销热情。

（黄艳君）

【新型业务拓展】 把握创新思路，发展新型业务。2012年至2014年，该行立足于未来发展的定位和目标，结合自身实际，紧紧围绕“以客户为中心，以市场为导向”的经营理念，对内丰富业务品种、完善服务机制，对外以品牌形象赢得客户，深入开展关联营销、捆绑营销、换位营销，积极根据客户的实际情况，向其提供立体化、深层次、一站式的综合金融服务，满足客户日益丰富、多元化的金融业务服务需求。以效益为中心，突出发展创新业务。积极营销，储备优质客户，并为其配以适合的信贷产品，为支行2015年两节旺季营销公司客户群建设提供保障。以小微为特色，积极推行模式化经营业务。2012年，该行被总行批准为分行小微特色支行，不断创新金融产品和服务，积极推行模式化经营，有效地拓展小微业务。采用小企业联保授信操作模式和种子基金+联合保证的方式，进一步推动该行小微业务发展。同时，通过担保公司担保的方式加大对小微企业的支持力度。小微业务得到快速发展，截至2015年3月31日，小微企业贷款96笔48155万元，其中花炮联保贷款24笔13700万元，建筑器材联保37笔8910万元，担保公司担保贷款5笔1945万元，抵押贷款8笔5650万元。

（黄艳君）

【运营队伍建设】 提倡文明优质服务，提升运营队伍整体素质。提倡文明优质服务，狠抓监督，确保运营安全。认真落实运营监督“三查”制度；严格考核，每周不定期调阅监控录像2次，及时发现柜员办理业务时不规范等行为，并纳入考核。深化员工培训，建立长效机制。2014年，该行不断强化干部员工金融经济理论、业务产品和市场营销知识等方面的学习、培训活动，在建立周四员工集中学习培训的基础上，有重点地强化员工整体素质的提高，让大家将学习的知识特别是业务产品知识得到充分应用。

（黄艳君）

交通银行股份有限公司长沙浏阳支行

交通银行股份有限公司长沙浏阳支行

行　长　汤捍东
副行长　熊　华　何曼曼（女）
　　　　郑　重

【概况】 2014年，交通银行长沙浏阳支行以创新转型推动业务持续健康发展为目标，积极转变观念，用市场思维紧扣经济利润和品牌建设两大重点，卓有成效地开展各项工作，较好地完成全年各项工作任务。支行2014年度综合绩效考核排名列本部第一，被湖南省分行授予“先进集体”“先进基层党组织”“学习型组织先进单位”“先进分工会”“五四红旗团组织”等荣誉称号。截至12月31日止，支行人民币存款余额102743万元，比年初新增41694万元，其中对公存款余额为72946万元，比年初净增27516万元；其中广义储蓄时点余额为29797万元，比年初新增14178万元。各项贷款余额70410万元，比年初新增31890万元。支行加快网点布局，新增3家自助银行，形成城区有9家自助银行，工业园有1家自助银行的格局。

（交行综合办）

【业务发展】 紧扣经济利润指标，向低成本负债要效益：成功实现国土网拍系统上线、自来水公司的代收代扣业务。与市财政局、市教育局签定“三方战略合作协议”，通过该行授信市高级中学8所，授信金额达2.81亿元。已提款学校6所，提款金额2.001亿元，实现教职工代发915户。通过总行资金池向浏阳市工业园投资公司和浏阳一中发放1.49亿，有效缓解授信客户资金压力。同时，积极推广速贷通等特色产品，扩大客户融资渠道，满足客户融资需求，在浏阳当地树立良好的品牌形象及口碑。拓宽经营思路，夯实客户基础群：率先在全省发行首张以城市命名的银行卡——浏阳城市主题卡，得到浏阳市委、市政府及各职能部门的高度重视和大力支持。与浏阳城区30多家知名特惠商户形成合作，丰富银行卡内涵，截至12月末，发行11000多张。支行抓好POS收单，为市民创造良好的用卡环境，并大力开展卡消费活动，使最红星期五的品牌一下吸引了年轻消费群体的眼球。10月，该行以行庆两周年为契机，推出“您刷卡 我买单”月月抽奖活动，得到社会各界好评。启动理财培训进学校公益活动。组织一支培训讲师队伍走进小学课堂，给学生们带来了生动的理财课程，深受老师和学生的喜爱。2014年已完成人民路小学四年级、五年级500多人次培训，通过制作积分卡、小小大堂经理厅堂实习等一系列后续跟进服务，大力推广儿童卡及普及银行知识，推进交行品牌建设。升级财富管理企业行活动。该行将财富管理企业行活动进行升级，细分为便民服务型、金融知识普及宣传型和零售中收带动型。通过分层次推进，使交行服务口碑逐渐深入人心。全年相继为40多个单位上门服务100多场次，走进社区、学校和重点单位开展“金融知识万里行”10多场，解答客户咨询2000多人次，发放各类宣传彩页和宣传手册上万份。（交行综合办）

中国光大银行股份有限公司长沙浏阳支行

中国光大银行股份有限公司长沙浏阳支行

行　长　　熊漫江
副行长　　晏　波
行长助理　黄　石

【概况】 2014年，该行贯彻落实分行各项工作计划，创新发展理念、经营策略、增长方式、营销措施，突出发展主题，实现新三年规划的良好开局。截至12月底，支行各项存款总额达5.1亿元，比年初新增4亿元，其中对公存款3.1亿元，比年初新增2.77亿元；对私存款2亿元，比年初新增1.23亿元；九项资产总额为2.7亿元，各项贷款余额为4.1亿元，其中对公1.1亿元，对公贷款表外余额为1.5亿元；贷款投放增速明显；全年投放个人贷款3.3亿元，比上年增长2.8亿元。成功投放经开区园区贷款1笔1.5亿元，物业维修基金、非税收入代缴系统成功开通对接。（陶　意）

招商银行股份有限公司浏阳支行

招商银行股份有限公司浏阳支行

行　长　姚中霖
副行长　谢　龙

【概况】 招商银行浏阳支行坐落在浏阳市车站东路21号鑫远名城一楼，于2014年1月21日正式营业，是进驻浏阳的第13家银行。支行下设行长室、公司银行部、零售银行部、个人信贷部和运营管理部，拥有1家小微支行和4个自助网点。按照总、分行年度工作会议精神，并结合浏阳市委、市政府的指导意见，招商银行浏阳支行以“立足市区，辐射园区”的发展战略创造性的开展业务。截至年末，支行各项存款达7.2亿元，其中对公存款突破6亿元，储蓄存款突破1亿元，面向浏阳辖内投放各项贷款合计约8亿元。（邱　妍）

【业务发展】 2013年12月16日，招商银行长沙浏阳支行试营业，截至2014年年底，该行经营情况良好。在进驻浏阳之前，该行已对浏阳市各辖区企业、单位给予近50亿元的授信。积极参与地方经济建设，该银行推出面向企业的“增值贷”“流量贷”和面向个人的“消费易”“周转易”“公积金贷款”等金融产品等一系列创新业务，还为年轻一代推出“一卡通”M+卡，全国首创卡面二维码查优惠，提供多款酷炫卡面设计及高效、便携、实惠的金融服务，立享转账取款免费特权。M+卡的理财智能化功能，帮助年轻一代制定灵活的储蓄理财计划，助力梦想加速实现。此外，该行率先推出企业手机银行，含全时账户管理、移动支付结算、移动投融资、全时电子商务和贴身金融助理五大业务板块，率先实现支付结算、内部转账、代发代扣、自助贷款、外汇买卖、商务卡和黄金交易等20余项业务的移动化处理和实时查询。该行还设有网贷易产品，企业可以随借随还、循环使用融资资金；融资期限最短1天，最长1年；网贷易实现网上自助无纸化提款、付款，通常1个工作日内贷款资金可到账，贷款使用情况可在网上随时查询；企业可在网上随时归还贷款资金，还款操作能实时生效，更为省心省力。网贷易提款便捷，显著提升用款效率和降低用款成本，使其成为小企业便捷融资的新工具。2014年初，该行还推出现金管理“C+结算套餐”，旨在借套餐营销培养客户现金管理意识，提升企业资金周转率，创造资金增值效应。该套餐包含五个子套餐（新开户、收款通、付款通、跨行通和增值通），其中核心是“新开户”套餐，主要是为新开企业客户提供基础账户管理、工资代发、收付款对账等基础业务服务，并给予大幅费用减免，以此鼓励企业在招商银行开户；其他四项套餐则主要针对企业不同的资金结算需求和模式提供相应产品，通过产品的灵活

组合和打包定价，全面满足企业的结算需求。　　　　（邱　妍）

中国民生银行股份有限公司长沙浏阳支行

中国民生银行股份有限公司长沙浏阳支行

行　长　　易显江

行长助理　胡荣华

【概况】中国民生银行长沙浏阳支行位于浏阳市车站路139号，于2014年2月28日正式营业。该行有员工25名，全部为大学本科及以上学历，设有对公、小微、小区、运营四条线管理，在天马路设有社区银行一家。2014年支行以支持地方经济建设为己任，一是以客户为中心，狠抓服务水平，以较好的服务赢得广大客户的认可；二是加大业务发展，加大对地方的信贷投放，取得良好成绩。截至2014年年末，支行各项存款7.8亿元，各项贷款余额12.3亿元，其中对花炮行业贷款余额5.6亿元，有力支持浏阳地方经济建设。　（胡荣华）

中国人民财产保险股份有限公司浏阳支公司

中国人民财产保险股份有限公司浏阳支公司

党支部书记、经理　　李　兵

副 经 理　　陶　帅

【概况】2014年，中国人民财产保险股份有限公司浏阳支公司（以下简称人保财险浏阳支公司）实现保费收入14003.12万元，同比增长14.68%；受理有效报案12582件，支付各项赔款10413.82万元；公司服务地方经济社会建设的能力不断增强。　（谢乃辰）

【业务发展】保险保障方面：人保财险浏阳支公司加大对本地区重要产业、重点工程、重大项目的风险管理和保障，开办车辆保险、企财险、工程险、建筑施工企业意外险、信用险、健康险等险种。主动参与社会管理，积极协调促进住建行业安全生产责任险、校园方责任险、治安保险、火灾安全责任保险、农房统保等险种的推广，充分发挥保险的保障功能和经济补偿作用。5月24-25日，浏阳普降暴雨，暴雨引发南川河流域发生50年一遇洪水，人保财险浏阳支公司迅速启动救灾理赔工作，本着“应赔尽赔快赔”的原则，对受灾的乡镇企业及广大受灾农户及时进行理赔。交通安全管理方面：继续配合做好浏阳市道路交通事故快处快赔工作；做好农村“五小车辆”保险工作，配合交警部门加强对涉牌涉证摩托车的整治，积极配合参与农村中队上牌办证工作，提高摩托车上牌办证比率；进一步加快理赔速度，实行万元以下案件1小时通知赔付。2014年，公司1小时通知赔付达成率为97.08%；发挥费率的杠杆作用，激励投保人提高安全驾驶意识，减少交通事故的发生，改善道路安全状况，产生良好的社会效应。服务三农方面：2014年，为43.6万户农户承保水稻60653.33公顷、油菜24526.67公顷、森林2251133.33公顷、能繁母猪6.6万头、育肥猪13万头，烟叶4693.33公顷，承担风险保障达4.81亿元，全年支付农险赔款2497.27万元。持续推进三农保险基层服务体系建设工作，积极打造集承保、理赔及服务咨询于一体的三农营销服务部。截至年底，浏阳支公司在沿溪、大瑶、北盛和镇头4个乡镇建立三农营销服务部，在澄潭江、杨花、文家市、金刚4个乡镇建立三农营销服务站，让服务更贴近一线，更贴近农民。防灾减损方面：充分发挥风险管理专业优势，通过风险评估和防灾减损，促进社会风险管理水平的提升。建立联动机制，将生产经营企业的安全评级、重大隐患整改情况与费率浮动挂钩，推动企业安全生产工作落实；开展防灾减损工作。为重点风险标的提供专业培训，加强风险防范，帮客户规划防灾防损策略，发挥风险顾问和安全检测员的作用。为投保客户提供免费气象预警信息服务，及时向客户发送的实时灾害动态短信通知，为降低自然灾害带来的损失发挥积极作用。服务能力建设方面：2014年，人保财险浏阳支公司把全面提升“客户服务能力”作为公司发展的战略追求，搭建“百家万户”VIP客户服务平台，全面推进浏阳地区客户服务标准化建设。在服务标准化建设方面，通过全面宣导、系统培训、动态监测和常态考评，着力开展提高服务标准、提升服务水平的“服务双提升”工作，使公司服务水平跃上新台阶；在VIP客户服务体系建设方面，积极搭建服务平台、整合服务资源、配备人力财力、理顺服务流程，加强客户互动，使公司VIP客户服务工作取得新突破，提高客户满意度，提升公司品牌形象。

（谢乃辰）

中国人寿保险股份有限公司浏阳支公司

中国人寿保险股份有限公司浏阳支公司

总经理　　高　磊

副经理　　焦一波　　唐　兴

【概况】2014年，中国人寿保险股份有限公司浏阳支公司完成保费收入17017.71万元，营销人力647人。其中短险保费1352万元，续保7709.2万元，续保率达95%以上。全年为客户办理理赔案件13256件，共支付理赔金额889.74万元，给付生存金额8273万元，短险赔付率47.78%，风险管理良好。保费收入占浏阳寿险市场56.7%的市场份额，继续领跑浏阳寿险市场。

（彭江华）

【业务发展】提升队伍服务技能：个险渠道队伍日益壮大，成功开办多次创业说明会，温馨服务老客户，为社会提供更多就业机会，为更多孤儿保单得到服务保障，提升公司认可度。团险渠道继续维护融洽代办线关系，公司业务结构更加合理，严格实施周单元经营，向核心价值不断转变，发展呈现良好局面。银保渠道注重客服服务，理财队伍送服务到家，解决客户的心理隐患。提升柜面服务：2014年，在省公司业管中心和长沙市客服中心的组织下，支公司全体员工学习并推广公司的国寿e家、e宝帐、云助手等电子服务系统，提升公司服务水平和质量；每季组织新进人员礼仪培训、业务质量管理培训，制作理赔资料收集PPT到职场进行宣导，及时和业务渠道进行沟通。提高意外险承保质量和学生保险承保收费，强抓理赔时效监控与调查力度，从接案环节到理赔金到账环节考核相关人员端对端理赔时效。严抓风险管理：全年进行反洗钱学习4次，B柜面每月学习2次，认真组织全体员工进行防范非法集资培训，开展反商业贿赂、反小金库等反腐倡廉学习。风险管控落到实处，开展每月单证清理、印章检查、四大缺陷整改，新单、委办保全件回访等工作，重点学习湖南保监局相关文件，加强销售人员依法合规教育，杜绝销售误导，为公司健康发展业务保驾护航。

（彭江华）

中国平安财产保险股份有限公司浏阳支公司

中国平安财产保险股份有限公司浏阳支公司

总经理　陈勇璇

【概况】 2014年，中国平安财产保险股份有限公司浏阳支公司全年整体保费收入9329万元，增速42%，贡献税金1385.5万元，综合成本率86%，利润大幅增长，实现规模和品质双丰收。　（寻　慧）

【业务发展】 渠道推动：电销渠道，立足车主生态圈搭建；综拓渠道，抓动作细化核心指标；车行渠道，强送修稳固车商关系，区别式选择合作；直销渠道，抢地位做大团财空间；代理渠道，深入乡镇为未来全面覆盖奠定基础，细化代理人管理；银保渠道，深合作，获核心银行青睐。品质管控，公司效益最大化：推行效益险种，实施费用倾向投入，加强对超5000元大案件的复勘管控，加强跟踪重大伤人案件处理，建立出单签字机制检视制度。全年未发生重大法律、合规、操作风险事件。把握业务品质，降低业务成本，2014年已报告赔付率56.7%，综合成本率86%，为公司创造近千万元利润。公司不定期审核各渠道销售费用使用情况，遵循据实列支合理使用的原则，使投产比最大化。建立财产险专项业务拓展小组，成功对浏阳卫生系统交叉开发，渗透至各级医院。成功连片开发驾校业务，工业驾校创收约300万元，安责险覆盖面不断推广，成功实现高速发展目标，提前两个月达成财意险计划。队伍建设：由公司副总经理牵头，打造财产险公关小组；狠抓客服服务，10—12月该公司被总部评为优秀四级机构。提升员工专业技能，加大KPI追踪，确保员工增薪。编制“作战地图”，提升团队获客水平，打通“主动营销”“行业营销”瓶颈。文化建设：提高员工综合素质，公司自行组织为期三个月的新员工基础业务知识培训。定期举办节假日员工福利活动，增强员工归属感并组织员工参加分公司举办的活动。参加分公司超越梦想基本知识PK赛，取得二等奖。支公司总经理陈勇璇被推举为“榜样的力量”学习人物，将经验在全国进行推广。强化执行：强化时效性，调动员工能动性，发扬“当日事，当日毕”作风；会议推广，现学现会，在办公室实行部门长定责到人，逐一落实；为确保落实到位，执行后会要求内勤岗收集执行情况；落实情况有效反馈给分公司，确保领导知悉浏阳动向。　（寻　慧）

中国平安人寿保险股份有限公司浏阳支公司

中国平安人寿保险股份有限公司浏阳支公司

总经理　吴　斌

【概况】 2014年，中国平安人寿保险股份有限公司浏阳支公司营销人力由年初632人发展到年底765人，累计完成新契约保费3100万元，续期保费1.2亿元。受理赔案2491件，支付赔款747.75元，结案率100%。组织全员学习平安专有基本法，以主任组、部门深入学习领会基本法内容并组织考试、开展基本法演讲比赛，营造晋升氛围，让全员认识唯有晋升才是发展有力的武器。全年晋升营业部1个，主任组22个。公司信奉“客户至上、服务至上”，建立“天网、地网、人网”三网合一的全方位服务体系，即95511电话中心、门店服务、平安直销队伍，客户门店推行平安礼仪、微笑服务等，开设客户满意度调查电子系统，为每位VIP客户送去生日及节日的祝福。注重诚信，对所有新契约客户进行电话回访，确定一线营销员是否解释保险条款及客户利益清楚等如实告知事项，以保证客户利益不受损害，维护社会和谐发展。树立行业标榜培训体系，各业务层级晋升严格，从新人入公司、新人养成，晋升主任、高级主任，养成部经理、经理均需到省公司及平安大学进行相关阶段的业务知识培训、配合业务人力达成方能晋升，公司加强诚信教育，告诫所有保险从业人员如实告知客户及公司，加强防范反洗钱、打击非法集资及各类经济违法行为，促进地方经济的稳定发展。

（刘慧平）

中国太平洋财产保险股份有限公司浏阳支公司

中国太平洋财产保险股份有限公司浏阳支公司

总经理　甘元席

【概况】 2014年，中国太平洋财产保险股份有限公司浏阳支公司实现保费收入4861万元，同比增长63%，综合赔付率48.11%，实现利润847万元。全年工作获得上级肯定，连续四年被评为省级先进单位。理赔管控指标达到上级公司要求。坚持依法合规经营，严格规范内部管理，全年未发生违法违规事件。积极稳妥发展业务，正确处理业务发展与效益的关系，防范经营风险，坚持持续、健康、稳步、多渠道的发展。 (陈 玲)

【转型发展】 积极应对社会经济发展的严峻挑战和客户需求变化带来的新机遇，太平洋保险加快转变发展方式，在国内保险业率先实施“以客户需求为导向”的战略转型，创新商业模式，推动和实现公司价值的可持续增长。公司围绕“关注客户需求、改善客户界面、提升客户体验”的战略转型使命，通过市场策略和转型项目两个突破口，进行整体推进。支持新技术应用，提升客户体验：太平洋产险的“神行太保E服务”智能移动保险平台得到广泛应用，覆盖所有支公司以上机构，有效避免销售误导；太平洋产险的“3G快速理赔系统”全面应用和推广，显著提高理赔人员查勘定损效率。发挥集团协同效应，推进客户资源共享：交叉销售实现30%以上增长；设立太平洋保险在线服务公司，推进产寿险电销、网销等在线业务的整合。依法合规经营，不断增强管理能力：公司完善各项内控管理制度，防范经营风险，主动合规，落实保费清收责任制，严格见费出单制度，坚持打击违规承保、筑牢风险和合规管理的底线。培养员工素质：2014年，该公司贯彻抢前抓早的方针，认真做好计划指标的分解落实工作，切实落实到人、到月、到险种，同时也作为外勤人员日后考评的重要依据。根据任务计划完成情况，建立具体的业务分析制度，定每周二例会培训学习，探讨业务拓展和完成情况，掌握工作发展动态，发现问题，及时加以解决，强化员工各方面业务知识。适应市场变化，积极发展业务：一是关注市场动态，面对机构调整改革与市场变化，及时做出快速反应，把握市场竞争的主动权。邮政驻点项目取得较好成绩，在乡镇开拓市场，建立各个乡镇团队，对乡镇专兼干和协保员开展车险、非车险业务培训。二是坚持两手抓，一手抓好集中型业务，一手抓好分散型业务，确保业务稳定发展。严格控管风险，加强与分公司沟通、协调，发挥公司整体化优势，广开门路，多方面寻求关系、利用当地资源，花炮行业雇主责任险、林木保险非车险业务发展稳定。借助太平洋保险专业风险保障平台，大力拓展农业保险。2014年，公司多次举办公益宣传、险种推荐和保险客户服务等宣传活动，充分调动员工积极性，树立良好社会形象。 (陈 玲)

中国太平洋人寿保险股份有限公司浏阳支公司

中国太平洋人寿保险股份有限公司浏阳支公司

总经理 黎书达

【概况】 中国太平洋保险股份有限公司浏阳支公司成立于2001年11月，通过14年的发展寿险服务已覆盖全市。2014年，中国太平洋人寿保险股份有限公司浏阳支公司转变经营观念，积极配合太平洋保险推动“以客户需求为导向”的战略转型，做到“变革、创新、转型”“三个结合”，从自我改变、振奋精神、学习身边先进、解决当前问题开始，重业绩、重业务、重服务、重管理、重合规。全年完成营销保费3534.7万元，全面达成分公司各项任务目标。全年为客户办理理赔案件605件，支付赔款241万元，结案率100%。 (刘宇文)

【业务发展】 太平洋寿险以客户需求为导向，致力于提供全生命周期的专业关注与整体解决方案。公司通过持续的产品创新和服务创新，满足客户多方面的需求，在售险种200余个，覆盖人寿保险、年金保险、健康保险、意外伤害保险等多个领域。公司在产品策略方面，优先发展保障型、长期储蓄型产品，并通过数据分析与客户洞见开发客制化产品；在客户策略方面，致力于完善客户服务体系，创造以“坐享服务、智能导航、便捷透明”为核心要素的全新客户体验，认真履行保险责任，切实保障保险消费者的合法权益，强化诚信建设，实施承保、理赔透明化举措，不断完善“95500”全国客户服务电话体验和高端客户增值服务；在营运体系建设方面，公司积极探索和实践基于新技术应用的模式创新和流程再造，将智能移动终端、3G无线网络、第三方实时支付、保险智能引擎、微信平台等有效结合，在行业内打造并推出“神行太保”智能移动保险生态系统，推动销售和服务模式转型升级。 (刘宇文)

泰康人寿保险股份有限公司浏阳支公司

泰康人寿保险股份有限公司浏阳支公司

总经理 刘 杰

【概况】 泰康人寿保险股份有限公司浏阳支公司成立于2002年6月。2014年12月，泰康人寿保险股份有限公司浏阳支公司有在职营销员181人，同比增长24.8%；全年实现新契约标保562万元，同比增长8%；理赔案件280件，赔付金额85万元，结案率100%。全面完成分公司各项任务和指标，获得“泰康人寿湖南分公司十大优秀支公司”“泰康人寿长沙本部优秀支公司”荣誉称号。 (张良军)

【业务发展】 2014年，公司后援系统推陈出新，运用最新技术和设备，完善和优化各项流程，让客户享受更加方便快捷的服务。泰康24小时服务电话95522以“客户体验至上”为核心，推出E-mail电子邮件、泰康在线、手机微信等多种回访服务，做到“离客户最近、服务最快最方便”。泰康理赔服务首推“微信理赔”，客户上传资料到理赔金到账，全流程只需一小时，实现客户“足不出户”就能完成理赔的终极服务，为广大客户提供“更简单、更方便、更实惠”的理赔服务。泰康保单受理系统首推“微信投保”，利用手机，登录微信，即可投保，流程简便，行业领先。推广“绿通升级服务”，将“重大疾病绿色通道服务”和“24小时私人电话医生服务”推向市场，减少投保病人看病难、就医难、排队难的实际问题。首创全民免费航意铁意险模式，全国免费推广“飞常保”和“铁定保”两款高额意外伤害保险，让出行更加安心。公司培训系统完善新人衔接培训模式，推出为期三个月的“新兵战斗营”，夯实新进业务员展业技能，严格要求合规展业，不断提升客户服务质量。 (张良军)

科技·教育

科技管理

浏阳市科学技术局(浏阳市知识产权局)
党组书记、局长　李长祺
副书记、副局长　罗　铭
副局长　周　华（2014.10 任）
周双都　陈兴洪
副局长、纪检组长
黎云（女）

【概况】 2014 年，全市共组织申报国家、湖南省、长沙市科技项目 230 个，争取科技项目经费到位资金 3200 万元；科学技术支出经费 8368 万元，科技发展专项经费占同级财政预算支出比例为 1.71%，同比增长 24.71%；实现高新技术产值 792 亿元，同比增长 24.3%；完成专利申请 1142 件，其中发明为 261 件，实用新型为 554 件，外观设计为 327 件，同比增长率分别为 35.94%、30.35%和 31.33%；4 家单位获批“创建长沙市创新型单位”称号；成功创建湖南省可持续发展实验区；实施“国家知识产权强市工程”，获“湖南省专利工作先进单位”荣誉称号；保持“全国科技进步先进县（市）”“全国科普工作先进”荣誉称号。　（龙雅丽）

【科技普及】 落实科技政策，优化创新环境。积极推动科技体制机制创新，努力聚集各类科技资源，全力提升市域创新能力。召开全市科技工作大会，出台《浏阳市知识产权补助办法》等政策文件，为鼓励全市科技创新发展，保护知识产权增加动力；修订并颁发《浏阳市科技项目立项评审管理办法》《浏阳市科技计划项目申报指南通知》等文件，进一步加强和规范市科技计划项目管理工作。年初市委经济工作会，颁发科技进步奖、科技发明奖、成果转化奖，奖金共计 90 万余元；湖南太阳龙医疗科技有限公司等 4 家单位获“长沙市创新型单位”称号。成功创建湖南省可持续发展示范区，建设“创新型浏阳”，为中部地区县市转变经济发展方式、产业结构调整探索出一条新路。推动科学普及，营造创新范围。在全市范围内开展“科技生活，创新圆梦”为主题的 2014 年科学技术（知识产权）活动周。开展科技工作大会暨科技（知识产权）活动周启动仪式；举行全市中小学生安全环保科普知识竞赛；开展知识产权、“双打”工作成果巡展及假冒伪劣产品鉴别展示会；浏阳花炮科技创新研讨会，全面展示浏阳市花炮产业科技创新成果；“科学生活，创新浏阳”广场文艺演出；举办科技（知识产权）服务基层行活动；参加长沙市科技活动周有关活动；各乡镇、街道、园区主题活动。通过八大主题活动的开展，全面提高公众的科学文化素养和创新能力，充分发挥科学技术在解放和发展社会生产力中的积极作用，积极增强全面建设“四化两型”新浏阳的发展动力。与科协共同开展“创新发展　全民行动”为主题的 2014 年“全国科普日”活动，举行“中小学生科技节”“科普浏阳”摄影大赛等十大专题活动宣传科普知识，提高市民对科技创新的认识。　（龙雅丽）

【科技推广】 一是构建区域创新体系，完善创新创业载体建设。强化以园区科技创新创业服务中心、生产力促进中心、长沙浏阳花炮工程技术研究中心等为代表的市域科技创新服务平台体系，以湖南省动物实验中心等为代表的重点实验室，以企业技术中心等为代表的技术科研中心体系。依托优势企业，积极打造科技创新平台。湖南九典制药有限公司“湖南省呼吸道药物工程技术研究中心”通过省科技厅批准，成为湖南省唯一的呼吸道药物技术研发平台；湖南天地恒一制药有限公司、湖南农大动物药业有限公司 2 家企业技术中心跻身湖南省级；湖南安邦制药有限公司、湖南罗比特化学材料有限公司、湖南达美程印刷科技有限公司 3 家企业技术中心被认定为长沙市市级企业技术中心。二是开拓产学研发展新路，推动科技成果转化。围绕全市重点特色优势产业发展的需求，充分发挥企业和高校、科研机构的积极性，加快推动创新成果来浏转化和产业化。市校合作进展顺利。中南大学、浏阳市人民政府联合开展“深化市校合作•推动科技创新”中南大学专家浏阳行活动，30 余名专家教授为浏阳经济社会发展把脉问诊、献智献策，成效显著。浏阳制造产业基地、文化产业园等分别与中南大学牵手研讨。基地 17 家企业与相关技术领域专家实现“一对

张江杰（右二）正在为参观者详解自己发明的“一种脑电波控制假肢系统”

（张江杰供图）

一”对接，“多级离心泵关键部位材料表面强化”“蓝宝石超声波磨削技术研究”“挖掘机配件回转支承断齿”等19个技术项目初步达成合作意向；“中国文化品牌项目”“菊花石‘全球一’文化品牌项目”“浏阳夏布创意产业开发项目”等9个文化项目实现对接。校企合作成效显著。积极组织、引导企业与高校、科研院所联合攻关。浏阳市华冠出口花炮有限公司投资500万元与清华大学博士团队成功研制国产CD磁控振，掌握核心技术，已申请发明专利并开始投入生产；浏阳顺泰纸业有限公司与长沙理工大学共同研发再生纸零排放造纸技术，该项目顺利通过成果鉴定。组织好2014年度长沙科交会工作，征集发布技术需求43项、融资需求项目16项、签约项目30项，海外嘉宾邀请7人。湖南省药物安全评价研究中心与中国航天员中心就“动物行为学研究室建设项目”、湖南安邦制药有限公司与中国中医科学院中药研究所就“银黄清肺胶囊大品种培育的技术提升研究”、湖南丰日电源电气股份有限公司与浙江大学就“通信用240V直流供电系统6KW整流模块产品研发”、浏阳市吉祥环保烟花材料开发有限公司与北京理工大学就“新型微烟无硫发射药研究与应用”等重大项目成果签约；同时，项目承担单位前往北京、上海两地的高校，成功与相关高校开展项目对接和合作洽谈。三是实施科技富农工程，推进新农村建设。以科技支撑农村特色产业发展，开展农村科技示范村建设，下拨相关科技经费百万余元。继续实施“科技特派员”和“百村百名大学生培育工程”，举办技术培训班30多期次，培训农民5000多人次，发放技术培训资料6000余份。在集里街道、龙伏镇、官渡镇、普迹镇等地开展“12396”科技助农直通车科技专家、科技特派员和医卫专家下基层、“关爱留守儿童，普及科技知识”等科普活动，免费为群众开展科技咨询和义诊达6000余人次，赠送资料1万余册，接受咨询3万余次，深入田间地头服务200多次。培育20余个长沙市特色产业科技示范基地，积极引导企业引进示范推广无公害蔬菜等30多个新品种、新技术；引导盐津铺子、梁嘉食品等一批农业龙头企业依靠技术进步做大做强。（龙雅丽）

【科技管理】 组织科技项目申报，激发企业自主创新热情。加大项目服务力度，引导企业对重大专项进行攻关。全年共组织申报国家、湖南省、市科技计划项目230余项，其中国家级项目10个；完成国家、省、长沙市项目结题验收100项，取得科研成果260余项，开发新产品512个、新技术90余项。宇环数控机床股份有限公司、湖南富腾和安防爆科技有限公司等4家企业获得省科技重大专项支持；湖南裕翔生物科技有限公司的“新型绿色抗菌饲料添加剂（兽药用辅料）”、湖南省实验动物中心的“药物安全性检验检测公共服务平台”、湖南普瑞玛新药实验科技有限公司的“新药研发公共技术服务平台”、湖南泰谷生物兽药有限公司、长沙浏阳花炮工程技术研究中心的“中国（长沙）花炮产业技术研发与成果应用服务平台”等项目获得国家中小企业发展专项资金科技创新、科技服务和科技型中小企业创业投资引导基金立项支持。鼓励企业自主创新，科研开发硕果累累。建立科技支出经费逐年增长机制，全年争取科技项目经费到位资金3200万元；在科技部门扶持帮助和多重政策的鼓励下，企业积极开展科技创新，成效显著。吉祥烟花竹硝纤维无烟发射药通过湖南省科技成果；湖南迪诺制药有限公司获评长沙市企业科技创新市长奖；湖南九典制药有限公司等2家公司获2014年度长沙市科技进步二等奖，湖南诺凯生物医药有限公司、湖南尔康制药股份有限公司、湖南神力铃胶粘剂制造有限公司等8家企业获三等奖；蓝思科技、湖南华纳大药厂有限公司等11家企业成为长沙规模以上工业高新技术企业科研经费前100企业，蓝思科技排名仅次于三一重工和中联重科位列第三；湖南春光九汇现代中药有限公司等6家企业成为长沙规模以上工业高新技术企业科研经费占主营业务收入比重排名前100企业；湖南九典制药有限公司自主研发的“盐酸左西替利嗪”项目获评湖南省科学技术进步奖三等奖，其两个拳头产品“地红霉素肠溶片（0.25g）、奥硝唑分散片（0.25g）”成功入选《2014年第一批入选湖南省政府采购两型产品推荐目录》。完善科技管理制度，实施阳光科技工程。建立与政务公开相适应的高效廉洁的科技管理运行机制，建立健全《浏阳市科技发展专项资金及科技计划项目管理办法》《浏阳市科学技术奖励办法》等科技计划项目和机关内部管理制度，以此规范科技项目管理全过程。把浏阳市人民政府官网、《浏阳日报》、浏阳电视台等媒体作为阳光科技主要“窗口”，对各级各类科技计划项目申报指南、科技项目立项、科技进步奖获奖项目等结果进行公开公示。项目承接和验收一律由生产力促进中心统一组织，项目评审邀请市人大、市政协和市纪检监察部门现场监督，行政人员一律不得参与项目评审，提高科技项目的透明度，保证科技管理在阳光下运行。 （龙雅丽）

【知识产权】 建立健全乡镇、园区知识产权管理体系和管理考核机制。出台《浏阳市知识产权补助办法》，为鼓励全市科技创新发展，保护知识产权增加动力；继续贯彻落实《浏阳市专利质押贷款管理办法（试行）》文件，进一步拓宽科技型中小微企业融资渠道，促进知识产权运用；汇编知识产权政策法规宣传册；通过广场和城区“的士”电子屏幕上开展“打假”宣传。开展浏阳市企事业单位专利试点建设工作，对16家专利试点单位给予扶持经费34万元。组织工商、质检、药监等多个部门开展联合执法，共出动执法人员1890人次，检查生产企业46家次，检查集贸市场、超市、销售门店1000多家，立案310起，查处假冒伪劣商品1500余件，涉及金额400余万元，捣毁制假窝点10个。全市发明创造的热情和积极性有很大提高，市民张江杰发明“一种脑电波控制假肢系统”等三项发明专利在第113届巴黎国际发明博览会上分别获金奖和银奖。2014年全市完成国内专利申请1142件，其中发明专利261件，同比增长35.94%；实用新型554件，同比增长30.35%；外观设计327件，同比增长31.33%。 （龙雅丽）

【举办浏阳市2014年科技工作大会暨科技活动周、知识产权宣传周】 4月25日，浏阳市2014年科技工作大会暨科技活动周、知识产权宣传周启动仪式在友谊宾馆二楼会议厅举行。浏阳市人民政府副市长莫小佳作主题工作报告。湖南省知识产权局党组成员、纪委书记李雪山宣布“2014年浏阳市科技活动周、知识产权宣传周启动”。省知识产权局党组成员、纪委书记李雪山、长沙市科技局党委书记、局长胡石明、长沙市知识产权局党组书记、局长彭民安，浏阳市委副书记、市长余勋伟，人大常委会副主任刘仙娥、副市长莫小佳、政协副主席廖伟平等领导出席会议。莫小佳总结分析全市2013年科技工作取得的成绩，安排部署2014年的科技工作。市委副书记、市长余勋伟就深化科技体制改革、加快建设创新型浏阳进行工作部署。会议出台《浏阳市知识产权补助办法》。长沙市科技局党委书记、局长胡石明对全市科技工作给予高度肯定，表示会一如既往地支持浏阳，并期待浏阳取得更好的成绩；长沙市知识产权局党组书记、局长彭民安强调知识产权保护的重要性，并对全市知识产权工作寄予厚望，希望浏阳努力做好知识产权工作，争当在知识产权事业科学发展中取得新突破。2001年至2014年，浏阳已经连续举办13届科技活动周，通过开展以群众性科学技术活动为主的大量、丰富的科技活动，在普及科技知识、传播科学思想、弘扬科学精神、倡导科学文明等方面取得积极有效的作用，成为全省首批全国科技进步示范县（市）、获得“省科技成果转化示范市”“湖南省科技特派员工作先进单位”“湖南省科技管理系统先进集体”“湖南省专利工作先进单位”等荣誉称号。2014年全市科技（知识产权）活动周主体活动从5月18～24日在全市范围内开展，全程活动时间为4月份至6月份，时间跨度长达2个月。活动周紧紧围绕“科学生活创新圆梦”的主题，遵循以“服务发展大局”为主线，以保障和改善民生为根本，以推进“四化两型”建设为目标，以“建设美丽浏阳，打造幸福家园”为方针，按照政府策划、公众参与、彰显创意、注重实效的原则，开展系列活动。 （龙雅丽）

【浏阳新发明在第113届巴黎国际发明展获金奖】 第113届巴黎国际发明展于4月30日至5月11日在巴黎凡尔赛门展览馆隆重举行。浏阳市张江杰发明“一种脑电波控制假肢系统”获金奖。该作品创意新颖、构思巧妙，注重解决实际问题，且拥有自主知识产权，充分反映当代中国青少年的发明热情与创新能力，得到评委的一致好评。市科技局党组书记、局长李长祺对张江杰的获奖予以祝贺，并表示市科技局高度重视专利申请与保护，将按照政策和程序对其专利予以一定补助，并为其提供服务，期待科学技术转化为生产力。巴黎国际发明展由法国发明与制造者协会主办，是法国政府和巴黎市政府支持的巴黎博览会的一部分，在世界声誉卓著。中国发明协会从1989年开始组团参展，陆续将中国的优秀发明成果介绍给世界，从而增进国际社会对中国发明创新活动的了解，促进国内发明人和各国发明人的交流与合作，推动技术成果的贸易和转化。 （龙雅丽）

【浏阳市正式获批为湖南省可持续发展实验区】 6月24日，湖南省科技厅公布湖南省可持续发展实验区评审结果，浏阳市与省内其他11个县(市)进入“湖南省可持续发展实验区”建设行列。2013年，浏阳市启动省级可持续发展实验区创建工作。按照《湖南省可持续发展实验区管理暂行办法》等相关认定程序，经省科技厅组织专家对浏阳市的申报材料进行评审论证、现场考察和答辩等环节，浏阳正式被省科学技术厅批准为湖南省可持续发展实验区。建设期限为2014—2018年，其间，省科技厅将按照有关规定组织年度考评和总体验收等工作。未来五年，全市将以“发挥世界名河优势，突出花炮之乡特色，促进产业结构高端化，推进生态文明建设”为主题，紧紧围绕“建设美丽浏阳，打造幸福家园”和率先全面建成小康社会的总体目标，在中西部地区努力完成“率先基本建成‘两型’社会重要组团”等五个“率先”任务，基本形成经济与人口资源环境相协调，符合新型工业化、新型城镇化、农业现代化和信息化要求相适应的内生发展模式，具有浏阳特色和示范引领效应的可持续发展模式。 （龙雅丽）

【“深化校企合作·推动科技创新”中南大学专家浏阳行活动】 10月

24—25日，由中南大学、浏阳市人民政府联合开展的“深化校企合作•推动科技创新”中南大学专家浏阳行活动在浏举行，30余名专家教授为浏阳的发展把脉问诊、献智献策。通过实地考察宇环数控、尔康制药、美津园等园区企业及庆泰烟花、颐和隆烟花等花炮企业，参观永安、大瑶、金刚等乡镇的城镇化建设，30余名中南大学专家教授对浏阳的产业布局及发展、企业技术需求等情况有了直观了解。在10月25日召开的浏阳市人民政府和中南大学合作专题座谈会上，园区、企业代表和专家教授进行互动交流，达成初步合作意向。此次座谈会为市校合作的第一步，下阶段全市将进行市校、校企合作签约，聘请知名专家教授为顾问，构建浏阳市经济社会发展智囊库。中南大学党委副书记高山表示，通过市校合作、搭建平台，将充分发挥中南大学科学研究的优势和地方产业的优势，促进科技成果转化，从而增强合作实效。市委副书记、市长余勋伟表示，浏阳经济已进入加快转方式、调结构的关键时期，以开展市校合作为抓手，搭建起产、学、研、政合作平台，是提高区域科技创新能力的有效途径。要加强市校全方位的交流，建立市校对话的经常性机制和多类别交流平台，发挥市校双方的优势，促进成果的转化。同时要求部门要优化服务，企业要主动对接，扎实推进市校合作工作。市领导吴震、刘旭、刘仙娥、郑杰、廖伟平出席活动。

（龙雅丽）

科学普及

浏阳市科学技术协会

主　席　刘来宏（女）
副主席　戴定杰
副主席、纪检组长　刘开义
副主席（兼）王大辉　赵永红　陈　文　黎　云（女）　周世文　罗其美　喻武强　张素娟（女）

【概述】浏阳市科学技术协会内设办公室和科普科，下设二级机构中国农函大浏阳分校，在编在岗工作人员9名，负责统筹协调全市科普工作的开展，致力于普及科学知识，推广先进技术，提高全民科学文化素质，管理和指导自然科学学会研究会业务工作，组织开展学术交流活动，反映科技工作者的意见和诉求，维护科技工作者合法权益，为广大科技工作者服务。2014年，市科协顺利完成科协换届工作，选举产生第十一届科协常务委员会领导班子，履行“三服务一加强”[①]工作职能，致力凝聚广大科技工作者智慧，推进全市科学普及和全民科学素质提升，圆满完成全年各项任务，工作成效明显。

业务工作　抓好校园科普。邀请何继善院士来浏阳一中举办科普大讲堂活动。联合市教育局办好中小学生科技节，建设科技教育示范学校。开展“科普大篷车进校园”活动，增强科技教育的互动性、体验性，激发青少年学习科学的热情。加强农村科普。邀请袁隆平院士两次到淳口镇杂交水稻基地指导工作。组织优质葡萄产业创新与发展论坛活动，邀请湖南农大园艺园林学院院长杨国胜、省农科院教授李国满到浏阳授课指导，各乡镇科协秘书长和规模葡萄基地负责人共90余人参会，推进专家、教授对接科普示范基地技术交流平台建设。2014年，利用“全国科普日”、科技活动周等节点，到文家市、沙市、镇头、蕉溪、杨花等乡镇组织大型送科技下乡活动8次，开展实用技术培训86期，组织200余块科普展板进行巡展，向群众免费发放科普资料2万余份，提高农民运用实用技术增收致富的能力。创新社区科普。健全和完善社区科普工作阵地，推进小区楼栋宣传栏普及工程，将150个科普宣传栏免费安装至全市各社区、小区，淮川街道朝阳社区成功创建为省级科普示范社区。开展“市民看科普”和“科普基地行”活动，先后4次组织基层科协秘书长、社区科普专干、浏阳网网友等200余人到长沙远大城、中粮可口可乐、省科技馆和浏阳市内12个科普示范基地参观考察，拓宽基层科技工作者的工作视野。打造主题科普。围绕“创新发展、全民行动”的主题，创新活动形式，认真开展好全国科普日主题活动。邀请中科院心理健康促进研究中心主任高文斌博士到浏阳，开展心理健康管理讲座；十大科普主题活动贯穿全年，如“科普浏阳”摄影大赛、“科技梦•浏阳梦•我的梦”“科普志愿者行动”“科普需求大调查”等；联合科普工作协调领导小组成员单位，凝聚乡镇、街道科协、市级学会（协会）的力量，在全市范围内同步开展形式多样、内容丰富的科普宣传活动，扩大科普工作的社会影响力，浓厚全市科普工作氛围。创新载体，培育典型突显科普特色。规范和加强“科普惠农兴村计划”工作。对已获得省、市农技协、科普示范基地、科技致富带头人和全国先进的项目对象进行走访调研；做好新项目的申报、实施和管理工作，新推荐申报国家级项目1个、省市级项目8个，争取上级项目资金100多万元，14个先进农技协和科普示范基地、9个科普带头人、3个科普示范社区获上级表彰。加强与省市科协的工作联系，邀请省、市科协主席四次率团来浏进行工作调研，推介浏阳科协工作和基地风采。建设科普宣传平台浓厚大科普氛围。建设“科普浏阳”微信，并组织推广、抽奖活动，运营三月顺利进入浏阳新媒体前三强，成为科普宣传强有力的新阵地；改版完善浏阳科普信息网，在浏阳网开设“浏阳市科协”专题；全年在《浏阳日报》刊载科协信息10余次，专版3期，开设“科普在身边•民生实验室”专栏，现已刊发专题报道72期；利用《科普导报》手机短信平台，全年免费发送科普导报短信24期。

注：①“三服务一加强”是指服务经济社会发展是方向；服务提高全民科技素质是基础；服务科技工作者是基点；加强自身建设是保证。

激智引智，服务人才做实学会工作。加强和中南大学青年科协的联系，特别是根据浏阳产业发展的实际，加强电子信息、机械自动化、化工、材料等领域专家的联系，推动浏阳相关联学会与其的深入合作和交流。开展院士专家工作站建设，有3个单位接受复检，其中尔康制药被定为2015年院士专家工作站建站单位。走访调研学会20余次，指导各个科技类社团完成年检工作；按照上级要求对全市各学会兼职人员进行清理；注销医卫类学会（协会）5个，整合后重新成立浏阳市医药卫生学会；新成立养牛、富硒玉米种植、油茶种植、休闲农业等农村专业技术协会4个。围绕科技、经济和社会发展的重点、热点问题，组织学会（协会、研究会）开展不同层次、不同规模的学术交流、研讨活动，以“农业科技培训与科技兴农对策研究”为主题，组织召开第四届自然科学学术年会，编印《学术年会获奖论文汇编》，并对论文获奖作者进行表彰奖励。组织开展第五届年会论文征集活动，共收到参评论文76篇，获长沙市级奖励8篇，其中二等奖5篇，三等奖3篇，浏阳市科协获优秀组织单位奖。完善科技专家人才库，搞好对接服务工作，加强同科技人员之间的联系，积极向上级举荐优秀人才，有1人参评长沙市青年科技奖，2人次参评长沙市市长创新奖；有陈文斌、姜德建、杨意红等优秀科技人员接受省内主流媒体采访报道。（谭润秋）

【科协第十一届代表大会】 7月16日，浏阳召开十一次科协代表大会，中国工程院院士何继善、省安监局副局长李大剑、南京理工大学教授潘功配等五位名誉主席出席会议。浏阳市委书记曹立军出席会议并讲话。会议认真总结过去五年的工作情况和经验，谋划今后五年的工作，明确工作目标任务和工作思路，出台《关于进一步加强新时期科协工作的意见》（浏办通知〔2014〕20号）。组建浏阳经济社会发展“科学智囊团”，以市委、市政府名义聘请袁隆平、周其凤、何继善、李大剑、潘功配、刘伟、帅放文7位著名科学家和行业专家作为浏阳市科协第十一届委员会名誉主席。会议推选正式代表299人，选举委员74人、常委39人、副主席10人、主席1人。建立新一届科协代表联系、咨询、监督、通报、服务新机制。（谭润秋）

【长沙市院士专家工作站落户浏阳尔康制药】 2013年起，长沙市在高新技术企业中开展院士专家工作站建设，以推动创新驱动发展战略的全面实施，实现人才强市战略，充分发挥院士专家及其团队对提升企业自主创新能力的引领带动作用。2014年，浏阳市向长沙市院士专家工作站建设协调领导小组办公室申请三家园区企业建立院士专家工作站，经过省、长沙市科协来浏进行项目调研，于2014年11月确定湖南尔康制药股份有限公司为第二批长沙市院士专家工作站建站单位。湖南尔康制药股份有限公司自2007年起与中国工程院院士建立长期合作关系，重点合作开展药用辅药研制、功能性研究和安全性评价工作，在企业与院士专家合作共赢方面具有成功经验。此次成功申请建站有助于尔康制药借助中国工程院院士及其团队的雄厚技术基础，共同开展项目研究，产品顺利投放市场，将产生数以亿计的经济效益。（谭润秋）

【浏阳市科协获“2014年湖南省全国科普日活动优秀组织单位”】 9月23日，2014年浏阳市全国科普日活动启动仪式在浏阳市欧阳予倩大剧院举行，主会场邀请中国科学院心理研究所心理健康促进研究中心主任高文斌博士开展心理健康管理讲座，全市公务员、教师工作者、医务人员代表共七百余人参加此次活动。启动仪式的召开拉开浏阳市全国科普日系列活动序幕，9月至12月，浏阳市科协以“全国科普日”为契机，联合多家单位深入农村、社区、学校和科普基地，围绕“创新发展、全民行动”的主题陆续开展覆盖全市范围的十大主题活动，包括中小学生科技节、“科普浏阳”摄影大赛、“科技梦•浏阳梦•我的梦”、“科普志愿者行动”、优质葡萄产业发展论坛等，同时组织部分社会公众参观科普基地、高新企业，零距离接触省级最新科研成果。11月，经过省科协、省教育厅、省科技厅、省环保厅、省食品药品监督管理局联合对各地、各单位开展全国科普日活动情况的考核，浏阳市科协被评为“2014年湖南省全国科普日活动优秀组织单位”，浏阳市科协主席刘来宏被评为“2014年湖南省全国科普日活动优秀个人”。（谭润秋）

教育管理

浏阳市教育局

党委书记、局长　陈耀文
副书记、副局长　汪剑波
副书记、副局长　钟定海
党委委员、副局长　陈　文　傅　恒　赵科发
党委委员、纪委书记　张基荣
党委委员、联合工会主席　钟晨曦

【概况】 2014年，市教育局的机构职能主要为：贯彻落实党和国家的教育方针、政策、法律法规，研究拟定全市教育改革与发展战略和教育事业发展规划；综合管理和协调指导全市各类教育工作；指导全市各级各类学校的教育教学工作；管理全市教师队伍；配合有关部门开展教育经费预决算、财务管理、审计监督等工作，完善、维护教育技术装备；统筹管理全市学历教育及招生考试工作；指导全市各级各类学校的教育工作；依法审核（审批）社会力量办学机构并指导、监督、管理；管理局属单位，监督局属单位国有资产保值增值等。全年全市有各级各类学校407所，其中小学302所、初中51所、普通高中11所，职业中专1所，特殊教育学校1所，教师进修学校1所，素质教育、校外培训中心2所，民办九年一贯制学校1所，职业学校3所，农民文化技术学校36所。在校中小学生15.3万人，在编教职

全市教育工作大会　　(图片来源：市教育局办公室)

文家市镇里仁学校　　(图片来源：市教育局办公室)

工 9190 人。另有幼儿园 316 所，在园幼儿 4.8 万人，幼师 2063 人。接待来访来信 150 起，认真办理议提案 48 件、领导批示件 40 余个、《民声通道》咨询投诉 108 起，调查处理纪检监察信访件 64 个。向上争取资金 1.4 亿元，超额完成目标任务；为高中发展“减负”“松绑”，置换学校个人集资债务 4.4 亿元。年度内获省级荣誉 11 项，长沙市级荣誉 9 项，浏阳市级荣誉 24 项，在 2014 年度全市“六个走在前列”绩效考核和领导班子考核中获评红旗单位和优秀领导班子。

(潘志强　石自行)

【公用经费与教育管理】　严格执行预决算和国库集中支付，严格控制公用经费支出，全面实行绩效工资制度；实行后勤物资定点招标采购；实行高招工作目标管理，强化考务工作责任追究。稳步推进教育强乡镇验收，全面部署教育强市迎检工作，切实加强对各类教育管理、指导与考核。　(潘志强　石自行)

【持续推进教育公平】　一是学校校舍建设。全年完成教育固定资产投资近 3 亿元，全面完成里仁、李畋学校搬迁等重点工程建设，完成 30 所省市合格学校、41 所长沙市提质改造校的基本建设工作，建成 426 套教师公共租赁房、9 所实验幼儿园。二是教育设施设备投入。全市学校共投入资金 7000 万元，为学校配备班班通设备 1077 套，计算机网络教室 16 间，智能校园广播系统 132 套，移动多媒体 58 套，教学电脑 512 台，信息化设备采购总额 2728.2 万元，正在筹建投资达 3450 万元的教育城域网一期工程。三是特殊群体资助。在保障随迁子女和残障儿童等特殊群体就读的基础上，全年资助各级各类贫困学生 37071 名，发放资金 2298.4 万元，签订生源地贷款合同 305 份，金额 224.56 万元。

(潘志强　石自行)

【师资队伍建设】　一是加强师资调配。根据市委“5358 人才工程”，新招聘(引进)教师 301 名，其中引进北师大等部属院校优秀毕业生 25 名，面向外县市公开招聘教师 20 名。全年交流调配教师 302 名，安排赴新邵县支教 20 人，辞职、辞退教师 103 名。二是加强典型引领。成立名师工作室，组建巡回演讲报告团，弘扬师德正能量，老师缪昌联高票当选长沙市十大魅力教师，成为“感动中国”湖南区候选人。三是加强专业培训。依托进修学校和网络培训举办继续教育研修班，组织 66 名行政干部参加省市培训，组织 2 次国培“送培到县”活动，全年受训教师达 13600 人次。　(潘志强　石自行)

【规范办学行为】　一是培养学生综合素质。规范课程设置，保证开齐开足国颁课程，规定作业时间，保证学生的休息和锻炼，积极开展大课间和阳光体育运动。二是规范学校管理行为。加强学校民主建设，健全教代会、校务公开等制度，推进教育阳光服务平台建设，加强内部审计，完成 9 个单位校长离任经济责任审计、233 个学校基本项目审计和 15 个工程合同审定。三是加大违规查处力度。全面落实收费公示和收费治理重点监控制度，切实加强教辅资料管理，严肃查处少数教师有偿家教家养和违规兼职行为。四是严肃招生考试纪律。加强体育中考管理，统一进行中考志愿填报，规范高中“计外”录取。加强高招和高考管理，高招工作获省先进。　(潘志强　石自行)

【全面提高教育质量】　一是德育途径更丰富。以常态化的主题教育为抓手，以德育论坛活动为推手，加快“传统美德教育”项目化研究，着力“开展经典诵读”活动，致力“打造书香校园”特色，开展“爱心公益促成长”“图书传递共成长”活动，为广大青少年砥德砺志。二是教学质量更优秀。高二学考一次性合格率和平均总分居长沙四县(市、区)第一，高考一本、二本上线 3041 人，上线率 47.84%，学科平均分及一本、二本上线率连续七年居长沙四县(市、区)第一名，有四名学生被北大录取，16 人次获全国性科技竞赛奖，57 人次获全国性学科奥赛奖励。三是科研成果更突出。积极推介社港中学课改经验，新确立 8 所课改实验校。开展第 18 届课堂教学评优，致力高效课堂建设。组织上传教育资源 26045 个，5 个课题获长沙市友谊教育科研奖，全市统一编写中华文化经典教育校本教材 3 本。四是各类教育更协调。学前三年入园率达

《教育三年行动计划》重点项目一览表

单位：万元

序号	项 目	规 模	2014年计划投资	2015-2016年总计划投资	备 注
1	薄弱学校改造工程	山区提质学校改造，三年改造提质学校131所。山区合格教学点建设，三年建设81所合格教学点	3821	3800	2015年完成建设任务
2	小城镇、工业新城和城区学校建设工程	1. 丰田小学、永安中学、新屋岭中学等	14400	680	2016年完成建设任务
		1. 荷花办事处人民路二小综合楼		5158	2015年完成建设任务
		2. 关口办事处长兴湖（石咀）小学及附属幼儿园		4400	2015—2016年完成建设任务
		3. 浦梓港小学及附属幼儿园		1939	2016年完成前期工作
		4. 官渡南岳小学整体搬迁		4968	2016年完成前期工作
		5. 镇头金田小学建设		3500	2016年完成建设任务
		6. 长郡•浏阳实验学校建设			2015年完成建设任务
3	幼儿园建设工程	1. 2014年幼儿园建设	1790	3000	2014年完成建设任务
		2. 全市建设公办幼儿园18所		4800	每年完成1500万元投资，两年完成
4	安全隐患排查工程	1. 木屋架礼堂食堂改造		2000	每年完成2400万元投资
		2. 安全隐患排查改造项目	1000	5600	每年完成1000万元投资
5	山区教师公共租赁房建设工程	建1200套教师公共租赁房项目	2800		每年完成400套教师公共租赁房项目
6	义务教育阶段学位扩容工程	1. 文家市成功小学教学楼、雅山小学建设等	821	300	2015年完成建设任务
		2. 岩前中学教学楼建设项目		276	2015年完成建设任务
		3. 大围山东门完小教学楼建设项目		530	2015年完成建设任务
		4. 沙市完小教学楼建设		168	2015年完成建设任务
		5. 岩前完小教学楼建设项目			2015年完成建设任务
		6. 教师进修学校及附属小学建设	11964		2015年完成建设任务
7	义务教育阶段学生食堂和寄宿条件改善工程	1. 古港中学学生宿舍、社港中学生活服务楼等	693	240	2014年完成建设任务
		2. 扬眉中学学生宿舍项目		240	2015年完成建设任务
		3. 官桥中学生活服务楼项目		246	2016年完成建设任务
		4. 双狮坪中学学生宿舍项目		140	2016年启动建设
		5. 文家市大坪完小食堂建设项目		300	2015年完成建设任务
		6. 丰裕中学学生宿舍建设		240	2015年完成建设任务
		7. 岩前中学食堂建设项目		380	2015年完成建设任务
		8. 楼古中学学生宿舍		220	2015年完成建设任务
		9. 太平桥中学食堂建设项目			2016年启动建设
8	高中学校办学条件改善工程	1. 职业中专学生宿舍	220	1332	2014年完成建设任务
		2. 一中学生宿舍项目		1680	2015年完成建设任务
		3. 田家炳中学食堂建设项目		560	2015年完成建设任务
		4. 八中学生宿舍项目		1600	2015年启动建设
9	学校装备工程	包括城域网建设		3000	
10	塑胶跑道建设工程	全市共投入3000万元			分两年建设

到 89.2%，评估认定 78 所民办普惠性幼儿园，职业中专实施新一轮提质改造，石化技校成功搬迁，职校招生实现新突破，启动全民终身学习周活动，社区学校实现乡镇全覆盖，社区教育活动实现常态化。

（潘志强　石自行）

【教育三年行动计划】 积极争取市委、市政府重视，2014 年第 30 个教师节之际，市委市政府召开全市教育工作大会，出台《加快建设教育强市和全面实现教育现代化的决定》，推出《教育三年行动计划》，三年投入 10 亿元，用于改善办学条件，推进教育现代化。

（潘志强　石自行）

【创新督导管理新办法】 构建全方位督导评估体系，优化各学段教学质量评价机制和监测体系，完善考核机制，不断增强考核的针对性和实效性。加强督学责任区管理，强化督导委员会成员单位职责，加强初高中教育教学衔接，实行高中质量发展性评价，逐步实现教育“管”“办”“评”分离，成功创建省级督学责任区示范点。

（潘志强　石自行）

【安全管理工作】 落实安全工作“一把手负责制”，建立“一岗双责”全员责任制，坚持常规督查和集中整治相结合，坚持部门联动和属地管理相结合，实行安全隐患管控“网格化”，高标准通过“湖南省平安校园建设先进市”创建项目评审。（潘志强　石自行）

【后勤管理工作】 逐步实行学校劳务派遣，积极化解临时用工风险。加强食品安全“痕迹”管理，引进“校园超市”经营模式。投资 300 多万元，更新学校厨房设备，统一配备餐具和消毒柜。全市中小学普遍实行教师缴费陪餐和食堂开放制度，伙食质量进一步提高，受到家长、社会好评。

（潘志强　石自行）

【教育宣传工作】 开通浏阳教育官方微信微博，并跻身湖南政务微信前十强。开展《我的老师》征文并结集出版，宣传推荐一批典型老师。化解网络舆情 40 多条，维护浏阳教育的良好形象。全年各级媒体报道浏阳教育 450 余次，《中国教育报》头版头条、《湖南日报》头版人民网、《潇湘晨报》等国家、省市级媒体报道达 102 余次，充分展示浏阳教育丰硕成果。

（潘志强　石自行）

浏阳市第一中学

浏阳市第一中学

党委书记　　　　陈耀文
副书记、校长　　袁章军
党委委员、副校长
潘　明　柳　喆　熊柱石
校长助理、艺术学校校长
苏飞跃（2014.08 任）
校长助理　赵国庆
校长助理　赖章武
艺校党总支书记
罗中平(2014.08 任)
工会主席　谢宏亮
校务委员　寻多求　郑雀林

【概况】 2014 年，浏阳一中共有 920 人参加高考，一本上线率 46.5%，一本、二本上线率 81.4%，一中艺校一本、二本上线率 45%，上线率再创历史新高。在湖南省人民政府教育督导室的教育督导中，获优秀单位。学校先后获全国作文教学先进单位、湖南省校务公开先进单位、长沙市心理健康教育示范学校、长沙市食品安全工作先进单位、浏阳市高考质量评价一等奖、浏阳市学业水平考试质量评价一等奖，浏阳市中考质量评价一等奖，浏阳市德育工作先进单位、浏阳市科技教育先进单位、空军招飞先进单位等荣誉称号。新开国家级课题 2 个，教师发表教学论文 45 篇，获奖教学论文达 100 余篇。有 1 名学生获化学奥赛全国一等奖，13 名学生获得全国二等奖。教师周寒珍被评为长沙市华天优秀教师奖，教师李辉明被评为浏阳市师德标兵，谭应良、罗润华、孙晓清、周闽湘、熊焱、陶智 6 名教师被评为浏阳市优秀教师，邓玲、吴光文、潘高扬、丁玉科 4 名教师被评为浏阳市优秀班主任，教师吴体强被评为浏阳市优秀教育工作者。教师熊珊参加长沙市中学政治教学风采大赛获得一等奖。12 月 12 日，中国互联网新闻中心（中国网）主办的 2014 年中国教育家年会暨“中国好教育”上，校长袁章军获 2014 年度“中国好校长”称号。

教学质量　一是积极推进优质高效课堂建设。认真推进导学案编制工作，强化备课组集体备课，教师的教学理念进一步更新，高效课堂建设成绩显著。二是充分发挥教学处“管理、服务、督查、评价”的功能。全面加强课堂教学督查、教学常规检查和学生评教活动，建立教学过程统计反馈制度，促进教学工作的落实。三是强化新教师的管理和培训。实施导师制，给每位青年教师配备导师，开展暑期教师全员培训，组织高三班主任教师大学行活动，与兄弟学校进行学习交流。加强听课和评课制度的落实，促进青年教师迅速成长。四是认真组织教学交流活动。全年接待 30 多批次上级主管部门的教学督导和兄弟学校的教学观摩，组织本校教师外出交流学习 20 多批次，邀请省、市教科院和大学教授、专家来校进行学术讲座和教学指导 12 次，有效促进教师教学水平的提升。五是优化教师队伍结构。从师范大学引进 8 名优秀免费师范毕业生，选调一些基层优秀教师充实队伍。

教学研究　一是切实加强教研组和备课组建设。各教研组和备课组坚持集体备课，精心编写导学案，认真组织听评课，努力打造“优质高效、充满活力”的课改新课堂，教研为教学服务的思路更加清晰，效果更为明显。二是努力打造学习型教师团队。继续开展读书活动，组织教师学习三本理论书籍，学校被评为浏阳市“新世纪教师读书工程”先进单位。认真组织各级各类继续教育培训，教师学分培训落实更加到位。三是以赛课活动为载体提升教师教学水平。认真组织教师全员赛课活动，积极推选教师参加浏阳市课堂教学评优活动。四是以课题研究为突破口，教研氛围浓厚。2014年度，学校新开国家级课题2个，教师发表教学论文45篇，获奖教学论文达100余篇。

学生管理 一是进一步加强学生的日常管理。通过仪容仪表检查、就寝纪律督查、三操和早晚自习督查，强化学生的行为习惯教育和培养。二是精心组织系列主题教育活动。开展校纪校风教育、军训教育、安全教育、爱国主义教育、感恩教育、心理健康教育、励志教育等12次主题教育活动。三是坚持开展体育大课间活动。每天第三节课后学校统一组织学生跑操和做广播体操，切实增强学生的体质，有效保障学生每天一小时的体育锻炼时间。四是认真开展文明餐桌行动。通过开展“文明就餐、节俭惜福”的倡议和文明餐桌评选，规范学生就餐秩序，减少食堂饭菜浪费，培养学生文明节俭的良好习惯。五是认真组织丰富多彩的学生活动。举行社团文化节、校园文化艺术节等大型活动，充分展示学生的个性特长，让校园迸发生机和活力，艺校1401班学生参加长沙市班级演唱比赛，获一等奖。六是注重学生自主管理和自我发展，让广大学生参与学校管理和各项活动的组织工作，培养学生的素质和能力。七是加强家校联系和沟通。认真开展“家长工作日”，分年级召开家长会，及时向家长汇报学校工作情况，赢得家长的理解和支持，增强学校教育的合力。八是全面实施全员导师制，全体教师参与对学生生活、学习、思想的全方位关注和跟踪辅导，改善和密切师生关系，减少学生问题，探索出一条新的管理模式。全年学生中无重大安全和违纪事件发生，校纪校风良好。

存在的困难与问题 学生的住宿条件有待改善，急需兴建第4、5栋学生公寓。学校债务仍然是制约学校发展的主要瓶颈。

（喻中祥）

【推进高效课堂建设】 2014年，浏阳一中积极，采取一系列行之有效的措施，取得良好的效果。一是强化备课组集体备课，认真落实学案制教学，课堂教学改革有序推进。二是以浏阳市第十八届课堂教学评优活动为契机，扎实开展教师全员赛课活动，促进教师自身素质和教学水平的共同提高。罗阳、胡安明等13名教师获市课堂教学评优一等奖，教师熊珊获省高中政治微课大赛一等奖。三是强化新教师的教学管理和培训，实施师徒结对制度，给每位新教师配备导师，加强听课和评课制度的落实，促进新教师的迅速成长。四是在市教育局的倡导下，成立英语名师工作室，由学校省特级教师、教学副校长潘明担任首席名师，2014年度开展系列研训活动，促进学科教研活动的开展。（喻中祥）

【获评湖南省校务公开先进单位】 2013年下学期浏阳一中成立督导室，认真落实省、市有关教育督导的文件精神，加强督导队伍建设，建立健全督导工作制度，积极开展校内工作督导，加强督导空间建设，组织督学责任区内的学校主要干部进行业务培训，举办德育论坛和教学经验交流会，加强对辖区督学责任区学校工作的指导，较好的发挥督导室的作用。在2014年12月份省教育厅组织督导评估中，浏阳一中教育督导工作在文化育人、环境育人和优质后勤服务三个方面特色鲜明，成绩突出，发挥省示范性高中的示范引领和辐射作用，获得上级领导的一致好评，获评湖南省校务公开先进单位。（喻中祥）

【社团建设】 一是举办学生社团文化节和校园文化艺术节。在第四届社团文化节中，有校园电视台、天马文学社、军政社、红石设计社、国风汉韵社等20余个社团组织丰富多彩的活动，吸引大批学生参加，《浏阳日报》对浏阳一中社团文化节进行专版报道。在校园艺术节中，十佳歌手大赛、才艺展示大赛、“青春风采”主持人大赛“春蕾杯”辩论赛充分展示学生的特长和才艺，深受学生的欢迎。二是各个社团积极参加各级比赛。2014年元宵节期间，浏阳一中神脑谜社成员温雨辰、刘咏夏、张博文参加央视《全国谜语大会》，获优秀奖。5月11日，校灯谜代表队参加第二届“杜鹃杯”长沙高校灯谜邀请赛，温雨辰、刘咏夏、陈廷聿三名选手夺冠。9月24—27日，灯谜队参加在江苏常熟举行的国际中学生灯谜邀请大赛，获得团体季军，陈廷聿获得个人银箭奖。

（喻中祥）

【学校食品安全工作】 浏阳一中后勤部门提出“小食堂、大课堂”服务育人理念，全国推行“12345”优质后勤建设工程，突出后勤的服务、育人和保障功能，实行精细化管理、主动性服务、规范化运作、有效性执行的管理理念，实现后勤管理优化提质的目标。在食品安全工作方面，一是严格实行食品安全三级督查制度，每周一组织一次食品安全大检查，每天进行一次食品安全巡查。二是严格食品准入制度，确保进货渠道安全。三是实行餐厅内部组长安全工作责任制，对采购的原材料严格把关。四是严格执行消毒制度，严格食品各环节操作规程，学校获湖南省和长沙市2014年度食品安全工作先进单位。

（喻中祥）

【学校宣传工作继续加强】 一是在精心办好学校网站、校报的基础上，开通学校微博和微信，及时向社会宣传学校的办学情况和取得的成绩，目前学校微信粉丝量超过5000人，学校微博获评浏阳市十大影响力公众微博，学校微信跻身浏阳市政务微信排名前十名。二是充分利用本土网络宣传学校办学成绩，通过浏阳教育网、浏阳论坛和每家每户论坛等媒体上传学校信息，学校宣传工作获浏阳市教育系统先进单位。三是加强与各级媒体的沟通联系，吸引媒体关注和宣传浏阳一中办学特色和亮点。《中国文化报》《长沙晚报》对学校神脑谜社参加国际中学生灯谜大赛进行报道。湖南省教育电视台菁菁校园栏目以《续千年文脉，育盛世英才》为题对浏阳一中进行典型报道。《浏阳日报》学校家长工作日、生态校园建设和社团文化节等进行专版报道。（喻中祥）

浏阳市田家炳实验中学

浏阳市田家炳实验中学

党委书记　　朱玉喜
副书记、校长　刘会成
党委委员、副校长　汤坤池
　屈加亮　寻鹏飞
校长助理　　黄玉峰

【概况】 2014年，浏阳市田家炳实验中学有54个教学班，学生3135人，教职工249人，其中特级教师2人，外籍教师1人，省级优秀教师2人，高级教师70人，市级名师10人，市级骨干教师18人，师资力量较为雄厚。校园面积310多亩。（黄玉峰）

【教育教学工作 】 2014年学校高考再一次获得高考质量评价一等奖。从2001年开始学校连续14次获得市教育局高考质量评价一等奖。2014年有汤思连、刘迪雅、张育宁、陈丽丽四名同学被北京大学录取。2014年学校本一本、二本上线率达到73%。高二学业水平考试全科合格率达99.4%；高二年级学业水平考试和高一年级联考均获浏阳市质量评价一等奖。2014年，学校奥赛获一等奖1个，二等奖24个，三等奖21个。奥赛获奖人数不断攀升。学生参加全国英语创新大赛，1人获全国一等奖，3人获全国二等奖，3人获全国三等奖，18人获华中赛区一、二、三等奖。国际交流活动进一步深入开展。目前学校与英国金•阿尔佛雷德学校、英国三通高级中学双方互派师生交流已达500多人次。2014年两校互派师生达46人之多，进行深入的交流学习。许多学生通过走出国门，开阔视野，树立远大的人生理想和奋斗目标。2014校体艺工作取得斐然成绩。学校篮球队参加浏阳市中学生篮球赛夺得冠军；武术队参加“湖南省中学生武术大赛”获团体总分第二名；田径代表队参加浏阳市中学生运动会获得团体总分第三名；艺术代表队参加浏阳市艺术节获团体总分一等奖，2位同学获长沙市“三独比赛”一等奖。2014年高考体艺上线人数达到35人。（黄玉峰）

【教研教改工作】 “科创新”项目已成为学校的特色校本课程、特色教研课题。学校已有35名学生的作品获国家专利，2014年获得国家专利6项。2014年参加浏阳市科技节，11个作品获一等奖，团体总分获一等奖；两件作品获“第十届宋庆龄少年儿童发明奖”铜奖，学校获“宋庆龄青少年儿童发明基地”学校；参加“中国高中生才艺展示大奖赛”，2个作品获二等奖、2个作品获三等奖；两件作品入选参展第八届国际发明展览会；参加“第七届全国中小学生劳动技术教育创新作品展评活动”获得两银三铜的好成绩；学校获得“第三十一届长沙市青少年科技创新大赛优秀组织单位”称号。积极开展丰富的活动，促进校本研训的深入开展和教师队伍的建设。开展教师课堂教学调研，师徒结对，校本培训，学校课堂教学评优等活动，有效地提高教师的教学水平、教材处理能力、课堂驾驭能力，许多青年教师得到充分的锻炼、快速地成长。数学组四位老师组队参加长沙市数学教师解题大赛获团体总分一等奖。学校自主招生培训成绩斐然。2014年4人通过北大清华自主招生（全省共通过42人），30多人次通过上海交大、西安交通大学、天津大学等名校的自主招生。（黄玉峰）

田中党委书记朱玉喜（左三）与2014年考入北大的张育宁（左一）、汤思连（左二）、刘迪雅（左四）、陈丽丽（左五）合影　（图片来源：田家炳实验中学）

【品德教育工作】 学校始终把德育工作放在首位，坚持育人为先，德育为首，教育学生修炼品德，完善人格，成就自己，回报社会。以德育活动为载体和平台，注重学生思想引导和体验感受，着力抓好学生理想信念教育、公民道德教育、养成习惯教育、感恩教育等等。2014年，学校通过励志夏令营、高一军训大比拼、名人报告会、德育大讲堂、成人仪式、走进新农村、“手拉手、心连心”、演讲赛、辩论赛、班级文化展示、学生社团、元旦晚会、校运会等活动，从学生实情入手，了解分析，因势利导，加强思想引导，帮助学生形成良好的习惯，树立远大的理想。大力倡导爱心教育。坚持把“不让一个学生因贫困而失学，不让一个学生因学习困难而失学”作为教育追求。2014年学校共扶助贫困学生1000以上人次，扶助金额达100万元左右。同时学校再次引进韩国依恋阳光助学基金15万元，成功开办第三期田中“依恋阳光”班，并与长沙市慈善会、长沙西城实业有限公司成功开办“西城春晖”班，为学校贫寒学子提供有力的帮助。高度重视心理健康教育，全面打造心理教育模式，利用心理健康教育为德育保驾护航。组织改造心理教育咨询室；通过普及心理健康教育、个案咨询和团队辅导，提高师生的心理健康意识；创新心理教育模式，设立班级心理委员，建立学校心理教育协会，创办《心理报》，将心理教育推向基层，使心理健康教育中心真正地成为学生愿意倾诉心结的地方，全年接待学生上百人次，解决很多学生学习和心理困难，为学生的健康发展做出较大的贡献。

（黄玉峰）

【硬件设施建设】 校园绿化，全年栽种树木 4000 多棵，学校一年四季绿树成荫；加强学校苗圃建设，能够保证学校花卉的需求，目前学校四季鲜花怒放。规划设计并公示与李畋路对接道路（田家炳路）立项报建工作。田家炳路已于 10 月 1 日竣工通车。完成教师周转房立项、手续办理，并督促期如期开工。学校 54 间教室均完成多媒体建设，均安装电子白板。学校植物园已经初具雏形。（黄玉峰）

【校园安全】 构建“校长—主管副校长—保卫科—年级部、班主任—班级安全联络员”的安全管理网络；制订学生紧急疏散预案，进行安全演练，强化师生安全意识；实施楼层值班制度、每日学生报告制度、坚持护校巡逻等，为学生筑起一道道安全防线。2014 年，学校没有发生重大安全事故。

（黄玉峰）

【长沙慈善会“西城春晖班”签约仪式在浏阳市田家炳实验中学举行】 7 月 3 日，长沙慈善会“西城春晖班”签约仪式在浏阳市田家炳实验中学举行。仪式由长沙慈善会副会长、市慈善基金会副理事长兼秘书长贺国谦主持。签约仪式上，浏阳市委副书记、市人民政府市长余勋伟致辞；长沙市民政局党委副书记、副局长，长沙慈善会秘书长，长沙市慈善基金会副理事长秘书长伍仁华介绍“西城春晖班”项目，并与湖南西城实业（集团）有限公司董事长、长沙慈善会副会长幸显旺，浏阳市田家炳实验中学校长刘会成共同签订《长沙慈善会、湖南西城实业（集团）有限公司与浏阳市田家炳实验中学联合开办“西城春晖班”协议书》；民进长沙市委主委、省政协常委、长沙市教育局副局长李平，湖南西城实业（集团）有限公司执行总裁吴锐分别讲话。“西城春晖班”项目从 2014 年 7 月份开始正式启动实施。湖南西城实业(集团)有限公司每年为“西城春晖班”50 位学生解决学费和部分生活费共 5000 元；浏阳市田家炳实验中学给予配套资助，每年为每位学生减免住宿费、杂费等共 2400 元；资助时间为三年。受助对象为当年考上浏阳市田家炳中学的“家庭特别困难、品学比较优良”的应届初中毕业生，要同时具备三个条件：一是初中思想品德综合评价优良；二是初中毕业水平考试综合成绩达到浏阳市田家炳中学录取以上；三是符合生活无依靠的烈士子女、孤儿，城镇低保家庭子女，贫困优抚对象子女或者其他困难家庭子女中的一个条件。受助对象严格按照个人自愿申请、学校初审、长沙慈善会调查核实、媒体公示和湖南西城实业（集团）有限公司审批等程序来确定。

（黄玉峰）

长沙慈善会•浏阳市田家炳实验中学“西域春晖班”签约仪式

（图片来源：田家炳实验中学）

浏阳市职业中专

浏阳市职业中专

党总支书记　姜兴武

党总支副书记、校长　陈　奎

副校长　陈中西　李滔滔

【概况】 浏阳市职业中专占地面积 21.34 万平方米，建筑面积 6 万平方米。2014 年，有教学班级 52 个，全日制在校生 2236 人。教职工 155 人（在编教师 149 人），其中专任教师 136 人，专业课教师 56 人，双师型教师 42 人，省级专业带头人 3 人，长沙市级专业带头人 5 人。学校开设机械加工、园林技术、电子电器、会计、计算机及应用、服装设计与制作、汽车运用与维修、旅游服务与酒店管理、数控技术、音乐十大专业，其中服装设计与制作专业为省级精品专业。该校继续坚持“以就业为导向、以服务为宗旨”的办学思想，坚持面向社会、面向市场的办学方向。年内获长沙市中职学校就业工作先进单位、浏阳市社会管理综合治理工作先进单位、继续保持湖南省模范职工之家等荣誉。

环境发展　营造良好发展环境。根据长府阅〔2013〕75 号《关于长沙职业技术学院浏阳校区资产处置有关问题的会议纪要》的文件精神，班子成员多次陪同主管教育市长与长沙职院对接协调，邀请市政协主席李家喜、副主席廖伟平带领政协教育组委员到校指导，使市委、市政府、教育局对该校发展达成一校两址的决策出台。促成财政局和教育局到校现场办公。争取 1500 万资金对该校的基础设施、运动场所、实习实训设备等进行投入改造。全年向上级部门争取资金达 449 万元，用于特色专业群建设和其他设备的添置。争取省级职教专项经费92万元资金购置课桌椅500套、床铺300张，维修实训楼、综合楼屋面，安装路灯38盏，装配25个班级的班班通设备，投资240万对男生宿舍进行改造，投资43万元对校园的主道路进行砂改油的工程建设等，学校的办学条件得到较大改观。中高职衔接实现联合办学，在省内率先实现与高职院校联合招收五年制大专班二个，扩展专业，减少招生局限性。力争市教育局对该校招生政策的重点支持，为今后招生建立良性的长效机制。

德育工作 常规管理。强化对学生的文明礼貌、遵纪守规、仪容仪表等常规方面的精细化管理，校风、学风明显好转，加强全员育人工作，管理做到定时、定点、定人、定责。德育活动。开展新生入学教育和军训活动；加强家校联系和法纪法制教育，组织高一学生赴湖南省未成年人管教所听取法制报告；加强学生会、团委会队伍建设，发挥学生“三自”教育作用。举办“声动职中”校园歌手赛、班级合唱比赛、汉字听写大赛等一系列德育活动；开展“我为社会主义核心价值观代言”系列活动。德育研究。成立“班主任工作室”，加强德育研究；开展以“感恩教育”为主题的班会竞赛；举行优秀班主任经验报告会；加强校际之间的德育交流，选派德育干部和班主任代表赴浏阳市田家炳高级中学、长沙市水利水电学校学习交流，赴浏阳五中参加浏阳市2014年班主任工作经验交流会；选送德育论文23篇。创新管理机制。通过优化班主任评价制度，充分激发班主任的工作热情，提高班主任的责任心，进一步增强德育工作的吸引力，营造良好的德育工作氛围。确保校园平安。健全校内的各项安全管理制度，做好安全防范和排查工作，全年校园安全事故为零，校园违法案件为零，涉校矛盾为零。

教学教研 教学管理。继续坚持教学工作日督查、周通报、月点评制度，坚持做好教师绩效考核、结构工资月兑现工作。教研教改。《农村中等职业学校教学方式创新的研究》获评长沙市教育科学“十二五”规划2014年度立项资助课题，经专家评审顺利开题；全年教师主编教材5部，在国家、省级刊物和论文评选中发表或获奖75篇次；认真组织浏阳市第18届课堂教学评优活动，举行校级新教师汇报课、中高级教师优质课、高级教师评课等教学竞赛活动，搭建教师成长平台。实习实训。按照“6S”管理模式，扎实推进实习实训的队伍管理、教学管理和竞赛培训管理；开展服装、财会、计算机、汽车维修4个专业的教师技能抽查；举行学生技能竞赛周和专业技能展示活动。师资培训。做实校本培训，开展教师读书工程和全国职业教育会议精神学习考试；拓宽外出培训，全年选派国培教师3人，省培教师12人，长沙市培训教师30人；强化远程培训，组织98名教师参加长沙市中职基础文化课教师专业理念优化与专业能力提升远程培训，专业素养和教学理念得到提升。比武竞赛。技能抽查成绩优异，参加长沙市旅游与酒店管理专业学生技能抽查合格率100%，劳动技术等级证考试合格率100%；参加长沙市学生技能竞赛取得单项一等奖2个、二等奖12个、团体第一名1个、第三名1个的好成绩，两个项目将代表长沙地区参加2015年4月份举行的省级技能竞赛。参加浏阳市艺术节“三独”比赛，获得市直高中组3个二等奖；在浏阳市科技节活动中该校团体总分获得市直高中组二等奖。对口高考稳中有升，全年对口高考成绩优异，一、二本上线人数19人。

后勤保障 制度建设。调整后勤管理人员岗位，强化职责，保证后勤工作规范有序，学校水电工作和教工食堂工作得到加强，获得教师们的充分肯定。强化安全和服务意识，做好食堂进货、保管、加工等各个环节的管理，保障食品安全。落实教师陪餐制度，做好家长开放日活动，广泛征求家长、教师、学生意见，不断改进工作，全年食堂卫生得到较大改善，员工的服务态度和服务水平得到明显提升，师生的满意度提高。加强学校财务管理，落实财产损坏赔偿制度。注重开源节流工作。学校主动适应新的财政管理改革，进一步规范财务管理，严格执行上级财经纪律，抓好学校勤工俭学工作，通过不断努力，改善教职工的生活待遇。按照市教育局的要求，认真做好米、油、煤等大宗物品的公开招标采购工作，后勤货物采购程序更加规范。加强学校商店和饮食部的管理，对出售货品的种类和价格进行有效监管，杜绝垃圾食品和影响学生健康的食品进入校园。全年无安全食品事故发生。

招生就业 深入调查学生就业市场，改革学校办学模式和人才培养模式；调整专业设置，完善招生方案，激发招生热情，营造招生环境，在全体教职工的共同努力下，招收注册新生1169人，与广汽·菲亚特、北汽福田等十余家名优企业签订校企合作、订单培养、联合办学协议；开展冠名办班、技能对口培训等工作，专业对接企业工作迈上新台阶；聘请工业园区、银天大酒店、远大可建等专业人员到校指导学生实训、开展教师团队培训等工作。全年安置就业和顶岗实习学生586人，就业率达98.8%，其中对口就业率达85%，本地就业率达80%，预备员工顶岗实习结束后的稳定率达65%。

工会和其他工作 开展教育交流和品牌宣传。全年与衡阳县职业中专、长沙汽车工业学校、可建远大等职校和企业进行参观互访，接待省、市和其他兄弟学校和上级部门到校参观考察18批次，在《浏阳日报》、浏阳教育网等媒体发表学校宣传报道60篇（次）。关心教职工日常生活。积极参与教职工的婚、庆、病、丧工作，邀请离、退休教师回校参加重阳节座谈会；组织全校男女教职工健康体检；争取2.4万元资金扶助教职工寻金好，帮助解决教职工实际困难。扩大教育基金的影响。组织高一年级家长爱心捐款5.813万元；组织全校师生爱心捐款4.3万元；积极筹划一职深圳校友会教育基金；奖励扶助学生150人计6.1万元；举办奖学金、助学金发放仪式。（焦元甫）

文体·新闻

文体艺术

浏阳市文化体育广播电视局
浏阳市新闻出版局

党委书记、局长　余海波
副局长　楚海华　谢文佳
　　　　寻司农　张先锋
　　　　陈　栋　于军军（女）
纪委书记　谢文佳（2014.09免）
工会主席　陈东红

【概况】2014年，浏阳市文体广电局高举“弘扬浏阳精神，繁荣浏阳文化，唱响文化浏阳”旗帜，通过实施“四五六工程”，文化管理体制不断完善，现代公共文化服务体系不断健全，文体产业不断增强，文化强市建设扎实推进。

群众文化活动　2014年，该局主办和承办元宵节、“欢乐浏阳河”“雅韵三湘·美丽浏阳”、首届欧阳予倩戏剧艺术节、“中信杯”全民广场舞大赛、第五届“机关读书月”活动、肖正平“梦之音”音乐创作作品演唱会等系列群文活动。指导和督办乡镇、街道及社区文化活动200多场（次）。

文体下乡　完成中和、葛家、沿溪3个乡镇新建（改扩建）综合文化站，镇头、杨花、三口3个乡镇提质综合文化站，淮川街道北正、集里街道百宜等10个示范性社区（村）文化室的建设任务。全年发放体育器材124套，完成送戏下乡110余场，观众近10万人次。完成47个村（社区）农家书屋建设，实现全市农家书屋全覆盖。

全民健身运动　圆满完成全国第六次体育场地普查工作和国民体质监测工作，成功举办浏阳市第二届全民健身运动会，参赛运动员总数超过11700人次（含学生组）。参加长沙市第八届老年运动会和三省九县（市）老年运动会，取得团体总分第一，承办长沙市第八届老年运动会地掷球比赛、湖南省“强民杯”农民篮球、乒乓球比赛及省第二届武术大赛“散打王”邀请赛。举办第二届“浏河杯”全国门球邀请赛。

文体产业　市体育运动管理局和欧阳予倩大剧院积极发展集场馆租赁、文艺演出、健身休闲、展会贸易、文化传媒等综合业务为一体的新型文体产业形态。欧阳予倩大剧院文化产业基地通过省文化厅现场考察和认定，并由省文化厅向国家文化部推荐申报国家级文化产业基地。全年完成体彩销售额5280万元，比2013年同期增加1200多万元，在全省县市中排名第一。

文化市场监管　完成全市700多家文化市场经营单位年审登记工作，对无证经营场所下发限期整改通知单。文化市场综合执法局全年出动执法人员4100余人次，检查文化市场经营单位1200余家次。受理举报和查处23起，立案处罚18家，协助工商公安取缔黑网吧6家，关停不符合开办条件网吧2家，取缔游商地摊8户，收缴非法出版物及盗版和淫秽音像制品15000余册（碟），责令改正擅自安装使用地面卫星接收设施单位16家。深入开展“扫黄打非”工作，突出查办大案要案，浏阳淳口“3·7”销售违禁出版物案被列为全省并被推荐为全国扫黄打非重点督办案件。

文物保护　完成第一阶段可移动文物普查工作任务，完成谭嗣同故居安防工作及对消防进行提质改造，启动锦绶堂地面防潮改造工程。做好谭嗣同故居周边环境改造方案评审和立项工作及浏阳文庙提质、陈列布展前期工作。成立楚东山传统村落保护工作领导小组，配合大围山镇政府做好系列保护方案的编制等相关工作，协助金刚镇做好长沙市文物保护单位桃树湾民居第一期维修工程。完成文博单列工作。对古港镇东信烟花建设工地东汉古墓群进行抢救性挖掘，出土珍贵文物10余件。新增33处长沙市级文物保护单位。进一步挖掘整理浏阳文庙祭孔古乐相关资料，做好该项目申报国家级非物质文化遗产工作和恢复大典等工作，12月，中华人民共和国国务院公布第四批国家级非物质文化遗产代表性项目名录，浏阳文庙祭孔音乐名列其中。

（邓　芳　罗兴美）

【举办首届欧阳予倩戏剧艺术节】9月20～22日，为纪念欧阳予倩诞辰125周年、欧阳山尊诞辰100周年，浏阳市以“雅韵三湘·欢乐浏阳”为主题，举办首届欧阳予倩戏剧艺术节。艺术节包括“戏迷大舞台”“大师铸精魂”“共叙梨园情”“百姓欢乐汇”“杂技精彩秀”5 大活动，为广大市民和戏迷奉上一场文化艺术盛宴。

(罗兴美)

浏阳市文学艺术界联合会

浏阳市文学艺术界联合会

主　席　　刘旭辉（女）
常务副主席　熊水芳
副主席　朱玉喜　楚海华
　　　　唐柱子　胡宜忠
　　　　刘正初
秘书长　刘正初

【概况】 2014 年度，浏阳市文联团结和带领广大文艺工作者，积极深入生活，认真开展工作，努力繁荣浏阳的文艺事业，为浏阳“挺进三十强，再创新辉煌”做出应有贡献。

创作成绩　继续实施年度最佳作品评选奖励制度，激发广大文艺工作者创作热情，全年创作各类文艺作品 3000 多件。2013 年组织编纂出版的《璀璨浏阳》丛书，获得长沙市“五个一工程奖”；由湖南人民出版社出版的《艺蕴浏阳》丛书，收录全市 31 位文艺工作者的书法、美术、摄影作品集共 31 册，作品数量 1500 多件，市委书记曹立军总序，市委常委、宣传部部长刘旭担任丛书主编；全年有 5 人 8 次入展中国书协主办的全国展，胡宜忠等 4 人新加入中国书法家协会；在中国摄影家协会主办的全国摄影大赛中，获得 1 个铜奖、11 个优秀奖；美协入选第十二届全国美展湖南展区作品 11 件，其中何细华的雕塑作品《心语》入展第十二届全国美展，潘昌璜的农民画、陈哈的剪纸在中国民协主办的展览中获奖；“烟花龙舞”参加中国文联在苏州主办的全国舞龙展演并获得金奖，已推荐参评中国民间文艺最高奖项“山花奖”；全年创作发表文学、诗词、楹联作品 2000 多件，出版作品集 30 多部，其中彭晓玲长篇报告文学《人去巢空》列为中国作协、湖南省作协重点扶持作品，在《芳草·潮》杂志连载，喻咏槐在《人民日报》等报刊发表散文 39 篇，短篇小说 3 篇，近 10 万字；鲁建文杂文集《倒过来的逻辑》，朱赫的长篇小说《刀尖上的柔情》，彭晓玲的散文集《苍茫潇湘》，刘运华的长篇报告文学《家国情怀》等作品公开出版；《浏阳河》杂志新出杂志 3 期。出版《淮川诗词》第 25 期。卢义方作词的歌曲《一起为祖国》由著名歌唱家阎维文演唱，获中国音协主办的“中国梦”全国原创歌曲大赛优秀奖。

文艺活动　全年开展各种文艺活动 120 多次，参与文艺工作者 5000 多人次。丰富群众文化生活，扩大文联工作影响力。一是继续开展“我们的节日”系列活动。春节前夕组织“万副春联送万家”活动；元宵节开展民间文艺展演，悬挂灯谜 1500 条；端午举办赛龙舟、诵诗歌活动；中秋节举办戏曲演唱活动；重阳节开展送文艺到敬老院的皮影、戏曲慰问演出活动。二是开展学习交流活动。邀请 20 多批次外地文艺名家到浏阳进行交流；组织 40 多次采风活动，有 1000 多人次参加；张海鹏二胡音乐专场演奏会、肖正平音乐创作作品演唱会和寻锡兰长篇小说《村女春秋》作品讨论会成功举行。三是开展纪念老一辈文艺家活动。在浏阳籍著名文艺家欧阳予倩诞辰 125 周年，欧阳山尊、王人美诞辰 100 周年之际，市文联分别组织简朴、隆重的纪念座谈会，参与组织首届欧阳予倩戏剧艺术节，开展王人美电影观摩活动。四是开展校园文艺活动。指导浏阳一中成立神脑谜社，出版《神脑谜刊》，代表湖南省先后参加中央电视台“中国谜语大会”获得优秀奖、常熟国际中学生灯谜大赛获得第三名。继续开展“中华诗词进校园”活动，召开诗教工作现场会，表彰诗教工作先进单位。3 件作品在“美丽中国梦”首届全国校园剪纸邀请赛中获奖。

服务大局　开展第七届《中华楹联颂浏阳》全国春联创作大赛，用春联的形式宣传党的政策。启动楹联文化村的建设，楹联、壁画、剪纸等民间艺术在文明屋场中发挥作用。深入大围山、工业园、金刚、镇头等地采风创作，为浏阳的支柱产业、重点工程和旅游发展服务。成功举办萍浏醴笔会、“寻找最美古村镇——金刚之旅”采风暨文艺作品大赛、第二届“大围山之旅”文艺作品大赛、浏阳经开区楹联大赛和书法小品展览等活动。组织参加“浏阳新八景·最美九道湾”评选活动。多次组织企业笔会和义务演出，为企业创作书画作品，送去文艺节目。积极参与“欢乐浏阳河”广场文艺、第二届浏阳河音乐节等大型活动。鼓励文艺工作者发展文化产业，实现社会效益和经济效益双丰收。皮影协会走村串户，演出 2000 多场，演出收入 120 多万元。支持菊花石雕、烟花爆竹、夏布、纸伞等传统工艺的创新，提升文化含量，促进产业转型升级。大围山根雕、永和炭雕、大瑶龙狮等民间艺术异军突起，探索经营发展文化产业的新路子。

组织建设　对团体会员继续实施目标管理和年度考核，做好领导干部在文艺界兼职的清理工作，吸纳一批优秀会员，看望慰问老文艺家代表和家庭困难的文艺工作者，帮助部分文艺工作者解决创作、生活上的具体困难。沿溪、官桥 2 家乡镇文联，基本做到“办公有场地、活动有计划、经费有保障”，并开展一些群众喜闻乐见的文艺活动。

(刘正初)

群众文化

浏阳市文化馆

党支部书记　杨振文
馆　　长　熊　辉
副 馆 长　肖远平
　　　　　王娜娜（女）
　　　　　谭晓琴（女）

【概况】 2014 年，浏阳文化馆按照市文体广电局年初工作的总体计划和部署，创新工作思路，大胆探索文化管理模式，努力营造活跃、丰富的文化环境，团结奋进，出色完成各项工作任务，获评“长沙市文明单位”；被浏阳市文化体育广播电视局评定为“目标考核一等奖”“优秀班子奖”和“先进党支部”。

队伍建设　年初全面实行人事制度改革，实行副馆长、科室长竞争上岗和全体员工双向选择，同时收入分配制度打破大锅饭、平均主义，实施经济任务目标管理制。开展支部“为民服务创先争优”、班子成员廉政承诺活动。创建“文化馆网站”。

文艺活动　组织、编排、策划各类公益性文艺活动28场次，包括“跃马腾飞、激情跨越”元宵系列文化活动、“欢乐潇湘——长沙篇舞动星城　歌咏湘江”全民广场舞大赛、首届欧阳予倩戏剧艺术节；“中国梦湘土情”两地职工文化交流暨“送文化进企业”专场演出、关爱行·传递文化的力量——践行群众路线情系敬老院慰问演出等。

文艺团队培训　重点打造和扶持群众文艺团队，对全市多家群众文艺团队进行不定期免费培训，培训项目包括舞蹈、声乐等，1万余人受益。

申遗工作　启动浏阳古乐申遗工作。4月，全国政协委员、中国艺术研究院非物质文化研究保护国家中心主任教授田青到该馆对申遗工作进行指导，7月中旬，浏阳古乐被列入第四批国家级非物质文化遗产保护名录。

信息宣传　做好信息报送工作，加大宣传力度。《浏阳日报》宣传报道稿件20篇，《中国文化报》宣传报道稿件12篇，《湖南日报》1篇，《长沙晚报》宣传报道稿件2篇，《潇湘晨报》宣传报道稿件1篇，《湖南群众文化》1篇，“浏阳古乐申报国家级文化遗产”被长沙市政府门户网站采用1篇。

文艺创作　龚瑶编排的原创节目《菊石花开》，充分展现浏阳独特地域文化，在长沙市2014年“欢乐潇湘——长沙篇舞动星城歌咏湘江”大型群众文艺会演中获得一等奖；杨振文随笔《南欧北梅忆予倩》发表在《中国文化报》；文章《企业家文化情结》发表在《湖南群众文化》杂志；朱志云美术作品《苗家阿妹》获长沙市关心下一代工作委员会主办的“美丽中国·幸福生活·文明长沙”书画大赛绘画类二等奖；摄影作品《泥头工》获得省文化厅举办的“中国梦”大赛优秀奖；《残疾人的菊花石梦》获得省群众艺术馆业务人员技能大赛三等奖；《古城盛世》和《梦幻湘江》均获得全国“上栗花炮杯”摄影大赛优秀奖；黄振英和游留辉参加长沙市“中国情·国家梦”中华经典名篇诵读全市展演总决赛获二等奖；谭晓琴散文《与梦同行》获得省文化厅举办的“中国梦”大赛优秀奖；散文《寂寥的渡船》获由《散文选刊》杂志社举办的第二届全国情感主题散文大赛三等奖；散文《大山深处飘荡客家山歌》发表在《中国文化报》；纪实文章《不能忘却的记忆》等两篇发表在中央《团结报》；朱赫长篇小说《刀尖上的柔情》出版，获首届“中国梦之路”大赛奖，并被推荐为全国优秀图书。

艺术培训工作　采取学校蹲点发送、《潇湘晨报》夹送、上户发送、手机短信相结合的招生广告发放方式。全年招收373名学生。

免费开放　积极做好免费开放项目公示和服务工作，做到活动明确、责任到人，确保服务质量。

（吉　喆）

图书发行

湖南省新华书店有限责任公司浏阳市分公司

经　理　罗　斌
党支部书记、副经理　陈学雷
副经理　李玉娟（女）

【概况】2014年，湖南省新华书店有限责任公司浏阳市分公司全年实现销售收入9047.39万元，同比增长12.7%；实现利润1089万元，同比增长13.8%。销售和利润均实现稳步增长。

政治性图书发行　积极配合党的群众路线教育实践活动的开展，协助市委宣传部做好《论群众路线-重要论述摘编》《厉行节约　反对浪费》《党的群众路线教育实践活动》《学习习近平总书记重要讲话》《各地联系服务群众经验做法选编》等重要文件文献和党建读物的发行。通过对口征订、系统发行、送书上门等措施，发行各类政治性图书2.45万册。

教材发行　确保全市教材“课前到书、人手一册”，强化服务意识，提高服务质量，保证全市教学工作顺利开展。切实解决休息时间和节假日教材教辅售后服务问题，方便广大学生、家长对教材零售的需要，公司增设教材零售便民服务窗口。探索农村发行网点建设新模式，着手校园书店网点建设。6月23日，该市第一个农村校园书店在社港初级中学正式运行。

一般图书发行　全年公司经销图书和电子、音像读物，经营品种达3.7万个；文化用品等其它产品1.6万个；实现图书销售857万元，位居全省县级门店榜首。

公司管理　严格按照上市公司相关要求，规范业务流程，严格内部控制和财务管理。深入开展党的群众路线教育实践活动，切实转变工作作风，提高工作效率，严肃工作纪律，业务、财务、文明创建、党风廉政建设等工作获省、长沙市公司八个奖项，经理罗斌获“湖南省新华书店有限公司2014年度先进个人”称号。

社会公益事业　2014年，公司为浏阳市50所学校图书馆捐赠图书码洋520万元，为51所学校捐赠一体化速印机各1台共计93万元；走访慰问三口镇特困家庭10户；积极组织在职党员进社区报到、捐资助残等活动，参加社区志愿服务活动96人次。（吴　慧）

广播电视

浏阳市广播电视台

党委副书记、台长　王桃文
副书记、副台长　王继斌
党委委员、副台长　洪佑良
党委委员、纪委书记　万希明
党委委员、副台长　周红阶

《浏阳新闻联播》推出年度大型策划《大城之路》 (图片来源：浏阳市电视台)

【概况】 2014年，浏阳广播电视台有在职人员302人，全系统干部职工722人（含社会代理人员）。浏阳广播电视台与浏阳广播电视集团有限公司合署办公，台（集团）机关设办公室、计划财务科、政工人事科和总编室，下辖浏阳电视台、浏阳人民广播电台、道吾山发射台、浏阳国安广电宽带网络有限责任公司、国安浏阳数据通信有限公司、广电无线网络有限公司、电影发行放映公司和13个乡镇广播电视站。2012年电视台被明确为副科级事业单位；2013年，道吾山发射台获批全额拨款事业单位；网络公司由浏阳广电与中信集团合资组建，浏阳广电控股51%；数据公司由网络公司与中信集团合资组建；无线公司由浏阳广电与株洲市广播电视台、株洲德通公司合资组建，浏阳广电控股55%；电影公司属市文体广电局下属单位，受市委、市政府指派由该台对其进行管理。截至年底，全市共有有线数字电视用户19万户，无线数字电视用户9万户，宽带用户1.2万户，广播电视综合覆盖达95%以上。全年全系统完成经营收入1.06亿元，同比增长16.6%，成为湖南省首个经营收入过亿元的县级广电。全年未发生任何安全播出事故。浏阳广播电视台“广电周三大讲堂”获评长沙市优秀学习载体。浏阳人民广播电台获评浏阳市2012—2014年度模范集体。

新闻宣传　坚持新闻立台，注重服务大局，彰显喉舌功能，以市委、市政府“打造湘赣边区域性中心城市”“项目攻坚年”“一轴三带”和“七大板块园区”的总体部署，分《湘赣边界行》《项目生长记》《融城启示录》和《板块经济学》四个篇章，策划“大城之路”年度报道。结合教育实践活动，推出《在一线 浏阳实践》《整改进行时》等多个专栏；摄制《回家之旅》《千年古县》《新合作新引擎》等浏阳重要外宣片。围绕“淳风美德润浏阳”，做好精神文明建设报道工作。注重“浏阳新闻”“每家每户论坛”和“浏阳959”3个特色公众微信平台建设，微信号“每家每户论坛”阅读量常居浏阳榜首；社会新闻围绕民生百态和民生关注，不断加大舆论监督力度，全年播发舆论监督报道740余条；浏阳新闻网坚持“民生窗口、公益阵地、广电视角”的定位，品牌活动“10+1”爱心助学被《湖南日报》《长沙晚报》等媒体报道；“浏阳959”交通广播成立车友会，为有车一族构建交流互动平台；浏阳电视台精准频道定位，《浏阳新闻联播》和《直击十分》实现整点播出。电视台和电台外宣工作成效显著，完成中央、省市媒体外宣发稿130余篇次，其中中央媒体30余篇次，省级媒体60余篇次，为宣传推介浏阳发挥积极作用；精编《浏阳广电声屏》，制作“看电视选广电”宣传片和新版广电宣传画册《24小时广电》，浏阳广电美誉度不断提升。

10月11日，国家新闻出版广电总局党组成员、副局长田进（中）一行到浏阳调研基层广播电视发展工作 (图片来源：浏阳市电视台)

浏阳首个大型亲子竞技活动“快乐宝贝GO” (图片来源：浏阳市电视台)

11 月 14 日，湘鄂赣城市广播电视联盟体成立暨湘鄂赣好声音明星（焰火）演唱会活动 （图片来源：浏阳市电视台）

事业建设 针对用户发展创新推出有线、无线、数据统筹发展，开展“万户用户大走访”活动和推进用户网格化管理，全年新发展有线、无线、数据用户 2.7 万户，用户总量占全市居民住户的 68%。完成为民办实事工程，全年完成“户户通”工程建设任务 2 万户，超任务 5000 户，有效解决边远山区人民群众收听收看广播电视难的问题。完成城区有线数字电视双向网改一期工程 1.5 万户和高清互动前端平台搭建的前期准备工作。市广电无线网络有限公司成为全国无线数字产业联盟的理事单位，无线数字电视的“浏阳模式”被全国同行借鉴和推广。市电影发行放映公司全年完成 3186 场公益电影放映任务，同时，推出免费为全市 80 周岁以上老人生日送电影到户的放映活动，受到市民好评。

产业经营 坚持经营方式创新，努力搭建增值平台，经营收入实现稳健快速增长。策划和承办大型浏阳首个亲子竞技活动“快乐宝贝 GO”，浏阳市第二届汽车文化节等大型活动。根据市委打造“湘赣边中心城市”的发展定位，11 月 14 日，发起成立“湘鄂赣城市广播电视联盟体”，成功举办“湘鄂赣好声音”明星（焰火）演唱会，省、市领导给予高度评价，湖南日报、湖南经视、新浪、网易、红网和 18 个县（市）广电媒体对活动多角度进行报道。活动成功吸引蓝思科技、一朵天下等客户的赞助，成为该台举办收益最多、规模最大、影响最好的一次活动。联盟体的成立，标志着浏阳广电将宣传经营平台从本市拓展到 18 个县（市），为电视台、电台日后实现经营增量提供平台保障。电台精准分析市场，提出“提价控量保质”的经营思路，超额完成经营目标任务。网络公司推出电视与宽带业务捆绑、卫星锅转网等优惠政策，实现经营增量。无线公司以拓宽市场为导向，制定“稳北启南，东拓西进”的经营策略，经营指标快速增长。10 月 24 日，浏阳广电成功竞标市政府重要项目“天网”二期工程。 （付 苹）

【综合实力跃上新台阶】 2014 年，浏阳广播电视台围绕“新闻宣传、事业发展、产业经营和队伍建设”四个重点，继续实施“全媒体”战略，全面并部分超额完成全年各项目标任务，全年全系统实现经营收入 1.06 亿元，同比增加 1510 万元，增长 16.6%，成为湖南省首个经营收入过亿元的县级广电。全年电视台有 22 件作品获省、市级奖励，其中《生态达浒：一镇三个“国家级生态村”》《从用户体验的角度看新媒体建设》两个作品分别获得“湖南新闻奖”和“湖南广播电视奖”。浏阳人民广播电台节目质量、直播时长、创收能力和综合实力均居全省县级台之首，在全省交通台排名位列长株潭和郴州 4 个地级电台之后，2014 年获评该市劳模单位。浏阳新闻网正式获得省局网络视听备案，成为全省第一家获得网络视听备案的县级广电网站，注册会员达 20 万，日点击量达 4 万—5 万人次。浏阳国安广电宽带网络有限责任公司和浏阳市广电无线网络有限公司拥有电视用户 28 万户（其中有线 19 万户，无线 9 万户），宽带用户 1.2 万户，用户总量和经营收入均居全省县级之首。2014 年，国家新闻出版广电总局副局长田进、省新闻出版广电局局长朱建纲、湖南广播电视台台长吕焕斌、长沙广播电视台台长曾雄等国家、省、市主管部门领导先后到台调研，对浏阳广电的工作和发展给予高度评价。同时，浏阳广电的快速发展还吸引来自株洲、郴州、邵阳、湘潭、醴陵、攸县等 40 余个地级、县级广电同行前来考察交流。 （付 苹）

【推出浏阳首个大型亲子竞技活动“快乐宝贝 GO”】 2014 年，浏阳电视台与中澳蓝鹰素质教育基地联合推出浏阳首个大型亲子竞技活动“快乐宝贝 GO”。7 月 12 日，该市首档大型亲子水上冲关项目正式启动。“中澳蓝鹰快乐宝贝 GO”节目由浏阳电视台和中澳蓝鹰素质教育基地联合主办，以亲子、健康、休闲、娱乐、教育为目的，面向 6-15 岁青少年和任意一位家长参加。赛事由湖南卫视的专业团队量身打造，全长 55 米，设有勇敢平衡木、蜻蜓点水等 7 个关卡。 （付 苹）

【第四届“我想上春晚”优秀节目颁奖典礼暨大瑶“金富豪庭”元宵喜乐会】 2 月 14 日，浏阳广播电视台第四届“我想上春晚”优秀节目颁奖典礼暨大瑶“金富豪庭”元宵喜乐会在大瑶镇李畋广场举行。经过半个多月的投票，由艺海教育机构表演的舞蹈《返乡》及金枫艺术团、朱小然、付玉改、宋伯良表演的情景戏曲小品《老来乐》得票分列第一、二名，获金奖。

【浏阳市第二届少儿才艺电视大赛总决赛】 5月10日至11日，浏阳市第二届少儿才艺电视大赛总决赛在豫园步行街举行，从初赛中选拔出来的105名孩子再次实力比拼，通过才艺秀和梦想秀两个环节的展示，分别评选出各组的金、银、铜奖一名及育才精英奖一名。

（付 苹）

【启动浏阳城区有线数字电视双向网改一期工程】 7月，浏阳城区有线数字电视双向网改一期工程正式启动并开始施工。截至8月，完成水岸山城、浏金水岸、碧景湾、新月半岛、碧桂园等小区共9000余户的双向网改。（付 苹）

【发起组织救助“高坪尿毒症女孩”公益活动】 10月20—25日，浏阳电视台“每家每户论坛”公众微信发起组织“救助高坪尿毒症女孩”公益活动，6天之内，相关文章阅读量高达20万次，北京、上海等地爱心人士也参与捐款。10月30日，《湖南日报》《长沙晚报》分别以长达1200字的通讯，详细报道该次爱心活动，新华网、凤凰网、中国新闻网等众多网站转载。

（付 苹）

【成立湘鄂赣城市广播电视联盟体】 11月14日，湘鄂赣三省18县市区的广播电视台负责人相聚浏阳，携手成立以“共建、共享、共赢”为宗旨的湘鄂赣城市广播电视联盟体，致力探索一条传统媒体的突围之路，打造三省经济文化交流的平台。18家联盟体成员单位包括长沙县、醴陵市、临湘市、汨罗市、平江县、攸县、岳阳县、云溪区、浏阳市、通城县、安源区、泸溪县、上高县、上栗县、铜鼓县、万载县、湘东区和袁州区。联盟体成立后，将建立局域网数据库和湘鄂赣城市广播电视台协作网，各成员单位将在新闻、专题、广告、大型活动、文艺片、技术交流等方面展开深层次合作。（付 苹）

【举办浏阳市第二届汽车文化节】 12月26日至28日，浏阳市第二届汽车文化节在市行政中心政东广场举行，现场展示100余品牌，400多款车型。三天内签约购车638台，订单及交易额上亿元。

（付 苹）

文物管理

浏阳市文物管理局

党支部书记　涂传秀（女）
局　　长　唐曙光
副 局 长　寻春林
　　　　　王晓梅（女）

【概况】 2014年，该局以文物保护“十六字”方针为指导，围绕建设浏阳文化强市目标，加强文物保护，较好地完成全年工作目标。

夯实文物保护基础 （一）文物保护工程有序开展。积极协助金刚镇做好长沙市级文物保护单位桃树湾民居维修工程施工前招投标工作，3月11日启动第一期保护修缮工程，修缮工程包括还原倒塌、添改建房屋、过亭、电源线路等20余个抢救性修缮项目，该局主要负责维修业务及现场技术指导工作，历时七个多月，于10月底全面完成桃树湾民居第一期抢救性修缮工程。编制《秋收起义部队第三团驻地旧址（刘家祠堂）维修复原工程设计方案》《红一方面军后方医院旧址地面防潮工程设计方案》，组织专人对秋收起义部队第三团驻地旧址、蔺氏宗祠、新安桥、围山书院、杨花张氏家庙等不可移动文物维修进行技术监管与现场指导；投入10多万元，启动省保单位沈家大屋主体建筑永庆堂第一期抢救性维修工程。全面启动锦绶堂地面防潮改造工程。完善《秋收起义纪念园发展规划》，编制和评审通过核心工程规划设计方案和建筑初步设计，完成建筑施工图审查，纪念园建设续建报批工作正在审核中。完成里仁学校的整体搬迁，里仁学校周边征拆扫尾和历史遗留问题得到妥善解决，广场周边和纪念园出口征拆的摸底调查，人民路临馆房屋南侧的立面改造工程；启动土建工程，完成施工场地的三通一平工作。及时上报国保单位《浏阳文庙保护规划》《谭嗣同故居保护修缮》《谭嗣同祠及墓文物保护规划》立项报告至长沙市文物局。全面启动浏阳文庙祭孔古乐传承和保护工作，12月，浏阳文庙祭孔古乐被列入文化部第四批国家级非物质文化遗产代表性项目名录。（二）文物保护单位结构不断优化。全年新增33处长沙市级文物保护单位，增补福寿桥等8处为市（县）级文物保护单位。（三）文物资料数据库建设稳步推进。进一步完善馆藏文物的数据信息，逐步实现库房藏品管理工作的规范化、科学化，按时上报馆藏文物安全情况。完成文物库房500余件套藏品文物改号、称重、测量、拍照等相关数据采集工作；全面启动全市国保、省保、市保和县保单位的“四有”档案的增补、续建及科学记录档案编制工作，基本完成国保单位湖南省苏维埃政府旧址（锦绶堂）的“四有”档案编制工作，并启动省保单位科学记录档案编制工作。（四）第一次全国可移动文物普查工作按步骤进行。一是全面启动第一次全国可移动文物普查工作，完成驻浏省、长沙市9家国有单位和浏阳37个乡镇（街道）400多家国有单位文物收藏情况摸底调查工作；二是完成浏阳文庙、谭嗣同故居（祠）、欧阳予倩故居、宋任穷故居、王震故居、寻淮洲故居、湖南省苏维埃政府旧址（锦绶堂）的“一普”工作调查、信息采集、照片拍摄、藏品登记等工作，初步认定的文物藏品共计2364件（套）；上半年协助市博物馆做好文物库房陶器、石器、铜器等416件藏品文物的数据采集和录入工作；11月中旬，协助长沙市一普办文物鉴定专家组对系统外9家国有单位300余件可移动文物实施相关数据的采集和甄别认

湖南省苏维埃政府旧址——锦绶堂　　(图片来源：市文物局)

定。(五)启动传统古村落建设工作。成立领导小组，正在逐步完成全国重点文物保护单位湖南省苏维埃政府旧址(锦绶堂)、湖南省文物保护单位中共湘鄂赣省第一次代表大会旧址(楚东山大屋)的保护规划、复原陈列方案、维修方案、消防安防及防雷等方案的编制工作。6月底国家文化部副部长、国家文物局局长励小捷到大围山镇楚东村进行传统村落的考察，要求高度重视，配合做好传统古村落的相关建设，完成上级制定的工作目标。

强化文物安全管理　充分发挥各乡镇、街道文物保护领导小组的作用，科学制定和执行巡查计划，专职文物安全巡查员检查结果及时上报并存档，巡查档案日趋完善；重新统一制作文物巡查记录表，规范各乡镇、街道，文物保护领导小组和守护员的日常管理工作；加强全市不可移动文物安全巡查，确保辖区内文物安全；做好文物行政审批清理工作，在26项文物行政审批手续中该局文物行政审批手续保留6大项，考古调勘工作职能划分给市博物馆；积极配合市博物馆做好文物调勘和审批工作，配合市基本建设工程项目，组织开展官渡金鸡水库扩容、金刚教师宿舍楼、达浒幼儿园等工程的调勘工作。开展各乡镇守护员培训工作，不可移动文物保护三级网络日趋完善。年初，该局制定工作计划，先后设置两名专职文物安全巡查员。在对各乡镇、街道文物安全巡查过程中，加强乡镇、街道文物守护员的日常考核，对个别不合格乡镇和守护员进行现场培训和变换，签定文物守护员协议。上半年，对沿溪、达浒等乡镇新聘文物守护员进行现场业务培训。加强不可移动文物的安全管理工作。年初，投入资金100多万元，对谭嗣同故居的安防和消防进行为期两个多月的提质改造，对高压电源电路进行整改，对监控摄像头进行更新换代，完善基础设施，规范管理；加强文物行政执法，相继解决田波扬故居、范家祠堂等文物保护单位周边建房的文物安全事件。

整合文物资源　充分利用自身丰富的红色文物资源，加强与共建单位合作，借助传统节日，开展爱国主义教育活动，较好的发挥纪念馆的德育、教育作用。清明节，与长沙市明德华兴中学联合在浏阳文庙举行经典诵读活动，弘扬中国传统文化活动；举行海洋生物科普展；在“5•18”博物馆日各文物景点免费向观众开放；王震故居与湖南中医院高等专科学校、长郡中学师生联合开展爱国主义教育活动。

加强宣传工作　以“5•18”国际博物馆日、“6•14”世界文化遗产日、文物安全巡查为契机，开展文物安全知识系列宣传活动。联合浏阳电视台和浏阳日报社完成《国防时空》栏目走进王震故居和纪念欧阳予倩诞辰125周年的拍摄工作。6月13日至14日，制作浏阳文物荟萃图片展，在才常广场、浏阳河广场及各乡镇、街道巡回展出，介绍浏阳文物，发放宣传资料近万份，吸引众多群众关注，《浏阳日报》、浏阳电视台等媒体均进行专题报道。全年在“长沙文物遗产网”“长沙文博动态”、《浏阳日报》等媒体发表稿件20多篇。

(陈　娟)

【湖南省苏维埃政府旧址—锦绶堂】　湖南省苏维埃政府旧址原名锦绶堂，位于该市大围山镇楚东村漾水湾组，由涂氏家族建于清光绪二十三年(1897)。旧址坐北朝南，砖木结构，三进五开间，四周围墙筑护，为典型的天井院式民居建筑。旧址占地5000余平方米，建筑面积3800平方米，整个建筑布局科学合理，气势恢宏，工艺精美。1930年7月27日，红三军团攻克长沙，30日，在长沙成立湖南省苏维埃政府。在国民党反动势力的反扑下，湖南省苏维埃政府机构随红三军团主动撤出长沙，1930—1931年间，湖南省苏维埃政府机构先后两次入驻锦绶堂办公，时间长达9个多月。以杨幼麟为代主席的湖南省苏维埃政府在此领导全省人民取得全省革命斗争蓬勃发展的有利形势，为湘鄂赣革命根据地的巩固、扩展提供强有力的组织与后勤保障，为中国共产党建立和管理省级苏维埃政权获取宝贵的经验。现旧址墙面上还保存有大量的红军标语、油印小报及湖南省苏维埃政府财务收支表等。2002年5月，湖南省人民政府将其公布为省级文物保护单位，2013年国务院将其公布为全国重点文物保护单位。

(陈　娟)

报　　刊

浏阳日报社

党组书记、社长　刘家川
党组成员、副社长、总编辑　戴建文(女)
党组成员、副社长、工会主席　罗　红(女)
党组成员、纪检组长　李先伟
党组成员、副总编辑　陈　江　熊　玮

【概况】　2014年，浏阳日报社有员工 98 人，其中在编员工 35 人，聘用员工 63 人。按工作性质划分为行政后勤线（办公室、财务科、浏阳河发行投递有限责任公司）、采编线（总编室、时政经济新闻部、社会民生新闻部、新媒体部）、经营线（浏阳日报报业发展有限责任公司、浏阳河会展传媒有限责任公司）。全年 35 件新闻作品获湖南省、长沙市奖项；报业经营实现 2500 万元，同比增长 13%，两个经营案例获中国县市报研究会经营成功案例评选二、三等奖；报纸发行 4.3 万份，浏阳河发行投递有限责任公司再获“全国报纸自办发行先进集体”称号。（王金红）

【新闻宣传】紧扣工作大局，服务中心工作：认真贯彻市委、市政府会议精神，开设“30 强·方略”“30 强·路径”“30 强·势头”等专栏，刊发稿件 80 余篇；连续 7 年派记者到北京参加全国“两会”报道，开设“直通北京”栏目，围绕现代农业、绿色环保等热点问题进行探索、解析。助力“湘赣边区域性中心城市”建设，开设“占位中四角，打造中心城”专栏，推出“行走湘赣边”大型政经报道 12 个专版；召开湘赣边区域合作座谈会，发起成立湘赣边主流媒体联盟；积极推介湘赣边开放合作交流会，推出专版 26 个，深化交流合作力度。全面聚焦项目建设，开设“项目攻坚进行时”专栏，策划“项目新张力”“项目新常态”特别报道，持续关注金阳大道、西北环线、经开区等重点项目建设，推出稿件 100 余篇。围绕作风建设，开设“干部作风查访实录”等专栏，刊发稿件 100 余篇。围绕文明创建、环境治理，推出“城乡统筹环境同治”专栏，刊发稿件 150 余篇。围绕党的群众路线教育实践活动的开展，推出“在一线·浏阳实践”等专栏，推出稿件 260 余篇，为浏阳抢抓新机遇、实现新跨越浓厚舆论氛围。关注民生民利，做好服务文章：精心策划，搭建公益平台，推出“新闻惠民·帮办 100 件民生实事”活动，开展帮智障女找家人、帮 14 岁盲女孩治病等民生实事 100 件，切实帮助群众解决实际困难。继续开展“接农民工回家”“万盆鲜花送市民”“班班有个图书角”“圆梦大学”“走读浏阳”等活动，组织发起环保公益活动“绿心行动”，免费向市民赠送 10 万份花草种子；启动扶助贫困学生的大型公益活动“定制假期——小记者与贫困孩子手牵手”，有 60 余名贫困家庭的孩子得到扶助。围绕民生民利，加强深度报道，对民间借贷、就业创业、旅游休闲、传统节日等热点问题进行整体策划和详细解读，推出专版 100 余个。加强媒体舆论监督，对食品安全、车辆超载、汽车文明等进行舆论监督，推动整治行动开展，维护群众切身利益。创新表达方式，提升版面质量：报纸改版突出“内容为王、视觉优先”，组建视觉、深度两个工作室，建立抢版制度，版面实行分块模式，进行色彩视觉统筹，力求报纸更加清新通透、定位精准。调整周刊版式，精心办好理财、汽车、新城、花炮、人居、装饰等周刊，扩大行业话语权，服务行业发展。推进广告与新闻的融合，推出“温暖 2014”“自信 2014”“生态美城”、楼市春报、“温情 2014”、年度中报、七夕节封面爱人、“新合作 新引擎”等系列特刊、会刊，共 200 多个版面，增强报纸的活力。（王金红）

【报业经营】提质活动，扩大节会影响力：细分广告市场，提升节会活动文化内涵，精心组织第十届、第十一届家装博览会，经开区、大瑶第三届房车展、第七届城市商务节，第十届、第十一届浏阳车展、第五届小记者节等传统节会。注重拓展延伸，新建 15 块户外阅报栏，举办中国烟花爆竹机械设备和安全环保产品展览会、第九届湘菜美食文化节、首届“绿心行动”、第二届七夕文化节、文家市牛马会暨首届边贸文化节等新型活动，扩大报社节会活动的影响力，推进报业经营持续增长，全年广告经营实现 2500 万元，同比增长 13 %。报社选送的“城市商务节”“七夕文化节”获中国县市报研究会报业经营成功案例评选二、三等奖（全国 48 家县市报仅 10 个作品获奖）。改进发行，提升投递准确性：报纸发行创新思路，调优发行结构，采取与出租车公司、移动公司、驾校等大客户合作形式，促进报纸发行比 2013 年增加 5000 份，达 4.3 万份，扩大报纸的覆盖。加强投递员业务培训，抓好制度的考核和落实，开展“投递质量月”、下乡督查、电话回访、“读者节”等活动，倾听读者意见，“一对一”解决投递不及时、不到位的问题，提高读者满意度。（王金红）

【浏阳网建设】整合网络发布平台，认真落实“三不准”原则，加强论坛审核把关，强化管理考核，确保网络舆情导向。与市纪委合作，加大“民声通道”办理力度，全年收集群众投诉 951 条，回复办结 908 条，回复率 95.5%，搭建群众与政府沟通的网络桥梁，12 月 17 日，“民声通道”作为长沙市党风廉政建设先进典型接受省纪委考核，受到高度赞扬；改版“民声 e 线谈”，与网宣办合作举办“民声 e 线谈”活动 17 次，公安、大瑶等部门和乡镇负责人参与访谈，参与互动人数超 20 万人次。加强网站建设，开通“浏阳之恋”婚恋平台，发展“微浏阳”用户 2.5 万人。加强网友联络与互动，开展“辣妈课堂”、第二届网络文化节、摄影月赛、不打牌俱乐部等活动，提升浏阳网的品牌效益。

（王金红）

卫 生

卫 生 管 理

浏阳市卫生局

党委书记、局长　赵文兵
副书记、副局长　邱正柳
副局长　罗其美
党委委员、副局长　龙湘泉
党委委员、纪委书记　尤国文
党委委员、副局长　邱晓年
党委委员、卫生工会主席
蒋其文
党委委员、爱卫办主任
何梅林（女）

【概况】 2014年，浏阳市卫生局下设市属医疗卫生单位7个（市人民医院、市中医医院、市妇幼保健院、市疾病预防控制中心、市卫生监督所、市精神病医院、市卫生绩效考核管理中心），乡、镇卫生院（医院）33个（其中中心卫生院6个），街道社区卫生服务中心4个，乡、镇卫生管理所2个，村卫生室394个，社区卫生服务站19个。局机关内设办公室、政工人事科、计财审计科、医政科、公共卫生科、政策法规科、纪检监察室7个职能科室。另外，市红十字会挂靠卫生局，市爱卫办归口卫生局管理。

公立医院改革　以破除“以药补医”为切入点，统筹推进补偿机制、价格机制、药品流通体制、医保支付方式和运行机制等综合配套改革，三家试点公立医院“以药补医”机制被打破，平均药占比由改革前的42.9%下降到29.6%，药品卫材支出比率由改革前的60%下降到40.3%；医院运行效率不断提高，成本管控意识进一步提升，纯医疗业务收入由改革前的33%上升到40%，收支结余率上升3.1%；医院绩效考核和分配制度逐渐完善，医疗服务数量和医务人员收入稳步提高，医务人员劳务技术价值逐步回归，三家公立医院门诊人次、住院人次、医疗业务收入、手术台次分别增长11.78%、8.1%、10.27%、11.3%，总支出中人员经费支出比例增长2.1%。患者就医负担逐渐减轻。2014年医药次均费用增长小于3%，医疗费用不合理增长势头得到明显遏制。中共中央政治局委员、国务院副总理刘延东调研浏阳市公立医院改革试点工作并主持召开医改工作座谈会，认为该市医改运行平稳，患者得到实惠，改革成效值得充分肯定。

基层医疗综合改革　巩固完善基本药物制度，推进基本药物区域内集中采购和统一配送试点，基本药物配送率明显提高。召开基层医疗机构绩效管理现场交流会议，建立以“服务数量、质量、群众满意度”为核心的绩效考核评价体系，全面实施绩效工资制度，完善财务核算监管平台，严格收支预算管理，基层医疗机构运行质量明显提高，连续三年无经营性亏损。2014年基层医疗卫生机构门诊人次比上年增长8.3%，住院人次增长6.5%；门诊次均费用下降1.5%，住院次均费用下降0.7%，药占比下降2.8%。

医疗设施完善　完成基层卫生院新扩建3所、卫生院污水垃圾配电改造项目5所、卫生院周转宿舍建设83套、村卫生室标准化建设59个。市集里医院康复综合楼、市骨伤科医院住院大楼主体竣工，市公共卫生中心和龙伏镇卫生院建设项目在全市重点项目现场观摩会上获得好评。“加强村级卫生网络监督与管理”作为市政协重点提案办理测评满意率获第一。全市每千人口拥有病床5.4张，达到小康社会建设标准。

人才队伍建设　继续推行“5+2”住院医师和全科医师、公卫医师培训制度，培训20余人次。组织南华大学、湖南中医药大学现场招聘会和网上公开招聘，招聘卫生人才120人。截至年末，全市每千人口拥有执业（助理）医师2.5人、注册护士2.4人，超过全国平均水平。加强内外学习交流，完善优秀青年人才跟班学习制度，局机关接收基层医疗机构跟班学习20余人次，基层医疗机构接收衡东县卫生系统跟班学习40余人次，选派2名人民医院医师赴津巴布韦医疗队开展援非医疗救援，市妇幼保健院对口支援内蒙古2所妇幼保健机构。该局受邀在中国妇幼保健协会“手拉手”对口支援项目推进会上做经验推介。

医疗水平提升　进一步提升基层中医药服务能力，完成基层医疗机构中医药服务能力提升工程建设25家。成立浏阳市医药卫生学会，组织专科学术会议10余次，为专业学术交流提供平台。完成1186家医疗机构年度校验，开展全市突发事件医疗救护模拟演练，不断提高医务人员技术水平。全年全市公立医疗卫生机构门诊诊疗313万人次，比2013年增长12.3%；收治住院35.2万人次，比2013年增长7.4%，医保患者市域内就诊率达到96.2%，继续巩固“小病不出乡、大病不出市”的医改目标，该市医疗服务能力建设工作在全省公立医院院长培训班上作典型经验推介。

医疗质量提高 开展抗菌药物临床应用专项整治，召开季度医政工作例会和医疗纠纷诉讼案例分析会，开展2次全市医疗质量大检查，医疗纠纷比2013年减少10余起。加强医务人员技能培训，市人民医院获“长沙市消毒与院感控制工作先进单位”，市妇幼保健院获“长沙市妇幼健康技能竞赛团体第一名”。与司法局联合筹备建立浏阳市医疗纠纷调处中心，正式启动医疗纠纷第三方调处机制。继续推行医疗责任保险，公立医疗机构参保率达到100%，降低化解医疗纠纷经济风险。

建立公卫服务新机制 完善公卫服务体系。完成公共卫生中心大楼主体建设，进一步强化基本公共卫生服务绩效考核，出台《量化绩效考核实施办法》，全面推进基本公共卫生服务“提质扩面”。城乡居民健康档案建档率等各项指标任务全面完成，各项健康指标居全省前列。积极推进“乡村医生签约服务”，对居民身心健康实施提前干预、有效指导。巩固完善“群体保健/个体保健/医疗保障”的妇幼保健模式，孕产妇和5岁以下儿童死亡率处于较低水平，达到小康社会建设标准，该局获中国妇幼保健协会“妇幼保健学科体系建设支持奖”，市妇幼保健院被评为“全国妇幼保健机构学科体系建设先进单位”“全国妇幼保健优秀集体”。继续做好精神病人药物免费救助项目，加强重性精神疾病患者管理，全面完成长沙市为民办实事项目任务，免费救治55名贫困精神病患者。

疾病预防控制 加强人感染H7N9禽流感、手足口病、埃博拉出血热、登革热等重大传染病防控，宣传防控知识，制定应急预案，开展防控演练。全年未发生重大传染病疫情，市疾控中心获“全国寄生虫病防治技术竞赛团体三等奖”。完善全市健康教育队伍建设，开展“健康中国行——全民健康素养行动”和“合理用药，共享健康”主题宣传，促进大众健康。规范慢性病患者健康管理，适时进行随访评估和健康体检，累计管理高血压病人8.5万人，糖尿病病人2.4万人。

保障餐饮卫生安全 继续实行卫生监督“两网”（城区网格化、乡镇网络化）建设，卫生监督服务水平不断提升，基层卫生监督工作均衡发展。推行卫生公示制度，坚持在《浏阳日报》、政府网站对不合格餐饮单位定期进行公示，接受社会监督。巩固天马路和浏阳大道“餐饮安全示范街区”建设成果，确保持证率、人员健康培训率、餐具消毒率、卫生合格率、服务满意率均达到100%，继续发挥示范引领作用。积极开展“五小门店”整治，完成300余家小餐饮店“门前灶”改造，大力改善餐饮卫生环境。

党建工作 结合卫生特点和医改工作，统筹安排、分层次推进局机关、局直属党组织、基层医疗单位党组织教育实践活动。及时召开教育实践活动动员会、推进会、整改方案通报会和民主生活会通报会，编印《卫生系统教育实践活动简报》，营造良好的活动氛围。召开卫生系统优质服务经验交流会，宣传推介集里医院、人民医院、中医医院、妇幼保健院、永安中心卫生院、中和卫生院优质服务先进经验，开展“关爱患者，从细节做起”主题优质服务活动，着力提升卫生服务水平。转变工作作风，密切联系群众，征集意见建议443条，经梳理125条，制定6大类28项具体整改措施，着力解决“四风”方面存在问题和人民群众反映强烈的突出问题，文件、会议比2013年减少三分之一，办公经费减少20%，招待费用减少25%，清理卫生行政审批事项8项，清理在编不在岗19人。

实施“仁心工程” 广泛开展卫生系统“六个走在前列”大竞赛活动，继续推进“仁心工程”第二周期建设，以“感动服务、精湛医术、精益管理”为主题，开展“最美医院”复核评审、“雷锋示范岗”创建、“仁心马甲在行动”学雷锋志愿服务、绿色医疗环境建设、感动服务系列活动。加强“卫生系统仁心志愿者协会”建设，吸收新会员2000余人，常态化开展导诊、陪护、健教等志愿服务，受到广大群众的高度赞誉。

系统联动机制 建立完善“联点带面”党建帮联机制，由市属医疗卫生单位党组织联系中心卫生院，并分片包干指导周边乡镇卫生

7月22日，浏阳市卫生局对全市家麦当劳、肯德基经营店进行现场检查

（图片来源：浏阳市卫生局网站截图）

院党建工作和教育实践活动，在尊重党组织属地管理的前提下，实现有效“双重”管理、双向促进。继续实施“大手牵小手”帮扶工程，市级医疗单位、中心卫生院对口帮扶基层卫生院，带动基层医疗机构服务能力和水平提升，累计帮扶乡镇卫生院16个，派出管理和技术团队120余人次，有11名基层院长为上级医院下派。推行优质护理“院帮院”活动，护理队伍素质全面提升，30名护士被评为“长沙市优秀护士”。

党风廉政建设　召开卫生系统作风建设工作会议，认真落实中央“六条禁令”“八项规定”和卫计委“九不准”规定。开展纠正医疗卫生方面损害群众利益行为专项整治、教育实践活动立行立改三个“十项”行动、医疗机构乱收费专项整治和打击非法行医专项治理行动，整治违规收费2起，查处非法行医45起，着力解决好服务群众“最后一公里”问题。

中心工作　圆满完成创卫、城乡统筹环境同治、清洁城市、文明指数测评等中心工作任务。城乡环境卫生整治行动获长沙市县市区一类，顺利通过省级卫生城市复查，获得上级领导和专家的高度评价。清洁城市和文明指数测评获长沙市第一名。

爱卫工作　成功创建省级文明卫生单位2个，省级卫生村4个；长沙市文明卫生单位4个，卫生乡镇1个，卫生社区1个，卫生村5个；浏阳市卫生村10个。开展公共场所和工作场所禁烟工作，新创建长沙市无烟单位1家、浏阳市无烟单位8家。

红会工作　完成造血干细胞捐献1例、器官捐献4例、角膜捐献5例、遗体捐献4例，捐献数量居于全省前列。组织团体预约无偿献血5800人次，超额完成长沙下达任务，连续七年获“长沙市无偿献血先进单位”。

其他工作　进一步优化行政审批流程，新增政务中心窗口服务项目8项。做好妇女儿童发展规划工作，该局被评为“浏阳市实施妇女儿童发展规划先进集体”。加强计划生育综合治理，被评为“计划生育先进单位”。及时处理信访、群众工作，及时回复信访件34件，办理“12345”工单18件。

（李　宇　汤晓青）

浏阳市人民医院

浏阳市人民医院

党委书记　陈全礼

副书记、院长　张　勇

党委委员、副院长　卢秋成　曹伯仲　周秋涛　刘智勇

党委委员、纪委书记　邓宗伟

党委委员　邱喜鸣　汤华章　汤森云（女）

【概况】　浏阳市人民医院是一所集临床医疗、科研教学、疾病预防、卫生保健、社区服务、健康管理于一体的综合性二级甲等医院，南华大学附属医院，中国县级医院•竞争力百强医院。开设病床1200张，在职工作人员1458人，共有各类中高级专业技术人员545名，设有31个临床科室和5个医技科室。2014年，门诊人次58.86万，同比增长6.4%；住院人次5.86万，同比增长4.8%；门诊病人均次费用252.5元，同比下降5.6%；住院病人均次费用5393元，同比增长1.8%；病人平均住院天数7.75天，同比减少0.32天；药占比35.8%，同比下降1.5个百分点；2014年完成住院病人手术18973台次。

全面启动“二甲”复审工作　紧紧围绕“以评促改、以评促建、以评促管”的工作思路，深入自查自纠，突出抓好整改，全面推进各项工作顺利开展。一是选派管理人员赴兄弟医院参观学习，使该院二甲复审迎检准备工作更具指导性和针对性；二是对医院各项规章制度、工作流程及岗位职责进行修订和完善，并根据临床、医技、行政部分资料的一级目录和二级目录，积极准备二甲复审资料，力求做到文档排序标准化、文件装订标准化；三是该院191名医务人员参加长沙市卫生局组织的“三基”评审考试，其中186人上合格线，取得较好成绩。

落实廉政建设责任制和纠风责任制　为保证医改目标顺利实现，医院成立合理用药、合理检查、合理使用耗材、合理收费专项整治小组，由分管领导负责，对蓄意违规、超标使用的科室和个人分别给予诫勉谈话、通报批评、绩效考核扣分等处罚措施。

全面推进惩治和预防腐败体系建设　该院在2013年的基础上与40余家药品供应厂家签订供应商廉政承诺书，就依法管理、诚信经营，自觉净化医药市场环境做出双方承诺，保证临床用药更趋合理，药品流通秩序逐步规范，医疗药占比达到合理范围。

开展整治损害群众利益行为专项行动　出台对收受现金、药品回扣、乱收费等不规范服务行为处罚的规定，为实现医改目标、稳妥推进费用零增长目标、缓解“看病难、看病贵”作出坚强保障措施。

学科建设　参照三级医院学科设置要求，该院经充分论证，3月份将普外专业肝胆外科、胃肠外科、乳甲外科独立成科，缓解病人住院难的问题。同时，普外科、心血管内科和妇科申报新一轮长沙市重点专科创建，12月参加长沙市医学会的评审。

公共卫生工作　重新制定传染病管理有关规定、文件，汇编传染病管理制度，组织学习和培训。手足口病病情比2013年有加重，收治手足口病患者3057例，比2013年增多1505例；制定禽流感应急防治预案，召开多次人感染H7N9防治工作会议，进行重点人员的集中培训；制定埃博拉出血热防治应急防治预案，召开多次紧急会议布置隔离观察室的设备物资购置及人员安排，专项工作得到上级督查组表扬和肯定。

医疗、护理　医务部修订所有医疗制度，新制定《二线班值班制度》《医疗质量点评制度》《合理检查管理制度》等六项制度，出台医疗质量与服务绩效考评细则，继续开展“三比”活动，加大医疗查房力度，每周两次组织质控、科教、院感、护理、药剂等部门的大查房，定期总结分析检查中发现的

问题，提出整改意见，降低医疗风险，持续改进质量。完善医院感染管理的各项规定，继续抓好临床各科室消毒隔离、感染监控工作。加强消毒供应中心、手术室、内镜室、ICU等重点科室监管；按标准做好医用垃圾、污物处理，防止院内交叉感染，累计对医务人员进行防范医院感染方面知识及各项规章制度的教育培训达6次，提高医务人员防范医院感染的责任意识和能力，该院被长沙市疾控中心评为“2014年度医疗机构消毒与院感控制工作先进单位”。健康管理中心将治病向防病服务延伸，建立有延展到社区和家庭的可及性医疗服务路径；根据医院实际技术能力，经省卫生厅专家组评审通过，逐步开放骨科、普外、介入、心脑血管等诸多领域的三级医院执业权限，实现县级医院虽不评审“三甲”医院，但可以根据区域病种需要和能力水平，提高执业能力的务实的发展道路，做到患者“大病不出县(市)”，老百姓负担不增加。继续深入开展“三好一满意”活动，通过开展“服务提升查纠”“窗口优质服务”“服务流程改进”“医患关系改善”“投诉效率提升”“微电影拍摄比赛”等实践活动，调动全院职工积极性，提升服务能力、优化就诊流程、改善医患关系、提高投诉效率，医院邀请网友代表、人大代表、行风监督员对各科室服务进行评比，评出8个优胜科室，泌尿科主任汤华章被评为“长沙市劳动模范”。全院继续开展“创优服务之星评选”，充分量化护士工作，公平公正进行评比，全院优质护理示范科室达到100%，患者对护理工作的满意度持续保持在98%以上；抓培训带教，促进护理人员素质提高。举办一次“教学组长培训班”，来自乡镇医院护理骨干、临床科室的护士长、护理教学组长、带教老师94人参加培训；护理部相继组织“护士长及教学组长技能比赛”“护理岗位能手大赛”“护理技能竞赛”“临床护理教学授课比赛”。护理帮扶工作。帮扶永安、大瑶、古港、镇头等11家卫生院，每季度进行一次专题讲座、护理业务查房、现场指导等；免费接收受帮扶医院20余名护理人员接受护理管理、专科培训或进修学习，提升浏阳区域内护士的专业水平及服务能力，确保优质护理服务顺利推进，得到各帮扶医院一致称赞，被市卫生局评为“优秀帮扶单位”。

培训科研工作　全年派出进修、参加短期培训学习及各类学术会议200余人次；组织院内业务及基层医师培训、举办学术活动、业务查房120次。该院作为长沙医学院教学医院，担负其医学本科教育第四年级临床科目的教学任务，完成该校见习班终末阶段及终末后有关检查、上报、总结工作。心内科副主任医师谌承志在长沙医学院举办的首届“临床教学理论授课比赛”中获二等奖。该院全年开展国家级合作科研课题1项，省卫计委科研课题1项，市级科研课题2项，烧伤整形外科被评为长沙市优秀重点专科。

其他工作　健康管理中心和基层办全年下社区、乡镇义诊、健教38次；帮助基层医院会诊、参与危重病人抢救40余次；抽调医务人员上百人次，高质量完成高考体检、公务员体检、征兵体检等全市中心工作任务，参与公共突发事件、重大活动的医疗救护18次。

（王冷洋）

【开展应急演练竞赛】　4月28日至30日，该院31个临床科室接受应急演练竞赛。由评委在不事先通知的前提下，结合科室专科特点，模拟病人突发心跳骤停，检阅团队应对紧急突发事件的意识和能力。应急检验的目的是希望通过竞赛平台，进一步提升全院各科室单兵作战与团队协作的整体水平。

（王冷洋）

【与市残联合作为残疾人提供免费体检】　4月12日，该院与市残疾人联合会合作，开展为全市残疾人进行免费体检和鉴定活动。活动持续两个多月，该院有6名医师深入到全市35个乡镇为3492名残疾人进行体检和残疾鉴定。（王冷洋）

【医务人员心理减压活动】　该院针对医务人员工作压力大的状况，邀请长沙专业心理减压培训机构，从7月3日起，分10批对800多名医务人员进行心理减压培训，取得良好效果。（王冷洋）

【中央政治局委员、国务院副总理刘延东考察浏阳市人民医院】　11月22日，中央政治局委员、国务院副总理刘延东到全省县级公立医院改革唯一试点单位——浏阳市人民医院进行考察，调查了解医院改革中药品费用下降、医疗业务收入增长、定点帮扶乡镇卫生院发展等情况。刘延东要求，进一步加强对

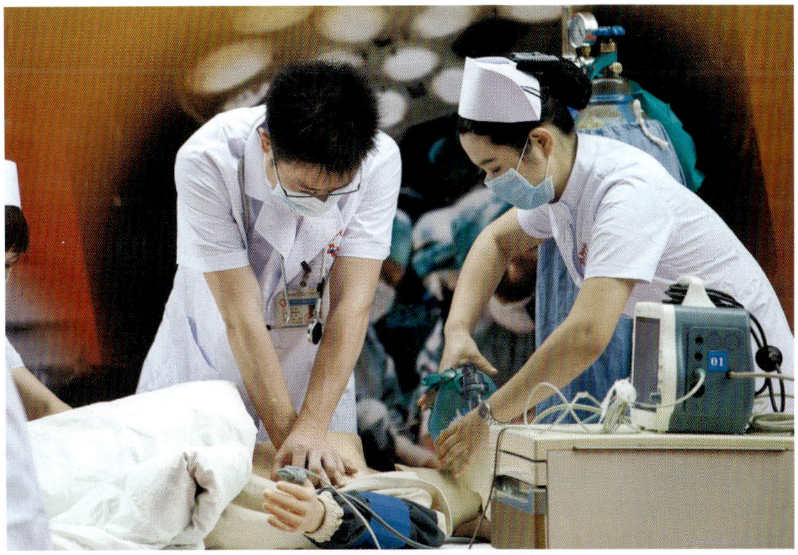

4月28日至30日，市人民医院31个临床科室开展应急演练竞赛

（图片来源：浏阳市人民医院）

基层医疗卫生机构的保障力度，健全现代医院管理制度，建立分级诊疗制度，努力提升县域医疗卫生服务能力。其间，刘延东深入该院骨二科与医生和患者进行亲切交流。

（王冷洋）

【举办微电影拍摄竞赛】 记录工作中的点点滴滴，弘扬神圣履职、集体向善正能量，9月初至11月初，该院举办一次历时2个多月的微电影拍摄竞赛，共有29个微电影作品参赛，老干科摘得桂冠。

（王冷洋）

【信息化建设完成 HIS 系统升级改造】 12月底，该院新中心机房和灾备机房投入使用，机房运转良好。新HIS系统符合国家对医疗卫生的管理要求，对医务和护理行为的监控更加到位，为该院创三甲提供管理手段的升级。4月30日，该院成功申报创建湖南省“数字医院”（二级）试点示范项目。

（王冷洋）

浏阳市中医医院

浏阳市中医医院

党委书记　盛志新

副书记、院长　周　平

副 院 长　吴海波　罗富强

章　林　何军锋（挂职）

纪委书记　廖　镇

党委委员、工会主席　刘速成

党委委员　周明亮

黄小英（女）

【概况】 浏阳市中医医院是一所集中西医疗、急救、教学、科研、康复、预防、保健于一体的二级甲等中医医院，有干部职工1199人，其中高级职称110人，博士生2人，硕士生66人。设有28个临床科室，9个医技科室。浏阳市120急救中心，浏阳市中毒救治中心，长沙市浏阳河司法鉴定所均设立在该院。2014年，实现总收入4.236亿元，增长15.15%；完成门急诊总诊疗人次49.64万，增长10.96%；住院人次4.2万，增长11.58%；手术7125台，增长9.25%；体检人次31189人；平均住院床日8.92天；120急救中心出诊9709次，接回病人8416人；病人满意度98.2%。

党建工作　深入开展各项创建评先活动，成功复评为省级文明单位；康复科被评为长沙市青年文明号；苏建斌被评为长沙市学以创业先锋。

医政工作　进一步健全考核激励机制，完善绩效考核方案，将医务人员收入与医疗服务技术水平、完成工作的数量和质量、成本控制、医德医风、病人满意度等考核结果挂钩，充分调动全员工作积极性。完善财务管理系统，引进实施物流系统，做到财务运营一体化管理。

学科建设　加强学科体系建设，做精、做强现有学科，规范重点学科的建设与管理。顺利实现脾胃•肝病科与肾病•风湿科的分科管理，成立浏阳市假肢矫形中心，建立智能中药房，启动眼科视光中心建设，增设治未病中心专区。成功举办省中医药学会及中西结合学会外科学术年会，省中西结合学会肾病学术年会，长沙市中医学会康复专业委员会成立大会暨首届学术交流会；长沙市中医学会康复专业委员会主委单位、中南大学湘雅口腔医院定点指导医院均落户该院。加强医院硬件建设，添置数字化平板DSA、口腔CT等一批效益高、有助于学科发展的专科设备，提高学科建设水平和医疗创新能力。

科研教学　加大科研培养力度，全年申报各类科研课题20项，其中立项10项，在国际、国内刊物发表论文98篇，其中2篇发表于SCI收录期刊，1篇发表于Pubmed收录期刊。对教学区进行搬迁翻新改造，进一步规范教学活动，有20名研究生导师分别通过湖南中医药大学七年制和三年制研究生导师复核与遴选；接收中医药大学临床本科见习班194人，其中医疗150人，护理44人。进一步提升研究生与实习生培养力度，全年培养研究生11人，实习生209人。

队伍建设　组织各学科带头人到广东、江苏、四川等标杆医院学习。加强人力资源引进与培养，全年择优录用专业技术人员60人，其中硕士研究生5人，本科31人，大专24人。选派优秀人才到上级知名医院进修33人次，短期培训190人次。全年晋升高级职称18人，其中正高2人，中级职称42人，初级（师）102人。出台《住院医师规范化培训实施方案》，推进中医师承制度的落实。完善人才激励机制，出台医院各类合同制职工享受同工同酬管理办法，充分调动各类人才的积极性。

医疗、护理　严抓“三基三严”，加大“三基”培训考核力度，医疗、护理、医技部门全年举办“三基”培训、考核42批次。开展“优质服务百日竞赛”，举办医疗、护理、医技操作竞赛，病历书写竞赛，药品调配、中药鉴别赛等活动。加强督促各项诊疗操作规程、核心制度、多科会诊协作制度与总住院制度的落实。全年组织院级安全质量督查84次，开展全院病例讨论16次，组织疑难危重病例院内会诊195次。进一步规范抗菌药物合理应用、院感、医保、传染病与慢病的管理。全面实施优质护理示范工程。严格按照三甲标准积极开展创建工作，找差距、定措施、抓整改。

中医特色　全年新开展温针、自血疗法、穴位埋线等6种中医诊疗技术项目，全院开展中医诊疗技术项目达74种。成功举办第三届膏方养生文化节，开展专家膏方养生咨询与诊疗、膏方展示、体质辨识、养生保健讲座等系列活动。在开展冬病夏治三伏贴的基础上，新开展三九灸、三九贴活动，深受百姓欢迎。全年中药饮片使用2072万元，增长7.5%；自制制剂使用1670万元，增长17%。

其他工作　加强对口帮扶基层卫生院工作，优化医疗、护理等对口帮扶措施。加大对基层卫生机构的扶持力度，达浒镇卫生院正式挂牌为该院对口帮扶医院。组织专家分别前往北盛、大瑶、古港等地分片开展慢病管理培训，提升基层医院的慢病管理与防治能力。积极开展“仁心工程”与“最美医院”创建活动，深化“仁心志愿者”服务活动，全年累计志愿服务2万余小时，服务群众4000多人次。同时积极回报社会，发放慈善优惠、帮扶减免累计金额77.4万元，社会反响良好。 （汤剑仁 黎 亮）

【开展“名医进乡村”公益活动】 3月19日至12月17日，该院深入开展党的群众路线实践教育活动，推进“六个走在前列”，深化“仁心工程”，使广大农村居民在家门口就能享受大医院专家的医疗服务。先后派出100余名医疗专家深入高坪、葛家等10个乡镇，为居民提供医疗保健、健康咨询、义诊、健康大讲堂等多项公益服务。 （汤剑仁 黎 亮）

【省中西医结合学会、中医药学会外科学术年会在中医院召开】 4月26日，湖南省中西医结合学会、中医药学会外科专业委员会第八届学术年会在市中医医院召开。来自全省外科系统的专家学者140余人参加会议，共同探讨外科医学新进展。 （汤剑仁 黎亮）

【长沙市中医学会康复专业委员会落户中医院】 10月29日，长沙市中医学会康复专业委员会成立大会暨首届学术交流会在市中医医院召开，长沙市中医学会康复专业委员会委员候选人及80多名康复医学专家学者参加会议。会上选举产生长沙中医学会首届康复医学专业委员会，该院康复科主任刘志坚当选为主任委员。 （汤剑仁 黎 亮）

【举办湖南省中西医结合肾脏病学术年会】 12月27日，由市中医医院承办的湖南省中西医结合学会肾脏疾病专业委员会2014年学术年会在院内举行。省内外100多位肾脏病专家学者参加会议，一同探讨、研究、分析肾脏病防治发展新趋势。 （汤剑仁 黎 亮）

【举办第三届膏方节】 11月7日至2015年1月，市中医医院举办第三届膏方节，节会期间，开展膏方养生诊疗、膏方展示、体质辨识、健康养生大讲坛等一系列活动，为广大市民提供优质、高效、便捷的中医养生服务。 （汤剑仁 黎 亮）

浏阳市精神病医院

浏阳市精神病医院

党总支部书记 邹 冰

院　　　　长 张飞跃

【概况】 浏阳市精神病医院（荷花街道社区卫生服务中心）是一所集精神疾病防治、综合医疗、老年病康复治疗、预防保健等为一体的新型综合专科医院，也是社会精神病人免费药物救助项目的具体实施单位。现有干部职工219人，其中高级职称4人，专业技术人员188人。院内开设有老年康复治疗和精神疾病专科及综合医疗科，8个病室，开放床位500张。设有中医门诊、全科门诊、精神科门诊、心理检测、康复治疗室、预防接种室、儿童保健室、健康教育室、心脑电图、化验、B超、放射、头痛失眠、生物反馈等多个功能科室。2014年全年业务收入4245万元，同比增长22%。固定资产增加189万元。实际占用床日数219608，同比增长15%。

内部管理 人才培养工作。实行主诊医师负责制，做好年轻医生传、帮、带，全年送出进修学习15人；邀请院外知名专家教授来院授课2次，开展院内业务培训13次；组织全院“三基”知识考核6次，合格率达98.5%。医疗、护理管理。强化基础管理，继续实行医疗质量与医疗安全分级责任制，医院与科室，科室与个人签订目标管理责任状，层层落实，责任到人；提高医疗质量及医疗安全，医务科、护理部等职能科室定期开展医疗质量与医疗安全大检查活动，加强《侵权责任法》《精神卫生法》学习；加强病历、处方书写，抗生素使用以及消毒隔离执行情况检查，严格按照医院管理制度进行奖罚，全年无重大医疗差错事故发生。中医药特色。完成国医馆建设，添置中医诊疗设备；大力推进中医药技术在临床中的应用，获得良好效果；康复科坚持开展针灸、推拿、按摩等传统中医药技术为民服务，受到患者的认可与好评。医保农合管理。提升服务能力，充实医保监审队伍，加强医院内部审查管理；全面提升医保农合管理运行质量，保证参保群众持卡就诊，划卡结算，快捷方便，公正透明；强化监督管理，进一步规范医疗服务行为，合理使用合作医疗资金。明确责任，严格考核奖惩，加强基金使用监测，实行次均费用控制、单病种限额付费，严查挂床住院、严控大处方，严防冒名顶替；全年次均费用、日均费用在控制范围之内。完善基本药物制度。严格规范基本药物采购渠道，除专科药品外，全部实行基药平台集中采购，实行零差率销售。直接减点医药加成80余万元，做到让利于民。认真执行绩效考核制度。强化用药管理。继续加强对医务人员合理用药的监管，实行用药人员、用药结构、用药数量异常情况监控分析，实行定期上报、定期分析、定期整改制度，确保临床合理用药。

公共卫生 召开全市乡村二级重性精神疾病工作会议及业务培训班，提高全市重性精神疾病管理水平。在2013年已建档立卡的重性精神疾病患者基础上继续实行规范化管理，再次在全市范围内进行摸底排查、诊断、评估。全年686项目新发现并确诊重性精神疾病270例，截至12月31日，累计建档立卡4860例，发现率为3.78‰。全年随访13100余人次，体检4130余人，培训精神卫生人员180余人，培训患者家属4000余人次。发放宣传资料6000余份，每单月派出2个巡诊小组，巡诊患者13000余人次，发放免费药品150余万元。邀请中南大学湘雅附二医院教授罗学荣对荷花中学、金沙路小学开展青少年心理素质调查，通过对儿童、青少年精神障碍的流行现状及防治相关情况进行调查，为儿童、青少年精神障碍的医疗救治体系、预防控制体系和信息网络体系等的建立健全提供科学依据。落实长沙市为民办实事项目，对符合救治救助条件的重性精神疾病患者，按人均5000元的标准救治救助55名贫困重性精神病患者，救治救助率及资金规范使用率达到100%。促进公共卫生服务均等化。组织实施结核病防治，农村孕产妇住院分娩补助，农村孕期妇女孕前和孕早期免费补服叶酸，免费婚前医学检查，预防艾滋病、梅毒和乙肝母婴传播，15岁以下儿童免费补种乙肝疫苗等公共卫生服务项目。

人性化服务　加大内外硬件设施与设备投入，完成门诊国医馆建设及辅助科室房屋改造，老年康复医院一楼住院部扩建及篮球场建设；为病区添置空调、电脑、办公桌椅、病床、床垫。关爱与药物治疗相结合。倡导社会关爱，普及精神卫生知识。开展“世界精神卫生日”宣传活动，组织专家街头进行宣传，发放宣传资料1000余份。通过“686”和免费社会救助两个项目，为患者长期康复提供指导和服务。组织医护人员深入社区举办以“心理健康，社会和谐”为主题的活动。　(邓日桃)

浏阳市疾病预防控制中心

浏阳市疾病预防控制中心

党总支书记　肖　蓬（女）
副书记、主任　许　欣
副主任　龚清华　熊佑平
　　张　浩

【概况】2014年，浏阳市疾病预防控制中心实际在岗在编91人，空编11人。中心承担国家基本公共卫生服务11个项目中的7项，分别是建立居民健康档案、健康教育、预防接种、老年人健康管理、慢性病患者健康管理（高血压和II型糖尿病）、传染病和突发公共卫生事件报告和处理、中医药健康管理，协助市卫生局，全力推进基本公共卫生均等化服务，不断提高基本公共卫生服务管理水平；加强公共卫生服务的指导和督查，促进公共卫生服务健康、持续发展。

传染病管理工作　认真做好急性传染病防治工作。一是制定各类重点传染病监测工作方案，完善各类疾病应急处置预案。二是做好重点传染病监测。全年组织对基层医疗单位各类培训5次，内容涵盖霍乱、疟疾、狂犬病、人感染H7N9禽流感、手足口病、出血热、钩体病等重点传染病防控知识。采集检测65例手足口病散发病例咽拭子标本，其中EV71阳性20例，Co-A阳性14例，完成手足口病9例重症病例、3例死亡病例调查处理。完成外环境监测采样327份（其中海水产品181份，水系样146份）；完成发热病人血检任务925份，发现疟疾病人8例，完成休止期根治病例5例，处置疫点8个。三是积极做好埃博拉出血热防控工作。对30名归国人员开展个人健康监测，并及时上报监测情况。严格按照《浏阳市埃博拉疫情防控技术方案》要求处置留观病例1例。四是加大传染病防治督查力度。开展传染病防治检查，重点检查门诊日志登记、传染病报告、传染病诊室和发热分诊台设置运行情况。2014年，全市疫情网络直报单位报告乙类传染病5205例，发病率为386.39/10万，报告丙类传染病7121例，发病率为528.62/10万。

突发公共卫生事件处置工作　加强应急体系建设，明确突发公共卫生事件应急办公室职责，完善各类卫生应急预案和工作制度，规范突发公共卫生事件信息报告制度和工作程序，坚持24小时值班。提高突发公共卫生事件处置能力。全年组织专家及机动队培训3次，埃博拉防控应急演练1次，处置突发公共卫生事件20起，其中较大突发公共卫生事件1起，一般突发公共卫生事件8起，未分级事件11起；处置病例395人，死亡病例3人，以食物中毒为主。出动应急队50次，调查人数944人次，处置病例421人次，检测样品数182个。未发生重大食物中毒事故和重大疫情。

性病、艾滋病防治工作　艾滋病病人和病毒感染者及其密切接触者管理工作。截至年末，完成新艾滋病病人、病毒感染者报告49例；首次流调49例，首次流调率100.00%；艾滋病病人和病毒感染者随访685人次，随访率100.00%；艾滋病病人、病毒感染者CD4检测率86.12%（211/245）、艾滋病病人、病毒感染者的配偶/固定性伴HIV抗体检测率81.82%（54/66），并通过艾滋病网络直报信息系统上报。疫情监测。截至目前，全市医疗卫生单位共计监测118430人。健康教育。发放各种艾滋病宣传资料60000份。组织“6.26”国际禁毒日和“12·1”世界艾滋病日宣传活动。高危行为干预。完成免费咨询560人，完成率101.82%（560/550）；娱乐场所累计干预238个601人，发放宣传材料份数4192份，免费发放安全套58580只；HIV检测128人。开展哨点及行为监测。做好性病监测管理工作。

结核病管理工作　培训和健康教育宣传工作。组织全市乡镇以上医疗卫生单位结核病防治培训会议。开展“3·24”结核病防治宣传日活动，全市设立咨询点39个，下发各类宣传资料3.5万份，现场接待咨询群众3000余人。结核病督导工作。全年开展五轮对各乡镇的督导，上户督导患者1007人；完成新涂阳病例308例，完成全年任务数的87%（308/354）；病例系统管理率达到95%，治愈率达到85%，达到上级要求；完成结核耐多药可疑病例筛查任务数175例，完成全年任务数的83.7%（175/209）；发现确诊的结核耐多药病例3例。

免疫规划管理工作　上岗资格培训工作。对全市各乡镇免疫规划专干及各预防接种门诊与产科接种室新上岗的预防接种从业人员81人进行集中培训，并对新上岗的预防接种从业人员或资质到期人员进行现场测试。免疫规划健教宣传工作。以“4·25”全国儿童预防接种日为重点，采取多种形式对儿童预防接种进行一系列宣传活动。按照国家卫生计生委疾病预防控制局安排部署，中心承接全国1～29岁人群乙肝血清流行病学调查项目工作，抽调中心精干力量组织调查队伍，完成调查任务243例（任务指标235例），得到国家督导组高度肯定。麻疹疫苗和脊髓灰质炎疫苗强化免疫工作。按照省、长沙市的统一安排，该项工作正在积极推进中。继续做好AFP、麻疹、新生儿破伤风等疫苗针对疾病的主动监测工作。针对全市春季麻疹疫情快速上升的情况，组织专业调查组开展深入细致的调查，并针对传染源、传播途径、易感人群采取全面的防控措施，有效控制疫情发展。

慢性病管理工作　规范基层慢性病防治工作。制定《浏阳市基层慢性病管理工作手册（试行）》，供基层医疗卫生机构在开展慢性病管理工作时参照执行。加强业务培训，开展对乡镇慢性病管理专干培训3次，培训82人，设置授课、讨论、慢性病资料现场观摩、考试等环节，提高各乡镇慢性病综合管理能力。做实慢性病均等化服务。全市2014年新登记管理高血压9037人，累计管理中84772人，规范管理率87.45%(74131/84772)，血压控制率62.37%(52874/84772)；全市2014年新登记管理糖尿病3196人，累计管理中23597人，规范管理率91.35%(21557/23597)，血糖控制率30.46%(7188/23597)。死因监测工作。收集全市人口死亡信息7645条，审核死亡信息7645条，全面投入使用新的人口死亡信息系统，并对2006年后的人口死亡信息进行备份、保存；对全市死因监测工作人员进行统一培训。中英慢性病前瞻性调查研究项目工作。发病、死亡报告及日常工作有序进行，上报发病1416例，上报死亡699例。完成第二次重复调查工作及2014年未参保调查工作；完成对集里医院2000余份住院事件的病例复核工作。

健康教育与健康促进工作　完善全市城区单位、乡镇、社区卫生服务中心、社区居委会、学校等健康教育专（兼）职人员网络信息，为全市居民提供健康教育服务起到桥梁作用。加强市级和乡镇两套健康教育队伍建设。分别在1月9日和3月6日对城区创卫单位及相关的健康教育组织和全市基层健康教育专（兼）职人员进行业务培训。加强宣传力度。继续坚持推进健康教育“五送进”活动，编制健康知识宣传展示板，在宣传咨询活动中可展示33项基本卫生知识、健康生活方式、重点防病知识。组织青年职工自编、自导、自演，结合健康素养66条的健康宣传内容，制作成浏阳疾控中心版《健康小苹果》MV，参加长沙市慢性非传染性疾病宣传技能竞赛活动，获得最佳创意奖。积极开展全民健康素养行动。制定浏阳市《健康中国行——(2014-2016年）浏阳市全民健康素养促进行动方案》和浏阳市《健康中国行——2014年全面健康素养促进行动主题活动方案》，组织各乡镇利用9月1日的全民健康生活方式行动日开展2014年健康素养促进“合理用药，共享健康”主题宣传活动，采取义诊、专家面对面咨询、知识竞赛、健康教育知识展报、现场公益活动，扩展合理用药知识，促进大众健康。组织卫生节日宣传活动。分别在北盛镇、普迹镇、大瑶镇和市区进行八次大型宣传咨询活动，发放宣传资料16种3.5万余份，编印“预防手足口病，保护儿童健康”宣传资料6万份。在西非四国埃博拉出血热疫情暴发后，迅速编印《埃博拉出血热常见问题》宣传单模板发至各乡镇卫生院，并对官桥、普迹等乡镇进行重点宣传。10月初浏阳出现输入性的登革热病例，中心迅速编印《登革热防治知识问答》宣传单下发至各乡镇，第一时间为广大人民群众提供防控知识，充分发挥健康教育在突发疫情处置中的正面引导作用。

职业卫生和预防性体检工作　职业病危害因素检测工作。按照2014年浏阳市工作场所职业病危害因素检测评价工作计划，配合市安监局接受职业病危害因素检测委托和开展烟花行业甲醇专项治理工作，接受28个用人单位的职业病危害因素委托检测。职业健康监护工作。对889家用人单位进行职业健康监护，共计23645人次，其中上岗前检查9667人次，在岗期间检查13800人次，离岗检查人数178人次；检出职业禁忌症147人，疑似职业病55人。中心及基层预防性健康体检工作。全年完成预防性健康体检35078人次，其中中心预防性健康体检11978人次，基层完成预防性健康体检23100人次，发放健康证34036张，禁忌症调离14人。

卫生监测工作　国家食品安全风险监测项目。制定浏阳市食品安全风险监测方案，对该市蔬菜、中小学和幼儿园学生餐、水产品、泡菜、咸菜腌菜、油炸食品、米面制品采样监测，采集180个样品批次进行检测。食源性疾病主动监测。完成食源性疾病主动监测病例161例，其中阳性菌株病例26例；完成浏阳市食品安全风险监测1117批次，其中公共用品、餐饮用具监测735批次，不合格12批次，自来水等生活饮用水121批次；湿米粉22批次，食品25批次，食用油35批次，学生餐25批次，水产品30批次，凉拌菜10批次，干辣椒15批次，白醋25批次，味精11批次，酱油20批次，蔬菜43批次。病媒微生物监测。监测全市平均鼠密度为0.81只/100夹、夜；平均蟑密度0.10只/张、夜；平均蝇密度3.20只/笼；平均蚊密度1.18只/台、夜。学校卫生工作。开展对全市中小学生进行体检、学生常见病监测和传染病季度因病缺课监测工作，监测21000余人次；接受委托30余所学校饮用水、餐具消毒效果监测。公共场所监测。接受餐具委托监测采样1746个，公共场所公共用品委托监测455个、空气委托监测采样271个。消毒效果控制与监测。接受医疗卫生单位委托医疗器械监测采样485个；学校托幼机构、餐具消毒委托监测采样607个；市直属乡镇卫生院消毒效果监测288个样品；城关医疗机构和个体诊所消毒效果监测采样82个，其他采样29个。

检验检测工作　加强样品检前质量控制，制定样品检前评价制度，实行首检负责制，严把检前样品质量关；规范检验应急物资管理制度，应急物资储备明确双人双岗负责。以职业卫生资质续展为契机，组织科室人员对检验科所仪器设备进行一次彻底清查。检验科检验关键仪器设备均建档并制作规范的作业指导书。完成关键强检设备的期间核查规程制作。加强维持能力验证活动。6月份，启动生物安全手册改版工作，初稿工作基本完成。完成各类样品检验检测155585批次。（陈建伟）

浏阳市卫生监督所

浏阳市卫生监督所

党支部书记、所长　廖登峰

副所长　李先义　许　勇

【概况】 浏阳市卫生监督所于2004年12月28日正式挂牌成立，定编32人，为市卫生局主办的副科级事业单位，由市财政全额预算，人员参照公务员管理。2014年，该所内设综合办公室、卫生监督一科、二科、三科，有卫生监督员30人，担负全市卫生监督工作。全市共有各类被监管单位10000余家，其中餐饮单位3250家，学校、幼儿园450家，各级各类医疗机构1137家，公共场所1321家，生活饮用水单位30家；年均农村群体性聚餐指导6000家以上。

队伍建设　党的群众路线教育实践活动。积极创建卫生系统先进基层党支部，与各科室及中层以上干部、监督员层层进行履职承诺，签订党风廉政责任状、个人岗位廉政风险点防控承诺书、履职承诺书；组织开展“仁心工程”第二周期建设活动、“雷锋号”示范窗口建设等主题教育活动，全年拒收红包3万余元，无违纪违规现象发生。提升干部职工素质。继续坚持每星期学习例会制度，对案卷质量、法律法规知识、文书制作进行学习培训，解决现场卫生监督执法工作中各类文书制作应用中存在的困难与问题；利用国家卫生监督员网络培训平台丰富、优质的课件资源，组织卫生监督员参加学习；参加各级单位组织开展的业务技能培训学习，全年派出90多人次参加各类培训学习。依法行政。加大监督稽查工作力度，围绕“创卫”“城乡统筹，环境同治”等中心工作，重点开展专项整治业务稽查；由所领导带队，采取随机稽查方式进行内部稽查，全年稽查60次。创新监管模式。全面推行餐饮服务、公共场所和医疗机构卫生监督信息公示制；率先对医疗机构开展量化分级，并予以公示；对被监管对象实行标准化、规范化建设。

打击非法行医　全年出动执法人员328人次，车辆108辆次，行政处罚103起，立案查处99起（“黑诊所”58起，医疗机构41起），取缔58起，其中与省、长沙市卫生监督部门联合执法各1起，与浏阳市公安局联合执法2起，与市检察院联合督办移送案件1起，移送公安部门追究刑责4起，申请强制执行9起，听证1起，合议处罚金额106.24万元，实际到位罚金30.18万元，收缴违法所得14977元。规范医疗秩序。积极开展医疗执业卫生监督专项检查及推行医疗机构量化分级公示制度。一是开展全市各医疗机构依法依规执业专项整治，重点内容包括科室设置、人员资质、处方使用、医疗广告发布、医院感染和消毒隔离、医疗废物管理、生长激素使用情况等；二是定点开展打击“医托”专项行动；三是开展查处虚假违法医疗广告专项整治；四是开展母婴保健技术服务情况专项检查；五是开展手足口病及人感染H7N9防治落实等传染病防治及疫苗流通和接种管理工作情况专项检查；六是开展口腔专科门诊部和诊所专项检查；七是联合市医改办、卫生局、食药监局、对全市行政村卫生室进行抗生素及基药使用暗访检查；八是配合市局开展全市医疗机构年度校验工作；九是开展全市各类医疗机构抗菌药物临床应用专项检查；十是开展全市医疗美容专项检查；十一是开展基层医疗卫生单位放射人员培训及放射卫生许可集中验收工作。共检查各类单位780家次。

餐饮安全　食品、药品安全专项整治行动。组织开展“四打击、四规范”、城乡接合部餐饮整治、地沟油、散装食用油等16项与餐饮安全相关的专项活动，检查各类餐饮单位1500家，制作餐饮文书3100份；全年立案6起，合议处罚金额10万元。继续巩固天马路和浏阳大道餐饮安全示范街区，确保持证率、从业人员健康培训率、餐具消毒率、卫生合格率、消费服务满意率达100%。继续加强和完善农村聚餐监管工作。全年统计申报农村聚餐6500次，现场指导6500次，现场指导率100%，开展食品安全培训36课时，培训农村食品安全管理人员800多人次，全市未发生重大食物中毒事件，农村聚餐安全得到有效保障。

公共场所单位专项整治及量化分级管理　组织开展集中式中央空调、游泳场所、住宿业、美容美发、足浴、洗浴场所等公共场所专项监督检查，检查单位860家，监督覆盖率达100%，从业人员体检培训率达95%以上；对城区公共场所单位全部建立分户档案，一户一档，建档率100%，全年新增140家量化分级单位。

生活饮水安全　开展两次集中式供水单位及二次供水单位专项检查，检查30家集中式供水单位及55家二次供水单位，其中二次供水单位新发证25家。重点检查包括制水工艺、水源保护、水质消毒、水质检测、水箱清洗消毒、日常卫生管理等环节，对存在较大饮水安全隐患的澄潭江镇水厂等单位进行专门约谈，并将安全隐患等情况向当地政府作出专题通报。

综合治理学校卫生　开展学校卫生综合治理行动，检查全市各类学校、托幼机构450家，校园周边餐饮店42家；配合长沙市和浏阳市食品药品监督管理局、教育局、卫生局进行多次学校食品安全督查。全年全市学校无重大突发公共卫生事件发生。

消毒产品专项检查　组织开展全市餐具集中消毒单位及一次性卫生用品生产企业专项检查，检查餐具集中消毒单位18家，一次性卫生用品生产单位5家。

卫生行政许可　主动对接长沙市卫生局商事改革，在业务科室设立商事信息员3人，及时接收和处理全市商事许可信息，增加窗口工作人员和办公设施设备，从受理、审批、发证、送达做到一条龙一站式服务。全年接收长沙市商事信息934条并及时处理，发放各类卫生许可证1859户，其中餐饮单位1485户，公共场所351户，饮用水20户，放射卫生3户。

投诉举报 接受各类投诉举报51起，其中医疗投诉21起、食品投诉28起、公共场所2起，做到及时受理、及时处理、及时回复。

宣传报道 2014年，浏阳电视台对该所工作新闻报道18条，其中专题报道2期；广播电台新闻报道3条，《浏阳日报》报道20条，卫生监督信息26期，《长沙晚报》报道2条，湖南经视报道1条。积极组织开展卫生法律法规知识宣传培训。认真开展“5•31”世界无烟日、职业病防治宣传周、食品安全宣传周、生活饮用水宣传周、学校卫生及预防近视眼宣传活动等卫生法律法规知识宣传活动。全年出动宣传人员60人次，宣传车辆12台次，制作宣传栏4期，宣传展板6块，宣传标语40余条，上街宣传10次，发放各类宣传资料10000余份，接受咨询300余起，培训各类卫生管理员共1600余人，向上级单位报送卫生监督工作信息180多条。定期发布卫生公示。每两月及季度定期在媒体上发布卫生公示，全年发布6期。

中心工作 圆满完成“创卫”“城乡统筹环境同治”“文明指数测评”“清洁城市”“省级卫生城市复查”等中心工作任务。积极开展“五小门店”专项整治。检查各类五小门店550家，媒体公示不合格单位130家，整改350家，取缔152家，立案19家，合议处罚20万元。2014年，该所被评为浏阳市“城乡统筹环境同治”十大典型先进单位。 （李先义）

浏阳市妇幼保健院

浏阳市妇幼保健院

党委副书记、院长 洪 澜（女）
党委委员、副院长 周书进（女）
党委委员、纪委书记 黄其美（女）
党委委员、副院长 李 珣
党委委员、院长助理 肖 波
党委委员 刘瑞珍

【概况】 2014年，浏阳市妇幼保健院以妇幼卫生工作方针为指导，以国家医改和新一轮妇幼保健机构建设为契机，紧扣年初制定的“志美行励”的工作目标，牢记“慈爱、勤勉、精诚、奉献”院训，履行公共卫生职能，继续巩固全国妇幼保健机构建设示范单位建设成果，获评“全国妇幼卫生工作先进集体”称号。全年完成诊疗49万人次，住院3.8万人次，医疗业务收入1.8亿元，药占比控制在17%。

妇幼公共卫生工作 2014年，全市活产数20112人，孕产妇死亡1例，死亡率为4.97/10万，5岁以下儿童死亡率为5.62‰，婴儿死亡率为3.43‰，23项群体保健指标均居全省领先水平，经长沙市卫生局年终考核，浏阳市妇幼卫生工作获总分第一。加强妇幼卫生综合管理，进一步完善基层妇幼保健网络。年初，根据省、市下达的年度工作任务指标与要求，制定5个规范性文件下发到基层，分类召开妇幼工作相关人员会议，明确目标，统一做法；安排26人从事基层妇幼保健管理，平均年龄35.04岁，其中本科学历18人，硕士4人；加强乡镇妇幼专干、村级妇幼保健人员的业务管理和培训，提升业务能力。全年开展基层督导1600余天次，覆盖全市各乡、镇街道，平均每乡镇11.58次，村级覆盖率达62.4%，举办各类基层业务培训班13期1952人次。积极开展妇幼健康技能竞赛。全市有30个乡镇58名妇幼专干和妇产科医师及该院27名从事保健人员参加比赛，乡镇参与率达81.08%。选送8名选手参加长沙市组织的妇幼健康技能竞赛，有6名选手获长沙市卫生局奖励，获长沙市团体一等奖和优秀组织奖。加强孕产妇健康管理，控制孕产妇死亡。一是加强春节期间孕产妇的安全管理，春节期间，全市摸底发现孕妇8247人，筛选高危2315人，对外出返乡的孕妇均进行追访和指导，确保春节期间孕产妇的安全。二是加强孕产妇健康管理的环节服务，全年孕产妇应建档19970人，实建档19075人，建档率95.52%，产后访视率98.96%、系统管理率97.79%、住院分娩率100%。三是采取措施，有效控制剖宫产率。通过孕妇学校大力倡导自然分娩，规范产时服务，严格剖宫产指征，制定剖宫产率警戒线，实行超标约谈制，使全年辖区剖宫产率控制在36.43%。四是加强爱婴医院的管理，全市16个机构均达到爱婴医院复核标准。加强儿童健康管理，提升儿童保健服务质量。落实散居儿童保健工作。发放《湖南省儿童保健手册》，组织基层开展0-6岁儿童健康管理服务和新生儿访视、新生儿疾病筛查、听力筛查等儿童保健服务，全市0-6岁儿童建档12.8万份，建档率98.96%，新生儿访视率99.45%，儿童健康管理率90.98%，系统管理率87.99%。加强集体儿童保健工作。对托幼机构卫生保健督导、评估及卫生评价工作进行规范，组织开展托幼机构工作人员体检、新入园儿童的入园体检和在园儿童的定期体检工作。开展健康教育，提高健康教育覆盖率和知晓率。一是健全全市各医疗机构孕妇学校规范化建设；二是将健康教育师资培训纳入妇幼专干岗位培训；三是提高健康教育参与率和覆盖面，全年举办孕妇学校491期，培训孕妇16140人；四是积极探索健康教育新模式，医院针对“单独二胎”政策的出台开展一系列健康宣传活动，开设咨询门诊，建立“单独二胎”政策宣传专栏并在《浏阳日报》“妇幼天地”进行专版宣传，取得良好效果。加强信息管理，提高信息资料的可靠性和真实性。继续抓好各项原始数据的真实性，落实逐级质控措施，建立国家、省、长沙市、浏阳市四级妇幼卫生监测网络。开展三网合一监测、出生缺陷人群监测和危重孕产妇监测工作。认真做好重大公共卫生服务项目。开展预防艾滋病、梅毒、乙肝母婴阻断工作，落实孕期检测、阳性孕产妇及所生婴儿的管理以及供需方补助；进一步规范叶酸发放流程，落实市乡村多种发放途径，全年产妇叶酸投服率达96.43%；提高婚检率与婚检质量，全市全年登记结婚人数24908人，接受婚检人数23612人，婚检率达94.79%；落实农村孕产妇住院分娩补助，全年补助543.5万元；落实“两癌”检查项目，全年完成宫颈癌检查48341人，乳腺癌检查2058人。

公立医院改革 巩固公立医院改革成果，基本药物执行零差率销售，完成绩效改革前基础数据的调查、收集，为绩效改革做好前期准备工作。

帮扶工作 进一步探索与关口社区卫生服务中心合作办院模式，实现双赢。护理帮扶大围山等8家乡镇卫生院，科技帮扶大瑶中心卫生院和普迹卫生院，收效明显。按照中国妇幼保健协会和省卫生厅的安排，继续帮扶湘西龙山县妇幼保健院、内蒙古呼伦贝尔市妇幼保健院、阿荣旗妇幼保健院。

健全妇幼机构学科体系 儿童健康中心加强儿童眼保健、口腔保健专科建设，加速人才培养，全年派出11人进修学习；围产医学中心加强门诊力量，开设妊娠高血压、妊娠糖尿病一日门诊、再生育咨询门诊，凸显专科特色；妇女健康中心引进中医技术，改革门诊、住院医生管理模式；体检与慢病康复中心启动慢病康复四大模块，开展肥胖等8大慢病康复业务。内科病房突出孕产妇合并内科疾病的诊治。

培育重点学科 产后保健专科、儿童生长发育专科、孕产期保健专科、儿童心理行为发育专科4个专科申报省级妇幼重点专科，新生儿科和儿保科申报长沙市重点专科，正在审批过程中。

其他工作 开展“患者至上”为主题的医院文化建设，确立412个指标，即将进入实施阶段；实行后勤服务专业化改革，为临床一线提供服务保障；加强医院内保力量，开展平安医院创建活动，建立医院警务室；完善LIS、HIS、PACS系统、自助系统等信息化建设，逐步实现“数字化妇幼”工作目标；先后组织第四届职工运动会、护士节登山活动、海南岛500公里骑行，组队参加全国性羽毛球比赛、浏阳市直机关运动会、卫生系统“仁心杯”羽毛球、乒乓球比赛等活动，均取得较好成绩。

（刘　学）

计划生育

浏阳市人口和计划生育局

党组书记、局长　罗呈瑞
副书记、副局长　张卫国
副　局　长　熊天平
党组成员、副局长
黎　彬（女）　刘茂柱
党组成员、纪检组长
刘　冰（女）

【概况】 2014年，浏阳市人口和计生局内设办公室、政策法规科、规划统计科、人事科技科、财务科、流动人口管理科6个科室，实有市人口和计划生育局机关行政编制20名，执法大队事业编7人，药具站事业编2人，服务站事业编21人。市人口和计划生育协会挂靠市人口和计划生育局，保留全额拨款事业编制5名。全年全市出生19588人，符合政策生育率为85.48%，落实长效节育措施15117例，征收社会抚养费3638.53万元，性别比为108.7，配合查处“两非”案件3起，全面完成年度人口计生工作任务，被评为浏阳市红旗单位（三连冠）、长沙市红旗单位，2014年度省人口和计划生育工作模范单位、全省“两非”案件查处工作先进单位；黄海霞被国家卫计委评为妇幼健康先进个人；接受人大评议满意度测评获全市第一名。

基层基础工作 市委、市政府高度重视计生工作，将计生工作纳入全市6项重点工作点评，促进党政一把手亲自抓、负总责和计划生育工作的重心下移、以村为主；全年通过多途径培训，有效促进组指导员的素质提升，镇、村、组信息网络作用得到全面发挥。继续实行重点乡镇党委书记月调度和村支部书记月例会制度。建立市对工作后进乡镇，乡镇对工作后进村的约谈制度，加强对符合政策生育率在80%以下薄弱乡镇的重点指导，乡镇（街道）党委、政府加强对符合政策生育率在75%以下村的重点指导，努力促进乡、村之间的均衡发展。罗呈瑞作为全省唯一县级代表参加全国基层基础工作座谈会。

优质服务 走访慰问全市128名手术并发症患者；争取市政府对手术并发症对象在国家、省市生活扶助2400元/年基础上再增加2400元；对失独家庭的扶助标准由国家规定的1620元/年提高到4800元/年；邀请省科研所专家每月到市站坐诊，实行“爱心助孕”，治愈率由原来的25%提升至45%左右；针对反映带环怀孕的情况，购置30万元新型节育环；争取国家卫计委新型节育环在浏阳试点；药具工作多次接待国家、省、市部门领导考察、调研。

依法行政 积极开展行政职能清理工作，并在网上进行公示。强化依法行政意识，坚持持证上岗，亮证执法。规范和加强社会抚养费征收工作，积极参加纪委组织的案件评审工作。加大法院强制征收力度，全年强制征收社会抚养费200余万元，司法拘留56人次。加大查处“两非”案件力度，全年查处5起“两非”案件，被评为全省打击“两非”工作先进单位。

计生协会工作 积极发挥计生协会在生育关怀、基层群众自治、基层管理服务中的作用，骨干会员联户制度进一步拓展和提升。进一步完善协会组织，工业新城100人以上企业成立计生协会或协会小组。市计生协会被评为省级先进协会，北盛镇燕舞洲村被评为国家级人口计生基层群众自治示范村（社区），普迹镇双洲村、洞阳镇幸福泉社区被评为省级基层群众自治示范村。　（张会芝）

社会生活

民　政

浏阳市民政局

党组书记、局长　周学文
副书记、副局长　赖明汉
副局长　王朝晖　孔石明
　林永红　李跃华（女）
　陈　平
纪检组长　王慈秀（女）

【概况】 2014年，浏阳市民政局有在职干部职工83人，退休干部30人，内设办公室、优抚安置科、救灾救济科、基层政权和社区建设科、社会事务科、社会福利科、计财科7个科室。下设二级事业单位16个，其中全额拨款二级事业单位14个，分别为市生活无着人员救助管理站、市老区经济促进委员会办公室、市社会福利生产办公室、市民间组织登记管理局、市社会救助局、中心光荣院、官渡光荣院、古港光荣院、区划地名办、军队离退休干部休养所、婚姻登记处、社会福利院、烈士陵园建设管理办公室、慈善事业促进办公室。差额拨款二级事业单位1个，为社会福利有奖募捐办。自收自支事业单位1个，为市殡仪馆。

（李 伟　陈 科）

【社会救助】 打造"阳光低保"：深入开展城乡低保"阳光行动"，对全市3万多户城乡低保户进行全面清理整顿，切实纠正底数不清、对象不准、管理不够规范等违规行为，对新增对象100%入户调查核实，确保公平、公正、公开执行政策。进一步提高保障标准，月人均保障水平提高50元，全年发放城乡低保金14856.1万元，困难群众基本生活得到有效保障。加大医疗救助力度：按照新的医疗救助办法，将低收入群体纳入救助范围，提高医疗救助比例和额度，低收入家庭、尿毒症患者、精神病患者以及各类大病患者均得到及时有效的救助。全年发放医疗救助资金1563.6万元。提升五保供养水平：投入4175万元，新建和扩建龙伏、永安、北盛、中和、张坊、达浒、杨花7所乡镇敬老院，新建床位700余个。深入贯彻落实长沙市敬老院管理办法，进一步规范敬老院日常管理，切实保障运行经费，强化安全督查，开展敬老院示范创建，敬老院管理服务水平不断提升。全市现供养五保老人10542人，集中供养对象供养标准达7200元/人/年，分散供养对象达3120元/人/年。提高防灾减灾救灾能力：加强防灾减灾知识宣传，完善"一网四库"建设，修订市自然灾害应急救助预案，及时应对2014年的5次自然灾害，下拨救灾资金697.3万元、救灾物资折款30万元，帮助209户因灾全倒房户恢复重建，796户倒损房户进行修缮，群众减灾抗灾能力得到加强。广泛开展慈善救助：全年收到和募集慈善款物723.12万元，通过开展慈善助学、助医、助孤、助困，发放慈善款物1494.98万元。同时完善临时应急救助机制，发放救助金200多万元，有效缓解因自然灾害、重大疾病、突发性事件导致基本生活暂时出现严重困难家庭的压力。

（李 伟　陈 科）

【社会福利与老龄工作】 孤儿保障全面落实：建立健全孤儿和监护人调查审核机制，实行一人一档，动态管理，做到符合条件的一个不漏，不符合条件的一个不进。全市109名散居孤儿和14名集中养育孤儿每人每月分别发放710元和1400元的孤儿生活费，确保孤儿健康成长。养老事业持续推进：继续实施高龄老人生活补贴制度，对全市5000余名80周岁以上的贫困老人和90周岁以上的老人，全年发放生活补贴500余万元。争取市委、市政府重视，对1209名年满65周岁以上的失能、半失能五保、"三无"对象和完全失能的低保对象，按每人每月100元的标准，实施基本养老服务补贴制度，基本养老服务补贴覆盖率达到68.1%。加强养老机构建设，引导、扶持社会力量参与养老事业，全市有养老机构39家，床位达3800余张。积极探索居家养老服务模式，拨付300万元，选定100个村（社区）建设农村幸福院，为基层组织开展养老服务提质增力。同时通过举办"孝润浏阳"广场文艺会演、健康老人表彰、全市"健康杯"门球赛及老年人趣味游艺等老年人主题活动，促进老年人身心健康，强化社会尊老敬老意识，激发社会参与敬老助老活动热情。福利企业管理有序：会同相关部门对全市44家社会福利企业进行年检，取消不合格企业14家。继续支持福利企业发展生产，拓宽残疾人就业渠道，全市福利企业共安排609名残疾人就业，各项工资福利和社会保险均按照国家相关政策得到落实。福彩销售又创新高：通过优化站点布局，加强站点规范化建设，提高销售队伍业务水平，扩大舆论宣传引导，全年完成福彩销售1.64亿元，为发展全市福利事业提供有力的资金支撑。

（李　伟　陈　科）

【社会事务】　圆满完成全市第九次村委会换届选举。36个乡镇（街道）的368个村（社区）选举产生成员1248人。统筹推进城乡社区建设。城市社区全面推进规范化建设，指导社区创新载体，完善服务功能，拓宽服务范围，开展特色工作，创建精品社区。农村社区选择27个试点村（社区）进行重点培植，示范带动。扎实推进基层民主自治。城乡居民依法自治达标率纳入全面建成小康社会考核指标，结合实际，专门制定考评监测体系，从民主选举、民主决策、民主管理、民主监督和保障措施五个方面进行细化设置，分年度明确考评目标值，进一步深化基层民主自治。鼓励和支持社会组织参与社会管理。降低登记门槛，对公益慈善类、行业协会商会类、科技类、城乡社区服务类社会组织，取消业务主管单位，实行直接登记。优化行政审批程序，缩减行政审批时限，社会组织登记提速50%以上，全年新成立登记社会组织55个。全市登记的社会组织达到405个。开展领导干部兼职清理、社团收费专项清理和规范社会办学专项治理等活动，有效规范社会组织的管理和运作。依法办理婚姻、收养登记。全年办理结婚登记12041对，离婚登记2648对，收养登记83例。登记准确率、合格率100%。大力推进殡葬改革。从严整治城区违规搭棚治丧行为，大力开展全市墓葬管理和整治工作，进一步支持农村公益性墓地建设；全面落实城乡居民基本殡葬服务补贴政策，做到应补尽补；新增大瑶、金刚2个乡镇为强制火化区，全年火化遗体5470具。积极开展“千年古县”申遗。认真做好行政区域界线联检，稳妥开展创平安边界活动，加强地名标识管理，重点开展“千年古县”申遗，完成《千年浏阳》《千载墨痕》《千古胜地》组稿，制作《千年浏阳》电视专题片，展示浏阳地名历史文化，经中国地名文化遗产保护专家委员会评审，浏阳市“千年古县”申遗保护成功。及时实施流浪人员救助。开展流动救助、劝导救助和主动救助，救助流浪乞讨人员4900余人次。组织开展“传递温暖，关爱救助”为主题的宣传月活动和“流浪孩子回校园”专项救助活动，城区街面基本实现无流浪乞讨未成年人。（李　伟　陈　科）

【优抚安置】　广泛深入开展双拥活动：全年走访优抚对象11000余人，发放各类慰问物款240万元。全面推行重点优抚对象医疗救助一站式结算工作，为3800余名困难优抚对象，解决临时救助120余万元。及时足额发放抚恤补助：严格按照政策规定发放重点优抚对象定期定量补助、医疗补助和义务兵家庭优待金，完成所有优抚对象二代身份证录入和残疾军人证、烈士证的换发工作，建立优抚对象亡故月报制度，杜绝抚恤补助吃空和冒领现象，新增审批各类优抚对象840人，全年发放各类优抚补助经费6322万元。着力推进退伍安置：进一步加大退伍军人技能培训力度，确保退役士兵职业教育和技能培训知晓率100%，有意愿的退役士兵自愿参加培训率100%，推荐和输送军地两用人才100余人就业创业。全面完成烈士陵园重点工程建设：8月，烈士陵园竣工并正式投入使用，日接待群众近百人，接待外省市游客10余批次，成为浏阳重要的爱国主义教育基地，国家民政部、省、长沙市民政部门领导到浏阳指导工作对该项目建设均给予充分肯定。（李　伟　陈　科）

【浏阳获“千年古县”称号】　12月2日，由民政部审批通过、并以联合国地名专家组中国分部的名义颁发的中国地名文化遗产保护工程“千年古县”荣誉牌匾正式授予浏阳。“千年古县”评选是由民政部、中国地名标准化委员会、中国地名协会发起，由中国地名文化遗产保护促进会认定并由联合国教科文组织批准的地名文化遗产保护工程。在全国800多个建置1000年以上的县中，评选100个县名沿用不变、文化底蕴深厚、地名文化内涵丰富的古县为“千年古县”，并进行重点保护和国内外宣传推介。通过省民政厅重点推介，8月中国“千年古县”评审专家组来浏实地调研，10月20日中国地名文化遗产保护专家委员会第十八次千年古县专家会议鉴定，成功获得该项殊荣。置县于公元209年的浏阳，距今已有1800多年历史，蕴藏着深厚的历史文化。“千年古县”申报成功，浏阳又有一张新的城市文化名片。（李　伟　陈　科）

【民政部调研浏阳社会救助工作】3月14日，民政部部长李立国在省委常委、长沙市委书记易炼红，长沙市委副书记张迎龙，长沙市副市长黎石秋，长沙市副市长、浏阳市委书记曹立军的陪同下，到浏阳调研社会救助工作，了解基层养老体系建设。在文家市镇敬老院，李立国看望敬老院老人和工作人员，并与他们亲切交流，参观老人住房、老人活动中心、食堂和医务室，对敬老院的规范管理给予充分肯定，并嘱咐工作人员要精心细致地做好保障服务工作，确保在院老人们的衣食冷暖。文家市敬老院占地面积3.33公顷，集光荣院、敬老院、养老院功能于一体，有床位150张，集中供养五保老人128人，是浏阳市推进社会救助工作的一个典型缩影。近年来，市委、市政府坚持将公共财政重点向困难群众、弱势群体倾斜，着力解决城乡困难群众的生产生活问题。在社会救助方面，基本建立起“政府主导、民政托底、部门配合、基层落实、社会广泛参与”的工作机制，形成城乡一体的救助体系，为浏阳经济发展、社会和谐稳定发挥积极作用。浏阳市领导余勋伟、熊清溪、邱山东陪同调研。

（李 伟 陈 科）

人力资源和社会保障

浏阳市人力资源和社会保障局

党委书记、局长 缪传良

副书记、副局长

李建辉（2014.08 任）

副局长 李发镭 苏高潮

陈伟林 钟 伟

纪委书记

吴志长（2014.08 任）

工伤保险中心主任

谢雪菲（女）

养老保险中心主任 周逢成

人力资源服务中心主任

袁远航

失业保险中心主任

周水波（2014.01 任）

医疗保险中心主任

冷长征（女）（2014.07 任）

【概况】 浏阳市人力资源和社会保障局主要职责是贯彻执行人力资源和社会保障工作的相关法律、法规、规章和政策，拟订全市人力资源和社会保障事业发展规划、政策并组织实施和监督检查，促进人力资源合理流动、有效配置，负责促进就业工作，统筹建立覆盖城乡的社会保障体系，会同有关部门拟订机关、事业单位人员工资收入分配政策和企业职工工资收入分配调控政策，综合管理全市专业技术人员工作，会同有关部门指导事业单位人事制度改革，会同有关部门拟订军队转业干部安置政策和安置计划，负责行政机关公务员综合管理，统筹拟订劳动、人事争议调解仲裁制度和劳动关系政策，完善劳动关系协调机制，负责全市劳动保障监察工作。局下设 5 个副科级二级机构，内设 14 个职能科室，在职在编干部职工 148 人，2014 年，浏阳市新增城镇就业 19307 人，失业人员实现再就业 4120 人，就业困难对象再就业 1560 人，新增农村劳动力转移就业 16110 人，城镇登记失业率控制在 2.8%，培训各类人员 6735 人，发放小额担保贷款 1223 万元。城乡居民养老保险、城乡居民医疗保险、工伤保险、失业保险、生育保险分别参保 81.68 万人、129.42 万人、13.12 万人、8.02 万人、9.67 万人。五项社会保险累计实现基金收入 23.15 亿元；支付各类待遇 16.24 亿元。社会保险基金按时足额发放率（支付率）、社会化发放率、退休人员社会管理率均达 100%。 （龚加强）

2 月 22-23 日，浏阳市组织教师招聘笔试，5581 名考生报名，4095 名考生参加考试。其中包括 85 名硕士 （资料来源：市人社局）

【就业再就业工作】 以“稳定”和“促进”为主题，抓好促进就业工程，保持全市就业局势稳定。一是落实促进就业的各项政策。新开发公益性岗位 308 个，新认定大学生见习基地 3 家，为大学生提供见习岗位 420 个，“零就业”家庭动态清零，扶持 897 名就业困难人员通过灵活就业形式实现稳定就业，鼓励企业吸纳就业困难人员 463 人。二是狠抓公共就业服务。在湖南省 14 个市州的主流媒体同步刊登“湖湘宝地•美丽浏阳——诚邀您来浏阳工作”的邀请函及各类大型企业招聘信息，在湖南卫视、湖南经视台等主流媒体集中报道浏阳各类企业的招用工情况，发放企业宣传资料 5 万多份。在浏阳城区车站、市场等人员集中场所增设 10 个就业信息固定发布点。开展“就业援助月活动”“春风行动”“大中专毕业生专场招聘”等专项活动。全年举办定期招聘 46 场，各种大型专场招聘会 14 场，为各类企业招聘劳动者 51000 多人。三是全力做好重点企业人力资源招募工作。人力资源和社会保障局将蓝思科技、介面光电等劳动密集型企业人力资源招募工作作为服务企业发展的重要突破口，加强跨区域劳务合作，组织缺工企业到怀化靖州、邵阳城步等地引进外来劳动力 5000 多人。组织 10 个招聘小组到全市各乡镇开展进村入户流动招聘，将岗位和信息送到每家每户。四是深入实施职业技能培训计划。加强定点培训基地建设，采取岗前培训、引导式培训、定单式培训等多种培训方式，推动职业技能培训与市场就业对接，提高劳动者的职业技能水平，全年组织各类职业技能培训参训人员 6735 人。 （龚加强）

【人才人事工作】 大力引进人才。实施“5358”人才引进工程，引进市直单位紧缺型人才 98 人，医卫工作人员 145 人，教师 304 人，选调和录用公务员 97 人，引进市属国有企业管理和专业技术人才 59 名。加强专业技术人才队伍建设。进一步深化全市专业技术人员职称评聘管理，初级职称认定 417 人，其中花炮行业 62 人，审查推荐晋升中高级专业技术职称 262 人。举办烟花爆竹中级职称评审培训，方便花炮行业人才评审职称。全面提升人才素质。举办机关事业单位公职人员公需科目培（补）训班 53 期，培训专业技术人员、公务员、

浏阳市人力资源市场 （资料来源：市人社局）

新进人员5841人。规范公职人员队伍建设。出台《浏阳市机关事业单位抽借调工作人员管理暂行规定》，规范抽借调行为。出台《机关事业单位工作人员考核暂行办法》，深化干部人事制度改革。开展机关事业单位“吃空饷”问题专项治理，全市清理246名“吃空饷”人员，清退89名超过规定数量的临聘人员。 （龚加强）

【社会保障工作】 创新社会保险工作，加快覆盖城乡社会保障体系的建设步伐，各项社保待遇全部实现按时足额发放。一是基金征缴进一步强化。通过政策宣传、监察执法、部门联动催缴等措施，促进社保基金征缴。五项社会保险累计实现基金收入23.15亿元，其中，征缴收入15.64亿元，五大保险新增参保4.8万人次。二是保障水平进一步提高。1.5万余企业退休人员月人均调待181元，城乡居民基本养老金增加到每月105元。城乡医保年度报销封顶线提高到12万元，首推大病住院二次补助，968人次获得二次补助797万元。调整新生儿参保政策，方便及时参保。三是基金稽核监管进一步完善。严格执行“一事两岗两审”、收支两条线管理等基金财务制度，抓实督查稽核，保证社保基金平稳运行、安全完整。将基金监管职能从财务审计科划入纪检监察室，构建人社系统廉政风险防控机制；出台浏阳市社保基金举报奖励办法，《中国劳动保障报》报道相关做法。对基层社保基金进行检查，下村入户、到企业和医疗机构调查980余次，追回社保基金420余万元。 （龚加强）

【劳动维权】 加大劳动保障监察执法力度。受理投诉举报案件95件，立案95件，结案95件。日常巡视检查单位403个，开展13次劳动保障专项监察执法活动，下达劳动保障监察文书33份，责令用人单位退还员工押金1.1万元，补缴社会保险费450万元，补签劳动合同1600份，补发、追发劳动者工资3618万元，处置群体性劳动保障事件13起。加大劳动争议案件处理力度。加强仲裁员队伍建设，促进劳动人事争议调解仲裁工作规范化、程序化、法制化发展。2014年共受理劳动争议案件477件，处理结案435件，其中调解结案222件，裁决结案213件。及时化解涉稳矛盾。实行领导公开接访制度，增强接访解决问题的实效性。实施信访接待“首问责任制”，对来访人员耐心做好政策宣传解释工作，积极为来访群众解决实际问题。全年收到来信112件（次），接待群众来访576人次，办结率达100%，满意率达95%。 （龚加强）

【内务管理】 新建浏阳市人社局门户网站，开通浏阳人社微信、微博，开通“12333”电话咨询平台，接听来电1800余个。设立经开区人社服务中心，按照“业务办理不过隧道”要求，优质、高效服务经开区企业和职工。坚持为民、方便、高效原则，重新梳理和优化各科室（中心、队）业务流程并上墙公示。成立局纪检监察室，每周明察暗访。树立“三民”（爱民、亲民、便民）理念，解决“门难进、脸难看、事难办”问题。有效畅通意见建议渠道。构建“横四纵三”的咨询投诉处理网络，形成“1—4—19”专业队伍结构，严格5步会签法，形成“3456”咨询投诉处理机制。 （龚加强）

【基层人社服务平台建设】 浏阳市人社局全面推进基层人社平台标准化建设工作，全市人社公共服务平台实现机构、人员、经费、场地、制度和工作“六到位”，市、乡镇（街道）、村（社区）三级人社公共服务体系基本建立，便民服务能力显著提高。 （龚加强）

老龄工作

浏阳市老龄工作委员会

顾　　问　曹立军　张绍春
主　　任　余勋伟
副 主 任　熊清溪

【概况】 2014年，全市老龄工作围绕“六个老有”的目标，落实老龄工作文件和会议精神，配合中心工作，完成各项工作任务，推动全市老龄事业的健康、快速、持续发展。

整体部署安排全市老龄工作 5月6日，召开全市老龄工作会议，总结2013年老龄工作，安排部署2014年老龄工作，表彰2013年度21个老龄工作先进单位、45个老龄工作先进个人和78个优秀村级老协会长，授予11个二星级老年活动中心和25个敬老模范村荣誉称号。

落实各项惠老优待政策 启动基本养老服务补贴工作。4月，对全市1209名符合条件的65周岁以上失能半失能的低保、五保老人从2014年12月起发放每人每月100元补贴，12月底对符合条件的五保老人和全失能的低保老人发放补贴工作全面到位。发放基本养老服务补贴对象1474人，覆盖率达68.3%。启动老年人意外伤害保险工作。9月，市财政统一出资18万多元为全市农村“五保”老人和城市“三无”老人购买意外伤害保险。年度内全市有1万余老人购买意外伤害保险，保额达40余万元。配合长沙市民政局对2013年创建的2个农村综合性老年福利服务中心示范点（小河乡敬老院、官桥镇敬老院）及4个村级养老服务示范点（北盛镇马战村、溪江乡浆田村、达浒镇金坑村、杨花乡老桂村）进行验收。加强基层老年协会建设。全市37个乡镇、街道，401个村（社区）均建立老年协会，协会会长均由在当地德高望重的“五老人员”担任，结合各自所在村（社区）的实际情况创新开展工作，积极参与农村幸福院建设，打造老年活动场所，组建低龄老年人互帮队，建立志愿服务制度，推进基层老年协会的发展。

离任村干工作　完善高龄老人生活津贴发放管理，严格实行动态化管理，多方比对信息，对符合享受高龄补贴的对象及时准确发放生活补贴，对死亡或退出低保的老人及时作退出处理。配合村级换届选举，完成离任村干部的待遇提标扩面提档工作，建立1990年至2014年的村主职任职情况电子档案，对10年以上主职离任村干，从7月起实行由原来的分别78元、91元、107元提高至135元、168元、210元的标准发放，发放金额260多万元。对任主职不足10年的其他村干部发放离任一次性补贴，发放金额130多万元。

健康老人评选工作　通过基层推荐，综合考察，43名80岁以上身体好、心态好、思想好且热心社会事业的老人获得“浏阳市健康老人”称号，并在“淳风美德·孝润浏阳”庆祝2014年老年节暨敬老月启动仪式上颁发证书和奖金。

百岁老人工作　对全市年度内满100周岁的老人进行调查，并对历年百岁老人进行全面核查，整理材料向上级老龄委报送，向多位百岁老人登门祝寿，上户悼念去世的百岁老人。配合长沙市慈善办发放“新奥燃气”百岁老人慰问金11.6万元。

政务服务　全年为老年人办理优待证7000多本。

开展敬老月系列活动　9月29日，市老干局、教育局、文明办、老年体协以广场文艺的形式在浏阳河广场举行“淳风美德·孝润浏阳”庆祝2014年老年节暨敬老月启动仪式。播放“敬老爱亲”先进事迹片并为健康老人颁奖。敬老月期间，市老龄委围绕“传承中华美德·弘扬敬老文化”目标，举办“孝润浏阳”广场文艺汇演、健康老人表彰、全市“健康杯”门球比赛及老年人趣味游艺等主题活动。全市各乡镇、街道和市直单位积极开展形式多样的敬老活动，同时积极开展第二轮“敬老文明号”的创建活动。（黎　敏）

居民生活

国家统计局浏阳调查队

队　长　　熊明威

【城乡居民收入和支出现状】

2014，国家统计局浏阳调查队根据对全市10个乡（镇）12个村（社区）的118户居民的抽样调查显示：全年城乡居民人均可支配收入28470元，增长9.5%，其中城镇居民人均可支配收入33816元，增长9%，农村居民人均可支配收入23186元，增长10.2%。城乡居民人均消费支出17245元，增长30%，其中城镇居民人均生活消费支出20623元，增长17.3%；农村居民人均生活消费支出13906元，增长23.4%。

收入分析　城镇居民收入构成分析。2014年，城镇居民人均可支配收入33816元，其中工资性收入为18549元、经营性净收入为7402元、财产净收入为5364元、转移净收入为2501元，在可支配收入中占比分别为：54.9%、21.9%、15.9%和7.4%，城镇居民工资性收入依然占据可支配收入的主要位置。对比2013年收入结构，工资性收入、经营性净收入、财产净收入和转移净收入分别增长15.4%、-12.5%、37.5%和-3%，总体呈现两增两减，增长的幅度较大而减少的幅度较小，总体增长明显。城镇居民收入结构中工资性收入占一半以上比重，15.4%的工资性增长明显体现出对城镇居民物质生活改善的促进。农村居民收入构成分析。农村居民人均可支配收入23186元，其中工资性收入为8932元、经营性净收入为10249元、财产净收入为485元、转移净收入为3520元，在农村居民可支配收入中占比分别为：38.5%、44.2%、2.1%和15.2%。对比2013年收入结构，工资性收入、经营性净收入、财产净收入和转移净收入分别增长13.8%、2%、72%和23.1%。农村居民收入构成中经营性收入占最大比重，表达农村居民对投资三产的热情，经营性净收入增长2%，可以看出经营性收入的增长跟不上投资热情的高涨。其主要原因是2014年农副产品的价格走低，浏阳大宗产品占大比重的生猪价，根据对浏阳畜牧业调查数据显示，2014年四个季度生猪平均价格为12.58元／千克、12.41元／千克、14.52元／千克和14.22元／千克，2013年为：15.98元／千克、12.81元／千克、15.28元／千克和15.64元／千克，全年生猪价格同比持续走低，直接影响浏阳农村居民收入的增幅。同时，随着浏阳市工业化与城镇化进程加快和县域经济发展提速，“一线三城”战略加码，更多的浏阳农村居民实现在家门口打工，直接体现在农村居民工资性收入的增长。

支出分析　城镇居民人均生活消费支出为20623元，农村居民人均生活消费支出为13906元，分别占各自可支配收入的61.0%和60.0%，2013年占比为56.7%和53.6%，可以看到城镇和农村居民支出占收入的比例相差不明显，说明收入增加，市民敢消费。城镇居民人均食品消费支出为5051元，农村居民人均食品消费支出为3992元，分别占消费支出的24.5%和28.7%，城镇居民和农村居民在食品烟酒消费占比很接近。城镇居民人均衣着消费支出为1524元，农村居民人均衣着消费支出为890元，分别占消费支出为7.4%和6.4%，衣着消费支出占比不高，相差不明显。城镇居民人均居住消费支出为4462元，农村居民人均居住消费支出为3255元，分别占消费支出的21.6%和23.4%。相比2013年居住消费增长为11.1%和27.1%，说明农村居民对居住环境改善的需求，同时直观反映农村居民生活压力比城镇居民明显减轻。城镇居民人均生活用品及服务消费支出为1134元，农村居民人均生活用品及服务消费支出为877元，分别占消费支出的5.5%和6.3%，相差不大。同时增长分别为21.3%和28.0%。城镇居民人均医疗保健支出为756元，农村居民人均医疗保健支出为986元，分别占消费支出的3.7%和7.1%，增长率分别为50.6%和-39.8%，说明农村居民在医疗保健支出方面降低明显，但支出占总消费的比重超过城镇居民。原因在于医保制度的普及，让农村居民的就医成本下降明显，同时作为收入弱势方的农村居民在医疗消费支出的压力更大。城镇居民人均交通通讯支出为3708元，农村居民人均交通通讯支出为1416元，分别占消费支出的18%和10.2%，分别增长9.4%和7.4%，相差不大。城镇居民人均文教娱乐消费支出为3246元，农村居民人均文教娱乐消费支出为1990元，分别占消费支出的15.7%和14.3%，分别增长3.9%和58.5%。说明农民居民对文教娱乐市场需求强烈。城镇居民人均其他用品及服务支出为742元，农村居民人均其他用品及服务支出为500元，均占消费支出的3.6%，分别增长154.6%和135.4%。其他用品和服务在总消费中占比不高，民众对服务市场需求急切。

（张雪君）

《少年中国强》录制现场，毛兴龙在表演飞针穿玻璃　　荧屏截图

奇闻逸事

【少年飞针穿玻璃】 10月2日晚，中央电视台一套《少年中国强》第六期节目播出。该期节目的最大看点是毛兴龙表演的飞针穿玻璃，即人在1米开外用普通缝衣针通过自身功夫将玻璃射穿，玻璃会留下针穿过的小孔，但不碎裂。据该节目科学顾问童哲介绍，钢针穿玻璃而不碎，对速度、方向都有很高要求，非常考验表演者的功力。最终，毛兴龙成功连续击穿6块2毫米厚的玻璃，以绝对优势参加《少年中国强》年度盛典（总决赛）的录制。《少年中国强》是中央电视台在8月推出的大型少儿励志节目。百余年前，梁启超在《少年中国说》中疾呼："少年强则国强"。节目《少年中国强》就是要给以"00"后为代表的当代少年提供展示才智情怀和梦想的舞台。

毛兴龙，2001年出生，浏阳市淳口镇同辉村人，9岁开始习武，现就读于衡阳一家武术学校练习剑术和拳术，曾两次在浏阳拿过剑术冠军。2014年上半年开始练习飞针。学校准备推荐一名练习飞针一年多的学员上央视，但在节目组当天的筛选中，这位学员或许是因为紧张屡屡失手，而在一旁陪练的毛兴龙却表现超常，针无虚发，结果毛兴龙被央视导演相中。因其长相与功夫明星赵文卓有几分神似，《少年中国强》栏目也称其为"小赵文卓"。

毛兴龙就读的武校负责人吴满元介绍，飞针穿玻璃要求练习者有较好的臂力，钢针才能有力量向玻璃发起冲击，更重要的是钢针和玻璃要尽量垂直。此外，玻璃的选择也有讲究，不能太厚，也并非越薄越好，太厚穿不过去，太薄容易破碎。

（唐继武）

街道·镇·乡

大瑶镇李畋广场（航拍图片）

淮川街道

工委书记　李　翔
副书记　殷志民　邓　翔
周长林
郭　慧（女,挂职）
纪工委书记　刘　朗
工委委员　刘　朗　邵新文
胡燕群（女,兼）
人大工委主任　邓　翔
人大工委副主任　周健芝（女）
办事处主任　殷志民
副主任　刘红彬　周水波
余忠国
政协联络处主任　周长林

【概况】 2014年，淮川街道总面积12.3平方公里，下辖联城、北正、西正、朝阳、北园、城西、新北、城东8个社区居民委员会，常住居民23615户，常住人口70986人，流动人口53400人，街道所属中小学校、幼儿园6所。全年实现财政税收3.46亿元，同比增长14.7%；招商引资到位资金3.1亿元，同比增长33.6%；社会消费品零售总额55.1亿元，同比增长9.1%，产业结构进一步优化，综合实力显著增强。

项目建设　黄泥湾项目一期实现清零挂牌出让，教师进修学校片区改造项目年底前征拆全面清零，西正片区改造项目一、二期征拆工作正在快速推进。在建项目即将投产，金沙信息城项目12月份投入运营，鸿宇城城市综合体主体建筑即将封顶，黄泥湾项目一期建设正在加紧建设。着力发展第三产业，引进招商银行、江淮村镇银行、北京同仁堂、正东电子商务有限公司、星鑫影院等优质项目，传统商贸业态提档升级，电子商务强势崛起。

公共设施建设　全年完成8个城中村、43个老旧小区改造和15条背街小巷提质改造，基本完成严家冲等4个旧房改造项目，升级改造翠园路、圭斋路农贸市场，成功搬迁鹿角冲市场，科学设置嗣同路和天马大桥流动摊贩临时疏导点，结合旧城改造增扩建停车位，启动西正社区停车场改造项目试点，推进城区污水管网建设，其中姚家冲、冯家山等城中村示范点建设得到市领导的充分肯定，现场接待各地观摩40多次，经验模式得到广泛推广。

社会管理　加强综合治理，狠抓矛盾纠纷排调，全年化解企业改制、征地拆迁、医患等矛盾纠纷125起，办理省、市信访件34例，实施重大决策事项社会稳定风险评估7例，积极做好沙市建工债务纠纷处理以及财富、佳园大厦小区28户居民征拆等群体性事件苗头稳控。实施8000余人的“红袖章”工程，建立健全全天候、全路段的四级联防体系。广泛宣传计生政策，全面开展优质服务，全年征收社会抚养费122.1万元，落实长效措施352例，办理单独二孩审批192例，发放独生子女父母光荣证162本，做好4500多户城镇独生子女父母家庭奖励审核工作。积极试点计生网格化管理服务模式，实行计生网格化信息管理。成功创建长沙市流动人口重点协同治理示范街道。

社会保障　加大社会保障力度，兑付城乡居民医保补助249万元，发放城乡居民基本养老金170余万元，落实低保等各类社会救助1300万元，街道被评为“长沙市就业先进单位”，联城社区被评为全国“和谐社区”。从严整改低保不公等群众反映突出问题，全面清理在册低保户，清退290户，降标160户，引入行风监督机制，实施动态监管。进一步完善中小学校、敬老院、社区书屋、健身场所等公共基础设施，健全卫生服务体系，公共服务水平大幅提升。

队伍建设　党的群众路线教育实践活动。征集“四风”意见和建议183条，压缩办公用房面积45%，精简会议、文件数量，分别下降30%和20%，“三公”经费支出下降40%。党风廉政建设。成立督查室，全年督查16次，印发督查通报7期，查处违纪案件4起，处理信访案件12起。社区队伍建设。做好“在职党员进社区进党小组”和“社区兼职委员制”党建示范工作。严格社区工作人员的招聘程序，全面实行绩效考核末位淘汰制，严把社区工作人员的入口关，畅通不合格人员的退出机制，基层队伍建设进一步加强。（刘　川）

【成立淮川税收管理服务中心】 8月1日，淮川税收管理服务中心正式开业。为进一步规范和加强境内个体及零散税收的征收管理工作，优化税收征管环境，强化街道税源保障，淮川街道作为市个体及零散税收委托代征工作试点单位，根据市政府部署及“零散税收社会管”的精神，抽调各线富有经验人员、财政所全体成员、社区经济专干近30人组成征管队伍，成立“淮川税收管理服务中心”，面向近6000户个体工商户进行服务。

（刘　川）

【济川河改造二期工程启动】10月，联城社区联合多个部门启动济川河两岸改造二期工程。该工程，南起翠园路，北至鹿园路，济川河西侧将在完善河堤的基础上，修建一条双向通车的油砂路，有效缓解劳动路及联城路的交通压力。东侧在保存原有绿化带的基础上也将完善休闲健身场所、停车场、排水、护栏等设施。（刘　川）

【完善人口和计划生育管理体系】2014年，淮川街道积极试点探索网格化管理服务模式，将多年来推行的网格化管理系统延伸到人口计生工作领域，将街道所辖区域作为一个棋盘，科学划分为79个网格，专门配备计生组指导员、楼栋长，协助社区掌握网格区域范围内居住人员的婚、孕、育情况变动及其宣传服务工作，建立“街道—社区—网格—楼栋”四级管理服务体系。年末，在全市计生工作年度考核中排名第一，继续保持浏阳市优质服务模范单位，被推荐为长沙市十佳优质服务示范单位，并成功创建长沙市流动人口重点协同治理示范街道。（刘　川）

【“美丽淮川”微信公众平台正式开通】11月18日，淮川街道“美丽淮川”微信公众平台正式开通。同时申请注册腾讯QQ、腾讯政务微博等政务公开平台，并做好内容及时发布更新工作。通过以上平台，街道及时发布有关政策、工作动态、风土人情以及民生资讯等信息，听取人民群众呼声诉求，进一步拉近街道与人民群众的距离。

（刘　川）

集里街道

工委书记　黄　刚

副书记

汤建军（2014.01任）

屈传义（2014.10免）

陈松权（2014.10任）

高让波　周奇志

王　璐（女）

纪工委书记　高让波

工委委员　张人和（女）

人大工委主任

屈传义（2014.10免）

陈松权（2014.10任）

副主任　谭执中

办事处主任

汤建军(2014.01任)

副主任　李福成　杨沅光

政协联络处主任　高让波

【概况】2014年，集里街道下辖5个社区、7个行政村，185个村（居）民小组，户籍人口35502人，其中农业人口14487人、非农人口21015人，出生人口440人，死亡人口215人，人口出生率为13.39‰，自然增长率为6.8‰。辖区行政区域总面积54平方公里，山林面积2731.8公顷，耕地面积332.8公顷，其中水田263.64公顷、旱土36.16公顷。全年实现财政总收入4.08亿元，同比增长22.3%，其中地方收入2.8亿元，增长28.5%；实现工业经济总产值63亿元，其中规模工业总产值31.8亿元，社会消费品零售总额57.38亿元，第三产业增加值21.8亿元，工业投资5.6亿，规模农产品加工企业产值7.43亿元，招商引资到位资金3.5亿元。家居建材业呈专业化、集聚化趋势发展。汽车城规模逐步扩大，有望形成集汽车销售、配件供应、汽车文化为一体的综合性汽车生活消费街区。

项目建设　全年铺排重点项目13个、征拆项目19个，完成征地81.89公顷，签订拆迁协议202户，青苗设施补偿491户，迁移坟墓148座，实现项目征拆“清零”11个，为项目建设提供有力保障。教师进修学校及其附属小学、百宜保障性住房等民生工程建成陆续投入使用，平水汽车城、创意•君悦城、利通•大悦城等项目顺利推进。

农业　强化农业基础地位，大力推进冬修水利工作，组织开展“党员干部齐参与，冬修水利助春耕”活动。投资150万元，疏浚1立方米以下田间渠道65公里、1立方米以上沟渠26.3公里，山塘清淤38口，修复河坝3座，改造机埠3座，除险加固骨干山塘2口、小〔2〕型水库2座。大力遏制耕地抛荒，种植油菜233.33公顷、莲藕66.67公顷，完成一季稻生产任务，粮食生产稳中有增。

计生服务　全年落实长效措施371例，征收社会抚养费50余万元，完成孕前优生检测405例。发放独生子女、放弃再生育等扶助资金33万元。积极探索工作新模式，成立全市首个社区流动人口计生协会。

环境整治　街道投入200余万元、社区筹资100余万元对24个城中村实施全面改造。硬化路面约2.2万平方米，铺设沥青油砂路面约3.5万平方米，安装下水井管道700米，栽种植物10万余株。投入720万元，绿化长浏高速西互通入城口、花炮大道以及G319隧道至花炮广场段。加大城市管理力度，拆除各类晴雨棚31730平方米、广告牌13300平方米、违法建筑30800平方米。打造金沙北路“精品一条街”，城市品质明显提升。

安全生产　落实“一岗双责、党政同责”安全生产责任制，强力推进“打非治违”，积极开展隐患排查专项行动，检查生产经营单位1235次，查处安全隐患2536处，实现安全生产“零事故”。森林防火监管到位，全年未发生一起森林火灾。加强企业污染防治设施运转情况检查，处理环境投诉27起。开展生猪养殖污染治理，拆除违规养殖场地3处，新建污染处理设施5处。

社会治安　深化“平安街道”建设，以网格为单位，以群工站为抓手，变“上访”为“下访”，为群众排忧解难。建立健全不稳定因素排查调处机制，排查矛盾 506 起，调处纠纷 216 起，调解成功率达 98%，受理回复信访件 33 起，全年无进京非法上访、到长沙集体上访案件发生。加强“红袖章”机动车治安巡防，实现 24 小时巡防全覆盖，全年未出现重大治安事件和群体性灾害事件。

社会保障　着眼民生民利，核减不符合保障条件的低保户 146 户，新增低保对象 85 户，发放低保金 714 万元，发放优抚金 136 万元，义务兵优待金 30 万元，为 41 名应届贫困大学生发放慈善助学金 8.7 万元，慈善助孤4 人，发放救助金 3 万元。征缴各类社会保险 888.4 万元。开展就业技能培训 1110 人次，提供就业岗位 410 个，为64 名高龄老人发放补助金 5.9 万元，117 名重度残疾人发放特殊生活补助金 2.6 万元。

科教文卫　申报获批创新型单位 2 家，专利工作试点（示范）单位 6 家，完成专利申报 84 例，获得专利授权 72 件，培育科普示范基地 3 个，科技致富带头人 5 人，杉松村莲藕合作社获评市科普示范基地。集里中学在全市中考联考中获一等奖，教师进修学校及附属完小项目主体工程竣工。举办“欢乐浏阳河”广场文艺晚会，百宜社区获评市文化活动示范性社区。为 2219 人次办理医疗补助 176.41 万元，城乡居民医疗保险缴费 187.2 万元，参保率达 95%。（谭倩云）

【创新实施“1551”工程】 加大基层投入力度，投入公益资金 80 余万元，创新实施“1551”工程，即在网格化管理的基础上，把党小组建立在网格，要求每名党员联系服务各自网格内的 10 户群众，每年参加 5 次以上志愿服务活动，给予每个党员 500 元的公益经费支配权为民办事，至少为群众办成 1 件实事。群众诉求得到党员及时回应和主动解决，有效畅通服务群众“最后一公里”，架起党员群众之间的“连心桥”，2014 年，辖区群众满意度测评位居全市第二。

（谭倩云）

【大润发和星鑫国际影城签约入驻创意·君悦城】 8 月 8 日，世界 500 强零售巨头大润发，以联建形式入驻辖区创意•君悦城，集购物、娱乐、餐饮、教育培训、医疗、儿童教育于一体。同日，香港嘉禾院线旗下的星鑫国际影城也签约入驻，将投入 3000 万元打造旗舰店，建成湖南县（市）首家 20 米宽的国际标准 IMAX 超大巨幕厅。

（谭倩云）

【财政总收入突破 4 亿元】 2014 年，面对全国经济下行的宏观环境和高基数背景下高速增长难的现实，集里街道采取“稳一产、优二产、强三产”，谋划储备后备税源项目，培育新的税收增长点，财政总收入达 4.08 亿元，增长 22.3%，其中地方收入 2.8 亿元，增长 28.5%，超额完成市级下达任务，同比增速位居全市 8 个亿元乡镇（街道）之首。（谭倩云）

荷花街道

工委书记　吴世平
副书记　熊湘东
陈松权（2014.10 免）
李道兴（2014.10 任）
钟楚武　饶　岚
纪工委书记　唐青山
工委委员　唐青山　朱志龙
人大工委主任　李道兴
副主任　寻　婷（女）
办事处主任　熊湘东
副主任　汪万江（2014.07 免）
李盘思（2014.07 任）
陈志刚　邓　劭（女）
政协联络处主任　钟楚武

【概况】 2014 年，荷花街道辖 10 个行政村，3 个社区，376 个村（居）民小组，户籍人口数 46647 人，总面积 146.8 平方公里。全年完成财政总收入 2.24 亿元，增长 14.52%，财政收入首次突破 2 亿元大关，其中地方收入 1.276 亿元，增长 18.37%。完成工业总产值 42.15 亿元，同比增长 4.07%，工业固定资产投资 12.07 亿元，同比增长 37.34%，规模工业总产值 33.86 亿元，同比增长 31.9%。实现招引资金 4.87 亿元，实际到位资金 3.457 亿元；农村商业银行荷花支行年末存款余额 7.97 亿元，净增 9054.73 万元，城乡居民可支配收入 19288 元，同比增长 16%。群众工作被评为长沙市先进，财政工作、工业经济、农业农村、招商引资、项目建设、党管武装、公务员考核、两型社会建设、宣传、统战等工作被评为浏阳市先进，档案规范化管理成功创省一级。

项目建设　深入落实市委“两帮两促”，抽调 40 多名干部专攻项目，优化施工环境，代办手续 85 起，解决困扰多年的长浏高速拆迁户建房、易家冲、掌山安置区等遗留问题。浏阳河六桥全面启动；金沙南路、荷石公路改造竣工；建成天马山上山游道；荷文公路荷花段完成征拆在建；启动浦梓港片区开发，完成征地 25.34 公顷，拆迁 66 户；水岸山城•御峯主体工程基本完工；新月半岛西区开发全面完成，东区二期主体竣工；高峰•天马花园项目正在扫尾；天马山公馆正在进行主体施工。重新明确工业小区定位，坚持产城融合，以工业为主，配套城市商业、物流、生活、居住等综合产业模式开发，打造大物流、大城市综合体、工业集中区三大城市综合板块。鼎力、华佑二期、衡大饲料开工投产，广华塑料五金完成厂房主体建设，引进荷花金坤电瓶车厂、隐相谷生态文化创业城、康颐生态养老院、天子湾野外综合实践教育基地 5 个项目。

工业　深入“四化两型”，力促花炮企业整合提升，成功引导荷红等 7 家企业重组，15 家引线厂达成整合意向。推进科技创新，32 个产品获得专利证书，精工机械、顺达科技研制的自动装药线及动感焰火机械在中国烟花爆竹安全环保博览会上大放异彩。积极协调村组关系，化解企业纠纷 20 多起。完成工业总产值 42.15 亿元，同比增长 4.07%，工业固定资产投资 12.07 亿元，同比增长 37.34%，规模工业总产值 33.86 亿元，同比增长 31.9%。

农业　种植早稻394.2公顷，油菜900公顷，建成333.33公顷长浏高速沿线油菜“示范带”。全年举办农民实用技术培训班15期，培养科技示范户20户，新建沼气池13个，实现土地流转593.33公顷，浏河、东环、嗣同、牛石岭成功创建“平安农机”示范村。商贸旅游依托精品楼盘开发，壮大楼宇经济。投资1.8亿元建成2.1万平方米的时代商业广场。大批KTV、清吧、酒吧、咖啡厅、特色餐饮、文化创意公司等文化娱乐业进驻，唐洲片区逐步形成以特色餐饮为主，融休闲文化、茶文化、酒文化、花炮文化于一体的环天马路美食商圈。整合提升近城农家乐12家，打造以天子湾温泉休闲度假中心为核心，集休闲、观光、旅游、度假、拓展体验于一体的现代农业观光旅游带。整合商贸资源，协助举办第九届中国湘菜美食文化节。

基础建设　整顿巴山坳马路市场，拆除违章建筑1.5万平方米。改造背街小巷1.4万平方米，实施城中村改造项目24个，和平街、麻纺厂示范点打造典型。启动农田水利畅通工程三年行动，完成山塘清淤17口，修复骨干山塘4口，更新机埠2处，整修河坝3处，疏浚渠道819公里，改造危桥3桥。

党建工作　深入践行“一线工作法”，出台《机关干部“百分制”量化考核细则》“机关干部十不准”等制度，细化干部考核，加强干部作风督查，对7名机关干部和1名村干部进行诫勉谈话。全年查办违纪违法案件4起，开除党员3名。10个行政村“两委”换届实现选举零违纪、零差错、零投诉、零上访。创新基层党建模式，成立唐洲社区志愿者之家党支部。

综合治理　积极开展综治述职，狠抓校园周边、企业周边、出租屋等场所的治安秩序。以群工站为依托，建立领导包村、干部包组、包户的“群众工作”机制，努力化解积案，信访案件办结率100%。全年实现到省进京零上访目标。严格落实“一岗双责、领导联片、干部联厂”制度，抓宣传、抓培训、抓许可、抓创新、抓整改执法。全年排查企业隐患937处，查处非法生产42起，拘留49人。

环境整治　启动三年造绿大行动，长浏高速南互通完成绿化提质。投入200万元打造“美丽屋场”“绿色屋场”，创建“美丽屋场”3个、“绿色社区”1个，金滩屋场创建该市“十佳”美丽屋场，浏河村获评长沙市卫生村，樟槽村获评长沙市整洁行动优胜村。聂桥村打造省“两型”示范村。加大环保执法，全年受理环保投诉121起，立案查处环境违法违规企业5家，治理生猪养殖户65家，关停、转产45家，强拆7家。

社会保障　企业员工工伤、失业、养老三险全面完成任务，城乡居民养保、医保参保率均排名全市前列。低保五保实现应保尽保，全年救助低保对象1411户2772人，发放低保金755万元，供养五保户305户338人。救助86人次，发放大病救助款15万余元，发放临时救助150人次5万余元。为辖区重点优抚对象173人和一般优抚对象256共发放各种抚恤金165万元。

计生文卫　在全市首创计生微信服务平台和计生优质服务进建筑工地和娱乐城模式。街道全年出生554人，符合政策生育率85.2%，节育措施、孕前优检、社会抚养费征收均超额完成任务。人口信息网格化管理工作代表浏阳接受长沙市计生委检查，获得高度肯定。全面启动荷花中学2号宿舍楼建设，投资213万新建罗直小学完工交付使用。毕业会考和年度联考获该市一等奖。无偿献血超额完成任务。

文化宣传　党报党刊超额完成任务。利用群众喜闻乐见的新媒体，建立“荷花街道”微信公众平台，精心举办“梦之音•肖正平先生音乐创作作品演唱会”“喜迎七一歌盛世•今日荷花别样红”文艺晚会等活动，丰富干部群众精神文化生活。加大典型推介，全年在电视和各级报刊发表典型正面报道100余条（篇）。

（陈雪完）

关口街道

工委书记　姜林峰
副书记　朱永建　邓　翔　刘佳富　潘擎炬
纪工委书记　鲁正平
工委委员　鲁正平　李秀英（女）
人大工委主任　邓　翔
人大工委副主任　罗马英（女）
办事处主任　朱永建
副主任　王红兵　向前进　李升稳
政协联络处主任　刘佳富

【概况】 2014年，关口街道下辖4个行政村，3个社区，181个村（居）民小组，7114户，27282人，其中农业人口24272人。全街道完成财政税收16900万元，占年度任务的104.3%，同比增加2400万元，增长17%，其中地方一般预算收入完成9260万元，同比增加1591万元，增长21%；完成工业总产值55亿元，增长5%，实现工业增加值19.8亿元。其中规模工业总产值完成52亿元，同比增长8.3%；实现规模工业增加值18.7亿元；完成工业投资13亿元，同比增长19%；新上规模企业1家；创建电子商务企业2家；实现招商引资到位资金3.1亿元，占年度任务的120%；全年社会零售销售总额5.1亿元。农民可支配收入达15328元，比上年增长6%。

工业　太阳龙公司投资7000万元新增一条现代化生产线，被评为“长沙市2014年度创新型企业”；天鹰公司获“中国百强福利企业”称号。整合改组花炮企业，引导实力企业做大品牌、做优质量。重点帮助金山花炮厂改制重组，引导企业走集约化经营之路；协助三联企业集团召开2014年新品推介暨客户联谊会，邀请全国各省市380名嘉宾与会，订单额突破亿元。实行党政领导联系重点企业制度，加强部门与企业的交流和沟通。全年调解企业各类纠纷20余起。督促企业自查自纠产品质量，定期进行抽查，辖区内企业产品质量合格率90%以上。开展特种设备安全大检查4次，全年无重大质量、标准、计量违法案件发生。

农业经济　基础建设。全年硬化村级道路6公里，修建桥梁1座，完成329公里田间渠道、15公里河道、45公里沟渠清淤疏浚项目，23口山塘、6座机埠、4座河坝改造项目及1座渡槽重建冬修任务。全面完成三年造绿大行动年度任务，对全街道及浏东公路长坪段进行绿化；抓好生猪养殖污染治理工作，升平村养殖污染治理整村推进项目通过长沙市验收。科技创新。举办实用技术培训班10期，培训905人，培养现代农业领军人才5名，农村实用人才52名，新型职业农民51名，培养科技示范户14户；开展科技下乡活动3次，科普集市活动2次，引进推广农业新品种3个，发放各类农业科技宣传资料1.8万份；引进新技术、新产品、新工艺3项，获发明专利授权1项，完成专利106件，占年度任务比例420%。街道被长沙市政府确定为“长沙市2014年度创新型单位”。调优种植结构。全年流转耕地168.4公顷、林地977.93公顷；培植农民专业合作社和种植大户，新建家庭农场7家；发展蔬菜常年种植面积283.33公顷，花卉苗木128.4公顷，冬种油菜300公顷，建立油菜机械化耕作示范园4个；建立优质葡萄基地13.33公顷，水果基地26.67公顷，稻田养鱼基地20公顷；实现农林牧渔业总产值3.722亿元。

项目建设　完成西北环线、浏阳河六桥、银天东湖广场、菊花石路、红星美凯龙、凤凰山公园等项目征地6.55公顷；完成房屋拆迁58户，企业房屋拆迁22户；浏阳河六桥北岸水佳片区征拆工作取得重大突破，西北环线关口段路基基本成形，百宜粮库建设顺利推进，人民银行金库顺利竣工；恒大二期、四季花城、国际烟花贸易大厦、彩虹谷等房产项目进展顺利。

环境整治　组织对辖区内农户家庭院落及四边、村庄集镇范围的陈年垃圾进行全面清除，对河流、山塘进行垃圾打捞和清淤，清除各类垃圾400余吨，指导帮助3000余农户整理规范环境卫生；继续加大城乡环境综合整治力度，重点整治浏东公路、大浏高速入口互通、世纪大道、锦程大道、农副产品市场以及各安置区等重点区域；开展每季一次的最清洁户、清洁户、欠清洁户评比竞赛活动，全年评选400户最清洁户，评选结果在《浏阳日报》、村务公开栏进等宣传窗口进行公示；对复兴安置区和行政中心安置区2个“城中村”进行重点改造，水佳社区中心组、金口村南山屋场、金桥村七子樟屋场通过该市整治办验收，七子樟屋场获全市十佳“美丽屋场”称号；广泛动员街道群众开展环境自治，城乡环境整体改善，三季度环境整治工作全市排名第七，同时代表浏阳迎接长沙市清洁卫生城市检查，获长沙地区排名第一的好成绩；新建项目环评执行率100%，“三同时”执行率100%，两型社会创建和公共机构节能工作卓有成效，辖区全年无重大环境污染事件发生。

城市管理　严格执行土地管理政策。全年出动宣传车300余台次，印发通告、宣传资料6000余份，接待村民建房来信来访90余次，受理报告50余份。拆除各类违法建（构）筑物146处，面积27998.68平方米，累计控违49处，面积6252.6平方米，违建之风得到有力遏制。

社会管理　全年排查各类矛盾纠纷235起，成功调处235起，其中重大疑难纠纷63起；辖区接各类报警案件1057起，其中立刑事案147起，受理各类行政案件235起，调解各类纠纷65起。扎实深入开展群众工作。全年走访11298户，实现入户率100%，全面摸排化解各类信访突出问题和矛盾纠纷80起，解决80起；筹备并启动网格化管理工作，69名网格员进村入户开展工作；做好重大节假日期间维稳工作，确保辖区和谐稳定，规范信访处理，按照程序办理15起上级交办的信访案件，处理2起集访事件，未出现越级上访等恶性事件。街道在全年的综治民调中取得浏阳排名第3、长沙排名第12的好成绩。

民生保障　全年发放“一卡通”惠农资金413.3万元，落实38人医疗大病救助113500元，142人特困救助55800元，慈善救助44人108200元，发放优抚经费92万元，落实城乡低保864人157万元；改造危旧房15户，拨付改造资金46万元；开展“阳光低保”集中整治行动，把握程序，确保年审评定公平公正公开；积极探索养老服务模式，金桥村幸福院投入使用，长兴社区老年日间照料中心——“善爱港”获中国民政部、中国社会福利基金会授予“全国暖心工程优秀服务站”称号；开展墓葬整治和管理专项行动，整治违规墓葬20多座；落实长兴水库、西北环线308户拆迁户1257人以及失地为零村民小组的四年龄阶段人员234人的参保续保和待遇发放工作；全年完成养保90%、医保98.35%，居全市前列，完成认证3258人，劳动力信息采集13046人，城乡居民医疗补助903万元。

计生、教育、文卫　计划生育严格落实“村为主”制度，首推组指导员报告单制度，创新推动骨干会员联户制度，牢筑组指导员和计生协会会员队伍。年内符合政策生育率87.11%，措施落实、社会抚养费征收及国家免费孕前优检工作综合完成比例居全市前列；街、村、组三级计生工作人员对所有期内对象进行走访，重新签订计划生育基层群众自治合同书。扎实开展计生网格化信息管理，做好国家“单独两孩”政策的宣传贯彻落实工作，22对“单独”夫妇领取再生育证；城镇居民独生子女父母奖励新制度全覆盖，辖区内79人直接受益。启动教育跃进三年计划，年初关口街道被授予“教育强街道”称号，关口中学教学质量名列全市初级中学前茅，长兴湖小学列入2015年政府投资建设项目，西山小学整体搬迁进入实质阶段。推进关口卫生院与市妇幼保健院合作办院，突出儿科特色，医疗服务水平显著提高，全面规范村级卫生室日常工作。组织参加全市第二届全民健身运动会和广场舞大赛。

党建工作　设立专职纪工委书记、副书记，加大对干部职工作风建设的管理和督查。创新党建活动载体，精心组织举办“践行群众路线•先锋行”红色服务月主题活动、“聚力环境整治、建设美丽关口”迎国庆微演讲比赛、小区党支部服务农田水利畅通工程专项竞赛等活动。发起向杨溪湖村患白血病学生罗冰捐款倡议，募得爱心捐款15.9万元。全年上级媒体、刊物正面报道推介关口130余篇次，《今日关口》编印10期，发放8000余份，宣传推介各部门各单位的工作动态。上报政府网信息150余条，通过微博微信发布信息135条，采纳92条，发布量居全市前列。网络舆情监控到位，处置及时，应对有力。顺利完成长沙市文明指数测评工作以及省文明城市复查迎检工作。（谢宗达）

【关口企业助力教育强街道】1月25日，关口街道党政领导与关口境内企业负责人和代表在关口中学小会议室举行关口街道捐资兴校座谈会，向企业负责人和代表通报关口教育发展状况以及教育强街道中存在的问题。各企业负责人和代表表示全力支持关口的教育事业，为关口教育的发展贡献一份力量。泰平置业董事长刘太平、柏加建筑园林公司董事长周开明当场各捐资10万元，远大包装公司董事长周雄伟成立30万元个人教育基金，其他企业负责人和代表同时进行捐资。座谈会上收到捐款60万元左右，捐款全部用于改善关口中学的硬件设施，为关口教育强街道再添新力。（谢宗达）

【市重点项目观摩团视察国际烟花贸易大厦】7月12日，浏阳市“项目攻坚年”活动观摩团到位于关口街道道吾路的国际烟花贸易大厦项目工地，详细了解工程建设进展情况及区域未来规划。街道工委书记姜林峰向观摩团成员介绍项目建设对区域发展的积极作用，以及关口发展的良好态势。项目建设方钜丰房地产开发公司制作详细、精美的展板，安排工作人员热情接待，向观摩团200余名成员展示该座即将崛起于新城中心的烟花文化地标和城市“第一居所”风采。长沙市副市长、浏阳市委书记曹立军视察该项目后，赞扬项目起点高、进度快，鼓励项目负责人在保证工程质量的前提下加快融资步伐，吸引更多的客商加盟，延伸花炮产业链条，带动整个行政中心板块的发展。国际烟花贸易大厦是以烟花为主题的高端商务项目和甲级商务写字楼，项目占地7374平方米，总建筑面积36200平方米，共23层。地下1层为车库，地上1至3层为商业裙楼，4至23层为专业写字楼，能全方位满足不同投资者及自用客户的个性需求。（谢宗达）

溪江乡

党委书记　焦清平
副书记　武安磐
　　任飞跃（2014.07任）
　　熊宜武（2014.07免）
　　刘家智
纪委书记　刘家智
党委委员　张贤贵　朱敏
人大主席　任飞跃（2014.07任）
　　熊宜武（2014.07免）
乡长　武安磐
副乡长　张贤贵　朱敏
　　陈学远
　　吉红霞（女）
　　凌旺（2014.10任）
政协联络处主任　刘家智

【概况】2014年，溪江乡辖9个行政村，160个村民小组，辖区面积90.64平方公里，耕地面积1514公顷。人口23096人，其中非农户口462人，出生人口463人，死亡人口83人，人口出生率20‰，自然增长率16.4‰，全年实现工业生产总值21.2亿元，同比减少16.5%；实现规模工业总产值19.2亿元，同比增长0.8%；实现财政总收入3510万元，同比增长6.4%；完成地方收入820万元，同比增长13.5%。农村商业银行溪江分行居民存款余额比上年同期增加3900万元。

项目建设　新建项目伟豹纸箱包装厂、上程食品有限公司办结手续并启动建设；市政府召开专门会议调度道然湖项目建设，帮助企业破解发展难题；恒泰医药包装有限公司作为市两帮两促重点项目接接受现场观摩，川塘水库开发项目签好意向协议。加大招商力度，编印溪江招商手册，多途径推介溪江，全乡重点项目累计完成投资8000余万元。

农业　全年新建和提质改造农庄2个。小水果面积达66.67公顷，4个小水果基地被旅游部门列入大围山浏东旅游线路整体推介。粮食生产稳步推进，烤烟生产完成收购任务。出台奖励补助政策鼓励农户种植油菜，栽种面积达566.67公顷。加强能源建设，全年新建沼气池53个，推广节能灯2120只。农机推广效果良好，全年新购农机120台。抓好农产品质量安全检测工作和土地重金属取样调查工作，全年无食物中毒和农产品质量安全事故发生。实施封山育林，加强林政管理和行政执法，开展森林防火应急知识培训和演练，强化森林防火措施，加大对生态公益林的管护。积极开展绿色集镇、绿色村庄、绿色屋场、绿色庭院创建工作。建立健全动物疫情预警、预测、预报网络机制，无重大动物疫情发生。

工业　加强安全生产企业主体责任，继续强化安全生产工作，成立10个检查组，由党政领导带队，深入开展全乡安全生产大检查，对鞭炮烟花、非煤矿山、危险物品、道路交通、校车管理、食品安全等重点领域进行为期半年的集中整治。7月份起，接受省、市安监部门及浏阳市领导带队暗访和专项督查10余次，安全监管情况良好，该乡烟花爆竹行业执行高温停产工作在全市受到通报表扬。

基础建设　启动农田水利畅通

工程三年行动，全乡有4000多名党员群众参与，160多个小组动工，做到沟渠疏浚全覆盖。截至年底，完成1平方米断面以上沟渠疏浚55公里，1平方米断面以下田间渠圳清淤300多公里，山塘清淤维修18口，改造河坝5座，新建机埠1处。其中金龙村迎接省水利冬修工作会议现场观摩，得到省、市领导高度肯定。川塘、团山、仙洞三座小型水库除险加固工程已全部启动。各村多方筹资300多万元，共加宽硬化和提质改造溪江、金龙、炭棚等村村级主干道7.5公里，投资20多万元改造溪江、金龙、新湖村危桥3座，多途径筹措资金600多万元，硬化组级道路30多公里。浏东公路及乡村主干道交通安全设施进一步提升，校车安全线路进一步优化。做好“十三五”交通建设基础数据调查和资料上报工作。同时注重质量监督和安全施工，全年未出现质量和安全施工事故。全面完成农电网改造。

环境整治 继续深入开展环境整治，加强上户宣传和检查评比，书面下达109条交办任务，实行整改任务销号制度。全面实行庭院三包，指导村民垃圾分类，环境卫生工作进入常态化管理模式。坚持以示范点带动全面环境卫生工作，溪江村泉山组示范屋场发动群众积极参与，得到群众和市整治办的高度认可。浆田村通过浏阳市卫生村验收。积极开展全民绿化，着力打造浏东公路精品旅游线路。强力推进畜禽污染治理，加强环境保护和规划执行力度。环境整治效果较好，全年工作全市排名第七，溪江村泉山组被评为浏阳市2014年度“十佳”屋场，浆田村成功通过“浏阳市卫生村”的验收。

融城建设 加快融城建设步伐，积极争取市委市政府将该乡纳入主城区总体规划，协调争取提前一年先期启动大浏高速溪江互通至蒙华铁路火车站片区的控制性详规编制工作，12月份已进入实地勘测阶段。农贸市场规划、用地手续全部办理完善。乡政府旁地块完成国有建设用地报批等全部前期手续，即将启动公开招标拍卖工作。对乡

6月14日晚，“欢乐浏阳河”溪江乡专场文艺晚会在浏阳河广场举行

（图片来源：溪江乡政府）

政府门口及集镇进行绿化美化工程建设，排水沟改造工程实行前期实地测图。加强辖区规划、土地执法巡查力度，严厉打击整治各类违法用地行为，有效遏制私挖乱建违法行为。全年组织开展联合巡查129次，查处违法用地50宗，国土立案31起，拆除违章建筑总面积4050平方米，办理规划许可证77本。

教育 加大投入继续完善教育设施，浆田小学扩建工程如期推进，中心幼儿园建设接近尾声，长溪小学校门改建工程完成前期征地等工作，中学教学楼进行翻修、新建小食堂，湖里小学通过省合格学校验收，全乡五所小学全部创建省市合格学校。积极开展校园周边环境整治，规范校园周边秩序，建设平安校园，全年无安全事故发生。

计生 开展计生随访“五上门”服务模式，广泛宣传计生知识，抓好计生队伍建设，加大计生工作对外宣传力度，2014年，《浏阳日报》报道该乡计生工作3篇，计生局网站报道1篇，金龙村在全市计生专干培训会议上作经验介绍。全年落实计划生育手术334例，依法征收社会抚养费，进一步稳定低生育水平，目标管理综合排名稳居全市前列。

民政 全年发放低保金195万余元，报销合作医疗费用794.8万余元，全面完成该乡残疾人信息系统的录入。医疗保险、养老保险收缴工作全市排名第一。

综治维稳 坚持领导公开接访，加强信访工作，规范信访秩序，全年未出现到上级机关的群体性非访事件。继续深入开展“一推行四公开”群众工作，乡村干部下组入户走访群众，深入了解民情民意，进一步改善干群关系。深入开展文明家庭示范户和评星建档活动，评星建档活动获长沙市关心下一代首届“十佳载体”称号。建立溪江信息平台库，通过短信、宣传车、宣传栏、村级广播、综治工作述职大会等方式加强正面宣传教育，积极淳化民风，确保全乡社会大局稳定。政法综治民调在长沙市188个乡镇街道中名列第25名。

廉政建设 立案查办违纪党员2名，辞退2名公务员。（袁 维）

【“评星建档”工作】 为加强青少年思想道德教育，浏阳市溪江乡建立青少年成长星级档案，在全乡6—35岁青少年中扎实开展以评选“健康星、好学星、爱国星、守法星、孝敬星、奉献星、公益星、和谐星、科技星、特技星”为主要内容的“评星建档”创建活动，促进青少年健康成长，取得良好的社会效果。通过创建活动，进一步淳化民风，助推完成各项中心工作。10月，该活动获长沙市关心下一代首届“十佳载体”称号。（袁 维）

【市项目现场观摩团观摩恒泰包装】7月12日，浏阳市项目现场观摩团由市委书记曹立军带队，市级领导、市直单位主要领导、各乡镇街道主职260多人对该乡恒泰包装有限公司进行项目观摩。恒泰包装公司是该乡2012年招商项目，公司专业从事于食品与药品软包装的研发、生产、销售。一期已投入5000万元，拥有一条已投产的自动化程度高的食品包装生产线和正在报批等待验收的药品包装生产线。

（袁 维）

【“欢乐浏阳河”溪江乡专场文艺晚会】6月14日晚，“欢乐浏阳河”溪江乡专场文艺晚会在浏阳河广场举行，晚会以该乡政府机关干部合唱《建设美丽新溪江》开场，吸引许多市民观看。晚会共10个节目，大多来自于当地企业的选送。该乡花炮企业还为每个节目搭配焰火燃放。市委常委、宣传部部长刘旭，副市长邓雪琴参加活动。

（袁 维）

古 港 镇

党委书记 刘守德
副 书 记 黄 森 冯 旻
纪委书记 刘作昌
党委委员 吴细寒（女）
　　　　 周雯生 刘作昌
人大主席 黄 森
人大副主席 陈志刚（2014.08免）
镇 长 张 晔
副 镇 长 吴细寒（女）
　　　　 雯 生
　　　　 徐伟星 俞 凌
政协联络处主任 冯 旻

【概况】2014年，古港镇辖10个行政村，3个社区，371个村民小组，11187户，39795人，人口出生率为13.0‰，自然增长率为4.5‰。总面积154平方公里，山林面积10666公顷，耕地面积2299公顷，其中水田1500公顷，旱土799公顷。全年实现工业总产值40.2亿元，同比增长13.2%，其中完成规模工业总产值37亿元，同比增长37%。完成财政收入4605万元，其中地方一般预算收入1440万元；农民人均纯收入17500元，增长14.3%。2014年获湖南省民主管理村务公开示范乡镇、湖南省安全生产示范乡镇，长沙市人口和计划生育工作先进单位、长沙市绿色示范集镇、长沙市农田水利建设优秀单位、长沙市农村危房改造工作一等单位、长沙市残疾人工作明星示范乡镇等称号。

农业　做好农业基础工作，完成早稻栽插53.33公顷、一季稻1112.11公顷、433.33公顷，被定为浏阳市早稻生产、“代育代插”示范基地，实现耕地“零抛荒”目标。种植油菜1200公顷，获评“浏阳市万亩油菜规模种植乡镇”。积极推进产业创新升级，种植蔬菜1333.33公顷，新增蔬菜钢架大棚50余个，总量达600余个。完成高联村等4个村的预警设施。

工业　全年完成工业投资6.2亿元，完成技改投资6.25亿元，新增规模工业企业2家，新增数字化企业2家，新增限上商贸企业1家。完成专利成果16件，湖南省生日乐制造有限公司成功申报2014年度浏阳市专利试点示范单位。调处企业矛盾纠纷50余次，帮助6家企业申报小额贷款贴息20余万元。新引进招商项目8个，其中新建项目4个，续建项目4个。长沙广海化工材料有限公司在古城老工业区落户，就生产环保型UV涂料达成意向。

第三产业　皇龙峡漂流并入湖南天成旅游开发有限公司统一管理运营。宝盖寺大雄宝殿建设工程即将竣工，同时配套改造道路500余米用于宝盖寺整体开发。梅田湖水利风景区成功申报市级文化产业项目，实施千亩连片油菜冬种。集镇商贸持续繁荣，近4000户商家入驻。

基础设施建设　全面完成“古港新城”项目10.67公顷用地征拆工作。引进香港世纪鑫源有限公司投资3亿元，建设“古港新城”。推进日新东路项目建设，完成400余米市政配套设施建设，50余间房屋主体建设完工。全年完成小城镇建设基础设施投入2000万元。实施燕窝至永和原醴浏铁路线全长近5公里道路拓宽改造。完成村级道路硬化30公里。全面实施农田水利畅通工程，完成山塘清淤扩容16口、骨干山塘除险加固4口，完成一个断面以上沟渠清淤疏浚23.9公里，灌区干渠15.6公里，更新改造机埠4处，改造河坝8座，清淤疏浚田间渠道913公里。

环境整治　全力做好梅田湖村创建“2014年度省为民办实事美丽乡村建设示范村”各项工作。加大环境治理投入力度，全镇有村级保洁员60余名，环卫车20余台，集镇新增新型垃圾回收设备，环境整治水平不断提升。成功创建2014年“长沙市绿色示范集镇”，高标准建设浏东公路绿化带，创建沿线6村151户“绿色庭院”。

公共服务　启动古港中学学生公寓楼建设，全面完成合格学校建设。教学质量不断提升，古港完小获评长沙市“教学改革样板校”，完成“教育强镇”验收考核。加强古港中心卫生院及村级卫生室建设管理。全面提升政务服务效能，累计办理各类业务6596件，办结率100%。积极完善村级农家书屋和健身广场建设，成功举办全民广场舞比赛、庆“七一”合唱比赛、中国象棋古港镇初赛及浏阳市精英邀请赛、“多读好书、多做贡献”及“家庭助廉、共促和谐”演讲赛等文体活动，丰富人民群众业余文化生活，率先在全市乡镇街道完成党报党刊征订任务。开通“今日古港”官方微信，继续创办“今日古港”刊物。

民生保障　落实发放走访慰问、洪涝灾害救助、临时救济、五保救助、慈善助学等救助救济金约35万元。落实城乡低保户和特困户医疗救助45人、高龄补助163人、优抚对象补助370人、重残人员补助179人。镇中心卫生院建立标准化残疾人康复室，为65名肢体残疾人进行免费康复训练，为142名精神残疾人免费发放药物。举办残疾人实用技术培训班，成功创建“长沙市残疾人工作明星示范乡镇”。组织村民委员会换届选举和村务公开工作，成功创建“湖南省民主管理村务公开示范乡镇”。

社会管理　严格落实人口与计生管理政策措施，完善一孩生育服务、二孩生育审批、社会抚养费征收等行政执法规范，对63名违法生育对象予以立案，征收社会抚养费109.5万元。以创建“平安古港”为宗旨强化政法综治管理，排查调处矛盾纠纷81起，调解率100%，未发生“民转刑”案件；公安派出所破获刑事案件38起，查处行政案件69起；森林派出所侦破刑事案件10起，查处治安案件10起；联合交管部门查处轻微超载车辆5台次。

安全生产　立案查处企业4家次，打击取缔非法生产场所2个，行政拘留2人，安全生产工作获评“湖南省安全生产示范乡镇”。接待受理网络投诉、现场举报、领导信箱等各类群众来访来信65件（批次），受理“12345”市民投诉热线工单36件（批次），办结率为100%。

党建　顺利完成村支两委换届选举工作。加强“两新”组织党建工作，对具有建立党组织条件的8家非公企业，通过单独组建和联合组建相结合的形式建立5个党组织，在农村和专业合作社中建立党小组14个。加强党员教育培训，新发展党员23名，集中轮训党员800多人次。积极开展水利冬修先进党小组创建活动，红星、松山等14个党小组积极报名参赛，发动辖区内800余名党员干部参加水利冬修。全镇20个先进基层党组织和97名优秀共产党员受到表彰，燕塘村红星党小组、毛连党小组被评为“长沙市先进基层党小组”。深入开展党的群众路线教育实践活动。活动期间，全镇党员干部累计下基层走访调研840余人次，“一把手”带头上党课22次。镇领导班子列出整改问题49个、制定措施72条；村级党员干部列出整改问题390个、制定整改措施669条。“四风”专项整治取得明显成效：镇级各类文件比2013年同期减少26%；各类会议比2013年同期减少32%；“三公”经费开支减少20%；清理腾退办公用房166平方米；公开和简化办事程序单位11个，占应公开数量的100%，简化办事程序率达52%。（李　澳）

【梅田湖村列入“湖南省为民办实事美丽乡村建设示范村”】 2014年，古港镇梅田湖村围绕打造“绿色生态农业示范村、山水养生度假精品村、农民素质提升样板村”的目标，实施梅田大道油沙化提质改造、松山美丽屋场建设、游客接待中心等系列精品工程，承接湖南省和长沙市水利工作现场会等观摩活动，赢得省市领导及同行的高度赞赏，松山屋场被誉为最大、最新、最美的屋场。3月，该村被列入“湖南省为民办实事美丽乡村示范村”。（李　澳）

【开通“今日古港”官方微信平台】 该镇紧跟新媒体发展形势，积极拓宽信息发布渠道，加强对外宣传和民众互动，强化舆情引导。2月25日，古港镇正式开通政府官方微信平台“今日古港”。“今日古港”开通后，及时发布政务动态、政策法规、办事指南、民生资讯、突发事件通报等各类信息，另设立专题板块宣传古港风土人情，展示古港风采魅力，让更多的人了解古港、助力古港。公众也可通过这个平台进行信息或业务咨询，对政府工作提出意见建议。（李　澳）

【计生服务“零距离”】 2014年，古港镇创新计生工作方法，将人口计生工作与群众工作站的工作有机结合，依托群众工作站，实现优质服务“零距离”，大大提高群众对计生工作的满意度，镇计生工作取得好成绩。古港镇育龄群众多，地域面积广，以往计生服务工作没有做到全覆盖，导致少数群众不理解计划生育政策。为此，群工站队员积极到育龄群众中开展走访活动，宣传计生政策，倾听群众对计生工作的诉求，为群众提供计生政策咨询、避孕药具发放等优质服务。同时组织开展对困难家庭的走访慰问活动，让群众感受到党和政府的温暖。2014年，古港镇政府对排查出来的育龄群众安排慰问金2万元，帮助化解矛盾26起。（李　澳）

【全省水利建设（山丘区）现场会参会人员观摩古港镇】 11月28日，湖南省水利建设（山丘区）现场会在浏阳召开，全省14个市州及部分县市的水利部门负责人聚集浏阳，实地观摩水利建设情况。当天上午，副省长、省水利建设指挥部指挥长张硕辅带领参会人员，在长沙市副市长、浏阳市委书记曹立军的陪同下到该镇观摩水利冬修及水管站建设情况。张硕辅对古港镇水利冬修做好“五个”结合（与党建工作结合、与群众工作结合、与环境整治结合、与“三冬”工作结合、与新农村建设结合）给予充分肯定。在古港镇水管站，观摩组一行详细了解水管站软硬件设施建设情况，观看市防汛视频会商系统及网上监管系统模拟演示，对该镇水管站能力建设予以高度评价。省人民政府副秘书长陈吉芳，长沙市副市长黎石秋，市领导余勋伟、熊清溪参加活动。（李　澳）

【成立山泉文学社】 2014年，古港镇成立山泉文学社，该学社由一批爱好文学艺术的乡村能人自发组建成立，旨在发表各类文章、诗词、剧本等民间文学爱好者作品，并于每季度出版刊物《山泉》，免费向政府、学校、村（社区）等发放，充分展示乡村新风尚，引领正确舆论导向。该文学社已报经浏阳市文化局批准，由浏阳市作家协会主管，是该市独家由乡村文学爱好者成立且形成一定影响和规模的民间文学社。（李　澳）

高坪镇

党委书记　黄　根

副书记　宋　孟

李学荣（2014.07任）

胡　湘（2014.07免）

贝　倩（女）

纪委书记　胡秋平（女）

党委委员　何继春　雷建军

胡秋平（女）
人大主席　李学荣（2014.07 任）
副主席　巫文根
镇　长　宋　孟
副镇长　何继春　雷建军
贺升朝　陈招兴
政协联络处主任　贝　倩（女）

【概况】 2014 年，高坪镇辖 16 个行政村、1 个社区，213 个居民小组，总面积 256.8 平方公里，其中耕地面积 2649.86 公顷，林地 19672.15 公顷。总人口 3.8 万人，全年新出生人口 490 人，死亡 288 人，符合政策出生率 82.4%，自然增长率 5.31‰。完成工业生产总值 24 亿元，其中规模工业总产值 19.5 亿元，实现财政收入 4118 万元，农民人均可支配收入增加 1241 元，达到 13052 元。

农业生产　全年种植油菜 933.33 公顷、蔬菜 333.33 公顷；实施农村水利通畅工程，疏浚沟渠 960 余公里。完成高坪、船仓、河西、石湾等村 333.33 公顷提高粮食产能项目，实施太坪、南枫、新建 200 公顷土地整理项目。

旅游　推出“长寿之乡、养生福地”的高坪旅游新形象，有效提高高坪知名度。

工业经济　完成山水世界大型综合休闲项目一期工程。完成大吉烟花扩建工程，投资 4000 余万元、征地 66.67 公顷，年底投入生产。实施矿山整合，8 家非煤矿山停产整合。完成高坪集镇自来水厂建设并正式投入运营，辐射整个高坪集镇区域，解决集镇近万人安全饮水。

计划生育　全镇出生 490 人，符合政策生育 404 人，符合政策生育率 82.4%，征收社会抚养费 120 万元，完成市级考核指标。

环境整治　全年投入资金 100 余万元用于环境卫生整治，新建大型焚烧炉 1 座，新增小型焚烧炉、垃圾桶等设施 500 余个；先后创建“涧水之家”“冯家湾屋场”“桃花屋场”“杨林屋场”四个示范屋场，其中“冯家湾屋场”获浏阳市“十佳美丽屋场”称号。依法取缔非法砂场 6 个，实施小溪河流域养殖污染治理项目，拆除违章猪舍 7 栋，退出 100 余户，完成治理 200 余户；加强土地执法，依法强拆影响形象的违章建筑 5 处。

社会治安　化解社会矛盾纠纷 239 起，查处行政案件 113 起，处理违法人员 90 人，年度综治民调全市排名第九，被评为社会治安综合治理模范单位。

社会保障　完成养老保险征缴 182 万元，发放养老待遇 658 万元，完成农村合作医疗保险征缴 323 万元，医疗保险覆盖率达到 98.5%；支付医疗报销 476 万元；发放低保金额 260 余万元；完成危房改造 56 户。

道路桥梁改造　全镇范围内硬化村级主干道 22 公里，完成文明示范路建设 32 公里；石湾大桥改造、涧山大桥拆除重建共计投入 430 万元。　（詹继强）

三口镇

党委书记　陈　刚
副书记　廖尚福　周　剑
曾北平
纪委书记　曾北平
党委委员　尹灿文　易显旺
陈爱民（女）
人大主席　周　剑
副主席　李　胜
镇　长　廖尚福
副镇长　尹灿文　易显旺
曹湘黔
张新飞（2014.06 免）
杨访问（2014.06 任）
政协联络处主任　曾北平

【概况】 2014 年，三口镇辖 6 个村，1 个社区，224 个村（居）民小组，总面积 55.6 平方公里，耕地面积 1108 公顷，其中水田 1024 公顷。截至年底，全镇共 23312 人，全年新出生人口 306 人，死亡 156 人，自然增长率为 12.6‰。实现农村经济总收入 30.6 亿元，增长 26%。完成财税总收入 3515 万元（含烤烟税 321 万元），增长 8.3%，财税总量由 2013 年全市乡镇第 13 名提升至 2014 年第 11 名；其中地方收入 1000 万元，增长 21.4%，地方收入首次实现 20%以上增长。全社会固定资产投资 6 亿元，增长 24%。全年引进招商项目 5 个，长沙市外到位资金 5462 万元。农民人均可支配收入达 16507 元，增长 14%。境内金融机构存、贷款余额达 2.27 亿元和 1.17 亿元，增长 17.5%和 21%，贷存比达 0.52:1。

工业　全年实现工业总产值 20.1 亿元，增长 39%。新引进建设投资 3000 万元的龙塑管业二期 PVC 项目、投资 1000 万元的和信烟花机械化生产线项目，推进完成东区磷肥厂盘活投产、鼎腾烟花电子商务平台创建、廖胡子和炒王食品加工企业扩改；花炮产业克服资金紧缺、市场萎缩、生产换证等困难，保持产销经营基本稳定。

农业　发展烤烟 360 公顷，送售烟叶 557500 公斤，烟农创收 1794 万元，产业规模稳居东区第一，全市第五。依托市现代农业核心示范区优势，种植水果 133.33 公顷、花木 133.33 公顷、优质稻 333.33 公顷、油菜 900 公顷。全年实现农业总产值 1.89 亿元，增长 44%。

招商、商贸　引进天子岗休闲旅游项目和民营骨伤科医院新建项目；完善集镇商贸设施，子健路商贸网点不断增加，集镇商贸消费日趋繁荣；凯丰水果、中俊种养、六福养殖等一批现代休闲观光农庄迅速崛起。

基础建设　投资近 400 万元，全面完成同绥中路、北路、南路共 1.6 公里路面拓宽和“白改黑”提质，铺设 1.3 公里雨污管道，改杆整合 1.3 通信线路；投资 230 万元铺设自来水主支管网 9 公里，完成自来水入户安装 100 余户；投资 40 余万元完成集镇至龙塑管业 2.7 公里 136 盏 LED 节能路灯安装。投资 597 万元，完成县道 X109 4.2 公里大修，彻底改变老浏东公路坑洼破烂多年失修状况；投资 500 多万元完成 11.7 公里乡道、村组道路建设；投资 20 万元在全镇主要道路安装安保标识 200 多块。农田水利全面建设。投资 3300 多万元，推进覆盖全镇 80%以上农田的 993.33

公顷国土整理和烟田整理，总计修建机耕道51.22公里、砖混标准渠78.85公里，平整土地94.67公顷；发动全镇干群清淤田间渠道400多公里；投资530万元，高标准完成光华水库和石塘、莲塘等骨干山塘除险加固，启动甘冲、螺丝冲水库除险加固，并作为全省水利建设现场会观摩点，接受湖南省副省长张硕辅一行现场观摩指导。投入80余万元高质量规划和建设大湾同心屋场和三新屋场，打造屋场“升级版”；投资50多万元栽植红叶石楠等景观植物1万余株，完成浏东公路和入镇主干道绿道建设及集镇绿化美化；加大拆违控违力度，全年依法拆除违规建筑16处2160平方米，拆旧建新51户5574平方米。

宣传　依托“月月乐”、《三口在线》微信平台、《美丽三口》季刊、青少年梦想广场等平台，开展“淳风美德润三口，服务群众倡新风”系列活动。

武装　落实党管武装工作制度，超额完成夏秋季征兵任务。

统战　推动“同心乡镇”创建，开展“八大同心行动”和“八大同心项目”，获长沙市“同心乡村”荣誉。

科教　加大科技创新力度，科普工作获浏阳市先进乡镇称号。投入390万元新建中心幼儿园和学校扩改提质。

社会保障　落实社会保障政策，新农合参合率98%，新型农村养老保险参保率90.5%。改造危房24户，发放五保、低保、优抚等资金256万。完善敬老院设施，提升服务水平，入住老人生活条件得到改善。

计生、卫生　全年落实措施266例，征收社会抚养费60万元，免费孕前优生检测177例，符合政策计生率84.96%。加强卫生管理工作，全面完成无偿献血任务，食品安全监管网络不断完善。

环境整治　关停取缔集镇临街经营性麻将馆，推进集镇交通秩序综合整治，集镇秩序明显好转。深入实施“庭院三包”清洁工程，定期开展镇村环境集中保洁和改造更新环卫设施；加大畜禽污染治理力度，全年综合治理养殖户60户。

5月28日，浏阳市“淳风美德润三口、情系群众献爱心”创建“同心乡村”主题活动启动　仪式　（图片来源：三口镇党政办）

综合治理　优化重点项目施工环境和企业生产经营环境，有力防范和深入打击妨碍发展的违法行为，全年调处涉企涉项目纠纷20余起。推进平安三口建设，开展“大走访”和综治到村述职专项活动，落实“红袖章”巡防制度，全年排查和调处各类矛盾纠纷79起，消除不稳定因素8起；加大禁毒宣传和涉毒打击力度，依法打击各类违法犯罪。

安全生产　坚持严查严管、严处严罚，落实班子成员下厂检查制度，扎实推进危爆企业、消防、防汛、防火、食品、交通、校园周边环境及校车、综治安全、建筑施工等专项安全生产大排查大整改，实现安全生产事故“零发生”目标，获浏阳市安全生产先进单位。

（曾秀文）

【启动“2345”工程】　扎实高效推进该镇党的群众路线教育实践活动，切实改进“四风”，密切党群关系，三口镇以实施“2345”工程为重点，着力解决联系服务群众“最后一公里”的问题。具体是指：做好“改进四风”与服务群众两者的结合文章，深入探索和推进党小组、群工室、屋场“三位一体”的“三口模式”，充分发挥该核心载体政治引领、联系群众、畅通渠道、整合资源的四大优势，实现“零距离”服务青少年群体（含留守儿童）、老年人群体（含空巢老人）、创业者群体、新型农民群体、特殊群体（残障人士、五保户、特困户、上访户、刑释解教人员等）等五类群体。量身定制举办一些主题活动，充分调动镇村干部、党小组长、群工室、屋场、辖区内企事业单位负责人和当地知名人士的积极性，对典型性、代表性的对象开展认亲帮扶。截至年底，全镇党政领导、机关干部、村（社区）干部、党小组长、知名人士、企业负责人145人共帮扶典型性五类群体261名，帮扶到位资金10万余元。

（曾秀文）

【创建“同心乡村”主题系列活动】　5月28日，浏阳市“淳风美德润三口、情系群众献爱心”创建“同心乡村”主题活动启动仪式在三口镇青少年梦想广场拉开帷幕，浏阳市无党派人士联谊会、知识分子联谊会、三口镇村干部、党小组长、驻镇单位负责人、“2345”工程五类群体代表和群众等参加活动。活动分为六大主题：“爱心圆梦行动”，对青少年群体进行慰问，派送书籍、书包等文具用品，开启圆梦之旅；“尊老倡孝行动”，对老年人群体进行慰问，聘请名医提供义诊服务，前往敬老院义务打扫卫生、修理家电、陪老人聊天，送去关爱与温暖；“创业助跑行动”，针对创业者开设专题讲座，搭建服务创业信息平台；“兴智富农行动”，针对新型农民开设专题讲座，为其打开致富思路、提供致富信

国家安监总局局长杨栋梁到浏阳调研烟花鞭炮安全生产工作，考察沿溪镇和顺烟花制造有限公司
（图片来源：沿溪镇党政办）

息；“阳光帮扶行动”，现场对特殊群体进行慰问，并进行心理辅导，帮助其建立阳光心态。“大事简办行动”，在全镇倡导喜事新办、丧事简办、勤俭节约的社会新风尚，营造以厉行节俭为荣，以铺张浪费为耻的社会氛围，切实减轻群众负担。（曾秀文）

【建成大湾同心屋场】 大湾同心屋场选址于三口镇白路村桥头组，居住的群众以马姓、夏姓、李姓为主，共有28户128人，该屋场作为三口镇建成的第18个和谐幸福屋场，从2014年7月份开始建设，历时4个多月，总投资80余万元，经过“绿化、亮化、净化、美化、文化”等工程，建成一个涵盖特色教育、健身娱乐、文化引领等多功能于一体的“升级版”屋场。与之前的屋场相比，大湾屋场着力于同心文化的创建，主要体现在发展同心、屋场同建、环境同治、事业同创，标志着三口“升级版”屋场建设序幕的拉开。（曾秀文）

【水利冬修工作】 2014年，三口镇全面开展农田水利畅通工程建设三年行动，围绕“田间渠道全面清淤+病险骨干山塘维修+重点工程建设”三大工程进行。其中田间渠道全面清淤由各村社区党总支负责，利用党小组积极引领，党员干部自觉带头参与，村民群众筹资投劳，全面维护清淤辖区所有田间渠道。病险骨干山塘维修包含甘冲、螺丝冲两座小〔2〕型水库和金园村枸树塘、石塘除险加固；白路村木子塘清淤扩容，汤家坝维修，马家坝改造等。河道治理为花城村三河交界至沙龙沔江桥区域河道（山洪沟）治理。全年水利资金投入820余万元，发动党员群众投工投劳7000余人次，完成400余公里的田间渠道清淤疏浚，并作为全省水利建设现场会观摩点，接受湖南省副省长张硕辅一行现场观摩指导。（曾秀文）

【获评“国家级生态乡镇”称号】 6月16日，中国环境保护部办公厅印发关于国家级生态乡镇的公告，浏阳市三口镇等829个乡镇达到国家生态文明建设示范区之“国家级生态乡镇”考核指标要求，并授予国家级生态乡镇称号（2012-2013年）。2010年，三口镇提出创建“国家生态乡镇”的目标，在全镇范围内全面实施“乡村清洁工程”，该工程包涵清理垃圾、疏浚渠圳、平整道路、改水改厕等内容，基础和重点是解决农村垃圾问题。根据三口实际，党委、政府明确以就地处理为主的农村垃圾处理理念，推行“分类减量、上户收集、村民自治、公司运营、政府补助”的模式。该模式是媒体广泛推介的农村垃圾处理和社会治理创新的“三口模式”，也成为长沙市推广的主模式之一。（曾秀文）

【获评长沙市“学习型组织示范单位”】 12月，三口镇机关党支部获“长沙市学习型组织示范单位”称号。主要做法有：坚持集中学习。每月开展一次全体镇村干部都参与的干部读书班活动，至今已举办25期。读书班活动形式多样，镇村干部轮流讲课，邀请专家、领导专题讲座，开展无领导小组讨论、案例分析等。拓宽学习平台。每年5月定为“读书月”，通过开展阅读经典、“我的书屋”评比、读书心得评比等活动，不断拓宽机关干部学习平台。利用广播、季报、微信、短信等平台进行学习和宣讲，弘扬社会主义核心价值观。开展实践活动。组织森林防火等应急知识实地演练；到白路花炮厂进行安全生产检查实地学习；在党的群众路线教育实践活动中，组织机关党员赴胡耀邦故居和文家市秋收起义纪念馆参观学习等，镇村干部的思想培养、综合素质、履职能力得到很大提升。（曾秀文）

沿　溪　镇

党委书记　汤相福
副书记　郭　驰　曾宪文
　　　　杨　辉
纪委书记　张宜发
党委委员　张宜发　廖文晖
人大主席　曾宪文
副主席　汤瑞林
镇　长　郭　驰
副镇长　廖文晖　欧玉成
　　　　潘剑波　罗　平
政协联络处主任　杨　辉

【概况】 2014年，沿溪镇辖5个行政村，3个社区，183个村（居）民小组，8594户，31830人。其中

农业人口30997人，非农人口833人。出生人口689人，死亡人口322人，人口出生率21.6‰。总面积123平方公里，其中耕地1301公顷，山林8850公顷。全年完成财政总收入5400万元，其中地方一般预算收入1600万元，综合实力稳居东区第一。

工业　全年完成工业总产值69.56亿元，比上年同期增长21.5%，占年度任务的133.7%；规模企业总产值完成52.6亿元，比上年同期增长25.2%，占年度任务的102.7%，被评为浏阳市工业经济先进单位。龙头企业保持领先，东信、和顺在生产规模、产值、税收方面名列全市花炮企业前茅；安全生产大局平稳，被评为长沙市安全生产示范乡镇；产业投入持续加大，东信科研院投入2000万元，完成研究院下辖科研所、实验所、检测所等建设，东信集团三星烟花材料厂一期生产线投入使用，东丰、美联烟花厂投入7600万元完成生产线改造；“东信”“熊猫”“吉来”成功参与2014年南京青奥会、北京APEC焰火燃放。

中心镇建设　坚持按照城市总体规划建设中心镇，对沿溪镇总体规划和滨河新城控制性详细规划进行修编。全年铺排各类项目58个，实际完成投入12.5亿元，涉及基础设施、产业发展、公共事业、商贸旅游等领域，中心镇建设进入长沙市先进行列。规范土地管理市场，加大储备土地，完成用地征收13.33公顷，房屋拆迁11栋，确保城市可持续发展。提质改造延伸绿化带4.2公里，投入4220万元用于城市基础设施维护，新增绿化面积1万余平方米，安装树池240个。完成联佳北路、沿溪大街、东恒路、东信大道、浏花路“白改黑”路面提质改造3万平方米，对沿溪大道东段、明星街路面进行硬化。集镇污水管网改造8.5公里，新增太阳能路灯720盏，日处理能力2000吨的污水处理厂实现运转。坚持建设与管理并重，加大城市管理执法力度，对店外经营、占道经营、乱停乱放、乱搭乱建等违规行为进行重点整治。持续深入开展城乡统筹环境同治，推行居民自治公约，成功创建彭家湾、杉山、老街3个美丽示范屋场，城乡环境同治被评为长沙市优胜乡镇。

新农村建设　完成山塘清淤20.47公顷，修复小型河坝5处，更新改造机埠2处，疏浚渠道650千米。封山育林3733公顷，完成植树造林12万株，残次林改造及荒山造林266.67公顷，新造油茶15.33公顷。油菜冬种面积933.33公顷，绿肥200公顷。成功引进总投资8600万元的天野沙龙万亩蔬菜基地综合开发项目，以沙龙村为重点的蔬菜核心示范区扩面提质达400公顷。以农民种养专业合作社为突破口，培植壮大无公害蔬菜、小水果、花木等特色农业产业基地，重点扶持金富、桐坪农场、友华、燕翔等绿色养殖、绿色蔬果基地建设。发挥沙龙、金橘合作社产业优势，打造集自助采摘、观赏体验、基地互动等形式多样的农业旅游休闲基地2个。组织农村实用技术培训11次，培训农民达2000多人，举办技能培训班5次，年培训人员达1200余人，推广农机新机械48台，定期发放《病虫情报》12期，免费免疫家畜2.1万头、家禽6万羽。

科技开发　全面推进科技创新，完成12项专利申请，重视新产品、新技术的推广应用，创新型乡镇验收合格。

教育、卫生　完成沿溪中心幼儿园、教师公共租赁房建设，与师大附中联合办学。提高公共医疗服务水平，加强重大疾病防控体系建设，大力实施免费健康服务，对五保老人实行住院费全免、医疗费减半政策。启动二级医院建设，公共卫生服务体系逐步完善。农村合作医疗补偿3342人次，发放补助资金212万元。组织全镇儿童接种疫苗、老年人免费体检8000多人次。强化食品安全执法力度，未发生重大疫病传播和食品安全事故。

计划生育　全年落实综合节育措施517例，查环孕检3623人，征收社会抚养费91.7万元。

社会保障　全年投入2000多万元完成烈士陵园、日间照料中心、示范性综合文化站、大光完小提质改造、茅田洲桥、公庆桥两座危桥改造等民生项目建设。发放城乡居民养老保险补助2333.2万元，组织25万元走访慰问特困户680余户，改造农村危房24户，开展低保阳光行动，发放补助20余万元。

综治维稳　接待来信来访126件，批办处理35件，初信初访办结率达100%。调处矛盾纠纷217起，涉及金额347万元，挽回经济损失190万元。全年无一例赴省上京和集访事件，治安状况良好，综治民调全市排名第七。

安全生产　每月召开安全生产例会，组织4次安全员和1.1级工序操作员工培训，培训312人；举办3期烟花爆竹企业特种作业人员持证上岗培训班，培训305人。开展“打非治违”工作，组织检查行动613次，填写笔录613份，发现各类隐患1059处，立案查处5家。全面开展道路交通、校车、建筑施工、人员密集场所、食品药品等行业领域的安全生产督查工作，顺利通过“长沙市安全生产示范乡镇”验收。

党建工作　完成5个村级“两委”换届选举工作。培训入党积极分子23人，发展新党员12名，按期转正32名。民主评议党员，评选优秀党员57人，不合格党员7人，并对合格党员做出劝退处置。上报各类信息112余条，被上级机关采用15篇。加强周工作统筹和各项工作督查，发督查通报21期。

（肖永荣　高文滔）

【“中信杯”全民广场舞复赛】　6月9日，“欢乐潇湘”浏阳市2014年“中信杯”全民广场舞东区复赛在沿溪镇东都购物广场举行，浏阳东区12个乡镇代表队参加比赛，数百名群众观看，浏阳市委宣传部部长刘旭出席并观看比赛。大赛邀请6位评委，根据10分制评判标准，按得分高低选取表现优秀的代表队进入浏阳总决赛。活动现场，沿溪镇党委、政府还发起“淳风美德润浏阳·文明办酒倡新风”签名仪式，现场观众积极响应，纷纷表示要摒弃“滥办酒席、攀比浪费”的陋习，树立社会新风尚。

（肖永荣　高文滔）

【“东都杯”全民唱歌比赛】 8月28日，浏阳市第二季东都杯全民唱歌比赛决赛在沿溪镇东都购物广场隆重举行。为加快农村文化建设步伐，活跃集镇文化氛围，充分展示现代农民的时代风采，1月份，沿溪镇东都商贸有限公司首次举办东都杯全民歌唱比赛，共有80多人参加，通过初赛、复赛、决赛，选出12名优胜个人。应广大音乐爱好者要求，第二季东都杯全民歌唱于8月2日开幕，来自江西省宜春市、湖南省岳阳市、湘阴县，浏阳市大瑶镇、枨冲镇，以及浏阳东区各乡镇的160名唱歌爱好者报名参与。比赛持续26天，进行6场初赛，1场复活赛，2场复赛，最后筛选出22名优胜者参加总决赛。

（肖永荣　高文滔）

【长沙市政协调研中心镇建设】 12月25日，长沙市政协主席范小新率长沙市政协班子成员、长沙市副市长黎石秋、长沙市直单位主要负责人到沿溪镇调研中心镇建设情况。范小新一行先后实地考察沿溪镇沙龙村天野现代农业项目、金玉国际家居城、东都购物广场、大屋片区小康示范带等项目建设情况，现场听取村支书、项目负责人汇报沿溪镇相关项目情况。随后，长沙市政协党组副书记谢明德在该镇政府会议室主持召开沿溪镇中心镇建设调研座谈会。会上，范小新全面肯定沿溪领导班子的工作，并要求中心镇建设要转变思想观念，坚定信心、抢抓机遇、提质选优，加大对重点项目的扶持，结合乡村旅游休闲、农业发展，因地制宜，打造特色中心镇，提速经济，与长沙市总体规划对接，建设宜山、宜水、宜居、宜游、宜人的新沿溪，深入推进城乡一体化的建设。浏阳市级领导曹立军、周岳云、李家喜、熊清溪等陪同调研。

（肖永荣　高文滔）

【安监总局调研沿溪镇烟花鞭炮安全生产工作】 12月25日，国家安监总局局长杨栋梁到浏阳调研烟花鞭炮安全生产工作，视察沿溪镇和顺烟花制造有限公司。在花炮外筒生产车间，杨栋梁现场了解新型外筒的制作工艺，对和顺公司的技术创新予以高度赞赏，同时对沿溪镇花炮安全生产工作给予充分肯定，对浏阳市推进花炮产业“四化两型”战略表示赞赏。2014年，沿溪镇大力推进花炮精品园平台建设，继续引导花炮产业走“四化两型”之路，加速行业转型提质步伐，创新研发与推广安全替代材料和安全环保产品，力求环保安全上的突破、艺术文化上的转型。积极引导企业组建花炮集团，实现专业化生产，集团化管理、集约化运营，使花炮企业突破市场瓶颈，提高市场竞争力，实现全镇花炮产业逆市增长。　（肖永荣　高文滔）

官　渡　镇

党委书记　朱姿丰
副书记　张伯锋　夏代旭
　　章学良（2014.07任）
纪委书记
　　章学良（2014.07任）
党委委员　宋　洁　苏杨辉
　　周英娥（女）
人大主席　夏代旭
镇　长　张伯锋
副镇长　宋　洁　苏杨辉
　　彭　靖　李晓龙
政协联络处主任
　　章学良（2014.07任）

【概况】 2014年，官渡镇辖5个行政村，3个居委会，327个村（居）民小组，47个村级小区，8583户30134人。总面积102平方公里，其中耕地1840公顷（水田1750公顷，旱土90公顷）。完成财政总收入5669万元，同比增长16.1%；全年实现工业总产值达32.5亿元，同比增长15%；实现规模工业总产值19.2亿元，同比增长16%；完成固定资产投资6亿元，同比增长15%。实现农业总产值3.8亿，现价增长22.6%。经济总量第一次排名东区首位。农民人均纯收入1.8万元。

工业　花炮产业保持平稳增长态势，颐和隆烟花税收突破2000万元。总投资3000万元的颐和隆烟花仓储物流园正在建设。全年企业科技成果转换18件，投入企业技改资金6000万元，参加揽万名英才活动引进高端人才40名。企业自主研发和引进新技术、新产品、新工艺100多项，申请专利12件。成功引入湖南佳海电梯设备制造有限公司、湘冠胶粘科技有限公司。提标商贸旅游，成功举办首届东区房、车展和大型商贸交流会，做足营销，炒热商机，全年新增商户180余家，实现社会消费品零售总额达2.16亿，同比增长16.7%。

农业　以现代烟草、果蔬、苗木等为主导的生态农业快速发展。全年新增流转土地面积173.33公顷，新增家庭农场、合作社25家，创建浏阳市级一类合作社12个。发展烤烟面积226.67公顷，成立金东烟农专业合作联社，成功申报2015年烟田土地整理项目，完成观音塘育苗大棚建设。雄风合作社组建无公害蔬菜超市和配送中心，忠哥养牛厂在城区建立直销点，产销一体化模式取得明显示范引领效果。大力发展高效林业，完成133.33公顷油茶抚育，完成20公顷低产林改造，以“紫薇”为代表的花卉苗木经济成为农民增收的新亮点。森林防火实现全年“零火情”。全年硬化村级道路19.4公里，村级筹集资金1000多万元修建桥梁、绿化亮化等基础设施建设，争取补助资金72万元实施危房改造26户。严格拆违控违，依法强制拆除1处违章建筑，制止12起违章建房行为。金鸡水库列入国家烟草局水源性建设项目，全力推进水利冬修冬造，新修或疏通渠道820公里，清淤和维修山塘25口。

城乡环境整治　开展破旧破损广告清除行动，拆除大型广告6块、破损广告34块，刷新商业性墙体广告4000多平方米，刷除牛皮癣广告500多平方米。投入80万元完善集镇环境治理和环保设施，新增垃圾桶300个，免费发放

官渡古镇“欢乐浏阳河”中秋专场文艺晚会　　　　（图片来源：官渡镇党政办）

苗木13万株，用于群众房前屋后绿化，完成大浏高速两侧等绿化300亩。开展河道治理和水源保护工作，推进浏阳河流域养殖污染治理，改造栏舍面积18680平方米，清拆关停57家8564平方米。成立护渔队，加强河段巡查，严厉打击电鱼毒鱼炸鱼等非法捕鱼行为，官渡上水湾成为浏阳河“最美九道湾”。高标准建设荆冲小区、芦花小区金橘屋场、河口徐家大屋等示范性屋场，各村均创建一个以上示范小区。

基础建设　总投资1.5亿元，官渡大道一期、育才路、佳海路、紫薇路构成的大围山官渡新城路网骨架建成通车；在大浏高速互通口新建集旅游接待、景观标志于一体的“新方向广场”。新府路安置小区、佳海电梯、紫都城建、湘冠科技、童馨幼儿园等重点项目建设进展顺利，新官渡大桥正在施工建设，官渡大道二期启动征拆。积极对接国家开发银行新型城镇化金融产品，开创官渡城投与开元基金、湖南紫都、国开行、农业银行等多家机构合作共赢局面。策划开展“大围山美食季•官渡嗦螺节”。

社会治理　全年调处各类矛盾纠纷216起，调处成功率达98%，处理各类信访案件30件200余人次。开展安全生产月应急救援演练活动，健全大安委会定期调度机制，开展交通、建筑、电力等安全生产领域专项整治，组织特种作业职业培训162人次。全年出生373人，死亡209人，符合政策生育率84.45%，落实长效节育措施389例，征收社会抚养费116.47万元。

民生保障　开展“温暖官渡”主题服务活动，完善五保供养、残疾救助等机制。全年慈善助学29人，“金叶情”救助8户，慈善救助13户，精神病人药物救助226人次，发放各类临时救助7.2万元。

社会事业　投入100多万元新修中心完小塑胶跑道、运动场和校区进出通道。整合资金125万元对兵和小学和观音塘启明小学进行改造。积极推进基本医疗制度改革，鼓励第五医院引进特色专科，提升医疗服务水平。开展文明创建活动，加强无线广播的宣传教育作用，利用“官渡之声”栏目，广泛宣传推介，净化社会风气，维护公平正义，助推公益活动。　（杨德芳）

【官渡古镇“欢乐浏阳河”中秋专场文艺晚会】 9月5日晚，喜迎中秋节官渡古镇欢乐浏阳河专场文艺晚会在浏阳河广场举行。晚会围绕中秋情展开，分为序曲、古之韵、新之妍、月之美四个篇章，分别从历史人文、山川形胜、两型发展、中秋祝福方面，展示官渡厚重的文化与发展成就。晚会共10个节目包括自创诗词、歌曲、舞蹈、小品，以开场自创歌舞——《官渡古镇》拉开演出序幕，吸引引众多市民驻足观看。　（杨德芳）

【官渡大道（一期工程）竣工通车】 10月31日，官渡大道（一期工程）竣工通车。官渡大道一期（新安街—大浏高速兵山互通）长2670米，全线按次干道标准进行建设，双向六车道，设计行车速度40公里／小时，道路幅宽36米，车行道宽21米，一期项目预算投资8753万元。官渡大道通车后，构建了以官渡大道为主轴，育才路、紫都路、新府路以及S309为网络的官渡新城三纵二横大围山官渡新城路网骨架，实现大浏高速官渡互通与官渡集镇无缝对接，集镇规划范围由2.6平方公里扩充至5平方公里。官渡新城路网建设于2013年4月启动土地征收和房屋征拆工作。　（杨德芳）

10月31日，官渡大道通车典礼　　　　（图片来源：官渡镇党政办）

【湖南佳海电梯工业园区建设项目】 3月18日，湖南佳海电梯工业园区建设项目开工建设，当年12月基本完成厂房建设，实现一年内开工、建设、竣工。11月27日，浏阳市重点项目观摩团到官渡视察该项目，得到各级领导一致认可。湖南佳海电梯项目是2013年官渡项目招商会上成功签约，落户于官渡镇竹山社区，一期投资5000万元，征地10公顷左右，建有办公厂房3000平方米，钢结构标准化车间20000平方米，且全部配备最新节能的光伏发电设备。

（杨德芳）

永　和　镇

党委书记　陈建政
副书记　熊宜武
胡　湘（2014.06任）
张艳平（2014.06免）
彭乐平
纪委书记　刘　琴
党委委员　刘家文　刘　琴
人大主席
胡　湘（2014.06任）
张艳平（2014.06免）
副主席　谢炳南
镇　长　熊宜武
副镇长　刘家文
黄龙明（女）
祝易滔　刘纲国
政协联络处主任　彭乐平

【概况】 2014年，永和镇辖6个村，1个居委会，161个村（居）民小组，8138户，23419人，其中农业人口17169人，非农业人口6250人，总面积63.59平方公里，耕地面积891.06公顷，其中水田818.33公顷，旱土72.73公顷。全年财政总收入2701万元，进度排名全市第8位；实现工业生产总值23亿元，同比增长21%；农民人均可支配收入达16110元，同比增长16%；全镇银行储蓄6.5亿元。

产业发展　新引进名鑫花炮厂，到该厂国家安监总局局长杨栋梁一行视察调研。开展“六打六治”专项行动，花炮、矿山、化工企业安全生产形势良好。调整农业产业结构，逐步形成以永宝、佳成花木种植带，新联、石佳水稻种植区，孚田、新联油菜栽种片，金盆蔬菜、高粱栽种区为主的产业布局，全年种植水稻546.67公顷、油菜566.67公顷、花木等经济作物523.87公顷。佳成村启动133.33公顷高标准农田改造。全镇山林流转533.33公顷，获评“浏阳市绿色示范集镇”。实现全年零火灾，获“浏阳市森林防火红旗单位”，顺利通过长沙市森林防火规范化乡镇验收。

集镇建设　围绕“发挥菊花石原产地品牌优势，打造对接大围山生态旅游示范区的精品旅游名镇”目标，完善菊香小镇已建项目基础设施，续建沿河风光带300米，完成水泵房和护坡建设，硬化A、B两栋人行道2000平方米，4座高架灯扮亮集镇夜晚。集镇供排水项目通过评审。投入150万元用于绿化和整治，创建佳成村金狮冲片“幸福屋场”等6个绿色屋场。实施环境卫生整治考核评比制度，2014年获评长沙市环境整治优胜乡镇。

社会事业　全年发放低保金、优抚金、集中供养五保生活费、社会救助等477.6万元。新型农村合作医疗参保率97%，城乡居民养老保险收缴率85%，企业养老保险征缴71万元，工伤保险参保31家企业1407人。发放种粮补贴、农机补贴228万元。加强安全监管，党政领导带队扎实开展“打非治违”、“建筑工地巡查”等专项行动，全年无较大安全事故发生，食品安全零事故。永和卫生院建成污水处理系统。投资120万元改善澄潭小学、永和中学教学环境。

行政效能　认真落实中央、省、市规定，建立健全干部值班、联村包片、首问责任、限时办结等制度，不定期对干部出勤到岗和上班情况进行督查，规范干部日常管理。落实领导接访制度，全年收到上级交办信访案件11宗，办结率100%，未发生到省、市非法集访事件。借助群工站平台，为民办实事356宗，调处矛盾纠纷100余起，社会治安不断转好，政法综治民意调查排名浏阳市第一、长沙市第二，被评为“政法综治模范乡镇”。全年偿还历史债务120余万元，办理集镇开发遗留手续178件。

党建　群众路线活动中征得对班子和成员的179条意见，制定方案对照23项清单抓落实。出台《干部管理细则》等12项制度。同比会议压缩30%，发文减少25%，三公经费下降48%，水电费下降10%，社会满意度提高10%。100多名党员干部驻村走访，解决问题50余个，调处矛盾纠纷20余起，代办群众事务1300余项，发放慰问金4万余元，综治民调排名第一。落实环境治理项目、地质灾害治理项目、安全饮水工程、公益性墓地等民生工程。党员援助基金筹资42万元，20%用于扶贫帮困。党小组发动9000余人次冬修水利。金盆村党员带头筹资2万余元，清理渠道10公里。（古　旭）

【国家安监总局考察名鑫出口花炮有限公司】 12月23日，国家安监总局局长杨栋梁一行，在浏阳市委书记曹立军的陪同下到浏阳市永和镇名鑫出口花炮有限公司考察花炮厂建设情况。公司总占地面积为53.33公顷，建筑面积16162.3平方米，库房190栋，投资3000多万元，现有员工160人，2014年8月份开始正式投产运营，年产值达到1800万元。（古　旭）

七　宝　山　乡

党委书记　邹　芳（女）
副书记　刘学辉　张劲松
吴芝超
纪委书记　陈啸林
党委委员　陈啸林　雷　健
毛雄伟
人大主席　张劲松
副主席　沈水艳（女）
乡　长　刘学辉
副乡长　雷　健　毛雄伟
刘　友　叶绍秋
政协联络处主任　吴芝超

【概况】 2014年，七宝山乡总面积

172 平方公里，山林面积 13333 公顷，耕地面积 829 公顷，其中水田 760 公顷，旱土 69 公顷，辖 8 个行政村，125 个村民小组，5083 户，15723 人，其中农业人口 13362 人，非农业人口 2361 人，全年出生 208 人，死亡 107 人，人口出生率为 13.3‰，自然增长率为 6.31‰。全年完成财政税收 4502.96 万元，占全年任务的 100.07%。

工业经济　继续推行领导干部联系企业制度，为企业排忧解难，全年调处工农矛盾 102 起，协助企业办证 18 起。全年实现工业总产值 185069 万元，实现工业固定资产投资 33132 万元，规模工业总产值 81946 万元，招商引资到位资金 1900 万元，超额完成各项指标任务。

农业生产　新发展蔬菜基地 33.33 公顷、“茅湘糯”高粱基地 20 公顷、引进高档药材铁皮石斛基地 1.33 公顷，扶持 22 家合作社加大基础设施投入，引进新品种新技术，注册“浏二哥”“高山情”商标，建设农产品销售网站，形成以黑山羊、土蜂蜜、黑土鸡、红豆杉、中药材、有机菜、小水果为代表的“新七宝”系列生态农产品品牌。实施完成井泉等 5 个村的土壤改良项目，全乡 300 公顷农田配发生石灰、有机肥、叶面肥等，实施面积居全市第一。加大林政管理力度，调解林业矛盾纠纷 46 起，查处林政案件 21 起，林政秩序得到维护。重点抓好农田水利畅通工程，完成田间渠道疏浚 450 公里、沟渠疏浚 26 公里，维修山塘 16 口，增加电排等提灌设备 2 处，修复河坝 3 座，维修加固石坳冲小〔2〕型水库，水利基础设施得到有效改变。

基础建设　全年硬化村道 31 公里，维修村道 90 公里，修复危桥 2 座，新建桥梁 2 座，村级交通逐步完善。整改 3 户养殖大户，改水改厕 200 户，农村生态建设步伐日益加快。

环境整治　升平村创建为该市“绿色村庄”。11 月 19 日，升平村顺利通过湖南省农村清洁工程验收小组农村清洁工程项目验收。宝山村成功申创长沙市环境整治十佳村；加强集镇建设管理，新铺设沥青路面 2000 平方米，安装太阳能路灯 60 盏。

计生工作　全面落实人口与计划生育工作责任制，优化计生服务，计划生育保持全市模范行列。

综治工作　落实领导干部信访接待日制度，加大矛盾纠纷排查调处力度；深入开展“平安七宝”创建活动和普法教育，依法防范和打击各种违法犯罪，组织开展“红袖章”治安巡防活动，人民群众安全感不断增强，在省、长沙市综治民调中保持在前两名。加强企业安全生产管理，开展“安全生产大检查”“打非治违”集中行动和“百日攻坚战”等专项行动，全年无重特大安全事故发生。

社会保障　农村新型养老保险收缴 6010 人 63.5 万元，发放 1905 人 215 万元；企业职工参保 360 人 292 万元；工伤保险收缴 1981 人 121 万元；新型农村合作医疗收缴 13354 人 106.7 万元；兑付 1208 人次 96 万元；2014 年春节走访慰问 280 户，发放慰问资金 11.2 万元；发放 629 户 1207 人城乡低保资金 312 万元；发放救灾资金 8.5 万元；大病救助 103 人 12.9 万元；135 户困难家庭临时救济资金 4.12 万元；助学 23 人 4.2 万元；走访慰问 63 名优抚对象 1.26 万元；重残补贴 6.44 万元；3 户残疾人家庭创业贴息金额 22 万元；帮助 31 户困难户进行危房改造。

文教卫生　完善教育基础设施，井泉小学、荷塘小学、民强小学通过市合格学校验收。投资 900 余万元乡卫生院整体搬迁项目完成工程竣工验收。加大村级医疗点管理力度，井泉村级卫生室创建为市规范化卫生室。（蒋剑宏）

【环株树桥水库连片扶贫开发工作会议】 3 月 13 日，环株树桥水库连片扶贫开发工作会议在长沙召开，副省长张硕辅主持会议，会上，浏阳市委市政府就七宝山乡环株树桥水库连片扶贫开发建设工作进行汇报，湖南省农业科学院与浏阳市委、市政府进行沟通，研究制定《浏阳市七宝山乡环株树桥水库连片扶贫开发建设规划》。确定以该七宝山乡省建设扶贫村升平村为核心，辐射周围狮子山、蒋埠江、增加台、荷塘村 4 个村，开展连片扶贫开发，重点开展基础设施建设、发展特色产业、生态环境建设和强化民生保障四个方面的工作，促进株树桥水库库区经济社会发展。（蒋剑宏）

【开通组组通智能广播】 5 月 13 日，七宝山乡“新农村、新农民、新生活”组组通智能广播正式开通。目的是为让该乡村民朋友及时了解国家时事动态，掌握最新惠民信息，丰富群众业余文化生活，浓厚全乡干事创业氛围。智能广播覆盖全乡 8 个村 35 个党小组，全年播报 95 期。（蒋剑宏）

达浒镇

党委书记　周树成
副书记　汪万江（2014.08 任）
　　　　何启成　张新平
纪委书记　吴劲文
党委委员　陈桂伍　张巍
　　　　吴劲文
人大主席　何启成
副主席　胡滨
镇长　陈静（女，2014.06 免）
　　　　汪万江（2014.08 任）
副镇长　陈佳伍　张巍
　　　　易亮　江新
政协联络处主任　张新平

【概况】 2014 年，达浒镇辖 8 个村，2 个居委会，299 个村民小组，7614 户，27024 人，总面积 202 平方公里，耕地面积 2026 公顷，山林面积 18666 公顷。全年出生 354 人，死亡人口 149 人，人口出生率 81.9%，人口自然增长率 5.79‰，年降水量 1406.5 毫米。实现镇域生产总值 28 亿元，完成财政总收入 2299.5 万元，其中地方一般预算收入 823.9 万元，实现农民人均可支配收入 1.6 万元。

工业经济　完成工业总产值 25.2 亿元，增长 18.9%。世纪红烟花新厂、盛易花炮、神奇烟花等项目建成投产。金仁林业集团着力发

美丽浏阳"春•赏花季"启动仪式　　(图片来源：达浒镇党政办)

展林业总部经济，成功引进现代观光林业暨林板一体化项目，在全市"六个走在前列"竞赛活动项目观摩中获得好评。象形精品烟花出口厂成功承办青奥会开、闭幕式焰火燃放，重新点燃国内重大活动焰火燃放市场。达浒艺术焰火燃放集团成功研发、转产森林灭火弹，在浏阳市大面积灭蝗、扑救山火中发挥积极作用。

农业生产　发展烤烟111.4公顷，稳定蔬菜种植413.33公顷，油菜连片种植933.33公顷。农业综合开发项目在象形、金石、书香、丰田村顺利实施，总投资2700万元。积极开展全民绿化行动，免费为农户提供树苗33万株，象形村被评为长沙市绿色村庄。

旅游　全面融入大围山国家级生态旅游示范区建设，投入500余万元完成象形风景区沿河游道提质、公共厕所、标识标牌等设施建设，启动标准化停车场和星级厕所建设。引导发展农家乐13家，新建大型山庄1家，提升景区接待能力。3月18日，承办美丽浏阳"春?赏花季"活动启动仪式暨达浒象形油菜花节，全年接待游客7万余人次。"象形汲水"景点被评为浏阳"新八景"，象形风景区成功创建为国家AAA级景区。

基础建设　投资600余万元的书香大桥全面竣工，对三兴桥、呼田桥、心田桥、白马桥、草籽湾桥等危桥进行全面改造。完成3公里省级农村道路项目建设任务，完成达金公路西源至金坑路段10公里拓宽硬化和象形至金坑3.6公里路段路基拓宽，硬化乡村道路15公里。

人口与计划生育　积极宣传"单独二孩"、孕前优生检测政策，开展代办生育证、免费接送服务对象和婚、孕、产、节育保健跟踪服务。落实计生工作"村为主"，加强基层基础工作管理和考核，完成市政府下达的工作任务。

环境整治　完善环卫设施，村级新建小型焚烧炉400余座，新配分类垃圾桶600多个。治理畜禽污染，5户养殖大户主动关停，拆除猪场2个。执行拆违控违，拆除废旧房屋52间、违章建筑12处，拆违面积2600平方米，拆除违规广告牌120多块。美化浏东公路达浒段景观带，新砌围挡围墙200余米，制作木栅栏1200余米，完成263个绿色庭院创建工作。创建书香坳上、象形塔下和凤山3个美丽屋场，书香坳上屋场被评为该市"十佳幸福屋场"，达浒镇被评为浏阳市环境卫生"十佳乡镇"。

安全生产　安监站全年开展日常检查450家次，限期整改145家次，责令停产整顿30家次。同时运用现代远程监控技术，实行烟花爆竹企业视频监控联网工作，提高安全监管效率。

综治工作　排查和调处各类矛盾纠纷186起，消除不稳定问题8起，有效处置突发事件5起，办理办结信访案件24起。

群众工作　落实财务管理制度，发挥公共资源交易平台作用，规范镇、村工程项目管理。加强机关作风日常检查，完善约谈、评议、考核机制。建立领导"联企、联项目、联村、联困难群众"和干部"联组、联户、联屋场"常态联系制度。5月15日，省委常委、长沙市委书记易炼红视察该镇政务服务中心，给予高度评价。

社会保障　健全社会救助制度，为1145个贫困人口建立台账。城乡居民养老保险收缴率达90%，为6000余人次报销医疗费822万元，办理大病救助38人81.4万元。落实低保对象375户802人，给85户困难群体发放临时救济5.45万元。投资580万元的敬老院改扩建项目全面竣工。投资980余万元的农村饮水安全项目基本完成水厂主体建设，输水管及水厂至集镇的配水管全部接通。完成35户农村危房改造工程。

教育卫生　达浒中学中考成绩高中上线率比全市平均水平高出12%，继续位列浏阳四中辖区前列。投资260万元的达浒中心幼儿园正式投入使用。投资150万元的教师公共租赁房全面竣工。落实公共卫生服务均等化管理，为居民建立健康档案24552份，发放健康教育宣传资料10000余份。　(汤晓丽)

【美丽浏阳"春•赏花季"启动仪式暨达浒象形油菜花节】 3月18日，美丽浏阳"春•赏花季"启动仪式暨达浒象形油菜花节在该镇象形风景区举行。开幕式后，在麒麟花肚景点，举行一场攀岩比赛，45名参赛选手参加攀爬，60余名骑友参加骑行赏花活动。在"春•赏花季"活动期间，还举办了最美乡村行、"大美•山水"摄影比赛、为爱行走2014浏阳百公里毅行等系列活动。

(汤晓丽)

【象形风景区成功创建为国家AAA级景区】 象形风景区位于浏阳市东部的达浒镇境内，素有"湘东小桂林"之美称，2009年被浏阳市政府确定为自然保护区，2013年入选浏阳市"十大乡村美景"，2014年被评为浏阳市"新八景"之一。该区由紫红沙砾经自然雕塑，形成一种奇特的丹霞地貌。景区内旅游资源丰富，奇山怪石、如兽似禽、似物拟人，象鼻山、狮子山、麒麟山、乌龟山、蛇山、鹅颈嘴等各具特色，各显异彩。3月，启动象形风景区国家AAA级景区创建工作。截至12月，按照国家景区等级评定标准完成沿河游道、停车场、公共厕所、标识标牌等建设，并顺利迎接长沙市旅游局的验收，成功创建为国家AAA级景区。

（汤晓丽）

【敬老院改扩建项目竣工】 3月，达浒镇敬老院改扩建项目正式启动，共计投资580万元，其中省、长沙市、浏阳市三级资金270万元，镇政府自筹资金310万元，于12月全面竣工。现建筑总面积4200平方米，改扩建新增面积2286平方米，由原来80个床位，增加到现在的150个。 （汤晓丽）

【书香大桥建成】 8月，总投资600万元的书香大桥全面竣工。该桥位于麻洲社区和书香村田垅交界处，连接大浏高速官渡互通，方便广州军区舟桥部队的训练通行。书香大桥项目是省危桥改造项目，于2013年3月启动建设。省、市两级资金200万元，其余属于政府自筹部分。桥梁总长105米，宽8米。

（汤晓丽）

【新建教师公共租赁房】 12月，新建达浒镇教师公共租赁房全面完成，总投资127万元，其中上级资金100万余，本级政府自筹27万元。该项目属于浏阳市政府项目，4月份启动建设。建筑面积708平方米，住房20套，每套住房面积为35平方米。 （汤晓丽）

【达浒中心幼儿园建成】 1月，总投资260万元的中心幼儿园份建成，该项目于2013年8月启动，由国家财政局、浏阳市财政局、教育局等单位拨款。建筑总面积1200平方米，现就读幼儿300余名。

（汤晓丽）

大围山镇

党委书记　杨　钢
副 书 记　卢焕新
　　　　　廖春华（女）
　　　　　鲁承保
纪委书记　杨传风
党委委员　杨传风　陈洪斌
人大主席　廖春华（女）
副 主 席　宋新丰
镇　　长　卢焕新
副 镇 长　陈洪斌　孔伟兴
　　　　　罗　伟　卢　义
政协联络处主任　鲁承保

【概况】 2014年，大围山镇辖15个行政村、2个居委会，362个村（居）民小组，8556户，27400人，其中农业25233人、非农业2167人，出生人口323人，死亡人口354人，人口出生率11.8‰，人口自然增长率-1.1‰。总面积410平方公里，耕地面积2223.07公顷，其中水田面积1423.07公顷，旱土面积800公顷，林地面积35466.67公顷，山林覆盖率达82.8%。完成财政总收入1017万元，增长18.25%，其中地方公共财政收入469万元，增长29%。

农业 全年粮食播种面积1400公顷、冬种油菜面积1000公顷，发放油菜种植补贴15万元。新增水果种植面积40公顷，中塅、中岳、三元桥等公路沿线水果示范带初具雏形。万亩生态精品水果园升级为湖南省现代农业特色产业园省级示范园。成功举办第五届水果旅游节。引进试种猕猴桃、石榴、樱桃、火龙果等水果，丰富大围山水果品类。加大土地流转力度，引进德墨农业、广泰农业、和善农业等一批现代生态农业企业。流转村民土地200公顷，种植彩色水稻33.33公顷，高山蔬菜40公顷，优质水果26.67公顷，中药材（铁皮石斛）0.67公顷；推进以中岳、鲁家湾、北麓园为主体的优质生态烟叶基地建设，落实烟田土地整理项目93.33公顷；巩固和促进金钟桥、三元桥、都佳、白沙、上坪、浏河源等村居的连片油菜基地建设。完成山塘清淤硬化6口，1平方米以上沟渠疏浚22.9公里，河坝维修16座，机埠改造2座，田间沟渠清淤623公里。

工业 谋求传统食品产业的转型升级，探索将白沙豆腐、蜂蜜等产业打造成集文化体验、食品加工、观光旅游于一体的综合性产业。蜜蜂哥哥蜂业有限公司成功申请国家发明专利4项。乡下人豆腐制品有限公司完成技术改造，湘食神食品有限公司正在进行高标准厂房建设。

项目建设 12月27日，启动提质改造浏东公路官渡至东门段和东白公路。锦绶堂旅游公路拓宽改造工程争取长沙市发改委立项批准，完成前期手续，基本完成路基工程。配合森林公园，推进大浏高速互通至白沙旅游干线公路一期工程建设。大围山自来水厂建成正式供水。汽车客运站和农贸市场建设主体基本竣工。都佳安置小区建设顺利推进，东升桥改建工程开工建设。完成森林公园西大门下移工程征地拆迁，积极推进三通一平和建设前期工作。

基础建设 硬化中塅—石板冲，廖家塅—烟竹坑，三元桥—田心，长鳌江—越级、四方丘-安洲等8条农村公路，共计里程12.8公里。

计生 计划生育率达88.36%，全年征收社会抚养费38.4万元。

安全生产 落实领导干部带队检查安全生产工作制度，开展生产安全检查176家次，全年无安全生产事故发生。

环境整治 强化林政管理，主动压缩竹木砍伐指标2000立方米，禁止残次林改造和20厘米以上活立木移植出境。大力开展植树造林，重点在浏东公路、入园公路及村级主干道两旁植树2.7万株，播种草本花卉种子40公斤。以东门古镇至白沙古镇河道为重点，对浏阳河源头水生态实施环境整治、污染治理、渔业保护。严格规范用地与建设，新建房屋全部统一建筑风格。规范集镇户外广告和门店经营。对东门集镇大围山路、镇府路路段实行交通管制，规范车辆停放

全国重点文物保护单位——湖南省苏维埃政府旧址（锦绶堂）外景

（图片来源：大围山镇党政办）

秩序。按旅游区标准重新统一制作约100块旅游标识、路牌。在白沙社区、金钟桥村各新建1个大型垃圾处理站，在全镇范围内新建300个垃圾收集池，添置了800个垃圾收集桶。在上坪村、北麓园村创建2个美丽屋场。全年针对林业秩序、非法采砂采矿、畜禽养殖污染、企业周边环境等开展10余次的专项整治行动。拆除违法建筑8340平方米，违规广告招牌90多块，有效提升旅游区形象。

社会保障　城乡居民基本医疗保险参保率98.4%，基本养老保险参保率91.5%。开展城乡低保专项核查、年度审查及低保“阳光行动”工作，新增低保对象29户。申报高龄老人生活补助，对离任村干部发放离任补贴。落实农村安居工程56户。做好敬老院管理工作，新敬老院项目完成立项和规划设计。农村贫困户识别和建档立卡工作在中央和湖南省两级督查组的检查中获好评。

教育卫生　投入80万元提质改造大围山中学教学楼。积极创建食品安全乡镇，加强公共卫生服务，全年无重大传染病和突发公共卫生事件发生。（杨春香）

【国家文物局考察大围山镇楚东村】 6月29日，文化部副部长、国家文物局局长励小捷，副省长李友志、省文化厅厅长朱建纲，到全国重点文物保护单位和省级文物保护单位集中成片传统村落——大围山镇楚东村进行实地考察。励小捷在考察中表示，楚东村红色资源丰富、文化底蕴深厚，传统风貌保存完好，是典型的传统村落。并要求随行的国家文物局相关负责人，帮助该村进一步完善保护和维修规划，将其纳入明年的中国传统村落保护计划。省文化厅副厅长、省文物局局长陈远平，省文物局副局长何强，长沙市副市长、浏阳市委书记曹立军，浏阳市领导刘旭、邱山东、邓雪琴陪同考察。

（杨春香）

【大围山第五届水果旅游节开幕】 7月25日，“古镇客家情.围山水果香”浏阳市大围山第五届水果旅游节开幕式暨“欢乐浏阳河”广场文艺晚会在浏阳河广场举行，大围山第五届水果旅游节拉开帷幕。开幕式现场出售新鲜水果，晚会节目大多由大围山人民群众自编自导自演，凸显百姓联欢，选取百姓喜闻乐见，富有大围山地方特色，充分展示美丽大围、人文大围、魅力大围。随后在浏阳河广场举办为期两天的大围山水果展销会，销售水果1万余斤，销售金额近10万元。大围山生态环境优美，气候独特，昼夜温差大，依托独特小气候环境，大围山镇实施“科技领先、产业致富、典型引路、全面推广”的水果产业发展战略，特色水果得到“规模+创新”式的发展。2014年，水果种植面积达1600公顷，水果种植户2000多户，实现年产值6000万元。种植范围涵盖桃、梨、李、枣、杨梅等多个品种，其中桃类品种50个，梨品种42个，李品种25个，全部采用无公害种植法。2010年至2013年，大围山水果旅游节已连续举办四届，在浏阳市及至湖南省打响大围山无公害绿色环保水果品牌。（杨春香）

张　坊　镇

党委书记　陈傲冰
副书记　罗金卫（2014.07任）
　　　　唐文华（2014.01免）
　　　　江敦明（2014.01任）
　　　　周秀星
纪委书记　刘　琴（女，2014.07免）
　　　　黎　志（2014.12任）
党委委员　厉　涛
　　　　刘　琴（女，2014.07免）
　　　　黎　志（2014.12任）
人大主席　唐文华（2014.01免）
　　　　江敦明（2014.01任）
副主席　黄英正
镇　长　张　晔（2014.06免）
　　　　罗金卫（2014.07任）
副镇长　厉　涛
　　　　胡海英（女）
　　　　毛先知
　　　　黎　志（2014.12免）
　　　　何俊雄（2014.12任）
政协联络处主任　周秀星

【概况】 2014年，张坊镇辖8个行政村、2个社区，116个村（居）民小组，9689户，31769人，其中农业人口30162人，非农业人口1607人。行政区域面积319.7平方公里，耕地面积1973.5公顷，山林面积2.67万公顷。全年实现地区生产总值9.1亿元；财税收入995万元，比上年增加10.3%；固定资产投资5亿元，农民人均纯收入达到8233元，招商引资完成市外到位资金1250万元。

农业生产　引导优质稻、小水果、无公害蔬菜等种植产业向原生态化、集约化发展，全镇实现农作物种植3800公顷，其中粮食播种面积为2200公顷，烤烟133.33公顷，冬种油菜、小水果、玉米、西瓜、苗木等733.33公顷，蔬菜复种面积达366.67公顷，通过有效途径解决耕地抛荒问题；重点引导和扶持民胜、蟹形、田园、吉美、聚贤等农民合作社、休闲农庄、家庭农场，发挥辐射带动作用，精致休闲农业意识逐步形成。结合“绿色通道”建设，完成大浏高速、S309沿线荒山荒地造林105.8公顷，发放免费苗木35万株，新造油茶林187.87公顷，竹林低改80公顷，新造林抚育475.53公顷，新增生态公益林1983.93公顷。

工业经济　完成工业总产值7.2亿元，同比增长2.8%，其中完成规模工业总产值2.6亿元，同比增长18%；完成工业投资3.8亿元，同比增长100%；工业招商引资1000万元，同比持平。新增数字化企业1家；招商引资已建设完成项目3个（陈桥鞭炮厂、月皓花炮科技有限公司、人溪蘑菇基地）；在建设项目3个（白石板溪湖生态观光农场、茶林有机蔬菜基地、二期银杏苑小区）；在谈项目3个（田安竹制品厂、小型汽车4S专卖店、华农竹业），到位资金2000万元。

人口与计划生育　全年出生447人，死亡203人，人口自然增长率为7.56‰；政策内出生398人，政策符合率为89.18%；落实节育措施4939人，节育率69.5%；完成“四术”395例，征收期内社会抚养费54.2万元；稳定低生育水平，计生率达89.18%；调查取证立案违法生育案件66件。

环境整治　进一步健全农户“庭院三包”和集镇居民“门前三包”责任制，完善垃圾处理硬件设施，新建垃圾分类焚烧炉6座；开展农村“美丽屋场”建设，重点打造茶林村九老桥等4个示范屋场；开展生猪养殖污染治理，依法拆除、关停和转产14户，治理养殖面积20400平方米，完成农户改水改厕400座。

安全生产　加强大安全监管和重点行业整治力度，严格落实领导干部一岗双责制度，严厉打击非法生产；加大道路交通运输和校车管理的巡查和联合执法力度，查处超限超载车辆36起；加强餐饮业、商店和中小学、幼儿园食堂、农村聚餐的食品安全监管力度，不定期对农产品基地进行抽检，检测取样960个；加强防汛期间值班备勤和应急处置，对重点地质灾害防御地区实行专人监管，保障广大群众生命财产安全。全年未发生任何安全事故。

综治工作　加大综治宣传和治安巡防力度，全年发布防火、防盗、防诈骗等提示信息5.2万人次，组织干警、综治专干对10个村（社区）进行综治述职；加强对企业和重点工程建设发展环境的保护，对大围山旅游干线、张小公路、月皓花炮厂建设中的信访问题进行及时化解；强化应急处突意识，制定各类突发事件应急预案，处置各类突发事件12起，查处林政案件25起；深入开展“除民患、保民安”等专项行动；建立健全长效排查机制，全年排查不稳定因素和隐患112起，调处化解各类纠纷367起。

社会保障　开展城乡低保半年核查的“阳光行动”，规范政策执行力度；开展访贫问苦、助残活动，发放慰问金和救助金90万余元；城乡居民医疗参保29935人，参保率达99.2%，办理城乡医保补助880余万元4536人次；为620名残疾人申办救助金15.7万元。推进城乡居民基本养老保险工作，农村养老保险参保缴费率达90.1%，为4670人办理农村养老保险待遇资格认证，发放养老金560万元；为750户贫困户的1397人进行识别和建档立卡，申报贫困村3个；为103户农户办理建房用地手续，关注农村困难家庭危房改造，将1792户农村土坯房进行信息采集和录入，对70户困难家庭实施援建。

教育　争取资金850余万元，新建张坊中学文化广场、20套教师周转房和人溪完小幼儿园、学生宿舍，对中学教师宿舍、洞溪完小教学楼、食堂以及文竹、双溪、杨林、白石四所简小、上洪幼儿园进行提质改造。

道路桥梁改造　提质拓宽硬化公路18.38公里（其中：白石村2.78公里，陈桥村1.2公里，茶林村3.5公里，田溪村2.7公里，上洪社区1公里，七星岭村2.2公里，江口村2.3公里，富溪村2.7公里）；完成洪沙桥、仙姑桥、S309金山桥、文竹桥的危桥重建改造工作；清理公路山体塌方8处，确保道路安全畅通；协助蒙西铁路张坊境内23公里线路前期调查工作。（万　翔　周亚婷）

【集镇安全饮水工程调试运行】 1月，为解决张家坊社区、茶林村、陈桥村1.6万人的饮水安全问题张坊镇安全饮水工程开工建设，工程预算总投资730余万元，设计日供水1800吨。年底工程全面竣工并进入调试运行。（万　翔　周亚婷）

【敬老院养老中心主体工程竣工】 1月，张坊镇敬老院养老中心工程由市发改局批准立项，总建筑面积2758平方米，可新增床位82个。项目总投资预算600万元，其中主体工程405万元，附属配套工程200万元。12月，主体工程竣工。

（万　翔　周亚婷）

【大浏高速茶林互通至白沙公路一期工程开工】 5月16日，大浏高速茶林互通至白沙公路一期工程正式开工，该工程起点位于张坊镇的张坊中学，终点在大围山的四方丘。大浏高速茶林互通至白沙公路是东区境内的一条南北向干线公路，全长36.98公里。

（万　翔　周亚婷）

【成立民兵应急抢险分队】 加强张坊镇民兵预备役队伍建设，结合社会治安防控体系建设，强化队伍应急抢险功能，不断增强人民群众安全感，助推“平安张坊”建设，6月22日，张坊镇成立民兵应急抢险分队。民兵应急抢险分队成立后，坚持日常训练和队员素质提升，定期开展素质提升拉练活动。

（万　翔　周亚婷）

【开展“青春飞扬，黄石洞生态行”活动】 5月4日，张坊镇团委组织镇机关和卫生院青年干部职工、镇青年教师开展“青春飞扬，黄石洞生态行”活动。活动旨在宣传环保理念，保护母亲河，让青年们贴近大自然，感受客家自然风光之美。参加活动的青年齐动手，将13000多条小鱼放流至小溪河里，用“放鱼养水食藻”的方式保护水环境。活动中，青年们对小溪河河道两岸及路边大件垃圾进行清理打扫，并向沿线居民发放环保宣传资料，入户宣传水源保护的环保理念。

(万 翔 周亚婷)

【张小公路竣工通车】 9月19日，连接张坊镇至小河乡的张小公路改建工程全线竣工通车，从大浏高速张坊茶林互通口到小河乡，车程从1小时提速至25分钟。为解决张坊镇江口、富溪、人溪三个村及小河乡村民出行方便，2013年1月，张小公路改建工程开工建设。该工程总投资10658万元，公路全程长16.8公里，采用二级公路标准，全线采用沥青路面。

(万 翔 周亚婷)

【“天生丽质，大美张坊”欢乐浏阳河广场文艺晚会】 9月30日晚，由该镇承办的“天生丽质、大美张坊”欢乐浏阳河广场文艺晚会在浏阳河广场举行。晚会以庆祝建国65周年为主旋律，节目包括开场舞《红红火火大中华》、音画诗《大美张坊》、女子群舞《浏河源头》、情景剧《大爱之歌》、舞蹈《少年中国梦》《绽放吧，梦想》等，旨在通过一台晚会、一部宣传片、一本画册、一套展板“四个一”的形式全面展示张坊的生态美景。

(万 翔 周亚婷)

【“湖南省国家保密教育示范基地”在张坊镇李白烈士故居挂牌】 10月24日，湖南省国家保密局局长熊剑勇、长沙市国家保密局局长刘文灿到张坊镇为李白烈士故居“湖南省国家保密教育示范基地”揭牌，省、市两级国家保密工作战线一行40余人参加揭牌仪式并参观李白烈士故居，揭牌仪式由市委常委、市委办主任邱山东主持。2013年，李白烈士故居成功创建为全国国安教育基地。

(万 翔 周亚婷)

【茶林安置区建设】 3月，总投资3000万的张坊茶林安置区开工建设，安置区建设总用地面积86727.43平方米，建筑占地面积24222.6平方米，可安置96户拆迁户建房。截至年底，已完成三通一平等前期投资900余万元，一期工程安排14户拆迁户进场建房。

(万 翔 周亚婷)

小 河 乡

党委书记 周逢明（女）
副 书 记 古长根 宋国辉
纪委书记 宋国辉
党委委员 陈 经 易争光
黄光耀 王文斌
人大主席 李盘思（2014.08月调出）
副 主 席 钟诗勇
乡 长 古长根
副 乡 长 陈 经 易争光
刘 波
周新建（2014.01调出）
政协联络处主任 宋国辉

【概况】 2014年，小河乡辖1个社区，6个行政村，总人口1.5万人，乡境内有初级中学1所，小学4所，教学点1个，乡域面积110平方公里。实现地区生产总值11.79亿元，同比增长14%；完成固定资产投资3.26亿元，增长8.3%；完成财税总收入1208万元，增长12%，其中地方收入416万元，增长17%，增速排名浏阳市前列。各项经济指标任务超额完成，乡域经济基本竞争力稳步提高。开展优质服务，优化计生环境，获浏阳市计生优秀单位。小河乡获2014年市目标管理绩效考核红旗单位。

工业 完成工业总产值8.49亿元，增长13.2%，其中规模工业总产值2.63亿元，增长18.5%。圣宇烟花开工投产，乡内花炮企业增至6家，总产值突破亿元。华盛电站新增装机容量200千瓦，改造工程顺利启动。

农业 积极引进生态种植技术，培优超级优质稻“玉针香”，种植面积突破333.33公顷以上。积极推行“一村一品”的产业发展模式，发展特色农业和优势产业，精心打造66.67公顷绿色蔬菜、66.67公顷生态小水果以及“三黑”养殖等农业产业基地。加强合作社管理，年内新增专业合作社、家庭农场4家，新流转土地1000余亩，有效遏制耕地抛荒。重点打造“小河大米”、“盟友蔬菜”等绿色品牌，实现农民增收、产业增效。

基础建设 实施34个重点项目。张小公路顺利通车。投入260万元硬化小河至江西黄茅镇出省道路4.5公里。投入300余万元完成大夫坪、册田、赤竹、石马、圆星、黄坪、鹤冲等村级道路11.8公里的硬化，乡内水泥道路总通车里程达73.5公里，基本实现水泥道路“组组通”。投入30余万元对全乡所有公路临岸、临水路段等危险路段安装防护栏1500余米，急弯反光镜30块，学校、街道安装减速带300余米。继续推动实施“一镇六中心”的规划，对集镇、集居点进行规划提升、建设提速。投入200余万元完成集镇路面提质改造。协调处理好水库、水厂遗留问题等工作，确保水厂试运行。投入100余万元实施张小公路沿线和通村主干道的亮化、绿化工程。完善集镇排水沟，邮政所投入使用。加大拆违控违和建新拆旧力度，加强用地管理和审批服务，办理建房手续155户。投入200万元完善易家塅烤烟育苗工厂及道路建设，投入180万元完成新河烘烤工厂建设，投入100万元完成田心、乌石烟基工程建设，烤烟生产水平不断提升。组织发动全乡党员群众疏浚田间沟渠461公里，山塘清淤14处，河坝维修9座，机埠改造4处。

环境整治 开展畜禽污染治理，组织对新河、皇碑、田心的养殖直排进行整治。结合三年绿化行动植树造林3万株，楠竹低改173.33公顷，竹林低改38.67公顷，创建绿色屋场、绿色庭院各10个。严厉打击乱砍滥伐，全年查处涉林案件21起。

社会事业 投入300余万元完成乌石完小的恢复建设，投入170万元新建皇岗完小等21套教师周转房，组织对新河小学食堂、中学学生宿舍的项目实施，解决山区师生住房条件差的问题。为教师添置办公电脑12台，办公条件得到明显改善。加强校园周边环境治理，校车管理规范，学校安全得到切实保障。全年组织开展科技下乡、科普集市等综合性宣传2次，参与人数达800余人，举办花炮特种人员和种植技术培训班10期，参培人员达600余人，完成技术专利申请5项，推广、引进实用新技术3项。新建潭湾村级文化活动广场，牵手红牛集团湖南分公司投入50余万元为山区孩子打造梦想操场，主办"欢乐浏阳河"小河乡专场文艺晚会，举办第二届"小河商会杯"农民趣味运动会。健全公共卫生均等化服务体系，就医环境得到有效改善。加快推进社会保险全覆盖，农村合作医疗参合率、城乡居民养老保险参保率分别达98.4%、88.2%，并超额完成工伤、失业等参保任务。加快完善困难帮扶体系，新增劳动就业526人，救助困难户155户。全面完成贫困村和贫困户建档立卡工作，确保录入信息准确高效。加快民生保障项目建设，完善敬老院附属设施，成功创建长沙市示范敬老院，烈士陵园二期工程正在启动，危房改造按时按质完成52户。

社会管理　深入开展走访活动，妥善解决群众诉求，全年公开接访30余人次，事务代办195起，办结率达100%，无一例进京赴省到长非访。投入30余万元在全乡实施"天网"工程，组建巡防队、抢险队、扑火队"三队合一"的应急管理体系，开展义务巡逻，有效打击犯罪。建立健全边界联防、一线调处制度，全年受理各类民事纠纷138起，调处成功率98%。

党建　完成第九届支村"两委"换届选举工作。发展新党员13名，预备党员转正13名。对2例违法计划生育的党员给予了开除党籍处分。启动"淳风美德润小河，六比六看大竞赛"活动，评选出模范党员21名并在全乡深度推介，30余名党员得到组织关怀。实施党小组服务群众竞赛活动。结合干部网格化管理，实行"班子党员领导联支部、机关党员联小组"的双联活动，将联村级班子及党小组情况纳入干部考核内容。　(王佑衡)

【开通"今日小河"微信平台】 传播小河好声音，展示小河发展新气象。4月2日，小河乡党委、政府开通政务微信平台"今日小河"，小河乡开启新媒体传播信息时代。微信公众号推出后，积极传送新鲜信息，为外界打开了解小河乡的窗户，拓展小河知名度，"今日小河"同时成为浏阳市名家微信联盟主要发起单位之一。　(王佑衡)

【长沙市长调研潭湾村扶贫工作】 4月27日，长沙市市长胡衡华带队到潭湾村进行第一次工作调研。潭湾村是长沙市市长胡衡华扶贫联系点，该村位于小河乡东南部，面积8.5平方公里，全村耕地面积113.33公顷，旱土面积20公顷，林地453.33公顷；辖4个村民小组，408户1488人，其中党员74人。全村有五保户13户共16人；低保户、贫困户87户，占全村总户数的21.3%；低收入贫困人口221人，占全村总人口的14.8%。全村以种养业为主，主导产业以烤烟、蔬菜为主，2013年人平纯收入仅4200余元。全村无一家工业企业，村级集体经济实力不强，截至2013年年底，村级累计负债达到156万，是一个典型的贫困村。调研中胡衡华要求潭湾村建设扶贫工作必须牢牢把握三个原则：加强班子建设，自力更生改变村级面貌；结合实际，做到精准扶贫；各级各部门加强帮扶力度。

(王佑衡)

【小河乡商会正式成立】 9月18日，小河乡商会正式成立。随着小河经济的发展，辖区企业、经济合作组织、个体工商业户数量增加，管理难度不断增大。乡党委在采纳非公经济界人士建议后，经过调研，决定成立小河商会，并报市工商联批准。会议并参照《中国工商业联合会章程》规定，结合《小河乡商会章程》有关要求，选举出小河乡第一届商会会长、常务副会长、副会长、秘书长。　(王佑衡)

【小河乡"鱼嘴白鹭"景点入选浏阳河"最美九道湾"】 12月15日，浏阳市委宣传部正式下文，小河乡所推荐的景点"鱼嘴白鹭"入选浏阳河"最美九道湾"景点。鱼嘴白鹭景点位于小河乡金沙村，处于株树桥饮水工程水源保护区，自然条件优越。浏阳河支流小溪河流经此处因绵延山势而转了一个大大的湾，又经过大自然巧手"打扮"，酷似鳄鱼亲水而得名。"鱼嘴白鹭"与罗汉松"树王"、红军后方医院等景点一起，成为小河乡旅游发展的地标性景观。

(王佑衡)

澄潭江镇

党委书记　涂业清
副书记　寻　文（2014.06免）
　　　　陈　建
　　　　刘双辉（2014.06任）
纪委书记　王新兰（女）
党委委员　王新兰（女）
　　　　刘劲松
　　　　张贤前
人大主席　陈　建
副主席　杨传柳
镇　长　寻　文（2014.06免）
　　　　陈　静（2014.06任）
副镇长　刘劲松　张贤前
　　　　何春启　汪　东
政协联络处主任
　　　　刘双辉（2014.06任）

【概况】 2014年，澄潭江镇辖12个村，2个社区，396个村（居）民小组，17757户，总人口67326人，总面积157.83平方公里，耕地面积1486.67公顷，其中水田1273.53公顷，旱土213.14公顷，山林11900公顷。全年完成财政总收入10006万元，其中完成地方收入2750万元，稳居"亿元乡镇"行列；完成社会固定资产投资14.1亿元；实现社会消费品零售总额1.8亿元；实现招商引资到位资金8175万元；农民人均可支配收入达18000元。

工业经济　实现工业生产总值61亿元，其中规模工业总产值41亿元；注重企业优化升级和产业结构调整，以商会为平台，组织举办企业“开拓视野、创新思维”的外出考察活动，引导煤炭、花炮企业转产转型，寻求新兴投资机会。全年有4家企业实现资产重组，2家新投资项目落户，产业转型迈出步伐。

农业生产 全年实现播种面积达1600公顷以上，油茶、小水果等种植逐步走向规模化；特色农业实现新突破，全镇发展68家农业合作组织；以生态建设为重点，全年实现植树造林66.67公顷，油茶抚育333.33公顷，栽种绿化苗木10000余株。

基础设施建设 以融城对接为支撑，推进南川新城项目建设，有20余家商铺入驻营业；完成荷中文公路建设征地拆迁补偿工作，确保工程顺利推进；做好省干线公路改造项目S321的前期准备和南横线规划设计对接工作；11万伏变电站和输送塔线建设有序推进；南区消防站建成即将投入运行；国矿廉租房、集镇农贸市场、虎形饮水工程、集镇污水管网建设等民生工程相继建成验收，集镇功能日臻完善。全面实施道路畅通工程，全年硬化村组道路32公里；相继启动山下二桥、大车湾桥和上码桥3座桥梁的拆除重建或新建工程；积极申报道路建设项目，增补33条建制村干线公路和41座桥梁申报纳入交通部农村公路数据库；深入推进“三改一建”工程，全年新建沼气池36口，改厕250户；扎实推进渠城、槐树、洲田等村（社区）333.33公顷高标准农田改造项目建设；扎实推进水利畅通工程三年行动，发动全镇群众筹资390万元，投劳2.2万个工日，完成田间小沟渠疏浚627.7公里，大沟渠疏浚61.9公里，完成2座小Ⅱ型水库、4口骨干大山塘、24口山平塘、4座河坝、1处机埠维修。

环境整治 以“建设美丽澄潭，打造幸福家园”为目标，深入推进环境整治，荆坪村获评“湖南省卫生村”，槐树社区获评“长沙市卫生村”；投入46万元对金辉路及山下集镇实施造景绿化，改善沿线景观环境；推进绿色屋场建设，新建以和家村和珊屋场为代表的示范绿色屋场7个；全镇新建垃圾焚烧炉5座，总数增至16座，确保垃圾处理不出村镇，“户分类、村收集、集中焚烧”的垃圾处理模式得到江西省周边县市广泛认可和经验推介；大力推进畜禽养殖污染治理和拆旧拆违工作，拆除违规养殖场6处2100多平方米，拆旧拆违20处2960平方米。

社会保障 全面完成养保、医保目标任务，城乡基本养老保险参保率85.6%，医疗保险参保率98.7%，全镇全年发放各类救助资金3100余万元（养老金1078万余元、高龄补贴16.5万元、医疗补助1336万余元、大病救助29.7万元、临时救济7.2万元、低保金489万余元、慈善助学款18.1万余元、优抚金120万余元、重度残疾补助36万元），残联工作获长沙市“明星乡镇”；全年新增就业1000余人；改造农村危房51户，发放补助资金148万元。

教育计生 继续推进“教育强镇”建设，重点改造薄弱学校，完成60套教师公租房建设；人口计生工作常抓不懈，全镇出生1007人，实现计生率77.56%，落实长效节育措施980例，完成优生检测444.5对，查处两非案件3起。

安全监管 严格落实企业安全生产主体责任。在花炮行业，建立党政领导包村、安监员管片、机关干部职工和村干部联厂的监管机制，对企业按照产品类别、安全等级进行分类监管，构建全民参与、全方位立体监管网络。全年排除一般安全隐患3642处，限期整改70家次，强制停产5家次，立案查处21起。在煤炭行业，继续推行“集中管理、集中整改，分类考核、分类监管”安全监管措施，坚持隐患排查和专项整治常抓不懈。保持“打非治违”高压态势，全年打非立案查处72起，刑拘2人，治安拘留7人，扣留挖机5台。

综治工作 全年化解矛盾纠纷270余起；确保长沙市澄潭江煤矿改制和7家煤矿的关闭退出有序推进；妥善处理26起可能引发群体性或越级上访事件；打击处理聚众赌博和地下六合彩涉案人员53人，并摧毁一个涉案金额达300余万元的重大地下六合彩集团；对贩毒和容留吸毒刑拘3人，拘留吸毒人员18人，社区戒毒7人，强制戒毒6人。加大巡防队伍建设，加强治安防控力度，形成有效的治安防控网。保持严打整治的高压态势，有效震慑犯罪行为，全年未发生重大刑事案件，未发生“民转刑”案件，未发生赴省进京上访事件。

（张开文）

【省委宣传部考察澄潭江中学】 5月12日，湖南省委常委、宣传部长许又声在长沙市委常委、宣传部长张湘涛的陪同下，到澄潭江中学考察调研乡村青少年宫建设和活动开展情况。在考察中，许又声现场观摩学生们在体育、音乐、舞蹈、书法、美术、电脑、科技制作、棋类等七室一场中的表演，高度肯定澄潭江中学青少年宫活动开展情况及做法。（张开文）

【积极应对“5.24”洪灾】 5月24日20时至次日8时，浏阳市普降暴雨，平均降雨量85㎜，最大暴雨发生在澄潭江镇，降水量达204毫米。由于突降暴雨，水库、山塘、溪河水位陡涨，发生公路中断、河坝冲毁、房屋倒塌、田土沙压等灾情，造成多处群众被洪水围困。灾后，该镇党委政府积极应对，迅速出台《灾后重建生产自救工作方案》，以水利设施修复、道路桥梁恢复、危房修复改造、企业排险、灾后环境整治为重点，全面开展灾后重建工作。灾后修复山塘56口，恢复疏浚沟渠50000米，完成三面光标准渠圳5200多米，恢复河堤200余处；清理道路塌方60余处，重建桥梁19座；排查危房户351户，转移疏散群众1548人；排除企业重大安全隐患和地质灾害险情23处。灾后重建工作得到市委、市政府的高度肯定。（张开文）

【举行第四届“大爱澄潭—我身边的好人”颁奖典礼】 7月18日，该镇在政府机关五楼会议室召开庆祝建党93周年暨第四届“大爱澄潭—我身边的好人”颁奖典礼。洲田村孝老爱亲的好媳妇陈桂华、“5•24”洪灾中英勇救人的渠城村村民王哲槐和王哲恩、创业富民为乡亲的退伍军人陈法祥、建言献策展风采的女政协委员王桂香、恪尽职守爱岗敬业的洲田村支委委员邹祖财，热心公益为民做实事的企业家陶贤力，“上山能扑火、下井能挖煤、上台能演出”的澄潭江森林消防大队，被评为第四届“大爱澄潭—我身边的好人”。2011-2014年，该镇大力弘扬“大爱澄潭”精神，不断拓宽评选范围，先后举办四届“大爱澄潭—我身边的好人”活动，在社会获得较大反响，为澄潭江的经济社会发展提供强大的精神动力。（张开文）

【11万伏变电站开工建设】浏阳市澄潭江镇110千伏变电站位于集镇社区，全站总征地面积5834平方米，其中围墙内占地面积4481平方米，镇内建设线路塔33个，工程总投资8000多万元。本期工程规模为1台50兆伏安主变压器及与之配套的三侧设备，110千伏出线2回、35千伏出线3回、10千伏出线8回。该工程于9月2日开工，计划2015年5月15日竣工。（张开文）

中　和　镇

党委书记　谢　波
副书记　唐万明　刘宗斌
　　　　张新飞
纪委书记　汤凯希
党委委员　汤凯希
人大主席　刘宗斌
副主席　唐建华
镇　长　唐万明
副镇长　宋超超　暨朝佐
　　　　刘艳林
政协联络处主任　张新飞

【概况】2014年，中和镇辖7个行政村，2个居委会，180个村（居）民小组，共6340户，23394人，其中非农业人口539人，全年出生334人，死亡237人，人口出生率14.5‰，人口自然增长率4.2‰。总面积15180公顷，耕地面积3337公顷，其中水田825公顷、旱地525公顷，山林面积11843公顷。全年完成地区生产总值17.8亿元，完成财政税收2650万元。实现固定资产投资4.1亿元，消赤减债103万元。农民人均纯收入达14176元。

工业　全年完成工业总产值16.8亿元，同比增长12%，完成工业投资4.6亿元。湖南浏阳农村商业银行中和分理处全年累计发放贷款1.3亿元，同比增长30%。花炮企业技术改造投入资金1680万元，培训专业管理和技术人员228人，完成企业兼并重组四家。

农业　将现代农业与旅游业发展相结合，深入推进“一村一品”，现有小水果、花卉苗木等特色产业基地11处。全年栽种水稻734公顷、油菜200公顷。兴修水利，累计投工2万余个，疏浚渠道350公里，清淤河道30公里，新建河坝3座，加固山塘10口。全面封山育林，完成森林抚育200公顷、荒山造林120公顷、油茶抚育273.33公顷。

新农村建设　投资2500万元打造“中和客家小镇”，完成临街房屋立面改造、街面线路及管网改造、街道油砂路改造、河道护坡、路灯安装等工程，推进文化长廊建设和集镇绿化提质，集镇面貌焕然一新。抓好荷文公路中和段建设，路基基本成形。西岭公路和东南干线建设开展前期设计，正在争取列入全省“十三五”交通规划。各级筹资100余万元新建5个美丽屋场，其中清江村茶花岭屋场和中和村黉门屋场被评为浏阳市“十佳屋场”。

社会保障　出台奖补政策，依靠村（社区）力量，全力开展“5•25”灾后重建工作，启动水损桥梁重建6座，完成路面修复工程78处。投资700万元的饮水工程主体建设完成，投资600多万元的新建敬老院进入附属设施施工阶段。重新对低保户进行全民评审认定，发放低保救助金229万元。办理重度残疾人护理补贴134名，完成危房改造28户。

安全监管　全年检查企业1100余次，立案查处企业12家，安全生产实现零伤亡。严抓森林防火，组建义务扑火队25个，全年没有发生大的火灾事故。履行株树桥水库水源保护职责，积极创建食品安全示范乡镇，确保饮用水、食品和农产品安全。

综治工作　全年调处矛盾纠纷210余起，办理治安、刑事案件59起，开展校车、校园周边环境专项整治，下半年综治民调工作排名浏阳第2位、长沙第30位。

计生文卫　建设教师公共租赁房39套，雅山学校恢复工程完成“三通一平”，镇文化站建设竣工验

5月15日，中和镇举行“文明办酒总动员暨万人签名”启动仪式

（图片来源：中和镇党政办）

收。开展计划生育优质服务，打好基层基础，年度计生率78.1%。推进“耀邦故里、美丽中和”系列文化工程，在耀邦广场和浏阳河广场分别举办大型群众文艺晚会，节假日期间开展送戏下乡14场。积极申报文明村（社区）建设，完善“农家书屋”7个，改善广场舞设施8处。

（袁卓琳）

【启动首届“星耀中和”评选表彰活动】 积极响应浏阳市开展的“六比六看大竞赛”活动，发现和培育先进，树立身边的典型，学习自己的模范，7月份起，中和镇启动首届“星耀中和”评选表彰活动。通过全民走访、群众推荐、村级初审、现实调查、集中评定等程序，推选出“孝顺之星”“公益之星”“服务之星”“创业之星”以及“清洁之星”等12名道德模范，并在《浏阳日报》、“浏阳发布”、微浏阳等媒体上多次宣传推介，掀起该镇民风淳化活动高潮。

（袁卓琳）

【开通“耀邦故里·美丽中和”微信公众平台】 9月1日，该镇开通“耀邦故里·美丽中和”微信公众平台（微信号：z83780001），以“政务公开、红色旅游、公众服务和中和新闻”为主要发布内容，提高引导社会舆论能力。截至年末，发布信息126篇，关注人数达800人以上，最高单篇信息关注量达8888人次，在浏阳市第二届网络文化节启动仪式上缔约成为“浏阳名家微信联盟”成员。

（袁卓琳）

【启动“文明办酒万人签名”活动】 5月15日，该镇在耀邦故居广场启动“文明办酒总动员暨万人签名”仪式，1000多人参加活动。2014年，中和镇相继出台人大决议、党员规范、村规民约等长效制度，对主动放弃办酒席53人次奖励3.68万元，遏制“办酒成疯”效果明显，北京卫视和《长沙晚报》《潇湘晨报》等媒体进行报道。

（袁卓琳）

文家市镇

党委书记　卢　铓
副书记　谭应启　魏湘江　张志诚
纪委书记　胡　南（女）
党委委员　胡　南（女）　汪建国
人大主席　魏湘江
副主席　袁思来
镇　长　谭应启
副镇长　汪建国　汤　卓　彭　伟
政协联络处主任　张志诚

【概况】 2014年，文家市镇辖11个行政村，1个社区，103个村（居）民小组，54388人（农业人口52588人、非农业人口1800人），出生人口994人，人口增长率7.2‰。总面积148平方公里，耕地面积1702公顷，其中水田1337公顷、旱土365公顷。实现财政收入12830万元。获评“湖南省农村公路管养先进集体”“长沙市文明乡镇”等荣誉，连续三年被评为绩效考核红旗乡镇、优秀领导班子。

工业 全年完成工业总产值75亿元，其中规模工业总产值32亿元；大力扶持花炮机械及生产技术研发，力推企业做大做强，方圆花炮厂等企业基本完成机械化设备改造，新增汇源花炮、汉都汽车、新锐汽车、泰富投资等规模企业4家，产生玩具烟花、汇百金花炮等税收过千万企业2家。

商贸 成功举办“牛马会”暨首届边贸文化节；学府路精品商贸步行街初具雏形；引进境外招商项目8个，招商引资到位资金6000万元。

农业 完成山塘清淤21口、干渠疏浚50公里、田间渠道455公里，修复河坝18座、机埠5座。开展农田综合整治66.67公顷，完成土地流转26.67公顷，发展粮食生产1400公顷、油菜种植1000公顷，培育粮食种植大户12个、百亩以上油菜种植大户6个，农民人均年收入10878元。

旅游 完成红色旅游开发公司组建工作，完成土地出让融资和银行贷款融资共3500万元，争取长沙市小城镇建设补助等各级政策资金1100万元，为城镇建设提供充实的资金保障。镇政府与秋收起义会师纪念馆不断强化合作机制，合力推进秋收起义纪念园项目建设，完成项目全部审批手续和施工场地三通一平工作，顺利启动土建工程。抓住红色旅游干线——荷文公路开工建设机遇，积极联合中和镇、耀邦故居、秋收起义纪念馆构建“红色旅游圈”，实现“两镇两馆”连珠成线、融合发展。

城镇建设 紧扣“项目建设年”主题，铺排重点项目25个，掀起项目建设热潮。全力保障荷文公路建设，完成红旗路等集镇道路硬化6000平方米，创业东路、将军路、市场路排污管道全面修复疏通，旅游新城、博创文化创意基地加快推进，城镇空间大幅拓展，承载能力进一步提高。

环境整治 治理畜禽养殖污染5800平方米，推进铁山界、湘龙至文华绿色通道提质改造，完成荒山造林700亩，新造油茶林100亩，创建绿色示范乡镇。不断完善集镇污水处理、垃圾处理场等环卫基础设施建设，新建农村沼气池8个，高标准建设红旗屋场，获评2014年度城乡统筹环境同治工作优秀单位。

综治维稳 建设“天网工程”，实现全方位、全时段安全监控。组建“红袖章”队伍，在45个屋场设立治安巡防点。召开综治述职会议25场，辐射群众3万多人。全年调处各类纠纷244起，调解率100%，无“民转刑”案件发生，被评为长沙市综治维稳先进单位。

城镇管理 整治店外经营、乱搭乱建、粘贴广告等行为480余起，开展多部门参与的联合执法行动，查处违法建房用地15宗，拆违控违3088平方米，大力整顿土地市场。

食品药品安全监管 对全镇78家餐饮单位和15所学校开展餐饮从业人员健康体检和学校卫生执法检查，加强农村食品市场和群体聚

3月14日，民政部部长李立国调研视察文家市镇敬老院

（图片来源：文家市镇党政办）

餐的规范管理，切实保障群众“舌尖上的安全”。开展医疗机构执法检查，检查医疗机构41户，督促各医疗机构健全规章制度，规范诊疗行为。

安全生产 全年检查企业2060家次，立案查处企业37家，停产整改企业65家次，限期整改企业78家次，排查治理非法生产安全隐患25起，确保全年无较大安全生产事故。

民生保障 发放低保金378.8万元、大病救助金22.04万元、助学金6.7万元、孤儿救助金3.2万元，各类临时救助金12.52万元，完成农村危房改造48户，社会养老及社会救助工作获得民政部部长李立国充分肯定。

教育 完成里仁小学搬迁工程，新校如期投入使用，成为湘赣边规模最大、品质最高的完全小学。推进岩前中学、成功完小等学校扩建改造，成功创建教育强镇。

计划生育 完成社抚费征收324.23万元，计生协会工作创全市先进。

救灾工作 5月24日晚至25日，境内降水量达185毫米，造成“5•25”洪灾，全镇受损农田120公顷、房屋300余间、企业38家，失踪1人。灾后镇党委、政府积极组织救援，努力修复受损设施，帮扶企业恢复生产。 （戴高奇）

【开展“六问六访”大走访、大谈心活动】 5月19日起至年底，文家市镇开展“六问六访”大走访、大谈心活动。全体镇村干部下村走访，每人每天走访5户左右，五天内至少走访20户，让干部们走进群众问作风、问服务、问民生、问建议、问举措、问落实，深入基层访贫困家庭、访特殊群体、访突出矛盾、访复杂区域、访贤达人士、访代表委员。走访组深入群众当中，不仅针对党建、安全生产、民政社保、环境整治、城建开发、综治维稳、农林水利等方面工作征求具体意见和建议，而且听取群众为党委、政府加强和改进工作建言献策，尤其是对项目建设中的遗留问题，城建办、综治办、征拆办等凡是涉及到的部门，一起群众家里，面对面进行解释答复。受“5.25”洪灾影响，许多居民住宅损坏，申请倒房补助或危房改造，要先到村上打证明，再到镇上办手续，审批下来要几个来回。在走访过程中，民政办干部带着表格、相机，到群众家中进行现场查看，在群众家门口解决难题。在《“六问六访”民情记录本》的第一页，除了相关的工作内容外，印着“六问六访”活动纪律“四不准”：不准对群众反映的意见、建议不予答复；不准到所联系村报销由个人支付的费用；不准在下村工作时在外就餐，不准接受整包以上香烟；不准参加任何有损干部形象的活动。在走访的过程中，干部们同时向群众讲解或发放群众路线资料，让群众更加深入了解工作动态，让活动开展更加透明化。截至12月底，全镇走访群众2579人次，收集意见或建议219条，并在汇总后全部反馈给相关部门，做到件件有回音、事事有结果。 （戴高奇）

【《中国组织人事报》记者到文家市镇调研采访】 7月29日，《中国组织人事报》记者管筱璞在省、长沙、市组织部门有关领导的陪同下，专程到该镇调研采访乡镇党代会年会开展情况。管筱璞一行现场考察五神村黄花党小组、湘龙村红旗党小组建设情况，并采访党小组联系党代表肖恩付、王达厚。镇党委书记卢铿就该镇党代会年会如何发挥党代表作用、如何加强基层党组织建设、提高代表积极性与记者进行面对面地深入交流和采访。一直以来，该镇每年召开党代会年会，采取与经济工作会议共同召开的形式，决定全镇经济社会发展方向。2013年，浏阳市党代会年会相关制度和文件出台后，该镇作为试行党代会年会制的先锋，走上制度化、规范化之路。由于起步早、基础牢、效果好，成为浏阳市党代会年会制试点乡镇和中组部党代会常任制联系单位。

（戴高奇）

建成的里仁小学 （图片来源：文家市镇党政办）

大 瑶 镇

党委书记 李爱民
副书记 周雪峰
邱小和（女）
刘家汉 戴圣伟
纪委书记 肖长春
党委委员 刘 鹏 胡征晃
肖长春
人大主席 邱小和（女）
副主席 杨启露
镇长 周雪峰
副镇长 胡征晃 陈湘林
赵舟飞 易志坚
政协联络处主任 刘家汉
浏阳市花炮材料制造产业基地管委会主任 刘 鹏
副主任 陈慧娜 杨 志

【概况】 2014年，大瑶镇辖6个行政村和4个社区居委会，151个村(居)民小区，18184户，64873人，其中农业户14012户，农业人口57634人。总面积75.75平方公里，其中耕地面积1780公顷，山林4920公顷。完成财政收入20001万元，同比增长12%，其中上划收入9356万元，地方收入10645万元。国税8801万元，地税11200万元。农民人均纯收入25122元，比上年增加2712元。实现固定资产投资32亿元，社会消费品零售总额19.28亿元。

农业 实现粮食总产量12688吨，完成农业总产值3.4亿元。全年栽种双季稻60公顷、再生稻100公顷、冬种油菜1.1万亩，耕地抛荒得到有效遏制。引导特色精品农业发展，新增注册专业合作社、农场和农业公司18家，形成集种养、休闲、娱乐于一体的特色农业模式。完成沟渠疏浚35400米，山塘清淤扩容24口，河坝整修6座，山塘除险加固3口，新建机埠3座。

工业经济 完成乡镇企业总产值87亿元，其中规模工业总产值45亿元。花炮产业。积极应对安全环保和政策调整双重压力，大力实施“四化两型”战略，对大瑶烟花企业集团组建工作进行有效探索，并着手筹建。国际花炮商贸城投入使用，成为全球最大花炮及原辅材料交易市场。举办烟花爆竹安全环保新技术、新工艺、新机械、新产品展示交易会，现场成交6800余万元，意向订单达1.8亿元。促进花炮与旅游、文化等产业融合发展，以花炮为题材的电视剧与著名导演高希希顺利签约，与湖南大学联合创建李畋国际花炮书院，组织专题培训6次，花炮产业工人培训和实操基地落户大瑶取得实质性进展，花炮文化彩印创意示范基地列入长沙文化产业扶持项目。

园区环保 高质量推进浏阳市花炮材料制造产业基地环保整改，投入5000多万元，完成菲达公司和15家造纸企业的环保设施改造，热电联产和污水处理厂项目“三同时”验收如期按质完成。高效率推进卫生距离内居民征拆工作，支付征地拆迁安置款6308余万元，签订拆迁协议137户，签约率达97.2%。高标准推动南川河安置小区建设，共征地8.53公顷，签订拆迁协议15户，签约率达71.4%，已完成土方回填。全面启动园区二期建设，积极引导李畋彩印包装集团加速入园，推进产业集群发展。

招商引资 着力引进机械制造、电子信息、现代服务等战略性新兴产业，加大财源培育力度，成功引进西环线道路建设、李畋国际花炮书院、李畋彩印包装集团、隆广烟花材料有限公司、南川河周边商住开发、新城商住开发等6个项目，协议引资4.9亿元。完成长沙市外境内固定资产投资9.95亿元，引进市外境内资金8.33亿元（其中省外境内到位资金5.58亿元）。广搭银企、银政合作平台，争取贷款3500万元、专项补助资金1000万元，为项目建设提供有力资金保障。

第三产业 举办“融通湘赣边界，建设美丽大瑶”活动，吸引人流、物流、资金流广泛汇集。继通程、华天之后，苏宁等商业品牌纷纷入驻。成功举办第三届房•车展，三天劲销汽车237台，售房（门面）246宗，成交1.57亿元，8万余人次参展。大力推进地产综合开发，全镇已有城市综合体开发公司12家，开发房产60余万平方米，建成商铺近1000套、商品住房3000多套，销售率达63.5%，产业提质与城镇建设互促共进、协调发展。

城镇建设 投资21亿元，铺排项目32个。加快推进金富豪庭、阳光至尊、大瑶公馆和烟花王朝等城市综合体建设。南川河中路、南山大道竣工通车，西环线道路建设完成2公里土方回填，城市路网建设总长增至42公里，城区规模扩容至10平方公里。启动集镇老街片区综合整治，瑶正街提质改造纳入住保部门“城中村”改造建设项目，完成规划设计、立项、财政评审等前期工作。加快推进社会公共类项目建设，李畋学校如期招生开学，中心派出所竣工搬迁，大瑶燃气站完成选址，中心汽车站前期手续正在办理，征拆工作全面启动。完成典型供电模式工程建设，花炮大道、瑶发街等主干道的高、低压电力线全部实现地埋，线路总长达3.6公里，新改杆线路3公里。

环境整治 投入500多万元，启动“数字化”城管创建，开展流动摊担、店外经营、交通秩序专项整治20余次，拆除违章建筑3000多平米。扎实推进城乡环境综合整治，投入1300多万元打造精品小区和迎宾大道、G319与大文公路交汇节点等绿化精品工程，投入70万扩建垃圾中转站，健全“户有垃圾桶，村有回收点，镇有中转站”的基础设施网络。坚持城乡联动，提质东风界，塑造边界新形象，投资300余万元建好东风界门楼，完成出省通道交界节点的提质改造，2014年获评国家级生态乡镇、长沙市环境整洁行动十佳乡镇，汇丰社区、强盛村被评为省级卫生村，南山村樟树湾片区、汇丰社区四星小区、升村吉祥屋场被评为浏阳市示范小区。

社会保障 发放救助救灾资金579万元，惠及群众6986人次。建立劳动监察机构，调处劳务纠纷32起，采集建档劳动力资源信息2160名。征缴各类社会保险1787万元，新募捐慈善基金42万元，资助特困大学生32人，发放助残器具20套。大力推进农村“幸福院”建设，开展老年人义诊、重阳节等主题活动20余次。

教育卫生　投入251万元完成5所完小的提质改造，投入2500万元新建李畋学校并投入使用，已有在校学生900余人。成立南区妇产中心，完成南阳村和汇丰社区卫生室改造，农村医疗条件不断完善。

文体　大瑶强盛龙狮艺术团节目“烟花龙舞”在苏州参加中国文联主办的全国舞龙展演获得金奖，并推荐参评中国民间文艺最高奖项“山花奖”。

计生　打造“阳光计生”，强化优质服务，落实长效节育措施766例，征收社会抚养费246.55万元，完成孕前优生检测424例，举办“5•29”大型文艺会演暨单独两孩政策宣传活动。

综合治理　全年排查调处矛盾纠纷236起，代办事务424件，综治工作获评浏阳市示范单位、长沙市红旗单位。强化安全监管，铁腕推进“打非治违”，积极开展隐患“清零”专项行动，检查企业2000余厂次，排除隐患2700余处，立案查处企业33家，整改到位率达100%。严厉打击非法行为，查处非法生产68例、非法储存22例、非法运输58例，捣毁非法生产窝点28处，移交公安机关68人，实现安全生产“零事故”，成功创建长沙市安全生产示范乡镇。严抓食品安全监管，全年未发生食品安全事故，获评长沙市食品安全示范乡镇创建先进单位。　（陈怀奇）

【大瑶被列入全国重点镇】　7月21日，中华人民共和国住房和城乡建设部、国家发展改革委、财政部、国土资源部、农业部、民政部、科学技术部七部委联合发文（建村〔2014〕）公布3675个全国重点镇名单。长沙市有10个镇榜上有名，浏阳市大瑶镇名列其中。全国重点镇是小城镇建设发展的重点和龙头，重点镇的建设发展，将得到政策、土地及项目安排上的大力扶持。同时，有关部委还将研究制定加强全国重点镇建设发展的指导意见，建立全国重点镇动态调整机制，指导和支持全国重点镇建设发展。　（陈怀奇）

【大瑶镇获部分县级管理权限】　根据中央编办、中央农办、国家发改委、公安部、民政部、财政部《关于开展经济发达镇行政管理体制改革试点工作的通知》（中央编办发〔2010〕50号）和中央编办《关于湖南省浏阳市大瑶镇等三个镇纳入经济发达镇行政管理体制改革试点的批复》（中央编办复字〔2012〕270号）精神，2014年7月29日，中共湖南省委办公厅、湖南省人民政府办公厅下发关于开展经济发达镇行政管理体制改革试点工作的指导意见（湘办发〔2014〕25号），明确提出赋予浏阳市大瑶镇、宜章县梅田镇、桃源县陬市镇三个全国经济发达镇行政管理体制改革试点镇部分县级经济社会管理权限，重点在产业发展、规划建设、项目投资、安全生产、生态环保、市场监管、市政交通、民生事业等八方面扩大试点镇管理权限。　（陈怀奇）

【大瑶新城第三届房·车展】　8月29-31日，以“湘赣边•城市会客厅”为主题的大瑶新城第三届房•车展开展。本次房•车展首开夜市，将开展时间延续至晚上10d时。展会期间共销售住房（门面）246宗，销售汽车237台，总成交额1.57亿元。展会吸引来自醴陵、上栗、金刚、澄潭江等湘赣边县（市）乡镇居民，接待观展达8万余人次。《湖南日报》《长沙晚报》等省市级媒体，《宜春日报》《萍乡日报》、醴陵电视台、上栗电视台等周边地区媒体跟踪报道。2012—2104年，大瑶依托产业优势和地域辐射力度，连续举办3届房•车展，在省内开创乡镇举办大规模房•车展的先河。　（陈怀奇）

杨　花　乡

党委书记　李　锋
副书记　刘国泰　黄　武
纪委书记　林健美（女）
党委委员　林健美（女）
　　施祖平
　　蒋雪峰
人大主席　黄　武
副主席　陈和龙
乡　长　刘国泰
副乡长　施祖平　蒋雪峰
　　钟圣家　肖桂炎

【概况】　2014年，杨花乡辖9个行政村，195个村民小组，6539户，2.6万人。总面积75平方公里，耕地面积635.7公顷，其中水田498公顷，旱土137.7公顷，山林7560.7公顷。全年财税完成1348万元，其中国税完成1013万元，地税完成335万元，地方公共财政收入440万元。规模工业企业完成总产值8.01亿元，同比增长23.07%。全年新引进工业项目1个，完成招商引资到位资金1000万元。完成政府消赤减债150万元，历年负债基本清偿完毕。湖南浏阳农村商业银行杨花分理处年底存款余额达2.1亿元。

农业　全年落实水稻种植面积511.4公顷，再生稻种植20公顷，油菜种植306.67公顷，新购农机24台。全年植树21.7万株，新造油茶13.93公顷，打造精品义务植树2.67公顷基地1个。新建生物防火林带8.2公里；完成133.33公顷新增粮食产能田间工程项目的配套工程建设，完成山塘加固15口，河坝整修17座，田间沟渠疏浚254公里。

工业　全乡企业研制新产品72个，完成产品专利6个，新产品实现产值3.63亿元。鞭炮筒子加工业不断做大，筒子加工产业规模大户联合建厂正在规划当中，筒子加工成为该乡特色富民产业。

环境整治　完善垃圾集中收集系统，新增垃圾桶3400只；加快垃圾无害化处理场建设，填埋场新建护堤1座，消毒沉淀池2处。推进美丽屋场示范建设。全年分村分月打造美丽屋场67个，杨花村“星星”屋场成功入选浏阳市十佳美丽屋场；大山村、黄岗冲村分别被评为长沙市环境同治优胜村和长沙市卫生村；端里村被评为浏阳市环境同治卫生村。

安全生产 深入推进烟花爆竹企业安全标准化建设，全乡28家烟花爆竹生产企业全部实现三级安全达标；开展安全监管专项治理，全年开展站内交叉检查、联监组交叉检查各1次，开展专项整治行动3次，打击非法生产经营行为9起，刑事拘留2人，行政拘留9人；发现并责令整改各类安全隐患1596处，限期整改企业135次，责令停产整改33次，整改复查171次，立案查处5家。

综治工作 全年调处各类矛盾纠纷176起，调处率达100%。发放5000份《便民服务指南》，收集相关意见210余条，采纳并落实130余条，为民办实事30余件。配备安全巡逻车4辆，乡域范围内治安秩序良好，全年民调综合排名分别位于浏阳第6名和长沙市第37名。

社会保障 全面贯彻落实《社会救助暂行办法》，开展城乡低保阳光行动，实现应保尽保，杜绝错保漏保。发放临时救济款10万元，大病救助50余万元。开展送温暖活动，为520户贫困对象送去关爱。推进残疾人工作，组织开展残疾人技术培训，支持残疾人就业创业，适时为困难残疾人解决实际问题，发放辅助器材10套，危房改造补助8000元，残疾人助学资金5000元。2014年，该乡被评为长沙市残疾人工作明星乡镇。全面做好优抚工作，为122名重点优抚对象和其他民政补助对象发放各类补助96393元。全面做好社会保障工作，重点抓好农村医疗保险和城乡居民养老保险工作，参保率分别达98%和93%；全年为3396名60岁以上老人发放养老金427.8万元，为6200人次病患者发放补助821万元，率先完成劳动力调查工作，全面完成工伤保险扩面任务。实施乡政务服务中心标准化改造工程，于10月份正式投入使用。9个村有5个已完善便民服务大厅建设，为群众提供"一站式"办事平台。

文教 完成乡中学教学楼和厕所改造，杨花中学教师周转房竣工，杨花完小教师周转房和食堂正在建设，教育教学条件全面改善。开展学校、家庭、社会"三位一体"素质教育改革，得到社会各界的高度关注和大力支持。积极创建学习型社区，杨花村被评为全国100个"全民终身学习活动品牌百强"。完成综合文化站提质改造；积极参加浏阳市全民运动会，取得1金3银的好成绩，全市广场舞比赛取得第3名。

计生 标准化改造4个村卫生室，群众就医条件进一步改善。发放各类计生奖励资金12万余元，免费为200余独生子女户购买保险，加大对违法生育对象处理力度。 （温婷桢）

【杨花乡村级财务清理】 2014年，该乡村、支两委任期届满，为确保2014年村"两委"换届工作民主、公开、有序进行，该乡周密部署，从1月7日起，全面开展村级财务清理工作，不把"烂账"留给后任，扎实做好村"两委"换届选举准备工作。乡审计工作领导小组利用为期一个月的时间，对全乡9个行政村村委会2011年1月1日至2013年12月31日村级财务收支情况进行全面清查，为村级换届选举顺利进行奠定坚实基础。

（温婷桢）

金刚镇

党委书记 雷义
副书记 鲁常战 李峥嵘（女） 刘守成
纪委书记 罗武
党委委员 徐志强 张昆池 罗武
人大主席 李峥嵘
副主席 张辉署
镇长 鲁常战
副镇长 徐志强 张昆池 陈美江 陈子谦
政协联络处主任 刘守成

【概况】 2014年，金刚镇辖7个村、3个社区，376个村（居）民小组，人口6.2万。总面积79.88平方公里，其中耕地面积1428公顷，山林面积4146公顷。全年实现工农业生产总值65.82亿元，其中工业总产值64亿元，农业总产值1.82亿元；全年固定资产投入8.03亿元；完成财税收入5833万元，其中地方一般预算收入1437万元；招商引资到位资金6500万元；实现居民人均可支配收入16936元。湖南浏阳农村商业银行金刚支行全年存贷款分别达5.5亿元和5.3亿元。新增1家农商行服务网点。12月22日，长沙银行花炮支行金刚社区银行正式营业，长沙银行正式进驻金刚。

工业 继续引导兼并、重组，打造花炮集团经济，明义烟花集团斥资1400多万兼并南方明珠烟花有限公司。加大创新研发力度，全年新创国家级驰名商标1个，省级名牌2个，申请专利12个；庆泰花炮集团打造5100平方米的庆泰国际花炮博览中心，导入020（离线商务模式）电商思维，市场营销模式走向大数据时代。

农业 全面完成1600公顷高标准基本农田整理项目，新建都庄水库管理所；开展水利冬修大竞赛，维修机埠6处、清淤大山塘21口、修建水坝2座、疏浚渠圳688公里；开展农机推广服务工作，成功创建"湖南省农机示范乡镇"。引进彩色稻品种，落实长沙市政府粮食"双十"工程高产示范种植；引导成立石霜小水果种植和墨庄楠木苗木合作社，农业生产逐步向精致农业、生态农业、高效农业转变。

旅游 石霜寺成功创建国家AAA级景区，"石霜听梵"获评浏阳市"新八景"；投资100多万元完成桃树湾清代古民居抢救性修护工程，六栋堂古民居获评"长沙市文物保护单位"。举办"寻访最美古村镇——金刚之旅"、福主庙会、石霜祈福法会、旅游环线毅行等活动。

集镇建设 全年查处违法用地26宗，历年集镇开发172户用地手续不完善的遗留问题全面解决。全年维修集镇破损路面1060平方米，完成练江大桥危桥改造、界口对外通道综合整治；实现环石霜寺旅游环线公路、沙江大桥连接线、都庄水库防洪公路通车。改造疏通集镇下水道 500 米，协助拆除有安全隐患联通信号基站一座并选址新建一座，新装探照灯信号塔 5 座，整改集镇老街老化线路 1.2 公里，新增配变站点 7 台；金刚大道开发两厢土地成功拍卖，房屋联建工程启动。

修缮后的桃树湾清代民居　　(图片来源：金刚镇党政办)

环境整治　以绿色创建为契机，创建绿色村庄 1 个，绿色屋场 2 个，绿色庭院 29 个。通过政府引导、社区组织、群众参与，打造金市社区何家大屋等一批文明示范屋场。强化宣传教育，严格旬检查、月排名、季通报，严查企业环境污染违法行为，深化畜禽养殖污染治理，积极推进环境卫生“六位一体”工程，完成集镇金声街、李畋路等路段招牌、绿化改造，开展集镇环境卫生集中大整治和道路交通集中整治行动，成功创建“长沙市卫生镇”和“长沙市集镇管理示范乡镇”。

社会保障　全面完成城乡合作医疗、农村养老保险，全年发放农村养老保险 960 万元，报销医疗费用 330 万元、大病救助 34 万元、优抚金 62 万元；开展城乡低保阳光行动，全年发放城乡低保金 480 万元，帮助 40 户居民解决住房难问题；积极稳妥处置“5•24”特大洪水冲击和灾后救助，做好扶残助残及精神病人免费药物发放工作，再次获“长沙市残疾人明星乡镇”称号。继续完善百福敬老院配套设施建设。

文教卫生　新增 4 个村（社区）休闲广场，新建广播文化站、畜牧站，完成财政所、农技站标准化创建和村级卫生室规范化建设，启动卫生院污水处理项目；引进投资额达 600 多万元的国际蒙特梭利金刚幼儿园，投入近 1000 万元完成金刚中学学生宿舍楼、教师周转房及相关教育设施建设。

安全监管　继续实施校安工程，维护校园周边环境；严抓食品安全监管，全年开展各类专项行动 15 次，约谈商家 5 人次，取缔小摊贩、小作坊 7 家，行政立案查处 6 家。积极开展安全生产宣传教育、安全生产事故警示、突发事件应急处置和特种作业操作培训等活动，全镇特种作业人员 100%持证上岗。加强打非治违排查和打击力度，镇村联动，边界互动，全年打击非法生产户 137 户，捣毁非法生产车间 19 间，向公安部门移交非法生产人员 97 人。

综治工作　全年成功调处各类矛盾纠纷 395 起，处理突发性事件 8 起、重大矛盾纠纷 4 起，查处行政案件 111 起，治安拘留 168 人，拘罚 19 人，处理刑事案件 62 起，逮捕直诉 52 人，社会治安保持良好态势，公共满意度不断提升，取得全市第八名的佳绩。

计生　帮扶计生穷困家庭 20 户，计生基层基础工作多次排名全市第一，连续 9 年突破“两非”案例。

党建　全年培养入党积极分子 45 人，发展预备党员 18 人，转正 26 人。完成支村两委换届选举。开展党风廉政教育，整理问题 49 个，纪委通报批评 40 余人次，开除不合格党员 1 人、警告 2 人、行政警告 1 人，辞退在编不在岗人员 1 名。组建非公企业党总支部，成立金刚镇企业家俱乐部，服务非公企业“三位一体”模式被《长沙组工通讯》专题推介，庆泰支部被评为“长沙市先进非公企业党支部”。　（罗子忠）

何家大屋示范性屋场一角　　(图片来源：金刚镇党政办)

【“寻访最美古村镇”活动】　6 月，

为挖掘乡村历史文化资源，浏阳市文联和金刚镇党委、政府联合举办《寻访最美古村镇——金刚之旅》活动。活动中，来自湘赣边各县市和浏阳的文艺工作者到金刚采风，并开展文艺作品征集大赛，评出一等奖3个，二等奖6个，三等奖9个，优胜奖50个（摄影作品30个，文学作品10个，诗词作品10个），所有获奖作品全部收录进《金刚之旅》一书，成为金刚对外宣传推介的重要名片。（罗子忠）

【何家大屋示范屋场建设】 10月，依托金市社区何家塅何氏宗祠打造的浏阳市示范性屋场竣工，何家大屋成为该镇第一个浏阳市示范性屋场。建设过程中，金市社区何家大屋居民，积极配合政府建设，在征拆过程中，发扬大局意识和牺牲精神。该屋场建设完成后被《光明日报》《湖南日报》《浏阳日报》等多家媒体报道，同时有衡阳市、上栗县等县市单位前来参观学习。

（罗子忠）

【“释放真自我，传递正能量”毅行活动】 11月17日，为庆祝“南岳村—石霜村”旅游环线竣工通车，同时释放干部职工工作压力，传递奋发向上、争创佳绩、关注健康的正能量，冲刺全年各项目标任务。金刚镇工会联合会组织干部群众开展“释放真自我，传递正能量”为主题的毅行活动。毅行距离15公里，参赛单位20余个，参赛人数270多人。（罗子忠）

【“访农家、听心声、解民忧”主题活动月】 11月，金刚镇开展“访农家、听民声、解民忧”夜访夜谈活动，全面开展“六个一”（发放一张便民联系卡、致农户一封公开信、对农户进行一次全面大走访、对“双联双扶”对象开展一次大帮扶、分网格召开一次恳谈会、进行一次群众满意度测评）行动，以网格化管理工作要求，利用值班日晚上，深入农家，了解民情，全年发放公开信、便民卡10000多份，实现对农户走访率100%，解决群众实际困难近200个，民调满意度明显提升，走出一条密切干群关系，完善社会管理的新道路。（罗子忠）

【非公党总支和企业家俱乐部揭牌成立】 12月16日，金刚镇非公企业党总支（8月份选举成立）和25家有担当意识、有社会责任感、遵纪守法的规模企业共同发起的金刚镇企业家俱乐部揭牌仪式在飞鹰烟花有限公司隆重举行。标志着该镇党建领航、组织护航、服务助航“三位一体”的非公企业服务体系正式形成，该镇企业家队伍建设进入一个新的发展时期，为打造“行业自律、有序竞争、联拓市场”的共赢局面奠定基础。非公企业党总支和企业家俱乐部的成立，为金刚镇面临宏观经济收紧、行业遭遇“寒流”的企业提供一个抱团取暖、共谋发展的平台。（罗子忠）

葛家乡

党委书记	罗拥军
副书记	彭庆辉　于焕民 刘良平
纪委书记	刘良平
党委委员	柳建成　罗　严
人大主席	于焕民
副主席	吉　钟
乡长	彭庆辉
副乡长	柳建成 罗佩芳（女） 余耀东　曾祥浩
政协联络处主任	刘良平

【概况】 2014年，葛家乡辖8个行政村，44个村民小组，2852户，20937人，（其中农业人口20360人，非农业人口577人），出生人口281人，死亡人口171人，人口出生率达13.562‰，自然增长率达5.309‰；总面积107.26平方公里，耕地面积1094.53公顷，其中水田1227公顷，旱土116.2公顷，山地8200公顷；年平均降水量2100毫米，全年降水量主要集中在3月上旬至7月下旬，占全年降水量的70%，秋冬两季降水量较少，主要有旱灾、水灾、风灾等自然灾害，旱涝灾害发生情况偏多。实现工业总产值19.56亿元，农业生产总值8.9亿元，完成财政总收入2453.2万元，同比增长8.2%，其中地方财政收入743.5万元，同比增长15.8%，全面完成财税目标。

农业　科学规划全乡农业产业布局，引导传统农业结构调整，抓好全乡油菜、油茶等产业的生产，培育蝴蝶兰、彩稻、竹稻、石斛、百合等特色农业，乡域农业亮点凸现；贯彻落实“种养平衡、循环经济”思路，严格排污标准，认真做好疾病防控检疫工作，全乡种、养殖业良性循环。贯彻落实全市水利畅通工程的要求，兴修小〔2〕型水库项目1个，山塘清淤整修20口，疏浚过流断面1平方米以上沟渠80公里，过流断面1平方米以下田间渠道480公里。水利建设工作得到上级的充分肯定，为推进农村基础设施建设，对农村公路进行提质改造，马青公路被列为文明示范路。

工业　全年深入开展“两帮两促”、“创业帮扶”等活动，把好安全生产关，做好劳务用工引进、企业发展环境维护等服务工作，积极引导现有企业增资扩容、科技转型，大力推进招商引资工作，实现工业经济量效齐增。在原有47家企业的基础上，新引进规模企业2家，到位资金3800万元，乡域经济发展后劲增强。

计生工作　全年坚持计划生育村民自治，落实长效节育措施，严格计生执法，创新推行计划生育网格化管理机制，确保网格干部责任上肩，工作到位。全年计生率稳定在92.07%，征收社会抚养费28万元，长效措施落实率97%，透环孕检率达90%以上，流动人口管理到位率达100%。

环境整治　在完善环境整治配套基础设施、推进《葛家乡浏阳河流域养殖污染治理项目实施方案》实施的基础上，创新环境工作考评机制，网格干部对网格内公共区域和村民庭院的环境卫生责任上肩，乡环保办每月定期组织检查并公示，考核成绩直接纳入网格干部季度、年度考评计分。同时，加大示范创建力度，评选环境卫生最整洁

2014年11月27日，市委书记曹立军率市级领导、各乡镇（街道）党政负责人、市相关职能部门领导等200余人现场观摩葛家乡项目建设工作

（资料来源：葛家镇党政办）

户与后进户，创建新建村马田小区、金塘村建新屋场、乌石龙村向阳屋场和和平屋场等示范屋场，通过办点示范，推动全乡环境大改善。

安全生产 全年以“一杜绝、两控制”为目标，坚持严查、严管、严处、严罚，充分发挥部门的联动效应，全面加强对烟花爆竹生产经营企业的经常性监管，对烟花爆竹类生产的重点时期予以重点监管以最严格的措施，严格落实企业主体责任和监管主体责任。全年共入厂检查576次，排查出重大隐患6处、一般隐患812处，整改隐患818次，确保隐患排查整改率100%。全年安全生产稳控到位。

治安状况 严格“红袖章”巡逻防控机制，全年乡村巡防队员累计巡防1125次，检查盘问各类人员、车辆2328人次，开展集中行动9次，逮捕直诉18人，治安拘留78人，罚款23人，追捕逃犯2名，打防并举，着力推进平安葛家建设；创新部门联动机制，确保境内矛盾纠纷排查化解、维稳信息等第一时间全面掌控，矛盾纠纷调处积极有效，全年接待法律咨询40人次，重点调解处理一批企业与村民的厂队纠纷。同时，宣教并举，推进法治葛家建设，全年共发放法制宣传资料27000余份，举办宣传栏18期，出动宣传车18天次，举办法制学习班6期，群众法律素质明显提高。

社会保障 全年低保、五保、合作医疗、养老保险等工作落实到位；贫困大学生、残疾人、困难户、危房改造户等社会群体的救助工作开展得力。共救助困难户45户；慰问优抚对象困难户131户，发放资金近10万元；走访五保户、特困户220户，发放慰问金5万余元；大病救助60户，发放救助金12万余元；改建危房22户，发放改建资金64万元；合作医疗报销金额达253万元；合作医疗和农村养老保险的征缴工作开展得力。

科技文化旅游 扎实开展科技下乡、科普集市、花炮特种人员培训班等活动，着力提升全乡科技水平；组织开展全民文艺会演、广场舞比赛、机关干部运动会等文体活动，繁荣乡村文化；新建公共文化中心，集文化宣传、广播、法制教育、文艺演出、群众体育、科技推广、科普培训为一体，打造了“一个中心、多元格局”的公共文化新格局；强化卫生防疫和农村医疗，实现卫生室村片区全覆盖。充分挖掘自然资源，精心推介，玉潭龙潭湾被评为浏阳河“最美九道湾”之一；推进大源生态旅游休闲产业规划布局，认真做好了旅游发展前期工作；加快建成集镇配套设施，吸引客商入驻，规范店铺经营管理，集镇配套服务业发展加快。

项目建设 2014年. 全乡共有项目48个，其中基础项目24个，产业项目13个，村级项目11个，项目总投资4.3亿元，全年完工项目40个，项目完成率达83%。市重点项目府前大道和群众文化广场完成了土方工程、路基夯实、管线铺设等施工作业；集镇老街全面改造升级，面貌焕然一新；金富新城综合项目建设进展顺利，市场营销前期良好；乡政务服务中心获评长沙市示范性政务服务中心；群众公共文化中心的建成改写了葛家无文化活动场所的历史；自来水厂已建成并投入使用；畅通全乡农田水利基础设施，疏浚沟渠达600余公里，位列全市农田水利畅通工程的先进行列；以马青公路提质改造为代表完善全乡交通建设；农贸市场、中心幼儿园、敬老院等项目均完成土方工程和手续办理工作。

（戴巧玲）

【市委书记曹立军一行考察葛家金富新城重点项目】 11月27日上午，市委书记曹立军率市级领导、各乡镇（街道）党政负责人、市相关职能部门领导等200余人到葛家乡观摩葛家乡金富新城重点项目建设工作。葛家乡金富新城项目是浏阳市重点建设项目，总投资约1亿元，主要建设内容涵盖三大基础设施项目、三大民生项目和三大商业产业项目建设。一是交通路网、广场、自来水三大基础项目建设；二是学校、敬老院、幼儿园三大民生基础设施；三是商业步行街、市场门面、酒店三大商业设施。其中，葛家乡马家湾村农产品交易市场项目，总投资约831.8万元，建设占地面积0.53公顷，建筑总面积约3000平方米；葛家乡敬老院建设项目，总投资800万元，占地0.33公顷，建筑总面积达4000平方米，住房80间；葛家中心幼儿园项目，估算总投资300万元，占地0.66公顷，建筑面积约1600平方米。

2014年，土地挂牌出让、三通一平工作和施工图设计等工作已完成，金富新城将于11月28日正式开始认购。　　（戴巧玲）

太平桥镇

党委书记　肖柏林（2014.06任）
副书记　王　海
　　张艳平（女，2014.06任）
　　李学荣（2014.06免）
　　尹桂云
纪委书记　吴维全
党委委员　吴维全　罗亚平
　　刘翔宇
人大主席
　　张艳平（女，2014.06任）
　　李学荣（2014.06免）
副主席　李文英
镇　长　王　海
副镇长　罗亚平　刘翔宇
　　戴学文　朱海峰
政协联络处主任　尹桂云

【概况】 2014年，太平桥镇辖2个居委会，4个行政村，206个村（居）民小组，5827户，21883人，其中农业人口20741人，非农业人口1020人，全年出生人口258人，死亡人口153人，人口出生率90.6‰。镇域总面积98.36平方公里，耕地1116公顷，其中水田960公顷，旱土156公顷，山地7200公顷。域内地势东北部山多冲多，山脉绵延，西南部濒临浏阳河，地势较为平坦，属海拔小于300米的高丘陵地貌。溪流密布，水系完整，气候为中亚热带季风湿润型，四季分明，雨量丰沛，光照充足，无霜期长，有利于双季水稻及各类喜温植物生长。全年完成工农业总产值67亿元，同比增长25%；完成规模工业总产值37.6亿元，同比增长11%；完成工业固定资产投资8.5亿元，同比增长10%；农商行太平分理处存款达3.35亿元，新增存款4200万元；完成财政收入6935万元，同比增长1.42%，其中地方一般预算收入可达2311万元。招商引资到位资金1.4亿元。经济发展在全市“六个走在前列”大竞赛活动中一直处于前列，获长沙市“十快乡镇”称号。

工业　以打造中国组合烟花之乡为目标，推进花炮产业转型升级，引导企业走“四化两型”的发展之路。景泰烟花出口创汇达3200万元，美太、银河、远洋烟花产值均跃上2000万元。集约经营态势良好，亚太等16家经营公司通过品牌经营，烟花内销额突破12亿元。鼓励企业研发新技术、新产品，推出新产品180个，成功申报“威丽及图”中国驰名商标，创建了5个省著名商标，景泰烟花在2014年仁川亚运会开幕式璀璨绽放，展示了太平桥组合烟花环保、安全、艺术新形象。实施花炮产业远程安全智能管控视频系统项目，20家企业已实现数字信息化管理。90%的企业实现了机械化生产。

农业　按照“走特色之路，树绿色品牌，发展近郊生态农业”的思路，积极推进农业结构调整，大力发展生态农业。锦美居委会、唐家园村的葡萄、猕猴桃、草莓等小水果声名远扬；宏源村的有机蔬菜种植基地渐成规模；太平桥居委会、星镇、合盛村形成了以野猪、养蛇等为主体的特色养殖基地。新发展小水果基地33.33公顷、花卉苗木42公顷、新造油茶13.33公顷、大棚蔬菜35.33公顷。种植油菜530公顷，全面完成了冬种任务。切实加强封山育林，全年境内无森林火灾发生，被评为长沙市“森林防火规范化建设达标乡镇”。加强森林防火巡查，全年境内无森林火灾发生。清淤加固山塘13口，新建改造电排4座，改造加固河坝4座，疏浚沟渠400多公里和河道26公里，完成西冲水库、仙游水库除险保安工程，在全市“冬修水利三年行动”中排名第2。

项目建设　投资680万元的农村安全饮用水工程初步建成；3.5万伏变电站项目已开工建设；投资1900万元的亚太仓储项目仓库已建成；投资3 100万元吉顺烟花项目已正式投产；银河仓储项目建设进展顺利。

安全生产　坚持刚性执法与三讲评比等专项行动相结合，积极落实“一岗双责”抓安全，安全生产形势明显好转。全年责令停产123家次，限期整改168家次，立案查处企业30家，开展员工教育培训76场次。在全市率先推行花炮行业视频监控系统，强化了安全监管。

社会管理　全面实施平安建设工程，实现了无较大刑事案件、群体性越级上访和群体性治安事件发生的目标，在长沙综治民调中，太平桥镇排名前列。筹资46万元，建设“天网”工程，对全镇主要路口、重要单位、重点地区进行视频监控，实现治安防控全覆盖。加强信访工作，形成了“三调联动，多元化解”的调解机制，全年共调解各类矛盾纠纷235起。进一步加大对流动餐馆、校园周边食品安全、校车安全的检查力度，实现全年“零事故”目标。群众工作取得实

11月27日上午，市委书记曹立军，市委副书记、市长余勋伟带领市级领导，各单位主要负责人共200余人来到太平桥镇观摩信息化建设项目

（资料来源：太平桥镇党政办）

效。紧紧围绕“领导沉下去、干部动起来、群众感受到”的工作要求，认真落实“一推行四公开”制度，扎实做好新形势下的群众工作。在市编办、市工信局的支持下，全年共走访群众4500多户，帮扶困难家庭65户，为民办实事76起，化解纠纷矛盾110起，干群关系进一步融洽。

环境整治 以创建国家级生态乡镇为目标，建成2条长沙文明示范路，唐家园村投资40万元高标准打造了新桥示范性屋场，全镇6个村（居）投资30多万元发动村民在村主干道和房前屋后植树10万株。对集镇三乱情况进行集中整治，新增垃圾桶300个，星镇村等积极支持拆违，全镇共拆违拆旧2640平方米。实行镇村干部包组联户的网格化管理，全面落实“庭院三包”责任制，农村生活垃圾处理率、环境卫生设施覆盖率、村级保洁队伍覆盖率均达到100%。强力推进生猪养殖污染治理，治理189户，关停24户，治理到位率达96%，打捞并无害化处理死猪280头，有效地预防疫情的发生。

计划生育 综合信息录入等排名在全市前列。全年符合政策生育率达90.6%，落实长效措施248例，征收社会抚养费41.2万元，均超额完成目标任务。宏源村开展创建“湖南省示范妇女之家”活动。

社会保障 企业职工养老保险征缴保费93万元、工伤保险征缴保费326万元；城乡居民养老保险参保9775人，参保率达85%以上；城乡居民医疗保险参保18246人，参保率达98%以上。全年共报销医疗费743万元，发放养老金405万元，发放低保、优抚、高龄等补助资金和大病、慈善救助款216.1万元，发放各项惠农补贴资金514万元。

教育文卫 太平桥中学建设16套教师公共租赁房。组织太平桥社区学校教育推介会。参与全市“欢乐潇湘”全民广场舞比赛和“浏阳市第二届全民运动会”，并在浏阳河广场举办“欢乐浏阳河”太平桥镇专场文艺晚会。健全各村文艺志愿服务队并在文化站开展常态化活动，成功申报长沙市图书馆太平桥分馆。完善镇卫生院和村卫生室基础建设，积极开展公共卫生服务工作，全镇全年无重大疫情和突发公共卫生事件发生。

花炮产业大数据智能分析系统展示　　（资料来源：太平桥镇党政办）

基础设施 投入700万元对集镇综合提质，街道建成24米的油砂路，新修人行道26000平方米，完成网管设施等附属工程，统一制作了200余户两厢商铺广告招牌。安装太阳能路灯227盏，硬化村组道路16.1公里，养护管理农村公路170.4公里，镇村面貌焕然一新，太平桥居委会获市新农村建设示范村称号。完成了22户农村危房改造，投入20万元对韩家港渡口进行标准化改造，投入30万元对渡船进行更新。（潘　敏）

【信息化建设项目观摩活动】 太平桥镇是浏阳花炮生产重镇，目前共有涉爆企业74家。为切实保护生命财产安全，加强安全生产监管，太平桥镇率先推行花炮行业信息化建设，实现大数据智能分析系统管理模式，用科技手段推进花炮产业提质转型。11月27日上午，市委书记曹立军，市委副书记、市长余勋伟带领全体在家市级领导，各单位主要负责同志共200余人来到太平桥镇观摩信息化建设项目。在展示厅现场，镇党委书记肖柏林汇报花炮产业大数据分析系统的功能和作用，并进行现场演示。曹立军书记对该项目给予充分的肯定，并表示花炮行业信息化项目对加强花炮产业安全生产监管，提高产品核心竞争力具有重要意义，随即提议所有有花炮产业的乡镇各分管安全生产的副职及安监站长继续到太平桥镇观摩学习。（潘　敏）

【集镇提质改造项目】 1-9月份，完成集镇提质改造项目，街道拓宽成24米油砂路，铺装人行街26000平方米，统一制作门店招牌200余户，全面完成了集镇杆线下地、污水管网疏通、绿化亮化等工程。（潘　敏）

枨冲镇

党委书记　唐朝辉（2014.06免）
　　　　　陈国强（2014.06任）
党委副书记　朱永建（2014.10免）
　　　　　刘正再（2014.10任）
　　　　　凌珉生　唐润东
纪委书记　唐润东
党委委员　龙　游　潘定一
　　　　　刘十全（女）
人大主席　凌珉生
人大副主席　宁志强
镇　　长　朱永建（2014.10免）
副 镇 长　龙　游
　　　　　刘十全（女）
　　　　　吴高峰　周建国
政协联络处主任　唐润东

【概况】 2014年，枨冲镇辖9个行政村，2个社区，487个村（居）

3月28日，“圆梦助学、感恩有你”的助学行动在枨冲中学举行，湘麓集团董事长唐祖怡等企业家发动筹资140多万元对贫困学生进行资助 （资料来源：枨冲镇党政办）

民小组，总人口4.3万人，出生人口646人，死亡人口414人，人口出生率15‰。区域面积198平方公里，林地面积12600公顷，耕地面积刻之间309公顷，其中水田1960公顷，旱土349公顷。全年实现地区生产总值75亿元；完成财政总收入6581万元，其中地方一般预算收入1843万元；消赤减债300万元，人均可支配收入16100元，符合政策生育率86.01%。成功创建长沙市安全生产示范乡镇，3个村（社区）获评全市文化工作先进单位。

农业 重点抓好优质水稻、花卉苗木、蔬菜水果、烤烟油菜等作物的发展，全年共推广优质杂交稻1600公顷，烤烟130公顷，种植经济作物933.3公顷，绿化植树15万株。遏制耕地抛荒，抓实“三防”工作。争取支农资金260余万元，发放惠农补贴2100多万元。加强农民技术技能培训教育，加大良种良法推广，助推农业产业化进程。统筹整合资金1000余万元投入水利冬修，疏浚田间渠道1063公里，农业基础有效夯实。

工业 全年新引进招商项目4个，新增规模企业1家，到位资金1.21亿元。积极应对安全环保和政策调整双重压力，强势推进花炮企业走“四化两型”之路，金生烟花联合南京理工大学研究微烟环保烟花技术进展顺利，全镇花炮企业机械化改造率达到90%，重组整合涉爆企业14家。梁嘉食品成功迎接全市的项目观摩，发展后劲持续增强。

第三产业 精心包装推介自然资源，曲尺湾被评为浏阳河“最美九道湾”。浏阳蒸菜成为枨冲的创业品牌，枨冲人创办的浏阳蒸菜馆遍布全省乃至东南沿海，群众收入增加上千万元，被省市媒体关注报道。青年创业积极，两个项目进入浏阳第二届青年创新创业大赛前十强，全民创业氛围进一步浓厚。

社会管理 安全生产落实严查严管、严处严罚的要求，全年共立案查处企业18家，关停企业14家，实现安全生产双零目标，成功创建长沙市安全生产示范乡镇。维稳、禁毒等工作成效显著，被作为全市先进并作典型发言。领导公开接访、“四访一包”等制度落实有力，妥善处理各类信访25件，全年化解矛盾纠纷100余起。网格干部联系走访2万多人次，代办和解决民生实事2600多件，实现到长赴省进京“零非访”目标，群众满意度不断提高。社会民风更加淳化，社会大局和谐稳定。

环境治理 着力构建环境卫生长效机制，有效推进生猪养殖污染治理，全年关停栏舍12640平方米，转产26938平方米。建成大型垃圾终端处理站2个，乡村环境质量持续改善。投资1800万元的安全饮水工程重点项目全面完成，完成团岭桥、峡山口桥改造工程，启动青草至牙际文明示范路、纱帽港码头、枨冲大桥维修改造，交通承载力明显提升。

公共服务 完成青草中学食堂、庆仪小学教育周转房工程建设。枨冲敬老院进一步规范，成功创建浏阳市示范敬老院。开展“社会救助阳光集中行动”和“暖心工程”，年发放救助金额200多万元，改造危房30户，社会保障进一步加强。落实长效节育措施428例，完成国家免费优生遗传检测282对，优生优育进一步得到改善。加强农村文化建设，建成浏阳市首个乡镇“流动图书馆”，建成农家书屋11个，新建镇村休闲健身广场7处，3个村居获评全市文化工作先进单位。 （胡友佳）

【支村两委换届】 4月2日，枨冲镇11个村同时举行第九届村委换届选举投票大会，支村“两委”换届选举圆满成功，选举产生61名支村委员，选优配强村级班子队伍。一是文化程度高。中专以上文化程度44人，达到总数的71%，其中大专16人、本科4人，相当于大学文化程度的人员占到近1/3。二是年轻有活力。40岁以下20人，占总数近1/3，其中30岁以下5

人，40-50岁有21人，即2/3的成员年龄都在50岁以下，平均年龄还不到45岁。三是妇女半边天。61名成员中有女性17人，村主职中更有4名妇女同志，远远完成了之前既定的全镇选出1-2名女村主职的目标，占全市女主职总数的7%。（胡友佳）

【召开“七一”表彰大会】 7月1日，枨冲镇热烈举行庆祝中国共产党成立93周年大会。各党总支部、党小组和互助共建优秀企业等党员代表等419人穿着印有党徽的统一服装，组成13个方阵，10位党政领导都统一着装，整齐的佩戴着党徽参加会议。会议通报表彰6个先进党（总）支部、11个优秀党小组、10名优秀党务工作者、11名优秀党小组长、11家互助共建优秀企业和80名优秀共产党员；优秀共产党员、优秀党小组长、优秀支部书记等3位先进代表作了典型事迹报告；11个党小组和11家互助共建优秀企业，枨冲镇“百组联百企”的工作经验被《湖南日报》采访报道。（胡友佳）

【成功创建长沙市安全示范乡镇】 2014年，枨冲镇立足严查严管、严处严罚，严格执行安全生产要求，进一步加大安全执法力度，强化安全生产教育力度，制定行业自律公约，推广视频监控，健全监管网络，建立积分管理、“色别”管理、分类管理等系列制度，全年实现安全生产双零目标，成功创建长沙市安全生产示范乡镇。（胡友佳）

【枨冲大桥维修改造】 枨冲大桥被列入枨冲镇四类危桥，8月中旬启动维修加固工程。枨冲镇共有枨冲大桥、峡山口桥、团岭桥等3座桥列入浏阳市桥梁改造计划，其中，峡山口桥、团岭桥已经完成维修改造实现通车。（胡友佳）

【开展农田水利畅通工程】 10月底，枨冲镇启动农田水利畅通工程三年行动，除镇村两级投入300多万元外，各村、党小组利用“百组联百企”互动平台，发动企业、党员和农民群众自发捐资，筹集资金60余万元。干部党员带头，群众积极参与，村民自发义务出工13000多个，全镇新建机埠2处，修复河坝4处，清淤山塘32口，加固大山塘2口，疏浚沟渠田间渠道1063公里，新增灌溉面积33.33公顷，改善灌溉面积133.33公顷，改善除涝面积333.33公顷。（胡友佳）

【“圆梦助学、感恩有你”助学行动】 3月28日，“圆梦助学、感恩有你”的助学行动在枨冲中学热烈举行。此次助学行动是枨冲本土企业家湘麓驾校董事长唐祖怡先生组织发起，活动正式成立了圆梦基金会，唐祖怡当场捐资100万元作为启动资金，活动进行字画义卖，共筹集140多万元资金纳入圆梦基金会，资助枨冲200多名品学兼优的贫困学生。（胡友佳）

【曲尺湾入选浏阳河“最美九道弯”】 在浏阳河流经的40个镇域中，枨冲镇是河域流经最长、弯道最曲折的一个镇域。全长222公里的浏阳河有22公里的河段蜿蜒枨冲境内。民间有俗语“九曲浏阳河，枨冲八道湾”，其中曲尺湾就是号称秀美异常的浏阳河最美湾，有“曲尺潆洄，梦绕之境”的美称。曲尺湾有180度弯，呈相反方向回流而去，形成一个大大U形湾道，其型犹如木匠手中灵活而神奇的曲尺，因此得名“曲尺湾”。水面平缓，将两岸青山景色倒映其中；水岸两侧如环，中间岛岸如珠，油菜花时节，金黄一片，犹如闪光的珍宝，与婀娜碧透的河水，交相辉映。2014年4月，浏阳市委宣传部、浏阳市旅游局组织进行浏阳“新八景”、浏阳河“最美九道湾”(浏阳段)评选活动。枨冲曲尺湾——“曲尺花香”被列入浏阳河“最美九道湾”。（胡友佳）

镇 头 镇

党委书记　孙玉樟
党委副书记　孙　谦　袁　锋　杨　旭
纪委书记　罗红艳（女）
党委委员　罗红艳（女）　罗　柱　许　征
人大主席　袁　锋
副 主 席　袁海军
镇　　长　孙　谦
副 镇 长　罗　柱　许　征　周　悦　蔡伟来
政协联络处主任　杨　旭

【概况】 2014年，镇头镇辖11个行政村，2个社区，501个村（居）民小组，16637户、56509人，出生人口650人，死亡人口475人，人口出生率12‰。行政区域总面积158平方公里，耕地面积3208公顷，其中水田3100公顷，山林面积9066公顷。全镇属变质岩丘陵亚区，为亚热带季风气候，沿浏阳河两岸地势较平坦，年降水量1500毫米，有利于双季水稻和各类喜温作物生长。全年共完成农村经济总收入49.5亿元，工业总产值37亿元，农业总产值10.2亿元，第三产业总产值2.3亿元；完成财政税收2455.2万元；招商引资到位资金4亿余元；农民人均可支配收入16502元。

农业　水利冬修和小农水建设工作全面铺开，疏浚田间沟渠1200余千米，石上等6座水库列入中央财政除险加固项目，百步滩水损工程全面竣工。冬种油菜、粮食生产工作均走在全市前列，跃龙村成为浏阳市冬种油菜“第一村”，农业部万亩双季稻全程机械化项目落户枨冲镇。油茶采摘秩序良好，绿化工作全面完成，完成造林20公顷，并在集镇和园区投资400余万元，栽植桂花树和樟树600棵。开展科普宣传与培训，对114人进行花卉苗木技术的免费培训。农技服务、农业保险、农产品质量安全管理、农机补贴等工作不断加强。天泉草业、万盛园林等精品苗木示范基地规模达到66.67公顷，田坪、跃龙、北星、柏树等村葡萄、西瓜基地不断发展壮大，干口塅约133.33公顷无公害蔬菜基地已形成规模。推广油茶秋季高接换冠技术，提高农业产业的科技含量。金霞油茶公司的金健油茶系列产品已进入高中

章甫爱国主义教育基地　　　　(图片来源：镇头镇党政办)

端市场，目前产值已达到 3 亿元；好韵味油茶联合社牵手中南林业科技大学，成为国家“2011 科技协同创新”湖南省分中心。

工业　浏阳市环保园区筹集资金近亿元，成功实现由纺织印染向机械制造产业的转型，区域环评获省环保厅正式批复。基础设施进一步完善，完成机械制造基地香樟大道一期工程建设，完成 1378 亩土地平整及国有土地手续办理。进一步加大招商引资力度，促成签约落户企业 17 家，其中长沙虹飞机床设备有限公司、长沙润雨塑业有限公司、湖南金拇指环保设备有限公司等 6 家企业已进行开工建设。同时，积极做好镇内食品、花炮、机械等企业的服务工作，园区食品基地小飞燕食品有限公司、唯湘食品有限公司等企业不断壮大；金叶烟花、良智烟花等花炮企业年销售均达 4000 万元以上，全镇花炮企业实现效益、安全双丰收；金船产业、印刷行业等传统工业均呈现出蓬勃发展态势。

城镇建设　浏阳河镇头大桥及其连接线全长 1.31 公里，总投资 7077 万元，于 2014 年 8 月 8 日开工建设。南横线镇头段一期全长 7.05 公里，计划投资约 8000 万元，已初步完成工可评审。全年共硬化农村道路 26.5 公里，改造危桥 5 座，并投入 40 余万元重点打造北星至大基头、西满至枯石、长松至高峰、浏跃至勒兴 4 条养护精品道路，顺利通过长沙市验收。镇头新城开发项目总投资 8 亿元，占地面积 23.33 公顷，已经完成招商公示，成功引进开发投资商。滨河新街建设项目已引进投资商，基本完成征地拆迁，即将进场施工。粮站片区旧城改造项目采取粮站资产“占一补一，整体置换”的方式，由镇头镇实施新建西满粮食储备库（已开工建设）。项目国有土地上房屋征收工作基本完成。加快集镇提质改造，全面完成总长约 6 千米的振兴路、镇柏路、西满街、紫园路、万紫路、镇普路等 6 条主要街道提质改造，总投资约 2600 万元。集镇主要街道和 S211 镇区路段实施亮化提质工程，新安装太阳能路灯 460 盏。7 月，镇头镇被住建部、财政部、发改委等七部委列为“全国重点镇”。

社会管理　落实党的群众路线教育实践活动，切实开展群工站工作，以“大走访、听民意”活动为契机，完成“向群众承诺、为群众办事”的实事办理项目，共计 44 件；为村民搭建代理服务“新平台”，完成事务代办 1000 余项；完善民情民意收集反馈工作制度，镇村干部全员参与，走访到户率达到 90%以上，发放《镇头宣传》两万余张，排查矛盾纠纷 330 余起，解决民生实际问题 190 件，结对帮扶困难户 130 余户，结对帮扶专业户 50 余户。落实“平安镇头”建设责任，以民调反馈情况为切入点，广泛开展平安村（社区）、平安屋场和平安家庭活动。通过三调联动及其他形式的联合调解，积极化解矛盾纠纷，镇本级共调解各类纠纷 91 起，调解成功率达 95%。不断完善信访工作机制，及时解决群众来信来访，做到件件有答复，条条有回音。湘和化工厂厂区后续治理工作按预定方案有序实施，社会大局和谐稳定。

环境整治　以“庭院三包”为重点，各村每季度都对农户进行了一次以上的评比，公示评比结果。以集镇整治为重点，开展拆违控违、集镇综合管理整治、集镇交通秩序整治等行动。新设交通信号灯，并实施电子抄牌，规范逢五集市，解决了集市道路拥堵的问题。建设西区利用钢材市场，规范经营户进入西区利用钢材市场经营，解决 20 多年来占道经营的现象。以示范屋场建设为重点，打造美丽幸福屋场，成功创建千口村樟瑞屋场、金牌村车田屋场为浏阳十佳屋场，连山新屋屋场进入一类屋场。

安全生产　组织 2 批次烟花爆竹企业管理人员到兄弟乡镇交流学习先进经验 3 天。邀请市局领导和

浏阳河风光带镇头大桥段夜景　　　　(图片来源：镇头镇党政办)

业务专家到镇头进行企业安全培训4期，培训从业人员900余人，实现从业人员的全员培训。全年执法检查239次，下达执法文书571份，停产整顿企业17家次，约谈企业6次，立案查处企业7家次，行政拘留1人，行政处罚14.5万元，全部上缴市非税管理局。对食品小区18家食品生产企业进行了环境卫生安全生产督查。

人口与计划生育　开展计生优质服务，2014年度落实孕前优生检测410例，落实计生五项奖扶金额95万余元，及时做好城镇独生子女奖励工作。严格落实各项节育措施，年度共落实上环448例，结扎98例，药具2000余例。坚持稳定低生育水平，2014年度共落实流、引产112例，征收社会抚养费100余万元，符合政策生育率90.6%，获评为长沙市、浏阳市计生优质服务模范单位。

社会保障　推进农村养老保险、医疗合作等社会保险收缴工作，养老保险达到88%以上，新农合参合率达到98%以上，创历年来最好成绩。发放农村低保金500万元，办理大病救助240余份，补助金额达40万元；报销合作医疗费用超过400万元。对42名贫困大学生进行助学活动，发放助学金额8.2万元；对残疾学生进行了救助，为20多个残疾人配发了轮椅等器材，顺利通过残疾组织明星乡镇验收。

科教文卫　完成柏树小学主体工程建设。航天科技馆已到位模型80余件。投资约200万元、建筑面积800平方米的镇综合文化站建成投入使用，并获批长沙市示范性文化站。组织开展大型文体活动，承办2014年浏阳好声音西区选拔赛，选派20余名镇村干部参加浏阳市全民运动会。

存在的困难与问题　一是经济发展转型、集聚增长的内生动力尚未充分显现。由于镇头镇工业化发展起步较晚，水平较低，对财政贡献大的企业较少，而各项刚性支出较多，乡镇融资困难等问题都使得项目推进难度加大，保运转的压力加大。二是城镇基础设施、区位交通优势仍有很大提升空间，南横线（柏加至镇头段）尚未实质启动，镇头连接线（一期）及镇头大桥刚刚启动，双向融城的步伐缓慢。三是综治维稳、环境同治仍面临压力，企业发展、项目推进过程中不和谐事件时有发生，涉危涉爆企业安全生产隐患不容忽视；环境卫生整治长效机制还不健全，处于被动状态，全镇经济社会发展环境还有待进一步优化。（刘　琼）

【浏阳河风光带建设（镇头段）】沿岸风光带建设包括垂钓平台、休闲天地、镇头市码头、亲水平台、步行索桥、桥头广场等景观的建设，总投资500万。第一期工程全部完工，原来垃圾成堆的河岸已成为集镇居民饭后闲余散步的好出去。（刘　琼）

【章甫爱国主义教育基地】2014年8月16日，章甫爱国主义教育基地正式对外开放。新建成的陈列室、故居广场位于镇头镇土桥村，与陈章甫烈士陵墓、故居形成一体，实现章甫爱国主义教育基地建设整体提质。陈列室占地面积300平方米，广场占地3200平方米，共计投资近300万元。（刘　琼）

【镇头镇敬老院】新敬老院于2013年8月开工建设，2014年7月1日完成建设，正式搬家，并募集捐款近100万元。新敬老院坐落于省道S211路边，占地1.41公顷，建筑面积4000平方米，总投资850多万元，设有床位150多个，全院绿化率达到60%，内设食堂、图书馆、医务室、活动室等，设施齐全，居住条件良好，荣获长沙市示范敬老院称号。（刘　琼）

【“欢乐浏阳河”镇头专场文艺晚会】12月18日晚，由镇头镇党委、政府承办的“浏河明珠　绿色镇头”专场文艺晚会在浏阳河广场举行。整台晚会由镇头干部、群众自编、自演，包括结合镇头发展改编的皮影戏《龙虎斗》、花鼓戏《新编刘海砍樵》等，表演节目以舞台文艺的方式，向广大浏阳市民展示镇头镇作为全国重点镇、长沙中心镇的独特魅力和深厚文化。（刘　琼）

普　迹　镇

党委书记　李恒海
副书记　江　涵（女）
　　　　黄正根
　　　　卢长发
纪委书记　蔡　华（女）
党委委员　邹检明
　　　　蔡　华（女）
　　　　陈崎辉
人大主席　黄正根
副主席　黄　珣
镇　长　江　涵（女）
副镇长　邹检明　陈崎辉
　　　　李云峰　晏　武
政协联络处主任　卢长发

【概况】2014年，普迹镇辖9个行政村，3个社区居委会，232个村民小组，12665户，4.2万人，总面积178.6平方公里，其中耕地面积2533公顷，山林面积12667公顷。完成工农业总产值27.46亿元，增长24%；财税收入1724万元，增长4.8%，其中地方收入661万元，增长10.7%；社会消费品零售总额7800万元，增长15.5%；固定资产投资4.17亿元，增长31.5%；招商引资到位资金7400万元。

农业　农作物播种总面积6400公顷，其中早稻种植733.33公顷，中稻种植873.33公顷，晚稻种植1413.33公顷，蔬菜种植2133.33公顷，烤烟种植104.53公顷，油菜种植900公顷，其他经济作物种植293.33公顷。冬种油菜1066.67公顷，冬种覆盖率93%以上，耕地复种指数达到2.2以上。无公害蔬菜生产基地认证面积718.67公顷，无公害蔬菜产品认证21个，被列入长沙市一线蔬菜基地，注册“新期绿”“绿洲”2个商标。家禽饲养量达160万羽，出笼110万羽；生猪饲养量达21.7万头，出栏15万头；黑山羊饲养量16000只。新打抗旱机井120口，维修电排5

省级生态村金江社区大王坪小区　　（图片来源：普迹镇党政办）

座，改造机埠15座，山塘清淤156口，其中4口骨干大山塘，重建2座大坝，河堤护砌2000米。大力投入进行水利冬修项目，整修田间渠道965千米，灌排渠道43.8千米。积极推进林权制度改革，林权发证率97%。全年植树10.8万株，义务植树发放苗木30万株；荒山造林73公顷；油茶抚育266.67公顷；持续封山育林4666.67公顷；退耕还林抚育培管160公顷，流转林地273.33公顷。

工业　新签约项目两个：中国电子商务湖南（普迹）生态农产品交易中心、夹洲岛旅游度假综合开发项目。对接洽谈项目三个：与湖南发展集团股份有限公司对接，拟在该镇进行小城镇开发建设；与长沙市天心区桂花坪社区对接，洽谈产业转移事宜，协商由该镇承接桂花坪社区的部分产业转移，由桂花坪社区负责实施；与重庆投资商对接，拟在该镇新府社区征地200公顷，建立一家肉牛生态养殖基地，已完成项目选址环评。

项目建设　集镇综合开发项目完成征地拆迁、土方平整及招、拍、挂失手续；汽车客运站综合开发项目竣工；集镇立面亮化工程全面完成；百里花木走廊普迹段沥青路面改造工程、普迹敬老院、中心教师公共租赁房项目竣工；续建项目为新城镇综合开发、农产品交易市场项目；签订夹洲岛旅游度假综合开发项目签订战略合作框架协议。投资320万元完成集镇主街砂改油提质改造工程，完成21050平方米路面提质。5月份，重新铺排规划新府路两侧下水道及排水设施，修建下水道400米。护砌324平方米，新增公共绿地0.27公顷，总计投资36万元。完善集镇各单位的亮化工程、政府办公楼、宿舍楼、信用社、灌区、农电站、汽车站的立面亮化安装，总投资50万元。集镇增设停车位125个，全线安装交通标牌标识，城镇化水平得到显著提升。

普迹大桥　　（图片来源：普迹镇党政办）

环境整治　耗资16万元新造水葫芦专业打捞船只一艘，打捞水葫芦3000余吨。打捞浏阳河普迹段河道病死动物1800余头共10余吨。对垃圾场进行春季大维修、填埋、整理、灭蝇工作，规范垃圾场倾倒秩序。办理处置乱丢、乱弃病死动物事件47起，建造集中的公共无害化处理窖三个，号召25户养殖户自建无害化处理窖。开展以春季灭鼠为重点的病媒生物防制活动，有效降低鼠密度，完善病媒生物防制设施，推动植树栽花，提升绿化，展示靓丽、清新的山水田园风光。创建绿色村庄和绿色屋场各一个。

社会管理　完成村（社区）第九次村民委员会换届选举工作。查处较大不稳定因素26起，调处各类民事纠纷218起，其中重大纠纷16起，处置各类突发事件12起，司法所调解84起，村（社区）调解165起，为企业解决各类问题20起，挽回经济损失60万元。出动宣传车5台次，发放宣传资料2000余份。建立8名专职巡防队员，组建13支队伍，541人的“红袖章”义务巡防队。全年办理接出警407起，行政（治安）立案60起，查处60起。

人口与计划生育　全年新生婴儿488人，分别为一孩322人；二孩157人，多孩7人，其中计外45人，符合政策生育率为91%，计生率全市排名第一。期内征收社会抚养费696572元，全市排名第二。落实节育措施任务430例，其中结扎57例，上环195例，取环131例，人流47例。享受计划生育奖励扶助620人，特扶17人，新增放弃再生育夫妇25对，城市低保3人，共获得上级各项奖扶资金665460元。双洲村申报创建计划生育基层群众自治通过验收。

社会保障　开展“阳光低保”核查行动，取消农村违规低保户112户、262人，城镇违规低保户3户、8人；发放农村低保金150万余元，城镇低保80余万元。办理残疾人证件120余本；大病救助对象123人，救助资金约14.7万元，发放各类优抚金168万余元。全年医保报销总人次为16196人次，总金额为13680030元。启动危房改造44户，动工率为81%。政务服务中心各窗口共受理各类行政审批、办证办照和补助报销事项15791件，办结15645件，办结率99.07%。

教育卫生文化　全镇共有中小学校9所，1个教学点，老师149人，中小学生2500多人。普迹中学本期教师周转房已竣工验收使用；中学旱厕改造已投入使用；中心幼儿园、青龙完小附属幼儿园顺利开园。在全镇范围内建立居民健康档案34687人/份，占全镇总人口的92%，其中65岁以上老年人4055人，年度健康体检3681人，体检率91%。组织开展形式多样的群众娱乐活动，组织参加了“浏阳市第二届全民运动会”和“中信杯*广场舞大赛”等体育文艺活动。11月24日在浏阳河广场举办“欢乐浏阳河·山水名镇 多彩普迹”文艺会演取得圆满成功。（谭　娟）

【普迹镇被列入“长沙市一线蔬菜基地”】　普迹镇无公害蔬菜认证面积已由2013年的400公顷增长到718.67公顷，增幅达到44%，无公害蔬菜品种已由2013年的6个增长到21个，增幅达到250%，年产无公害蔬菜4000万公斤，并建有容积500立方米的蔬菜保鲜库2座。2014年，普迹镇被列入“长沙市一线蔬菜基地”。（谭　娟）

【双洲村获评“长沙市卫生村”】　双洲村采取集中整治和长效管理相结合的方式，采取垃圾分类管理，引入企业管理模式，努力提高环境卫生综合管理水平。村镇联合走家进户进行环境卫生宣传，宣讲垃圾分类的好处和具体方式，并为每家每户新增了分类垃圾筒，提升村民的爱卫意识和积极性。该村的卫生面貌得到了显著提高，获得长沙市爱卫办颁发的“长沙市卫生村”称号。（谭　娟）

【“欢乐浏阳河·山水名镇 多彩普迹”专场文艺晚会】　11月24日晚，普迹镇打造的“欢乐浏阳河”广场文艺活动普迹专场文艺晚会在浏阳河广场精彩上演。来自12个村（社区）及驻镇单位的群众用花灯、诗词朗诵、合唱、情景剧等形式，上演了精彩的文艺节目。（谭　娟）

【开展水利冬修】　从11月起，普迹镇投入水利冬修资金400多万元，组织群众投工投劳34000多个工日，完成山塘清淤22口、骨干大山塘清淤4口、田间渠道疏浚507.2公里，5座小〔2〕型水库除险加固工程全面实施。初步形成以官庄水库渠道为骨干、村级灌溉渠道为分支、小型水库山塘为补充的灌溉网络系统，新增灌溉面积106.67公顷，改善灌溉面积800公顷。（谭　娟）

【“六个统一”助推精品蔬菜基地建设】　2014年，普迹镇发挥本地产业优势，着力打响农业品牌，集中优势资源加紧建设千亩大棚精品蔬菜基地。该基地主要种植毛豆、白菜苔、茄子、丝瓜4个省农业厅无公害认证农产品。已建成育苗工厂1个、种植示范基地3个，搭建蔬菜大棚306个，33.33公顷核心区域初具规模。完善基地范围内机耕道路、水渠、水塘、电排等基础设施，起垄机、耕田机、盘式拖拉机、打药机等机械设备一应俱全，蔬菜耕整地、运输分拣等均已实现机械化运作。该蔬菜基地推行统一品种、统一购药、统一标准、统一检测、统一标识、统一销售六个统一的生产模式，蔬菜产销日趋标准化，基地产量整体提高13%，社员年均收入比非社员提高4个百分点。（谭　娟）

官　桥　镇

党委书记　刘法裕
副书记　江洪兵
　李爱萍（女，2014.07任）
　任飞跃（2014.07免）
　李　双（女）
纪委书记　彭　运（2014.12免）
　刘　科（2014.12任）
党委委员　左兴逊　刘　科
人大主席　任飞跃（2014.07免）
　李爱萍（女）
人大副主席　凌　欣
镇　长　江洪兵
副镇长　左兴逊　吴光伟
　赵旭林
政协联络处主任
　李　双（女）

【概况】　2014年，官桥镇辖9个行政村，1个社区居委会，68个村（居）民小组，7781户，26600人。行政辖区面积89.7平方公里。耕地面积1872公顷，其中水田1618公顷，旱土254公顷。全年完成规模工业总产值8.2亿元，规模以上工业产值6.8亿元，固定资产投资到位资金4945万元；完成财政总收入1245万元，同比增长2.3%，其中地方财政收入532万元，同比增长9.1%；人均纯收入突破15000元。获得浏阳市人口和计划生育工作、财政工作、城乡统筹环境同治工作、党风廉政建设工作等先进单位。镇财政所被评为“湖南省标准化财政所先进单位”。

农业　烤烟销售总额突破300万元，完成烟叶税67万元。早稻种植面积达654.4公顷，并作为长沙市唯一示范乡镇在长沙市粮食生产专题会议做了典型经验推广。创建以九龙村优质稻生产基地、德慎村标准化蔬菜生产基地等为龙头的一批农业产业精品工程，其中九龙村优质稻生产基地正积极申报湖南省成建制水稻生产示范基地。新增通过省林业局验收的32.26公顷绿化补造林地，花卉苗木种植573.33公顷。通过采用“公司+农户”养殖模式，畜牧养殖逐步向规模化，专业化发展，种养殖效益不断提高，农民收益稳中有增。积极发展农产品加工业，实现农林服务全面覆盖。切实减轻农民负担，实现助农增收，全年通过“一卡通”共计发放农林业等补贴资金514.8万元。开展各类农技培训391人次。完成农机年审102台，农机购置补贴20.8万元。新建沼气池30个。做好森林防火防虫工作，全年森林火灾控制在0.4‰以内。做好春秋

长沙市市长胡衡华（右三）考察官桥镇耀湘农场　　（图片来源：官桥镇党政办）

两季动物防疫免疫工作，免疫率实现 100%。

工业　共有中、小企业 20 家，4 家企业年产值在千万元以上。鑫利粉末有限公司继续稳居官桥镇产能、科研、纳税企业首位；庆泰烟花集团忆江南有限公司年产值突破 3000 万元，企业就业员工 300 多人；万美烟花、锦绣河山烟花完成企业提质改造，企业产能迅速提升；湘宏饲料产品获得“湖南省著名商标”称号。2014 年，完成招商引资 6500 万元，成功引进万美烟花有限公司等共六家企业

项目建设　全年共实施超百万项目 14 个，计划总投资 2.3 亿元，其中新建项目 10 个，续建项目 4 个，已竣工项目 7 个。总投资近 500 万元的敬老院建成投入使用，并通过长沙市示范性敬老院验收；投入 60 余万元的集镇社区街道路灯已安装完工；岐峰公路硬化修复 6 公里，全年共拓宽硬化村组道路 29.7 公里，启动官桥环线建设，岸山路完成全线绿化；投资 1600 余万元的沪昆高铁安置小区初具规模，200 个门面房已经建成；完成林塘桥、苏故桥施工建设，邮政服务楼建成投入使用；8 月份，官桥镇新建政务服务中心投入使用，并被评为长沙市先进乡镇政务服务中心。

社会保障　新型农村合作医疗参保率达 98.56%，新型农村养老保险参保率为 89%。发放特困户慰问款 20 余万元；医疗报销 4088 人次，共计 175 万余元；申报大病医疗救助 36 个，救助金额 4 万元。全面落实“阳光低保”行动，进一步规范农村低保审核工作。启动残疾人“万人托养供养项目”，为 56 名残疾人办理了残疾证，减免了部分新农保费用，长沙市残疾人明星乡镇的创建项目得到巩固。计划生育工作常抓不懈，大力开展优生优育检查，全面推行“单独二孩”政策，创新开展流动人口服务模式，计划生育率达 90.1%，荣获浏阳市计生工作“模范单位”荣誉称号。

环境整治　关、停、清、拆以及综合治理浏阳河沿线 500 米内牲畜养殖污染户 18 户。在全镇各网格创建了 44 个示范屋场，其中石灰嘴村船湾示范屋场、九龙村前途示范屋场、八角亭村杉山示范屋场均被评为“市级十佳示范屋场”。环境卫生整治综合排名位居全市第五。

社会管理　全镇各级调委会共调解矛盾纠纷 172 起，调处成功率 98%，全镇没有发生一起重大的群体性事件和群体越级上访事件，特别是通过充分发挥各村（社区）群工站、党小组的平台作用，成功调处一批积压多年的信访旧案，得到了上级信访部门的高度肯定和广大群众的充分认可。召开官桥镇和株洲市芦淞区姚家坝乡、醴陵市官庄乡参加的边界联防联治会议，将矛盾联调、道路交通安全、打击犯罪等多项工作纳入到联防联治的体系中，共同维护交界地带治安稳定。

（周　亮）

【长沙市副市长黎石秋考察官桥早稻种植工作】　4 月 22 日，长沙市人民政府副市长黎石秋到官桥镇对早稻种植工作进行考察。官桥镇通过采取免费提供全部稻种、免费对早稻集中育秧田进行翻耕、承担对集中育秧负责人的管理费用、承担早稻生产集中村组的工作经费等一系列鼓励措施，2014 年实现早稻种植面积 654.4 公顷，涌现 500 亩以上种粮大户 2 户，100 亩以上大户 14 户。黎石秋对官桥采取的一系列鼓励措施和所取得的成效给予高度评价。4 月 25 日，长沙市粮食生产现场会在长沙县青山铺镇召开，浏阳市官桥镇作为长沙市唯一示范乡镇在会议上做典型发言。

（周　亮）

【建立健全市、区乡镇边界联防联治制度】　11 月 4 日，由官桥镇党委、政府牵头组织召开了由官桥镇、株洲市芦淞区姚家坝乡、醴陵市官庄乡党政一把手、政法书记及综治办、派出所、司法所等部门负责人参加的边界联防联治会议。会议就社会管理综合治理等多方面工作进行沟通，建立联系网络，信息及时共享，联防联治。三个乡镇党政负责人在《官桥镇、姚家坝乡、官庄乡边界联防联治会议纪要》签字，将治安信息共享、矛盾联调、道路交通安全、打击犯罪等多项工作纳入到联防联治的体系中，建立每季度联席会议制度，交流总结治安协防工作，共同维护交界地带治安稳定。

（周　亮）

【官桥全面清理涧江河非法采砂场】　全面清理涧江河非法采砂场，取缔无证大型采砂船 7 艘，小型打桩（吸砂）船 10 艘，对采砂船只全部切割解体上岸，涧江河沿线所有砂场全部关停，改善水文生态环境，保障河道安全。

（周　亮）

【官桥新政务服务中心投入使用】
2014 年 8 月，投入资金 50 余万元新建的官桥镇标准化政务服务中心正式投入使用。新政务服务中心占地面积 260 平方米，其中办公面积 168 平方米。设有党政服务、民政

服务、社会保障、计生服务、城建服务、农林水服务、综合服务、社会救助、文印服务9个窗口，工作人员共10人。办公设施配套齐全，工作人员严格遵循政务服务行为规范，穿着统一工作服装，以全新的精神面貌为民服务，被评为长沙市先进乡镇政务服务中心。

（周　亮）

柏加镇

党委书记　卢　军
副 书 记　唐文华　何志刚
　　　　　张　震
纪委书记　潘盛开
党委委员　潘盛开　王柏林
　　　　　邹江莲（女）
人大主席　何志刚
副 主 席　徐红星
镇　　长　唐文华
副 镇 长　王柏林
　　　　　邹江莲（女）
　　　　　李　原　张　征
政协联络处主任　张　震

【概况】柏加镇位于浏阳市最西端，地处长沙、株洲、浏阳三地交界处，总面积87.5平方公里，下辖4个行政村1个社区居委会，188个村民小组，总人口2.6万人。2014年，完成财税总收入2488万元，完成固定资产投资12亿元，社会消费品零售总额7500万元，实现花木年销售收入逾26亿元，居民本地存款余额达到7.3亿元，农民人均可支配收入21800元，同比增长14%，继续稳居全市前列。

农业　花木产业提质增效。扶持花木合作联社开发建设花木交易网上服务平台，积极推动花木产业信息化发展，支持开发手机APP和湖南柏加苗木网，实现商务交流及农资配送电子化，拉动花木销售增长；引进产业龙头企业，促进示范基地建设，发挥产业高端引领服务能力；筹建柏加花木交易大市场，花木产业标准化、信息化、精品化进程进一步加快；切实加强产业服务，配合中迪园林开展花木担保贷款工作，进一步拓宽花农融资渠道，全年为中小花农提供贷款2.7亿元。引进新优花木品种3个，推广新技术4项，新增流转土地20公顷；举办面向花农的种植技术、养殖技术等实用技术培训8期，培养现代农业领军人才12人，申报长沙市现代农业领军人才1人；全年蔬菜农残检测合格率97.4%；完成干渠清淤疏浚11.4千米，山塘清淤整治15口，骨干大山塘除险加固2口，更新改造抗旱机埠2处，小型河坝1处，清淤疏浚田间渠道84.2千米。

项目建设　柏加镇以获批智慧城镇试点乡镇和成立浏阳河生态经济示范区为契机，成功引进山水洲婚庆基地、亚林瓜子电商总部等项目，年内实现市外招商引资到位资金7510万元。各重点项目进展顺利：集镇新街项目已基本完成征地、拆迁工作并实现挂牌出让；沪昆高铁项目扫尾工作进展顺利，全线施工便道及水利设施基本得到恢复；仙人湖项目建设稳步推进，全面完成了项目一期的主体工程及基础设施建设；安科项目已完成“三规”编制评审和用地报批工作；花卉苗木交易中心已完成农民土地流转和规划设计等前期工作。

计划生育　全年计生率为90.8%，完成长效措施351例，征收社会抚养费34万余元，完成优检202对，均及时超额完成任务，在湖南日报等省市媒体发表计生新闻18篇，成功创建长沙市流出人口示范乡镇和省计划生育依法行政示范窗口，成功实现长沙、浏阳计生工作连续六年“双模”。

环境整治　开展城乡环境综合治理和镇容镇貌、乡村环境、交通秩序整治。坚持疏导结合，引导流动摊贩规范经营，整治渣土扬尘污染，扣留违规车辆50余辆，收缴200多处落地广告，处置违规生产、建设行为28起；南横线、产业带主干道及村（社区）修缮、新增垃圾池100余个，清除陈年垃圾150余吨，添置入户垃圾桶4000余个；柏铃社区架屋组的“生态幸福家园”获市十佳示范生态屋场，柏铃社区获市环境整治三年行动优胜村称号，全镇环境整治考核评比进入全市中上水平。

社会管理　全年共调处各类纠纷187余起，纠纷调处率100%；深入开展群众工作，完善信访源头化解机制，实现特护期进京赴省“零非访”目标，群众工作进入市一类单位；落实应急管理机制，妥善处理各类突发事件；开展“安全大检查”清除隐患工作，强化安全生产刚性执法，安全生产形势总体平稳；依法查处食品药品等领域违法行为，全年未发生食品安全事故；健全治安防控体系，开展麻将馆整治、扫黄打非、红袖章巡防等专项行动，依法打击各类违法犯罪行为，取缔临街麻将馆23家，销毁麻将机9台，拘留涉赌人员23人；抓获各类违法犯罪嫌疑人133名，其中逮捕直诉20名，治安拘留57名，强制戒毒3名，社区戒毒11

6月16日，省委常委、长沙市委书记易炼红（前中）考察柏加镇柏铃社区花木精品区、仙人湖旅游综合开发项目

（图片来源：柏加镇党政办）

省委组织部副部长郭树人参加柏铃社区街口党小组党员自评互评会议

（图片来源：柏加镇党政办）

人；发放市民安全宣传手册万余册，营造社会各界齐抓共管、人民群众安居乐业的良好局面。

社会保障 实现农村劳动力转移就业 760 人；完成企业养老保险任务的 108% 和工伤保险任务的 112%，城乡居民养老保险和医疗保险参保率分别达到 87% 和 98.5%；城乡低保集中整治“阳光行动”中取消低保户 36 户 61 人 9860 元，年度审核取消 61 户 123 人 18130 元，并与镇头敬老院协调，11 位五保户转镇头敬老院集中供养；完成乡村道路提质改造约 12 公里，改建农村危房 20 户，完成 260 余户农村危房现状情况及 5 个村（社区）农村人居环境信息录入。

教育卫生 争取省、市支持，投资 220 万元完成柏加中学改造，中心小学塑胶运动场建成并投入使用，中心幼儿园全面完成提质改造；对 14 家医疗机构进行了 4 次执法检查，完成从业人员健康体检 110 人次，各项社会事业协调发展。（沈赛群）

【省委组织部副部长郭树人指导柏铃社区党总支部民主评议党员大会】 8 月 15 日，省委组织部副部长、教育实践活动领导小组成员、办公室常务副主任郭树人，省委驻长沙督导组副组长、省委组织部副巡视员魏忠胜，长沙市委第四督导组组长、长沙市人大常委会顾问刘晓明，长沙市委组织部副部长陈昌佳，长沙市委组织部干二处处长王谦，浏阳市委常委、组织部部长、统战部部长周文舜等省、市领导到柏加镇指导柏铃社区党总支部民主评议党员大会。郭树人一行首先检查柏铃社区街口党小组阵地建设，查看街口党小组活动室和该党小组的党员台账及会议记录等资料。随后参加了柏铃社区街口党小组党员自评、互评会议，听取该党小组 25 位党员的对照检查发言，以及对其他党员的批评意见，听取社区党总支书记李庆林同志对该党小组每名党员的讲评意见。下午，一行人参加柏铃社区党总支部党员民主评议大会。会上，党总支书记李庆林通报会前准备情况，部分党员群众代表现场对党总支班子、总支委员提出意见建议；四名党支部书记报告所辖支部党员开展自评互评工作情况；党员群众分别进行民主测评。郭树人对柏铃社区此次党员民主评议大会充分肯定，提出以下几点希望：一是高度重视，严格党的组织生活，包括党的批评和自我批评的优良传统，希望接着走下去，正确引导好农村党员，充分发挥他们带头致富的示范作用，农村党组织怎样发挥作用，这是个很好的探索；二是进一步增强党员意识、党性意识，时刻不要忘自己是一名党员，认真履行党员义务；三是进一步严格党内生活，进一步发挥好党员带头、带领致富的作用，密切联系群众；四是要遵纪守法，弘扬文明新风，建设社会主义核心价值观，调解纠纷，促进和谐。（沈赛群）

【获评“国家级生态乡镇”称号】 柏加镇高度重视两型社会建设，大力开展绿心区保护工作，成功经验获省市充分肯定，并在省人大《绿心保护条例》执法检查专题会议上作典型发言。同时，大力开展城乡环境综合治理和镇容镇貌、乡村环境、交通秩序整治，坚持在保护中发展、在发展中保护，努力建设生态文明，2014 年获评环保部授予的“国家级生态乡镇”称号。

（沈赛群）

【花木产业信息服务平台完善】 柏加镇搭建电子商务平台、花木信息大数据平台、农资配送平台、手机移动终端平台 APP 等多个服务平台，并聘请专业工作人员负责服务平台的日常管理和维护。用户可以通过手机 APP 或者网站，及时了解市场行情，发布花木信息，完成花木交易。进入交易平台中特有的农资配送系统，可实现苗农电子化商务配送，最大限度降低苗农生产成本，帮助农民实现利润最大化。这些电子化、信息化的服务平台打通了产业发展的各个环节，有效降低了农民生产和销售花木的“中间成本”，成为农民致富的“好帮手”。

（沈赛群）

洞 阳 镇

党委书记　唐建国
副 书 记　陈鹏飞　张　虎
　　刘　恋（女）（2014.02 任）
纪委书记　（空缺）
党委委员　邵　劲　谭景祥
人大主席　张　虎
镇　　长　陈鹏飞
副 镇 长　邵　劲　谭景祥
　　胡耀和
　　戴凤仙（女）
人大副主席　曹　广
政协联络处主任
　　刘　恋（女）（2014.02 任）

副 镇 长（挂职）
王昱东（2014.06 止）

【概况】 2014年，洞阳镇辖5个村，6个社区，267个村（居）民小组，11892户，50652人。总面积105平方公里，耕地面积1527.8公顷，其中水田1480.8公顷，旱土47公顷，山林6271公顷。全年实现财政总收入3108万元，同比增长3%，其中地方一般预算收入1358万元，同比增长24%；工业总产值33亿元，增长20%；规模工业总产值8.6亿元，工业固定资产投资7.5亿元，招商引资到位资金1.8亿元，新上规模企业2个。农民人均可支配收入达到16516元，比上年增加1900元。获长沙市农产品安全示范乡镇、长沙市残联工作明星乡镇等荣誉称号。

农业 争取省农业厅示范项目支持，创建并获批2013年-2015年农业部万亩高产油菜示范乡镇，全年收购烤烟5504担，发展冬种油菜1133.33公顷，优质水稻1466.66公顷，双季稻高产示范带建设进展顺利，被列为省农业厅旱稻集中育秧示范乡镇。投入400万元在北园社区建设烤烟育苗工场；推进农村水利建设三年行动，投入612万元进行冬修水利建设，投入120万元完成洞阳河全线的清淤、疏挖、绿化等综合治理工程。清淤山塘22口，疏浚沟渠910公里，修复河坝4座，清淤大小河道61.5公里；农业机械化水平不断提高；投入160万元实施“三年造绿大行动”，绿化工作进入全市一类乡镇；动物防疫检疫工作防控有力；新培育农民合作社10家，全镇达52家；开展农民培训2000余人次，创建长沙市示范性农科教中心。扎实抓好防汛、防疫和抗旱工作，实现全年无灾害，农业农村的生产生活条件得到进一步改善。

工业 2014年完成企业总产值33亿元，其中规模以上企业8.6亿元。深入开展“两帮两促”活动，积极拓展发展平台，融入园区发展基础不断巩固，配套设施建设有效推进；提高项目准入标准，新增规模以上工业企业2家，全镇规模工业企业达12家。投入技术改造资金6.82亿元，同比增长35%；招商引资到位资金1.8亿元，同比增长70%；引导和扶持科技开发创新，申请国家专利22项。整顿了矿山企业，完善了矿山行业协会管理机制，强化协会自治管理。提升了花炮生产企业的机械化程度，不断提高企业安全系数和生产效率，加大了机械、塑料、食品加工产业引导，形成了较强的集聚效应。

（图片来源：洞阳镇党政办）

环境整治 强化规划引领作用，完成区域总体规划修编。全年投入城建基础设施建设1200万元，对经一东线实施开发建设，完成柳冲路提质改造，完善人行道、雨污管线安装、绿化、美化等基础设施；开展府前路提质改造规划设计，启动府前路停车场施工建设；完善对牛泸路、停车场等项目规划建设，将府前路、南阳小区等项目列入提质改造计划。启动城区城管模式，开展城市管理集中整治行动，重点整治集镇镇容秩序、渣土运输、交通秩序、环境卫生等。全年投入400万元，推进农村环境卫生综合整治，健全环境卫生考核机制，深入开展综合评比，投入100余万元推行集镇保洁市场化运作；全年完成拆违拆旧14宗，建筑面积3764.8平方米；以窗口地区、主要通道治理为重点，严管倚门出摊、占道经营，拆除雨棚129个、户外灯箱337个。优化长浏、浏醴、大浏三条高速公路沿线及互通口周边环境；加强交通秩序管理，规范集镇车辆停放，加大“三小车”和渣土车整治力度；强力推进治超限载，保护路桥安全。综合整治成效明显，镇村环境明显改善。

项目建设 2014年，全镇实施重点建设项目21个，项目建设实现新突破，得到市委市政府的充分肯定。力推园区项目攻坚：安排70名镇村精干力量充实征拆队伍，领导包片，分小组推进园区重点项目征拆。全年共计完成园区征地197.49公顷、签订拆迁房屋协议193户、安置拆迁户157户，完成重点项目投资5.3亿元，实现盐津铺子二期、华强制药、纬二路、以翔化工、蓝思三期等13个重大产业和基础设施项目征拆清零，为园区的发展跨越提供了保障。力促重点项目开工：全力推动长沙市2014年“六个走在前列”重大项目——金阳大道建设，用45天完成征地48.8公顷，拆迁房屋42栋，确保金阳大道按计划开工建设，创造项目征拆的“金阳速度”。接待省、市、浏阳重点项目观摩视察活动10余次。力求镇村同步建设：推进洞阳集镇的提质升级，城市综合体项目已启动建设；洞阳水库隐真大桥及路桥建设项目顺利推进，洞阳河综合治理工程有序进行。镇村项目实现同步建设，改造、硬化镇村主干道路27公里，投入100余万元绿化长浏高速接线及两厢；加大对村组、居民小区（屋场）的投入建设力度，新建绿色屋场、美丽屋场11个。全年共植树3万多株，绿化公路40.5公里，亮化道路12公里。

社会保障 全年发放各类救济款304万元，低保、五保、烈军属

(图片来源：洞阳镇党政办)

抚恤、优抚金兑现率达100%。城乡居民医疗保险和养老保险参保率分别达到98%和90%以上，全镇城乡居民医疗保险报销1800多万元；实施37户农村危旧房改造；残联工作进一步加强，获长沙市残联工作明星乡镇称号；

民政与计划生育 完成第九届村（社区）换届选举工作，村务公开和民主管理工作规范有序。殡葬改革扎实推进，组织散葬烈士家属将23位烈士迁至烈士陵园。管理和服务流动人口6万余人，全员信息完善、反馈和合同签订率均为100%，综合计划生育率86.3%，流动人口卫生计生基本公共服务均等化工作被纳入长沙市重点培植单位；进一步发挥协会作用，幸福泉社区计生协会基层群众自治工作申报省级样本点。

教育、卫生、文化事业 教育布局进一步优化，基础设施不断完善，投入150万元新建教师公租房25套，投入300万元完成洞阳中学塑胶跑道建设；强化校园周边环境整治和校车安全管理，全年未发生安全事故。卫生事业稳步推进，镇村卫生服务体系得到完善，全年未发生突发公共卫生事件和重大传染病暴发疫情；食品药品监督管理得到加强，全年未发生食品安全事故，建设标准化的农产品安全检测室，获评长沙市农产品安全示范乡镇；文体事业蓬勃发展，大力支持公共文化设施建设，建成村级和小区文体活动中心10个，开展六大宣传文化特色主题活动，顺利举办"融城前沿•大美洞阳"国庆文艺会演、"欢乐浏阳河"迎新晚会、浏阳市"融城前沿•大美洞阳"主题摄影大赛和党的群众路线教育实践活动广场文艺巡演等大型活动，拍摄洞阳形象宣传片，组织参加浏阳市全民健身运动会和"舞动浏阳河"广场舞大赛，其中拔河比赛获全市第一名。

社会管理 全年共调处各类矛盾纠纷445起，调处率达100%；全年解决民生信访问题62个；组建治安巡防大队，配备治安巡逻专车，"天网工程"建设基本完成，出动警力3000余人次，开展"除民患、保民安"严打整治等系列平安创建活动，依法打击各类违法犯罪；严格落实省委省政府"八个必须"，实行领导干部安全生产联系制度，全年无安全责任事故发生，保持"湖南省安全生产示范乡镇"荣誉称号；探索成立洞阳镇森林消防大队，加强了森林防火工作；不断提高综合应急能力，社会大局保持和谐稳定。办理人大代表建议18件，办结率100%；处理解决12345市民服务热线工单42件。开通"大美洞阳"官方微信公众平台，积极探索网络问政新模式。全年公开政务信息200多条。（陈馨伊）

【群众信访网格化管理服务】为践行党的群众路线教育实践活动，提高为群众服务实效，洞阳镇党委、政府针对信访量大，民调落后的情况，将群众信访、市长热线12345工单办理，全面实行网格化全程管理服务。通过落实三大管理服务即由信访专干或12345热线专干、相关部门负责人、区域网格员等责任人全程负责，对信访实行受理办理、调查回复、回访跟踪等。其中，回访跟踪由网格员在群众工作日进行定期上户，及时掌握群众信访动态。把群众关心的问题，放在首位。提高为群众服务的实效，杜绝重复信访，减少越级信访，统计显示，洞阳镇8月份比7月份信访量减少30%，8月份所有市长热线12345工单回复满意度达到100%。

（陈馨伊）

【流动人口计生管理】目前流入人口5.54万人，流入已婚育妇女1.8人，有时月异动流入人口上万。针对流动人口数量庞大，计生服务管理难到位等难题，洞阳镇积极探索流动人口管理新模式，实行"1234"工作措施，加强流动人口管理，使区内流动人口的计生观念意识明显增强，享受到与户籍人口同样的计生服务，更好地融入了现居住地生活环境。"1234"工作措施是指："1"就是把好流动人口登记、录入及办证第一关；"2"就是掌握流动人口"二所"（居住场所、工作场所）；"3"就是做到"抓三主，管三地"即：抓店主管好住宿地，抓业主管好工作地，抓房主管好活动地；"4"做到四个结合，即：专门部门管理与依靠群众管理相结合，政府主导与企业自主相结合，及时排查与深入整治相结合，依法管理与热情服务相结合。（陈馨伊）

【实施"文化发展年"战略】洞阳镇结合长沙市创建"国家公共文化服务体系示范区"的契机，开展六大宣传文化主题活动，即整合推广镇域文化品牌"融城前沿、大美洞阳"活动、洞阳镇党的群众路线教育实践活动"开放大舞台、开门大纳谏"广场文艺巡演、拍摄并推广"融城前沿、大美洞阳"形象宣传片、开展浏阳市"融城前沿、大美洞阳"主题摄影大赛、洞阳镇2014年"融城前沿、大美洞阳"庆国庆文艺晚会、浏阳市"欢乐浏阳河"

广场文化洞阳镇“融城前沿、大美洞阳”专场文艺晚会等。充分展示洞阳在新一轮融城大发展的蓬勃之气和全镇上下凝心聚力的强大磁场。（陈馨伊）

永安镇

党委书记 周耀辉
副书记 陈训武 陆伟光
黎正标
金妮（女）
纪委书记 朱丽娥（女）
党委委员 龙明胜 傅庭信
朱丽娥（女）
人大主席 陆伟光
副主席 刘胜光
镇长 陈训武
副镇长 龙明胜 傅庭信
张开成 江晓
政协联络处主任 黎正标

【概况】 2014年，永安镇面积112.2平方公里，辖9村4社区、328个村民小组，共计18669户，户籍人口64285人，其中农业人口59794人，非农业人口6675人。出生人口807人，死亡人口391人，人口出生率1.3%，人口自然增长率0.67%。全年无旱涝、地质及病虫等重大自然灾害。全年全镇（含浏阳制造产业基地）财政总收入达8.16亿元，同比增长34.1%，其中税收5.29亿元，同比增长26%；工业总产值达241亿元，同比增长28.8%；规模工业增加值达59.5亿元，同比增长23.8%；固定资产投资达65亿元，同比增长16.3%；农业总产值达5.97亿元，同比增长6.5%；农民人均收入达24600元，同比增长21%。

农业 粮食播种面积5000公顷，冬种油菜1000公顷，创建4个早晚稻高产示范区，示范面积80公顷；完成专业化防治面积300公顷。烤烟种植面积526公顷，完成烟叶收购19301.49担，总产值3000多万元，做好长沙烤烟生产苗子、烘烤、品种实验项目11个。完成冬种油菜面积1000公顷。完成26公顷荒山、荒地、火烧迹地的绿化造林。农业投保面积达5000公顷。投入资金2540多万元，大力开展水利冬修，修标准塘42口，标准渠18.1公里，山塘清淤扩容30口，完成1平方米断面上渠道疏浚11处63.75公里，1平方米以下的1100公里。完成胜利坝改造和31处水毁工程修复。对狮子脑灌区45.1公里灌溉渠道进行清淤维修。

工业 坚持工业集中园区、产业集群发展、资源集约利用的思路，以园区为龙头大力推进新型工业化发展。2014年，园镇新增规模企业10家，规模企业总数达到95家；引进先进装备制造类企业12个，汽车零部件企业8个；成功引进投资21亿元、年创税2亿元的“芙蓉王”全配方片烟输出打叶复烤项目；重点培育如宇环数控、华恒焊接等拥有自主知识产权的技术密集型企业，以及如博大机械、一朵生活用品等快速裂变增长的科技型企业；申报长沙市级以上技术创新项目立项13个，高新技术企业达到23家，实现高新技术产业产值82亿元，同比增长23%。2014年装备制造业和汽车零部件两大主导产业完成产值166亿元，同比增长26.7%；生活用品、新材料等行业紧跟市场发展，实现较快增长，完成产值59亿元，同比增长25.5%。

第三产业 继续坚持“建园造城，配套融城”战略，全力促进三产繁荣，调动商贸服务行业资源来完善园镇服务功能。重点发展房产、零售、旅游、餐饮等生活性服务业，信息、金融、物流等生产性服务业。2014年，通程商业广场和步行街全年营业额达2亿元；华盛健康城一期40栋湖景别墅销售完毕；万福星城一期、博大中央广场和华润新都汇顺利开盘；一朵天下网络电商销售额达2亿元；普洛斯高端仓储物流、群峰物流等企业纷纷落户。

城镇建设 依托交通项目，拓展城市骨架。建好经一北路、沿河路、沿河西路、南辅路，实现与319国道的快速转换，构成五路成环的道路体系。完成光明南路提质改造；北辅路、市场南路完成招投标，即将启动建设。以领先全市的“金阳速度”完成金阳大道（永安段）征地拆迁工作，有力促进该项目建设。依托基础项目，完善城市功能。完成6公里的集镇生活污水管网改造工程；占地0.67公顷的万福农贸市场完成市场内道路硬化；共计20个台区、2条10千伏线路的电网改造工程已完成。依托配套项目，打造城市亮点。捞刀河休闲文化广场已完成主体工程；“新的城市风景线”沿河风光带已完成设计并启动建设。

招商引资 2014年，引进投资21亿元、年创税2亿元的“芙蓉王”全配方片烟输出打叶复烤项目，填补了园镇无投资过20亿、税收过亿元企业的空白。（易茜）

永安步行街远景 （图片来源：永安镇党政办）

平安永安建设 开展综治宣传月活动，利用电子宣传栏等载体进行宣传，新创建心源社区、永新社区、礼耕村、芦塘湾里屋场4个平安示范点，组织各村（社区）开展义务巡防；开展“雷霆行动”和“除民患、保民安”专项行动，2014年全年共逮捕、直诉犯罪嫌疑人37人，行政拘留86人，对各类违法犯罪重拳出击。深化和谐永安建设。以群工站为平台，走访群众6871户，排查不稳定因素418项、化解矛盾纠纷310起，调解劳资，劳动纠纷38起，不断浓厚和谐氛围。加大安全监管力度。加快省级安全生产示范乡镇的创建，坚持“全覆盖、零容忍”方针，排除隐患700余处，并组织多部门联动执法，开展专项整治8次、全面检查4次，保障道路安全、食品安全、校园安全等。

城市管理 创新精细管理。建立精细化城市管理考核与运行体系，分段负责、分项包干。全面实行网格化管理，将13个村（社区）划分成为156个网格，每个网格明确一名责任人和信息员，提供便民服务，收集信访信息。严格建设管理。严格履行建设审批程序和“一书三证”审批制度，审批办理辖区村庄规划区村民建房257户，办证率达100%，集镇规划区内规划用地和建设工程规划许可证发证率均达到100%。突出镇容管理。规范店外经营2000余处，流动商贩30余个，拆除不规范广告牌48块，清除落地广告100余处；共查处违法违章建筑112户，自行整改18户，责令停工76户，限期拆除18户，拆除违法违章建筑23户，拆旧39户。

环境整治 建立健全“网格式”责任、“递进式”考评、“捆绑式”运行、“拉锯式”奖惩四大工作机制。新建集中焚烧炉3座、垃圾收集池1500座，添置垃圾桶420个，调优环卫保洁员15名。开展三年造绿大行动，完成400亩绿化，植树20多万株；完成了永安大道、319国道、长浏高速、永丰公路、丰秀公路、经一路沿线的绿化提质。加强河道环境治理，保护好捞刀河饮用水源。推进“美丽乡村”和“幸福屋场”建设，芦塘村湾里屋场、丰裕社区清源屋场、坪头村上新屋场等示范点进一步提质；投入240万元对湾里屋场进行升级改造，做好了硬化、绿化、亮化、净化、美化，屋场在浏阳2014年第一季度“示范屋场”评比中排名第一。

人口计生 以服务群众为宗旨，做好人口和计生工作。2014年度符合政策生育率90.15%，高出浏阳市平均水平5.5个百分点。计生工作连续十年获得“长沙市模范单位”荣誉称号。

社会保障 社保覆盖逐步扩大。基金总量在全市乡镇排名第一，完成2015年新农合基金征缴490.76万元，参保率达99.8%；完成养老基金征缴304万元，参保率达85%；完成企业五大保险基金征缴1968.2万元，扩面2121人；医疗保险兑付补助达2500万元。民生投入不断增加。新建占地1.57公顷的敬老院，完成5200平方米的主体工程装修，已于2015年1月底交付使用。投资3960万元为捞刀河风光带项目拆迁户建设了21000平方米的保障房源；基本完成文昌安置小区3-5号楼的主体工程建设；改造农村危房33户，发放第一批补助资金48万元。转移城镇劳动力3721人，完成农村劳动力培训698人，安置下岗、失业及涉军人员286人。

科教文卫 启动《永安镇2013-2020年教育规划》，完成永安中学与坪头中学合并项目五通一平，新建的坪头中学综合楼及教师公共租赁房通过竣工验收并投入使用，成功搭建永安中学与长沙市周南中学的帮扶平台；修建老年球场3个，全民健身场所6个、文化广场3个。永安医院获评“长沙市示范性预防接种门诊”并被评为“省乡镇卫生院管理年活动先进单位”。

（易　茜）

【“金阳速度”加快重点交通项目建设】 从2014年5月起，快速推进浏阳市重点项目金阳大道建设，实现金阳大道（永安段）10天内征地69.93公顷，40天内拆迁房屋121栋，迁移坟墓848座，创造出领先全市的“金阳速度”。（易　茜）

【打造湾里幸福屋场示范点】 通过政府引导、能人带头、群众参与，因地制宜打造出“整洁亮丽的花园+文化式庭院”。成功创建芦塘村湾里幸福屋场，多次接待省、市各级领导观摩考察。（易　茜）

【开展爱心公益活动】 2014年12月下旬，由永安镇妇联、团委牵头，永安爱心协会组织，开展“爱心助边城，真情暖寒冬”活动，募集到价值8万多元的物资捐赠给湘西高寒地区龙山县塔泥乡的老人孩子。

（易　茜）

【企业捐资千万修建新敬老院】 由明盛投资置业有限公司捐资1180万元修建永安新敬老院。新敬老院位于永安镇丰裕社区，总建筑面积5800平方米，按照现代化标准设计建设，共计180个床位，并带有电梯。新敬老院已于2015年1月31日正式交付使用。（易　茜）

【《永安记忆》出版】 永安中学退休教师刘谷君历经10余年收集、整理、写作一部以永安抗日战争时期的故事为主的纪实书稿——《永安记忆》，2014年由湖南海滨置业有限公司捐资出版，并向永安镇中小学生捐赠3000册。（易　茜）

北　盛　镇

党委书记	喻　辉
副 书 记	刘　刚　罗建云　吴　兵
纪委书记	吴　兵
党委委员	李道江　周森林　金　涛
人大主席	罗建云
副 主 席	苏跃龙
镇　　长	刘　刚
副 镇 长	李道江　周森林　暨皓明（女）　彭继有

政协联络处主任　吴　兵

【概况】 北盛镇位于浏阳北部偏西，是国家原副主席王震将军故乡，素有“北盛仓”之美称。全镇辖 13 个村、2 个社区，57796 人，镇域面积 77.9 平方公里，耕地面积 3193.33 公顷。2014 年，出生人口 936 人，死亡人口 515 人，人口出生率 16.19‰，人口自然增长率 7.28‰。319 国道、永社公路、开元东路东延线、浏醴高速呈“井”字形贯穿全镇，交通便利，地理位置优越。全年完成工业总产值 25.6 亿元，同比增长 12.56%；农业总产值 8.65 亿元，同比增长 19.31%。财政收入 2500 万元，农民人均可支配收入 15022 元，比上年增加 1959 元。

工业　全年全镇实现工业总产值 25.6 亿元，同比增长 12.56%。完成规模工业总产值 10.5 亿元，同比增长 9.52%。新增盛世建筑材料有限公司、南方椰棕厂规模企业 2 家。

农业　作为全市四个烤烟生产万亩乡镇之一，全年种植烤烟 624.46 公顷，收购烤烟 21279 担，完成烤烟税收 620 万元，获浏阳市烤烟生产工作一等奖。种植结构不断优化，种植大棚西瓜 146.67 公顷、大棚蔬菜 133.33 公顷。农民合作组织不断发展，全镇农民专业合作社发展至 28 家。农业机械化水平继续提高，机械化育插秧面积达 533.33 公顷，水稻“六代”服务总面积 10600 公顷。机械化育插秧工作在湖南省内名列前茅，成为全省的一面旗帜，《人民日报》、《农民日报》对此进行专题报道，副省长张硕辅、省农业厅副厅长曹英华先后亲临考察并给予高度赞扬。森林防火工作进一步加强，荣获“长沙市森林防火规范化乡镇”称号。加强水利建设，大力实施农田水利畅通工程，建成标准渠 15 公里、对 56 口山塘进行了扩容增蓄、对 1075 公里渠道进行了疏浚。

民营经济　全镇已有 2 万余人从事建筑器材租赁、棉纺纱、沙发原辅材料行业，特别是建筑器材租赁行业，足迹遍布全国 18 个省，100 多个城市，整个行业年租赁经营收入达 20 亿元，11 月 9 日，在江西南昌召开的“2014 全国建筑物资租赁承包行业年会暨第三届中国国际建筑施工支撑体系及安全防护产业发展论坛”上，浏阳获得“中国建筑物资租赁之乡”称号，浏阳市北盛建筑器材租赁行业协会获得“优秀协会”称号。

北盛集镇人民路夜景　　(图片来源：北盛镇)

项目建设　征拆任务超额完成。全年共计征地 215.13 公顷，拆迁房屋 61 栋，为目标任务的 230%和 190%，同时创造了单次大宗征地 113.53 公顷的“北盛范本”，全部实行阳光、和谐征拆，确保园区开发和镇重点项目的用地。项目建设高效推进。中烟仓储项目施工至主体一层。北盛大道完成一期路面硬化及绿化、亮化，二期正进行路面硬化。110KV 变电站完成征地拆迁及项目设计。永社公路改线工程完成方案设计进入省交通干线公路规划。产陂路、兴盛南路正在进行路面硬化。长郡中学主体完工。中烟安置区已竣工，产陂路、亚洲湖等安置区正在加速建设。总建筑面积 12 万平方米，集商务办公、星级酒店、居家购物于一体的嘉盛广场主体封顶并已开盘销售，实现了北盛房地产史上零的突破。沙江河商务区、辉腾建材市场已完成土地交易，正在进行规划设计。随着道路的拉通，北盛区位优势进一步凸显，土地成交单价达到 100 万元 / 亩，以捞刀河景观带为纽带的北盛集镇南片区正在形成。

社会管理　投入 16 万元对集镇亮化工程进行了维修与完善，更换电线 3200 多米，安装路灯 62 处。投入 2.6 万元安装沉泥井防坠网 162 处；投入 26 万元修建排污管网 460 米，改造车站路排水沟 320 米，清淤沉泥井 120 口；投入 60 万元对步行街基础设施进行了完善。严格规划管理，加强国土巡查，查处各类违法用地 16 宗，拆违拆旧 4482 平方米，有效维护了建设秩序。规范审批户外广告发布许可证 106 例，取缔占道经营、流动摊点 560 处，整顿店外经营 720 处，清理乱堆乱放、乱吊乱挂问题 120 处，查处违章撒漏、运输粘带 4 次，对车站实施专人专项管理，有效治理乱停乱放，镇容镇貌得到明显改观。做好人口和计生服务，计划生育稳定在低生育水平，落实长效节育措施 606 例，征收社会抚养费 152.06 万元，燕舞洲村计生工作获省计生协会“先进单位”和“全国先进单位”。编制《新北盛》月刊和《新北盛》宣传画册，增强政府工作的透明度。深入矛盾纠纷排查，突出积案化解，2014 年共计排查大小矛盾纠纷 270 起，调处成功率达 98%。稳步推进平安创建工作，保持打击各类违法犯罪活动的高压态势，侦破刑事案件 69 起，共抓获违法犯罪人员 145 人。强化安全生产与食品安全监管，全年无较大安全事故发生，食品安全全年零事故。人民群众安全感和满意度不断提升。

社会保障　全年发放低保资金 255.17 万元、五保资金 92.38 万

10月13日上午，由长沙市农业局主办，浏阳市农机推广服务中心和北盛镇农技站共同承办的长沙市油菜机播综合高产技术展示会在浏阳市北盛镇举行

（图片来源：长沙市农业信息网）

元、医保报销金额1814万元、医疗大病救助金额14.55万元。发放各类救灾、救济款12.6万元。对355名贫困重度残疾人实施生活救助，救助金额25.56万元。全面落实优抚政策，发放65人优抚金48万元。继续实施特困大学生助学办法，向39名困难家庭学生发放助学金6.7万元。完成了危改改造72户。投资380万元，建成了建筑面积1878平方米，含69个床位的敬老院。开展“道德模范”“最美家庭”“十佳教师”等评选活动，在全镇范围内形成了良好的舆论氛围，传播了社会正能量。参加浏阳市快乐潇湘“中信杯”广场舞比赛，荣获第二名，代表浏阳参加长沙市广场舞比赛获优胜奖。充分发挥工、青、妇、“五协”等群团组织的积极作用，马战村张湘成同志获“长沙市五老优秀个人”。继续深入开展家庭医生契约式服务活动，医疗服务质量进一步提升。扎实推进新农村建设，燕舞洲村成功申报“两型”示范屋场，亚洲湖村被评为长沙市“绿色村庄”，马战村获评浏阳市“卫生村”。

（傅江涛）

【燕舞洲村获“全国人口和计划生育基层群众自治示范村”称号】北盛镇燕舞洲村被中国计划生育协会授予“第五批全国人口和计划生育基层群众自治示范村”称号。是2014年浏阳市唯一获此荣誉的村（社区）。

（傅江涛）

【长沙市油菜机播综合技术展示现场会在北盛镇召开】 10月13日上午，长沙市油菜机播综合技术展示现场会在北盛镇乌龙社区召开。这是一次由湖南省农机局、长沙市农业局组织的油菜机播综合技术展示现场会，现场进行了免耕开沟、免耕开沟覆土栽培、浅耕开沟、浅耕开沟施肥播种、免耕圆盘开沟、免耕圆盘开沟覆土栽培等演示活动，不同机械以及不同作业方式充分展示了其各自特色和优势，活动还进行了不同肥料、不同施肥方式、不同播种方法等示范。《农民日报》、湖南卫视、湖南经视、浏阳电视台等新闻媒体进行了全程采访。

（傅江涛）

【北盛全面铺开党建云端信息平台建设】 北盛镇在全市首次开启党建工作的信息化运作平台，将全镇108个党小组、15个村部引入党建云端信息平台，并组织党建云端信息平台操作员进行培训。作为全市试点乡镇，北盛引入的党建云端信息平台将起到三方面的作用：为党员干部提供便捷的学习、教育方式，提升党员干部素质；是北盛政务公开的窗口，方便群众了解政务，便于快速联系到部门相关负责人；可实行全镇范围大型的党员视频会议，解决了2400多名党员集中开会没有场所的问题。同时，党建云端信息平台还可为农民提供简单的电子商务需求。党建云端信息平台另一项作用是盘活农业体系，已经在新疆实行，而在湖南，北盛是首次开启这项功能的乡镇。

（傅江涛）

沙 市 镇

党委书记　余慧佳
党委副书记
曾云峰（2014.06免）
李渔海（2014.08月任）
寻梓辉　汤美珍（女）
陈洁璐（女）
郑名湘（挂职，2014.03任）
纪委书记　杨　茂
党委委员　苏小麟　杨　茂
人大主席　寻梓辉
人大副主席　易先超
镇　长　曾云峰（2014.06免）
李渔海（2014.08任）
副镇长　苏小麟　吕立生
李洪湖　瞿朝阳
政协联络处主任　汤美珍（女）

【概况】 沙市镇位于浏阳市西北部，2014年，全镇总面积209.8平方公里，辖15个村、4个社区，581个村（居）民小组，18791户，总人口67377人，出生人口928人，计划生育率89.3%。。全年实现工农业生产总值47亿元，完成财政总收入3498万元，其中公共财政预算收入2271万元，同比增长17%。

工业 不断加大资金投入，进一步完善家具产业园电力、排水、电讯等配套设施，完成园区建文北路2.1公路立项和相关手续。全面做好入园企业用地规划，全力协助企业完善相关手续办理。园区二期冠湘楼梯、立康制衣、金源食品等三个项目已启动建设，2015年上半年可建成投产，可新增就业千余人；园区一期康明木业、高鹏木业、大周门业、贵太太油茶等企业完成扩建工作。进一步落实领导联系、定期调度机制，成功促成国泰烟花与盛虹集团强强联合。及时解决项目建设中的困难和问题，成功调处企业矛盾纠纷16起。全年及时完成10个项目用地手续办理，促成项目尽快落户投产。落实村级招商备案审查制度，经济发展环境进一步优化。盼盼木门、金利烟花、五福堂科技等企业健康发展，龙头企业带动作用日益突显。

农业　围绕“稳规模、提质量、强特色”工作思路，加大资金和技术投入，做稳做实现代烟草产业。投入180万元完善烟基设施对重点烟区水利进行清淤维修，新建小密集式烤房66座、大密集式烤房6座，并对部分烘烤工场进行加固。2014年完成烤烟种植面积933.33公顷，烤烟生产工作再获浏阳市一等奖。依法依规开展土地流转，大力遏制耕地抛荒，粮食生产面积稳定在5333.33公顷以上。蔬菜、油茶、水果、优质稻等四大特色农业种植稳中有增。完成农村道路硬化22公里，改造桥梁3座。积极开展农田水利畅通工程竞赛活动，投入资金近千万元，投工投劳3万个，清淤硬化山塘129口，清淤渠道1803公里，清理河道80公里。加强组织领导，落实岗位责任，防汛抗旱措施得力。加强防火宣传，做好火烧迹地、荒山荒地造林，新造油茶3.33公顷，免费发放苗木14万株。做好动物防疫检疫、农机推广和农业社会化服务等工作。

集镇建设　加快沙赤大道项目建设，启动征地拆迁和工程招投标，宏伊综合商务区项目完成征地8.13公顷，项目用地已成功摘牌，现已启动建设。继续完善集镇配套设施，改造农贸市场，修建和疏通部分排污、排水管线，完成书院路破损路面改造；完善电力设施和环卫设施，强化建管职责，规范城镇管理，对集镇进行绿化、亮化和美化，中心城镇品位进一步提升。加大集镇规划区规划执法，严查违建行为，完成拆违控违任务3040平方米。妥善解决沙市、赤马、秀山集镇用地遗留手续问题，完成遗留国土办证500多户。

旅游开发与景点建设　加强赤马湖环境保护力度，景区管理进一步规范。投资200万元的卡丁车项目已建成营业，投资200万元完成水上乐园项目改造升级。2014年赤马湖景区接待游客近30万人次，营业额突破4000万元。赤马湖景区被水利部确定为全国三十个水利精品风景区之一，加大乡村旅游开发力度，启动投资3000万元的赤马湖大源峡谷生态园基地建设。

环境整治　加大环境卫生整治力度，规范到户评比，强化监督考核，新建大型焚烤炉一个，进一步完善环卫设施，充实保洁员队伍，长效机制不断健全。积极推进河道治理、庭院绿化、生活污水处理等新农村建设，城乡环境明显改观。加强企业环保执法巡查和管理，及时调处各类环境污染问题。加强畜禽污染治理工作，督促20多家规模养殖场有效整改。

计划生育　加强计划生育基层基础机制建设，不断优化服务，提高出生人口素质，稳定低生育水平。继续保持浏阳市模范单位。

文教卫生　加大教育投入，完成赤马中学运动场、引秀小学教师公租房和文光中学综合服务楼建设，秀山中学、赤马中学获浏阳市教学质量评价一等奖，教学环境和质量不断提升。完善卫生院住院大楼相关医疗设施，医疗环境进一步改善。新增农家书屋等文化活动场所，不断丰富群众文化生活。

社会保障　投入120万元完善沙市敬老院配套设施，成功创建长沙市示范敬老院；进一步扩大城乡养老保险和城乡医疗保险覆盖面，参保率分别为85%和98%，征缴保费335万元和544万元，发放养老金1200万元，医疗补助1809万元；发放农村低保资金615万元，优抚资金243万元，落实危房改造61户；慈善工作、殡葬改革稳步推进。村务公开，民主管理工作不断规范。

社会管理　加强治安管理，强化巡逻防控，依法打击各类违法犯罪活动。投入30万元在秀山片和赤马片设立警务室。充分发挥群众工作站作用，开展大走访、大谈心活动，全面做好涉军、涉诉等不稳定因素的排查稳控，积极调处各类矛盾纠纷，按时做好信访回复工作。抓实各行业生产安全、校车安全、食品安全和消防安全，加强对高危行业安全监管，定期开展安全大检查，确保全年无生产安全伤亡责任事故。　(任继勇)

【支、村两委换届】　4月10日，沙市镇村级党组织和第九次村民委员会换届选举工作圆满完成。此次换届选举共选出支村两委成员101人，其中女性28人比上届增加4人，男性73人；45岁以下的42人，45岁以上的59人，平均年龄44岁；本科学历3人，比上届增加1人，大专学历20人，比上届增加5人，高中学历56人，比上届增加8人，初中学历22人，比上届减少13人。　(任继勇)

【秀山片、赤马片社区警务室成立】　为加强对沙市的治安管理，共建和谐村（社区），在秀山片和赤马片成立警务室，加强对该区域的管理。警务室在人员配备方面由派出所具体指导，招聘4名辅警队员常驻警务室开展工作，警务室将重点加强专职巡逻队伍和农村群众

10月25日，湖南长沙，赤马湖杯首届老年趣味运动会摄影比赛暨慈善晚会在浏阳沙市镇赤马湖养老山庄举行。图为开幕式现场的太乙球表演　(图片来源：枫网)

12月17日，省人大常委会副主任谢勇到沙市调研　　(图片来源：沙市镇党政办)

联防队的建设，同时积极协助各村(社区)处理社会各类矛盾，配合搞好社情民意调查。8月5日上午，秀山片、赤马片警务室揭牌仪式分别在秀山社区、长兴社区举行。秀山片、赤马片警务室的投入使用，标志着沙市社会管理综合治理工作又向前迈出一步，也将进一步压缩违法犯罪的时间和空间，有效维护社会大局稳定。

(任继勇)

【湖南长沙首届赤马湖杯老年趣味运动会在赤马湖畔举办】 10月25日，首届“赤马湖”杯老年趣味运动会摄影比赛暨慈善晚会在沙市镇赤马湖养老山庄举行。趣味运动会有三大比赛项目，分别是空竹、沙滩气排球和老年摄影，比赛分上午场和下午场，每项比赛均设置一、二、三等奖。此次运动会由湖南省老年体育协会、湖南君孝天下养老股份有限公司、快乐老人报官方网站枫网、中国民族贸易促进会、中国福利基金会牵手基金、沙市镇政府主办，赤马湖养老山庄承办。

(任继勇)

【沙市敬老院被评为长沙市示范敬老院】 近年来，镇政府先后投入200余万元对敬老院进行改造，新建住宿楼、食堂，完善配套设施。2014年12月20日，沙市敬老院顺利通过长沙市验收，被评为长沙市示范敬老院。　(任继勇)

淳　口　镇

党委书记　胡汉堂
党委副书记　马超容(女)　黄才胜　张高峰
纪委书记　张　健
党委委员　罗昌华　张　健　付　湘
人大主席　黄才胜
人大副主席　卢义兵
镇　　长　马超容(女)
副 镇 长　罗昌华　付　湘　王　广(女)　陈　奇
政协联络处主任　张高峰
镇长助理　黄英华(女，2014.03任)

【概况】 2014年，淳口镇辖16个村，3个社区，254个村(居)民小组，19447户，67153人，其中农业人口65093人，非农业人口2060人。出生人口872人，死亡人口396人。总面积233.46平方公里，其中耕地面积4016公顷，林地面积14125.6公顷。年降水量1560毫米，森林覆盖率56.8%。全年实现地区国民生产总值15.2亿元，同比增长16%；农业总产值5.22亿元，增长13%；企业总产值25.12亿元，增长3.97%；财政税收3000万元，增长13.64%，地方公共财政预算收入1590万元，同比增长18.8%。农民人均可支配收入达到13780元，增长12.6%。完成社会固定资产投资7.6亿元，同比增长16.9%；实现招商引资到位资金7000万元。在全市年度考核中被评为“四好领导班子”和“绩效考核红旗单位”，党风廉政、党建、农业农村、环境整治、科技创新、安全生产、工业经济、小城镇建设、安居工程等10多项工作荣获市级先进。

农业　充分发挥农林产业传统优势，引导规模种植，形成了“山上药茶果、山下烟菜稻”的现代农业产业格局，烤烟、油茶、茶叶、油菜、优质稻、中药材等六大万亩主导产业健康发展。鸭头茶叶、鹤源油茶、高田烤烟、西湖金银花、金源红米、向坪木瓜、黄荆坪优质稻、城花黄金梨成为我镇农林产业特色品牌。完成烤烟种植633.33公顷，产值3278万元，金卫、金叶烟农专业合作社获得湖南省示范合作社。新造油茶25.33公顷，城花、佳源、湘纯等油茶示范基地完成233.33公顷油茶林抚育，多次迎接省市参观学习。银峰、淳峰茶业完成品种改良45.33公顷，向坪提质改造木瓜基地74.67公顷。9月中旬第十二届全国种子双交会在该镇黄荆坪村展示基地现场观摩。袁隆平、张迎龙、彭继球等省市领导和专家出席相关活动。

工业　完成工业总产值17.6亿元，其中规模工业产值9.48亿元，同比增长22%，完成工业固定资产投资5亿元。木制家居、烟花鞭炮、服装纺织、农产品深加工、节能浴具等新型工业健康发展。戴氏扶手、红盈盈木业、兴旺烟花、羽田童装、嘉豪纺织、湘淮太阳能、贤味炒米、金福来食品等企业实现了产销两旺。以同辉村106国道两厢为主轴，打造家居装饰产业带，永旺、俊阁、湘隆、鑫林等四家新楼梯扶手规模企业已落户。新引进的湘宇食品厂、金福来食品厂等项目已投产，北京泰润食品有限公司浏阳分公司已办理相关手续，正在筹建。恒旭烟花完成资产重组，闩山门业完成厂房扩建，山田腾飞木业创建数字信息化。

社会保障　低保、特困、助残、助学等社会救助政策落实到位，彰显社会关爱。为676名优抚人员发放优抚金额200万余。救孤助学38人，发放资金9万余元。为1864人发放低保金额273140元。为84人发放医疗救助金额26万余元。

城乡　居民养老保险参保缴费率89%，城乡居民医疗保险参保率97%，全年报销医药费1930万元。企业养老、医疗、失业、工伤等参保任务全面完成。举办农村技能培训25期，培训农民1664人次。争取移民扶植项目8个，移民扶持资金发放到位。规范农村建房276宗，危房改造85户，拆除违章建筑2400平方。引导农民进城创业，新增城镇人口915 人。

人口与计划生育　严格落实人口计生政策，年内出生872人，计生率87% ，组织育龄妇女孕前免费优生检查，全镇98%以上的孕妇在孕前接受基本的优生知识培训；提供免费妇科病查治服务1万余人。共征收社会抚养费170余万元，有力地打击了违法生育行为。

社会管理　积极推进平安淳口创建，努力构建和谐社会。组建治安巡防队伍20支，开展“红袖章大巡防”。开展平安创建和“零案村”竞赛，永乐、同辉等9个村创建“零案村”。创新推进“10+1”调解员机制，调解各类矛盾纠纷86起，处理重大矛盾纠纷5起，社会大局稳定。严格落实安全生产“一岗双责”，实行党政领导联厂，定期安全巡查。深入开展安全生产“大排查大整治大督查”、“百日攻坚”、“打非治违”等专项整治，安全隐患排查及时整改到位。加强了校车安全和交通安全监管，积极开展食品安全知识“五进”活动，规范了农村聚餐安全监管。扎实开展农产品抽样检测，全年无农产品安全事故和食品安全事故发生。

科技教育文化　深入开展“科技文化周”活动，组织科普环保知识竞赛。成功申请专利35个，淳峰茶业、三鑫药材专业合作社等企业与高校技术联姻。组织参加全市大型广场舞比赛、全民运动会、文艺会演等大型文体活动，深入开展“爱心涌动浏阳河”学雷锋志愿服务和“淳风美德润浏阳”全民素质提升活动，新建农家书屋3个、文化健身广场5个，农村文化事业蓬勃发展。狠抓“三基三严”培训，镇卫生院和村医疗点基础设施大幅改善，医疗救治水平大幅提升。

存在的困难和问题　工业经济依然薄弱，主导产业优势不明显；财税结构不优、财政压力较大；商贸流通不活，集聚效应不够明显。

（王芳艳）

淳口镇高田村新屋场夜景　　（图片来源：淳口镇党政办）

2014年淳口镇完成烤烟种植633.33公顷，产值3278万元　（图片来源：淳口镇党政办）

【十大重点项目助推发展】　溪浙线特高压架设高压电线塔26座；蒙华铁路已完成前期勘探准备工作；106国道淳口段和淳沙公路沿线安装路灯600余盏，实现全线亮化；投资600万元新建了苗田大桥；投入教育资金1000多万元，改造淳口、楼古、山田三所中学学生公寓楼和塑胶跑道、篮球场和校内管线等教育基础设施，新建60套教师公共租赁房；淳口河道完成集镇段河堤衬砌；狮岩村完成河道综合治理，新建复兴广场和艺术文化墙，接受市年度重点项目现场观摩；向坪 -- 新湖段东北支线拓宽硬化8公里，山田至狮岩、楼古集镇、高田村主干道完成沥青路面提质改造；向坪、狮岩、山田三个散居山民幸福搬迁安居点集中安置80余户。　（王芳艳）

【基础设施项目有序推进】　镇村投入交通资金1500万元，拓宽硬化和提质改造村组道路30公里，交通网络不断完善。投入小城镇建设资金800万元，完善了集镇供水、排污等公共设施，实现了绿化、亮化、美化。规范农村建房276宗，危房改造85户，拆除违章建筑2400平方。加大水渠、山塘、水圳等农田水利建设力度，全镇共疏浚沟渠1000多公里，山塘清淤40多口，河坝改造5座。　（王芳艳）

【环境整治工作获长沙市“十佳乡镇”称号】　深入开展“城乡统筹、环境同治”三年行动，推广网格化管理和“庭院三包”，引导农户垃圾分类、焚烧减量。规范了集镇综合治理，统一门店招牌，市场经营秩序良好。大力整治养殖污染，积极探索种养平衡，高田、杨柳村实施生猪养殖污染治理整村推进项目。加强了饮用水源保护和生活污水处理，形成了人人参与的整治格局，人居环境不断美化。高田新屋场、南冲高培屋场、鸭头培上屋场、山田风光桥绿色屋场各具特色。环境整治年度综合排名全市第一，评为长沙市环境整治工作“十佳乡镇”，南冲村被评为长沙市环境整治优胜村。　（王芳艳）

蕉　溪　乡

党委书记　万奇辉（2014.06 免）
　　　　　曾云峰（2014.06 任）
党委副书记　李运胜　林继平
　　　　　谭日红
纪委书记　陈满红
党委委员　刘林峰　张世敦
　　　　　陈满红
人大主席　林继平
人大副主席　徐江洪
乡　　长　李运胜
副 乡 长　刘林峰　张世敦
　　　　　唐新华（女）
　　　　　肖孟良
政协联络处主任　谭日红

【概况】　2014 年，蕉溪乡辖 6 个村，105 个村民小组，总面积 86.7 平方公里，耕地面积 809.47 公顷，其中水田 744.4 公顷，旱土 65.07 公顷，山林 5950.07 公顷，8138 户，28854 人，其中农业人口 27537 人，非农业人口 1317 人。年内共出生 400 人，死亡 292 人，符合政策出生率 86%，自然增长率 3.74‰。完成经济总收入达 35.98 亿元，同比增长 19%；完成财政税收 1345 万元，同比增长 7.2%；完成社会固定资产投资 5.01 亿元；实现社会消费品零售总额 5000 万元；居民人均可支配收入达 14392 元，同比增长 14.5%。

农业　开展“百名干部下村组、万名群众修水利”活动，切实解决群众反映强烈的农田灌溉难、排水难等问题，投入 300 万元，疏浚灌排渠道 70 多公里，田间渠道 400 余公里，清淤扩容山塘 25 座。农业生产实现稳增长，粮食播种面积超过 666.67 公顷，烤烟、油菜、蔬菜和水果等经济作物种植面积同比增加。动物防疫检疫到位，无重大疫情发生，生猪出栏 3.2 万头，家禽出栏 49 万羽。森林防火工作扎实有序开展，被评为“长沙市森林防火先进单位”。切实抓好防汛抗旱、农机推广、沼气建设等工作，职业素质教育扎实开展，为富裕蕉溪建设奠定了良好基础。

工业　加大扶持力度，引导产业转型升级，积极推动企业节能降耗。完成工业总产值 15.69 亿元，同比增长28%，工业增加值 2.82 亿元，同比增长 34%，规模工业总产值达到 7.7 亿元。新成立的规模企业梦幻烟花制造有限公司，当年引进，当年投产，年产值达到 4000 万元。

人口与计划生育　坚持落实“三级联创，四到基层”工作要求，积极开展计生专项整治行动，落实四项措施 239 例，征收社会抚养费 52 万元，无一起“两非”事件发生。出台计生队伍奖惩工作办法，工作经费严格与绩效挂钩，举办组级指导员计生工作培训班，强化了计生队伍建设。积极做好了迎省检工作，并获得了充分肯定，深入推进计划生育村民自治，计生秩序良好，年内共出生 400 人，符合政策生育率为 86%。人口素质继续提升，优生优育宣传服务不断加强，落实计育措施 239 例，《湖南日报》对蕉溪乡计生优质服务进行了专题报道。

环境整治　积极推进新《环境保护法》的贯彻实施，强化污染治理，推动生态蕉溪建设。全年绿化植树 20 万余株，初步建成浏永公路蕉溪绿道和 319 沿线绿色屋场。打造环境同治长效机制，落实“庭院三包”制度，乡村环境明显改善。高升村大源冲屋场获得浏阳市“美丽屋场”的称号。

安全生产　严格落实安全生产监管责任，认真开展“打非治违”等专项行动，组织烟花爆竹企业进行防火隔离带、防静电及“三超两改”专项整治行动。全年共查处各类安全隐患 600 余处，限期整改 30 批次，确保没有任何安全生产事故。

治安状况　组建 24 小时巡防“红袖章”队伍，全面实施“天网”工程，强化治安防控。破获刑事案件 40 起，严厉打击违法犯罪，举办公开集中退赃大会，现场返还被盗摩托车 30 多辆。大力化解涉路涉厂等复杂遗留问题，积极处置网络舆情，及时办结来电来访以及各类信访案件，成功调处各类纠纷矛盾 98 起。全乡无一例重大恶性案件和群体性事件发生，保持了“平安乡镇”荣誉称号，法治蕉溪建设迈上新台阶。

社会保障　居民医保参保率达到 99%，完成新农保参保任务。继续加大对弱势群体的救助力度，发放各项补贴补助资金 306.2 万元，改造危房 25 户，为敬老院新建水井等生活设施，为 554 名残疾人组织免费体检。农村合作医疗累计报销 230 余万元。粮食直补、农机补贴等惠农政策全面落实，发放涉农

8 月 15 日，在浏河广场举办“绿色蕉溪岭　醉美万丰湖”文艺晚会　（图片来源：浏阳日报）

补贴620余万元。

科技教育文化 科普宣传更加深入，组织科技下乡10多次，受益农民达3000人次。全乡教学质量持续提升，蕉溪中学、高升小学等成功创建为“省合格学校”，蕉溪乡被评为“教育强乡”。开展蕉溪乡第二届“优秀教师”评选表彰活动，尊师重教的氛围进一步浓厚。同时，开展校园周边环境专项整治行动，取缔非法经营早餐店3家，责令整改5家，清查商店不合格商品4箱，启动沙德小学公租房建设。群众文化活动开展有声有色，成功举办了“绿色蕉溪岭、醉美万丰湖”蕉溪专场群众晚会，积极参加浏阳市全民运动会和广场舞大赛。

医疗体育卫生 乡村卫生事业蓬勃发展。建立居民健康档案，组织65岁以上的老年人免费进行健康体检，适龄儿童基础免疫接种率达到100%。蕉溪乡卫生院建设被评为“浏阳最美卫生院”，高升村医生高积武被评为“最美乡村医生”。

道路桥梁改造 投入150余万元对三座危桥进行改造。关山桥已经竣工通车，秧田桥即将完成桥面硬化，团山桥已完成桥梁设计等前期准备工作。持续推进村组道路水泥硬化和路面养护，拉通高升集镇2条连接线路，改造3处瓶颈地段，蕉溪村、水源村11.1公里道路修复工程全面完成，确保乡村道路畅通无阻。

集镇建设 按照“一轴三带”的整体发展格局，抓好高升、常丰两个集镇提质改造工程，拆除违法建筑57栋，违规广告招牌380块，创建319沿线路边庭院示范户60户。完成信用社、派出所新建项目征地、拆迁及合同签订工作，派出所主体工程基本建成。积极推进集镇水、电、路、灯、绿等配套设施建设，逐步完善城镇功能，小城镇建设取得实效，被评为“长沙市小城镇建设目标管理先进单位”。

（鲁双利）

“百名干部下村组 万名群众修水利”活动 （图片来源：蕉溪乡党政办）

【取缔两处非法采砂点】 2014年4月18日上午，蕉溪乡政府联合公安、国土、环保、水利等多家执法部门，组织20余名执法人员对境内早田村羊虎组的两处采砂点采取断电、氧割、拆卸、捣毁、暂扣设备等措施进行取缔，并对采砂点下达限期恢复原貌的整改通知书，确保恢复原有的生态面貌。

（鲁双利）

【蕉溪乡第十三届人民代表大会第三次会议顺利召开】 2014年3月18日，蕉溪乡第十三届人民代表大会第三次会议胜利闭幕。会议回顾2013年全乡经济、社会发展所取得的成就，科学分析形势，展望发展前景，提出2014年人大、政府工作目标和措施。参加会议的56位人大代表认真听取并审议通过《乡人民政府工作报告》《乡人大主席团工作报告》和《乡财政预决算报告》。分组讨论时，与会代表各抒己见、畅所欲言，提出了许多切合实际的意见、建议和提案。通过这次会议，蕉溪乡全乡上下发展的信心更加坚定，发展的步伐更加有力。（鲁双利）

【创新教育学专家谭迪熬、留守儿童教育专家王罗生蕉溪讲学】 2014年4月24日上午，应知名校友喻春光博士、王诗提关长的邀请，由长沙市科技新闻学会理事长左涛、秘书长李杜、长沙晚报教育工作室主任谭琳静组成的讲学团到蕉溪中学开展讲学活动，蕉溪中学七到九年级全体师生共800多人在礼堂聆听讲座。王罗生以《做智慧学生，与梦想同行》为主题，让学生在如何认识自己、如何解决生活中遇到的问题与苦恼、如何对待身边的人和事物提供了很好的解决方法。谭迪熬则通过饭盒的改进、编织袋的改造，公共汽车遮雨棚的设计、平面太阳灶的创新等发明、创造，向大家展示了科技发明与创造的魅力。该次活动开阔了师生视野，开拓了思维。（鲁双利）

【计划生育组级指导员培训上岗】 2014年5月12日上午9点，蕉溪乡四楼会议室55名计划生育组级指导员齐聚一堂，接受了婚育政策、流动人口、避孕节育、生殖健康等方面的知识培训，培训会上解答了计生指导员在政策解读和日常工作开展中的困惑和难题，并就如何加强村级计划生育工作，落实“三到位”（工作安排到位、组织保障到位、责任追究到位），提出了具体的考核办法和考核细则。据了解，蕉溪乡为强力推进2014年的“阳光计生”工作，着力突出宣传先导、依法管理、群众自治、优质服务等基础工作，实施了乡村干部联组包户的工作机制，每个小组通过民主选举配备组级指导员，按时记录整理每个月组上的计生信息和流动人口信息，全面掌握计生情况，集中消除计划外隐患，确保实现计划生育工作“争先进位”的目标。

（鲁双利）

【蕉溪乡强化竞争机制推进干部队伍建设】 2014年2月12日上午，蕉溪乡党委、政府精心筹备的“中层干部竞争上岗演讲”活动正在进行。根据实施方案，本次竞争上岗活动按照先确定中层干部后确定一般干部的方法，采取动员部署、自愿报名、竞岗演说、综合评定等步骤竞选中层干部，采取双向选择的程序确定一般干部上岗。演讲会上，26名具有经验和实际能力的干部纷纷上台慷慨陈词，发表竞选宣言。其他干部职工对竞选人进行民意测评。演讲环节结束后，乡竞争上岗领导小组根据综合评定情况，集体研究，择优选取中层干部。12日下午，乡党政领导班子和新任中层干部一起按照岗位设置和申报情况，将干部职工全部对应定岗并公示，活动圆满完成。干部竞争上岗是蕉溪乡加强干部队伍管理的重要举措，有效推动“公开、公平、公正”机关文化建设，营造了创先争优、团结和谐的工作氛围。

（鲁双利）

【开展环境整治“取经”活动】 为解决农村环境脏乱差的现状，提高党员、群众投身农村环境卫生管理的积极性，5月5日，蕉溪乡组织50名党员干部到望城区金山桥街道桐林坳社区银孔围组“取经”。通过现场学习、听取经验介绍，到访的党员干部意识到与先进相比差距较大，但提升的空间也很大。在随后开展的环境整治座谈会上，大家围绕清污、治乱、添绿和亮彩等新农村建设内容展开讨论，纷纷表示，将调动群众积极性，建设美丽家园。 （鲁双利）

【市森林公安局到蕉溪桐江完小关爱留守儿童】 5月28日上午，浏阳市森林公安局副局长沈华裕和政委陈明霞等领导到桐江完小开展关爱留守儿童活动，并捐赠了文具、书包和课外书籍。活动中，森林公安局的领导通过对留守儿童家庭的走访调查、面对面的交流了解、和外出务工家长的沟通，从生活、学习、思想上关爱留守儿童，鼓励孩子们努力学习，长大后为建设平安浏阳贡献自己的力量。 （鲁双利）

【省金融办敬老院送温暖】 蕉溪乡敬老院现有41名老人居住，其中有40名是五保老人，运行经费主要来自上级资金、本级财政拨付和社会捐赠。4月20日，由省金融办党组副书记、副主任张立东带队，数十名工作人员来到蕉溪乡敬老院，为这里的老人们送去生活物资和爱心资金，用于改善老人们的生活环境。 （鲁双利）

【开展“除民患 保平安”行动】 5月30日，浏阳市公安局蕉溪派出所在高升集镇举行破获摩托车偷盗案件退赃大会，将34辆被盗摩托车集中发放给受害者，赢得了现场群众的热烈掌声。蕉溪乡偷盗案件时有发生，治安压力一直很大。2014年以来，蕉溪乡为打击各类犯罪行为，保障广大人民群众生命财产安全，开展了“除民患、保平安”专项整治行动。全乡成立行动指挥中心，组建由公安民警带队的“红袖章”巡防队伍，实现佩戴“蕉溪乡治安巡防员”红袖章24小时常态化巡逻，做到陌生人员必问、可疑人员必查、重点部位必巡、安全隐患必检、可疑情况必报。加大打击违法犯罪的宣传力度，通过印发宣传单、张贴宣传标语、出动宣传车等形式宣传毒品、赌博和地下六合彩的危害，动员广大人民群众自觉抵制、主动检举揭发犯罪，营造良好的外部环境。加大打击处理力度，坚决打击吸毒、聚众赌博、地下六合彩、“两抢一盗”等犯罪现象。通过努力，浏阳市公安局蕉溪派出所成功破获系列摩托车被盗案，抓获犯罪嫌疑人4人，为群众挽回经济损失10多万元。今年还侦破其他刑事案件8起，依法刑拘10人，端除水源村一个聚众赌博窝点。蕉溪乡“除民患、保平安”行动收到了显著成效，全乡网格巡防、信息布控、内外联动的治安模式成为减少违法犯罪的有效手段。 （鲁双利）

【蕉溪乡创新计生工作】 为解决外出务工农民计生办证不方便的问题，蕉溪乡通过搭建流出人口QQ联系群和手机飞信工作群等网络信息平台，开通流动人口计划生育咨询服务热线，24小时为群众提供业务咨询和处理，并通过网络传达计生证明资料，方便外出务工群众办理计生证件。另外蕉溪乡还推出“六个一”管理服务新模式，即通过填写一份外出登记表、落实一项外出长效措施、签订一份外出管理合同、明确一位成建制外出队伍联系人、明确一名村级对外出人员实行分类管理责任人、设置一个外出已婚育妇档案本，综合掌握流出人员的婚育情况、务工情况及相关信息，为流出人口落实孕检、咨询、绝育避孕等政策措施。 （鲁双利）

【蕉溪乡卫生院获“浏阳市最美医院”】 作为一个服务2.8万人口的蕉溪乡卫生院在市级检查中，以院内环境美化、净化、绿化、亮化、硬化；服务做到了进院有人迎、在院有亲情、便民有措施、出院有回访；医务人员言行礼貌规范，服务流程便捷科学，院内标志标牌规范醒目，院务公开透明，群众满意度极高的工作标准获评“浏阳市最美医院”称号。 （鲁双利）

【蕉溪乡标准化政务服务中心建成并投入使用】 9月11日，蕉溪乡政府投资20余万元的标准化政务服务中心正式建成并投入使用。建成后的政务中心分为办公区、休息区、公开区和打印室，设党政服务、社会保障、合作医疗、民政残联、涉农补贴、计生服务、农林水、规划建设环保和综合服务9个窗口，抽调12人，为村民提供新农合参保、涉农补贴资金录入等20多项事项办理服务。 （鲁双利）

【举办“绿色蕉溪岭　醉美万丰湖”文艺晚会】 8月15日晚，以“绿色蕉溪岭，醉美万丰湖”为主题的“欢乐浏阳河”蕉溪乡专场文艺晚会在浏阳河广场举行。晚会以大型鼓艺表演《鼓舞蕉溪》开场，欢快而富有节奏的鼓声，响彻广场。随后快板歌舞《万丰湖畔好家园》、花鼓戏表演《九妹游山》等文艺节目，唱出了蕉溪岭的峻峭，道出了万丰湖的秀美。近年来，蕉溪乡在全面推进项目建设、社会建设、作风建设的同时，还着力打造富裕蕉溪、法制蕉溪、生态蕉溪。市领导邓雪琴、谢建国观看演出。

（鲁双利）

【水源村两大惠农项目建成】水源村辖区面积 19.9 平方公里，24 个村民小组，是省委常委、省“两型社会”试验区工委书记张文雄 2012 年联系点。2013 年启动的土地整理项目和河塘整治项目，并于 2014 年全面竣工投入使用，两个项目总计投资约 1000 万元，项目的建成惠及 5000 余群众，夯实农业基础，为农业增效、农民增收打下坚实的基础，也成为两型新区的亮点。（鲁双利）

浏阳市十大乡村美景之一——龙伏镇石柱峰　（图片来源：龙伏镇党政办）

龙 伏 镇

党委书记　张春明
副书记　黄　朴（2014.11 任）
　　　　李渔海（2014.08 免）
　　　　陈　庆　肖生祝
纪委书记　邹甘林（女）
党委委员　邹甘林（女）
　　　　徐伟才　寻瑾瑜
人大主席　陈　庆
副主席　高积义
镇　长　黄　朴（2014.11 任）
　　　　李渔海（2014.08 免）
副镇长　徐伟才　寻瑾瑜
　　　　陈雄伟
　　　　寻　平（女）
政协联络处主任　肖生祝

【概况】龙伏镇镇域面积 117.40 平方公里，其中耕地面积 3374.20 公顷，水田面积 2864.07 公顷，山林地面积 6697 公顷，辖 10 个行政村，2 个社区，328 个村（居）民小组，13477 户，总人口 46646 人，其中农业人口 46325 人，非农业人口 321 人。2014 年度，龙伏镇出生人口 699 人，死亡人口 330 人，人口出生率 15‰，自然增长率为 8‰。全年实现财政总收入 1176.9 万元，完成地方公共财政预算收入 794.8 万；完成工业总产值 10 亿元，完成农业总产值 4.5 亿元，人均可支配收入达 12598 元。

农　业　播种优质早晚稻 2333.33 公顷，玉米 500 公顷，蔬菜及其他作物 180 公顷；种植烤烟 306 公顷，送售烟叶 1.1 万担；推进机械化耕作，创建机插秧示范片 3 个；实施“一村一品”工程，有机蔬菜、甜糯玉米等品牌知名度大幅提升。完成田间渠道清淤 657 公里，河坝加固 6 座，山塘清淤 30 口。

工　业　工业集中区开发 65 公顷，完成园区主体投资 4000 多万元，完成社会投资上亿元。园区内基础工程三通工作已全面到位，主干道硬化、亮化、美化焕然一新。前期进驻的 5 家企业完成手续申报，正在着力推进主体建设，预计 2015 年上半年能陆续开工投产。

项目建设　2014 年，龙伏镇定位为“项目建设年”，全面铺开十二大项目建设，其中，民生项目包括敬老院新建项目、卫生院的整体搬迁、龙伏完小教学楼建设、教师公共租赁房建设、石江河改造五大项目，共计投资 3200 万元；城镇建设项目包括集镇街面提质改造、商业步行街建设两大项目，共投资 7500 万元；产业培育建设工程包括工业集中区建设、连云山风电项目、龙藏谷生态养老项目。2014 年，龙伏镇工业集中区及配套服务区建设项目和卫生院整体搬迁项目先后两次接受了该市重点项目的观摩，获得一致好评。

集镇建设　“一城两翼”布局规划形成。集镇建设按照以龙伏集镇为中心，泮春、焦桥集镇为支撑的整体思路进行规划布局，构建集镇建设“一城两翼”的新格局。同时，完善集镇规划修编，对集镇供水、排水、供电、街面亮化和硬化等公共配套设施进行全面改造，开展龙伏集镇规划区内建设用地规划许可证清理，确保办证率达到 100%。“南拓北进”战略强力推进。大力实施“南拓北进”战略（即城镇建设以龙伏集镇为中心，向西南拓展至焦桥集镇，向北精心打造工业园及配套服务区）。加大集镇建设投入力度，投入 2000 余万元用于路灯安装改造、污水管网改造、油砂路面及路沿石改造和人行道绿化，提升集镇建设的品位；加大集镇配套设施建设，投资 800 万元在龙伏泮春新建标准化农贸市场 2 个，在捞刀河畔新开村境内新建污水处理厂 1 个，已完成选址、征地、规划、设计等前期工作，预计 2015 年将正式动工建设。同时，工业集中区配套服务区的供水、排水、供电等基础设施已全面完善，街道的绿化、亮化、美化及硬化也已全面完成，集镇建设框架进一步拉伸，集镇承载功能进一步完善。2014年，龙伏镇被长沙市住建委评为“2014年长沙市小城镇建设先进单位”，镇村人居环境逐步优化。加大基础设施及人、财、物的投入，加强镇村环境管理，开展全民绿化活动，塑造洁净、美丽、文明、幸福的新龙伏形象。2014年龙伏集镇被评为长沙市“绿色集镇”，石江村被评为长沙市“绿色村庄”。

社会管理　落实社会管理综合治理责任制，注重宣传教育、防范化解、打击整治；开展安全生产专项行动5次，排查整改隐患238处，责令部分企业停产整顿8家次，为镇域经济社会实现转型跨越发展创造了和谐稳定的社会环境。

社会保障　落实低保575户，五保190户，实现动态管理下的“应保尽保”；办理大病救助58人，安排危房改造40户，医保参合率达98.6%，养保参保率达85%。

公共服务　稳定低生育水平，符合政策生育率达87.3%。推进公共卫生服务体系建设，举办健康教育讲座15场，接受群众健康咨询1600余人次，并率先在全市开展“家庭式医生签约服务”活动。积极实施道路通畅工程，硬化村组主干道路10余公里。加大村级危桥改造力度，对新开、石柱峰等村的危桥进行改造。发展科技事业，指导企业获得发明专利权9项，组织科普大篷车进校园、科技进村、“百企联百村、共建新农村”等活动10余次。大力推进旅游工作，邀请林业专家、论坛版主、摄影协会成员到石柱峰调研、宣传、推介景区活动3次；凤凰峡漂流逆势而上，再创人流、客流及营业额新高。全年共在中央省市媒体报道龙伏20余次，大力推进文化事业，精心打造石江孝文化村庄，举行篮球赛、广场舞比赛等各项群众文化活动6次；整合统战资源，高标准建设同心示范村，石江村被推荐参加省同心示范村评选；与此同时，全镇群团、人武、老干、经管、统计、金融、工商、邮政、农电、电信等工作齐头并进，都有了新的提高和进步。　(喻华会)

社　港　镇

党委书记　李　斌
副 书 记　寻子俊　张海丰
　　　　　周熊晏
党委委员　梁　民　何招兵
　　　　　唐世标
人大主席　张海丰
政协联络处主任　周熊晏
镇　　长　寻子俊
副 镇 长　邱凯章
　　　　　姜雨薇（女）
人大副主席　钟立敏

【概况】2014年，社港镇全镇总面积171平方公里，辖16个村(社区)，总人口4.7万。全年完成财政收入2410万元；地方公共财政预算收入1624万元。实现工农业总产值8.9亿元，招商引资到位资金7350万元，固定资产投资7.5亿元，实现规模工业总产值11.5亿元，圆满完成上级2014年下达的各项经济指标任务。　(张海峰)

【社大公路建设】社大公路全长14.212公里，途经6个村社区。2014年镇财政投入1200万元办理各项前期手续，支付征地拆迁款和部分杆线迁移资金；完成征地260亩，拆迁房屋23栋、拆除凉亭29个。　(张海峰)

【水利建设】完成田间渠道清淤近千公里，大沟渠疏浚78公里，开建山塘清淤扩容14口、大山塘除险加固5座、渡槽重建2座、新修电排2座、河坝5座。其中新安桥水利建设示范片被确定为2014年全市项目观摩会选点。　(张海峰)

【烤烟种植】2014年全镇种植烤烟293.33公顷，收购烟叶8798担，产值1500万元。　(张海峰)

社港镇　(图片来源：社港镇党政办)

社港镇周洛古文化风景区　(网络截图)

【商贸旅游】 全年共接待游客20万人次，骨科医院接待门诊18万人次，实现业务收入1.8亿元。

(张海峰)

【项目建设】 社大公路建设。完成路基工程90%，管涵工程80%，挡土墙工程70%；新港片区建设。引进香港世纪鑫源公司，规划建设社港大道、捞刀河风光带和新城片区，启动建设，“一河两岸”；筹建工业小区。完成35.8公顷的国土调规；四是协调蒙华铁路建设。协调做好了途经全长10.1公里并在社港建站的规划，着手征地拆迁的前期工作；鑫磊铜矿开采。投资2000万元的水环境治理工程投入运营，并通过省级环评和安全许可，10月份正式进入全面开采；提升周洛景区品位。参评长沙最美乡村，成功创建省级生态旅游示范区，建设石牛寨景区，打造大周洛生态旅游品牌。2014年完成3个村高标准农田建设，启动2个村的基本农田建设。

(张海峰)

【社会保障】 全年发放低保947户，407万元；大病救助126人，资金27万元；城乡医保参保人数41965人，参合比例97.2%，享受补助29982人次，报销费用1295.6万元；完成68户低保、特困户危房改造工作。

(张海峰)

【教育与卫生】 完成社港完小的教学楼新建，大洛小学、淮洲完小、社港中学的教师周转房建设，双狮坪中学的教学楼维修、油砂路面、塑胶篮球场建设，保兴教学点的条件改造。启动周洛学校的整体搬迁、社港中学的生活服务大楼新建、双狮坪中学的教师周转房和社港完小的教育技术装备工程。提升医疗卫生服务水平，全年未发生重大传染病和公共卫生事件。完成社港骨科大楼主体工程建设。

(张海峰)

人物

（排名不分先后）

两院院士

陈文新

陈文新，女，中科院院士、土壤与环境微生物学家，1926年出生于浏阳市镇头镇土桥村，1952年毕业于武汉大学农学院土化系。1958年在苏联季米里亚捷夫农学院获副博士学位。回国后一直在中国农业大学从事微生物学教学和科学研究。参加并组织完成对全国32个省（市）700个县的豆科植物结瘤情况调查，采集根瘤标本7000多份；新发现可以结瘤的豆科植物300多种；分离并保藏根瘤500多株；在数量上和所属宿主各类上占重要地位。发现了一批耐酸、碱、盐、高温、低温性强的珍贵根瘤菌种质资源，并对近2000株具代表性的根菌进行分类和系统发育研究，描述并发表瘤菌的2个新属、8个新种。建成国际上菌株数量最大、性状信息最丰富的根瘤菌的根瘤菌数据库。其成果先后获农业部部级科技进步一等奖2项，国家教委科技进步二等奖2项，荣获农业部优秀教材一等奖1项，2001年荣获国家自然科学二等奖1项。2003年当选中国科学院院士。

（刘　琼）

赵　煦

赵煦，男，中国工程院院士，飞行力学与控制专家，1938年出生于浏阳市镇头镇南门村。1964年7月毕业于北京航空学院，同年入伍，大学本科学历。1970年5月入党，空军某试训基地一区二站总工程师，专业技术2级，专业技术少将军衔，空军首席专家，长期工作在飞行器科研试验第一线，先后参与或主持研制了“长空”等系列无人机，为我国无人机事业做出了突出贡献，曾被媒体誉为“无人机之父”。获国家、军队科技进步多项奖励，享受政府特殊津贴；立一等功1次、二等功2次。2001年当选为中国工程院院士。（刘　琼）

黎介寿

黎介寿，中国工程院院士，湖南省浏阳市枨冲镇青草村人（后迁浏阳城关营盘巷黎家大屋）。1925年9月13日（农历）出生在湖南长沙望麓园四号老宅。出生当日恰是他母亲的生日，而且是午夜12点出生，父亲便取《诗经》中“以介眉寿”中“介寿”二字为名。黎介寿现任南京大学医学院临床学院教授、南京军区南京总医院副院长、解放军普通外科研究所所长。他是著名普外科学专家，肠外瘘治疗的创始人、临床营养支持的奠基人、亚洲人同种异体小肠移植的开拓者，在国内外普通外科领域享有很高的声誉和学术地位。

1937年至1942年，黎介寿就读于湖南长郡中学。1943年，黎介寿考取江西国立中正医学院。1947年7月，黎介寿被分配到南京，受聘为金陵医院的医生，南京解放后这所医院被接管更名为南京军区总医院。黎介寿早期专攻腹部外科，以刀法娴熟精细著称。他曾用“深静脉营养法”以患者恢复体力后再动手术的办法救治了不少危重病人，同时，他对腹部其他病理也有深入的研究和丰富的治疗经验。有一年，粟裕大将到南京，晚上突然肚子痛得厉害，黎介寿经过认真检查，给他打了一针，当会诊的医生赶到时，将军的病已好了。1986年后，黎介寿开始攻克动物小肠移植手术，这是治疗肠衰竭的根本性办法，当时在我国乃至亚洲还是空白，先后在7头猪身上成功移植了同种异体小肠，最长的存活了547天（国际上报告存活最长者只有500天）。1994年3月12日，他成功地进行了亚洲首例、世界第39例人体异体小肠移植术，成为当年全国十大医药科技新闻之一。1996年1月22日，他的亚洲第二例人体异体小肠移植术再告成功，标志着我国器官移植技术达到了世界先进水平。2011 年 1 月，由他领衔完成的“肠功能障碍的研究”获国家科技进步奖一等奖，是新中国成立以来江苏省医疗界获得的唯一一项国家科技进步一等奖。他先后获“何梁何利”奖、中国医师奖、全国科技大会奖、江苏省科学技术突出贡献奖；获得省部级以上高等级科技成果奖 36 项，发表科研论文 600 多篇，担任 13 卷巨著《手术学全集》总主编，主编著作 10 部，参编著作 31 部。

2014 年年初，国际小行星中心发布公告，经中国科学院推荐并报该中心批准，由紫金山天文台于 2007 年 3 月在国际上首次发现的国际编号为（192178）小行星被正式命名为“黎介寿星”，并刊入《国际小行星历表》永载史册，以彰显黎介寿对发展医疗科学等方面所作出的贡献。4 月 25 日，黎介寿从南京军区和中国科学院领导手中接过小行星命名证书、照片和纪念铜匾，正式获得永久性小行星命名。

（唐继武）

先进人物

李远护

李远护，女，汉族，1962 年生，大专学历，1978 年 8 月参加工作，任浏阳市大围山镇东门完小教师。1981 年 11 月加入共产党。

2009 年 2 月，她班上的喻光华同学患白血病，她来到喻光华家与其亲人商量治疗方案和筹集医疗费用事宜，她找到白血病患者了解治疗情况。面对昂贵的医疗费用，她通过请求团市委向社会发募捐倡议书。通过网络向社会发帖求助，带学生到城区募捐。9 月 5 日—6 日她和班上的六个学生，抱着一个捐款箱，在湘东比一比超市门口开始了艰难的募捐活动。这次活动得到了许多爱心人士的帮助，也引起了媒体的关注，筹到了一万多元救命钱。2009 年 12 月 19 日小光华的爸爸上山砍柴不幸遇难，贫寒的家更是雪上加霜。她在红网论坛上发帖，给她所有网友留言，与媒体朋友联系，引起了社会各界的高度关注。小光华的不幸遭遇传遍了全国，有 50 多家网站发起了总动员，号召各方爱心人士救助小光华。由于媒体的作用，爱心不断地涌向喻家。2010 年正月初四，小光华即将手术，可他爷爷奶奶年纪大、身体不好，又痛失唯一的儿子，自己都需要人照顾，于是她陪孩子上北京航天中心医院做手术。……小光华在她的帮助下已经重返校园，身体完全恢复正常。多年来，她一直致力关爱贫困学生和社会弱势群体，2010 年 10 月，她曾经班上的学生赖传荣患上严重的尿毒症，她为赖传荣筹款治病四处奔走求助；2012 年为重度烧伤的孕妇韩艳辉网上求助募捐；2014 年 3 月，她联系在央视工作的浏阳媒体人柳琳，帮助患精神病的少女刘昕募捐。在柳林的帮助下，募集到五万多元，刘昕已经治愈回家……2011 年到 2014 年，共为贫困学生和困难家庭筹集 39 万 3 千多元善款。她走访的贫困学生已经有 80 多个得到一对一的资助……她先后被授予“全国生命关怀志愿者”“长沙市优秀共产党员”“长沙市雷锋式服务明星”“优秀班主任”“师表示范人”“德育工作先进个人”等荣誉称号，撰写的《给寄宿生的心灵创造一片晴朗的天空》等文章多次获省级、长沙市级以上奖励。

（杨春香）

往鉴人物补遗

娄师白

娄师白，原名娄少怀，祖籍湖南浏阳市人。1918 年 6 月 2 日出生于北京，1942 年毕业于北京辅仁大学美术系，历任北平京华美术学院讲师、中国书画函授大学教授、北京中国画研究会副会长、北京市人民对外友好协会理事、中央文史研究馆书画院院部委员、北京辅仁大学校友会美术研究会会长、北京师白艺术研究会总顾问、中国美术家协会会员、北京画院国家一级美术师，是北京市第六、七届政协委员，高级专家特殊待遇、政府特殊津贴享受者。娄师白是齐白石的入室弟子，14 岁就在齐白石先生家中学习诗、书、画、篆刻，直至白石先生逝世，长达 25 年之久。娄师白先生作品有齐白石风格，为“齐派”重要传人。娄师白擅长花卉、翎毛、草虫和走兽，在人物、山水画方面亦有其特色，并且能诗善刻，是当今有多面造诣的画家。他的作品表现笔墨浑厚，意境清新，用色鲜而不艳，雅而不俗，师法自然，突出质感。如其代表作《蓖麻》《八哥百合》《鸭场》《层林尽染》《漓江帆影》《三叠泉》等，都博得好评，其作品多次在国内外展出和各种刊物上发表，许多作品为国内外美术院校、博物馆及收藏家收藏，如中南海、人民大会堂、美术馆、国宾馆及驻外使馆等。他不仅是一位享誉国内外的画家，同时在绘画理论上也有所建树。除在刊物上发表过许多文章外，还出版有《怎样制印》《画鸭》《齐白石画虾》《齐白石绘画艺术》以及《娄师白画辑》《娄师白画集》《娄师白印谱》等著作，其中《齐白石绘画艺术》一书比较详细而系统地介绍白石先生的绘画技法和创作思想，这在国内还是前所未有的。他曾应邀到中央美术学院、中央工艺美院、中央民族学院、广州美术学院、湖南师范学院、厦门大学、厦门工艺美术学院等高等院校以及其他美术团体讲学。并先后在美国欧克兰工艺美术学院、马里兰工艺学院、圣地亚哥大学、旧金山州立大学讲学、开画廊，在美国旧金山湾区中国画廊、南海画廊、加州尤瑞卡红松林大学天下画廊讲学并开画展，在新加坡举办“娄师白国画观摩展”。在加拿大维多利亚市美术馆、多伦多国

际艺苑画廊举办娄师白画展、讲学，对弘扬祖国绘画艺术做出积极的贡献。2010年12月13日清晨，娄师白因病在北京逝世，享年92岁。（唐继武）

抗日烈士

彭士量

彭士量，号秋湖，浏阳西乡北星桥人，清光绪三十年（1904）8月5日出生。幼时天资聪慧，秉性刚毅，学习一直名列前茅。1924年考入湖北明德大学，1926年因受孙中山革命思潮的影响，毅然投笔从戎，考入黄埔陆军军官学校第四期，毕业后，分配到陆军第十师。历任排长、连长、营长等职。在东征北伐战争中英勇善战，胆识过人，因战功卓著晋升为副团长、团长。1932年，选派他到中央陆军大学第十一期深造，毕业时，适逢第二次国共合作，他力倡抗日、共御外辱，积极参加了上海、山西忻口、台儿庄、武汉、长沙等战役。后晋升为预备第四师少将参谋长、副师长。在著名的武汉保卫战中，因指挥有方、重创日寇受到陈诚嘉奖。1942年中日战况激烈，有些人畏缩躲避，彭士量将军却积极要求到最艰苦的前线作战，上级调他到七十三军暂编第五师任副师长、师长，先后参加鄂西会战、湘北会战、常德会战。1943年11月，日军以10万兵力再犯常德、桃源。彭士量率部固守石门县，相持八昼夜，多次打退敌人进攻。13日拂晓，日军在飞机配合下，轮番冲击。彭士量率官兵奋战，予敌重创。14日，敌重点抢攻石门北面的笔架山、大尖山、孙家大山等高地。彭士量身先士卒，率部与敌肉搏，将士死伤遍地，预防工事濒临全毁。入暮，石门县城被炸，彭士量所率部队复遭重大伤亡。15日拂晓，彭士量率余部，向西郊突击，到新关以南岩门口，涉水而战，不幸身中数弹，壮烈牺牲。时年39岁。在整理遗体遗物时，发现了两份遗嘱：

本师全体官兵

余献身革命念年余兹，早具牺牲决心以报党国，兹奉令守备石门任务艰巨，当与我全体官兵同抱与阵地共存亡之决心，歼灭倭寇以保国土，倘于此次战役中得以成仁则无遗憾，唯望我全体官兵服从副师长指挥，继续杀敌，达成任务。师长 彭士量 十一月十二日

苏政吾妻

余廉洁自守、不事产业，望余妻刻苦自持、节俭生活，善侍翁姑、抚育儿女，俾余子女得以教养成材、以继余志， 此嘱 秋湖 十一月十二日

彭士量将军是黄埔军校一百〇八将之一；是陆军大学十一期高才生，抗日战争中在常德会战中牺牲的第一位将军。牺牲后国民政府追授陆军中将，葬于南岳衡山忠烈祠。1984年长沙市人民政府追认彭士量为革命烈士。（唐继武）

LYDR—2014—00001

浏阳市人民政府
关于加强市域高速公路、国省干线公路两厢及重要河流两岸建设管理的通知

浏政发〔2014〕2号

各乡、镇人民政府，街道办事处，市直各单位：

为进一步加强我市高速公路、国省干线公路两厢及重要河流沿岸的建设管理，合理使用建设用地，树立良好的城乡形象，根据《中华人民共和国土地管理法》、《中华人民共和国城乡规划法》、《中华人民共和国公路法》、《中华人民共和国水法》、《中华人民共和国广告法》、《中华人民共和国森林法》等法律、法规规定，经研究，现就有关事项通知如下：

一、建设管理范围

市域高速公路指长浏、大浏、浏醴、沪昆高速公路及其互通连接线；市域国省干线公路指国道319、106浏阳段，省道309、310、103、211浏阳段、永盛大道、永社公路、南横线及浏中文公路等；重要河流指浏阳河、捞刀河及南川河浏阳段。

（一）禁止建设区：指城乡规划区外从公路用地（国、省道公路水沟外2米；县乡公路水沟外1米的范围内为公路用地）和重要河流两岸用地（行洪断面）外边缘起向外的距离，其标准为：国道不少于20米；省道不少于15米；高速公路用地（含匝道）不少于30米；高速公路连接线不少于20米；永盛大道、永社公路及浏中文公路不少于15米，浏阳河、捞刀河及南川河浏阳段不少于50米。

（二）控制建设区：高速公路、国省干线公路两厢及重要河流两岸500米范围内、禁止建设区外的用地；

（三）高速公路、国省干线公路及重要河流途经或流经城镇、村庄等城乡规划区的区段，按城乡规划要求控制。

二、建设管理要求

（四）任何单位和个人不得在禁止建设区内批准建设各类建筑物及设施。

（五）控制建设区内的建设须符合土地利用总体规划和城乡规划，各级人民政府应将控制建设区纳入城乡规划区范围，并组织编制相关城乡规划；控制建设区未纳入城乡规划区范围的，停止该区域内工程项目的审批和建设。

（六）控制建设区内的各项建设须采取“设施先行，统一管理”的建设方式，避免零星建设。编制控制建设区内的城乡规划应坚持单边组团布局、科学合理组织交通、确保建设景观的原则。

（七）未依法办理项目审批手续，不得擅自在控制建设区内进行建设。确需在未纳入城乡规划的控制建设区内选址建设重大项目的，应由有关单位牵头，经国土、规划、林业、交通、公路或水务等部门联合审查后，按程序报市人民政府审批，依法办理报建手续。

（八）控制建设区内经批准的在建建筑，按本通知要求完善相关审批内容，加强项目建设监管，确保项目建设品位。

（九）乡、镇人民政府、街道办事处应依据城乡规划，积极引导控制建设区内的村民建设集中居民点。未纳入城乡规划又确需在控制建设区内建房的，须经国土部门及所属乡镇人民政府严格审批，严格控制，确保建设效果。

（十）乡镇人民政府、街道办事处应会同规划部门指导、组织控制建设范围内的村民选用《村民住宅标准图集》中的图样建房。

（十一）公路部门会同相关部门负责规范高速公路连接线及国省干线公路开口的审批。

（十二）在城市规划建设用地范围内设置户外广告的，由规划、公路、交通、城管、工商等部门依据户外广告规划依法审批。

（十三）严格保护控制建设区内的自然生态，未经许可，任何单位和个人不得挖山取土、采伐、采挖林木，破坏自然山体。经有关部门批准改变地形地貌的，应及时进行绿化美化，确保人工建设与自然环境的有机协调。

（十四）水务部门负责组织编制我市重要河流流域保护规划，严格保护沿河生态环境。未经水务等部门批准，不得在重要河流河道内建设水上码头、水上娱乐等设施，不得随意挖沙而毁坏河床。

三、建设管理责任

（十五）各乡、镇人民政府、街道办事处为建设管理范围的责任主体，应严格按照“属地原则”，结合城乡环境整治，将高速公路、国省干线公路及重要河流沿线建设管理作为一项重要工作来抓，加大对辖区内规划建设管理范围的巡查力度，会同执法主体及时制止、查处违法建设。

（十六）在高速公路及其互通连接线、国省干线公路两厢禁建区内建设的，由公路部门牵头依法查处。

（十七）未经批准，在控制建设区范围内擅自修建各类违法建筑的，城市规划区内的由城管部门、规划部门依法查处，建制镇村庄集镇规划区内的由乡、镇人民政府依法查处；不在城乡规划区内的由国土部门牵头依法查处。

（十八）对建设管理范围内已建成的违法建筑，由相关执法主体会同责任主体依法予以查处。

（十九）水务部门按照职责要求，加强对重要河道、重点河段及其两岸的巡查，负责查处河道内影响排洪安全的违法建筑。

（二十）在建设管理范围内随意挖山动土、破坏景观的，由国土、林业等部门牵头依法查处；未经审批、擅自设置户外广告的，由相关职能部门依法查处。

（二十一）建设管理范围内的建设管理工作纳入市政府对各责任主体的年度绩效考核范围，按照“谁审批谁负责”的原则，各有关单位要严格把关，履行职责，对工作不力，失职失察的，将依法依规追究其主要负责人和直接责任人的责任；对玩忽职守或滥用职权、徇私舞弊的，将依法依纪严肃处理。

浏阳市人民政府

2014年1月16日

LYDR—2014—00003

浏阳市人民政府
关于鼓励和支持文化产业发展的若干意见（试行）

浏政发〔2014〕4号

为促进我市文化产业全面快速发展，推动文化产业成为我市战略性新兴产业，根据国家《文化产业振兴规划》、《中共长沙市委长沙市人民政府关于执行文化改革发展若干政策的实施意见》（长发〔2012〕6号）、《浏阳市人民政府关于鼓励外来投资的决定》（浏政发〔2011〕1号）、《浏阳市人民政府关于鼓励和支持民营经济发展的若干意见》（浏政发〔2013〕17号）等文件精神，结合我市实际，现就鼓励和支持我市文化产业发展提出如下意见：

第一条　优先安排文化产业重点项目新增建设用地指标，将重大文化基础设施和标志性文化工程用地纳入重点项目用地服务范围，优先予以保障。

第二条　对经市政府批准立项的文化产业重点项目，应采取招标方式供地，土地出让最低限价不低于成本地价。依法取得的文化产业项目用地，未经批准不得擅自改变用途。

第三条　鼓励盘活存量土地和房产资源，用于经营文化产业。积极支持利用老工业厂房、仓储用房、传统商业街等存量房产、土地资源兴办文化产业，经有关部门审核同意，土地用途和使用权人可暂不变更。

第四条　符合国家政策的文化产业项目，其企业使用的荒山、荒地等未利用土地，可自使用月份起3年内免征土地使用税。

第五条　市财政从2014年起设置文化产业发展专项引导资金，专项用于全市文化产业发展的品牌宣传、公共服务、文化企业奖励、重点项目扶持等，年度资金规模根据项目情况据实安排，总额控制在300万元以内。鼓励各乡镇、街道和园区根据本地实际设立文化产业发展专项引导资金，出台相应配套政策，扶持文化产业加快发展。

第六条　鼓励新创文化企业，新设立有限责任公司的，注册资本适时实行认缴制、承诺制。出资金额、出资期限由公司《章程》约定，首期出资到位后，分期缴纳出资期限可以延长为5年。

第七条　对引进国内外著名文化企业总部（含地区总部）、文化主题公园、文化产业园区（基地）和国际知名品牌的大型文化活动及体育赛事等，采取“点对点”招商方式和“一企一策、一事一议”的政策予以支持。

第八条　在我市新办注册资本500万元（含500万元）以上，具有独立法人资格的文化企业，自经营年度3年内，按企业缴纳地方公共财政预算收入的10%给予扶持。对新注册的一般文化企业，当年实现缴纳地方公共财政预算收入在30万元（含）以上的，按企业纳税形成的地方公共财政预算收入部分的10%给予奖励。适应以上政策的文化企业，不重复享受其他财税奖励政策。对具有自主研发成果、知识产权的文化创新项目，并在产业实践中取得一定成果的企业，根据项目实施情况给予资金支持和引导。

第九条　外来投资的文化企业享受《浏阳市人民政府关于鼓励外来投资的决定》（浏政发〔2011〕1号）的有关政策扶持。

第十条　文化产业园引进的重点文化产业项目，所涉及的市本级行政事业性收费、基金类收费依法予以全免（社保基金除外），服务性收费按本市核定的收费标准依法减免50%。

第十一条　支持文化企业进行品牌宣传推广和品牌塑造，对企业参加全国性的文化产业交易会、博览会，经市财政局和文化产业园管委会审核认可的，每个企业单位补助1万元。被国家工商行政管理总局认定为中国弛名商标和湖南省著名商标的或者获得知名品牌奖的，给予一次性奖励。

第十二条　鼓励和支持民办博物馆建设，民办博物馆建筑面积在1000平方米（含）以上，投资额度在每平方米3500元（含）以上的，一次性给予200元每平方米的补助。

第十三条　对获“国家级文化产业示范园区（基地）”的单位一次性给予奖励30万元，获“省级文化产业示范园区（基地）”的单位一次性给予奖励20万元，获“长沙市级文化产业示范园区（基地）”的单位一次性给予奖励10万元。对落户市政府主导的文化产业基地、孵化中心、主题街区及其他文化产业集聚带的文化企业，在本政策范围内予以优先支持。

第十四条　文化产业园引进的文化企业落户到乡镇、街道和其他园区，享受飞地招商政策的财税贡献分享比例，作为园区文化产业发展基金。

第十五条　将文化产业信贷融资纳入区域信贷政策重点支持领域，鼓励金融机构进一步创新金融服务方式。支持开展无形资产质押贷款，建立文化企业无形资产评估机制，为文化企业无形资产质押贷款提供服务。

第十六条　鼓励各类担保机构对中小文化企业和项目提供融资担保服务。鼓励建立合资经营的风险投资公司，探索建立“创业投资+担保贷款”的经营模式，为文化企业提供资金保障。

第十七条　引导和鼓励各类金融机构开发和推广适应文化产业发展需要的个性化金融产品，加大对符合条件的重点文化产业企业的授信额度。

第十八条　鼓励从事文化策划、创意设计、数字动漫、文化产业经营管理等高层次文化产业人才来我市从事文化建设、文艺创作和文化产业项目投资。对省级及以上专家、学科技术带头人、博士、正高职称专家到文化企业工作，签订三年以上劳动合同的，工作满一年并经考核合格后，可获得市财政专项补助5万元，分两年补助到位。鼓励文化企业对有突出贡献的高层次文化产业人才以著作权、专利权、知识产权等无形资产折价入股，参与收益分配。

第十九条　进一步完善人才评估和奖励制度，吸引财经、金融、科技等优秀人才进入文化产业领域。对各级各类文化产业人才，不分单位所有制，在评先推优、表彰奖励、职级评定等方面，享受同等待遇。

第二十条　对海外高层次留学人才和留学人员创业团队以自由专利、专业技术、科研成果进行转化，在我市创办文化企业的，可给予一定的创业资助。

第二十一条　对列入扶持范围的同一文化企业或文化项目获得多项奖励（补助）的，按照“从优、从高、不重复”的原则进行奖励，同一奖项在低等次晋升到高等次时，只奖励或资助差额部分。同一企业或项目既可按本意见有关政策奖励（补助）又可按市内其他政策奖励（补助）时，若奖项类型相同，只允许享受一种政策。同一企业同一年度各项奖励和补助累计不超过该企业缴纳地方公共财政预算收入的60%。对当年度提供虚假资料、发生知识产权纠纷、重大安全事故和群体劳资纠纷的，取消享受本意见有关政策。

第二十二条　本意见自发布之日起施行。

浏阳市人民政府

2014年2月17日

浏阳市人民政府
关于印发《浏阳市行政负责人出庭应诉工作办法》的通知

浏政发〔2014〕5号

各乡、镇人民政府，街道办事处，市直各单位：

现将《浏阳市行政负责人出庭应诉工作办法》印发给你们，请认真遵照执行。

浏阳市人民政府

2014年2月19日

浏阳市行政负责人出庭应诉工作办法

第一条　为了做好行政应诉工作，推进法治政府建设，根据《中华人民共和国行政诉讼法》、《国务院关于加强法治政府建设的意见》（国发〔2010〕33号）、《长沙市人民政府办公厅关于印发〈长沙市行政负责人出庭应诉工作办法〉的通知》（长政办发〔2013〕40号）等有关规定，结合本市实际，制定本办法。

第二条　本办法所称的出庭应诉，是指行政机关和法律、法规授权的组织（以下统称行政机关）在行政诉讼案件中作为被告参加开庭审理，依法行使诉讼权利、履行诉讼义务的活动。

第三条　本办法所称的行政负责人，是指负责应诉工作的行政机关的法定代表人或者分管负责人。

第四条　本办法适用于本市范围内的下列单位：

（一）乡（镇）人民政府、街道办事处；

（二）市人民政府行政执法部门、法律法规授权的组织；

（三）垂直管理行政执法单位。

第五条　行政诉讼由作出涉诉具体行政行为的行政机关负责应诉。

以市人民政府名义作出具体行政行为引起的诉讼，由涉诉事项实施的行政机关负责应诉，报市人民政府依法办理委托手续。

应诉责任主体不明确的，由市人民政府法制办公室根据涉诉事项确定。

市人民政府行政负责人出庭应诉按照《长沙市行政负责人出庭应诉工作办法》执行。

第六条　市人民政府法制办公室为行政应诉工作的主管机关，负责本市行政负责人出庭应诉工作的监督、指导和协调。

第七条　下列行政诉讼案件，负责应诉工作的行政机关负责人应当出庭应诉：

（一）每年度第一起行政诉讼案件；

（二）社会影响较大或较疑难复杂的案件；

（三）对行政执法具有指导意义的案件；

（四）一审败诉，二审需要开庭审理的案件；

（五）人民法院建议行政负责人出庭应诉的案件；

（六）其他需要行政负责人出庭应诉的案件。

行政机关的行政诉讼案件一年在5件以上（包括本数，下同）的，行政负责人出庭应诉不得少于1件；10件以上的，不得少于2件。

同一行政机关在一年内有多起同类型应诉案件，且行政负责人当年已出庭应诉一起以上的，其余案件行政负责人可以不再出庭应诉。

第八条　行政负责人应当出庭的案件，可以由行政机关的法定代表人出庭，也可以由分管涉诉业务或者分管法制工作的行政负责人出庭。

第九条　行政负责人应当出庭的应诉案件，收到行政应诉通知书和起诉状副本后，行政负责人应当组织人员整理证据和其他有关材料，参与研究案情，确定其他出庭人员，起草答辩状，按内部工作规则办理审批手续后，及时将答辩状及有关证据材料提交人民法院。确需延期答辩或举证的，应当在规定时间内向人民法院提出延期申请。

出庭人员在开庭前应当做好应诉准备，履行举证、答辩等义务；在庭审过程中，应服从法庭指挥，遵守法庭纪律，用语文明，举止得体。

第十条　行政负责人对行政应诉中发现的有关问题，应当组织研究解决方案，提高行政执法和行政应诉水平。

第十一条　出庭应诉的行政负责人有下列情形之一的，由市人民政府法制办公室会同监察部门按相关规定追究责任：

（一）应当出庭应诉，无正当理由未出庭应诉的；

（二）未整改行政诉讼中发现的有关问题，导致同类问题再次发生的；

（三）出庭应诉活动中存在其他违法、失职渎职行为的。

第十二条　行政诉讼案件有下列情形之一的，行政机关应当自收到行政判决书、行政裁定书之日起15日内报市人民政府法制办公室备案：

（一）撤销或者变更具体行政行为的；

（二）确认具体行政行为违法或者无效的；

㈢ 责令履行法定职责的；

㈣ 在行政诉讼中因改变具体行政行为，原告申请撤诉的。

第十三条 败诉案件备案需提交该案相关证据、答辩材料、行政判决书或者行政裁定书复印件及败诉原因分析报告。

诉讼中因改变具体行政行为，原告申请撤诉的，还应提交改变后具体行政行为的法律文书。

第十四条 行政机关未按本办法出庭应诉、进行备案的，由市人民政府法制办公室责令限期整改，逾期不改正的，给予通报批评。

第十五条 行政负责人出庭应诉工作及行政败诉案件纳入依法行政绩效考核。

第十六条 本办法自公布之日起施行。

浏阳市人民政府
关于表彰2013年度全市见义勇为先进个人的决定

浏政发〔2014〕6号

各乡、镇人民政府，街道办事处，市直各单位：

2013年，全市各级、各部门和广大人民群众在各级党委、政府的正确领导下，继续深化平安浏阳建设，积极参与社会管理综合治理工作，为打击违法犯罪、建设“三个浏阳”做出了重要贡献，涌现出了大批见义勇为先进人物。他们在生与死的考验面前，挺身而出，见义勇为，伸张正义，用鲜血甚至生命保护了国家利益、公共利益和人民生命财产安全。为进一步表彰先进，树立典型，弘扬正气，经市人民政府研究，决定授予唐桂明、周定江、黄建林、张强同志“浏阳市见义勇为先进个人”称号，追授夏参明、左维同志“浏阳市见义勇为先进个人”称号。

希望受表彰的先进个人珍惜荣誉、再接再厉，继续发挥模范带头作用，为维护社会治安秩序、树立良好的社会风尚再立新功。希望全市广大干部群众以先进为榜样，学习他们舍己为人的奉献精神和敢于牺牲的崇高品质，积极投身社会管理综合治理工作，营造惩恶扬善、扶正压邪的良好社会氛围，为维护社会和谐稳定、实现“挺进三十强，再创新辉煌”的宏伟目标做出新的、更大的贡献！

附件：浏阳市2013年度见义勇为先进个人事迹材料

浏阳市人民政府

2014年3月5日

浏阳市2013年度见义勇为先进个人事迹材料

一、唐桂明同志见义勇为先进事迹材料

唐桂明，男，60岁，中共党员，浏阳市大围山镇北麓园村分水组村民。

2013年10月16日下午5时许，唐桂明巡查完山林准备回家时，突然发现相邻的一个山场因氢气球坠落爆炸引发山火，火势蔓延势头强劲，瞬间大片山林着火，眼看就要危及附近村民房屋安全，在这紧急时刻，唐桂明一边向火场冲去，一边打电话向村干部报告险情。当他赶到火场时，呈现在他眼前的是一片火海，火势迅猛，自己随时有被吞没的危险。唐桂明没有胆怯，随即徒手折断树枝奋力扑火，在扑火过程中他的手被树枝划破、脸被大火灼伤、衣服和头发被烧焦……但他始终强忍剧痛，没有停歇，利用手上简易的工具勇敢地扑打着山火，控制着火势的蔓延。独自一人坚持一个多小时后，镇上、村上支援队伍终于赶到，众人齐心协力，经过4个多小时努力，终于将大火扑灭，成功保住了附近村民的房屋。为了保护国家和人民财产，唐桂明多处皮肤被大火烧伤，事后被送往医院救治。

二、周定江同志见义勇为先进事迹材料

周定江，男，58岁，群众，浏阳市龙伏镇柘庄村祝源片中家组村民。

2013年3月15日凌晨2时许，周定江被一阵嘈杂声惊醒，一骨碌从床上爬起来，走到前坪，只见村尾隐隐约约有两个陌生人身影，周定江蹑手蹑脚地跟了过去，躲在角落处观察动静。只见两名男子来到周伟闾家门口，随即朝路边的大黄狗扔了一块“腊肉”，等大黄狗有了“反应”之后，其中一名男子便拿着铁圈、蛇皮袋等工具跟了过去。又是偷狗贼！周定江掌握了“铁证”之后，随即拨打电话叫邻居来帮忙，准备对盗狗贼实施前堵后截。但两名盗狗贼将大黄狗捆绑好装进麻袋后，就准备离开，这时，周定江挺身而出，大声喝道：“别动，老实点！快把狗放下！”盗狗贼见事情败露，惊慌失措，拔腿就跑。周定江快步上前抓住其中一个盗狗贼的胳膊，大声喊“抓贼啊！抓贼啊！”盗狗贼奋力挣脱，用手肘朝着周定江的胸部猛击。周定江来不及躲闪，被对方的手肘重重地击中。剧痛使他不由自主松开了盗狗贼。然而，周定江没有退却，又一个前扑死死抱

住盗狗贼的腰。盗狗贼猛地一推将周定江推倒在地，周定江奋身一跃又抱住了盗狗贼的右腿。此时的盗狗贼面目狰狞，对着周定江恶狠狠地说："再不松手，我就弄死你。"周定江始终没有松手。盗狗贼用脚朝着周定江的头部和肩部疯狂地踢去，周定江无力招架，被盗狗贼挣脱。此时，村民们闻讯赶来，盗狗贼见势不妙，朝村边稻田奔去，企图沿着田埂小路溜进后山。见此情景周定江忍着疼痛，马上抄近路快速绕过稻田，在后山坡将盗狗贼堵住，在其他村民的帮助下终于将盗狗贼抓获，并移交给前来处警的龙伏镇派出所干警。事后，经医院检查，周定江的头部和躯干多处软组织损伤。

三、黄建林同志见义勇为先进事迹材料

黄建林，男，43 岁，群众，浏阳市沙市镇秀山社区中心街村民。

2012 年 6 月 30 日 10 时许，黄建林在田里干农活，突然听到邻居大叫一声"抓贼啊，有贼偷摩托啦！"黄建林迅速丢掉手中的农活，毫不犹豫地骑着自己的摩托车朝偷车贼逃跑的方向追去。追至沙市镇与长沙县交界的地方，正好看到两个偷车贼在丢车主的东西。他冲上去一边大喊："抓贼啊！抓贼啊！"两名偷车贼闻声分散逃窜。其中一名偷车贼骑摩托车往永安方向逃跑，黄建林在后面紧追不舍。追上偷车贼后，黄建林猛力用自己的摩托车将此偷车贼撞倒，该偷车贼仓皇弃车向山上逃去。黄建林没有放弃，调转车头继续追赶朝长沙县路口镇方向逃窜的另一名偷车贼。在快到长沙县路口镇时，黄建林终于追上了另一名偷车贼。黄建林将自己的摩托车一扔，飞奔追上拽住偷车贼。偷车贼一下从摩托车上滚了下来，两人相互扭打在一起。经过数分钟的贴身肉搏，偷车贼被黄建林死死缠住，无法挣脱。此时，偷车贼转身掏出随身携带的匕首，朝黄建林扎去。面对穷凶极恶的偷车贼，黄建林毫无惧色，随手拾起地上的一根木棍，与偷车贼展开搏斗。在搏斗中，黄建林的衣服多处被凶器划破，手臂和手指多处被扎伤，鲜血直流。这时，从浏阳追赶过来的群众也正好赶到现场，通过协同作战，最后将偷车贼擒获，将其押送至沙市派出所。审讯后，沙市派出所顺藤摸瓜，彻底端掉了以童志勇为首的平江籍盗窃摩托车团伙 1 个，抓获犯罪嫌疑人 12 名，破获摩托车盗窃案 9 起，缴获被盗摩托车 6 辆。

四、张强同志见义勇为先进事迹材料

张强，男，54 岁，党员，浏阳市永安镇永和村茂田组村民。

2013 年 2 月 17 日下午 1 时许，张强开车陪同妻子前往长沙治病。行至永安镇与长沙县春华镇搭界处时，张强发现路边的水塘内有一小车落水，现场已有很多群众在围观。张强马上靠边停车。此时，水已快淹至半个车窗了，车还在继续下沉，车中有 6 名群众被困，围观群众没有一人下水救人。见此情景，张强飞身下车，毫不犹豫地脱掉外套扔给妻子，纵身跳入水中。刺骨的池塘水冻得张强浑身发抖，但他全然不顾，迅速朝车子游去。他很快游到车跟前，奋力砸碎车窗玻璃，用尽全力将车门拉开，将坐在副驾驶室的女同志先拖了出来，拽着她游向岸边。

张强奋不顾身、勇于救人的行为感染了整个现场，其他群众也纷纷加入救人的行列。经过众人奋力施救，6 名被困群众陆续被救上岸。张强上岸时，已经冻得嘴唇发紫、脸色苍白，但他仍然坚持把被救群众一一送上急救车后，才开车离开。

五、夏参明同志见义勇为先进事迹材料

夏参明，男，牺牲时 17 岁，共青团员，浏阳市镇头镇土桥村伏冲组村民。

2013 年 8 月 15 日下午 5 时许，夏参明和几个朋友到柏加镇仙人湖水库游泳。当时有很多人在水中游泳，也有不少人在岸边观看。突然，一名站在水库岸边观看的年轻男子，一不留神跌入水中。他拼命挣扎，连呼救命。正在水中游泳的夏参明听到呼声后，毫不犹豫一个猛扎，迅速朝落水者游去。夏参明一次又一次潜水寻找落水者，体力严重透支，但他始终没有放弃。经过七八次潜水寻找，夏参明终于找到了已经沉入水底的落水者。此时的落水者已经是奄奄一息，不省人事。夏参明使出全身力气将落水者托出水面，拽着他朝岸边游去。快接近岸边时，夏参明已经是脸色苍白，筋疲力尽。此时，只要他本能地松开手，他自己就是安全的。但他没有这样做，而是用尽自己全部的力气，一点一点地将落水者往岸边推去。最后，落水者被夏参明推到了岸边得救了，夏参明自己却因体力不支，瞬间沉入了水底，献出了宝贵的生命。

六、左维见义勇为先进事迹材料

左维，男，牺牲时 28 岁，党员，大瑶镇城管中队队员，住浏阳市淮川街道朝阳社区解放路下河街。

2013 年 11 月 18 日下午 6 点半左右，大瑶花炮大道正处于车流高峰期，大瑶镇城管中队还在加班加点，组织保洁工人清扫马路。因工作任务重、时间紧，保洁工人都已非常疲惫。见此情形，城管队员左维主动拖着垃圾桶帮正用铁锹铲垃圾的保洁工人彭显虎装垃圾。19 时 30 分左右，当左维和彭显虎沿新城大道往四星路方向装垃圾时，一辆牌照为湘 A8SP16 越野车由南向北飞驰而来。左维抬头一看，发现情形不对，越野车好像直冲着自己和彭显虎而来。来不及思考，左维本能地将彭显虎向路边推去，只听见"嘭"的一声巨响，悲剧还是发生了。越野车撞上了左维和彭显虎！当时在马路对面扫垃圾的保洁工人黄孝源、王贤启听到响动，当即奔向事故现场，发现肇事的宝马车已经停下，车身前部严重变形，并溅有大量血迹。彭显虎被撞倒在路边，头部、腿部等多处受伤、伤情严重；左维被撞飞 30 多米，头部遭受重创，身旁有大摊鲜血，当场死亡。伤者彭显虎被紧急送往市人民医院进行抢救，诊断为左腿骨折，颅内出血，肺部破裂，经医院全力抢救后，其伤情基本稳定。彭回忆道："当时我正低头铲垃圾，根本没意识到危险。突然左维猛力推了我一下，我顺势就倒下了，接着就什么也不知道了。直到苏醒过来，才知道是发生了车祸。是左维及时发现危险将我推倒，我才捡回了这半条命……"彭说完，泪如雨下。

LYDR—2014—00006

浏阳市人民政府
关于印发《浏阳市征地补偿安置实施办法》的通知

浏政发〔2014〕8号

各乡、镇人民政府，街道办事处，市直各单位：

《长沙市征地补偿安置条例》和《长沙市征地补偿实施办法》已颁布实施。根据该《条例》和《办法》规定，我市制定的《浏阳市征地补偿安置实施办法》已于2014年3月4日经长沙市人民政府批准（长政发〔2014〕7号），现印发给你们，请认真遵照执行。

浏阳市人民政府
2014年3月27日

浏阳市征地补偿安置实施办法

第一章　总　则

第一条　为切实加强征地补偿安置工作，维护被征地农村集体经济组织、村民和其他权利人的合法权益，根据《中华人民共和国土地管理法》、《长沙市征地补偿安置条例》、《长沙市征地补偿实施办法》等文件精神，结合我市实际，特制定本办法。

第二条　本市行政区域内的征地补偿安置适用本办法。法律、法规另有规定的，从其规定。

第三条　市人民政府负责本辖区内征地补偿安置工作的实施、协调、监督和管理。市人民政府土地、人力资源和社会保障、民政行政主管部门按照职责分工负责征地补偿安置具体工作；其他有关部门依照各自的职责共同做好相关工作。市人民政府设立征地办公室，履行以下职责：

（一）拟订征地方案；

（二）发布征地公告，并报长沙市人民政府征地办公室备案；

（三）审批征地补偿安置方案；

（四）协调处理征地补偿安置争议；

（五）法律、法规、规章规定的其他补偿安置工作。

第四条　市人民政府土地行政主管部门负责以下征地补偿工作：

（一）发布预征地公告；

（二）办理征地补偿登记，并组织进行现场调查核实；

（三）会同有关部门拟订征地补偿安置方案；

（四）发布征地补偿安置方案征求意见公告；

（五）发布征地补偿安置方案实施公告并报长沙市人民政府征地办公室备案；

（六）审核征地补偿费用概算，但应当由长沙市土地行政主管部门审核的除外；

（七）按规定拨付征地补偿费用；

（八）依法责令限期拆迁腾地；

（九）法律、法规、规章规定的其他征地补偿工作。

第五条　土地行政主管部门可以将征地工作中的事务性和技术性工作委托给征地事务机构承担。

第六条　市人民政府人力资源和社会保障部门负责做好被征地农民的就业培训、基本养老保险、基本医疗保险、养老生活保障、基本生活补助等社会保障工作。

第七条　乡（镇）人民政府、街道办事处承担下列征地补偿安置工作：

（一）负责做好群众工作，使被征地农民支持配合有关部门做好征地补偿安置工作；

（二）协助征地补偿登记、调查；

（三）督促、指导农村集体经济组织实施征地补偿安置方案具体事项；

（四）监督农村集体经济组织对征地补偿费用的管理、使用、分配、公开等情况；

（五）协助处理征地补偿纠纷及遗留问题。

第八条　村（居）民委员会、农村集体经济组织、村民和其他权利人应当服从国家征地的需要，支持配合征地补偿安置工作。

第九条　发布（预）征地公告时，土地行政主管部门应当书面通知当地公安、工商、建设、规划、房产、农业、林业等有关行政主管部门在征地公告规定的期限内依法暂停办理户口迁入、分户、工商登记以及房屋改（扩）建、抵押、租赁、转让等有关手续。

在（预）征地公告规定的期限内，因出生、婚嫁、复员退伍、大中专毕业生回原籍、刑满释放等情形确需入户或者分户的，由公安机关核实后依法予以办理。

第二章　征地补偿

第十条　征收土地按照被征收土地的原用途给予补偿。征地补偿费用包括土地补偿费、安置补助费。

被征地的原用途是指预征地公告发布时前三年的实际用途。

第十一条　征地补偿费按湖南省人民政府（湘政发〔2012〕46号）文件规定的标准执行。

第十二条　青苗、林木、水产品的补偿费按照规定的标准执行。

林地面积按其水平投影面积计算。套种作物从其高类进行补偿。零星树木折合成公顷或亩予以补偿。补偿后的林木按照生态要求等需要保留的，另外按照材积进行补偿；不需要保留的，由所有权人在规定的腾地期限内处理，逾期未处理的由征地方处理。花卉苗木基地的花卉苗木移植搬迁费按规定的标准予以补偿。

征地范围外的专业鱼池因施工需要降低蓄水深度的，按降低水位的比例乘以该专业鱼池的征地年产值标准予以补偿；养殖水深降低到不足50厘米时，按照征地年产值标准予以补偿。

第十三条　征地范围内坟墓由市土地行政主管部门发布迁坟公告，在公告规定的期限内，由墓主的亲属自行处理，并按照规定标准补助；逾期未作处理的，由建设单位作深埋处理，并做好相关记录。

第十四条　自预征地公告发布之日起，在拟征地上改变土地利用现状，以及除正常耕种外的抢栽、抢种青苗、林木，抢建建（构）筑物、设施，抢装饰装修等，征地时一律不予补偿。

有下列情形之一的，不予补偿：

（一）违法建（构）筑物，超过使用期限的临时建（构）筑物，有关合法证件中注明国家建设需要时无条件拆除的临时建（构）筑物；

（二）室外生产生活设施、农业生产用房、水塘、水库、构筑物、临时建（构）筑物等的装饰装修；

（三）已废弃的生产、生活设施。

第十五条　被征地的农村集体经济组织、村民和其他权利人应当在征地公告规定的期限内，持土地权属证明到指定地点办理征地补偿登记手续。被征土地上有建（构）筑物的，还应提供有关建（构）筑物的合法有效证明。

土地行政主管部门应当组织工作人员到现场调查核实，并经被征地农村集体经济组织、村民和其他权利人确认。

被征地农村集体经济组织、村民和其他权利人未在规定期限内办理登记手续或者对调查结果拒不配合予以确认的，其补偿内容以土地行政主管部门的调查结果为准。

第十六条　拆除采取农村集体经济组织统一安置的农户的住宅，按照规定的标准给予房屋补偿费、房屋装饰装修及设施的补偿费。拆除非农业户或采取货币安置方式的农户的住宅，按照规定的标准给予房屋补偿、房屋装饰装修及设施补偿费和购房补助费。

第十七条　取得市房屋产权管理部门2006年7月1日以后颁发的房屋权属证书的，其房屋合法建筑面积以房屋权属证书为依据。

未取得市房屋产权管理部门2006年7月1日以后颁发的房屋权属证书的，其房屋合法建筑面积由市土地行政主管部门按下列规定认定：

（一）1987年1月1日以后兴建的房屋，以建设用地批准文件为依据，城市规划区内还须提交建设工程规划许可证和规划许可证。

（二）1987年1月1日以前兴建的房屋，未进行改建、扩建的认定为合法建筑面积。

对房屋合法建筑面积的认定有异议的，可以在征地补偿安置方案征求意见公告期间向市人民政府申请复查，市人民政府组织国土、规划、住房保障等部门审查确定。

第十八条　征地范围内不能搬动的室外生产生活设施，农业生产用房按照规定的标准给予补偿。

需要易地修建的水塘、水库，按照原蓄水容积及规定的标准补偿。

经批准的临时建筑，在规定的使用期限内按照建筑结构的重置价格结合使用年限剔除残值后补偿。

第十九条　拆除电力、电信、广播电视、给排水、燃气等设施需要的补偿，由市物价行政主管部门按照有关规定核定后再给予补偿；废弃不用的不予补偿。

第二十条　拆除企业房屋，按照规定的标准予以补偿。涉及生产设备搬迁的，按照设备的拆卸、安装、搬迁台班的实际工作量计算；不能搬动的，按照规定的标准包干补偿。

第二十一条　拆除房屋的搬迁补助费、房屋过渡补助费、按期拆迁房屋奖励费，按照规定的标准予以补偿。

第二十二条　拆除砂石场、砖场、预制场，按照规定的标准予以包干补偿补助。

第二十三条　采取货币安置方式的农户的农用工具、牲畜，由农户自行处理，并按照规定的标准予以补助。

第二十四条　经补偿后的青苗、成鱼、鱼苗、苗木、花卉、林木、建筑物和其他地上附着物等，由被征地方在规定的腾地期限内自行处理；逾期未处理的，由征地方处理。

第二十五条　征地补偿费用总额的80%应当在征地公告发布前存入土地行政主管部门在市财政局开设的征地补偿专用账户，其余部分应当在征地补偿安置方案实施公告发布前足额存入。未足额存入的，土地行政主管部门不得发布征地补偿安置方案实施公告。

第三章　征地安置

第二十六条　征地安置对象为被征地的农村集体经济组织成员。

征收淮川、集里、荷花、关口街道办事处城市规划区内的规划建设用地范围，经开区、制造产业基地规划区范围内农民集体所有土地的，采取货币安置。

征收前款以外的建制镇和乡（镇）农民集体所有土地的，采取由农村集体经济组织统一安置；但对不具备基本生产、生活条件的，经市人民政府批准可采用货币安置。

实行货币安置的被征地农户由市人民政府提供保障房源。购买保障房源以户为单位，由户主申请，经市人民政府征地办公室审查后确定，购买面积为每人60平方米，购买价格及申购办法由市人民政府另行制定。

实行货币安置的人员，一律转为城镇居民并纳入城镇就业服务和社会保障体系，不再保留原农村集体经济组织成员身份，但仍然享有对原农村集体经济组织积累的财产权利。

第二十七条　农村集体经济组织或者村（居）民委员会应当自征地公告发布之日起30日内召开村民会议或村民代表会议，确定转为城镇居民的人员名单，经乡（镇）人民政府、街道办事处会同当地公安部门和土地行政主管部门审核公示后报市人民政府核准。农村集体经济组织或者村（居）民委员会应当为核准的人员到相关部门统一办理转户手续。

第二十八条　采取农村集体经济组织统一安置方式的农户，需要重建的，原则上实行统一安置。线型工程和单独选址征地项目等不具备统一安置条件的可实行分散安置。安置地必须符合土地利用总体规划和城乡规划。

实行统一安置的，村民生活安置用地指标按每人80平方米计算（包括生活小区道路、房屋间距及其他配套设施用地等）。被征地的农业人口中是独生子女的凭计生部门颁发的独生子女证增加1个人的用地指标，并另行支付重建用地补助费给农村集体经济组织，用于重建用地的规划设计、用地和报建手续、补偿安置、基础设施建设等。

实行分散安置的按照重建用地类别将土地补偿费、安置补助费、地上附着物和青苗补偿费核算给被征地的农村集体经济组织，并按房屋补偿费（不含装饰装修及设施补偿费）的20%补偿重建用地补助费（含重建用地报建费、超深基础费等）支付给被征地的农村集体经济组织掌握使用。

第四章　附则

第二十九条　被征地农民社会保障资金来源包括：

（一）按征地面积征收每平方米80元的社会保障费；

（二）被征收土地10%的征地补偿费；

（三）被征地农民社会保障资金的利息及其增值收入；

（四）其他可用于被征地农民社会保障的资金。

以上资金尚不足支付被征地农民社会保障费用的，由市财政在国有土地有偿使用收入中解决。

第三十条　被征地的农村集体经济组织、村民和其他权利人应当在征地补偿安置方案实施公告规定的期限内腾地。

发布征地补偿安置方案实施公告并足额支付征地补偿费用后，被征地者在规定期限内没有腾地的，由土地行政主管部门依法做出限期腾地决定；逾期拒不腾地的，土地行政主管部门可以申请人民法院强制执行。

第三十一条　农村集体经济组织应当将征地补偿费用的收支状况纳入村务公开的内容，向本集体经济组织的成员公布。

人力资源和社会保障行政主管部门负责对被征地农民的社会保障资金实施调控和管理。

监察、审计等部门应对征地补偿费用的拨付和使用等情况进行监督和审计。

第三十二条　对补偿安置有争议的，由市人民政府协调。协调不成的，按照国家和省的有关规定裁决。

征地补偿、安置争议不影响征地方案的实施。

第三十三条　住宅房屋补偿费标准、房屋装饰装修及设施补偿费标准、购房补助费标准、重建用地补助费标准、企业房屋补偿费标准，房屋搬迁补助费、过渡补助费、按期拆迁奖励费等其他补偿费标准，由市人民政府颁布实施，并可根据社会和经济发展水平适时调整（现行补偿标准附后）。

第三十四条　国家建设使用国有农用地以及乡（镇）村公共设施、公益事业、乡镇企业和村民住宅使用农民集体所有土地的，其补偿、补助标准参照本办法执行。

经批准依法收回的国有农场、林场等农用地，其补偿、补助费标准参照本办法执行。

第三十五条　大中型水利水电工程建设征用土地的补偿标准和移民安置，按国家有关规定办理。

第三十六条　本办法自公布之日起施行。浏阳市人民政府印发的原《浏阳市征地补偿安置实施办法》（浏政发〔2008〕12号）同时废止。

本办法发布实施前已发布征地补偿安置方案实施公告的，按原有规定办理。

浏阳市征收农村集体土地地上附着物及青苗补偿标准

一、青苗补偿标准（一）

单位：元／亩

地　类	类别	标准	
水　田	一	2200	
	二	2000	
专业菜地	一	5500	另按专业菜地标准的20%包干补偿生产设施费用
	二	4500	
专业鱼池	一	3800	专业鱼池的成鱼按照专业鱼池标准补偿，鱼苗、鱼种按照专业鱼池标准的1.2倍补偿；另按专业鱼池标准的20%包干补偿生产设施费用
	二	3200	
旱　土	一	1500	
水塘、水库	一	2200	水塘中的成鱼按照该土地邻近水田标准补偿；水库中的成鱼按照该土地邻近水田标准的50%补偿
	二	2000	

注：1、林地面积按其水平投影面积计算；2、套种作物从其高类进行青苗补偿。

二、青苗补偿标准（二）

单位：元/亩

地　类	类别	标准	
苗木花卉、经济林木	一	2200	按照该土地邻近水田标准结合已栽培年限补偿，最高补偿年限不超过 4 年
	二	2000	
人造用材林木	一	2200	按照该土地邻近水田标准的 50%结合已栽培年限补偿，最高补偿年限不超过 4 年
	二	2000	
非人造林木	一	2200	按照该土地邻近水田标准的 50%至 100%补偿
	二	2000	

三、花卉苗木基地花卉苗木移植费

品种	胸径（离地 1.5 米）	高度	种植密度（株 / 亩）	标准（元 / 亩）	备　注
各种花卉苗木		1 米以下	2000-3000	2800-3300	1. 该补偿只限经批准的花卉苗木基地； 2. 种植密度低于标准 80%的按实际密度补偿； 3. 异地移植的地点由被征地户自行解决，不另补偿
		1 米以上	700-1000	3300-4400	
	4-9 厘米		600-700	6600-7700	
	10-19 厘米		300-450	12000-14000	
	20 厘米以上		150-200	15000-18000	

四、货币安置住宅房屋补偿费标准

单位：元/平方米

<table>
<tr><th colspan="5">一</th><th>二</th><th colspan="2">三</th></tr>
<tr><td colspan="5">房屋补偿费</td><td>房屋装饰装修及设施补偿费</td><td colspan="2">购房补助费</td></tr>
<tr><td rowspan="2">房屋结构</td><td rowspan="2">类别</td><td rowspan="2">标准</td><td colspan="2">成新折算（年）</td><td rowspan="2">标准</td><td rowspan="2">农户补助标准</td><td rowspan="2">非农户补助标准</td></tr>
<tr><td>≤5</td><td>>5</td></tr>
<tr><td>钢混</td><td></td><td>830</td><td rowspan="3">100%</td><td rowspan="3">95%</td><td>620</td><td rowspan="5">1、根据被拆除房屋的合法建筑面积，第一、二层的购房补助费按 720 元 / 平方米，第三层（含三层）以上的购房补助费按 240 元 / 平方米；
2、按被征地的农业人口数另增加 3.2 万元 / 人</td><td rowspan="5">根据被拆除房屋的合法建筑面积，第一、二层的购房补助费按 1200 元 / 平方米，第三层（含三层）以上的购房补助费按 600 元 / 平方米</td></tr>
<tr><td rowspan="2">砖混</td><td>一类</td><td>610</td><td rowspan="2">450</td></tr>
<tr><td>二类</td><td>560</td></tr>
<tr><td>砖木</td><td></td><td>500</td><td colspan="2" rowspan="2">100%</td><td>400</td></tr>
<tr><td>土木</td><td></td><td>400</td><td>290</td></tr>
<tr><td>备注</td><td colspan="7">1. 房屋补偿费按拆除的房屋的合法建筑面积、房屋结构结合成新后计算。
2. 房屋的装饰装修及设施补偿费按被拆除的房屋的合法建筑面积计算，包干补偿。
3. 购房补助费中按被征地的农业人口数另增加 3.2 万元 / 人直接支付给市人民政府，用于住房保障；被拆迁户自愿申请不购买市人民政府提供的保障房源的，该项补助费可发放到户。被征地的农业人口中是独生子女的凭计生部门的《独生子女证》增加一个人的购房补助费。
4. 房屋结构、装饰装修及设施的增减因素按住宅房屋结构、装饰装修及设施技术要求计算。
5. 钢混结构的认定由国土部门组织有关专家确定。
6. 房屋建筑面积的计算按照中华人民共和国国家标准（GB/T 50353-2005）《建筑工程建筑面积计算规范》执行。
7. 临时建筑的重置价格按照本表第一项“房屋补偿费”的补偿标准计算；结合使用年限是指经批准的使用年限内剩余的使用年限</td></tr>
</table>

五、统一安置住宅房屋补偿标准

单位：元/平方米

<table>
<tr><td colspan="5">一</td><td>二</td><td colspan="4">三</td></tr>
<tr><td colspan="5">房 屋 补 偿 费</td><td>房屋装饰装修及设施补偿费</td><td colspan="4">重建用地补助费</td></tr>
<tr><td rowspan="2">房屋结构</td><td colspan="2" rowspan="2">补偿标准</td><td colspan="2">成新折算（年）</td><td rowspan="2">包干补偿标准</td><td colspan="2">集中重建</td><td colspan="2">分散重建</td></tr>
<tr><td>≤5</td><td>＞5</td><td>面积</td><td>补偿标准</td><td>面积</td><td>补偿标准</td></tr>
<tr><td>钢混</td><td></td><td>830</td><td rowspan="3">100%</td><td rowspan="3">95%</td><td>620</td><td rowspan="5">按需安置的农业人口数，人平 80 平方米。</td><td rowspan="5">400</td><td rowspan="5">按省、市、县（市）人民政府规定的农村村民集体土地建房用地面积</td><td rowspan="5">1、按照重建用地类别将土地补偿费、安置补助费、地上附着物和青苗补偿费核算给被征地的农村集体经济组织。
2、按房屋补偿费（不含房屋装饰装修及设施补偿费）的 20%补偿重建用地补助费支付给被征地的农村集体经济组织掌握使用</td></tr>
<tr><td rowspan="2">砖混</td><td>一类</td><td>610</td><td rowspan="2">450</td></tr>
<tr><td>二类</td><td>560</td></tr>
<tr><td>砖木</td><td></td><td>500</td><td colspan="2" rowspan="2">100%</td><td>400</td></tr>
<tr><td>土木</td><td></td><td>400</td><td>290</td></tr>
<tr><td>备注</td><td colspan="9">1、本标准适用于拆除采取农村集体经济组织统一安置和分散安置方式的农户的住宅。
2、房屋补偿费按拆除的房屋的合法建筑面积、房屋结构结合成新后计算。
3、房屋的装饰装修及设施补偿费按被拆除的房屋的合法建筑面积计算，包干补偿。
4、房屋结构、装饰装修及设施的增减因素按住宅房屋结构、装饰装修及设施技术要求计算。
5、钢混结构的认定由国土部门组织有关专家确定。
6、房屋建筑面积的计算按照中华人民共和国国家标准（GB/T 50353-2005）《建筑工程建筑面积计算规范》执行。
7、临时建筑的重置价格按照本表第一项“房屋补偿费”的补偿标准计算；结合使用年限是指经批准的使用年限内剩余的使用年限</td></tr>
</table>

六、企业房屋补偿费标准

单位：元/平方米

<table>
<tr><td rowspan="2">房屋结构</td><td colspan="2" rowspan="2">补偿标准</td><td rowspan="2">单层层高加价</td><td colspan="2">成新折算（年）</td></tr>
<tr><td>≤5</td><td>＞5</td></tr>
<tr><td>钢混</td><td></td><td>830</td><td rowspan="5">单层层高＞3 米≤4 米的，层高加价为补偿标准的 30%；＞4 米≤5 米的为 40%、＞5 米≤6 米的为 50%，单层层高＞6 米的，层高加价按补偿标准的 50%计算后另按每增高 1 米增加 10 元 / 平方米的标准补偿</td><td>100%</td><td>95%</td></tr>
<tr><td rowspan="2">砖混</td><td>一类</td><td>610</td><td colspan="2" rowspan="4">100%</td></tr>
<tr><td>二类</td><td>560</td></tr>
<tr><td>砖木</td><td></td><td>500</td></tr>
<tr><td>土木</td><td></td><td>400</td></tr>
<tr><td>备注</td><td colspan="5">1. 本标准适用拆除有集体建设用地使用证、房屋合法产权证明的企业房屋。
2. 办公用房、厂房的房屋补偿费按被拆除的房屋的合法建筑面积、房屋结构结合成新后计算。
3. 企业办公用房的装饰装修及设施按合法建筑面积及房屋装饰装修及设施补偿费的标准计算，厂房的装饰装修不予补偿</td></tr>
</table>

七、住宅房屋结构、装饰装修及设施技术要求

房屋结构	结构、装饰装修及设施技术要求
钢混类	1. 主体结构 框架结构；现浇钢筋混凝土梁、柱承重，非承重隔墙；屋顶炮楼；现浇或预制楼梯（踏步）；预制空心板楼面；预制空心板钢丝网砼防水屋面带空心板隔热层；现浇天沟排水；房屋四周水泥砖砌排水明沟或暗沟；挑阳台，梯间为金属、木质或砖混等各类材质扶手护栏；底层净高3.2米，二层以上净高3米。 2. 地面、墙面、顶面 室内地面达到防滑地面砖、花岗岩、大理石或实木、强化木地板以上装饰装修标准； 室内墙面刮瓷涂、天棚一级吊顶以上装饰装修标准；厨房、洗漱间、厕所墙裙贴面； 外墙正面和两侧为贴面砖，其他为干粘石以上装饰装修标准。 3. 门窗要求 各类防盗门，塑钢、铝合金玻璃窗，各类金属材质护窗，各类材质防雨遮阳篷，各类材质装饰装修门，门窗套为水曲柳或仿榉木板以上装饰装修标准。 4. 其他要求 室内壁柜等生活设施齐全（含室内各类材质间墙）；厨房、洗漱间、厕所内设施齐全，室内外水电设施齐全
增减因素	1. 隔热层高度超过70厘米的按房屋主体补偿增加2%，隔热层内的装饰装修及设施不予补偿。 2. 层高每增减10厘米按房屋主体补偿增减1%。 3. 有架空层的按房屋主体补偿增加2%，架空层内的装饰装修及设施不予补偿。 4. 房屋的装饰装修及设施包干补偿
砖混一类（二层以上、含二层）	1. 主体结构 砖混结构；24厘米以上砖墙；梁、柱共同承重；现浇或预制楼梯（踏步）；预制空心板楼面；预制空心板钢丝网砼防水屋面带空心板隔热层或平顶青瓦屋面；现浇天沟排水；房屋四周水泥砖砌排水明沟或暗沟；挑阳台，梯间为金属、木质或砖混等各类材质扶手护栏；层高3米。 2. 地面、墙面、顶面 室内地面（含防潮层）达到防滑地面砖、花岗岩、大理石或实木、强化木地板以上装饰装修标准； 室内墙面刮瓷涂、顶面一级吊顶以上装饰装修标准；厨房、洗漱间、厕所墙裙贴面； 外墙正面和两侧为贴面砖，其他为干粘石以上装饰装修标准。 3. 门窗要求 各类防盗门，塑钢、铝合金玻璃窗，各类金属材质护窗，各类材质防雨遮阳篷，各类材质装饰装修门，门窗套为水曲柳或仿榉木板以上装饰装修标准。 4. 其他要求 室内壁柜等生活设施齐全（含室内各类材质间墙），厨房、洗漱间、厕所内设施齐全，室内外水电设施齐全
增减因素	1. 隔热层高度超过70厘米的按房屋主体补偿增加2%，隔热层内的装饰装修及设施不予补偿。 2. 层高每增减10厘米按房屋主体补偿增减1%。 3. 有架空层的按房屋主体补偿增加2%，架空层内的装饰装修及设施不予补偿。 4. 房屋的装饰装修及设施包干补偿

（续上表）

房屋结构	结构、装饰装修及设施技术要求
砖混二类	1．主体结构 砖混结构；24 厘米砖墙或 18 厘米砖墙；预制空心板钢丝网砼防水屋面或平顶青瓦屋面；现浇天沟排水；房屋四周水泥砖砌排水明沟或暗沟；层高 3 米。 2．地面、墙面、顶面 室内地面（含防潮层）达到防滑地面砖、花岗岩、大理石或实木、强化木地板以上装饰装修标准； 室内墙面刮瓷涂、顶面一级吊顶以上装饰装修标准；厨房、洗漱间、厕所墙裙贴面； 外墙正面和两侧为贴面砖，其他为干粘石以上装饰装修标准。 3．门窗要求 各类防盗门，塑钢、铝合金玻璃窗，各类金属材质护窗，各类材质防雨遮阳篷，各类材质装饰装修门，门窗套为水曲柳或仿榉木板以上装饰装修标准。 4．其他要求 室内壁柜等生活设施齐全（含室内各类材质间墙），厨房、洗漱间、厕所内设施齐全，室内外水电设施齐全
增减因素	1．隔热层高度超过 70 厘米的按房屋主体补偿增加 2%，隔热层内的装饰装修及设施不予补偿。 2．层高每增减 10 厘米按房屋主体补偿增减 1%。 3．有架空层的按房屋主体补偿增加 2%，架空层内的装饰装修及设施不予补偿。 4．房屋的装饰装修及设施包干补偿

八、房屋搬迁补助费、过渡补助费、按期拆迁奖励费标准

项　目	标　　准	备　　　注
房屋搬迁补助费	7.2 元 / 平方米•次	按合法建筑面积计算，搬迁补助费最多补 2 次；对持有“中华人民共和国残疾人证”的，按标准增加 50%房屋搬迁补助费
房屋过渡补助费	20 元 / 平方米•月	适用于乡（镇、街道）、村企业房屋，按合法建筑面积计算，过渡期为 24 个月，包括过渡期间停产、停业的损失；已停产、停业的企业按标准的 50%补助；临时建筑不予补助
	7.2 元 / 平方米•月	适用于住宅房屋，按合法建筑面积计算，过渡期为 24 个月；临时建筑不予补助
按期拆迁房屋奖励费	200 元 / 平方米•次	在征地补偿安置方案实施公告规定的期限内，按期拆迁腾地的，按合法建筑面积计算；临时建筑不予奖励

九、住宅房屋室外设施和生产用房补偿费标准

项　目	标　　准	备　　注
室外设施	36000 元 / 栋	4 人户室外所有设施（生产用房除外）包干补偿；每增加一人，增加 8000 元补偿费用
生产用房（为农业生产服务）	144 元 / 平方米	1．生产用房每户不超过 100 平方米，未经批准的超面积部分一律不予补偿。 2．生产用房需四面有墙体、填心门窗，畜舍、杂屋高度在 2.2 米以上，达不到以上标准的按 50%计算。 3．生产用房包干补偿后，不再补偿其他费用
农用工具	1500 元 / 户	农户转为非农业户的按此标准补助

十、企业房屋室内、室外设施补偿费标准

项　目	补　偿　标　准
室内、室外生产设备能搬迁的	根据设备的拆卸、安装和搬迁台班费按实际工程量计算
室内、室外生产设备不能搬迁的	按照红线用地面积 50 元 / 平方米计算，包干补偿

十一、集体设施补偿费标准

单位：元/亩

类　别	标准	备　注
专业菜地	5000	1. 集体设施予以包干补偿。 2. 其他农用地不包含企业用地、水塘、道路和宅基地。 3. 水塘需要易地修建的，根据原水塘蓄水容积按 12 元 / 立方米进行补偿，水塘的设施不再另行补偿；水塘不需恢复的按照每亩 2200 元 / 亩包干补偿。 4. 混凝土道路（要求厚度大于 18 厘米）按 50 元 / 平方米、沥青道路按 25 元 / 平方米予以补偿。 5. 杆线迁移按照征收面积 2000 元 / 亩包干补偿（超过 380 伏的电力杆线除外）
专业鱼池	5000	
水　田	3000	
旱　土	1500	
其他农用地	1000	

十二、砂石场、预制场、砖场补偿补助费标准

项　目		规格（单位）	标　准	备　注
砂石场	输送机传输皮带总长度	200（米）以下的（含 200 米）	160000 元	1. 合法砂石场内的机械设备拆卸、搬运、安装，交配电设备，电杆电线及场地平整和搬迁费用等所有补偿费用包干补偿 2. 输送机传输皮带在 200 米以上的，每增加 1 米，补助费增加 300 元
	停产、停业补助费	200（米）以下	20000 元	每个砂石场的停产、停业补助费按输送机传输皮带总长度包干补助
		200-500（米）	30000 元	
		500（米）以上	40000 元	
	按期拆迁腾地奖	个	60000 元	在征地补偿安置方案实施公告规定的期限内，按期完成拆除建（构）筑物，并腾出土地的
预制场	停产、停业补助费		200000 元	1. 合法预制场内的机械设备拆卸、搬运、安装，交配电设备，电杆电线，水塔、水池、机井及场地平整和搬迁费用等所有补偿费用包干补偿。 2. 用地面积不低于 5 亩，20 厘米厚钢筋混凝土坪不低于 3 亩，以上两项面积任一项每减少 0.5 亩按该项的 10%递减
	按期拆迁腾地奖	个	20000 元	每个预制厂的停产、停业补助费包干补助
	设　施	个	40000 元	在征地补偿安置方案实施公告规定的期限内，按期完成拆除建（构）筑物，并腾出土地的
砖场	轮　窑	1（门）	80000 元 / 门	1. 合法砖场内的机械设备拆卸、搬运、安装，交配电设备、电杆电线、水塔、水池、机井、道路、护坡、砼坯坪及场地平整和搬迁费用等所有补偿费用包干补偿。 2. 用地面积不低于 5 亩，每减少 0.5 亩按该项的 10%递减。 3. 烟筒高度不低于 70 米，每降低 1 米减少 5%
	停产、停业补助费	1（门）	2000 元 / 门	每个砖厂的停产、停业补助费按轮窑的门数包干补助。
	按期拆迁腾地奖	个	60000 元	在征地补偿安置方案实施公告规定的期限内，按期完成拆除建（构）筑物，并腾出土地的

十三、其他补助费标准

项　目	单位	标准	备　注
机械拆除费	平方米	20 元 / 平方米	按房屋的建筑面积计算，由征地方统一掌握
混凝土、整石坟墓	冢	1800 元 / 冢	双冢加 50%
三合土、砖石坟墓	冢	1500 元 / 冢	同上
土坟	冢	900 元 / 冢	同上

浏阳市人民政府
关于公布第四批行政执法指导案例的决定

浏政发〔2014〕11 号

各乡、镇人民政府，街道办事处，市直各单位：

为继续实行行政执法案例指导制度，规范行政裁量权，进一步推进依法行政，根据《湖南省规范行政裁量权办法》、《湖南省行政执法案例指导办法》等有关规定，现将浏阳市第四批 8 个行政执法指导案例予以公布（具体见附件）。

行政执法指导案例公布以后，相关行政执法部门处理与指导案例相同的行政事务，除法律依据和客观情况变化以外，应当参照行政执法指导案例，做出与指导案例基本相同的处理决定。

附件：浏阳市第四批行政执法指导案例

浏阳市人民政府

2014 年 7 月 2 日

浏阳市第四批行政执法指导案例

目　　录

某家具厂非法占用集体土地建厂房案

LYDC（2014）第 1 号

（2014 年 7 月 2 日　浏阳市人民政府发布）

行政机关：浏阳市国土资源局

当 事 人：某家具厂

一、案件事实

2013 年 8 月 20 日，浏阳市国土资源局执法监察大队人员在某乡镇土地动态巡查时，发现该镇某家具厂未经批准非法占用该镇某村某组 2996 平方米集体土地（其中水田 482 平方米，旱地 802 平方米，有林地 1649 平方米，灌木林地 63 平方米）建设厂房。经查明，该厂在没有办理用地手续的情况下推土动工建设，且该非法占用的土地不符合该镇（2006-2020 年）土地利用总体规划。

二、法律适用

（一）当事人的行为违反了《中华人民共和国土地管理法》第四十三条第一款：“任何单位和个人进行

建设，需要使用土地的，必须依法申请使用国有土地；但是，兴办乡镇企业和村民建设住宅经依法批准使用本集体经济组织农民集体所有的土地的，或者乡（镇）村公共设施和公益事业建设经依法批准使用农民集体所有的土地的除外。”和第四十四条第一款：“建设占用土地，涉及农用地转为建设用地的，应当办理农用地转用审批手续。”的规定，属于非法占用土地的行为。

（二）当事人的行为应适用《中华人民共和国土地管理法》第七十六条第一款：“未经批准或者采取欺骗手段骗取批准，非法占用土地的，由县级以上人民政府土地行政主管部门责令退还非法占用的土地，对违反土地利用总体规划擅自将农用地改为建设用地的，限期拆除在非法占用的土地上新建的建筑物和其他设施，恢复土地原状……”和《中华人民共和国土地管理法实施条例》第四十二条：“依照《土地管理法》第七十六条的规定处以罚款的，罚款额为非法占用土地每平方米30元以下。”的规定进行处罚。

三、处罚结果

责令某家具厂在十五日内自行拆除在非法占用的土地上新建的建筑物和其他设施，恢复土地原状，并处罚款66340元。

四、理由说明

（一）对证据采信理由的说明：本案有对该家具厂法定代表人的询问笔录、现场照片、现场勘测笔录、证人证言、某镇土地利用总体规划图等证据证实，证据间相互印证，该厂法定代表人对违法事实予以承认。因此，本案事实清楚，证据确凿。

（二）对依据选择理由的说明：本案的违法事实是该家具厂未经批准，擅自占用农用地建设厂房，因此应适用《中华人民共和国土地管理法》第七十六条第一款和《中华人民共和国土地管理法实施条例》第四十二条的规定进行处罚。

（三）对决定裁量理由的说明：根据《湖南省国土资源行政处罚裁量权基准》第一部分第一条第（二）款第2项第（3）目：“未报先用的，可以并处以非法占用土地每平方米15元以上25元以下的罚款，但占用耕地的，处以每平方米20元以上25元以下的罚款。”因此，责令该厂在十五日内自行拆除在非法占用的土地上新建的建筑物和其他设施，恢复土地原状，并处罚款人民币66340元（耕地25元/平方米，非耕地20元/平方米）。

五、告知权利

当事人如不服本决定，可以在接到决定书之日起六十日内向长沙市国土资源局或者浏阳市人民政府申请行政复议，也可以在三个月内直接向浏阳市人民法院提起行政诉讼。

赵某、杨某某夫妇妊娠14周以上擅自施行人工终止妊娠手术案

LYDC（2014）第2号

（2014年7月2日　浏阳市人民政府发布）

行政机关：浏阳市人口和计划生育局

当 事 人：赵某、杨某某夫妇

一、案件事实

赵某与杨某某夫妇于2010年1月13日生育第一个孩子，系女孩。杨某某于2012年1月左右怀孕第二胎，杨某某怀孕4个月时，其丈夫赵某找到李某，想通过她介绍找人做胎儿性别鉴定。李某于2012年6月带杨某某在醴陵市某医院（另案处理）做了非医学需要的胎儿性别鉴定，鉴定结果为女孩。杨某某于当日在醴陵市某诊所（另案处理）做了非医学需要的选择性别人工终止妊娠。

二、法律适用

（一）当事人的行为违反了《湖南省人口与计划生育条例》第四十条第二款：“禁止非医学需要的选择性别人工终止妊娠。妊娠十四周以上的已婚妇女拟施行终止妊娠手术的，必须按照国家和省人民政府的规定出示有关证明，施术单位应当在术前查验，并按规定登记、存档。”和《湖南省禁止非医学需要鉴定胎儿性别和选择终止妊娠规定》第十一条：“符合法定生育条件妊娠14周以上的妇女不得施行人工终止妊娠手术，但有下列情形之一的除外：（一）胎儿患严重遗传性疾病或者有严重缺陷的；（二）患严重疾病，继续妊娠可能危及孕妇生命安全或者严重危害孕妇健康的；（三）经省卫生行政部门批准的医疗保健机构诊断认为需要终止妊娠的；（四）离婚、丧偶等要求终止妊娠的。”的规定，属于非医学需要的选择性别终止妊娠的违法行为。

（二）当事人的行为应适用《湖南省人口与计划生育条例》第四十三条：“有下列行为之一的，所发生育证作废，并不再安排生育；违法生育的，按照本条例第四十二条第一款第（二）项规定标准的二倍征收社会抚养费；构成犯罪的，依法追究刑事责任：（一）施行非医学需要的选择性别的人工终止妊娠的；……”和《湖南省禁止非医学需要鉴定胎儿性别和选择终止妊娠规定》第二十三条：“符合法定生育条件妊娠14周以上的妇女，擅自施行人工终止妊娠手术或者自报新生儿死亡但不能提供合法证明的，由县级人民政府人口和计划生育行政部门对当事人处以1000元以上3000元以下的罚款。对符合法定再生育条件，但未领取生育证的，不批准其再生育；已领生育证的，注销其生育证；强行生育的，按照《湖南省人口与计划生育条例》第四十四条规定处理。县级人民政府人口和

计划生育行政部门在书面告知当事人不批准其再生育或者注销其生育证时，应当责成当事人落实长效节育措施。”的规定进行处罚。

三、决定结果

不批准赵某、杨某某夫妇再生育，责成该夫妇落实长效节育措施，并处罚款1200元。

四、理由说明

（一）对证据采信理由的说明：本案有对当事人赵某、杨某某夫妇及介绍人赵某某的询问笔录、诊所的现场指认照片、醴陵市计生局对医院B超医生及诊所负责人的调查笔录等证据证实，证据间相互印证，赵某、杨某某夫妇对违法事实予以承认。因此，本案事实清楚，证据确凿。

（二）对依据选择理由的说明：本案的违法事实是当事人赵某、杨某某夫妇妊娠14周以上施行非医学需要的选择性别终止妊娠，因此应适用《湖南省人口与计划生育条例》第四十三条和《湖南省禁止非医学需要鉴定胎儿性别和选择终止妊娠规定》第二十三条的规定进行处罚。

（三）对决定裁量理由的说明：当事人赵某、杨某某夫妇在调查过程中能主动配合，认错态度较好。根据《湖南省人口和计划生育委员会行政处罚裁量权基准》第十六条第（二）款第2项：“较重违法行为的表现情形：符合法定生育条件妊娠14周以上的妇女，擅自施行人工终止妊娠手术或者自报新生儿死亡但不能提供合法证明被人口计生部门发现的。处罚基准：处以1000元以上2000元以下的罚款。对符合法定再生育条件，但未领取生育证的，不批准其再生育；已领生育证的，注销其生育证；强行生育的，按照《湖南省人口与计划生育条例》第四十三条规定处理。”因此，不批准赵某、杨某某夫妇再生育，责成落实长效节育措施，并处罚款1200元。

五、告知权利

当事人如不服本决定，可以在收到决定书之日起六十日内向长沙市人口和计划生育委员会或者浏阳市人民政府申请行政复议，也可以在三个月内直接向浏阳市人民法院提起行政诉讼。

某烟花爆竹零售经营店销售非法生产的烟花爆竹案

LYDC（2014）第3号

（2014年7月2日　浏阳市人民政府发布）

行政机关：浏阳市安全生产监督管理局

当 事 人：某烟花爆竹零售经营店

一、案件事实

2013年4月15日，经浏阳市安全生产监督管理局日常安全监管检查发现，某烟花爆竹零售经营店正在销售非法生产的烟花爆竹（擦炮），经调查取证核实，该擦炮系吴某某（另案处理）在未经许可前提下，在家中非法生产所制造，该经营店已销售吴某某非法生产的擦炮4件，从中获违法所得500元，店内尚存放非法生产的擦炮2件。

二、法律适用

（一）当事人的行为违反了《烟花爆竹安全管理条例》第二十条第二款：“从事烟花爆竹批发的企业、零售经营者不得采购和销售非法生产、经营的烟花爆竹”的规定，属于销售非法生产的烟花爆竹的违法行为。

（二）当事人的行为应适用《烟花爆竹安全管理条例》第三十八条第二款：“从事烟花爆竹零售的经营者销售非法生产、经营的烟花爆竹，……，由安全生产监督管理部门责令停止违法行为，处1000元以上5000元以下的罚款，并没收非法经营的物品及违法所得；情节严重的，吊销烟花爆竹经营许可证”的规定进行处罚。

三、决定结果

责令某烟花爆竹零售经营店停止违法行为，没收违法所得500元，没收非法经营的擦炮2件，并处罚款2000元。

四、理由说明

（一）对证据采信理由的说明：本案有对某烟花爆竹零售经营店负责人刘某某的询问笔录、现场检查笔录、进货单据、销售记录凭证、现场照片等证据证实，证据间相互印证，刘某某对违法事实予以承认。因此，本案事实清楚，证据确凿。

（二）对依据选择理由的说明：本案的违法事实是该烟花爆竹零售经营店销售非法生产的烟花爆竹产品，因此适用《烟花爆竹安全管理条例》第三十八条第二款的规定进行处罚。

（三）对决定裁量理由的说明：该烟花爆竹零售经营店在调查过程中能主动配合，并能及时停止违法行为，且违法所得不足5000元。根据《湖南省安全生产行政处罚裁量权基准》第六章第一节第十一条第（一）项：“没有违法所得或者违法所得5000元以下的，责令停止违法行为，处1000元以上3000元以下的罚款；并没收非法经营的物品及违法所得；……”。因此，责令该烟花爆竹零售经营店停止违法行为，没收违法所得500元，没收非法经营的擦炮2件，并处罚款2000元。

五、告知权利

当事人如不服本决定，可以在接到决定书之日起六十日内向长沙市安全生产监督管理局或者浏阳市人民政府申请行政复议，也可以在三个月内直接向浏阳市人民法院提起行政诉讼。

某公司违法占用城市道路案

LYDC（2014）第4号

（2014年7月2日 浏阳市人民政府发布）

行政机关：浏阳市城市管理和行政执法局

当 事 人：某公司

一、案件事实

2013年9月23日，某公司未办理占道许可手续，擅自在市圭斋东路人行道上搭建脚手架进行装修作业，并在人行道上堆放建筑垃圾，占用人行道面积为53.6平方米。

二、法律适用

（一）当事人的行为违反了《城市道路管理条例》第二十七条："城市道路范围内禁止下列行为：（一）擅自占用或者挖掘城市道路；……"的规定，属擅自占用城市道路的违法行为。

（二）当事人的行为应适用《城市道路管理条例》第四十二条："违反本条例第二十七条规定，或者有下列行为之一的，由市政工程行政主管部门或者其他有关部门责令限期改正，可以处以2万元以下罚款；造成损失的，应当依法承担赔偿责任：……"的规定进行处罚。

三、决定结果

责令某公司立即改正，恢复道路原状，并处罚款2000元。

四、理由说明

（一）对证据采信理由说明：本案有对该公司的检查笔录、现场勘验笔录、现场照片、对该公司委托代理人的询问笔录等证据证实，证据间相互印证，该公司委托代理人对违法事实予以承认。因此，本案事实清楚，证据确凿。

（二）对依据选择理由的说明：本案的违法事实是该公司未办理占道审批许可手续擅自占用城市道路，因此应适用《城市道路管理条例》第四十二条的规定进行处罚。

（三）对决定裁量理由的说明：本案该公司的违法行为不具备从轻或减轻情节，也没有从重情节，适用一般违法行为。根据《浏阳市城市管理和行政执法局行政处罚裁量权基准》第二部分第三条："一般违法行为，处法条设定的罚款金额最高限一半以下（含一半），最低限（不含）以上，取整数。"因此，责令该公司立即改正，恢复道路原状，并处罚款2000元。

五、告知权利

当事人如不服本决定，可以在接到决定书之日起六十日内向长沙市城市管理和行政执法局或者浏阳市人民政府申请行政复议，也可以在三个月内直接向浏阳市人民法院提起行政诉讼。

某烟花公司擅自改变林地用途案

LYDC（2014）第5号

（2014年7月2日 浏阳市人民政府发布）

行政机关：浏阳市林业局

当 事 人：某烟花公司

一、案件事实

2013年8月，某烟花公司在未办理《使用林地审核同意书》的情况，擅自在大瑶镇南山村岭下组大塘内山脚下山场改变林地用途建厂房，经浏阳市林业局执法人员现场调查勘验，该林地为一般林地，该公司擅自改变林地用途400平方米。

二、法律适用

（一）当事人的行为违反了《中华人民共和国森林法》第十八条："进行勘查、开采矿藏和各项建设工程，应当不占或者少占林地；必须占用或者征用林地的，经县级以上人民政府林业主管部门审核同意后，依照有关土地管理的法律、行政法规办理建设用地审批手续，并由用地单位依照国务院有关规定缴纳森林植被恢复费。……"的规定，属于未经审核同意擅自改变林地用途的违法行为。

（二）当事人的行为应适用《中华人民共和国森林法实施条例》第四十三条第一款："未经县级以上人民政府林业主管部门审核同意，擅自改变林地用途的，由县级以上人民政府林业主管部门责令限期恢复原状，并处非法改变用途林地每平方米10元至30元的罚款。"的规定进行处罚。

三、决定结果

责令某烟花公司于2014年12月11日前恢复大瑶镇南山村岭下组大塘内山脚下山场原状，并处罚款4000元。

四、理由说明

（一）对证据采信理由的说明：本案有对该公司法定代表人的询问笔录、证人证言、勘验检查笔录、调查鉴定报告、现场相片等证据证实，证据间相互印证，该公司法定代表人对违法事实予以承认。因此，本案事实清楚，证据确凿。

（二）对依据选择理由的说明：本案的违法事实是

该公司在未办理《使用林地审核同意书》的情况下擅自改变林地用途，因此应适用《中华人民共和国森林法实施条例》第四十三条第一款的规定进行处罚。

（三）对决定裁量理由的说明：该公司改变林地用途数量较少，积极配合执法调查。根据《长沙市林业和园林行政处罚裁量权基准》第一部分第九条第2项规定："擅自将其他林地改为非林地，面积不足3亩的，处以每平方米10元的罚款；面积3亩以上不足7亩的，处以每平方米15元的罚款；7亩以上不足10亩的，处以每平方米20元的罚款。"因此，责令该公司于2014年12月11日前恢复大瑶镇南山村岭下组大塘内山脚下山场原状，并处罚款4000元。

五、告知权利

当事人如不服本决定，可以在接到决定书之日起六十日内向长沙市林业局或者浏阳市人民政府申请行政复议，也可以在三个月内直接向浏阳市人民法院提起行政诉讼。

胡某等人未取得建设工程规划许可证进行建设案

LYDC（2014）第6号

（2014年7月2日　浏阳市人民政府发布）

行政机关：浏阳市城乡规划局

当 事 人：胡某、胡某某、周某某、邓某某

一、案件事实

2013年7月，胡某等四人在未经规划行政主管部门批准的情况下，在其居住的本市某小区的四套房中间将通风采光井封闭，总计加建面积24.03平方米。并在楼顶公共平顶楼面加建一层砖结构用房，面积约120平方米。

二、法律适用

（一）当事人的行为违反了《中华人民共和国城乡规划法》第四十条第一款："在城市、镇规划区内进行建筑物、构筑物、道路、管线和其他工程建设的，建设单位或者个人应当向城市、县人民政府城乡规划主管部门或者省、自治区、直辖市人民政府确定的镇人民政府申请办理建设工程规划许可证"的规定，属于未依法申请办理许可证私自加建的违法行为。

（二）当事人的行为应适用《中华人民共和国城乡规划法》第六十四条："未取得建设工程规划许可证或者未按照建设工程规划许可证的规定进行建设的，由县级以上地方人民政府城乡规划主管部门责令停止建设；尚可采取改正措施消除对规划实施的影响的，限期改正，处建设工程造价百分之五以上百分之十以下的罚款；无法采取改正措施消除影响的，限期拆除，不能拆除的，没收实物或者违法收入，可以并处建设工程造价百分之十以下的罚款。"的规定进行处罚。

三、决定结果

（一）责令胡某等人在十五日内自行整改私自封闭的通风采光井，恢复原貌并自行清理现场；

（二）责令胡某等人在十五日内自行拆除私自在楼顶加建的砖结构用房，恢复原貌并自行清理现场。

四、理由说明

（一）对证据采信理由的说明：本案有对当事人所在小区物业管理工作人员的询问笔录、违法建筑的现场勘测笔录、现场照片等证据证实，证据间相互印证，四当事人对违法事实予以承认。因此，本案事实清楚，证据确凿。

（二）对依据选择理由说明：本案的违法事实是胡某等人未申请办理建设工程规划许可证私自进行加建，因此应适用《中华人民共和国城乡规划法》第六十四条的规定进行处罚。

（三）对决定裁量理由的说明：根据住房和城乡建设部《关于城乡规划行政处罚裁量权的指导意见》第四条："违法建设行为有下列情形之一的，属于尚可采取改正措施消除对规划实施影响的情形：（一）取得建设工程规划许可证，但未按建设工程规划许可证的规定进行建设，在限期内采取局部拆除等整改措施，能够使建设工程符合建设工程规划许可证要求的。（二）未取得建设工程规划许可证即开工建设，但已取得城乡规划主管部门的建设工程设计方案审查文件，且建设内容符合或采取局部拆除等整改措施后能够符合审查文件要求的。"胡某等人的行为不属于"尚可采取改正措施消除对规划实施影响的情形"。因此，对胡某等人责令其限期拆除违法建筑。

五、告知权利

当事人如不服本决定，可以在接到决定书之日起六十日内向长沙市城乡规划局或者浏阳市人民政府申请行政复议，也可以在三个月内直接向浏阳市人民法院提起行政诉讼。

孙某某在公路建筑控制区内修建地面构造物案

LYDC（2014）第7号

（2014年7月2日　浏阳市人民政府发布）

行政机关：浏阳市公路管理局

当 事 人：孙某某

一、案件事实

2013年6月7日，浏阳市公路管理局路政执法人员在公路巡查时发现，浏阳市文家市镇村民孙某某在省道S310线13K+650m处右侧的建筑控制区内修建地磅。通过现场勘验，孙某某所建地磅与公路水沟外缘的间距为5米，地磅临路宽度为18米（3米×18米），属违法在公路建筑控制区内修建地面构造物。

二、法律适用

（一）当事人的行为违反了《中华人民共和国公路法》第五十六条第一款："除公路防护、养护需要以外，禁止在公路两侧的建筑控制区修建建筑物和地面构筑物……"的规定，属在公路建筑控制区修建地面构造物的违法行为。

（二）当事人的行为应适用《中华人民共和国公路法》第八十一条："违反本法第五十六条规定，在公路建筑控制区内修建建筑物、地面构筑物或者擅自埋设管线、电缆等设施的，由交通主管部门责令限期拆除，并可以处五万元以下的罚款。逾期不拆除的，由交通主管部门拆除，有关费用由建筑者、构筑者承担。"的规定进行处罚。

三、决定结果

责令孙某某在十日内自行拆除在公路建筑控制区内所建的地磅，并处罚款15000元。

四、理由说明

（一）对证据采信理由的说明：本案有对孙某某的询问笔录、孙某某所在村委主任的询问笔录、现场勘验笔录、现场照片等证据证实，证据间相互印证，孙某某对违法事实予以承认。因此，本案事实清楚，证据确凿。

（二）对依据选择理由的说明：本案的违法事实是孙某某擅自在公路建筑控制区（公路水沟外国道不少于20米，省道不少于15米，县道不少于10米，乡道不少于5米的范围）内修建地磅，因此应适用《中华人民共和国公路法》第八十一条的规定进行处罚。

（三）对决定裁量理由的说明：孙某某能积极配合调查工作，当收到责令停止施工通知后，能及时停工，并清理公路上的建筑材料。根据《湖南省普通公路行政处罚自由裁量权执行基准》第十二条第1款第⑵项第③目："建筑物、地面构造物边缘与公路边沟外缘的间距在省道3-6米，地面构造物临路宽度在10m以上的，处15000元以上20000元以下的罚款。"因此，责令孙某某在十日内自行拆除在公路建筑控制区内所建的地磅，并处罚款15000元。

五、告知权利

当事人如不服本决定，可以在接到决定书之日起六十日内向长沙市交通局或者浏阳市人民政府申请行政复议，也可以在三个月内直接向浏阳市人民法院提起行政诉讼。

徐某某经营依法应当检疫而未经检疫的动物案

LYDC（2014）第8号

（2014年7月2日　浏阳市人民政府发布）

行政机关：浏阳市动物卫生监督所

当 事 人：徐某某

一、案件事实

2013年4月24日，养殖户徐某某从长沙县湖南佳和农牧公司买入60头仔猪，货值金额总计27253.6元。在未经当地动物检疫部门检疫的情况下，用货车将该批仔猪运至本市镇头镇云波桥处时，被浏阳市动物卫生监督所执法人员当场查获。

二、法律适用

（一）当事人的行为违反了《中华人民共和国动物防疫法》第二十五条："禁止屠宰、经营、运输下列动物和生产、经营、加工、贮藏、运输下列动物产品：……（三）依法应当检疫而未经检疫或者检疫不合格的；……"的规定，属于经营依法应当检疫而未经检疫的动物的违法行为。

（二）当事人的行为应适用《中华人民共和国动物防疫法》第七十六条："违反本法第二十五条规定，屠宰、经营、运输动物或者生产、经营、加工、贮藏、运输动物产品的，由动物卫生监督机构责令改正、采取补救措施，没收违法所得和动物、动物产品，并处同类检疫合格动物、动物产品货值金额一倍以上五倍以下罚款；其中依法应当检疫而未检疫的，依照本法第七十八条的规定处罚。"以及第七十八条第一款："违反本法规定，屠宰、经营、运输的动物未附有检疫证明，经营和运输的动物产品未附有检疫证明、检疫标志的，由动物卫生监督机构责令改正，处同类检疫合格动物、动物产品货值金额百分之十以上百分之五十以下罚款；对货主以外的承运人处运输费用一倍以上三倍以下罚款。”的规定进行处罚。

三、决定结果

责令徐某某改正违法行为，处罚款2730元。

四、理由说明

（一）对证据采信理由的说明：本案有徐某某的身份证明、对徐某某的询问笔录、现场检查（勘验）笔录、现场照片、徐某某购买60头仔猪的银行POS签购单据、该批仔猪补检动物检疫合格证明等证据证实，证据间相互印证，徐某某对违法事实予以承认。因此，本案事实清楚、证据确凿。

（二）对依据选择理由的说明：本案的违法事实是徐某某经营依法应当检疫而未经检疫的动物，因此应适用《中华人民共和国动物防疫法》第七十八条第一款的规定进行处罚。

（三）对决定裁量理由的说明：徐某某在案件的调查过程中能主动积极配合，认错态度诚恳。根据《湖南省农业行政处罚自由裁量权基准（养殖业部分）》第十二章第六十六条：“执行基准：1.违法当事人初次屠宰、经营、运输的动物未附有检疫证明，经营和运输的动物产品未附有检疫证明、检疫标志的，责令改正，处同类检疫合格动物、动物产品货值金额10%以上20%以下的罚款。……”因此，责令徐某某改正违法行为，并处罚款2730元。

五、告知权利

当事人如不服本决定，可以在接到决定书之日起六十日内向浏阳市畜牧兽医水产局或者浏阳市人民政府申请行政复议，也可以在三个月内直接向浏阳市人民法院提起行政诉讼。

LYDR—2014—00011

浏阳市人民政府
关于公布市本级行政审批项目目录的决定

浏政发〔2014〕13号

各乡、镇人民政府，街道办事处，市直各单位：

为深化行政审批制度改革，进一步转变政府职能，优化发展环境，根据《中华人民共和国行政许可法》和《中共长沙市委长沙市人民政府关于进一步深化行政审批制度改革提高行政效能的实施意见》（长发〔2013〕15号）、《长沙市人民政府关于公布市本级行政审批项目的决定》（长沙市人民政府令第127号）、《长沙市人民政府关于取消和下放部分行政审批项目的通知》（长政发〔2014〕26号）精神，市人民政府对市本级行政审批项目进行了认真清理，经研究决定，取消行政审批项目20项，调整为其他管理事项的项目76项，保留行政审批项目119项，因承接上级下放等原因新增行政审批项目19项；垂直管理单位保留行政审批项目27项。

市直各有关单位要认真做好取消、调整、保留和新增的行政审批项目的落实和衔接工作，不断完善制度、改进方法、加强后续监管和服务，防止出现管理缺位、越位、错位和不到位现象的发生。对公布保留和新增的行政审批项目，各实施单位要按照政府信息公开和提高行政效能优化政务服务等有关规定要求，及时对外公布项目实施条件、审批程序、所需资料、审批时限、收费情况、联系方式等相关信息，实行进窗上线“一站式”办理，纳入电子监察，同时进一步优化审批流程，提高审批效率和服务质量；对取消的行政审批项目，相关部门不得变相保留或者恢复，防止审批项目边减边增、明减暗增；对不再作为行政审批、调整为其他管理事项的项目，纳入下一轮其他行政职权清理范围进一步清理规范并对外公布。今后，凡新增、取消和调整行政审批事项，各有关实施单位必须严格按照《中华人民共和国行政许可法》和《湖南省行政程序规定》要求，报市人民政府审定，并向社会公布。

此前公布的行政审批项目目录与本决定不相符的，以本决定为准。本决定自公布之日起施行。

附件：1. 浏阳市市本级取消的行政审批项目目录（20项）

2. 浏阳市市本级保留的行政审批项目目录（119项）

3. 浏阳市市本级新增的行政审批项目目录（19项）

4. 浏阳市垂直管理单位行政审批项目目录（27项）

浏阳市人民政府

2014年8月18日

附件 1

浏阳市市本级取消的行政审批项目目录（20 项）

实施单位	项目名称	子项	设定依据	审批类型（√）行政许可	审批类型（√）非行政许可	审批对象	共同审批部门	备注
市城市房屋征收和补偿管理办公室	城市房屋拆迁单位资格认定	无	《城市房屋拆迁管理条例》（国务院令第 305 号）	√		单位	无	《国有土地上房屋征收与补偿条例》（国务院令第 590 号）出台后已废止《城市房屋拆迁管理条例》，本次长沙取消
市城市房屋征收和补偿管理办公室	市区国有土地上城市房屋拆迁许可	无	《城市房屋拆迁管理条例》（国务院令第 305 号）	√		单位或个人	无	
市发展和改革局	经济适用房建设投资计划核准	无		√		建设单位	无	
市公路管理局	可能损害公路路面的机具在公路上行驶审批	无	《中华人民共和国公路法》第四十八条	√		公民、法人或其他组织	无	
市城乡规划局	城市规划区内改变土地、房屋使用性质审批	无	1.《湖南省人民政府关于公布取消、调整的行政审批项目和保留的行政许可项目目录的决定》（湖南省政府令第 235 号）保留项目第一百八十三条；2.《湖南省实施＜中华人民共和国城市规划法＞办法》第三十一条	√		公民或法人	无	设定依据《湖南省实施＜中华人民共和国城市规划法＞办法》2010 年 1 月 1 日废止
市城乡规划局	县（市、区）人民政府所在地镇总体规划（含城镇体系规划）审批		1.《城乡规划法》第十四条；2.《湖南省实施＜中华人民共和国城乡规划法＞办法》第十二条	√		县人民政府	无	审批权在地级市人民政府，浏阳市目前没有该类审批事项
市国土资源局	地质环境评估认定审批（建设用地地质灾害危险性评估报告备案）	无	1.《地质灾害防治条例》（国务院令第 394 号）第六条、第二十一条；2.《湖南省国土资源厅关于改进地质灾害危险性评估管理工作的通知》	√		省国土资源厅委托的资质单位经查询后确定需要评估的建设项目	无	对接长政发〔2014〕26 号对应取消
市科学技术局	科技类民办非企业单位设立登记审查	无	1.《民办非企业登记管理暂行条例》（国务院令第 251 号）；2.《湖南省人民政府关于公布取消、调整的行政审批项目和保留的行政许可项目目录的决定》（湖南省政府令第 235 号）县级以上人民政府科学技术行政管理部门	√		本辖区科技类民办非企业单位	市民政局	登记由市民政局负责，长政发〔2014〕26 号明确取消登记审查

（续上表）

实施单位	项目名称	子项	设定依据	审批类型（√）		审批对象	共同审批部门	备注
				行政许可	非行政许可			
市民政局	筹办社会福利机构审批	无		√		公民或法人	无	
	社团分支机构设立、代表机构成立、变更、注销登记	无	《社会团体登记管理条例》（国务院令第250号）	√		申请设立社团分支机构的法人	无	对接长政发〔2014〕26号对应取消
市农业局	种子经营者按照经营许可证规定的有效区域设立分支机构备案	无	《中华人民共和国种子法》第三十条	√		申请在浏阳市设立分支机构的自然人、法人和其他组织	无	对接长政发〔2014〕26号对应取消
市人力资源和社会保障局	基本医疗保险定点零售药店资格审查	无	《实行医疗保险协议零售药店管理指导意见》（湘劳社工字〔2009〕53号）明确取消	√		法人	无	
市水务局	水利工程开工审批	无	1.《国务院对确需保留的行政审批项目设定行政许可的决定》（国务院令第412号）第一百七十三项；2.《水利工程建设程序管理暂行规定》第八条	√		建设施工单位	无	《国务院关于取消和下放一批行政审批项目等事项的决定》（国发〔2013〕19号）和《湖南省人民政府关于取消和调整一批行政审批项目的通知》（湘政发〔2013〕33号）明确取消
	水利水电建设项目环境影响报告书（表）审批	无	1.《中华人民共和国环境影响评价法》；2.《中华人民共和国环境保护法》；3.《建设项目环境保护管理条例》（国务院令第253号）	√		建设单位	无	主审权在市环保局，本项审批与市环保局相关审批事项重复
市统计局	统计调查项目审批备案	无	1.《中华人民共和国统计法》；2.《中华人民共和国统计法实施细则》；3.《部门统计调查项目管理暂行办法》	√		拟在本（辖区）系统内开展统计调查的法人或其他组织	无	对接省人民政府令第253号、长政发〔2014〕26号对应取消
	超出本部门管辖系统的部门统计调查项目审批	无	1.《中华人民共和国统计法》；2.《中华人民共和国统计法实施细则》；3.《部门统计调查项目管理暂行办法》	√		拟开展部门统计调查且调查对象超出本部门管辖系统的法人或其他组织	无	对接长政发〔2014〕26号对应取消

（续上表）

实施单位	项目名称	子项	设定依据	审批类型（√）		审批对象	共同审批部门	备注
				行政许可	非行政许可			
市文化体育广播电视局	名片印刷企业设立、兼营、变更、兼并、合并、分立审批	无	1. 《印刷业管理条例》（国务院令第315号）第十一条；2. 《湖南省人民政府关于落实国务院第六批取消和调整行政审批项目的通知》（湘政发〔2013〕24号）	√		公民、企业、社会组织	无	对接国务院第六批取消项目对应取消
	个体演员、演出经纪人备案	无	《关于公布市本级取消、调整、保留非许可行政审批项目的决定》（长沙市人民政府令第122号）		√	公民个人	无	对接长沙市人民政府令第122号对应取消
市住房和城乡建设局	液化石油气经营网点设置	无	《城镇燃气管理条例》（国务院令第583号）		√	公民、法人	无	审批权在长沙市

附件2

浏阳市市本级保留的行政审批项目目录（119项）

实施单位	项目编码	项目名称	子项	设定依据	审批类型（√）		审批对象	共同审批部门	备注
					行政许可	非行政许可			
市安全生产监督管理局	736795344-A01G	非煤矿山建设项目和用于生产、储存危险物品的建设项目的安全设施设计审查	无	《中华人民共和国安全生产法》第二十六条	√		烟花爆竹、危险化学品、非煤矿山新改扩建项目的企业	无	
	736795344-A02G	烟花爆竹经营许可证核发	无	1. 《烟花爆竹安全管理条例》第十八条；2. 《烟花爆竹经营许可实施办法》第三章第十五条、第十六条、第十七条、第十八条、第十九条	√		烟花爆竹零售门店	无	
	736795344-A03G	危险性较小的地热、温泉、矿泉水、卤水、砖瓦用粘土等资源开采活动的非煤矿山企业安全生产许可证核发（省属企业除外）		《湖南省人民政府关于扩大县（市）部分经济社会管理权限的规定》（湖南省人民政府令第249号）	√		砖瓦用粘土等资源开采活动的非煤矿山企业	无	长办发〔2014〕4号委托下放

(续上表)

实施单位	项目编码	项目名称	子项	设定依据	审批类型(√)		审批对象	共同审批部门	备注
					行政许可	非行政许可			
市安全生产监督管理局	736795344-A04Z	高危企业的主要负责人和安全生产管理人员的安全资格认定(限烟花爆竹、危险化学品零售门店)	无	1.《中华人民共和国安全生产法》第二十条;2.《生产经营单位安全培训规定》第六条;3.《安全生产培训管理办法》第四条第四款、第三十条第二款、第三十三条;4.《湖南省安全生产资格考试管理暂行规定》(湘安监〔2013〕9号)第四条、第二十七条	√		高危企业的主要负责人和安全生产管理人员	无	长办发〔2014〕4号委托下放
	736795344-B01G	生产、储存危险化学品建设项目试生产(使用)方案备案	无	1.《中华人民共和国安全生产法》第三十二条、五十四条;2.《危险化学品安全管理条例》第二十九条;3.《危险化学品安全使用许可证实施办法》		√	生产、储存危险化学品建设项目试生产(使用)企业	无	长办发〔2014〕4号下放
	736795344-B02G	危险化学品重大危险源备案	无	《危险化学品重大危险源监督管理暂行规定》、《危险化学品重大危险源辨识》(GB18218-2009)等相关标准和国家安全生产监督管理总局《关于开展重大危险源监督管理工作的指导意见》(安监管协调字〔2004〕56号)的规定辨识重大危险源		√	属于危险化学品重大危险源企业的单位法人	无	
市城市管理和行政执法局	006164073-A01Z	大型户外广告设置审核	无	《城市市容和环境卫生管理条例》(国务院令第101号)第十一条第二款	√		公民、法人	无	
	006164073-A02Z	城市生活垃圾经营性清扫、收集、运输、处理服务及建筑垃圾处置审批和运输车辆核准	无	1.《国务院对确需保留的行政审批项目设定行政许可的决定》(国务院令第412号);2.《城市建筑垃圾管理规定》(建设部令第139号)第七条	√		公民、法人	无	原建筑垃圾运输车辆运输核准并入其中

（续上表）

实施单位	项目编码	项目名称	子项	设定依据	审批类型（√） 行政许可	非行政许可	审批对象	共同审批部门	备注
市市志档案局	445049093-A01J	向各级国家档案馆以外的单位、个人出卖、转让不属于国家所有的对国家和社会具有保存价值的或者应当保密的档案的审批	无	1.《中华人民共和国档案法》第十六条；2.《中华人民共和国档案法实施办法》第十七条；3.《湖南省档案管理条例》第二十二条	√		公民、法人	无	
市发展和改革局	006163353-A01T	建设项目招标方式、招标组织形式和招标范围核准	无	1.《中华人民共和国招标投标法》；2.《中华人民共和国招标投标法实施条例》第一章第三条、第四条，第二章第七条；3.《湖南省实施＜中华人民共和国招标投标法＞办法》第四条	√		公民、法人	无	
	006163353-A02T	权限内重大和限制类企业投资项目核准	无	1.《国务院关于投资体制改革的决定》（国发〔2004〕20号）；2.《国务院关于发布政府核准的投资项目目录（2013年本）通知》；3.《湖南省人民政府关于发布湖南省政府核准的投资项目目录（2014年本）的通知》；4.国家发改委《产业结构调整指导目录（2011年本）（修正）》的限制类目录	√		公民、法人	无	具体核准项目内容详见《湖南省人民政府关于发布＜湖南省政府核准的投资项目目录＞（2014年本）的通知》
	006163353-B01T	政府出资的投资项目立项审批	无	《国务院关于投资体制改革的决定》（国发〔2004〕20号）第二大点		√	公民、法人	无	
	006163353-B02T	固定资产投资项目节能评估和审查	无	1.《中华人民共和国节约能源法》第十五条；2.《固定资产投资项目节能评估和审查暂行办法》（国家发改委令2010年第6号）		√	公民、法人	无	

(续上表)

实施单位	项目编码	项目名称	子项	设定依据	审批类型（√）		审批对象	共同审批部门	备注
					行政许可	非行政许可			
市发展和改革局	006163353-B03Q	价格和收费审批	无	1.《价格法》；2.《湖南省定价目录》；3.《湖南省行政事业性收费管理条例》；4.《湖南省服务价格管理条例》；5.《湖南省物价局关于委托市（州）、县（市）价格主管部门制定价格有关问题的通知》（湘价综〔2012〕122号）；6.《湖南省短期培训收费审批管理暂行办法》（湘财综〔2006〕47号）；7.《湖南省城市供水价格管理办法》；8.《湖南省农村集中供水价格管理办法（试行）》；9.《湖南省民用液化气价格管理办法》；10.《湖南省道路旅客运输价格管理办法》；11.《城市出租车管理办法》		√	自然人、法人或其他组织	部分项目由市财政局、教育局、卫生局、交通运输局共同审批	将原单独设置的城市自来水供水价格、农村安全饮水价格审定、民用瓶装液化气价格审定和出租车运价、农村客运票价、公交票价等项目与其他同类项目并入价格和收费审批中，具体项目内容详见市发改局有关工作手册
市工业和信息化局	006164057-A01Z	信息安全工程和用财政性资金建设的信息工程项目审核	无	《湖南省信息化条例》	√		信息安全工程和用财政性资金新建、改建、扩建的信息工程项目	市发改局、公安局、财政局、规划局、环保局、国土局、城管局	
市公路管理局	445049368-A01G	超限运输车辆行驶公路审批（县域内）	无	《中华人民共和国公路法》第四十八条	√		公民、法人或其他组织	无	长办发〔2014〕4号下放
	445049368-A02S	更新砍伐公路护路树木审核	无	《公路安全保护条例》第二十六条	√		公民、法人或其他组织	无	长办发〔2014〕4号下放
	445049368-A03G	涉及公路安全施工许可	占用、挖掘公路或者使公路改线审批	《中华人民共和国公路法》第四十四条	√		公民、法人或其他组织	无	长办发〔2014〕4号下放

(续上表)

实施单位	项目编码	项目名称	子项	设定依据	审批类型（√）行政许可	审批类型（√）非行政许可	审批对象	共同审批部门	备注
市公路管理局	445049368-A03G	涉及公路安全施工许可	跨越、穿越公路修建桥梁、渡槽或者架设、埋设管线等设施审批	《中华人民共和国公路法》第四十五条	√		公民、法人或其他组织	无	长办发〔2014〕4号下放
			在公路建筑控制区或者公路用地范围内架设、埋设管线、电缆等设施审批	1.《中华人民共和国公路法》第四十五条；2.《公路安全保护条例》第二十七条					
			在公路用地范围内设置非公路标志或利用跨越公路的设施悬挂非公路标志审批	1.《中华人民共和国公路法》第四十五条；2.《公路安全保护条例》第二十七条					
			在公路上增设平面交叉道口或改造平面交叉道口审批						
市公安局	006162916-A01Q	城市养犬审批	无	1.《中华人民共和国传染病防治法实施办法》；2.《长沙市城市养犬管理规定》第四条	√		公民	浏阳城区各管辖属地派出所	
	006162916-A02Z	特种行业许可证核发	旅馆业许可证核发	《湖南省旅馆业治安管理办法》第四条	√		公民、法人	无	长办发〔2014〕4号下放
			公章刻制业许可证核发	《印铸刻制业暂行管理办法》					
	006162916-A03G	大型群众性活动安全许可	无	《大型群众性活动安全管理条例》第十一条	√		法人、组织	无	
	006162916-A04S	烟花爆竹道路运输许可证核发	无	《烟花爆竹安全管理条例》第二十二条	√		烟花爆竹生产、销售单位	无	

(续上表)

实施单位	项目编码	项目名称	子项	设定依据	审批类型（√） 行政许可	非行政许可	审批对象	共同审批部门	备注
市公安局	006162916-A05G	金融机构营业场所、金库安全防范设施建设方案审批及工程验收	无	《金融机构营业场所和金库安全防范设施建设许可实施办法》第八条	√		金融单位	无	
	006162916-B01Q	户口登记	无	1.《中华人民共和国户口登记条例》；2.《湖南省常住户口登记管理规定》	√		公民	无	审批内容包括：立户、分户、上户、销户、迁移、变更、更正、补登、恢复等，详见市公安局有关办事指南
市公安局交警大队	445049122-A01Z	机动车登记、临时通行牌证核发	无	《中华人民共和国道路交通安全法》第八条	√		机动车车主	无	
	445049122-A02G	机动车合格检验标志核发和机动车驾驶证审验	无	1.《中华人民共和国道路交通安全法》第十三条；2.《中华人民共和国道路交通安全法》第二十三条	√		公民、法人	无	
市城乡规划局	44502657X-A01T	以划拨方式提供国有土地使用权的建设项目选址意见书核发		1《中华人民共和国城乡规划法》第三十六条；2.《湖南省实施＜中华人民共和国城乡规划法＞办法》第二十一条			建设单位		
	44502657X-A02T	城市、镇规划区内建设用地规划许可	无	《中华人民共和国城乡规划法》第三十七条、第三十八条	√		建设单位或个人	无	
	44502657X-A03T	城市、镇规划区内建设工程规划许可	无	《中华人民共和国城乡规划法》第四十条	√		建设单位或个人	无	
	44502657X-A04T	城市、镇规划区内临时建设规划许可	无	《中华人民共和国城乡规划法》第四十四条	√		建设单位或个人	无	
	44502657X-A05T	乡村建设规划许可证核发	无	《中华人民共和国城乡规划法》第四十一条	√		建设单位或个人	无	

（续上表）

实施单位	项目编码	项目名称	子项	设定依据	审批类型（√）行政许可	审批类型（√）非行政许可	审批对象	共同审批部门	备注
市国土资源局	006162780-A01H	采矿权和采矿权转让许可（本级审批权限）	采矿权新立许可	《中华人民共和国矿产资源法》第三条第三款	√		采矿权申请人	无	包括用作普通建筑材料的砂、石、粘土及花岗岩、石灰石、石膏矿、菊花石、长石等矿种，其中花岗岩、石灰石、石膏矿、菊花石、长石等矿种经长办发〔2014〕4号明确委托下放
			采矿权延续许可	《矿产资源开采登记管理办法》第七条	√		采矿权人		
			采矿权变更许可	《矿产资源开采登记管理办法》第十五条	√		采矿权人		
			采矿权注销许可	《矿产资源开采登记管理办法》第十六条	√		采矿权人		
			采矿权转让许可	《中华人民共和国矿产资源法》第六条第二款	√		采矿权人或符合条件的企业法人		
	006162780-A02H	临时用地许可（包括耕地、非耕地，但不占用基本农田）	无	《土地管理法》第五十七条	√		临时用地申请人	无	其中占用耕地（不含基本农田）的临时用地许可经长办发〔2014〕4号委托下放
	006162780-A03H	供地许可	国有土地出让（包含招拍挂出让和协议出让）	1.《土地管理法》第五十四条；2.《城镇国有土地使用权出让和转让暂行条例》第九条	√		土地使用者	无	
	006162780-A03H	供地许可	国有土地租赁	《规范国有土地租赁若干意见》（国土资发〔1999〕222号）第一条	√		土地使用者	无	
			国有土地划拨	《土地管理法》第五十四条	√		符合《划拨用地目录》的项目用地者	无	
			国有土地使用条件变更（包括续期、改变用途及其他使用条件）	1.《土地管理法》第五十六条；2.《城镇国有土地使用权出让和转让暂行条例》第十条	√		国有土地使用权人	无	

（续上表）

实施单位	项目编码	项目名称	子项	设定依据	审批类型（√）行政许可	审批类型（√）非行政许可	审批对象	共同审批部门	备注
市国土资源局	006162780-A04H	集体建设用地许可（批准面积在4公顷以下）	乡镇企业用地许可；村民住宅用地许可；乡（镇）村公共设施和公益事业用地许可	《土地管理法》第四十四条、第六十一条	√		农村村民或乡（镇）村组等集体经济组织	无	长办发〔2014〕4号文件下放4公顷以下集体建设用地许可权限（含农用地转用、不含县级政府所在镇，但含所有村民住宅用地）
	006162780-A05H	土地交易审批	国有出让建设用地使用权转让	《中华人民共和国城镇国有土地使用权出让和转让暂行条例》第四条、第六条、第七条	√		单位或个人	无	
			国有划拨土地使用权出让并转让	《中华人民共和国城镇国有土地使用权出让和转让暂行条例》第四条、第六条、第七条	√		单位或个人	无	
			集体建设用地使用权流转	《湖南省集体建设用地管理暂行办法》第三条	√		集体经济组织、乡镇企业、本集体经济组织成员（村民）	无	
	006162780-B01S	用地预审（圈内统征用地预审权、圈外单独选址的县级立项项目）	无	1.《中华人民共和国土地管理法》第五十二条；2.《建设用地审查报批管理办法》第三条；3.《建设项目用地预审管理办法》第二条、第四条		√	建设项目业主、申请用地单位业主	无	长办发〔2014〕4号下放，扩大部分权限
市环境保护局	006162991-A01H	建设项目环境影响报告书（表）审批（含建设项目发生重大变化和超5年期开工建设的重新审批）和保护设施竣工验收	建设项目环境影响报告书（表）审批（含建设项目发生重大变化和超5年期开工建设的重新审批）	1.《环境保护法》第十三条；2.《环境影响评价法》第二十二条	√		建设项目单位	无	长办发〔2014〕4号下放由县级财政投入且立项或备案的学校、医院等公共服务项目的环境影响评价审批，将原建设项目环境影响报告书（表）审批和建设项目环境保护设施验收两项合并，修改名称
			建设项目环境保护设施验收	1.《环境保护法》第二十六条；2.《建设项目环境保护管理条例》第二十条	√		建设项目单位	无	

(续上表)

实施单位	项目编码	项目名称	子项	设定依据	审批类型(√) 行政许可	非行政许可	审批对象	共同审批部门	备注
市环境保护局	006162991-A02H	排污许可证(大气、水)核发	无	1.《水污染防治法》第二十条; 2.《大气污染防治法》第十五条第二款	√		向大气、水体排放污染物的单位	无	长办发〔2014〕4号下放县域内除火电、水泥行业外的企业排污许可证(水、气)核发,限工商注册属市级的项目
	006162991-A03H	限期治理项目验收	无	《环境保护法》第二十九条	√		被限期治理企事业单位	无	
	006162991-A04H	防治污染设施的拆除或闲置审批	无	《环境保护法》第二十六条	√		企事业单位	无	
市人口和计划生育局	006163417-A01Q	再生育审批	无	《湖南省人口与计划生育条例》第二十条	√		符合《湖南省人口与计划生育条例》规定要求再生育的已婚育龄夫妻	无	
	006163417-A02Q	实施恢复生育手术许可	无	《湖南省人口与计划生育条例》第二十三条	√		要求实施恢复生育手术的已婚育龄人员	无	
市交通运输局	006162860-A01S	道路旅客运输经营许可和增加客运道路运输班线许可(县内客运)	无	《中华人民共和国道路运输条例》第十条、第十一条	√		客运公司	无	项目合并
	006162860-A02T	公路建设项目施工批准(县域内国、省干线和县乡公路)	无	《中华人民共和国公路法》第二十五条	√		建设单位	无	长办发〔2014〕4号下放有关审批权限
	006162860-A03Z	出租汽车经营许可证、车辆运营证和驾驶员服务资格证核发	无	《出租汽车驾驶员从业资格管理规定》(交通部令2011年第13号)第三十一条	√		相关经营单位和个人	无	本项目原由长沙市审批,此次清理长沙再次明确分级实施

(续上表)

实施单位	项目编码	项目名称	子项	设定依据	审批类型（√）		审批对象	共同审批部门	备注
					行政许可	非行政许可			
市交通运输局	006162860-A04S	机动车维修经营、道路运输站（场）经营、道路货物运输经营许可	无	《中华人民共和国道路运输条例》（国务院令第406号）第二条、第七条、第二十五条	√		无	相关经营者	
			道路普通货物运输经营许可	《中华人民共和国道路运输条例》（国务院令第406号）第二条、第七条、第三十九条	√		无	相关经营者	
			道路货物运输站（场）经营许可机动车维修经营许可	《中华人民共和国道路运输条例》（国务院令第406号）第二条、第七条、第三十九条	√		无	相关经营者	
			机动车驾驶员培训（训练场）经营许可	《中华人民共和国道路运输条例》（国务院令第406号）第二条、第七条、第三十九条	√		无	相关经营者	
	006162860-B01T	县到乡镇公路建设项目及大桥、隧道工程项目设计审批	无	1.中华人民共和国公路法》第二十二条;2.中华人民共和国行政许可法》;3.建设工程勘察设计管理条例》第五条;4.《建设工程质量管理条例》第十一条		√	无	建设单位	
市教育局	00616281X-A01Z	权限内民办学校审批（含设立、分立、合并和变更名称、层次、类别）	无	《中华人民共和国民办教育促进法》第十一条	√		利用非国家财政性经费，面向社会举办学校及其他教育机构的国家机构以外的社会组织或者个人	无	将原实施学历教育、学前教育、自学考试助学及其他文化教育的民办学校的设立、分立、合并和变更名称、层次、类别审批项目名称修改

(续上表)

实施单位	项目编码	项目名称	子项	设定依据	审批类型(√) 行政许可	非行政许可	审批对象	共同审批部门	备注
市粮食局	445026916-A01Z	粮食收购资格认定	无	国务院《粮食流通管理条例》第二章第九条第一款	√		粮食经营者	无	
市林业局	006162895-A01S	林区设立木材经营(加工)单位审批(5万立方米以内)	无	《中华人民共和国森林法实施条例》第三十四条、《湖南省林业条例》第二十四条	√		从事木竹经营、加工的单位和个人	无	长办发〔2014〕4号下放
	006162895-A02S	林木种子生产、经营许可证核发	无	《中华人民共和国种子法》第四章第二十条、第五章第二十六条	√		从事林木种子生产经营单位或个人	无	相关项目合并，增设子项
	006162895-A03H	木材采伐证、运输证核发	木材采伐证核发	1.《中华人民共和国森林法》第三十二条；2.《中华人民共和国森林法实施条例》第三十五条；3.《湖南省林业条例》第二十五条	√		采伐林木的单位或个人	无	相关项目合并，增设子项
			木材运输证核发	1.《中华人民共和国森林法》第三十七条；2.《中华人民共和国森林法实施条例》第三十五条；3.《湖南省林业条例》第二十五条	√		林区范围内起运或转运的木材	无	将原木材出省运输证核发并入木材采伐证、运输证
			出省运输证核发	1.《中华人民共和国森林法》第三十七条；2.《湖南省木材运输证核发管理办法》第四条	√		林区范围内起运或转运的木材	无	核发项目中作子项保留
	006162895-A04H	临时占用林地审批(非生态公益林地10公顷以内)	无	《中华人民共和国森林法实施条例》第十七条	√		进行勘查、开采矿藏和各类建设工程等临时占用林地的单位或个人	无	长办发〔2014〕4号委托下放
	006162895-B01H	集体经济组织经营的森林资源流转审批(300—500公顷)	无	《湖南省森林资源流转办法》第十八条		√	拟流转森林资源的集体经济组织	无	长办发〔2014〕4号下放

(续上表)

实施单位	项目编码	项目名称	子项	设定依据	审批类型（√）行政许可	审批类型（√）非行政许可	审批对象	共同审批部门	备注
市民政局	006164145-A01Z	社会团体登记	成立登记 变更登记 注销登记	《社会团体登记管理条例》	√		公民、法人	无	相关项目合并后名称修改，增设子项
市民政局	006164145-A0Z	民办非企业单位登记	成立登记 变更登记 注销登记	《民办非企业单位登记管理暂行条例》	√		公民、法人	无	相关项目合并后名称修改，增设子项
市民族宗教事务局	557609438-A01Q	宗教场所改扩建审批	无	《宗教事务条例》 第二十五条	√		宗教活动场所	无	
市民族宗教事务局	557609438-B01Q	县域内大型宗教活动审批	无	《宗教事务条例》 第二十二条	√		宗教活动场所	无	
市农业局	006164129-A01S	主要农作物种子生产、经营许可证核发	无	1.《中华人民共和国种子法》第四章第二十条；2.《中华人民共和国种子法》第五章第二十六条；3.《湖南省实施＜中华人民共和国种子法＞办法》；4.《农作物种子生产经营许可证管理办法》（农业部令第48号）	√		种子生产经营单位或个人	无	
市农业局	006164129-A02H	占用农用地的建设项目农业环境保护方案的审核	无	1.《建设项目环境保护管理条例》（国务院令第253号）；2.《基本农田保护条例》（国务院令第257号）；3.《湖南省农业环境保护条例》第十四条	√		申请向省、市批准立项的占用农用地建设项目的自然人、法人和其他组织	无	
市农业局	006164129-A03G	拖拉机、联合收割机及驾驶员牌证照核发	无	1.《中华人民共和国道路交通安全法》第一百二十一条：对上道路行驶的拖拉机，由农业（农业机械）主管部门行使本法第八条、第九条、第十三条、第十九条、第二十三条规定的公安机关交通管理部门的管理职权；2.《拖拉机驾驶证申领和使用规定》（农业部令第42号）；3.《联合收割机及驾驶人安全监理规定》（农业部令第72号）；4.《湖南省农业机械管理条例》第二十四条	√		拖拉机、联合收割机所有人	无	将原拖拉机、联合收割机号牌核发和驾驶员牌证照核发二项合并

（续上表）

实施单位	项目编码	项目名称	子项	设定依据	审批类型（√）行政许可	审批类型（√）非行政许可	审批对象	共同审批部门	备注
市农业局	006164129-A04Z	农机维修经营、农机配件销售资格证和维修技术合格证核发	无	1.《国务院对确需保留的行政审批项目设定行政许可的决定》（国务院令第412号）；2.《农业机械维修管理规定》（农业部国家工商总局令第57号）；3.《湖南省农业机械管理条例》第十九条、第二十条	√		农业机械维修经营者	无	将原农机维修经营、农机配件销售资格证核发和维修技术合格证核发二项合并
市人民防空办公室	K28219077-A01G	结合民用建筑修建防空地下室设计审查、竣工验收	结合民用建筑修建防空地下室设计条件审查	1.《湖南省实施〈中华人民共和国人民防空法〉办法》（2011年5月27日）第十四条；2.《湖南省人民防空工程建设与维护管理规定》湖南省人民政府令第270号第十五条、第十六条、第十七条	√		在县城以上城市规划区内新建民用建筑（除工业生产厂房外）的建设单位和个人	无	
			结合民用建筑修建防空地下室易地建设审批	1.《湖南省实施〈中华人民共和国人民防空法〉办法》（2011年5月27日）第十四条；2.《湖南省人民防空工程建设与维护管理规定》（湖南省人民政府令第270号）第十五条、第十六条、第十七条					
			结合民用建筑修建防空地下室施工图设计审查	1.《湖南省实施〈中华人民共和国人民防空法〉办法》（2011年5月27日）第十四条；2.湖南省人民政府令第270号第十五条、第十六条					
			结合民用建筑修建防空地下室竣工验收认可	1.《湖南省实施〈中华人民共和国人民防空法〉办法》（2011年5月27日）第十四条；2.湖南省人民政府令第270号第十五条、第十六条					

(续上表)

实施单位	项目编码	项目名称	子项	设定依据	审批类型（√）行政许可	审批类型（√）非行政许可	审批对象	共同审批部门	备注
市人民防空办公室	K28219077-A02G	单独修建人防工程立项审批、设计审查、竣工验收	单独修建人防工程施工图设计审查	1. 《湖南省实施〈中华人民共和国人民防空法〉办法》（2011年5月27日）第十三条；2. 《国家国防动员委员会国家发展计划委员会建设部财政部关于颁发〈人民防空工程建设管理规定〉的通知》第十七条、第二十二条、第二十三条	√		在县城以上城市规划区内单独修建人防工程的建设单位和个人	无	
			单独修建人防工程竣工验收认可						
	K28219077-A03G	拆除、改造、迁移、报废人防设施审批	拆除、改造、报废人防工程审批	1. 《中华人民共和国人民防空法》第七条第三款、第二十八条；2. 《湖南省人民政府法制办公室关于新增行政许可项目登记备案的函》（湘政法函〔2013〕242号）	√		在县城以上城市规划区内拆除、改造、报废人防工程的建设单位和个人	无	项目合并
	K28219077-A03G	拆除、改造、迁移、报废人防设施审批	拆除、迁移防空警报通信设施审批	1. 《中华人民共和国人民防空法》第三十条第二款；2. 《湖南省政府法制办公室关于新增行政许可项目登记备案的函》（湘政法函〔2013〕242号）；3. 《湖南省人民防空通信管理办法》（湖南省人民政府令第226号）第十八条	√		在县城以上城市规划区内拆除、迁移防空警报通信设施的建设单位和个人	无	项目合并
	K28219077-A04G	城市地下空间开发利用审批	城市地下空间开发利用施工图设计审查	1. 《关于加强人民防空工作的决定》（中发〔2001〕9号）第九点；2. 《湖南省人民防空工程建设与维护管理规定》（湖南省人民政府令第270号）第十八条	√		在县城以上城市规划区内进行城市地下空间开发的建设单位和个人	无	项目合并
			城市地下空间开发利用竣工验收认可						

（续上表）

实施单位	项目编码	项目名称	子项	设定依据	审批类型（√）行政许可	审批类型（√）非行政许可	审批对象	共同审批部门	备注
市人力资源和社会保障局	006163396-A01Z	民办职业培训机构审批	无	1.《中华人民共和国民办教育促进法》第十一条；2.《湖南省职业教育条例》第十四条、第十五条	√		民办职业培训机构举办人	市民政局	
	006163396-A02S	企业特殊工时制度审批	无	1.《中华人民共和国劳动法》第三十九条；2.《关于企业实行不定时工作制和综合计算工时工作制的审批办法》（劳部发〔1994〕503号）第七条	√		企业法人	无	审批对象为确因生产经营特点和工作的特殊性，不能实行每日工作八小时、每周工作四十小时制的，经申请批准可以实行不定时工作制和综合计算工时工作制的各类企业法人
	006163396-B01Z	基本医疗保险定点医疗机构资格审查	无	1.《国务院关于建立城镇职工基本医疗保险制度的决定》（国发〔1998〕44号）；2.《国务院办公厅关于保留部分非行政许可审批项目的通知》（国办发〔2004〕62号）	√		愿意承担城镇职工基本医疗保险定点医疗服务的医疗机构	无	
市食品药品监督管理局	445011781-A01S	药品经营（零售）许可	药品经营（零售）许可（核发、变更、换发、补证、注销）	《药品管理法》第十四条、第十六条	√		公民、法人	无	
			《药品经营质量管理规范》认证						

（续上表）

实施单位	项目编码	项目名称	子项	设定依据	审批类型（√）		审批对象	共同审批部门	备注
					行政许可	非行政许可			
市水务局	006162828-A01S	河道范围内采砂等生产作业许可	无	1.《中华人民共和国水法》第三十九条；2.《湖南省实施〈中华人民共和国防洪法〉办法》第八条；3.《中华人民共和国河道管理条例》第二十五条；4.《湖南省实施〈中华人民共和国水法〉办法》第二十一条；5.《湖南省实施〈中华人民共和国河道管理条例〉办法》第十九条	√		在本市河道管理范围内进行采砂等生产作业（包括采砂、取土、淘金、弃置砂石或者淤泥、爆破、钻探、挖筑鱼塘等）的公民、法人或者其他组织	市交通运输局、国土局	
	006162828-A02T	水利基建项目初步设计文件审批	无	1.《国务院对确需保留的行政审批项目设定行政许可的决定》（国务院令第412号）；2.《国务院办公厅关于加强基础设施工程质量管理的通知》（国办发〔1999〕16号）；3.《湖南省水能资源开发利用管理条例》	√		市级立项的新建、扩建、改建的防洪、灌溉、供水、发电等水利建设项目	无	长办发〔2014〕4号下放
	006162828-A03H	建设项目水资源论证报告书审批	无	1.《国务院对确需保留的行政审批项目设定行政许可的决定》（国务院令第412号）；2.《取水许可和水资源费征收管理条例》第十一条；3.《湖南省取水许可和水资源费征收管理办法》第五条	√		申请取水的单位或者个人	无	
	006162828-A04T	水工程建设项目流域综合规划及防洪规划审批	无	1.《中华人民共和国防洪法》第十七条；2.《中华人民共和国水法》第三十八条；3.《湖南省实施〈中华人民共和国水法〉办法》	√		水工程建设项目法人单位	无	

(续上表)

实施单位	项目编码	项目名称	子项	设定依据	审批类型（√）		审批对象	共同审批部门	备注
					行政许可	非行政许可			
市水务局	006162828-A05T	入河湖排污口的设置和扩大审批	无	1.《中华人民共和国水法》；2.《中华人民共和国河道管理条例》	√		在浏阳河、南川河、捞刀河的干流、支流水域（含渠道、水库）新建、改建或扩大排污口的单位或个人	无	长办发〔2014〕4号下放除湘江干流外的入河、湖排污口的设置和扩大审批
	006162828-A06T	河道管理范围建设项目审批	无	1.《中华人民共和国水法》；2.《中华人民共和国防洪法》第二十七条；3.《中华人民共和国河道管理条例》第十一条；4.《国务院对确需保留的行政审批项目设定行政许可的决定》（国务院令第412号）；5.《湖南省实施〈中华人民共和国水法〉办法》	√		拟在河道管理范围内兴建建设项目的单位或个人	无	
	006162828-A07T	开发建设项目水土保持方案审批及设施竣工验收	无	1.《中华人民共和国水土保持法》第二十五条；2.《湖南省实施〈中华人民共和国水土保持法〉办法》第十三条、第十四条；3.《开发建设项目水土保持方案编报审批管理规定》第四条、第八条、第十条；4.《开发建设项目水土保持设施验收管理办法》第五条、第七条	√		浏阳市范围内可能造成水土流失的开发建设单位或个人	市林业局（林区采伐林木）	
	006162828-A08T	城市排水许可证核发	无	1.《国务院对确需保留的行政审批项目设定行政许可的决定》（国务院令第412号）；2.《城市排水许可管理办法》（建设部令第152号）	√		城市排水许可申请企业、个人	无	

（续上表）

实施单位	项目编码	项目名称	子项	设定依据	审批类型（√）		审批对象	共同审批部门	备注
					行政许可	非行政许可			
市水务局	006162828-A09S	取水许可	无	1.《中华人民共和国水法》第四十八条；2.《湖南省实施〈中华人民共和国水法〉办法》第二十四条；3.《取水许可制度实施办法》第十一条；4.《湖南省取水许可和水资源费征收管理办法》第三条、第五条	√		利用取水工程或机械提水设施直接从江河、湖泊或地下取水的单位和个人	无	
	006162828-B01Q	防洪大堤开口批准（除湘江干流及其一级支流外）	无	1.《中华人民共和国行政许可法》第六章；2.《中华人民共和国水法》第四十二条；3.《湖南省洞庭湖区水利管理条例》第四条、第二十二条、第三十一条		√	1. 在湘江干流长沙段及其一级支流以及其他跨县（市）行政区的重要河段兴建水利水电、防治水害、整治河道、航道的工程和拦河跨河穿河临河的闸坝、桥梁、码头、道路、渡口、取水口、排污口等设施及铺设跨河管道、缆线（简称建设项目）；2. 兴建跨县（市）行政区的国家和省重点建设项目；3. 在湘江干流及其一级支流建设需在大堤、主要间堤上开口的建设项目	无	长办发〔2014〕4号下放

（续上表）

实施单位	项目编码	项目名称	子项	设定依据	审批类型（√）		审批对象	共同审批部门	备注
					行政许可	非行政许可			
市卫生局	006162748-A01Z	母婴保健技术服务机构及服务人员执业许可	婚前医学检查服务机构《母婴保健技术服务执业许可证》	1. 《中华人民共和国母婴保健法》第三十二条；2. 《中华人民共和国母婴保健法实施办法》第三十四条、第三十五条；3. 《母婴保健专项技术服务许可及人员资格管理办法》（卫妇发〔1995〕第7号）第二条、第三条	√		开展助产技术、结扎手术和终止妊娠手术的医疗保健机构	无	长办发〔2014〕4号下放
			婚前医学检查服务人员《母婴保健技术考核合格证书》	1. 《中华人民共和国母婴保健法》第三十三条；2. 《中华人民共和国母婴保健法实施办法》第三十四条、第三十五条；3. 《母婴保健专项技术服务许可及人员资格管理办法》（卫妇发〔1995〕第7号）第十条、第十一条	√		开展助产技术、结扎手术和终止妊娠手术的服务人员	无	长办发〔2014〕4号下放
			助产技术、节育技术和终止妊娠术服务人员《母婴保健技术考核合格证书》	1. 《中华人民共和国母婴保健法》第三十三条；2. 《中华人民共和国母婴保健法实施办法》第三十四条、第三十五条；3. 《母婴保健专项技术服务许可及人员资格管理办法》（卫妇发〔1995〕第7号）第十条、第十二条	√		开展助产技术、节育技术和终止妊娠术的服务人员	无	长办发〔2014〕4号下放
	006162748-A02Z	公共场所卫生许可证签发（经营面积3万平方米以下的经营性公共场所卫生许可证核发）	无	1. 《公共场所卫生管理条例》第八条；2. 《公共场所卫生管理条例实施细则》第二十二条	√		公共场所申请单位	无	长办发〔2014〕4号下放
	006162748-A03Z	供水单位卫生许可	无	《生活饮用水卫生监督管理办法》第四条	√		供水单位申请单位	无	长办发〔2014〕4号下放扩权

（续上表）

实施单位	项目编码	项目名称	子项	设定依据	审批类型（√）行政许可	审批类型（√）非行政许可	审批对象	共同审批部门	备注
市卫生局	006162748-A04Z	医疗机构设置许可（一级医院的设置审批、执业登记及校验权限）	无	1.《医疗机构管理条例》；2.《医疗机构管理条例实施细则》	√		能独立承担民事责任的单位或个人	无	长办发〔2014〕4号委托下放
	006162748-A05Z	消毒产品生产企业（一次性使用医疗用品的生产企业除外）卫生许可（部分）	无	消毒产品生产企业卫生规范	√		消毒产品生产企业申请单位	无	湖南省人民政府令第253号委托下放
	006162748-A06Z	托幼机构卫生评价报告及工作人员健康合格证核发	无	1.《托儿所幼儿园卫生保健管理办法》第八条、第十四条；2.《托儿所幼儿园卫生保健工作规范》第三部分；3.《湖南省实施〈托儿所幼儿园卫生保健管理办法〉细则》第八条、第十四条	√		新办托幼机构以及托幼机构除炊事员外的所有工作人员	无	
	006162748-B01Z	放射诊疗许可（一级医院、社区卫生服务机构、乡镇卫生院、诊所和门诊部放射诊疗许可证核发和放射工作人员证核发）	《放射诊疗许可证》核发	《放射诊疗管理规定》第六条		√	医疗卫生单位	无	长办发〔2014〕4号下放
			《放射工作人员证》发放	《放射诊疗管理规定》第七条	√		医疗卫生单位从事放射工作人员	无	
市文化体育广播电视局	006164102-A01S	设立娱乐场所经营单位（含中外合资、合作）审核、登记和变更、改建扩建	设立娱乐场所经营单位审核、登记	1.《娱乐场所管理条例》（国务院令第458号）第九条、第十二条；2.《娱乐场所管理办法》第九条、第十四条、第十五条	√		经营单位	市消防大队、环保局	项目合并，名称修改调整
			设立中外合资、合作娱乐场所经营单位及场所改建、扩建营业场所或者变更场地、主要设施设备、投资人员，或者变更娱乐经营许可证载明的事项审批	1.《娱乐场所管理条例》（国务院令第458号）第六条、第九条、第十二条；2.《娱乐场所管理办法》第九条、第十四条、第十五条；3.《文化部关于贯彻〈娱乐场所管理办法〉的通知》；4.《关于公布取消调整新增的行政审批项目和保留的省级行政许可项目目录》（湖南省人民政府令第253号）	√		经营单位	市消防大队、环保局	委托下放，并将相关内容整合合并

（续上表）

实施单位	项目编码	项目名称	子项	设定依据	审批类型（√）		审批对象	共同审批部门	备注
					行政许可	非行政许可			
市文化体育广播电视局	006164102-A02Q	举办健身气功活动及设立站点审批	无	1.《中华人民共和国体育法》第四十四条；2.《国务院对确需保留的行政审批项目设定行政许可的决定》（国务院令第412号）；3.《关于公布取消调整新增的行政审批项目和保留的省级行政许可项目目录》（湖南省人民政府令第253号）	√		企业、社会组织、公民个人	无	
	006164102-A03S	高危性体育项目经营许可	无	1.《中华人民共和国体育法》第四十四条；2.《全民健身条例》（国务院令第560号）第三十二条、第三十四条；3.《湖南省体育经营活动管理条例》	√	企业、社会组织、公民个人	市消防大队	长办发〔2014〕4号下放	
	006164102-A04S	出版物零售经营单位设立许可	从事音像制品零售、出租业务许可	《音像制品管理条例》（国务院令第341号）	√		企业、社会组织、公民个人	无	项目合并，名称修改调整
			图书、报纸、期刊零售业务审批	《出版管理条例》（国务院令第343号）	√		企业、社会组织、公民个人	无	
	006164102-A05S	注册资本500万元以下的包装装潢企业和其他印刷品印刷企业的设立、变更、兼营、兼并或者合并、分立审批	无	1.《印刷业管理条例》（国务院令第315号）第四条、第八条、第九条、第十一条；2.《关于公布取消调整新增的行政审批项目和保留的省级行政许可项目目录》（湖南省人民政府令第253号）	√		企业、社会组织、公民个人	无	省级委托下放
	006164102-A06Q	一次性内部资料性出版物准印证核发（含有民族宗教内容的、印数超过3000册的、跨地区印刷的除外）	无	1.《印刷业管理条例》（国务院令第315号）第十八条；2.《关于公布取消调整新增的行政审批项目和保留的省级行政许可项目目录》（湖南省人民政府令第253号）	√		事业单位、企业、社会组织、公民个人	无	长办发〔2014〕4号下放

（续上表）

实施单位	项目编码	项目名称	子项	设定依据	审批类型（√） 行政许可	审批类型（√） 非行政许可	审批对象	共同审批部门	备注
市文化体育广播电视局	006164102-A07Q	单位设置和个人使用卫星地面接收设施接收电视节目审批	无	《卫星电视广播地面接收设施管理规定》（国务院令第129号）第九条	√		单位法人或公民个人	无	个人使用由省级下放，长政发〔2014〕26号下放单位设置内容，两项合并
	006164102-A08Q	县级文物保护单位及一般不可移动文物建设控制地带内建设工程设计方案审核	无	《中华人民共和国文物保护法》	√		事业单位、企业、社会组织、公民个人	无	
	006164102-A09Q	拍摄县级文物保护单位及一般不可移动文物审批	无	《中华人民共和国文物保护法》	√		事业单位、企业、社会组织、公民个人	无	
	006164102-A10Q	县级文物保护单位及一般不可移动文物保护范围内进行其他建设或者爆破、钻探、挖掘等作业审批	无	《中华人民共和国文物保护法》	√		事业单位、企业、社会组织、公民个人	无	长办发〔2014〕4号下放
	006164102-A11Q	县级文物保护单位及一般不可移动文物修缮或实施原址保护措施的审批	对县级文物保护单位及一般不可移动文物实施原址保护措施的审批；文物保护单位和其他不可移动文物修缮审批	《中华人民共和国文物保护法》	√		事业单位、企业、社会组织、公民个人	无	
	006164102-A12S	举办营业性演出审批	无	1.《营业性演出管理条例》（国务院令第439号）；2.《营业性演出管理条例实施细则》（文化部令第47号）	√		公民、法人	无	

（续上表）

实施单位	项目编码	项目名称	子项	设定依据	审批类型（√）行政许可	审批类型（√）非行政许可	审批对象	共同审批部门	备注
市畜牧兽医水产局	445049683-A01S	种畜禽生产经营许可证核发	无	1.《种畜禽管理条例》（国务院令第153号）第十五条；2.《种畜禽管理条例实施细则》（农业部令第32号）（2004年修正本）第二十四条	√		公民、法人	无	
	445049683-A02S	兽药经营许可证核发	无	1.《兽药管理条例》（国务院令第404号）第二十二条；2.部《兽药管理条例实施细则》（农业部令第28号修订）第三条	√		法人	无	
	445049683-A03S	渔业捕捞许可证核发	无	1.《中华人民共和国渔业法》第二十三条；2.农业部《渔业捕捞许可管理规定》（农业部令第19号）第十八条	√		公民、法人	无	
	445049683-A04S	水域滩涂养殖证核发	无	1.《中华人民共和国渔业法》第十一条；2.农业部《水域滩涂养殖发证登记办法》（农业部令2010年第9号）第三条	√		公民、法人	无	
	445049683-A05S	动物防疫条件合格证核发	无	1.《中华人民共和国动物防疫法》第二十条；2.农业部《动物防疫条件审查办法》（农业部令2010年第7号）第三条	√		公民、法人	无	项目名称根据法律规定修改调整
	445049683-A06S	动物诊疗许可证核发	无	1.《中华人民共和国动物防疫法》第五十一条；2.《中华人民共和国行政许可法》；3.农业部《动物诊疗机构管理办法》第三条、第四条	√		法人	无	
	445049683-A07S	水产苗种生产审批	无	1.《中华人民共和国渔业法》第十六条；2.《湖南省水产苗种管理办法》（湖南省人民政府令第172号）第十二条	√		公民、法人	无	长办发〔2014〕4号下放

（续上表）

实施单位	项目编码	项目名称	子项	设定依据	审批类型（√）		审批对象	共同审批部门	备注
					行政许可	非行政许可			
市畜牧兽医水产局	445049683-A07S	动物诊疗许可证核发	无	1.《中华人民共和国动物防疫法》第五十一条；2.《中华人民共和国行政许可法》；3.农业部《动物诊疗机构管理办法》第三条、第四条	√		法人	无	
	445049683-A06S	水产苗种生产审批	无	1.《中华人民共和国渔业法》第十六条；2.《湖南省水产苗种管理办法》（湖南省人民政府令第172号）第十二条	√		公民、法人	无	长办发〔2014〕4号下放
市招商合作局	782883062-A01T	3000万美元以下鼓励类和允许类外商投资企业设立和变更核准	中外合资企业设立和变更核准	1.《中华人民共和国中外合资经营企业法》第三条；2.《中华人民共和国中外合作经营企业法》第五条	√		外国公司、企业、其他经济组织、个人或中国的公司、企业、其他经济组织	无	由原外资(独资)企业章程审批和合资合作企业合营协议合同章程审批两项合并后，根据上级相关文件修改名称
			外资（独资）企业设立和变更核准	《中华人民共和国外资企业法》第六条	√		外国企业和其他经济组织或者个人	无	
市住房保障局	445049130-A01T	商品房预售许可	无	《城市商品房预售管理办法》（建设部令第131号）第六条	√		开发企业	无	
市住房和城乡建设局	006162764-A01T	建筑工程施工许可	无	《中华人民共和国建筑法》第二章第七条	√		建设单位	无	
	006162764-A02T	建设工程初步设计审批	无	1.《建设工程勘察设计管理条例》（国务院令第293号）第五条；2.《湖南省建设工程初步设计审批管理办法》第四条	√		建设单位	无	

(续上表)

实施单位	项目编码	项目名称	子项	设定依据	审批类型（√）		审批对象	共同审批部门	备注
					行政许可	非行政许可			
市住房和城乡建设局	006162764-A03Q	临时占用、挖掘城市绿地（不含公园）、街道两侧、公共场地和城市道路审批	临时占用或挖掘城市绿地审批	1.《城市绿化条例》（国务院令第100号）第二十条；2.《国务院对确需保留的行政审批项目设定设定行政许可的决定》（国务院令第412号）	√		单位或公民	无	项目合并，名称调整，商业性临时占用街道两侧和公共场地委托市城市管理和行政执法局管理
			临时占用或挖掘城市街道两侧、公共场地许可	1.《城市道路管理条例》（国务院令第198号）；2.《湖南省城市市政公用设施管理办法》（湖南省人民政府令第98号）	√		公民、法人	无	
			临时占用或挖掘城市道路审批	1.《城市道路管理条例》（国务院令第198号）；2.《湖南省城市市政公用设施管理办法》（湖南省人民政府令第98号）	√		公民、法人	无	
	006162764-A04H	砍伐、修剪城市树木审批	无	1.《城市绿化条例》（国务院令第100号）第三章第二十一条；2.《国务院对确需保留的行政审批项目设定行政许可的决定》（国务院令第412号）	√		因特殊原因需砍伐、修剪城市树木的单位或个人	无	
	006162764-A05H	城市规划区内工程建设项目附属绿化工程设计方案审查	无	1.《城市绿化条例》（国务院令第100号）第十一条；2.《湖南省实施〈城市绿化条例〉办法》第十三条第二款	√		建设单位	无	
	006162764-A06H	改变城市绿化规划、绿化用地的使用性质审批	无	1.《城市绿化条例》（国务院令第100号）第十九条；2.《国务院对确需保留的行政审批项目设定行政许可的决定》（国务院令第412号）	√		单位或个人	无	

(续上表)

实施单位	项目编码	项目名称	子项	设定依据	审批类型(√) 行政许可	非行政许可	审批对象	共同审批部门	备注
市住房和城乡建设局	006162764-A07H	城市规划区内古树名木的迁移审批	无	1.《城市绿化条例》(国务院令第100号)第三章第二十五条第三款;2.《国务院对确需保留的行政审批项目设定行政许可的决定》(国务院令第412号)	√		单位或个人	无	
	006162764-A10Q	依附于城市道路建设各种管线、杆线等设施审批	无	《城市道路管理条例》(国务院令第198号)	√		公民、法人	无	由非行政许可审批事项调整为行政许可事项
	006162764-A09G	市政燃气设施改动审批	无	《城镇燃气管理条例》(国务令第583号)第三十八条	√		燃气经营者	无	由非行政许可审批事项调整为行政许可事项
	006162764-A08G	燃气经营者停业、歇业审批	无	《城镇燃气管理条例》(国务令第583号)第二十条	√		燃气经营者	无	由非行政许可审批事项调整为行政许可事项

附件3

浏阳市市本级新增的行政审批项目目录(19项)

实施单位	项目编码	项目名称	子项	设定依据	审批类型(√) 行政许可	非行政许可	审批对象	共同审批部门	备注
市财政局	006163388-A01Z	除会计师事务所以外的代理记账机构设立许可	无	《代理记账管理办法》(财政部令第27号)第三条	√		根据《代理记账管理办法》(中华人民共和国财政部令第27号)第二条	无	长政发〔2014〕26号下放

(续上表)

实施单位	项目编码	项目名称	子项	设定依据	审批类型（√）		审批对象	共同审批部门	备注
					行政许可	非行政许可			
市城市管理和行政执法局	006164073-A03H	关闭、闲置、拆除存放生活垃圾的设施、场所核准	无	1.《城市市容和环境卫生管理条例》（国务院令第101号）第二十二条；2.《长沙市城市市容和环境卫生管理办法》（长沙市人大常委会公告2012年第14号）第三十五条、第三十六条	√		公民、法人	市住建局、规划局	
市公安局	006162916-A06G	焰火晚会烟花爆竹燃放许可	无	《烟花爆竹安全管理条例》（国务院令第455号）第三条	√		烟花爆竹燃放单位	无	
	006162916-A07G	剧毒和易制毒化学品、放射性物品、民用爆炸物品购买证、运输证核发	剧毒化学品购买许可证、公路运输通行证核发	《危险化学品安全管理条例》（国务院令第591号）第三十九条、第五十条	√		剧毒化学品使用单位、承运人	无	
			第二类易制毒化学品运输许可	《易制毒化学品购销和运输管理办法》（公安部令第87号）第十五条第三款	√		易制毒化学品使用单位	无	
			放射性物品运输许可证核发	《放射性物品运输安全管理条例》（国务院令第562号）第四条第二款	√		托运人	无	
			民用爆炸物品购买证、运输证核发	《民用爆炸物品安全管理条例》（国务院令第466号）第三条、第四条第二款	√		民用爆炸物品销售使用单位	无	
市城乡规划局	44502657X-B01T	项目修建性详细规划审批	需要建设单位编制修建性详细规划的审批	1.《中华人民共和国城乡规划法》第四十条；2.《湖南省实施＜中华人民共和国城乡规划法＞办法》第十四条	√		建设单位或个人	无	
			建设工程规划设计方案总平面图修改审批	1.《中华人民共和国城乡规划法》第五十条；2.《湖南省实施＜中华人民共和国城乡规划法＞办法》第四十二条	√		建设单位或个人	无	

(续上表)

实施单位	项目编码	项目名称	子项	设定依据	审批类型（√）行政许可	审批类型（√）非行政许可	审批对象	共同审批部门	备注
市城乡规划局	44502657X-B02T	地块规划条件审批	以出让方式提供国有土地使用权的地块规划条件核发	1.《中华人民共和国城乡规划法》第三十八条；2.《湖南省实施〈中华人民共和国城乡规划法〉办法》第二十三条	√		建设单位或个人	无	
			地块规划条件修改审批	1.《中华人民共和国城乡规划法》第四十三条；2.《湖南省实施〈中华人民共和国城乡规划法〉办法》第四十二条	√		建设单位或个人	无	
市人口和计划生育局	006163417-A03Z	计划生育技术服务人员执业许可和校验	无	1.《计划生育技术服务管理条例》（国务院令第428号）；2.《国务院对确需保留的行政审批项目设定行政许可的决定》（国务院令第412号）	√		计划生育技术服务人员	无	长政发〔2014〕26号下放
	006163417-B01Q	合法妊娠施行中期以上非医学需要的终止妊娠手术审批	无	1.《湖南省人口与计划生育条例》第四十条第二款；2.《湖南省禁止非医学需要鉴定胎儿性别和选择性别终止妊娠规定》（湖南省人民政府令第194号）第十一条、第十二条第一款第二项	√		合法妊娠14周以上因离婚、丧偶要求终止妊娠的育龄妇女	无	
市教育局	00616281X-A02G	校车使用许可	无	《校车安全管理条例》（国务院令第617号）第十五条	√		公民或经营单位	无	实施主体为市人民政府，由市教育局牵头，市交警大队、交通运输局共同承办
市林业局	006162895-A05H	非国家重点保护野生动物狩猎许可证核发	无	1.《中华人民共和国野生动物保护法》第十八条；2.《中华人民共和国陆生野生动物保护实施条例》（林策通字〔1992〕29号）第十五条	√		公民或法人	无	长政发〔2014〕26号下放

（续上表）

实施单位	项目编码	项目名称	子项	设定依据	审批类型（√）行政许可	审批类型（√）非行政许可	审批对象	共同审批部门	备注
市民政局	006164145-A03Q	养老机构设立许可	无	《中华人民共和国老年人权益保障法》第四十四条	√		自然人、法人或其他组织	无	
	006164145-B01Q	农村公益性墓地审批	无	《中华人民共和国殡葬管理条例》（国务院令第225号）第八条	√		法人或其他组织	无	
市商务局	774486358-B01S	申报直销的企业服务网点方案审查认可	无	《直销行业服务网点设立管理办法》（商务部令2006年第20号）	√		申报直销企业	无	长政发〔2014〕26号下放
市森林公安局	445049528-A01G	野外生产性用火审批	无	《森林防火条例》（国务院令第541号）第二章第二十五条	√		野外生产性用火单位和个人	无	
市卫生局	006162748-A07S	餐饮服务许可证核发	无	1.《中华人民共和国食品安全法》；2.《餐饮业食品卫生管理办法》；3.《餐饮业和集体用餐配送单位卫生规范》（卫监督发〔2005〕260号）；4.《关于做好＜餐饮服务许可证＞启用及发放工作的通知》（国食药监许〔2009〕257号）	√		餐饮服务申请单位	无	
市文化体育广播电视局	006164102-A13S	电影放映经营许可证核发	无	1.《电影管理条例》（国务院令第342号）第三十八条、第三十九条；2.《湖南省人民政府关于落实国务院第六批取消和调整行政审批项目的通知》（湘政发〔2013〕24号）	√		事业单位、企业、社会组织、公民个人	市消防大队、环保局	长政发〔2014〕26号下放
	006164102-A14J	建立城市社区有线电视系统审批	无	《国务院对确需保留的行政审批项目设定行政许可的决定》（国务院令第412号）	√		物业机构及主管部门	无	长政发〔2014〕26号下放

(续上表)

实施单位	项目编码	项目名称	子项	设定依据	审批类型（√）		审批对象	共同审批部门	备注
					行政许可	非行政许可			
市文化体育广播电视局	006164102-B01Q	临时占用公共体育设施审批	无	1.《中华人民共和国体育法》；2.《公共文化体育设施条例》(国务院令第382号)	√		法人或公民	无	长政发〔2014〕26号下放
市畜牧兽医水产局畜牧局	445049683-A08S	渔业船舶登记发证、牌照核发	无	1.《中华人民共和国渔港水域交通安全管理条例》；2.《中华人民共和国渔业船舶登记办法》（农业部令2012年第8号）	√		公民、法人或社会组织	无	长政发〔2014〕26号下放

附件 4

浏阳市垂直管理单位行政审批项目目录（27项）

实施单位	项目编码	项目名称	子项	设定依据	审批类型（√）		审批对象	共同审批部门	备注
					行政许可	非行政许可			
市国家税务局	006163310-A01Z	对纳税人变更纳税定额的核准	无	《中华人民共和国税收征收管理法实施细则》（国务院令第628号）第四十七条	√		纳税人	无	
	006163310-A02Z	增值税专用发票（增值税税控系统）最高开票限额审批	无	《国务院对确需保留的行政审批项目设定行政许可的决定》(国务院令第412号)	√		纳税人	无	
	006163310-B01Z	对办理税务登记（注销、外出经营报验）的核准	无	《中华人民共和国税收征收管理法》第十六条	√		纳税人	无	
	006163310-B02Z	对增值税一般纳税人资格认定的审批	无	《国务院办公厅关于保留部分非行政许可审批项目的通知》(国办发〔2004〕62号）第一百二十七项	√		纳税人	无	

(续上表)

实施单位	项目编码	项目名称	子项	设定依据	审批类型（√）		审批对象	共同审批部门	备注
					行政许可	非行政许可			
市国家税务局	006163310-B03Z	未按期申报抵扣增值税扣税凭证申请继续抵扣的审批	无	《国家税务总局关于未按期申报抵扣增值税扣税凭证有关问题的公告》（国家税务总局公告2011年第78号）第一条	√		纳税人	无	
市国家税务局	006163310-B04Z	促进残疾人就业企业增值税退税审批	无	《国务院办公厅关于保留部分非行政许可审批项目的通知》（国办发〔2004〕62号）第一百三十九项	√		纳税人	无	
市地方税务局	006163484-A01Q	对纳税人变更纳税定额的核准	无	《中华人民共和国税收征收管理法实施细则》（国务院令第628号）第四十七条	√		纳税人	无	
市地方税务局	006163484-B01Q	对办理税务登记（注销、外出经营报验）的核准	无	《中华人民共和国税收征收管理法》第十六条	√		纳税人	无	
市地方税务局	006163484-B02Q	偏远地区简并征期认定	无	《中华人民共和国税收征收管理法实施细则》（国务院令第628号）第三十六条	√		纳税人	无	
市地方税务局	006163484-B03Q	享受税收优惠政策的审批	10万元以内（含）城镇土地使用税困难减免审批	《湖南省城镇土地使用税实施办法》（湖南省人民政府令第217号）第九条	√		纳税人	无	
市地方税务局	006163484-B03Q	享受税收优惠政策的审批	10万元以内（含）房产税困难减免的审批	《湖南省房产税施行细则》（湘政发〔2003〕14号）第六条	√		纳税人	无	
市地方税务局	006163484-B03Q	享受税收优惠政策的审批	10万元以内（含）资源税困难减免的审批	《中华人民共和国资源税暂行条例》（财政部国家税务总局令第66号）第七条	√		纳税人	无	

（续上表）

实施单位	项目编码	项目名称	子项	设定依据	审批类型（√） 行政许可	审批类型（√） 非行政许可	审批对象	共同审批部门	备注
市地方税务局	006163484-B03Q	享受税收优惠政策的审批	安置转业干部就业营业税减免的审批	《关于自主择业军队转业有关税收政策问题的通知》（财税〔2003〕26号）	√		纳税人	无	
			安置随军家属营业税减免的审批	《财政部国家税务总局关于随军家属就业有关税收政策的通知》（财税〔2000〕84号）	√		纳税人	无	
			安置残疾人的单位营业税减免的审批	《财政部国家税务总局关于促进残疾人就业税收优惠政策的通知》（财税〔2007〕92号）	√		纳税人	无	
			中小企业信用担保营业税减免的审批	《工业和信息化部国家税务总局关于公布中小企业信用担保机构免征营业税和取消免税资格名单的通知》（工信部联企业〔2014〕20号）	√		纳税人	无	
			公共交通车船的车船税减免审批	《湖南省车船税实施办法》（湖南省人民政府令第258号）第五条	√		纳税人	无	
市质量技术监督局	006162908-A01Z	计量检定员资格核准	无	1.《中华人民共和国行政许可法》；2.《中华人民共和国计量法》第二十条；3.《中华人民共和国计量法实施细则》第二十九条、第三十一条；4.《计量检定人员管理办法》（国家质检总局令2007年第105号）；5.《计量检定员考核规则》（国家质检总局公告2012年第123号）	√		计量检定员	无	

（续上表）

实施单位	项目编码	项目名称	子项	设定依据	审批类型（√）行政许可	审批类型（√）非行政许可	审批对象	共同审批部门	备注
市质量技术监督局	006162908-A02Z	计量器具修理许可证核发	无	1.《中华人民共和国计量法》第十二条；2.《中华人民共和国计量法实施细则》第十五条；3.《制造、修理计量器具许可监督管理办法》	√		企事业单位或个体户	无	
	006162908-B01Z	组织机构代码登记	无	《湖南省组织机构代码管理办法》（湖南省人民政府令第156号）	√		法人或其他社会组织	无	
市工商行政管理局	006162983-A01Z	权限内企业核准登记（含企业集团核准登记和企业名称预先核准）	冠长沙市、浏阳市名企业名称预先	核准《公司登记管理条例》（国务院令第648号）第四条、第十七条、第十八条	√		申请设立企业的投资者	无	冠长沙市名企业名称预先核准由长沙市工商局委托下放
			权限内企业核准登记	1.《中华人民共和国公司法》第六条；2.《公司登记管理条例》（国务院令第648号）第三条；3.《合伙企业法》第九条第一款；4.《个人独资企业法》第九条第一款；	√		企业	前置许可部门	
			企业集团核准登记	1.《中华人民共和国企业法人登记管理条例》（国务院令第1号）第五条；2.《企业集团登记管理暂行规定》（工商企字〔1998〕第59号）第二条	√		母公司、子公司、参股公司及其他成员企业或机构等	无	
			农民专业合作社核准登记	1.《农民专业合作社登记管理条例》（国务院令第498号）第一章第四条；2.《中华人民共和国农民专业合作社法》第二章第十三条	√		公民、法人	无	

(续上表)

实施单位	项目编码	项目名称	子项	设定依据	审批类型（√）		审批对象	共同审批部门	备注
					行政许可	非行政许可			
市工商行政管理局	006162983-A02Z	个体工商户核准登记(含个体工商户名称预先核准)	个体工商户名称预先核准	《个体工商户名称登记管理办法》（国家工商总局令第38号）第五条	√		申请个体工商户的公民	无	
			个体工商户核准登记	1.《个体工商户条例》（国务院令第596号）第二条第一款；2.《个体工商户登记管理办法》(国家工商总局令第163号）第三条第一款	√		个体工商户	前置许可部门	
	006162983-A03S	广告经营许可和户外广告登记	广告经营许可证核发	1.《广告法》第二十六条；2.《广告管理条例》（国发〔1987〕94号）第六条第二项；3.《广告经营许可证管理办法》(国家工商总局令第16号）第二条	√		1.广播电台、电视台、报刊出版单位；2.事业单位；3.法律、行政法规规定应进行广告经营审批登记的单位	无	
			户外广告登记证核发	《户外广告登记管理规定》(国家工商总局令第25号）第三条	√		户外广告发布单位	无	
	006162983-A04S	食品流通许可证核发	无	1.《食品安全法》第二十九条第一款；2.《食品流通许可证管理办法》（国家工商总局令第44号）第三条	√		企业、个体工商户	无	
	006162983-B01Q	有限责任公司股权出质登记	无	1.《物权法》第二百二十三条第四项、第二百二十六条第一款；2.《工商行政管理机关股权出质登记办法》（国家工商总局令第32号）第三条	√		有限责任公司	无	

(续上表)

实施单位	项目编码	项目名称	子项	设定依据	审批类型(√)		审批对象	共同审批部门	备注
					行政许可	非行政许可			
市工商行政管理局	006162983-B02Q	拍卖活动备案	无	《拍卖监督管理暂行办法》(国家工商总局令第101号)第五条	√		拍卖企业	无	
市工商行政管理局	006162983-B03Q	企业登记相关事项备案登记	无	1.《企业法人登记管理条例》(国务院令第1号)第十一条；2.《公司登记管理条例》(国务院令第648号)第三十六条、第三十七条、第四十七条第四款；3.《个人独资企业登记管理办法》(国家工商总局令第94号)第二十七条；4.《合伙企业登记管理办法》(国务院令第497号)第二十一条；5.《农民专业合作社登记管理条例》(国务院令第498号)第二十二条第一款、第二十三条	√		企业法人	无	
市盐务管理局	588967887-A01S	食盐零售许可证核发	无	《湖南省盐业管理条例》第十七条、第十八条、第十九条	√		零售商	无	
市烟草专卖局	790331137-A01S	烟草专卖零售许可	无	1.《烟草专卖法》第三条；2.《烟草专卖法实施条例》(国务院令第223号)第六条	√		从事烟草制品零售业务的公民、法人和其他组织	无	
公积金管理中心	75584085X-B01Q	住房公积金缴存、转移、提取、贷款审批	无	《住房公积金管理条例》(国务院令第350号)第十三条、第十四条、第十五条、第二十五条、第二十六条	√		法人、公民	无	

(续上表)

实施单位	项目编码	项目名称	子项	设定依据	审批类型（√）		审批对象	共同审批部门	备注
					行政许可	非行政许可			
市气象局	445049077-A01G	防雷装置设计审核和竣工验收	无	1.《国务院对确需保留的行政审批项目设定行政许可的决定》(国务院令第412号)第三百七十八条；2.《防雷减灾管理办法》(中国气象局令第20号)第十五条、第十七条；3.《湖南省雷电灾害防御条例》第十一条、第十三条	√		新建、改建、扩建防雷工程建设单位	无	
	445049077-A02G	大气环境影响评价使用非气象主管部门提供的气象资料审查	无	1.《中华人民共和国气象法》；2.《国务院关于第六批取消和调整行政审批项目的决定》(国发〔2012〕52号)	√		公民或法人	无	长沙市人民政府令第127号委托下放
	445049077-A03G	升放无人驾驶气球或者系留气球活动审批	无	1.《通用航空飞行管制条例》(国务院中央军事委员会令第371号)第三十二条；2.《施放气球管理办法》(中国气象局令第9号)第十三条	√		气球施放单位	无	
市公安消防大队	740637023-A01G	建筑工程消防设计审核和消防验收	无	《中华人民共和国消防法》第十一条	√		建设工程实施单位	无	
		公众聚集场所投入使用、营业前消防安全检查	无	《中华人民共和国消防法》第十五条			单位	无	调整为其他管理事项
		建设工程消防设计备案抽查	无	《中华人民共和国消防法》第十条			单位	无	调整为其他管理事项
		建设工程竣工验收消防备案抽查	无	《中华人民共和国消防法》第十三条第一款第二项			单位	无	调整为其他管理事项

LYDR—2014—00012

浏阳市人民政府 浏阳市人民武装部 关于加强人民防空工程建设与管理的若干意见

浏政发〔2014〕15号

各乡、镇人民政府，街道办事处，市直各单位，各基层武装部：

为进一步加强我市人民防空工程（以下简称人防工程）建设与管理，促进全市经济社会协调发展，根据《中华人民共和国人民防空法》、《国务院中央军委关于进一步推进人民防空事业发展的若干意见》（国发〔2008〕4号）和《湖南省实施〈中华人民共和国人民防空法〉办法》、《湖南省人民防空工程建设与维护管理规定》（省政府令第270号）、《湖南省人民政府中国人民解放军湖南省军区关于进一步加强人民防空工程建设与管理的若干意见》（湘政发〔2011〕6号）、《湖南省人民政府关于推进人防建设与经济社会建设融合发展的意见》（湘政发〔2013〕13号）、《湖南省人民政府办公厅湖南省军区司令部关于加强县级人民防空工作的意见》（湘政办发〔2013〕22号）等法律法规和文件精神，结合我市实际，提出如下意见：

一、强化人防工程规划与建设管理

（一）统筹规划。尽快制定人防工程建设规划和城市地下空间开发规划，并将其纳入城市总体规划和详细规划。按照地上地下工程同步规划、统筹兼顾的原则，逐步建立和完善人防工程防护体系，有序推进城市（镇）地下空间开发利用。城市（镇）总体规划中人防工程建设内容未能列入或人防工程规划不合理的，要及时补充编制或完善规划。经济发展较快、人口较多的乡镇要逐步规划和建设人防工程。到2020年，中心城区城市规划区内常住人口人均人防工程使用面积力争达到1平方米以上。

（二）统一管理。中心城区城市规划区内及经开区、制造产业基地（以下简称园区）规划区及大瑶镇、永安镇集镇规划区以及本市辖区内法律法规和国家有关政策规定的重点防护目标建设项目新建、扩建民用建筑（除工业生产厂房外），必须按照国家和省、市有关规定修建人防工程，并与地面建筑同步规划、设计、建设、竣工验收。市辖园区及大瑶镇、永安镇结合民用建筑修建人防工程工作，依法纳入市人民防空行政主管部门（以下简称人防部门）统一管理。

对于廉租住房、经济适用住房、公共租赁住房等保障性住房和各类棚户区改造项目、旧住宅区整治、中小学和幼儿园教学用房、养老院及为残疾人修建的生活服务设施等民用建筑，必须且适宜修建防空地下室的，不得以免缴防空地下室易地建设费为由拒建防空地下室；对于不宜修建防空地下室的，按国家有关规定依法免收防空地下室易地建设费。

（三）统一标准。上述规定范围内的所有新建民用建筑单位和个人的建设项目，应当按照下列标准修建防空地下室。

1．按照不低于地面总建筑面积的4%修建防空地下室；

2．除防空地下室外的其他结合地面建筑开发地下空间项目，修建不低于地下建筑面积10%的防空地下室。

3．修建的防空地下室，必须严格执行国家强制性的防护标准和设计规范。市人防办负责防空地下室的防护设计审核。建设单位在报送市人防办审核防护设计时，应当提供具有施工图审查资质的单位出具的人民防空工程施工图设计文件审查报告。

（四）规范审批。

1．人防部门参与民用建筑项目的规划评审和报建联审，确定人防工程的战时功能、防护级别、建设规模和布局或者易地建设，并负责监督建设主体按规定办理人防工程防护部分的设计审查、质量监督和竣工验收质量认可。防空地下室建设项目审批纳入政务服务中心审批窗口审批管理，纳入网上政务服务和电子监察系统。涉及人民防空要求的重要工程布局和重大项目，发改等投资主管部门在审批、核准或者备案前，要书面征求人防部门的意见。未经人防部门审查或者审查不合格的，城乡规划、住房和城乡建设部门不得发给建设工程规划许可证和施工许可证；未出具人防部门认可文件的，住房和城乡建设等相关部门不予办理竣工验收备案，住房保障部门不得发放房屋所有权证。对违反规定批准和办理的，由监察等部门依规严肃查处，追究相关责任人的责任。

2．属于下列情形，经批准且建设单位按照规定向市人防办缴纳防空地下室易地建设费（缴纳标准见附件，大瑶镇、永安镇暂不收费），其防空工程按人防发展规划易地修建。

①采用桩基且桩基承台顶面埋置深度小于三米或者不足规定的地下室空间净高的；

②按照规定标准应建防空地下室的面积小于地面建筑主楼首层的面积，且基础和结构处理困难的，建设单位应当报经市人防办审核批准；

③确因建在流沙、暗河等地段受地质条件限制且

结构和基础处理困难不能就地修建防空地下室的，建设单位必须持勘察单位出具的地质勘查报告和设计单位出具的资料，向市人防办提出申请，由市人防办按有关规定审批；

④ 因建设场址所在区域的房屋或者地下管道设施密集，防空地下室不能施工或者难以采取措施保证施工安全的；

⑤ 不符合人民防空工程建设规划的；

⑥ 法律、法规、规章等规定的其他情形。

二、加强人防工程质量安全和维护管理

（一）质量安全。要严格执行国家规定的人防工程防护标准和质量标准，加强项目审批、设计审查、施工监理、质量监督和竣工验收管理。要按国家有关规定落实人防工程设计、监理和防护设备安装配套等有关制度。落实人防工程建设招投标制度，确保人防工程的质量安全。人防部门要会同有关部门加强对单建式人防工程和防空地下室防护部分质量安全的监督管理，对不符合建设质量安全和使用要求的人防工程，要及时提出整改要求。

（二）维护管理。人防工程特别是防空地下室的日常维护由工程产权所有人或使用人负责。居民住宅小区防空地下室由小区物业管理单位根据物业服务合同进行维护管理，并接受人防部门监督检查。其他防空地下室的维护管理由工程使用单位负责。防空地下室确无单位管理的，由人防部门按有关规定办理手续，列为公用人防工程管理。各相关部门和单位要加强早期建设的人防工程的维护管理，明确维护管理人员，落实相关工作经费，确保此类人防工程安全可靠和正常使用。

（三）拆除报废。从严控制人防工程拆除和报废，对因城市建设等需要拆除和报废的人防工程，应按规定办理审批手续，由拆除、报废单位负责补建或补偿。经批准报废的人防工程，由隶属单位予以回填或者加固；因工程建设导致人防工程报废的，由建设单位承担回填或加固的费用；对存在严重结构安全隐患和使用价值不高的早期人防工程，要编制拆除报废规划，逐年实施。

三、严格防空地下室建设管理

（一）规范防空地下室建设。除国家规定的项目外，任何单位和个人不得批准免建、少建、缓建防空地下室或者降低建设标准。城市新建民用建筑项目申请防空地下室易地建设的，必须符合规定条件，人防部门要严格把关，坚持“以建为主、以收促建”的原则，不得违规以收代建。建筑面积5万平方米（含）以上的新建民用建筑项目申请易地建设的，人防部门应按规定上报上级人防部门备案。

（二）严格易地建设费减免。防空地下室易地建设费按照《湖南省物价局湖南省财政厅关于核定人防系统行政事业性收费标准的通知》（湘价费〔2014〕60号）规定标准执行，资金全额纳入财政预算管理，由人防部门专项用于人防建设，任何单位和个人不得违规减免和平调、截留、挪用，其缓、减、免按照《刘阳市人民政府关于规范市本级非税收入缓减免审批程序的通知》（浏政发〔2011〕12号）文件办理。易地建设费减免不得作为招商引资的优惠条件。人防等部门要严格按照国家规定审核和认定廉租住房、经济适用住房和公共租赁住房，坚决杜绝商品房屋建设享受减免防空地下室易地建设费政策。人防部门要加大人民防空行政执法力度，定期组织开展防空地下室建设专项清查和执法检查，联合有关部门对结合民用建筑修建防空地下室相关法规政策执行情况进行全面清查，依规查处违法违规典型案件，落实补建补缴措施。

四、加强人防综合防护体系与功能建设

（一）加强工程防护体系建设。人防部门在人防工程建设管理中，应严格落实人防工程建设规划和人防工程战术技术要求，加强人防工程防护体系建设，严格按照规划修建医疗救护工程、防空专业队工程等人防专用工程，人员掩蔽工程、物资库与其他工程要合理配套，工程之间要逐步相互连通，形成防护网络体系，提高人防工程的整体功能。

（二）地下工程兼顾人防要求。城市（镇）地下工程建设应按国家有关规范满足人民防空防护要求。已经依法履行结合民用建筑修建防空地下室义务的民用建筑建设项目，其防空地下室以外的地下工程，暂不列入兼顾设防范围。地下工程应与附近人防工程相连通；暂时不能连通的，应规划预留连通口。

（三）平战功能转换。人防工程的平战转换设计要与工程设计同步编制、同步审查。工程验收前要完成平战转换预案编制工作，落实责任单位、责任人员和转换器材，按规定时限完成功能转换。合理控制人防工程孔口防护平战转换量，临空墙上供平时使用的出入口必须安装防护密闭门。

五、合理开发利用人防工程

（一）积极开发。要利用人防工程为完善城市功能、发展经济、方便群众和发展公益事业服务。要结合完善城市功能，充分利用城市公共绿地、广场、商业繁华地段、地下交通干线和地下综合体，规划、建设大、中型平战结合人防工程，大力发展人防经济。抓好防空地下室、地下停车场、地下过街道、地下商业街等类型的人防基础设施建设，满足城市商业、交通等方面的需要。加强人防工程管理和开发利用，在不影响人防工程安全保密的前提下，积极开发利用人防工程作为居民停车、社会活动、公益宣传、避暑纳凉、休闲娱乐、国防教育等公益便民场所，方便和丰富市民生活。

（二）合理利用。要注重发挥人防工程建设在提高城市抗震抗毁能力、集约节约用地、缓解交通拥挤、改善生态环境等方面的积极作用。人防工程建设要与防灾应急建设相结合，充分考虑平时防灾救灾和公共应急需要。要加快医疗救护工程、防空专业队工程、人员掩蔽工程、物资库等建设，并将其与重大灾害应急组织指挥、安全防护、应急保障结合起来。要加快规划建设人防基本指挥所、地面应急指挥中心和集应急指挥、疏散掩蔽、专业队训练、防空防灾教育等功能的新型疏散基地建设，完善防灾应急功能，使其成为公共应急指挥的重要平台。

六、积极营造良好建设与管理环境

（一）切实加强组织领导。逐步建立健全和完善与我市人防发展要求相配套的体制机制。将人防建设纳入政府任期目标和绩效考核内容，纳入国民经济和社会发展规划，纳入国防动员建设考核和述职内容。将人防办事机构纳入城乡规划、新型城镇化建设、信息化、应急管理等相关领导协调体系。建立健全城市（镇）地下空间开发利用协调领导机制，统筹规划、国土、人防等部门有序推进城市（镇）地下空间开发利用。

（二）努力改善投资环境。要进一步营造和优化有利于人民防空建设发展的投资环境，支持和吸引社会资金建设除指挥工程等保密项目以外的人防工程，实现投资主体多元化和融资方式多样化。鼓励以租赁、置换、入股等形式盘活人民防空国有资产、实现保值增值，提高综合效益。

（三）积极提供政策支持。人防工程建设项目（包括配套设施及附属工程）属于国防工程和社会公益性建设项目，按照国家相关规定享受优惠政策。开发利用人防工程依法享受现行有关税收优惠政策以及用电、用水等方面的优惠政策。

七、本文件自印发之日起施行。2011 年 9 月 13 日印发的浏政发〔2011〕15 号文件同时废止。

浏阳市人民政府　浏阳市人民武装部

2014 年 9 月 25 日

附件

浏阳市防空地下室易地建设费收费标准表

收费对象及范围	计费面积	收费标准（元 / 平方米）
城市规划区内（含经开区、制造产业基地规划区）新建民用建筑（工业生产厂房除外）的建设单位或者个人	按地面总建筑面积的 4%	800

注：1. 民用建筑指：住宅、旅馆、招待所、商店（场）、幼儿园、学校教学楼及其附属设施；办公楼、科研楼、综合楼的非生产用房部分；厂区范围内的宿舍、办公楼、文娱生活设施等非生产用房；文化馆、影剧院（场）、各种体育场（馆）、图书馆、展览馆、少年之家、游乐场（园）等文娱体育活动场所；码头候船室、车站候车室、机场候机室；商用仓库、民用车库；商业网点门面；医疗用房及其附属设施；养老院及为残疾人员修建的生活服务设施等。

2. 收费对象：上表所列对象及范围内的新建民用建筑，因法律法规规定条件限制不宜修建防空地下室的建设单位和个人。

LYDR—2014—00013

浏阳市人民政府 关于公布规范性文件清理结果的决定

浏政发〔2014〕16 号

各乡、镇人民政府，街道办事处，市直各单位：

为加强行政管理，从源头上规范和控制行政行为，加快推进法治政府建设，根据《湖南省规范性文件管理办法》（省政府令第 242 号）要求，市人民政府对 2014 年 6 月 30 日以前发布的规范性文件进行了全面清理。现将清理结果公布如下：

一、废止《印发〈关于规范城市公用公益设施建设维护管理和运行的规定〉的通知》（浏政发〔2004〕18 号）等 12 个规范性文件（见附件 1）。

二、宣布《关于进一步加强农作物种子市场管理的通知》（浏政发〔2004〕4 号）等 32 个规范性文件失效（见附件 2）。

三、确认《关于进一步深化乡镇街道教育机构改革的意见》（浏政发〔2007〕2 号）等 80 个规范性文件继续有效（见附件 3）。

四、重新公布《关于印发〈浏阳市城市污水处理费征收使用管理暂行办法〉的通知》（浏政发〔2004〕25 号）等 41 个规范性文件（见附件 4）。

上述废止、宣布失效的规范性文件，自本决定发布之日起不再执行；上述确认继续有效的规范性文件，有效期与本决定发布前连续计算；重新公布的规范性文件，自本决定发布之日起重新计算有效期，但规范性文件自身规定了有效期的按其规定执行；市人民政府和市人民政府办公室在 2014 年 6 月 30 日以前制发的规范性文件，凡未列入继续有效、重新公布的规范性文件目录的，自本决定发布之日起不再执行。

附件：1. 废止的规范性文件目录
2. 失效的规范性文件目录
3. 继续有效的规范性文件目录
4. 重新公布的规范性文件目录

浏阳市人民政府

2014 年 10 月 9 日

附件 1

废止的规范性文件目录

序号	制定机关	文　号	发文或重新公布日期	文 件 标 题
1	浏阳市人民政府	浏政发〔2004〕18 号	2010.10.9	印发《关于规范城市公用公益设施建设维护管理和运行的规定》的通知
2	浏阳市人民政府	浏政发〔2005〕10 号	2010.10.9	印发《关于扶持市金信担保有限责任公司发展的若干规定》的通知
3	浏阳市人民政府	浏政发〔2005〕18 号	2012.12.21	关于印发《浏阳市城市违法建设处理办法》的通知
4	浏阳市人民政府	浏政发〔2010〕14 号	2010.9.14	关于规范结合民用建筑修建防空地下室有关事项的通知
5	浏阳市人民政府办公室	浏政办发〔2005〕1 号	2010.10.9	关于印发《浏阳市小型水库经营管理体制改革实施方案》的通知
6	浏阳市人民政府办公室	浏政办发〔2005〕2 号	2010.10.9	关于推行小型水库管理体制改革的意见
7	浏阳市人民政府办公室	浏政办发〔2006〕13 号	2012.12.21	关于进一步加强食品药品安全工作的通知
8	浏阳市人民政府办公室	浏政办发〔2009〕8 号	2012.12.21	关于转发《浏阳市采矿权抵押登记管理办法（试行）》的通知
9	浏阳市人民政府办公室	浏政办发〔2009〕34 号	2012.12.21	关于印发《浏阳市小额贷款公司监督管理办法（试行）》的通知
10	浏阳市人民政府办公室	浏政办发〔2010〕28 号	2010.8.9	关于印发《浏阳市科学技术支出经费管理办法》的通知
11	浏阳市人民政府办公室	浏政办函〔2005〕80 号	2012.12.21	关于土地开发整理工作有关问题的通知
12	浏阳市人民政府办公室	浏政办函〔2007〕22 号	2012.12.21	关于严格建设项目环境准入的通知

附件 2

失效的规范性文件目录

序号	制定机关	文　号	发文或重新公布日期	文 件 标 题
1	浏阳市人民政府	浏政发〔2004〕4 号	2010.10.9	关于进一步加强农作物种子市场管理的通知
2	浏阳市人民政府	浏政发〔2006〕6 号	2012.12.21	关于印发《浏阳市利用国家开发银行政府信用贷款资金管理暂行办法》的通知
3	浏阳市人民政府	浏政发〔2006〕16 号	2006.7.12	关于印发《浏阳市国家开发银行政府信用贷款偿债专项资金管理办法》的通知
4	浏阳市人民政府	浏政发〔2006〕22 号	2012.12.21	关于印发《浏阳市重点建设项目管理办法》的通知
5	浏阳市人民政府	浏政发〔2006〕27 号	2012.12.21	关于印发《浏阳市国家开发银行政策性贷款信贷管理暂行办法》等 6 个文件的通知
6	浏阳市人民政府	浏政发〔2007〕5 号	2012.12.21	关于印发《浏阳市农村义务教育经费保障机制改革实施方案》的通知
7	浏阳市人民政府	浏政发〔2007〕9 号	2012.12.21	关于加快推进农业标准化的通知
8	浏阳市人民政府	浏政发〔2007〕12 号	2007.8.15	关于实行行政许可服务项目办事程序期限和收费标准监督手册制度的通知
9	浏阳市人民政府	浏政发〔2008〕4 号	2012.12.21	关于加快油茶产业发展的通知
10	浏阳市人民政府	浏政发〔2008〕6 号	2012.12.21	关于转发《长沙市农贸市场建设提质工程建设标准（试行）》的通知
11	浏阳市人民政府	浏政发〔2009〕2 号	2009.2.26	关于规范城区环卫公用事业收费的通知
12	浏阳市人民政府	浏政发〔2011〕2 号	2011.1.14	关于加强菜篮子工程建设促进蔬菜产业发展的通知
13	浏阳市人民政府	浏政函〔2005〕156 号	2010.10.9	关于建立重大事项公示制度有关问题的通知
14	浏阳市人民政府	浏政函〔2008〕206 号	2008.8.7	关于加强工业基地（小区）招商引资项目资金管理的通知
15	浏阳市人民政府	浏政函〔2008〕216 号	2008.8.19	关于封山育林的通告
16	浏阳市人民政府	浏政函〔2008〕220 号	2008.8.26	关于规范民间融资行为的通告

（续上表）

序号	制定机关	文 号	发文或重新公布日期	文 件 标 题
17	浏阳市人民政府	浏政函〔2008〕255号	2008.9.28	关于将军路季节性禁止车辆通行等有关事项的通告
18	浏阳市人民政府	浏政函〔2009〕63号	2009.3.9	关于清理整顿道路运输市场秩序的通告
19	浏阳市人民政府	浏政函〔2009〕307号	2009.7.21	关于严厉打击盗窃破坏通信设施行为的通告
20	浏阳市人民政府	浏政函〔2010〕336号	2010.11.9	关于维护成品油市场秩序的通告
21	浏阳市人民政府	浏政函〔2011〕88号	2011.3.29	关于取缔和规范农村马路市场的通告
22	浏阳市人民政府办公室	浏政办发〔2006〕8号	2010.10.9	转发市商务局《关于加快培育农村商品市场促进农村现代流通业发展的实施意见》的通知
23	浏阳市人民政府办公室	浏政办发〔2006〕10号	2010.10.9	关于加快建设村级农资综合服务站的通知
24	浏阳市人民政府办公室	浏政办发〔2007〕18号	2012.12.21	关于印发《浏阳市烟花爆竹生产经营企业新建（含整体搬迁）、扩建、改建建设项目联审办法》的通知
25	浏阳市人民政府办公室	浏政办发〔2007〕19号	2012.12.21	关于印发《浏阳市重大投资项目审批办法绿色通道操作办法》的通知
26	浏阳市人民政府办公室	浏政办发〔2009〕13号	2009.6.15	关于转发《浏阳市生猪规模养殖场（户）管理办法》的通知
27	浏阳市人民政府办公室	浏政办发〔2010〕18号	2012.12.21	关于印发《浏阳市政府投资项目招标投标管理办法（试行）》的通知
28	浏阳市人民政府办公室	浏政办发〔2010〕41号	2010.11.15	关于印发《浏阳市专业捕捞渔民解困工作实施方案》的通知
29	浏阳市人民政府办公室	浏政办发〔2011〕11号	2011.3.21	关于印发《浏阳市小型农田水利重点县建设管理办法》的通知
30	浏阳市人民政府办公室	浏政办函〔2006〕51号	2010.10.9	关于印发《浏阳市集中开展关爱女孩行动综合治理出生人口性别比偏高问题行动方案》的通知
31	浏阳市人民政府办公室	浏政办函〔2007〕50号	2012.12.21	关于加强浏阳花炮证明商标管理的通知
32	浏阳市人民政府办公室	浏政办函〔2008〕62号	2008.4.24	关于印发《浏阳市造纸工业发展规划（2008-2013）》的通知

附件3

继续有效的规范性文件目录

序号	制定机关	文 号	发文或重新公布日期	文 件 标 题
1	浏阳市人民政府	浏政发〔2007〕2号	2012.12.21	关于进一步深化乡镇街道教育机构改革的意见
2	浏阳市人民政府	浏政发〔2007〕14号	2012.12.21	关于印发《浏阳市优惠照顾残疾人若干规定》的通知
3	浏阳市人民政府	浏政发〔2008〕5号	2012.12.21	关于印发《浏阳市生产安全事故调查处理工作规则》的通知
4	浏阳市人民政府	浏政发〔2010〕17号	2010.12.1	关于公布浏阳市本级取消调整保留的行政许可项目目录的决定
5	浏阳市人民政府	浏政发〔2010〕18号	2010.12.1	关于公布浏阳市本级取消调整保留的年检项目目录的决定
6	浏阳市人民政府	浏政发〔2011〕1号	2011.1.4	关于鼓励外来投资的决定
7	浏阳市人民政府	浏政发〔2011〕17号	2011.11.15	关于印发《浏阳市耕地质量管理办法》的通知
8	浏阳市人民政府	浏政发〔2011〕18号	2011.11.18	关于印发《浏阳市城乡建筑工程规划管理规定》的通知
9	浏阳市人民政府	浏政发〔2012〕5号	2012.3.9	关于印发《浏阳市城市建设垃圾管理规定》的通知
10	浏阳市人民政府	浏政发〔2012〕7号	2012.3.21	关于浏阳市价格调节基金征收管理工作的通知
11	浏阳市人民政府	浏政发〔2012〕16号	2012.8.23	关于印发《浏阳市社会主体投资土地开发项目奖励办法》的通知
12	浏阳市人民政府	浏政发〔2012〕17号	2012.11.13	关于对国省干线公路两厢及浏阳河沿河两岸用地实施规划控制的通知
13	浏阳市人民政府	浏政发〔2012〕21号	2012.12.19	关于印发《浏阳市政府投资建设项目管理办法》的通知
14	浏阳市人民政府	浏政发〔2013〕4号	2013.3.15	关于印发《浏阳市企业上市扶持奖励办法》的通知

(续上表)

序号	制定机关	文　号	发文或重新公布日期	文　件　标　题
15	浏阳市人民政府	浏政发〔2013〕6号	2013.5.9	关于印发《浏阳市税收保障实施办法》的通知
16	浏阳市人民政府	浏政发〔2013〕7号	2013.5.13	关于公布市本级保留的非行政许可项目以及取消、调整行政许可项目目录的决定
17	浏阳市人民政府	浏政发〔2013〕9号	2013.5.21	关于印发《浏阳市国有投资项目招标投标管理办法》的通知
18	浏阳市人民政府	浏政发〔2013〕10号	2013.6.23	关于印发《浏阳市村级财务管理办法》的通知
19	浏阳市人民政府	浏政发〔2013〕15号	2013.9.11	关于印发《浏阳市重点建设项目管理办法》的通知
20	浏阳市人民政府	浏政发〔2013〕17号	2013.9.16	关于鼓励和支持民营经济发展的若干意见
21	浏阳市人民政府	浏政发〔2013〕20号	2013.10.10	关于印发《浏阳市企业国有资本经营预算试行办法》的通知
22	浏阳市人民政府	浏政发〔2013〕22号	2013.11.7	关于印发《浏阳市医疗救助实施办法》的通知
23	浏阳市人民政府	浏政发〔2013〕23号	2013.11.16	关于加快供销合作社改革发展的实施意见
24	浏阳市人民政府	浏政发〔2013〕24号	2013.11.20	关于印发《浏阳市退役士兵安置办法》的通知
25	浏阳市人民政府	浏政发〔2014〕2号	2014.1.16	关于加强市域高速公路、国省干线公路两厢及重要河流两岸建设管理的通知
26	浏阳市人民政府	浏政发〔2014〕3号	2014.1.26	关于开征城区生活垃圾处理费的通知
27	浏阳市人民政府	浏政发〔2014〕4号	2014.2.17	关于鼓励和支持文化产业发展的若干意见（试行）
28	浏阳市人民政府	浏政发〔2014〕8号	2014.3.27	关于印发《浏阳市征地补偿安置实施办法》的通知
29	浏阳市人民政府	浏政函〔2006〕216号	2012.12.21	关于加强松脂生产管理的通告
30	浏阳市人民政府	浏政函〔2007〕70号	2012.12.21	关于整治殡葬秩序推进殡葬改革的通告
31	浏阳市人民政府	浏政函〔2007〕79号	2012.12.21	关于进一步做好大中型水库移民后期扶持有关工作的通知
32	浏阳市人民政府	浏政函〔2007〕88号	2012.12.21	关于进一步明确烟花爆竹安全监管职责和安监、公安烟花爆竹安全监管体制的通知
33	浏阳市人民政府	浏政函〔2007〕157号	2012.12.21	关于遏制耕地抛荒提高耕地利用率的通告
34	浏阳市人民政府	浏政函〔2011〕15号	2011.1.14	关于加强树木资源收购和采挖运输管理的通告
35	浏阳市人民政府	浏政函〔2011〕349号	2011.9.29	关于规范公路两侧建房的通告
36	浏阳市人民政府	浏政函〔2011〕395号	2011.11.16	关于规范烟花爆竹燃放的通告
37	浏阳市人民政府	浏政函〔2013〕393号	2013.11.20	关于加强墓葬管理的通告
38	浏阳市人民政府	浏政函〔2014〕31号	2014.2.16	关于印发《浏阳市商事登记制度改革工作实施方案》的通知
39	浏阳市人民政府办公室	浏政办发〔2006〕32号	2012.12.21	关于印发《浏阳市突发环境事件应急预案》的通知
40	浏阳市人民政府办公室	浏政办发〔2006〕38号	2012.12.21	关于印发《浏阳市国家通用语言文字管理办法》的通知
41	浏阳市人民政府办公室	浏政办发〔2007〕4号	2012.12.21	关于印发《浏阳市重点建设项目档案验收办法》的通知
42	浏阳市人民政府办公室	浏政办发〔2007〕7号	2012.12.21	关于印发《浏阳市招商引资项目等级认定实施办法》的通知
43	浏阳市人民政府办公室	浏政办发〔2007〕12号	2012.12.21	关于印发《浏阳市农村居民最低生活保障制度实施办法》的通知
44	浏阳市人民政府办公室	浏政办发〔2007〕21号	2012.12.21	关于印发《浏阳市农村饮水安全工程项目建设管理办法》的通知
45	浏阳市人民政府办公室	浏政办发〔2007〕26号	2012.12.21	关于印发《浏阳市新型农村合作医疗住院补助垫付办法》的通知
46	浏阳市人民政府办公室	浏政办发〔2011〕1号	2011.1.7	关于印发《浏阳市森林消防行政过错责任追究办法》的通知
47	浏阳市人民政府办公室	浏政办发〔2011〕13号	2011.4.6	关于切实加强工伤保险征缴工作的通知

（续上表）

序号	制定机关	文　　号	发文或重新公布日期	文　件　标　题
48	浏阳市人民政府办公室	浏政办发〔2011〕77号	2011.11.3	关于印发《浏阳市基金监管实施办法》的通知
49	浏阳市人民政府办公室	浏政办发〔2011〕80号	2011.12.8	关于印发《浏阳市城乡居民医疗保险实施办法》的通知
50	浏阳市人民政府办公室	浏政办发〔2012〕6号	2012.5.29	关于印发《浏阳市餐饮环境污染防治管理办法》的通知
51	浏阳市人民政府办公室	浏政办发〔2012〕9号	2012.6.21.	关于印发《浏阳市公共机构节能管理办法》的通知
52	浏阳市人民政府办公室	浏政办发〔2012〕12号	2012.8.15	关于进一步加强农村集体资金资产资源管理的实施意见
53	浏阳市人民政府办公室	浏政办发〔2012〕13号	2012.8.29	关于进一步加强中小学幼儿园学生用车管理工作的实施意见
54	浏阳市人民政府办公室	浏政办发〔2013〕1号	2013.1.21	关于印发《浏阳市境内河流水质考核及生态补偿办法（试行）》的通知
55	浏阳市人民政府办公室	浏政办发〔2013〕2号	2013.1.21	关于转发中国人民银行浏阳支行市住房保障局《浏阳市集体土地上房屋抵押贷款办法》的通知
56	浏阳市人民政府办公室	浏政办发〔2013〕3号	2013.1.28	关于印发《浏阳市市级公立医院改革试点实施方案》的通知
57	浏阳市人民政府办公室	浏政办发〔2013〕6号	2013.4.21	关于印发《浏阳市农村扶贫开发（2011-2020年）实施意见》的通知
58	浏阳市人民政府办公室	浏政办发〔2013〕7号	2013.5.9	关于印发《浏阳市科学技术奖励办法》的通知
59	浏阳市人民政府办公室	浏政办发〔2013〕8号	2013.5.9	关于印发《浏阳市科技发展专项资金及科技计划项目管理办法》的通知
60	浏阳市人民政府办公室	浏政办发〔2013〕9号	2013.5.6	关于印发《浏阳市安全生产责任追究和行政问责办法》的通知
61	浏阳市人民政府办公室	浏政办发〔2013〕10号	2013.5.16	关于印发《浏阳市财政专项资金公开公示暂行管理办法》的通知
62	浏阳市人民政府办公室	浏政办发〔2013〕13号	2013.6.19	关于印发《浏阳市城市规划区地块用地性质和容积率修改管理办法》的通知
63	浏阳市人民政府办公室	浏政办发〔2013〕14号	2013.6.20	转发市住房和城乡建设局、城乡规划局关于《浏阳市市政工程规划和建设管理规定》的通知
64	浏阳市人民政府办公室	浏政办发〔2013〕16号	2013.7.8	关于印发《浏阳市2013-2015年金属非金属矿山整顿工作实施方案》的通知
65	浏阳市人民政府办公室	浏政办发〔2013〕17号	2013.8.20	关于转发市财政局《浏阳市乡镇财政财务管理办法》的通知
66	浏阳市人民政府办公室	浏政办发〔2013〕18号	2013.8.26	关于印发《浏阳市征地补偿资金管理办法》的通知
67	浏阳市人民政府办公室	浏政办发〔2013〕19号	2013.8.26	关于印发《浏阳市国有土地上房屋征收补偿资金管理办法》的通知
68	浏阳市人民政府办公室	浏政办发〔2013〕20号	2013.8.22	关于印发《浏阳市政府投资建设项目竣工决算审计监督办法》
69	浏阳市人民政府办公室	浏政办发〔2013〕24号	2013.11.12	关于印发《浏阳市政府投资项目工程变更暂行办法》的通知
70	浏阳市人民政府办公室	浏政办发〔2013〕27号	2013.12.21	关于印发《浏阳市政府投资项目概算审核管理暂行办法》的通知
71	浏阳市人民政府办公室	浏政办发〔2013〕29号	2013.12.31	关于印发《浏阳市机关单位和参照公务员法管理的事业单位参加工伤保险实施办法（试行）》的通知
72	浏阳市人民政府办公室	浏政办发〔2013〕30号	2013.12.31	关于印发《浏阳市公共场所安全事故应急预案》的通知
73	浏阳市人民政府		2014.3.11	禁　火　令
74	浏阳市人民政府办公室	浏政办发〔2014〕5号	2014.3.25	关于印发《浏阳市食品安全违法行为举报奖励办法》的通知
75	浏阳市人民政府办公室	浏政办发〔2014〕9号	2014.4.28	关于印发《浏阳市突发事件预警信息发布管理办法（试行）》的通知
76	浏阳市人民政府办公室	浏政办发〔2014〕10号	2014.1.27	关于印发《浏阳市火灾事故应急预案》的通知
77	浏阳市人民政府办公室	浏政办发〔2014〕11号	2014.6.26	关于印发《浏阳市突发事件应急救援工作预案》的通知
78	浏阳市人民政府办公室	浏政办函〔2014〕25号	2014.3.6	关于调整城乡居民医疗保险有关补助标准的通知
79	浏阳市人民政府办公室	浏政办函〔2014〕38号	2014.4.24	关于印发《浏阳市知识产权补助办法（暂行）》的通知
80	浏阳市人民政府办公室	浏政办函〔2014〕47号	2014.5.8	关于印发《浏阳市气象灾害应急准备工作认证管理办法》和《浏阳市气象灾害应急准备工作认证实施细则（试行）》的通知

附件 4

重新公布的规范性文件目录

序号	制定机关	文　号	原发文或原重新公布日期	文　件　标　题
1	浏阳市人民政府	浏政发〔2004〕25 号	2012.12.21	关于印发《浏阳市城市污水处理费征收使用管理暂行办法》的通知
2	浏阳市人民政府	浏政发〔2005〕21 号	2010.10.9	印发《关于实施浏阳花炮地理标志产品保护的若干规定》的通知
3	浏阳市人民政府	浏政发〔2005〕22 号	2010.10.9	关于印发《浏阳市防雷减灾管理办法》的通知
4	浏阳市人民政府	浏政发〔2006〕13 号	2010.10.9	关于印发《浏阳市社会精神病人药物救助实施方案》的通知
5	浏阳市人民政府	浏政发〔2006〕25 号	2006.11.14	关于批转市财政局人民银行浏阳支行《浏阳市国库集中支付制度改革试点方案》的通知
6	浏阳市人民政府	浏政发〔2008〕8 号	2008.8.4	关于印发《浏阳市水利工程管理体制改革实施方案》的通知
7	浏阳市人民政府	浏政发〔2008〕9 号	2008.8.18	关于城市规划区地下弱电管网实行共沟建设与管理的通知
8	浏阳市人民政府	浏政发〔2009〕5 号	2009.2.3	关于印发《浏阳市国有土地有偿使用若干规定》的通知
9	浏阳市人民政府	浏政发〔2009〕7 号	2009.2.26	关于印发《浏阳市城市户外广告设置及其位置使用权管理办法》的通知
10	浏阳市人民政府	浏政发〔2009〕8 号	2009.3.9	关于印发浏阳市旅游产业发展奖励办法的通知
11	浏阳市人民政府	浏政发〔2009〕16 号	2009.12.22	关于规范城市基础设施配套费征收管理的通知
12	浏阳市人民政府	浏政发〔2010〕15 号	2010.9.21	关于印发《浏阳市城乡居民基本养老保险办法》的通知
13	浏阳市人民政府	浏政函〔2005〕100 号	2010.10.9	关于加强水工程管理的通告
14	浏阳市人民政府	浏政函〔2008〕126 号	2008.5.8	关于加强有线电视网络卫星电视广播地面接收设施管理的通告
15	浏阳市人民政府	浏政函〔2008〕245 号	2008.9.19	关于公共场所禁止吸烟的通告
16	浏阳市人民政府	浏政函〔2009〕60 号	2009.3.9	关于加强涉爆企业等单位森林消防工作的通知
17	浏阳市人民政府	浏政函〔2009〕304 号	2009.7.18	关于印发《浏阳市征地补偿安置补充规定》的通知
18	浏阳市人民政府	浏政函〔2009〕308 号	2009.7.22	关于加强“三边”林地保护管理促进生态建设的通告
19	浏阳市人民政府	浏政函〔2010〕335 号	2010.11.5	关于依法严厉打击传销活动的通知
20	浏阳市人民政府	浏政函〔2010〕349 号	2010.11.22	关于禁止在城市规划区内进行违法建设的通告
21	浏阳市人民政府	浏政函〔2010〕384 号	2010.12.13	关于明确城市治丧规范区范围的通告
22	浏阳市人民政府	浏政函〔2010〕393 号	2010.12.16	关于加强集里花炮展示交易中心和大瑶花炮大市场安全管理的通告
23	浏阳市人民政府办公室	浏政办发〔2005〕27 号	2010.10.9	转发市总工会市地税局《关于委托市地税局代收各企事业单位应上缴工会经费的意见》的通知
24	浏阳市人民政府办公室	浏政办发〔2006〕5 号	2010.10.9	转发市商务局《关于做好外派劳务工作的实施意见》的通知
25	浏阳市人民政府办公室	浏政办发〔2006〕7 号	2010.10.9	关于建立征地拆迁补偿调节专项资金制度等事项的通知
26	浏阳市人民政府办公室	浏政办发〔2007〕16 号	2012.12.21	关于印发《浏阳市部门预算管理试行办法》的通知
27	浏阳市人民政府办公室	浏政办发〔2009〕3 号	2009.3.18	关于转发市地税局制定的《浏阳市私有经营性房屋税收征收管理办法》的通知
28	浏阳市人民政府办公室	浏政办发〔2009〕17 号	2009.8.3	关于转发市劳动和社会保障局制定的《浏阳市工伤医疗服务管理暂行办法》的通知
29	浏阳市人民政府办公室	浏政办发〔2009〕46 号	2012.12.21	关于印发《浏阳市村级公益事业建设一事一议资金管理办法（试行）》的通知
30	浏阳市人民政府办公室	浏政办发〔2010〕29 号	2010.8.23	关于印发《浏阳市财政农业专项资金报账管理实施细则》的通知
31	浏阳市人民政府办公室	浏政办发〔2010〕33 号	2010.9.26	关于印发《浏阳市加速推进新型工业化专项发展资金管理办法》的通知
32	浏阳市人民政府办公室	浏政办发〔2010〕35 号	2010.10.19	关于落实相关优惠政策推进住房保障工作的通知

(续上表)

序号	制定机关	文号	原发文或原重新公布日期	文件标题
33	浏阳市人民政府办公室	浏政办发〔2010〕37号	2010.10.28	关于印发《浏阳市被征地农民纳入社会保障范围的有关规定》的通知
34	浏阳市人民政府办公室	浏政办发〔2010〕42号	2010.12.8	关于印发《浏阳市水上交通安全管理办法》的通知
35	浏阳市人民政府办公室	浏政办发〔2010〕43号	2012.12.21	关于印发《浏阳市财政投资项目支出管理暂行办法》的通知
36	浏阳市人民政府办公室	浏政办发〔2011〕73号	2011.10.20	关于印发《浏阳市行政事业单位国有资产管理暂行办法》的通知
37	浏阳市人民政府办公室	浏政办发〔2011〕74号	2011.10.24	关于印发《浏阳市企业国有资产监督管理暂行办法》的通知
38	浏阳市人民政府办公室	浏政办发〔2011〕76号	2011.11.3	关于印发《浏阳市企业国有产权转让管理暂行办法》的通知
39	浏阳市人民政府办公室	浏政办函〔2005〕31号	2010.10.9	关于明确市乡联营林场林权证换发有关事项的通知
40	浏阳市人民政府办公室	浏政办函〔2007〕70号	2012.12.21	关于印发《浏阳市教育强乡（镇、街道）评估验收办法（试行）》的通知
41	浏阳市人民政府办公室	浏政办函〔2007〕175号	2007.12.10	关于加强枯水季节饮用水源保护工作的通知

LYDR—2014—00014

浏阳市人民政府
关于加强道路交通安全工作的实施意见

浏政发〔2014〕20号

各乡、镇人民政府，街道办事处，市直各单位：

为适应我市道路通车里程、机动车和驾驶人数量、道路交通运量持续大幅度增长的形势，进一步加强道路交通安全工作，保障人民群众生命财产安全，根据《长沙市人民政府关于加强道路交通安全工作的意见》（长政发〔2013〕29号）精神，结合我市实际，制定本实施意见：

一、切实加强道路交通安全管理工作的组织领导，严格落实道路交通安全责任

（一）落实道路交通安全地方行政首长负责制。

市人民政府市长为全市道路交通安全工作第一责任人，分管副市长为直接责任人，市道路交通安全委员会负责组织、协调工作。

各乡镇人民政府、街道办事处主要负责人为第一责任人，分管负责人为直接责任人。各乡镇人民政府、街道办事处要将道路交通安全工作纳入本单位重要议事日程，加强组织领导，定期召开联席会议，研判交通安全形势，协调解决重大问题，督促工作措施落实；要研究制订本地区道路交通安全发展规划和实施方案，严格落实交通安全属地管理责任、部门监管责任、运输企业主体责任和责任追究制度。每年专题召开研究道路交通安全工作会议不少于2次。各乡镇人民政府、街道办事处，园区管委会每年12月7日前向市人民政府专题报告本年度道路交通安全情况和下年度工作计划。

（二）强化道路交通安全服务机构职能。各乡镇人民政府、街道办事处要建立健全交通安全服务机构，落实督查、评估、奖惩机制，切实履行本辖区内道路交通安全工作的监督检查与指导协调。

（三）健全道路交通安全评估机制。市道路交通安全委员会要制定年度目标任务和评估细则，与各乡镇人民政府、街道办事处和道路交通安全委员会成员单位签订责任状。评估结果纳入政府绩效考核、社会管理综合治理、安全生产、文明创建等考核考评体系，作为各单位评先评优和主要负责人政绩考核的重要内容和依据。市政府督查室建立督办制度，将道路交通安全纳入督查范畴，督办突出问题和重点地区。道路交通安全评估和督查结果在每年全市经济工作会议上通报讲评。

（四）实施道路交通安全奖惩制度。市人民政府将研究制定道路交通安全年度奖励制度，对成效显著的予以表彰奖励，评估不合格的进行挂牌整治。整治期内，各单位道路交通安全工作第一责任人和直接责任人不得异动。

㈤ 落实单位主体责任。机关、团体、企业、事业单位法定代表人对本单位交通安全工作负全责。要确定交通安全管理人，健全组织机构，完善管理制度，宣讲法律法规，加大安全投入，要制定和落实车辆、驾驶人交通安全教育、考核、奖惩制度，纳入工作纪律、年终考核、评先评优范畴。对发生死亡一人以上的道路交通事故，市道路交通安全委员会要根据事故等级，查明原因，分清责任，提出对事故责任人的处理建议和防范事故的整改措施。

二、强化道路运输企业安全管理

㈠ 规范道路运输企业生产经营行为。

1. 交通运输部门要严格道路运输市场准入管理，对新设立的运输企业，必须进行实地考察，车辆集中管理场地按国家有关规定执行，无安全管理人员、无安全管理措施、实际车主均不在本地、车辆主要在外省市运营的“空壳公司”，一律不予核发牌证。要鼓励客运企业实行规模化、公司化经营，积极培育集约化、网络化经营的货运龙头企业。

2. 交通运输部门要严禁客运车辆、危险品运输车辆等挂靠经营。对挂靠经营的企业，要责令限期解除挂靠关系，并及时通报公安交通管理部门加强对该企业车管业务进行监管。

3. 交通运输部门应大力推进道路运输企业诚信体系建设，将诚信考核结果与客运线路招投标、运力投放以及保险费率、银行信贷等挂钩，不断完善运输企业安全管理的激励约束机制。

㈡ 加强企业安全生产标准化建设。

1. 道路运输企业要建立健全安全生产管理机构，加强安全班组建设，严格执行安全生产制度、规范和技术标准，强化对车辆和驾驶人的安全管理，持续加大道路交通安全投入，提足并用好安全生产费用。

2. 交通运输、公安交通管理等部门要严格落实运输企业交通安全信誉等级评定。每季度联合组织开展一次以上的运输企业安全检查评估，每年对运输企业的安全生产、交通违法、交通事故等情况进行综合考核排名并向社会公示。

3. 交通运输、公安交通管理等部门要加强对重点企业安全隐患整改的督办。对安全管理混乱、存在重大安全隐患的企业，下发《道路交通安全隐患整改通知书》，统一制作“交通安全重点隐患单位”警示牌，实行挂牌督办并报市道路交通安全委员会办公室备案。特别是对交通安全信誉等级评定不合格的运输单位，要派出联合工作组，督促限期落实整改措施。对引发重特大交通事故的，要开展责任倒查，依法严肃追究相关人员责任。

4. 交通运输、公安交通管理等部门要统筹建立全市的道路运输企业交通安全信息平台，共享交通安全信息资源，切实提高大中型客车、校车、危险品运输车辆、重中型货运车辆和驾驶人基础信息采集率、更新率、告知率，确保采集率、更新率、告知率达到100%。

5. 交通运输、公安交通管理等部门要积极督促运输企业落实安全主体责任，切实加强对车辆和驾驶人的日常监管，确保大中型客车、校车、危险品运输车辆投保率、审验率、注销率和驾驶人审验率达到100%。重中型货运车辆投保率、检验率、报废率和驾驶人审验率达到100%。

6. 公安交通管理部门每月要将运输车辆和驾驶人的交通事故和交通违法记录向所属的运输企业进行通报，要求按期“清零”。

7. 安全监管、交通运输部门应严格落实国务院安委会下发的《交通运输企业安全生产标准化考评管理办法》，确保我市于2015年前达标。

㈢ 严格长途客运和旅游客运安全管理。

1. 交通运输部门要严格客运班线审批和监管，加强班线途经道路的安全适应性评估，合理确定营运线路、车型和时段，严格控制1000公里以上的跨省长途客运班线和夜间运行时间，对现有的长途客运班线进行清理整顿，整改不合格的依法责令停止经营或者吊销许可证。要加强旅游包车安全管理，根据运行里程严格按规定配备包车驾驶人，逐步推行包车业务网上申请和办理制度，严禁发放空白旅游包车牌证。

2. 交通运输部门要监督客运企业执行长途客运车辆凌晨2时至5时停止运行或实行接驳运输等规定。客运车辆夜间行驶速度不得超过日间限速的80%，严禁夜间在达不到安全通行条件的三级以下山区公路行驶。夜间遇暴雨、浓雾等影响安全视距的恶劣天气时，可以采取临时管理措施，暂停客运车辆运行。

3. 交通运输部门要积极督促运输企业严格落实长途客运驾驶人停车换人、落地休息制度，建立专门的台账，经常性地开展检查核实，确保客运驾驶人24小时累计驾驶时间原则上不超过8小时，日间连续驾驶不超过4小时，夜间连续驾驶不超过2小时，每次停车休息时间不少于20分钟。对违反规定超时、超速驾驶的驾驶人及相关企业，要依法严格处罚。

㈣ 加强运输车辆动态监管。

1. 交通运输部门要及时制定道路运输车辆动态监督管理办法，规范运输车辆卫星定位装置安装、使用行为。旅游包车、三类以上班线客车、危险品运输车和校车都要严格按规定安装使用具有行驶记录功能的卫星定位装置，卧铺客车同时安装车载视频装置。重型载货汽车和半挂牵引车要在办理营运手续时接入道路货运车辆公共监管与服务平台。

2. 交通运输部门要按照交通部有关《道路运输车辆动态监督管理规定》对道路运输企业运用卫星定位系统开展动态监控的工作情况进行检查。运输企业要建立24小时动态轨迹监管工作机制，主动及时查处所属营运车辆和驾驶人的违规经营行为、交通违法行为。

三、严格机动车驾驶人培训和考试管理

㈠ 严格机动车驾驶人培训市场监管。

1. 交通运输部门要严把机动车驾驶人培训机构资质审核关，严格按照驾培机构资格条件国家标准执行，对不符合要求的驾培机构一律不予许可。进一步完善驾培机构退出机制，对不符合要求的驾培机构，要依法依规清退出驾培市场。

2. 交通运输部门要严格按照培训能力核定招生数量，公安交通管理部门要严格按照交通运输部门核定的招生数量受理考试。

3. 交通运输部门要加强对教练员的监管，要求教练员必须持证执教，按时参加质量信誉考核；加强对教练车的监管，教学车辆属于营运车辆，教练车辆的维护、检查、技术管理和定期审验应当遵守有关客货运输车辆的规定执行；驾校新增教学车辆申领牌照前须经交通运输部门预审批，否则不予办理《教学车辆证》，未办理《教学车辆证》的教练车，一律不得用于机动车驾驶培训；加强对教练场地的监管，要求教练车必须在核定的教学场地和指定的教学路线进行培训。

(二) 严格机动车驾驶人培训工作。

1. 交通运输部门牵头，公安交通管理部门配合，全面推广应用计算机计时计程培训管理系统。

2. 交通道输部门应定期开展对驾培机构的质量信誉考核工作并向全社会公布。对驾驶培训机构及其教练员存在缩短培训学时、减少培训项目的，交通运输部门应依法责令停业整顿，整顿不到位的，依法吊销其经营许可证件，公安交通管理部门应停止受理其考试申请。

(三) 严格管理教练车路面培训工作。

1. 公安交通管理部门要进一步加大工作力度，严管教练车违法行为，规范教练车练车秩序，查处不按规定线路和时间训练的教练车，对经常违法的驾校要采取限考措施。

2. 待相关道路交通设施完善后，公安交通管理部门要向长沙市交警支队建议将考试线路变更至景程大道、李畋路。

(四) 严格客货运驾驶人监管。

1. 交通运输部门牵头，公安交通管理部门配合，严把客货运驾驶人从业资格准入关，加强从业条件审核与培训，加强对长期在本地经营的异地客货运车辆和驾驶人安全管理，督促运输企业加强驾驶人聘用管理，对发生道路交通事故致人死亡且负同等以上责任的，交通违法记满 12 分的，以及有酒后驾驶、超员 20%以上、超速 50%以上，或者 12 个月内有 3 次以上超速违法记录的客运驾驶人，严格依法处罚并通报企业解除聘用。

2. 交通运输部门牵头，公安交通管理部门配合，建立机动车驾驶人从事旅客和货物运输安全管理系统，实现两个部门之间在客货运驾驶人从业信息、交通违法、交通事故等方面的信息共享。

四、加强车辆安全监管

(一) 加强车辆技术性能监管。

1. 交通运输部门要严格营运企业和客货运输车辆市场准入，对达不到相应技术等级车辆，一律不得进入运输市场。对技术性能不合格的营运车辆，依法退出市场，吊销有关证件。

2. 交通运输、质量技术监督、公安交通管理、工商等部门要在车辆进入运输市场前以及对营运车辆进行定期检验时，严格车辆综合性能检测，强化车辆定期维护制度，确定技术等级，核定经营范围，严禁超载车辆和不符合国家安全技术标准车辆、非法拼（改）装车上路行驶。对达到报废标准的，坚决予以报废，避免因车辆机械故障造成事故。

(二) 加强校车安全管理。

1. 教育部门牵头，交通运输部门、公安交通管理部门配合，严格执行国家、省、市校车相关管理规定，切实落实校车及驾驶人安全管理措施，加大对校车超速、超载以及其他交通违法行为的检查执法力度，打击取缔“黑校车”等非法接送学生车辆。

2. 各乡镇人民政府、街道办事处及有关部门要结合本地实际，不断改进完善学生用车运营模式和管理机制，加大财政保障力度，依法实施税费减免措施，健全安全管理、维护保养、技术档案等制度，确保辖区所有中小学校幼儿园实现校车运送的全覆盖。

五、提高道路安全保障水平

(一) 完善道路交通安全设施标准和制度。

发展改革、规划、住建等部门要在新建、改建、扩建道路工程中，严格落实交通安全设施与道路建设主体工程同步设计、同步建设、同步验收的“三同步”制度。在道路规划、建设、验收阶段，吸收公安交通管理、安全监管等部门人员参加，严格实施交通安全评价，交通安全设施验收不合格的，不得通车运行。对因交通安全设施缺失导致重大事故的，公安交通管理、安全监管等部门要及时提出整改意见，要求道路规划、建设部门限期进行整改，并报告当地政府。整改到位前，当地政府应暂停该区域新建道路项目的审批。对于新建成的道路，在正式验收交付使用前必须实施交通安全评价，对于不符合道路交通安全运行条件的道路，不得验收。

(二) 完善路网通行能力，打通堵头卡口。

1. 规划部门牵头，住房城乡建设、城管执法、公安交通管理、消防等部门配合，结合我市城区道路交通的实际情况，每年对城区支路微循环进行调研，年初提出城区支路微循环的建设和改造计划，报市人民政府审定。

2. 城区支路微循环的建设和改善方案由市人民政府审定后，由相关部门实施，实施费用由市政府列专项经费解决。

(三) 加强道路交通安全和管理设施建设。

1. 各乡镇人民政府、街道办事处牵头，组织安全监管、公安交通管理、交通运输、公路养护等部门，制定本区域交通安全管理和设施建设完善的中长期规划，结合当地实际，有计划、分步骤地逐年增加和改善道路交通安全和管理设施。

2. 交通运输、公路养护等部门要在保证国省干线公路网等项目建设资金的基础上，进一步加强国省干线公路安全防护设施建设。特别是临水临崖、连续下坡、急弯陡坡等事故易发路段都要严格按标准安装隔离栅、防护栏、防撞墙等安全设施，设置标志标线。

3. 交通运输、公路养护等部门要积极推进公路灾害性天气预报和预警系统建设，提高对暴雨、浓雾、团雾、冰雪等恶劣天气的防范应对能力。全市范围内的国省道都要建立流动或固定的交通安全电子显示屏系统。

(四) 深入开展隐患排查治理。

1. 市道路交通安全委员会要进一步完善道路交通安全隐患排查治理制度，根据隐患严重程度，实施分级挂牌督办整改。

2. 交通运输、住房城乡建设、公路、城管执法、公安交通管理等部门，要健全日常道路交通安全隐患排查治理工作机制，依据各自职责，制定排查治理计划，设立管理台账。对日常排查的安全隐患，逐一建档，确定的安全隐患，要明确治理责任单位和时限。

3. 公安交通管理部门要强化交通事故统计分析，通报事故多发点段和存在安全隐患路段的风险信息。交通安全保障工程建设和管理等部门和企业要对通报涉及的点段进行实地调查，提出安全隐患调查分析意见，报市人民政府确定安全隐患，由市人民政府明确治理责任单位和时限并对整改效果严格验收。市人民政府视情况可对隐患排查治理相关事项进行交通安全评估。

4. 财政部门要根据市道路交通安全委员会的交通安全隐患排查治理计划，积极落实治理资金，并及时将交通安全设施维护维修经费纳入年度财政预算计划。

5. 安全监管部门要强化对整治情况的监督，对政府挂牌督办整改的安全隐患实施专项监督，对隐患治理情况纳入安全生产考核考评体系。对交通事故中涉及安全隐患问题的，要严格责任倒查。

六、加大农村道路交通安全管理力度

(一) 加大农村地区交通基础设施投入。

1. 市人民政府要统筹城乡公共交通发展，以优惠条件扶持发展农村公共交通，拓展延伸农村地区客运的覆盖范围，用3-5年时间着力解决农村群众安全出行问题。适当对已通行客运班车的村级公路进行补贴。

2. 各乡镇人民政府、街道办事处要深入开展“交通安全示范乡镇”和“平安农机”创建活动，改善农村道路交通安全环境。严格落实农村公路建设养护管理主体责任。

(二) 加强农村道路交通安全监管。

1. 落实市领导包联系乡镇、包交通主干道，乡镇干部包村，村（居）委会干部包车辆、包路段、包驾驶人，将路段管理责任到人，车辆管理责任到人，驾驶人管理责任到村（居）委会、单位，形成市、乡镇(街道)、村（居）三级联动，层层抓落实的道路交通安全管理责任制。构建市乡人民政府为主抓、职能部门参与抓、农村派出所协同抓、村组自防自治抓的农村交管工作新格局。

2. 各乡镇人民政府、街道办事处要按照“一乡、一站、一车、三人”的基础标准组建乡镇“交通安全服务站”，每个“交通安全服务站”要建立本辖区内“人、车、路”的基础台账。

3. 各乡镇人民政府、街道办事处要扩大农村道路交通管理的覆盖面，要加强乡镇道路交通安全日常管控。特别是主要节庆、农村赶集日，乡镇人民政府、街道办事处要制定交通管理工作方案，要组织乡镇干部、交警中队、派出所、“交通安全服务站”工作人员等上路疏导交通，确保交通安全和畅通。

4. 农机部门要完善农业机械安全监督管理体系，加强对农机安全监理机构的支持保障，积极推广应用农机安全技术，加强对拖拉机、联合收割机等农业机械的安全管理。

七、强化道路交通安全执法

(一) 大力整治交通秩序。

1. 公安交通管理部门要以预防重特大道路交通事故为目标，分析交通事故规律特点，科学安排勤务，加强对重点路段、重点时段的管控力度，加大对严重交通违法行为的查处力度，重点打击无证驾驶、违法载客、酒后驾驶、毒后驾驶等严重交通违法行为，创造良好通行秩序。

2. 公安、交通运输、安全监管部门要完善客运车辆长效管理机制，强化客运企业源头监管，定期组织实施客运企业联动互检，严查客运、旅游包车、危险品运输车等重点车辆，制定客货运车辆和驾驶人严重交通违法行为有奖举报办法，将车辆动态监控系统记录的交通违法信息作为执法依据，定期进行检查，依法严格处罚。

3. 交通运输部门应加强日常打击非法营运的工作力度，督促各区落实“属地管理”责任打击非法营运，牵头组织打击非法营运集中整治行动。每半月出台“打非”行动作业计划并组织实施；依法制定执法取证、处罚程序并报有关部门备案；配合公安部门开展打击套牌的士，“克隆”的士和下线出租车从事非法客运活动；收集“打非”工作情况，定期通报；设立举报电话，建立有奖举报机制；对逾期不接受处理的或不履行处罚决定的，协调司法机关及时采取强制措施；对重点场站实行有效监管，对重点区域进行重点治理；建立信息系统，对从事非法营运的人员、车辆进行登记，全面掌握信息；科学论证，合理投放公共客运运力；加强对客运市场的监管。公安部门负责在重点路段抓拍非法营运车辆的交通违法行为；对改装车辆从事非法客运行为进行严厉打击；负责对寻衅滋事、聚众闹事、妨碍公务行为的应急处置和依法打击；配合交通运输部门严厉打击“黑站黑点”；对查获的非法营运车辆及时移交交通运输部门处理。

4. 城管执法部门牵头，公安交通管理部门配合，将渣土车公司的交通事故率、车辆的交通违法率、交通事故的处理情况与其运输资质挂钩，每月相互通报渣土车的驾驶人从业信息、车辆交通违法信息和交通事故信息。对于发生了特大交通事故的、交通违法率过高的公司责令限期整改，对严重违法的驾驶人依法取消其从业资格，城管执法部门收回其核发的公司和相关车辆的渣土运输证。

5. 城管执法部门和住建部门要严格各类设施的占道审批和管理，城管执法部门对城市主次干道、流动摊点、店外经营、占道堆放和各类市场违章占道经营行为，以及占用人行道的报刊亭、信息亭、综合服务亭等各类设施进行清理整顿。

（二）切实提升道路交通安全执法效能。

1．公安交通管理部门要强化科技装备和信息化技术在道路交通执法中的应用，提高道路交通安全管控能力。整合道路交通管理力量和资源，建立部门、区域联勤联动机制，实现监控信息等资源共享。

2．公安交通管理部门要充分利用平台和信息资源，研究开发交通出行提示服务系统，让老百姓能够实时通过手机或电脑查询交通状况、停车诱导等交通信息，合理选择最佳的出行方式和线路，减少路面的交通流量，提高出行效率。

3．公安交通管理部门要严格落实客货运车辆及驾驶人交通事故、交通违法行为通报制度，全面推进交通违法记录省际转递工作。

（三）完善道路交通事故应急救援机制。

1．各乡镇人民政府、街道办事处要进一步加强道路交通事故应急救援体系建设，完善应急救援预案，定期组织演练。

2．公安交通管理、消防、卫生等部门要健全完善联动的交通事故紧急救援机制，完善交通事故急救通信系统，加强交通事故紧急救援队伍建设，配足救援设备，提高施救水平。

3．公安交通管理部门要依法加快道路交通事故社会救助基金制度建设，制定并完善实施细则，确保事故受伤人员的医疗救治。

八、深入开展道路交通安全宣传教育

（一）建立交通安全宣传长效机制。

1．市道路交通安全委员会要每年制定并组织实施道路交通安全宣传教育计划，并纳入年度精神文明建设、创建文明城市和文明指数测评体系，安排专项工作经费，督促开展宣教活动。

2．宣传、公安、司法、教育、文化、卫生、安全监管等部门要坚持以“文明交通行动计划”为载体，落实定期联络和协调推进等制度，将交通安全“五进”宣传与文化科技卫生“三下乡”、和谐社区建设、安全宣传月等活动相结合，大力加强交通安全宣传。

（二）积极拓展交通安全宣传教育渠道。

1．各级各部门要利用“全国交通安全日”、排队日、礼让日，以学校、驾驶人培训机构、运输企业为重点，广泛开展交通安全宣传活动，不断提高全民交通守法意识、安全意识和公德意识，每半年开展一次集中式交通安全宣讲。

2．宣传部门要充分利用广播、电视、报刊、互联网等新闻媒介，采取新闻报道、专栏专题等方式广泛开展交通安全宣传。

3．公安交通管理部门要推行实时、动态的交通安全教育和在线服务，建立交通安全警示提示信息发布平台。

4．教育部门要结合实际编写交通安全教育读本，督促指导中小学校开设交通安全教育课程，提高交通安全知识普及率。

（三）不断丰富交通安全宣传文化内涵。

1．市道路交通安全委员会要组织开展“五个一”文明交通示范评比活动，定期评选示范乡镇（街道）、示范园区、示范单位、示范路段、示范社区、居委会、示范学校（幼儿园）。

2．继续深化交通安全志愿者行动，组织党政机关公务员、文教卫系统干部职工和学生为主体的“畅安浏阳”万人文明交通志愿者服务队，采取上街宣传、义务劝导等方式，对不文明出行行为进行劝导，维护交通秩序。

3．继续推广中小学生交通安全“家长护学”制度，深入开展“平安进校园”“小手牵大手”活动。

九、严格道路交通事故责任追究

（一）落实重大交通事故责任倒查机制。凡我市境内发生一次死亡3人以上的交通事故，都要由市交通安全委员会及其成员单位组成联合调查组，开展责任倒查。对发生交通事故负有直接责任的，要依法追究其行政或刑事责任。

（二）加大交通事故责任追究。

一年内发生2起及以上一次死亡3人或发生一起一次死亡10人以上道路交通事故的，该辖区人民政府要向市人民政府做出书面检查，社会管理综合治理“一票否决”，市人民政府分管领导要约谈该辖区政府和部门负责人。

（三）加强客运企业交通安全监管。对发生重大及以上或者6个月内发生两起较大及以上责任事故的道路运输企业，依法责令停业整顿；客运企业3年内不得新增客运班线，旅游企业3年内不得新增旅游车辆。停业整顿后符合安全生产条件的，准予恢复运营，停业整顿仍不具备安全生产条件的，取消相应许可或吊销其道路运输经营许可证，并责令其办理变更、注销登记直至依法吊销营业执照。

十、本实施意见自2015年1月1日起施行。

浏阳市人民政府
2014年11月28日

浏阳市人民政府
关于规范地下文物调查勘探及考古发掘管理工作的通知

浏政发〔2014〕21号

各乡、镇人民政府，街道办事处，市直各单位：

为进一步规范我市地下文物调查、勘探及考古发掘管理工作，增强基本建设工程中文物调查、勘探及考古发掘管理工作的科学性、计划性与主动性，现将有关工作通知如下：

一、申请与组织

（一）凡我市行政区域内的基本建设项目均应进行地下文物调查，用地面积在10亩以上的基本建设工程，以及在我市划定的文物埋藏区内实施的建设工程，都应进行地下文物调查、勘探。

（二）建设单位在建设项目报建阶段，应主动向市文物行政管理部门提出文物调查和勘探申请。

规划行政管理部门在审定建设工程规划总平面图或者核发建设工程规划许可证（不需要审核规划总平面图的）时，应当对该建设工程的文物调查、勘探情况进行核实，发现未进行建设工程文物调查、勘探的，应当告知建设单位提请市文物行政管理部门组织进行文物调查、勘探。

申请材料包括：

1、文物调查、勘探申请书。内容包括：申请人名称、建设项目名称、地点、用地规模、投资额及相关证明材料；

2、工程位置地形图；

3、涉及在不可移动文物的保护范围或建设控制地带进行的建设项目，还应提交依法取得的相应批准文件。

（三）市文物行政管理部门负责组织建设工程中的文物调查、勘探工作。市文物行政管理部门自接到申报材料之日起，在3个工作日内指定承担文物调查、勘探工作的文物业务单位。

（四）文物考古机构、高等院校或相关科研单位以学术研究、组织教学为目的，需在本市行政区域内进行文物调查的，应事先到市文物行政管理部门备案。

（五）所有考古发掘工作必须依法履行报批手续。确因建设工期紧迫或文物面临损毁危险等特殊情况的，可在实施抢救性考古发掘工作的同时补办审批手续。

（六）涉外考古发掘应按照《中华人民共和国考古涉外工作管理办法》执行。

二、规范与规程

（一）担负文物调查、勘探任务的文物考古单位，应至少配有一名持国家文物行政部门核发的《中华人民共和国考古发掘领队证书》的专业人员。承担考古发掘任务的考古单位应持有国家文物行政管理部门核发的“田野考古发掘团体资格证”。开展文物调查、勘探及考古发掘活动，应按照国家文物行政管理部门制定的《田野考古工作规程》执行。

（二）建设工程中的文物调查、勘探及考古发掘费由建设单位承担。文物业务单位要按照国家文物局《考古调查、勘探、发掘经费预算定额管理办法》（文物字〔1990〕第248号），结合现行相关工程费用定额，编制考古调查、勘探、发掘经费预算，提交建设单位。建设单位与文物业务单位应签订考古工作合同，并在合同中明确考古调查、勘探、发掘经费数额、支付方式、时间和合作管理等事项。

以科研、教学为目的的文物调查所需经费，由组织开展此项工作的文物考古单位、高等院校或相关科研单位自行筹措。非建设项目施工中发现文物或文物遗迹，且面临盗掘、损毁等危险急需进行抢救性发掘的，由当地政府承担考古发掘费。

（三）建设单位应积极配合，不得阻碍和干扰文物调查、勘探及考古发掘活动。任何单位和个人发现文物或文物遗迹，应当保护现场，并立即报告当地文物行政管理部门。如遇重要发现，当地公安机关应协助文物行政管理部门保护现场。

（四）在我市公布的文物埋藏区内建设用地面积在10亩以下的，文物考古单位原则上在接到市文物行政管理部门通知后的5个工作日内完成文物调查、勘探工作；建设用地面积在10亩以上20亩以下的，原则上应在8个工作日内完成文物调查、勘探工作；建设用地面积在20亩以上50亩以下的，原则上应在15个工作日内完成文物调查、勘探工作；建设用地面积在50亩以上的，原则上应在25个工作日内完成文物调查、勘探工作。位于非文物埋藏区建设用地在50亩以下的，文物调查、勘探时限原则上不得超过7个工作日；50亩以上100亩以下的，原则上不得超过12个工作日；超过100亩的，文物调查、勘探工作时限原则上不得超过45个工作日。建设工程中考古发掘时限，由文物考古单位视地下文物遗迹埋藏情况与建设单位共同商定。文物考古单位不得无故延长考古发掘时限。

（五）文物考古单位在文物调查、勘探工作结束后5个工作日内完成《文物调查、勘探工作报告》，经市文物行政管理部门审核后提交建设单位。特别重大的建设工程项目，还应编制《文物影响评估报告》。

《文物调查、勘探工作报告》的内容应包括：

1.文字应包括调查勘探时间、地点、范围、面积、工作过程、调勘结果、主要收获、初步认识和文物保护建议等；

2.图纸应包括建设项目地理位置图、文物点与建设项目的关系图、文物分布图、勘探平面图等；

3.照片应包括调勘工作场景、遗迹、遗物，以及重要文物点的现状、采集的文物标本等。

(六) 担负考古发掘任务的考古单位，在工程实施前，应依据《文物调查、勘探工作报告》，编制考古发掘计划，制定文物保护预案，填报考古发掘申请书并逐级审批。考古发掘单位依据发掘计划与建设单位签订考古发掘工作合同。

(七) 在考古发掘中发现重要文物或文物遗迹，文物考古单位应立即向当地文物行政管理部门报告。

(八) 考古发掘结束10个工作日内，考古单位分别向市文物行政部门和建设单位提交《考古发掘工作报告》。

《考古发掘工作报告》应全面反映发掘工作过程和主要收获。内容包括：

1.工程概况、发掘时间、地点、经过、重要发现、保护措施及建议等；

2.工程位置图、考古发掘地点与工程的位置关系图、考古发掘总平面图、重要遗址遗迹图等；

3.考古发掘现场和重要遗迹遗物的照片等。

(九) 担负考古发掘任务的文物考古单位，应在考古发掘工作全面结束后三年内编写完成考古发掘报告。

(十) 文物考古单位应加强文物调查、勘探及考古发掘工作中相关信息资料及出土文物的管理。安排专人负责资料整理及出土文物的安全保护，并做好登记造册工作。个人保管的考古发掘资料应在田野考古发掘活动结束后60个工作日内，移交本单位资料保管部门专门保管，出土文物应及时组织清理修复并严格按照规定移交该单位文物保管部门入库保管。考古发掘单位在考古发掘报告编写完成后一个月内，应依法将出土文物及相关资料移交给文物行政部门指定的文物收藏单位。

三、管理与职责

(一) 我市区域内基本建设工程所涉及的一切文物调查、勘探及考古发掘活动，由市文物行政管理部门按照法定职责，具体负责协调管理与组织实施，规划、建设、公安等相关行政管理部门按照本通知规定履行职责。

(二) 故意阻挠文物考古单位开展文物调查、勘探及考古发掘的，由文物行政管理部门责令其改正。拒不改正的，给予停止施工处理。

(三) 文物、规划、建设、公安行政管理部门工作人员滥用审批职权或不履行职责造成严重后果的，给予纪律处分。构成犯罪的，依法追究刑事责任。

(四) 有下列行为之一，依法由市文物行政管理部门处理或者报请上级文物行政管理部门予以处理：

1.文物考古、科研、教学单位或个人未经文物行政部门批准或备案，擅自进行文物调查、勘探及考古发掘的；

2.文物考古单位未按规定办理或补办考古发掘相关手续的；

3.文物考古单位或个人严重违反《田野考古9工作规程》进行考古发掘的；

4.文物考古单位未按规定办理出土文物、各类标本及相关资料移交手续的。

5.文物考古单位无故拖延文物调查、勘探和考古发掘时限的。

6.未及时提交《文物调查、勘探工作报告》《考古发掘工作报告》和编写考古发掘报告的。

(五) 凡违反本通知规定，造成古遗址、古墓葬、出土珍贵文物等遭受损坏的，依法追究责任。

浏阳市人民政府

2014年11月30日

附　录

浏阳市考核工作委员会关于二〇一四年机关事业单位工作人员年度考核划等结果的通报

浏考发〔2015〕1号

各乡、镇人民政府，街道办事处，市直各单位：

我市2014年机关事业单位工作人员年度考核工作已全面结束。经各单位考核划等、市考核工作委员会审定，现将考核划等为优秀、基本称职（基本合格）、不称职（不合格）人员名单通报如下：

一、优秀人员（共3872人）

（一）乡镇、街道工作人员（共593人）

淮川街道：李　翔　邵新文　陶雪梅　万少杰　万品新　李晓玲　陈　波　罗稻菽　肖　斌　寻　真　李玲芝　刘婷远　廖　琦　余水平　陶嫦娥　张安信　罗　姣　江秀华　李永娟　刘　莹　寻　辉

集里街道：黄　刚　汤建军　张人和　黎　武　陈建荣　胡　军　陈　翔　钟宏亮　孔　江　刘　娟　刘　和　刘守闳　王　芬　谭倩云　刘　勇　程　洋

荷花街道：钟楚武　朱志龙　刘　斌　谌　荣　马　静　宋志高　郑曼翠　陈　香　刘　辉　戴细荣　张文胜　肖　满　曹　勇　刘赛杰　罗　立　罗耀林　罗　娟　陈雪完　黄思思　杨培清　汤国平　唐　检

关口街道：向前进　李升稳　叶伟文　陈湘建　胡初生　邢建波　高旭文　陈世友　钟艳波　王　罗　胡　乐　陈　松　邱振新　胡鹏平　许海平　黎　红　曾凡春　曾海龙　李　群

溪 江 乡：张贤贵　廖辉如　谭鹏飞　邱昌智　李志宏　廖伟明　颜伏兵　赖明兴　周学农　曾　臻

古 港 镇：刘守德　俞　凌　范　燕　张建平　张小宏　卢贻文　杨培建　罗　翼　李　澳　李　湘　肖志强　胡河清　周康宏　张兆荣　陶焕明　陈志勇　熊　辉　姜　娜　李鹏飞　陈映薇　李雪华　刘　灵

高 坪 镇：黄　根　宋　孟　胡明辉　林小平　张常文　何　滔　周仲平　聂开初　王振伟　许高峰　刘　刚　鲁　拓　谢长春　詹继强　李　成　喻贤亮

三 口 镇：廖尚福　易显旺　杨　林　罗　丹　陈明生　胡成建　林志宏　刘从辉　曾秀文　蔺　杨　仇　君

沿 溪 镇：郭　驰　罗　平　李荣辉　张少卿　李　颖　张　然　欧阳山　祝建平　胡学富　汤春生　谢　榕　肖永荣　龚穗滨　鲁浩杰　刘霞玲　李　路　欧　建

官 渡 镇：朱姿丰　李晓龙　彭雪华　杨德芳　杨春生　汤代伯　黎　浩　钟志明　谢　坚　卢华玉　钟　敏　喻　海　戴明河　陈　扬　叶振华　曹　鹏

永 和 镇：陈建政　彭乐平　何　宏　陈友锋　魏兆义　古　旭　姚　勇　张　鹏　胡文杰　陈力健　彭传初　罗昭钦

周　枧　陈继军

七宝山乡：邹　芳　刘学辉　雷　健　汤继辉　胡　新　黎建勋　潘方方　罗　稳　刘祥林　焦　健　杨　斌　黄喜慧　周纪来

达浒镇：周树成　何启成　肖　胡　汤晓丽　马明贤　杨建军　肖　洒　李先庆　卢义贤　李海文　陈庆发　黄良明　黄　聃　卢清清

大围山镇：廖春华　廖上高　钟楚文　杨春香　周建华　李紫晗　卢　爱　周　波　黄星祥　李昌党　朱礼锋　熊德文　李从根

张坊镇：陈傲冰　江敦明　周继光　万　翔　周亚婷　梁　政　黄纪荣　胡志祥　张　果　彭　浩　谢宝良　柳彦博　余运根　罗友根　卜传斌　陈莉华

小河乡：周逢明　古长根　宋国辉　陈东柳　陈明宇　李冬平　邹　智　林水清　谢梅连　王明球　李友根

澄潭江镇：陈　建　张开文　李学文　李沛英　刘守龙　张友继　王立志　卜　敏　陶长富　周孟德　周英运　陈麓峰　张庆武　伍庆许　王贤波　伍昶林　彭　剑　熊世洪　陈家发

中和镇：谢　波　刘宗斌　张自成　陈　涛　邓　谋　钟立柱　蔺学成　王有能　阳　鹏　杨　敏　孙根林　唐蔚庭

文家市镇：卢　铓　谭应启　袁思来　蒋卓亭　喻　扬　刘腾波　甘家淼　汤德刚　何　强　陶庆松　张永成　周向锋　陈时和　黄求源　罗锋雷　张　磊　胡伦宏　王　博　何发成

大瑶镇：李爱民　戴圣伟　危建红　陈荼英　唐小波　陈红娥　周国治　刘华杰　孔爱国　李　赟　黄松林　许　红　张桂花　刘　娟　左春林　钟　美　刘宗淼　杨亭达　肖　剑　邱新河　刘红炼　张开林　李永强

杨花乡：陈新勇　陈招科　温婷桢　陈新如　黎天才　谭应财　陈　星　张　彬　刘贵阳

金刚镇：雷　义　鲁常战　陈美江　邓　辉　刘雨成　李升招　周正阳　熊鹏洲　邓卫杰　刘　俊　汤　磊　何焱庭　李永海　周意平　唐振华　雷　明　黎善洪

葛家乡：罗拥军　罗　严　唐文亮　高成志　刘如军　贺小蛟　张勇军　周清平　任　敏　宋　首　陶丽雄　章江艳　张　洁　彭　志

太平桥镇：肖柏林　罗亚平　彭新辉　左高峰　周辉明　刘程佼　左水明　陶　礼　易　剑　吴定辉　金忠富　黄双雁　潘永清　胡　亿　温建波　卢湘连

枨冲镇：陈国强　潘定一　张方成　潘　勇　胡文兵　李义霞　高海秋　古善良　何　普　蒋璐瑶　李碧如　刘正德　汪海涛　易炳文　张明高　朱云峰　左宜政　黎艳兰

镇头镇：孙玉樟　周　悦　李喜军　胡小慧　冯　曙　胡学文　刘映辉　张　晓　陈　立　朱开田　陈宝良　熊　旺　唐长富　寻　舟　周烽源　罗金生　张国良　李　果　邓　浩　张　坤　李　蓓　刘　琼

普迹镇：卢长发　李云峰　宋　挥　湛　仁　陈维德　李　崇　万　珏　寻汉民　尹杰武　王　峰　鄢佳辉　高　优　刘萌春　何　淼　喻娅晖

官桥镇：刘法裕　李　双　邓　磊　潘亮辉　潘海林　周佰炼　刘　琼　张　勇　聂　提　饶弟明　刘书平

柏加镇：张　震　邹江莲　罗利萍　熊红梅　王焕新　江　雀　谢贤斌　陶雄志　胡录明　李华良　李家霆

洞阳镇：张　虎　吴中杰　罗淑莲　许剑标　周秋良　谢祥华　欧建光　余　刚　厉　昶　杨　宏　周星辉　苏启元　胡际兰　李元波　杨　艳　杨孝信

永安镇：陈训武　傅庭信　陈　琳　周飞江　易　玲　龙　强　廖　莹　李　红　董　峰　李　军　邓启长　寻德才　陈　沈　孔　丰　曹　勇　凌向荣　邵庆忠　暨诚姿　柳永波　刘　洲　刘铁军　陈雄茂　彭旗荣（抽调）

北盛镇：刘　刚　金　涛　寻　勇　刘建辉　屈艳红　李辉煌　马　薇　周岳峰　张金辉　曹文韬　孙庭生　罗新梅　张　芸　田红旗　李　勇　周安兴　刘桂华

沙市镇：余慧佳　李渔海　寻梓辉　罗宗武　金传芳　许祖望　罗传义　朱纯清　邓九洲　李锟鹏　张伟华　朱学忠　何阿力　喻科武　伍利奇　戴建辉　陈建国　易海平　黄　珠　欧阳光辉

淳口镇：胡汉堂　陈　奇　卢义兵　张友根　欧阳意　周　金　易细江　汪良坤　张　轲　沈村义　罗永旺　吉智取　刘　志　李坤民　罗世湘　周长征　厉平波　罗英武

蕉溪乡：谭日红　徐江洪　柳毛庭　高　团　罗　敢　刘　滔　黎　璐　鲁双利　彭常利　于志刚　孙伯平　宋力强

蒋阳波

龙伏镇：张春明 徐伟才 潘志雄 闾福海 聂光辉 彭 礼 许时飞 刘 永 黄红果 刘志刚 张长发 寻玲萍 徐根源 蔺长征

社港镇：李 斌 梁 民 寻特兆 王飞跃 傅纪岚 汤 洋 罗湘波 寻 强 陈先礼 徐辉阁 陈珍红 周 兴 袁 伟 罗 章 刘建军

（二）市直单位工作人员（共3226人）

纪委（监察局）：杨厚波 戴伟平 徐昭明 陈 屹 王 亮 黎贤兴 王 君

经济技术开发区管委会：王大辉 彭卫新 邱义成 杨东来 邓水平 刘建强 刘 宪 李 萍 徐松武 张春果 林大军

市委办：钟伟明 张 旭 谢 庆 赵 理 周平波 卢晓静 李 璀 陈 全

组织部：胡国平 杨 海 陈 珍 卢义胜

宣传部：黄家声 潘 立 苏阳灿 陈 英

政法委：高志仕 凌 剑 周 达 江志勇 陈文厚

统战部：傅丹阳 赵 炜 陈世荣 易 静

编委办：于逸平 彭要政 邱林峰 陶 璐

农村工作部：唐小红 张 懿 钟 铉 张 凡

老干局：黎 莉 陈双球 李 明

信访局：周瑞明 彭玉玲 毛科宇 刘 晖 王 钧 张 镝

防范和处理邪教问题办公室：彭世明 张忠新

党 校：张 清 张蓉荣 李冬梅 何继良 周 波

档案局：唐学雷 李利华 潘艳平 黄 英

报 社：陈 江 贝红英 周开敏 寻 流 陈 勇 刘海雄

广播电视台：王桃文 王继斌 付 苹 杨 敏 谢 锋 周建仁 邝 丽 肖志高 何 娟 贺双江 黎海洪 杨 青 张 鹰 李鸿林 余 智 厉江波 杨永红 晏 鹏 梁常青 邹建伟 曾 禄 黄奇志 邱智勇 黎 明 蒋 珂 何继主 陈安桂 刘良辉 陈炎飞 唐石磊 罗鸿辉 罗文澜 聂祖茂 何形学 吉 妥 尹仲池 唐 军 邱正春 黄怀明 魏 国 刘守苍 王中梁 徐 静 陈江东 邱峥嵘 钟修江 秦易长 胡地红

人大机关：唐林军 邓立波 罗晓晖 王 耿 屈向华 李 勤

政协机关：李贤美 李永伯 汤 军

法 院：高德懋 周友庚 张晓红 黄恢明 马仲林 张 磊 董华玲 李昭菲 汪先珍 陈本华 周 洲 胡德贵 魏晓玲 左 芬 刘敢德 何春华 罗玉泉 陈海燕 蔡腾飞 曹 科 何志远 何 涛 彭 睿

检察院：王金振 刘翠玲 黄 悦 郭晓蔚 陆美珍 罗 炼 陈龙才 蔡 亮 寻护生 谭晏达 胡海军 沈金陵 刘 恋 舒超湘 罗春阳

政府办（含政府法制办）：韩 昶 周孟德 何昌全 胡立军 张江武 李兆杰 梁志明 潘 定 朱石良 张颂华 谭清红 王 蓓 唐银亮 左志伟

发改局：王坤球 刘林志 邓 恩 傅晨辉 袁玉琴 徐艳艳 黎训魁 李彩凤 李官求 夏新泉 吴强松 张佳丽 何明亮

工信局：邓科建 张佳根 胡建国 左红平 周志刚 罗招启

财政局：陈 清 彭金龙 刘志奇 邹志德 黎 俭 林 瑾 张伟平 汤隆发 刘贤玉 罗 伟 柳立民 张 丽 刘华东 刘敏芝 周思放 吴晓聪 陈艾梅 张春梅 姜 义 王 莹 黄章宏 王 娟 邵 诚 邓 茜 陶慧平 刘良晃 王嘉基 罗飞进 雷 晓 王安仁 喻扩军 梁 燕 李细美

教育局：汪剑波 赵科发 熊柱石 汤学文 屈加亮 沈 奇 陈中西 焦元甫 李 凡 谭应湘 何国民 张文义 鄢平建 杨述玖 肖 力 周上统 黎新辉 罗曝忱 石自行 王梅荣 吴常艳 杨志刚 夏显忠 屈求知 郝贻奇 缪贤根 周晓波 王中民 何申如 易贵辉 汪宏祥 苏飞跃 邓大海 于建江 黎谟海 卢红志 罗菊平 易 晖 沈望喜 龙剑春 胡云保 周红霞 唐 宋 赖英瑜 娄迪清 宁剑发 熊建成 寻伯仲 赵世福 谢建业 刘后才 何绍益 唐全友 肖义明 黄先智 余忠贵 刘志源 罗建平 杨 恝 张昌炽 李寿成 章朝晖 唐景亮 寻景辉 罗 谦 戴热忱 贺 雄 田英勇 鲁国荣 鲁华雄 王五逵 阳 秋 胡 辉 彭晓珍 余 娟 林雪冰

谭应良　张雅利　孙伟兰　张德文
贺注国　孙晓清　黎　湘　陈　亮
赵国庆　罗移丰　陆红红　姜霞珍
邓　玲　喻国林　潘高扬　刘九成
江资健　朱清平　胡　俊　刘定初
易国强　杨　桢　熊　珊　陈凤辉
张明清　张卫平　戴胜存　胡学成
贺伟才　田承芸　汤龙涛　曾美瑛
黄　岚　李之林　张　瑾　肖　辉
曾　红　周　勇　黎书柏　林继红
张芝文　鲁教长　李建立　刘志伟
杨果平　李　暖　黄行武　秦　芳
张福初　谭信发　张晓玲　莫海英
熊晓燕　柳赞媚　寻孝芬　陈和珍
黄　忠　谢仙彩　余焕新　罗　伟
王　虎　苏耀斌　陈菊珍　仇石强
邓智华　周红文　彭卫平　朱志贵
王运珍　吉映雪　李炼军　钟阳莲
彭丽平　李盛华　金友华　李　敏
冯细平　许检泽　袁　忠　袁历民
高伟红　罗　灿　黄素清　李　娟
黎　莉　陈俭平　李友桂　陈　琛
喻斌斌　谭　伟　黄志辉　陈小平
王辉凯　周平波　李华珍　胡际美
田松平　张志辉　汤隆俊　朱灿斌
邱秀珍　钟　芳　胡　娟　李金明
刘常桂　张冠正　曾爱民　李帅利
付赛文　周玉芝　吴湘文　夏仁早
王云兰　雷友珍　李新国　张小黎
刘雄姿　邵凤元　张梅香　易文婷
卢振湘　徐启凡　熊征奇　唐志芳
陈忠泉　罗世杰　刘文通　王辉沅
傅广学　陈春莲　詹蒲林　张　岚
王素珍　袁慧敏　吴和平　宋荣辉
罗柏林　宋怀瑶　张艳全　袁妹英
陈　喆　周延兴　袁飞向　阳　宽
肖　谦　石顺泉　蔡延芳　陈海清
李剖华　彭小平　朱红赞　戴辉玲
唐湘俊　徐耀辉　许　威　罗洪湖
刘桂花　沈干文　周开悦　阳科湘
李淑辉　罗卓钦　李春兰　易武葵
汪良元　张兰英　许燕妮　邓　鹏
罗熹亮　吕辉明　李芳芳　汪　芳
李　波　唐召平　刘　辉　蔺桃江
徐声亮　汪光俊　吴素珍　黄升龙
申　琛　胡丽荣　刘建平　朱飞选
刘新武　周　晖　孔　伟　李　琼
饶　芳　高光飞　周江红　陶芬兰
陶　琳　黄美华　汪　涛　林春芳
文波兰　陶　燕　罗　耀　罗　良
文小华　卢　珊　刘根盛　何艳花
彭本斗　张志强　雷　春　刘晚兴
肖　牡　罗富春　黎日光　罗贫乐
陈　萍　毛明明　邹新建　刘可可
陈　勇　沈申文　于为民　杨科荣
栗　军　周兆贵　罗思宇　向建君
唐见明　苏雪珍　何清平　苏　芳
黄岐鸣　邓样桔　邓翔宇　文　卫
邓彰煌　钟茉莉　谢昌荣　刘湘兴
钟　杏　肖应江　樊丽华　黄忠远
杨喜利　王运生　张明谷　黄　程
梁小玲　施新兴　周渊明　曾桂林
张双勤　李小春　杨春年　李文娟
李　艳　左庆珍　李小艳　汪萃林
童艳芳　莫安文　钟文合　李　巧
张　卫　熊　淼　赵世强　李　宇
李寿成　寻湘沅　黄自强　欧建志
周正恒　丁玉科　张新辉　王向荣
陈彩莲　黄楚宏　张　磊　黄雪娇
张爱红　许志豪　李　瑛　邓　荣
胡　兵　徐翠兰　刘爱莲　欧阳瑞婷
柳　琳　谭雪梅　周新宇　易艳文
张　毅　黄德辉　杨　玲　吴智文
文细良　罗奇艳　李春华　于　杰
谭飞跃　万　娟　蔡春强　吴乐君
钟丽平　王丽珍　陈春生　罗　玲
赵　迪　雷科湘　张冀湘　杨旭辉
柳　奥　雷　年　易平兰　李尔辉
冷　安　陈　辉　黎菊香　黎红娟
邹嫡婵　暨朝兴　李　勤　李　婵
李　彭　邱承辉　肖　玲　张　辉
周　微　喻爱玲　罗迪逊　谢　熙
周剑峰　谭小利　周　红　罗　丹
张杏桃　邵文彬　罗平安　左　军
李元兰　陈　艳　李　姣　罗爱华
喻国华　付婉辉　邓红姿　赵　兰
屈小平　卢　倩　罗　利　张润梅
谭　琳　陈国平　徐　婷　李凤英
唐建新　罗明谦　张爱雨　程　平
张自玲　林丹利　刘美玲　邱　丽
陈贵法　黄　敏　崔霞峰　谭艳辉
彭新民　何利辉　饶丽莎　邓小莲
李海英　吴　敏　王灿明　罗杰满
王惠娟　易礼国　郭素红　欧阳固全
张剑辉　黄仙宇　潘　丽　卢海波
黄建军　朱月华　付细霞　左娥眉
吴晓婷　肖　娟　寻　倩　卢秋华
曾伟芳　李盛萍　熊豪迈　陈非凡
李　松　何伟珍　夏　葳　罗绍怀
邹慧明　吴华连　周　炼　张咏梅
邓　余　龙　梅　阳伟平　李真健
童　达　吴春玲　张艳辉　黄　旻
邓荣超　刘　苏　袁江玲　郑媛媛
卢　莹　张学文　黎月香　张　文

张月军　曾玉启　刘建玲　彭正华
左　娟　张　虹　马荣华　李　刚
谢光友　李　波　邹　蓉　冷雄姿
李升海　周　勤　赖文艳　李红艳
黄国环　谭立玲　张珂玲　张文明
朱彩虹　廖新艳　何宗武　林祥生
皮汝良　李秋红　张彩霞　刘小平
谭水英　任　岚　罗　艳　陶　利
汪花菊　黎明艳　刘玉芬　武忠良
吴玉兰　龙夕烟　谭亮芝　余发兰
姜佑清　谢运珍　史玉蓉　曾伏连
张丽萍　张细金　张　英　何　倩
唐　述　陈意平　陈利华　罗新华
戴春香　邓日辉　邓阳京　周红艳
邓育红　胡祥义　李　萍　欧阳波浪
段伟彬　刘建林　胡芳霞　肖小平
张伟平　汤雪辉　毛述忠　胡　珂
胡文武　马　丹　贝雪华　陈方超
陈　佳　罗　敏　杨　斌　秦孜孜
张　婷　徐　凌　马莉春　王　丹
饶作平　魏裕鸣　周　卫　罗彩虹
张红丽　甘顺连　罗定广　罗美霞
李新华　龚　媛　佘　露　陈典兰
黎　霞　陈　辉　李先辉　陈　红
赵彩平　蔡孝锋　胡晓君　张　平
贝远璋　何树圣　徐丽丽　谭　磊
汤国辉　刘明凤　邓细英　刘月华
任环珏　鄢咏梅　肖淑宏　周大成
叶宗武　陈沛然　瞿素芬　刘孝金
罗辉萍　彭满英　叶良芳　陈太贵
张佑松　杨菊珍　寻姣娥　杨　蓉
肖　文　聂荣荣　蔡孝连　杨文娟
彭艳珊　欧晓辉　欧福兰　熊啟文
邓服群　李运珍　何清桃　邹绣琴
梁春平　李青红　廖华连　罗启荣
熊　伟　瞿利平　周　勇　胡　江
唐　甜　张开梅　柳双玲　邱晓琳
蔡贞旺　汤菊兰　陈水根　钟秋成
王伟成　陈美兰　陈春晖　李　军
陈晓年　李耀长　李美玲　万咏梅
熊　凤　马贤美　卢爱英　梁小英
杨洪辉　王芙蓉　王辉庆　张　娟
刘　霞　李阳春　刘伟连　唐运海
李　韬　张　岚　叶竞华　王艳平
汤关新　巫新媛　古江燕　沈向文
邓卫平　肖艳红　张红红　彭金婷
赵德清　王云贵　刘志丹　李秋兰
李小梅　李秋平　杨绍连　胡新知
冯细英　周才文　张开贵　王明贵
刘忠亮　谢谷华　周文英　胡正途
卢　义　彭望娟　孔元芬　邹继章
王南昭　谢海平　陈　伟　彭传利

吴　晓　罗雅琳　谭　娟　梁秋红
陈　鑫　李华丽　黄文贞　刘题端
孔凌芳　卓志生　罗宏飞　汤光锡
陈瑞芳　邱荣珍　谭代平　江　涛
汤光荣　徐新建　徐保华　汤　乐
陈小年　李正华　何　根　黄启松
何海燕　张德帆　张祖观　李友鄂
罗小兰　王小润　陈　伟　胡茂加
汤　娟　钟竹礼　吴玉兰　陈建平
卜传信　唐静芳　李端兰　张文伏
张祖华　杨　艳　陈　菊　李　平
黎春辉　李玉婷　施静姝　钟善芬
赖秋成　柳高英　张桂芳　袁上华
鲁丁松　李玉平　刘丽红　吴国文
廖尚麟　吴丰年　卜芳艳　李启胜
杨振坤　吴全耀　谢意兴　唐月娥
李丁珩　李　容　肖菊珍　刘世礼
黄红艳　周　静　邱　红　郑　晖
危利霞　范胜斌　陆赏萍　利美玲
欧　玲　刘　娟　刘良伟　李旭波
邱辉文　张小年　戴育群　何　丽
胡　平　卢义文　余建红　陈济和
陈宗树　陈瑞玲　陶晓明　陶　丽
李　科　叶振华　董永红　刘　庄
刘　晓　吴西媛　丁　丹　何秋荣
刘　朋　张小梅　孙付平　张　建
刘彦媛　王春喜　娄　琼　潘小平
彭　艳　肖雨林　裴　蓉　李　莉
蔡虹波　陈海滨　何金花　颜　君
陈　琳　王奇志　赵进红　郑双安
陈　洁　彭辉平　周雪峰　张红元
李煌成　陈　娴　陶贤初　杨　洪
刘小华　何　沙　陈迎喜　陶仕琪
彭　娟　陶飞跃　陈丽阳　刘昌龙
苏牡庄　贺　群　胡仕新　易　展
何瑞林　李白兰　彭永富　吴菊华
张宜江　李　文　汤文胜　曾素红
何　柳　孔飞四　刘　练　孙运元
廖　婷　李永松　周小娜　王春艳
陈武招　谢　亮　徐　堃　陈　红
缪昌联　刘丽娟　朱立娟　黄珍维
陶佑林　谭玉叶　唐曙光　王　飞
谢　玮　周　丽　涂　敏　刘小红
龚　礼　袁　娜　邱楚芳　黄菊芳
林连清　何　莉　黎青平　高　敏
杜彩虹　吴升根　胡新年　张洁如
徐梦姣　刘运光　张　勇　蔺伟华
张　玲　徐　凯　何　涛　陈道贤
程　丽　邓朝华　胡煌英　黄　会
黄启发　黄晓红　刘冬英　彭晶星
宋　静　汤冬莲　吴　丹　肖玲芳
谢莎莎　徐建辉　邱义兵　刘景雄

周庆文　陈湘其　刘守力　张瑞奇
张善和　夏传华　张冰辉　李建平
唐翠环　刘燕辉　胡建成　黄　月
于锡淼　谢志丹　陈志勤　唐招华
刘青梅　柳花明　孙长根　杨　艳
罗　辉　邓　敏　杨　辉　武　柳
易良芳　张四凤　万杏林　李红梅
张运明　刘　瑶　吴　君　甘本良
刘海红　甘茂成　赖银辉　汤相伟
李美珍　王建武　胡易坤　陈　水
屈松江　余　乐　吴东建　吴兴玲
陈邦礼　蔺洪波　张　鹏　刘　义
阳德胜　廖　佳　谭王恋　黄　莉
柳玉第　张晖文　孙立龙　张开科
吴小玲　陈　苏　涂　川　陈　婷
何芳贤　张冬连　甘淑明　唐常卫
李　红　胡本标　黎书根　暨荣新
肖松梅　潘佩芳　江其清　刘　丹
刘利彬　付　灿　邓旭英　林密兰
刘　娜　石胜新　陈　琳　张　述
何晓玲　谭　欣　易飞雪　张　疆
易　泉　熊　艳　舒　静　宋　凡
虞泽娟　阳建国　熊小琴　易建平
罗艳平　彭卫平　熊凤鸣　张喜媛
张春连　曾令武　沈　艳　罗　琳
邱双玉　李望云　潘毅洪　魏　娜
徐　婷　陈　莉　郑伏秀　李　曼
李海霞　黄　蓉　黄　坤　胡艾连
李　安　胡　晓　谭艳伟　陈　征
伍艳玲　钟启文　朱育钦　韩全香
朱喜田　刘湘辉　赵杏莲　娄艳平
张琼林　鲁　晓　潘向阳　杨　坤
陈亨华　张密军　张运林　陈果红
周满林　娄银辉　付红湘　叶少东
潘果园　沈鸽群　李　莉　陈再珍
谭向阳　邹建刚　刘水波　易　鹏
陈　姣　刘乐平　袁向阳　潘正宽
张春华　潘配清　江　纳　潘向阳
黄　耀　尤利平　陈静波　何星根
娄灵芝　娄玉萍　黄　娟　张　霞
许艳辉　邢太平　陈新年　付向前
何建刚　蓝思娥　刘群晖　唐丽辉
王翠华　王松柏　王一凤　熊淑军
张水桃　张伟荣　熊　敏　熊智滨
谭同春　黄　芹　唐喜峰　张检院
张军明　周美容　罗运湘　周根林
陈　干　罗碧如　江细清　彭　艳
许根龙　严聪明　张小兰　龙峰祥
尤付忠　陈金菊　刘　钢　刘元元
卢正桂　宋名扬　罗彬斌　周建明
李艳红　陈　忠　刘相林　欧卫群
陈咏兰　易　娟　陈　卓　赵智鹰

李雪双　林娴慧　郭　琦　曾志国
黄常青　张　悄　黄　娟　李　宪
张　琳　黄　荣　刘利群　李学辉
杨小玲　伍小玲　苏文静　欧阳旭静
彭红萍　伍盛雪　鲁邱云　柳　清
邓　超　欧阳权　张月娇　李　艳
屈姣媛　李　娟　柳　威　刘迎春
苏启明　罗美姿　罗武辉　邓四清
刘　辉　彭湘平　栗小雪　陈红霞
王　梅　蒋德江　胡　蓉　胡汉元
蒋继发　李　瑛　陈　齐　陈美花
潘晓平　柳奕华　罗季平　罗　婷
张和珍　郭　铸　彭姣红　胡自香
龙艳红　丁爱芳　谭文锋　任月娥
肖　华　沈会艳　邵卫平　周惠芝
张晚莲　朱朝艳　黄可珍　高小平
宋　琼　肖　恒　陈　笛　肖友华
张　妍　董辉煌　彭婕妤　何丽娟
苏利花　罗文中　曹桂香　汪翠竹
许　鹏　于　萍　李　鸯　罗志件
田淑荣　聂忠敬　陈光福　赵新喜
肖伟秋　易峥嵘　鲁海艳　曹建鳌
曹元朝　聂中华　李雪来　赖北海
邵　静　邓小红　张玉祥　王美仁
李　静　李　柱　汤春雨　柳晓艳
刘　广　李瑞英　张壮志　唐卫平
赵秋玲　孙伟湘　赵志辉　易秋成
曾　涛　李运芝　周江花　周春香
肖葵花　周伟兰　罗小冬　于　鹏
周新华　张阳光　寻杰丽　鲁益平
罗莎莎　邓艳婷　暨　敏　苏桂蕊
廖春晖　刘　艳　邹　娟　郭凤英
阳承利　苏　秒　罗　玲　周旁云
苏俊强　张媛珍　肖　敏　高　航
陈润金　厉素芳　董　欣　刘辉阳
刘利芝　吴　萍　聂娜香　代　红
邓胜厚　高　浪　易桂珍　任　强
胡志勇　朱永安　鄢平艳　许得胜
朱晓亮　戴　瑛　聂辉飞　蒋　斓
肖　爽　邓向荣　周媛艳　李　晴
许　清　邓育武　潘运辉　易利刚
梁荣献　肖　沙　周伟然　罗素青
吉　丰　宋　斌　吉　兆　戴如香
沈坚贞　林　波　朱晓平　武安涛
朱志强　张玲英　罗　琼　谭　姣
黄　敏　张小妹　邓素贤　朱　晖
张　皓　汪　群　汪志华　李小芹
罗成武　罗爱平　周雪鹏　罗艳玲
何爱珍　罗利平　武军威　于正武
罗小莲　袁俊良　罗芝南　李　晔
颜学文　罗民选　王集训　罗卫国
刘小阳　李　战　陈志强　张希辉

李妒姣　屈志元　龙厚志　朱花蕾
李高龙　邓永长　张福初　王新良
章庆姣　罗贤能　许明早　何建新
黄小舟　罗　忠　黄红艳　沈平易
沈国祥　沈迪成　徐天美　黄志强
肖华淼　刘飞周　蒋含英　黄林旭
沈修兴　周如春　王　前　卜继红
罗平香　彭高军　童孟仪　唐晓英
徐莒艳　周欢荣　闻桂红　王　坚
彭志雄　孔敏球　周桂月　张亚平
许云爽　周湘慧　黄建新　寻平平
周友媛　寻雄武　李秋中　寻望霞
潘敬明　胡　旭　徐夕映　谭艳香
朱　旭　邓方针　徐发挥　吴良媛
寻宁胜　寻友谊　首桔平　喻兰青
陈果平　邓红霞　钟素芹　周　畅
寻梦雄　喻柳艳　林　丽　黄红亮
周润松　胡晓娟　左　敏　唐满怀
张玲香　寻银霞　刘文章　宋　伟
陈芳芳　张秋收　卢国珍　罗锦珍
鲁　维　李　琳

科 技 局：黎　云　周卫清　朱际可　孙梦依

科　　协：刘开义　盛佩璋

公 安 局：陈沧海　彭扩军　雷　觉　喻小武
周　旺　黄　宇　潘储粮　张　艺
聂红专　罗承宇　吴　洵　王　磊
李拥军　胡治国　李学斌　陈　伟
张海洋　唐莉莎　潘三伟　陈　丽
贺金凯　喻育才　陈延会　李　水
彭治国　吴晓翼　王真伟　刘珊媛
李润生　李申超　李建国　陈拥军
李　静　黄　剑　李　伟　杨　柱
李　冰　刘　强　邱柏松　易　韬
袁　峰　宋　波　罗铁军　杨　桢
廖　杰　余政友　曾勤英　邱小明
罗　喆　张世雄　易　勇　李一兵
袁雁军　王晓春　罗树辉　黎　渊
罗　旻　凌守春　沈　亮　谢　鹏
李　伟　朱庆超　孙承禹　赖小虎
夏友冰　李耀根　张明皋　余　勇
陆光梅　彭功品　李志迪　黄积听
胡　洁　胡　鸿　刘江文　张　煜
熊　军　蒋　智　范景芳　刘　波
刘志勇　张宏超　陈征宇　钟雄辉
陈帅帅　许　静　刘玉辉　梁清文
黄　冕　杨宝军　孙珩珂　许长流
刘　攀　黄　初　胡庆成　卜学峰
秦　杰　喻　琦　邱劲松　陶青山
陈　信　王　健　刘　军　曹开江
曾　帆　黄　兴　吴　涤　寻延亮
朱腾跃　李志刚　唐　浩　颜书毅
陈　辉　寻皇国　陈　桢　凌　广
曾海华　杨　思　夏立丰　张　阳
潘满军　李兴佳　曾凡明　陈　亮
朱长水　孔凡春　邓年波　张　蓉
唐国浩　叶　榜　胡波涌　詹奉来
唐　晓　曾祥建　李景林　谢秋生
唐　雷　卜湘代　李志邦　温益平
吴洪芳　吴德长　李　勇　陶贤全

司 法 局：孙家栋　杨　青　徐　玲　胡　强
肖友清　宋情林　周祖越　刘红色
赖圣生　黎善录　朱淑婷　罗喜平
周源美　张元珍　谭常炳　吴华升
罗传美　曾　智

民 政 局：周学文　陈　平　刘迪清　吴高松
袁　强　龚志坚　李　伟　张龙进
刘　晓　陈　科　左实践　罗海洲
刘　杰　肖　峰　彭镇发

人 社 局：钟　伟　周逢成　官国旗　潘景询
黎步青　罗招生　刘良佳　赵　婧
潘赛一　潘义雄　黄志强　陈方根
朱　敏　高　志　黄震威　刘　智
凌洁茹　杨美珍　周更田　刘金梅
廖尚全　李　虎　苏　凌　孙　姣
黄拥群　陈淑娴　范日臻　左　伟

国 土 局：王英定　邓忠社　沈四平　于木林
刘思明　邱　扬　吴晓阳　黄　珍
黄海军　罗　勇　曹普辉　丁　莹
林　航　李正誉　吴志耘　张　苏
罗其晏　彭　涛　何光俊　刘　芳
何　伟　唐招伟　黄　波　罗淑琴
李盛亮　杨向前　王　强　罗学武
任承果　陈松桂　周湘辉　雷　利
刘　念　张　安　刘丽萍　刘品军
傅向峰　陈　皓　刘皇燕　袁　辉
颜瑞元　陶贤利　邓春雷　李昌刚
唐晓军　袁持铎　刘　鹏

交通运输局：胡　浩　柳闯江　陈军辉　陈道龙
刘　锋　林　云　邱佑成　潘绮新
祖建辉　连　鹏　罗　文　张　林
陈铁军　彭功质　王爱国　葛　明
黎　晓　陈　斌　赖观林　谭成保
郭汉宏　邱志刚　付建国　付东军
王松柏　肖　珑　舒　畅　黄能智
潘海清　徐欢涛　黄志杰　汪　浩
邱忠波　余　敏　何建光　周　剑
金友平　李　常　施祖德　余露林

住 建 局：黎　毅　李　勇　陈治国　谢　娟
唐　勇　周乃贤　唐文波　欧阳亮
宋文辉　张　功　李　平　郝鹏飞
黎浩波　郑席武　邓春姿　罗春阳
伍　璨　李文英　黄　光　许细辉
罗　璋　汪菊林　彭卫根　吕红波
袁理亮　张　超　邹计武　陈统根

王宇和　陈昌根　徐　娟　鲁　嵘
胡　浪　张　毅　李　环　冷正棋
杜志尧　刘红燕　赵有根

农业局： 欧阳武　肖荷沼　田　丰　张逆义
周军徐　陈宇新　陶　艳　李庆鸿
柳辉林　陈应坤　李祖林　陶维红
喻仲生　张六生　吴小年　童金花
张韶华　邵　峰　杨仕优　古　鹏
冯春水　熊金生　瞿德民　罗志勇
王巩集　黎良平　罗运武　王小英
胡正祥　吉甫成　张　磊　徐夏雨
余　力　周圣初　高飞进

林业局： 唐天真　吴晓文　罗闰秀　周学义
高瞻远　赵光枚　罗安利　杨国东
廖朝阳　寻标兵　龙忠于　刘弘波
喻　焰　陈水秀　潘　磊　张文辉
柏承权　杨　锋　方世屏　周　萍
王桂花　张龙羲　赵文斌　陶　章
易剑虹　郑建波　朱海明　刘　冬
刘忠辉　黎尚林　李继承　罗干兵
汤福明　陈　勇　鲁　平　傅芝兰
徐建伟　廖一兵　王利伟　唐建忠
胡　毅　王汉明　熊　文　徐谷文
孙　坤　戴良选　吴香倩　周书昌
上官喜　李光强　孙　良　罗兴云
龙冬辉　孙　戈　胡一峰　冯雨亮
刘俊杰　张百花　谢　敏　徐良圣
江正初　陈虚慎　吴群山　石海云
林友保　张慧中　朱启明　陈文兴
陈　华

水务局： 邓　华　刘良琨　周方旺　邓秋华
刘高兴　陈道江　易艺芸　柳　锋
彭　辉　汤异峰　张明赞　段聪悫
邹　旭　程　敏　刘新成　李红辉
张学成　曾　智　李茂华　邹丽丽
宁　剑　宋仁海　周艳华　黎联龙
陈雪连　汤锦平　李伟英　梁春舒
高承求　于国强　陈燕明　黎建华
陈　源　张静波　卢方觉　胡红兴
黎兵辉　宋友志　黎美珍　刘　莹
徐朝晖　赵毅力　唐佑洪　余　亮
赵克力　邓淑芳　张　文　王娟平
易伟霞　刘宏兰　聂辉莉　鄢平江
熊　琼　朱朋意　邓彰敏　聂水发
胡学文　唐喜玲　陈建富　易剑诚
余小玲　周小兰　王素芳　于友良
孙建辉　蒋洪林　朱朋飞　鄢碧艳
寻朋成　寻任辉　徐小春　杨广鑫
刘贤才　张建丰　夏耀清　杨显凯
周　勇　刘　国　沈　立　江海波
饶世全　刘春晖　张　旭　周红江
李　叶　吴俊辉　刘　全　邹志勇

吴彦明　苏俊飘　王建春　唐　义
罗　威　赵飞跃　邓　彬　李道奇
周逢春

文体广电局： 熊　辉　李楚峰　欧阳严　奚　杰
刘建国　邓　芳　罗其德　陈　宇
熊才维　左　珂　徐志贤　曾阳根
任新民　陈　娟　晏意成　唐江华
孙立军　何　良　苏浩然　刘慧萍
刘　炜　梁　丽　杨振文　谭晓琴
王娜娜　蔡海龙　邱　强　王　娟
寻艳艳

卫生局： 邱正柳　张　勇　周　平　肖　蓬
洪　澜　廖登峰　徐　珍　郑海洋
王科明　王忠清　李　宇　赖　宁
罗玉香　王艳红　刘金连　李　军
罗永超　陈　双　陶庆林　张银初
李为先　李桂珍　陶淑莲　李瑞红
罗海波　何　卿　肖一枝　黄俊启
汤石武　张　婷　邓　娟　杜　威
李先见　唐　璇　孙　维　王　宏
邓　红　邓彩勤　罗颖辉　肖　祥
唐艳芳　曾小慧　于　蕾　王　磊
张志国　陈细萍　章红霞　邱德成
黄萌根　王龙湘　沈　波　陆　婕
黄　玲　田保悦　黄　理　黎汝芳
张端华　伍丽锋　孙　蓉　罗素珍
刘明强　吕　鸣　曹琼辉　高　林
张艳姿　罗　跃　姜　岚　曾志强
罗雪琳　周晖辉　张世斌　黎卫华
陶庆辉　黄海英　吴朝姿　谢　敏
易玲芝　韩玉如　杨藕罗　孔红英
黎书梅　胡　婷　李芳玲　温晒英
聂　佳　廖贵华　傅文华　李　红
李晓娟　喻丽莉　彭　佩　吴　昊
彭正平　周杰民　卢显冬　陈红建
邱忠东　李花兰　戴　敏　闫湘勇
易　征　杨培琴　胡　杰　张昭文
周化汤　高思安　李鲜花　刘　宇
陈翠华　唐耀庭　刘　芳　邱剑辉
李　瑶　汪花芹　王　艳　尹　登
何更跃　周治军　许继武　谭　艳
张川波　文小银　高　科　李　宁
周晓毛　吴　湾　廖移满　黎近涛
何　晓　邹智勇　肖筱武　肖　波
汤　伟　曾智频　梁　鹏　苏建斌
周月红　娄振华　扶桂升　黄仲玉
王岐黄　蒋　伟　潘沁心　宣望东
鲁建国　周明亮　郭　弘　鲁彩虹
许　莹　黄小英　周月艳　苏丽辉
罗庆华　周玲芝　杨　娥　罗凌云
郑红艳　周晓芬　周海平　罗　莉
吴晓波　刘　松　赵艳红　肖　盼

杨章兴 周路桥 向亚君 吴 露
宋小红 黄 志 吴 红 喻 红
黄小寒 郭维军 付志平 钟灵芝
阳 华 唐伟玲 林水平 罗平晖
朱艳萍 胡彼娜 何艳珍 李 璐
罗 霞 刘超辉 罗 丹 刘运香
陈江平 周 平 徐秋香 宋 霞
彭春晴 李彩红 肖 娜 谭金枝
李伟建 苏海丹 何 健 张 伟
沈春华 邓卫珍 焦守岗 欧阳建军
梁新初 张宏波 毛志江 郑 芳
何清锋 唐道忠 赵兰田 龙传滔
张红霞 苏 姣 胡 哲 谢爱华
黄艳姣 唐 煌 罗良喜 许 杰
童继成 吴善芝 赵小年 宋春晖
邓立新 陈 敏 陶伏香 罗亮明
曹素兰 刘 琴 符 恬 李 莎
王 旺 周进喜 刘 军 彭友红
高明果 刘瑞珍 邹喜梅 卢跃华
陈瑞文 易勤珍 唐嗣信 吴芝芬
周双红 汤 勤 陈 莺 熊 瑾
熊 婴 杨培美 胡雪飞 袁新平
刘中燕 朱正球 钟作文 何 娟
李立强 刘利丹 陈 新 周辉煌
李斗辉 陈静辉 罗建坤 周雅丽
喻丽平 刘湘平 蔡 敏 张小红
卢 国 张 瑜 卢 锐 曹永香
屈 瑛 廖鑫华 吴为汉 冯芙蓉
李 艳 黄秋红 熊 琮 陈 利
刘岳坤 陈艳华 李 智 张 广
邵似锦 蒋爱华 刘 甦 李勇燕
黄建梅 孔 琴 李建良 李秋成
文天平 熊 曦 张 红 龙花君
曾祥启 黄庆兰 李 励 熊稳科
谢旭求 张良红 许 勇 刘 红
叶光明 刘慧芳 罗 鹏 张孟兰
毛玲湘 何继岳 刘世枚 李友玲
黄辉平 邹丽明 陈 石 罗成钢
潘红红 肖建平 曹觉芹 曾莉霞
蒋章荣 彭素霞 陈建煌 贝玉章
罗南芬 卜桂文 曾子代 叶 利
陈小平 谢建林 陈艳林 罗 丹
周 慧 周 静 叶继红 胡珊珊
李 斌 彭 左 刘 强 付美林
张 敏 张友芝 杨 琰 王曙明
王晓丰 陈小玲 朱兴盛 蒋树龙
阳 历 周国伟 徐彪炳 徐悦好
暨 培 唐晓红 寻恩祥 汪爱花
张中意 周比舞 刘度量 李朝发
寻坤沅 张炬财 黄豪放 范泽深
唐学智 黎意丰 黄 以 袁 军
韩先琪 王顺志 张艳红 龙 姣

马 丽 周 辉 卢迎春 邓娟娟
李迎芳 李文耿 陈 娟 罗桔平
易 刚 曾月炉 张 瑛 黄 敏
仇卡娜 唐 晖 叶银梅 吴继红
夏 婷 黄柏江 邓 曙 黄先钰
刘建容 刘招光 刘 丹 厉 芬
邱晓晓 瞿 亮 肖恩梅 徐钦华
张 唯 蔡 雪 黄婉丽 刘艳霞
戴美容 王海燕 王辉阳 詹 洪
郑 志 刘 东 施海斌 王兴进
李 强 付 亮 彭江兵 邱正苗
张 洋 谭小燕 熊灿霞 卢 桂
刘蔚洪 刘华平 杨仕民 黄力强
卢 露 郭晓明 秦健康 欧阳漫江
刘姣娜 刘江林 李 淑 陈博浪
张 元 熊金来 周海岸 朱平江
王 波 章荣球 张献民 张 莉
罗小如 熊 梅 傅共和 潘 彬
邹 平 赵海平 谭智谋 朱雪梅
李江林 罗江平 孔 鹤 龙玉冬
张 强 李 筱 王 丽 孔新平
余峥嵘 罗 成 文建飞 吴绍俊
文 琦 黄意华 张 池 冯 丽
邵 恩 汤达华 李淑英 刘国军
赵安平 吴 萍 隋 华 连义平
刘建军 陈永红 曾美华 张斌生
田雨辉 刘卫红 于志刚 卜洪波
孔贤明 黄爱明 王持勇 晏瑞娥
尹怀洲 邓全清 戴 群 屈长林
屈兵彬 陈水泉 王林辉 苏小红
陈 静 葛小娥 陈易金 张细敖
陈露艳 王阳玉 喻 溪 喻 浪
高 洁 黄 华 黄科平 陈 红
刘家武 邓光明 徐丽芳 罗剑飞
袁艳江 李寿玖 李冬秀 李腾飞
胡彩霞 谭文新 毛承玲 陈联武
江 虹 蔺代武 周 荣 刘宗发
罗 艳 高 臻 何彩霞 黎凤凰
彭小利 胡 伟 施异成 吴秋兰
杨忠如 胡江兰 万 灿 卢要文
肖成元 黄立成 宋 伟 陈令平
罗 忠 张睿林 林巧阳 张社统
郑淑清 周晓红 黄 红 郑 霞
唐建湘 宋 伟 袁 腊 宋海平
赖春标 彭朝晖 陈昌发 马 君

审计局： 邓映先 冯 羽 袁 晓 张明务
徐作鹏 李先智 张 婷

计生局： 罗呈瑞 张卫国 甘享明 陈伏秋
卢霞停 王 成 娄平胜 唐 瑛
寻继萍 朱志刚 徐钦仁 黄海霞
李静波

环保局： 赖传文 黎 刚 马晓辉 孙 力

刘雪辉　李　健　宋永宏　何光义
黄　腾　廖晓佳
统 计 局：周森源　罗　娟　李小林　夏文奎
陈　卫　胡铭铭
安 监 局：屈湘水　凌　卫　周　婷　任光辉
彭　玲　张继良　张天夏
商 务 局：李　凌　罗淼池　刘　林　陈常伟
陈明俊　武春喜　余　烈　谭腾辉
王　杰　罗宇清　杨永忠
城 管 局：唐洪胜　汤继兴　张达宗　罗意德
张继龙　张　丹　喻晏平　高　路
李益民　刘世如　魏　群　罗海滨
谭龙秋　张海波　何桂湘　周　杰
李仕久　陈　维　张　伟　董爱众
刘敏中　陈国忠　陈黎明　朱清波
邵　锋　文武滨　陈　科　王林起
周方根　黎　骏　张宽余　魏其光
郑新辉　沈　良　陈立新　徐　伟
袁佳成　张宏辉　黄秋林　刘志华
唐韵霞　谢利平　钟志伟　张端鹤
李训科　张　敏　李　希　邓昭明
肖怀荣　王美英　刘春平　彭宏亮
徐谷林　徐　力　张祖珍　刘良国
何　丰
城乡规划局：屈文毅　张　玮　聂建斌　肖明辉
王海军　胡　亮　黎樾铭　张新务
刘良辉　李珊娜　张玉刚　刘　强
伍雄杰　熊志丰
粮 食 局：曾庆图　赖　和　周艳青　周　艳
李远潭
住房保障局：陈　旭　李振波　陈蕃兵　邹　丽
张　青　周　琼　易新喜　张金亮
彭　磊　龙海辉　徐天衍　罗红亮
吴先锋　陈战辉　史永平　王义成
张　翔　江才建　刘　丰　罗　芳
付　勇　黄大强　周　亮　胡细华
聂竞屹　罗　明　胡　志　伍　品
张贤清　何　辉　颜　玲　宋湘会
聂　球　冯乾宗　詹道海　陈　炳
黄艳平　汤才彬
畜 牧 局：鲁典于　周小平　李安定　唐文党
李名忠　谢齐帮　唐时文　黄文明
苏　铁　胡学成　杨程东　王承义
肖　锋　吴梦阳　张　乾　任　杰
肖文广　何丙寅　聂厚福　曾南平
熊　连　陈万峰　马小青　潘友权
李胜强　汤延辉　张富华　叶友其
周　仁　王汉华　周大华　孔华生
刘芳生　陈海波　王承明　张庆丰
付少坤　邓　姣　胡建良　席旭晴
罗选辉　胡兴旺　伍国强　刘宗庆
花 炮 局：汤显华　李仕飞　肖　宏　黄将佑

周　溪　蔡建红
旅 游 局：罗荣棠　邓剑锋　李　慧
招 商 局：彭优玲　张　环
供 销 社：张　平　周静忠　罗章生　吴声亮
总 工 会：刘旭建　戴伟风　陈纯清　李刚成
团 市 委：李丽莎　罗　莎
妇　　联：龙花明　熊志山
残　　联：周卫东　兰词贵　陈淑梅
工 商 联：黄　萍　喻　勇
株树桥水库管理局：李幸平　张　宇　唐　敏
游　武　苏北海　肖庆元
聂中堂　陈　勇　王远根
周新华　李　昕　林宝艳
刘　勇　赵泽洲　罗新元
李正国　罗贤根　孙　波
涂联三　鲁庆格　连年明
喻名革　李坤林　欧阳剑锋
李佐忠　张蓉辉　张　珏
欧长兰　聂　玮　吴大华
鲁志坚　陈庭波　陈　坚
邱伟成　陈　怡　陈玉丽
李　凤　曾梓英　周红河
朱志希　张　湧　陈静芳
曾卫民　何国强　文　燕
卢开礼　胡显孝
机关事务局：穆梦盈　武颂侣　邹　优
基础设施建设投资管理中心：杨俊钦　邓　勇
张冬生　彭东升　钟长亭　李佑平
何双林　宋　辉　张佐伟　张飞跃
胡志文　周艳红
政务服务中心：黎　安　黎　烨　刘　涛
陈　玲　邱志强　沈　婷
张　福　郭玲玲　谭进军
邵长征　曾玉龙　彭建梅
刘小红　邱　敏　王航海
唐建成　周小明　游　平
高　毅　赵伏其　刘守响
易修义
制造产业基地：李　建　张　露　陈飞荣
沈满红
两型产业园：黎星照　戴明志　廖　康
徐　武
森林公安局：沈华裕　娄照犁　黄中伏
陈金湘　严海宏　周为民
李稳山　彭淑明　周学会
周志钢
移 民 局：王运平　甘新辉
食药监局：杨凌云　刘中付　李　芸　王　强
烤 烟 办：罗　旭　易理新　吴升礼
人武部民兵训练基地：张运柏
自来水公司：卢岳仁　吴勇前　任　萍　柳希平
朱春生　吕　莉　柳　尔　黄　东

徐春平 张湘平 吴志平 邱志强
余 波 袁继红 涂业强 魏超元
陈 莉 蒋 斌 施建枝 王丰标
杨志辉 陶贤渭 李光明 潘雄辉
徐 峰 左文锋 孔祥忠 李 骥
高智育 曾 志 卢明春 黄安康
陈 璐

招投标办：邓尧林 张 磊 王建成

工 务 局：刘美成 周正佳 屈玉明 姜丹青
谢向辉

公 路 局：黄永忠 彭显付 李昌国 邱群英
李和平 盛新跃 丁 武 彭厚高
罗永康 冯海斌 邱 晖 胡茂松
杨道平 胡丽华 陈 谷 胡长明
尹海雄 罗 进 杨文学 陈阳春
张金台 汤 标 喻宏辉 邓国强
钟 亮 吴集平 冷 敏 刘伯根
肖功洪 刘 辉 卓 武 周康亮
刘宜四 吴光高 汪建伟 邓剑波
张 桃 张会连 龚 杰 黄 科
柳文龙 戴 驰 梁 晓

秋收起义纪念馆：肖吉贤 马海鹰 王洁丽

耀邦故居管理处：陈文金 苏 娟

大围山森林公园：傅爱华 许超群 谭建仁
童 洪 何小平 朱际操
潘 敏 彭 建 高飞翔
沈少武 王 红 彭艳武
戴舒怀 刘飞德 汤新厚
黎永红 黄永强

文化产业园：高 志 王美英

工业园投资管理中心： 杨品正 浣凤姣

水利建设投资管理中心：王 武

（三）抽调参加市委、市政府中心工作 10 个月以上工作人员（共 52 人）

涉军维稳工作：胡范舟 刘湘联

建设扶贫工作：黄 琦 汤异峰 余 力
付 安 陈天广 廖友文
周 静 曾凡俊 钟 海
李 环 李文道 武卫平
张泱泱 徐 力 王艳玲

市委党的群众路线教育实践活动：
张安文 蔺春文 张 窈 张 葵
谢伟明 郑席法 汤利华 张祖建
张义根 康兆祯 孔 觉 李 银
王辉煌 黎凤珍 张 玉 邓丽霞
胡 炀 于伟娟 王小煌 刘 镀
宋立良 刘颂柏

社会管理创新工作：余 舟 喻 鍠

创业富民工作：易怀泉

城乡统筹环境同治工作：冯早成 何梅林
王承水 熊 文 鲁忠良 黄保粮
肖许兵 李仕知 汤 昱 卢文生

二、基本称职（基本合格）人员（共 40 人）

自来水公司：甘 晓 李高志

林 业 局：黎满珍

国 土 局：余海波 刘桂明

公 路 局：傅清萍

住 建 局：陈 新

畜 牧 局：田 勤 袁意存 彭建余 周诗新
徐治力 张文强

安 监 局：邓从球

卫 生 局：邹 冰 符少波 刘艳梅

公 路 局：谭 催

公 安 局：汤世林

广播电视台：邓赛男

教 育 局：肖光明 唐义武 肖 钊 张可安
邱如忠

民 政 局：陈国利

旅 游 局：黄文平

蕉 溪 乡：杨 超

普 迹 镇：唐奥林

官 渡 镇：龚德龙

永 和 镇：邱贤杰

杨 花 乡：袁诗斌

金 刚 镇：邱甘奇

古 港 镇：陈联芳 屈 钢

永 安 镇：陈 健

淳 口 镇：邓永跃

大 瑶 镇：刘 鹏

洞 阳 镇：谭景祥

城乡规划局：孔祥礼

三、不称职（不合格）人员（共 29 人）

水 务 局：张步政

教 育 局：胡新谷 董 广

林 业 局：肖鹏鹰 李 飞 龙兴中

国土资源局：彭 程 余 桉 王 强

交通运输局：徐治华 付喜能 蒋 庆 刘向荣 张 文

人 社 局：张 希 万奇辉

畜 牧 局：杜 林 宋湘江 宋怡松

安 监 局：李 琴

政务中心：章 颖

卫 生 局：戴 苹

公 安 局：刘国锋

澄潭江镇：曾垂金 王天政

永 和 镇：李 威

普 迹 镇：卢雪峰

北 盛 镇：戴伦彪

三 口 镇：刘小川

四、拟辞退人员（共 3 人）

水 务 局：徐尔会

交通运输局：陈　波
澄潭江政府：肖永国

五、补划2013年度考核等次
大 瑶 镇：李雄伟（基本合格）邱新河（不合格）
黄松林（基本合格）
澄潭江镇：刘志佳（不合格）陈庆华（基本合格）

高 坪 镇：喻贤亮（不称职）
洞 阳 镇：罗淑连（不称职）
张永定（基本合格）

浏阳市考核工作委员会
2015年3月20日

浏阳市2014年国民经济和社会发展统计公报

2014年，全市人民在市委市政府的坚强领导下，深入贯彻落实科学发展观，紧紧围绕“挺进三十强、再创新辉煌”目标，牢牢把握“项目攻坚年”主题，砥砺奋进，攻坚克难，推动了经济社会又好又快发展。

2014年，全市实现生产总值1012.83亿元，同比增长12.6%。其中第一产业增加值85.89亿元，第二产业增加值720.73亿元，第三产业增加值206.21亿元，分别增长5.5%、13.8%和11%。三次产业对经济增长的贡献率依次为3.1%、79.3%和17.6%，分别拉动经济增长0.4个百分点、10个百分点和2.2个百分点；三次产业结构为8.5∶71.1∶20.4。

一、农　业

2014年，全市实现农林牧渔业总产值129.8亿元，增长5.5%。其中，农业产值73.75亿元，增长7.2%；林业产值14.21亿元，增长6.3%；牧业产值34.97亿元，增长1.9%；渔业产值3.89亿元，增长6.5%；农林牧渔服务业产值2.98亿元，增长5.8%。

种植业　2014年，全市粮食总产量56.19万吨，增长3.0%；蔬菜总产量130.4万吨，增长7.8%。

主要农产品产量

	计量单位	2014年	增长(±%)
粮　食	吨	561949	3.0
其中：稻谷	吨	523101	0
蔬　菜	吨	1304035	7.8
烤　烟	吨	8794	-22.4
油菜籽	吨	48274	2.1
茶　叶	吨	1588	0.1
药　材	吨	20706	31.0
水　果	吨	206038	4.5

林业　2014年，全市完成造林面积7200公顷，中、幼林抚育面积5333公顷，年末实有封山育林面积80890公顷，年度活立木总蓄积量1298.96万立方米，增长1.84%。

畜牧业　2014年，全市生猪出栏196.94万头，降低0.9%；山羊出栏73.56万只，增长5.1%；家禽出笼1177万羽，增长1.7%；肉类总产量17.6万吨，增长0.5%。

主要牲畜年末存栏量

	计量单位	2014年	增长（%）
牛	万　头	4.4	2.3
生　猪	万　头	93.02	-0.7
山　羊	万　只	48.22	1.4

渔业　2014年，全市水产品总产量2.52万吨，增长5.7%，其中鲜鱼产量2.46万吨，增长15%。

二、工　业

2014年，全市实现工业总产值2039.5亿元，增长22.4%；实现工业增加值654.55亿元，增长14.1%。规模以上工业企业798家，实现规模工业产值1668.6亿元，增长23.1%，实现增加值521.92亿元，增长16.7%。其中产值过亿元企业272家，实现产值1235.9亿元；产值过10亿元企业14家，实现产值561.9亿元。

2014年，花炮产业集群实现销售总额202亿元，创税10.9亿元，分别增长7.6%和38.1%；38家生物医药企业实现产值222.7亿元，增长37.5%；90家机械制造企业实现产值186.6亿元，增长26.8%；9家电子信息企业实现产值391.4亿元，增长32.3%。

经开区实现工业总产值710.5亿元，财税收入24.3亿元（含土地出让金，下同），分别增长31.3%和38.3%。制造产业基地实现工业总产值241亿元，财税收入8.2亿元，分别增长28.8%和34.4%。两型产业园实现总产值68.8亿元，财税收入9620万元，分别增长18.1%和36.8%。

三、建筑业、房地产业和固定资产投资

2014年，全市建筑行业实现增加值66.18亿元，增长10.1%。拥有四级以上建筑企业33家，实现建筑业产值41.7亿元，增长33.7%。

2014年，全市房地产业实现增加值22.66亿元，增长4.9%。拥有房地产企业72家，实现房地产投资额51.5亿元，增长8.38%；商品房销售面积110.98万平方米，增长4.2%。

2014年，全市实现固定资产投资725.8亿元，增长23.4%。其中工业投资481.2亿元，增长33.7%。

四、财政金融、内外贸易和市场物价

财政　2014年，全市实现财政总收入100.9亿元，增长33%。其中上划收入33.2亿元，增长20.8%；公共财政预算收入42.7亿元，增长16.4%；土地出让金收入25亿元，增长113.4%。实现长沙市考核口径财政总收入75.93亿元，增长18.3%。全市财政总支出71.85亿元，增长16.7%。

金融　2014年，全市金融机构年末各项存款余额437.04亿元，比年初增加64.15亿元，增长17.2%，其中城乡居民储蓄余额280.22亿元，比年初增加33.03亿元，增长13.4%；各项贷款余额366.63亿元，比年初增加65.54亿元，增长21.8%。金融机构年末存贷比为1∶0.84，不良贷款率0.4%，与年初持平。

内外贸易　2014年，全市实现社会消费品零售总额202.98亿元，增长14.0%。按消费形态统计，批发零售业商品零售额179.5亿元，增长14.0%；住宿餐饮业收入23.48亿元，增长13.7%。

2014年，全市实现自营进出口总额13亿美元，增长5.4%。自营进口额3.84亿美元，增长8%。自营出口额9.16亿美元，增长4.4%，其中鞭炮烟花2.99亿美元、机电产品5.76亿美元、纺织品0.12亿美元、其他0.29亿美元。

市场物价　2014年，全年居民消费价格总指数(CPI)为102.7，商品零售价格指数为101.7，服务项目价格指数为102.7，工业品出厂价格指数为98.4。

五、交通运输和邮电业

交通运输　2014年，全市公路客运量4846万人次，增长0.8%，公路客运周转量253011万人公里，增长7.9%；公路货运量3486万吨，增长13.2%；公路货运周转量219276万吨公里，增长13%。

邮电通信　2014年，全市实现邮电业务总量11.7亿元，增长20.5%。年末拥有移动电话用户116.85万户，减少0.2%；固定电话用户15.2万户，减少5.8%；互联网宽带接入用户14.95万户，增长27.5%。

六、旅游和招商引资

旅游　2014年，全市接待旅游人数1268.73万人次，增长22.8%；旅游产业收入123.95亿元，增长23.4%。

招商引资　2014年，全市引进项目185个，其中亿元以上项目40个，10亿元以上项目10个。外商直接投资实际到位资金1.92亿美元，增长25.9%，实际到位省外境内资金51.06亿元，增长19.1%。

七、教育、文化、卫生和体育

教育　2014年，全市拥有学前教育幼儿园326所，教职员工3320人，本年入园34234人，在园45149人，离园15728人；普通小学187所，教职员工4141人，本年招生17180人，在校学生95712人，毕业14178人；普通中学63所，教职员工4937人，本年招生21059人，在校学生62661人，毕业20048人；特殊教育学校1所,教职员工60人，本年招生31人，在校学生329人，毕业14人；中等职业学校3所，教职员工256人，本年招生1978人，在校学生4345人，毕业972人。

文化　2014年，全市拥有文化馆站38个、艺术表演团体1个，艺术表演观众人次24万人次。《刘阳日报》每期发行量4.5万份。全市广播综合人口覆盖率98.5%，电视综合人口覆盖率98.1%，有线、无线数字电视用户26万户，增长5.9%。年末图书馆藏书18.9万册。

卫生　2014年末，全市拥有卫生机构50个，其中医院42所。卫生机构床位数6882张，卫生技术人员7084人。年内诊疗313万人次，年内治愈率为50.2%，年内病死率0.05%。

体育　2014年，全市共组织县级以上运动会42次(含各类协会组织)，参加活动人数2.1万人次。运动员在全国、省市比赛中获得金牌7枚、银牌2枚、铜牌1枚。

八、环境保护和安全生产

环境保护　2014年，全市工业二氧化硫排放量4434.94吨，削减3.5%；工业废水排放达标率92%，工业烟尘排放达标率94%，城镇生活污水处理率88.5%。

安全生产　2014年，全市亿元GDP事故死亡率为0.024；煤炭百万吨煤生产安全事故实现零死亡率；工矿商贸企业十万从业人员生产事故死亡率为1.427；道路交通万车事故死亡率为0.83。

九、人口、人民生活和社会保障

人口　2014年，全市年末户籍户数419377户，总人口为1453246人，增长0.94%。其中，农业人口1292302人，非农业人口160944人。年内出生人口22000人，出生率为15.01‰，比上年提高1.14个千分点。年内死亡人口11000人，人口死亡率为7.51‰，比上年降低0.09个千分点；人口自然增长率7.5‰，比上年提高1.23个千分点。

人民生活　2014年，城乡居民人均可支配收入28470元，增长9.5%,其中农村居民人均可支配收入23186元，增长10.2%，城镇居民人均可支配收入33816元，增长9.0%。城乡居民人均消费支出17197元。

社会保障　2014年末，全市参加城镇基本养老保险人数67942人，比上年末增加922人。城乡基本医疗保险的参保人数106308人，比上年末增加5588人。参加失业保险人数67888人，比上年末增加3995人。参加新型农村社会养老保险人数816419人，比上年末减少75711人。全年发放城乡居民最低生活保障经费14856万元，保障城乡困难居民6万人，城乡低保对象人均月补助标准为400元和260元。

十、为民办实事

全市为民办实事32项考核指标全部完成，其中10项指标超额完成。

2014年，全市新农村基础设施建设稳步推进，新建农村水泥公路20.7公里，山塘清淤增蓄1.32万亩；解决农村饮水不安全人口6.23万人，解决广播电视盲村收视用户20000户；建设农民专业合作社省级示范社2个。教育卫生文化服务体系进一步健全，全年建设义务教育合格学校3所，农村公办幼儿园2所，为农村寄宿制学校添置学生床位2320个；建成示范性乡镇综合文化站6个，建成全民健身场所193处。城乡环境明显改善，农村危房改造1400户，新增城镇管输天然气用户4738户；创建绿色村庄8个、社区1个，建设新农村示范村1个。救济制度全面落实，抢救性康复贫困残疾儿童65名，救治救助贫困重症精神患者55人，为困难群众办理法律援助案件580件；农村五保户分散供养年补助3120元每人。改造农村危房1400户，扩建农村养老院7所。新增城镇就业人员16876人，城镇登记就业率明显提高。

注：本公报数据为初步核实数，单位GDP能耗、社会平均工资数据待省市统计局核实后另行公布；地区生产总值、增加值指标绝对额按现价计算，增速按可比价计算。

浏阳市2013年度国民经济和社会发展统计资料

指　标	计量单位	2013年	2012年	比上年（±%）
一、综合指标				
（一）人口和耕地				
1.总户数	户	418348	416843	0.36
2.总人口	人	1439698	1436249	0.24
男	人	738287	736663	0.22
女	人	701411	699586	0.26
总人口中：				
农业人口	人	1280737	1278930	0.14
非农业人口	人	158961	157319	1.04
市辖镇人口	人	1159481	1140533	1.7
街道属人口	人	166957	166820	0.08
3.年内出生人口	人	20092	20636	-2.64
4.年内死亡人口	人	11008	11737	-6.21
5.自然增长人口	人	9084	8899	2.08
6.年内迁入人口	人	4794	5267	-8.98
7.年内迁出人口	人	5018	3420	46.73
8.人口出生率	‰	13.87	14.6	-0.73
9.人口死亡率	‰	7.6	8.3	-0.70
10.人口自然增长率	‰	6.27	6.3	-0.03
11.非农业人口占总人口比重	%	11.04	10.95	0.12
12.市辖镇人口占总人口比重	%	80.54	79.41	1.1
13.人口密度	人/平方公里	288	287	1.00
14.常住人口	人	1295100	1285500	0.8
15.年末耕地面积	公顷	77791	78110	-0.04
其中：水田	公顷	68949	69830	-1.26
旱土	公顷	8842	8280	6.86
（二）生产总值（可比价）	万元	8334448	7279007	14.50
第一产业	万元	596685	572085	4.30
第二产业	万元	6058717	5185615	16.84
工业	万元	5536271	4700759	17.77
建筑业	万元	522446	484856	7.75
第三产业	万元	1679046	1521307	10.37

(续上表)

指　　标	计量单位	2013年	2012年	比上年(±%)
交通运输、仓储和邮政业	万元	203341	189324	7.40
批发和零售业	万元	363901	336098	8.27
住宿和餐饮业	万元	167247	156862	6.62
金融保险业	万元	100458	88515	13.49
房地产业	万元	184598	172952	6.73
营利性服务业	万元	229712	198677	15.62
非营利性服务业	万元	429761	378879	13.43
(二) 生产总值(现价)	万元	9242905	8111256	13.95
第一产业	万元	781343	716403	9.06
第二产业	万元	6639462	5753749	15.39
工业	万元	6047084	5212638	16.01
建筑业	万元	592378	541111	9.47
第三产业	万元	1822100	1641104	11.03
交通运输、仓储和邮政业	万元	211245	192703	9.62
批发和零售业	万元	396919	360474	10.11
住宿和餐饮业	万元	189866	170355	11.45
金融保险业	万元	111213	96093	15.73
房地产业	万元	212490	192889	10.16
营利性服务业	万元	247258	208675	18.49
非营利性服务业	万元	453109	419915	7.90
人均生产总值	元	71643	63121	13.5
产业结构：第一产业	%	8.5	8.8	-0.30
第二产业	%	71.8	70.9	0.90
第三产业	%	19.7	20.3	-0.60
二、农业				
(一) 农业总产值 (当年价)	万元	1189719	1084447	9.71
1.农业	万元	649749.4	588901	10.33
2.林业	万元	130505.8	119639	9.08
3.牧业	万元	345361.1	317443	8.79
4.渔业	万元	36207.3	31845	13.70
5.农林牧渔服务业	万元	27895.5	26618	4.80
农业总产值 (可比价)	万元	1130925	-	4.3
1.农业	万元	618347.4	-	5.1
2.林业	万元	124492.6	-	4.1
3.牧业	万元	326420.3	-	2.8
4.渔业	万元	33769.9	-	6.0
5.农林牧渔服务业	万元	27895.5	-	4.80
(二) 农作物总播种面积	公顷	185050	180330	2.62
其中：1.粮食作物	公顷	82080	80970	1.37

(续上表)

指　　　标	计量单位	2013 年	2012 年	比上年 (±%)
2. 油料	公顷	31220	30260	3. 17
3. 棉花	公顷	320	350	-8. 57
4. 麻类	公顷	100	160	-37. 50
5. 甘蔗	公顷	90	150	-40. 00
6. 烟叶	公顷	5040	6760	-25. 44
7. 药材	公顷	1780	1570	13. 38
8. 蔬菜	公顷	40840	37450	9. 05
9. 瓜果类	公顷	3880	3730	4. 02
10. 其他农作物	公顷	19700	18930	4. 07
(三) 主要农产品产量				
1. 粮食总产量	吨	545299	551362	-1. 10
其中：稻谷	吨	523884	511652	2. 39
2. 棉花	吨	576	594	-3. 03
3. 油菜籽	吨	47281	45374	4. 20
4. 烤烟	吨	11340	15210	-25. 44
5. 苎麻	吨	195	292	-33. 22
6. 水果	吨	197143	158099	24. 70
7. 茶叶	吨	1587	1528	3. 86
8. 蔬菜	吨	1209885	1110263	8. 97
9. 药材 (人工栽培)	吨	15810	12963	21. 96
(四) 畜牧水产				
耕牛年末存栏	头	19701	19900	-1. 00
生猪年末存栏	头	936300	964100	-2. 88
生猪年内出栏	头	1987800	1975500	0. 62
山羊年末存栏	只	475500	461700	2. 99
山羊年内出栏	只	700600	681200	2. 85
肉类总产量	吨	174767	174040	0. 42
水产品总产量	吨	23846	22720	4. 96
其中：鲜鱼产量	吨	21425	21106	1. 51
(五) 林业生产				
造林面积	公顷	9014	—	—
零星植树	万株	193. 4	136. 9	41. 27
幼林抚育面积	公顷	5333	800	500. 67
主要林产品产量				
木材采伐量	万立方米	14. 59	15. 36	-5. 01
楠竹采伐量	万根	269	233. 29	15. 31
油茶籽	吨	57840	56000	3. 29
板栗	吨	2800	2800	0. 00
(六) 农业现代化建设				

(续上表)

指　　标	计量单位	2013年	2012年	比上年（±%）
1.农业机械总动力	千瓦	1435000	1338505	7.21
主要农业机械与设备				
小型及手扶拖拉机	台	10032	10031	0.01
	千瓦	146750	147600	-0.58
农用排灌机械	台	24112	23922	0.79
	千瓦	120949	120471	0.40
联合收获机	台	2160	1902	13.56
	千瓦	76633	63733	20.24
耕整机	台	12828	12605	1.77
	千瓦	47884	46323	3.37
机耕（滚）船	艘	717	716	0.14
	千瓦	12060	12051	0.07
农用运输车	辆	9486	9366	1.28
	千瓦	195792	193493	1.19
2.农村用电量	万千瓦时	34518	33659	2.55
乡村水电站	个	25	25	0.00
乡村水电站装机容量	千瓦	13990	13990	0.00
乡村水电站发电量	万千瓦时	5284	5225	1.13
3.农村化肥实物施用量	万吨	18.10	17.87	1.29
氮肥	万吨	4.17	4.04	3.22
磷肥	万吨	3.55	3.54	0.28
钾肥	万吨	2.17	2.16	0.46
复合肥	万吨	8.20	8.18	0.24
4.农用塑料薄膜用量	吨	4172	3995	4.4
其中：地膜	吨	1728	1616	6.93
（七）农村劳动力构成				
1.农村劳动力资源总数	万人	79.88	78.93	1.20
2.乡村从业人员数	万人	75.86	75.05	1.08
农林牧渔业	万人	27.61	30.01	-8.00
工业	万人	23.65	23.2	1.94
建筑业	万人	6.66	5.45	22.20
交通运输仓储邮电业	万人	2.76	2.89	-4.50
信息传输、计算机服务和软件业	万人	1.17	—	—
批发、零售业	万人	5.94	5.25	13.14
住宿和餐饮业	万人	2.98	2.81	6.05
其他	万人	5.09	4.46	14.13
三、工业				
（一）工业总产值（现价）	万元	1605100	12477743	28.6
1.规模以上工业总产值	万元	0	10065282	32.7

(续上表)

指　　标	计量单位	2013 年	2012 年	比上年（±%）
2. 规模以下工业总产值	万元	13358700	2412461	11.6
(二) 规模以上工业产品产量		2692300		
生物医药	万元		1357121	18.77
水泥	吨	1611800	2226521	11.71
(三)园区规模工业总产值		2487285		
经开区	万元		3651849	46.62
制造基地	万元	5354200	1337851	44.56
两型产业园	万元	1934000	212465	173.93
(四) 高新技术企业个数	个	582000	81	20.99
高新技术产品总产值	万元	98	4184254	43.96
高新技术产品增加值	万元	5996251	1265748	43.31
四、交通运输、邮电		1811371		
公路客运量	万人次		4582	4.93
公路旅客周转量	万人公里	4808	208990	12.20
公路货运量	万吨	234487	3014	2.19
公路货物周转量	万吨公里	3080	189910	2.18
邮政业务总量	亿元	9.71	0.6291	5.43
年末移动电话用户	万户	117.11	1140.3	2.70
年末固定电话用户	万户	16.13	14.99	7.6
互联网用户	万户	11.73	7.83	32.4
五、财政、金融				
(一) 财政总收入	万元	758982	553116	37.22
1. 上划收入	万元	274607	220428	24.58
2. 地方一般预算收入	万元	367195	247313	48.48
3. 土地出让金收入	万元	117180	85375	37.28
(二) 财政支出	万元	616037	460549	33.8
(三) 金融				
1. 金融部门年末存款余额	万元	3728911	3130287	19.12
其中：城乡居民储蓄余款	万元	2471901	2141509	15.43
2. 金融部门年末贷款余额	万元	3010936	2329800	29.62
①短期贷款	万元	1312638	989319	32.7
②中长期贷款	万元	1657309	1292495	28.23
六、内外贸易				
(一) 社会消费品零售总额	万元	1780917	1580794	12.66
1. 按销售地区分				
城镇	万元	1494252	1323585	12.9
乡村	万元	286666	257209	11.5
2. 按行业分				
①批发业	万元	133171	121803	9.33

(续上表)

指　　标	计量单位	2013年	2012年	比上年（±%）
②零售业	万元	1440909	1265933	13.82
③住宿业	万元	18158	15151	19.85
④餐饮业	万元	188679	177907	6.06
(二) 进出口总额	万美元	125087	117400	6.55
其中:出口总额	万美元	89526	72300	23.83
七、固定资产投资及房地产开发				
(一) 固定资产投资额	万元	5882200	4359867	34.92
其中:城镇投资(不含房地产)	万元	5406995	4002280	35.10
工业投资	万元	3600683	2710700	32.83
技改投资	万元	3845593	2741000	40.30
(二) 房地产开发				
房地产完成投资	万元	475248	357587	32.90
其中：商品房建设投资	万元	362177	248530	45.7
商品房销售面积	万平方米	108.98	94.45	15.38
商品房销售额	万元	524927	420627	24.80
施工面积	万平方米	308.52	262.9	17.35
其中：住宅	万平方米	189.98	196.2	-3.17
竣工面积	万平方米	51.92	57.66	-9.95
其中：住宅	万平方米	41.58	45.73	-9.08
八、单位从业人员和劳动报酬				
(一)单位数	个	858	841	2.02
(二)从业人员期末人数	人	156941	151576	3.54
其中:女性	人	63697	62896	1.27
非全日制	人	3229	5673	-43.08
管理人员	人	3342	3152	6.03
1.在岗职工	人	147812	141666	4.34
2.劳务派遣人员	人	1670	2718	-38.56
3.其他从业人员	人	7459	7192	3.71
(三)全部从业人员平均人数	人	153824	147409	4.35
1.在岗职工平均人数	人	145536	139535	4.30
2.劳务派遣人员平均人数	人	1514	1866	-18.86
3.其他从业人员平均人数	人	6774	6008	12.75
(四)从业人员工资总额	万元	6511791	5916168	10.07
1.在岗职工工资总额	万元	6172759	5680937	8.66
基本工资	万元	4006431	3999561	0.17
效工资	万元	1430156	980056	45.93
工资性津贴和补贴	万元	470233	474668	-0.93
其他工资	万元	265939	226652	17.33
2.劳务派遣人员工资总额	万元	45844	38752	18.30

(续上表)

指　　　　标	计量单位	2013年	2012年	比上年（±%）
3.其他从业人员工资总额	万元	293188	196479	49.22
(五)从业人员平均工资	元	42333	40134	5.48
1.在岗职工平均工资	元	42414	40713	4.18
2.劳务派遣人员平均工资	元	30280	20767	45.81
3.其他从业人员平均工资	元	43281	32703	32.35
九、旅游、招商引资				
(一) 旅游				
1.旅游直接收入	万元	1004800	822300	22.2
2.接待游客人数	万人次	1033.28	898.28	15.1
(二) 招商引资				
1.全年引进项目	个	179	172	4.07
其中：过亿元项目	个	40	36	11.11
2.到位外资	万美元	15249	13269	14.92
3.完成长沙市外境内固投	万元	70.1	57.5	21.91
十、卫生事业				
(一) 卫生机构数	个	50	50	0.00
其中：医院数	个	42	42	0.00
卫生防疫站	个	1	1	0.00
妇幼保健院	个	1	1	0.00
(二) 卫生机构床位数	张	6688	6225	7.44
其中：医院床位数	张	6263	5845	7.15
妇保院床位数	张	425	380	11.84
(三) 卫生工作人员数	人	8398	7816	7.45
卫生技术人员数	人	6771	6337	6.85
其中：中、西医师	人	2864	2658	7.75
护师、护士	人	2675	2469	8.34
其中：医生	人	2864	2658	7.75
(四) 诊疗人次数	万人次	325	301	7.97
入院人数	人	330136	274115	20.44
出院人数	人	327691	272187	20.39
治愈率	%	49.8	49.5	0.30
病死率	%	0.07	0.04	0.03
5岁以下儿童死亡率	‰	6.86	6.36	0.50
婴儿死亡率	‰	4.97	4.62	0.35
产妇住院分娩率	%	100	99.98	0.02
十一、教育事业				
(一) 各类学校数				
小　　学	所	184	184	0
中　　学	所	63	63	0

(续上表)

指　　　　标	计量单位	2013 年	2012 年	比上年（±%）
(二) 教职员工数	人	8751	8722	0.33
小　　学	人	3958	3926	0.82
中　　学	人	4793	4796	-0.06
(三) 在校学生数	人	153861	149080	3.21
小　　学	人	92830	90938	2.08
中　　学	人	61031	58142	4.97
(四) 招生数	人	38341	37580	2.03
小　　学	人	16342	16755	-2.46
中　　学	人	21957	20811	5.51
(五) 毕业生数	人	32648	29777	9.64
小　　学	人	14255	13580	4.97
中　　学	人	18393	16194	13.58
十二、文化、体育、广播、电视、电影				
(一) 文化事业				
1.文化馆站	个	38	38	0.00
2.艺术表演团体	个	1	1	0.00
3.艺术表演观众人次	万人次	26.6	21.6	23.15
4.公共图书馆藏书数	万册	18.4	17.9	2.79
(二) 体育事业				
1.举办县以上运动会	次	53	67	-20.90
参加人数	万人次	2.6	3.4	-23.53
2.获国家级奖牌数	枚	0	4	-100.00
3. 获省市级奖牌数	枚	41	16	156.25
金　牌	枚	26	9	188.89
银　牌	枚	8	6	33.33
铜　牌	枚	7	1	600.00
(三) 广播、电视				
1.电视台	个	1	1	0
2.有线电视台	个	1	1	0
3.广播电台	个	1	1	0
4.电视人口覆盖率	%	99	99	0
5.广播人口覆盖率	%	100	100	0
6.有线电视入户数	万户	25.6	24.6	4.1
7.农村有线广播站	个	16	16	0
十三、城市建设				
1.城镇化率	%	52.2	50.01	2.19
2、城镇建成区面积	平方公	155	129	20.16
其中：主城区面积	里	27	24	12.50
3.市内公共汽车营运路线	平方公	21	21	0

(续上表)

指　　标	计量单位	2013年	2012年	比上年（±%）
4.年末实有市内公共汽车	里	98	98	0
5.市内公共汽车全年客运量	条	1300	1100	18.18
6.年末实有出租汽车	辆	400	400	0
十四、居民生活	万人次			
(一)城镇居民	辆			
1.城镇居民人均可支配收入		31024	-	-
2.城镇居民人均生活消费支出		17584	-	-
食品	元	4071	-	-
衣着	元	1252	-	-
居住	元	4017	-	-
家庭设备和用品	元	935	-	-
医疗保健	元	502	-	-
交通通讯	元	3391	-	-
文教娱乐	元	3125	-	-
其他	元	291	-	-
(二) 农村居民	元			
1.调查户数	元	118	-	-
常住人口		449	-	-
农民人均可支配收入	户	21035	-	-
2.农村居民人均生活消费支出	人	11273	-	-
食品	元	2798	-	-
衣着	元	802	-	-
居住	元	2560	-	-
家庭设备和用品	元	685	-	-
医疗保健	元	1638	-	-
交通通讯	元	1318	-	-
文教娱乐	元	1256	-	-
其他	元	212	-	-
十五、社会保障				
城镇基本医疗保险参保人数	人	100720	95739	5.2
城镇基本养老保险参保人数	人	67020	65117	2.9
失业保险参保人数	人	63893	62798	1.74
城镇登记失业人数	人	4262	4371	-2.49
新型农村合作医疗参保人数	人	1287527	1266486	1.66
新型农村合作医疗参保率	%	99.06	95.56	3.50
新型农村养老保险参保人数	人	892130	888437	0.42
十六、能源消耗、环境保护				
单位GDP能耗下降率	%	5.93	6.19	-0.26
单位规模工业增加值能耗下降率	%	12.48	7.18	5.3

(续上表)

指 标	计量单位	2013年	2012年	比上年（±%）
单位规模工业增加值取水量下降率	%	11.7	10.49	1.21
单位GDP电耗	千瓦时/万元	347.5	366.4	-5.2
工业二氧化硫(SO2)排放量	吨	4597.7	4770	-3.61
氮氧化物(NOX)排放量	吨	2487.22	2369	4.99
烟(粉)尘排放量	吨	2087	2135	-2.25
工业烟尘排放达标率	%	94	93.9	0.10
工业废水排放达标率	%	91	90.8	0.20
城镇生活污水处理率	%	87.1	75	12.10
十七、安全生产				
亿元GDP事故死亡率	人/亿元	0.0263	0.0635	-58.58
工矿商贸十万从业人员事故死亡率	人/十万人	1.91	2.13	-10.33
煤炭百万吨事故死亡率	人/百万吨	1	0	1.00
道路交通万车事故死亡率	人/万车	1.224	2.46	-50.24

注：城市居民收入因城乡一体化统一改革口径高整，无同期数，不可比。

浏阳市2014年度国民经济和社会发展统计资料

指 标	计量单位	2014年	2013年	比上年（±%）
一、综合指标				
(一) 人口和耕地				
1.总户数	户	419377	418348	0.2
2.总人口	人	1453246	1439698	0.9
男	人	745179	738287	0.9
女	人	708067	701411	0.9
总人口中：				
农业人口	人	1292302	1280737	0.9
非农业人口	人	160944	158961	1.2
市辖镇人口	人	1153956	1159481	0
街道属人口	人	169001	166957	1.2
3.年内出生人口	人	22000	20092	9.5
4.年内死亡人口	人	11000	11008	-0.1
5.自然增长人口	人	11000	9084	21.1
6.年内迁入人口	人	4417	4794	-7.9
7.年内迁出人口	人	7352	5018	46.5
8.人口出生率	‰	15.01	13.87	1.14

(续上表)

指　　标	计量单位	2014年	2013年	比上年(±%)
9.人口死亡率	‰	7.51	7.6	-0.1
10.人口自然增长率	‰	7.5	6.27	1.2
11.非农业人口占总人口比重	%	11.07	11.04	0
12.市辖镇人口占总人口比重	%	79.4	80.54	-1.14
13.人口密度	人/平方公里	291	288	1.0
14.常住人口	人	1297700	1295100	0.2
15.年末耕地面积	公顷	77970	77791	0.2
其中：水田	公顷	69820	68949	1.3
旱土	公顷	8190	8842	-7.4
(二) 生产总值(可比价)	万元	9386510	8334448	12.6
第一产业	万元	629503	596685	5.5
第二产业	万元	6892884	6058717	13.8
工业	万元	6317882	5536271	14.1
建筑业	万元	575002	522446	10.1
第三产业	万元	1864123	1679046	11.0
交通运输、仓储和邮政业	万元	218191	203341	7.3
批发和零售业	万元	412474	363901	13.3
住宿和餐饮业	万元	181769	167247	8.7
金融保险业	万元	112905	100458	12.4
房地产业	万元	193569	184598	4.9
营利性服务业	万元	260963	229712	13.6
非营利性服务业	万元	484252	429761	12.7
(二) 生产总值(现价)	万元	10128321	9242905	9.6
第一产业	万元	858873	781343	9.9
第二产业	万元	7207316	6639462	8.6
工业	万元	6545541	6047084	8.2
建筑业	万元	661775	592378	11.7
第三产业	万元	2062132	1822100	13.2
交通运输、仓储和邮政业	万元	230691	211245	9.2
批发和零售业	万元	457468	396919	15.3
住宿和餐饮业	万元	212020	189866	11.7
金融保险业	万元	127562	111213	14.7
房地产业	万元	226626	212490	6.7
营利性服务业	万元	282023	247258	14.1
非营利性服务业	万元	525741	453109	16.0
人均生产总值	元	78126	71634	9.1
产业结构：第一产业	%	8.5	8.5	0
第二产业	%	71.1	71.8	-0.7
第三产业	%	20.4	19.7	0.7

(续上表)

指　　标	计量单位	2014年	2013年	比上年(±%)
二、农业				
(一)农业总产值(当年价)	万元	1297481	1189719	9.1
1. 农业	万元	741477	649749.4	14.1
2. 林业	万元	142091	130505.8	8.9
3. 牧业	万元	345154	345361.1	-0.1
4. 渔业	万元	38946.4	36207.3	7.6
5. 农林牧渔服务业	万元	29812	27895.5	6.9
农业总产值(可比价)	万元	1255676	-	5.5
1. 农业	万元	696802	-	7.2
2. 林业	万元	138703	-	6.3
3. 牧业	万元	352090	-	1.9
4. 渔业	万元	38564	-	6.5
5. 农林牧渔服务业	万元	29516.8	-	5.8
(二)农作物总播种面积	公顷	187030	185050	1.1
其中:1. 粮食作物	公顷	84200	82080	2.6
2. 油料	公顷	31840	31220	2.0
3. 棉花	公顷	100	320	-68.8
4. 麻类	公顷	10	100	-90.0
5. 甘蔗	公顷	90	90	0
6. 烟叶	公顷	4690	5040	-6.9
7. 药材	公顷	2320	1780	30.3
8. 蔬菜	公顷	42120	40840	3.1
9. 瓜果类	公顷	3960	3880	2.1
10. 其他农作物	公顷	17700	19700	-10.2
(三)主要农产品产量				
1. 粮食总产量	吨	561949	545299	3.1
其中:稻谷	吨	523101	523884	0
2. 棉花	吨	180	576	-68.8
3. 油菜籽	吨	48274	47281	2.1
4. 烤烟	吨	8794	11340	-22.5
5. 苎麻	吨	20	195	-89.7
6. 水果	吨	206038	197143	4.5
7. 茶叶	吨	1588	1587	0.1
8. 蔬菜	吨	1304035	1209885	7.8
9. 药材(人工栽培)	吨	20706	15810	31.0
(四)畜牧水产				
耕牛年末存栏	头	19240	19701	-2.3
生猪年末存栏	头	930200	936300	-0.7
生猪年内出栏	头	1969000	1987800	-0.9

(续上表)

指　　标	计量单位	2014 年	2013 年	比上年（±%）
山羊年末存栏	只	482200	475500	1.4
山羊年内出栏	只	736000	700600	5.1
肉类总产量	吨	175630	174767	0.5
水产品总产量	吨	25216	23846	5.7
其中：鲜鱼产量	吨	24641	21425	15.0
（五）林业生产				
造林面积	公顷	7200	9014	-20.0
零星植树	万株	196.89	193.4	1.8
幼林抚育面积	公顷	5333	5333	0
主要林产品产量				
木材采伐量	万立方米	16.9	14.59	15.8
楠竹采伐量	万根	360	269	33.8
油茶籽	吨	48274	57840	-16.5
板栗	吨	2870	2800	2.5
（六）农业现代化建设				
1. 农业机械总动力	千瓦	1486700	1435000	3.6
主要农业机械与设备				
小型及手扶拖拉机	台	8952	10032	-10.8
	千瓦	116740	146750	-20.4
农用排灌机械	台	25317	24112	5.0
	千瓦	124577	120949	3.0
联合收获机	台	2336	2160	8.1
	千瓦	82198	76633	7.3
耕整机	台	13137	12828	2.4
	千瓦	48193	47884	0.6
机耕（滚）船	艘	720	717	0.4
	千瓦	12108	12060	0.4
农用运输车	辆	9140	9486	-3.6
	千瓦	187926	195792	-4.0
2. 农村用电量	万千瓦时	36589	34518	6.0
3. 农村化肥实物施用量	万吨	18.31	18.10	1.2
氮肥	万吨	4.19	4.17	0.5
磷肥	万吨	3.56	3.55	0.3
钾肥	万吨	2.2	2.17	1.4
复合肥	万吨	8.36	8.20	2.0
4. 农用塑料薄膜用量	吨	2316	4172	-44.5
其中：地膜	吨	1635	1728	-5.4
（七）农村劳动力构成				
1. 农村劳动力资源总数	万人	80.79	79.88	1.1

(续上表)

指　　标	计量单位	2014年	2013年	比上年（±%）
2. 乡村从业人员数	万人	76.13	75.86	0.4
农林牧渔业	万人	27.69	27.61	0.3
工业	万人	23.82	23.65	0.7
建筑业	万人	6.65	6.66	-0.2
交通运输仓储邮电业	万人	2.78	2.76	0.7
信息传输、计算机服务和软件业	万人	1.19	1.17	1.7
批发、零售业	万人	5.97	5.94	0.5
住宿和餐饮业	万人	2.93	2.98	-1.7
其他	万人	5.1	5.09	0.2
三、工业				
(一) 工业总产值（现价）	万元	20395000	-	22.4
1. 规模以上工业总产值	万元	16685778	-	23.1
2. 规模以下工业总产值	万元	3709000	-	19.5
(二) 规模以上工业产品产量				
生物医药	万元	2227306	-	37.5
机械制造	万元	1865855	-	26.8
电子信息	万元	3913596	-	32.3
(三)园区规模工业总产值				
经开区	万元	7003495	-	32.3
制造基地	万元	2326508	-	30.3
两型产业园	万元	413850	-	37.4
(四) 高新技术企业个数	个	101	98	2.0
高新技术产品总产值	万元	7924933	5996251	32.2
高新技术产品增加值	万元	2431844	1811371	34.3
四、交通运输、邮电				
公路客运量	万人次	4846	4808	0.8
公路客运周转量	万人公里	253011	234487	7.9
公路货运量	万吨	3486	3080	13.2
公路货运周转量	万吨公里	219276	194050	13.0
邮电业务总量	亿元	11.7	9.71	20.5
邮政业务总量	亿元	0.6636	0.6633	0
年末移动电话用户	户	1168500	1171100	-0.2
电信业务总量	亿元	5	4.8	4.2
五、财政、金融				
(一) 财政总收入	万元	1009337	758982	33.0
1. 上划收入	万元	331838	274607	20.8
2. 地方一般预算收入	万元	427414	367195	16.4
3. 土地出让金收入	万元	250085	117180	113.4
(二) 财政支出	万元	718500	616037	16.6

(续上表)

指　　　标	计量单位	2014年	2013年	比上年(±%)
(三) 金融				
1.金融部门年末存款余额	万元	4370412	3728911	17.2
其中：城乡居民储蓄余款	万元	2802169	2471901	13.4
2.金融部门年末贷款余额	万元	3666324	3010936	21.8
其中：短期贷款	万元	1702261	1312638	29.7
中长期贷款	万元	1964063	1657309	18.5
六、内外贸易				
(一) 社会消费品零售总额	万元	2029792	1780917	14.0
1.按销售地区分				
城镇	万元	1763961	1494252	18.0
乡村	万元	265831	286666	-7.3
2.按行业分				
①批发业	万元	145747	133171	9.4
②零售业	万元	1649257	1440909	14.5
③住宿业	万元	21017	18158	15.7
④餐饮业	万元	213770	188679	13.3
(二) 进出口总额	万美元	129984	125087	3.9
其中:出口总额	万美元	91598	89526	2.3
七、固定资产投资及房地产开发				
(一) 固定资产投资额	万元	7258167	5882200	23.4
其中:城镇投资(不含房地产)	万元	6743099	5406995	24.7
工业投资	万元	4812352	3600683	33.7
技改投资	万元	4354731	3845593	13.2
(二) 房地产开发				
房地产完成投资	万元	515068	475248	8.4
其中：商品房建设投资	万元	427261	362177	18.0
商品房销售面积	万平方米	110.98	108.98	1.8
商品房销售额	万元	557770	524927	6.3
施工面积	万平方米	433.8	308.52	40.6
其中：住宅	万平方米	260.13	189.98	36.9
竣工面积	万平方米	37.98	51.92	-26.8
其中：住宅	万平方米	12.8	41.58	-69.2
八、单位从业人员和劳动报酬				
(一)单位数	个	840	858	-2.1
(二)从业人员期末人数	人	159274	156941	1.5
其中:女性	人	71738	63697	12.6
非全日制	人	3401	3229	5.3
管理人员	人	3841	3342	14.9
1.在岗职工	人	150083	147812	1.5

(续上表)

指　　标	计量单位	2014年	2013年	比上年(±%)
2.劳务派遣人员	人	2125	1670	27.2
3.其他从业人员	人	7066	7459	-5.3
(三)全部从业人员平均人数	人	159357	153824	3.6
1.在岗职工平均人数	人	149870	145536	3.0
2.劳务派遣人员平均人数	人	2108	1514	39.2
3.其他从业人员平均人数	人	7379	6774	8.9
(四)从业人员工资总额	万元	7632807	6511791	17.2
1.在岗职工工资总额	万元	7268504	6172759	17.8
基本工资	万元	4690621	4006431	17.1
效工资	万元	1379770	1430156	-3.5
工资性津贴和补贴	万元	448875	470233	-4.5
其他工资	万元	749238	265939	181.7
2.劳务派遣人员工资总额	万元	73921	45844	61.2
3.其他从业人员工资总额	万元	290382	293188	-1.0
(五)从业人员平均工资	元	47898	42333	13.1
1.在岗职工平均工资	元	48499	42414	14.3
2.劳务派遣人员平均工资	元	35067	30280	15.8
3.其他从业人员平均工资	元	39352	43281	-9.1
九、旅游、招商引资				
(一) 旅游				
1.旅游直接收入	万元	1239500	1004800	23.4
2.接待游客人数	万人次	1268.73	1033.28	22.8
(二) 招商引资				
1.全年引进项目	个	185	179	3.4
其中:过亿元项目	个	40	40	0
2.到位外资	万美元	19200	15249	25.9
3.完成长沙市外境内固投	亿元	87.49	70.1	24.8
十、卫生事业				
(一) 卫生机构数	个	50	50	0
其中:医院数	个	42	42	0
卫生防疫站	个	1	1	0
妇幼保健院	个	1	1	0
(二) 卫生机构床位数	张	6882	6688	2.9
其中:医院床位数	张	6375	6263	1.8
妇保院床位数	张	507	425	19.3
(三) 卫生工作人员数	人	8407	8398	0.1
卫生技术人员数	人	7084	6771	4.6
其中:中、西医师	人	2872	2864	0.3
护师、护士	人	2788	2675	4.2

(续上表)

指　　标	计量单位	2014 年	2013 年	比上年（±%）
其中：医生	人	3059	2864	6.8
(四) 诊疗人次数	万人次	313	325	-3.7
入院人数	人	352042	330136	6.6
出院人数	人	351551	327691	7.3
治愈率	%	50.2	49.8	0.4
病死率	%	0.05	0.07	0
5 岁以下儿童死亡率	‰	5.62	6.86	-0.1
婴儿死亡率	‰	3.43	4.97	-0.2
产妇住院分娩率	%	100	100	0
十一、教育事业				
(一) 各类学校数				
小　　学	所	187	184	1.6
中　　学	所	63	63	0
(二) 教职员工数	人	9078	8751	3.7
小　　学	人	4141	3958	4.6
中　　学	人	4937	4793	3.0
(三) 在校学生数	人	158373	153861	2.9
小　　学	人	95712	92830	3.1
中　　学	人	62661	61031	2.7
(四) 招生数	人	38270	38341	-0.2
小　　学	人	17180	16342	5.1
中　　学	人	21059	21957	-4.1
特　　校	人	31	15	106.7
(五) 毕业生数	人	34226	32648	4.8
小　　学	人	14178	14255	-0.5
中　　学	人	20048	18393	9.0
十二、文化、体育、广播、电视、电影				
(一) 文化事业				
1. 文化馆站	个	38	38	0
2. 艺术表演团体	个	1	1	0
3. 艺术表演观众人次	万人次	24	26.6	-9.8
4. 公共图书馆藏书数	万册	18.9	18.4	2.7
(二) 体育事业				
1. 举办县以上运动会	次	42	53	-20.8
参加人数	万人次	2.1	2.6	-19.2
2. 获国家级奖牌数	枚	6	0	—
金　牌	枚	3	0	—
银　牌	枚	2	0	—
铜　牌	枚	1	0	—

(续上表)

指　　　　标	计量单位	2014 年	2013 年	比上年 (±%)
3. 获省市级奖牌数	枚	4	41	-90.2
金　牌	枚	4	26	-84.6
银　牌	枚	0	8	-100.0
铜　牌	枚	0	7	-100.0
(三) 广播、电视				
1. 电视台	个	1	1	0
2. 有线电视台	个	1	1	0
3. 广播电台	个	1	1	0
4. 电视人口覆盖率	%	98.1	98.1	0
5. 广播人口覆盖率	%	98.53	98.52	0
6. 有线电视入户数	万户	19.27	18	7.1
7. 农村有线广播站	个	15	16	-6.3
十三、城市建设				
1. 城镇化率	%	55.37	52.2	3.2
2. 城镇建成区面积	平方公里	157	155	1.3
其中：主城区面积	平方公里	28	27	3.7
3. 市内公共汽车营运路线	条	16	16	0
4. 年末实有市内公共汽车	辆	98	98	0
5. 市内公共汽车全年客运量	万人次	1500	1300	15.4
十四、居民生活				
(一)城镇居民				
1. 城镇居民人均可支配收入	元	33816	31024	9.0
2. 城镇居民人均生活消费支出	元	20623	17584	17.3
食品	元	5051	4071	24.1
衣着	元	1524	1252	21.8
居住	元	4462	4017	11.1
家庭设备和用品	元	1134	935	21.3
医疗保健	元	756	502	50.6
交通通讯	元	3708	3391	9.4
文教娱乐	元	3246	3125	3.9
其他	元	742	291	154.9
(二) 农村居民				
1. 调查户数	户	118	118	0
常住人口	人	442	449	-1.7
农民人均可支配收入	元	23186	21035	10.2
2.农村居民人均生活消费支出	元	13906	11273	23.4
食品	元	3992	2798	42.7
衣着	元	890	802	10.9
居住	元	3255	2560	27.1

(续上表)

指　　　　标	计量单位	2014 年	2013 年	比上年（±%）
家庭设备和用品	元	877	685	28.0
医疗保健	元	986	1638	−39.8
交通通信	元	1416	1318	7.4
文教娱乐	元	1990	1256	58.4
其他	元	500	212	135.8
十五、社会保障				
城镇基本医疗保险参保人数	人	106308	100720	5.5
城镇基本养老保险参保人数	人	67942	67020	1.4
失业保险参保人数	人	67888	63893	6.3
城镇登记失业人数	人	3977	4262	−6.7
新型农村合作医疗参保人数	人	1294275	1287527	0.5
新型农村合作医疗参保率	%	98.47	99.06	−0.6
新型农村养老保险参保人数	人	816419	892130	−8.5
十六、能源消耗、环境保护				
单位 GDP 能耗下降率	%	6.48	5.93	0.55
单位规模工业增加值能耗下降率	%	8.84	12.48	−3.64
单位规模工业增加值取水量下降率	%	14.5	11.7	2.8
单位 GDP 电耗下降率	%	7.72	5.14	2.58
工业二氧化硫(SO2)排放量	吨	4434.94	4597.7	−3.5
氮氧化物(NOX)排放量	吨	2384	2487.22	−4.2
烟(粉)尘排放量	吨	2062	2087	−1.2
工业烟尘排放达标率	%	94	94	0
工业废水排放达标率	%	92	91	1.0
城镇生活污水处理率	%	88.5	87.1	1.4
十七、安全生产				
亿元 GDP 事故死亡率	人／亿元	0.024	0.0263	0
工矿商贸十万从业人员事故死亡率	人／十万人	1.427	1.91	−0.5
煤炭百万吨事故死亡率	人／百万吨	0	1	−1.0
道路交通万车事故死亡率	人／万车	0.83	1.224	−0.4

2014年全国省市及区、县（市）主要经济指标（一）

	地区生产总值(亿元)		第一产业增加值(亿元)		第二产业增加值(亿元)		工业增加值(亿元)		规模以上工业增加值(亿元)		第三产业增加值(亿元)		固定资产投资(亿元)	
	绝对额	增长速度(%)	绝对额	增长速度(%)	绝对额	增长速度(%)	绝对额	增长速度(%)	绝对额	增长速度(%)	绝对额	增长速度(%)	绝对额	增长速度(%)
全　国	636463	7.4	58332	4.1	271392	7.3	227991	7.0	—	8.30	306739	8.1	512761	15.3
湖南省	27048.46	9.5	3148.75	4.5	12481.88	9.3	10749.88	9.2	—	9.60	11417.83	11.1	21950.77	19.4
长沙市	7824.81	10.5	318.04	4.5	4245.68	11.4	3537.93	11.4	3042.10	12.00	3261.09	9.7	5435.75	18.3
芙蓉区	940.20	8.5	0.41	-55.4	153.22	11.0	104.40	10.4	98.78	11.5	786.57	8.0	361.36	16.3
天心区	642.76	10.1	0.83	-19.8	237.64	9.3	135.40	7.2	120.10	7.5	404.29	10.7	418.53	18.7
岳麓区	774.05	9.2	18.72	0.8	417.75	7.7	355.58	7.0	295.08	7.1	337.58	12.0	628.10	20.3
开福区	661.77	12.0	3.04	-19.9	142.47	8.8	72.49	6.7	50.13	7.3	516.26	13.3	570.79	20.2
雨花区	1429.74	9.6	0.80	-44.7	877.55	9.3	782.80	9.1	770.82	9.4	551.39	10.1	512.86	18.2
望城区	469.77	12.4	35.53	5.6	342.12	13.1	273.97	13.3	222.18	15.0	92.11	12.2	571.88	20.3
长沙县	1100.58	11.0	71.35	6.1	782.18	10.9	682.68	10.9	523.34	11.0	247.05	12.5	761.90	17.2
浏阳市	1012.83	12.6	85.89	5.5	720.73	13.8	654.55	14.1	521.92	16.7	206.21	11.0	725.82	23.4
宁乡县	910.23	12.4	101.48	5.3	620.38	13.7	561.39	13.9	439.70	15.2	188.37	11.0	713.52	20.2

2014年全国省市及区、县（市）主要经济指标（二）

	财政总收入（亿元）		公共财政预算收入（亿元）		社会消费品零售总额（亿元）		外商直接投资实际到位资金（亿美元）	实际到位省外境内资金（亿元）	城镇居民人均可支配收入（元）		农村居民人均可支配收入（元）	
	绝对额	增长速度（%）	绝对额	增长速度（%）	绝对额	增长速度（%）			绝对额	增长速度（%）	绝对额	增长速度（%）
全 国	140350	8.6	—	—	262394	12	1196	—	28844	9	10489	11.2
湖南省	3629.70	9.5	2259.93	11.3	10081.95	12.8	102.66	3300.79	26570	9.1	10060	11.4
长沙市	1003.08	13.5	632.01	17.8	3162.07	12.9	36.69	609.76	36826	9.4	21723	10.2
芙蓉区	92.60	1.9	38.76	3.6	625.33	10.0	5.49	76.61	38817	9.4	—	—
天心区	86.27	11.3	34.03	11.6	384.74	12.8	5.50	76.61	41514	9.0	28900	9.4
岳麓区	61.86	19.0	28.15	17.9	238.63	17.8	5.73	76.98	34508	10.1	24880	12.3
开福区	106.82	24.2	45.69	44.2	567.42	15.8	5.49	76.25	33980	10.0	28188	9.0
雨花区	118.66	9.2	52.64	19.1	576.21	9.5	5.49	76.25	40497	9.0	28400	11.8
望城区	56.32	18.2	35.42	10.1	79.37	23.6	2.01	51.88	34175	9.0	23632	10.1
长沙县	140.47	8.2	74.11	14.0	290.13	12.5	5.63	65.89	33513	9.7	22872	10.0
浏阳市	75.93	18.3	42.74	16.4	202.98	14.0	1.92	51.06	33816	9.0	23186	10.2
宁乡县	55.68	15.1	35.31	15.1	197.27	14.4	2.41	58.22	31125	9.1	19719	10.2

2014 年浏阳市乡镇、园区主要指标

乡镇、街道名　　称	辖区面积(平方公里)	户籍年末总户数(户)	户籍年末总人口(人)	财政总收入(万元)	公共财政预算收入(万元)	乡镇(街道)经济总收入(万元)	固定资产投资额(万元)	规模工业总产值(万元)	社会消费品零售总额(万元)
经开区	32	-	-	206183	68789	-	1385430	7003495	149770
制造基地(永安镇)	112.1	18835	65672	52966	28330	3081155	1062031	2326509	38171
集里街道	54.0	12293	35502	40839	28082	1584682	284869	318042	575151
淮川街道	6.3	22833	59565	34644	24430	1691749	138739	3402	557198
荷花街道	134.0	13629	46652	22404	12760	647326	230100	325529	130139
大瑶镇	73.7	18184	64873	20001	10645	1433046	345968	450045	192753
关口街道	71.2	7114	27282	16931	9262	794789	160305	513082	57157
文家市镇	155.9	13901	53761	12832	2693	652062	109323	312108	17647
澄潭江镇	158.8	17291	65087	10006	2766	723877	140098	425767	15043
两型产业园	2.4	-	-	9629	7049	-	255760	413850	-
太平桥镇	99.8	5910	21795	6935	2311	794798	81138	375785	5916
枨冲镇	186.3	12350	44761	6581	1843	817984	100071	526721	15245
金刚镇	79.8	15358	62737	5833	1437	463788	80889	231334	14199
官渡镇	106.3	8738	31263	5669	1518	500717	148125	192973	21662
沿溪镇	119.6	8594	31830	5400	1619	760653	150295	522592	13136
古港镇	151.5	11182	39434	4605	1456	1050604	81520	344862	23360
七宝山乡	171.8	5088	15723	4503	1930	212701	42804	81241	4714
高坪镇	257.4	10398	38568	4118	1520	319639	51168	201795	2812
三口镇	55.8	6254	23313	3515	999	308980	60030	174146	1055
溪江乡	90.6	6243	23096	3514	825	327366	61152	191282	1508
沙市镇	209.7	19584	67688	3498	2271	488527	161360	245879	12838
洞阳镇	80.5	11899	40974	3108	1359	430502	116850	55823	36719
淳口镇	233.5	19422	66892	2984	1623	428988	77320	103746	14213
永和镇	62.7	8095	23506	2701	1081	268517	70210	95902	13331
中和镇	151.8	6318	23733	2653	696	196650	39780	74418	8223
柏加镇	50.3	7291	23965	2488	1333	165123	170050	—	7561
北盛镇	71.8	16483	58657	2461	1565	366039	110332	101532	16883
镇头镇	158.8	16945	57141	2455	990	392687	382473	155335	19542
葛家乡	106.8	5815	20697	2453	744	305560	55032	166325	1905
社港镇	174.7	13704	46889	2412	1630	278402	81380	113934	10725
达浒镇	185.6	7614	27075	2300	824	264984	60223	123139	6416
普迹镇	176.5	12563	41918	1724	662	264422	41717	102129	7824
蕉溪乡	87.4	8138	28854	1354	622	251654	50103	85082	4633
杨花乡	75.6	6870	26466	1351	440	186429	30710	80650	4662
官桥镇	87.9	7780	26595	1245	532	187550	65575	67871	5062
小河乡	111.8	4672	15453	1208	416	171889	32762	26463	551
龙伏镇	132.0	13477	46646	1177	795	262019	130000	89576	5021
大围山镇	401.7	8823	27400	1019	467	170122	80009	37063	11029
张坊镇	319.3	9689	31783	995	550	164175	50003	26351	6017

图书在版编目（CIP）数据

浏阳年鉴. 2015/ 浏阳市市志档案局编. -- 北京:
方志出版社， 2015.12
ISBN 978- 7- 5144 - 1836 -1

Ⅰ. ①浏… Ⅱ. ①浏… Ⅲ. ①浏阳市－2015－年鉴
Ⅳ. ①Z526.43

中国版本图书馆CIP数据核字（2015）第302566号

浏阳年鉴（2015）

编　　者：	浏阳市市志档案局
责任编辑：	张颢
出 版 人：	冀祥德
出 版 者：	方志出版社
	地址 北京市朝阳区潘家园东里9号（国家方志馆4层）
	邮编 100021
	网址 http://www.fzph.0rg
发　　行：	方志出版社发行中心
	电话（010）67110500
经　　销：	各地新华书店
印　　刷：	长沙多元印务有限公司
开　　本：	889×1194　　1/16
印　　张：	32
字　　数：	1234千字
版　　次：	2015年12月第1版　　2015年12月第1次印刷
印　　数：	0001～1000册

ISBN 978－7－5144－1836－1　　定价：268.00元